石家莊

2010 年鉴

SHIJIAZHUANG YEARBOOK

石家庄市人民政府主办

河北人民出版社

图书在版编目（CIP）数据

石家庄年鉴．2010/石家庄市人民政府编．—石家庄：河北人民出版社，2010.12
ISBN 978-7-202-05776-6

Ⅰ．①石… Ⅱ．①石… Ⅲ．①石家庄市—2010—年鉴 Ⅳ．①Z522.21

中国版本图书馆CIP数据核字（2010）第255341号

书　　名　石家庄年鉴
编　　者　石家庄市人民政府

责任编辑　陈小彦
美术编辑　于艳红
责任校对　付敬华
版式设计　王　鹏

出版发行　河北人民出版社（石家庄市友谊北大街330号）
印　　刷　济南黄氏印务有限公司
开　　本　787×1092毫米　1/16
印　　张　43.25
字　　数　1100000
版　　次　2010年12月第1版　2010年12月第1次印刷
印　　数　1-3000
书　　号　ISBN 978-7-202-05776-6/Z·147
定　　价　280.00元

石家庄市地方志编纂委员会

《石家庄年鉴》终审

张妹芝　李　清　郭广生　张　业　郎金国　赵志敏

《石家庄年鉴》

主　　编：王孟新

副 主 编：刘建洲　黄俊清

编辑部主任：薛鹏飞

责 任 编 辑：（按承编顺序为序）

武光宇：特载、县（市）区概况

薛鹏飞：要事辑录

赵振献：大事记

肖海军：石家庄综述、工业、城乡建设与环境保护、信息产业、国内外贸易·旅游

王建峰：公共管理和社会组织

石玉杰：社会团体、政法、军事

彭连忠：农业、交通运输、金融、综合经济管理

郭尚武：科学技术、教育、文化、卫生·体育、社会生活

荀志俊：图照、人物

徐陈卫：文献法规

韩　芳：统计资料

编辑说明

一、《石家庄年鉴》是石家庄市人民政府主办的一部全面记述石家庄市市情的权威性大型综合性地方年鉴。本年鉴自1993年始，逐年编纂出版，向国内外发行。

二、本年鉴以邓小平理论、“三个代表”重要思想和科学发展观为指导，如实记录上一年度石家庄市政治、经济、军事、文化、科技、教育等方面的情况，充分反映各行各业取得的成就，客观记述改革和建设中的经验与教训，是各级领导和机构实施决策的重要依据，是国内外了解石家庄最准确、最权威的资料性文献。

三、本卷为2010年卷，总第十五卷，记述2009年度的情况。本年鉴采用分类编纂法，由类目、分目、条目三部分组成。共设特载、要事辑录、大事记、石家庄综述、公共管理和社会组织、政法、军事、农业、工业、城乡建设与环境保护、交通运输、信息产业、国内外贸易·旅游、金融、综合经济管理、科学技术、教育、文化、卫生·体育、社会生活、县（市）区概况、人物、文献法规、统计资料等类目。

四、年鉴组稿采取部门供稿与责任编辑采编相结合的方式。市直各部门，各县（市）区政府及有关单位均指定专人撰写，并经主管领导审核。

五、本年鉴数据一般截至2009年底。全局性综合数据均以石家庄市统计局提供的数据为准。统计资料由市统计局提供。因统计口径等原因，有关部门提供的个别数据与统计资料中的数据不尽一致，采用时请予注意。

“三年大变样”图片专辑

2008年以来，石家庄市按照“每年一大步、三年大变样”的决策部署，坚持以拆为先、拆建结合、强化规划、打造亮点的思路，举全市之力推动“主城改造、新区建设、道路畅通、生态环保、精细管理、素质提升”六大工程。截至2009年底，两年累计完成投资1770.7亿元。新改建城市道路195千米，其中总投资30亿元的二环快速路提升工程和总投资94.8亿元的裕华路改造、槐安路高架及和平路高架桥等20项国庆60周年献礼工程如期竣工。304条小街巷完成整治。列入改造任务的53个城中村全部启动，完成拆迁525万平方米，建成回迁房14049套。启动危陋住宅改建项目20个，完成拆迁92.8万平方米，累计开工134万平方米。旧小区改善，完成240余万平方米。同时，建成公园6座、广场5座、街旁绿地73块，人均公园绿地面积达到11.76平方米。两年来，城市面貌和居住环境发生了巨大的变化，创造了“石家庄速度”。

市委驻地变迁

◆ 青园街56号建筑始建于1968年，1972年第三届市委进驻办公，为中共石家庄市委机关办公地，2009年2月13日议决迁址征地建公园，还绿于民，与人民广场融为一体，供大众休闲娱乐之用，遂于当年5月3日中共石家庄市委机关迁出后，建公园绿地

◆ 改造后的中共石家庄市委办公场地（公园）

◆ 改造后的中共石家庄市委办公场地（公园）

◆ 2009年7月1日，槐安路高架工程建成通车

◆ 槐安路中段

◆ 槐安路东段

◆ 2009年7月1日，裕华路改造建成通车

◆ 晨光下的裕华路

◆ 宽阔的裕华路

◆ 2007年改造前的民心广场

◆ 改造后的民心广场

◆ 改造后的民心广场

◆ 改造后的槐底村（富强大街）

◆ 改造前的槐底村

◆ 改造前的谈固村

◆ 改造后的谈固村（金谈固家园）

◆ 改造前的方北村

◆ 改造后的方北村

◆ 改造后的方北村

◆ 改造前的东里村

◆ 改造后的东里村

◆ 改造前的裕华路与中华大街交叉口东北角

◆ 改造后的裕华路与中华大街交叉口东北角

◆ 改造前的大马村

◆ 改造后的大马新村

◆ 改造后的大马庄园

◆ 改造后的大马村一角

◆ 改造前的石家庄村

◆ 改造后的石家庄村（金亿城）

◆ 改造后的石家庄村

◆ 改造前的白佛口村

◆ 改造后的白佛口村

◆ 改造前的东岗村

◆ 改造后的东岗新村

◆ 改造后的东岗新村

◆ 任栗村旧貌

◆ 改造后的任栗村

◆ 改造前的小马村（金马大厦）

◆ 改造后的小马村（金马国际）

改造前的民生路

改造后的民生路

改造后的民生路

◆ 改造前的铁四局生活区（今北国先天下）

◆ 改造后的铁四局生活区（今北国先天下）

◆ 休门村新貌

◆ 休门村旧貌

◆ 新休门

◆ 和平路东段

◆ 和平路西段

公路建设

◆ 龙泉大桥

◆ 石环路

◆ 子龙大桥

重大活动

◆ 2009年10月1日，为庆祝中华人民共和国成立60周年而举办的祖国万岁演唱会

◆ 红旗招展庆中华人民共和国六十周年

◆ 鲜花庆中华人民共和国六十周年

2009中国·石家庄第四届国际动漫博览交易会

◆ 2009年8月20日，2009中国·石家庄第四届国际动漫博览交易会召开

◆ 交易会上举行COSPLAY大赛

◆ 交易会上的动漫图片展

◆ 交易会上会场一角

◆ 交易会上动漫宣传画

首届中国（石家庄）国际皮革裘皮博览会

◆ 2009年6月8日，首届中国（石家庄）国际皮革裘皮博览会会场

◆ 市长艾文礼参观展览产品

◆ 展览会场

2009年中国北方国际茶博览会开幕

◆ 2009年4月26日，在正定召开的中国北方国际茶博览会会场

◆ 市长艾文礼在茶博会上参观

◆ 外宾在茶博会上

◆ 茶博会上现场制作茶表演

◆ 茶博会上茶艺表演

2009中国·石家庄（正定）国际小商品博览会

◆ 2009年4月26日，2009中国·石家庄（正定）国际小商品博览会开幕式

◆ 中外嘉宾进入会场

省会第三届千人舞蹈大赛

◆ 2009年2月26日，省会第三届千人舞蹈大赛在文化广场举行

◆ 老年人舞蹈表演队在演出

◆ 井陉拉花

◆ 江南新韵

◆ 青春岁月

◆ 草原圆舞曲

石家庄风光

◆ 长安公园雪景

◆ 世纪公园

◆ 文化广场

◆ 河北艺术中心

◆ 人民会堂

◆ 市区一角

◆ 石家庄广电中心

◆ 人民广场夜景

◆ 火车站广场夜景

◆ 自强路夜景

目　录

特　载

要事辑录

大　事　记

石家庄综述

公共管理和社会组织

政　法

军 事

农　业

工　业

城乡建设与环境保护

交通运输

信息产业

国内外贸易·旅游

金　融

综合经济管理

科学技术

教 育

文 化

卫生・体育

社会生活

县（市）区概况

人 物

文献法规

统计资料

CONTENTS

Featured Articles

Important Events Compiled

Events

Gneral Introduction of Shi Jiazhuang

Public Administration and Social Organizations

Politics and Laws

Military Affairs

Agriculture

Industry

Urban Rural Construction and Environmental Protection

Traffic Transportation

Information Industry

Internal Trade & Tourism

Banking

General Economic Management

Science & Technology

Education

Culture

Public Health & Sport

Social Life

An Introduction of Cities and Counties

Figures

Literatures & Regulations

Statistical Data

特　载

特　　载

政府工作报告

——2010年1月22日在石家庄市第十二届人民代表大会第三次会议上

石家庄市人民政府市长　艾文礼

各位代表：

现在，我代表市人民政府，向大会作政府工作报告，请予审议，并请市政协委员和列席会议人员提出意见。

一、2009年工作回顾

刚刚过去的一年，是新世纪以来我市经济社会发展遇到困难最多、挑战最大的一年。面对国际金融危机的严重冲击、三鹿奶粉事件的重创以及雪灾、风灾等重特大自然灾害，我们在省委、省政府和中共石家庄市委的坚强领导下，团结带领全市人民，紧紧围绕打造繁华舒适、现代一流省会城市的目标，以开展深入学习实践科学发展观和干部作风建设年活动为动力，以保增长、保变样、保民生、保稳定为主线，坚决贯彻落实中央和省一系列决策部署，坚定信心，积极应对，全力以赴，攻坚克难，以全新的姿态向科学发展、率先发展的道路大步迈进，全市呈现出总体经济回升向好、社会和谐稳定、人民安居乐业的良好局面，较好地完成了市十二届人大二次会议确定的各项目标任务。

经济总体回升向好。主要经济指标增速在全省位次普遍前移。地区生产总值跃上了3000亿元台阶，完成3110亿元，增长11.1%；全部财政收入突破300亿大关，完成310.25亿元，其中地方一般预算收入完成125.96亿元，分别增长14.18%和14.47%，县域财政收入占全市的比重达到43.18%，藁城、平山、鹿泉、井陉四个县（市）财政收入超过10亿元。规模以上工业实现利税485.5亿元，增长26%。民营经济健康发展，上缴税金占全市的比重达到47%。社会消费品零售总额完成1190.6亿元，增长18.4%，服务业增加值占GDP的比重达到40.2%。除规模以上工业增加值、高新技术产业增加值、外贸进出口总值三项指标没有达到预期外，绝大多数指标达到或超额完成预定目标。

投资保持快速增长。全市城镇固定资产投资完成2228.7亿元，增长41.3%。一批事关省会长远发展的产业支撑、重大基础设施、生态环保、社会事业及民生项目建设取得重大进展。总投资96.9亿元的987个中央投资项目，363个竣工、533个开工建设；总投资436亿元的7个省产业支撑项目正在按计划加快推进；总投资2686亿元的295个省市重点项目中，48个项目竣工，23个正在按进度推进，152个开工建设。六大核心工业园区支撑项目建设实现较大突破，38个项目竣工投产，36个项目开工建设。“20＋X”重点服务业和“10＋X”物流项目加快推进，石太客运专线建成通车，铁路“穿城入地”开工建设，西柏坡公路、电力设施等一批重大交通能源项目建成投用。

结构调整步伐加快。出台了构建省会现代产业体系的意见，制定了生物医药、装备制造等六大产业调整振兴规划，提出了关于进一步加强园区建设的意见。通过深入开展以“保增长、调结构、抓项目、强园区”为主题的工业发展攻坚战活动，五大工业基地和南部工业新区建设迈出新步伐，产业集中度明显提高，全市营业收入50亿元以上的产业集群达到7个，16个产业聚集区列入省重点培育盘子。高新区完成扩区托管，“二次创业”势头强劲、引领示范作用明显增强。全市新认定高新技术企业57家，新增市级以上技术研究中心17家，19个品牌获得国家和省名牌产品。主城区49家重点排污企业已有35家实施搬迁；30家“双百”、“双三十”单位和“市十五家”重点企业节能减排任务全面完成，万元GDP能耗下降5.2%，主要污染物COD、二氧化硫排放量分别下降4%和6%。

城镇面貌显著改观。按照“拆建结合、以建为主”的工作方针，强力实施总投资1111亿元的146个城建项目，并以20项国庆献礼工程为突破口，倾力打造具有时代特色的城市亮点工程、特色区域、标志性建筑群，掀起了石家庄建市以来最大规模的城建改造工程，全年累计完成投资916亿元，圆满完成了“三年大变样”70%的任务目标。城市发展框架基本拉开，修编了城市总体规划和空间发展战略规划，作出了北跨滹沱河发展、建设滨河新区的重大战略决策，确定了“一城三区三组团”的城市空间布局结构，提出了“远期人口规模为500万”的发展目标，为省会长远发展奠定了坚实基础。以大气和水污染治理为重点的环保攻坚工程取得突破性进展，全年共削减燃煤150万吨，拆除分散燃煤锅炉130台，推广优质低硫煤600万吨，全市122座水泥机立窑全部拆除，结束了我市机立窑生产水泥历史。全年市区二级以上天气达到317天，同比增加16天。市域5条主要河流水质基本达到省控标准。二环快速路提升、裕华路改造、槐安路、和平路高架等一大批彰显时代特色、提升省会形象的重大工程如期竣工。民心广场、文化广场等建成开放，裕西、长安两座精品公园改造完成，全年新增绿化面积516万平方米，对重点区域400栋楼宇实施了夜景亮化升级。以管理重心下移为重点的城管体制改革初见成效，万米网格化管理全面实施，成为全国数字化城市管理试点城市。“三年大变样”的生动实践，不仅使城市面貌显著改观，而且创造了以解放思想、扩大开放、真抓实干、统筹兼顾、以人为本为主要内涵的“石家庄速度”，这种速度不仅是工程建设的速度，更是思想解放的速度、作风转变的速度、科学发展的速度，极大地升华了我们这座城市的时代精神，重塑了省会的良好形象，形成了一笔宝贵的精神财富。

农村经济持续发展。认真落实各项强农惠农政策，全年发放粮食直补、农资综合直补等惠农资金12.96亿元。农业综合生产能力进一步提高，主要农产品供给充足，粮食生产战胜严重自然灾害获得较好收成，肉、蛋、果和水产品产量稳定增长。奶业振兴力度加大，鲜奶生产全部实现散养进区、挤奶进站、站企挂钩、全程监管，全国生鲜乳收购站建设和管理现场会在我市召开，石家庄奶业实现了“浴火重生”。农业产业化“115行动计划”深入推进，省级重点龙头企业达到34家，产业化经营率达到61%以上。全年培训转移农村劳动力38.7万人次。全市99.6%的村建立村级集体经济组织，注册经济实体722个。农村新民居建设扎实推进，180个示范村全部开工建设，建成了一批体现时代特色的示范区、示范村。完成了10座中小型水库的除险加固，解决了25万农村人口饮用水安全问题，改造通达209个行政村公路，新建改造变电站35座、线路1205千米，新增沼气用户4.8万户，2.5万贫困人口实现稳定脱贫。

改革开放不断深化。企业改革扎实推进，48家国有企业完成改制，企校分离工作全部完成；7家集体企业、4家经营性事业单位、48个城中村集体经济组织完成改制。金融信贷实现突破，全市新增贷款807亿元，同比增长1.65倍；市财贸、市城投等五大投融资平台实现融资680亿元；工商银行全国客服中心落户我市，兴业银行石家庄分行开始营业，市商业银行改制为河北银行；博深工具、河北诺特实现上市融资。成功举办了石家庄“4.26”正博会、“10.18”石洽会等一系列招商活动，众多国内大集团、大公司纷纷前来投资置业，大连万达、广州恒大、苏宁电器等战略投资者和重大产业支撑项目已落户石家庄，全年实际利用外资5.63亿美元，引进市外资金205亿元。

社会民生全面发展。城市居民人均可支配收入16607元，农民人均纯收入5977元，分别增长10.3%和9.3%。全市新增就业8.44万人，下岗人员再就业4.4万人，城镇失业率控制在3.88%以内。养老、医疗、失业等五项社会保险覆盖面进一步扩大，新型农村合作医疗参合率达到94.24%，大额医疗保险全面启动。27个城中村、284栋回迁楼全面开工建设，199栋主体完工，安置拆迁居民1.7万户。竣工经济适用房43.85万平方米，筹集安置廉租住房5500套，改善旧住宅小区112个，整修小街巷304条，惠及近200个小区、100万城市居民。与人民群众生活密切相关的38件实事基本完成。建设标准化农村中小学60所，改造薄弱学校15所，建成100个乡镇综合文化站、800个农村书屋。民间工艺博物馆建成投用。“彩色周末”、“燕赵讲坛”的影响进一步扩大。现代戏《女人九香》等一批精品力作在全国全省获奖。成功举办了石家庄第四届国际动漫博览交易会，动漫创意产业进一步发展。新建改建县级医院5所、乡镇卫生院24所，全市71%的村卫生室和75%的社区卫生服务机构达到标准化要求。甲型H1N1流感防控工作依法、科学、有序进行，未发生大的扩散和蔓延。全民健身运动广泛开展，竞技体育取得优异成绩。“计生惠民”行动深入实施，低生育水平保持稳定。食品安全最放心城市创建活动扎实开展，全市食品安全水平进一步提高。深入开展安全生产攻坚年活动，重特大事故得到有效遏制。集中开展了市县乡三级干部大接访活动，一大批信访积案和遗留问题得到解决，圆满完成了国庆60周年安全保卫任务。强力推进严打整治专项行动和平安建设，有效地保持了全市社会治安大局的持续稳定。“六城同创”统筹推进，精神文明建设成果丰硕，在全国文明城市指数测评中我市排名大幅提升，荣获全国未成年人思想道德建设先进城市。国防动员和双拥共建成效显著，实现省级双拥模范城“七连冠”。民族宗教、外事侨务、防震减灾、气象人防、社科档案、妇女儿童、老龄慈善、残疾人等各项工作都取得了新成绩。

政府建设不断加强。行政管理体制和审批制度改革继续深化，市县两级政府机构改革基本完成。全年共削减行政许可项目136项，削减率达53.5%。固定资产投资审批事项由102项减少到30项，审批用章由113枚减少到11枚；房地产项目审批由147项减少到25项，审批用章由166枚减少到23枚。严肃查处不作为、乱作为、吃拿卡要等违反“十个严禁”的问题，全市共查处干部作风类案件399起。通过深入开展干部作风建设年活动，各级各部门推动科学发展的能力明显提升，公务员队伍事争一流的氛围更加浓厚，2009年政府系统各部门共荣获全国荣誉称号15个，全国先进单位44个，国家级单项奖21个。扎实推进行政权力运行监控机制建设，深入开展专项资金治理，特别是小金库治理工作取得明显成效。牢固树立过紧日子的思想，全市压缩行政经费和公务开支1.36亿元，减少出国团组29批，撤消评比达标表彰和考核项目150项。民主法制建设不断加强，“五五”普法成效明显。自觉接受人大及其常委会的法律监督和政协的民主监督，接受社会各界的监督，依法行政水平不断提升。

特别需要指出的是，2009年我市遭受了一场历史罕见的特大暴雪，面对突如其来的灾害，全市人民万众一心，众志成城，全力保民生、保运输、保生产，在最短的时间内，城市主次干道交通全部恢复，提前供暖、稳定物价、救灾救助等各项措施快速到位，有力保障了城市的正常运转和群众正常生产生活，夺取了抗击冰雪灾害的全面胜利。可以说，解放思想使我们走出了不可能怪圈，转变作风催生了“石家庄速度”，抗击冰雪灾害充分展示了一座城市的力量。

各位代表！过去的一年，我们遇到的困难比预料的多，但取得的成绩比预期的大。这是党中央国务院、省委省政府总揽全局、审时度势、坚强领导的结果，是市委科学安排、周密部署、积极应对的结果，是全市上下坚信危中有机、齐心协力、共克时艰的结果。成绩来之不易，荣耀归于人民。在此，我代表市人民政府，向全市人民，向人大代表、政协委员，向各民主党派、工商联、人民团体和各界人士，向驻石人民解放军、武警官兵、公安干警，向中直、省直机关驻石各单位，向所有关心石家庄发展的国内外朋友，致以崇高的敬意和诚挚的感谢！

二、2010年总体要求和主要目标

2010年是实施“十一五”规划的最后一年。做好经济社会发展的各项工作，对保持经济平稳较快发展，为实施“十二五”规划奠定良好基础，具有十分重要的意义。

纵观国内外形势，2010年发展环境总体上将好于2009年。国际金融市场渐趋稳定，主要经济体出现好转迹象，世界经济有望恢复性增长。我国经济回升向好的基础逐步巩固，中央继续实施积极的财政政策和适度宽松的货币政策，扩大内需和改善民生的政策效应将进一步显现。省委、省政府强化省会战略、构筑京津冀第三极和冀中南中心城市的“双重支撑”，为省会借势发展提供了新的契机。我市工业化、城镇化加速推进，市场需求潜力将进一步释放，对整体经济带动作用明显增强。三年大变样进入决战之年，大规模城镇建设必将有力拉动投资和消费需求，特别是在应对金融危机中，我们经受了重大考验，积累了宝贵经验，创造了石家庄速度，增强了省会意识，为我市科学发展、率先发展提供了有力保障。

但是，我们必须清醒地看到，今年我市经济社会发展仍然面临着严峻的挑战。一是由于金融危机带来的影响还在持续，经济社会发展中不确定、不可测因素增多，我市经济回升向好的基础还不稳固；二是虽然我市经济实现较快回升，但与先进城市相比差距较大，全国各地都在抢抓机遇、竞相发展，我市面临的竞争压力比以往更加突出；三是受长期积累的矛盾和问题制约，我市发展中存在的经济结构不优、发展后劲不足、环境约束严重等突出问题尚未有效解决，调结构、促转变的任务非常繁重；四是虽然“三年大变样”取得突破性进展，但我们所做的多是“补课”和整治性的工作，赶超一流省会城市的任务还十分艰巨；五是部分行业和企业生产还比较困难，外贸出口持续下滑的局面尚未发生根本性改变；六是县域经济相对薄弱，农民持续增收困难，城乡收入差距进一步拉大；七是涉及人民群众的一些切身利益问题有待进一步解决，新增就业人口尤其是高校毕业生的就业压力增大；八是虽然全市公务员队伍的精神面貌发生很大变化，但只是一个开端，思想观念、工作作风、机关效能还没有根本转变。对此，我们必须切实做到头脑更加清醒、谋划更加周密、准备更加充分，珍惜良好局面、保持强劲势头，看到差距不足、保持更强力度，瞄准更高目标、实现跨越赶超，努力在新一轮竞争中抢占先机，在大调整、大变革中争取主动，在转变发展方式中增创新优势、实现新发展。

今年政府工作的总体要求是：全面贯彻党的十七大、十七届三中、四中全会精神，深入贯彻落实科学发展观，围绕打造繁华舒适、现代一流的省会城市，以加快经济发展方式转变、保持经济平稳较快发展为核心，以工业化、城镇化“双轮驱动”为战略举措，以保障和改善民生为工作出发点，进一步打开解放思想的“总阀门”，创新发展模式、突破重点难题，统筹城乡发展，努力把石家庄速度延伸拓展到各项工作中，不断提高省会首位度，奋力开创全市经济社会科学发展、率先发展新局面。

按照上述要求，今年全市经济社会发展的主要预期目标是：地区生产总值比上年增长11%，全部财政收入增长12%，其中一般预算收入增长12%；城镇居民人均可支配收入增长10%，农民人均纯收入增长8%；全社会固定资产投资增长25%，其中城镇固定资产投资增长25%；规模以上工业增加值增长14%，利税增长14%；全社会消费品零售总额增长17%；万元生产总值能耗下降3%，万元工业增加值取水量下降10%，主要污染物排放总量中化学需氧量下降5.2%，二氧化硫排放量下降3.9%；居民消费价格指数控制在104%以内。

围绕实现上述目标，今年政府工作的首要任务是，既要保持经济平稳较快发展、又要在转变发展方式上取得突破。在实际工作中切实把握好以下原则：一是更加注重以扩大内需为主导，着力扩大消费需求，健全和完善经济发展的内生机制，进一步提高投资效益，不断增强消费和投资对经济增长的拉动力；二是更加注重以结构调整为重点，下决心转变经济发展方式，着力构建现代产业体系，进一步巩固经济回升向好基础，在发展中促转变，在转变中促发展；三是更加注重以推进工业化为导向，坚持加速与提质并举，融合与增效同进，突出内涵发展、高端发展、创新发展，做大做强工业经济，巩固主导地位，夯实发展支撑；四是更加注重以推进城镇化为依托，以城镇面貌三年大变样为抓手，带动城市发展上水平，带动结构调整和产业聚集，带动城乡统筹协调发展；五是更加注重以改革开放为动力，加快重点领域和关键环节的改革，不断提升经济发展的创新活力；拓展对外开放的广度和深度，推动我市经济在更高水平上科学发展；六是更加注重以改善民生为目的，坚持把解决好人民群众最关心、最直接、最现实的利益问题，作为我们一切工作的出发点和落脚点，努力把改革发展的成果最大限度地惠及全市960万人民。

三、2010年主要任务

今年经济社会发展任务十分繁重，必须认真落实中央宏观调控政策，以新思路谋求新发展，以新举措赢得新突破，着力做好以下八个方面工作：

（一）围绕调结构促转变，加快构建现代产业体系。大力实施六大产业调整振兴规划，以主导产业为牵引，以园区和基地建设为载体，以县域经济为基础，全力推进六大产业由低端向高端发展、由传统向现代演进，在全省率先开启构建现代产业体系的新征程。一是加大结构调整力度。着眼做大做强优势产业，以国家生物产业基地和省级高端医药产业园为依托，全力推进石药工业园、华药工业园、神威现代中药产业园、以岭中药制剂园建设，努力把生物医药产业打造成我市第一主导产业。以优势企业为龙头，切实抓好轨道交通装备制造、通用航空基地、煤矿工程机械等一批关联度高、带动性强的重大产业链项目，大力提升我市装备制造业的整体水平。以推进石油化工、煤化工、盐化工“三化合一”循环经济为重点，加大投入力度，实现集群化发展，全面提升石化产业的主导地位，尽快形成全市新的最大经济增长点。着眼培育壮大新兴产业，大力发展电子信息、新能源、新材料、节能环保等战略性新兴产业。突出抓好半导体照明、能源电子、卫星导航等六大产业链，加快信息产业基地、石家庄软件园建设，打造优势明显、特色突出的“现代E谷”。着眼改造提升传统产业，重点围绕纺织、印染、服装、产业用布，瞄准高端，提档次上水平，拓市场增效益，倾力打造全国重要的纺织服装基地，重振我市纺织工业雄风。同时，积极推进轻工产业集聚发展，建材工业优化升级，冶金工业整合提升，培育壮大一批领军企业和产业集群，率先在全省实现产业调整振兴和工业倍增目标。二是加快园区建设步伐。按照企业集中布局、产业集群发展、资源集约利用、功能集合构建的思路，力促项目向园区摆放、企业向园区集中、产业向园区集聚。高新区以托管扩区为契机，以高端、高质、高效为主攻方向，大力实施“二次创业”，突出招大引强，加快引进一批上百亿乃至数百亿的立市大项目，在全市经济发展中发挥引领示范作用。六大核心工业园区坚持规划提升和基础攻坚并举、机制建设和产业发展同抓，加大资金投入和项目建设力度，市财政三年统筹安排30亿元产业引导基金，全力支持其“九通一平”建设。力争全年完成项目投资90亿元，实现30个项目竣工投产，36个项目开工建设。与此同时，把壮大县域经济放在更加突出的位置，坚持分类指导，加大支持力度，创新激励机制，鼓励城市资金、项目、技术、人才等要素向县域流动，引导县（市）依托资源禀赋和产业优势，推进区域特色产业优化升级。突出抓好16个县城周边产业集聚区和28个特色产业集聚区建设，提升县域经济的综合实力，年内营业收入超30亿元的产业集群达到22个。三是切实抓好节能减排。坚持以节能减排促发展方式转变，大力发展低碳经济，严格新上项目节能评估审查和环境影响评价，坚决控制新上“双高”项目。继续实施结构减排、工程减排、管理减排三大工程，加大332家重点排污企业和列入省“双三十”目标考核县（市）的治理、监督和考核，加强110家燃煤大户和150家用水大户监控管理。积极推进5家循环经济示范试点和3个示范项目建设，大力削减火电、钢铁、水泥等行业的大气污染物排放量，坚定有序地淘汰落后产能，完善退出机制，有计划有步骤关停并转，确保全面完成“十一五”节能减排任务目标。

（二）做大做强工业经济，加速推进新型工业化进程。以项目建设为重点，加大科技创新力度，强化政策扶持和运行调节，提高工业经济增长质量和效益。一是强力推进项目建设。今年全市筛选重大项目308项，总投资3136.9亿元，年度投资计划291.6亿元。突出抓好“四个一批”：竣工一批，力争10万吨离子膜、莲花清瘟胶囊扩能等38个项目建成投产；确保获得中央资金支持的320个项目按要求高标准竣工。开工一批，力争华药头孢系列产品、煤矿机装备制造、常山纺织环保面料等112个项目开工建设。争取一批，加大跑部进京力度，认真做好中央投资项目的申报工作，千方百计争取国家更多的支持，抓紧落实地方配套资金和建设条件，力促早开工、快实施。储备一批，加强项目库建设，做好102个重点项目的前期工作，加大与国家、省重点项目计划对接力度，力争使更多的项目列入国家和省“十二五”规划。进一步加强项目管理，继续搞好项目拉练，促其争先进位，严格实行项目投资责任制，切实保障土地、资金等要素需求。对有财政资金投入的建设项目，及时跟进、全程监督，防止出现“豆腐渣”工程。二是力促企业加快发展。大力实施骨干企业上台阶工程，坚持分级负责、分类施治，对销售收入超百亿元、超十亿元、超亿元的企业，分别由市、县给予重点扶持，全力支持其实施战略重组、设备更新、技术改造、管理创新和品牌提升，尽快形成一批行业上的“巨无霸”。大力实施中小企业成长工程。以发展民营经济为重点，积极创造条件，加大扶持力度，进一步完善创业辅导、融资担保、技术支持等服务平台，设立中小企业发展专项资金10亿元，重点扶持120家成长型中小企业加快发展，50家规模以上民营企业做大做强。积极推动和鼓励自主创业，大力营造全民创业、增收致富、竞相发展的生动局面。年内力争民营经济实缴税金占到全市财政收入的“半壁江山”。大力实施产品创优工程，认真组织各行业、各企业与国内国际行业高端、强势企业开展“对标行动”，下大力改造一批传统产品，淘汰一批落后产品，倾力打造一批王牌产品，年内力争开发国家重点新产品13项。深入开展创名牌、创名企、创名企业家活动，在高端服务、高新技术、先进制造领域，筛选50个潜力大、带动力强的产品进行重点辅导和培育，年内力争新增省级名优产品60项、中国驰名商标2个，有更多的产品晋升为中国名牌。三是大力推进科技创新。以建设创新型城市和知识产权示范市为目标，启动制定省会产业技术路线图，重点在生物制药、装备制造等六大主导产业领域突破一批重大关键技术、转化一批重大科技成果、培育壮大一批创新型龙头企业。年内力争申报专利3000件，争创国家先进科技成果100项，新培育高新技术企业70家，29家国家、省级创新型（试点）企业取得明显成效。大力整合省会科技资源，设立省会高校科技基金，让更多的高校、科研单位承担科技计划项目和科研攻关任务。年内启动科技服务中心二期工程，加快创新药物研制、装备制造开发等技术创新联盟创建，搞好维生素、抗生素、皮革等15个省市级工程技术研究中心建设，抓好56家知识产权优势企业培育工程。进一步优化科技创新政策环境，加大高层次领军人才和创新团队的培养引进力度，以高素质人才支撑创新型经济发展。

（三）切实做好“三农”工作，加快城乡统筹发展步伐。按照稳粮保供给、增收惠民生、改革促统筹、强基增后劲的要求，发展现代农业，加快新农村建设，促进城乡统筹发展。一是提升农业综合生产能力。切实抓好520万亩粮食生产核心区建设，加大对藁城、赵县等12个产粮大县（市）的扶持力度，力争全市粮食总产量达到490万吨。落实好我市在国家新增千亿斤粮食生产能力规划中所承担的任务。着力优化农业结构，推进现代都市农业向市区、周边县（市）集中，优势集群农业向平原县（市）集中，高效生态农业向山区县集中。着力做大做强奶业、禽蛋、优质猪三大特色主导产业，年内建成标准化养殖场（区）100个。林果业以稳定规模、提升品质、争创品牌为重点，年内新发展名优果品3万亩。二是加快农业产业化步伐。按照培植龙头、壮大规模、建立基地、带动农户的思路，深入实施农业产业化项目“115行动计划”，突出抓好69个销售收入超亿元的龙头企业和3个农产品加工示范基地县建设，支持农村专业合作组织发展，年内确保新增200家，农业产业化经营率达到62%以上。以农业科技进村入户为重点，进一步健全基层农业技术推广体系，完善农业服务“快译通”网络，适用技术培训农民100万人次。三是拓展农民增收空间。认真落实各项强农惠农政策，确保各项政策资金及时兑现到户。加快农业内部结构调整，提高比较效益，挖掘农业内部增收潜力。大力发展农村二三产业，组织引导农村富余劳动力进城务工就业，年内力争转移农村劳动力40万人次。四是加强基础设施建设。突出抓好大型灌区节水改造，治理水土流失面积150平方千米，改造中低产田10万亩，完成10座病险水库的除险加固，解决20万农村人口饮用水安全问题，新建35千伏变电站15座，改造通达120个行政村公路，新增沼气用户3.7万户。五是创新农村体制机制。稳定和完善农村基本经营制度，在依法自愿有偿的基础上，促进农业适度规模经营和土地承包经营权流转。加快推进城中村、城郊村、重点建制镇农村改社区、村委会改居委会、村民改居民、集体经济改股份制经济的“四改”工作。深化集体林权制度改革，提高林业的经济、社会和生态效益。六是扎实推进农村新民居建设。坚持规划先行、产业带动、因地制宜、政策引导，实施小村并大村、联村建社区工程，在加快首批180个新民居示范村建设改造的基础上，今年启动第二批360个示范村建设，力争建成一批彰显农村新气象、体现民居新特色的示范社区（村）。同时，大力推进城乡统筹试点工作，促使稳定就业的进城农民逐步融入城镇，有序转变为居民。

（四）大力发展现代服务业，努力打造经济发展新优势。坚持市场化、产业化、社会化的方向，力促服务业发展提速、比重提高、结构提升，努力把服务业培育成我市新的经济增长点。一是加快发展现代服务业。规划建设现代大型物流园区，做大做强第三方物流企业，积极实施物流企业与制造企业联动示范工程，着力打造全国重要区域性物流中心。年内突出抓好内陆港三期、北方药博园等“10+X”现代物流项目，力争物流业增加值增长20%以上。立足省会资源优势，优先发展金融保险、研发设计、文化创意、楼宇经济、健康产业等新兴服务业，加快发展教育培训、法律咨询、财会审计、科技中介等智能型服务业。大力培育正定国际小商品博览会等5大会展品牌，强力打造环渤海区域会展名城。深度开发西柏坡红色旅游、正定古城、赵县大石桥、伏羲文化旅游资源，整合市域新老景区，加大宣传促销力度，实行品牌化经营，重点培育具有城市名片效应的知名景区，全面提升旅游业整体水平。二是改造提升传统服务业。加速推进祥云国际、方北购物广场等“20+X”重点服务业项目建设，突出抓好开元环球中心、东方曼哈顿等一批商贸标志性工程，培育壮大北国、东购等一批重量级品牌商贸企业。加快新华集贸、南三条市场升级改造和正定小商品城建设，下大力搞好二环贸易区整合提升和石环贸易集聚区规划建设。按照先建后撤、疏堵结合的思路，规划建设布局合理、方便群众的室内便民市场，逐步实现退路进厅。三是千方百计扩大居民消费。加强农村现代流通网络和农产品流通体系建设，深入推进“万村千乡”、“双百”市场工程和农超对接，扎实做好家电、汽车、摩托车下乡工作，扩大补贴范围，完善补贴办法，有效扩大农村消费。合理引导房地产市场价格，增加中小户型、中低价位普通商品房供给，促进住房消费。着力推进商贸、社区、家政服务和公用事业发展，大力培育文化娱乐、体育健身、宽带网络等热点消费，满足人民群众多样化、多层次消费需求。切实做好促进城市夜间消费工作，让老百姓夜间生活更加丰富多彩，让城市更加繁荣兴旺。全面营造便利、安全、放心的消费环境，挖掘居民消费潜力，提高消费对经济增长的贡献率。

（五）决战城镇面貌三年大变样，以更大的力度推进城镇化。围绕省委省政府确定的五项基本目标，坚持拆建结合、以建为主，建管结合、综合治理，突出抓好总投资540亿元的“十大工程”，在进一步提升城市规划、建设、管理水平的同时，推动城市发展上水平、出品位、生财富。一是新区开发快起步。围绕打造全国一流的低碳生态示范区和滨水生态宜居新城，高水平开展滨河新区城市设计，力求在成果设计上达到国际水准，在实际成效上体现特色文化，倾力打造百年经典新城。坚持系统规划、滚动开发、项目带动、产业引进、环境营造并进，加快起步区开发建设，全面启动体育中心、文化中心、会展中心、金融服务后台基地、职业教育园区和部分总部大楼等功能项目，完善省会服务功能，打造标志性核心地带，以争办全国园博会为契机，率先启动占地2平方千米的园博园工程。力争用3～5年的时间，使核心起步区初具规模，成为省会建设的新亮点，全市又好又快发展的新引擎，展示河北形象的新名片。二是主城提升上水平。围绕打造“干净、整洁、有序”的宜居宜业幸福家园，全力实施主城提升“六大工程”。大气环境改善工程，全面加快企业搬迁改造步伐，年内确保市区剩余的17家重点监控企业全部搬迁改造到位，集中供热和天然气管网覆盖区域分散燃煤锅炉全部拆除，削减燃煤200万吨，推广使用优质煤600万吨，市区扬尘污染得到全面控制，可吸入颗粒物、二氧化硫、二氧化氮年均浓度稳定达到国家二级标准，空气质量二级以上天数力争好于2008年。水污染防治工程，全面加强排污管理，加大对173家环保重点企业的监管，坚决遏制企业偷排和超标排污，年内确保5座污水处理厂全部竣工，全市污水处理率达到90%以上，市域主要河流水质稳定在省控标准以内。生态水景打造工程，加快滹沱河综合整治步伐，年内完成500万平方米的水面工程。启动建设防洪工程，通过扩河挖湖、筑堤蓄水、增绿造水、恢复湿地，形成12千米的滨水景观带。改造南栗明渠，新建南茵河，规划提升民心河，年内确保9.55千米河道通水。开工建设滹沱河城市森林公园，改善市区生态，美化省会环境。标志性区域打造工程，强力推进“穿城入地”，年内确保货运线外迁工程全面完工，石家庄新客站开工建设，太行街南延北展、中华大街北延至机场快速路等7条道路建成通车。适时启动城际轨道交通。加快市区主要道路沿线727栋在建单体高层建筑项目的建设步伐，年内确保500栋竣工投用，形成一批有视觉冲击力、心灵震撼力、凸显省会现代风采的标志性建筑；推进石家庄万达城市广场、裕西城市商务广场、远洋城和胜利大街地下商业街四大城市综合体建设，形成现代多元复合型高档社区和展现省会魅力的标志性区域。城市容貌整治工程，加大“四横八纵”沿线建筑物及市区6大广场美化力度，对槐安路高架、和平路高架及体育大街北延、友谊大街北延可视范围内500栋楼宇实施景观综合整治；对中山路、裕华路、槐安路及二环路沿线楼宇、桥梁进行亮化包装和夜景提升，打造点线结合、动静有序、色彩协调的夜景景观。城市管理提效工程，深入开展城市管理年活动，建立数字城管联动机制，设立以奖代拨专项资金，推进城管进社区，在精细化管理上见成效。加大综合执法力度，构建管理与执法高效统一的大城管格局。三是县城做美提档次。在加快推进组团县（市）同城化管理的同时，今年把县城建设作为一项重点，着力实施样板街打造、绿化升级、景观整治、城中村改造等工程，推进县城及重点建制镇的环境优化、功能完善、面貌改观。到年底，每个县建成一条样板街、一条夜景精品景观线、一条特色街区、2～3个面积1万平方米的综合性公园、3～8个街旁绿地、改造完成1～2个城中村。

（六）深化改革扩大开放，提升经济发展新活力。继续深化重点领域和关键环节改革，拓展对外开放广度和深度，着力完善有利于科学发展的体制机制，加快形成全方位大开放的新格局。一是深化国有企业改革。以引进战略投资者和提高企业竞争力为重点，继续深化国有企业公司制改革，完善法人治理结构，大力推进国有企业战略性重组和股份制改造，加快中小企业国有资本依法有序退出步伐，年内确保国有企业全部完成改制任务。把推进企业兼并重组作为淘汰落后产能、推动集约发展的重要措施，通过重组形成一批实力雄厚、竞争力强的大企业、大集团。二是推进公用事业改革。进一步开放城建资本市场、经营和作业市场，鼓励多种资本主体参与市政公用设施建设和经营。继续加大矿产资源整合力度，改革污水、垃圾处理收费制度，稳步推进天然气、水价格改革。三是切实做好财税金融工作。依法加强税收征管，深化实施零基预算和绩效预算，优化支出结构，保障重点支出，最大限度向民生倾斜。强化政银企合作，争取更多的资金支持经济发展，力争全年新增贷款500亿元以上。积极争取招商银行、汇丰银行等金融机构入驻我市，规范发展小额贷款公司和村镇银行。加强对17家拟上市重点企业的指导和服务，年内争取3家企业上市。全面整合五大投融资平台，集中打造综合性投融资公司，大力完善“融、借、用、还、管”一体化机制，有效防范和化解财政金融风险。四是全方位扩大开放。放眼世界各地，瞄准日韩港台，深度对接京津，承接南资北移，提高利用外资的质量和水平。大力开展产业招商，加强与世界500强和跨国公司的合作，精心组织石洽会，积极参加廊坊、香港、厦门投洽会等大型招商活动，着力引进一批“国字号”、“洋字号”大公司、大集团。积极适应对外贸易变化，大力实施市场多元化战略，紧盯重点市场，力保重点企业，狠抓重点商品，着力优化出口结构，确保传统市场不下降，新兴市场有增长。加快“走出去”步伐，支持企业进口紧缺资源、先进技术、装备和关键零部件。力争全年实际利用外资5.9亿美元，外贸进出口总值增长7.5%。

（七）高度关注民生民安，不断提高人民生活水平。进一步完善保障民生的各项制度，加大投入力度，扎实推进各项惠民工程。一是积极扩大就业。把促进就业作为经济社会发展的优先目标，多渠道创造就业岗位。积极开展就业援助，重点针对城市拆迁失业人员、零就业家庭、残疾人、低保对象和就业困难的高校毕业生，开发公益性就业岗位；落实困难企业岗位补贴、社保补贴、培训补贴政策，帮助企业稳定就业岗位。鼓励有创业能力的人员自主创业、自谋职业，以创业带动就业。健全城乡就业服务体系，从今年开始全市各类人才交流活动一律免收各种费用。年内确保城镇新增就业9.1万人，城镇登记失业率控制在4.5%以内。二是完善保障体系。进一步扩大社会保险覆盖面，逐步将中小企业就业人员、灵活就业人员、农民工、高校学生纳入社会保险范围。积极推行被征地农民养老保险，切实抓好国家新型农村养老保险试点，对参保人员缴费给予补贴，鼓励有条件的县（市）区自行开展新型农村养老保险。适当提高企业养老、失业和工伤保险待遇，稳步提高城镇职工、居民医保住院费用报销比例。三是关注困难群体。建立健全低保水平与全国同步增长机制，稳步提高低保户待遇，加强对低保边缘群体的救助，保持动态管理下的应保尽保。加大“五保”供养力度，做好敬老院、光荣院、福利院“三院合一”工作。加大分类救助力度，对低保家庭中重病重残人员、高龄老人、儿童和缺乏劳动力家庭，实施重点救助。大力发展社会福利和慈善事业。加大脱贫开发力度，力争年内实现3.3万贫困人口稳定脱贫。四是推进安居工程。加快廉租住房项目建设，年内解决5100户低收入家庭住房困难。加快城中村改造步伐，力争今明两年全部完成改造任务。继续推进旧城和危陋住宅改造，年内完成25个小区、70万平方米旧小区的环境整治。加强小街小巷整治，推进各类居民小区物业规范化管理，完善各类生活服务设施，逐步推行居民供暖分户计量收费，加强生活区停车位建设和管理，满足群众日常生活需要。继续做好与人民群众生产生活密切相关的八个方面38件实事。五是加强公共安全。牢固树立安全发展理念，健全落实各项安全生产制度，坚决遏制重特大事故发生。持续开展食品药品安全专项整治行动，全力创建“食品安全最放心城市”。大力加强社会矛盾纠纷排查调处和信访工作，进一步完善以解决问题为核心的大接访长效机制，建立涉法涉诉信访接待服务中心。加强社会应急体系建设，完善突发事件应急处置机制，做好恶劣天气等自然灾害的预警防范。切实抓好社会管理创新，加强对治安混乱地区和突出治安问题的整治，建设省会公共安全视频联网系统，对刑事犯罪活动始终保持严打高压态势，努力打造平安石家庄。

（八）全面发展各项社会事业，促进社会和谐进步。围绕优化公共资源配置，促进公共服务均等化，着力开展四大行动。一是教育事业优先行动。进一步完善义务教育经费保障机制，推进义务教育均衡发展。大力实施中小学校标准化建设和校舍安全工程，年内新建标准化学校50所，加固重建校舍500万平方米。切实加强中小学教师、校长和教育行政管理队伍建设。逐步落实教师编制和待遇。巩固职业教育规模，加快发展成人教育，创建市级示范性乡镇成人学校20所，建设一批高水平的专业实训基地和校外实习基地。二是医疗卫生提质行动。按照国家和省医改方案，加快落实近期医改五项工作，重点在建立基本药物和公立医院改革方面取得突破。进一步加强城市社区卫生服务中心建设，强化县级医疗机构和重点乡镇卫生院建设，完善农村三级医疗卫生服务网络。积极推进新农合门诊统筹试点建设，完善大额医保制度，提高住院费用报销比例。所有县（市）与市级定点医疗机构实现联网，做到“出院即报”。深入开展全民健康工程，统一建立全市居民健康档案。切实做好甲型H1N1流感等重大疫病的防控和救治工作。三是文体事业繁荣行动。坚持把文化建设作为提升省会软实力的重要抓手，进一步健全公共文化体系，启动新的市博物馆、游泳跳水中心等文体设施建设，年内确保市美术馆建成投用。全面加强县（市）区图书馆、文化馆和乡镇文化站、农村书屋建设，年内基本实现乡乡建有综合文化站。深化公益性文化单位改革，推进文艺院团转企改制，组建石家庄演艺公司。大力发展现代传媒、出版印装、影视娱乐等文化产业，举办好第五届石家庄国际动漫博览交易会，促进动漫创意产业做大做强。进一步繁荣文艺精品创作，活跃群众文化生活。认真落实《全民健身条例》，年内建设430个农民体育健身场所、23个城区健身广场，全力做好第十三届省运会备战、参赛工作，确保夺取总分和金牌“双第一”。四是市民素质提升行动。着眼于提高省会的文明度和美誉度，大力开展“六城同创”活动，扎实开展市民素质提升主题实践活动，继续推进文明社区创建，为2011年再次进入“全国创建文明城市工作先进城市”行列奠定基础。与此同时，支持工会、共青团、妇联等群众组织开展工作。动员社会各界凝心聚力、共谋发展。做好人口与计生工作，提高出生人口素质。进一步做好国防动员和双拥共建工作，巩固军民团结的大好局面。保障妇幼权益，关心老龄事业，启动建设市老年公寓，重视民族宗教工作，促进民族团结、宗教和睦，推进外事侨务、气象、防震、人防、档案等各项事业发展，推动社会全面进步。继续做好对口援建四川平武灾区工作，按时保质保量完成援建任务。切实做好编制“十二五”规划工作，力争使其成为体现国家和省战略意图、符合省会实际的好规划。

四、加强政府自身建设

当前，我们正处在加快发展、跨越赶超的关键时期，对政府工作提出了新的更高要求，必须坚持以科学发展观为统领，切实加强政府自身建设，不断提高推动科学发展的能力和水平，在更高起点上开创政府工作新局面。

进一步增强省会意识，争先进位求跨越。坚持把省会意识贯穿于政府工作的全过程，立足省会定坐标，领风气之先，立发展潮头，切实担当起省会发展重任，充分发挥示范带动作用，做全省科学发展、率先发展的排头兵；面向全国比发展，牢固树立敢为人先、事争一流的气魄和胆略，以更大的决心、更强的力度、更好的效果，推进石家庄经济社会跨越式发展，加快跻身全国一流省会城市方阵。

进一步增强服务意识，一心为民谋福祉。深化行政管理体制改革，大力推进政企分开、政资分开、政事分开、政府与中介组织分开，发挥市场在资源配置中的基础性作用。再造政府服务流程，全面实行跨部门横向联合审批制，切实做到在全省审批项目最少、程序最简、费用最低、服务最优。不断完善公共服务体系，提高公共服务水平，更好地为大局服务、为基层服务、为企业服务，千方百计为群众办实事、干好事、解难事。

进一步增强实干意识，形成务实好作风。巩固学习实践科学发展观成果，深入开展“干部作风深化年活动”，大力弘扬求真务实精神，切实解决不作为、乱作为问题，真正让各级干部不敢懈怠、不敢专权、不敢失责。全领域拓展“石家庄速度”，不断丰富其科学内涵，使之成为全市贯彻落实科学发展观的动力源泉。坚持一切从实际出发，深入基层、深入一线，察民情、说实话、办实事、求实效，着力做好事关全局的各项基础性工作，努力做出经得起实践、历史和人民检验的实绩。

进一步增强责任意识，凝心聚力抓落实。围绕严明责任、务求落实，实行严格的责任制，建立主体明确、责权对称、层级清晰、奖罚分明的责任机制；实行严格的督查制，把经常性的工作督办与深入实际的明察暗访结合起来，切实提高督查工作的严肃性和实效性；实行严格的问责制，大力治庸、治懒、治散，进一步提升政府的执行力。培育创新思维，破除思维定势，创造性地推进各项工作落实，真正把落实作为政治责任，不折不扣、不讲条件、拒绝理由、确保完成，努力形成狠抓落实、干事创业的良好氛围。

进一步增强法制意识，依法行政严要求。严格按照法定权限和程序想问题、办事情、作决策。自觉接受人大法律监督、政协民主监督和社会舆论监督，严格执行人大及其常委会的决议、决定，广泛听取各民主党派、工商联和无党派人士的意见和建议。对涉及群众利益和公共政策的重大事项，坚持按照法律、政策和规定的程序，广泛听取社会各界意见，做到依法决策、科学决策、民主决策。严格规范行政执法行为，切实加强行政复议工作，激励和约束行政执法人员严格执法、公正执法、文明执法。

进一步增强清廉意识，廉洁自律做表率。建立健全惩治和预防腐败体系，以制约和监督权力为核心，推进行政权力运行监控机制建设。严格落实廉政建设责任制，坚持用制度管权、管人、管事。切实加强工程建设、房地产开发、土地管理和矿产资源开发、国有资产管理等领域的专项治理，规范权力运行，促进公平竞争。坚持厉行节约、勤俭办事，坚决反对铺张浪费和奢靡之风。进一步完善政风行风评价体系，加大基层和群众评议比重。严格执行廉洁自律各项规定，老老实实做人，干干净净做事，切实做到勤勉尽责、秉公用权，努力建设人民满意的政府。

各位代表，困难和挑战考验着我们，责任和使命激励着我们，人民的期待鞭策着我们。让我们在省委、省政府和中共石家庄市委的正确领导下，紧紧依靠全市人民，牢记历史使命，不负人民重托，锐意进取、奋力拼搏，为建设繁华舒适、现代一流的省会城市而努力奋斗！

关于2009年市级预算及市总预算执行情况和2010年市级预算及市总预算（草案）的报告

——2010年1月22日在石家庄市第十二届人民代表大会第三次会议上

石家庄市财政局局长　李和平

各位代表：

受市政府委托，现将2009年市级预算及市总预算执行情况和2010年市级预算及市总预算（草案）的报告提请大会审议，并请市政协委员和列席会议人员提出意见。

一、2009年市级预算和市总预算执行情况

过去的一年，在市委的正确领导和市人大常委会的监督支持下，我市财政工作坚持以科学发展观为指导，以深入开展学习实践活动和“干部作风建设年”活动为动力，紧紧围绕打造繁华舒适、现代一流省会城市目标，认真落实积极财政政策，全力以赴保增长、保变样、保民生、保稳定，狠抓增收节支，深化管理改革，各项工作取得了新的进展，较好地完成了十二届人大二次会议确定的各项工作目标。

2009年，市级一般预算收入及城区分享收入完成52.23亿元，比上年增长15.81%。市级一般预算支出完成72.03亿元，占调整预算的93.19%，比上年实际支出增长40.48%。实现了收支平衡，略有结余。

市级基金收入完成29.44亿元，比上年增长70.54%；市级基金支出完成25.29亿元，比上年增长16.44%。

全市一般预算收入完成125.96亿元，占预算的100.77%，比上年增长14.47%。

全市一般预算支出完成236.37亿元，占调整预算的96.94%，比上年增长21.97%。

全市基金收入完成54.29亿元，比上年增长63.73%；全市基金支出完成50.76亿元，比上年增长24.16%。

上述预算执行情况均为快报数，待决算和省批复结算事项后还会有些变化，届时再向市人大常委会报告。

2009年我市财政工作重点抓了以下几个方面：

（一）切实加强收入管理，全力保持财政收入稳定增长。2009年，受国际金融危机持续影响，财政收入工作遭遇前所未有的困难。全市上下始终对收入工作给予高度关注，各级党委、政府主要领导亲自抓财源、谋项目、促征管，为做好财政收入工作创造了良好的外部环境。各级财税部门围绕确保财政增收，严格落实收入责任，强化依法征管，全面开展综合治税，通过部门联动，齐抓共管，挖掘潜力，堵漏增收，有力地促进了收入增长。在加强征管的同时，充分发挥财政体制激励作用，完善了搬迁企业和异地投资企业税收征管办法，对乡镇实行了统收统支加激励和较为规范的分税制两种体制模式，调动了各级发展经济、增加财政收入的积极性。一系列措施，推动了财政收入增幅逐季提高，全部财政收入一季度增长8.68%，二季度增长10.14%，三季度增长10.87%，全年达到14.18%。全部

财政收入增幅在全省11个设区市中排名由上年的第8名上升到第4名，位次大幅前移。全年全部财政收入完成310.25亿元，增收38.52亿元，首次跃上300亿元台阶。全市24个县（市）区中有19个同比实现增收，全部财政收入超过10亿元的县(市)达到了4个，其中，藁城市超过40亿元。

（二）**坚持民生为先，着力发展各项社会事业**。2009年用于民生方面的支出有了较大幅度增长，促进了经济社会协调发展。全市教育支出61亿元，增长24.08%，认真落实了义务教育经费保障机制和中小学教师绩效工资改革，启动中小学校舍安全工程，城乡义务教育阶段学生全部免除学杂费，农村寄宿贫困生和职业教育家庭困难学生得到了资助。全市医疗卫生支出20.21亿元，增长36.85%，提高了新型农村合作医疗补助标准，新农合参保率达到94.24%，大额医疗保险全面启动，城镇居民医疗保险新增67万人，比上年翻了一番，覆盖城乡的基本医疗卫生保障体系初步形成。全市社会保障支出20.44亿元，增长12.52%，五大保险做到应保尽保。努力扩大就业，全年用于就业方面的支出达到2.35亿元。拨付保障性住房建设资金5.4亿元，为5500户城市低收入家庭提供了廉租住房。全市文化体育和传媒支出3.25亿元，重点支持了乡镇文化站、动漫产业以及文化精品工程建设。国庆安保、甲流疫情防治、自然灾害救助等应急资金得到及时拨付。

（三）**发挥财政筹资作用，倾力支持省会“三年大变样”**。2009年是我市城镇建设“三年大变样”攻坚之年。为带动更多的金融资金和社会资金参与城市建设，积极推进投融资体制改革，按照政府主导、市场化运作、企业化经营的原则，整合了原有的投融资平台。新组建的五大投融资平台经总行批准的融资达680亿元，实际到位资金358.53亿元，确保了裕华路迎宾大道、槐安路高架桥、二环路快速道等20项国庆献礼工程的如期完工，一大批重点项目在年内开工建设。大力支持节能减排、污染治理，全年用于环境保护方面的投入达到7.66亿元，城市环境质量显著改善。加强对政府投资的使用管理，累计向滹沱河生态整治、石环路工程等16个政府投资的重点项目派驻了财政监察员。强化政府投资预决算评审，通过改进规范投资评审流程，吸纳中介机构参与政府投资评审工作，提高了评审效率，全年评审项目2038个，资金审减率达20%。

（四）**认真落实积极财政政策，大力促进经济平稳健康发展**。抓住中央保增长、扩内需政策机遇，争取中央投资10.2亿元，落实市县配套资金23.3亿元。严格落实增值税转型、提高出口退税率等减税政策，取消或停征行政事业性收费项目94项、政府性基金5项，减轻企业税费负担27亿元。推进国有企业改革，筹措资金3.9亿元，支持了国企改制、企业搬迁、困难企业补贴和职工安置。大力扶持科技创新，市级财政支持重点科研项目257个，吸引社会资金投入24亿元。支持中小企业担保机构建设，中小企业担保机构注册资本金达到13.3亿元，担保能力超过65亿元。安排专项资金支持了石洽会、正博会、药博会等大型招商活动，促进了对内对外开放。切实加大对“三农”支持力度，拨付粮食直补、良种补贴、产粮大县奖励等各类奖补资金12.96亿元，各项惠农支农政策得到全面落实。兑付家电、汽车、摩托车下乡补贴1.3亿元，销售家电下乡产品29万台（件）、汽车摩托车2.8万辆，拉动消费超过13亿元。

（五）**不断创新理财机制，努力推进财政管理改革**。全面落实市对县（市）和矿区分税制财政体制，调整了产业园区税收分配办法，理顺了省直管县体制管理关系。加强预算项目库建设，完善基本支出标准定额体系，扩大一般转移支付和重点专项资金绩效评价范围。市级预算内资金全部纳入国库集中支付，初步建立了国库单一账户管理体系。完善招标代理机构选用机制，政府采购更加规范、公正、透明，全市完成采购金额84.7亿元，节约资金9.3亿元。加强行政事业单位资产管理，实现了资产管理同预算管理、财务管理的结合，规范资产处置行为，资产收益纳入了财政预算管理。建立党政机关公物仓，提高闲置资产的使用效率，减少了浪费现象。认真组织开展“小金库”专项治理工作，清理取消不符合规定账户646个，查处“小金库”60个，涉及金额2270万元。对社会保障、农业综合开发、保障性住房建设等六大类重点资金开展专项检查，确保了财政资金安全高效运行。

各位代表，过去的一年，是进入新世纪以来经济形势最为困难的一年，也是我市财政工作经受严峻考验，各项工作不断取得新突破的一年。成绩的取得来之不易，这是市委总揽全局、坚强领导、科学决策的结果，是市人大、市政协监督支持的结果，也是全市各级各部门共同努力的结果。

在肯定成绩的同时，也要看到当前财政运行还存在一些不容忽视的问题：财政收入占GDP的比重和一般预算收入占全部财政收入的比重仍然较低；财务管理有待加强，“小金库”等违法违纪问题时有发生，财政资金使用中还存在挪用、浪费现象；财政管理的科学化精细化水平尚需进一步提高。这些问题需要通过进一步深化财政改革，加强财政管理，逐步加以解决。同时，也恳请各位代表和委员提出宝贵意见和建议。

二、2010年市级预算和市总预算安排情况

2010年是实施“十一五”规划的最后一年，也是“三年大变样”的决胜之年。做好今年的财政预算工作，对于进一步贯彻落实科学发展观，保持全市财政经济平稳较快发展，为实施“十二五”规划奠定良好基础，具有十分重要的意义。

做好2010年财政工作，既面临许多有利条件，也存在许多不确定因素，有很多减收增支因素需要消化。国家继续实施积极财政政策和适度宽松货币政策，省会“三年大变样”投资力度会继续保持，对经济的拉动作用进一步显现；我市加快构建现代产业体系，实施工业倍增计划，一批重点项目投产见效，将为财政增收提供坚实基础。同时，落实国家增值税转型等结构性减税政策将继续制约收入的增长；推进“三年大变样”，支持现代产业体系，都需要大量财政资金作保障；医药卫生体制改革、中小学校舍安全工程及事业单位绩效工资改革增支数额较大，财政收支矛盾仍然十分突出。

根据财政工作面临的形势，2010年预算编制的指导思想是：全面贯彻党的十七届四中全会、省委七届五次全会和市委八届五次全会精神，深入贯彻落实科学发展观，紧紧围绕打造繁华舒适、现代一流省会城市，继续实行积极财政政策，保增长、调结构、促改革、惠民生；坚持依法治税，强化税费征管，努力保持财政收入平稳较快增长；加强支出管理，优化支出结构，保障重点开支需要；深化财政改革，强化依法监督，推进财政科学化精细化管理，为实现我市经济社会科学发展、率先发展提供财力保障。

综合考虑各种增减收因素，本着积极而为、实事求是的原则，全市全部财政收入计划安排347.5亿元，比上年增长12%。其中，地方一般预算收入计划安排141.1亿元，比上年增长12%。

分征收部门安排情况是：国税系统安排190.71亿元，增长11.14%，地税系统安排131.48亿元（含省地税代征），增长13.26%，财政系统安排25.31亿元，增长12.21%。

初步汇总的全市一般预算支出安排183.58亿元，比上年预算增长12%。

按照收入计划和现行体制初步测算，市级一般预算收入及城区分享收入安排58.5亿元，加上省财政税收返还、增资转移支付和专项转移支付等各项补助，扣除上解省支出及补助县（市）区支出后，市级一般预算可用财力为54.62亿元，比上年调整预算增长11.6%。相应安排市级一般预算支出54.62亿元，比上年预算增长11.6%。从支出结构上看，机关事业单位人员经费、公用经费等基本性支出安排34.9亿元，比上年增长13.3%，占总支出的63.9%。其中，人员经费26.68亿元，比上年增长16%，占总支出的48.8%；正常及专项公用经费8.23亿元，比上年增长5.18%，占总支出的15.1%。经济建设和事业发展等专项支出安排18.21亿元，比上年增长9.4%，占总支出的33.3%。市级总预备费安排1.5亿元，占总支出的2.8%，与上年持平。

全市政府性基金收入预算安排123.8亿元，比上年增长128%；全市政府性基金支出预算

相应安排123.8亿元。

市级政府性基金收入预算安排93.3亿元，比上年增长220%。其中，国有土地出让收入安排90.9亿元，比上年增长230%。按照自求平衡原则和规定用途，当年市级政府性基金支出预算相应安排93.3亿元。

2010年预算编制坚持了集中财力办大事，支出安排做到了有保有压，重点向以下几个方面进行了倾斜：一是优先保障民生支出。在保障工资性支出的同时，支持医药卫生体制改革和中小学校舍安全工程建设，推进城乡医疗保障体系建设，提高城乡居民最低生活保障标准，开展农村社会养老保险试点，加快城镇安居工程和农村新民居建设。二是全力支持城镇建设“三年大变样”。通过整合一般预算、基金预算以及多渠道筹融资，安排资金200亿元，专项用于城市基础设施建设。其中，一般预算和基金预算安排55亿元，其他渠道筹融资145亿元。此外，安排环境保护和污染治理专项资金1.2亿元。三是支持构建现代产业体系。安排产业引导专项资金10亿元，其中，预算内安排5亿元，用于支持市级六大产业园区发展，扶持新上项目；通过筹融资安排5亿元，用于产业园区基础设施建设。安排中小企业发展专项资金10亿元，用于创业辅导、融资担保和技术支持三大平台建设。四是保证各项法定支出增长。市教育局系统支出安排5.86亿元，增长13.11%；科技支出安排2.2亿元，增长12.34%；农林水支出安排2.41亿元，增长12.44%，全部高于市级当年一般预算收入11.6%的增幅。计划生育支出安排1520万元，可比增长13.7%，按照全市总人口（剔除省直管县）和人均2.5元的标准安排。为保证重点支出，市直行政事业单位公用经费在预算标准定额基础上一律压缩10%，同时，对一般性专项经费也进行了压减。

今年的财政预算，各项支出全部细化到项目，统筹安排了预算内外资金、政府基金和部门其他收入。具体安排体现在市级政府预算文本和市直部门预算文本中，请各位代表审议。

三、确保完成2010年预算任务的主要措施

（一）依法强化税费征管，确保完成全年收入目标。加强收入工作领导，增强财税部门征管合力，依法加强收入征管，深入开展综合治税。对“5+3”企业等重点税源实行重点监控，加快财、税、库、银横向联网，提高收入分析能力，确保收入均衡入库。强化非税收入征管，认真落实收支两条线，从严控制减免。开展收入专项检查和专项治理，堵塞收入漏洞，最大限度减少跑冒滴漏，努力应收尽收。防止为完成收入任务征收“过头税”。优化税收结构，改善收入质量，提高一般预算收入占全部财政收入的比重和全部财政收入占GDP的比重。

（二）发挥财政调控作用，增强财政保障能力。综合运用财政体制、财政政策，依托财政资金和国有资产，发挥引导调控作用，加快城镇化、工业化进程。推进城市经营，加大土地收储和出让力度，增加政府收入。整合融资平台，规范资金运作，提高筹资能力，多渠道融资和向上争取资金并举，全力支持城镇建设“三年大变样”。积极推进现代产业体系建设，对六大产业园区实行独立的财税政策，对园区内企业新增和新上企业的增值税、营业税和企业所得税市级分享部分，由市财政返还园区。对新上项目给予贴息支持。对完成工业倍增计划的企业进行奖励。通过税收返还和财政贴息等措施，加快我市现代服务业发展，提升农业产业化水平，促进企业自主创新。

（三）改进财政支出管理，提高资金使用效益。严格执行市人大批准的年度预算，切实硬化预算约束，集中财力保障重点支出。提倡厉行节约，勤俭办一切事业，坚决反对大手大脚花钱和铺张浪费。从严控制行政事业单位的差旅、出国、会议、车辆油修、公务接待等经费开支，继续严格审批机关事业单位购置小汽车。推进国库管理改革，财政支出全部纳入国库集中支付范围。扩大公务卡试点，加强公务消费管理。完善事业单位经费保障机制，扩大“养事不养人”试点范围。实行行政事业单位国有资产配置定额管理，完善公物仓制度，提高行政事业单位资产使用效率。

（四）强化财政监督，推进依法理财进程。按照《会计法》要求，

加强对行政事业单位和国有企业的财务监管，制止和纠正违法违纪行为。扩大派驻试点，继续向政府投资重点项目和重点开支单位增派财政监察员。强化政府投资管理，政府投资项目全部实行预决算评审，并由审计部门进行审计监督。完善政府采购预算管理，增强公开性和透明度。加强政府债务管理，优化债务结构，防范和化解财政风险。行政事业单位国有资产收益全部纳入“收支两条线”管理，坚决纠正和查处“小金库”。

（五）切实转变工作作风，建设过硬财税干部队伍。深入开展“干部作风深化年”活动，进一步加强财税干部思想作风建设，增强省会意识、发展意识、服务意识和实干意识，解放思想，转变作风，改进服务，提高效率。强化责任分解，实行岗位问责，推动工作目标任务的落实。坚持标本兼治、惩防并举，认真落实党风廉政责任制，加强行风建设，保持财税干部良好形象。坚持依法理财，自觉接受人大法律监督、政协民主监督和社会舆论监督，严格执行人大及其常委会各项决议，及时办理人大代表建议和政协委员提案，虚心听取各方面的意见和建议。

各位代表，2010年的财政预算任务光荣而艰巨。我们将在市委的正确领导和市人大的监督支持下，深入贯彻落实科学发展观，群策群力，迎难而上，真抓实干，努力完成全年收支预算和各项工作任务，为实现省会经济社会科学发展、率先发展做出新的贡献。

关于石家庄市2009年国民经济和社会发展计划执行情况与2010年国民经济和社会发展计划（草案）的报告

——2010年1月22日在石家庄市第十二届人民代表大会第三次会议上

石家庄市发展和改革委员会主任　赵顺法

各位代表：

我受市政府委托，向大会作石家庄市2009年国民经济和社会发展计划执行情况与2010年国民经济和社会发展计划（草案）的报告，请予审议，并请市政协委员和其他列席人员提出意见。

一、2009年计划执行情况

2009年，全市各级各部门坚持以科学发展观统领经济和社会发展全局，以打造繁华舒适、现代一流省会城市为目标，以保持经济平稳较快发展为首要任务，强力推进"保增长、保变样、保民生、保稳定"，国民经济平稳较快发展，社会事业全面进步，经济体制改革扎实推进，主要计划指标圆满完成。

——**经济总量平稳增长**。预计地区生产总值实现3110亿元，增长11.1%，高于计划1.1个百分点，其中服务业增加值完成1250亿元，增长13%，高于计划2个百分点。粮食总产量实现496.6万吨，其中夏粮总产量248.1万吨，连续六年稳定增长。全社会固定资产投资完成2436.3亿元，增长41.3%，高于计划21.3个百分点，其中城镇固定资产投资完成2228.7亿元，增长41.3%，高于计划20.3个百分点。社会消费品零售总额实现1190.6亿元，增长18.4%，高于计划1.4个百分点。

——**经济效益持续增高**。全部财政收入完成310.25亿元，增长14.18%，其中地方一般预算收入完成125.96亿元，增长14.47%，分别高于计划1.18个百分点和1.47个百分点。规模以上工业利税实现485．5亿元，增长26%，高于计划12个百分点。

——**改革开放扎实推进**。国有企业改革完成48家，经营性事业单位产权制度改革完成4家，集体企业改革完成7家，城中村集体经济组织改制完成48个。医药卫生体制改革全面启动。行政审批制度改革进一步深化，全市项目审批事项由102项减少到30项，审批用章由113枚减少到11枚。实际利用外资完成5.63亿美元，高于计划0.63亿美元。引进市外资金205亿元，高于计划15亿元。

——**人民生活不断改善**。城市居民人均可支配收入16607元，增长10.3%，低于计划0.7个百分点。农民人均纯收入5977元，增长9.3%，高于计划1 .3个百分点。居民消费价格指数为101%，低于控制目标4个百分点。城镇登记失业率为3.88%，低于控制目标0.62个百分点。城镇新增就业8.44万人，高于计划0.84万人。

——**经济社会和谐发展**。8个约束性指标全部完成。万元地区生产总值能耗下降5.2%，万元工业增加值取水量下降9.4%，基本农田保有量保持在780万亩，主要污染物排放指标中的化学需氧量、二氧化硫排放量分别下降4%和6%，森林覆盖率达到28.67%，城镇参加基本养老保险人数达到94万人，新型农村合作医疗覆盖率为100%，人口自然增长率为6.72‰。市区二级以上天数达到317天，高出计划 11 天。

2009 年全市经济社会发展中还存在着一些突出矛盾和薄弱环节。一是产业结构亟需调整，新兴产业发展缓慢。现代产业不优不强不大，工业主导产业集中度不高，优质高附加值产品比重较低，战略支撑作用不强，规模以上工业增加值增长 13%，低于计划 1 个百分点；自主创新能力和核心竞争力弱，高新技术引领作用不强，规模以上高新技术产业增加值增长 10%，低于计划 6 个百分点。二是对外开放水平偏低，综合竞争力不强。重大外资项目较少，引进外资后劲不足，实际利用外资多年在 5 ~ 6 亿美元之间徘徊；自有出口商品品牌少，市场竞争能力弱，开拓新兴市场、培育新的出口增长点难度较大，进出口总值全年下降 21.2%，低于计划 36.2 个百分点。三是城乡发展不平衡，二元结构矛盾比较突出。农村经济体制改革滞后，经济发展水平不高，基础设施和技术装备落后，农村公共事业和公共服务水平较低，城乡投入与发展不协调，城乡居民收入差距呈扩大趋势，构建城乡经济社会发展一体化体制机制要求迫切。

二、2010 年经济和社会发展总体要求和主要目标

（一）总体要求和需要把握的原则。2010 年经济和社会发展的总体要求是：全面贯彻党的十七大、十七届三中、四中全会精神，深入贯彻落实科学发展观，围绕打造繁华舒适、现代一流的省会城市，以加快经济发展方式转变、保持经济平稳较快发展为核心，以工业化、城镇化“双轮驱动”为战略举措，以保障和改善民生为工作出发点，进一步打开解放思想“总阀门”，创新发展模式、突破重点难题，统筹城乡发展，努力把石家庄速度延伸拓展到各项工作中，不断提高省会首位度，奋力开创全市经济社会科学发展、率先发展新局面。

在具体工作中要把握好以下原则：

——坚持把调整经济结构和转变发展方式作为深入贯彻落实科学发展观的根本途径。按照“一产集约、二产集聚、三产集优”的思路，加快构建省会现代产业体系，努力促进经济可持续发展。

——坚持把促进经济平稳较快发展作为经济工作的主要任务。创新发展模式，破解发展难题，努力实现经济效益、社会效益、生态效益和谐发展，确保“十一五”规划各项目标任务圆满完成。

——坚持把科技创新和技术进步作为提升城市核心竞争力的中心环节。深入实施科教兴市、人才强市战略，增强创新意识、完善创新机制、培育创新人才。建立健全以企业为主体、市场为导向、产学研相结合的技术创新体系，增强全市综合竞争力。

——坚持把统筹城乡发展作为建设社会主义新农村的重大举措。结合园区建设和农村新民居建设，加强农村公共设施建设，加速工业化和城镇化进程，推动农业人口向城镇转移，推进土地承包经营权流转市场化运作，促进城乡经济社会一体化发展。

——坚持把惠民生、办实事作为一切工作的出发点和落脚点。从群众最关心、要求最迫切的事情做起，实施好各项民生工程，推进公共服务均等化，推动经济社会和谐发展。

（二）主要经济社会发展目标

——预期性指标

1、地区生产总值增长 11%。

2、全部财政收入增长 12%，其中一般预算收入增长 12%。

3、全社会固定资产投资增长 25%，其中城镇固定资产投资增长 25%。

4、服务业增加值增长 13%。

5、畜牧业产值占农林牧渔业总产值比重为 43.5%。

6、R&D 经费支出占 GDP 比重为 1.8%。

7、规模以上工业增加值增长 14%。

8、规模以上工业利税增长 14%。

9、社会消费品零售总额增长 17%。

10、实际利用外资 5.9 亿美元。

11、外贸进出口总值增长 7.5%，其中出口总值增长 8%。

12、居民消费价格指数控制在 104% 以内。

13、城市居民人均可支配收入增长 10%。

14、农民人均纯收入增长 8%。

15、城镇登记失业率控制在 4.5% 以内。

——约束性指标

1、万元生产总值能耗下降 3%。

2、万元工业增加值取水量下

降10%。

3、化学需氧量排放量下降5.2%；二氧化硫排放量下降3.9%。

4、城镇参加基本养老保险人数达到99万人。

5、新型农村合作医疗覆盖率为100%。

6、人口自然增长率控制在7.31‰以内。

7、耕地保有量57.75万公顷。

8、森林覆盖率29.42%。

三、2010年重点工作和主要措施

（一）毫不放松抓好投资。一是集中精力抓谋划。围绕国家产业政策和全市产业发展重点，加紧谋划一批对产业结构调整有重大引领作用的新兴产业项目，一批对主导产业发展有重大带动作用的龙头项目，一批对企业发展有重大促进作用的升级改造项目。加大卫星导航等重大产业链项目的谋划跑办力度，实行领导分包，专人盯办，使之尽快落地。二是突出重点抓建设。重点抓好中央投资项目和省市重点项目，积极落实配套条件，着力解决土地、资金等瓶颈制约，科学修编土地利用总体规划，加强银企对接，畅通融资渠道，确保南车集团轨道交通制造、煤机集团矿山机械制造等一批项目开工建设，河冶科技高合金特种材料产业化、鸿锐集团35亿只PVC手套等一批项目竣工投产。三是全力以赴抓协调。积极争列省重点项目，确保项目数量、投资总量、单体规模实现突破。继续实行重点项目责任制和定期调度制度，加强协调服务、跟踪督导，确保按时间节点完成进度。加强中央投资项目建设和管理，确保各项政策落实到位。加大考核力度，严格落实奖惩。

（二）坚定不移调整结构。一是大力推进科技创新和技术进步。制定完善鼓励企业增加研发投入的政策措施，加大财政科技资金投入力度，确保R&D经费占GDP比重达到1.8%。围绕做大做强主导产业，推动形成以石药、华药等优势企业为主体的产学研联盟，集中力量突破一批关键技术。组织实施一批重大创新能力和高新技术产业化项目建设。加大人才培养和引进力度，以高素质人才支撑创新型经济发展。二是大力推进服务业发展。充分发挥省会比较优势，优先发展文化产业、现代物流、商贸流通、金融保险、信息软件、旅游、会展等行业，特别是重点发展文化创意园区、物流园区、第三方物流服务外包园区，培育物流业龙头企业。抓好开元环球中心、万达广场等“20+X”商贸项目和正定国际物流园区、北方农产品物流中心等“10+X”物流项目，促进服务业整体水平提质进档。三是大力推进重点产业调整振兴。用足用好支持构建现代产业体系的政策，明确责任分工、时限要求和具体措施，完成《关于加快构建省会现代产业体系的意见》及生物、装备制造、化工、现代服务业、纺织、电子信息等6个产业调整振兴实施意见确定的任务目标。研究制定加快发展新兴产业的总体思路和专项规划，选择生物医药、生物育种、新能源、新材料等具备突破条件的新兴领域，启动一批研发、产业化和市场推广重大专项，加快战略性新兴产业发展。组织起草“十二五”规划纲要(草案)及专项规划，适时提交市人大审议。

（三）扎扎实实建好园区。一是科学编制规划。按照园区向城镇集中、企业向园区集中的原则，有序实施园区资源整合和布局调整。认真编制园区规划，加强相关县市与土地、规划部门对接，形成比较完善的规划体系，做到园区规划与城乡统筹规划相结合，园区建设与新民居建设相衔接，力争将各个园区建设成为城乡统筹的样板。二是加快基础设施建设。研究基础设施建设市场运作的具体办法，鼓励企业和社会力量参与，解决建设资金短缺的问题。研究制定土地流转具体政策措施，探索园区建设与城镇化建设互动发展机制，积极破解土地瓶颈。加强与供热、供气、供电等企业的沟通，及时跟进建设，确保园区基础设施一步到位。三是加大扶持力度。落实好政府引导资金、发投10亿元资本金、各县市2%预算资金以及土地收益、新增税收返还等政策，以项目委托开发建设为手段，统一规划施工，抓好“九通一平”建设，为园区招商引资创造条件。四是启动高端医药产业园建设。将河北（石家庄）高端生物医药产业园区建设提到重要议事日程，建立健全体制机制，制定完善扶持政策，明确目标，落实责任，搞好协调，加速推进，确保年内取得明显成效。

（四）全力以赴确保变样。一是完善城市基础功能。在完成城市总体规划修编的基础上，抓紧编制滨河新区详细规划和起步区设计，启动新区建设。加快京石、石武客运专线建设，推进“穿城入地”隧道工程，尽快启动新客站、石济客运专线和石太高速二通道建设。实施主城区至有关县（市）道路市政配套和管网的延伸拓展，形成主城区至组团半小时交通圈，主城区至其它县城一小时交通圈。二是改善城市生态环境。加快滹沱河综合整治，建设南水北调配套工程，形成由滹沱河、内外环水系构成的滨水景观生态长廊；打造东垣古城森林公园等一批精品公园；继续实施封山育林、太行山绿化等工程，构建布局合理、功能完善的生态保护屏障，促进省会生态环境质量大幅提升。三是提高城市舒适宜居程度。推进公交优先、公交通达和综合场站工程，方便市民出行。加强对“四横、八纵、一环、六场”沿线区域综合整治和市容环境卫生治理，提高城市整体靓化水平。打造民族路、大经街、南小街等一批特色街道，构建代表石家庄形象和品位的繁华特色街区。建设博物馆、艺术场馆，增设城市雕塑，逐步提升主城区文化品位。

（五）**统筹发展农村经济**。一是提升农业综合生产能力。抓好粮食产能提升工程，落实好小麦玉米良种、优质奶牛良种、生猪良种等各项补贴政策，做大做强良种产业。做好农用物资的贮备和供应，搞好农资质量、价格专项检查。加强农业气象灾害监测、预报、预警，做好重大动物疫病防控工作。二是发展农业产业化。围绕果蔬、粮油、肉、蛋、奶等农业特色产业，推动果蔬生产集约化、设施化、规模化、标准化，建设一批面粉、食用油、肉类等深加工项目，规范肉蛋奶产品的经营管理，新建扩建一批标准化规模养殖小区，打造知名行业龙头和农产品加工产业集群。三是加快农业基础设施建设。抓好大型灌区续建配套和重点行洪河道整治，完成横山岭、口头两座大型水库和10座小型水库的除险加固，建设一批高效节水示范项目，加快推进农村公路以及保障饮水安全工程等基础设施建设。四是推进城乡统筹发展。研究制定推进城乡统筹发展的政策措施，探讨土地流转模式，促进土地集约化经营，加强农村基层经济组织建设，推进农业产业化生产。加强综合配套改革试点工作，统筹城乡基础设施和公共服务建设。创新金融支农机制，健全农业保险制度。抓好农村扶贫开发，提高农村义务教育、基本医疗服务、公共文化体系建设和社会保障水平。实现农村稳定、农业增效、农民增收。

（六）**多措并举提速增效**。一是打好工业攻坚战。继续开展“转作风、摸实情、解难题、保增长”活动。强化帮扶责任，突出帮扶重点，为企业提供针对性服务。对200万元以上的亏损大户实行主要领导分包制度，确保减亏增盈。指导停产半停产或经营困难的中小企业搞好适应性调整，帮助其尽快恢复生产、脱困增效。继续组织好我市产品与重点项目产需对接，扩大地产品市场占有率。出台支持工业发展的政策措施，加大对工业生产的支持力度，促进工业经济大发展。二是保障要素供应。搞好重要行业、重点企业和关键时段生产要素的供需衔接，加强煤电企业调度，稳定电煤供应；强化电力需求侧管理，做好电力保障工作；密切关注成品油、天然气市场变化，加强与有关方面的协作，确保油气供应；积极争取铁路部门支持，保障重点企业、重要物资运输。三是加强监测预警。完善“5+3”企业运行监测和预警体系，坚持定性分析与定量分析相结合，深入分析企业运行中的突出问题，及早发现和解决苗头性、倾向性问题。适时发布相关经济政策和市场动态信息，引导企业趋利避害，提高生产经营效益。

（七）**强力推进节能减排**。一是强化目标责任管理。认真执行节能减排“一票否决”制，层层分解目标，落实责任，兑现奖惩。严控新上“两高”项目，实行地区GDP能耗增量控制，超过增量指标的停批新建项目。二是狠抓耗能大户。在6大高耗能行业继续实施燃煤工业锅炉改造、热电联产项目、电机系统节能等十大重点节能工程，着力推进节能减排技术产业化示范和推广，推进钢铁、化工、建材、煤炭、电力等重点行业循环经济发展。三是严控污染排放。加快企业搬迁，适时拆除分散燃煤锅炉，重点治理烟尘、二氧化硫和建材行业粉尘污染。抓好污水、垃圾处理设施建设，加大水污染防治力度，对水质超标县（市）区扣缴相应财政资金，对连续2个月水质超标的县（市）区实施限批预警。

（八）**千方百计扩大内需**。一是增强居民特别是低收入群体的消费能力。调整和优化收入分配格局，提高居民收入在国民收入中的比重及劳动报酬在初次分配中的比重；政府财政预算和政策导向更多地向农村、教育、卫生和社保等领域倾斜，消除低收入群体的后顾之忧，进一步释放消费潜能。二是进一步拓展消费空间。落实好家电下乡、汽车下乡、住房交易税费减免等政策；增加中低价位、限价商品房和廉租房供给，合理引导房地产市场价格；大力发展商贸流通、文化创意、社会化养老、旅游、体育健身等服务消费，努力扩大消费需求。三是优化消费环境。扩大消费信贷，抓好涉农、涉企、教育、卫生以及资源能源等领域价格收费的监督检查，加强行政事业性收费管理，治理不合理收费项目，全面清理涉及居民用水、用电、用气等垄断性经营服务收费，维护市场秩序和人民群众的合法权益。

（九）积极推进改革开放。一是加大企事业单位改革力度。研究修订国有企业改革政策，年内确保完成24家国有企业改革、二环路以内"城中村"集体经济组织改制和集体资产处置工作，做好市直集体企业改制收尾工作。研究制定事业单位改革政策，力争在事业单位改革上有大的突破。制定出台促进中小企业发展的政策意见，进一步优化发展环境。二是统筹推进各项综合改革。继续加大投资体制改革力度，推行政府投资项目后评价和重点项目公开公示制度。加快财税改革，加强税收征管和非税收入管理，保障社会事业发展、公共安全等领域支出。全面启动医药卫生体制改革，进一步深化公用事业改革，稳妥推进收入分配制度改革和资源环境价格改革。三是做好招商引资工作。瞄准世界跨国公司开展小团组招商，力争在生物医药、装备制造、现代服务业等方面实现较大突破；组织企业参加"3.26"香港、"5.18"廊坊、"9.8"厦门等投洽活动，精心办好石洽会；抓好与央字号、国字号企业以及与珠三角、长三角、环渤海地区合作。四是促进对外贸易增长。组织出口企业参加境内外知名展会，开拓国际市场，扩大出口规模；加强品牌建设和知识产权保护，开发核心技术，开发适销对路产品，提高出口产品科技含量和市场份额。

（十）突出重点保障民生。一是扩大就业再就业。扶持劳动密集型产业和中小企业加快发展，多渠道增加就业岗位，发挥好重大项目建设对就业的带动作用，最大限度提供就业机会；加大劳动保障监察执法和劳动争议调解仲裁工作力度，维护劳动者合法权益。二是完善社会保障。建立健全社会保障体系，努力扩大社会保险覆盖面。加快实施保障性安居工程，扩大实物配租比例。三是加快教育、卫生、文化事业发展。推进义务教育均衡发展，继续实施农村初中校舍改造工程，大力发展职业教育和素质教育，支持一批中等职业学校改善基础设施条件。完善城镇医疗保险和新农村合作医疗保险，健全基层医疗卫生服务体系，促进公共卫生服务均等化。加大图书馆、文化馆、农村社区图书室、文化室等公共文化基础设施建设。四是维护社会和谐稳定。做好民族宗教工作，加强社会救助、社会福利、养老事业以及慈善事业发展，搞好普法宣传和法律援助，确保社会和谐稳定。继续抓好与群众利益密切相关的38件实事。

要事辑录

石家庄市城镇面貌“三年大变样”工作取得显著成效

2008年起，石家庄市落实省委、省政府“三年大变样”决策部署，坚持以科学发展观为指导，紧紧围绕打造繁华舒适、现代一流省会城市的目标和“做城市就是做产业、做民生、做城乡统筹”的要求，综合统筹抓谋划，超常突破抓推进，创新求实抓制度，强化保障抓融资，科学、规范、高效、有序推进城市建设“三年大变样”工作，创造了以解放思想、科学决策、开放市场、转变作风、统筹兼顾为主要内涵的“石家庄速度”。至2009年末，两年累计完成投资1770.7亿元(2008年完成729.4亿元，2009年完成1041.3亿元)，其中市本级城建投资240.5亿元（2008年完成58.2亿元，2009年完成182.3亿元），超额完成“五项目标”70%的工作任务，取得六个方面的进展。2009年12月29日，省委书记张云川在调研省会“三年大变样”工作时指出，石家庄市以实实在在的工作成果，拉动了经济社会事业和民生发展，在全省产生了很好的影响，用自己的实践证明了省委、省政府“三年大变样”的决策是正确的、可行的。省长陈全国指出，石家庄市思想上重视、行动上自觉、措施上过硬、观念上更新、方法上得当、成效上明显，抓出了省会的新面貌。

一、规划引领作用增强

把规划作为城市建设的龙头，明确定位，完善机制，开放市场，规划的超前引导作用进一步强化。一是聘请中国城市规划设计研究院等知名设计机构，修编了城市总体规划，编制了空间发展战略规划和滨河新区概念规划，明确了“河北省会，京津冀第三极，全国重要的现代服务业和生物产业基地之一”的城市定位，确定了“一城三区三组团”的城市空间布局结构，提出了“远期人口规模为500万”的发展目标，为省会长远发展奠定了坚实基础。二是开展规划设计集中攻坚专项行动，完成包括23项省政府规定任务在内的86项中心城区规划设计和导则标准以及干线路网规划、公路运输总体规划、城乡交通一体化规划等一批综合交通规划，形成从市区到乡镇、从总规到控规、从导则到标准全面覆盖、配套衔接的城镇规划体系。三是成立规划审批委员会和城乡规划建设专家咨询委员会，对城市总体规划、分区规划、控制性详细规划和重要地段、主要节点的建筑单体规划进行咨询论证、集中审批。2009年共召开规划审批委员会11次，审议各类规划及重大项目76项，保证了规划决策的科学性。四是以公开竞标的方式邀请36家世界顶尖、国内一流的规划机构参与规划设计，每项规划的三套方案中至少有一个方案由境外设计单位承担，极大提高了规划设计水平。

二、城市环境质量持续改善

“三年大变样”工作始终把大气和水环境质量改善放在首位，两年共削减燃煤350万吨，主要污染物二氧化硫、二氧化氮达到了国家二级空气质量标准，PM10较2007年下降18.8%，市区二级以上天气达到317天，碧水蓝天城市景观日益显现。一是污染企业搬迁进展顺利。49家重污染企业，已完成22家重污染企业搬迁改造，13家企业正在建设，超额完成两年搬迁17家企业的任务。二是粉尘污染治理步伐加快。122座水泥机立窑全部拆除，结束了水泥机立窑生产的历史（2008年拆除59台，2009年拆除63台）。拆除分散燃煤锅炉305台（2008年拆除175台，2009年拆除130台）。推广优质低硫煤1189万吨（2008年推广581万吨，2009年推广608万吨）。三是水环境治理加速推进。进一步加强了岗南、黄壁庄水库以及滹沱河区域62眼水源井的监督管理和水质监测，集中饮用水源地水质达标率稳定在100%。桥东、桥西、桥西二期、高新区和滹沱河污水处理厂建成投用，日处理能力达到100.7万吨，城市污水处理率达到80%以上。主要河流滹沱河、汪洋沟、河、邵村排干渠出境断面COD浓度同比2007年分别下降85.6%、68.9%、58%和24.4%，水环境质量得到进一步改善。四是固体废物处置得到加强。峡石沟垃圾卫生填埋场、灵达垃圾焚烧厂运转正常，日处理垃圾2000余吨，生活垃圾处理率达到80.7%。医疗废物处置工作进一步规范，全市二级以上医院医疗废物全部实现集中统一处置，处置率达到100%。还强化了危险废弃物和工业固体废物管理，处置率分别达到100%和92.6%。

三、城市承载能力提高

按照建设精品、打造靓点、完善功能、提升水平的思路，积极推进城市基础设施建设，两年共新改建城市道路195千米，新增集中供热1348万平方米，城市综合承载能力不断增强。一是基础设施日趋完善。积极推进石家庄铁路枢纽改造工程，货运外迁、六线隧道征地拆迁基本完成，石家庄新客站正在完善设计，计划2010年3月1日开工建设。加快实施路网完善，石环公路于2009年5月1日与石太、石黄高速公路实现连通，总投资30亿元的二环快速路提升工程和总投资94.8亿元的以裕华路改造、槐安路高架及和平路高架桥为主要标志的20项国庆60周年献礼工程如期竣工，304条小街巷完成整治，省会路网结构进一步优化，城市交通更加便捷通畅，人民群众出行环境明显改善，城市综合承载能力明显提升。二是公交优先全面实施。新购置的600部新型天然气公交车全部启用，市区万人拥有公交车辆达到14.2标台，公共交通事业迈上新台阶。三是公用设施建设快速推进。供水管网不断延伸拓展，城市供水普及率稳定在100%。完成了30万户居民用户、345家公福用户和15家重点工业用户的“煤改气”，天然气使用比重大幅提升。2009年末，全市集中供热面积达到6748万平方米，集中供热普及率达到80%以上。四是两厂（场）建设步伐加快。列入省考核目标的13个污水处理项目和16个垃圾处理项目全部开工建设，其中10座污水处理厂和3座垃圾处理厂建成投用。市辖18个县（市、矿区）已全部按标准开征污水处理费和垃圾处理费。五是投融资能力增强。坚持政府主导、市场运作、适度负债的理念，按照“借得来、用得好、还得上”的原则，充分发挥地产、城投、财贸、发投和建投五大平台的融资作用，通过与中信信托、中融国际信托、渤海信托和工行、中行、农行、建行、农村信用社等金融机构的广泛对接和合作，2009年共实现融资685.7亿元，实际到位385.3亿元，有力保障了“三年大变样”工作顺利实施。在此基础上，积极引进战略投资者参与城市建设，2009年上半年与中国冶金科工股份有限公司签署《石家庄市城市综合项目框架协议》，签订了总投资562亿元的城市综合项目，先期40亿元投资已经到账，太行大街南延北展工程、保晋南街、金刚生活区改造等3个项目正在抓紧实施。2009年9月19日至21日，成功承办了第二届城博会，经过与会客商充分洽谈和友好协商，签订30个项目、总投资达475亿元，为省会建设提供了有力的资金保障。

四、城市居住条件改观

坚持以人为本、改善民生，大力推进“三改一保”，努力提升市民居住水平，群众居住环境更加舒适。一是城中村改造稳步推进。列入改造任务的53个城中村全部启动改造，完成拆迁525万平方米，腾地6.39平方千米，建成回迁房14049套，已安置居民8423户，占应安置户数的88%。二是危陋住宅区改建步伐加快。出台了《关于加快城区危险住房改造的实施意见》和《关于进一步加快保障性安居工程建设的实施意见》等一系列支持性政策措施，对危陋住宅改建项目予以城建收费减免，促进了危陋住宅区改建工作的快速实施。两年来，共启动危陋住宅改建项目20个，完成拆迁92.8万平方米，累计开工134万平方米，通过补偿安置解决了5983户低收入困难家庭的住房困难。三是旧小区改善力度加大。按照“干净、卫生、有序”的要求和房屋整修、环境治理、违章拆除、设施补建、节能改造的改善标准，在2008年改善旧小区78.2万平方米的基础上，2009年对21个、162万平方米的旧小区实施了综合改善。同时，对91个小区、345万平方米的旧小区实施了以道路整治、排水整修、绿化完善等为主要内容的专项改善，使市民的居住环境得到了明显改善。四是住房保障深入推进。按照“应保尽保”的原则，2008年、2009年分别为1.4万户和2.8万户家庭提供了廉租住房保障，两年累计发放廉租住房补贴7695万元，超额完成了省下达的目标任务。申请中央投资补助的8290套廉租住房项目全部开工建设，其中870套已经竣工入住，其它正在加速推进。通过集中配建、市场购买和社会租赁等途径，两年共为6911户低收入住房困难家庭提供了廉租住房实物配租保障，其中市区6370户，县（市）和矿区541户。在2008年建成52万平方米、8011套经济适用房的基础上，2009年已竣工经济适用住房63.4平方米、6940套，有效改善了低收入家庭的住房条件。

五、城市环境容貌明显整洁

围绕打造第一清洁城市的目标，大力实施拆迁拆违、环境整治、园林绿化和夜景建设，城市容貌环境更加整洁优美。一是大力实施拆迁拆违。按照应拆尽拆、一步到位的原则，以“46215”即四横六纵、二环路和十五个主要出入市道路两侧各100～200米纵深范围为重点，大力实施拆违、拆临、拆破、拆旧、拆陋“五拆”并举，并逐步向次干道和小街小巷延伸，取得了突破性进展。两年来，市区共拆迁各类建筑1449万平方米，人均拆迁5.7平方米，主要街道两侧实现了无违法建筑、无超期临建、无实体围墙的目标。二是综合整治市容市貌。围绕打造清新靓丽的城市环境，深入开展了以整治乱贴乱画、乱摆乱放、乱倾乱倒、乱拉乱挂为主要内容的城市容貌环境综合整治专项行动，共清理积存垃圾5万立方米，拆除京石、石太、青银高速市区范围内的广告塔239座，规范整治广告牌匾3万平方米，清理小广告2万余张，清理卫生死角800余处，擦洗护栏1万余米，清理草坪广场12万平方米，城市环境容貌得到了明显改观。同时，按照“整体规划设计，分级组织实施，打造亮点工程,突出城区特色”的整体思路，对市区“4862”沿街两侧可视范围内的建筑实施了综合整治，共粉刷楼宇2273栋，清洗436栋，整饰332栋，“平改坡”1536栋，沿街景观容貌明显改观。三是加速实施园林绿化。两年建成了6座公园、5座广场、73块街旁绿地，新增公园绿地867顷（其中2008年新增358公顷，2009年新增509公顷），人均公园绿地面积达到了11.76平方米，较2007年新增3.06平方米。四是高标准实施夜景亮化。聘请清华城市规划院光环境设计所，对裕华路、中山路、中华大街等道路和火车站广场等区域近450栋楼宇进行了统一规划设计，动员社会力量积极参与夜景亮化实施，初步形成了以火车站广场为中心,以中山路、裕华路为主线，以重要节点为依托的，具有石家庄特色的夜色景观。

六、城市管理水平大幅提升

围绕提高城市管理水平，积极推进城管体制调整、管理方式变革和建筑节能推广，城市管理日趋科学、规范、精细、高效。一是按照分级负责、重心下移、责权一致、分步实施的原则，对槐安路、裕华路、中山路、二环路和植物园、动物园、民心河、太平河以外的其它道路和园林绿化管护权限以及408名管理人员全部下放各区，“两级政府、三级管理、四级服务”的城市管理格局初见成效。二是按照统一设置标示、统一收费标准、统一收费票据、统一人员着装、统一人员管理“五统一”的要求，修订了《道路停车场管理办法》，调整了停车场管理体制，实现了道路停车管理的规范化。三是全面实施万米网格化管理。石家庄数字化城市管理系统于2009年5月20日正式运行，2009年9月11日顺利通过国家住房和城乡建设部专家组验收，并成为全国数字化城市管理试点城市。石家庄数字化城市管理系统自运行起共发现各类城市管理问题52.8万件，平均每天2399件，结案率达到96.9%，城管问题发现率和处理率明显提高。四是积极推广供热计量与建筑节能工作。认真贯彻落实国务院《民用建筑节能条例》、《河北省民用建筑节能条例》等法规规章，严格执行新建建筑安装热计量和温控装置的有关规定，以改善建筑功能和质量为目标，强化建筑节能监督管理，新建建筑节能设计标准执行率和施工验收阶段建筑节能标准执行率均达到100%。省下达石家庄市200万平方米“十一五”既有建筑供热计量及节能改造任务，其中80万平方米完成改造，20万平方米完成管网改造，70万平方米完成建筑能耗分析、节能诊断、改造方案设计、专家论证等工作。同时，积极推进可再生能源应用，将太阳能热水系统与民用建筑一体化技术、可再生能源技术应用工作纳入建设管理程序强力推进，两年来，可再生能源应用面积达到286.3万平方米。

实践表明，“三年大变样”立意高远，内涵丰富，影响深远，是贯彻落实科学发展观的生动实践，是加快推进城市化进程的重大战略，是保增长、扩内需、调结构、惠民生的有力抓手，是推进城市建设协调、健康、可持续发展的强大动力，更是石家庄市面临的一次重大机遇。

首先，大变样激发思想观念大解放。用三年时间实现城市面貌大变样，是一项十分艰巨而繁重的任务。因此，石家庄始终把解放思想作为推动工作的“总阀门”，作为实现突破的“金钥匙”，将学习实践科学发展观活动和推进城市建设“三年大变样”紧密结合，积极教育和引导广大干部职工抢抓机遇，解放思想，大胆破除思维定势，勇于摆脱路径依赖，坚决走出不可能怪圈，全力破解规划、拆迁、建设、资金、土地等方面遇到的各项困难和问题，确保各项工作稳步推进。2009年，为解决资金难题，在完成融资683亿元的基础上，进一步加大土地收储力度，通过垄断土地一级市场，努力为城市建设筹集更多资金，共储备土地2万亩。正是大胆解放思想，才有了两年投资1111亿元、实施五大工程、146个项目的布局谋篇，四月修起两条路、一天拆除一座楼的超常速度，跨河发展、建设新区的宏伟构想和房地产项目审批仅需23枚公章、7个工作日的优越环境。

其次，大变样促进投资环境大改善。通过两年来“大变样”工作的快速推进，城市空间结构布局得到进一步优化，城市综合承载能力得到进一步提升，城市形象品位得到明显改善。在城市建设快速推进的同时，政务环境得到显著优化，干部作风得到很大转变。将修一条十几千米的路需要一年半甚至两年时间，变成仅需四个月甚至更短时间；将拆除200多户、3万多平方米的建筑需要一两个月时间，变成仅需要11天。城市面貌的迅速改观，发展环境的不断优化，促进了资本、人才、项目等生产要素加速涌入，使城市经济聚焦、经济释能和经济辐射能力明显增强，城市的核心竞争力大幅提升，城市的吸附效应愈加明显，众多国内外大集团、大公司纷纷前来投资置业，大连万达、中冶科工、广州恒大、中电投、湖北蓝特、江苏雨润、苏宁电器等战略投资者和重大产业支撑项目已落户石家庄。2009年石家庄“三年大变样”共完成投资1041.3亿元，同比增长46.8%，拉动城镇投资增长19.8个百分点，拉动GDP增长2.9个百分点，确保了“保增长”目标的实现。

第三，大变样催生城市力量大凝聚。人民群众切实从大变样中感到了变化、得到了实惠。在谋划项目时，石家庄从改善群众居住和生活环境入手，筛选确定了与人民群众密切相关的15大类、1557项民生工程。为还绿于民，石家庄拆除了41年之久的市委机关办公楼，建设了公园绿地；为方便市民出行，石家庄投资5亿元购置了600部公交车，增辟了公交线路，增加了发车频次；为改善群众居住环境，石家庄对112个旧小区进行环境整治。在实施过程中，通过市长公开电话、城管便民热线等多种途径，广泛征求群众意见和建议并认真研究采纳，如原定整修225条小街巷，后采纳民意，又增加了79条坑洼不平、通行不便的小街巷，基本解决了市区内影响通行的道路，惠及近200个小区、100万城市居民。在推进拆迁中，及时出台货币补偿和异地安置政策，对于选择货币补偿的，补偿金额适当上浮，并积极帮助被拆迁户提供临时过渡房和免费搬家等服务，赢得了群众的理解和支持。2009年共拆迁543万平方米，没有发生一起上访或群体性事情，实现了和谐拆迁。在道路建设中，从保障市民出行出发，提前研究制定文明施工、保障通行的具体措施，并进行广泛宣传，使群众提前了解出行路线变化情况，灵活选择出行路线和出行方式。随着“三年大变样”各项工程的快速推进，城市建设成果更多地惠及了市民百姓，广大市民切身感受到了眼前的变化、脚下的变化和身边的变化，人民群众的满意度大幅提升，全市上下凝聚力明显增强，整个社会更加和谐稳定。

加强干部作风建设 推动经济社会又好又快发展

——2009年石家庄市干部作风建设年活动纪实

按照省委、省政府总体部署，石家庄市于2009年2月17日启动干部作风建设年活动。此项活动紧紧围绕“领导沉下去、干部动起来、群众感受到”和“打造‘五最城市’，努力走在全省最前列”的目标要求，坚持深入学习实践科学发展观活动和实现“四保”目标有机结合，优化政务环境和投资环境，强力推进“十个一”工程，扎实开展“八项活动”、建立“八项制度”，精心谋划、统筹推进、务求实效，较好地完成各阶段的工作任务，取得了重大成效，受到河北省干部作风建设年活动办公室（简称省作风办）和社会各界高度肯定，有力地推动了全市经济社会又好又快发展。

一、加强组织领导，精心谋划部署，扎实推进干部作风建设年活动

坚持把干部作风建设年活动作为贯穿全年重要政治任务和“一把手”工程来抓，通过加强领导、严格责任、强化督导等措施，推动全市干部作风建设年活动深入扎实开展。根据省委、省政府关于开展干部作风建设年工作的总体部署和要求，全市各级各单位全部成立了相应领导机构和工作机构，主要领导亲自挂帅牵头抓总，分管领导具体负责抓落实。一是认真谋划部署。按照省委、省政府的部署，市委、市政府坚持把省规定动作与石家庄市实际相结合，突出省会特色，以切实解决发展环境不优、干部作风不佳等问题为重点，谋划实施了以“清理和削减一批收费和审批项目”、“取消和规范一批评比达标表彰活动”等为主要内容的“十个一”工程，强力推进，务求实效，实实在在地解决存在问题。同时，在每个阶段，按照省作风办部署与要求，结合石家庄市实际，先后谋划开展了“千村千企帮扶”、“服务窗口亮起来”、“民主恳谈”、“干部工作纪律、组织纪律集中整饬”等系列活动，切实增强活动的针对性和实效性。二是细化任务目标。将干部作风建设年活动的各项任务目标以及体现石家庄市特色的“十个一”工程全部进行责任分解，逐项明确工作目标、时间要求、责任单位、责任人和牵头市级领导，做到目标明确、任务具体、责任到位，并逐级建立工作台帐，实行挂帐督办，跟踪问效。对每个阶段工作都制定工作要点和督导检查重点，明确完成时间、具体要求和工作标准，实行周汇总、月调度、季通报制度，逐阶段组织开展“回头看”活动，查漏补缺，发现问题及时解决。三是强化指导调度。通过召开培训会、调度会、观摩研讨会、实地督导检查、编发活动简报等形式加强综合协调、工作交流和指导调度。市活动领导小组除每个阶段召开全市干部作风建设年活动办公室（简称市作风办）主任会议进行阶段性总结和动员部署外，先后6次对全市两项活动进展情况进行专题调度，提出明确要求，研究解决工作中出现的新情况、新问题；市作风办也先后8次召开工作调度会、观摩会、研讨会，对24个县（市）区和市直重点部门活动开展情况以及“十个一”工程进展情况分批进行调度督导；各指导检查组深入一线明查暗访，通过查阅资料、走访座谈、建立督导台帐等形式，加强跟踪督导，及时掌握活动开展情况，提出

意见建议，督促解决存在问题。同时，针对不同层次、不同部门领导班子和干部情况，确定督导重点，搞好分类指导。

二、强力实施“十个一”工程，下大力优化发展环境

把“十个一”工程作为推进干部作风建设年活动的重要载体和重要抓手，通过实行责任分解、建立工作台帐、强化调度督导、量化目标考核等措施，强力推进，重点突破，务求实效。一是大幅清理、削减行政审批和收费项目。按照“应削尽削、能减必减、不留死角”原则，对全市所有行政审批、行政许可和各类收费项目进行全面清理、削减和规范。全市固定资产投资项目行政许可和行政审批事项，由102项减少到30项，备案（核准）类许可审批时间由原来60天减少到13天（政府投资类许可审批时间由原来60天压缩到17天），公章由原来166个减少到28个，三项削减率分别达到71%、78%和83%。其中，房地产项目审批公章由166个减少到23个，审批时间由60天缩减到7天，普通住宅类房地产项目全部纳入“绿色通道”，对重点项目发放VIP绿卡，对具有行政审批权的所有窗口单位，重新研究审批机制、设计审批流程、规范审批模式，最大限度地减化程序、提高效能。对全市行政事业性收费、政府性基金等各类收费项目进行全面摸底调查，提出削减、规范意见。二是取消、规范评比达标表彰和办班培训活动。全市评比达标表彰和考核项目共保留30项，撤销150项，撤销项目涉及资金438.33万元。市级以下党委、人大、政协和法检两院、人民团体等部门自行设定的评比达标表彰活动与党政机关各类考核活动已全部取消。全市共清理办班培训520个，取消105个，合并39个，减少经费120余万元。三是精简和压缩会议、文件。出台了改进会风、文风等规定，2009年全市性会议比上年减少40%，市本级会议经费支出减少10%，文件数量减少20%，因公出国（境）经费支出在近3年平均数基础上压缩了30%。四是完善优化发展环境制度规定。出台了《石家庄市县（市）区、市直部门领导班子和市管干部贯彻落实科学发展观年度考核办法（试行）》、《关于进一步优化企业发展环境的意见》等促进作风转变、优化发展环境、推动科学发展的制度规定。全市各级共废止、修订和完善各项制度规定4273项，新建945项，一套较为规范的长效机制正在逐步建立健全。五是深入推进干部人事制度改革。制定出台了《关于加强县级干部交流工作的实施意见（试行）》、《石家庄市直机关科级以下公务员轮岗实施意见（试行）》等五个规范性文件，对县级领导干部及重点部门、重点岗位中层干部轮岗、交流，干部公开选拔、竞争上岗、转岗轮岗等推进干部人事制度改革做出明确规定。全年交流干部649人次，公开竞争上岗175人次，公开选拔122人次，转岗轮岗306人次，极大地增强了干部队伍活力。六是加强优质服务窗口和行政服务中心建设。按照“一门受理、一口收费、程序最简、审批最快、服务最优、环境最好”的标准要求，市委、市政府先后出台了具体规定，对优质服务窗口建设和行政服务中心建设提出硬性的标准要求。对全市首批确定的59个优质服务示范窗口和市县两级行政服务中心逐一进行检查指导，规范建设，以点带面。全市各级共建立较为规范的服务窗口328个，行政服务中心21个，其中进驻市县两级行政服务中心的窗口单位557个。七是严肃查处作风类案件。围绕规范行政行为、提速提质和树立形象，全市共查处违反工作纪律、对群众态度蛮横、乱收费、不作为、乱作为等作风类的典型案件和问题550起，给予党纪处分95人，政纪处分69人，诫勉谈话243人，通报批评203人，调离岗位20人，责令辞职6人，并通过召开新闻发布会、印发反面典型案例、通报批评、媒体曝光等形式，在全市集中开展警示教育活动，较好地发挥了警示教育作用。八是大力兴办利民实事。紧紧围绕群众关心和反映强烈的热点难点问题，创新举措，集中攻坚，重点突破。全市各级先后出台便民利民措施4856项，兴办好事实事13527件，解决涉及企业生产经营和群众关心的热点难点问题8765个，有力地促进了社会和谐稳定与发展。九是着力化解矛盾隐患。严格落实“两包一保”责任制和市县乡三级大接访等制度。本着把问题解决在基层、化解在萌芽状态，谋划实施了“化积案、排隐患、解难题、促和谐”百日会战活动，共排查化解重大信访苗头和群体性事件隐患1650件，全力打造平安

省会。十是选树表彰先进典型。全市从不同层面选树了8个作风转变实、廉洁意识强、工作业绩好、群众满意度高的市级先进典型，并通过召开全市先进典型事迹报告会、到县（市）区巡回报告等形式，对乡科级以上干部进行了正面示范教育。还组织各县（市）区和市直各单位，通过举办先进事迹报告会、座谈会等形式，开展了向姜瑞峰等先进典型学习系列活动。至年末，全市各级共树立先进典型1445个，召开表彰会、先进事迹报告会、座谈会568场（次），积极营造了学先进、赶先进、争先进的浓厚氛围。

三、坚持开门搞活动，着力打造群众满意工程

以全力打造群众满意工程为着力点，多措并举，不断创新活动载体，丰富活动内容，深化活动效果。一是深入开展民主恳谈活动。结合学习实践活动，市县乡三级党政领导班子和市县直部门，深入企业、农村和社区通过召开座谈会、入户进车间走访等多种形式，广泛听取社会各界对“加强作风建设、优化发展环境、推动科学发展”的意见和建议，全市各级共召开恳谈会8743个（次），走访农村、企业等基层单位7825个，走访群众81400多人次，对收集到涉及干部作风、优化环境等7个方面的意见、建议13256条，经过梳理分析，在即知即改基础上，建立了恳谈台账，对反映的问题强化整改、定期回访、跟踪要账，确保落实。同时，为进一步增强民主恳谈的针对性，市作风办先后两次专门邀请驻石企业、开发商、投资商负责人以及人大代表、政协委员、基层干部群众等社会各界代表，就优化全市政务环境、投资环境进行恳谈，对征求到的意见建议经过归纳整理，逐一抓好整改落实，并向市委进行了专题报告，市委、市政府主要领导都作出重要批示，省作风办以《以企为镜照得失》为题，向全省转发。各级各单位也通过多种形式广泛开展了民主恳谈活动。二是积极开展直面对话解难题活动。通过在市电台开通行风热线特别节目《对话市领导》和《对话县（市）区》，让市县两级党政领导干部走进直播间，通过热线电话与群众互动交流，直接听取群众对加强作风建设、优化发展环境、改善和保障民生等方面的意见和建议，现场答疑释惑，解决问题。共播出34期，其中《对话市领导》播出10期，《对话县（市）区》播出24期，共接到群众来电及短信715个（条），其中，建议咨询类353件，投诉求助类362件，当场解决112件，对于情况较为复杂的问题，走进直播间的领导当天即批转相关单位限期解决，并由市县两级作风办建立工作台帐，跟踪督办，问题解决情况及时通过电台回复，并回访当事人，受到社会各界一致好评。三是认真开展群众满意度测评。根据《河北省群众评议省级机关作风工作方案》总体部署和石家庄市《工作方案》安排，以及省作风办分配给石家庄市参加对省级机关作风进行评议的任务要求，坚持以人民群众满意为标准，按照公开公正、广泛参与、分类比较、分级组织的原则，精心部署，严密组织，严格程序，规范操作，先后分三场次组织全市2400余名评议代表对104个省级机关和91个市级机关作风以及2009年度106个市直单位的行风进行现场评议，圆满完成石家庄市群众评议省级、市级机关作风以及行风评议的各项工作任务，受到省作风办和省行风民主评议办公室充分肯定。同时，按照方案要求，组织和督促各县（市）区和具备条件的市直单位以及社会关注度高的行政执法、行政审批、公共服务处室及事业单位，广泛开展群众评议机关作风工作，收到良好效果。四是充分发挥群众监督作用。坚持把接受群众监督和解决群众诉求作为重中之重，通过在市效能举报中心设立监督举报电话、市县两级作风办成立投诉举报受理组专门接待群众来信来电来访、15个指导检查组深入基层明查暗访等形式，拓宽群众反映问题渠道，对相关问题采取直办、督办、转办等方式，逐件明确责任单位、责任人，调查核实，限期解决。截至年底，市县两级作风办共接待群众来信来电来访14320件次，受理群众信访举报1629件，其中市作风办接待群众来信来电来访3156件次，受理群众信访举报367件，办结361件；办理省作风办督办件89件，办结87件；办理省转办件230件，办结200件，受到省作风办的充分肯定。

四、全力为群众解难题、办实事，以实际成效取信于民

紧紧围绕“优化发展环境、改善惠及民生、力促社会和谐”这条主线，把开展“服务企业、服务群众、

服务基层”作为干部作风建设年活动的重要内容,切实加强组织领导,认真制定实施方案，着力形成联动推进的整体合力，以实实在在的成效取信于民。一是认真开展蹲点调研活动。从市四大领导班子成员带头做起，各级各部门特别是市县乡党政领导干部利用上半年和下半年各一周左右的时间深入到联系点进行蹲点调研，重点围绕查找影响制约科学发展的突出问题、群众反映强烈的热点难点问题、发展环境以及作风方面存在的突出问题，通过召开基层党员群众座谈会、入户进车间走访、问卷调查等形式，问政于民、问计于民、问需于民，帮助解决实际问题。全市各级干部共建立联系点 3367 个，走访群众 12.6 万人次，走访企业和基层单位 2.34 万家，召开联系点党员群众座谈会 8900 多个，为群众办好事、实事 6750 余件，市县乡党政“一把手”撰写各类调研报告 12000 余篇。二是扎实开展以千村千企帮扶为重点的“两为”活动。全市各级各部门结合自身实际，以解决企业和群众最直接、最现实、最关心的问题为重点,建立完善了“为企业解难题、为群众送服务”长效工作机制，定期开展帮扶活动。全年确定帮扶企业 2528 家、帮扶村 2618 个，通过为企业“送政策、送科技、送信息、送项目、送资金”,为群众“送医疗、送教育、送岗位”，以及设立专线服务电话、电子信箱等开通政企联系绿色通道等多种形式，深入开展“为企业解难题、为群众送服务”活动。各级党政领导班子特别是主要领导干部，带头深入到条件艰苦、发展滞后、问题突出的地方开展结对帮扶，并有重点地抓好对后进村、重点企业和重点项目的针对性帮扶，全面推行“难题难事分包制”，共解决涉及企业生产经营问题 4517 个，协调解决资金 32.9 亿元，促进了各类企业特别是中小企业渡难关、增效益、上水平；解决群众关心和反映的突出问题 8940 个，促进了群众增收致富、社会和谐稳定，受到企业和群众的广泛称赞。三是深入开展承诺兑现活动。全市各级各单位结合本地本单位实际，以解决突出问题为重点，以提高服务水平为核心，以兴办好事实事为载体,以建立完善制度为保障,坚持实事求是，因地制宜，积极开展承诺兑现活动。市直 61 个重点部门承诺事项，由市作风办和市纠风办审核把关，集中公布；其他市直部门和县（市、区）直部门承诺事项，由同级纠风办和作风办指导检查组审核把关，并在相关媒体进行公布，自觉接受社会监督。对全市 4905 项公开承诺事项全部建立了承诺落实责任制，实行一项承诺一名牵头领导、一套工作班子、一个落实方案、一抓到底，并逐级建立承诺事项和利民实事进展台帐，实行月汇总季通报制度，由市县两级作风办挂帐督办，各指导检查组跟踪督办。同时，根据形势的发展变化以及群众的最需最盼，组织市县两级党委和政府办公厅（室），每季度开展一次“承诺兑现回头看”活动，及时充实承诺内容，完善承诺事项，并有重点有针对性地制定推进措施，确保承诺事项诺必践，践必果。截至 2009 年 12 月底，市委、市政府对全市人民公开承诺的 18 个方面、50 小项公开承诺工作，除“确保粮食总产量 505 万吨”一项，因历史罕见风暴灾害造成秋粮减产未能完成外,其余已全部完成。市直各部门和 24 个县（市）区公开承诺事项除 34 项需跨年度完成或因不可抗拒因素无法完成外，其余 4821 项已全部按时严格兑现。

五、严格落实省“十个严禁”要求，认真开展刹风整纪活动

把坚决整治不作为、乱作为、乱收费、乱罚款、吃拿卡要、违反工作纪律等干部作风方面存在的突出问题和不良风气，作为加强干部作风建设的重点，认真开展刹风整纪活动。一是查纠结合，狠刹几股不良风气。将落实省“十个严禁”作为干部作风建设年活动的工作重点，先后下发石建办 7 号、9 号文件进行部署和具体安排。按照省委要求,组织各级各部门围绕落实“十个严禁”要求,通过召开党委（组）会、领导班子（扩大）会进行了专题自查，并以适当形式向本地本单位的党员干部进行了通报。市委专门召开常委（扩大）会议，专题听取全市落实“十个严禁”情况汇报，在组织党政领导班子成员再次集中学习“十个严禁”有关规定基础上，进行专题自查，并通过“两报两台”对专题自查情况进行了公开。市作风办各指导检查组、市行政效能举报中心、市委市政府督查室分别对落实情况进行了专项督导检查。5 至 10 月份，全市各级共组织明查暗访 1218 次，其中，组织全市性明查暗访 4 次，配合省作

风办开展明查暗访3次。对元氏县城管监察大队乱收费及县政府不作为等违反省“十个严禁”典型案件进行了严肃查处，严格问责，在社会引起强烈反响。进入第四阶段后，结合贯彻落实中办、国办印发的《关于实行党政领导干部问责的暂行规定》，市作风办会同市效能举报中心又进一步加大了对落实省“十个严禁”的明查暗访力度，制定具体方案，成立12个明查暗访小组，对全市贯彻落实“十个严禁”情况进行了专项督查。二是深入开展以治懒、治散、治庸、治腐为主要内容的“四治”活动。围绕各级各部门履行职责、落实市委、市政府重大决策部署以及执行工作纪律、提高办事效率和服务质量等重点工作，以行政审批和执纪执法、经济和社会管理等职能部门以及与群众生产生活密切相关的公益经营性服务单位特别是窗口服务单位为重点，通过突击检查、随机暗访、受理举报等形式，认真开展明查暗访和专项督查，严肃查处不认真落实首问首办、限时办结等制度以及对群众态度蛮横、不作为、乱作为、乱收费、乱罚款、吃拿卡要、违反工作纪律等反面典型和问题。对市交通局运政执法人员违规执法等案件进行了严肃查处，并在全市进行了通报。三是集中开展干部工作纪律、组织纪律整饬活动。下发了关于开展干部工作纪律、组织纪律集中整饬活动的通知，组织全市各级各部门在8、9两个月，利用一周时间开展集中整饬活动，以解决少数干部违反日常工作纪律、组织纪律和会议纪律等问题为重点，整改解决违反请销假、考勤、值班等制度，工作期间自由散漫等六个方面的突出问题。各县（市）区、市直各部门制定上报了集中整饬方案，健全完善了相应的行为约束、处罚制度规定，并按要求分别召开了动员会议和领导班子民主生活会，组织专项检查421次，纠正违反日常工作纪律等问题339个，对235名干部进行了批评教育，其中责令检查17人，对典型案例市作风办还通过印发通报、媒体曝光等形式，在全市进行了警示教育。

六、着眼从根本上解决问题、巩固成果，把加强制度建设贯穿始终

为切实加强作风建设长效机制，市作风办专门成立机制建设组，研究制定了《全市干部作风建设年活动长效机制建设工作方案》，在组织各级各单位搞好本地本单位现有规章制度清理规范、对重点部门和重点问题实行挂帐督办的同时，确定了转变政府职能、继续简政放权，加强干部队伍管理，加强监督检查、强化纪律约束三个方面长效机制建设的11项重点工作。本着成熟一个出台一个的原则，对石家庄市已经制定出台的相关制度进行全面收集整理，辑印了《石家庄市干部作风建设年活动机制建设资料汇编（一）》。同时，围绕建立“八项制度”，通过召开座谈会、深入基层调研、组织专家论证、建立试点等多种形式，建立完善了石家庄市党政机关、人民团体、公务人员《公开承诺制》、《岗位责任制》、《首问首办制》、《考核评议制》、《限时办结制》、《奖励激励制》等八项加强作风建设的长效机制。全市各级各部门也普遍建立健全了岗位目标责任制、首问首办责任制、限时办结制和问责追究制等制度，初步搭建起全市加强作风建设的制度框架。其中，市本级建立完善加强作风建设、推动科学发展制度规定174项，主要涉及六个方面：一是围绕清理、削减行政审批、行政许可和收费项目，出台了《关于深入推进行政审批制度改革实施意见》，探索建立了规范、落实、监督的有关制度机制。二是围绕治理干部队伍不良行为，结合惩防体系建设，出台了《国家机关及其工作人员问责规定（试行）》，对作风不实、不作为、乱作为等38种行为和问题进行了明确界定，为实施问责提供了制度依据。三是围绕促进经济社会又好又快发展，出台了创建“食品安全最放心城市”意见以及县（市）区争先进位考核办法、项目建设考核办法等制度规定，服务业考核办法、企业新上项目奖励办法等正在广泛征求意见。四是围绕推进干部人事制度改革，出台了领导干部交流、公开竞争上岗、轮岗交流、领导干部任期制、领导干部公开选拔等制度。五是围绕加强机关效能建设，出台了《关于进一步改进会风文风等项工作的意见》、《关于进一步规范市委机关公文运转和市委领导公务活动的意见》等改进会风文风、厉行节约等规定。六是围绕进一步维护社会稳定，健全完善了以首接首办、领导包案、督查督办和倒排通报等9项制度为主要内容的市县乡三级干部大接访机制，

切实强化了信访工作责任制落实。

七、强化宣传引导，在全社会努力营造浓厚氛围

制定了《深入学习实践科学发展观和干部作风建设年活动宣传工作方案》，通过在市"两报两台"和石家庄新闻网、石家庄广电网等市级主要新闻媒体开办"干部作风建设年·我们在行动"、"干部作风建设年评论"等专题栏目，在省会主要路口电子显示屏幕全天候播报等方式和途径，有计划、有节奏、有声势地开展宣传报道工作，及时报道全市干部作风建设年活动开展情况及取得的成效，做到天天有报道，周周有专版，既营造了浓厚氛围，又让广大党员干部群众看到市委、市政府抓干部作风建设、优化发展环境的决心和力度。各县(市)区、市直各部门也采取报纸、广播、电视、板报、标语、公开栏、文艺节目等形式，因地制宜开展形式多样、富有成效的舆论宣传活动。同时，加强与省作风办、省级新闻媒体以及国家级大报、大台、大网等新闻媒体的协调沟通，推出一批体现石家庄特色的高质量、高水平的报道，进一步提升了省会形象。省委"作风年里看落实"新闻采访团，围绕优化发展环境、三年大变样等工作，对石家庄市活动开展情况在省"两报两台"开篇栏目中进行了专题报道。11 月 23 日晚，中央电视台《新闻联播》栏目以较长时段对石家庄市干部作风建设年活动进行了宣传报道，在全社会引起强烈反响。至年末，全国各级新闻媒体刊发反映石家庄市干部作风建设年活动稿件 1290 篇（条），其中，中央级新闻媒体 36 篇（条），省级 172 篇（条），市级 1082 篇（条）。市作风办编发简报 236 期，其中 60 多篇被省作风办转发推广。与此同时，结合评选"十佳先进个人"、"十佳先进集体"、"十佳服务窗口"和"十佳服务人员"活动，组织社会各界群众以来电来信来访等形式积极参与，建言献策。全年市作风办共接到群众各类来信来电 3100 余封（次），极大地调动社会各界关注和参与干部作风建设年活动的积极性，营造了浓厚的干部作风建设年活动舆论氛围。

八、切实抓好活动成果转化，力促全市经济社会又好又快发展

各级各部门坚持把干部作风建设年活动与深入学习实践科学发展观活动结合起来，与统筹推进保增长、保变样、保民生、保稳定等各项工作结合起来，以作风建设促进各方面工作开展，以各方面工作成效体现作风建设成果，创造出了三年大变样的"石家庄速度"，有力地促进了以"四保"为重点的各项工作，全市经济社会发展保持了良好发展态势。一是各级干部以雷厉风行、只争朝夕的精神状态抓项目、谋发展，推动了经济社会又好又快发展。2009 年全市 GDP 完成 3114.9 亿元，增长 11.1%；全部财政收入 310.25 亿元，增长 14.2%；全社会固定资产投资完成 2452 亿元，同比增长 42%，城镇固定资产投资完成 2244 亿元，同比增长 42%；农民人均现金收入 5977 元，同比增长 9.2%；城镇居民人均可支配收入 16718 元，同比增长 11%。二是"三年大变样"成效显著。20 项国庆献礼项目、"四大攻坚"以及和平路高架桥工程、槐安路快速大道高架桥工程、裕华路改造工程等"三年大变样"重点工程如期完成；开展了道路建设和小街巷整治大会战，共新改建道路 18 条、大修道路 36 条、整治小街巷 193 条，总投资 20 多亿元，投资规模、建设数量、工程量均创历史之最。市桥西区带头创造了"三年大变样"的"石家庄速度"。三是着眼于改善民生，下大力为群众办实事办好事。各级各部门坚持以民为本，急群众之所急，想群众之所想，盼群众之所盼，认真落实公开承诺，积极开展惠民利民帮扶活动，共解决与群众生产生活密切相关的教育、医疗、就业、社会保障、基础设施等各类实际问题 5218 件，切实把干部作风建设年活动成果转化为惠及民生的实际行动，服务发展、服务群众。

通过深入扎实开展干部作风建设年活动，各级干部精神状态、精神面貌和思想观念有了明显变化，干部作风进一步好转，省会意识、宗旨意识、责任意识、服务意识、科学发展意识进一步增强，整体素质全面提升。省直单位、企业经营者和广大人民群众普遍感到，石家庄市政务环境和投资环境显著改善，群众办事更加快捷、高效，各级干部热情服务、主动服务、超前服务的自觉性明显提高，服务经济、服务群众、共谋发展、关注民生的氛围越来越浓厚，为建设繁华舒适、现代一流的省会城市奠定了坚实基础。

加强组织领导，抗击暴雪灾害

——2009年石家庄市抗击雪灾情况实录

受冷空气和暖湿气流共同影响，2009年11月10日6时开始，石家庄市大范围出现暴雪天气。至11月11日20时，市区降雪量85.9毫米，井陉70.1毫米，正定63.0毫米，栾城57.7毫米，灵寿53.1毫米；无极、行唐、平山、藁城、深泽、高邑降雪量在40～50毫米之间；赞皇、元氏、新乐、辛集降雪量在30～40毫米；晋州、赵县降雪量在20～30毫米。11月12日10时，暴雪天气结束，历时52个小时，石家庄市区降雪量达93.5毫米，累计积雪深度最大为55厘米，为1955年有记载以来降雪时间最早、持续时间最长、降雪量最大的一次降雪。灾情共涉及石家庄市23个县（市）区、273个乡镇、2813个村。农作物受灾面积33.76万亩，成灾21.39万亩。藁城市、平山县、井陉县、新乐市、无极县、行唐县、高邑县、栾城县、矿区等受灾较重。受灾种植业主要集中在设施农业类蔬菜、花卉、食用菌等温室大棚损毁，露地蔬菜类白菜、萝卜、大葱、菜花等冻害。全市共损毁种植类棚室1.76万个，露地菜受灾15.2万亩，损毁花卉苗木温室大棚447个。养殖业主要是牛、鸡、猪养殖场棚厅受损，受灾畜禽养殖场612个，损坏畜禽舍3535栋，冻（砸）死畜禽21.13万头（只）。简易棚室建筑，损毁房屋357间，损坏房屋2077间，损毁工棚（厂房、商铺）10772间。此外，各类树木受损150.9万株，砸损汽车248辆，摩托车、电动车、自行车430辆。同时，暴雪造成全市交通瘫痪，企业生产和居民生活受到极大影响。11月11日凌晨2时，市政府宣布启动重大气象灾害三级应急预案和三级响应，是石家庄市历史上首次启动最高级别的暴雪气象灾害应急预案。

党中央、国务院对石家庄市遭遇特大暴雪灾害高度重视，11月12日下午2时许，中共中央政治局常委、国务院总理温家宝和中共中央政治局委员、国务院副总理张德江，国务委员兼国务院秘书长马凯等乘火车到石家庄市指导防暴雪工作。在到石家庄的火车上，温家宝召开现场办公会，听取有关部门工作汇报，强调要加强领导，科学组织，狠抓落实，做好应对暴雪的各项工作，实现保民生、保生产、保运输的目标。抵达石家庄火车站后，温家宝随即来到候车室看望旅客，和大家亲切交谈，告诉旅客铁路基本畅通，运力有保障，请大家放心，同时要求铁路运输部门做好服务工作，把旅客照顾好。石太高速公路是晋煤外运重要通道。温家宝一行沿着高速公路驱车70多千米来到距离山西省娘子关3千米处。当时天色已晚，温家宝看到一些因暴雪滞留路上的车辆，走下车向滞留司机了解情况，得知有的人已在这里停了两天后，便亲切询问他们这两天的生活情况，并登上一辆运货大卡车驾驶室察看。温家宝

对随行省领导说，要搞好服务，让滞留的司机和旅客有饭吃、有水喝；石太高速公路十分重要，要尽快打通。晚7时许，温家宝到石家庄西郊供热有限公司检查指导工作。该公司共承担500万平方米建筑物的供热任务。温家宝说，现在正值冬季，加上最近几天连降暴雪，气温骤降，要确保煤炭供应，确保群众供暖。随后，温家宝又到石家庄市公安局指挥大厅，看到电子屏上，全市主要交通路口秩序井然有序，总理向值班民警们表示慰问。温家宝还到位于石家庄繁华市区的保龙仓超市，详细察看蔬菜等副食品的供应和价格情况，并对顾客说，下了大雪，交通不便，菜价可能贵一些，政府正在采取措施，困难很快就会过去。晚8时20分，温家宝一行乘火车返回北京。

面对突发暴雪天气带来的灾害，石家庄市委、市政府高度重视。11月10日晚，省委副书记、市委书记车俊带领市委、市政府有关领导和部门负责同志实地查看城市交通、居民供暖、树木损害情况，就有关应对工作进行现场调度，并做出重要指示。11日凌晨，市长艾文礼连夜主持召开市政府常务会议，紧急研究部署防雪救灾工作，决定启动重大气象灾害Ⅲ级应急预案和Ⅲ级响应，要求全党动员，全民发动，坚决打好抗雪救灾这场硬仗。同时，市委、市政府连续下发3个紧急通知和紧急公告，成立由市长艾文礼任总指挥，各副市长、警备区政委、市人大、市政协主管领导任副总指挥的重大气象灾害应急指挥部，组织指挥全市抗雪救灾工作，并实行市领导分包责任制。

11月11日上午，市委书记车俊，市长艾文礼和市委、市政府有关领导再次分多路深入一线，现场督导调度，并召开市委常委扩大会对抗雪救灾工作再次做出安排部署。各级、各部门、各单位按照市委、市政府主要领导提出的保人民群众生命财产安全、保通行、保供暖、保供气、保电力、保通讯、保供水、保市场供应、保生产安全、保受灾群众基本生活等“十保”要求，全力以赴开展暴雪天气应对处置工作。

市城管局启动《城区冬季融雪清雪工作应急预案》。11月10日晚，市城管局所属单位出动干部职工3000名、出动铲雪车和推土车100余台，连夜对市区桥梁、地道桥以及重点区域、积雪严重路段进行突击清理。5000余名环卫职工以及13台干粉融雪车、42台液体融雪车，昼夜奋战在主干道路、重点部位，实施融雪清雪，共布撒融雪液1500吨、干粉融雪剂430吨。到11日上午，市区大部分立交桥、地道桥、重要路口和主要路段积雪已经清理，市内四横八纵主干道已基本实现“保通行”目标。同时，积极动员社会力量进行清雪。10日，市城管局和各区动员辖区沿街单位和门店1800余户，落实门前三包责任制，清理门前道路积雪。11日，在做好主路主街清雪工作基础上，将融雪工作向次干道和小街巷延伸。11日上午，市内各区出动各种清雪融雪车辆126台，组织发动社会各界力量4万余人次参与清雪，共清理干道和小街巷53条次。

驻石部队官兵迅速出动，积极投入到清扫积雪战斗中。11月11日15时，市委书记车俊来到石家庄火车站广场，一边实地查看部队官兵清理积雪进度，一边仔细了解情况，当得知官兵们已连续几个小时清理积雪时，动情地说，人民子弟兵总是在群众最需要的时候挺身而出，是党委、政府和广大人民群众最可信赖的生力军。

市交通运输系统干部职工全力除雪保畅通。11月10日晚，张石高速公路筹建处、市公路管理处和15个县（市）公路站等单位组成临时清雪保畅突击队，经过一夜奋战，市区裕华路、中山路、槐安路、中华大街、建设大街、维明街等主要干线公路以及火车站附近街道在最短时间内恢复通行。至11月12日清晨，完成市区20条主要干道除雪保畅任务，6710辆出租车基本恢复营运，139条公交线路每天平均投入2530部车辆运营，比平时增加332部，增车率达到13.3%。在西柏坡公路清雪过程中，交通运输系统干部职工连续奋战10余个小时，将积雪全部清理，参加中国西柏坡散文节一位黑龙江作家感动地说：“这样的积雪在东北也很难在这么短的时间内得到清理，石家庄的干部作风就是硬”。抗击雪灾，全市交通运输系统共出动人员26980余人次，清雪车654辆次，其他清雪机械3203台次，撒融雪剂1170吨，工业盐1450余吨，防滑料2070立方米；路政人员上路巡查3100余人次，出动巡查车辆1302辆次，巡查里程

12600余千米，救助被困车辆91辆，救助被困人员188人，有力保障了高速公路、国省干线及市区道路的畅通。11月11日上午，省委副书记、市委书记车俊在察看了市区道路清雪情况后，给市交通运输局领导打电话，代表全市人民感谢交通运输系统广大干部职工为抗击雪灾做出的突出贡献。同日下午，市长艾文礼作出重要批示："交通运输局在抗暴雪中大局观念强，举措有力，应给予表彰"。

2009年11月10日石家庄市普降暴雪，市交通运输部门组织清雪保畅通

市公安系统于11月10日下午召开会议，就公安机关做好雪灾应急防范工作进行研究部署，制定了统一思想、疏导交通、应急处置、治安巡逻、民警防护、内部安全、值班备勤、信息反馈等8项具体措施。仅11月10日一天，全市各级公安机关累计出动警力5430余人次，疏导拥堵点段90余处，参与处置建筑物坍塌事件47起，救助群众13000人次；消防支队累计出动警力750人，执行抢险救援任务166次。11日开始，全市除千余名交警上路执勤外，每天7时15分至20时30分，市公安局机关抽调150名民警，市区各分局各抽调100名民警（开发区分局抽调60名），共计710名民警部署到市区内主要街道、上下坡频繁路段和主要公交站点，组织交通疏导工作。同时，市公安局向各县（市）下发紧急通知，要求对国道、省道等通往各县、乡道路加大巡逻力度，积极疏导救援，确保各级交通线路安全畅通。

为稳定市场供应，11月11日市政府召开由副市长张殿奎主持，市商务局、粮食局、交管局、安监局、桥西区政府以及部分企业负责人参加的市场供应协调调度会，要求由市商务局、粮食局分别负责肉蛋菜和米面油的供应，全力组织商业企业落实货源，加强平衡和调剂余缺；由市安监局负责，桥西区政府配合，派出熟悉业务专业人员，现场指导桥西蔬菜中心批发市场，尽快把大棚内的大量蔬菜清理、搬运出来，加大蔬菜出货量；由交管部门负责，为运送肉蛋菜米面油等生活必需品车辆发放特别通行证，保证运输车辆畅通。针对市场上鸡蛋紧缺情况，协调华牧集团公司，向市区大型超市加紧运送鲜鸡蛋，保证蛋品供应；协调双鸽集团、凯隆达集团等生猪屠宰企业，加大生猪收购力度，增加猪肉屠宰量和上市量。会议还要求各大超市集团，加紧与山东及石家庄市周围蔬菜生产、储存大县联系蔬菜货源，派出运输车辆，多渠道向市区调运蔬菜。各部门和单位积极按照会议部署展开工作，确保了蔬菜、粮食和居民生活物资供应。

石家庄北国人百集团有限责任公司发挥企业优势，在雪灾中迅速反应，积极统筹、多方联系货源，保障了16家超市卖场每天近50吨新鲜蔬菜供应量，有力抑制了蔬菜、水果价格上涨；该集团还拿出近百万元在周边县购进136万斤大白菜免费赠送给市区13636名特困职工和低保家庭，为奋战在抗击冰雪一线环卫工人捐赠羽绒服3000件，并号召全体员工、供货商为遭受雪灾的贫困农村捐赠棉衣、棉被20000余件。

市民政局向各县（市）区民政部门发出《关于做好防范冰雪灾害工作的紧急通知》，要求各级民政部门认真做好受灾户房屋的除险加固工作，增强防风和保暖功能；对需要取暖救助的灾民、五保户、鳏寡孤独户及时给予棉衣（被）和取暖用煤等方面的及时救助，确保受灾群众不受冻挨饿；同时积极主动组织实施对街头流浪乞讨人员的救助工作,确保不发生因灾伤亡事件。

市能源办及时启动《石家庄市供热突发公共事件应急预案》,要求各供热企业克服一切困难提前供热,提前期发生费用由市政府财政补贴给供热企业,采取政府买单。截至11月11日中午,全市已供热面积5975万平方米,占总面积的78%。未供热区域主要在裕华热电厂供热范围,约1000万平方米左右。

市电业局成立“抗暴雪保供电”应急指挥中心,启动电网应急预案,各级领导和应急人员做到24小时在岗值班;应急指挥中心每两个小时召开一次应急调度会,随时掌控设备、线路具体情况,安排除冰抢修工作;95598客服人员全员在岗,24小时接听报修电话;20个抢修小分队对重要线路和供电台区开展特巡,徒步巡视线路800余千米,在30个小时让23条故障线路全部恢复供电。同时,2000余名干部职工积极开展清除积雪大会战,提前完成办公及供电场所周围区域清雪任务,快速恢复了变电站正常运行状态,取得主网“零事故”、抢修“零伤害”、重要用户“零断电”的优异成绩。

市水务部门快速启动大雪天气供水调度预案和供水管网测压点实时监测系统,通过分布在全市34个水压监测点进行实时监测,密切关注各点水压波动,合理调度各水厂水量、水压,暂停一切停水行为。同时,开展大规模清除积雪行动,出动职工5000多人次,对泵房、闸门井、滤池、配电室等重点部位积雪进行清理;供水设施检查,重点加强对供水管线设施、单井以及供电线路、加氯设施、机泵等重点部位、关键环节的巡回检查,采取措施做好除雪、除冰、保暖、保温、防水、防潮、防冻工作,及时排除供水设备运行故障;供水抢修应急分队全部上岗到位,24小时待命,随时应对管网抢修突发事件;实行1小时报告制度,每1个小时向市政府报告供水情况;供水服务热线取消话务员调休,确保及时接听用户电话,做好抢修指令和用户疑难问题处理。

市物价局启动《石家庄市价格异常波动应急预案》,迅速开展物价监测、检查、宣传等工作,及时发布平抑物价信息,曝光物价哄抬行为,严肃查处违法经营单位。针对群众举报个别出租车司机乘雪灾乱涨价情况,一是责成市运管处加强教育,二是通过明察暗访,对不打表、漫天要价的出租车司机,依法进行经济处罚,及时恢复了出租车正常价格秩序。同时,以此为契机,制定《价格应急干预措施预案》,确保了应急状态下市场粮、油、肉等生活商品价格稳定。

11月15日,市委、市政府组织全市党政机关、驻石部队、大专院校、大型厂矿企业、施工单位、沿街单位和广大市民约42.4万人,出动各种机械1500台(次),清理道路56条,其中驻石部队官兵1.5万人奋战在市区二环路,清理了快车道、高架桥和跨线桥上的冰雪。到11月15日,初步取得了抗击特大雪灾的胜利。

大事记

大 事 记

2009 年

1 月

1 日，石太铁路客运专线开通运营。

6 日，市委宣传部、石家庄日报社主办的石家庄“城市名片”评选活动揭晓。石家庄·新中国的摇篮；革命圣地——西柏坡；天下第一桥——安济桥；国家历史文化名城——正定；石家庄解放纪念碑·大石桥；现代城市人工水系——民心河；华北商埠·南三条、新华集贸市场；中国药都·国家生物产业基地；八大非物质文化遗产（井陉拉花、耿村民间故事、石家庄丝弦、常山战鼓、藁城宫灯、晋州官伞、无极剪纸、辛集农民画）；八大历史杰出人物（赵佗、赵云、李春、魏征、刘禹锡、公木、曹火星、戎冠秀）等，被评为石家庄“十大城市名片”。

9 日，在北京举行的国家科学技术奖励大会上，石家庄铁道学院参与研究的“青藏铁路工程”项目荣获国家科学技术进步奖特等奖，这是石家庄市以及河北省首次获得国家科学技术进步奖特等奖；其主研的“大型交通基础设施健康监测、安全评估与快速康复技术”项目获国家科学技术进步奖二等奖。

11 日，全市 26 个工业重点项目集中竣工，涉及 6 个县（市）区（含两个基地），总投资 72.1 亿元。其中：栾城县 2 个项目，总投资 33.5 亿元；辛集市 6 个项目，总投资 12.4 亿元；高新技术产业开发区 8 个项目，总投资 10.2 亿元；生物基地（藁城）3 个项目，总投资 2.2 亿元；化工基地（藁城）5 个项目，总投资 11.3 亿元；鹿泉市和平山县各 1 个项目，总投资均为 1.2 亿元。

14 ~ 17 日，石家庄市第十二届人民代表大会第二次会议举行，会议选举艾文礼为石家庄市人民政府市长。

20 日，石环公路内最后一座收费站 308 国道栾城收费站被拆除，省会东南 308 国道出市口更加顺畅。

22 日，社会关注的三鹿系列刑事案件，分别在市中级人民法院和无极县人民法院等 4 个基层法院一审宣判。张玉军、耿金平一审被判处死刑，三鹿集团原董事长田文华被判无期徒刑。

2 月

10 日，石家庄市区最高气温 21.6℃，创 54 年来历史同期最高。

△鹿泉市、栾城县被全国村务公开协调小组命名为“全国村务公开民主管理示范单位”。

△石家庄市召开城市建设“三年大变样推进城镇化”动员大会，提出 10 月 1 日前完成 20 项重点工程，向新中国成立 60 周年献礼，以此推进城市空间布局优化，着力构建繁华舒适、现代一流的省会城市。

13 日 ~ 3 月 1 日，《飞天壮歌——中国首次太空漫步航天展》大型展示活动在石家庄人民会堂举行，近 10 万市民到展馆参观。

15 日，市政府与中国农业银行签订战略合作备忘录，该行把石家庄市作为业务发展的重点支持区域，未来三年内提供 300 亿元意向性信用额度，以满足石家庄市在“三农”、城市基础设施建设、铁路建设等领域的资金需求。

17 日，市委、市政府召开“干部作风建设年”活动动员大会，要求各级各部门迅速行动起来，扎实开展活动，力争把石家庄建设成为干部作风最好、投资环境最优、科学发展最好的城市，以干部作风建设的新成效加快推进繁华舒适、现代一流省会城市的建设步伐，努力开创全市科学发展的崭新局面。

18 日，市政府印发《石家庄

市农村新民居建设实施方案》。方案要求，到2012年力争在全市建设农村新民居示范村220个，改造旧村450个，确保15%以上的行政村完成新民居建设改造任务。

19日，上海浦东发展银行石家庄分行开始营业。

26日，石家庄—南京—武汉快递航线开通，结束了河北省没有航空邮件处理中心和航空邮路的历史。

28日，中共石家庄市委出台关于开展深入学习实践科学发展观活动的实施意见，决定2009年3月到2010年2月，在全市各级领导班子和广大党员中分两批开展深入学习实践科学发展观活动。要求全市各级领导班子和广大党员干部进一步解放思想、实事求是、改革创新，切实增强贯彻落实科学发展观的自觉性和坚定性，着力转变不适应、不符合科学发展要求的思想观念，着力解决影响和制约科学发展的突出问题以及党员干部党性党风党纪方面群众反映强烈的突出问题，着力构建有利于科学发展的体制机制，提高领导科学发展、促进社会和谐的能力，使党的工作和党的建设更加符合科学发展观的要求。

3月

1日，裕华路改造工程开工，7月1日竣工通车。工程东起京珠高速入口，西至苑东街，全长14.5千米，道路红线宽50至60米，全路段机动车道由双向六车道拓宽为双向八车道，增加公交专用车道，其中在体育大街和中华大街路口各新建立交桥1座。

△槐安路高架工程开工，7月1日竣工通车。工程东起东二环，西至西二环，全长12.46千米，是石家庄市首条设计时速高达60千米的无灯控、全立交、全封闭快速路。改造工程以高架桥为主，原跨中华大街、京广铁路、平安大街和建设大街的高架桥保持不变，新建4座高架桥，同时按城市主干路标准修建桥下辅路。

3～7日，“全国安全社区”专家组对石家庄市第一批参加试点的长安区育才街道、桥东区建安街道、桥西区友谊街道、新华区联盟街道、裕华区裕华路街道和建通街道等6个街道进行现场检查验收。结果为6个试点全部达到“全国安全社区”创建标准。

4日，在三鹿集团破产财产拍卖会上，三元集团与河北三元组成的联合竞拍体以6.165亿元竞得三鹿集团核心企业财产及其所持有的河南新乡林鹤乳业有限公司98%投资权益。6日，三元集团与三鹿集团管理人签署拍卖资产交接协议。

7日，市政府与中国冶金科工股份有限公司在北京签署《石家庄市城市综合项目框架协议》，双方决定建立长期战略合作关系，共同致力于石家庄市城市综合项目建设。该公司拟将累计投入500多亿元用于石家庄市城市综合项目建设。

13日，市委常委会通过《关于创建“食品安全最放心城市”的意见》。根据《意见》要求，在全市范围内开展创建“食品安全最放心城市”活动，力争利用两年的时间，把石家庄打造成为“食品安全最放心城市”。

17日，省会铁路入地工程在工人街西侧的原中威电机厂地段开始进点施工。

△市委、市政府出台《关于石家庄市国家机关及其工作人员问责规定（试行）》，规范机关干部工作行为，促进干部作风转变。

18日，市政府与中国移动河北公司签订《“无线数字城市”建设合作备忘录》，双方就共同推动TD-SCDMA/HSDPA网络建设、移动互联网的广阔应用达成合作共识。

27日，市政府印发《关于加快服务业发展的实施意见》。提出：2009年至2011年实现服务业增加值占全市GDP比重达到50%，成为全市的主导产业，完成经济结构向三、二、一构成的转变；现代物流、信息、金融等面向生产的服务业增加值占全市GDP比重提高到34%，房地产、教育、文化、卫生、公共服务等面向民生的服务业增加值比重提高到16%；服务业单位从业人员占全市从业人员比重达到65%以上，成为稳定和吸纳就业的主导领域。

30日至4月3日，石家庄市经贸代表团赴香港参加2009年河北省（香港）投资贸易洽谈会，发布项目100项，总投资115亿美元，拟利用外资63亿美元；推出16个招商项目地块。全市共有32个项目与客商签署合作协议，总投资12.97亿美元，协议利用外资8.42亿美元。

4月

5日，市委、市政府出台《关

于 2009 年促进农业稳定发展农民持续增收的实施意见》，提出全市全年粮食播种面积稳定在 1100 万亩，总产达到 500 万吨，农林牧渔增加值增长 3% 以上，农民人均纯收入增长 8% 的奋斗目标。

11 日，由"信息学院"至"杜村"的 502 路公交线路开通。途经学苑路、天山大街、珠江大道、海南路、兴业街、金沙路、工业路、赣江路、西马北街、西马南街、204 省道。

△《光明日报》一版头条刊发《石家庄文化产业借力发展》的长篇通讯，全面报道石家庄市发展文化产业的经验。

14 日，西柏坡廉政教育馆开馆，其主题是"牢记'两个务必'，永葆党的先进性"。旨在教育广大党员干部始终做到立党为公、执政为民，全心全意为人民服务。

14 ～ 15 日，卫生部调研组考察石家庄市农民大额医保工作，旨在了解石家庄的先进作法和积极探索，就如何解决农村居民大病负担的方法进行深入研究。

15 日，具有中国自主知识产权的 TD-SCDMA 业务在石家庄市开始运营。

18 日，"郄马"至"化工基地"的 205 路公交线路开通，途经寿康大街、马山路、化工中路、石炼中路。

△即日起至 9 月 28 日，省会对城区 20 世纪 80 年代前后建造的 112 个住宅小区进行集中改善和整治，受益居民 8.3 万户 26 万人。

△石家庄铁路枢纽改造工程在鹿泉市永壁开工，工程由石家庄枢纽货运迁建工程和京石客运专线石家庄隧道工程、石家庄新客站建设组成，标志着省会"客进货出，穿城入地"总体规划开始实施，整个工程计划 2012 年 7 月完工。

20 日，即日起至 8 月 28 日，市城管局组织力量对全市 304 条街道进行改造整修，进一步畅通城市支路和微循环系统，提高道路通行能力。

22 日，石家庄正定国际机场至市区客运专线开通，起自南焦客运站，终点为机场的欧景宾馆，全程 55 千米。

26 日～ 5 月 3 日，2009 中国·石家庄（正定）国际小商品博览会在正定举行。累计可产生综合经济效益 13.259 亿元，其中现场交易额达 5600 万元，签订购销合同金额 2.4 亿元，达成购销意向金额 4.279 亿元；签订合作协议 38 个，协议金额 3.76 亿元；达成投资合作意向 20 个，意向金额 2.26 亿元。

30 日，和平路高架桥通车，高架桥平安大街以西为双向六车道，净宽 24.5 米，以东为双向四车道，净宽 16.5 米。桥下快车道为双向四车道，宽 16 米，慢车道宽 14 米。

4 月，石家庄市"河北东明实业有限公司"的"DongMing"商标及图；"河北农哈哈机械集团有限公司"的"农哈哈"商标及图；"石家庄以岭药业股份有限公司"的"以岭"商标及图；"石家庄光晋阀门有限公司"的"JS"商标；"河北曼都珊珠宝首饰有限公司"的"曼都珊"商标；"河北远征药业有限公司"的"远征"商标及图；"河北工大化工设备有限公司"的"工大"商标及图；"际华三五零二职业服装有限公司"的"3502"商标及图；"石家庄四药有限公司"的"石门 SHIMEN"商标；"河北胖太太服饰有限公司"的"胖太太 p.t.t"商标；"石药集团欧意药业有限公司"的"欧意"商标等 11 家企业的 11 件商标被国家工商总局认定为中国驰名商标。

5 月

1 日，石家庄市数字化城市管理系统开始试运行，5 月 20 日正式运行，标志着省会城市管理工作迈入现代化信息技术管理新阶段。

8 日，石家庄市与中国银行河北省分行签署全面战略合作协议。按照协议，该行在未来五年内，向石家庄市提供 500 亿元意向性信用支持，以推进省会社会经济快速发展。

△水利部及意大利 SGI 公司水利专家在石家庄市就中意合作华北平原地下水管理项目进行实地考察。该项目是由水利部与意大利环境领土与海洋部签署的一个合作项目，通过项目的实施，寻求削减和控制华北平原地区地下水开采量的解决方案，推进华北平原地下水管理能力建设。滹沱河地下水库入渗实验场是该项目的首期试点。

14 日，石家庄珍极酿造集团公司以"铁强化酱油项目"荣获全球营养改善联盟 2008 年度营养创新企业第二名。

15 日，正定国际物流园开工建设，物流园西临 107 国道，东至规划中的京深西大街，南至规划中的树林北街，北至正定产业园区，占地面积 1500.6 亩，建筑面积 65 万平方米，投资 12.6 亿元。

△全国首所“乡村女校”落户石家庄市栾城县郄马镇东佐村。开办“乡村女校”是一种创新，它改变以往针对农村妇女的短期培训方式，按照党政领导、妇联组织、多方投入、农村妇女自愿参加的运行机制，形成长期有效的培训方式。

20 日，人民广场改造工程破土动工，5 月底前拆除市委机关 3 万平方米建筑，6 月底前完成高标准绿化，使人民广场更加通透、开阔、完整，实现了还绿于民。

△民心广场和城市公园项目全面开工建设，北起裕华路，南至工农路，东到维明街，西至师范街，面积约 8.13 公顷。中心区由北至南分为国旗广场、喷泉广场和雕塑广场三大区域，国庆前国旗广场、喷泉广场建成开放。

△石家庄市规划展览馆（体育南大街 269 号）开馆，向市民免费开放。

21 ~ 22 日，全国政协调研组到石家庄市调研信访工作，调研组对省会信访工作给予充分肯定。

30 日，由联合国儿童基金会和国务院妇女儿童工作委员会等联合创建的“儿童友好家园”项目落户石家庄市，并举行揭牌仪式。项目共在北京、无锡、石家庄 3 个流动儿童项目试点城市探索建立 6 家“儿童友好家园”，石家庄市的 2 个“儿童友好家园”分别位于市妇女儿童活动中心和长安区谈固街道华宸社区。

6 月

5 日，河北省第一个农村妇女培训中心孟山都·南孟村培训中心在藁城市南孟村落成。

6 ~ 7 日，台湾中华建筑金石奖活动委员会执行长曾德贤先生一行 3 人，应邀到石家庄市考察城市规划及“三年大变样”进展情况。

9 日，石家庄科技中心揭牌。中心集科研、办公、中试生产、会议、展览、商务、健身及餐饮客房等服务为一体，通过为入驻企业提供综合孵化服务来培育更多的具有成长型的科技型中小企业，促进区域经济发展，增加就业机会。同时，服务全市科技型中小企业，推动技术转移和科技成果产业化进程。

9 ~ 10 日，全国人大常委会副委员长司马义·铁力瓦尔地率全国人大常委会执法检查暨专题调研组，到石家庄市就贯彻落实《畜牧法》情况进行执法检查，并围绕农田水利建设开展专题调研。

10 日，张石高速公路石家庄北出口支线暨中华大街北延工程开工建设，该工程路线全长 12.2 千米，主线为双向六车道。

11 日，中共中央政治局委员、天津市委书记张高丽和天津市委副书记、市长黄兴国等率领天津市党政代表团，就城市改造建设、推进和谐拆迁、改善人居环境等工作到石家庄市考察。

12 日，广安街地下商业步行街开工建设，该工程总投资约 2.7 亿元。

14 日，勒泰中心项目开工建设。该项目位于中山东路北侧、正东路以南，东临栗康街、西临长征街，总投资 33 亿元，计划在 2013 年底落成。

△市公交部门开通由“南高营”开往“市城管局”的 89 路公交线路。途经御城路、建华北大街、光华路、长征街、休门街、四中路、建设大街、正东街、长征街。

15 日，全国人大常委会原副委员长、中国关心下一代工作委员会主任顾秀莲到石家庄市桥东区栗新社区和市少保中心，实地察看关心下一代工作情况。顾秀莲希望石家庄能够将一些好的经验进行总结推广。

18 日，市政协主席王华清会见澳大利亚河北同乡会会长、澳亚发展集团公司总裁张长春，澳星国际传媒集团董事长姜兆庆等一行。

18 ~ 22 日，首届中国（石家庄）国际裘皮博览会在石家庄国际科技博览中心举行，展会共有来自国内外 350 多家皮革、裘皮制品生产和贸易企业参展，达成合同及意向 1.1 亿元。

25 日，省委副书记、市委书记车俊在河北会堂会见参加统万珍极食品有限公司开业仪式的日本驻华使馆首席公使梅田邦夫，以及龟甲万株式会社和统一集团的代表。

26 ~ 28 日，在河南洛阳举办的“2009 年第二届中国生态小康论坛”上，井陉县以排位第三跻身全国 20 个“2009 第二届中国生态文明示范县”之列。

7 月

1 日，石家庄二环路改造工程

全面启动，10月30日主路通车，12月21日工程全面竣工。改造后的二环路红线宽60米，主路双向6车道，辅道双向4车道，主路设计时速80千米，全长41.406千米，实现全线快速化，取消灯控。

△红旗大街南延工程竣工通车，工程起点位于石环路红旗大街互通立交桥，终点位于赵赞公路连接线，全长31.09千米。全线为二级公路标准，设计时速80千米。

2日，“石家庄一卡通”公用事业缴费平台正式开通。市民可持一卡通、银联卡或现金通过自助缴费、人工代收费、中国移动短信缴费等不同方式，“一站式”为自家的水、电、燃气、通讯、交通等多种消费“买单”。

10日，石药集团有限公司、华北制药集团新药研究开发有限责任公司被科学技术部、国务院国资委、中华全国总工会正式确认为国家创新型企业。这是石家庄市企业首次跻身国家创新型企业行列。

13日，胜南客运站所有运营车辆全部迁至南焦客运站运营。同时，胜南客运站歇业。

14日，石家庄、太原两地海关在石家庄签订《区域通关合作备忘录》，实行跨关区“属地申报、口岸验放”通关方式，两关区域通关合作正式启动。至此，石家庄海关已与4个口岸海关、3个内陆海关签订区域通关合作协议。辖区内的进出口企业达95家。

18日，春秋航空公司和河北机场管理集团联合推出的石家庄至上海“空中快线”开通，这是河北省开通的首条“空中快线”。

△中茂海悦酒店正式开业。该酒店是中宏企业投资建设的国际化五星级标准的商务酒店，总占地面积31300平方米，建筑面积89536平方米，地面30层，地下3层，集餐饮、会议、客房、娱乐、康体、休闲、购物为一体。

25日，石家庄市政府与江苏雨润集团在秦皇岛就雨润集团投资100亿元人民币建设石家庄市农产品全球采购中心项目和城市综合体项目签署合作协议。

31日，石家庄市车船税收入实现10623万元，是2008年全年入库车船税总量的1.25倍，首次突破亿元大关，这是自车船税政策调整以来，该税种首次实现大幅增收。

8月

8日，“2009安利纽崔莱健康跑”在市区举行，市长艾文礼、奥运冠军王军霞作为“健康跑”领跑嘉宾与省会两万名市民一起进行健康跑，庆祝全国首个“全民健身日”的到来。

11日，在北京召开的地名文化遗产评审工作会议上，行唐县被认定为“中国地名文化遗产——千年古县”，成为继井陉、赵县和赞皇之后，石家庄市第四个获此美誉的县份。

15日，22时，铁路入地下穿和平路工程正式动工。

△重庆-郑州-石家庄航线开航。该航线是河北省与河南省开通的首条直飞航线，是石家庄正定国际机场开通的第11条经停航线。

18日，全国第十一届运动会火炬在石家庄市传递。

△全国人大调研组到石家庄市就《残疾人保障法》贯彻实施情况进行专题调研。调研组一行实地查看残疾人设施建设情况，并考察残疾人康复设施及残疾人活动中心等。

21日，博深工具在深圳证券交易所挂牌上市，首发募集资金4.99亿元。博深工具是石家庄市在深圳交易所中小企业版上市的第一家企业，也是石家庄市首家在A股上市的民营企业。

24～28日，市长艾文礼率招商团赴北京市拜访与石家庄市合作紧密的中央企业和大型企业，对接、洽谈重点合作项目，进一步推进石家庄市与在京中央企业和大型企业的战略合作。

28日，西王公交枢纽站正式启用，公交24路、38路迁入运营，同时撤销中山路南侧的24路、38路原站位。

△《人民日报》在一版头条位置刊发长篇通讯《化“庄”为“城”开新天》，详细介绍石家庄市“三年大变样”工作所取得的成绩和“石家庄速度”创造的一个个奇迹。

9月

1日，西柏坡公路（始建于2007年8月28日）建成通车，该公路是石家庄市公路网中一条主要干线公路，起点位于石闫公路互通立交桥，终点位于西柏坡纪念馆，全长28.2千米，为山岭重丘区一级公路，路基宽23米，双向四车道。设计时速公路起点至西柏坡隧道为80千米／小时，西柏坡隧道至终点为60千米／小时。

5日，中国企业500强名单公布，石家庄市的河北敬业集团以2882299万元的营业收入名列中国企业500强第206位，比2008年排名提升20个位次。

7～10日，石家庄市代表团参加在厦门市举行的第十三届中国国际投资贸易洽谈会。会上，全市共发布重点招商项目100项，总投资115亿美元，拟引进资金62.6亿美元；签订利用外资项目合同11项，总投资1.5亿美元，协议利用外资1.4亿美元。

8日，石家庄市区空气污染指数为20，空气质量达到一级优的标准，且污染指数全国最低。

9日，即日起至12月31日，石家庄市开展以"垃圾清除、道路清洗、工地抑尘、庭院保洁、煤烟治理"为主要内容的省会"洗城静天"全民大会战活动，全面整治大气污染，城市空气质量得到持续改善，全年城区优良天数达到317天。

11日，石家庄市数字化城市管理试点建设工作通过国家住房和城乡建设部专家组验收，石家庄市正式成为"全国数字化城市管理试点城市"。

13日，省会空气质量再次达到"一级优"的标准，连续获得9个"一级天"，"一级天"的连续数量创下石家庄市实行空气质量日报制度以来的最高记录。

16日，河北诺特通信技术有限公司在香港证券交易所上市，股票简称"中国全通"。

21日，石家庄市河北梆子剧团创作的河北梆子《女人九香》获中宣部第11届精神文明建设"五个一工程"(2007～2009)奖。

22日，600辆天然气公交车同时投入运行，重点更换"四横六纵"主干道上运行的柴油车，主要有1路、6路、8路、10路、34路、53路、55路等，并可增加配车10%～20%。

25日，由河北省旅游局和河北日报报业集团共同主办的"选美河北——河北最美30景"评选揭晓，石家庄市的西柏坡中共中央旧址、驼梁-五岳寨景区、赵州桥、正定隆兴寺、抱犊寨景区入选"最美30景"。

26日，人民日报社河北分社在石家庄市揭牌成立。

△子龙大桥竣工通车。至此，体育大街北延正定全线通车。大桥全长1970米，主桥长1200米，宽37米，双向六车道，总投资2.38亿元。该工程于2008年12月28日奠基，2009年3月8日正式进场施工。

28日，第一部反映石家庄地域文化特色的电视剧《家在南三条》开机拍摄。

29日，南高基公园开园迎客。该公园位于中华北大街以东，月牙路以南，紧邻太平河北岸，面积约250亩。

10月

1日，上午八时整，省会各界3000余名干部群众在民心广场举行庄严的升国旗仪式，共同庆祝新中国60华诞。

15～16日，国务院就业工作专项督察组在石家庄市检查指导就业工作，并对石家庄市在促进就业方面所做的一系列工作表示肯定。

18日，石家庄市与湖北省十堰市缔结为友好城市。

18～20日，2009'中国·石家庄国际投资贸易洽谈会暨第四届中国·石家庄国际医药博览会召开。

19～21日，韩国天安市友好代表团一行11人访问石家庄市。20日，市人大常委会主任王增明、市长艾文礼分别会见代表团成员。

21日，在第十一届全运会田径比赛女子铅球决赛中，石家庄市选手巩立姣以20.35米的成绩夺冠，创造了10年来国内铅球女选手的最佳成绩。另一名石家庄选手李梅菊以19.38米的成绩获得亚军。

22日，石家庄市第一个新农民艺术团灵寿县良同新农民艺术团成立。

31日，在2009中国特色魅力城市200强高峰论坛上，石家庄市入选2009年度"共和国六十年中国最具投资潜力城市"。

31日～11月8日，第12届中国吴桥国际杂技艺术节在石家庄市举行，来自22个国家和地区的32个节目参加演出，评选出3个金狮奖、8个银狮奖、11个铜狮奖。

11月

1日，出席第12届中国吴桥国际杂技艺术节开幕式的全国政协副主席郑万通，在高喜同、安云昉、王华清、王大虎等陪同下参观石家庄市市容市貌。

6日，由河北省供销社和石家庄市供销社合作建设的石家庄北方农产品物流中心项目开工建设。该项目位于鹿泉市大河镇，规划占地1174亩，总建筑面积39万平方米，拟投资10亿元。

8日，由山东航空公司执飞的石家庄-合肥-厦门航线正式开通。至此，石家庄正定国际机场国内通航城市达到25个。

9日，全国人大常委会副委员长桑国卫带领全国人大常委会执法检查组到石家庄市检查《食品安全法》执行情况。

10日，河北省首个雅思考点在石家庄信息工程职业学院设立。

△凌晨至12日11时，自1955年石家庄有气象记录以来降雪时间最早、持续时间最长、降雪量最大的暴雪突袭石家庄，市区降雪量达93.5毫米，积雪厚达55厘米。雪灾涉及23个县（市、区）、178个乡镇、2175个村，直接经济损失9.71亿元。

11日，凌晨2时，市政府宣布启动重大气象灾害三级应急预案和Ⅲ级响应，是石家庄市历史上首次启动最高级别的暴雪气象灾害应急预案。17日零时起，解除《石家庄市重大气象应急预案》Ⅲ级响应。

12日，中共中央政治局常委、国务院总理温家宝赶赴河北石家庄察看雪情、指导工作。温家宝强调，要加强领导，科学组织，狠抓落实，做好应对暴雪的各项工作，实现保民生、保生产、保运输的目标。

18日，石家庄北人集团实现销售100.09亿元，同比增长36%，成为河北省商贸流通业首家百亿企业。

20日，驼梁自然保护区顺利通过第五届国家级自然保护区评审委员会评审，晋升为国家级自然保护区。

29～30日，在长沙召开的全国未成年人思想道德建设经验交流大会上，石家庄市荣获第二届全国“未成年人思想道德建设工作先进城市”称号。市委副书记、市长、市文明委第一副主任艾文礼以《创新实践，注重实效，推动“做一个有道德的人”主题活动深入持久开展》为题，在大会作经验发言。

11月，平山县被中国经济林协会命名为“中国核桃之乡”。该县是石家庄市首个获此称号的县。

12月

1日，中国人民银行成立旧址纪念馆暨河北钱币博物馆开馆，填补了河北省在金融历史教育、货币文化宣教领域的空白，市民可凭身份证免费参观。该馆坐落在中华北大街55号。

2日，以岭医药集团董事长、河北省中西医结合医药研究院吴以岭教授当选中国工程院院士。

4日，市国资委与南光（集团）有限公司签署石家庄焦化集团有限责任公司国有股权转让协议。

7日，在第三届中国产学研合作（滨海）高峰论坛会上，华北制药集团荣获“首届中国产学研合作创新奖”，是国内医药行业中唯一获奖单位。

10日，石家庄市地税系统共完成各项税收收入100.89亿元，同比增收12.55亿元，增长14.21%，首次突破百亿大关。

12日，二环路环1路、环2路公交环线开通，公交59路同时停运。内环为环1路，外环为环2路。两条线路各配车20辆，平均车距8～10分钟；首车6：00，末车20：00。两条环线的始发站和终点站，均设在南焦客运站（南二环南北两侧）。

16日，经中国银行业监督管理委员会批准，石家庄市商业银行更名为河北银行。

17日，国家科技部下发《关于2007～2008年度全国县（市）科技进步考核结果的通知》（国科发农[2009]670号），石家庄市荣获“2007～2008年度全国科技进步先进县（市）”荣誉称号。

18日，在北京召开的2009第三届中国旅游论坛暨中国旅游高端智库专家联席会议上，赞皇县被授予“中国优秀生态旅游县”称号，成为河北省唯一获得此项殊荣的县。

28日，藁城市被农业部授予“全国粮食生产先进县标兵”称号。这是该市自2003年以来第6次获此殊荣，也是2009年河北省唯一获该称号的县（市）。

29日，石家庄市首条直飞日本的国际航线“石家庄—东京”航线开通。

石家庄综述

石家庄综述

行政区划

【地理位置】 石家庄市是河北省省会，全省政治、经济、科技、金融、文化和信息中心，是国务院批准实行沿海开放政策和金融对外开放的城市。石家庄地处河北省中南部，环渤海湾经济区。位于北纬37°27′～38°47′（误差±1′），东经113°30′～115°20′（误差±1′）之间，东与衡水接壤，南与邢台毗连，西与山西省为邻，北与保定市交界。南北最长处148.018千米，东西最宽处175.383千米，周边界长760千米。辖区总面积15848平方千米，其中市区面积456平方千米。 在首都北京的西南方向，距北京283千米。

【区划设置】 石家庄市辖6区17县（市），即新华区、桥西区、桥东区、长安区、裕华区、矿区、辛集市、晋州市、藁城市、新乐市、鹿泉市、正定县、深泽县、无极县、赵县、栾城县、高邑县、元氏县、赞皇县、井陉县、平山县、灵寿县、行唐县和1个高新技术开发区。共有镇125个，乡97个，办事处51个，行政村4419个，居委会548个。

（周连颖）

建制沿革

石家庄市域有着悠久的历史。据《禹贡》记载，夏禹时期为冀州地。春秋时期域内先后建有鲜虞国（都城在今正定新城铺一带）、鼓国（都城在今晋州城西）、肥国（都城在今藁城市城西南城子村一带）。战国时期鲜虞人又建立中山国（都城在今平山县城北下三汲一带）。秦始皇统一中国后，全面推行郡县制，属巨鹿郡（郡治今巨鹿县）。西汉高祖三年（公元前204年），始置恒山郡。汉文帝初，因文帝名恒，讳改恒山郡为常山郡。汉高祖十一年（公元前196年），改秦时的东垣县（县治今石家庄市东古城）为真定县，并于汉武帝元鼎四年（公元前113年）置真定国（都城在今东古城）。三国时期，为魏地，分别属常山郡、安平郡、赵国、巨鹿郡、中山国。西晋统一后，分别属冀州常山郡、中山国、巨鹿郡、赵国、博陵国。隋代，分别属恒山郡（后改恒州，郡治真定，今正定镇）、赵郡（郡治平棘，今赵州镇）、信都郡（郡治今冀州市）、高阳郡（郡治今定州市）。五代时期，属河北成德军节度使，域内有镇州（州治今正定镇）、赵州（州治今赵州镇）、定州（州治今定州市）、祁州（州治今无极镇）。宋代，属河北西路（路治今正定镇）。元代，属中书省真定路（路治今正定镇）、保定路（路治今保定市）、广平路（路治今永年县）等。明代，属京师正定府（府治今正定镇）、保定府（府治今清苑县）。清代，属直隶省真定府（府治今正定镇，清雍正元年改正定府）、保定府（府治今清苑县）、赵州（州治今赵州镇）、定州（州治初属祁州，雍正十二年改今定州市）。民国元年（1912年），中华民国成立，仍沿清制。民国3年（1914年），裁府设道。民国14年（1925年）6月24日，中华民国临时执政命令直隶省建立“石家市”，实行市自治制；8月29日中华民国临时执政又以1273号指令批准将石（家）庄、休门合并，取首尾各一字，更名为石门市，组建石门市政公所，筹建市制。民国17年（1928年），南京国民政府通令全国，取消所有市政公所，废除原来的“市自制”。至此，建市工作遂告搁浅。民国27年(1938年)1月15日，组建伪石门市政公署筹备处。民国28年(1939年)10月7日，伪中华民国临时政府行政委员会以秘字第1027号指令，正式批准设立石门市。民国36年(1947年)11月12日石门市解放，12月26日石门市更名为石家庄市。民国37年(1948年)9月26日，石家庄市改属华北人民政府领导。民国38年(1949年)1月24日阳泉市划归石家庄市(当年8月又划归山西省)；8月1日石家庄市归河北省人民政府领导，为省辖市。1949年石家庄专区初设，辖14县1镇。1958年4月28日，石家庄市由省辖市改为专辖市。1960年5月3日，国务院批准撤销石家庄专区，改为石家庄市。1961年5月，国务院批准恢复石家庄专区建制。石家庄专区辖石家庄市和25个县。1962年6月，国务院批准设立衡水专区，石家庄专区所辖衡水等8县划归衡水专区，此后石家庄专区辖石家庄市和17个县。1967年11月21日，石家庄地区革命委员会成立，专区改称地区。1967年12月20日，石家庄市革命委员会成立。1968年1月29日，河北省会迁至石家庄市。1978年3月11日，石家庄市划为河北省直辖市。1978年7月，石家庄地区革命委员会撤销，成立河北省石家庄地区行政公署。1982年8月12日，撤销石家庄市革命委员会，恢复石家庄市人民政府。1993年6月30日，石家庄地区行政公署与石家庄市人民政府合并，成立新的石家庄市人民政府。

市　标

【概况】 1997年7月根据市人大代表提出的议案以及市政府领导的批示，由市园林局开始着手准备市花市树的评选工作，8月正式启动评选工作。通过民意测验和专家评审，于9月16日初步确定月季和槐树为市花市树，11月，市政府研究同意，12月，提请市第九届人大常委会第30次会议审议批准，正式确定月季为石家庄市市花，槐树为石家庄市市树。

【市花】 月季　属蔷薇科、蔷薇属，系木本落叶灌木，原产中国，已有2000多年的栽培历史，被誉为“花中皇后”，花色艳丽，千姿百态，香味馥郁，品种繁多，露地栽培从春到秋处处可见其绰约丰姿，是美好、友谊、和平的象征。月季适应性强，抗寒抗旱，对土壤要求不高，栽培繁殖容易，管理技术易掌握，易于推广普及。石家庄市的月季栽培有着悠久历史，通过引种、繁殖、培育，已经广泛用于街道、公园、庭院、广场的绿化、美化。同时也是插花、切花、盆景制作的理想植物材料，深受广大市民的喜爱。月季不仅具有极高的观赏价值，且具有极高的经济价值。月季的花、花蕾、叶、根皆可入药，并能制作高级香精、香料。月季还能代表石家庄人顽强不屈、坚韧不拔的品格，展示出石家庄人奋发图强、不断进取的精神风貌。

【市树】 国槐　属豆科槐属，系落叶乔木。国槐原产于中国，栽培历史悠久，抗逆性强，寿命长，石家庄市有百年以上的古槐多达71株，其中500年以上的古槐就达58株，且仍然枝繁叶茂，生机勃勃。国槐树干端直，树冠宽广，展叶早落叶晚，是优良的庭荫树和街道树，其花芳香，又是优良的蜜源植物。国槐性强健，具有很强的萌芽力，耐强修剪，更新能力强，耐寒、耐旱、耐瘠薄，并对二氧化硫、氯气、氯化氢等有毒气体抗性较强，是良好的抗污、滞尘、耐烟毒树种。石家庄市以国槐用作行道树的街道达120多条，占全市街道的41.87%，是街道的主要骨干树种之一。国槐的经济价值高，木材坚硬，耐水湿，材质优良，可供建筑、家具、造船、雕刻等用，全株可入药，花蕾可作黄色染料，种子可榨油、制皂。国槐在民间是吉祥、幸福、美好的象征，中国人民自古以来把它作为吉祥树、幸福树，它能代表石家庄人顽强不屈、坚韧不拔的品格，展示出石家庄人奋发图强、不断进取的精神风貌。

自然资源

【矿产资源】 石家庄市东部为华北平原，西部为太行山区。西部山区地质构造复杂，成矿条件良好，拥有比较丰富的矿产资源。至2009年底，全市发现矿种有59种（包含亚种为61种），矿产地423处，其中大型矿产地28处，中型矿产地62处，小型189处。金属矿产分为黑色金属、有色金属、贵金属、放射性、稀有稀土金属等几大类。黑色金属矿产有磁铁矿、赤铁矿、褐铁矿，以磁铁矿为主。磁铁矿保有储量为2870万吨，主要分布在平山县、赞皇县；钒钛磁铁矿储量35651吨，主要分布在赞皇县和元氏县；锰矿储量2.2万吨，主要分布在灵寿县。有色金属矿产有4种，其中，铜矿已发现矿点10余处，储量约1109.9万吨，主要分布在平山县、灵寿县。铝土矿探明储量3190.2万吨，保有储量3000万吨，主要分布于赞皇县、井陉县。铅矿探明储量1369.3万吨，铅锌矿储量50吨，分布在平山县。贵重金属矿产有金矿，灵寿县、平山县、行唐县都有发现，矿体为石英脉型，探明储量13.24吨，品位一般在2～8克，矿石可选性好。非金属矿产有冶金辅助原料非金属矿产，以夕线石、萤石、熔剂灰岩、冶金白云岩、冶金石英岩、冶金脉石英、耐火黏土为主。耐火黏土主要分布在井陉县境内，为中石炭统沉积矿床，共生铝土矿，伴生硫铁矿，保有储量6881.0万吨。化工原料非金属矿产30多种。其中，装饰石材、云母、蛭石预测储量巨大，大理石、花岗岩储量近1万亿立方米。石灰岩矿为寒武纪及奥纪沉积矿床，规模大，质量好，开采条件简单，总储量339.7亿吨。井陉的石灰岩分布较广，储量大，其品位为全国之首。刚玉储量180.2万吨，分布于灵寿县、平山县。金红石储量约6.7万吨，分布于平山县。页岩石料（俗称坩子土）储量50.04亿立方米，主要分布在鹿泉市。此外，平原河沙丰富，新乐、元氏、鹿泉、正定等县市古河道、滹沱河等河滩广为分布，预测储量317.6亿吨。能源矿产中煤炭保有储量为9107.8万吨，主要分布在元氏县和井陉矿区。石油和天然气资源主要分布在辛集市、晋州市，油气田地质储量5.1亿吨，含油面积30.41K平方米，天然气储量19.2亿立方米。2009年，由于受金融危机的影响，全市大部分矿山处于停产状态。只有部分水泥、建筑石料、少量铁矿在开采。煤矿生产处于停产整顿或未开采状态。石油、油气行业运行正常。石家庄市的矿产资源在全省占有重要地位，居全国首位的有碎云母；居全省首位的有矽线石、电石灰岩、长石、砖瓦用页岩、饰面用角闪岩、铝土矿、玻璃用砂岩、水泥用灰岩8种。全市的优势矿种有20余种。居全省第二位的有耐火黏土、石棉、水泥配料用黏土、钒矿4种；居全省第三位的有硫铁矿、制碱用灰岩、冶金用白云母、水泥配料用砂岩、饰面用花岗岩5种。金矿居全省第四位。

（刘万顺）

【能源资源】 石家庄市能源资源比较丰富。煤田分布相对集中，主要集中在井陉县，其次是赞皇、元氏两县。煤种有肥煤、焦煤、无烟煤、气煤等。石油、天然气资源主要分布在辛集市、晋州市凹陷中。已探明油田或构造有：河庄油田、河庄西油田、台家庄油气田、南小陈油田、晋40断块、赵兰庄构造。2009年，全市新建沼气池47988个，全市累计建成户用沼气39万多户，新建大中型沼气池28处，累计达79处。年可产沼气14196多万立方米，折合标煤10.1万吨，同时产出沼液、沼渣等高效无公害有机肥950多万吨。培训沼气技术员3640人，培训国家沼气生产工100多人，累计持证人数达1280人。完善沼气物业管理服务中心18个，初步建成村级物业服务网点700多个，形成比较完整的建、管、用、服务一条龙的工作体系。石家庄市太阳能资源处于较为丰富地带，年辐射量为1259～1350千卡/平方厘米，年日照时数为2563～2852小时，占可照时数的58%～65%，太阳能利用方面主要有太阳能热水器、太阳能灶等。到2009末，全市推广太阳能热水器2.41多万平方米，累计达81.25万平方米；节煤炉灶 0.14 万台，累计达 91.27 万台。

10 月 11 ～ 13 日，第三届中国可再生能源及节能产品、技术博览会在石家庄市国际博览中心开幕。博览会由中国农村能源行业协会、中国沼气学会、中国节能协会、中国农业工程学会联合主办。200 多家相关企业参加了博览会。博览会期间举办了“太阳能利用工”国家职业技能培训，考试合格者颁发中国劳动和社会保障部“太阳能利用工”国家职业资格证书。博览会选在石家庄，因石家庄市是全国太阳能、沼气等可再生能源利用较早的地区，资源条件比较好。

（刘　栋）

【生物资源】 石家庄市的生物资源比较丰富。动物现知陆栖（包括两栖）脊椎动物 223 种。其中，以鸟类最多，其次是兽类，两栖类及爬行类较少。野生动物种类有金钱豹、野猪、狍子、狐狸、狼、松鼠、獾、黑眉锦蛇、豺、黄羊、刺猬、雀鹰、天鹅、灰鹤、啄木鸟、麻雀、猫头鹰、石鸡、家燕、草兔、黑斑蛙、环颈雉、灰喜雀、斑鸠。其中国家珍贵稀有动物有金钱豹、斑羚、褐马鸡、天鹅等。褐马鸡为中国特有的珍稀动物，仅见于山西、河北。现有畜禽几十个品种，地方畜禽品种有深县猪、大马身猪、大尾寒羊、小尾寒羊、河北奶山羊、太行山羊、冀南黄牛、太行牛、太行驴、柴鸡、河北鹅、虎皮黄兔。引进的畜禽品种有牛类：河北西门塔尔牛、南阳牛、荷兰黑白花奶牛、蒙古牛、短角牛、西门塔尔牛、夏洛来牛、海福特牛、利木赞牛、安格斯牛、爱沙尼亚牛、蒙贝利亚牛。马类：蒙古马、伊犁马、苏高血马。驴类：关中驴、渤海驴、泌阳驴。猪类：迪卡猪、冀合白猪、大约克夏猪、长白猪、杜洛克猪、汉普夏猪、北京黑猪、施格猪、PIC 猪、皮特兰猪。羊类：美利奴羊、波尔华斯羊、考力代羊、茨盖羊、新疆细毛羊、萨能奶山羊、边区莱斯特羊、罗莫尼玛须羊、波尔山羊。鸡类：尼克鸡、白洛克鸡、宝万斯鸡、京红鸡、海赛克斯鸡、伊莎鸡、艾维茵鸡、罗曼鸡、爱拨益加鸡、雅康鸡、雅发鸡、海兰系列、京白系列。兔类：青紫兰兔、比利时兔、加利福尼亚兔、黑优兔、安哥拉兔、法国巨型兔、獭兔、丹麦兔、新西兰兔、日本大耳白兔、塞北兔。鸭类：康贝尔鸭、麻鸭、北京鸭。鹅类：石头鹅、郎德鹅。特养品种：梅花鹿、马鹿、兰狐、银狐、苏乌里貉、白玉蜗牛、散大蜗牛、落地王鸽、白羽鸽、美国牛蛙、七彩山鸡、乌骨鸡、鹌鹑、貂、小香猪、海狸鼠、蝎子、鹧鸪、麝鼠。鱼类资源主要有 50 多个品种。主要经济鱼类有：鲤、鲢、鳙、草、鲫、鲂、鳊、鲶、泥鳅、黄颡、乌鳢、黄鳝、鲴等，小杂鱼类主要有：白条、棒花、马口、麦穗、鳑鲏、鰕虎鱼、翘嘴等，另外还有中华鳖、青虾、蚌、螺、莲藕等，引进发展的品种主要有：罗非、牛蛙、中华绒螯蟹、淡水白鲳、池沼公鱼、大银鱼、太湖新银鱼、日本白鲫、高背鲫、彭泽鲫、鳜鱼、革胡子鲶、大口鲶、罗氏沼虾、彩虹鲷、虹鳟鱼、金鳟鱼、香鱼、欧洲丁鱼岁、大口胭脂鱼、中国胭脂鱼、加州鲈、鲟鱼、白斑狗鱼、银大麻哈鱼、斑点叉尾鱼、雅鱼等。

石家庄植被属暖温带针阔混交林，植被类型由自然植被和人工植被组成。植被结构复杂，种类繁多，据初步统计植物资源合计 2500 余种。其中草本植物占 80% 以上。木本植物有 44 科 74 属 144 种，乔木有 26 科 35 属 75 种，灌木有 23 科 34 属 43 种。主要树木分类，阔叶树：杨树、柳树、国槐、刺槐、臭椿、香椿、红椿、合欢、苦楝（井陉）、漆树、黄连木、白榆、青檀（井陉）、梧桐、泡桐、杜仲、银杏、椋子木（井陉）、五角枫、栾树、黄金树、楸树、枫杨、悬铃木。灌木：柽柳、胡枝子、葛藤、紫穗槐、黄栌、锦鸡儿、枸杞、珍珠梅、绣线梅、鼠李、酸枣、沙枣、沙棘、女贞、六道木、丁香、夹竹桃、照山白、荆条、野杜鹃。针叶树：油松、华山松、雪松、云杉、桧柏、园柏、测柏、柞树、落叶松、水杉。经济木：苹果、梨、桃、杏、山楂、板栗、李、葡萄、石榴、柿子、核桃、大枣、花椒、桑、猕猴桃。草场分四类：山地草甸类草场，地处深山，处于原始状态，资源很少被利用；山地灌木类草场，草高 40 ～ 70 厘米，盖度 60% ～ 80%；丘陵草丛类草场和低温草甸草场。药用植物、植物资源丰富，有 1039 种，野生药材上百种，人工种植药材 230 多种。另外还有水生芦苇、莲藕等。人工种植牧草：紫花苜蓿、粒粒苋、串叶松香草、冬牧 -70 黑麦草、聚合草、沙打旺、苦荬菜、皁木栖、鲁梅克斯、克孜连科。天然野生牧草共有 121 个科，1116 种，其中菊科牧草占135种，禾本科占109种，豆科占98种，蔷薇科占58种，百合科占46种。有代表性的野生牧草主要有：野豌豆、直立黄芪、达乌里黄芪、野苜蓿、无芒雀麦、隐子草、冰草、披碱草、老芒麦、鹅冠草、早熟禾、胡枝子、山葱、白羊草、青木栖状黄芪、野古草、大油芒、白茅、铁杆蒿、野青茅、狗哇花、棘豆等。

【水资源】 2009年，全市地表水资源量为6.51亿立方米，地下水资源量为17.30亿立方米，扣除地表水和地下水资源的重复计算量，全市水资源总量为20.83亿立方米，比上年减少2.87亿立方米，比多年平均值21.16亿立方米减少0.33亿立方米。

供水量 全市供水量30.41亿立方米，其中地表水供水量5.49亿立方米，占总供水量的18.0%；地下水供水量24.93亿立方米，占总供水量的82.0%。

用水量 全市用水量30.41亿立方米，其中农田灌溉用水量20.14亿立方米，占66.2%；工业用水量2.93亿立方米，占9.6%；居民生活用水量2.89亿立方米，占9.5%；林牧渔畜用水量2.54亿立方米，占8.4%；城镇公共用水量0.893亿立方米，占2.9%；生态用水量1.02亿立方米，占3.4%。

地下水动态 2009年底全市平原区地下水平均埋深34.90米，较上年同期水位下降0.72米。监测点最大埋深高邑城关53.43米，最小埋深鹿泉市山尹村1.44米。

废污水排放量 全市废污水总排放量为4.15亿吨，其中工业废水排放量1.84亿吨，生活废污水排放量2.31亿吨，分别占总排放量的44.3%、50.6%、5.1%。处理废污水量2.57亿吨，占总排放量的61.9%。

地表水水质 2009年全市地表水总监测河段长度为571.4千米，其中165.0千米全年河干。在有水的406.4千米监测河段中，水质超五类的河段163.0千米，占有水河段的40.1%；监测水质为四类的河段97.4千米，占有水河段的24%；监测水质在三类及以上的河段146千米，占有水河段的35.9%。

【水电资源】 2009年，全市小水电年发电量5600万千万时，市内水电资源理论蕴藏量35.32万千瓦，其中可开发量19.13万千瓦，已开发量10.23万千瓦，建有小型水电站52座，其中包括省管6座，500千瓦以上并网发电16座，主要分布在西部山区。

（刘栋涛）

【土地资源】 石家庄市土地资源比较丰富，类型多样，适宜性广，光、热、水土条件适宜，土地利用率和生产率高，但地域差异明显，土地后备资源不足。石家庄市土地资源类型按土地利用现状划分，根据全国统一规定，结合全市实际情况，采用二级分类系统。共分8个一级地类，36个二级地类。石家庄市东、西部自然和社会经济条件明显差异，按地貌类型和土地利用主导方向，分为西部山区林木地，中部山麓、平原建设用地区和东部平原农业地区三个地区分区。石家庄市土壤类型主要有山地草甸土、棕壤、褐土、潮土、盐土、风沙土、新积土、粗骨土、石质土、沼泽土、水稻土等11个土类，22个亚类，81个土属，270个土种。石家庄市严格落实耕地保有量和基本农田保护面积，确保全市基本农田保护面积稳定在52万公顷。强化基本农田保护管理，完善了基本农田保护牌、表、图、卡、册，使基本农田保护走上制度化、规范化轨道。2009年，已施工和批准的基本农田项目16个，面积12169.88公顷，总投资1.76亿元，新增耕地326.76公顷。被国土资源部和农业部评为基本农田保护先进单位。严格落实耕地占补平衡制度，实现耕地占补平衡。全年占补平衡项目35个、新增耕地929.45公顷，确保了补充耕地数量不减少、质量有提高。严格实行建设项目用地预审制度。完成会审277宗，同时局部规划调整176宗，确保了项目用地需求，维护了规划的严肃性。全年完成土地收储面积1394.06公顷。库存土地达到1025.33公顷。

（刘万顺）

人　口

【概况】 截至2009年底，全市共有人口2712379户，9774106人。其中城镇人口4044830人，占41.38%；农村人口5729276人，占58.62%。市属6区人口为618849户，2427832人。全部为城镇人口。市辖十七县（市）人口为2093530户，7346274人。其中城镇人口1616998人，占22.01%；农村人口5729276人，占77.98%。全市总人口较2008年增长109320人，增长1.12%，其中城镇人口增长61715人，农村人口增加47605人。自然增长90792人，增长率为9.34‰；机械增长20628人，增长率为2.12‰。市属6区人口较2008年增长20637人，增长率为0.85%，其中自然增长15241人，机械增长9726人。市辖17县（市）人口较2008年增长88683人，其中自然增长75551人，机械增长10902人。2009年全市共报出生139800人，出生率为14.38‰。年内死亡人口49008人，死亡率为5.04‰。全市总人口中有男性4923508人，占50.37%；女性4850598人，占49.63%。市属6区人口中有男性1195732人，占49.25%；女性1232100人，占50.75%。

【人口分布】 全市人口平原地区稠密，城镇及市区人口密度更大，山区相对稀少。按县（市）区统计，长安区115725户，423249人，全部为城镇人口；桥东区92551户，376803人，全部为城镇人口；桥西区122232户，516852人，全部为城镇人口；新华区133483户，493032人，全部为城镇人口；裕华区125970户，520564人，全部为城镇人口；矿区28888户，97332人，全部为城镇人口；井陉县106040户，328145人，其中城镇人口72894人；栾城县91177户，342417人，其中城镇人口81066人；正定县124945户，458737人，其中城镇人口111361人；行唐县136073户，438970人，其中城镇人口61319人；灵寿县97901户，326620人，其中城镇人口72289人；高邑县50628户，184132人，其中城镇人口51723人；深泽县75474户，255002人，其中城镇人口36889人；赞皇县77524户，247654人，其中城镇人口31552人；无极县136451户，500776人，其中城镇人口76808人；平山县147835户，475353人，其中城镇人口69553人；元氏县96081户，414332人，其中城镇人口78056人；赵县161003户，583494人，其中城镇人口94960人；辛集市195761户，618901人，其中城镇人口251317人；藁城市206343户，772947人，其中城镇人口219343人；晋州市149557户，532941人，其中城镇人口92256人；新乐市128020户，485445人，其中城镇人口124955人；鹿泉市112717户，380408人，其中城镇人口90657人。

【年龄构成】 2009年全市总人口中，6周岁以下的734262人，占7.51%；18岁以下1841194人，占18.84%；18岁至35岁的2994544人，占30.64%；35岁至60岁的3582763人，占36.66%；60岁以上的1355605人，占13.87%。

【民族构成】 至2009年末，石家庄市有53个民族。总人口中汉族9672062人，占98.95%；回族56599人，占0.58%；满族30951人，占0.31%；剩余50个少数民族共计14494人，约占总人口的0.14%；另外还有其他未识别民族34人（包括穿青人），外国人加入中国籍2人。

（闫卫东）

民族·宗教

【民族】 石家庄市是一个多民族散居城市，2009年末全市有民族53个，少数民族52个（无塔吉克族和乌兹别克族）。总人口中汉族9672062人，占总人口的98.95%；少数民族人口102044人，占全市总人口的1.05%，比上年增加434人，增长0.42%。其中少数民族农业人口40373人，占39.6%；非农业人口61671人，占60.4%。全市各县（市）区中少数民族人口超过万人的有5个，分别是无极县16280人，桥西区14096人，新华区13029人，桥东区10450人，裕华区10069人。市内5区有少数民族56543人，占少数民族总人口的55.4%。全市少数民族以回族人口居多，共计56599人，占少数民族人口的55.9%，满族30951人，蒙古族5095人，壮族1359人，土家族1407人，苗族1224人，其他少数民族人口共计5009人。其他未识别民族的34人，外国加入中国籍的2人。在分布上呈“大分散、小聚居”特点，在全市23个县（市）、区均有分布，主要聚居在市内五区及无极、藁城、新乐、正定、辛集五个县市。全市有3个民族乡（无极县高头回族乡、藁城市九门回族乡、新乐市彭家庄回族乡），18个民族村（其中9个分布在民族乡，其余9个分布在正定县、藁城市、辛集市、新乐市的其它乡镇），少数民族有32707人，占全市少数民族人口的32.2%。

【宗教】 石家庄市有道教、佛教、伊斯兰教、天主教、基督教五种宗教，截至2009年底，全市共有信仰五种宗教公民28.2万人，占全市总人口的2.9%，分布在全市23个县（市）、区的211个乡（镇）、街道办事处。

道教 全市信仰道教公民0.9万人，主要分布在鹿泉、平山、藁城、元氏、赞皇、新乐、桥西区等7个县（市）区。有教职人员40人，宗教活动场所17处。较著名的道观有位于鹿泉市的十方院和抱犊寨的金阙宫，平山县天桂山的清龙观等。市级宗教团体1个（石家庄市道教协会），有县（市）级道教协会3个。

佛教 全市信仰佛教的公民5.8万人，主要分布在赵县、正定、辛集、藁城、晋州、井陉、赞皇、行唐、元氏、鹿泉、裕华等县（市）区。有教职人员151人，佛教活动场所77处，较著名的寺庙有：赵县柏林禅寺、正定县临济寺，鹿泉市龙泉寺和市内谛音寺。市级宗教团体1个（石家庄市佛教协会），县（市）级佛教协会5个。

伊斯兰教 全市有信仰伊斯兰教的公民5.6万人。主要分布在市内五区和无极、藁城、新乐、正定、辛集等县（市）。有清真寺14座，有阿訇18名、海里凡15名。市级宗教团体1个（石家庄市伊斯兰教协会）。

天主教 全市有信仰天主教公民近10万人，分布在全市的211个乡（镇）、街道办事处的937个村、居委会。宗教活动场所151处，有神职人员91人。市级宗教团体2个（石家庄市天主教爱国会、天主教石家庄教区）。

基督教 全市有信仰基督教公民5.9万人，分布在24个县（市）、区的249个乡（镇）、街道办事处的1318个村、居委会。宗教活动场所200余处，有教牧人员300人。有市级宗教团体2个（石家庄市基督教三自爱国运动委员会、石家庄市基督教协会）。县级宗教团体11个。

（闫卫东　张建营）

风景名胜

【概况】 石家庄旅游资源丰富，名胜古迹众多。有文化名城、故国遗址、古寺名桥、革命圣地等大量珍贵历史遗存；有丰富多彩的社会旅游资源，包括商贸会展、民俗民艺、都市风情等旅游景观。其中国家级文物保护单位25处，国家级历史文化名城1座，国家级风景名胜区3处，国家级森林公园2处，国家级地质公园2处，全国农业旅游示范区（点）1处。国家4A级景区11处，A级景区总数19个。

【纪念馆、陵园】 **革命圣地西柏坡** 国家爱国主义教育基地，国家4A级景区。距省会石家庄80千米。1948年5月至1949年3月中共中央在西柏坡居住10个月，召开了全国土地会议、党的七届二中全会，指挥了三大战役，赢得了解放战争决定性的胜利。西柏坡纪念馆依托西柏坡资源优势，大力开发和培育红色旅游市场，形成了中共中央旧址、陈列馆、纪念碑、石刻园、五大书记铜像等10多个旅游景点，使西柏坡成为资源丰厚、感染力和震撼力强的独特景区。

华北军区烈士陵园 位于石家庄市区内，是中国兴建较早、规模较大、造型艺术水平较高的烈士陵园之一。这里长眠着抗日战争时期、解放战争时期的无数革命先烈，伟大的国际主义战士白求恩、柯棣华也在其中。陵园自建成以来，受到了老一辈无产阶级革命家的关怀和重视，毛泽东、刘少奇、朱德等中央领导曾亲临陵园，凭吊先烈。

【风景区】 **天桂山** 位于平山县境内，国家4A级景区。它既有雄秀交融的天然风光，又具有皇家园林的高贵气质和道家仙山的神秘色彩，是一个寻古探幽的绝佳去处。天桂山是北方珍贵的岩溶地貌区，形成了众多的天然溶洞等奇特景观，不仅风光绝佳，景色迷人，而且还是一处远近闻名的道教圣地，有“北武当”之称，至今还保存有许多道观。1997年为迎接香港回归祖国，在天桂山百丈危崖上镌刻的“归”字，高97米，宽49米，已载入了吉尼斯世界纪录。名山巨字，珠联璧合，堪称天下奇观。

苍岩山 位于井陉县境内，国家级重点风景名胜区，国家4A级景区。它以“一奇、三绝、十六景、七十二景观”名扬海内外，素有“五岳奇秀一揽山，太行群峰唯苍岩”的盛名。1988年被评为国家级重点风景名胜区，1994年被国务院审定为中国历史文化名山。大自然的鬼斧神工使苍岩山中心地带形成了奇异的断崖绝壁及优越的生态环境，获得第73届奥斯卡最佳外语片奖的影片《卧虎藏龙》的部分外景就是在苍岩山拍摄的。

嶂石岩 国家级重点风景名胜区，国家4A级景区。以奇特、秀丽、多姿、壮观的自然风光著称。以嶂石岩山势造型命名的“嶂石岩地貌”，是和丹霞地貌、张家界地貌并称的国内三大砂岩旅游地貌之一。嶂石岩景区作为嶂石岩地貌的命名地，这种地貌类型最齐全，特征最突出，素有“百里赤壁，万丈红绫”之称，2003年被评为国家地质公园。景区内有国内最大的天然回音壁，弧形陡壁，高耸云天，其体量之大，回音效果之好，堪称一绝，已载入吉尼斯世界纪录。景区内许多山峰海拔高度都在千米以上，是观日出、赏云海的最佳地点，而且嶂石岩“佛光”也是不难见到的自然奇观。

抱犊寨 位于鹿泉市境内距市区18千米，国家级4A景区。山寨的四面都是峭壁，山路曲折环复，而山顶处却有600多亩的平坦土地。古代时农民要抱牛犊上山，养大后让其耕田，因此而得名。

石家庄植物园 位于市区西部，占地5000多亩，园内种植各类植物达1100多种，形成了科普教育与儿童游乐区、植物系统分类区、观赏植物品种展示区、植物进化展示带、水上游憩区、盆景园区、温室、宿根花卉展示区，不仅拥有草木葱翠、鲜花烂漫的美景让人陶醉不已，还有着丰富的文化内涵和科普知识。

天山海世界 国家4A级景区，位于市内裕华区，整个戏水大厅绿草如茵，椰林葱葱，众多的游乐设施，可提供多种娱乐方式，构成一座都市水上“迪斯尼”乐园。

另外风景区还有驼梁山、五岳寨、蟠龙湖、清凉山、仙台山、温塘度假区、东方巨龟苑等景点，其中驼梁山是著名的避暑胜地，黄河以北最为秀丽的自然风景区和最佳生态旅游地之一；五岳寨是国家4A级景区、国家森林公园、国家地质公园，森林覆盖率达98%，犹如一个巨大的天然氧吧。

【古迹】 **古城正定** 距石家庄13千米，是国家级历史文化名城，历史上与保定、北京并称“北方三雄镇”，是河北中部的政治、经济和文化中心。城内汇集着唐、宋、元、明、清几代不同风格的古代建筑，被誉为“中国古代建筑博物馆”。境内现存国家级重点文物保护单位7处，省级重点文物保护单位5处，县级重点文物保护单位26处。驰名中外的隆兴寺是正定最著名的景点，位列全国十大名寺，是国家4A级景区。寺院中荟集了隋唐以来大量的建筑、壁画、雕塑等艺术珍品，其中有6处文物堪称“全国之最”。其中最著名的是铜铸千手观音，它举高21.3米，是世界古代铜铸佛像中最高大的一尊。除此之外，寺内有堪称宋代建筑孤例的摩尼殿，被鲁迅先生誉为东方美神的倒坐观音；有中国时代最早、体量最大的木制转轮藏；还有被推崇为隋碑第一的龙藏寺碑、设计巧妙的铜铸毗卢佛等珍贵遗存。古城内的临济寺是临济宗的发源地，在佛教界享有盛誉，临济宗不仅在国内广为流传，而且还名扬海外，至今在日本、东南亚、美国都有大量临济宗信徒，因此每年春、夏之际，来自海内外的广大信徒都前来朝拜祖庭，盛况空前。正定不仅文物众多，而且也是名人的故乡和冠军的摇篮，家喻户晓的三国名将赵云赵子龙就是正定人；国家乒乓球训练基地建在正定，被称为“中国乒乓运动的福地”、“冠军的摇篮”。

安济桥 位于赵县境内，又称大石桥、赵州桥，是中国现存最早的敞肩式大型石拱桥，所谓敞肩就是大拱两端各有两个小拱，这种形式的采用使桥身看起来更加轻盈，造型更加精巧，同时也节省石料，减轻桥身重量，更为重要的是可以辅助渲泄洪水，减少水流阻力。在欧洲，这种桥梁直到19世纪才开始流行，晚于中国1200多年。安济桥开启了“敞肩拱桥”的先河，对中国乃至世界桥梁建筑产生了巨大而深远的影响，被公认为世界拱桥的鼻祖，在桥梁建筑史上占有极其重要的地位，被称为“天下第一桥”。

柏林寺 位于赵县县城南端。创建于东汉末年，唐代高僧玄奘法师赴西天取经前，曾在这里学习经文达一年多。20世纪80年代末，著名法师净慧任寺院主持，他含辛茹苦，广结善缘，恢复寺院，广传佛法，使柏林寺恢复当年的勃勃生机，声名日益显赫。如今的柏林寺不仅是礼佛弘法的圣地，更成为与赵州桥联拱双璧的旅游佳境。

毗卢寺 位于石家庄市区。是全国重点文物保护单位，它以保存珍贵的明代宗教壁画而享誉中外，壁画的内容包涵佛、道、儒三教人物故事经画122组共500多身，线条流畅、色彩艳丽、服饰精美，是中国古代壁画艺术的瑰宝。

伏羲台 位于新乐市。是中华民族人文始祖——伏羲氏寓居的地方，距今已有六、七千年的历史，现在已形成了伏羲台、人祖庙等多处景观为主体的伏羲文化旅游区。

古中山国遗址 位于灵寿县境内。河北先秦四大古都之一，出土文物19000余件，数量之庞大，器具之精美令人叹为观止，这其中还创下了多项世界文化之最和中国文化之最，展示了2000多年前神秘的战国文化，是石家庄历史文化中重要的组成部分，越来越受到世人关注。

另外古迹还有井陉县境内的秦皇古驿道，是古代通往山西入长安的“国道”，历史上秦始皇东巡病故于沙丘，其遗体曾经从这条驿道送往咸阳。于家石头村是明朝大将于谦的故乡，已建成中国民族文化村，村内建筑全部采用太行山的石头为原材料，颇有地方特色。

（邹　伟　马文会）

气 候

【概况】 2009年石家庄市平均气温较常年偏高0.7℃。四季中，冬、春、夏季气温偏高，暖冬、暖春现象明显，夏季还出现历史罕见的大范围持续酷热天气。全市年平均降水量574.8毫米，较常年偏多90.4毫米（18.7%）。降水量时空分布不均匀，冬季降水偏少，春季正常，夏、秋季偏多。降水量除赵县为489.3毫米最少外，其它县（市）全部多于500毫米；其中市区年降水量最大，为698.9毫米，次大值为辛集和藁城，分别为691.3毫米和645.6毫米，比常年偏多4成。全市年平均日照时数为2405.5小时，比常年平均值偏少110.9小时，其中春、夏季日照接近常年，冬、秋季明显偏少。

2009年灾害性和极端天气频繁发生，冬春干旱、夏季高温与强对流、秋季连阴雨、初冬暴雪等天气气候事件历史罕见。风雹、暴雪等天气过程使得局部受灾较重，给生产、生活带来诸多不利影响。总体而言，2009年灾情属于“中等偏重”年份。

【气温】 2009年，冬、春、夏三季气温偏高，秋季略偏低。年平均气温在12.9～14.5℃之间，较常年偏高0.7℃，是1992年以来第18个连续偏暖年。其中，石家庄、正定最高，分别为14.4℃和14.5℃，其它县（市）在12.9～13.9℃之间。与常年相比，各县(市)平均气温普遍偏高0.3～1.3℃，其中石家庄、行唐、新乐、正定、晋州、栾城为明显偏高区，平均偏高1.0～1.3℃。

冬季 全市季平均气温0.2℃，较常年偏高1.6℃。季内三个月平均气温均比常年偏高，其中2008年12月偏高1.4℃，2009年1月偏高1.3℃，2月偏高尤为明显，为2.2℃，这与秋冬连旱有很大关系。季内，前期气温波动较大，偏冷和偏暖时段交替出现。冬季分别于2008年12月3～5日、12月20～21日和2009年1月22～23日共出现3次明显强寒潮天气过程，但由于冷空气持续时间短，对季平均气温影响不大。2009年1月25日～2月14日全市平均气温2.6℃，较常年同期偏高4.5℃。

春季 全市季平均气温15.3℃，较常年偏高1.5℃。3月全市月平均气温7.9～9.3℃，较常年偏高2.0℃；4月全市月平均气温14.3～16.4℃，较常年偏高1.1℃；5月全市月平均气温20.0～22.7℃，较常年偏高1.4℃。

夏季 全市季平均气温26.5℃，较常年偏高0.9℃。季内，全市平均气温与常年同期相比，6月偏高1.9℃，7月偏高1.4℃，8月接近常年。受干暖气团和偏西风的共同影响，6月20日至7月4日石家庄连续15天出现35℃以上的高温炎热天气，这是自石家庄建站以来持续时间最长的大范围高温天气。6月24日，除辛集之外的16个县（市）出现超过40℃的酷热天气，市区最高气温达42.1℃。6月下旬，石家庄平均最高气温超过35℃，部分地区超过38℃，其中6月23～25日程度最重。

秋季 全市季平均气温12.8℃，较常年偏低0.4℃，属正常年份。季内气温起伏大，9月上旬受冷空气、连阴雨影响气温偏低，9月中旬到10月气温偏高，其中10月较常年偏高2.4℃，属于全年偏高最多的月份。11月受历史罕见暴雪和大雾天气的影响，平均气温较常年显著偏低3.7℃；其中井陉、晋州、正定、元氏、赵县、栾城和藁城7县(市)月平均气温0℃，较常年低5～6℃。

【降水】 2009年全市年降水量偏多，但时空分布不均，冬季降水偏少，出现阶段性干旱，春季正常，夏、秋季降水偏多。全市年平均降水量574.8毫米，比常年同期偏多近2成。年降水量空间分布不均匀，除赵县最少489.3毫米外，其它县（市）全部多于500毫米。市区年降水量最大698.9毫米；次大值为辛集和藁城，雨量分别为691.3毫米和645.6毫米，比常年均偏多4成；另外，栾城和高邑降水量也多于600毫米。其它大部分县（市）

降水量在500～600毫米之间，属于正常或略偏多。

冬季 全市降水量3.5～11.3毫米，平均季降水量为7.7毫米，比常年偏少4成。其中2008年12月和2009年1月全市均无有效降水，出现严重冬季干旱。2月以后降水增多，分别于8日、12日、18日和23日出现4次明显降水过程，雨量空间分布不均，西部的井陉和平山降水量最少，分别为4.9毫米和3.5毫米，辛集、高邑、深泽、石家庄和无极降水量超过10毫米，辛集降水最多为11.3毫米。

春季 全市降水量在43.0～127.5毫米，平均季降水量为65.5毫米，与常年持平。其中，东部的辛集偏多1.2倍；西部、西南部山区偏多2～5成；东北部偏少2～3成；其它县（市）接近常年。季内降水时空分布不均，3月除无极和新乐、4月除辛集较常年偏多外，其它县（市）均较常年偏少，5月偏多近5成。

夏季 全市降水量289.3～434.3毫米，平均季降水量为351.9毫米，较常年偏多27.2毫米。与常年相比，辛集、藁城偏多3～4成；晋州、深泽、行唐、新乐、石家庄、栾城偏多1～2成，其它县（市）接近常年。季内，暴雨的发生次数较常年偏少，仅在7月8～9日、16～18日以及8月4日、25～26日几次大范围强降雨过程中部分县（市）出现暴雨。

秋季 全市平均季降水量149.5毫米，比常年偏多65.1毫米。其中9月、11月较常年显著偏多，10月偏少。季内，降水主要集中在9月上旬连阴雨和11月10～12日暴雪过程。与常年相比，11月降水量属异常偏多，创造了新的历史极值。

【日照】 2009年全市年日照时数比常年偏少，春、夏季接近常年，冬、秋季偏少。全市年平均日照时数2405.5小时，比常年偏少110.9小时。全市各地日照时数分布不均，除元氏、无极、正定、辛集分别偏多261.2小时、76.5小时、36.5小时、20.4小时外，其它县（市）普遍偏少，尤其是西北部的井陉、平山比常年偏少400小时以上。石家庄市区年日照时数2275.3小时，比常年偏少151.7小时。

冬季 全市季平均日照时数460.3小时，其中辛集、无极和赞皇超过500小时，平山最少355.1小时。与常年同期相比，冬季各月日照时数普遍偏少。2008年12月全市日照时数142.7～208.6小时，绝大部分县（市）接近常年。2009年1月全市日照时数134.0～200.7小时，与常年同期相比，平山偏少60.6小时，其它县（市）接近常年或略偏少。2009年2月全市日照时数74.6～136.8小时，与常年同期相比偏少43.6～110.5小时，其中正定、平山、行唐、井陉、赵县较常年显著偏少80小时以上。

春季 全市季平均日照时数744.1小时，较常年偏多22小时，属偏多年份。3月、4月、5月全市平均日照时数分别为227.3小时、248.6小时、268.2小时，其中3月、4月分别比常年偏多15.4小时、9.2小时，5月偏少2.6小时。

夏季 全市季平均日照时数681.2小时，较常年偏多9.5小时。其中，井陉、平山、藁城偏少1～2成，无极、正定、深泽、元氏偏多1～3成，其它县（市）接近常年。6月日照时数在265.8～306.8小时之间，辛集日照时数最多，藁城最少。与常年相比，日照时数偏多，其中元氏最多达76.8小时。7月日照时数在159.4～256.3小时之间，辛集日照时数最多，井陉最少。与常年相比，西北部偏少，其它县（市）偏多。8月日照时数在133.1～210.5小时之间，比常年偏少或正常，其中市区偏少最多为65.2小时。

秋季 全市季平均日照时数574.5小时，较常年偏少39.6小时。明显偏少的时段集中在9月上旬、11月上旬和下旬，主要是由于9月上旬持续多日的低温连阴雨、11月上旬持续暴雪和11月下旬的持续大雾天气影响造成。10月中旬日照时数明显偏多。

【异常天气】 2009年石家庄天气极不寻常，冬春干旱、夏季高温与强对流、秋季连阴雨、初冬暴雪等灾害性和极端天气发生频繁，历史罕见。

冬春干旱 2009年冬季和春季，石家庄出现严重干旱。2008年10月24日至2009年2月7日，市区及大部分县（市）连续无降水日数达107天，为历史同期之最。由于降水异常偏少，气温显著偏高，石家庄出现自1955年建站以来罕见的秋冬连续气象干旱。全市平均降水量仅为0.2毫米，是常年同期平均降水量的1%，为50年来同期最少。2008年11月至2009年1月市区平均气温比历年同期偏高1.8～2.4℃。进入春季，随着气温快速升高，降水依旧偏少，3～4月降水量较常年偏少近5成，出现冬春连旱，森林火险等级异常偏高，防火形势异常严峻。

夏季高温 6月20日～7月4日，石家庄连续15天出现35℃以上高温炎热天气，高温持续时间之长为历史同期之最。市区24日、25日和29日的最高气温达到40℃以上，24日42.1℃，气温之高为历史上少见，但并不是历史极端最高值，最高值出现在2002年7月15日，为42.9℃。持续高温天气给人们生产生活带来不利影响。

强对流 7月23日正定、晋州、藁城、辛集等4县（市）出现短时大风，正定、灵寿城区和北部、东部县（市）的个别乡镇出现冰雹。晋州在建电视塔倒塌；农作物倒伏，果树落果严重。8月4日上午石家庄出现分布极不均匀的强雷雨，市区及元氏、藁城、无极等县（市）的部分乡镇出现暴雨，8～10时市区降雨强度大，其中9～10时一小时降雨量工人街泵站最大达82.7毫米、火车站为63.6毫米、机场路泵站为54.8毫米，强降水给城市交通带来短时影响。受强雷电影响，位于石家庄市西兆通镇南石家庄村的一栋村民在建房遭受雷击突然坍塌，造成人员伤亡和财产损失。分析闪电监测资料，事故发生前后现场附近10千米范围内共发生7次闪电。据专家鉴定，该建筑物曾遭受过雷击。8月27日下午到前半夜，石家庄市区及东、北部县（市）出现雷雨大风等强对流天气，灵寿、正定、栾城、赵县、辛集及市区东部出现了冰雹。井陉、灵寿、无极、晋州、藁城、元氏、栾城、高邑和辛集等9个县（市）阵风风力达8级，其中晋州和辛集瞬时最大风速为每秒25米。大部分县（市）遭受不同程度的损失，简易房屋顶被掀，树木被连根拔起，玉米大面积倒伏，部分地块玉米全部被折断，给秋粮生产带来严重影响。栾城出现大面积长时间停电。据不完全统计，总受灾面积15.02万公顷；大约151.38万人受灾，经济损失6.98亿元以上。由于房屋或工棚倒塌，造成25人轻伤，1人死亡。

夏季暴雨 石家庄共出现3次明显的降水天气过程。7月7～8日石家庄普降大雨，其中平山、赞皇和灵寿达暴雨。7月16～17日出现中到大雨，深泽达暴雨。8月25日降水尤为明显，除平山中雨外，石家庄普降大雨，其中井陉、赵县、元氏、栾城、正定、晋州及市区达暴雨，藁城、辛集市区及部分乡镇达大暴雨。

初秋连阴雨 9月3～8日石家庄出现连续6天的阴雨天气，大部分县（市）降水量在50～100毫米，市区为98.2毫米。另据加密雨量站监测，平山的西部、灵寿的北部以及赞皇、栾城、辛集的部分乡镇降水量超过100毫米，其中平山的北冶最大，为129.8毫米。受连阴雨天气影响，光合作用明显下降，对大秋作物和棉花造成不利影响，特别对开始变红的红枣品质影响明显。与历史同期相比，连阴雨持续日数居建站以来前3位，为近10年最大值。期间，石家庄连续6天无日照，市区降水量比常年同期偏多近3倍。

罕见暴雪 11月10日早晨至12日上午，石家庄出现暴雪天气。过程总降水量全区平均为52.8毫米，东部县（市）降雪量较小，为33～50毫米，其它大部分县（市）在50～75毫米之间。市区降雪量最大达93.5毫米，最大积雪深度为55厘米，其它县（市）18～55厘米。这次暴雪过程共有8个气象站的过程降水量创新的历史极值，其中市区日最大降雪量超过历史极值的1.5倍；14个气象站的最大积雪深度突破当地有气象观测记录以来的历史极值，其中市区、晋州、井陉、灵寿、平山、无极、行唐、元氏及正定的最大积雪深度比历史极值偏多10厘米以上，市区超过历史极值36厘米。这是石家庄有气象记录以来降雪量最大、持续时间最长、来势最猛、影响最大的一次降雪。暴雪对交通运输、设施农业和人民生产生活造成了严重影响，但降雪提高了墒情，补充了土壤水分，对冬小麦利大于弊。

寒潮降温 1月22～23日石家庄出现5～6级偏北风，其中，行唐、新乐、平山、井陉、灵寿、赞皇以及市区阵风风力超过7～8级。23日市区最高气温由21日的16.5℃降至-3.5℃，早晨的最低气温降至-10.3℃。23日全市48小时平均气温降温幅度均超过10℃，井陉降幅最大达17.2℃，市区为16.2℃，是冬季降温幅度最大的一次强寒潮天气过程。

大雾 石家庄共出现大雾天气376站次，除平山外，石家庄大雾日数普遍在15天以上，其中市区为16天，深泽最多为45天。大雾天气过程中，11～12月共出现189站次，占全年的一半。受前期暴雪天气影响，低层空气湿度大，11月13日凌晨到14日上午包括市区在内的17个县（市）全部出现浓雾天气；11月28日～12月2日出现连续5天大雾天气，其中11月30日～12月2日大雾出现站数分别达到13站、14站、15站。连续的大雾天气给交通造成了较严重的影响，公路部分地段交通受阻，多条高速公路部分路段因雾短时封闭；29日石家庄机场20多个进出港航班取消，11个进出港航班延误。另外，大雾造成的低温寡照还影响棚室蔬菜的正常生长，瓜类、茄果类、豆类及根菜类喜光蔬菜也受到影响。

【气象服务】 **重要天气过程预报服务** 2009年，石家庄气象台及时准确地向地方政府及公众提供各种天气预报和气象信息，共发布各类气象预警信号124期。6月20日～7月4日石家庄出现持续半月35℃以上的高温炎热天气，创建站以来最长记录。气象台准确预报了高温天气的起止时间。高温期间，发布“天气预报信息”5次，提醒有关部门和人员做好防暑降温和防火工作；23～25日连续四次的高温红色预警信号是自《气象灾害预警信号发布与传播办法》实施以来首次发布。11月10～12日的暴雪是石家庄自1955年有气象记录以来雪量最大、持续时间最长、影响最大的降雪。此次暴雪过程，气象台做出了准确的预报。依据气象台提供的低温雨雪天气的报告，11月10日石家庄市开始全面供暖，截至12日中午，石家庄市已基本实现全部供暖，提前供热面积达6550万平方米。石家庄市气象台恰当、及时的跟踪预报服务，为市政府雪后及时开展灾情调查和评估，快速将服务重点转移到生产自救和救灾过程中，最大限度地把灾害损失降到最低。

春运气象服务 春运期间，气象台除每周定期给春运办各部门传送未来一周天气趋势预测外，遇到雨、雪、大雾等对流天气，随时传送《春运专题气象信息》，同时发布手机短信至春运办各成员单位。不仅关注全市天气实况及预报，还将周边城市天气情况作为服务的重点，随时与火车站等部门进行沟通，为全市春运工作提供翔实、准确的天气信息。

“十一届全运会火炬传递”气象服务 8月18日，第十一届全国运动会河北省火炬传递活动在石家庄举行。火炬传递前期，气象台根据2008年奥运火炬传递气象保障的成功经验，自8月12日起，每日8：30和16：30两次将当日至18日的天气实况和预报传真至十一运火组委，便于组委会根据天气情况安排工作。期间共发布全运会火炬传递《专题气象报告》10期。

“城市规划博览会”气象服务 “2009中国城市发展论坛暨第二届河北省城市建设规划博览会”9月18～21日在石家庄举行。气象台自14日开始每天两次向市政府接待办公室传送当日至22日天气预报。预报结果与天气实况一致，保证了开幕式的顺利进行，准确及时的预报服务得到组委会的好评。

农业气象服务 市气象台充分利用卫星遥感加强异常高温点的监测，切实做好森林防火遥感监测，共监测到异常高温点24个。特别针对3月14日到20日灵寿、赞皇等山林火灾，迅速反应，加强卫星遥感值班，编制卫星遥感监测报告20期，发送前方火灾现场指挥部和市政府总值班室，及时与防火办沟通会商，为防火、灭火提供重要参考。

气象局积极开展与农业部门协调联动，紧密跟踪各地麦收进度，做好针对性服务；充分利用网络、电视、报纸、“12121”等媒介，加大麦收气象服务和宣传力度，在网上开辟麦收专题、“12121”增加麦收专题信箱等；与石家庄市人民广播电台联合推出麦收专题气象服务。密切监视麦收期天气的变化趋势和降水过程，加强天气会商，及时发布决策气象服务材料以及雷电、高温预警信号等，全力做好公共气象服务。

针对干旱、洪涝、病虫害等情况，加强同农业、水利部门的会商及联防，深入田间开展调查，及时开展降水前后墒情评估，为科学抗旱提供决策服务；开展小麦播种期、收获期、病虫害、产量等预报服务；

及时预报了干热风天气并提出防御措施。全年共发布“干旱专题气象报告”3期；发布农业情报39期、预报7期、专题农业气象报告7期、重大气象灾害评估报告8期，旅游物候期预报3期；专题农业气象报告”3期。抓住有利时机，及时开展人工增雨（雪）作业，全市开展人工增雨作业46点次，发射火箭弹192枚。

专业气象服务 加强城区防汛气象服务，启动城市道桥积水风险预报。与城区防汛办加强合作，建立基于光纤传输的城区防汛信息共享系统，盛汛期启动城区道桥积水风险等级预报，有效提高服务的针对性，在夏季几次强降雨服务中发挥重要作用。

公众气象服务 突出做好重大天气过程和节假日、中高考等公众气象服务，开展旅游物候期预报，梨花期预报、杨柳絮飘飞预报、秋季红叶最佳观赏期等受到新闻媒体和公众的广泛关注。对石家庄电视台娱乐频道和影视频道的天气预报节目进行全面改版，使节目更加贴近百姓生活。实现电视节目光纤传输，结束多年人工送录播带的历史。积极改进影视制作技术、提高业务水平，在全省气象影视节目观摩评比中获气象新闻类节目综合一等奖等6个奖项。

【防灾减灾】 2009年，石家庄市气象局对各部门、乡镇应急联系人情况重新进行核实。截至10月底，全市气象信息员总人数4064人。为保证气象信息的及时发送，市气象局组织各县（市）气象局升级改造预警短信发布平台，气象信息的发布更为方便及时，全年共向气象信息员发布各类气象预警信息30余万条，创造了经济和社会效益。为提高气象信息员的业务技能，市气象局于5月13日在栾城县举办气象灾害应急防御联系人培训班，市局主管局领导、栾城县主管副县长及各县（市）气象局局长、部分气象信息员代表参加了培训班。会议期间还发放各类培训材料近5000份。

【科普宣传】 全年市气象局结合“气象日”活动，举办系列气象科普宣传教育。3月22日，市气象台配合河北省青少年机器人俱乐部以“气候”为课题的机器人比赛，举办气象科普知识讲座。3月23日，市气象局围绕“世界气象日”纪念主题“天气、气候和我们呼吸的空气”开展宣传活动，新编写的“石家庄易发气象灾害简介”和“石家庄的天气与城市空气质量”在各主流媒体刊登。5月12日，市气象局利用“防灾减灾日”积极开展宣传活动，布设防灾减灾知识展牌、发放宣传材料，悬挂宣传条幅，摆放应急车，吸引众多学生和路人前来参观。同日，市气象科技服务中心与中山西路小学联合举办“气象防灾减灾进校园”专题讲座，通过学校语音教室对全校近1200名孩子进行了同步直播，受到老师和学生的欢迎。5月14日，市气象局举办气象科普基地开放日活动。以“走进气象科普基地，探索大气奥秘”为主题举办小学生有奖征文活动。12月4日，副局长郭彦波带领气象执法人员到西清公园开展普法宣传活动，布置展牌、发放宣传材料、现场讲解气象法律法规。

【气象场站建设】 2009年，石家庄气象部门继续加大投入，先后购买部分气象场站设备。4月1日，MICAPS3.0预报业务系统正式在市气象台投入使用。5月21日，完成县气象局网络升级改造，全部更换为三层交换机，划分为政务和业务两个VLAN，并配置上网路由。6月16日，赵县气象局

超声波积雪深度自动监测系统

ADTD闪电定位仪安装并投入业务运行。7月1日，无极、行唐、灵寿、无极、深泽、高邑5个新建自动气象站开始试运行。8月4日，完成“12121”两台自动答询设备的网络切换。8月13日，市气象局配合省局完成平山岗南水库测风塔的验收工作，观测数据顺利上传中国气象局。9月30日，市气象局影视中心同石家庄电视台光纤通信网络正式联通，进入试运行阶段。11月20日，市气象局组织全市16个县（市）气象局完成新一代风云卫星数据广播系统接收站天线的基础建设。11月25日，全省首例超声波积雪深度自动监测系统示范建设项目在平山落成，并投入试运行。同日，完成平山、行唐、新乐、藁城、深泽、辛集、栾城7个县（市）土壤水分自动站的建设任务，观测数据顺利上传中国气象局。12月5日，DSH1型全天候称重降水量计示范建设项目在平山完成，并投入试运行。12月7日，完成全市气象部门自动土壤水分观测站建设任务，并正式投入运行。实现大田作物土壤水分的自动监测和监测资料的网络自动化传输，为更好地开展农业气象服务提供了有利支持。12月11日，市气象局在平山驼梁建立河北省第一套碘化银地面发生器。12月18日，完成石家庄和平山紫外线辐射气象监测系统的建设工作，观测数据顺利上传中国气象局。12月31日，完成栾城、藁城、高邑县（市）气象局农业气象观测项目调整任务，农业气象测报系统开始试运行。

表1　2009年石家庄市主要气象要素表

要素	月份	1	2	3	4	5	6	7	8	9	10	11	12	年
降水量（毫米）	累积值	/	10.2	5.5	7.0	47.1	49.1	67.1	288.2	119.2	11.1	94.4	/	698.9
	距平	-3.9	2.8	-5.8	-10.8	10.2	-7.6	-74.0	139.9	71.1	-16.2	81.2	-5.1	181.8
气温（℃）	平均值	-0.4	3.2	9.6	16.4	22.6	28.2	28.2	25.6	21.3	17.0	2.5	-0.3	14.5
	距平	1.8	2.4	2.3	1.1	1.7	2.5	1.4	0.2	0.6	2.9	-3.4	-0.2	1.1
雨（雪）日	累积值	0	12	5	7	18	22	16	47	26	8	15	0	176
相对湿度	平均值	39	58	41	51	54	44	66	76	73	55	75	53	57
日照（小时）	累积值	167.5	121.4	217.5	245.2	272.2	282.1	186.8	133.1	121.0	209.7	157.2	161.6	2275.3
气压（百帕）	平均值	1018.4	1011.8	1009.9	1005.0	1001.2	991.9	993.6	999.3	1004.6	1008.0	1017.6	1016.3	1006.5
极大风速（米/秒）	风向	WNW	W	W	E	SE	W	NNE	NNE	E	W	NE	W	W
	风速	14.7	12.3	15.2	14.8	11.9	14.3	11.3	10.3	8.4	19.0	8.0	12.5	19.0

备注：距平值为2009年的值与1971～2000年30年的平均值之差；“/”表示无降水。

石家庄市气象局

局　长：王春彦（5月免）　张秉祥（5月任）

副局长：郭彦波　连志鸾

（王丽荣　陈　静　刘建平）

国民经济和社会发展

【概况】 2009年，面对国际经济危机和严重的自然灾害，全市人民在市委、市政府的正确领导下，坚持以科学发展观为指导，以深入学习实践科学发展观和开展“干部作风建设年”活动为动力，认真贯彻落实国家和省的一系列重大决策部署，全力“保增长、保变样、保民生、保稳定”，全市呈现出经济回升向好，“三年大变样”快速推进，城乡居民收入不断提高，各项社会事业全面发展的良好局面。

石家庄市生产总值（亿元）

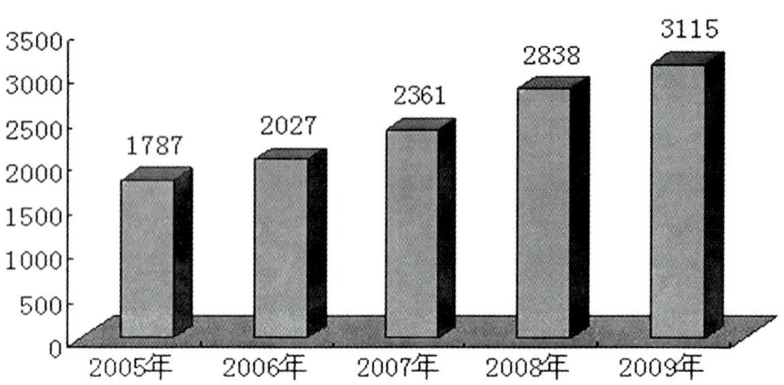

2009年地区生产总值跃上3000亿元台阶，达到3114.9亿元，同比增长11.1%。第一产业实现增加值305.3亿元，增长0.2%；第二产业实现增加值1558.5亿元，增长11.6%；第三产业实现增加值1251.1亿元，增长13.0 %。

年末全市常住人口977.41万人，比上年增加10.93万人，其中市区242.78万人，增加2.06万人。全市人口出生率14.38‰，死亡率5.04‰，自然增长率9.34‰。

年末全市城镇单位从业人员83.5万人，比上年同期减少1.5%，其中在岗职工80.2万人，比上年同期减少2.1%；全市在岗职工平均工资27372元，比上年增长16.7%。年末市区单位从业人员为52.8万人，其中在岗职工50.0万人，在岗职工平均工资30649元，比上年同期增长16.4%。

年末全市各类企业在职职工及个体工商户共有95.4万人参加基本养老保险，27.9万名离退休人员参加基本养老保险社会统筹；年末全市机关事业单位共有14.3万人参加基本养老保险，3.7万名离退休人员参加基本养老保险社会统筹，人数均比上年有所增加。城镇职工失业保险参保人数达88.6万人。年末全市121.9万人参加职工医疗保险。城乡困难家庭、特困群体得到有效救助，年末全市共有61933人享受城镇居民最低生活保障。

2009年，全市继续加大对中小企业的扶持力度，全市民营经济保持稳定发展。全年民营经济实现增加值1779.9亿元，比上年增长10.3%，占全市GDP的比重57.1%；民营经济上缴税金146.3亿元，占全市财政收入的47.2%。

【农业】 2009年全市认真落实国家各项惠农政策，积极采取措施，努力克服气候干旱、风雹灾害等对农业生产的不利影响，农业、农村经济保持稳步增长。全市农林牧渔业总产值547.8亿元，比上年增

农林牧渔业总产值和增加值（亿元）

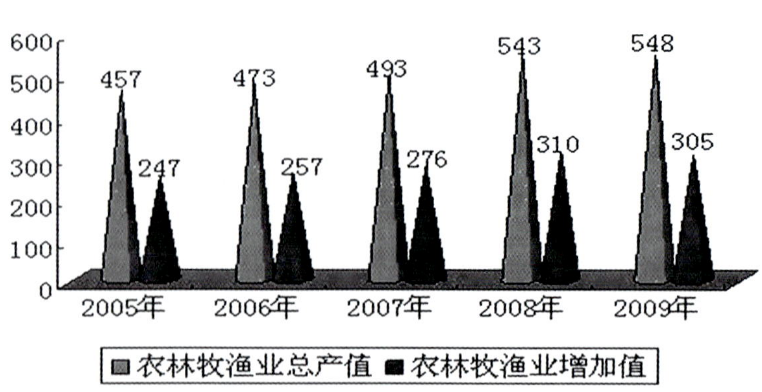

长0.7%，其中农业产值284.5亿元，比上年下降2.4%，畜牧业产值228.4亿元，增长3.6%，农林牧渔服务业产值22.3亿元，增长8.1%。全年粮食受秋粮减产影响，总产量为497.9万吨，比上年减产1.7%，粮食亩产439千克，比上年减产8千克。

表2　　2009年石家庄市主要农产品产量

产品名称	单位	2009年	比上年 ±%
粮食	万吨	497.9	-1.7
油料	万吨	20.8	-5.8
棉花	万吨	1.4	-20.9
蔬菜	万吨	1164.5	-6.4
园林水果	万吨	223.1	7.9
肉类总产量	万吨	71.3	4.1
其中：猪肉	万吨	40.3	4.9
禽蛋	万吨	99.5	4.5
奶类	万吨	106.7	2.2
水产品总产量	万吨	3.5	3.9

农业生产设施和生产条件得到完善和提高。年末全市农用机械总动力为1932.0万千瓦，比上年增长0.4%。农用运输车46.2万辆，增长0.8%；大中型拖拉机2.4万台，增长13.7%。当年机耕面积52.7万公顷，增长10.0%；机播面积65.7万公顷，增长0.9%，机收面积41.9万公顷，增长7.5%。农村用电量63.5亿千瓦时，增长14.8%。农用化肥施用量（折纯）47.9万吨，比上年略有增加。

【工业和建筑业】 2009年全市规模以上工业生产和效益继续保持增长。全市规模以上工业企业实现增加值1203.2亿元，比上年增长13.0%。工业产销衔接较好，经济效益继续提高，亏损企业亏损额下降。全市规模以上工业产销率达98.1%；规模以上工业实现主营业务收入4333.2亿元，比上年同期增长9.7%；规模以上工业实现利税485.5亿元，增长26.0%；规模以上工业实现利润299.0亿元，增长26.1%。亏损企业亏损额30.6亿元，同比减亏42.2%。

规模以上工业增加值（亿元）

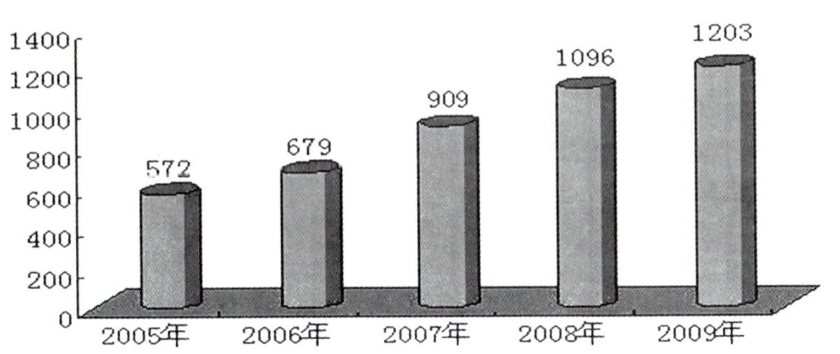

规模以上工业实现利税和利润（亿元）

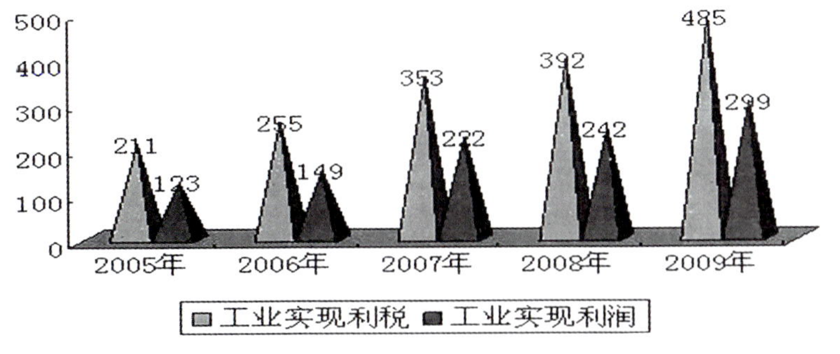

表 3　　2009 年石家庄市规模以上工业企业主要工业产品产量表

产品名称	单　位	2009 年	比上年 ±%
发电量	亿千瓦时	339.6	20.8
原煤	万吨	288.0	105.9
焦炭	万吨	220.9	−19.0
原油加工量	万吨	355.5	−6.9
合成氨	万吨	133.9	1.5
水泥	万吨	3627.3	16.1
生铁	万吨	814.2	12.3
钢材	万吨	706.5	11.8
机制纸及纸版	万吨	74.1	−2.3
化学原料药	万吨	17.2	−31.0
服装	万件	11433.4	17.9
纱	万吨	37.0	22.6
棉布	万米	197950.9	9.1
乳制品	万吨	35.3	87.24
卷烟	亿支	222.5	4.7
交流电动机	万千瓦	296.0	−19.7
泵	万台	0.9	−11.0
人造板	万立方米	516.9	8.5
合成洗涤剂	万吨	15.2	14.4

年末全市建筑企业个数 257 个，全年完成总产值 441 亿元，比上年增长 20.9%，其中建筑工程产值 339 亿元，增长 28.8%，竣工产值 251 亿元，增长 21.4%。竣工面积 748 万平方米。

【固定资产投资】 2009 年，全市紧紧抓住国家扩大内需、保增长的重大机遇，大力推进“三年大变样”工作，以项目建设为抓手，实现固定资产投资高速增长，全社会投资和城镇固定资产投资均超过 2000 亿元。全社会固定资产投

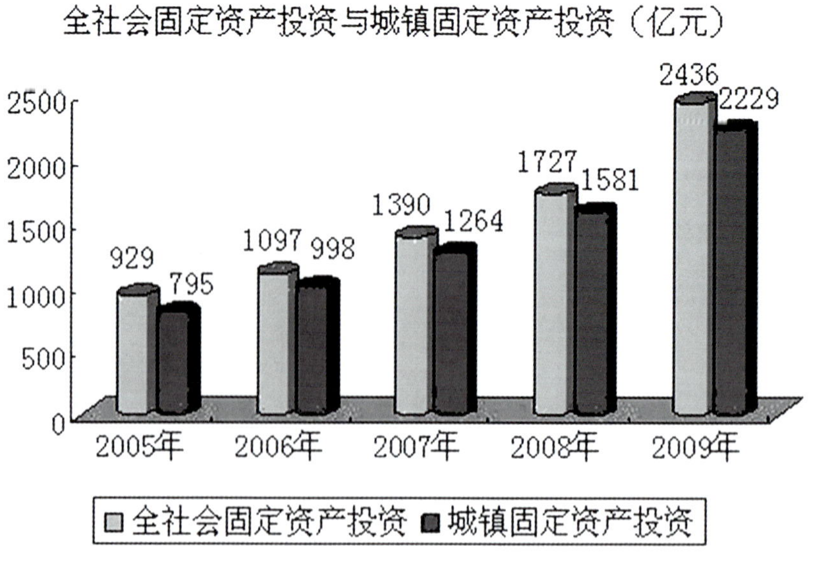

资达到2436.4 亿元，其中城镇固定资产投资2228.7亿元，均比上年增长41.3%。城镇投资中，第一产业完成投资50.9亿元，增长16.7%，第二产业完成投资908.8亿元，增长27.9%，第三产业完成投资1269.0亿元，增长54.1%。

建设项目投资完成1858.0亿元，增长43.2%；全市新开工项目6785个，增长37.2%；施工项目个数7563个，增长33.0%，当年新开工亿元以上项目242个，比上年增加177个。房地产开发完成投资370.7亿元，增长32.2 %，施工面积和竣工面积达到2282万平方米和268万平方米，分别比上年增长45.2%和22.3%。

【国内贸易和物价】 消费品市场呈现繁荣稳定较快的发展态势。全年实现社会消费品零售总额1190.6亿元，比上年增长18.4%。消费品市场近年一直保持较快增长。

在消费市场中，由于国家政策扶持，汽车销售实现快速增长。2009年汽车类商品销售实现零售额56.3亿元，同比增长32.8%。销售额增长较快的还有中西药品类零售额25.6亿元，增长33.4%；住宿餐饮业零售额122.8亿元，增长23.9%。

全市共有商品交易市场690个，其中消费品市场630个，生产资料市场60个，全年商品交易市场成交额达1616.0亿元，比上年增长9.5%。

2009年物价先降后升，全年表现为低位态势。全年市区居民消费价格同比上涨0.3%。全年全市工业品出厂价格指数同比下降5.45%，原材料、燃料动力购进价格涨幅同比下降6.77%。

社会消费品零售总额（亿元）

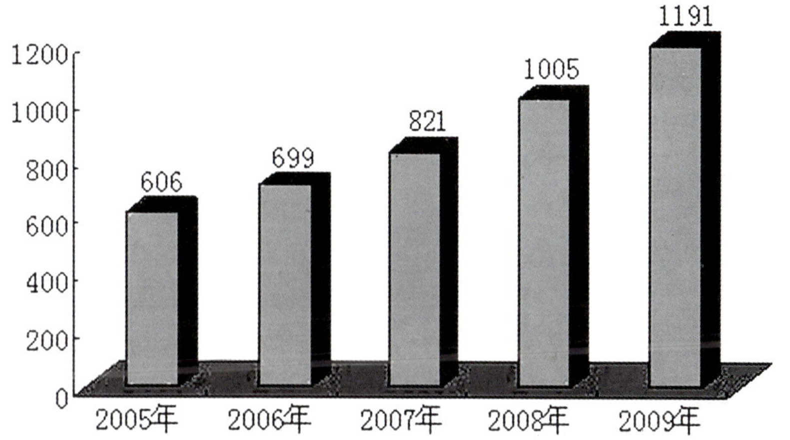

表4　　2009年石家庄市各类价格指数表（以上年为100）

指 标	全 市	市 区
1. 居民消费价格总指数		100.3
其中：食品		100.0
烟酒及用品		101.0
衣着		100.1
家庭设备用品及维修服务		100.2
医疗保健和个人用品		101.1
交通和通讯		98.5
娱乐教育文化用品及服务		99.0
居住		104.3
2. 工业品出厂价格指数	94.55	
3. 原材料、燃料、动力购进价格指数	93.23	

【对外开放和旅游】 2009 年全市外贸进出口受国际金融危机影响，出现较大下降。全年外贸进口 12.0 亿美元，比上年下降 13.9%；出口 43.08 亿美元，下降 23.0 %；全年外贸进出口总值 55.08 亿美元，比上年下降 21.2%。在出口中，外商投资企业出口额 13.35 亿美元，下降25.3%；国有企业出口 5.67 亿美元，下降 34.4%；集体企业出口 1.3 亿美元，下降 71.0%；私营企业出口 22.63 亿美元，下降 9.1%。

进出口总值与出口总值（亿美元）

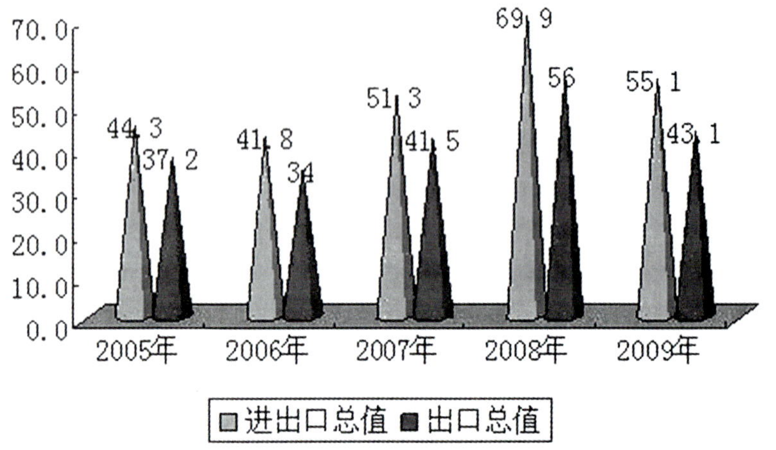

实际利用外资与直接利用外资（亿美元）

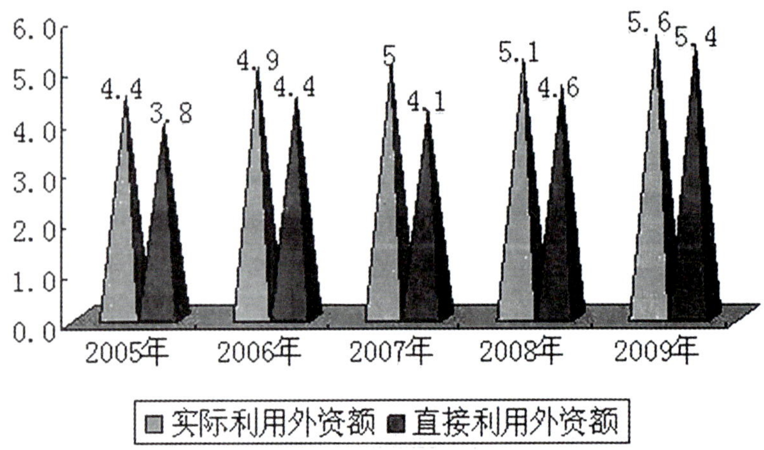

全部财政收入与一般预算收入（亿元）

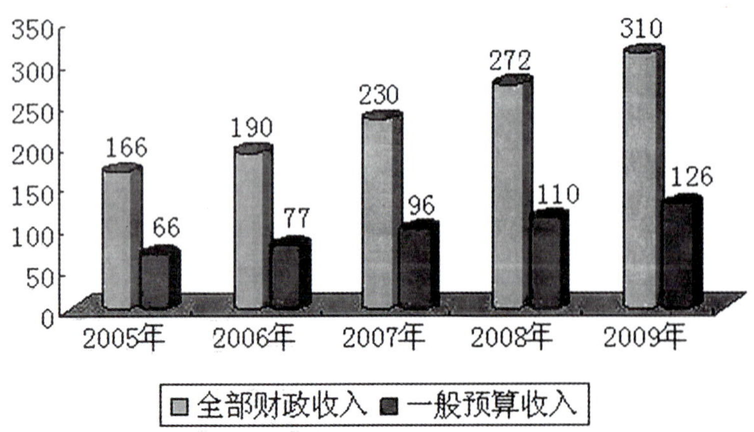

不断克服经济危机带来的不利影响，积极采取各项措施，拓宽吸收外资渠道，努力扩大利用外资规模，全市实际利用外资保持了增长态势。年内新批准设立外商投资企业 27 个，新增合同总金额 6.4 亿美元，合同外资额 2.8 亿美元。年末实有三资企业个数 481 家。全市实际利用外资 5.6 亿美元，其中直接利用外资 5.4 亿美元。

旅游业保持平稳发展的良好势头。全年共接待入境游客人数 10.6 万人次，其中外国人 9.3 万人次。国际旅游创汇收入 4000 万美元，比上年有所增加；全年接待国内游客人数 1890 万人次，国内旅游收入 98 亿元。全年实现旅游总收入 101 亿元。

【财政和金融】 全市克服国际金融危机带来的不利影响，实现财政收入较快增长。全部财政收入完成 310.25 亿元，增长 14.18%，其中一般预算收入完成 125.96 亿元，增长 14.47%。在全部税收中，增值税完成96.37亿元，下降3.9%；营业税完成51.76亿元，增长25.4%；企业所得税完成53.0亿元，增长9.8%。全市一般预算支出236.37亿元，增长22.0%，其中环境保护支出7.7亿元，同比增长9.2%；医疗卫生支出20.2亿元，增长36.9%；教育支出61.0亿元，增长24.1%；农林水事务支出21.4亿元，增长30.8%；社会保障和就业支出20.4亿元，增长12.5%。财政支出保证和促进了社会和谐、稳定发展。

金融机构存、贷款余额快速增长。年末全市金融机构本币存款余额5163亿元，比年初增加1053亿元，比年初增长25.6%。城乡居民储蓄存款余额继续增加，年末城乡居民本币储蓄存款余额2576亿元，比年初增加388亿元，比年初增长17.8%。金融机构本币贷款余额2887亿元，比年初增加807亿元，比年初增长38.8%。

【科学技术和教育】 大力发展科技事业，新的科技成果不断涌现。全年取得科技成果235项，其中达到国际领先水平8项，达到国际先进水平35项，均比上年有较大增加。全年申请专利2402项，授权1447项，分别增长11%和10%。

高新技术产业开发区以“创建一流创新型园区”为目标，全年实现生产总值224亿元，比上年增长12%；完成营业总收入930亿元，增长14%；出口创汇5.1亿美元，增长6.32%；实现利税76亿元，增长10.14%；财政收入17.31亿元，增长13.14；完成固定资产投资65.8亿元，增长42.3%；实际利用外资6189万美元。

全市年末拥有高等学校42所，普通高考招生人数达到11.1万人，在校生36.1万人，毕业生9.9万人；2009年末全市普通中学487所，招生17.8万人，在校生56.8万人，毕业生21.0万人；中等职业学校201所，招生11.6万人，在校生27.4万人，毕业生8.9万人；小学1825所，比上年招生11.1万人，在校生64.7万人，毕业生10.3万人。全市幼儿园546所，在园人数17.5万人。

【文化、卫生和体育】 文化建设稳步发展。年末共有艺术表演团体20个，比上年增加1个，艺术表演场所18个，文化馆、群艺馆24个，公共图书馆24个。广播综合覆盖率99.4%，电视综合覆盖率99.4%。

医疗卫生事业平稳发展，医疗卫生机构、床位数和卫生技术人员数继续增加。全市共有医疗卫生机构（含诊所）2343个，比上年增加167个，其中医院175个；疾病预防控制中心25个，妇幼保健院（所、站）25个。年末卫生机构实有床位3.7万张，其中医院拥有床位3.4万张，均比上年有较大增加。全市拥有卫生技术人员5.2万人，比上年增加0.6万人，其中执业医师1.7万人。

大力发展体育事业，增强全民体质。全市举办、承办市级以上运动会21项，参加运动会的运动员1200人次。石家庄市选手在省级以上比赛中共获金牌232枚。年末全市拥有健身路径1059条，满足了居民健身需要。

【城市建设和环境保护】 2009年石家庄市城市建设成效显著。槐安路、和平路、二环路改造通车，城市道路交通体系更加完善。年末城市道路总长度970.2千米，道路面积1457万平方米，排水管道长度达1444千米。全市有水厂8座，日产水能力60万立方米，全年供水量1.48亿立方米。

城市公用事业快速发展。年内新增加天然气用户8.1万户。供热管道总长度710千米，比上年增加29千米，城市集中供热面积达6748万平方米，比上年增加648万平方米。城市公共汽车营运线路达135条，比上年增加19条；营运车辆3009辆，比上年增加632辆；年客运总量4.2亿人次，比上年增长11%。

经济发展的同时努力推进环保工作，全面推进环境综合整治，全市的大气和水环境质量取得历史性的突破。市区优良大气达317天，比上年增加16天。主要污染物减排工作扎实推进。年末全市有环境监测站24个，城市水环境功能区水质达标率达到100%，全市工业二氧化硫排放达标率88.9%，全市工业烟尘排放达标率99.7%，全市工业企业废水排放达标率98.9%，全市工业固体废物处置利用率96.5%。城市市容市貌继续改善，年末城市公园39个，公园面积807公顷；城市园林绿地面积7104公顷，园林绿化覆盖面积8060公顷，分别增加517公顷和720公顷；

人均公共绿地面积 11.6 平方米，比上年增加 1.4 平方米。

【人民生活】 2009 年，石家庄城市居民收入和农民人均纯收入继续保持平稳增长，居民生活质量提高，消费支出较快增长。市区城市居民人均可支配收入 16607 元，增长 10.3%，保持在较高水平，人均消费支出 10078 元，增长 1.3%。农民人均纯收入为 5977 元，增长 9.3%。

居民生活质量显著提高，家庭耐用品拥有量继续增加。居民住户抽样调查显示，截至 2009 年末，市区城镇居民家庭每百户拥有家用汽车 7 辆，彩电 118 台，电冰箱、冰柜 100 台，洗衣机 97 台，空调器 115 台，钢琴 4 架，移动电话 149 部，家用电脑 64 台；农村居民百户拥有彩电 116 台，洗衣机 87 台，移动电话 110 部，电脑 12 台，空调 30 台，电冰箱 50 台。

城乡居民住房条件进一步改善。城市居民人均建筑面积 26.3 平方米；农民人均住房面积 39.5 平方米，比上年增加 1.0 平方米。

（郑向军）

城市居民收入与农民人均纯收入（元）

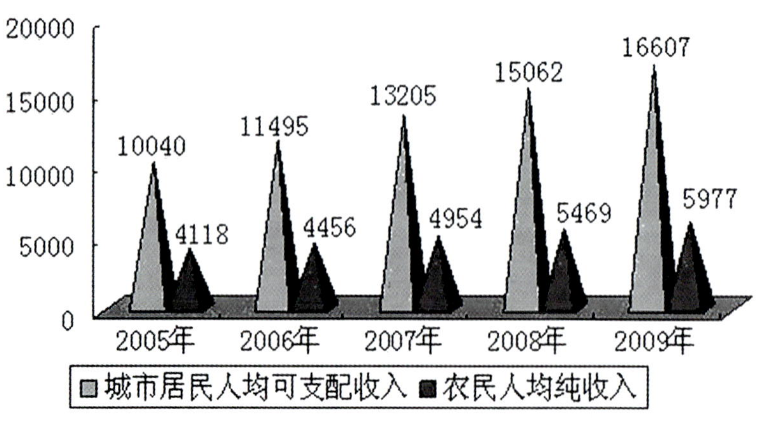

【2009 年“三年大变样”工作部署】 2 月 10 日，石家庄市隆重召开 2009 年城市建设“三年大变样”动员大会。同日，石家庄市公布了《关于切实做好城市建设“三年大变样”工作迎接建国 60 周年的实施意见》，主要内容有：一是“四大攻坚”。⑴大气污染治理攻坚。年内计划搬迁企业 20 家，削减燃煤 150 万吨，市区空气质量达到国家二级标准（二级以上天数达到 306 天）。⑵水污染防治攻坚。年内计划建成 10 座污水处理厂，年底前市区污水处理能力达到 86 万吨，污水处理率达到 100%，全市污水处理率达到 80% 以上，主要河流出境断面 COD（化学需氧量）浓度基本达到省控标准。⑶主城拆迁攻坚。重点拆除主路主街三层以下破旧连体建筑和具备拆迁改造条件的城中村，年内集中力量拆除省行政中心、省文化中心周边和中山路维明街至西大街沿线等重点区域，拆迁面积达到 400 万平方米，形成开敞通透的公共空间。⑷道路景观整治攻坚。以花城建设、穿衣戴帽、绿化升级为重点，建成 2 座顶级公园（长安公园、裕西公园），续建、新建、改造 17 座公园，新建 30 块街旁景观绿地，完成 1000 栋楼宇“穿衣戴帽”，初步建成繁花似锦、芬芳满城的花城景观。二是道路建设。外围路网建设，计划大力推进石太、京石、石郑铁路客运专线建设，谋划启动石青专线，打造省际城市一小时交通圈。环路绕城建设，计划 5 月 1 日前全面建成石环公路，同时增建石环公路辅道，完善道路功能。在石环公路全面通车基础上，启动二环路提升工程，到 2010 年底基本形成双向十车道，全线无灯控快速路。力争 2009 年启动实施京港澳高速工程（即绕城高速东环线），加快形成全长 140 千米的绕城高速公路。干道通达建设，计划 2009 年底启动“东出西联”第二通道——石阳（石家庄至山西盂县）高速公路工程。2009 年 7 月 1 日前，红旗大街南延和友谊大街北延工程建成通车。2009 年 10 月 1 日前，西柏坡一级路、体育大街北延和中华大街北延至机场快速路主体竣工。计划 2010 年建成裕华路东拓至东三环、西延至获铜公路工程，实施太行大街南伸北展和南二环东拓西延工程，构建主城区至四组团和工业新区紧密连接的“半小时”交通圈。在此基础上，2009 年 5 月 1 日前完成中山路两侧低矮连体建筑拆

迁及和平路高架桥工程，2009年7月1日前，完成槐安路青园街至东二环、维明街至西二环高架工程和裕华路苑东街至东二环拓宽改造工程。道路“微循环”体系建设，计划2009年7月底前，完成学府路拓宽改造、新石北路以及维明街南至南二环、北至和平路打通工程，年底前完成富强大街打通和建华大街南延工程，同时对市区内150条次干道，支路以及871条小巷中尚未整治的225条全部按照“畅通、整洁、有序”的标准进行改造和整治，形成有效“微循环”系统，改善市区交通环境。公交优先建设，计划裕华路、槐安路、和平路和二环路增设公交专用线，安装智能信号控制系统，优化80个交叉路口，配套建设5处公交换乘场，“四横一环”全面实现公交优先。同时，每年购置300辆环保公交车，公交优先分担率由13%提高到20%。轨道交通建设，计划2009年完成国家发改委立项审批，2010年具备开工条件。三是“十大亮点工程”。⑴100平方千米生态屏障。建设西山生态林、滹沱河防护林、西北环城林和石环公路防护林四条林带，形成环绕城区的超级绿色生态隔离长廊。⑵两环水景。提升民心河一期工程，实施民心河二期工程，形成60千米的内环水景；综合整治石津渠和滹沱河，延伸太平河，形成100千米的外环水景。⑶特色大道。打造一条繁华大道——中山路，两条迎宾大道——裕华路、中华大街北延至机场快速路，三条快速大道——槐安路、和平路和二环路。⑷五大广场。建设省行政中心广场、省文化中心广场、人民广场、百年广场和星辰广场。⑸商贸中心。对城市核心区（中山路——裕华路——中华大街——建设大街合围区域及外侧沿线）约2平方千米范围沿街景观进行高标准规划设计，建成商业氛围浓厚、现代气息浓郁的高品位商贸中心。⑹地标建筑。建设新燕都、万象天成、开元环球、西美第五大道、远洋城5座五星酒店；实施体育中心、会展中心、新火车站、行政中心和金正威尼斯城等功能性项目建设。在此基础上把开元环球、体育中心、会展中心、新火车站和省行政中心建成标志性建筑。⑺精美夜景。大力实施裕华路、中山路、中华大街、维明街和建设大街五条道路以及百年广场、人民广场和文化广场为重点的夜景升级，形成独具石家庄魅力的夜色景观。⑻繁华街区。打造民族路（中华大街—站前街）、大经街（中山路—裕华路）两条繁华步行街和南小街（中山路—裕华路）酒吧一条街，联邦明珠不夜城和广安街中央商务休闲大道。⑼中央公园。结合铁路穿城入地，建设全长5千米、宽约70～100米集观光、休闲、健身于一体的高品质城市中央带状公园式绿化广场。⑽魅力新区。积极推动东北工业区搬迁改造和滹沱河沿岸生态环境治理，高标准提升历史文化名城品位，并在滹沱河以南集中建设新的行政中心、文化中心、体育中心和会展中心，带动城市北部40余平方千米地区发展，打造自然与人文有机交融、历史与现代交相辉映的魅力新区。四是20项国庆献礼工程。⑴7路。中山路繁华大道；裕华路迎宾大道；和平路快速大道；槐安路快速大道；体育大街北延大道，按照城市道路标准将体育大街北延至滹沱河南岸；红旗大街南延；西柏坡一级路。⑵5场。省行政中心广场；省文化中心广场，形成占地3万平方米彰显燕赵文化、体现省会特色的新型省会文化中心广场；人民广场；形成石家庄老火车站区域独具特色的百年广场；星辰广场。⑶3园。城市景观绿地游园、湿地生态公园、南高基公园。⑷2线。铁路两侧绿色生态景观线和高速公路两侧绿色生态景观线。⑸1带。聘请国际著名夜景设计机构，对裕华路、中山路、中华大街、维明街和建设大街5条道路以及百年广场、人民广场和文化广场区域夜景进行综合规划设计，打造全国省会城市领先、独具石家庄魅力的夜色景观。⑹1馆。即城市规划展览馆，位于世纪公园西侧。⑺1店。即新燕都五星酒店，位于河北宾馆北侧，总高99.9米。

（许跃彬　杨彩明）

【保增长促发展工作】 实施工业发展攻坚战。2009年10月11日，石家庄市召开“保增长、调结构、抓项目、强园区，全力打好工业发展攻坚战”活动动员大会。工业发展攻坚战总体目标。一是到2011年，生物（医药）、装备、化工、电子信息、纺织等5个主导行业规模以上工业增加值达到1155亿元，比2008年增长102%，年均增长27%，实现主导工业行业三年翻番目标。二是到2012年，生物（医药）、装备、化工、电子信息、纺织等5个主导行业规模以上工业增加值达到1487亿元，比2008年增长161%；全市工业增加值达到2632亿元，比2008年增长104%，完成全部工业四年翻番目标。三是到2012年，全市主营业务收入100亿元以上聚集区达到10家以上，其中化工基地达到600亿元；50亿元～100亿元的产业聚集区达到10家以上。年主营业务收入超过300亿元的大型企业集团达到2家以上、100亿元～300亿元的企业达到3家以上、50亿元～100亿元的企业达到15家以上。

构建现代产业体系。旨在从根本上破解石家庄长期以来积累的结构性、素质性矛盾和资源环境的瓶颈制约，加快推进经济结构战略性调整，构建符合省会实际的现代产业体系。按照一产集约、二产集聚、三产集优的思路，积极融入京津冀都市圈，加快构建具有石家庄特色的现代产业体系，打造国内经济强市。2009年石家庄市重在保增长，但不忘瞄准未来。在国家、省出台一系列振兴产业规划后，石家庄市也根据自身的特色，研究制定相应的六大产业调整振兴规划并实施工业倍增计划，3月25日出台《关于加快服务业发展的实施意见》，致力构建具有石家庄特色的现代产业体系。12月6日，市政府召开第三十四次常务会议，就政府如何主导和支持构建现代产业体系建设和实施工业倍增计划等项工作进行研究和部署，同时，出台石家庄市支持构建现代产业体系若干政策和意见等，决定从2010年到2012年，市财政安排40亿元的现代产业发展专项资金。市委、市政府在出台《关于加快构建省会现代产业体系的意见》中提出，举全市之力抓好生物（医药）产业、装备制造业、循环化工产业和现代服务业四个主导产业，重点抓好纺织和电子信息两个优势产业。到2011年，四大主导产业增加值实现三年翻番，服务业占GDP的比重达到50%，四大主导产业的支柱地位初步确立。到2020年，产业结构进一步优化，产业布局更为合理，基本形成符合繁华舒适、现代一流省会发展定位要求的现代产业体系。

抓好主导产业。生物（医药）产业，重点建设石家庄国家生物产业基地研发孵化区、产业核心区、栾城生物产业园、赵县生物产业园、深泽生物产业园五个产业聚集区；谋划建设国家新型工业产业化示范基地和高端生物医药产业园区，推进石药集团工业园、华药工业园、神威药业现代中药产业园、河北以岭药业中药制剂园、国家生物产业基地生物技术服务平台等项目建设。装备制造业重点支持石煤机、强大泵业、南车集团、石飞公司等优势企业，建设轨道交通装备制造、通用航空基地、矿山工程机械研发制造等一批关联度高、带动性强的重大产业链项目。循环化工产业继续发展以炼油综合改造及40万吨己内酰胺项目为龙头的石家庄循环经济化工示范基地，培育以医药中间体为核心的精细化工基地，重点支持石炼化、金石化肥等优势企业。现代服务业充分利用石家庄的省会地位和东出西联、承南接北交通便捷的区位优势，加快用现代技术改造传统服务业，形成以现代物流、商贸流通、旅游会展、金融保险、区域性总部经济等五大产业为主体的现代服务业体系。

壮大优势产业。纺织产业，重点支持常山股份、新大东纺织印染等优势企业，建设正定纺织服装基地、辛集皮革服装基地、晋州纺织园、卓达服装产业园“两基地两园区”；重点抓好常山纺织整体改造优化升级、鹏辉纺织新型高档服装面料等项目。电子信息产业，做大做强通信、半导体照明、电子材料、卫星导航、汽车电子、软件与服务等优势产业，打造优势明显、特色突出的“现代e谷”。加快发展石家庄信息产业基地、石家庄软件园和动漫产业基地。

重振工业经济。各县（市）区采取“特派员”入驻企业24小时办公等有力措施，加快推进在建、续建工业项目建设，凡年内能够竣工的项目，积极创造条件尽可能提前达产达效；对已开工项目加强跟踪指导，确保按时间节点完成投资额度，尽可能早投产、早运行。同时，抓紧对前期项目的手续办理以及新项目、大项目的谋划。各级各部门结合开展“帮企业、保增长”活动，瞄准重点企业提速增效。对一批有市场、有效益、有生产能力的企业，下大力解决其生产经营中的问题，有针对性地提供服务，促其开足马力生产，实现增产增收。对一些亏损大户及停产半停产企业，全力扭亏或恢复生产。9月份，市政府举办产需对接洽谈会，倡导全市各项工程和企业生产在同质同价情况下，优先选择本市生产的产品。

同时，积极组织搬迁企业和重点大户企业与金融单位对接，或帮助企业开展直接融资，推动企业加快改制步伐等。

23个产业园区隆起经济带。10月份，石家庄市举办了开发区（园区）规划展，首次集中展示全市20多个开发区（园区）规划。以开发区（园区）规划作为招商引资的排头兵、增长极和项目引进的载体，大力发挥开发区（园区）在调整产业结构，带动全市经济发展中的作用。截至2009年底，全市共有各级各类开发区（园区）23个，开发区（园区）的产业聚集效应非常明显。高新技术产业开发区和良村经济技术开发区在医药、机械、电子、食品、新材料等方面形成了具有国际竞争力的优势产业；鹿泉经济开发区以发展信息产业为重点，已成为五十四所、十三所电子材料、电子器件科研成果的转化基地；辛集经济技术开发区皮革、化工等产业已成为当地强市富民的主导产业；矿区的大型煤化工、赵县的轻工食品、晋州的化工纺织、正定的小商品城等园区已成为当地经济发展的新的增长点。19个省级以下园区总规划面积376平方千米，多数为一区多园模式，包括了生物产业、纺织产业、装备制造、循环化工等园区。按照规划，未来10年，石家庄市将把装备制造、生物医药、电子信息、循环化工、纺织服装、服务外包等重点产业培育成产业园区具有国际竞争力的优势产业。2009年，市政府还出台了《关于进一步加强开发（园）区和产业聚集区建设的意见》。高标准制定完善开发区（园区）规划，拓宽招商引资渠道，全市年度用地指标向开发区（园区）倾斜。市政府每年安排园区发展引导资金，各县（市）、区每年也按本级财政一般预算收入的2%安排支持资金，用于开发区（园区）建设。

（范玉蕾）

【房地产市场回暖】 2009年，石家庄市商品住宅成交量大幅上升，1～12月，市区商品住房成交面积432.05万平方米，同比增长252.41%，商品住房销售均价为3897元/平方米，同比增长2.28%。

商品房成交量大幅增长。2009年，国家、省及石家庄市均出台多项直接、间接刺激房地产市场供需的政策措施，降低有效需求购房成本，减免二手房交易相关税费，促进了需求释放，增强了房地产开发企业信心，有效激发了房地产市场的活力。商品房销售区域分布：裕华区为销售量最大区域，达173.13万平方米；长安区商品房销售量为86.82万平方米，桥东区和新华区销售量分别为69.17万平方米和73.47万平方米；桥西区销售量最少为29.46万平方米。商品住宅成交面积段：90平方米以下面积段商品住宅成交86.31万平方米，90～120平方米面积段商品住宅成交141.59万平方米，中小户型住宅成交呈上升趋势；120～144平方米面积段商品住宅销售119.87万平方米；144平方米以上面积段商品住宅成交量为84.28万平方米。从供需结构分析，全市商品住房结构日趋合理，基本能够满足人们不同的购房需求。

市区成交均价呈上扬趋势。2009年1～12月市区商品住房销售均价为3897元/平方米，同比增长2.28%。商品住房大部分集中在单价为3000元/平方米～6000元/平方米之间，交易量占总量的69.2%。从商品住宅供销情况及价格走势分析，市区商品住房成交均价为3897元/平方米，12月份成交均价为4101元/平方米，同比增长11.17%，月环比增长0.29%，总体较为平稳，没有出现大起大落现象。从每月成交均价分析，市区商品住房成交均价呈现小幅上扬趋势。全年自住性购房者占购房主流，购买对象以本市居民为主；自住性刚性需求有效释放是2009年石家庄市楼市形势回暖的动力。此外，周边郊县及外来人员在石家庄市购房置业增加也是加速销售形势回暖的动因。

二手房交易比较活跃。2009年，石家庄市二手房交易在多项限时优惠政策刺激下，市场延续了2008年走势，年初企稳开始复苏，并打破传统的淡旺季规律，在3～9月间，各月交易量均处于较活跃状态。全年二手房市场均价平稳上涨，价格持续稳定。3月份，均价突破4000元/平方米；五六月份，成交量持续增加，成交均价基本保持稳定，均价达到3978元/平方米；9月份，成交均价再创新高，达到4170元/平方米；10月份，成交量出现下降，成交均价也下降，为3809元/平方米；11月份，成交量平稳略升，均价趋于平稳；12月份，受到期政策影响，成交量“火爆增长”，一些业主降价出售自己的房子，使得12月份二手房市场出现“量涨价跌”。至年底，石家庄市区成交二手房26990套，二手住房26547套，同比分别增长163.57%、170.17%；二手房成交均价为3869元／平方米，同比增长14.16%；二手住房均价为3891元／平方米，同比增长7.01%。

（许跃彬）

【营造宜居空间】 “洗城净天”活动。2009年9月9日，石家庄市开展省会“洗城净天”全民大会战活动，以尘污染治理为重点，通过“垃圾清除、道路清洗、工地抑尘、庭院保洁、煤烟治理”五大战役，目标是力争空气质量达到国家二级标准，让广大市民享受更洁净清新的生活环境。“两线”绿化。具体实施范围为京广铁路（滹沱河–南石环）、石德（太）铁路（西石环–京广铁路，东二环–东石环）两侧绿化宽度为30～50米；石太（黄）高速公路（西石环–东石环）、京珠高速公路（滹沱河–中山路，槐安路–栾城收费站）两侧绿化宽度80～100米。总绿化规模574.14万平方米。整体工程分两期建设，一期工程为国庆献礼项目，绿化范围为京珠（石安）高速公路（滹沱河–京珠高速互通南侧1500米）、石太（黄）高速公路（石清收费站西侧1500米–京珠高速互通西侧200米）沿线，绿化宽度两侧各100米，绿化面积167.37万平方米；二期工程绿化面积406.77万平方米。顶级公园改造。对长安公园和裕西公园进行高标准景观改造。其中，长安公园2009年6月中旬开始改造，10月1日前全部完工。改造升级后长安公园占地440余亩，一步一景。占地400余亩的裕西公园，在原有基础上，分区域、有重点地打造公园景观特色。改造升级后裕西公园突出“民俗”特色，并通过建设具有苏州园林特点的景观，使公园充满江南风情。

（靳晓磊）

【居民消费价格微涨0.3%】 2009年，石家庄市区居民消费价格总指数为100.3，与上年同期相比微涨0.3%。全年居民消费价格总水平呈现低位运行态势，市区居民消费价格涨幅较上年降低6.4个百分点。全市编制居民消费价格指数八大类商品（居住类、医疗保健和个人用品类、烟酒及用品类、家庭设备用品及维修服务类、衣着类、食品类、娱乐教育文化用品及服务类、交通和通信类）总体呈现“五升二降一平”态势，其中价格上涨的类别有居住类、医疗保健和个人用品类、烟酒及用品类、家庭设备用品及维修服务类、衣着类。居住类价格涨幅为八大类之首，同比上涨4.3%，成为影响总指数上涨的首要因素。居住类商品价格上涨较多的有建房及装饰材料、租房、水、电、燃料等。医疗保健和个人用品类价格上涨，成为抑制价格下降的主要因素。全年医疗保健和个人用品类价格上涨1.1%，拉动总指数上涨0.12个百分点。食品类价格与上年持平，为2003年以来年度涨幅最低，六年来首次退出扮演影响总指数上涨的主要角色。其中，猪肉、食用植物油及植物油制品三种食品价格下降，拉动总指数下降0.6个百分点，对总指数上涨起到抑制作用。八大类商品中的娱乐教育文化用品及服务类、交通和通信类价格呈现下降走势，降幅分别为1.0%和1.5%。

【金融业职工收入最高】 2009年，石家庄市职工工资收入最高为金融业职工，人均工资性收入35832.65元；第二位是教育业，人均工资性收入34757.63元；排在第三位卫生、社会保障和社会福利业，人均工资性收入31812.79元。工资收入水平排末三位行业分别是，居民服务和其他服务业，人均工资性收入17449.73元；建筑业，人均工资性收入17343.57元；住宿和餐饮业，人均工资性收入15797.97元。2007年到2009年，公共管理和社会组织业收入增长最快，工资收入水平增长1.77倍。增长速度排第二、三位是金融业和教育业，分别增长1.68倍、1.38倍。增长速度排名最后的三个行业分别是，房地产业增长11.5%，住宿和餐饮业增长5.7%；文化、体育和娱乐业增长最慢，两年仅增长5.2%。行业收入差距拉大。2009年，全市收入最低的住宿和餐饮业与收入最高的金融业收入之比为12.3，2007年收入最低的租赁和商务服务业与收入最高的文化、体育和娱乐业收入之比为11.7，两年行业之间高低收入差距拉大60%，最高收入与最低收入差距不大，差距拉大的速度相对较快。

（王　巍　赵瑞波　郭社发）

【十大城市名片】 2009年1月6日，全市市民广泛参与、踊跃投票的"勒泰中心·石家庄城市名片"评选活动正式揭晓。根据最终评选名单，石家庄"十大城市名片"为：石家庄·新中国的摇篮；革命圣地——西柏坡；天下第一桥——安济桥；国家历史文化名城——正定；石家庄解放纪念碑·大石桥；现代城市人工水系——民心河；华北商埠·南三条、新华集贸市场；中国药都·国家生物产业基地；八大非物质文化遗产：井陉拉花、耿村民间故事、石家庄丝弦、常山战鼓、藁城宫灯、晋州官伞、无极剪纸、辛集农民画；八大历史杰出人物：赵佗、赵云、李春、魏征、刘禹锡、公木、曹火星、戎冠秀。评选活动由市委宣传部、石家庄日报社主办。自2007年12月主办单位召开石家庄十大城市名片评选活动新闻发布会后，在一个多月的时间里，组委会办公室共收到建议信近万件，候选名片提名212项。截至到2008年2月28日，共有近60万人次参与此项活动，市民投票580余万条。广大市民参与人数之众，投票数量之多，均是全市市民参与数量最多的一次。2008年1月，根据活动方案的规定，组委会办公室组建了以省市相关行业著名专家和主办单位的领导参加的专家评审委员会，并确定了城市品牌和城市名片推荐评选的七条标准：市民美誉度、市场知名度、社会诚信度、行业代表性、城市独特性、时代创新性、发展稳定性。与会评委、专家通过讨论、论证、投票表决等程序，确定了107个石家庄城市品牌。评选活动期间，组委会还邀请中国摄影家协会、中国新闻摄影学会的知名摄影家王文澜、解海龙、贺延光等，对"城市名片"活动进行专题采风；《石家庄日报》、《燕赵晚报》、相关网站推出了"勒泰中心·石家庄城市名片特刊"、"勒泰中心·城市名片摄影家采风活动摄影"专刊、专栏；国内一些知名报刊、网站也进行了转载。本次评选活动是继隆重纪念石家庄解放六十周年之后，动员、引导全体市民了解石家庄、宣传石家庄、热爱石家庄、建设石家庄的又一次群众广泛参与的提炼宣传城市主题的大型社会性公益活动。十大城市名片的评选揭晓，对快速提升省会城市品位、提高石家庄的知名度和美誉度起到了积极的促进作用。

（范玉蕾）

精神文明建设

【概况】 2009年，省会文明办按照《石家庄市2009年精神文明创建工作要点》，大力推进市民素质大提高活动，组织志愿者10万余人次开展不文明现象劝阻活动，印制文明公约宣传单，教育引导广大市民爱护公共设施、维护公共形象。加强公民思想道德建设，组织道德模范评选活动，选树张建霞等11名道德模范典型，营造良好社会风尚。在青少年集中的学校开展未成年思想道德教育，联合公安、文化等部门净化社会环境，为青少年成长营造空间。扎实开展文明城市、文明村镇创建活动，收到了明显的效果。全市公共文明指数测评在河北省排名第3位，在全国省会、副省级城市中排名第16位；全省"向国旗敬礼，做一个有道德的人"网上签名寄语活动、省"迎国庆讲文明树新风"礼仪知识电视竞赛、中国好人榜评选、全省首届乡风文明建设工作创新案例4项工作获全省组织奖；石家庄40中、2中、藁城市通安小学获"全国做一个有道德的人"联系点学校；张建霞荣获全国道德模范称号。

【市民道德教育】 全年组织座谈会、讨论会、论证会100余场，有约30余万人次参与《石家庄市民公共文明公约》修订，共向市民发放文明公约宣传卡60余万张，还在市城管大型电子显示屏、出租汽车电子显示屏等连续滚动播放，并以社区自编、自排、自演文艺节目等形式，教育引导广大市民遵守公共秩序、讲究公共卫生、爱护公共设施、维护公共形象、热心公益事业。开展公共文明道德实践活动。4月份，组织志愿者10万余人次，在全市120个交通路口和公共场所，针对闯红灯、损坏公物等不文明现象开展宣传劝阻活动。7月份，组织300名窗口行业志愿者在主要公交站点和公共场所引导市民自觉排队，乘车购物等“排队日”志愿服务活动。同时，组织召开“做文明市民、为省会添彩”主题教育动员大会，印制自律承诺书208万份，按照要求开展不同形式的签名承诺活动，举办各种不同形式的签字仪式680余场次，市区有100余万人次签名承诺。11月初，石家庄突降暴雪，省会文明办迅速向全市志愿者发出《倡议书》，先后组织12000余名志愿者与6000余名孤寡老人、残困难群众和未成年人结成帮扶对子开展扶助活动，以此传递党和政府的温暖。

【文明城市创建】 在全市选择50个社区作为第五批文明社区创建的示范点，市区两级投入300万元资金为社区购买图书、文艺、体育器材等，解决社区文体器材匮缺、教育场所简陋等问题。以绿化建设、文化建设、和谐建设、清洁建设、平安建设为重点，在全市选择20个条件较好的小区开展文明生态小区创建活动。长安区建成60个社区市民服务中心，全方位为居民提供社区服务；桥东区精心打造北二环西社区等一批环境优美的居民社区。印发《全国公共文明指数测评标准及责任分解》，组织市内五区和市直25个责任单位，深化创建活动，全面提升城区公共文明水平。迎测工作中，市城管局对城区卫生死角、城乡结合部积存垃圾进行集中整治，清理非法经营摊点2300余个。市交管局组织公安干警，对路口闯红灯、跨越路栏等违法违章行为进行强力整治行动，市区交通秩序明显好转。石家庄市的公共文明指数在全国省会、副省级城市中排名第16位。

（刘素兰 张颖岚）

【爱国修身践行座右铭公益活动】 10月31日，石家庄市“爱国修身践行座右铭大型公益社会文化活动”启动。此次活动由省会文明办、团市委主办，河北文化产业创意家协会和石家庄得成文化传播有限公司承办。活动以“爱国修身践行座右铭，弘扬道德文化风尚，构建和谐文明家园”为主题，通过广泛征集、书写、出版、宣传座右铭的形式，在全社会形成践行中华民族传统美德的新风尚，增强民族自信心和凝聚力，提升省会城市文化品位，提高全民道德文化素质。活动计划历时一年，按时间分为“破冰之旅的暖冬”、“充满希望的春天”、“激情洋溢的夏季”、“硕果飘香的秋季”四个阶段，通过座右铭征集、公民建设论坛演讲、座右铭系列故事展播等形式多样的活动，发动市民广泛参与，在活动中收获，在活动中感悟，在活动中践行，达到弘扬中华民族传统文化，构建和谐文明家园的目的。

【全民科学素质行动试点】 11月25日，石家庄市全民科学素质行动试点正式启动，10家单位被确定为全民科学素质行动试点单位，并分别予以挂牌。全市在总结四类重点人群行动基础上，提出分类、分区、在特定人群实施科学素质建设的计划，并决定启动未成年人、农民、城镇劳动人口、领导干部与公务员及资源整合5项试点工作。其中，辛集市被确定为全民科学素质综合试点，河北平山中学、市第12中学为未成年人科学素质行动试点，赵县沙河店镇、赞皇县院头镇为农民科学素质行动试点，裕华区槐底社区、晋州市就业训练中心、中国人民解放军第6411工厂为城镇居民科学素质行动试点，新乐市、行唐县为领导干部和公务员科学素质行动试点。

（焦莉莉）

【表彰首届11名道德模范】 2009年4月至9月，省会文明委在全市开展道德模范评选活动，经过各县（市）区文明办推荐、审核公示和群众投票、评委评选等程序，评选出张建霞、王惠周、赵渭忠、赵振书、晏爱维、谷岳潘、许双军、郭刚能、黄丽莎、赵旭光、李文娟11位道德模范，另有靳国芳等9人获提名奖。其中，“捐肝救公爹”的张建霞分别被中央、省命名为全国道德模范和河北省第二届道德模范，郭刚能、赵旭光、黄丽莎3人被命名为河北省第二届道德模范提名奖。刘素琴、刘兰英、闫文 、韩金贵4人先后名列中央文明办每月一评的“中国好人榜”。2009年12月31日，石家庄市召开全市道德模范、全国好人座谈会，对张建霞、王惠周等11名全市首届道德模范，刘造领、靳国芳等9名市道德模范提名奖，及刘素琴、刘兰英、闫文 、韩金贵4名“中国好人”进行了表彰。

道德模范座谈会

【文明村镇创建工作】 根据省文明办要求，石家庄市确定第五批498个文明生态村，其中有220个村享受省一事一议奖补政策。截至年底，第五批文明生态创建村共清理垃圾710万方，硬化道路1372.7千米，植树545.471万株，建沼气池43545座，改厕56659户。河北省对石家庄市27个示范村“村民中心”配备3万元文体活动器材，石家庄市投资380万元为第三批100个“村民中心”配备电教、文艺等器材。开展文艺、文化下乡活动，配合省文明办组织省“心连心”艺术团在鹿泉曲寨、北故城、南铜冶等几个村进行演出，组织协调省千名书法家走进文明生态村现场书写春联，赠送农民活动，丰富农民娱乐文化生活。开展首届乡风文明创新案例评选工作。在县（市）区推荐申报的50余件案例中，评出特等奖、一等奖、二等奖、三等奖，并从文化事业费列支6万元予以奖励。藁城市岗上村《功德录》获一等奖，行唐县“十大孝子”、辛集市农村“十好典型”评选等6个案例分别获二、三等奖。开展省级文明旅游景区创建活动。为促进风景旅游区改善环境、完善设施、提升服务水平，使旅游景区文明建设协调发展，文明办组织开展了旅游景区创建活动，西柏坡被评为省级文明旅游景区，赵州桥、隆兴寺、天桂山被评为创建文明旅游景区先进单位。

（刘素兰　张颖岚）

【2008年度获全国表彰精神文明建设先进单位和个人】 2009年1月20日，全国精神文明建设工作表彰大会召开，石家庄市23家精神文明建设工作先进单位、1名先进工作者受到表彰。其中，获得“全国文明村镇”称号的有：鹿泉市大河镇曲寨村、藁城市岗上镇岗上村、裕华区槐底街道办事处槐底村、桥东区桃园镇桃园村和井陉县吴家窑乡金柱村等。获得“全国文明单位”的有：裕华区槐底街道办事处石门社区、市供电公司、市第二中学、石家庄印钞厂、市第四十中学等。获得“全国创建文明村镇工作先进村镇”称号的有：晋州市周家庄乡周家庄村、辛集市田家庄乡田家庄村、新华区赵陵铺镇党家庄村、鹿泉市铜冶镇南铜冶村、晋州市马于镇西队村、赵县南柏镇东柏舍村等。获得“全国精神文明建设工作先进单位”的有：河北省高营企业集团公司、中国移动通信集团河北有限公司石家庄分公司、河北西柏坡发电有限责任公司、石家庄乐仁堂医药连锁有限责任公司、市第二十七中学、市邮政局、市公共交通总公司等。市委宣传部副部长、省会文明办主任薛建廷荣获“全国精神文明建设先进工作者”称号。

（王　更）

【未成年人思想道德建设】 开展主题实践活动。召开未成年人“做一个有道德的人”经验交流会，评选全市首届未成年人思想道德建设工作创新案例，在全市中小学校推广四十中“我当一天家”、二中“责任教育”活动等主题实践活动。开展“城乡少年手拉手 争做一个有道德的人”主题实践活动，确定100所城区学校和100所较偏远的乡村学校结为“手拉手”学校，开展“五个一”活动。组织市区40多万名中小学生开展“小手握大手、文明一起走”主题教育活动。对照《石家庄市公共文明公约》，与父母共同查找并改正不文明行为，同做有道德的人，促进市民公共文明素质的提升。结合重大活动、重要节日，利用网络、短信开展活动。同时，利用网络媒体加大宣传力度，为主题活动顺利开展营造浓厚的社会氛围。开展净化社会文化环境工作。召开全市净化社会文化环境工作会议，制订《石家庄市关于净化社会文化环境工作协调小组和责任分工》等相关文件。协调公安、工商、文化等有关部门在全市开展整治网吧、整治互联网低俗之风、净化荧屏声频、治理校园周边环境四个专项行动。全市共清理取缔黑网吧872户,查处违规网吧176家次，停业整顿47家，吊销文化经营许可证1家，处置本地低俗、淫秽信息3515条，处置异地低俗、淫秽信息1901条，查处涉嫌发布违法广告的网站22家，发现并责令改正159条不良广告，登记封存各类非法出版物11800余册（盘），查处学校周围的电玩店1家、足浴保健店16家。7月和11月，分别接受省文明办净化社会文化环境督导小组和中央文明委第五督查小组来石家庄市检查净化社会文化环境工作。开展心理维护工作。制定并印发《2009年全市未成年人心理维护三级体系建设方案》，完成新建60个三级站点，完善提高40个窗口站点任务。成立城乡协作组，强化三级维护体系服务职能。坚持“城乡结合、以城带乡”的原则，将全市24个县（市）区划分为五个协作组，直属学校随所在区县参与活动。在2009年5月召开的全国未成年人心理健康教育工作现场交流会议上，石家庄市做了题为“建立三级心理维护体系、促进未成年人健康成长”的经验介绍。

（刘素兰　张颖岚）

【石家庄市获得全国未成年人思想道德建设工作先进城市称号】 11月29日至30日，中央文明委在湖南省长沙市召开全国未成年人思想道德建设经验交流大会，石家庄市在此次会议上获得第二届全国“未成年人思想道德建设工作先进城市”称号。市长艾文礼以《创新实践，注重实效，推动“做一个有道德的人”主题活动深入持久开展》为题，在大会作了经验发言。

【2009“感动省城”十大人物】 2010年2月4日，2009年度“感动省城”十大人物颁奖盛典在石家庄广电中心演播大厅举行，2009年度“感动省城”十大人物现场揭晓。2009年度十位感动人物分别是（按姓氏笔画排序）：救死扶伤的好医生王生池；大孝三妯娌李文娟、闫瑞英、张素霞；亚洲三级跳之王李延熙；平民律师刘秀珍；大变样中的架桥人朴晓敏；大爱献灾区的女教师陈丽；大阅兵中的姐妹花白求恩军医学院女兵（群体）；拆迁户的贴心人桥东区铁路建设工程指挥部（群体）；为城市导航的交警黄永强；抗击暴雪的铁军裕华区卫生队（群体）。2009年度“感动省城”十大人物评选活动已进入第五年，评选活动备受市民关注，参与热情高涨，共计150多万人次参与投票。

（王　更）

公共管理和社会组织

公共管理和社会组织

中国共产党石家庄市委员会

【概况】 2009年，中共石家庄市委坚持以科学发展观为指导，以开展深入学习实践科学发展观活动和“干部作风建设年”活动为动力，坚决贯彻党中央、国务院和省委、省政府的一系列重大决策部署，牢固树立省会意识，团结带领全市人民坚定信心、积极应对，迎难而上、奋力拼搏，全力“保增长、保变样、保民生、保稳定”，各项事业取得了新成绩、新进步，全市呈现出经济回升向好、城市建设加速推进、社会和谐稳定、人民安居乐业和党的建设不断加强的良好局面。

扎实开展学习实践活动，提升贯彻落实科学发展观的执行力。 按照中央和省委的统一部署，从2009年3月份开始，全市各级党组织分批开展了学习实践活动。市委常委会把学习实践活动作为重大政治任务来抓，多次召开会议专题研究，切实加强组织领导和具体指导。确定了“强化省会意识，转变工作作风，优化发展环境，调整经济结构，推动科学发展”的活动主题。坚持把加强理论武装贯穿始终，采取多种有效形式组织党员干部认真学习科学发展观的内涵和精神实质，开展了重温“两个务必”教育；坚持把保增长、保变样、保民生、保稳定作为最大实践，紧紧抓住并着力解决环境不优、结构不好、发展方式粗放等突出问题；坚持把人民群众满意作为检验标准，狠抓整改工作落实；坚持突出实践特色，创新活动载体，扎实开展“三问三议”（问政于民，议如何科学发展；问需于民，议如何和谐发展；问计于民，议如何率先发展）和“三献”（专家献计、群众献言、党员献策）活动，丰富了工作思路，有力推动了各项工作。为搞好学习实践活动，市委常委班子积极发挥表率作用，多次深入联系点和基层单位指导活动开展，帮助解决实际问题；带头分析检查，带头整改落实，有针对性地制定整改落实方案，加强督促检查。同时，把解决体制机制问题作为整改工作的重要内容，建立完善了常委会议事决策、加强基层党建、干部考核激励约束等八个方面长效机制。通过开展学习实践活动，促进了思想解放，强化了省会意识、率先意识，树立了科学发展的新理念，为实现“四保”目标和建设繁华舒适、现代一流的省会城市提供了强大的动力和保证。

应对金融危机冲击，保持经济平稳较快增长。 面对金融危机对石家庄市经济带来的不利影响，以及干部群众存在的畏难情绪和各种疑虑担心，石家庄市委坚持用中央和省委的决策部署统一思想认识，审时度势、沉着应对，要求各级各部门既要克服畏难情绪，坚定信心，勇于面对，迎难而上；又要善于危中见机，科学应对，积极作为，化危为机。制定实施了一系列重大举措，把经济发展放缓、国家实施积极的财政政策和宽松的货币政策作为调整结构的重大契机，加大投入力度，狠抓主导产业和工业生产，努力打造经济发展新优势；把引进战略投资者作为改革开放的着力点，为石家庄市发展增添了动力和活力。坚持把抓投资、上项目作为保增长、增后劲的重要举措，鼓励和支持各级各部门用好上级政策，强力推进项目建设。先后研究制定了《争先进位考核办法》、《项目建设考核办法》等考核激励机制，组织了项目观摩拉练活动，实行了重大项目领导责任制，加大了对项目谋划跑办和开工建设的协调力度，全市项目建设取得新进展。坚持把保增长与调结构相统一，组织研究出台了构建省会现代产业体系的意见及生物医药、现代服务业、装备制造、化工、电子信息、纺织服装六大产业调整振兴实施意见等一系列指导性文件，进一步明确了调整经济结构、构建现代产业体系的目标、思路和举措。着力加强产业园区建设，出台了关于进一步加强园区建设的意见，理顺了市级产业基地管理体制，配齐充实了管委会班子，加大了各级各类园区资源整合力度，产业聚集区散、乱、小的现象正在得到改变。发挥高新区在构建现代产业体系和园区建设中的龙头带动作用，实施了扩区托管，力促“二次创业”，高新区发展呈现出可喜局面。坚持把节能减排作为调结构、促升级的重要抓手，以十大节能工程和“双三十”节能减排工程为重点，实行严格的领导责任制，加大治理力度，节能减排完成情况控制在省下达指标以内。高度重视工业对全市经济的支撑作用，以“保增长、调结构、抓项目、强园区”为主题，在全市组织实施了工业发展攻坚战，深化“转作风、摸实情、解难题、保增长”活动。政府各有关部门充分发挥职能作用，强化服务，积极帮助企业解决实际问题，为企业生产经营创造了有利条件。广大企业挖潜扩能、提速增效，有力扭转了工业经济下滑的被动局面。积极扩大对外开放，加强了与国字号企业的联系与合作，加强了与国家和省职能部门的对接，在引进战略投资者方面取得新进展。高度重视金融工作，积极营造良好的金融环境，推动投融资体制改革，充分发挥五大融资平台作用，活跃了石家庄市的金融工作。切实加强对农村工作的领导，研究制定了推进农村改革发展的意见，健全完善了一系列配套措施，积极落实各项支农惠农政策。狠抓农业基础设施建设，大力推进农业结构调整，农业综合生产能力得到提升，农业综合效益进一步提高。积极推动农村各项改革，加快农村土地流转和适度规模经营，巩固和规范村级财富积累机制，农业农村发展的活力进一步增强。

强力推进省会“三年大变样”，创造“石家庄速度”。市委常委会把推进“三年大变样”作为加快城镇化进程的战略性举措和推动省会又好又快发展的有力抓手，举全市之力，强力组织攻坚，创造了“石家庄速度”，在全省发挥了表率作用，得到了省委、省政府和广大市民的认可，扩大了石家庄在省内外的正面影响。针对金融危机冲击、房地产市场疲软、要素制约凸显、干部群众观望等问题给“三年大变样”工作带来的不利影响，统筹推进保增长、保变样、保民生、保稳定各项工作，确定了“拆建结合、以建为主”的工作方针。按照这一思路，组织制定了今明两年“三年大变样”实施意见，确定了实施总投资1111亿元的5大类、146个项目及20项国庆献礼工程。为确保完成“三年大变样”年度任务，科学、有序、高效地组织好各项工程实施，要求政府统筹考虑质量、安全、交通等相关问题，聘请国内外著名规划、设计、施工、监理等各方面专家对工期安排和施工组织进行缜密研究、科学论证，指导各项目单位细化工作方案，做到科学摆布力量，合理确定工作时序，有条不紊地推进。市委常委会定期听取工作汇报，及时研究解决工作中遇到的困难和问题。从市四大班子领导做起，实行“一项工程、一名领导、一套班子、一个方案、一抓到底”的领导负责制。通过艰苦努力、奋力拼搏，20项国庆献礼工程如期竣工，其它各项工程顺利推进，提前实现了“三年大变样”70%的既定目标，创造了令人瞩目的“石家庄速度”，不仅使城市面貌明显改观，城市的承载能力逐步增强，而且使全市干部群众的思想观念、精神风貌发生了深刻变化。石家庄市的“三年大变样”工作，受到了省内外的关注，全年省直机关和省内外城市共有171个团组、2986人来石家庄市考察调研，他们亲身感受了石家庄市的巨大变化，给予了高度评价。

以人为本，努力营造和谐稳定的社会环境。市委常委会始终坚持把维护社会和谐稳定摆在与经济发展同等重要的位置，牢固树立以人为本的理念，不断强化“发展是第一要务，稳定是第一责任”的意识，千方百计保障和改善民生，营造和谐稳定的社会环境。坚持高度关注民生，特别是在经济发展面临困难的形势下，市委把解决好人民群众最关心最直接最现实的利益问题摆在突出位置。针对2009年严峻的就业形势，把促进就业作为“惠民生”的根本举措，完善和落实各项就业政策，突出抓好大中专毕业生、城市拆迁失业人员就业和下岗职工再就业，对困难群体实施就业援助，城镇失业率控制在省下达的指标以内。把加快城乡社会保障体系建设作为“谋民利”的重要工程，进一步扩大养老、医疗、失业等保险覆盖面，着力提高社会保障水平。深入推进医疗卫生体制改革，在17个县（市）全面推行了参合农民大额医疗保险制度，城市社区卫生街道覆盖率达到100%。科学组织甲型流感防控和救治工作，全市未发生大的扩散和蔓延。把发展社会事业作为"造民福"的紧迫任务来抓，教育、科技、体育等各项事业实现新的发展。年初确定为群众所办的38件实事基本完成。坚持稳定压倒一切。围绕为庆祝新中国成立60周年创造良好环境，市委常委会多次专题研究社会稳定工作，特别是新疆"7·5"事件发生后，对全市维护稳定工作进行再安排、再部署，强化各级领导干部的责任，全力以赴做好国庆安保和信访稳定工作。进一步完善和发挥"三位一体"大调解、"四位一体"大维稳机制的作用，深入开展社会矛盾排查，大力抓好基层基础工作，大量矛盾纠纷化解在基层和萌芽状态；强力推进严打整治专项行动和平安建设，严厉打击各类犯罪活动，有力地震慑了犯罪分子；切实加强信访工作，集中开展了市县乡三级干部大接访、"两包一保"和"百日会战"等一系列有特色的活动，一大批信访积案和遗留问题得到解决。通过努力，市委不仅圆满实现了国庆"六个确保"和"三个不发生、三个零指标"的目标，而且形成了一批长效机制，促进了维稳工作制度化和经常化。

加强先进文化建设，提升城乡文明程度。市委常委会坚持牢牢把握意识形态领域的领导权和主动权，积极谋划和推动新时期宣传思想工作，努力建设文化大市，打造文化强市，促进经济社会又好又快发展。经过全市上下共同努力、扎实工作，消除了三鹿事件造成的负面影响，重塑了石家庄市良好形象，增强了市民的归属感、自豪感和全省人民对省会的认同感，提升了石家庄的知名度、美誉度。坚持正确的舆论导向，围绕全市大局和中心工作，加强了思想宣传工作。积极组织开展庆祝新中国成立60周年系列宣传教育活动，坚定了全市人民继续解放思想、推进改革开放的信心，激发了广大干部群众建设石家庄的热情。围绕重塑形象、增强信心、应对危机、推动发展、凝心聚力、促进和谐，组织开展一系列主题宣传活动，特别是大力宣传市委、市政府科学处置三鹿事件一系列重大举措，宣传"三年大变样"的生动实践和进展成效，大力弘扬"石家庄速度"，宣传开展学习实践活动和"干部作风建设年"活动中广大党员干部精神面貌和作风的显著变化，在解疑释惑、凝聚共识、鼓舞士气方面起到了积极作用。高度重视市民思想道德建设和文明素质提升，积极创新工作载体和机制，坚持"六城同创"，统筹推进创建全国文明城市工作先进城市、全国双拥模范城、国家卫生城市、国家生态园林城市、国家森林城市、国家科技进步示范市工作。广泛深入地组织开展了"城镇面貌大变样市民素质大提高"、公共文明志愿服务、青年文明号创建等道德实践活动，大力宣传《市民文明公约》，全市人民的思想道德水平和文明程度进一步提升。在全国地方全民科学素质纲要实施工作座谈会上，石家庄市作为地级市的唯一代表做了典型发言。未成年人思想道德建设取得新成效，石家庄市荣获全国第二届未成年人思想道德建设工作先进城市称号。军民共建扎实推进，实现全省双拥模范城"七连冠"。在7月份全国文明城市公共文明指数测评中，石家庄市排名大幅提升。高度重视先进文化建设对提升城市竞争力的重要作用，加强对全市文化体制改革和文化产业发展的调查研究，提出打造全省以及周边区域具有重要影响力的文化强市。研究制定了全市文化体制改革方案，积极推进经营性文化事业单位体制机制改革。成功举办了石家庄第四届国际动漫博览交易会，以动漫产业为标志的文化产业步入发展快车道。大力推进文化事业发展，公共文化服务体系日趋完善，城乡文化设施建设进一步加强，新建乡镇综合文化站107个、农家书屋800个；努力打造文化精品，艺术生产喜获丰收，河北梆子现代戏《女人九香》荣获全国"五个一工程"奖。连续5年举办"燕赵讲坛"，内涵不断丰富，影响逐步扩大。积极推进文化惠民工程，组织开展了感动省城十大人物评选、"彩色周末"等群众性文化活动，丰富了市民文化生活，营造了健康向上的社会氛围。

扎实推进党的建设新的伟大工程，努力提高各级党组织的凝聚力和战斗力。市委常委会认真履行党要管党、从严治党的政治责任，全面贯彻中央和省委关于加强党的建设的总体部署，围绕执政能力建设和先进性建设这条主线，紧密联系石家庄实际，以改革创新的精神扎实推进各项工作。坚持把加强领导班子、干部队伍和基层组织建设牢牢抓在手上，突出加强思想政治建设，制定实施意见，提出明确要求。加快推进干部人事制度改革，研究出台了关于加强县级干部交流等五个创新性文件，试点单位初见成效，科级以下轮岗1169人。继续大规模培训干部，突出抓了县处级干部学习科学发展观教育培训。圆满完成了村级“两委”班子换届工作，大力实施新农村建设“领头雁工程”，全面落实村干部“一定三有”机制，建立健全了大学生“村官”选聘管理机制，“全国推动农村妇女参与村民自治经验交流现场会”在石家庄市召开，年初倒排确定的500个后进村已基本实现转化，农村基层组织建设得到进一步加强。机关、学校、企业、社区和“两新”组织党的建设取得了明显成效，党的执政基础进一步巩固。加强干部作风建设是2009年石家庄市党的建设的重要任务。在上年集中开展“吸取教训、转变作风、重塑形象、科学发展”主题教育活动的基础上，紧紧围绕“下大力解决干部作风方面存在的突出问题，努力走在全省最前列”和建设全省“审批项目最少、程序最简、办理最快、费用最低、服务最优”城市的目标要求，深入扎实开展“干部作风建设年”活动。围绕优化发展环境，大力解决群众反映强烈的审批事项过多、收费项目过滥、办事效率低等问题，大幅削减行政审批、行政许可事项，备案（核准）类行政审批事项由147项减少到26项，审批时间由原来60天压缩到13天，公章由原来166个减少到28个。严肃查处不作为、乱作为等违反“十个严禁”要求的案件和问题，出台了《石家庄市国家机关及其工作人员问责规定（试行）》，对作风不实、不作为等38种行为和问题进行了明确界定，全市共查处干部作风类案件399起。着力为群众办实事、送服务，先后组织开展了民主恳谈、承诺践诺、千村千企帮扶、群众满意度测评等活动，集中解决了一批热点难点问题，得到市场主体和人民群众的普遍欢迎，得到省级机关和社会各界的肯定和好评。坚持不懈地抓好反腐倡廉建设。强化行政权力运行监控机制建设，惩防体系基本框架初步形成。深入开展专项治理活动，着重解决行政事业收费等方面的突出问题，特别是“小金库”治理工作取得明显成效。认真落实党风廉政建设责任制，按照“一岗双责”的要求，加强对各级各部门的工作指导和监督检查，注意加强了石家庄市建设工程领域预防腐败工作。严肃党风党纪，严格问责追究，查处了一批违法违纪案件。牢固树立过紧日子的思想，全市压缩行政经费和公务开支1.36亿元，减少出国团组29批，拟撤销评比达标表彰和考核项目150项，2009年召开全市性会议比上年减少41%，制发文件减少13%，把节约的资金用于了改善民生。在市委常委会选拔任用干部方面，市委根据大局和事业发展的需要，先后研究任免市管干部375名，其中提拔任职103名、平职调整116名、到龄改任非领导职务或免职等156名。在推进各项事业发展中，市委注重发挥总揽全局、协调各方的领导核心作用，统筹协调几大班子的关系，支持人大、政府、政协各班子依照法律和章程积极主动、独立负责地开展工作。同时，充分发挥几大班子整体作用，对涉及经济建设、“三年大变样”、维护稳定等重大工作，实行市级领导分工负责制，形成了抓工作的强大合力。积极做好新形势下的统一战线工作，加强同各民主党派、工商联和无党派人士的协商合作与共事，对重大决策注意听取各党派和各方面代表人士的意见建议，充分调动了各方面的积极性，形成了凝心聚力、共谋发展的良好局面。认真落实党的民族宗教政策，保持了民族宗教领域的稳定。党管武装工作进一步加强，国防后备力量建设取得新成效。注重发挥工会、共青团、妇联等人民团体联系群众的桥梁纽带作用，形成了齐心协力抓发展、促和谐的浓厚氛围。高度重视市委常委会自身建设。坚持市委中心组学习制度，不断深化对科学发展观的理解和把握，在事关建设与发展全局的重大问题上进一步统一了思想，取得了共识。认真贯彻执行民主集中制，进一步完善了班子内部分工、议事、决策等项制度，坚持重大问题集体讨论决定，调动了班子每个成员的积极性，形成了团结和谐、干事创业的良好氛围，市委常委班子的凝聚力、战斗力进一步增强。在急难险重任务面前，各位常委带头转变作风，积极主动、敢于负责，恪尽职守、相互配合，创造性开展工作，以自身的模范行动为各级干部作出了表率。

【中共石家庄市委及其工作部门组成人员】

书　　记：车　俊
副 书 记：艾文礼　刘云峰
市委常委：车　俊
艾文礼
刘云峰
刘瑞新（6月免）
李国伦（6月任）
杨志辉
栗进路
李文起
孙万勇
王大虎
张铁力
王俊钟
胡儒钗
张振县
秘 书 长：杨志辉
副秘书长：李乃毅　刘　群
刘吉广　宋学恭
左建平　卢建新
李　龙
研究室主任兼副秘书长：
李　潇（4月免）
刘吉广（4月任）

机关事务管理局局长兼副秘书长：郭清常（5月免）

信访局局长、党组书记兼副秘书长：魏晓流

防范和处理邪教问题领导小组办公室主任兼副秘书长：
梁建斌（10月免）

信息中心主任兼副秘书长：
霍国林

市纪律检查委员会

书　　记：李文起
副 书 记：张治春　王增飞
刘书平　徐将威
纪委常委：王文朝
范云生（满）
梁铁斌
左素娥（女）
尹新民

市委办公厅

主　任：李乃毅（兼）
副主任：张建国（1月免）
栾建英（4月免）
唐　克　李海峰
纪检监察员：杨福华

市委组织部

部　　长：王俊钟
常务副部长：张云雁（1月任）
副 部 长：姜贵增　张树清（4月免）
王冬梅　陈慧明
王云辉（4月任）

市委宣传部

部　　长：孙万勇
常务副部长：王惠周
副 部 长：耿震环　薛建廷
赵贵世　王勋涛

市委统战部

部　　长：胡儒钗
常务副部长：彭占良（10月免）
刘国栋（10月任）
副 部 长：哈宝伏
郜存悦（12月免）
白兰怀
冯喜英（2月任）

市委政法委

书　　记：张铁力
常务副书记：叶克田（7月免）
安忠起（7月任）
副 书 记：李文起
张树志
梁建斌（12月任）
祁　改　吕军英
刘国梁（4月免）
刘志魁（4月任）

市直机关工委

书　记：康瑞斌
副书记：姚振勇（4月免）
范志斌
聂忠海（兼纪工委书记）
胡国龙（9月任）
杨宗波

市委农工委

书　记（兼）：张树志
常务副书记：王武德
副 书 记：王胜乔（2月免）
谢　顺
王荣军（9月任）
邸占欣（9月免）

机构编制委员会

主　任：高新城
副主任：李振岐（10月免）
黄岩松（10月免）
邓京生（12月任）
董胜国
霍永平（12月任）

台湾工作办公室

主　任：李风江
副主任：刘嫵嫵　彭彩欣
杨文江

信访局

局　长：魏晓流
副局长：平国强　齐刚明
苏清才　田　志
张建平

研究室

主　任：李　潇（4月免）
刘吉广（4月任）
副主任：王运章　郭宗海
谭运江

老干部局

局　长：王冬梅
副局长：兰永谦
谷昌栓（1 月免）
胡国龙（9 月免）
宋成武

机关事务管理局

局　长：古临江（10 月任）
副局长：殷玉良（10 月任）
张连发（10 月任）
李长亭（10 月任）
李素英（10 月任）
卢首往（10 月任）

【重要决策】 **开展“干部作风建设年”活动。**为深入学习实践科学发展观，认真贯彻第十七届四次全会精神，根据省委、省政府安排部署和石家庄市实际情况，市委、市政府决定在全市各级领导班子和党员干部队伍中深入开展“干部作风建设年”活动，2 月 17 日，市委、市政府联合下发了《中共石家庄市委、石家庄市人民政府关于开展“干部作风建设年”活动的实施意见》（石发[2009]5 号）。活动以邓小平理论和“三个代表”重要思想为指导，全面落实科学发展观，巩固深化“吸取教训、转变作风、重塑形象、科学发展”主题教育活动成果，认真贯彻落实市委《关于加强领导班子和干部队伍思想作风建设的决定》，以深入实际、破解难题、改善民生、优化环境、推动科学发展、促进社会和谐为主题，在全市开展“干部作风建设年”活动，重点是抓好各级领导班子和乡科级以上干部，着力解决作风建设方面存在的突出问题，努力实现干部队伍作风进一步转变，以党风促政风带民风，推动全市经济社会又好又快发展。活动从搞好“八项活动”，建好“八项制度”入手，分四个阶段强力推进。“八项活动”是：一是围绕创新示范、抓点带面，建立领导干部联系点，二是围绕体察民情、寻策问计，开展“调研周”活动，三是围绕集中民智、科学决策，开展“恳谈日”活动，四是围绕破解难题、推动落实，开展集中攻坚活动，五是围绕服务发展、优化环境，开展重商富市“送服务”活动，六是围绕改善民生、开展惠民利民“送温暖”活动，七是转绕提速、改善形象，开展“四治”活动，八是围绕贴近群众、贴近实际，开展“直面对话解难题”活动。建好“八项制度”指的是：建好公开承诺制、岗位责任制、首问首办负责制、限时办结制、考核评议制、奖励激励制、追究问责制、作风档案制。在市委、市政府的领导下，活动按“强力启动、形成声势”，“全面展开、整体推进”，“集中攻坚、破解难题”，“总结评议、深化拓展”四个阶段分步推进，取得了良好成效，全市领导班子和党员干部作风建设得到明显加强，为全市社会经济的又好又快发展起到了积极的推动作用。

创建“食品安全最放心”城市。为深刻吸取三鹿奶粉重大食品安全事故惨痛教训，切实保障人民群众身体健康和生命安全，重塑石家庄良好形象，推动全市经济和社会的科学发展，市委、市政府决定在全市范围内开展创建“食品安全最放心城市”活动。3 月 24 日，市委、市政府联合下发了《中共石家庄市委、石家庄人民政府关于创建“食品安全最放心城市”的意见》（石发［2009］9 号）。活动以“三个代表”重要思想为指导，以科学发展观为统领，以保障人民生命健康安全为出发点和落脚点，坚持以人为本与科学发展相结合、统一领导与分级负责相结合、集中整治与制度建设相结合、打假治劣与扶优扶强相结合、严格监管与企业自律相结合的原则，全面加强农产品种植养殖、食品生产、流通销售、餐饮服务、畜禽屠宰等各环节的监管，建立“从农田到餐桌”全方位全过程的食品安全监管机制，构筑种植养殖规模化、食品生产标准化、流通销售诚信化、餐饮服务规范化的食品安全体系，利用两年时间，把石家庄打造成为“食品安全最放心城市”。总体目标是：主城区食品安全综合抽检合格率和安全食品市场占有率达 100%，其它县（市）区达 95% 以上。食品安全体系及制度健全，重大食物中毒事故和食品安全事故应急预案完善，应急救援网络覆盖面达 100%。工作重点是加强农产品源头的安全监管，加强畜禽产品、水产品源头的安全监管，加强食品生产环节、流通环节、餐饮服务环节、畜禽屠宰和酒类流通环节的安全监管。

建立和完善市县乡三级干部大接访长效机制。为深入学习实践科学发展观，进一步规范市县乡三级干部大接访工作，根据中央处理信访突出问题及群体性事件联席会议《关于领导干部定期接待群众来访的意见》（中办发［2009］3 号）和省委、省政府《关于建立县委书记大接访长效机制的意见》(冀发[2009] 8号)等文件精神，结合石家庄市实际情况，4月5日，市委、市政府联合下发了《关于进一步建立和完善市县乡三级干部大接访长效机制》(石发[2009] 11号)，就进一步建立和完善市县乡三级干部大接访长效机制提出三点意见：一是建立规范接访约访下访制度，二是健全完善信访工作机制，三是强化信访工作责任制，四是加强信访部门基础建设。

进一步促进工业经济提速增效加快发展。为积极应对当前严峻的经济形势，进一步做好石家庄市工业经济，全面超额完成年度调控目标，市委、市政府联合下发了《关于进一步促进工业经济提速增效加快发展的实施意见》(石发[2009]18号)。实施意见就当前全市工业经济面临的形势进行了分析，确立了以科学发展观为统领，牢牢抓住国家扩内需、保增长的重大机遇，坚定不移地贯彻国家和省出台的各项政策措施，动员全市力量，把精力、资源、资金、政策、服务向工业倾斜，保当前，争长远，大力实施“151”工程(抓住一条主线，打好五个战役，实现一个目标)，促进全市工业经济又好又快发展的工作思路。抓住一条主线，就是紧紧抓住“转作风，摸实情，解难题，保增长”这条主线。打好五个战役指的是：打好重点项目攻坚战，打好重点骨干企业提速增效攻坚战，打好县域工业再上新台阶攻坚战，打好企业搬迁升级改造攻坚战，打好国有企业改革攻坚战。实现一个目标，指的是通过深入开展“转作风，摸实情，解难题，保增长”活动，全力打造好“五个攻坚战”，确保实现全市规模以上工业增加值和利税增长14%的年度调控目标，力争达到全市规模以上工业增加值和利税增长15%的目标。

加强开发(园)区和产业聚集区建设。为进一步加强开发(园)区和产业聚集区建设，打造省会经济发展新的隆起带和增长极，促进全市经济又好又快发展，市委、市政府联合制定了《关于进一步加强开发(园)区和产业聚集区建设的意见》(石发[2009]20号)。指导思想是以调整优化结构、转变发展方式为主线，以深化改革开放、创新体制机制为动力，以优化开发(园)区和产业聚集区建设为重点，打造产业集群，增强自主创新能力，改善投资环境，把开发(园)区和产业聚集区建设成为石家庄市城市发展的引领区，科技创新的先导区，对外开放的承载区，科学发展的示范区，经济发展的隆起带和增长极，为建设繁华舒适、现代一流的省会城市提供有力支撑。基本原则：解放思想，勇于创新；政府主导，市场运作；规划先导，科学布局；突出特色，错位发展；环保节能，持续发展。主要目标是坚持工业化、城镇化互动发展，力争三年内达到“五有”目标，即有完善的基础设施、有特色鲜明的主导产业、有功能完善的投资平台、有良好的投资环境、有高水平的城镇样板区，努力打造全省领先、国内一流的现代化产业集群。

深入开展“保增长、调结构、抓项目、强园区，全力打好工业发展攻坚战”活动。为加快工业经济快速增长，确保各项指标圆满完成，市委、市政府决定在全市广泛开展“保增长、调结构、抓项目、强园区，全力打好工业发展攻坚战”活动。10月16日，市委、市政府联合下发了《关于开展“保增长、调结构、抓项目、强园区，全力打好工业发展攻坚战”活动的实施意见》(石发[2009] 22号)。指导思想：认真落实科学发展观，深入贯彻党的十七届四中全会和省委七届五次全会精神，紧紧围绕建设繁华舒适、现代一流省会城市总目标，强化省会意识，发扬“石家庄整度”，以促进工业快速增长为目标，以项目建设为支撑，以园区建设为平台，以产业发展为重点，以结构优化为手段，在全市迅速掀起“保增长、调结构、抓项目、强园区，全力打好工业发展攻坚战”活动新高潮，确保圆满完成经济社会发展各项任务目标，为促进全市经济又好又快发展奠定坚实基础。基本原则是坚持统筹兼顾、协调推进、抓近图远，努力实现经济发展和社会进步双促进。

加快建设省会现代产业体系。为贯彻落实科学发展观，加快构建省会现代产业体系，11月10日，市委、市政府联合下发了《关于加快建设省会现代产业体系的意见》(石发[2009] 25号)。总体思路：以科学发展观为统领，以提高省会产业竞争力为目标，按照一产集约、二产集聚、三产集优的思路，积极融入京津冀都市圈，着力做大做强生物(医药)产业、装备制造业、循环化工产业、现代服务业等四大主导产业，加快构建具有石家庄特色，符合繁华舒适、现代一流省会发展定位要求的现代产业体系，进一步强化省会在全省的经济、政治、文化、信息中心地位，打造国内经济强市。发展目标：第一步，到2011年，四大主导产业增加值实现三年翻番，服务业占GDP的比重达到50%，四大主导产业的支柱地位初步确立，品牌效应进一步强化提升，传统产业与新兴产业融合度有效提高。第二步，到2020年，三次产业结构进一步优化，产业布局更为合理，四大主导产业竞争力和品牌知名度大幅提升，纺织、电子、轻工、食品、建材等传统优势产业实力显著增强，能源、交通、通信等基础产业和现代农业的支撑作用明显提高，基本形成符合繁华舒适、现代一流省会发展定位要求的现代产业体系。

【中共石家庄市委常委会议】

1月10日，车俊主持召开八届市委常委会第91次会议。讨论并原则同意《政府工作报告（讨论稿）》；听取了市政府办公厅关于石家庄市“双节”期间有关工作落实情况的汇报；讨论并原则同意2009年春节前重要会议和活动安排意见；研究了干部人事问题（市委常委会议纪要八届第91号）。

2月13日，车俊主持召开八届市委常委会第92次会议。听取了关于全省“干部作风建设年”活动动员大会主要精神及石家庄市贯彻意见的汇报；听取了市发改委关于全省重点建设项目调度会议精神及石家庄市贯彻意见的汇报；讨论并原则同意《中共石家庄市委2009年工作要点（讨论稿）》；听取了市纪委关于第七届省纪委四次全会主要精神的汇报，讨论并原则同意《关于召开第八届市纪委四次全会的安排意见》、《中共石家庄市第八届纪律检查委员会第四次全体会议上的工作报告（讨论稿）》；讨论并原则同意《市委开展深入学习实践科学发展观暨“干部作风建设年”活动领导小组及两个办公室机构设置方案》；讨论并原则同意《关于市委机关东院搬迁及人民广场改造的意见》；研究了干部人事问题（市委常委会议纪要八届第92号）

2月26日，车俊主持召开八届市委常委会第93次会议。听取了关于开展深入学习实践科学发展观活动筹备工作情况的汇报；听取了市信访局关于全省处理信访突出问题及群体性事件电视电话会议精神和石家庄市贯彻意见的汇报；听取了市委宣传部关于全省宣传部长会议精神和石家庄市贯彻落实意见的汇报；听取了市委统战部关于全省统战部长会议精神及贯彻意见的汇报；讨论并原则同意《关于进一步规范和理顺“四个中心”工作更好发挥职能作用的意见》；讨论并同意《关于给予市民政局原副局长雷铁显开除党籍、开除公职处分的意见》；讨论并同意《2008年军转干部安置方案》（市委常委会议纪要八届第93号）。

3月13日，车俊主持召开八届市委常委会第94次会议。讨论并原则同意《关于创建“食品安全最放心城市”的意见》；听取了市编办关于全省市县政府机构改革动员大会精神及贯彻落实意见的汇报；听取了市委农工委关于全省农村工作会议精神及石家庄市贯彻落实意见的汇报；听取了市建设局关于2009年城建计划（草案）安排情况的汇报；讨论并原则同意《关于继续深化城管体制改革的实施意见》；讨论并原则同意《石家庄市项目建设考核办法》、《石家庄市县（市）区争先进位考核办法》；讨论并原则同意《石家庄市国家机关及其工作人员问责暂行规定（讨论稿）》；讨论并原则同意《关于省会举行建国60周年庆祝活动的安排意见》；听取了市密码工作领导小组办公室关于贯彻落实《中共河北省委贯彻落实〈中共中央关于加强新形势下密码工作的决定〉的意见》的汇报（市委常委会议纪要八届第94号）。

3月25日，车俊主持召开八届市委常委会第95次会议。听取了市政府办公厅关于三鹿牌婴幼儿配方奶粉重大食品安全事故处置情况的汇报；讨论并同意《中共石家庄市委常委会议事决策规则（讨论稿）》；讨论并原则同意《关于进一步改进会风文风等项工作的意见（讨论稿）》；讨论并原则同意《关于进一步规范市领导同志到基层考察调研接待工作的意见（讨论稿）》；讨论并原则同意《关于进一步建立和完善市县乡三级干部大接访长效机制的意见（讨论稿）》；听取了市委组织部关于全省组织部长和老干部工作暨农村基层组织建设会议主要精神及贯彻意见的汇报；听取了市委防范办关于省“3·03”会议精神及石家庄市贯彻落实意见的汇报；讨论并同意市纪委关于给予市公路桥梁投资开发管理中心党委副书记、副主任张忠撤销党内职务、行政职务处分的意见（市委常委会议纪要八届第95号）。

4月23日，车俊主持召开八届市委常委会第96次会议。听取了市发改委关于全省一季度经济形势分析电视电话会议精神和石家庄市一季度经济运行情况的汇报；听取了市政府办公厅关于2009中国·石家庄（正定）国际小商品博览会筹备工作情况的汇报；听取了市人口和计划生育委员会关于全省人口计生工作会议精神和石家庄市人口计生工作情况的汇报；听取了市纪委关于全省推进行政权力运行监控机制建设会议主要精神及贯彻意见的汇报；通报了省纪委、省监察厅对冀纯堂等人的处分决定及罢免冀纯堂人大代表职务的建议；研究了干部人事问题（市委常委会议纪要八届第96号）。

5月27日，车俊主持召开八届市委常委会第97次会议。听取市委组织部关于全省培养选拔年轻干部工作电视电话会议精神及石家庄市贯彻落实意见的汇报；讨论并原则同意《关于加强县级干部交流工作的实施意见（试行）》、《石家庄市直机关科级以下公务员轮岗实施意见（试行）》、《石家庄市直机关中层职位公务员竞争上岗实施意见（试行）》、《石家庄市党政领导干部职务任期实施意见（试行）》、《关于县级领导干部公开选拔的实施意见（试行）》；听取市考核办关于县（市）区、市直部门领导班子和市管干部年度考核情况的汇报；研究了干部人事问题（市委常委会议纪要八届第97号）。

6月23日，车俊主持召开八届市委常委会第98次会议。讨论并原则同意《市委领导班子分析检查报告（讨论稿）》；讨论并原则同意拟市委表彰和拟推荐省委表彰的农村党建工作先进县、先进基层党组织、优秀共产党员、优秀党务工作者和优秀村党组织书记建议名单（市委常委会议纪要八届第98号）。

7月9日，车俊主持召开八届市委常委会第99次会议。听取了市发改委关于上半年全市经济运行情况及下半年重点工作的汇报；听取了市“大变样”办公室关于认真贯彻张云川书记重要批示精神加速推进省会面貌“三年大变样”工作的汇报；听取了市稳定办关于当前石家庄市信访稳定工作情况的汇报；讨论并同意石家庄市领导干部会议安排意见；听取了市纪委关于元氏县城管监察大队乱收费及县政府不作为等问题调查情况的汇报；研究了干部人事问题（市委常委会议纪要八届第99号）。

7月17日，车俊主持召开八届市委常委会第100次会议。听取了市“大变样”办公室关于省委省政府领导在石家庄市调研“三年大变样”工作时讲话精神及贯彻意见的汇报；讨论并原则同意《石家庄市开展“六城同创”活动实施方案（讨论稿）》；讨论并原则同意《关于进一步加强开发（园）区和产业聚集区建设的意见》；讨论并原则同意《关于加快推进中心城区与四组团及矿区同城化发展的意见》；讨论并原则同意市委办公厅关于加强和改进舆情信息管理工作的意见；听取了市纪委关于贯彻落实中纪委中组部等五部委《关于加强地方县级纪检监察机关建设的若干意见》的情况汇报；听取了市台办关于省对台工作座谈会精神及贯彻意见的汇报；研究了干部人事问题（市委常委会议纪要八届第100号）。

8月14日，车俊主持召开八届市委常委会第101次会议。听取了关于学习实践科学发展观和干部作风建设年活动主要情况和下步重点工作的汇报；讨论并原则同意《中共石家庄市委领导班子学习实践活动整改落实方案（讨论稿）》；讨论并原则同意《中共石家庄市委关于开展第三批深入学习实践科学发展观活动的指导意见（讨论稿）》；研究了当前工作（市委常委会议纪要八届第101号）。

9月3日，车俊主持召开八届市委常委会第102次会议。听取了关于学习实践活动近期情况及下步重点工作安排意见的汇报；听取了关于当前维稳、国庆安保工作情况及下步工作打算的汇报；听取了关于省会举行建国60周年庆祝活动筹备情况的汇报；研究了干部人事问题（市委常委会议纪要八届第102号）。

9月26日，车俊主持召开八届市委常委会第103次会议。传达学习党的十七届四中全会和省委七届五次全会精神；研究了《关于学习贯彻中央和省委全会精神的安排意见》；研究了市委《关于认真学习贯彻党的十七届四中全会和省委七届五次全会精神的通知（讨论稿）》（市委常委会议纪要八届第

103号)。

10月15日，车俊主持召开八届市委常委会第104次会议。听取了市联席办关于国庆60周年安保和信访稳定工作总结汇报；听取了市甲型H1N1流感防控办关于全国和全省甲型H1N1流感防控工作视频会议精神及石家庄市防控工作开展情况的汇报；听取了市委组织部关于全国组织部长学习贯彻党的十七届四中全会精神培训班有关情况暨贯彻落实意见的汇报；听取了市发改委关于全省深化医药卫生体制改革工作会议精神及石家庄市近期主要工作的汇报；听取了市人事局关于评选全市“人民满意的公务员”、“爱岗敬业标兵”和“人民满意的公务员集体”、“人民满意的(行业名称)先进集体”情况的汇报；讨论并原则同意市政府关于石家庄高新区扩区托管的意见；讨论并同意市纪委关于市委党史研究室副主任党福民、柳泽启打架问题的处理意见(市委常委会议纪要八届第104号)。

10月23日，车俊主持召开八届市委常委会第105次会议。听取了市编办关于市县政府机构改革工作的汇报；讨论并原则同意《石家庄市县(市)区、市直部门领导班子和市管干部年度考核办法(试行)》；研究了干部人事问题(市委常委会议纪要八届第105号)。

11月11日，车俊主持召开八届市委常委会第106次会议。研究了清除道路积雪、供热供暖等工作(市委常委会议纪要八届第106号)。

12月19日，车俊主持召开八届市委常委会第107次会议。传达学习了中央和全省经济工作会议精神，总结了2009年工作，谋划了明年工作，研究了拟提交市委八届五次全会审议的文件(市委常委会议纪要八届第107号)。

12月20日，车俊主持召开八届市委常委会第108次会议。讨论并原则同意市人大常委会党组《关于举行石家庄市第十二届人民代表大会第三次会议的意见》；讨论并原则同意市政协党组《关于召开市政协十一届三次会议的意见》；讨论并原则同意《关于市直部门和单位县级领导干部改任非领导职务或保留相应职级的试行办法》；研究了干部人事问题(市委常委会议纪要八届第108号)。

12月28日，车俊主持召开八届市委常委会第109次会议。研究了干部人事问题(市委常委会议纪要八届第109号)。

(夏清元)

组织工作

【概况】 2009年，市委组织部以加强党的执政能力建设和先进性建设为主线，以开展深入学习实践科学发展观活动为重点，以开展“干部作风建设年”活动为契机，以提升知人善任、凝心聚力能力为支撑，紧紧围绕全市改革发展稳定大局选干部、配班子，建队伍、聚人才，抓基层、打基础，为保发展、保变样、保民生、保稳定提供了坚强的组织保证。年内圆满完成市十二届人大二次会议选举工作，做到会前沟通、会中各代表团酝酿、会议选举等关键环节认真准备、精心组织，确保市长候选人高票当选；配合做好调整交流市政府工作部门正职提交市人大常委会正式任命工作；认真贯彻全省培养选拔年轻干部工作电视电话会议精神，及时转发冀组通字[2009]16号文件，对贯彻执行加强培养选拔年轻干部工作的意见提出要求，并就相关工作有针对性地进行了调研；全力做好市委、市政府代表团赴西藏对石家庄市援藏干部进行慰问工作；根据省委组织部统一安排和市委要求，坚持定量考核、定性考核、公认考核相结合，通过召开民主测评大会、民意调查会、个别座谈、谈心谈话、实绩分析与核实情况等程序，对县(市)区党政正职进行了集中考核；认真组织23个县(市)区和市直党群部门43个单位科级及以下公务员、事业单位工作人员、机关工勤人员进行年度考核；登记公务员657名，调任公务员37人。至年末，全市评选“人民满意的公务员”33名，“爱岗敬业标兵”34名，“人民满意的公务员集体”10个，“人民满意的(行业名称)先进集体”10个。

【学习实践科学发展观和干部作风建设年活动】 按照“党员干部受教育、科学发展上水平、人民群众得实惠”的总要求，紧紧围绕“强化省会意识，转变工作作风，优化发展环境，调整经济结构，推动科学发展”的活动主题，精心谋划，狠抓落实，强力推进。第二批活动中，及时总结鹿泉市等试点单位经验，谋划开展了“万人问卷调查”活动。在此基础上，研究起草了全市学习实践活动《实施意见》和《具体实施方案》，省学习实践活动办公室以文件形式向全省转发。抽调精干力量成立了2个指导组和15个指导检查组，指导各活动单位制定方案，查找问题，明确改进方向。专门成立了市属国有企业、高等学校学习实践活动领导小组，加强了对活动的领导和指导。第三批活动中，针对参加单位多、任务重、情况复杂等实际情况，及时制定了“1+5”实施方案，建立了市、县、乡、村四级党组织抓学习实践活动责任制和市级领导联系点，成立了3个指导小组和10个巡回检查组，充分发挥各级巡回检查组、指导检查组和系统指导小组作用，向基层派出了8451名指导员，驻点帮助工作，保证了活动的质量和效果。认真学习调研，形成科学发展共识。把重温“两个务必”教育作为学习培训环节的重要内容，引导广大干部进一步树立好的作风；深入开展了以“问政于民，议如何科学发展；问需于民，议如何和谐发展；问计于民，议如何率先发展”为主要内容的“三问三议”活动，举办学习培训班2607期，专家或领导辅导2128场，撰写心得体会96723篇，辑印《科学发展先进事例》、《科学发展基本观点摘编》以及三年大变样和新民居建设、新时期农村发展变化等宣传品24.87万份，张贴标语、悬挂横幅23958条，书写板报、宣传橱窗10863块，营造了浓厚的活动氛围。组织动员党员干部深入基层调研，广泛征求意见，聚集提炼影响制约科学发展的突出问题。第二批活动中，开展了以“专家献计、群众献言、党员献策”为主要内容的“三献”活动，共征集各类建设性意见建议32516条，其中市级2648条，涉及全局的21项重要意见建议，已进入市委、市政府和相关部门决策。新华社以《石家庄开展“专家献计、群众献言、党员献策”活动》为题进行了报道，多家媒体转载。开展了“六比六查六推动”活动，召开高质量民主生活会，找实找准了影响制约科学发展的突出问题、党性党风党纪方面的问题以及群众反映强烈的突出问题，剖析了原因，形成了高质量的领导班子分析检查报告。第三批活动中，市县两级干部带头深入联系点进行调研走访，广泛征求意见，全市共收集各类意见建议25746条，形成调研报告2916个。突出实践特色，破解科学发展难题。坚持边学边改、边查边改、边整边改，着力解决影响制约科学发展的突出问题。谋划开展了“重点项目集中开工”、“信访工作百日会战”、“20项献礼工程集中攻坚”、“主城区拆迁改造”、“银企对接服务企业”等多种形式的集中攻坚行动，促进了突出问题的解决。截至12月底，116个单位确定的7919个问题，已解决5891个，占74.39%。指导各单位把解决群众关心的突出问题作为检验活动成效的主要标准，把宣讲党的方针政策、选树身边的典型纳入活动内容，收到良好效果。共解决突出问题16891个，为群众兴办涉及看病、吃水、行路、上学、就业等方面实事好事24652件，让人民群众切身感受到了学习实践活动带来的新气象、新变化。在第二批学习实践活动群众满意度测评中，市四大班子“满意”和“比较满意”率均为100%，其中市委“满意”率为99.6%，全市116个活动单位“满意”和“比较满意”率均达到90%以上。在第三批学习实践活动群众满意度测评中，所有参加活动的9011个单位“满意”和“比较满意”率均达到85%以上，其中，8358个单位达到95%，占92.8%。按照全市“干部作风建设年”活动总体部署，市委组织部会同市纪委等有关部门加强对活动的协调指导和督导检查，谋划组织了“调研周”、“恳谈日”、集中攻坚、送服务等活动，围绕优化发展环境，大力解决群众反映强烈的审批事项过多、收费项目过滥、办事效率低等问题，行政审批效率得到较大程度提高。严肃查处不作为、乱作为等违反“十个严禁”的案件和问题，会同市纪委制定出台了《石家庄市国家机关及其工作人员问责规定（试行）》，对作风不实、不作为等38种行为明确了问责具体规定，共查处干部作风类案件399起。组织开展了民主恳谈、承诺践诺、千村千企帮扶、群众满意度测评等系列活动，集中解决了一批热点难点问题，受到群众欢迎和社会各界好评。

【干部人事制度改革】 根据中央和省委干部人事制度改革相关文件，结合石家庄市实际，研究制定了《关于加强县级干部交流工作的实施意见（试行）》、《石家庄市直机关中层职位公务员竞争上岗实施意见（试行）》、《石家庄市直机关科级以下公务员轮岗实施意见（试行）》、

《石家庄市党政领导干部职务任期实施意见（试行）》、《关于县级领导干部公开选拔的实施意见（试行）》等五个文件，并积极指导市规划局、建设局、发改委等16个市直部门开展了竞争上岗、轮岗交流和公开选拔科级干部试点工作。五个文件自7月份颁布以来，市委结合干部调整，先后交流县级干部68人，各县（市）区和市直各部门先后交流科级及以下干部1095人，轮岗1169人，竞争上岗1148人，桥东区、无极县、井陉县对15个职位进行了公开选拔。围绕提高选人用人公信度，积极探索改革干部初始提名方式，在市委八届四次全会上，采取“两推两议”方式提名选拔任用了27名县（市）区、市直部门正职，非定向推荐了5名市直部门正职和6名县（市）区党政正职备用人选。在总结经验基础上，市委八届五次全会上，又采用这一方式对7个市直单位正职岗位人选进行了定向推荐，同时非定向推荐了5名市直部门正职和10名县（市）区党政正职备用人选。通过规范提名形式和程序，实现变少数人提名为较大范围的集体提名，扩大了民主，提高了干部选拔任用质量，树立了重德才、重实绩、重公论、重基层的用人导向。在市委八届五次全会上，2009年新调整任用的29名县（市）区党政正职和市直部门正职民主评议满意和基本满意率平均达到98.28%。

【市直部门机构改革】 针对机构改革涉及部门多、需要消化安排干部任务重的实际情况，坚持通盘考虑，统筹安排，在机构整合上，既严格执行上级关于机构改革的政策要求，又紧密结合石家庄市实际，对市直机关所属部分机构进行了合并和职能调整，进一步完善了管理体制，理顺了职责关系，优化了组织机构；在领导班子配备上，既考虑工作需要和班子结构，又充分考虑干部的具体情况；既最大限度地压缩和消化因机构合并而导致的超职数问题，又化解和理顺干部的思想情绪，配优配强了领导班子。通过周密安排和细致工作，共新组建单位19个，比机构改革前减少6个，机构调整涉及的242名市管干部得以妥善安排，社会反响良好。

【领导班子和领导干部考核办法改革】 依据中央关于考核工作“一个意见、三个办法”，制定出台石家庄市县（市）区、市直部门领导班子和市管干部贯彻落实科学发展观年度考核办法（试行）。会同市发改委研究制定县（市）区争先进位、项目建设、服务业三个考核办法，依据全市国民经济和社会发展年度计划及实现“三年大变样”等重点工作要求，研究提出2009年度县（市）区争先进位考核指标目标值，进一步完善了促进科学发展的考核评价机制。组织实施了县（市）区、市直部门和市管干部2007、2008年度考核，特别是结合推进“三年大变样”、“保增长、保变样、保民生、保稳定”和“保增长、调结构、抓项目、强园区”等工作，注重在重点工作、完成重要任务、应对重大事件中考核、发现和使用干部，营造良好的用人导向。

【干部队伍管理】 修改完善了《市管干部职务任免运转程序管理办法》，进一步规范了干部提名、推荐、考察、沟通、讨论研究等程序，有效防止了违反程序和带病提拔等问题的发生。坚持把“公开、公平、公正、竞争、择优”的原则落实到干部管理的各项工作中。在军转干部安置上，研究制定了《石家庄市2008年团职军转干部积分选岗办法》，采取积分选岗的办法妥善安置87名军转干部；在录取选调生的工作安排上，探索实行了按总成绩排名自主选择分配去向的办法，安排80名选调生到岗工作；在从优秀村党组织书记考录乡镇公务员上，严把任职时间、年龄、学历和表彰奖励关，并全程公开，15名优秀村党组织书记通过考录进入乡镇公务员队伍；在选聘高校毕业生到村任职工作上，严格把好网上报名、笔试、资格复查、体检培训、考生分配等每个环节，选聘270名大学生“村官”并进行了合理安置。

【整治用人不正之风】 加大执行《干部任用条例》的监督检查力度。抓好《干部任用条例》的学习宣传，编辑印发了《干部监督工作文件汇编》、《干部工作政策选编》和《违规违纪用人典型案例选编》等资料4000多册，免费发放到县（市）区、市直部门及下属单位主要领导和组织人事干部手中；举办了《干部任用条例》专题培训班，对28名2008年底以后新任职的市直部门主要负责人进行了《干部任用条例》

系统培训，增强了严格贯彻执行《干部任用条例》的意识。加大了对贯彻执行《干部任用条例》情况监督检查力度，在2008年对23个县(市)区和66个市直部门进行拉网式检查的基础上，2009年又对10个县和22个市直部门进行了抽查。针对检查发现的问题，采取下发《整改通知书》、建立台帐挂账督导、谈话督促、重点督查等措施督导整改，对整改不到位、问题没有完全纠正的有关县(市)区和市直单位，给其“一把手”下发了2号《整改通知书》，明确整改内容、整改时限、整改标准，纠正一个、消号一个，直至问题解决为止。2009年全市共解决超职数配备干部83人，消化党政分设干部27人，解决提高机构规格问题14个，纠正擅自提高职级待遇12人，在全市形成了严格按照《干部任用条例》办事的良好风气。大力整治拉票行为等用人不正之风。转发了中组部《关于在党政领导班子后备干部集中调整中加强监督认真治理拉票行为的通知》，制发了《关于深入整治用人上不正之风进一步提高选人用人公信度的落实意见》，印制了《学习冀组通字[2009]14号文件知识问卷》，在广大干部中开展了一次严肃的组织人事纪律教育。严肃查处违规违纪用人行为，启动了违规用人举报快速反应机制，畅通了信访举报、电话举报、网上举报三位一体的举报渠道，全年共受理反映干部选任方面的举报15起，全部进行了查核，及时中止了3起群众反映的违规用人行为。同时，结合石家庄市实际制定出台了《关于县处级后备干部集中调整中加强监督认真治理拉票行为的实施意见》，对后备干部调整各个环节可能出现的拉票行为提出防治措施。在2009年底的几次干部推荐，省、市委对县（市）区委书记、县（市）区长集中考核，部分县（市）区委书记明确为副厅级民主推荐中，均未发现拉票现象。在全省干部监督工作会上，石家庄市作为11个设区市唯一发言单位进行了典型发言，介绍了加强干部监督工作的经验做法。认真开展经济责任审计，按照年初经济责任审计计划，对16名党政正职领导干部进行了经济责任审计，与1名审计对象进行了诫勉谈话，对12个单位进行了审计回访，督促其整改落实和建章立制。这一做法得到市委主要领导的充分肯定，省委组织部内刊予以转发。会同市公安局制定出台了《石家庄市市管干部因私事出国（境）政治审查管理暂行办法》，对呈报的出国（境）材料严格审查，对不符合条件的缓批、否批6人次，未发生违反外事纪律的问题。

【农村基层党组织建设】 按照市委常委（扩大）会议要求，在专题调研的基础上，研究制定了《关于进一步加强农村基层党组织建设的若干意见》，经交市委八届五次全会审议通过后印发全市执行。按照“先易后难、整体推进、分类指导、又好又快”的思路，精心组织开展农村、社区“两委”换届工作，先后5次召开县（市）区委书记参加的换届工作专题会议，对各地组织、民政部门业务骨干进行了专题培训，整理辑印了《农村“两委”换届工作百篇案例》，健全了换届工作信息员队伍，落实了县乡领导干部包村责任制，切实加强对换届工作指导。截至12月底，全市4443个村已有4441个村完成了换届任务；全市342个社区全部完成了换届工作，提高了农村、社区“两委”班子的素质，优化了结构，受到省委组织部领导和市委主要领导的批示表扬。认真落实农村干部“一定三有”工作机制，在指导各地制定村干部职责目标的基础上，大力抓好村干部基础职务补贴的落实。截至12月底，全市23个县（市）区已全部落实，其中18个县（市）将补贴范围扩大到村“两委”其他干部。2009年，市县两级共落实村干部补贴资金7571.84万元，其中市级配套919.5万元，超额完成了省委规定的工作目标，极大激发了农村干部干事创业的积极性。“两委”换届结束后，及时抓好了对新一届“两委”干部的大规模培训，市县两级累计举办政策法规、实用技术、财富积累、班子建设等培训班180余期，培训农村干部19800余人次。

【“千村帮扶活动”】 印发了《关于开展“千村帮扶活动”的实施意见》，在全市范围内安排33名市级领导干部、84个市直部门、448名县(市)区领导干部、621个县直部门和单位定点分包了100个强村和900个相对落后村。市、县两级领导干部和部门与帮扶村签订帮扶协议986份，明确重点帮扶项目825个，提供致富信息4700余条。通过抓两头带中间，特别是大力推进后进村整顿转化，有效提升了基层组织建设整体水平，夯实了推动农村发展、维护农村稳定的组织基础。

【社区党建工作】 抓好社区党组织星级创建活动，组织力量对各区申报的2008年度创建四星级以上的191个社区进行了综合评定，评出四星级社区63个，五星级社区32个；开展了精品社区创建工作，组织有关人员对沈阳、大连两市社区党建工作进行了学习考察，召开了精品社区创建工作座谈会，提出了创建工作的思路和措施。扎实推进街道“三个中心”建设工作，市区46个街道全部完成了“三个中心”建设，289个社区建立了“三站”，分别占到街道、社区总数的100%和75%。石家庄市加强街道“三个中心”建设、推行社区“四位一体”工作模式和提高社区党组织服务群众水平等工作经验分别在中组部《党建研究》、全国党建研究会《社区党建》上刊发，受到了省、市委领导的批示肯定。

【非公有制经济组织和社会组织党建工作】 大力抓好社会组织党组织组建工作，全年共在社会组织中建立党组织61个，设立党小组1009个，向非公有制经济组织和社会组织输送党建指导员1239名，进一步扩大了党组织的覆盖面和工作面。及时开展了失业党员再就业培训工作，全年共举办失业党员再就业培训班50期，培训党员2476名，460名失业党员实现了再就业，其中新破产的规模以上企业失业党员106名。抓好非公有制经济组织和社会组织党员教育管理，指导全市各级党组织举办非公有制企业集中培训班92期，培训党员8000余人次。进一步抓实争创“双强”企业（单位）活动，全市共评出县级“双强”企业325个、市级“双强”企业60个，《河北组工信息》刊发了石家庄市开展争创“双强”企业活动的做法。

【党员发展、教育和管理】 制定了2009年度发展党员计划和党员经常性教育计划。全年市、县两级共举办入党积极分子培训班89期，新确定入党积极分子9892人，发展新党员6391人。扎实开展农村党员干部现代远程教育工作。按照“建好一个、管好一个、用好一个”的原则，全市共建立终端接收站点4914个，开通使用4488个，形成了覆盖全市的农村党员干部教育网络，成为培训农村党员干部的重要平台。做好了市远程教育管理中心招聘专业工作人员工作，加强了站点基础设施建设、站点设备保养和信息报送工作。制作开发教学课件142部，在全省课件交流评比活动中，拍摄制作的党建专题片《梦圆北马冢》获一等奖。办好了“石家庄党员电教网站”，在《石市要闻》栏目开办了《党旗飘飘》党建专栏，完成了《百名百部》系列专题片和5部学习实践科学发展观示范片的拍摄制作工作，复制十七届四中全会精神学习辅导光盘2000余套、4万余盘，下发到全市基层党组织。

【党费“四助”活动】 组织全市11.6万名有帮扶能力的党员参与到活动中来，共结成帮扶对子6万余对，捐款捐物1130余万元。石家庄市遭遇暴雪灾害后，及时下发通知，组织全市各级党组织和广大党员积极投身抗击雪灾工作，较好地发挥了战斗堡垒作用和先锋模范作用。认真抓好党内关怀、帮扶机制建设，分别在春节、“七一”和“十一”期间，在全市组织了三次走访慰问老党员和特别困难党员活动，走访慰问党员49343人次，发放慰问金1280万元。《党建文汇》杂志以“石家庄市各级党组织建立党内关怀帮扶机制，全心全意为党员服务”为题，刊发介绍了石家庄市做法。

【干部培训】 围绕增强各级领导干部引领科学发展的能力，在市委党校连续举办8期培训班，对1120名县（处）级领导干部进行科学发展观轮训；适时举办了县（处）级领导干部学习贯彻党的十七届四中全会精神培训班、食品安全法专题研讨班、赴清华组织工作干部培训班等。还对选派干部赴国内高校培训第二期4个专题班200名学员做好跟踪管理和结业工作，并抽调357名学员参加上级部门调训。至年末，市委组织部直接办班17期，培训干部1693人次，其中县处级干部1392人次。《河北组工信息》专门刊发了石家庄市开展科学发展观轮训、十七届四中全会精神培训的做法。省委副书记、市委书记车俊同志对轮训工作做出肯定性批示。

【人才培养】 制定印发《关于贯彻落实十七届四中全会精神加强市管拔尖人才队伍建设的意见》，提出了加强市管拔尖人才队伍建设的思路和措施。年内评选出58名市管拔尖人才预选对象并在《石家庄日报》进行公示；评选出50名有突出贡献专家、30名优秀高技能人才和84名优秀青年科技人员。原市管拔尖人才、河北以岭医药集团董事长吴以岭荣膺中国工程院院士，实现了石家庄市院士人才历史上零的突破。积极培养引进高层次、高技能人才。抓住金融危机形势下人才流动加速的有利时机，大力引进急需人才，为石家庄市科学发展提供人才保证和智力支持。全年共引进各类人才17000多名，其中博士17名，硕士研究生604名，具有副高以上职称人才20名，本科6961名，创石家庄市历年引进博士之最。加大了农村实用人才培养力度，建立了农村实用人才信息库，联系掌握不同层次人才16.54万人，5200多名实用型人才取得了中专学历证书，成为推动新农村建设的骨干力量。创新人才工作体制机制，构建了覆盖全市的市、县、乡、村人才工作网络体系。全市人才工作机构和各类人才领办创办农民专业合作组织530个，建立科技示范基地125个，带动农户21.5万多户。

【干部信息和组织史编纂】 干部档案管理，组织对市管干部“三龄一历”、家庭成员等基本信息核实，建立和完善了翔实、完备、信息准确的干部人事档案和信息资料。针对工作中发现的问题，8月份召开了“全市干部档案规范化管理工作会议”，与198家管理档案单位签订达标、整改承诺书，明确档案升级达标“三年任务一年完成”的工作目标。同时，高标准完成《中共河北省石家庄市组织史资料（第四卷）》的编纂出版工作，督导各县（市、区）完成本级组织史资料续编，有21个县（市）区已完成出版任务。

（石进楼）

宣传工作

【概况】 2009年，全市宣传思想文化战线坚持高举旗帜、围绕大局、服务人民、改革创新的指导方针，全面推进，重点突破，各项宣传工作保持了积极健康发展态势。2月27日，市委宣传部组织召开全市宣传思想工作会议，各县（市）区委常委宣传部长、文明办主任、主管外宣工作副部长，市直各部门各单位、市属大企业和大专院校主要负责同志，市直宣传文化系统各单位主要负责同志，宣传工作先进县（市）区、先进市直部门、先进单位、先进集体和优秀宣传工作者代表等共计约300人参加会议。会议传达了全国和全省宣传思想工作会议精神，总结了石家庄市2008年度宣传思想工作，表彰了先进，并对2009年度宣传工作进行安排部署。省委副书记、市委书记车俊指出，宣传工作应突出重点工作的谋划，加强舆论引导和监督，做好科学发展观学习实践活动、纪念新中国成立60周年、保增长扩内需、推动“三年大变样”、开展“干部作风建设年”活动等方面的宣传工作。市委常委、宣传部长孙万勇要求，2009年要紧紧围绕市委中心工作，按照中央、省市委的工作部署，深入贯彻落实科学发展观，高举旗帜，围绕中心，服务人民，改革创新，努力抓好理论武装工作，大力强化主题宣传，提高舆论引导能力，深化精神文明建设，着力推动文化体制改革，促进文化大发展大繁荣，为推进科学发展、率先发展和打造繁华舒适、现代一流的省会城市提供思想保证、舆论支持和精神动力。要努力做好以下工作：围绕学习实践科学发展观活动，认真抓好中国特色社会主义理论体系宣传教育；围绕提高舆论引导能力，认真抓好新闻宣传工作；围绕“新中国从这里走来”主题，抓好纪念新中国成立60周年活动；围绕建设社会主义核心价值体系，认真抓好思想道德建设工作；围绕推动文化大发展大繁荣，切实加强文化建设；围绕实现“三年大变样”工作目标，切实加强精神文明创建工作。

【理论武装工作】 围绕贯彻落实科学发展观和社会主义核心价值体系建设，不断深化理论学习，改进理论宣传，加强理论研究，理论武装工作向纵深拓展。通过制订学习计划、提供学习资料、联系讲座专家、开展读书调研等途径，为市委中心组学习提供智力资源和服务保障。充分发挥市委讲师团、宣讲工作站的作用，组织理论骨干深入各县（市）区和市直部门开展理论下基层活动，全年共组织理论宣讲达

100余场次，3万多人直接受到教育。以“燕赵讲坛”为抓手，精心筹划，组织丰富多彩、形象生动的理论宣传，开办系列专家名师讲座月活动，全年共举办各类讲座200多场，听众超过10万人次。举办“燕赵讲坛”五周年座谈会，车俊书记充分肯定了“燕赵讲坛”的作用和取得的成绩。利用石家庄电视台《理论之窗》、石家庄电台《知天下》等栏目，每周专题播出，进一步扩大理论宣传的覆盖面和影响力。紧密结合市委市政府中心工作和“三年大变样”实际，确立了38项课题，提高了理论研究的实践价值和现实针对性。《石家庄通史》在多次研讨、修改完善的基础上，经知名专家审稿，第一卷已经定稿，第二卷正在审稿当中，第三卷编写工作也在紧张进行。全面反映石家庄历史文化的大型电视纪录片《璀璨时空——石家庄历史文化影像志》，有望2010年上半年登陆央视，这部纪录片的摄制播出，将填补石家庄市文化建设的一项空白。

【新闻宣传】 紧紧围绕“四保”目标和市委工作中心，主动策划、超前引导，大规模、多角度、深层次地开展主题宣传、成就宣传和典型宣传。深化“坚定信心、科学发展”主题宣传，大力宣传石家庄市应对危机的重大举措、积极成效，增强化危为机的信心。紧贴“三年大变样”工作实际，组织骨干记者深入基层，对重点工程进行跟踪采访、连续报道，推出了强化省会意识、石家庄速度等系列典型宣传，充分展示石家庄市“三年大变样”取得的积极成效。有效开展了抗击暴雪灾害的宣传报道，充分发挥新闻媒体宣传动员、解疑释惑、信息服务、引导舆论的优势，大力宣传市委、市政府抗击雪灾的有力措施和坚强决心，大力宣传广大市民众志成城抗击暴雪的实际行动和良好风貌，为全市抗灾工作取得胜利提供了强大的精神动力和舆论支持。进一步完善了在中央、省媒体宣传石家庄的实施办法和奖励机制，加强与中央主要媒体的选题对接，全年在省以上媒体发稿3230余篇(条)，其中在中央主要媒体刊播550余篇(条)，大报台发稿量、头版头条量均列全省第一。特别是人民日报头版头条刊登的《化“庄”为“城”开新天——石家庄全力推进城镇面貌“三年大变样”纪实》，新华社播发的《石家庄房地产项目审批公章从166枚减肥至23枚》等重点稿件，产生了广泛社会影响，收到了良好效果。利用香港《文汇报》、《大公报》等境外媒体对石家庄市经济社会发展进行多层次全方位宣传，组织“百家媒体看河北石家庄站”、“国际台中外记者石家庄行”、“全国知名作家石家庄行”等大型集中采访报道和文化外宣活动，有效提升了石家庄市知名度和美誉度。进一步完善新闻发布制度，切实掌握舆论导向的主动权，共组织26场新闻发布会，取得了良好效果。

【文化建设】 以文化发展“五个一”为抓手，以创新精神抓好文艺精品生产，在保证社会效益的同时，注重经济效益，努力繁荣文化事业。筹备拍摄了第一部全面反映石家庄题材的大型电视连续剧《家在南三条》，采取市场运作方式，面向社会征集剧名、海选群众演员，探索了一条精品生产的新路子。拍摄完成献礼影片《谁主沉浮》和道德模范影片《大孝儿媳》，在社会上引起良好反响。经过打磨提高，精品舞台剧目河北梆子《女人九香》荣获2009年度全国“五个一工程”奖等国家级奖项。《日头日头照着我》等10部作品获全省“五个一工程”奖，位居全省第一。举办第十六届“彩色周末”文化活动，组织各类文艺活动3万多场，参与群众百万余人。引进“打开音乐之门”音乐会、舞剧《月上贺兰》等系列高雅艺术到石家庄市演出，推出低票价，获得社会各界好评。深化文化科技卫生“三下乡”活动，组织了6次大规模“三下乡”集中活动，捐赠款物总额折合现金750万元，帮建项目投资3480万元。投资100万元在全市新建33个宣传文化示范村。出台了包括五大类别、18项具体措施的动漫产业发展扶持政策。《赵州桥》、《豆丁的快乐日记》等一批质量较高的原创动漫作品，在央视播出并获得广泛好评。成功举办了第四届动漫博览交易会，签约项目27个，总金额达27亿，在参展人数、招商规模、经济效益等方面再创新高。大力扶持无极剪纸、藁城宫灯、晋州铜雕等民俗特色文化产业发展，藁城宫灯成为上海世博会特许商品。文化体制改革努力突破政策瓶颈，文化市场综合执法和影乐宫、歌舞团改革试点全面启动，改革方案经市文化体制改革领导小组和市主要领导原则批准，正进入实质性操作阶段。新闻媒体改革进行积极探索，谋划制订整体改革方案，广电系统制播分离改革取得突破，电视台新建演播大厅进行市场化运作，成立了传媒有限公司。举办了第四届文化项目招商活动，共有33个与群众需求密切相关、社会效益好、有发展前景的项目签约，总签约额达到8.26亿元。谋划推进了一批大型文化项目，东方文化创意产业基地、民生路文化长廊、太空世纪动漫城等项目。

【思想道德建设】 以“庆祝新中国成立60周年”为契机，突出“新中国从这里走来”特色内涵，群众性爱国主义教育活动成效明显。运用现代化技术重点对西柏坡纪念馆展览进行了改造提升，修缮了中宣部等六部委旧址。大力整治优化周边环境，修建石家庄至西柏坡快速公路和新建景区入口雕塑。开通西柏坡纪念馆网站和3G手机国防教育网，开辟了教育新阵地。新增3个省级爱国主义教育基地，新命名了6个市级爱国主义教育基地，极大丰富了红色旅游资源。配合省委宣传部筹备举办了“新中国从这里走来”——省会各界干部群众庆祝新中国成立60周年文艺演出、弘扬西柏坡精神理论研讨会等活动，组织“新农村、新政策”知识竞赛。举办了西柏坡大型诗歌朗诵音乐会、全市书法美术摄影展览、石家庄辉煌历史与发展成就展览，优秀文艺作品集中展演展映展播活动。广泛开展群众性爱国主义教育。重点组织了“爱国歌曲大家唱”，面向全市推荐一批以西柏坡为题材的爱国歌曲，发动群众广泛参与，在全市上下掀起了颂祖国、爱家乡的热潮，共举办合唱活动950余场，参加群众近260万人次。深入开展“迎国庆讲文明树新风”、“双百”人物评选、爱国主义教育基地巡学、“五星红旗飘起来”等形式多样的群众性纪念活动。

【干部队伍建设】 结合全市开展的学习实践科学发展观活动和“干部作风建设年”活动，以提高素质、优化结构、改进作风为重点，全面加强领导班子和干部队伍建设。按照市委安排，紧密联系工作实际，通过邀请专家作辅导，领导带头讲党课，组织干部看光盘等多种形式，认真组织机关党员干部学习中央和省市委重要精神。以志愿服务活动为载体，发挥宣传干部懂理论、懂文艺的特长，深入学校、社区、企业等40多个志愿服务点，为6000多名群众提供了志愿服务活动，树立了宣传干部良好形象。积极推进机关效能建设。开展了以“治懒、治散、治庸、治腐”为主要内容的“四治”活动，重申干部作风方面的纪律规定，对全系统工作效能、作风纪律等方面进行督导检查，并结合《公务员法》和“十个严禁”等相关规定，健全了干部作风建设方面的制度，制定了《石家庄市宣传思想文化系统追究问责实施办法》，形成无漏洞、无死角、不间断的责任体系，促进机关干部进一步提高工作标准，规范履职行为，工作责任心和执行力进一步增强。完成对市直宣传部门和各县（市）区委宣传部的年度考核，配合省委宣传部完成了省“四个一批”人才的培训工作。加强舆情调研工作。围绕全市重点工作和群众关心的问题，策划推出了《金融危机对社会心理的影响及对策分析》、《基层宣传文化阵地建设的调查思考》、《十六大以来宣传工作总体评价及明年工作建议》等一批专题调研报告，为领导决策提供了重要参考。全年编报《舆情专报》1186篇，编发《宣传信息》62期。积极向上级报送石家庄市的亮点工作、经验做法和舆情动态，省以上刊物采用139篇（1～9月）。对石家庄宣传网进行了扩版增容，提高了网站的层次和水平，全年登载各类信息600余条，点击率超过14万人次，成为学习交流、展示形象的新窗口。

（王长利）

统战工作

【概况】 2009年，市委统战部以科学发展观为统领，深入贯彻落实党的十七大、十七届三中全会精神和市委八届四次全会精神，凝心聚力，开拓创新，狠抓落实，各项工作均取得新的成绩。3月3日，全市召开统战部长会议，市委常委、统战部长胡儒钗出席会议并做了题为《服务科学发展，维护大局稳定，为建设繁华舒适现代一流的省会城市做出新贡献》的重要讲话。6月30日，庆祝中国共产党成立88周年，市直统战系统举办了庆祝建党88周年演讲比赛，经过激烈角逐，产生一等奖2名，二等奖3名，三等奖5名。庆祝新中国成立六十周年，市委统战部举办书法摄影绘画展，编辑出版了征文作品集《来自统一战线的报告》。市委统战部还与市工商联联合开展“百企帮百村，共建新农村”活动，动员市工商联常委以上非公企业89家与81个村对接，落实帮扶资金232万元，解决了贫困村水、电、路等基本民生问题，受益群众达15万余人。

【促进非公经济发展】 年内，市委统战部组织工商联、侨联、台办围绕企业存在的融资难、税负大等问题开展调研，向市委提交《优化非公有制经济发展环境　提升非公有制经济发展水平》的调研报告，建议市委完善相关优惠政策和配套措施，扶持非公经济发展，并协调金融、国土、电力、城建等部门为非公企业直接解决融资、用地、用电、拆迁等实际困难近百个。市委统战部还积极开展“倾听呼声共谋发展”活动，发出致全市民营企业的一封信，广泛征求促进民营经济发展的意见和建议，并召开由市发改委、统计局、工商局、中小企业局、工商联和部分民营企业参加的座谈会，听取对发展民营经济的意见和建议。

【建言献策】 重点在“加大参政力度、创新议政载体、搭建建言平台”三个方面下功夫。一是加大参政力度。先后协助市委组织各民主党派参加了对《市四大班子深入学习实践科学发展观分析检查报告》、《政府工作报告》等征求意见座谈会；组织召开了党外人士“强化省会意识，服务科学发展”、“构建现代产业体系”和统一战线各界人士“保增长、促发展、做贡献”座谈会等，扩大了民主党派知情范围，加大了民主党派参政力度。二是创新议政载体。充分发挥民主党派人才聚集的优势，围绕“省会意识”的树立和深化，在民主党派成员中广泛开展“省会意识调研月”活动，动员全市3700多名党派成员参与调研，形成调研报告50多篇，为市委、市政府科学决策提供了参考。三是搭建建言平台。探索建立了党外人士意见直通车制度，开办了《党外人士建言》专刊，进一步畅通了各民主党派、工商联和无党派人士建言献策渠道，省委副书记、市委书记车俊，省委常委、统战部长刘永瑞，省委常委、宣传部长聂辰席等领导对此多次做出重要批示，极大地激发了各民主党派成员参政议政、建言献策的积极性。

【天主教综合治理】 根据石家庄市天主教工作面临的新形势，市统战部一手抓好爱国组织建设，一手抓好综合治理工作。从3月份开始，用9个月时间，在全市天主教领域集中开展了一次综合治理活动。这次治理活动得到各级党委的高度重视，省委副书记、市委书记车俊同志三次作出批示，各县（市）区主要领导亲自安排部署、亲自做工作抓落实。市宗教工作领导小组靠解放思想理清思路，用过硬的作风攻克难关，先后8次召开会议部署工作，加强督导，确保各项工作措施落到实处，形成了市、县、乡、村四位一体，协调联动，分级负责，一级抓一级、层层抓落实的工作格局。经过治理，彻底扭转石家庄市天主教工作被动的局面，取得历史性的突破，真正实现了“三个没有”治理目标。中央统战部、国家宗教局、公安部联合调研组对统战部的工作给予充分肯定和高度评价。

【党外干部培养】 对党外干部的管理突出抓了“双跟踪”活动，即：对党外干部的跟踪了解和跟踪培养。制定下发了《关于进一步加强县级党外领导干部跟踪培养工作的意见》，利用3个月的时间，对全市23个县（市）区、15个部门和6个民主党派100名县级党外干部进行了跟踪培养、跟踪了解走访活动。此次活动在石家庄市统战史上是第一次，也得到省委统战部的充分肯定，各级党委对党外干部培养、选拔和使用更加重视，党外干部的工作环境更加优化，同时也全面掌握了党外干部的综合情况，为市委对党外干部的选拔、使用奠定了基础。

（王金梅）

政法工作

【概况】 2009年，全市政法系统紧紧围绕“保民生、保变样、保增长、保稳定”工作，以创建全国最平安省会城市为目标，深入践行科学发展观，着力化解社会矛盾，打击预防犯罪，提高公正执法能力，加强政法队伍建设，为促进全市社会和谐稳定和经济平稳较快发展创造了良好的社会环境和法治环境。年内全市各级法院清理未执结案件23163件，其中财产案件1849件、重点案件1775件，逐案明确了办案责任人员和办案期限。年末财产案件执结1838件，执结率99.4%；重点案件执结1743件，执结率98.2%。至年底，全市共执结各类案件12477件，执行标的额28.3亿元。深入开展普法教育工作，全年举办各类普法培训班和法制讲座1.6万多场，发放宣传材料、图书2000万份（册）。

2009年，市政法系统有47个集体、135名个人受到国家和省以上单位表彰，市委政法委荣获河北省和石家庄市“人民满意的公务员集体”荣誉称号。

【维护社会政治稳定】 全市各级政法机关牢固树立维稳意识，紧紧围绕国庆60周年安保工作，立足于整合力量、提高效率，在全市探索建立了政法委、综治办、维稳办、排调办“四位一体”大维稳机制，从机构配置、平台搭建、流程管理、措施保障等方面对维稳工作机制进行了完善，妥善处置了一批群体性事件，有力维护了社会稳定。着力排查化解社会矛盾。紧紧围绕群众关心的热点、难点问题，组织开展了一系列矛盾纠纷集中排查化解活动，有针对性地对军转干部“维权”、企业改制、拆迁补偿等方面存在的矛盾纠纷进行了拉网式排查，全年共排查矛盾纠纷16085起，解决14755件，化解率91.7%。进一步完善“三位一体”大调解体系，切实加强调解组织建设，在全市288个乡镇（街道）和6个工业园区建立了调解中心，在200人以上的村建立了调解室，民调员达17万余人，初步形成了覆盖城乡、专群结合的调解工作网络。组织开展社会治安大巡控。9月1日～10月10日，组织开展了“迎国庆六十周年社会治安大巡控”活动，抽调6500名干警组成1300个小组在全市范围24小时进行武装巡逻；组织武警、交警、巡警成立联合巡控队在重要区域巡逻；抽调民警、专职安检员在公交车（站）进行检查；发动10万名治安志愿者和治安积极分子，协助做好治安防范。期间，全市共出动警力9.5万人次，巡防队员、协警、内保力量63.5万人次，清查重点场所1.2万处，抓获犯罪嫌疑人1784名。同时，积极开展铁路护路工作，组织4832名干部群众对市属铁路线和414处关键部位进行重点看护，确保实现安全无事故。切实强化进京访防控。建立了由市内六区及22个汽车（火车）站、15个出市口、涿州检查站、省会驻京指挥部组成的“四道防线”，拦截、劝返进京访人员。同时，全力查找信访失控人员，确保了国庆期间进京访“零指标”的实现。切实强化情报信息工作。进一步健全情报信息工作网络，强化了对情报信息的搜集研判，获取了大量内幕性情报信息。市委政法委对各级公安国保队伍职级待遇、警力配备、经费保障等方面情况进行了专项督查，切实加强公安国保力量建设，战斗力显著提高。深入开展反恐行动。建立了“情报、防范、打击、应急”一体式反恐实战机制，开展了“长城6号”、“霹雳3号”等反恐处突演练，反恐处突能力明显提高。

【推进平安建设】 全市各级各有关部门紧紧围绕打造全国最平安省会城市工作目标，按照“打防结合、预防为主，专群结合、依靠群众”的方针，不断健全完善社会治安防控体系，提高了对社会治安的控制能力。大力加强社会治安防控体系建设。以技防建设为龙头，在全市积极构建点线面结合、专群结合、人防物防技防结合的街面治安防控、社区治安防控、重点部位治安防控、内部单位治安防控、农村治安防控和科技治安防控“六张网”，在1300余个重点要害部位、1800多个公共复杂场所安装了技防设施，在6622辆出租车上安装了GPS-LED技防系统，全市监控摄像头达5.7万个。同时，大力推进“乡乡有示范”和创建平安示范社区活动，全市222个乡镇、43个街道办事处全部达标。加强群防群治队伍建设。按照预防为主、依靠群众的方针，大力扶持和发展群防群治力量，全市职业保安队伍、巡防队员、农村专兼职治安联防员、社会治安志愿者四支队伍不断发展壮大，在平安建设活动中发挥了重要作用。加强重点人群服务管理。进一步完善了流动人口和出租房屋管理机制，新登录暂住人口53776人、出租房屋3950户，从中发现犯罪线索274条，抓获犯罪嫌疑人195名。进一步加强了刑释解教人员管控，落实帮教措施6714人，帮教率98.5%，安置率96.2%。四是继续深化社区矫正工作。召开了社区矫正工作电视电话会，社区矫正试点达到13个，接管社区矫正对象1078人，无一人重新违法犯罪。

【法律服务保障】 全市各级政法机关始终将促进经济又好又快发展作为主要任务，积极研究和应对金融危机给司法、执法和社会管理工作带来的新情况、新问题，紧紧围绕“保增长、保民生、保变样、保稳定”，充分发挥服务和保障作用，促进了全市经济健康发展。严厉打击经济领域的违法犯罪活动。公安机关积极参与整顿和规范市场经济秩序工作，依法严惩危害经济安全和破坏市场经济秩序的犯罪活动，尤其是突出了对金融诈骗、偷税漏税等严重破坏市场经济秩序违法犯罪和生产销售伪劣食品商品药品、非法集资、传销等涉众型经济犯罪的打击，全年共受理重大经济犯罪案件 485 起，立案侦查 327 起，抓获犯罪嫌疑人 392 名，挽回经济损失 1.2 亿多元。检察机关依法严厉查处贪污受贿、徇私舞弊、滥用职权、玩忽职守等违法犯罪行为，立案侦查 277 人、提起公诉 226 人、判决 208 人。积极办理各类民商事案件。全市各级审判机关紧紧围绕经济发展大局，依法审理企业兼并、产权转让、经济纠纷、征地拆迁、资源开发等各类民商事和行政案件，保护市场经济主体和人民群众合法权益，积极营造公平有序、诚实守信的市场经济环境。全年共审结各类民商事案件 39187 件，同比上升 7%；审结涉及规划、拆迁等行政纠纷 916 件，既维护了群众合法权益，又保证了建设项目的顺利进行。切实加强法律服务工作。市委政法委组织政法机关研究谋划服务经济发展措施，召开全市 50 强工业企业代表座谈会，认真听取企业意见和建议，制定了 38 项政法机关服务企业和经济发展措施，深受企业好评。公安机关组织开展了为期 4 个月的交通管理“导航行动”，既保证了市民正常出行，又保证了道路施工项目的顺利开展。检察机关围绕重点工程和腐败多发行业，深入开展预防职务犯罪工作，对 51 项总投资 495 亿元的重点工程进行同步监督和预防。司法行政机关切实加强法律援助工作，组织 3000 名律师、公证员和法援工作者深入基层和企业开展法律援助，选派 20 名律师与市 20 个重点项目进行“服务对接”等。全年各级法援机构共提供法律咨询 11181 人次，办理法援案件 3170 起。

（刘志强）

【政法综治网开通】 在经过 3 个多月的筹备后，1 月 8 日，石家庄政法综治网（www.sjzzfw.gov.cn）正式开通。石家庄政法综治网定位于服从服务于全市政法综治中心工作，本着坚持合法性、突出导向性、增强互动性、提高实效性的原则，以宣传政法综治工作、宣传英模人物、树立政法机关和政法队伍良好形象为宗旨。在网页和栏目设计上，石家庄政法综治网结合全市政法综治工作特点，开设了机构简介、政法要闻、图片新闻、视频播报、县市动态、决策部署、平安省会等 20 多个栏目，力求全方位地向社会各界展示石家庄市政法综治工作取得的突出成绩和政法综治队伍的良好形象。此外，石家庄政法综治网还开设了“公安在线”、“检察风采”、“法院视窗”、“司法行政”四个栏目，并与市直政法部门网站连接。

（李云萍）

【涉法涉诉信访】 加强涉法涉诉信访工作，切实解决好群众信访反映的问题，是政法机关关注民生、执法为民的重要体现。全市各级政法机关高度重视、认真对待群众来信来访，妥善解决了一大批涉法涉诉信访问题，促进了全市信访形势好转。大力开展“集中排查化解涉法涉诉信访案件百日会战”活动。组织全市各级对涉法涉诉集体访、重点案件及重点人进行彻底排查，发现涉法涉诉信访隐患 690 件，全部落实了包案单位、包案领导及责任人，促进了案件解决。全年市两次交办案件 449 件，妥善解决 333 件。切实加强涉法涉诉信访工作。坚持将日常接访与干部集中下访接访活动相结合，认真对待、积极解决群众反映的信访问题，全年共接待群众来访 2956 人次，处理信访案件 846 件，其中集体访 67 批次。同时，加大了对非正常上访行为的打击力度，先后对 548 名非正常进京访人员依法进行了处理，其中劳教 13 人、拘留 87 人，信访秩序进一步规范。加强执法监督和执法档案建设。重点对领导批示案件、上级督办案件、群众反映强烈的案件及其它事关社会稳定的重大案件，加大了监督和督办力度。全年市委政法委共督办案件 53 起，转办 87 起。同时，立足于规范执法行为、提高执法质量和执法效率、进一步建立健全了干警执法档案和执法瑕疵档案，促进了干警公正执法。

【政法队伍建设】 大力推进政法队伍建设规范化。结合政法队伍建设实际，对石政法[2008]2号文件进一步深化和细化，制定出台了《石家庄市政法队伍建设年度考评办法》(试行)，按照实事求是、注重实效、定量考核与综合考评相结合的原则，规范、量化了队伍建设工作考评内容和标准，队伍建设工作更趋规范化。召开了政法队伍建设经验交流会，推出了一批重视队伍建设、创新队伍建设模式的先进单位和先进经验。按照“抓好重点班次，加强宏观指导，系统分级实施”的思路，组织举办了政法系统信息员、政工领导干部等各类培训班707期，培训干警6万余人次，提高了队伍整体素质。特别是立足于政法事业可持续发展和实战要求，举办了为期半年的政法系统中青年领导干部培训班，从培训方式、培训内容、时间安排、资源统筹等多方面进行了探索和创新，大大提高了培训质量和效果，受到了省委政法委充分肯定。在多措并举提高干警整体素质的基础上，按照公开、公平、公正的原则，通过层层推荐考核，选拔出100名(个)标兵能手，在全市政法系统营造了争先创优的浓厚氛围。同时，高度重视典型宣传和培树工作，突出在“社会矛盾化解、社会管理创新、公正廉洁执法、政法队伍建设”等工作中发掘和培树先进典型，充分展示了政法机关良好风范。积极推进政法系统惩防体系建设，严肃查处各类违法违纪行为，先后对16起案件18名违法违纪人员进行了严肃处理。继续坚持从优待警，大力改善政法干警工作和生活条件，并积极为干警解决家庭困难，先后对4名因公伤残、牺牲干警（家属）和845名特困干警进行了资助，队伍凝聚力明显增强。加强政法宣传工作。从宣扬石家庄市政法工作先进经验和政法队伍良好形象出发，切实加强了政法宣传工作，全年全国市以上媒体共刊发宣传石家庄市文章23000余篇，其中中央级2100多篇。进一步加强宣传阵地建设，建立了石家庄政法综治网站，共发布各类信息1498篇，点击率达18万余次；与石家庄电视台合作开办了《法治冲击波》栏目，着重报道各类重要法治信息，深度关注重点案件进展和重大法律服务活动，增强了群众法制观念，收到了良好社会效果。同时，继续深入开展帮困助残活动，在2009年第四次全国自强模范暨扶残助残先进集体和个人表彰大会上，市委政法委作为全国100个先进集体之一受到表彰。

（刘志强）

机关工委工作

【概况】 2009年，市直机关工委按照市委总体部署，以邓小平理论、“三个代表”重要思想和贯彻落实科学发展观为指导，以加强机关党员干部执政能力建设和先进性建设为主线，按照“围绕中心，服务发展，创新工作，提升水平”的要求，狠抓思想教育和理论武装、“六好党支部”创建、作风建设、党风廉政、机关文化建设等重点工作，把基层党组织和机关党员干部的智慧和力量凝聚到建设繁华舒适、现代一流省会城市的奋斗目标上。至年末，全市圆满完成2008～2009年度省、市级文明单位推荐评比工作和创建环省会文明生态圈结对帮扶工作，高标准做好了政工职称摸底调查及解决遗留问题有关工作和2008年度法制工作40个先进单位、31名先进个人的评比推荐工作。

【学习实践科学发展观活动】 按照中央、省委统一部署和要求，通过深入动员、狠抓学习调研、认真分析检查、扎实整改落实，机关工委自身学习实践科学发展观活动取得明显成效。市委学习实践活动动员大会后，市直机关工委及时召开全体党员干部大会，传达学习会议精神，成立学习实践活动领导小组和办公室，制定了实施方案和工作流程，召开动员会进行安排部署。除完成规定动作外，还组织收看了中央党校有关专家的理论辅导录像以及马向东等贪污受贿案的警示教育片，增强了学习实践活动的针对性和有效性。深入学习调研，广泛征求意见。坚持把党的十七大精神，中央、省市委关于深入开展学习实践活动的重要指示精神，中央规定学习的“三本书”作为学习的重要内容，采取组织集中学、领导带头学、专家辅导学、实践体会学、交流相互学、服务寄送学的方法，学习覆盖面达到100%，效果明显。围绕解决机关党建工作与科学发展观不相适应的突出问题，康瑞斌书记带队组成四个调研小组，分别到市直机关43个单位进行调研，组织召开了四个不同类型的征求意见座谈会，向市直90个单位的机关党组织和24个县（市）区机关工委发出征求意见函，对外设立了征求意见箱和公开电话。共发放征求意见表400多份，征求意见1000多条。充分发扬民主，查找问题抓整改。认真组织召开了工委领导班子专题民主生活会和党小组民主生活会，进行了自查、互查，查问题，剖根源，抓整改。组织群众对领导班子分析检查报告进行评议和公示，充分体现群众意愿。将分析检查报告查摆出来的5个突出问题进行梳理和归类，研究制定了《市直工委学习实践活动整改落实方案》，对每项整改内容明确牵头领导、责任部门、责任人和完成时限，实行挂账督办，保证了查摆的问题得到有效解决。

【思想建设】 以思想教育和理论武装为着力点，机关思想政治建设和精神文明建设取得新进展。继续坚持分层施教、分类指导的理论武装工作方法，坚持以党组（党委）理论中心组学习为龙头，以党员科级干部培训为重点，以全体党员党日学习为主体的理论武装格局，深入抓好党员干部的理论学习和教育。以年初印发的《关于加强市直单位党组（党委）理论中心组学习的实施意见》为依据，加强了对市直各单位理论中心组学习情况的检查和考评，及时总结经验，发现问题。以科学发展观和党的十七届四中全会精神为主要内容，举办了两期党员科级干部和理论骨干培训班，为抓好全体党员的理论学习培养骨干队伍，进一步提高了党员科级干部和理论骨干的科学发展观理论水平，加强了对党的十七届四中全会决定精神的理解和掌握。根据中央下发的2009～2014年党员教育规划，制定了市直机关党员教育规划和年度计划，把党员教育纳入规范化、制度化的轨道。

【组织建设】 以创建“六好党支部”活动为抓手，机关基层党组织建设水平有了新提升。在继续抓好基层党组织领导班子换届选举、配齐配强专兼职党务干部的基础上，着重做好了以下五项工作：一是在市直各基层党组织中，继续深入开展了争创“六好党支部”活动，加强了对基层党支部班子建设、思想建设、围绕中心服务中心等方面情况的督导、检查和考核，充分发挥了基层党支部在本单位各项工作中的战斗堡垒作用。二是起草了《关于市直机关各部门党组（党委）落实科学发展观，切实加强对机关党组织工作指导的意见》。三是举办了一期市直机关党务干部培训班，进行了机关党务知识和科学发展观理论的学习和培训。四是深入开展了民主评议党员和创先争优工作。市直机关和直属单位1686个基层党支部，38415名党员参加了民主评议。评出优秀党员3840名，合格党员34570名，不合格党员5名。“好”党支部320个，“一般”党支部1366个。在此基础上，对推荐市直工委表彰的95个先进基层党组织、361名优秀共产党员、65名优秀党务工作者和45名支持党建工作好领导进行了表彰。五是针对各县（市）区机关工委新任书记较多的情况，组织召开了各县（市）区机关党建工作交流会。通过这次会议，使大家相互学习，取长补短，推动各县（市）区机关党建工作的健康开展。

【作风建设】 以干部作风建设年活动为核心，机关党的作风建设得到切实加强和改进。制定了《工委关于进一步规范工作程序，提高工作效率的意见》，明确了每位领导班子成员和各部门人员的工作任务，规定了工作程序和工作时限，使每项工作都纳入标准化、规范化管理，确保了机关干部职工都有一个良好的工作环境和精神面貌。继续在工委系统中开展以“治懒增效、治散正气、治庸提能”为主要内容的“三治”活动，积极引导干部职工自觉按照胡锦涛总书记倡导的八个方面良好风气的要求，全面加强自身的思想、工作、生活作风建设。以干部作风建设年活动为载体，结合主题教育活动，对市直机关在工作纪律、效能建设、政务公开、治理“三乱”等方面，通过采取“明察暗访、问题跟踪、以点带面”的方法，检查、督促、解决市直机关干部政治意识和服务意识差、责任心和事业心不强、办事推诿、纪律松弛、效率低下、不作为、乱作为等问题，使市直机关干部作风得到大的转变。

【党风廉政建设】 以树立“为民、务实、廉洁”良好形象为目标，继续在市直机关深入开展示范教育和警示教育，强化党员干部的廉洁从政意识，腐败风险意识和公务员责任意识，提高市直机关党员干部廉洁自律自觉性。在市直机关中认真抓好《中国共产党党内监督条例》有关制度规定的落实，建立健全机关科级干部任前廉政教育谈话和诫勉谈话等制度，按照“八个坚持、八个反对”的要求，加强对党员干部遵守党的纪律和各项法规制度情况的监督，努力实现党内监督正常化、规范化和有效化。认真做好来信来访和查办案件工作。全年共接到信访件230多件，做到了分门别类，一事一案，一事一策，逐个进行了研究解决，化解了矛盾，促进了社会和谐与稳定。努力从信访件中发现案件线索，及时立案和查处，以抓案件促进机关作风建设。全年，立案调查并结案的案件5件，给予党内警告处分3人，免于处分、诫勉谈话2人，追回违纪违规资金11.78万元上缴国库。

【文化建设】 以开展丰富多彩的文化体育活动为载体，不断促进机关文化建设大发展。通过制定市直机关文化建设指导意见、创作廉政文化歌曲，充分发挥先进文化的引领和导向作用，组织引导市直机关各部门从实际出发，注重人文关怀和心理疏导，培养乐观、豁达、宽容的精神品格，着力提升“在思想上求共识、在感情上求共融、在工作上求共进”的和谐机关文化理念。围绕庆祝建国60周年，积极开展形式多样的文化活动。指导市直各级党组织以庆祝建国60周年为契机，举办了各种形式的群众性文艺活动、专题座谈会、报告会和“为新中国成立60周年献礼”活动，充分展示60年来特别是改革开放以来经济社会建设取得的巨大成就。工委举办了市直机关“庆祝新中国成立60周年”书画摄影展览与评比和卡拉OK比赛，组织开展了“增进健康、促进发展”的登山活动和“迎国庆、展风采”的游泳比赛活动，丰富了市直机关文化体育生活，陶冶了情操，鼓舞了士气。

（廖文武）

农业农村工作

【概况】 2009年，全市农业农村工作认真落实国家各项惠农政策，积极采取措施，努力克服气候干旱、风雹灾害等对农业生产的不利影响，农业、农村经济保持稳步增长。全年实现农业增加值308.3亿元，比上年增长0.2%；实现农民人均纯收入5977元，比上年增长9.3%，完成了全年农民人均纯收入增长8%的任务目标。全市粮食生产面积1134.6万亩，比上年增长0.8%；总产496.6万吨，平均亩产438千克，分别比上年减少2.0%。

【下拨抗旱资金】 2月中旬，石家庄市财政、水利、农业部门向有关县（市）、区紧急下拨460万元抗旱补助资金，其中中央特大抗旱补助费360万元，主要用于小麦主产区和粮食生产核心区节水灌溉、应急水源建设，以及抗旱设备和拉运水工具购置等；农业生产救灾资金100万元，主要作为农业抗旱保春灌专项资金，集中投向受旱严重的乡村，对抗旱保春灌所需柴油和春季追施化肥进行重点补助。

（程进升）

【农村改革】 全年恢复、建立村级集体经济组织4333个，占行政村总数的99.6%，注册登记经济实体750个，实施村级财富积累建设项目271个，总投资4.48亿元，村级集体经济的实现形式已由过去单纯的承包租赁经营走向公司经营、多元化发展。稳妥推进“农村财务委托代理服务制”，实行“农村财务委托代理”村1640个，代理资金8.4亿元。规范农村土地承包合同管理，促进土地承包经营权流转和土地适度规模经营，建成县级土地流转有形市场7个，乡级服务中心50个，百亩以上试点35个，土地流转总面积33.7万亩，涉及农户7.3万户，分别占全市总数的4%和4.2%。

【首家村级监督组织揭牌】 3月3日，全市第一家村级监督组织——高邑县五百村村民监督委员会揭牌成立，标志着石家庄市在行政村建立村级监督组织工作正式启动。村级监督组织定位为村民自治组织，直接对村民代表大会和党员代表大会负责，与党支部、村委会并称“三委”，统一挂牌。村级监督组织在乡镇纪委和村党组织双重领导下，业务工作以乡镇纪委领导为主。村级监督组织有四项权利：参与权，即有权列席村“两委”事关村民切身利益的会议等，对决策程序实施监督；建议权，即有权对不符合制度、章程的“两委”决定提出修正或废止建议等；审核权，即有权对村所有开支的原始凭证等进行审核；初查权，即在乡镇纪委指导下，对村干部和党员违纪违法问题进行初步调查核实。

（王　静）

【新农村建设】 全年确定的180个农村新民居示范村（其中省级140个）全部开工建设，新建开工1.8万户、面积220万平方米，改建完成1.1万户，投入资金20亿元；硬化街道5.7万平方米，改造饮水管道6万米，供电线路11万米，植树28万余株，示范村环境面貌得到明显改观。农田水利基本建设完成投资6.4亿元，新建小型水源工程1778项，解决了农村27万人的饮水安全问题。全市还重点实施了环城绿化、万树进村、5528、封山育林、太行山绿化、退耕还林等六大林业工程，完成人工造林任务24万亩，新封山育林13.4万亩，森林覆盖率净增0.75个百分点，森林覆盖率达到28.67%。

（米振合）

【井陉县再次跻身全国生态示范县】 6月26日至28日，在河南洛阳举办的"2009年第二届中国生态小康论坛"上，井陉县以排位第三跻身全国20个"2009第二届中国生态文明示范县"之列。近年，井陉县以城镇面貌三年大变样活动为契机，突出生态建设，以文明生态村创建为抓手，以农村公园建设为突破口，一手抓植树造林，一手抓节能减排，加强县城基础设施建设，推进新农村建设，营造了青山绿水的生态环境，城乡环境明显改善。

（高靖华）

机构编制

【概况】 2009年，市机构编制部门围绕全市改革、发展、稳定大局，积极推进市县政府机构改革，研究和探索事业单位分类改革，创新事业单位管理体制、机构编制管理体制和机构编制监督检查体制，圆满完成市委、市政府和上级业务部门下达的各项工作任务。按照上级"大部门制"机构改革方向，市机构编制部门对城市管理、城乡规划、建设、园林、农业、交通、工业运行、招商引资等运行机制和体制建设等进行了调研，本着"精简、统一、效能"以及整合机构编制资源，实现职能有机统一，确保机构运转顺畅的原则，对存在职能交叉和多头管理等问题进行了整合，根据省批准的石家庄市政府机构改革方案及市领导和编办领导的安排，制定了《石家庄市人民政府机构改革实施意见》、《关于拟订市政府部门"三定"规定有关问题的意见》、《关于市机构设置的意见》等有关文件，对政府机构设置、职能整合以及部门制定"三定"规定等事宜作了进一步明确，并参照省对口部门"三定"规定，对新设置的市政府工作部门、事业单位、部门管理机构有关编制、领导职数、内设机构、职责划转等相关事宜提出意见，经编委会研究通过，下达了新的"三定"规定，确保了市政府机构改革顺利实施。事业单位管理，全年完成事业单位年检429家，办理事业单位登记设立手续17件，事业单位变更手续113件，事业单位返销手续9件。还下发了《关于中央有关企业和部分省市属企业所办学校幼儿园移交地方后变更名称核定编制的通知》，完成中直、省直、市直企业分离办社会33所学校的更名和编制核定工作，核定财政性资金基本保证事业编制1867名。截至年底，除机构改革涉及重新整合单位外，全市有82个党政群机关和事业机构完成建证、建库工作，占市直机关总数的92%；有439个事业单位完成建证和建库工作，占市直事业单位总数的85%。

（杨振禄）

【市直机关事业单位全面实行机构编制实名制管理】 从2009年1月开始，石家庄市在全市机关、事业单位全面推行《机构编制管理证》制度，实行机构编制实名制管理。《机构编制管理证》是记载和验证一个单位的名称、性质、机构规格、系统类别、隶属关系、人员编制、领导职数、在职人员、经费来源的凭证，并附表逐人登记，为人员在编的唯一凭证。《机构编制管理证》由省机构编制委员会办公室统一印制，由市和县（市）区机构编制委员会办公室负责本级机关、事业单位《机构编制管理证》的审核签发和管理，并由列入市机构编制管理的机关、事业单位保存使用。全市各级机关、事业单位在调整机构编制、申请增人计划、申报经费预算、审批工资基金、办理社会保障、开设银行账户、办理《组织机构代码证书》和《事业单位法人证书》等事宜时，均需出具《机构编制管理证》。机构编制管理具有权威性、严肃性和法律效力，全面推行《机构编制管理证》制度和实行机构编制实名制管理的目标是健全完善编制、人员和财政预算管理相互协调配合的约束机制和监督检查机制，有效控制机关、事业单位机构编制和人员增长，减轻财政负担，逐步实现机构编制数、实有人员数和财政供养人员数相对应的实名制管理。只有在机构编制部门审核同意设置的机构和核批的编制范围内，用人单位才能申报增人计划，人事部门才能核定人员和工资，财政部门才能列入政府预算范围并核拨经费，银行才能给予开设账户并发放工资，劳动和社会保障部门才能办理养老保险等手续。全市凡列入市机构编制管理范围的各级党委、人大、政府、政协、法院、检察院、民主党派、人民团体机关和各类事业单位未来都要建立和使用《机构编制管理证》。

（李云萍）

【市县政府机构改革】 2009 年 10 月 29 日下午，石家庄市召开会议对全市市县政府机构改革进行动员部署，标志市县政府机构改革进入实施阶段。会议宣读了市委、市政府《关于石家庄市人民政府机构改革组建方案实施意见》。此次市县政府机构改革，按照精简、统一、效能的原则，以转变政府职能为核心，进一步明确和强化责任，理顺职责关系，优化组织结构，完善体制机制，推进依法行政，提高行政效能。严格控制限额。现有市政府工作机构调整后，市政府工作部门仍设置为 38 个，市政府直属事业机构由 7 个减少为 4 个，取消了 3 个部门管理的事业机构。整合优化结构。根据石家庄市实际，对水利、文化新闻出版、金融服务、投资招商、城市综合执法、机关后勤服务等方面进行调整。推进改革创新。市政府组建了市金融工作办公室，将原市金融证券工作领导小组办公室承担的职能整体划入市金融工作办公室，设立专门的金融服务机构，引导金融产业更好地服务省会经济社会发展。坚持稳妥有序。石家庄市是畜牧生产大市，根据全市畜牧业发展形势和工作需要，仍保留市畜牧局独立设置；考虑到市规划、建设、住房保障机构多年来运行一直比较平稳，为保持政府机构相对稳定，改革后仍独立设置。

在做好市本级政府机构改革的同时，各县（市）区也从有利于上下工作衔接，有利于提高行政效能角度出发，整合优化组织结构。整合工业管理机构。各县（市）区将发展改革局及其管理的工业促进局（或中小企业局）工业行业管理有关职责进行整合，增加信息产业相关职责，组建工业和信息化局。将县（市）区财政局承担的国有企业资产保值增值职责划入工业和信息化局。健全综合交通运输体系。为促进各种交通运输方式相互衔接，县（市）政府将建设局指导城市客运职责划入交通局，将交通局更名为交通运输局。推进城乡统筹发展。各县（市）、矿区建设局（住房保障和房产管理局）名称统一更名为住房和城乡建设局。实现人力资源统一管理。各县（市）区政府将人事劳动和社会保障局更名为人力资源和社会保障局。县（市）区机构编制委员会办公室调整为单独设置，列入党委机构序列。理顺食品药品安全监管体制。县（市）食品药品监督管理局由省以下垂直管理改由县（市）政府分级管理，为县（市）政府工作部门，承担食品药品监督管理责任，业务接受上级主管部门和同级卫生部门的组织指导和监督。将卫生部门食品卫生许可，餐饮业、食堂等消费环节食品安全监管的职责划入食品药品监督管理部门。调整后，卫生部门承担食品安全综合协调、组织查处食品安全重大事故的责任；农业、质量技术监督、工商行政管理等其他相关部门按照职责分工，对农产品生产环节、食品加工环节和食品流通环节进行监管。

【事业单位改革】 根据事业单位分类管理工作部署，配合市委组织部、市人事局印发《石家庄市事业单位岗位设置管理实施细则》有关工作，市机构编制部门从有利于合理界定事业单位范围，促进政事、事企分开，保证公益目标实现的目的出发，根据事业单位的特点和社会功能，将事业单位分为行政管理类、公益类和生产经营类，把过去全额拨款、差额拨款和自收自支三种经费形式，改为财政性资金基本保证经费、定项或定额补助和经费自理三种经费形式。

【水管体制改革】 按照国务院和

省、市关于水管体制改革有关要求，多次与省编办就水管单位体制改革机构编制事宜进行沟通并达成一致意见，下发了《关于有关县（市）现有水管单位体制改革机构编制事宜的批复》，为7个县（市）明确10个纯公益性水管单位和26个准公益性水管单位，共核定财政性资金基本保证事业编制224名和财政性资金定额或定项补助事业编制1379名。

【城市管理体制改革】 根据市委深化城市管理体制改革的要求，坚持以科学发展观为指导，遵循现代城市管理的基本规律，按照管理方式属地化、管理模式市场、管理目标长效化、管理手段法制化、推行“养事不养人”的思路，继续下移管理重心、下放管理权限，充分调动市、区两级政府积极性，加快形成责、权、利明晰，市控区统、条块互动，运转高效、和谐有序的城市管理新体制。一是为规范管理，成立了石家庄市城市道路停车管理中心，统一负责市区道路停车场管理等工作。二是将市城管局管理的市政管理、市政设施维护125名财政性资金定额或定项补助事业编制以及市园林局管理的12个公园283名和绿化170名人员编制下放到市区。

（杨振禄）

台湾工作

【概况】 2009年，市台湾工作办公室（简称台办）按照中央对台工作战略部署和省台办要求，紧紧围绕促进两岸关系和平发展和服务石家庄经济社会发展两个大局，主动作为，开拓进取，争创一流，使全市对台工作迈上新台阶。年内，市委重新调整对台工作领导小组，专题研究对台工作，并召开全市对台工作会议，市委副书记刘云峰到会作重要讲话。认真开展涉台教育和宣传，组织举办了大规模的台海形势报告会，邀请中华文化发展促进会秘书长辛旗就台海形势和中央对台方针政策作精彩报告，邀请省台办宣传处领导到市台办进行讲课；完成对台宣传稿件200余篇，编辑《台办工作简报》26期；各县（市）区也深入开展了涉台教育进社区、进学校活动。发挥台资企业协会作用，积极协助台企国祥公司做好晋州市郭家庄捐建第十所希望小学选址、招标等工作，并协助国祥公司组织发放了前9所希望小学部分学生的奖学金、助学金；还与市台资企业协会组织召开了2009年海峡两岸“喜迎中秋、爱我中华”茶话会。至年末，全市共有15个赴台团组、45人赴台进行经济交流。

【对台经贸工作】 全年市台办参与组织8次大的招商活动，招商活动紧紧抓住经济合作这个重点，自觉坚持“以经促政”方针，先后组织参加“中国（正定）小商品博览会”、“9·8”厦门投洽会、2009’中国·石家庄国际投资贸易洽谈会暨第四届中国·石家庄药博会等8次大的招商活动，邀请重要团组22个，台湾客商420名，新增台资企业10家，利用台资9250.5万美元。至年底，石家庄市共与台商达成合作意向25个，总投资额2.5亿美金，已投资2.7亿元人民币。

【举办“冀台城市发展论坛”】 在省台办精心谋划和悉心指导下，经过认真筹备，2009年7月18～19日，石家庄市成功举办“冀台城市发展论坛”。本次论坛市台办邀请到台湾新党主席郁慕明等多名台湾政要和城市规划建设方面的官员及专家学者，省委副书记、市委书记车俊会见了来访嘉宾，中国国民党荣誉主席连战等发来贺电，美国纽约市规划局前局长饶及人等7名专家分别作主题演讲，46名台湾地区政要、城市规划设计建筑环保专家和房地产开发商与石家庄市有关部门和专家交流了城市建设的先进理念、技术和经验，并考察了石家庄市“三年大变样”建设，台湾竞诚建筑股份有限公司还与石家庄市城管局签订了城市垃圾项目合作意向书。

【台企服务】 全市采取有效措施，努力帮助台企解决生产经营中遇到的问题，开展了“下台企，送温暖”活动，召开了台商代表座谈会，征求到台商意见和建议40余条，并及时给予协调解决。搭建平台，建立台商投诉法律服务机制，为台资企业解决法律纠纷20余件，协调融资贷款8000余万元。建立“台商直通车”制度，对台商重点企业在生产经营中遇到的突出问题，建立向省市领导直报制度，全年及时解决了4起台资企业发展中急难问题。

（曹 淼）

信访工作

【概况】 2009年，全市信访部门团结协作，顽强拼搏，大量信访苗头隐患得到及时化解，大批群众信访案件得到妥善解决。全年市级信访部门受理群众信访7634件次，同比下降11.3%。其中，接待来访2942件次，同比下降3.2%，办理来信4692件次，同比下降4.7%，接待处理集体访115批次、1892人次，同比分别下降7.9%、12.5%。市信访局自立信访案件1657件，按期结案率达94.2%，年终结案率100%。全市信访工作形势保持总体平稳和持续向好局面，特别在国庆60周年安保期间，做到了进京非访和赴省、进京集体访三项“零指标”，实现了信访工作历史性突破。

【市县乡三级干部集中接访约访活动】 按照石家庄市大接访长效机制的意见，各级领导认真组织参加干部接访约访活动。各县（市）区、乡镇街道办和市直有关部门每天都有党政领导干部接待群众来访，每个月组织一次市县乡三级干部集中接访约访活动，2009年市级党政领导参加接访约访86人次，调度解决重点信访案件110件次。全市有1534人次县级干部、5997人次科级干部参加接访约访，共调处解决信访案件1091件，社会效果良好。5月份，全市集中开展了大规模的市县两级党政机关干部下访活动，32个市直机关部门，分别深入到24个县（市）区和所属企事业单位参加干部集中下访活动，共接待和处理群众信访事项2107件、7365人次，当场解决823件，解答群众咨询467件，立案交办、列入各级督办范围817件，同时提出了改进工作的意见和建议100余条，受到了群众的好评。9月1日至10月15日，市委、市政府和市联席会议组织32个工作组进驻24个县（市）区和25个信访任务重的市直部门，带着1111件信访案件，深入开展下访接访活动，共办结756件，办结率达到68%。通过各级干部接访下访，大量信访问题在基层得到妥善解决。

【积案化解】 年内，市委、市政府和市联席会议认真贯彻落实中央和省联席会议的决策部署，在全市广泛深入开展“信访积案化解年”活动，解决了大量信访突出问题和信访老案、积案，化解了大批社会矛盾纠纷，取得了显著的成效。从5月上旬到6月上旬，在全市组织开展了“信访积案化解突击月”活动，筛选出286件信访积案，实行挂账督办，77.8%的信访积案得到有效化解。6月下旬开始到9月底，在全市集中开展了信访工作“化积案、排隐患、解难题、促和谐”百日会战活动，对集中交办的539件信访积案全部实行了县级领导包案责任制，化解418件，化解率达到77.6%，解决了大量信访“骨头案”、“钉子案”和“无头案”。

【苗头隐患排查】 年内建立实行县以下基层“四站式”排查化解矛盾隐患工作机制，在所有乡镇（街道办）、村（居）推广栾城县冶河镇“四站式”排查化解矛盾纠纷的工作经验，依托村（居）民服务中心建立“矛盾纠纷排调工作站”，乡镇(办事处)建立“矛盾纠纷分析会”，乡镇（办事处）职能部门（站所）带案下访，乡镇（办事处）建立疑难纠纷联调会。通过推行“四站式”机制，切实提高了基层矛盾纠纷排查化解的能力。充分发挥基层信访信息员队伍的作用，延伸排查触角，进村、进社区、进厂矿、进学校，做到横向到边、纵向到底，力争把所有苗头隐患全部纳入视野。市联席办、信访局制定了《关于进一步加强信访苗头和群体性事件隐患排查化解工作的实施细则》，完善了民情分析、领导包案、挂帐督办、信息反馈、台账管理等一系列工作制度。各级各部门根据不同时段，突出排查重点，集中开展拉网式大排查。对排查出的重点苗头隐患问题，由县级包案领导负责，落实责任单位，组成专门工作组，驻点解决问题，做好稳控工作。在特殊敏感期和国庆60周年期间，实行了日排查、日报告制度，力争把矛盾隐患全部纳入排查范围，提高排查化解效率，掌握工作主动权。2009年全市共排查出各类信访苗头和群体性事件隐患2120起，调处1930起，化解率达91%。

【国庆60周年信访保障工作】 在国庆60周年期间，各级各部门在认真解决信访人合理诉求的同时，对坚持不合理诉求或无理要求，执意进京或赴省上访的重点人员，组织基层干部、派出所民警、国庆安保志愿者等力量，采取专群结合的办法，实行立体稳控，确保重点人员稳定在基层。同时，市信访局及市内六区有关人员参加，配合维稳和公安部门设立防控站，拦截欲进京上访人员。从8月10日起到10月15日，市联席会议成立市驻京指挥部，由市委、市政府联系信访工作的副秘书长轮流进京担任指挥长，24个县（市）区和市直有关部门分别抽调信访干部和公安干警，由县级干部带队进京值班，劝返石家庄市进京上访人员。市驻京指挥部密切与北京有关部门和省驻京指挥部的沟通联系，充分发挥了“最后一道防线”的作用，从9月10日至10月10日实现了非正常进京访和进京集体访“零指标”，为确保国庆60周年期间社会和谐稳定做出了积极贡献，得到了市委、市政府的充分肯定。市信访局被省联席会议授予“国庆60周年安保工作先进集体”荣誉称号，市驻京指挥部被市委、市政府授予“国庆安保和信访稳定工作先进集体”。

【信访长效机制建设】 市联席办、信访局先后起草制定了《关于进一步建立和完善市县乡三级干部大接访长效机制的意见》，建立规范了领导干部定期接访和约访下访以及党政机关干部下访制度。市联席会议下发了《关于调整市联席会议办公室领导组成及工作职能的意见》、《关于实行重点信访案件市级党政领导提级调度的工作意见》等文件，进一步整合部门力量，加大联席办协调督导力度，提高解决重点疑难案件的能力和水平。在认真总结国庆60周年期间安保和信访稳定工作经验的基础上，制定了《关于建立和完善信访工作长效机制的若干意见》、《关于进一步加强基层信访工作的意见》、《关于建立信访接待中心工作新机制的意见》、《关于解决“三跨三分离”信访案件处理意见》等四个信访工作专件，把国庆安保行之有效的制度和做法固定下来，长期坚持下去。深入总结栾城县冶河镇“四站式”工作经验，推行“四加二”工作机制，提高了基层排查化解矛盾纠纷的能力和水平；加强了信访接待中心建设，实行了四级调处工作机制，促进了群众信访事项及时就地解决。通过创新体制机制，信访工作长效机制渐成体系，全市信访工作的质量和水平进一步提高。

（王增群）

政策研究

【概况】 2009年，市委研究室按照市委主要领导要求，努力在“围绕中心、服务大局、服务领导、服务决策”上下功夫，积极整合资源，创新工作方法，服务决策水平取得新的突破。全年完成调研报告21篇（其中发《呈阅件》8篇，《送阅件》10篇，专题调研3篇），起草市委文件、领导讲话稿等综合文字材料33篇，领导批示率达100%，大部分成果进入市委、市政府决策，较好地发挥了参谋助手作用，多次受到市委、市政府主要领导的表扬和肯定，各项工作位居全省党委研究室系统先进行列，省委研究室还将市委研究室创新工作机制、强化工作举措的做法转发全省调研系统学习借鉴。

【市委决策服务】 市委研究室紧紧围绕市委、市政府重大决策部署，集中优势力量，撰写了八项紧扣中心、反响强烈的“攻坚”战文稿。“省会意识”攻坚战，市委研究室撰写了《强化省会意识，发挥省会作用，开创石家庄科学发展新局面》的文稿，车俊书记在市委理论中心组学习会议上作了中心发言，成为当前和今后一个时期指导石家庄市改革和建设的重要文件。“石家庄速度”攻坚战，为深入挖掘“石家庄速度”的深刻内涵，提升新时期城市精神，市委研究室联合石家庄日报社举办了“石家庄速度”研讨会，撰写的《弘扬“石家庄”速度，实现省会科学发展率先发展》文章在《石家庄日报》全文发表，并开辟专栏组织社会各界进行热烈讨论，使“石家庄速度”深入人心，对打造城市品牌、提升城市精神起到了重要作用。“工业经济振兴”攻坚战，市委研究室撰写了《学习实践科学发展观的新成果，领导科学发展能力的新提升——打好工业发展攻坚战，实现工业经济新振兴》的重要理论文章，对攻坚战的重要意义、路径以及保障措施进行了系统、深刻阐释，为“工业发展攻坚战”助威助力，创造浓厚舆论氛围。与此同时，还打响了“三年大变样”、构建现代产业体系、县域经济发展、干部作风建设以及内部建设等八项攻坚战役，都取得了一些重要成果，多位省市领导做出重要批示，给予充分肯定。

【课题调研】 市委研究室将调研重点放在紧密配合全市中心工作上，针对各项重点工作以及阶段性任务，集中开展系列调研、专题调研，为市委、市政府领导提供了大量有价值的决策依据和建议。围绕推进省会“三年大变样”工作，完成了《石家庄“三年大变样”工作的调查与思考》、《石家庄市城建资金债务风险应予以高度关注》、《加快推进城中村三项改造，大力提升省会城市化水平》以及《关于石家庄市财政投资评审中心的调查》等调研报告。围绕应对金融危机冲击，破解企业发展难题，做大做强石家庄市主导优势产业，完成了《工业增速放缓，效益下滑，力促企业提速增效迫在眉睫》以及《石家庄市工业企业技术改造及创新情况的调查与建议》等调研报告。围绕加快产业结构调整，构建现代产业体系，完成了《突破认识误区，实现结构调整新跨越》、《加快生物医药产业发展，打造全市经济第一支柱产业》、《抢抓机遇，重点扶持，做大做强石家庄市纺织业》等调研报告。围绕壮大县域经济实力，缩小与先进地区差距，完成了《石家庄市县域经济发展形势严峻，存在差距应予高度重视》调研报告。围绕“干部作风建设年”活动，加强干部队伍作风建设，完成了《进一步加强机关作风建设密切联系群众的调查》、《关于处置三鹿奶粉事件的实践与启示》、《实施百姓“监考”，干部作风大变》等调研报告，对破解石家庄市经济社会发展难题起到了重要作用。

【调研成果转化】 市委研究室充分借助自身优势，对一些政策涉及面广、综合性强的政策研究，协调有关部门，制订了一些事关全市发展的政策措施，拿出了多个推动工作的实施意见。针对石家庄市园区建设滞后、聚集效应差等问题，市委研究室协调发改委、商务局、财政局等多个部门，并学习借鉴先进城市经验，完成了《关于进一步加强开发（园）区和产业聚集区建设的意见》初稿。为加快统筹城乡一体化发展进程，构建城市与农村优势互补、协调发展、共同繁荣的新型城乡形态，市委研究室起草了《关于统筹城乡发展的意见》，待市委、市政府研究。为贯彻落实“工业发展攻坚战”，做大做强工业企业，市委研究室组织、协调20多个市直部门和相关企业，完成了《石家庄市促进工业发展的若干政策措施》，制定了50条内容具体、操作可行的政策措施，有力促进了石家庄市工业振兴。

【工作创新】 为适应市委主要领导同志对调研工作提出的新要求、新任务，制定了《关于加强调查研究和综合文字服务工作的意见》，从找准站位、创新方法、健全制度、强化素质、内部建设等方面提出了明确目标和有针对性的措施。车俊等多位市领导及省委政策研究室主任王书利给予了充分肯定，并转发全省政策研究室系统推广市委研究室的做法。在工作摆布上，全室人员和财力物力向调研和文字工作倾斜，全室人员的精力向调研和文字工作集中，把调研和综合文字水平高低，作为衡量工作的第一标准。在力量整合上，建立了与市委办公厅综合文字处室统筹合作机制，共同开展调研工作，为市委主要领导提供综合文稿服务；建立互帮互学机制，坚持以强带弱，以老带新，优势互补，共同提高；建立攻坚克难机制，组建重大课题调研组，集中优势力量攻关。在制度创新上，文稿撰写坚持集体研究，集思广益；实行目标责任制，明确完成时限和质量要求；考核评比既看数量，更看质量，从每一篇文稿的难度、需要时间、领导认可度、影响程度等方面进行综合考评。在组织协调上，制定了《石家庄市调研工作考核评比办法》，开展了全市调研工作“两先一优”评比活动，组织召开了全市调研工作会议和各县（市）区委研究室主任会议，加强了与省委研究室和各县（市）区委研究室的工作交流和联系，形成党委调研系统协调互动、共同提高的局面。在载体创新上，继《决策》赢得全国“十佳党刊”后，为增强信息服务功能，活跃全市调研工作，市委研究室又创办了《国际主要动态》、《国内发展动态》和《政研通讯》刊物。在强化素质上，加强全室人员学习培训，认真组织各种政治性教育活动，不断锤炼过硬工作作风，始终保持奋发有为、昂扬向上的精神状态。在廉洁自律上，严格落实党风廉政建设责任制，及时召开廉洁自律民主生活会，强化班子内部监督和成员的互相监督，使班子成员和广大干部牢固树立起廉洁从政、廉洁自律意识。

（阎晓斌）

老干部工作

【概况】 2009年，石家庄市共有离退休干部79587人，其中离休干部7148人，退休干部72439人。在离休干部中，党政机关1929人，事业单位1992人，企业3227人；享受地（市）级待遇的258人，享受县（处）级待遇的4275人，享受科级以下待遇的2615人。年内市委老干部局被省委授予河北省老干部工作先进集体称号，被省委老干部局授予信息、宣传、调研工作先进单位；市关心下一代工委被评为全省先进集体；市老年大学获得全国老年大学荣誉称号。

【党委、政府高度重视老干部工作】 市委、市政府主要领导和分管领导带头尊重、关心老干部，主动联系老干部，积极帮助协调解决老干部工作中遇到的困难和问题。省委副书记、市委书记车俊、市委副书记、市长艾文礼多次对老干部工作做出重要批示。在“三年大变样”工作通报会上，车俊书记亲自向市级老干部介绍石家庄市“三年大变样”等重点工作。市委副书记刘云峰、市委常委、组织部长王俊钟经常听取老干部工作汇报，积极协调、指导全市老干部工作。1月14日，王冬梅局长陪同省委常委、组织部长梁斌、市委副书记刘云峰、市委常委、组织部长王俊钟到平山县走访慰问老干部。1月19日举办了老干部情况通报会和迎春团拜会，市四大班子主要领导和党政班子全体成员参加。国庆60周年期间，市四大班子领导带队走访慰问了老干部。石家庄市推行了老干部局长兼任同级组织部副部长的做法，增强了老干部工作齐抓共管的合力。

【老干部思想政治建设】 在老干部中开展了“四比四看”和“五评五议”活动，激发了老干部的进取意识，中组部《老干部工作情况交流》和河北省《老干部工作信息》分别对石家庄的经验做法予以刊登。结合庆祝新中国成立60周年活动，成功举办了第三届老年艺术节暨九九重阳文艺演唱会，借助社区活动中心，星光老年工程、城市文化广场“三个平台”组织了一系列老干部艺术表演、书画展和感恩老英模等活动，吸引了2万余名老干部的积极参与；编辑出版了《抚今追昔话沧桑》、《新中国从这里走来》等书籍。4月25日，组织原地市级老干部对和平路高架桥工程、体育大街北延工程以及东岗头城中村改造等项目进行参观考察。老干部们出席了“三年大变样”工作通报座谈会，听取了石家庄市“三年大变样”工作汇报。

【老干部党支部建设】 针对新形势下对老干部党建工作的新要求，与市委组织部联合印发了《关于进一步加强和改进离退休干部党支部建设工作的意见》（石组〔2009〕2号），创新了老干部党组织的设置方式和活动形式，不断提高离退休干部党组织活动质量。在全市离退休干部党支部中深入开展了“建设五好支部”活动和“支部建设六达标”活动，提高了各级老干部党支部的凝聚力、战斗力。“七一”前夕，对评选出的全市先进离退休干部党支部和优秀离退休干部党员进行了通报表彰。7月下旬，中组部老干部局一行43人到石家庄正定、晋州考察，中组部老干部局副局长曾卓明和原局长毛子炎对石家庄老干部党支部建设给予了充分肯定。石家庄市选送的平山县三汲乡离退休干部党支部和王保奇、张延年两名老干部党员，在全国离退休干部“双先”表彰会上受到中组部表彰。会后，王保奇同志还受到习近平同志的亲近接见。

【引导老干部发挥作用】 组织全市老干部开展“三献”活动和“服务‘四保’、唱响‘五好’、推动石家庄科学发展”主题活动，受到市委的表彰。市关心下一代工委建立了有329人组成的石家庄“五老”人员网吧监督员队伍。市公安局成立了“省会老公安”安保治安巡逻队。4月18日，市关工委举办了“首届中国感恩文化论坛”，大力弘扬“感恩文化”，社会反响强烈。6月3日，召开了全市关心下一代工作经验交流会，宣传推广了赵县关工委、平山县关工委等关心下一代工作典型经验。6月15日，原全国人大副主任、中央关工委主任顾秀莲到桥东区栗新社区和市少保中心视察，对石家庄关心下一代工作给予高度评价。石家庄加强未成年人心理健康教育和老科技工作者帮扶青年农民科技致富经验做法得到中央领导的高度重视，中央政治局委员、国务院副总理回良玉、中央政治局委员、国务委员刘延东和顾秀莲同志分别作出重要批示。

【待遇实现5个率先】 年内全市离退休干部待遇在全省实现5个率先：率先实现离休干部"两费"零拖欠；率先实行财政兜底；率先规范化管理离休干部医药费；率先建立共享改革发展成果机制；率先建立帮扶机制。2009年，争取市本级财政支持1.1亿元，其中医药费1.03亿元、医疗周转金450万元、帮扶机制30万元，并为市直3000多名离休干部争取国庆慰问金每人400元。按照中央政策，为1535名离休干部提高到副部级或厅级医疗待遇。

【文化活动建设】 石家庄各类老干部活动中心（室）建成128个，总面积6.9万平方米，市老干部活动中心完善制度，强化管理，丰富活动，温馨服务，全年接待老干部8.7万人次，促进了老同志的身心健康。正定县老干部活动中心被树立为全省典型；鹿泉市落实财政预算200万元，分两年改造扩建活动中心。石家庄各类老年大学(学校)发展到235所，校舍总面积1.6万平方米，在校学员1.6万多人。市老年大学教学班发展到108个，在校学员达3000多名。市老年艺术团进厂矿、进社区、进农村"三进活动"；在省市电视台录制了五期节目，荣获了多个国家和省级奖项；服饰表演队在第七届全国中老年艺术展演活动中荣获金奖，并在中央电视台"夕阳红"栏目播出，打造了石家庄"夕阳文化"品牌，《中国老年教育》和《中国老年报》分别进行了专版报道。4月28日，市老干部局与体育局、老年体协联合举办了石家庄市直机关离退休干部第十五届运动会，来自市直机关3000余名老干部参加了比赛和游艺活动。

【老干部信访、宣传、调研工作】 市委组织部和市委老干部局联合制定印发了《关于认真做好老干部信访工作，树立组织部门、老干部部门"干部之家、老干部之家"良好形象的实施意见》。国庆和春节期间，对全市7148名离休干部逐级走访慰问了两遍，将全部信访苗头化解在萌芽状态，实现了国庆、春节期间上访零记录。积极宣传报道先进经验和离退休干部先进集体、先进个人的典型事迹，上报各种信息、宣传稿件80余篇（条），在市电台、电视台、各报刊刊播稿件30余条。形成调研报告20余篇，其中3篇分别在《中国老年报》、《老人世界》上刊登。

【老干部工作队伍建设】 在学习实践科学发展观活动和干部作风建设年活动中，紧密结合老干部工作实际，推出了"四增强、四不让"、"三德三做",以及"百千万大走访、手拉手筑和谐"等主题活动。市学习实践活动简报、市"三献"活动专刊和《中国老年报》等分别刊发了市委老干部局的成功做法和先进经验。石家庄市广大老干部工作者以王彦生同志为榜样，深怀感情、主动服务，涌现出了以"马扎"局长著称的桥东区老干部局长李运彦为代表的一大批爱岗敬业、无私奉献的先进典型，展示了石家庄老干部工作者的高尚品质和良好形象。

（沈桥成　徐　滨　柴世兴）

党史工作

【概况】 2009年，市党史研究室以创建和谐机关为重点，以思想作风纪律整顿为突破口，以解决事关机关干部职工切身利益问题为切入点，积极推进党史研究工作科学发展。结合学习实践科学发展观和干部作风建设年活动，党史部门组织开展作风整顿，加强内部建设和管理，创新工作思路，人员精神面貌发生可喜变化。2月份开始，利用两个月时间，在征求干部职工意见基础上，重新制定和完善了党史研究室《主任办公会议制度》等14项工作制度。2009年6月，《中国共产党石家庄地（市）委历次代表大会重要文献汇编》（1950～2006年）资料征集工作完成；2009年年底，该书编辑、排版、校对及出版前各项工作准备就绪，全书约50万字。2009年9月，《石家庄市党史资料汇编》(一)正式印刷出版，全书约58万字。年内省委党史研究室交办的《众志成城战洪魔——1963年河北省抗洪斗争纪实》资料征集工作取得新进展，深泽、赵县等15个县(市)区完成材料上报。

【重新启动《中国共产党石家庄历史》（二卷本）编纂】 《中国共产

党石家庄历史》（二卷本）编纂由于各种原因，处于半停顿状态。年内，党史部门把《中国共产党石家庄历史》（二卷本）编纂作为最大资政课题和党史研究的一项中心工作，列入党史工作重中之重，责成专人进行编制和修改编纂大纲。经主任会议三次研究，基本完成编写前期准备工作。

【宣传教育方式创新】 全年针对党史研究工作重征编、轻发行，重出版、轻推广现象和大量党史研究精品力作从出版之日起就堆于库房，不能发挥有效宣传教育作用，造成人力财力物力极大浪费问题，按照市委领导关于党史研究成果“五进”要求(关于党史研究成果要进机关、进学校、进社区、进企业、进军营)，积极对库存多年丰富的党史资料书籍，实行市场化运作，发动机关干部职工用近两个月时间，向社会推广研究成果。至年末，推出价值近15万元的党史图书388套，其中，推广到基层党政机关、学校、企业228套。

【思想作风整顿】 针对机关风气不正、乱告状、干部队伍涣散等问题，集中时间，集中力量，专门安排一个多月时间开展思想作风纪律整顿活动。作风整顿中，领导班子和有关处室利用20多天时间，对13名离退休人员进行登门拜访，与机关干部职工逐一进行座谈，广泛征求对机关工作意见和建议，对征求到涉及6个方面20余条意见和建议，经认真梳理和研究，本着条件成熟一个解决一个的原则，有16条意见和建议已经基本解决。作风整顿还结合干部作风建设年活动和学习实践科学发展观活动，以“党史干部受教育，党史工作上台阶，内部建设见成效”为目标，全面加强了机关建设。

（张献瑞）

党校工作

【概况】 2009年，市委党校坚持以邓小平理论、“三个代表”重要思想为指导，深入贯彻落实科学发展观，认真学习党的十七届四中全会精神，严格落实《中国共产党党校工作条例》和全国、省市党校工作会议要求，坚持以提高教学质量为核心，始终围绕中心，服务大局，积极推进教学和科研改革，抓好队伍建设和后勤保障工作，努力提高服务质量和水平，干部职工的精神状态和校容校貌发生很大变化，多项工作实现新的突破。全年党校工作实行校务公开和公开承诺制，校内重大事项在公示栏进行公示，自觉接受教职工监督；在制度措施检查上，对承办事项实行首办责任制和责任追究制，严格执行问责制落实；在学习实践科学发展观和干部作风建设年活动中，校党委在调查研究基础上，确定了“深入实际，转变作风，破解难题，优化环境，推动科学发展，促进和谐党校建设”的活动主题，开展了调研、巩固主题教育成果、深化解放思想大讨论和承诺践诺等活动，全校“专家献计”36项，群众献言”200余条，“党员献策”150多条。

【干部培训】 紧紧围绕市委市政府中心工作，圆满完成全年干部培训教育任务，共举办各种主体班22期，培训各类人员近3000人，是新世纪以来培训规模最大，人数最多，服务水平最高，培训效果最好的一年。省委副书记、市委书记车俊、市委副书记刘云峰都给予了充分肯定，开创了党校干部培训工作的新局面。在承办主体班培训的基础上，先后举办了专业技术人员创新能力培训班、民主党派领导干部培训班、政府系统人事干部培训班、全市政法系统中青年领导干部培训班等各类班次，初步体现了各层次、各类别、开放式办学新特点。在学员管理上，实行了严格的考勤制度和班主任24小时跟班制，做到了亲情服务、一线服务、跟踪服务，确保了学习质量，提高了学习效果。

【教学改革】 市委党校始终坚持以教学为中心，大胆探索党校教学改革新思路，积极实施教学质量提升工程。在培训内容上，坚持把市委的决策部署纳入教学计划，努力使市委战略思想进课堂、进学员头脑。在教学方式上根据不同主体班次的教学目的和培训内容，分别采用研讨式、案例式、体验式、模拟式等教学方法，开展教学互动、学员互动，使教学方法更加灵活，针对性更强，内容更贴近工作实际，深受学员好评。在主体班次培训中，坚持把教学效果放在第一位，多次聘请国内知名专家教授来校讲课。在8期的县（处）级领导干部科学发展观轮训中，就聘请中央党校、中国社科院、人民大学、省委党校等单位专家、教授23位。为进一步强化省会意识，搞好教学改革，组织召开了“2009（石家庄）党校教学改革论坛”。全省各地市党校、全市各县（市）区党校常务副校长及师资班的学员、全校干部教师参加了论坛，市委副书记刘云峰、市委常委、组织部长王俊钟等领导出席论坛开幕式并讲话，中央党校地方办主任谢煜桐、省委党校副校长任树江到会祝贺，省直党校和全省各地市党校出席了论坛，论坛还邀请了长沙市委党校进行了现场教学。论坛深入探讨党校教学特点、教学规律和教学方法，相互交流党校教学改革经验，进一步推进了党校的教学工作。为提升教师素质，提高办学质量，在校内开展课题竞标、竞争上讲台，建立教师跟班听课制度的基础上，选派20多名骨干教师到中央党校和国家行政学院、人民大学等高校进修学习，同时选派3名年轻教师到县（市）区和市直部门进行为期6个月挂职调研。为锻炼年轻教师，提高教学水平，教务处创办了校内讲堂，开展了校内教学练兵活动，为年轻教师提供了学习交流和锻炼的平台。为丰富党校校园文化，提高干部职工的文化素养，机关党委创办了素质大讲堂，举办了书法艺术、健康知识和文明礼仪等内容的校内职工培训，活跃了职工文化生活，为创建学习型党校营造了浓厚氛围。

【科研工作】 全年党校科研工作坚持以宣传党的路线方针政策为主线，以科学发展观、干部作风建设和全市“三年大变样”工作为重点，推出了一批有深度、有分量的研究成果，较好地发挥了为市委、市政府决策提供咨询服务的作用。组织教师申报各级各类课题共33项，其中省社科基金项目6项，省社科联调研课题1项，省统一战线理论研究基地课题8项，市级社科规划项目18项。批准立项5项。在学术交流方面，先后与石家庄日报社联合举办“强化省会意识，推动石家庄科学发展”和“学习贯彻十七届四中全会精神”理论研讨会，与省委宣传部和《光明日报》理论版联合举办“弘扬西柏坡精神，推动河北省经济又好又快发展”征文活动，报送省委宣传部10篇论文参加征文活动，居全省党校系统之首。创办了《领导决策参阅》，充分发挥党校的决策咨询和思想库作用。为了更好地搞好干部培训，增强干部培训工作的实效性，推动市情和市委决策进党校教材、进党校课堂、进干部头脑，组织编写了《石家庄干部读本》。在信息化建设方面，开通了“中共石家庄市委党校网站，为广大教师、科研人员开展理论研讨和学术交流提供了更为广阔的平台；与清华同方知网技术有限公司续签中文期刊全文数据库合同，为教学和科研人员提供论文检索、浏览和下载服务。

【领导班子建设】 为实现市委提出的各项任务，市委党校以提高执政能力为目标，以学习实践科学发展观和干部作风建设年活动为契机，以贯彻《中国共产党党校工作条例》为载体，通过拓宽领导思路、创新工作方法，以及下基层调查研究等方式，全面加强领导班子建设，不断提高领导班子成员的主动性和带动性，逐步形成了团结共事、发扬民主、集思广益的新局面。在重大问题上，校党委敢于坚持原则，充分听取各方面意见和建议，实现民主决策，果断决策，得到全校教职工的理解和支持，提高了领导班子的亲和力和战斗力。

中共石家庄市委党校

校　长：刘云峰

副校长：张景学　边雪城

杜新　周建立

陈向勤　高建庄

（董　杰）

石家庄市人民代表大会

【概况】 2009年，石家庄市人大常委会坚持以邓小平理论和“三个代表”重要思想为指导，全面贯彻党的十七大和十七届四中全会精神，深入开展学习实践科学发展观和干部作风建设年活动，紧紧围绕全市改革、发展、稳定大局和“三年大变样”等中心工作，认真贯彻依法治国、建设社会主义法治国家的基本方略，切实履行宪法和法律赋予的各项职权，各方面工作都取得新的进展。特别是经过认真组织筹备，成功举行市第十二届人民代表大会第二次会议，审议了市人大常委会、市政府、市法院、市检察院等七项工作报告，作出了相应决议；选举产生了市政府市长。年内举行市人大常委会会议7次，审议议题39项，依法任免地方国家机关工作人员161人（次），审议通过地方性法规1部，修订地方性法规2部。召开主任会议29次，研究和讨论议题118项。组织开展多次视察、检查和调研活动，针对存在问题提出许多建设性意见和建议。组织修订73项议事和工作制度。依法建立对市“一府两院”专项工作报告满意度测评制度，先后对城市建设“三年大变样”、食品安全等13项专项工作报告进行了满意度测评，有效推动了全市的社会主义民主法制建设，促进了石家庄市经济平稳较快发展。

【石家庄市第十二届人大常委会组成人员及各部门负责人】

主　任：王增明

副主任：许昆峥　王中联　傅世武　李屏东　郭领域　张石峰

秘书长：王志勇

委　员：于奕峰　马恩来（回族）　王　云　王印行　王立国　王彦英　王惠周　王增飞　叶克田　卢素强　白凤楼（女）　吕国朝　刘　贵　刘东才　刘国清　刘春艳（女）　安　波　许凤琴　杨凤虎　杨印胜　李　波　李乃毅　李伟坤　李兵为　步淑段　肖荣智　吴秀超　何金录　张美林　陈　潮（女）　宗立荣　胡　翎（女）　胡儒钗　赵炳志　姜博卿　高书凯　康瑞斌　康德忠　韩国岐　彭少舫（女）　彭占良　葛瑞芳（女）　董晓航

副秘书长：李兵为　马　军　龚玉良（1月任）

办公厅

主　任：李兵为（兼）

副主任：赵海奎　周全宁　王占峰

研究室

主　任：李　波（3月免）

副主任：陈彦良　徐习军

选举任免代表工作委员会

主　任：赵炳志

副主任：何秀珍　时洪斌

法制委员会

主　任：许凤琴

副主任：张和平

内务司法委员会

主　任：卢素强

副主任：张孝荣　杨传英

财政经济委员会

主　任：刘国清

副主任：张　杰

农村经济委员会

主　任：何金录

城乡建设环境保护委员会

主　任：康德忠

副主任：潘明文

教育科学文化卫生委员会

主　任：高书凯

副主任：倪　华

民族侨务外事委员会

主　任：吴秀超

副主任：李爱华

信访办公室

主　任：刘春艳

副主任：刘凤志

【市第十二届人民代表大会第二次会议】 1月14日至1月17日，石家庄市第十二届人民代表大会第二次会议在市人民会堂举行。会议选举58人的主席团主持会议。推选王增明、许昆峥、王中联（女）、傅世武、李屏东（女）、郭领域、张石峰、王志勇为主席团常务主席。565名市人大代表出席会议。会议听取和审议了市人民政府代市长艾文礼所作的政府工作报告，审议了市发展和改革委员会主任赵顺法所作的关于市国民经济和社会发展计划草案的报告，审议了市财政局局长李和平所作的石家庄市2008年市本级预算及市总预算执行情况和2009年市本级预算及市总预算草案的报告，审议了市人民政府关于石家庄市十五家重点企业节能减排目标向代表承诺的专题报告，听取和审议了市人大常委会主任王增明所作的市人大常委会工作报告，听取和审议了市中级人民法院院长许广为所作的市中级人民法院工作报告和市人民检察院检察长蔡春和所作的市人民检察院工作报告。审查和批准了石家庄市2008年国民经济和社会发展计划执行情况与2009年国民经济和社会发展计划，审查了石家庄市2008年市本级预算及市总预算执行情况的报告和2009年市本级预算及市总预算草案，批准了2008年市本级预算及市总预算执行情况的报告和2009年市本级预算，并通过了相应的决议。会议共收到市人大代表10人以上联名提出的议案29件。根据《地方组织法》和《市人民代表大会议事规则》的规定，将所收到的议案，按照议案内容分别送交市人大有关专门委员会研究处理。各专门委员会经过认真审议，将29件议案全部转为代表建议。其中有些建议作为重点代表建议进行重点办理。会议选举艾文礼为市人民政府市长。

【市第十二届人大常委会第十次会议】 1月12日，市第十二届人大常委会第十次会议在市人大常委会会议厅举行。市人大常委会主任王增明、副主任许昆峥分别主持了会议。市人大常委会副主任王中联、傅世武、李屏东、郭领域、张石峰，秘书长王志勇和委员共46人出席会议。会议听取和审议了市人大常委会关于补选代表的代表资格的审查报告。审议并通过了人事任免事项。会议指出，市十二届人大二次会议将于1月14日开幕，要求各位常委会组成人员要充分认识开好这次人代会的特殊意义，认真审议好各项报告，努力完成好选举任务，切实加强会议的各项组织保障工作，努力把大会开成统一思想、坚定信心、凝聚力量、形成合力的大会，确保大会取得圆满成功。

【市第十二届人大常委会第十一次会议】 3月17日，市第十二届人大常委会第十一次会议在市人大常委会会议厅举行。市人大常委会主任王增明、副主任王中联分别主持了会议。市人大常委会副主任许昆峥、傅世武、李屏东、郭领域，秘书长王志勇和委员共45人出席会议。会议听取和审议了市政府关于全市食品安全工作情况的报告并进行了满意度测评。审议并通过了关于同意将偿还石家庄市桥东污水处理厂升级改造工程项目建设资金列入财政专项预算的决议、关于同意将偿还石家庄市七县（市）区污水处理建设及配套管网工程建设资金列入财政专项预算的决议；审议并通过了人事任免事项。会议听取了全国人大代表邵喜珍所作的关于十一届全国人大二次会议情况的报告。会议要求市政府及有关部门要进一步加强对《食品安全法》的学习宣传，加强食品安全监管工作，强化食品安全专项整治力度，加强食品安全监管队伍建设，把《食品安全法》的要求真正落在实处。会议要求，当前要把学习贯彻全国人代会精神与学习贯彻十七大和十七届三中全会精神结合起来，与贯彻省、市人代会精神结合起来，与开展学习实践科学发展观和“干部作风建设年”活动结合起来，充分发挥人大的职能作用，依法履行好宪法和法律赋予的各项职责，为把石家庄市建设成为繁华舒适、现代一流的省会城市做出积极的贡献。

【市第十二届人大常委会第十二次会议】 4月27日，市第十二届人大常委会第十二次会议在市人大常委会会议厅举行。市人大常委会主任王增明、副主任李屏东分别主持了会议。市人大常委会副主任许昆峥、王中联、傅世武、郭领域，张石峰，秘书长王志勇和委员共47人出席会议。会议听取和审议了市政府关于《石家庄市国民经济和社会发展第十一个五年规划纲要》执行情况中期评估的报告。审议并通过了关于批准《石家庄市政府关于申请批复以股权信托融资方式落实省农村信用社80亿元资本金有关情况的报告》的决议；审议并通过了关于同意将偿还市土地储备中心土地收储业务资金列入财政专项预算的决议；审议并通过了关于批准《石家庄市政府关于中信信托有限责任公司信托股权投资方案的专项审批议案》的决议；审议并通过了人事任免事项。审议并通过了关于罢免冀纯堂的河北省第十一届人民代表大会代表职务的决议。会议要求市政府及其有关部门要进一步搞好国企改革，增强农业基础地位，加大节能减排力度，推动社会事业发展，大力优化发展环境，努力完成石家庄市人民代表大会决议确定的奋斗目标。要妥善应对国际金融危机，进一步调整完善规划措施，力求保增长、保变样、保民生、保稳定，确保“十一五”目标的实现。

【市第十二届人大常委会第十三次会议】 6月18至19日，市第十二届人大常委会第十三次会议分别在城市规划展览馆、市人大常委会会议厅举行。市人大常委会主任王增明、副主任傅世武分别主持了会议。市人大常委会副主任许昆峥、王中联、李屏东、郭领域、张石峰，秘书长王志勇和委员共45人出席会议。会议听取和审议了市政府关于向国庆60周年献礼重点工程项目建设情况的报告；听取和审议了市人大常委会关于石家庄市实施《职业教育法》执法检查情况的报告；听取和审议了关于全市第八届村民委员会换届选举工作情况的报告；听取和审议了关于石家庄市特种行业质量监督安全监察工作情况的报告；听取和审议了关于石家庄市水利工作情况的报告；听取和审议了关于石家庄市民族工作情况的报告；听取并审议了关于石家庄市争取银行贷款情况的报告。审议了市政府关于石家庄市与石堰市缔结友好城市的报告，通过了关于石家庄市与十堰市缔结友好城市的决定；审议并通过了了《石家庄市物业管理条例（修正案）》；审议并通过了关于同意利用中国银行贷款资金列入财政专项预算的决议；审议并通过了关于同意利用中国工商银行贷款资金列入财政专项预算的决议；审议并通过了关于同意利用中融国际信托公司融资资金列入财政专项预算的决议；审议并通过了关于市人大常委会代表资格审查委员会关于个别代表的代表资格终止的报告；审议并通过了人事任免事项。会议对石家庄市特种设备质量监督安全监察工作情况的报告、石家庄市水利工作情况的报告、石家庄市民族工作情况的报告进行了满意度测评。会议要求市政府及有关部门，在国庆60周年献礼重点工程建设中要进一步强化省会意识，进一步发挥省会优势，坚持科学规划、科学论证、科学建设，向全市人民交上一份满意的答卷；要进一步提高实施《职业教育法》及有关法律法规的认识，进一步明确职业教育的目标任务，加大职业教育的投入力度，提升石家庄市职业教育的质量和水平；要进一步发挥基层群众自治组织的作用，切实加强和改进村委会选举工作，切实提高村委会干部的综合素质和工作能力，加大少数尚未完成换届选举村的工作力度，尽快全面完成换届选举任务；要进一步加强安全监察的基础性工作，进一步加大投入，积极建立和完善安全生产的长效监督管理机制，切实提高执法人员的依法行政能力，不断提升安全监察工作水平；要进一步加大节水的宣传力度，加大对民生水利的投入，加强水资源的保护和管理，不断提高依法治水能力；要进一步加大民族法规政策的宣传力度，加快少数民族地方经济发展，维护民族团结和稳定，切实维护少数民族的合法权益。

【市第十二届人大常委会第十四次会议】 8月18日至20日，市第十二届人大常委会第十四次会议在人大常委会会议厅举行。市人大常委会主任王增明、副主任郭领域分别主持会议。副主任许昆峥、王中联、李屏东，张石峰，秘书长王志勇和委员共47人出席会议。会议听取和审议了市政府关于石家庄市2009年1～6月份国民经济和社会发展计划执行情况的报告；听取和审议了关于石家庄市2009年1～6月份预算执行情况的报告、关于2008年市本级决算和市总决算情况的报告以及关于2009年市级预算调整方案草案；听取和审议了关于2008年市本级预算执行及其它财政收支情况审计工作的报告；听取和审议了关于石家庄市“三鹿奶粉事件”处置工作的情况报告；听取和审议了关于石家庄市十五家重点企业节能减排情况的报告；听取和审议了关于石家庄市加强行政效能监察保证政令畅通情况的报告；听取和审议了关于全市新型农村合作医疗工作情况的报告。会议对关于石家庄市十五家重点企业节能工作情况的报告、关于石家庄市十五家重点企业减排工作情况的报告、关于石家庄市加强行政效能监察保证政令畅通情况的报告、关于石家庄市新型农村合作医疗工作情况的报告，进行了满意度测评。审议并通过了关于对一名市人大代表采取司法措施的许可事项；审议并通过了关于批准石家庄市2008年市本级决算的决议；审议并通过了关于批准石家庄市2009年市本级预算调整方案的决定；审议并通过了关于同意将偿还市政府投资管理办公室、市财茂投资开发有限责任公司利用兴业银行、广发银行贷款资金列入财政专项预算的决定；审议并通过了关于批准市政府将“一路一桥”工程回购资金纳入同期年度财政预算的决定；审议并通过了《石家庄市岗南黄壁庄水库水源污染防治条例修正案》。会议审议并通过了人事任免事项，决定任命刘晓军为石家庄市人民政府副市长。会议要求市政府及有关部门，要进一步加快经济结构调整步伐，全力以赴保增长、保变样、保民生、保稳定，继续推进石家庄市经济社会的健康发展；要认真贯彻实施预算法、审计法和有关法律法规，严格依法行政、依法理财，认真落实积极财政政策，增强预算的准确性、科学性和透明度；要加强对地方债券资金的管理，完善考核监督机制，防止造成浪费和资金安全隐患；要坚持不懈地抓好节能减排工作，严格责任考核，强化监督管理，确保向全市人民承诺目标的实现；要进一步加强对《行政监察法》的宣传和教育，不断提高各级领导干部和机关工作人员的认识水平，完善行政效能处理机制，简化行政审批程序和环节，努力提高工作效率和执行能力；要继续加强医疗服务能力建设，不断提高农村医疗水平；积极探索新的筹资途径，不断提高参合农民的受益程度；建立长效医疗监管机制，不断推进这项民心工程的健康发展。

【市第十二届人大常委会第十五次会议】 10月26日至27日，市第十二届人大常委会第十五次会议在人大常委会会议厅举行。市人大常委会主任王增明，副主任张石峰分别主持会议。副主任许昆峥、王中联、傅世武、李屏东、郭领域，秘书长王志勇和委员共46人出席会议。会议听取和审议了市政府关于办理市十二届人大二次会议代表建议、批评和意见情况的报告；听取和审议了市人大常委会关于检查《中华人民共和国归侨侨眷权益保护法》实施情况的报告；听取和审议了关于市公安局开展办案质量检查工作情况的报告；听取和审议了关于市法院开展办案质量检查工作情况的报告；听取和审议了关于市检察院开展办案质量检查工作情况的报告；听取和审议了关于全市公路建设情况的报告；听取和审议了关于全市预算执行审计工作情况的报告。会议对关于市法院开展办案质量检查工作情况的报告、关于市检察院开展办案质量检查工作情况的报告、关于市公安局开展办案质量检查工作情况的报告、关于全市公路建设情况的报告、关于全市预算执行审计工作情况的报告进行了满意度测评。听取和审议了市政府关于石家庄市争取银行贷款情况的报告。会议审议并通过了《石家庄市国家建设项目审计条例》；审议并通过了关于同意将偿还市政府投资管理办公室、市财茂开发有限责任公司利用建设银行河北省分行贷款资金列入财政专项预算的决定。审议并通过了人事任免事项。会议要求市政府及有关部门要充分认识办理人大代表建议的重要性，切实加大协调力度，健全办理监督机制，努力把办理代表建议、批评和意见工作的出发点，落实到有效解决实际问题上；要牢固树立“大侨务”观念，依法保护好归侨侨眷的合法权益，积极吸引海外侨胞到石家庄市投资创业，进一步发挥侨胞侨力作用，加强侨务机构和侨务干部队伍建设；要求市法院、市检察院和市公安局进一步提高办案人员的综合素质和业务能力，继续完善内部监督制约机制，实现对办案流程的全程跟踪和监管，解决好办案质量检查中发现的突出问题，努力巩固和发展案件质量检查的成果；要大力营造加快公路建设的氛围，不断提升公路建设水平，加快公路管理工作法制化，加强公路执法队伍建设，加大公路执法、养护资金的支持力度；要不断强化预算执行审计的工作力度，重点把监督检查扩内需、保增长政策措施的落实情况，作为近期审计工作的首要任务，不断提高审计评价的科学性和实用性，不断研究制定新措施，增加新手段，加大对违法违规违纪问题的查处力度。

【市第十二届人大常委会第十六次会议】 12月22日至12月23日，市第十二届人大常委会第十六次会议在市人大常委会机关新址五楼会议厅举行。市人大常委会主任王增明、副主任许昆峥分别主持会议。副主任王中联、傅世武、李屏东、郭领域、张石峰，秘书长王志勇和委员共45人出席会议。会议听取和审议了市人大常委会关于石家庄市实施《石家庄市再生资源回收利用管理条例》执法检查情况的报告；听取和审议了市政府关于城市建设“三年大变样”情况的报告；分别书面听取和审议了了关于城市建设“三年大变样”规划、建设、城市管理、园林绿化情况的报告；听取和审议了石家庄市关于财政监督工作情况的报告；听取和审议了关于《2008年度市本级预算执行和其他财政收支情况的审计工作报告》中有关问题整改情况的报告。会议对石家庄市城市建设“三年大变样”规划、建设、城市管理、园林绿化工作情况的报告和财政监督工作情况的报告进行了满意度测评。会议审议并通过了人事任免事项；审议并通过了关于召开石家庄市第十二届人民代表大会第三次会议决定草案。会议要求市政府及有关部门，要进一步强化城市规划的引导作用，加大基础设施建设的力度，加大城市环境污染治理力度，提升城市文化内涵，提升省会城市的形象和知名度；要继续加大对《条例》及相关法律法规的宣传力度，进一步建立和完善相应的配套政策，加强执法机制建设，不断提高执法水平，确保《条例》在石家庄市的有效实施；要继续加强对财政监督工作的宣传，转变财政监督方式，完善监督措施，完善财政监督工作机制，拓宽财政监督内容、手段、形式和程序；要继续加大审计整改工作的力度，依法查处违法违纪问题，进一步减少和防止违法违纪现象的发生；要广辟投融资渠道，积极培育现代产业集群，不断优化固定资产投资结构，要强化服务意识，提高办事效率，不断改善和优化投资环境。会议还对市人大常委会一年来的工作进行了回顾，并就开好市十二届人大三次会议提出了要求。

【市人大常委会主任会议】 全年召开了29次主任会议，研究和讨论了118项议题，议定了市人大常委会及其机关一系列的重要日常工作。主任会议紧紧围绕全市改革、发展、稳定大局和城市建设“三年大变样”中心工作以及人民群众关心的“热点”问题，认真履行宪法和法律赋予的各项职责。听取了关于市人大常委会和机关工作制度修订情况的汇报，对73项议事和工作制度进行了修改或修订。研究出台了《关于做好对市“一府两院”专项工作报告进行满意度测评工作的具体办法》。听取了全市农业产业化工作情况的汇报。会议要求市政府及相关部门要进一步树立以工业化理念抓农业产业化的基本思路，以推进产业集群化、加工园区化、生产合作化为立足点，以高科技、高品质为抓手，抓大放小，抓住龙头，抓准特色，不断扩大和延伸农业经济产业链，进一步加大工作力度和资金投入，探索创新农业、农村经济发展新机制，不断促进农业产业化经营的进一步发展，努力推进农村经济的持续快速增长。听取了关于石家庄市旅行社行业发展情况的汇报。会议要求市政府及旅游主管部门，要进一步加大对《旅行社条例》及相关法律法规的宣传力度，健全旅游服务监督管理机制，整合旅游资源，加大政府支持力度，加强对旅行社行业的监督管理职能，加强自身执法队伍建设，依法规范执法行为，努力在全市创造重视旅游事业、发展旅游产业的良好环境。听取了关于全市牧渔产品质量安全工作情况的汇报。会议要求市政府及有关部门，要加快建立和完善监管体系，积极推行监管责任制度；加大监测手段和资金投入力度，全面提高牧渔产品管理和监测水平；加强对规模养殖场的监管，积极推进规模化、标准化养殖；强化对养殖场（户）的宣传、培训和技术指导，确保牧渔产品的质量安全。听取了关于落实市第十二届人大常委会第四次会议通过的关于在全市开展“植树月”活动的决定情况的汇报。会议要求市政府及有关部门，要进一步加大对“植树月”活动的宣传力度，不断提升全市城乡居民的生态意识和绿化意识；要认真解决植树绿化工作中存在的重城市轻农村、重树木轻材质、重栽植轻管理的问题，切实提升树木的品质和层次；要科学谋划，突出重点，制定符合石家庄市实际的长期造林绿化规划；下大力抓好重点生态建设工程，切实强化植树绿化工作的后期管理，严格实行责任制度，确保“植树月”活动常抓不懈。听取了关于石家庄市城乡文化设施建设情况的汇报。会议要求市政府有关部门，要认真做好省会文化设施专项规划的编制工作，为今后城乡文化设施建设奠定基础；强化省会意识，打造集大型演出、图书阅览、休闲娱乐为一体的标志性综合文化设施；加快文化产业发展步伐，重点加大县（市）文化设施建设力度，统筹城乡文化协调发展。听取了关于石家庄市高层次人才队伍建设情况的汇报。会议要求市政府及有关部门，要进一步强化人才意识，为人才成长创造良好的环境；加大国内高层次人才的引进力度，特别要加强对有国际影响、新兴产业高层次人才的引进工作；要完善人才市场服务体系，为石家庄市企业发展提供可靠的人才资源服务；要大力优化人才发展环境，加大高层次人才队伍建设的资金投入，建立与社会主义市场经济相适应的高层次人才工作体制。会议还研究确定了市人民代表大会、市人大常委会会议及其他会议的会务筹备和视察安排、培训安排，工作计划、审查报告，人事任免草案定稿等重要日常工作。

【市十二届人大常委会主任与“三长”联席会议】 2月10日，市人大常委会召开市人大常委会主任与市政府市长、市中级人民法院院长、市人民检察院检察长联席会议。市人大常委会主任王增明，市长艾文礼，市人大常委会副主任许昆峥、王中联、傅世武、李屏东、张石峰，市中级人民法院院长许广为，市人民检察院检察长蔡春和，市人大常委会秘书长王志勇，市政府秘书长张业参加了会议。市人大常委会办公厅、市法院和市检察院办公室负责同志列席会议。会议由市人大常委会主任王增明主持。市人大常委会秘书长王志勇就2009年市人大常委会会议听取和审议专项工作报告并进行满意度测评与计划预算和审计工作报告计划、主任会议议题计划、立法计划和执法检查工作等四个方面的计划草案作了说明。会议商定了2009年市人大常委会听取和审议市“一府两院”专项工作报告并进行满意度测评与计划预算和审计工作报告、主任会议议题安排、立法和执法检查安排的意见，还商定了其他有关事项。

【市十二届人大常委会第二期人大代表学习培训班】 7月7日至9日，市人大常委会在赞皇县举办了为期三天的市人大代表学习培训班。市人大常委会副主任许昆峥出席了人大代表培训班。130余名市人大代表参加了培训班。许昆峥要求，各位代表要深刻理解科学发展观的理论内涵和精神实质，自觉用科学发展观指导代表工作，提升人大代表工作的整体质量和水平，增强代表工作效果；要牢记代表的政治责任，充分认识自身的地位、职责和作用，充分发挥法律赋予代表的权利，进一步增强代表意识特别是履职意识，增强执行代表职务、发挥代表作用的主动性、自觉性，更加积极地履行代表职责、行使代表权利；要不断加强和改进人大代表工作，创新人大代表工作机制，进一步促进代表发挥作用，促进国家权力机关的工作更有成效。

【县（市）区人大常委会主任、办公室主任座谈会】 7月21日至22日，市人大常委会在灵寿县组织召开了全市各县（市）区人大常委会主任、办公室主任座谈会。市人大常委会主任王增明，副主任许昆峥、王中联、傅世武、李屏东、郭领域、张石峰和秘书长王志勇以及市人大常委会各部门主要领导、23个县（市）区人大常委会主任和办公室主任参加了座谈会。秘书长王志勇主持座谈会。各县（市）区人大常委会主任就做好人大工作、依法履行职责进行了经验交流。会议要求，要深入开展学习实践科学发展观活动，充分发挥人大职能作用，以监督法等法律法规为依据，以建设繁华舒适、现代一流的省会城市为目标，依法高效做好人大工作和人大监督工作。

【办理代表建议、批评和意见】 2009年，市人大代表在市人代会期间和闭会期间提出建议、批评和意见336余件，其中17件重点建议由相关专门委员会重点督办。市政府及有关部门积极采取措施，坚持“开门办案”，实行面对面回访，大力提高承办质量、办理时效和代表满意率，市人大代表和群众关注的热点、难点问题得到较好解决，并在规定的期限内已全部办结。其中加速回迁房建设、保障供水安全、发展基础教育、加强就业再就业、社会治安管控等重点建议，得到较好解决，办案质量和代表满意率进一步提高。

【组织视察、检查和调研】 市人大常委会紧紧围绕石家庄市改革开放、经济发展、三年大变样和社会生活中的突出问题以及法律、法规、决议、决定的贯彻落实情况和人民群众关心的热点问题，组织市人大常委会委员、专门委员会委员和人大代表进行了多次视察、检查和调研。围绕依法推进食品安全、环境保护、再生资源回收利用、林权制度改革、园林绿化、职业教育、归侨侨眷权益保护、特种设备质量监督安全监察等，有计划的组织开展了八项相关法律法规的执法检查活动，分别听取和审议了相关法律法规执行情况的汇报，针对存在的问题，提出了改进工作意见。为推动石家庄市经济发展方式转变，常委会坚持把节能减排作为调结构、促升级的着力点，连续对重点企业污染整治、大气和水污染防治进行督导检查，继续开展了“燕赵环保世纪行在石家庄”活动等，促进了石家庄市大气和水环境质量的进一步改善。围绕石家庄市“三年大变样”和重点工程建设质量和进度等中心工作，常委会采取集体视察与专项视察相结合、听取专项汇报与实地勘察相结合的方法，视察了人民广场、铁路穿城入地等重点和国庆献礼工程，对进一步发挥省会优势，搞好统筹规划，整合资源，严格监管，形成攻坚合力等进行督导，确保了重点工程高质量如期完工。同时还组织对园林绿化条例执行情况进行专题调研，梳理了八个方面的问题转有关部门研究解决。围绕加强土地收储出让工作进行调研，促进搞好土地储备，积极拓宽融资渠道，确保城市建设顺利进行。围绕食品安全工作，组织了肉蛋奶菜生产营销、牧渔产品市场供应、食品标准及检验检疫等专题视察，提出了要深入普及食品安全知识、加强监管能力建设、强化生产经营者责任、依法严肃处理各类违法行为等建议，促进了全市食品安全形势明显改善。围绕推动社会主义新农村建设，组织了对石家庄市农村土地承包流转、农业开发、县域经济发展、新民居建设等方面的视察，提出了农村建设城市化、加快农业产业化、壮大县域经济、认真落实惠农政策等建议，为进一步促进县域经济的发展发挥了积极作用。为促进干部作风建设年深入开展，专门组织了行政效能监察、保证政令畅通情况的视察，提出了继续深化行政审批制度改革、强化行政问责、拓宽公众参与渠道等建议，促进了干部作风的好转，促进了政府行政效能转变提高。

2009 年 4 月 9 日，市人大常委会主任王增明（前排左二）带领人大领导集体到无极县视察

【人大常委会调研成果】 按照市人大常委会的统一安排和部署，市人大常委会各部门和各县（市）区人大常委会，立足于全市工作和人大实际，充分发挥人大及其常委会的职能作用，深入开展调查研究活动，取得了丰硕成果，本年度共形成调研文章 33 篇，评出优秀调研成果一等奖 2 个，二等奖 5 个，三等奖 8 个。市人大常委会对以上调研成果给予了通报表彰。同时，希望市人大机关各部门和各县（市）区人大常委会要把调查研究当作成事之基，谋事之本，作为做好人大工作的前提和基础，充分认识调研工作面临的新形势和新任务，进一步增强工作的主动性和创造性，提高调研的针对性和实效性，力争多出成果，多出精品，把调研工作做的更加深入，更富有成效。市人大常委会各部门和各县（市）区人大常委会，充分发挥调研成果的作用，紧密结合当前工作实际，认真梳理、积极采纳调研报告提出的意见和建议，对不断改进人大工作发挥了积极作用。

（韦国清）

【人大机关办公新址揭牌】 11 月 2 日上午，市人大常委会机关办公新址揭牌，并举行升旗仪式。市人大常委会主任王增明，副主任许昆峥、王中联、傅世武、李屏东、郭领域、张石峰出席新址揭牌仪式。市人大常委会秘书长王志勇主持仪式。根据省会建设规划客观需要和市委关于“三年大变样”工作的统一部署，市人大常委会从全市大局出发，决定搬迁青园街市人大常委会机关，为城市升级改造提供便利条件，以实际行动支持推动全市“三年大变样”工作。市人大常委会机关新址位于裕华区石栾路 59 号。

（王　静）

石家庄市人民政府

【概况】 2009年，在省委、省政府和中共石家庄市委的坚强领导下，团结带领全市人民，紧紧围绕打造繁华舒适、现代一流省会城市的目标，以开展深入学习实践科学发展观和干部作风建设年活动为动力，以保增长、保变样、保民生、保稳定为主线，坚决贯彻落实中央和省一系列决策部署，坚定信心，积极应对，全力以赴，攻坚克难，以全新的姿态向科学发展、率先发展的道路大步迈进，全市呈现出总体经济回升向好、社会和谐稳定、人民安居乐业的良好局面。

经济总体回升向好。主要经济指标增速在全省位次普遍前移。地区生产总值跃上了3000亿台阶，完成3110亿元，增长11.1%；全部财政收入突破300亿大关，完成310.25亿元，其中地方一般预算收入完成125.96亿元，分别增长14.18%和14.47%，县域财政收入占全市的比重达到43.18%，藁城、平山、鹿泉、井陉四个县（市）财政收入超过10亿元。规模以上工业实现利税485.5亿元，增长26%。民营经济健康发展，上缴税金占全市的比重达到47%。社会消费品零售总额完成1190.6亿元，增长18.4%，服务业增加值占GDP的比重达到40.2%。除规模以上工业增加值、高新技术产业增加值、外贸进出口总值三项指标没有达到预期外，绝大多数指标达到或超额完成预定目标。

投资保持快速增长。全市城镇固定资产投资完成2228.7亿元，增长41.3%。一批事关省会长远发展的产业支撑、重大基础设施、生态环保、社会事业及民生项目建设取得重大进展。总投资96.9亿元的987个中央投资项目，363个竣工、533个开工建设；总投资436亿元的7个省产业支撑项目正在按计划加快推进；总投资2686亿元的295个省市重点项目中，48个项目竣工，23个正在按进度推进，152个开工建设。六大核心工业园区支撑项目建设实现较大突破，38个项目竣工投产，36个项目开工建设。“20＋X”重点服务业和“10＋X”物流项目加快推进，石太客运专线建成通车，铁路“穿城入地”开工建设，西柏坡公路、电力设施等一批重大交通能源项目建成投用。

结构调整步伐加快。出台了构建省会现代产业体系的意见，制定了生物医药、装备制造等六大产业调整振兴规划，提出了关于进一步加强园区建设的意见。通过深入开展以“保增长、调结构、抓项目、强园区”为主题的工业发展攻坚战活动，五大工业基地和南部工业新区建设迈出新步伐，产业集中度明显提高，全市营业收入50亿元以上的产业集群达到7个，16个产业聚集区列入省重点培育盘子。高新区完成扩区托管，“二次创业”势头强劲、引领示范作用明显增强。全市新认定高新技术企业57家，新增市级以上技术研究中心17家，19个品牌获得国家和省名牌产品。主城区49家重点排污企业已有35家实施搬迁；30家“双百”、“双三十”单位和“市十五家”重点企业节能减排任务全面完成，万元GDP能耗下降5.2%，主要污染物COD、二氧化硫排放量分别下降4%和6%。

城镇面貌显著改观。按照“拆建结合、以建为主”的工作方针，强力实施总投资1111亿元的146个城建项目，并以20项国庆献礼工程为突破口，倾力打造具有时代特色的城市亮点工程、特色区域、标志性建筑群，掀起了石家庄建市以来最大规模的城建改造工程，全年累计完成投资916亿元，圆满完成了“三年大变样”70%的任务目标。城市发展框架基本拉开，修编了城市总体规划和空间发展战略规划，作出了北跨滹沱河发展、建设滨河新区的重大战略决策，确定了“一城三区三组团”的城市空间布局结构，提出了“远期人口规模为500万”的发展目标，为省会长远发展奠定了坚实基础。以大气和水污染治理为重点的环保攻坚工程取得突破性进展，全年共削减燃煤150万吨，拆除分散燃煤锅炉130台，推广优质低硫煤600万吨，全市122座水泥机立窑全部拆除，结束了石家庄市机立窑生产水泥的历史。全年市区二级以上天气达到317天，同比增加16天。市域5条主要河流水质基本达到省控标准。二环快速路提升、裕华路改造、槐安路、和平路高架等一大批彰显时代特色、提升省会形象的重大工程如期竣工。民心广场、文化广场等建成开放，裕西、长安两座精品公园改造完成，全年新增绿化面积516万平方米，对重点区域400栋楼宇实施了夜景亮化升级。以管理重心下移为重点的城管体制改革初见成效，万米网格化管理全面实施，成为全国数字化城市管理试点城市。"三年大变样"的生动实践，不仅使城市面貌显著改观，而且创造了以解放思想、扩大开放、真抓实干、统筹兼顾、以人为本为主要内涵的"石家庄速度"，这种速度不仅是工程建设的速度，更是思想解放的速度、作风转变的速度、科学发展的速度，极大地升华了城市的时代精神，重塑了省会的良好形象，形成了一笔宝贵的精神财富。

农村经济持续发展。认真落实各项强农惠农政策，全年发放粮食直补、农资综合直补等惠农资金12.96亿元。农业综合生产能力进一步提高，主要农产品供给充足，粮食生产战胜严重自然灾害获得较好收成，肉、蛋、果和水产品产量稳定增长。奶业振兴力度加大，鲜奶生产全部实现散养进区、挤奶进站、站企挂钩、全程监管，全国生鲜乳收购站建设和管理现场会在石家庄市召开，石家庄奶业实现了"浴火重生"。农业产业化"115行动计划"深入推进，省级重点龙头企业达到34家，产业化经营率达到61%以上。全年培训转移农村劳动力38.7万人次。全市99.6%的村建立村级集体经济组织，注册经济实体722个。农村新民居建设扎实推进，180个示范村全部开工建设，建成了一批体现时代特色的示范区、示范村。完成了10座中小型水库的除险加固，解决了25万农村人口饮用水安全问题，改造通达209个行政村公路，新建改造变电站35座、线路1205千米，新增沼气用户4.8万户，2.5万贫困人口实现稳定脱贫。

改革开放不断深化。企业改革扎实推进，48家国有企业完成改制，企校分离工作全部完成；7家集体企业、4家经营性事业单位、48个城中村集体经济组织完成改制。金融信贷实现突破，全市新增贷款807亿元，同比增长1.65倍；市财茂、市城投等五大投融资平台实现融资680亿元；工商银行全国客服中心落户石家庄市，兴业银行石家庄分行开始营业，市商业银行改制为河北银行；博深工具、河北诺特实现上市融资。成功举办了石家庄"4·26"正博会、"10·18"石洽会等一系列招商活动，众多国内大集团、大公司纷纷前来投资置业，大连万达、广州恒大、苏宁电器等战略投资者和重大产业支撑项目已落户石家庄，全年实际利用外资5.63亿美元，引进市外资金205亿元。

社会民生全面发展。城市居民人均可支配收入16607元，农民人均纯收入5977元，分别增长10.3%和9.3%。全市新增就业8.44万人，下岗人员再就业4.4万人，城镇失业率控制在3.88%以内。养老、医疗、失业等五项社会保险覆盖面进一步扩大，新型农村合作医疗参合率达到94.24%，大额医疗保险全面启动。27个城中村、284栋回迁楼全面开工建设，199栋主体完工，安置拆迁居民1.7万户。竣工经济适用房43.85万平方米，筹集安置廉租住房5500套，改善旧住宅小区112个，整修小街巷304条，惠及近200个小区、100万城市居民。与人民群众生活密切相关的38件实事基本完成。建设标准化农村中小学60所，改造薄弱学校15所，建成100个乡镇综合文化站、800个农村书屋。民间工艺博物馆建成投用。"彩色周末"、"燕赵讲坛"的影响进一步扩大。现代戏《女人九香》等一批精品力作在全国全省获奖。成功举办了石家庄第四届国际动漫博览交易会，动漫创意产业进一步发展。新建改建县级医院5所、乡镇卫生院24所，全市71%的村卫生室和75%的社区卫生服务机构达到标准化要求。甲型H1N1流感防控工作依法、科学、有序进行，未发生大的扩散和蔓延。全民健身运动广泛开展，竞技体育取得优异成绩。"计生惠民"行动深入实施，低生育水平保持稳定。食品安全最放心城市创建活动扎实开展，全市食品安全水平进一步提高。深入开展安全生产攻坚年活动，重特大事故得到有效遏制。集中开展了市县乡三级干部大接访活动，一大批信访积案和遗留问题得到解决，圆满完成了国庆60周年安全保卫任务。强力推进严打整治专项行动和平安建设，有效地保持了全市社会治安大局的持续稳定。"六城同创"统筹推进，精神文明建设成果丰硕，在全国文明城市指数测评中石家庄市排名大幅提升，荣获全国未成年人思想道德建设先进城市。国防动员和双拥共建成效显著，实现省级双拥模范城"七连冠"。民族宗教、外事侨务、防震减灾、气象人防、社科档案、妇女儿童、老龄慈善、残疾人等各项工作都取得了新成绩。

政府建设不断加强。行政管理体制和审批制度改革继续深化，市县两级政府机构改革基本完成。全年共削减行政许可项目136项，削减率达53.5%。固定资产投资审批事项由102项减少到30项，审批用章由113枚减少到11枚；房地产项目审批由147项减少到25项，审批用章由166枚减少到23枚。严肃查处不作为、乱作为、吃拿卡要等违反"十个严禁"的问题，全市共查处干部作风类案件399起。通过深入开展干部作风建设年活动，各级各部门推动科学发展的能力明显提升，公务员队伍事争一流的氛围更加浓厚，2009年政府系统各部门共荣获全国荣誉称号15个，全国先进单位44个，国家级单项奖21个。扎实推进行政权力运行监控机制建设，深入开展专项资金治理，特别是小金库治理工作取得明显成效。牢固树立过紧日子的思想，全市压缩行政经费和公务开支1.36亿元，减少出国团组29批，撤消评比达标表彰和考核项目150项。民主法制建设不断加强，"五五"普法成效明显。自觉接受人大及其常委会的法律监督和政协的民主监督，接受社会各界的监督，依法行政水平不断提升。

【石家庄市人民政府及其工作部门组成人员】

市　　长：艾文礼
常务副市长：栗进路
副 市 长：王大虎
　　张妹芝　张殿奎
　　刘晓军（8月任）
　　刘明轩　张树志
秘 书 长：李天印（1月免）
　　张　业（1月任）
副秘书长：王建国　杨智勇
　　刘占军（1月免）
　　王溪波　汤化敏
　　韩保来（4月免）
　　蒲国良　郑国良
　　董玉辉（1月任）
　　常志卷（2月任）
　　郎金国（5月任）
　　高庆洲（9月任）

一、市政府工作部门

办公厅
主　任：（空）
副主任：赵志敏　赵景芳

发展和改革委员会
主　任：赵顺法
副主任：李振章（1月免）
　　张彦春　左力鸥
　　吴　飞（12月免）
　　曹惠芳（1月免）
　　杨志乾　张书田
　　高庆洲（9月免）
　　戴宝进（9月任）
　　唐志勤（9月任）

工业经济促进局（2009年10月撤销）
局　长：吴　飞
副局长：付庆文　王双群
　　陈书广　高胜田
　　李建柱

教育局
局　长：王文治（4月免）
　　韩保来（4月任）
书　记：韩保来（兼）
副书记：仵增刚　杜平等
副局长：马建国　马　力
　　赵立芬　李立水

科学技术局
局　长：卢长锁
副局长：张英才　纪卫国
　　张志敏　陈　玉
　　梁国发　郝金卓

工业和信息化局（2009年10月成立）
局　长：吴　飞（12月任）
副局长：张庆绪（10月任）
　　徐　东（10月任）
　　付庆文（10月任）
　　李丰基（10月任）
　　卢昌明（10月任）
　　单元林（10月任）
　　邢卫建（10月任）

民族宗教事务局
局　长：刘书军
副局长：张贵民
　　张联军（5月免）
　　贾琴英
　　邱建开（5月免）
　　王洪河（7月任）

监察局
局　长：张治春
副局长：王文朝　王顺通
　　朝秀华　李小平

公安局

局　　长：张铁力
常务副局长：许振霞
副　局　长：郭新年（3 月免）
苗社祥（3 月免）
陈　震（9 月免）
王云才　程蔚青
武瑞琪　李新乐
田朝民（6 月任）
张宝池（6 月任）

民政局

局　长：刘月照
副局长：刘瑞山　李义春
韩绍明　任跃民
甘国云

司法局

局　长：李锡海
副局长：朱惠保（1 月免）
吉志海　任　飞
任保山
张　仲（1 月任）

财政局

局　长：李和平
副局长：赵志卿（8 月免）
彭占良（11 月任，不占职数）
徐树兵（5 月免）
王彦勤（1 月免）
王铁英（5 月免）
王秋旺（不占职数）
刘生彦（5 月任）

人事局（2009 年 10 月撤销）

局　长：高新城
副局长：韩建国（1 月免）
刘桂江　石景辉
袁民杰
刘春东（8 月免）
田集生（8 月任）

劳动局（2009 年 10 月撤销）

局　长：刘国栋
副局长：肖士杰（1 月免）
刘建国
周亦兵（6 月免）
张　民（11 月免）

人力资源和社会保障局（2009 年 10 月成立）

局　长：高新城（12 月任）
副局长：刘桂江（11 月任）
刘建国（11 月任）
石景辉（11 月任）
袁民杰（11 月任）
田集生（11 月任）
董风雷（11 月任）

国土资源局

局　长：师吉奎
副局长：范振鹏　杜敏海
李少恒　李进禄
梁　伟

环境保护局

局　长：齐惠明（12 月免）
张　炬（12 月任）
副局长：周同友　岳存义
宋春元　耿富顺
张智华

城乡规划局

局　长：王晓临
副局长：张国珍（6 月免）
杨若威　吕　军
李惠林（8 月任）
牛　雄（6 月任）

建设局

局　长：李文昌
副局长：王增喜
郭彦军（7 月任）
周兴旺
杨立众（7 月免）
曹新杰
赵志武（12 月免）

城市管理局

局　长：崔金刚
副局长：王建国（11 月免）
王运泽
赵宪忠（11 月免）
高乃善

住房保障和房产管理局

局　长：张富春
副局长：白彦德
唐继石（1 月免）
韩东波　王文兴
黄拴喜

交通局（2009 年 10 月撤销）

局　长：孙吉明（1 月免）
贾连海（1 月任）
副局长：孙宏普　葛新生
路喜柱　张国庆

交通运输局（2009 年 10 月成立）

局　长：贾连海（12 月任）
副局长：孙宏普（11 月任）
葛新生（11 月任）
路喜柱（11 月任）
张国庆（11 月任）

信息产业局（2009 年 10 月撤销）

局　长：王玉民
副局长：闫秀林　张庆绪
张殿英　陈卫平
郭　毅　卢昌明
邢卫建

水利局（2009 年 10 月撤销）

局　长：楚行宇（1 月免）
张维德（3 月任）
副局长：赵卯生（1 月免）
黄万春　陈金成
田振堂　周自强
宋国宏

水务局（2009 年 10 月成立）

局　长：张维德（12 月任）
副局长：陈金成（11 月任）
田振堂（11 月任）

周自强（11月任）
宋国宏（11月任）

农业局
局　长：刘占军
副局长：周树方　李建军
田智岭（5月免）
谷英海　杨锁成
吴振见

林业局
局　长：冯书勤（1月免）
杨建秋（1月任）
副局长：杨书堂　孙志强
王兰记　李西平
贾　斌

畜牧水产局
局　长：孟胜林
副局长：何文昌（5月免）
贾建平　刘海生
王玉坤　刘芬玲

商务局
局　长：罗北中
副局长：张和平　刘　平
王鸿瑞
马千里（11月免）
和　健　李　铭

文化局（2009年10月撤销）
局　长：李耀峰
副局长：张文志　孙世煦
郭纯阳　左春和

文化新闻出版局（2009年10月成立）
局　长：李耀峰（12月任）
副局长：胡志国（11月任）
周卫中（11月任）
张文志（11月任）
孙世煦（11月任）
郭纯阳（11月任）
左春和（11月任）
张秀芳（11月任）

体育局
局　长：唐　青
副局长：张建增（2月免）
贾建军（12月任）
李进忠　刘　坤
葛学林（5月免）
黄增国（2月任）

卫生局
局　长：闻宏海
副局长：解晓芒（11月任）
周育华　李淑琴
甄继革　林慧芳
闫纯锴

食品药品监督管理局
局　长：毕拉祥（12月任）
副局长：张元礼（11月任）
张　旭（11月免）
黄岩松（11月任）
李　俊（11月任）
杜瑞行（11月任）

人口和计划生育委员会
主　任：曲仓坤（8月免）
李志宏（女，8月任）
副主任：吴显文（11月免）
信建忠（5月免）
李志宏（女，8月免）
李　志（11月任）
张红梅（女，11任）

审计局
局　长：杨英波（12月免）
齐惠明（12月任）
副局长：曹书辰
胡荡舟（5月免）
李景海　张家亮
李士宗

国有资产监督管理委员会
主　任：段致平
副主任：毕拉祥（12月免）
尚建斌　韦　东
李建柱（12月任）

安全生产监督管理局
局　长：崔云申
副局长：崔同英　安全喜
潘广平　马锁柱
张宝琪　杨玉珠

统计局
局　长：王俊林
副局长：徐拥政　杨芬朝
戴贻辉　刘建强

粮食局
局　长：翟力献，
副局长：孙　勃（5月免）
刘振山　王顺平
张　伟
徐龙蛟（8月任）

旅游局
局　长：王玉国
副局长：黄　健　王树生
米进立　刘庆卫
丰春雷

中小企业局（2009年10月撤销）
局　长：郭素芝（4月免）
副局长：李清慧　徐　东
刘令军　李丰基
刘国明

法制办公室
主　任：孙二喜
副主任：张若丕　赵成英
赵士宾

外事办公室
主　任：杨秋贵
副主任：魏建涛　樊为民
孟　硕

人民防空办公室
主　任：梁俊科（6月免）
马文刚（6月任）
副主任：吴书建
马新新（11月免）

苏　力　胡月平

金融工作办公室

主　任：(空缺)

副主任：张新锋（10月任）

二、市政府直属事业机构

地震局

局　长：高翠君

副局长：赵万里　杨卫东

园林局

局　长：李英波

副局长：曹梦林

杨建秋（1月免）

范建国　赵同法

郝建国

广播电视局（2009年10月撤销）

局　长：王　智

副局长：胡全栋　商业南

赵树斌

王　强（8月免）

葛金平

广播电影电视局（2009年10月成立）

局　长：王　智

副局长：胡全栋（11月任）

商业南（11月任）

赵树斌（11月任）

王　强（8月免）

葛金平（11月任）

新闻出版局（2009年10月撤销）

局　长：张　炬

副局长：贾建军　胡志国

周卫中　张秀芳

档案局

局　长：王彦明

副局长：赵克胜　胡建敏

党福民（12月任）

朱银刚

三、部门管理机构

物价局（由发展和改革委员会管理）

局　长：王　宣（6月免）

高玉柱（6月任）

副局长：高玉柱（1月任，6月免）

杨惠萍　朱振堂

卢金保

崔卫东（10月免）

杜宪京（10月任）

张　旭（10月任）

投资招商局（2009年10月成立，由商务局管理）

局　长：马千里（11月任）

副局长：陈卫平（11月任）

苗先国（11月任）

【市政府全体会议】 2月1日，市政府召开十二届二次全体会议。主要目的是动员全市上下认真贯彻市委八届四次全会和市十二届二次人代会精神，进一步统一思想，坚定信心，全面提升政府执行力，以崭新的精神风貌，过硬的工作作风，聚精会神谋发展，扑下身子抓落实，把市委、市政府的决策部署，真正变为各级各部门的实际行动，圆满完成“保增长、保变样、保民生、保稳定”的各项任务目标。市委副书记、市长艾文礼在会上作了重要讲话，对石家庄当前的基本形势进行了分析，并对如何提升政府执行力，如何调动各方积极性，凝心聚力抓发展提出了几点意见。

8月1日，市政府召开十二届三次全体会议。主要目的是深入贯彻省市领导干部会议精神、省委省政府主要领导来石考察重要讲话精神、省重点项目调度会议精神和市委常委会议精神，动员全市政府系统进一步强化省会意识，以崭新的精神风貌，过硬的工作作风，鼓劲加压，提质提速，卓有成效地抓好各项工作落实，以更大的作为、骄人的业绩，向建国60周年献礼。市委副书记、市长艾文礼就政府系统如何进一步强化省会意识，推动各项工作落实，讲了几点意见：一是强化省会意识，必须以更高的追求振奋精神；二是强化省会意识，必须以更宽的视野推进创新；三是强化省会意识，必须以更大的气魄争创一流。

【市政府常务会议】 1月4日，代市长艾文礼主持召开市政府第二十次常务会议。会议认真贯彻落实市委八届四次全会精神，对下一步工作进行了安排部署。会议听取了关于石环公路建设情况的汇报，讨论并原则通过了《关于促进房地产业健康发展的若干意见》的补充意见、《关于进一步加快城中村改造的实施意见》的补充意见、关于鼓励旧城改造货币补偿、异地安置实施意见和石家庄市房地产项目联合审批绿色通道工作方案等。市政府常务会组成人员栗进路、王大虎、张妹芝、张殿奎、刘明轩、张树志、李天印、陈启明、张业出席会议。市人大常委会副主任傅世武应邀出席会议。常务会前，与会人员听取了河北科技大学文法学院副教授、副院长刘武朝所作的《中华人民共和国循环经济促进法》专题讲座。

2月8日，市长艾文礼主持召开市政府第二十一次常务会议。专题研究石家庄市的抗旱工作和裕华路、槐安路开工建设及交通组织工作。会议强调，各级党委政府和相关部门要高度重视，牢固树立抗旱保丰收的意识，全力做好各项工作，严密组织，科学抗旱，确保粮食丰收。市政府常务会组成人员栗进路、王大虎、张妹芝、张殿奎、刘明轩、张树志、马玉文、陈启明、张业出席会议。市委副书记刘云峰，市人大常委会副主任李屏东，市政协副主席李天印应邀出席会议。

2月16日，市长艾文礼主持召开市政府第二十二次常务会议。会议传达了全省重点建设项目调度会精神，研究了石家庄市项目考核办法、石家庄市重点项目领导分包责任制方案，石家庄市项目建设检查督导办法和各县（市）区争先进位考核办法；研究并原则通过了石家庄市农村新民居建设实施方案和关于落实2009年度消防安全责任状的意见等。市政府常务会组成人员栗进路、刘明轩、张树志、陈启明、张业出席会议。市人大常委会副主任王中联、市政协副主席韩宪章应邀出席会议。

2月26日，市长艾文礼主持召开市政府第二十三次常务会议。会议听取了石家庄市援建四川地震灾区工作情况的汇报，关于2008年主要工作完成情况及筹备2009年环保大会有关情况的汇报，关于2009年城建计划（草案）安排情况的汇报，和关于房地产开发行政审批清理情况的汇报。市政府常务会组成人员栗进路、王大虎、刘明轩、张树志、张业出席会议。市人大常委会副主任李屏东应邀出席会议。

4月11日，市长艾文礼主持召开了市政府第二十四次常务会议。会议听取了石家庄市一季度主要经济指标完成情况的预测分析报告，研究并原则通过了石家庄市2009年度立法计划（草案）、石家庄市凿井管理办法、石家庄市城市规划违法建设案件处理办法等，听取了关于做好2009年承办人大代表建议政协提案工作的意见和实施重大项目建设责任制有关情况的汇报等。市政府常务会组成人员栗进路、王大虎、张妹芝、张树志、陈启明、张业出席会议。市人大常委会副主任许昆峥应邀出席会议。常务会前，与会人员听取了河北新业律师事务所主任张霄云所做的《“三年大变样”中土地政策的应用》专题讲座。

5月5日，市长艾文礼主持召开市政府第二十五次常务会议。会议研究部署了甲型H1N1流感防控和市直部分事业单位公开招录工作人员等项工作，听取了2009年融资使用计划的安排、关于与中冶集团合作有关情况的汇报等。市政府常务会议组成人员栗进路、王大虎、张妹芝、刘明轩、陈启明、张业出席会议。市政协副主席李天印应邀出席会议。常务会前，与会人员听取了市委党校法学教授唐永志所作的《森林防火条例》专题讲座。

6月8日，市长艾文礼主持召开市政府第二十六次常务会议，研究部署了全市防汛等项工作。会议强调，2009年的汛期已经到来，防汛工作非常重要。各级各部门要高度重视，认真履行职责，严格考核奖惩，确保各项防汛措施落实到位，要经过全市上下的共同努力，打赢全市防汛这一仗。市政府常务会议组成人员栗进路、王大虎、张妹芝、张殿奎、刘明轩、张树志、马玉文、陈启明、张业出席会议。市人大常委会副主任傅世武，市政协副主席李天印应邀出席会议。常务会前，与会人员听取了河北科技大学法律系副主任徐红新关于《中华人民共和国专利法》专题讲座。

7月14日，市长艾文礼主持召开市政府第二十七次常务会议。会议对推行安全生产“一岗双责”构建党政齐抓共管长效机制等项工作进行研究讨论。会议指出，安全生产事关人民群众生命财产安全，各级党委和政府要牢固树立安全发展理念，把科学发展、安全发展理念真正落实到全市经济社会的各项工作中。市政府常务会议组成人员栗进路、张妹芝、刘晓军、刘明轩、张树志、陈启明、张业出席会议。市人大常委会副主任李屏东应邀出席会议。常务会前，与会人员听取了石家庄市公安消防支队副支队长朱华卫所作的《中华人民共和国消防法》专题讲座。

8月1日，市长艾文礼主持召开市政府第二十八次常务会议。会议研究并原则通过了《关于规范市区道路停车场管理有关问题的意见》、《关于做好产业调整振兴实施意见的组织实施和下半年重点工作的意见》、《关于我市行政服务中心建设实施意见》等。会议还听取了关于省重点建设项目调度会精神和市项目建设工作安排的汇报；关于全市对外贸易、利用外资情况的汇报和关于规范性文件清理工作情况的汇报等。市政府常务会组成人员栗进路、王大虎、张妹芝、张殿奎、刘明轩、张树志、陈启明、张业出席会议。常务会前，与会人员听取了河北三和时代律师事务所律师冯增书所作的《中华人民共和国企业国有资产法》专题辅导。

9月9日，市长艾文礼主持召开市政府第二十九次常务会议。会议研究并原则通过了石家庄市农村聚餐食品安全管理办法（草案）、关于进一步做好普通高校毕业生就业工作的实施意见、石家庄市重大行政处罚备案规定（草案）、石家庄市2009年城市规划设计集中攻坚行动实施方案等，听取了关于南水北调中线石家庄区段工程征迁有关情况的汇报。市政府常务会议组成人员栗进路、王大虎、刘晓军、刘明轩、张树志、马玉文、陈启明、张业出席会议。市政协副主席李天印应邀出席会议。常务会前，与会人员听取了省政府法制咨询专家、省经济法研究学会副会长梁洪杰教授关于《国际金融危机及其法律防范机制分析》专题讲座。

9月14日，市长艾文礼主持召开市政府第三十次常务会议。会议听取了关于全市甲型H1N1流感防控工作情况的汇报，就下一步防控工作进行了安排部署。会议要求，各级各部门要立足于防大疫、打大仗、打硬仗，切实做好防大疫各项准备工作，以“预防”为重点，强化措施，狠抓落实，举全市之力，坚决打赢防控甲型H1N1流感这场硬仗。市政府常务会议组成人员栗进路、王大虎、张妹芝、刘晓军、刘明轩、陈启明、张业出席会议。市人大常委会副主任傅世武，市政协副主席李天印应邀出席会议。

9月27日，市长艾文礼主持召开市政府第三十一次常务会议。会议讨论并原则通过了关于进一步加强土地收储工作的实施意见，关于《石家庄市医药卫生体制改革近期重点实施方案(2009年——2010年)》和《2009年石家庄市医药卫生体制五项重点改革工作》，传达落实了全省深化医药卫生体制改革工作会议精神。会议还对国庆期间的安全等各项工作进行了安排部署。市政府常务会议组成人员栗进路、王大虎、刘晓军、马玉文、陈启明、张业出席会议。市政协副主席李天印应邀出席会议。

11月2日，市长艾文礼主持召开市政府第三十二次常务会议，会议听取了石家庄市投资和项目建设工作、1～10月份全市经济形势、关于《市政府工作报告》确定的2009年重点工作和为民办实事工作进展等情况的汇报，对存在的问题和薄弱环节一一进行了认真分析，结合当前运行走势，对后两个月的经济运行提出了具体的对策。市政府常务会议组成人员栗进路、王大虎、张妹芝、张殿奎、刘晓军、刘明轩、张树志、陈启明、张业出席会议。

11月11日，市长艾文礼主持召开市政府第三十三次常务会议，专题安排部署抗击暴风雪灾害工作。会议时强调，全市各级各部门、各单位要发扬连续作战的精神，克服困难，统筹兼顾，抓住重点，科学组织，万众一心除雪救灾，切实做好保通行、保树木、保供暖、保供气、保供电、保通讯、保供水、保市民人身安全、保市民正常生活，最大限度地减少暴雪造成的灾害和损失。市政府常务会议组成人员栗进路、张殿奎、刘晓军、张树志、张业出席会议。市委常委、警备区政委李国伦，市政协副主席曹社会应邀出席会议。

12月4日，市长艾文礼主持召开市政府第三十四次常务会议，就政府如何主导和支持构建现代产业体系建设和实施工业倍增计划等项工作进行了研究和部署，同时，研究出台石家庄市支持构建现代产业体系若干政策和意见等。市政府常务会议组成人员栗进路、王大虎、张妹芝、张殿奎、刘晓军、刘明轩、张树志、张业出席会议。市人大常委会副主任李屏东，市政协副主席李天印、朱增海应邀出席会议。

12月26日，市长艾文礼主持召开市政府第三十五次常务会议，会议全面系统地对石家庄市土地利用总体规划修编内容进行了认真研究，原则通过了《石家庄市土地利用总体规划大纲》。艾文礼强调，石家庄市土地利用总体规划一定要与城市的总体规划、城市定位、产业振兴纲要、产业规划等衔接好，在确保耕地保有量和农田保护面积的前提下，既要有利于土地使用，又要有利于城市的发展，做到统筹兼顾。市领导刘云峰、栗进路、王大虎、张妹芝、张殿奎、刘晓军、刘明轩、张树志，市政府秘书长张业，以及市直各有关部门的负责同志出席会议。

【为人民群众办的38件实事】

一、医疗

序号	具体任务目标	责任单位	完成情况
1	加强农村卫生基础设施建设，完成高邑县、晋州市、井陉县、灵寿县、鹿泉市、平山县、元氏县和赞皇县8个县（市）24所乡镇卫生院新建、改扩建项目，进一步改善群众就医环境。	市卫生局，有关县（市）人民政府	高邑等8个县（市）24所乡镇卫生院新建、改扩建项目如期完工。
2	深入开展标准化村卫生室创建活动，全市4419个行政村中70%的村建成1所标准化卫生室，实现标识统一、制度统一、处方统一、价格统一。	市卫生局，各县（市）区人民政府	共有3138所村卫生室达到了标准化建设要求，占全市4419个行政村的71%。
3	深入开展“医学专家大篷车”和“千名医师下乡村”活动，通过卫生下乡对口支援乡镇卫生院60所，培训乡村医生4000名，提高基层医疗卫生服务水平。	市卫生局，各县（市）区人民政府	共组织医务人员610人次对口支援乡镇卫生院65所，培训基层卫生人员21595人次，下乡诊治病人62285人次。
4	在全市2000个农村举办“健康生活进农村大讲堂”活动，在市区举办20期“燕赵讲坛——百姓健康讲堂”活动，让更多的人民群众学到方便实用的健康知识，进一步提高全民健康意识和健康水平。	市卫生局，各县（市）区人民政府	在深泽、元氏等18个县（市）区2213个村举办了“健康生活进农村大讲堂”活动，直接受教育群众79.1万人，发放宣传材料92万份；在市区举办“燕赵讲坛 百姓健康讲堂”53期，直接受益人数2.3万人。
5	为社区居民建立电子健康档案，建档率达到70%。	市卫生局，市内五区人民政府，高新区管委会	建立社区居民电子健康档案185万份，建档率达到了77.9%。
6	建成100个人口和计划生育优质服务示范站；为全市120万名已婚育龄妇女免费提供生殖健康检查服务。	市人口和计划生育委员会、卫生局，各县（市）区人民政府	建成人口和计划生育优质服务示范站116个，为130.1万名已婚育龄妇女进行了免费生殖健康检查服务。

二、饮食

序号	具体任务目标	责任单位	完成情况
7	继续推行标准化生产，通过省无公害牧渔产品产地认定单位20家，达到190家；通过农业部无公害农产品认证牧渔产品3个，达到25个。	市畜牧水产局	通过省无公害畜产品产地认定单位43家，累计达到213家；通过农业部无公害畜产品认证3个，累计达到25个。
8	实施农村饮水安全工程，解决农村20万人饮水安全问题。	市水利局，有关县（市）人民政府	共兴建饮水工程135处，解决了161个村、25万人的饮水安全问题。
9	开展创建“餐饮消费放心城市”活动，全市有证餐饮单位量化分级评定率达到100%，卫生优良单位率达到80%。	市卫生局、工商局，各县（市）区人民政府	全市有证餐饮单位量化分级评定率达到了100%，500平方米以上餐饮单位卫生优良率达到了83.6%。
10	新建1500个“食盐安全村”，累计达到4000个，覆盖率达到90%。	市供销社，各县（市）人民政府	新创建食盐安全村1518个，累计达到4024个，覆盖率达到了91%。

三、住房

11	市区新增集中供热面积300万平方米。	市发改委、国资委	市区共新增供热面积648万平方米。
12	为低收入住房困难家庭建购经济适用房2100套、廉租住房5500套；对认定符合标准的低收入住房困难家庭足额发放廉租住房租赁补贴。	市住房保障和房产管理局、民政局、国土局、规划局，有关县（市）区人民政府	经济适用住房（含集资建房）竣工面积43.85万平方米、4904套。共筹集廉租住房5500套，其中购买1513套，社会租赁3987套。共为27632户低收入住房困难家庭提供了廉租住房保障，累计发放廉租住房租赁补贴5487万元，对低收入住房困难家庭实现了应保尽保。
13	对市区110个旧住宅小区进行改善，完成400万平方米改善任务。实施18个棚户区(危陋房)改造项目，完成52万平方米拆迁和200万平方米新建任务。	市住房保障和房产管理局、规划局、国土局，市内五区人民政府、高新区管委会	旧小区改善，共改善旧小区112个，改善面积506.75万平方米。危陋住宅区改建，共实施棚户区（危陋房）改造项目20个，完成拆迁52.07万平方米，开工建设面积61.3万平方米。

四、出行

14	新建10个机动车上牌照、旧车交易、驾驶员考试延伸服务点，方便群众就近办理车辆和驾驶员业务。	市交管局	共新建延伸服务点10个。其中，驾驶员考试延伸服务点5个、机动车上牌延伸点2个、旧车交易服务点3个。
15	整修120个行政村的农村公路。	市交通局，有关县（市）人民政府	共完成209个行政村的农村公路整修工作，整修路面480.4千米。
16	实施中山路繁华大道、裕华路迎宾大道、和平路快速大道等"7路"工程，提高道路通行能力，改善省会交通环境。	市规划局、交通局、建设局、城管局、园林局、电业局，有关区人民政府	中山路繁华大道、裕华路迎宾大道、和平路快速大道、槐安路快速大道等"7路"工程作为国庆60周年献礼项目已如期完工，省会交通环境明显改善。
17	市区新购置50部公交车辆，新开辟5条公交线路。	市城管局	新购置公交车600部，并全部投入运营。新开辟了87路、306路、游10路、502路、89路和19路6条公交线路。
18	完成学府路拓宽改造、富强大街打通等工程，对市区内150条次干道、支路及225条小街巷进行改造和整治。	市建设局、城管局，市内五区人民政府，高新区管委会	道路、街巷整修工作全面完成，共整修道路、街巷304条，其中大修道路34条，整修小街巷270条。学府路拓宽改造、富强大街打通、友谊大街北延等道路工程竣工通车。

五、科教

19	在全市建设20个新农村科技示范村，配套发放2万册农业实用技术、卫生知识等科普书籍。	市科技局，有关县（市）人民政府	共建成新农村科技示范村20个；编印《石家庄新农村建设科普知识读本》4万套，免费发放3.4万份。
20	完成60所中小学标准化学校建设，改造市区义务教育薄弱学校15所。	市教育局，有关县（市）区人民政府	60所中小学标准化建设项目全部竣工，竣工面积14万平方米；改造市区义务教育薄弱学校15所。

六、文化

21	新建100个乡镇综合文化站。	市文化局，有关县（市）人民政府	100个乡镇综合文化站全部竣工。

22	在城市社区免费放映电影1000场，在农村放映50000场；组织优秀剧目展演和送戏下乡活动，在市区演出不少于100场，在农村演出不少于800场。	市广播电视局、文化局，有关县（市）区人民政府	免费在社区放映电影1240场，农村放映电影53167场；组织优秀剧目展演和送戏下乡共演出905场，其中农村演出802场，城市演出103场。
23	新建800家新农村书屋，进一步解决农民读书难问题。	市新闻出版局，各县（市）区人民政府	共新建“农家书屋”800家。
24	继续实施“村村通”工程，解决西部山区300个20户以上已通电自然村收视难问题。	市广播电视局，有关县（市）人民政府	通过为山区百姓安装卫星地面接收设施，解决了300个20户以上自然村收视难问题。

七、就业

25	全年举办50场公益性劳务交流洽谈活动和2场大型专场招聘交流洽谈会。对零就业家庭实行动态管理，确保在就业年龄段内有就业愿望的家庭成员至少有1人实现就业。	市劳动和社会保障局，各县（市）区人民政府	举办公益性劳务交流洽谈活动50场，大型专场招聘交流洽谈会5场，提供就业岗位27.6万个；全市共出现零就业家庭61户，解决61户，安置就业87人，零就业家庭保持动态为零。
26	全市新增城镇就业7.3万人，帮助失业人员实现再就业3.85万人。	市劳动和社会保障局，各县（市）区人民政府	全市新增城镇就业人员8.4万人，帮助失业人员实现再就业4.01万人，城镇登记失业率控制在4.5%以内。
27	为新农村建设培训各类人才65万人次，其中，成人教育和再就业培训10万人次，劳动力转移培训20万人次，农村实用培训和农业产业化培训35万人次。	市教育局、劳动和社会保障局，各县（市）人民政府	共开展各类人才培训86.8万人次。其中，成人教育和再就业培训13.6万人次，农村劳动力转移培训25.2万人次，农村实用技术培训48万人次。

八、社会保障

28	建设晋州市、藁城市、辛集市、元氏县4所中心敬老院，鹿泉市、栾城县、无极县、井陉县、行唐县、高邑县、正定县、深泽县、赵县、辛集市、平山县11所区域敬老院。全市五保老人集中供养率达到50%。	市民政局，有关县（市）区人民政府	4所中心敬老院和11所区域敬老院均已完工并开始入住。全市共有五保对象21084人，其中集中供养11008人，集中供养率52.2%。
29	完成市儿童福利院主体工程。	市民政局	市儿童福利院主体工程完工。
30	加大扶贫开发力度，基本解决2.5万农村贫困人口脱贫问题。	市扶贫办，有关县（市）人民政府	通过多种形式帮扶，使2.5万农村贫困人口实现了脱贫。
31	推行计划生育独生子女家庭意外伤害保险，为全市农村和城镇低保家庭独生子女投保补贴，提高独生子女家庭抵御风险的能力。	市计划生育协会，各县（市）区人民政府	共为121431户独生子女家庭投保，落实投保补贴资金81.7万元；441人次获得独生子女家庭意外伤害保险赔付，赔付金额135.1万元。

九、其他

32	实行便民缴费“一卡通”服务，公用事业收费、小区物业收费等实现“一卡多用、一卡通用”，年发卡量达到30万张。	市信息产业局	一卡通公用事业缴费平台正式开通运营，发卡量达到了30多万张。市民在缴纳电费、燃气费、通信费、有线电视费及小额消费类缴费等方面实现了“一卡多用、一卡通用。
33	加快农村电网建设，新建、改造35千伏变电站35座，新建、改造线路1200千米，新增配电变压器1000台。	市电业局，各县（市）人民政府	新建改造35KV变电站35座，10～35KV线路1205千米，新增改造配电变压器1000台。

34	实施生态家园富民工程，新增沼气用户37054户，全市沼气用户达到39万户。	市农业局	新建户用沼气池47988个，全市沼气池用户达到了42万户。
35	继续向二环以外区域拓展110路灯杆报警定位系统，方便群众报警求助。	市公安局	共设置路灯杆110报警定位标志9795个，完成了110路灯杆报警定位系统向二环以外区域拓展工作任务。
36	建设和改造提升60个便民市场，方便群众生活。	市商务局，市内五区人民政府，高新区管委会	共新建和改造提升便民市场60个，其中，新建23，改造提升37个。
37	深入开展水、大气污染防治，市区空气质量二级以上天数达到306天，主要河流出境断面COD浓度稳定在省控标准内。	市环保局，各县（市）区人民政府	市区空气质量二级以上天数达到317天，同比上年增加16天。滹沱河等主要河流出境断面COD浓度均达到省考指标要求。
38	实施“5场、3园、2线、1带”工程，建设省文化中心等5个广场、城市景观绿地游园等3个公园，铁路、高速公路两侧生态景观线，夜景景观带，提升城市品味。	市规划局、园林局、工业促进局、国资委、城管局，有关县（市）区人民政府	“5场、3园、2线、1带”工程作为国庆60周年献礼工程已如期完工。

【服务协调工作】 全年受理市民来电来信28万件（次）；编发《市长公开电话日报》、《重要情况专报》300多期；承办领导批件608件，办结率100%。办理省直、驻军有关事项62件，满意率100%。多次受到市政府领导批示肯定，群众给予广泛好评，并被市政府办公厅推荐为受全市表彰的干部作风建设年活动先进集体和十佳窗口单位。

【提案工作】 全年办理全国、省市人大代表建议、政协提案1078件。其中，全国和省建议、提案69件，市建议、提案1009件。按时办结率和答复函规范化率均达到100%，代表、委员所提问题得到解决或基本解决比例达到69%以上；组织走访省市代表、委员比例90%以上，代表、委员满意率达到100%。全年编辑《提案追踪》10期，向省政府办公厅报送工作信息6篇，起草文件、汇报材料、报告9篇，撰写调研文章及经验材料2篇，分别在省政府办公厅《承办工作通报》、市政府办公厅《政务情况交流》刊发。

（王建峰）

人力资源和社会保障

【概况】 2009年，市人力资源和社会保障部门紧紧围绕“保民生、保变样、保增长、保稳定”工作大局，积极开展“干部作风建设年”和“深入学习实践科学发展观”活动，坚持机构改革和业务工作同步推进，齐心协力，狠抓落实，各项工作取得显著成绩。至年末，全市城镇新增就业8.4万人，其中下岗失业人员再就业4.47万人，城镇登记失业率为3.87%，控制在省下达的4.5%以内；实现农村劳动力转移就业38.8万人次，其中劳务输出8.5万人次；举办公务员初任培训三期，参训人员573人；举办市直政府系统人事干部业务培训班一期，培训主管副处长41人；开展公务员年度考核工作，按规定程序对公务员进行嘉奖20875名，记三等功3314名，记二等功88名；与市委组织部联合组织开展“人民满意的公务员”和“人民满意的公务员集体”推荐评选表彰活动，评选全市“人民满意的公务员”32名，表彰全市“人民满意的公务员集体”10个。

【积极促进就业】 根据国家和省有关政策，石家庄市制定了做好金融危机情况下就业工作8个系列配套文件，形成特殊时期稳定和扩大就业一整套政策措施，得到国家就业政策落实督查组充分肯定。为稳定企业就业岗位，全市开展了“下基层、摸实情、办实事、促就业”调查摸底工作，采取“五缓四减三补两协商”措施，认定困难企业222家，减免保险费2892万元，将失业保险基金用于岗位补贴8996万元、社会保险补贴2.16亿元，稳定职工15.2万人。突出抓好高校毕业生就业工作，落实高校毕业生基层服务项目，积极开展“就业洽谈会校园行”和“就业困难高校毕业生就业援助”等活动，组织90名志愿者参加了“三支一扶”计划。至年末，全市实现高校毕业生就业4.44万人，初次就业率达到87.1%。努力开发公益性岗位，全年协调公安、民政、安监、计生等部门开发公益性岗位1360个，年末全市公益岗位总数累计达到9031个。强化公共就业服务，开展了春风行动、民营企业招聘周、全民创业暨就业援助服务月活动等专场招聘活动，参加了“冀京人力资源洽谈会”，举办了“全国就业援助月活动启动仪式”。推进创业带动就业工作，通过举办“创业大讲堂”，开展创业服务进高校、进“高墙”、进社区、进乡下、进军营“五进”活动，使创业服务惠及到全市每位有创业愿望的人员。到年底，全市开办创业培训班247期，培训学员6175名，成功创业2470人，创业成功率达到40%。

【社会保障水平提高】 认真落实企业职工基本养老保险省级统筹政策和企业养老保险基金收支挂钩机制，出台《市区城镇职工基本医疗保险实施细则》和《市区城镇居民基本医疗保险实施细则》，制定石家庄市《关于开展新型农村社会养老保险试点工作的实施意见》。至2009年底，全市企业职工养老保险参保人员达到95.4万人，机关事业单位养老保险达到14.3万人，城镇职工医疗保险达到122万人，生育保险达到101万人，失业保险达到88.6万人，工伤保险达到88.6万人；城镇居民医保参保人数达到69万人。年内，石家庄市已连续第五年提高企业退休人员基本养老金水平，全市27.5万名企业退休人员，人均月增资127.78元。城镇职工医保和居民医保住院费用报销比例提高，其中失业保险金标准每人每月增加65元，工伤保险待遇连续三年提高。

（林建春　张元峰）

【企业可申报实施综合计算工时工作制和不定时工作制】 根据省劳动保障部门有关通知，从2月起，石家庄市行政区域内企业确因工作性质和生产经营特点需要，不能实行每天工作时间不超过8小时、每周工作时间不超过40小时、每周至少休息一天标准工时制度的，可以向劳动行政部门申请实行综合计算工时工作制和不定时工作制，经批准后予以实施。综合计算工时工作制是指企业因工作性质特殊或受季节及自然条件限制，需要安排职工连续作业，无法实行标准工时制度，以周、月、季、年为周期综合计算工作时间的工时制度。在综合计算周期内，职工平均日工作时间和平均周工作时间应与法定标准工作时间基本相同。综合计算工时工作制适用于：交通、铁路、邮电、水运、航空、渔业等行业中需要连续作业的职工；地质及资源勘探、建筑、制盐、制糖、旅游等受季节和自然条件限制行业的职工；受市场因素影响，生产经营任务明显不均衡、需要阶段性工作、休息企业的职工；因工作地点较远需要集中安排工作、休息的职工；其他适合实行综合计算工时工作制的职工。不定时工作制是指企业因生产经营特点、工作特殊需要或职责范围的关系，对无法按标准工作时间衡量或需要机动作业的职工所采用的弹性工时制度。不定时工作制适用于：企业中的高级管理人员、外勤人员、推销人员、部分值班人员和其他因工作无法按标准工作时间衡量的职工；企业中的长途运输人员和押运人员、出租汽车司机和铁路、港口、仓库的部分装卸人员以及因工作性质特殊需机动作业的职工；非生产性值班人员；其他适合实行不定时工作制的职工。按照河北省有关规定，实行综合计算工时工作制的计算周期，不得超过企业与劳动者劳动关系的存续期。劳动关系存续期不足计算周期的，应以劳动关系存续期为计算周期。计算周期的工作时间应该与法定工作时间基本相等。超过法定标准工作时间的部分，视为延长工作时间，按《劳动法》有关规定支付本人小时工资标准的150%的工资报酬。安排劳动者在法定休假节日工作的，按《劳动法》有关规定支付不低于本人标准工资的300%的加班工资报酬。

（邓书恒）

【高层次、高技能人才建设】 努力完善人才引进政策和机制。修订了《石家庄市引进人才暂行办法》，建立了引进博士待遇协调服务机制，开启博士人才引进绿色通道，全市人才环境不断优化。积极开展引才活动。组团参加了“全国第三十五届高级人才洽谈会”、“河北—北京人力资源洽谈会”等活动，全年引进各类人才2.1万多名。为农科院、市疾控中心等单位成功引进17名博士，创历年引进博士生之最。积极引进国外智力，石家庄市被省厅授予河北省引智先进工作单位。不断加大专家队伍建设力度。经认真筛选、公开选拔，向省推荐了优秀专家出国培训、国家百千万人才工程和“三三三人才工程”人选。积极开展2009年度市级有突出贡献的中青年专家评选和留学回国人才服务工作。2009年，石家庄市培养选拔的各级各类专家达501人。人事考试和人才测评工作水平显著提高。搭建了人事考试信息化平台，进一步充实和完善种类题库建设，完成19项6.4万人专业技术资格考试。拓宽测评工作服务范围，丰富人才评价的手段，努力使优秀人才脱颖而出。高技能人才队伍建设工作取得新进展。圆满完成了优秀高级技师、优秀技师、优秀技术能手的评选和表彰，不断加快“金蓝领培训计划”和企业内技师评价试点步伐，全年新培养技师2140人，培养高级工1.27万人。组织开展了职业技能竞赛活动。积极推进职业资格证书制度建设，进行职业技能鉴定6.8万人。组织全市事业单位的1.3万名工人进行了技术等级的培训考核。

（林建春　张元峰）

【开启职业化管理人才培养战略】 2月29日下午，石家庄市政府与中国人民大学商学院在市亚太大酒店举行了《中国人民大学商学院·石家庄市政府战略合作意向书》签字仪式。双方就确立长期战略合作伙伴关系、签订战略合作意向问题进行座谈，并就“职业化管理人才培养计划”的战略合作达成意向。中国人民大学商学院是中国工商管理教育的重要基地，在人才、信息、管理等方面有着诸多优势。此次与中国人民大学商学院签署战略合作意向，开启了石家庄市与中国人民大学商学院合作的崭新局面。

（王　静）

【企业部分高技能人才退休年龄延长】 从2009年起，石家庄市可延长企业部分高技能人才退休年龄。按照河北省有关要求，长期在企业生产一线技能岗位工作，曾获得过“中华技能大奖”、“燕赵技能大奖”、“燕赵金牌技师”等三个奖项之一的高级技师，达到法定退休年龄时正在承担重要技能攻关项目，或因掌握关键技能退休后无人接替可能对企业生产带来重大影响，经单位和本人协商一致，可延长退休年龄。企业高技能人才延长退休年龄，由单位按统筹隶属关系，报市劳动保障行政部门批准。延长退休年龄男同志一般不超过65周岁，女同志一般不超过60周岁。确因工作需要，还可适当延长。经批准延长退休年龄的企业高技能人员，企业和个人应继续按规定缴纳各种社会保险费用，社会保险经办机构记载实际缴费年限并记录个人账户。

（邓书恒）

【30名优秀高技能人才获表彰】 2009年12月17日，市委办公厅、市政府办公厅联合对全市30名优秀高技能人才进行通报表彰，并颁发奖金和荣誉证书。石家庄市优秀高技能人才评选每2年评选表彰一次。此次受表彰人员中，单雪玲等10人获“优秀高级技师”荣誉称号，王迎军等10人获“优秀技师”荣誉称号，王旭东等10人获“优秀技术能手”荣誉称号。按照《石家庄市优秀高技能人才评选奖励办法》有关规定，三类获奖者每人分别获得奖金4000元、3000元和1000元，并获得市委、市政府名义颁发的荣誉证书。

（李云萍）

【公务员管理】 年内下发了机关中层职位公务员竞争上岗实施意见和机关科级以下公务员轮岗实施意见。组织了基层政法机关招录培养干警面试工作，参加面试考生183名，面试做到了公平、公正，受到考生和家长的好评。完成全市公务员登记收尾以及第三批政府系统拟参照公务员法管理事业单位向省人事厅申报工作，共有8个市直部门、7个县（市）区直部门参照公务员法管理。开展第二批企业公安转警审批，为50名企业公安干警办理了审档划转手续。至年末，共对43个市直部门、121个县直部门参照公务员法管理的1687人进行了审核登记。

【事业单位改革】 全面实行公开招聘制度，成功组织33个事业单位公开招录412名工作人员。事业单位岗位设置管理，完成市直412家事业单位岗位设置工作。工资制度改革，起草了《义务教育学校绩效工资实施办法》，各县（市）、区义务教育学校绩效工资审核全部完成并落实。调整了机关事业单位离休人员生活补贴标准和机关事业单位年终一次性奖金发放标准。周密组织年度职称申报评审。对事业单位专业技术人员职称申报、评审、聘用进行了分类指导。全年度共向省推荐副高以上职称2752人，有2397人通过中级职称评审。

【军转干部安置】 全市接收军转干部400人，其中计划分配352人，自主择业48人。随调随迁家属18人。根据工作安排，认真审查军转干部档案，认真组织军转干部考核与考试工作，按照“公开、公正、公平”和竞争择优的原则，采取“考试与考核相结合”的分配办法，做好军转干部分配定位工作。为退休企业军转干部普调养老金，安排了第九批27名失业军转干部到公益性岗位就业。加强了自主择业军转干部管理服务，企业军转干部解困和稳定工作成效明显。石家庄市被评为全国、全省军转安置工作先进单位。

【企业职工安置】 完成新燕春集团等21户企业改制工作，安置职工7362人，支付职工安置费用20706万元；完成无线电三厂等11户企业破产安置工作，安置职工1383人，支付职工安置费用4178万元。还参与了三鹿婴幼儿奶粉事件企业破产清算及职工安置工作，指导企业制定了职工安置方案。

【劳动市场管理】 年内，全市积极开展清理拖欠农民工工资专项监察和清理整顿劳动力市场秩序专项活动，共出动劳动保障监察执法人员835人次，检查用人单位3407户次，涉及劳动者20.7万人，印发宣传材料1.5万份，受理举报投诉594件，处理突发事件200起，为6573名劳动者追讨工资3094.11万元，追缴社会保险3702.18万元。

【劳动争议仲裁】 全年积极组织实施企业调解、乡镇区域调解和劳动仲裁调解“三位一体”劳动争议调解工作体系试点工作，全市19个县（市）区153个乡镇（街道）建立了乡镇劳动争议调解组织试点，基层兼职调解员达到32500名。至年末，两级劳动争议仲裁委员会共受理劳动争议案件3100件，结案率达到84%，非裁决方式结案率保持达到50%以上。

【人力资源和社会保障系统改革】 2009年10月，按照市委、市政府决定，原市人事局、原市劳动和社会保障局顺利实现合并，组建了市人力资源和社会保障局。按照市编委批准的“三定方案”，完成了市局机关内设处室设立，经过竞争上岗演讲答辩和局党组研究，确定了中层正职人选和各处室、单位的人员配备，做到队伍不散、思想不乱、工作不断，政务、事务、财务、统计信息实现顺利整合。还完善了局党组会、局务会、理论学习中心组、考勤和请销假等14项管理制度，有力保证了各项工作衔接协调和高效运转。积极开展干部作风建设年活动。按照“四个加强”、“五个过硬”要求，不断解放思想，开拓创新，完善制度，规范秩序，确保活动取得实效。深入开展学习实践科学发展观活动。围绕“牢固树立科学发展观，坚持以人为本，优化人才环境，创新工作举措，服务省会建设”这个主题，按照党员干部受教育、科学发展上水平、人民群众得实惠的总要求，坚持高标准启动，严要求推进，高质量落实，较好地完成了学习实践活动各阶段目标任务。通过主题教育活动，全局党员干部在自觉实践科学发展观上形成了共识，聚焦找准了突出问题，明确了工作思路，推动了人力资源和社会保障事业的科学发展。

（林建春　张元峰）

法制工作

【概况】 2009年，市法制办公室紧紧围绕市委、市政府中心工作，贯彻落实国务院《全面推进依法行政实施纲要》和《关于加强市县政府依法行政的决定》精神和要求，积极开展学习实践科学发展观和干部作风建设年活动，转变工作作风，提高工作效能，较好地发挥了政府领导的参谋、助手和法律顾问作用。全年保障政府常务会领导干部学法9次，完成2件地方性法规和5件政府规章草案的审修、协调和论证，办结行政复议案件116件，对52项政府行政决策提出法律建议，查处行政执法举报案件24件，对657件行政规范性文件进行全面清理，前置审查市直部门规范性文件72件，备案审查县（市）、区政府规范性文件18件，为城市建设“三年大变样”和经济社会全面发展提供了有力的法制保障。

【发挥参谋助手和法律顾问作用】 认真贯彻落实《石家庄市领导干部学法制度》，在组织领导干部学法活动中，对学法方式进行了改进，由过去的单讲法律条文向讲法律条文与法律问题相结合的方式转变，学法内容突出了实用性和针对性，进一步增强了领导干部依法行政的意识和能力。全年共保障市政府领导集体学习了《循环经济促进法》、《消防法》、《企业国有资产法》等9部法律法规；同时，结合省会城市“三年大变样”，邀请专家作了题为“三年大变样中土地政策的应用问题”专题讲座，为市政府领导在土地综合储备、利用、开发等方面的决策提供法制保障；为更好地应对国际金融危机，邀请专家作了题为“国际金融危机及其法律防范机制分析”专题讲座。认真落实市政府领导关于对政府决策进行法律审核把关的一系列指示要求，牢固树立大局意识，服务意识，进一步强化措施，规范程序，积极为市委、市政府的重大决策提供法律意见。全年共审查了市政府及办公厅出台的《关于进一步加强土地储备一级开发工作的若干意见》、《关于石环公路辅道征地拆迁工作实施办法》、《市城市规划违法建设案件处理办法》等52项行政决策，较好地发挥了参谋、助手和法律顾问作用，进一步规范和促进了政府依法行政。积极推进依法行政工作的落实，4月初组织召开了全市依法行政工作会议，印发了《石家庄市2009年度依法行政工作要点》，对依法行政工作进行了安排部署，通报表彰了2008年度依法行政工作成绩突出的县（市）、区政府和市政府部门，有力推动了全市依法行政工作的开展。

【提高行政立法质量】 紧紧围绕全市“三年大变样”和改革发展亟待解决的突出矛盾和公众关心的热点问题开展立法，全年共向市人大常委会提交地方性法规草案2件，制定和修订政府规章5件。为规范物业管理活动，维护业主和物业管理企业的合法权益，改善人民群众的生活和工作环境，根据《物权法》和国务院《物业管理条例》，结合石家庄市实际，向市人大常委会提交了《石家庄市物业管理条例》草案；为保障广大农村餐饮食品安全，减少食品安全事故发生，切实保障公众身体健康和生命安全，制定了《石家庄市农村聚餐活动食品安全管理办法》；为保障粮食供应、确保粮食市场稳定，更好地应对突发事件、自然灾害，制定了《石家庄市市级储备粮管理办法》；为适应新时期行政村档案管理的要求，促进行政村档案的规范化管理，推动农村经济社会快速发展，制定了《石家庄市行政村档案管理办法》；为更好地贯彻落实《河北省停车场管理暂行办法》，理顺石家庄市道路停车场管理体制，切实解决停车收费标准不统一、停车场设置不规范、停车秩序混乱、相关停车管理单位侵占产权单位合法权益等问题，制定了《石家庄市道路停车场管理办法》；为防治岗南、黄壁庄水库水源污染，保护和改善饮用水水质，保障人体健康，促进石家庄市经济与环境协调发展，根据《中华人民共和国水污染防治法》、《河北省水污染防治条例》及有关法律、法规的规定，向市人大常委会提交了《岗南、黄壁庄水库水源污染防治条例》草案；为规范取水许可，控制地下水无序开采，加大管理力度，杜绝违法凿井行为，制定了《石家庄市凿井管理办法》。

【政府法制监督】 在继2008年实施行政处罚自由裁量基准制度后，结合实际，建立并实施了《石家庄市重大行政处罚备案规定》，明确规定对公民处以5000元以上，对法人或其他组织处以5万元以上罚款，以及涉及行政拘留、暂扣或吊销许可证等重大行政处罚行为，均要向市政府备案。全年共计备案审查市公交分局对程某因非法营运出租车罚款5000元等38件重大行政处罚案件，较好地解决了行政执法人员在实施行政处罚中随意性较大等问题。认真贯彻《河北省行政执法证件和行政执法监督检查证件管理办法》，加强对行政执法人员的监督管理。在各部门专业法律知识培训的基础上，对403名新进入行政执法岗位人员进行了集中培训，分期对全市2.3万余名已获得行政执法资格的执法人员进行了年检培训，进一步提高了行政执法人员的法律素质。认真受理行政执法举报案件，进一步规范行政执法案件举报受理程序，利用简报、执法建议书等形式向市政府领导和相关部门及时反馈情况；对不属于受案范围的，在做好相关解释工作的同时，积极对举报人进行法律宣传和教育。全年共接受行政执法举报案件126件，立案26件，已全部结案。

（刘　军）

【削减138项行政许可项目】 12月4日，在对原实施的276项行政许可项目进行清理、审核和论证的基础上，市政府决定再次削减138项行政许可项目，其中，调整减少44项，下放42项，取消转为管理服务类项目52项，保留市本级行政许可项目138项，削减率为50%。此次行政许可项目削减工作以全面、彻底、合法、有效为前提，以转变政府职能、优化发展环境、健全市场机制为目的，坚持严格依法依规，坚持促进市场机制健全，坚持提高许可效能，坚持国家、省未予保留，市本级设立的一律取消的四项原则。凡取消、下放、调整的许可项目，对照《行政许可法》，逐项对其设定依据、实施主体、项目名称、项目内容、学科环节进行认真核对。凡制约市场机制发展健全，不利于市场机制在配置生产要素过程中发挥作用的行政许可项目，大刀阔斧地进行削减。对涉及节能减排、食品安全等重要许可事项予以了保留。

（刘 娴）

【行政复议和行政调解】 2009年10月，《行政复议法》实施十周年之际，国务院法制办检查组到石家庄市就行政复议工作进行了专项检查。检查组采取“听、看、查、阅”的方法，分别对市本级和平山、赵县两个县级政府的行政复议工作进行了全面检查，在充分肯定了石家庄市行政复议工作的同时，提出了切实可行的意见和建议，有效推动了全市行政复议工作的整体开展。坚持以人为本、复议为民，积极受理行政复议案件，全年共收到行政复议申请133件，受理109件、不予受理13件、告知11件；共办结行政复议案件116件（含结转上年案件12件），维持原具体行政行为的73件、撤销4件、驳回8件、终止及其他处理36件。对复杂案件采用听证方式公开审理，全年共组织复议听证6次；坚持用行政执法建议书的形式及时纠正不当的行政行为，共发出行政执法建议书4份。全年代市政府应诉及答复19件。深入推进行政调解工作，以政府机构改革为契机，成立了调解应诉处，为切实保障和推进行政调解、应诉工作奠定了组织基础。认真贯彻落实省委、省政府《关于进一步加强行政调解工作的意见》精神，制发了《关于深化“三位一体”调解体系建设不断加强行政调解工作的意见》，坚持案前、案中、案后调解、和解，进一步拓宽行政调解范围，行政调解的方式方法、程序运作、文书规范等方面得到完善和提高。在2009年行政复议案件中，有23件因调解、和解而终止行政复议，收到了良好的社会效果，促进了社会和谐稳定。

【规范性文件管理】 严格执行《石家庄市行政规范性文件管理规定》，按照“有件必备、有备必审、有错必纠”的要求，进一步强化规范性文件前置审查、有效期和发布、备案等制度的落实，努力从源头上预防和减少违法抽象行政行为的发生。全年共前置审查部门规范性文件72件，并对经审查发现存在问题的18件规范性文件作出了处理；备案审查县（市）、区政府规范性文件18件，上报省政府法制办备案市本级政府规范性文件9件。加大规范性文件清理力度，对市政府各部门657件规范性文件按行政合法性原则逐件进行了审查，确定410件继续有效、42件应予修订、110件应予废止，清理结果通过市政府公报、网站及《石家庄日报》进行了公布，促进了规范性文件管理的科学化、法制化。

（刘 军）

民族宗教

【概况】 2009年，市民族宗教工作坚持以邓小平理论和“三个代表”重要思想为指导，深入贯彻落实科学发展观，认真贯彻落实党的十七届三中、四中全会、省委七届四次、五次全会精神和市委、市政府连续多次召开的重要会议精神，深入贯彻落实国务院和河北省《宗教事务条例》，大力宣传党的民族政策，以深入开展学习实践科学发展观和干部作风建设年活动为重要抓手，紧紧围绕全市改革发展稳定大局，突出重点，培育亮点，攻克难点，开拓创新，锐意进取，维护了全市民族宗教界的稳定，实现了民族经济的持续健康发展。2009年市民宗局被国务院命名为全国民族团结进步模范集体。

【维护少数民族合法权益】 以全市上下广泛开展学习实践科学发展观活动和迎接新中国成立60周年为契机，借助于各种载体，广泛深入地宣传民族政策、法律、法规和民族基本常识。特别是国家民委、中宣部《党和国家民族政策宣传提纲》下发后，进一步加大了宣传力度，深入开展了“坚持科学发展，促进民族和谐”主题宣传活动，先后在报刊、电台、电视台开办了《心心相印》、《蓬勃发展的少数民族经济》、《民族大家庭》、《民族工作》、《民族与宗教》等栏目，介绍少数民族风俗习惯、民族团结先进事迹，宣传民族政策法律法规；会同市教育局在全市中小学校开展了民族团结宣传教育活动；在繁华闹市区以及少数民族较为集中的地方，多次开展民族政策、法律、法规的宣传教育活动，书写标语1000多条，制作展牌800多块，出动宣传车50余辆次，设立咨询点30余处，印发宣传资料10000多份，受教育群众达数十万人次。另一方面，加大了干部教育培训力度，通过举办各种形式的培训班，对主管民族工作的领导干部、民族工作干部以及基层干部进行专题培训。通过培训，进一步提高了各级干部维护民族团结的自觉性，提高了协调民族关系、处理民族问题的能力和水平，营造了全市上下关心、理解和支持民族工作的良好社会氛围。同时严格按照上级要求，制定下发了石家庄市《关于严格执行变更民族成份有关工作的通知》，明确了变更民族成份工作的严格审核程序，使民族成份变更工作更加规范化、制度化。为深入贯彻落实国办33号文件，确定了市交通局、旅游局、教育局、文化局、商务局、工商局等六个窗口服务单位和藁城市、新乐市、无极县等民族工作重点县（市）作为检查重点，要求其对本地区、本部门、本行业执行民族政策情况进行一次拉网式的自查，据不完全统计，在自查阶段，共召开各种会议50余次，培训、教育各类人员8000余人次。在此基础上由市政府办公厅牵头，采取座谈会、现场察看、亲身体验、听取负责人对本单位落实民族政策情况的汇报等方式，进行了深入的检查。检查组成员还多次以普通少数民族的身份深入到不同的服务行业进行了暗访，杜绝了歧视少数民族的现象，消除了影响民族团结的矛盾和隐患。同时，针对石家庄回族群众比较集中的情况，制定下发了《创建清真食品最放心城市的通知》，开展了对全市清真食品市场的专项整治，数次深入全市10个民族工作重点县（市）、区对清真食品市场和生产企业进行明查暗访，对一些不规范的清真企业网点，依法给予了严肃处理，指导相关县（市）区稳妥处理了学校食堂清真窗口、学生误食非清真食品、市场假清真摊点等20余起问题，净化了清真食品市场，确保了清真食品的安全与稳定，受到了少数民族群众的极大欢迎。市人大代表深入到民族乡村对石家庄市的民族政策贯彻落实情况进行了视察和调研，同时开展了工作满意度测评，市民宗局满意率位居各被测评单位之首。充分发挥少数民族干部和市伊协、穆斯林群众骨干作用，积极应对新疆“7·5”事件，全力做好少数民族教育宣传工作，正确认识问题的实质，确保石家庄市未出现游行、声援等影响稳定事件发生。积极妥善处理影响民族团结的问题和隐患，耐心细致的对待反映问题的群众，有效化解矛盾纠纷。全年共直接或指导相关县（市）区、部门或单位积极处理涉民族纠纷4起，耐心接待上访群众30余人次，有效化解了矛盾和纠纷。对一些历史遗留问题和突发性重大问题，做到了反应迅速、耐心工作、积极协调、按照政策原则办事，得到了当事人的理解，促成了问题的解决。进一步深化民族团结和谐社区建设，积极指导市内各区建立和谐社区示范点，成立少数民族服务中心等组织，并深入开展了小区环境整治、民族团结宣传等系列活动，收到明显成效。围绕民族团结和谐社区建设，积极培育亮点，指导新华区开展了建立一个组织、完善一套制度、实施一组活动的试点工作，得到上级领导的充分肯定。市内五区普遍建立了1～2个试点单位。2009年6月16日国家民委副主任吴仕民、副省长孙士彬专程来石家庄市检查国办发[2008]33号文件落实情况时，参观了华泰民族和谐社区建设，检查了火车站、北国商城等服务窗口单位，对石家庄市制定的一系列加快少数民族和民族地方经济社会发展的优惠政策，创建民族团结和谐社区促进民族团结的做法给予了充分肯定和高度评价。

【少数民族和民族地方经济发展】 推进民族示范村建设。按照省民族宗教事务厅的安排部署，结合全市的新民居工程建设，在全市广泛开展了民族示范村的创建活动，藁城市九门回族村等4个典型已经列入省级民族工作示范村行列，为市民族示范村建设树立典型。同时还积极协调市委农工委，将新乐市彭家庄回族村列为市级新民居建设示范村，进行重点扶持。邀请省民族宗教事务厅领导深入到民族乡村，围绕当前民族地方基础设施、公益事业等方面存在的重点、难点困难和问题进行调研，科学论证，确定支持发展项目。2009年，争取省少数民族发展资金113万元、民族地区补助费29万元，与财政局共同下达市本级少数民族专项资金80万元，有力地支持了民族地方的经济社会事业发展。加强对少数民族发展资金项目专项资金监管，配合有关部门对上年度少数民族发展资金使用情况进行了检查，确保专项资金专项使用。加强民品企业的扶持。对民品企业进行了调研，就企业生产状况、销售情况、发展后劲等进行分析研究，对不再具备少数民族特需商品生产企业进行调整，对2家发展势头好、有实力的新企业进行了考察上报，确定为石家庄市新的民品企业。做好少数民族特需商品定点生产企业技改贷款财政贴息工作，为石家庄常山纺织股份有限公司上报争取技改贴息资金30万，6家民品企业近两年享受贴息4500多万元，有力地提高了民品企业市场竞争力和发展后劲。完成国家、省、市三级民族统计工作任务，开展了对城市外来少数民族人口的统计，编辑发行了《2008年度石家庄市民族基本情况统计资料》。协助做好少数民族干部培养工作，选拔推荐10名少数民族干部参加了省、国家民委组织的培训，进一步提高石家庄主市少数民族干部的整体素质。与市文化局沟通，努力做好《关于贯彻落实国家进一步繁荣发展少数民族文化事业的实施意见》（省政府冀政[2009]165号件）的贯彻落实工作。继续组织了市内五区与定点县民族学校“手拉手”送教下乡活动，探索创新提高民族学校教学水平方法和途径。组织参加了河北省少数民族传统体育项目秋千比赛，获得了两金一银一铜的好成绩。建立民族体育工作走进高校机制以及加强民族体育后备人才培养机制，为促进民族体育事业发展奠定了基础。确定了市少数民族传统体育项目基地建设方案。协调市民委成员单位出资80万元积极改善少数民族群众的卫生条件。同时，组织义诊20余次，免费送药6000余元，发放卫生宣传册5000余份，受到群众的欢迎。

【开展和谐寺观教堂创建活动】 和谐寺观教堂创建活动是国家宗教局统一安排部署，改善寺观教堂环境，完善功能，提升宗教工作形象的一项重要工作。省民宗厅在2009年4月做了专项的安排部署。根据国家和省的要求，结合石家庄市工作实际和“三年大变样”工作，成立了由刘书军局长任组长的“和谐寺观教堂”创建活动领导小组，研究制定了石家庄主市《关于开展创建和谐寺观教堂活动的实施意见》，制定了石家庄主市的“考评办法”和评分标准。各县（市）区民宗局和市级宗教团体同时建立了一把手负总责，分管领导具体负责的创建活动领导机构，结合各县（市）区和各宗教情况，分别制定了符合实际的创建活动规划，指导各场所扎实开展创建工作。6月4日组织召开了全市开展创建寺观教堂活动工作会议，之后各县（市）区也结合当地实际，先后召开了专门工作会议。8月13日召开了市五大宗教团体负责人和秘书长参加的座谈会，组织学习了8月5日召开的全省民宗局长会议精神，各宗教团体座谈交流了创建活动开展情况，听取各方面对此次创建活动的具体意见和建议。同时采取多种形式进行宣传，指导市五大宗教团体向全市宗教界发出了搞好创建和谐寺观教堂活动的倡议，并印制了550份倡议书，发放到各宗教团体、各宗教活动场所。同时为宗教团体和宗教场所送发了创建和谐寺观教堂宣传画500份，在各宗教活动场所醒目位置进行张贴宣传。此外还利用《民族宗教工作》信息刊物、定期编发创建活动信息，介绍各县（市）区和宗教团体创建活动情况，在全市范围内广泛交流，以此推动各地各单位互相学习、互相借鉴、互相促进、共同提高。各宗教团体和活动场所也利用内部刊物、设立宣传橱窗等形式刊登活动信息，向信教群众进行宣传。全市初步形成了各宗教场所和信教群众参与创建活动的良好氛围。为开展好创建和谐寺观教堂活动，推动全市创建活动的深入开展，首先在赵县柏林禅寺进行了试点，依据开展创建和谐寺观教堂活动的8项标准，从创建活动宣传、民主管理组织建设、内部管理机制建设、教职人员素质提升、寺院周边环境整治等方面进行全面指导、整改，组织现场观摩。从而，达到了创建和谐寺观教堂活动的示范效果，推动了全市创建活动的深入开展。柏林寺的做法在省民族宗教事务厅《民族宗教工作通讯》刊物上进行了介绍。在总结该试点经验的基础上，在全市筛选确定了25个寺观教堂作为2009年达标场所进行推广。同时还分别组织宗教团体负责人到内蒙、甘肃等地，组织机关中层以上干部到邢台学习考察。结合和谐寺观教堂创建活动，会同石家庄规划设计部门对石家庄都市区宗教设施进行了中长期规划设计，规划按照1+4组团的城市框架，坚持合理布局的原则，对未来5年乃至10年内需要建设的宗教活动场所进行了规划。

【抵御境外势力进行宗教渗透】 年内，市民宗局印发《关于进一步做好新形势下抵御境外基督教渗透工作的通知》，对抵御宗教渗透工作进行了安排部署，举办了全市抵御境外宗教渗透工作培训班，定期深入宗教团体和宗教活动场所，摸排情况，进行检查指导，发现苗头和隐患及时清除，并撰写了全市基督教防渗透工作调研分析报告。

【宗教团体建设和宗教管理】 完成宗教活动场所审核登记换证工作，完善了五大宗教团体基本资料的统计，坚持了宗教团体例会学习制度。完善并严格执行各项规章制度、加强基层组织建设，积极引导宗教与社会主义社会相适应，积极组织宗教界开展服务社会献爱心活动。对基层宗教工作干部进行培训，先后多次召开全市民宗局长培训会和其他专项治理工作会议，积极实施“两包一保”和干部下访接访两项活动，建立了党组成员联系重点县制度，加强组织领导、制定工作方案、落实排查重点、强化工作措施，妥善处理和化解了一些矛盾隐患，维护了全市民族宗教界的稳定。

（张建营　徐焕力）

外事侨务

【概况】 2009年，市外事侨务办公室认真贯彻国家外交路线和各项侨务政策，以“深入学习实践科学发展观活动”统揽全局，深入开展“干部作风建设年”活动，坚定实施“围绕经济、发挥优势、有所作为、发展外侨”的工作思路，全力实施工作品牌与友城拉动战略，积极为全市经济社会发展谋大事、办实事、做好事，全面推进外侨工作科学发展，进一步促进了石家庄市全方位、多渠道、宽领域的对外交流与合作。本年度，市外侨办再次荣获全国侨务工作先进单位、全省普法工作先进单位、市级文明单位、市保密工作先进单位、市统计工作先进单位、市巾帼建功先进单位、市直先进基层党组织、市直模范职工之家等。

【涉外经贸活动】 全年新增对外合作项目31项，拟利用外资折合人民币43.18亿元，其中落实项目13项，利用外资3.39亿元人民币。其中伯利兹华人张慎独资1800万元建设的石家庄明珠海洋馆和独资2000万元兴建的石家庄星之岛咖啡厅均竣工营业；香港海星投资发展公司港胞王朋枝拟投资30亿元在栾城建设印刷包装产业园项目，占地5000亩；河北富瑞斯特科贸有限公司与乌干达阵亡将士子女联盟合资成立了河北子申达进出口贸易有限公司；澳大利亚凯罗房地产开发有限公司华商张新胜拟投资5亿元人民币，在石兴建“华商天地”项目；促成市手表厂、橡胶厂、华源塑料厂和市铁鑫机械产品制造公司等企业产品出口，贸易额达200万元。同时，加大了与世界500强企业的交流力度，美国UPS公司、西门子（中日）有限公司、以色列美正尼迪公司、美国密苏里洲劳伦斯集团等，先后来石考察访问，洽谈合作。积极谋划筹备举办“2009·华侨华人石家庄经济技术合作洽谈会”（简称“华洽会”）。原计划邀请来自16个国家150名华侨华人参会，后“华洽会”因防控甲型H1N1流感未能如期举办，但筹备组织过程中积累了许多海外对接项目和招商引资方面的关系资源。同时，积极参与组织“正博会”、“动漫博览会”、“城博会”、“厦门投洽会”、“石洽会”等5项全市性重大涉外活动，每次活动都圆满完成邀请接待外国驻华使节、外国政府商务代表团、华商代表团和翻译工作任务。2009年12月22日，“石家庄市侨商投资企业协会”（简称“侨商会”）举行成立大会。“侨商会”成立更好地为侨商提供全方位优质服务，更有利于凝聚侨心侨力，吸引更多的侨资侨智来石家庄投资置业、落地生根。

【处置涉外事件】 为了更好地为企事业单位出国人员提供领事保护服务，编辑印制了《领事保护和协助指南》5000余册，印发到各有关单位。妥善处置了三起涉外事件，分别是石家庄市双环汽车公司员工被非法滞留加纳事件、意大利商人在石市突发疾病事件、英籍华人被刑事拘留事件。特别是开拓境外领事保护工作方面，按照外交部、商务部和省市政府要求，市外办派遣一名副主任于9月27日，赴加纳参与协调石家庄双环汽车有限公司员工被非法滞留加纳事件。经过艰苦细致的领事保护交涉工作，成功地带领三名被非法滞留一个多月的双环汽车公司员工回到祖国。

【涉外甲型H1N1流感防控】 作为全市甲型H1N1防控领导小组成员单位，按照职责分工，积极做好有关的防控工作，并结合外侨实际，制定了“外侨办防控甲型H1N1流感防控实务性意见”，成立了甲型H1N1流感防控领导小组，下设调度指挥办公室。按照“非必须不举办”的原则，严格控制举办涉外活动。一方面，市外侨办本身举办的活动从严掌握，对本办直接接待的国外来访团组，进行了积极、周密、稳妥、礼貌的防控工作。另一方面，市直各部门、各单位举办涉外活动，严格执行涉外事项报告制度，审慎核定，从严掌握。严格了外国人来华签证邀请的管理工作。按外交部和省外办要求，对外邀请工作与国庆安保及甲型H1N1流感防控工作紧密结合，从严签发邀请函。同时，全力配合市卫生部门，做好对常住外国人所在单位的防控工作。设立了防控甲型H1N1流感涉外咨询24小时热线电话。强化了防控宣传教育。组织了出国人员的防控教育，对归国人员实施了必要监控。编印了中英文对照的“甲流感防控宣传教育提纲”。

【涉外管理】 全年审批办理87批237人次因公出访手续。对出访任务不明确、人员结构不合理等情况的8个团组37人未予批准。严格邀请外国人来华管理，先后办理了245批547人次。积极改善外国记者协调管理，先后有25家57人次外国媒体记者来石采访。积极探索因公出国（境）在外情况的管理办法，调研起草了《石家庄市因公出国（境）团组在外情况核实及任务执行情况评估办法》。拓展了领事认证业务且发展势头良好，全年办理领事认证70份，较上年有大幅度增长。为加强涉外管理，按照市人大常委会《关于开展侨法执法检查的实施方案》，市人大常委会侨法执法检查组于9月17日～23日对全市侨务执法工作进行了检查，并听取了市外侨办执法情况汇报。10月27日，市人大常委会审议通过了“关于实施侨法情况报告”，对全市侨务执法工作给予了充分肯定。12月4日，利用全国普法日开展了侨法宣传活动，发放宣传品1100余册。

【对外交往】 面对金融危机给外侨工作带来的负面影响，“走出去”、“请进来”困难加大，外侨办采取了多种措施，积极应对。一方面积极创新对外交往方式，2009年先后与瑞典、墨西哥等友好城市进行了国际网络视频在线交流。另一方面，选择机会，想方设法邀请国外代表团来石考察访问，促进交流合作。先后邀请接待了美国UPS公司金融代表团、乌克兰赫梅利尼茨基市政府代表团、韩国公务员代表团、韩国天安市市长代表团、日本长野市木下雅裕企业代表团、韩国议会代表团、新加坡驻华使馆代表团、韩国天安市医疗代表团、美国得梅因市友城代表团、乌克兰赫梅利尼茨基市商务代表团、瑞典华人商会代表团、美国密苏里洲经济代表团、瑞典法尔肯贝里市政府代表团、德国西门子（中日）有限公司代表团、加拿大驻华使馆代表团、波黑塞族共和国总统代表团、荷兰南荷兰省副省长代表团、乌干达驻华大使代表团、以色列英正尼迪公司代表团、俄罗斯列宁格勒州州长代表团、日本第28次中学生代表团等39个外国考察团300余人次来石考察访问、洽谈合作。开发结交新友城关系力度不断加大，新发展国际友好联络城市2个，分别是德国波士坦市和智利康塞普西翁市。国际医疗合作力度不断加强，按市政府统一部署，市外办牵头与市红十字协会、石家庄一药公司合作，12月13日，向乌克兰赫梅利尼茨基市捐赠了价值63.5万元的预防甲型H1N1流感药品，实施了国际人道主义援助。并先后于7月10～11日和10月11～25日，参与接待了美国容德国际基金会“幸福微笑”公益活动考察团一行。美国容德国际基金会国际医疗队为177名贫困家庭的唇腭裂患者实施了免费手术治疗。同时，加大了与外国驻华使馆的交往力度，先后邀请了墨西哥、匈牙利、新加坡等38个国家的85名驻华使节来石参加会议，考察访问，洽谈合作。

【涉外服务】 市外侨办在市劳动局的支持下，在年初成立“石家庄市助侨就业职业介绍所”的基础上，积极开展工作，对17户就医、就学、下岗待业和生活特困的归侨侨眷家庭实施了救助，发放救助金2.4万元。起草印发了《石家庄市外事侨务办公室关于困难归侨侨眷帮扶解困实施办法》。坚持为新农村建设服务，推动落实了一批海外捐赠项目，美国UPS公司为“平山西柏坡教育改善基金”捐款27.5万元。德国西门子公司拟捐赠价值150万元净化设备。日本长野市木下雅裕先生捐款50万日元给赞皇县希望小学。坚持“两为”服务，落实了“千村帮扶”、“新居民工程”和扶贫工作的包村责任，为晋州大樵村捐款3万元，为井陉冯家庄村捐赠图书800余册，为新乐成安铺村跑办建设村级公路资金。热情为“四侨”考生服务，先后为80名参加高考、中考的考生办理了加分手续(其中高考55人、中考25人)。依法为侨服务，一方面，对9家重点侨资、侨属企业实行了挂牌服务，并与8家侨资、侨属企业建立了定点帮扶关系。另一方面，邀请接待侨务来访120余人次。为3人出具了申请廉租房身份照顾证明，为2人开具了技术职称评定证明，为1名蒙古归侨解决了住房困难，组织了15名侨界医务专家开展了义诊活动。帮助2名港胞和1名归侨解决了3起涉侨经济纠纷。积极做好海外华人华侨的联络和接待工作，石家庄市的海外联络员发展到280人。加拿大温哥华加中经济文化交流促进会李思远先生等海外华人华侨相继来石考察洽谈合作项目。推动市民学英语和涉外礼仪活动进社区，在继续积极组织、大力倡导市民学英语、学涉外礼仪知识的基础上，2009年先后印发了《市民学英语100句》、《市民涉外礼仪知识》“口袋图书”20000余册，深入到21个社区集中开展了赠送和培训活动。利用元旦、春节、国庆、中秋节等重大节日开展慰问活动，先后深入到8个县（市）区，对44户110名贫困归侨侨眷进行慰问，对侨界知名人士和侨资侨属企业代表80人开展了系列慰问活动。12月22日，还组织举办了一年一度的“驻石外国友人圣诞联欢”活动，栗进路常务副市长出席活动。坚持牵线搭桥，促成一批对外文化教育交流合作项目，促成石家庄信息工程学院与德国F+U职业教育集团签署了友好学校协议；石家庄风范艺术学校与澳州TAFE教育合作项目，已有11人成功赴澳深造就业，成为河北省首个国内学习、国外就业的中外合作办学项目。

（么光亚）

经济研究

【概况】 2009年，市政府研究室以开展学习实践科学发展观和干部作风建设年活动为契机，强化责任，转变作风，提升效率，按要求、高质量完成《政府工作报告》、《深化城管体制改革的意见》、《关于加快推进主城区与四组团同城化发展的意见》等重要文稿24篇，实现了服务层次和研究质量双提升。撰写《关于做大做强县城的对策建议》、《关于加快省会产业集聚区建设的对策建议》等重点调研课题33篇，受到市政府主要领导充分肯定。年内，市政府研究室荣获全省调研咨询系统先进单位、市级精神文明先进单位、普法先进单位和先进基层党组织称号，市政府研究室主办刊物《石家庄经济》被评为“双十佳”刊物。

【重要文稿起草】 针对市政府主要领导交办重要文稿多、时间紧、要求高的实际情况，研究室按照“服务决策、力求创新、多出精品、提升层次”思路，把起草重要文稿作为工作重中之重，集中精力，集中人力，抓住关键，突出重点，高标准高质量完成重要文稿起草任务。年初，由研究室牵头起草的市政府2009年《政府工作报告》，按要求顺利提交市十二届人大二次会议审议，受到市政府主要领导和全体代表一致好评，成为指导政府全年工作的重要文件；年底，由研究室牵头组织起草的市政府2010年《政府工作报告》，受到市人大代表称赞和市政府主要领导多次表扬。年内在分别与五个城区和市规划、建设、城管等九个市直部门进行广泛座谈、调研基础上，完成《市委市政府关于继续深化城市管理体制改革的实施意见》，在有关市领导协调下，先后3次对文稿进行重要修改，经市委常委会讨论通过，以市委[2009]21号文件下发。还先后起草了《关于加快推进主城区与四组团同城化发展的意见》、《关于加快省会产业布局及集聚区建设的指导意见》、《关于加快引导人口向城市集中的意见》、《关于建立省会与驻石中直、省直单位、大企业协调联系机制的意见》，并参与《关于建设繁华舒适、现代一流省会城市的意见》和市长艾文礼在省人代会分组讨论发言稿的起草工作。

【课题调研】 全年按照“围绕中心、贴近实际、服务决策、提升水平”要求，进一步加大调研工作力度，完成一批高质量的研究成果。围绕加强县域经济发展撰写了《关于做大做强县城的对策建议》，该调研文稿结合石家庄县域面积大、农村人口多、县城规模小的实际情况，提出“拉开框架、做大规模，做优产业、夯实基础，完善功能、提升品位，破解难题、提速建设”等对策建议；还撰写了《关于加快省会产业集聚区建设的对策建议》和《关于进一步提升市民素质的几点建议》等调研文章。针对石家庄市农民专业合作社近年呈现发展速度快、作用大、模式活的特点和同时存在“二小、二少、二低”问题，提出提高合作社产业化经营程度、解决资金难题、提高社员素质、建立专业合作社联合会等建议，深受市领导好评。完成《关于加快推进主城区与四组团县（市）同城化发展的对策研究报告》、《关于统筹城乡经济社会一体化发展专题研究报告》、《关于构建500万人口大都市空间战略布局的专题研究报告》、《关于石太铁路客运专线太原到石家庄客流及车站周边环境的调查报告》、《关于推进井陉和矿区一体化发展的思考与建议》、《关于对我市新民居建设的调查与建议》、《城市公交改革及优先发展之要略》、《充分认识省会意识的功能与作用》等专题调研报告，对促进全市有关方面工作发挥了较好作用。

石家庄市政府研究室

主　任：邸占勋

副主任：张雪峰　刘　信　张　崇

（谷　鹏）

地方志工作

【概况】 2009年，市地方志办公室（简称方志办）贯彻落实国务院《地方志工作条例》和《河北省地方志工作规定》，按照“党委领导、政府主持，地方志办公室组织实施”工作体制，充分发挥政府主管部门职能作用，在做好编纂《石家庄市志》、《石家庄年鉴》工作基础上，进行地方志理论研究和地情资源开发，加强对各县（市）、区地方志工作特别是二轮修志工作的组织与指导，科学谋划，明确责任，狠抓落实，积极调动全市地方志工作部门的积极性、主动性和创造性，圆满完成全年工作任务。年初，召开全市各县（市）、区方（史）志办主任、续志主编会议，传达学习第四次全国地方志工作会议精神和刘延东、陈奎元、朱佳木在会议上的讲话，统一思想，提高认识。为更好地领会文件精神，市方志办将三个领导讲话与有关政策法规性文件整合一起，印制了500本《地方志工作法规文献汇编》，发给各县（市）、区方志办进行学习。全年上报河北省理论研讨文章3篇，在国家和省级理论刊物发表理论研讨文章5篇，印发地方志信息11期，信息量40条，其中被省《方志工作简讯》刊载10条，并高标准完成《中国地方志年鉴》和《河北省年鉴》组稿、供稿任务。年内，省政府办公厅、省人力资源和社会保障厅评选并通报表彰一批河北省地方志工作先进集体和先进个人，井陉县史志办公室和市方志办王孟新、行唐县方志办张林、辛集市方志办张建辉、栾城县史志办岳彦斌分别被授予“河北省地方志工作先进集体”和“河北省地方志工作先进工作者”荣誉称号。

【《石家庄年鉴》2009卷编纂】 2月19日，市政府召开由各县（市）、区主管领导、方志办主任，市直各部门和部分中直、省直驻石单位主管领导和年鉴主要撰稿人参加的石家庄年鉴编纂工作会议。副市长张妹芝、市地方志编纂委员会副主任郭广生，市政府副秘书长韩保来出席会议。会上，张妹芝副市长讲话要求，全市各部门、各单位要正确认识年鉴的社会功能，增强做好年鉴工作的使命感、责任感，充分调动和发挥能动性和创造性，注意捕捉全市各行各业的新举措、新亮点，真实记述全市人民建设繁荣、文明、和谐新石家庄的光辉历程，将年鉴打造成为石家庄市政治、经济、社会发展的一部活字典。石家庄市地方志办公室主任王孟新介绍了《石家庄年鉴》编纂出版情况，并就2009年卷《石家庄年鉴》编纂工作做出具体安排部署。会议邀请省方志办编审、《河北年鉴》编辑部主任边丽君作了《地方综合年鉴编写的若干问题》讲座，对与会撰稿人员进行了业务培训。《石家庄年鉴》是市政府主办的一部记述全市自然、经济、政治、文化、社会等方面发展变化情况的大型地方综合年鉴。该年鉴现已连续出版13卷。2009卷年鉴在彩页之首增设了“石家庄概览”栏目，并在“石家庄综述”栏目中增设“要事辑录”分目，充分记述全市在年内发生的大事要事。

【桥东区部署续志任务】 3月5日，桥东区地方志编委会办公室组织区志主编、副主编及各责任编辑召开区志工作部署会。会议传达了省、市方志工作会议精神及《鹿泉市志》评审情况，听取了各责任编辑开展续志工作情况、存在问题和下一步打算等情况汇报，并对续志编纂工作进行安排部署。副区长卢书清要求：一是要进一步强化使命意识。把志书编纂工作作为当前工作的重中之重，以对历史、对人民、对现实负责的精神，勇挑重担，不辱使命，甘于奉献，竭尽全力，高质量完成志书编纂任务。二是要进一步强化质量意识。把志书的质量和精品意识贯穿到工作的全过程和各个环节，把资料收集与运用当成编纂工作的重头戏，既要做到全面、规范，又要体现创新和特色，确保志书编纂水平。三是要进一步转变工作作风。发扬“激情创业、主动作为”的精神，以良好的精神状态，亲历亲为，深入调查研究，掌握第一手资料，为志书编纂创造条件。四是要进一步强化责任。区志主编、副主编要切实加强对续志工作的领导和调度，各位编辑要密切配合，分工协作，顾全大局，主动作为，以时不我待的紧迫感，高质量完成工作任务，力争年底完成区志总纂。

【李清到辛集市调研指导】 4月2日上午，市地方志编纂委员会常务副主任李清与市地方志办公室负责同志一起到辛集市，对该市地方志工作特别是二轮修志工作进行调研和指导。在中共辛集市委书记张国亮，市长张连钢、市人大常委会副主任张文起陪同下，李清看望了辛集市志编辑部工作人员，察看了市志稿编修工作，听取了市志编修及有关工作进展情况的汇报，并与辛集市领导和方志办负责同志等进行了座谈。座谈中，李清充分肯定辛集市二轮修志工作取得的成绩，同时指出，辛集市是一个行业门类齐全的经济强市和文化强市，改革开放后各项事业都取得了巨大进步。新编辛集市志应体现出改革这条主线，将辛集市委、市政府从实际出发贯彻执行中央关于改革的政策措施和效果认真准确的加以记述；要注意突出辛集特色，特别是产业特色、文化特色等；要树立志书是高品位的文化产品意识，严格把握志书体例，做到横不缺项，竖不断线，篇章节标目鲜明，文字精炼，语言流畅，内容丰实，事实准确，把辛集市志真正编修成一部名志佳志。中共辛集市委书记张国亮、市长张连钢表示，辛集市是省、市二轮修志试点单位，续志编修工作虽然取得初步成绩，但面临的任务十分艰巨，一定再接再厉，在确保质量前提下，进一步加大工作力度，按照省、市领导的期望与要求，把辛集市志编修成一部反映辛集改革与发展成就的名志佳志。

【召开《正定县志（1986～2005）》志稿专家评审会】 5月26日，市方志办在河北正定国家乒乓球训练基地组织召开《正定县志（1986～2005）》志稿专家评审会暨修志人员培训会。各县(市)区方志办主任、志书主编和市直有关部门修志骨干50余人参加会议。会议由市方志办主任王孟新主持。正定县委副书记吕素维代表县委、县政府致辞并介绍了全县开展修志工作的情况；县史志办主任、志书主编雍玉申介绍了《正定县志（1986～2005）》编修过程和经验、体会；中国地方志指导小组办公室邱新立博士，河北大学历史教授吕志毅，河北省方志办调研员王广才、副编审任丽英，张家口市方志办主任朱会林，衡水市原方志办主任武铁良及市方志办副主任刘建州、原主任李藏柱等分别作了评审发言。各位专家一致认为：《正定县志（1986～2005）》志稿内容丰富，资料翔实，信息量大，特点突出，亮点较多，充分体现了编纂者的责任意识和创新意识，具有很强资政、存史、教化价值，是一部体例完备，功力深厚，时代特点与地方特色突出的成功之作。同时，专家就个别篇目以及文字图表等需要按照地方志书质量标准要求进一步规范问题，提出了具体修改意见和建议。正定县委、县政府表示，一定按照专家的意见和建议，精心修改打磨，把正定县续志真正编修成一部名志佳志。会后，市方志办组织部分县（市）、区部门修志骨干到成都市方志办等进行了学习考察和工作交流。

【李清到赵县督导修志工作】 8月28日，市地方志编纂委员会常务副主任李清，市地方志办公室主任王孟新到赵县调研督导修志工作。在中共赵县县委书记罗二虎，县长张军卫，县委常委、常务副县长张敏周等陪同下，李清等深入县志办各办公室，慰问修志工作人员，视察办公条件和修志工作进展情况，听取了县委、县政府关于地方志工作"一纳入五到位"和《赵县志（1993～2005)》编纂情况的汇报，并与有关人员进行座谈。李清指出，赵县在县委、县政府领导和支持下，修志工作取得可喜成果，续志已形成初稿，但年底拿出评审稿，任务还比较艰巨，希望县委、县政府进一步加强组织领导，加大行政干预力度，自始至终坚持高标准，严要求，以严、深、细的工作态度和章通记连、文约事丰的工作标准把志书修好，使新编志书切实具备"资政、存史、教化"三个功能，如实反映赵县各行各业在改革开放中发生的巨大变化，以及赵县"千年古县"文化底蕴和新时期快速发展的地方特色。李清要求赵县2009年务必启动年鉴工作，以便记录历史，辑存史料。县委常委、常务副县长张敏周代表县委、县政府发言表示，地方志工作是一项十分重要的工作，县委，县政府一定高度重视，加强领导，按照省、市的部署和要求，把各项工作做好。

【3部志书通过省级终审】 自10月份起，石家庄市《行唐县志(1991～2005)》、《正定县志(1986～2005)》、《长安区志(1991～2005)》先后通过省方志办终审验收，批准交付出版。三部志书分别于2008年12月、2009年5月和2006年10月召开专家评审会进行评审。评审会后，为打造精品志书，三县（区）在党委、政府大力支持下，根据专家评审意见，组织力量，集中精力，下大功夫对志稿进行精雕细琢，志稿在原有基础上质量进一步提升。

【省督查组对二轮修志工作督导检查】 按照省政府办公厅《关于建立第二轮三级志书编修督查通报制度的通知》要求和部署，11月24～25日，由省政府督查室姚占祥、李昆和省地方志办公室组成督查组，对石家庄市地方志工作，特别是二轮修志工作进行督导检查。24日，省督查组在市方志办主任王孟新、市政府督查室副主任杨琨陪同下对高邑县、桥西区地方志工作进行了实地考察和督导；25日上午，省督查组在亚太大酒店召开集中汇报会，通过听取汇报、查看修志资料和志稿等形式，对石家庄市和石家庄市所属未进行实地考察的县（市）、区进行了督导检查。市政府办公厅副主任赵志敏受主管市长委托，代表市政府向督查组汇报了全市地方志工作特别是二轮修志工作的进展情况，21个县（市）、区分别作了汇报。通过听取汇报和查看实物资料，省督查组对石家庄市地方志工作特别是二轮修志工作予以充分肯定，认为石家庄市整体工作走在全省各设区市的前列，尤其是地方综合年鉴、地情资料编纂和为现实服务方面，石家庄一些县（市）、区做了大量工作，取得可喜成绩，积累了丰富经验，为地方志工作健康持续发展奠定了基础。省督查组提出修志工作与省政府关于2010年全面完成二轮志书编修工作要求还有一定差距，石家庄市已出书、待出书和完成总纂至2010年底可望出书共12部，占总任务量的50%，正在编纂的11部志书到2010年底达到出书任务十分艰巨，特别是桥西区志书编纂刚刚启动，2010年底出书已不可能，成为石家庄市修志工作的"短板"。省督查组提出以下要求：(一)要进一步明确责任。修志工作是政府行为，市和县（市）、区政府是修志工作的责任主体，必须负起责任；(二）要进一步加强对地方志工作的组织领导，特别是目前工作比较落后的县（市）、区，要尽快研究制定措施；(三）要进一步明确二轮修志工作的完成时限，加快工作进度；(四）各级政府和地方志办公室要进一步加强督导，解决好修志工作中遇到的困难和问题，充分调动各级各部门修志工作的积极性，加快修志工作进度，提高修志工作质量，力争按时高质量完成此次修志任务。市政府办公厅副主任赵志敏表示，要以此次省政府督查组来石家庄市督查地方志工作为契机，进一步加强对地方志工作的组织领导，把石家庄市地方志工作推向深入。

【县（市）区年鉴编纂】 全年石家庄市地方综合年鉴编纂工作覆盖面进一步扩大，全市地方综合年鉴编纂出版数量由原来8家增加到12家（井陉、鹿泉、藁城、栾城、新乐、辛集、正定、灵寿、平山、桥东、晋州、市本级），其中，井陉年鉴完成出版，栾城、正定、鹿泉和市本级年鉴交付印刷。2009年12月，《赵县年鉴》编纂工作也开始启动。

【地情资源开发利用】 年内，全市各级地方志工作机构紧紧围绕党委、政府中心工作和当地经济、社会发展需要，适时编纂出版了反映本地历史或经济、社会、文化发展的地情文献。市方志办结合石家庄解放60周年活动，为石家庄电视台制作纪录片提供了工、农、商等资料，为做好全市“文化大餐”发挥了积极作用。各县（市）区方志办、史志办从实际出发为本地地情资源开发利用做了大量工作，其中，行唐县印制了《今日行唐》画册，并配合有关部门完成“千年古县”申报工作，还围绕“千年古县”出版了6套系列丛书；正定县史志办积极配合县委县政府中心工作，在4.26正定国际小商品博览会期间，编写了《古城·商城·名城正定》一书，印制3000册，发放给来自全国的各地客商，获得县委县政府正博会贡献奖；深泽方志办配合团县委编写了《可爱的深泽》专题文史资料；鹿泉市史志办与当地电视台联合创办《足迹》栏目，宣传为社会作出重大贡献的鹿泉人及为鹿泉作出重大贡献的客籍人物等。至年末，全市共编纂和出版各种地情书8部，编写各种地情资料近20篇，其中15篇在省、市报刊上刊载，收到良好的社会效果。

【《灵寿县交通志》(1986～2005)出版】 该志书是灵寿县交通局组织编写的一部部门志书，是继1985年《灵寿县公路交通志》之后续写的第二部交通志书。全志上限起自1986年，下限截至2005年，部分内容延至2007年，主要包括综述、大事记、交通机构、公路、桥涵、公路建设管理、公路管理、公路运输、水路运输管理、精神文明建设、先进单位和先进个人11编内容，34章，93节，约30万字。该志全面反映了二十年来灵寿县境内道路的演变和发展历程以及交通战线干部职工做出的贡献与成就。

【《盘古井村·单家史话》出版】 井陉县退休干部、原史志办副主任单德编著的《盘古井村·单家史话》于2009年正式出版。该书涵盖单氏追根溯源、宗族文化遗风、单姓人物史话、乡风习俗知见、单氏宗支世系、古迹拾录遗照、祖居故土辑存等七个章节，近50余万字。全书图文并茂，文理清晰，是井陉县第一部以史话形式记述村落及宗族文化渊源的综合著述。书中以大量确凿事实和佐证，将单家建村历史向前推进了530多年。井陉县政协主席王新民等领导为该书题词，县委常委、宣传部长毕元明为史话作序。

【《虎皮庄村志》出版】 年内，年逾七旬井陉县虎皮庄村民王泽编著的《虎皮庄村志》正式出版。虎皮庄村于明万历年间立庄，建村已有400余年历史。该村四周环山，植被茂密，山清水秀，景色宜人，历史掌故传说颇多。该村志设地理、家庭、人物、村民生活、经济总揽、农务、政治、教育、文化艺术、卫生医疗、文物古迹、方言、民欲、民间传说、歌谚等15篇，记述上限为置村始，下限止于2007年底，部分内容延伸至脱稿。该村志全面、系统、准确地叙述了虎皮庄的发展变化和历史进程，志书近55万字，收集插入图片172幅。全志图文并茂，文理清晰，语言朴实无华，是改革开放后井陉县第四部村志。

【《绵蔓河见证》(1949～1978)出版】 由井陉县委史志办组织整理编辑的中共井陉史话(二)——《绵蔓河见证》(1949～1978)(简称《见证》)正式出版。该书是2005年业已出版《中共井陉史话》(1925～1949)的续篇。《见证》共分“绵蔓河易弦唱新歌，井陉关换装展新荣”；“防腐蚀‘三反’打老虎，重补课只因犯‘官僚’”；“遵宪法人代会按届举行，循党章党代会依次召开”；“绵蔓河畔擂战鼓，太行山上引巨龙”；“‘星火’燃红太原市，‘拉花’扭进北京城”；“‘一月风暴’卷山城，县委人委被夺权”；“‘银龙潜飞’古驿道，‘明珠’高嵌张河湾”等30章，全面记载了从新中国成立到党的十一届三中全会召开30年期间中共井陉各级地方党组织带领全县人民进行社会主义革命与建设、探索中国特色社会主义道路多方面的实践及取得的成就。《见证》以中共中央《关于建国以来党的若干历史问题的决议》和党的十一届三中全会以来党对历史问题一系列决定为准绳，真实生动地再现了井陉人民自力更生和坚韧不拔的创业精神，同时，客观记述了历次政治运动对井陉县带来的影响、失误及教训。

石家庄市地方志办公室

主　任：王孟新

副主任：刘建洲　黄俊清

（王建峰）

机关事务管理

【概况】 2009年，市机关事务管理局以学习实践科学发展观和开展干部作风建设年活动为契机，以提高机关干部职工满意度为目标，紧紧围绕市委、市政府中心工作，科学管理，热情服务，全力搞好保障，为市委、市政府机关高效有序运转提供了有力支撑。年内，根据中共石家庄市委办公厅、石家庄市人民政府办公厅《关于印发〈石家庄市机关事务管理局主要职责内设机构和人员编制规定的通知〉》（石办字[2009]78号），石家庄市设立市机关事务管理局，列市委直属事业机构，由市委、市政府双重领导，以市政府管理为主。按照文件规定，市机关事务管理局职能调整为：一是将原市委机关事务管理局职能和原市政府机关事务管理局职能进行整合，划入市机关事务管理局；二是本着管理与服务分开的原则，将市委、市政府机关事务性工作交给局直属事业单位承担；三是增加负责全市公共机构节能降耗管理职责。主要职责包括研究拟定市委、市政府机关事务政策、规定，对全市后勤系统机关事务工作进行业务指导，对市委、市政府办公用房实行统一管理，负责机关基建项目立项，行政经费管理，安全、消防管理，车辆管理，通讯管理，公共机构节能管理，计划生育管理，会务保障，生活保障等12项。市机关事务管理局设立办公室（计生办）、人事教育处、财务资产管理处、综合管理处、房地产管理处、行政管理处、基建设备管理处、保卫处、车辆管理处、公共机构节能办公室、机关党委、纪检（监察）室、老干部处等13个处（室）。人员编制为机关事业编制140名（含纪检监察人员编制3名），其中局长1名，副局长4名，纪检组长1名；科级职数46名（含机关党委专职副书记、纪检监察室、老干部处科级职数）；机关公勤人员编制11名。2009年11月19日，市机关事务管理局正式挂牌。

【市委机关搬迁】 为打造城市亮点，还绿于民，还路于民，市委决定2009年5月8日前市委机关由青园街搬至普园街借房办公。接到搬迁任务后，认真谋划、严密组织、积极运作，从选址、改造、装修到组织搬迁，共用时4个月。为不影响正常工作，市委机关搬迁在“五一”长假进行，共动用车辆1200多台次，搬运办公家具2600件，文件柜等1900多个，做到安全、快捷和有序。

【安全保卫】 认真落实《市委、市政府机关大院安全防范工作规范》，内卫、武警、公安、信访、消防、保安公司等多部门联动，查找安全隐患，进行问题整改。加大资金投入，积极完善电视监控系统，做到机关大院重点部位电视监控全覆盖、无盲点。热情接待外来办事人员和上访群众15万人次，满意率达90%以上。全年依靠人防、物防、技防三位一体举措，实现了市委、市政府机关大院“无犯罪、无案件、无火灾、无事故”目标。

【车辆管理】 组织车管人员和驾驶员认真学习《河北省实施〈中华人民共和国道路交通安全〉办法》，与司机签订《安全行车责任状》，修改完善《车辆及驾驶员管理规定》，提高了行车安全系数。按照“区分主次、先急后缓、统筹兼顾”原则，合理调度车辆，全年出车11万台次，行驶350万千米，圆满完成机关公务用车保障任务。

【通讯保障】 2009年5月8日，市委搬入新址。按照“原电话号码不变”原则，协助联通公司在市委新址安装了通讯交换设备和配线架，完成市委大楼内通信线路施工，共割接语音电话638部，安装电话计费系统1024路，公安专线10条，DDN专线8条。协调移动、电信、联通公司无偿提供无线网络机站建设，确保了新市委大楼内无线信号全覆盖。至年末，调整电话482部，维修话机657部，机关满意率达到98%。

【基础设施建设】 重点对市政府机关大院进行部分装修改造。改造了机关大门、1号楼前广场、地下车库和2号楼主体结构，其中2号楼增加了办公用房，装修了第一、第三会议厅及候会室，地下车库进行了加固。装修改造，从整体上改善了市政府大院的整体办公环境和面貌。

【房地产管理】 严格执行《服务承诺制》、《限时办结制》、《首问首办制》和《责任追究制》，辖区宿舍开展了"十项优质服务"和"满意工程"。青园街宿舍筹建了供热交换站。宿舍区及时清理卫生和平整路面，还进行修栽花木、粉刷围墙等工作，受到小区居民广泛赞誉，住户满意度达95%以上。旧房改造，中山路东明桥新建宿舍已封顶，中山路29号院、和平西路506号院拆迁项目按计划有序进行。至年末，进行水电暖气等维修5403余人次，上门服务3454余人次，紧急抢修、抢险72次。

【生活服务】 坚持"精打细算、服务至上"原则，想方设法搞好市委、市政府机关大院生活服务保障工作。修改完善了《食堂饮食安全管理暂行规定》、《食品卫生管理规定》等多项制度，建立了《餐饮业食品原料采购索证登记本》和《消毒登记本》。政府大食堂南北区优化组合，增加服务窗口，增设清真厨房，满足了回民及其它少数民族干部职工生活需求。市委大餐厅、政府第三餐厅午餐做到主食不少于8种，副食15种以上。全年机关人员就餐满意率达到85%以上。

【节能减排】 认真执行《公共机构节能条例》，对23个县（市）区和81个市直部门节能组织机构和能耗情况进行摸底，研究制定了《石家庄市公共机构2009至2010年节能规划》，通过多措并举，机关内部能耗降低。到年底，修理并重复使用开关、整流器等4500余个，节约资金3.6万元；通过技术改造，年节水6000吨，节电15万度，节约蒸汽3100吨。

（陈怀志　曹建龙）

城乡基层政权建设

【概况】 2009年，城乡基层政权和群众自治组织建设以村委会和居委会换届选举工作为重点，加强基层群众自治组织建设，全面推进城市社区建设，积极开展农村社区建设全覆盖活动，并取得良好成效。

【第八届村委会选举】 根据中华人民共和国村民委员会组织法规定和河北省委省政府统一部署，石家庄市组织了第八届村委会换届选举工作，选举工作从2008年12月中旬动员部署，到2009年4月底基本结束。至7月底，全市4443个村，有4441个村完成换届工作，共选出村委会成员15189名，其中主任4392名，副主任2345名，委员8452名。本届村委会成员35岁至60岁占86.4%；高中以上文化程度占61%，比上届提高4.4个百分点；村委会主任具备"一好双强"标准人数增多，约占70%；村委会成员的政治结构、文化结构、年龄结构明显改善，整体素质有较大提高。选举工作在自荐直选、任期目标责任制、妇女委员定位选举上创新3项成果，全国人大副委员长、全国妇联主任、国家民政部及省市领导在元氏县2个村进行了选举现场观摩。

【第七届居委会换届选举】 根据中华人民共和国城市居民委员会组织法规定和河北省委省政府统一部署，石家庄市组织了第七届居委会换届选举工作。选举工作从2008年12月中旬开始，到2009年2月底基本结束，全市共有367个居委会圆满完成换届工作。

【城市社区建设】 年内积极开展示范社区创建活动，进一步完善社区服务体系，推进以就业、社会保险、社会救助、社会治安、医疗卫生、计划生育、文化、教育、体育等为主要内容的政府公共服务向社区覆盖。规范、整合了社区公共服务设施的功能作用，实行了"开放式办公、一站式服务"，合理设置服务窗口，优化工作流程，规范服务标准，大力鼓励开展委托代理代办等便民服务。2009年10月份，石家庄市桥西区被国家民政部命名为全国和谐社区建设示范城区（市），裕华区裕东街道被命名为全国和谐社区建设示范街道，新华区天苑街道天苑社区、裕华区槐底街道石门社区被命名为全国和谐社区建设示范社区。

【农村社区建设】 根据民政部和省民政厅通知精神，启动了农村社区建设全覆盖活动，各县市区进行了动员部署。桥西区、赵县、藁城市三个全国农村社区建设全覆盖试点单位加强了组织体系建设，完善了社区服务中心的基础设施和服务功能。4 月 2 日，民政部基层政权司和美国卡特中心利用参加河北省农村社区建设培训班之机，参观了桥西区、赵县、藁城市三个不同类型的农村社区，同村民及干部进行了座谈。

（史文生）

中国人民政治协商会议石家庄市委员会

【概况】 2009 年，中国人民政治协商会议石家庄市委员会（简称市政协）在省政协指导和中共石家庄市委领导下，坚持以邓小平理论和“三个代表”重要思想为指导，以深入贯彻落实科学发展观和干部作风建设年活动为动力，紧紧围绕保增长、保变样、保民生、保稳定这条主线，团结和动员参加政协的各党派、团体和各族各界人士，为迎难而上建言，为锐意改革献策，为改善民生出力，富有成效地履行政治协商、民主监督、参政议政职能，为促进全市经济社会又好又快发展做出积极贡献。年内，市政协召开全会、常委会、主席会等例会 12 次，组织视察调研活动 60 余次，交办提案 725 件，征集社情民意 400 多条，提出意见建议 1500 多条，充分发挥了协调关系、汇聚力量、建言献策、服务大局的重要作用。至 12 月 31 日，政协石家庄市第十一届委员会共有委员 656 名（年内撤销委员资格 2 名），常委会组成人员 131 名（免去 2 名）。

【市政协第十一届常委会组成人员及工作机构负责人】

主　席：王华清（女）

副主席：李天印

陈百成（满族，不驻会）

韩宪章　朱增海

曹社会

王长华（不驻会）

武义青（不驻会）

王宝山（不驻会）

范振增（不驻会）

秘书长：李增禄

常务委员：（按姓氏笔划排序）

丁铁龙　王　宣

王　智　王文治

王文晔（女）

王艾华（女）

王冬梅（女）

王兰志

王亚丽（女，8 月免）

王英彬　王建国

王勋涛　王俊林

王俊奇　王智森

王镇元　仇银柱

邓小梅（女）

邓素雪（女）

龙建国（侗族）

申　禧　叶少华

叶文祥

田玉卓（女）

田朝民　兰平信

冯书勤　冯润明

邢士林　曲仓坤

吕毅华（女）

乔　茜（女）

任映光　任新社

刘　凯

刘　真（女）

刘小立　刘兴辉

刘运江　刘英光

闫凤利

祁　改（女）

许　立　许广明

许素更　孙朝辉

孙德惠（女）

苏　丽（女）

李　雯（女）

李　潇　李小平

李风江　李志峰

李树国

李俊秀（女）

李振符　杨士斌

杨云乐

杨玉珍（女）

杨作昌　杨英波

杨建华（女）

杨澜波　吴振见

闵晓进
张　越（女）
张力栓
张文武（满族）
张计刚　张书国
张玉辉（女）
张永健　张旭辉
张治春　张树清
张贵宾（8月免）
张素丽（女）
张祥建　张景学
张富春
陆　淳（女）
陈克俭　陈泉州
邰存悦　武共义
范玉龙　范焕文
林　丹（女）
林金泰
尚晏芝（女）
罗北中
周书献　周志斌
赵国三（女）
赵明芳　赵金代
胡爱民　段　文
段　坤（女）
闻宏海　耿云峰
夏玉颖
夏晓烨（女）
徐　仁（女）
高　波
高茶芳（女）
高顺强
郭刚能　郭清常
黄　超　曹　伟
崔瑞芳（女）
康瑞峰（回族）
寇学臣（满族）
董文志　蒋陶然
韩利华（女）
焦保华　甄忠义
甄金钟
廖　岩（女）
潘卫东

副秘书长：杨建华（女）
程共英
卢亚利（女）
乔　茜（女，不驻会）
崔瑞芳（女，不驻会）
姜博卿（10月任，不驻会）
李俊秀（女，不驻会）
程鹏起（10月任，不驻会）
王丽欣（女，10月任，不驻会）
徐　石（女，不驻会）

办公厅

主　任：杨建华（女，兼）
副主任：刘春峰　王灵增

研究室

主　任：赵　磊
副主任：徐振声

提案委员会

主　任：陈克俭
副主任：盖和平
不驻会副主任：李献平
张　炬
周同友　赵志卿
唐　克（特聘）
赵景芳（女，特聘）

学宣文史资料委员会

主　任：段　文
副主任：崔　才
不驻会副主任：任新社
王勛涛　王　智
赵俊芳　梁　勇

财政经济委员会

主　任：周书献
副主任：（空缺）
不驻会副主任：陈福财
唐秀珍（女）
刘　凯　李振章
赵顺法　王晓临
崔爱萍（女）
王俊林

农业委员会

主　任：杨澜波
副主任：赵　虹（女）
不驻会副主任：赵国三（女）
冯书勳　楚行宇
师吉奎　贾建平
李瑞进

教科文卫体委员会

主　任：李　雯（女）
副主任：郑志学
不驻会副主任：王文治
卢长锁　王英彬
闻宏海　唐　青
刘桂江　张　毅
仵增刚　肖建科
李耀峰（特聘）

社会和法制委员会

主　任：武共义
副主任：郑英须
不驻会副主任：祁　改（女）
赵金代
王亚丽（女，8月免）
张玉辉（女）
肖士杰
肖　力（女）

民族和宗教委员会

主　任：武共义
副主任：郑英须
不驻会副主任：张贵民
蒋陶然　陈泉州
康瑞峰　马铭江
邓元富

港澳台侨和外事委员会

主　任：王镇元

副主任：石志玲（女）

不驻会副主任：杨秋贵

罗北中

刘嫦嫦（女）

许　立

【市政协第十一届委员会第二次会议】 1月13～16日，市政协第十一届二次会议在市人民会堂举行。王华清主席，李天印、陈百成、韩宪章、朱增海、曹社会、王长华、武义青、王宝山、范振增副主席，秘书长李增禄和委员共626人出席会议。会议听取并审议王华清主席作的政协石家庄市第十一届委员会常务委员会工作报告和曹社会副主席作的政协石家庄市第十一届委员会常务委员会关于十一届一次会议以来提案工作情况的报告；列席石家庄市第十二届人民代表大会第二次会议，协商讨论市政府工作报告和其他相关报告；通过政协石家庄市第十一届委员会第二次会议政治决议；通过政协石家庄市第十一届委员会提案委员关于十一届二次会议提案审查情况的报告；王华清主席在闭幕会上作了《凝心聚力、共谋发展，为打造繁华舒适现代一流的省会城市而努力奋斗》讲话。市委、市人大常委会、市政府、石家庄警备区领导，市级领导，市中级人民法院院长、市人民检察院检察长，十届市政协副主席应邀出席大会，市直有关部门负责同志列席会议。会议期间，13名委员代表在大会上作了发言，20名委员代表在大会上作了书面发言，围绕着建设繁华舒适现代一流的省会城市，从石家庄形象建设、机关作风建设、应对金融危机、食品安全、水资源、环保、农业和农村等方面建言献策。市委、市政府、市政协领导到会听取发言，并现场批示发言13篇，交相关部门办理。会议期间，共收到集体、委员个人及联名提案548件，根据《政协石家庄市委员会提案工作条例》的有关规定，对收到的提案进行审查，符合立案条件的519件。大会闭幕后，提案委员会将会同市委办公厅和市政府办公厅，按照分级负责、归口办理的原则，向有关部门进行交办。对未予立案的，将积极与有关委员协商，或将作为意见和建议，转有关部门参阅；或进一步修改后重新提出。

【市政协第十一届常委会议第五次会议】 1月16日，市政协第十一届常委会议第五次会议在市政府招待处召开。王华清主席主持会议，副主席李天印、陈百成、韩宪章、朱增海、曹社会、王长华、武义青、王宝山、范振增副主席，秘书长李增禄和常务委员共120人出席会议。会议听取关于各委员小组讨论市政协十一届委员会常务委员会工作报告和提案工作报告的情况汇报；听取并原则通过市政协十一届二次会议政治决议（草案）、市政协十一届二次会议提案审查情况的报告（草案），决定提交闭幕会正式通过。

【市政协第十一届常委会议第六次会议】 4月21日，市政协第十一届常委会议第六次会议在亚太大酒店召开。王华清主席、李天印副主席分别主持会议，副主席陈百成、韩宪章、朱增海、曹社会、王长华、武义青、范振增和常务委员共112人出席会议。会议深入学习全国政协十一届二次会议精神；听取并讨论刘明轩副市长代表市政府所作的《关于我市创建"食品安全最放心城市"工作情况通报》；审议并通过《政协石家庄市委员会关于充分发挥民主党派、无党派人士在人民政协中作用的意见》、《政协石家庄市委员会关于进一步发挥委员主体作用的意见》、《政协石家庄市委员会关于进一步发挥专门委员会基础作用的意见》。

【市政协第十一届常委会议第七次会议】 8月27日，市政协第十一届常委会议第七次会议在亚太大酒店召开。王华清主席、李天印副主席分别主持会议，副主席陈百成、韩宪章、朱增海、曹社会、王长华、武义青、范振增，秘书长李增禄和常务委员共116人出席会议。会议听取并分组讨论张树志副市长代表市政府所作的《关于市政协十一届二次会议以来委员提案办理情况的通报》；市发改委《关于构建我市现代产业体系思路和2009年1～7月份经济运行情况的通报》；市工商局《关于我市整顿市场秩序情况的通报》。会议充分肯定市政府及有关部门工作情况通报，并提出意见和建议。审议通过关于免去张贵宾、王亚丽市政协常委等职务、撤销其委员资格的决定。

【市政协第十一届常委会议第八次会议】 10月28日，市政协第十一届常委会议第八次会议在亚太大酒店召开。王华清主席、李天印副主席分别主持会议，副主席陈百成、韩宪章、朱增海、曹社会、武义青、范振增，秘书长李增禄和常务委员共112人出席会议。会议传达学习中共十七届四中全会、胡锦涛总书记在庆祝人民政协成立60周年大会上的重要讲话、全国政协十一届七次常委会议、省委七届五次全会和省政协十届八次常委会议精神；听取并讨论刘明轩副市长代表市政府所作的《关于今年我市工业经济运行情况及促进工业发展措施的通报》；10位政协委员围绕促进全市工业经济发展，从企业搬迁税收减免、搭建校企引进人才平台、加强企业文化建设、加大金融服务和支持力度等角度，进行了大会发言，提出意见和建议；审议通过了有关人事事项，决定姜博卿、程鹏起、王丽欣为政协石家庄市第十一届委员会副秘书长（不驻会）。

【庆祝政协成立60周年活动】 以"珍重使命，继往开来"为主题，召开庆祝人民政协成立60周年座谈会，市委、市政府领导和各界人士100多人参加会议。省委副书记、市委书记车俊同志发表重要讲话，高度评价了全市各级政协组织几十年来特别是改革开放以来，为促进全市经济社会发展做出的重要贡献，对进一步做好新形势下人民政协工作提出了新希望、新要求。各界人士畅谈学习胡锦涛总书记重要讲话的体会，回顾人民政协与新中国相伴而生、一起成长的光辉业绩，进一步坚定做好人民政协工作的信心和决心。以"爱祖国、爱政协、爱家乡"为主题，举办书画摄影展，表达了各界人士对伟大祖国、对人民政协、对石家庄的真挚情感。以"回顾光辉历程，牢记神圣使命"为主题，组织人民政协知识竞赛，大力宣传人民政协的性质、地位和作用，宣传人民政协履行职能的新实践、新成就、新进展。

【政治协商】 以全委会议总体协商、常委会议专题协商、主席会议重点协商为主要形式，组织委员对政府工作报告、国民经济和社会发展计划报告进行广泛协商；围绕构建现代产业体系、"三年大变样"工作以及环境保护、节能减排、食品安全、"三农"等问题提出对策建议，不少意见建议得到市委、市政府及有关部门的重视和采纳。为助推全市工业经济加快发展，市政协第八次常委会议专题进行议政协商，提出20多条意见、建议，为市委、市政府科学决策提供参考。车俊书记、艾文礼市长分别作出重要批示，要求有关部门认真吸纳并抓好落实。

【民主监督】 鼓励政协委员、政协参加单位通过提案发挥民主监督作用，全年征集提案819件，立案725件，通过领导包案督办、常委会专题督办、提案委协调督办等形式，增强提案办理实效，使这些提案全部得到办理，其中，已经落实或正在落实的610件，因客观因素和条件限制，一时难以落实的115件，已向委员作了解释说明。从收到的630件征求委员意见反馈卡看，表示满意和基本满意的600件，占95.2%，表示理解的30件。围绕委员们提出的"优化和改善我市投资软环境"、"加快中小企业发展"等提案，市监察局充分发挥组织协调职能，进一步加大了全市电子政务建设和行政审批制度改革的力度；市工业和信息化局从解决融资贷款、吸引人才等方面研究出台了相关政策，并采取多项措施对中小企业给予大力扶持。同时，开展多种形式的民主监督。以"服务科学发展，提高执法公信力"为主题，到市公安局、检察院、中级法院进行主席集体视察，就促进公正执法、和谐执法提出意见、建议；以民主评议和特邀监督为有效形式，组织150名委员积极参加省市机关作风民主评议和征求意见恳谈会；推荐40名委员担任执法执纪部门和行业窗口单位陪审员、检察员、审计员、监督员，推动了有关部门改进工作、转变作风、依法行政。

【参政议政】 围绕保增长，开展以"摸实情、鼓士气、解难题、促增长"为主题调研月活动。为应对金融危机、实现首季开门红，市政协主席、副主席带队，深入行唐、无极、辛集、晋州和市内五区调查研究、建言献策；以“助推县域经济发展”为主题，赴高邑、元氏、赞皇等县开展主席集体视察，就项目建设、招商引资等工作积极出主意、想办法；市政协四位副主席分别带领委员，围绕重污染企业搬迁、省会物流业发展、生物医药和装备制造业基地建设、农村土地流转等，走出去考察，走下去专题调研，提出许多有针对性的意见、建议，推动相关工作的开展；以“访百企、问百卷、听百言、促发展”为主题，召开经济界委员应对金融危机座谈会，深入台资侨资企业帮助解决实际困难，走访委员企业了解生产经营情况，向百家委员企业发放调查表征求意见，鼓励广大委员企业迎难而上、变危为机，勇于担当社会责任，切实做到不裁员、不减薪、不欠薪，以实际行动为保增长做贡献。围绕保变样，组织委员开展进社区、进街道、进家庭“三进”活动，广泛宣传省会城市建设“三年大变样”的政策、规划和美好前景，增强群众的认同感；针对道路改造给市民出行带来的不便，以“多理解、少开车，以实际行动支持道路畅通工程”为主题，组织委员视察裕华路、槐安路道路改造工程，号召广大委员支持政府工作，带头少开车、不开车，为保畅通尽心出力；组织驻石省政协委员视察国庆献礼工程、城中村改造回迁楼建设工程，提出加大协调监管力度、确保工程建设质量和进度等建议，促进省会城市建设“三年大变样”工作开展。

【关注民生】 围绕提升省会住宅小区物业管理水平，通过广泛听取和征求业主代表、物业管理公司意见，与职能部门座谈协商，向市委提交《关于我市住宅小区物业管理情况的调研报告》，车俊书记对报告作出批示：“请市政府认真对待并研究。市政协针对物业管理的调研报告很有针对性，事关广大居民切身利益，应该引起各级政府重视，采取切实措施，不断提高省会住宅物业管理水平”。围绕加强食品安全，以“创建食品安全最放心城市是全社会的共同责任”为主题，以督办一号提案为重点，深入农产品种植养殖基地、食品生产加工和流通企业、农产品检测等部门实地查看，与农业、质检、工商等7个职能部门座谈交流，形成《关于我市创建食品安全最放心城市活动情况的调研报告》，提出五个方面17条建议，市委、市政府主要领导作出批示，市创建办及时将建议分解落实到有关部门。围绕农村新民居建设，多次赴赵县、栾城视察新民居示范工程建设，协调解决有关问题，并就进一步加大新民居建设宣传力度、搞好建设规划、完善有关政策、保证建设质量提出指导性意见。围绕改善贫困山区医疗教育条件，与有关民主党派联合，深入山区农村开展送医、送教、送文化“三下乡”活动，为群众义诊1200多人次，培训教师600多人次，捐赠图书6000多册，受到人民群众欢迎。同时，把社情民意信息工作做为传递民生信息的重要渠道和联系党政领导与民众的直通车，加大为民建言力度。全年共征集社情民意400多条，编发《社情民意》内刊49期，其中被省政协采用20期，市领导批示3期。被省政协采用数量在全省11个市排名第一。委员反映的《天然气管网运行存在安全隐患》的信息，艾文礼市长作出批示，要求有关部门立即整改，市燃气办及时采取措施，保证了天然气管网安全运行；《农村宅基地不能越垫越高》、《城市电子垃圾处理工作亟待加强》两篇社情民意信息在《人民政协报》社情民意专版刊发。

【提案立案数量创历史最多】 年内，市政协征集到委员提案819件，审查立案725件，提案数量和立案数量为历年之最。提案收到征求委员意见反馈卡630件，委员满意率达95.2%。委员提案数量多，质量高；围绕中心工作，讲大局、议大事成为提案主导。十一届二次会议提案内容涉及城市建设与管理、经济与财贸金融、科教文卫体、农林水牧、党群政法、劳动人事等方面，其中城市建设与管理方面最多，达295件，占40.6%。

（戴丽丽）

【广泛凝聚力量】 牢牢把握团结民主两大主题，广泛调动方方面面的积极性，努力为全市改革发展凝聚智慧和力量。积极促进党派合作。建立市政协主席走访各民主党派和无党派人士制度，充分听取和反映各民主党派、无党派人士的意见、建议；通过联合开展专题调研、重点办理党派提案、共同开展反映社情民意工作，加强与各民主党派和无党派人士的经常性联系，增进共同政治基础上的团结与合作。全年，各民主党派共提交集体提案91件，反映社情民意307条，提交大会发言21篇，充分发挥各民主党派和无党派人士在政协组织中的作用。积极促进民族团结、宗教和睦。坚持经常走访民族宗教界代表人士，积极参加民族宗教重大节庆活动，密切联系，增进感情。组织民族宗教界委员开展专题调研，及时反映整治谛音寺广场环境问题，为推动民族地区经济社会发展、促进宗教场所建设建言献策；参加省政协组织的“发挥宗教积极作用，促进社会和谐”专题研讨会，听取“宗教与社会主义社会相适应”专题讲座，深化各界人士对党和国家宗教政策的认识，探索发挥政协优势、协助党和政府做好民族宗教工作的新途径、新方法。积极开展联谊交友。加强与港澳台胞、海外侨胞及其眷属的经常性联系，热情接待澳大利亚河北同乡会、美国华人企业考察团，激发他们的爱国爱乡热情，扩大石家庄市海外联系渠道和影响力。积极参加全国政协和省政协就改进行政服务、完善信访机制、推进城乡一体化发展、城市建设的司法保障等专题开展的协同调研，扩大了视野，拓宽了思路。主动走出去、请进来，学习先进经验，宣传介绍石家庄。聚合市县政协工作合力，建立市政协主席联系县（市）区政协制度，召开工作经验交流会，加强与县（市）区政协的联系与合作。全年，县（市）区政协工作扎实活跃、亮点纷呈。实行委派民主监督员制度，创办政协工作讲坛，成立民营企业家联谊会，建立政协委员之家，开展“委员在行动”活动，全市政协系统呈现出合力谋发展的良好局面。积极做好文史资料工作。组织政协委员及其联系的各界人士积极撰写文史资料，联合市社科联编辑出版《石家庄历史文化百题》，配合省政协开展《河北文史资料全书》（石家庄卷）征编工作，进一步宣传和弘扬石家庄文化，充分发挥文史资料存史、资政、团结、育人作用。

【政协工作创新】 积极探索履行职能的新方式、新方法。创新常委会协商议政形式，变以议为主为听议结合。每次常委会邀请政府两个部门报告工作，组织常委讨论评议，既增进了常委与政府部门的相互了解，又丰富了常委履职内容，实现了政治协商与民主监督的有机结合。创新提案督办方式，变部门督办为领导带队深入走访督办。市政协副主席带队，走访市规划、建设、城管等重点承办部门，集中开展督办视察，面对面协商讨论，引起承办部门高度重视，促进提案的办理和落实。创新界别活动载体，变常规活动为以专委会为依托、以节庆日为契机有主题、有特色地开展活动。组织妇女界委员以“三八”妇女节为契机，开展以“发展、和谐、贡献”为主题的履职尽责庆“三八”活动，与市妇联共同牵手“乡村女校”项目，签订“促进农村妇女发展协议书”，调动妇女界委员积极性。创新委员激励机制，变以约束为主为激励约束并重。建立主席约见委员、走访委员和委员活动日制度，制定委员小组活动办法，开展优秀委员、优秀提案“双优百佳”评选活动，激发委员履职热情，涌现出许多干事创业的先进典型，赢得社会各界的赞誉，展示省会政协委员的风采。

【自身建设】 深入开展学习实践科学发展观和干部作风建设年活动。坚持把理论学习放在首位，认真落实常委会议、主席会议集体学习制度，深入学习中央和省、市委一系列重要会议精神，切实增强贯彻中央和省、市委重大决策部署的自觉性、坚定性；举办经济形势、农业农村工作、文明礼仪、政协知识专题讲座，组织开展“我爱人民政协、我爱本职工作”中层干部演讲会和学习笔记展示活动，建立干部首问首办责任制和工作讲评制，制定关于发挥各民主党派和无党派人士作用、委员主体作用、专委会基础作用的意见，修订完善机关工作制度，开展工作纪律、组织纪律集中整饬活动等，强化干部教育和管理。坚持把联系政协实际、解决突出问题作为关键环节来抓，深入开展走访委员企业、走访老委员、走访基层政协"三走访"活动和查思想、查作风、查问题"三查"活动，进一步丰富工作思路，破除制约政协事业发展的惯性思维，牢固确立科学发展观在政协工作中的指导地位，确立"围绕中心，服务大局，主动融入"的工作原则，确立"推动科学发展，积极关注民生，力促社会和谐"的工作重点，为做好政协工作提供强大的动力和保障。

（赵彦锋）

中共石家庄市纪律检查委员会

【概况】 2009年，市纪检监察部门认真贯彻落实第十七届中央纪委三、四次全会、省纪委七届四、五次全会和市委八届四次全会精神，坚持围绕中心、统筹兼顾、把握重点、强化创新、狠抓落实，以构建具有石家庄特色惩治和预防腐败体系为主线，深入推进党风廉政建设和反腐败工作。全年党风廉政建设形势好转，人民群众反映强烈的突出问题逐步解决，各级领导干部廉洁从政意识得到强化，社会各界对反腐倡廉建设信心进一步增强。深入开展小金库专项治理工作，全市自查自纠小金库34个，查处清理小金库26个，涉及资金2270万元，其中主动上交1988万元；收缴国有资产收益4080万元。至年末，全市各级纪检监察部门受理群众举报2043件（次），立案调查各类违纪违法案件1166件，同比增长2.28%。立案涉及1219人，结案1096件，给予党政纪处分1117人，为国家挽回经济损失4149万元，收缴违纪资金586.17万元。市纪委直查案件45件，同比增长18.42%，其中涉及县处级干部30件，同比增长46.2%。查办商业贿赂案件157件，涉及金额3926.04万元，移送司法机关36人，给予党政纪处分23人。查办乱收费、乱罚款、乱摊派案件48件，给予党政纪处分30人。

【重要会议】 2月16日，市纪委在市政府招待处召开第八届市纪委第四次全体会议，传达贯彻第十七届中央纪委第三次全会和第七届省纪委第四次全会精神，会议总结了2008年全市党风廉政建设和反腐败工作，研究部署了2009年全市党风廉政建设和反腐败工作任务。会上，市委常委、市纪委书记李文起代表市纪委常委会作了题为《以科学发展观为统领，全面推进石家庄市反腐倡廉建设》的工作报告，省委副书记、市委书记车俊作了重要讲话。

3月23日，市纪委组织召开全市纪检监察系统信访举报工作会议。各县（市）区纪委主管信访工作的副书记和信访室主任，市直各纪工委书记，市直各部门、各单位纪检组长（纪委书记），市纪委信访室、下访工作队全体人员参加了会议。会议由市纪委副书记刘书平同志主持，市纪委常委、监察局副局长、下访工作队队长王文朝同志就"化重访、解重信"专项活动进行了安排部署。市委常委、市纪委书记李文起同志作了重要讲话。

4月29日，全省纪检监察系统主题实践活动暨素质建设工程动员大会（电视电话会议）结束后，市纪委在市政府第二会议厅召开了全市纪检监察系统主题实践活动暨素质建设工程动员大会（电视电话会议），市委常委、市纪委书记李文起对全市纪检监察系统主题实践活动暨素质建设工程进行了动员部署。市纪委监察局领导班子成员，机关各室处负责人，市直单位纪检组长（纪委书记），各县（市）区纪委监察局领导班子成员、机关各室负责人，纪工委书记、监察分局局长，各县（市）、矿区直各部门分管纪检监察工作负责人，乡（镇）纪委书记参加了会议。

5月6日，省"小金库"治理工作电视电话会议后，市纪委组织召开全市"小金库"治理工作会议，市委常委、纪委书记李文起对石家庄市"小金库"治理工作进行安排部署。市直有关单位分管领导及财务室（处）负责人参加会议。

6月9日，市纪委组织召开石家庄市贯彻落实中央纪委"地方县级纪检监察机关建设工作电视电话会议"会议。市纪委副书记、市监察局局长张治春主持。市委常委、市纪委书记李文起就石家庄市贯彻落实全国和全省电视电话会议精神作重要讲话。市纪委主管干部工作的副书记、常委及市纪委、监察局机关各室（处）主要负责人；市委组织部、市编办、市财政局主要负责人；各县（市）区纪委书记、监察局长、主管干部工作的副书记或常委及纪委、监察局机关各室（科）主要负责人，组织部、编办、财政局主要负责人参加会议。

6月18日，为深入贯彻落实全省案件检查工作会议精神，市纪委召开全市纪检监察机关案件检查工作会议。各县（市）区纪委书记、主管案件的副书记、案件管理负责人，市直各纪工委书记，市直各单位纪检组长（纪委书记）；部分市属大中型企业、大专院校纪委书记；市纪委纪检监察一室、二室、三室、四室、案管室、申诉处、审理室、自律办、信访室、执法室、纠风办、效能中心等有办案职能室（处）负责人参加会议。

8月21日，市纪委召开全市工程建设领域突出问题专项治理工作会议，市委常委、市纪委书记李文起就石家庄市开展工程建设领域突出问题专项治理工作进行安排部署。市委常委、副市长王大虎主持会议。

10月10日，市纪委召开全市纪检监察系统领导干部会议。市委常委、市纪委书记李文起就学习贯彻党的十七届四中全会、中央纪委四次全会和省委、省纪委七届五次全会以及全市领导干部会议精神进行动员部署。

12月8日，为认真贯彻落实全省2009年度推进惩治和预防腐败体系建设检查工作电视电话会议精神，扎实做好迎接省惩治和预防腐败体系检查的各项工作，市纪委召开全市惩防体系建设及党风廉政建设责任制检查考核工作动员大会。各县（市）区纪委书记、市直有关单位纪检组长参加会议。市委常委、市纪委书记李文起就检查考核工作进行动员部署。

【惩防体系框架初步形成】 市各级纪检监察部门认真落实中央《工作规划》、省委《实施办法》和市委《实施细则》，建立完善了惩防体系建设工作目标责任制，严格落实牵头职责和有关职能部门的工作任务，多次组织专项调度，强化检查考核，惩防体系建设9个方面97项任务顺利完成，涉及纪检监察、组织人事、司法、财政等27个职能部门的137项制度规定相继出台，教育、监督、改革、纠风、惩处等各项工作整体推进。全市把行政权力运行监控机制建设作为构建惩防体系重要抓手，相继制定行政权力运行监控机制建设《实施意见》、《廉政风险评估管理暂行办法》等文件，确定100个重点单位作为廉政风险评估工作联系点，组织各级认真查找廉政风险点，有针对性地制定预警防范措施。结合深入开展工程建设领域突出问题治理，强化对政府投资重点项目监控，将94个重点项目纳入廉政风险管理，重点建立完善了工程建设领域行政权力运行监控机制。市、县两级对271个政府投资重点工程建设项目实行了全程公开和跟踪监督。

【贯彻党委、政府重大决策部署】 市各级纪检监察机关配合有关部门，相继对扩大内需、促进经济增长重大决策部署进行了监督检查，对节能减排、食品安全、工程建设招投标、环境保护、政府采购、地产交易、土地收购、城市住房政策落实情况等进行了督导检查和专项执法监察。全市执法监察系统在监督检查中注重发现案件线索，查办各类案件和问题110件，给予党政纪处分145人。根据市委“三年大变样”工作部署，先后对拆违整建工作，槐安路高架桥工程、裕华路景观大道工程、二环路提升工程等20项国庆献礼项目开展了效能监察，对省市确定的重大公共投资项目实施了全程效能跟踪。围绕打造平安省会，对三级大接访责任制落实、国庆安保等进行了专项督查。全市查处效能案件和问题876件，实施效能责任追究827人次。

【干部作风建设年活动成效显著】 把切实抓好干部作风建设年活动，作为纪检监察机关的重要职责和重点工作，紧密结合石家庄市实际，对活动的整体安排、阶段部署认真谋划组织，在严格落实省委规定动作的同时，以切实解决发展环境不优、干部作风不佳等问题为重点，谋划和实施了以“清理削减一批收费和审批项目”、“取消和规范一批评比达标表彰活动”等为主要内容的“十个一”工程，市本级共清理行政许可项目276项，削减138项，削减率为50%，群众反映强烈的审批事项过多、收费项目过滥、办事效率低、服务质量差等问题得到有效解决。制定出台了《石家庄市国家机关及其工作人员问责规定（试行）》，严格落实省“十个严禁”，相继出台了加强领导班子和干部队伍思想作风建设的一批文件规定，制定了以公开承诺、考核评议等八项制度为重点的一批规章制度，建立完善了监督检查、强化问责等一批配套保障措施，开展了专项督查、突击检查、明查暗访等一系列活动，查处干部作风类案件541起，有效解决了干部作风方面存在的突出问题。坚持密切联系群众、打造群众满意工程，相继组织开展了以千村千企帮扶为重点的“两为”、民主恳谈、承诺兑现、服务窗口“亮起来”、群众评议机关干部作风等活动，集中解决了涉及干部队伍管理、发展环境、制度政策、企业生产经营、群众生产生活等8个方面的一大批热点难点问题，受到社会各界和人民群众的广泛赞誉。按照“程序最简、审批最快、服务最优、环境最好”的标准要求，进一步完善了市行政服务中心建设。20个县（市）区建成集政务公开、行政审批、电子政务、信息发布、电子监察、投诉受理为一体的综合行政服务中心。切实加强优质服务窗口创建工作，通过制定具体意见、加强检查调度和观摩研讨等措施，全市首批59个示范服务窗口建设水平不断提高，各级共建服务窗口328个。干部作风建设年活动的扎实开展，使全市干部作风发生了深刻变化，催生了“石家庄速度”，优化了发展环境，有力推动了“四保”等重点工作，受到社会各界的高度肯定。

【规范领导干部廉洁从政行为】 切实加强以党性党风党纪教育、廉政文化基地建设、廉政文化“六进”活动等为主要内容的廉政教育工作，全面实行了对拟提拔党员领导干部进行党政纪条规知识考试制度，进一步完善了以西柏坡廉政教育馆为龙头的五大廉政教育基地建设，组织全市党员干部分期分批进行了党性党风党纪和廉政教育。通过组织召开全市先进事迹报告会，深入开展向王瑛、苗汝英、姜瑞峰同志学习等活动，特别是以总结提炼、深度宣传姜瑞峰同志先进事迹为重点，相继组织了报告会、演讲会、座谈会等一系列活动，进一步加强了正面示范教育。结合查处的典型案件，广泛深入地开展了警示教育活动。严格落实中央、省关于党政机关厉行节约的有关要求，严格执行领导干部出国（境）管理“六项制度”，严格公务用车配备使用管理，全市出国（境）团（组）和党政机关购置小汽车数量较上年同比均大幅下降。在切实加大查办案件力度的同时，注重教育保护和挽救干部，实行了对党员干部的信访监督，对群众有反映、尚未构成核查的党员领导干部实行函询提醒，全年办理函询提醒168件，涉及县处级干部33人，乡科级干部135人。不断完善领导干部廉政档案，处理征求廉政情况函53件，涉及152个单位和部门、506名党员领导干部。

【维护社会公众利益】 年内继续对行政执法部门、经济和社会管理部门、公益经营单位、行业协会及部门重点岗位中层干部深入开展民主评议活动，对重点学校、医院和涉车涉路热点窗口单位实行了单评单列。协调9名市级领导、24名县（市）区党政一把手、61名市直部门主要领导走进直播间，参加行风热线节目，及时解决了一批群众关心关注的热点难点问题。组织开展了公路“三乱”集中整治年、治理教育乱收费、医疗药品不正之风专项整治、清理规范评比达标表彰考核、清理规范各类收费项目等活动。检查审计专项资金54.21亿元，纠正问题资金2163万元。组织开展“百乡千村”大巡访、“化重访、解重信”等专项活动，查办和解决了一批影响社会和谐稳定的案件和问题，全年纪检监察系统业务内进京赴省访实现“零记录”。切实加强农村党风廉政建设，组织惠农政策大检查，大力推广以村监会为主要形式的村民监督模式，在全市指导建立村监会1231个。

（齐翔宇）

【通报元氏县城管监察大队乱收费及县政府不作为问题】 7月10日下午，石家庄市召开新闻发布会，市纪委、市委组织部、市监察局通报了元氏县城管监察大队乱收费及县政府不作为问题。

1998年10月，元氏县委、县政府研究成立了元氏县城管监察大队，属临时机构，由县公安局干警张志民任大队长。同年12月，县城管监察大队在没有取得停车场收费经营行为许可、没有合法有效的批准收费文件的情况下，违规取得了停车收费许可证。从2005年

7月开始，该大队对停在元氏县文化宫广场的“村村通”客车按照每车每月30元的标准收取停车费。2009年5月22日，城管监察大队大队长张志民擅自将停车收费标准提高到90元，并派人在停车场出入口强行收取。5月27日，张志民又安排人员在停车场采取车堵人堵的方式，强行收取停车费，造成停车场出入口长达9个小时的围堵。6月1日，张志民再次派人在停车场拦堵，强行收费。河北电视台先后于6月2日、3日、4日，对元氏县城管监察大队连续三次拦堵客运车辆、强行收取停车费事件进行了曝光。事件发生后，元氏县政府主管领导、主要领导不重视，不负责任，没有及时采取有效措施，处置不力，致使该县城管监察大队乱收费行为没有得到及时制止，在社会和群众中产生了很大的不良影响。

根据河北省《影响机关效能行为责任追究办法》、《石家庄市国家机关及其工作人员问责规定（试行）》和《行政机关公务员处分条例》等有关规定，经市委常委会研究，免去夏生华元氏县县委副书记、常委、委员职务，并由元氏县委提请县人大按照法定程序免去其元氏县县长职务；经市监察局研究，市政府批准，给予元氏县县委常委、政府副县长张庆志行政记过处分；经市委研究，责令元氏县政府副县长、公安局局长孔宪国作出检查并对其通报批评；经元氏县委、县政府研究决定，给予原县城管监察大队大队长张志民撤销党内职务、行政职务处分；经市纪委、监察局研究，责令元氏县依法对该县城管监察大队予以撤销；其他相关单位和人员按干部管理权限由元氏县纪委、监察局给予责任追究。

（王　静）

【落实党风廉政建设责任制】 制定下发《2009年党风廉政建设和反腐败工作任务的分工意见》，对全市反腐倡廉建设各项工作任务分解细化，认真落实到各级领导班子、领导干部和相关职能部门。建立每季度向县（市）区和市直部门主要领导通报纪检监察工作情况制度。修订完善石家庄市《关于落实党风廉政建设责任制的考核办法》。相继组织全市党风廉政建设责任制半年检查、党风廉政建设责任制和惩防体系建设年度专项考核工作，各级领导班子和领导干部“一岗双责”意识增强，重视、支持、参与党风廉政建设和反腐败工作氛围更加浓厚，有力促进了反腐倡廉各项工作任务的落实。

（齐翔宇）

民主党派和工商联

【各民主党派和工商联领导成员】

民革石家庄市委员会

主　委：范振增

副主委：夏玉颖　陈　潮（女）

胡永权　乔　茜（女）

民盟石家庄市委员会

主　委：陈百成（兼职）

副主委：方　慈（兼职）

郭　斌（兼职）

杨凤虎（兼职）

尹兆旭（兼职）

崔瑞芳（驻会）

民建石家庄市委员会

主　委：武义青

副主委：曹志刚　马立峰

田荣凤（女）

李小平　姜博卿

民进石家庄市委员会

主　委：王　刚（2月免）

石汉文（2月任）

副主委：李俊秀（女）

刘　贵

李立水

农工党石家庄市委员会

主　委：王宝山

副主委：王彦英　张祥建

宗立荣　程鹏起

九三学社石家庄市委员会

主　委：王长华

副主委：王志国　于奕峰

邵新中　刘小立

王丽欣

工商联合会

主　　席：王中联（女）

常务副主席：韩国岐

副 主 席：徐　石（女）

闫志勇

党组书记：冯喜英（女）

中国国民党革命委员会石家庄市委员会

【概况】 2009年，民革石家庄市委在民革河北省委和中共石家庄市委领导下，自觉坚持中国共产党领导的多党合作和政治协商制度，团结和依靠广大民革党员，紧紧围绕全市中心工作，切实履行民主监督和参政议政职能，为全面推进石家庄经济社会又好又快发展做出了新的贡献。年内，市民革荣获市委统战部2009年度党派团体信息工作先进单位称号并获得2009年度党派团体统战理论研究优秀组织奖；获得市政协2009年度反映社情民意信息工作先进单位三等奖；被中共石家庄市委评为石家庄市2009年度调研工作先进单位，新华一支部王书波被评为石家庄市2009年度调研工作先进工作者；课题组《新时期供销社在农村合作经济发展中的地位研究》被评为石家庄市2009年度优秀调研成果；桥东一支部李俊增、吴会茹撰写《关于加强民主党派基层支部建设的研究》获得2009年度全市统战理论研究优秀成果一等奖；在石家庄市统一战线庆祝新中国成立60周年活动中，市民革荣获优秀组织奖，机关支部崔洪波获得书法作品一等奖，裕华二支部刘迎春的《昨夜清风香满园》获得绘画作品三等奖，钢厂支部杨国良的《百米画卷》获得摄影作品一等奖，桥东一支部武静的《水上公园全景》获得摄影作品优秀奖；长安二支部党员金一力被评为2009年度长安区政协优秀政协委员，钢厂支部周兴伟的《强化政府服务智能　推进非公经济发展》和河北师大支部郭西平、长安二支部孟跃霞的《加强对小区和城中村无证幼儿园和托儿所的监管》被评为2009年度长安区政协优秀提案，周兴伟还被评为长安区政协优秀社情民意信息员。

【思想建设】 强化政治理论专题学习，夯实坚持中国共产党领导思想基础。为切实提高广大党员的政治把握能力，市委会高度重视和加强政治理论学习，结合国际国内形势和工作实际，采取召开主委会、委员扩大会、座谈会、研讨会等多种形势加强学习，教育引导民革党员深刻认识中国政党制度的特点和优势，坚定不移的走中国特色政治发展道路。2009年是新中国成立60周年，也是中国人民政协成立和中国共产党领导的多党合作和政治协商制度建立60周年，围绕这一系列主题，市委会举办了系列纪念活动，大力开展爱国主义教育。6月15日，市民革组织党员参观了省民革庆祝建国60周年书画展，市民革共有9位作者的9幅作品入选参展。7月24日至26日，市民革组织党员赴山西进行“树省会意识，创一流业绩”参观考察活动。8月份，市民革组织党员参加了由市政协组织的“纪念新中国暨人民政协成立六十周年知识竞赛”并获优秀组织奖；9月初，市民革三位作者的3幅书画作品入选了市政协庆祝中华人民共和国暨中国人民政治协商会议成立60周年书画、摄影作品集；9月21日至9月28日，市民革通过精心组织、广泛征集，从广大党员中征集到多幅书画和摄影作品，经过筛选和分类推选的7幅书画作品和10幅摄影作品入选了市委统战部纪念新中国成立60周年书画摄影展览，9月25日，市民革机关全体参观了这次书画摄影展。9月22日，市民革举办了“歌唱祖国”庆祝新中国成立60周年歌咏比赛，各支部分别表演了独唱、合唱、诗歌朗诵等节目，经过现场评选，桥东一支部的《长征组歌—过雪山草地》获得一等奖，市民革主委范振增为获奖支部代表颁发了奖品。

【组织建设】 以“质”为主，注重吸纳高层次、高素质拔尖人才。首先严把入口关，发展成员前，市委会按规定执行一定时间的考察期，介绍到支部进行考察，并与发展对象进行谈话，加强入党动机的考察和参政党意识的教育；其次，把好政治关，考察时，由被考察对象所在单位党组织出具书面鉴定材料，按照“三个为主”的方针，坚持标准，注重政治素质。把重点放在发展高素质人才和业务骨干上来，组织工作有计划地稳步发展。全年发展党员22名，其中研究生学历7人，本科学历13人，高级职称7人，中级职称5人，民革特色18人，非公经济7人，女党员7人，平均年龄38.9岁，党员总数达到372人。市委会对4个基层支部（钢厂支部、裕华二支部、科大支部、师大支部）进行届中调整，选拔一批年富力强、政治素质好的党员充实的支委班子中，使支部更加有利于开展调研和组织活动，增强了活力。根据中共市委统战部的要求，市委会选拔了一批德才兼备的优秀人才进入后备干部队伍，建立了46人的后备人才库，并加强跟踪管理工作。市委会还在积极向中共市委组织部、统战部推荐优秀后备干部到政府部门担任实职或挂职锻炼等方面做了大量工作。

【参政议政】 围绕经济社会发展的重大问题和人民群众关心的热点、难点问题，广泛深入开展调研活动。7月31日，石家庄市民革召开九届九次委员（扩大）会议，范振增主委传达了中共市委统战部出台的“省会意识调研月”活动方案，就省会政务环境主课题进行安排部署，要求各支部认真选题，按时完成子课题的调研工作。11月20日，市委会召开非公经济座谈会，会上传达了市委书记车俊在《促经济、保增长、调结构、抓项目、强园区，全力打好工业发展攻坚战》活动动员大会上的讲话精神，对“打好工业攻坚战”广泛征求意见，形成《市民革对河北昌钰印刷工业有限公司的调研报告》调研报告；同时，根据各企业家提出的问题，向市委统战部反映多条社情民意信息。2009年11月市民革被市政协评为2008年度了解和反映社情民意信息先进单位，获二等奖。市委会充分依托多种载体积极宣传市委会围绕中心、服务大局的工作动态，宣传参政议政的优秀成果。市委会在《河北民革》刊登18篇；《党外人士建言》采用1篇；《团结报》刊登3篇；《石家庄日报》刊登2篇，《石家庄政协》刊登1篇；《石家庄经济》刊登1篇；《乡音》刊登1篇；有8篇诗歌、短文、感言入选《来自统一战线的报告》；向中共市委统战部、市政协等单位报送公共信息64篇，反映社情民意26条。从8月11日开始，市民革多次组织党员中的政协委员、教师学者、专业人士分别深入市物价局、市住房保障和房产管理局以及一些社区居委会和企业等单位召开专题调研座谈会，广泛交换意见和建议，撰写出了一批有水准、有针对性和可操作性的专题调研报告，先后完成了《对我市住宅专项维修资金现状的调研》、《加强法官队伍建设，为我市经济发展和社会稳定保驾护航》、《关于我市物业服务收费的调研》、《改善政务环境应当从交警抓起》、《严格执行〈律师法〉，切实保障律师执业权利》、《采取严厉措施，打击医闹》、《对有线电视存在问题的调研》等。市委会上报的《发展农村合作经济推进供销工作的调查与思考》被选为市政协十一届二次全会大会发言；《山区农村中学生身体素质状况的调查与分析》被《教育研究》杂志社采用；《为石家庄交通把脉》选为市政协十一届三次常委会大会发言；市民革调研课题《水——生命之源 不容忽视（石家庄农村水污染与防控的调查与思考）》报市委参评，获优秀调研课题奖。2009年1月市民革被市委、市政府评为2008年度调研工作先进单位。市民革集体和个人提交提案共41份，《对石家庄农村水污染与防控问题的建议》在市政协十一届一次全会上被评为优秀提案；《农村生态环境保护亟待加强》在市政协十一届二次全会上被评为优秀提案。

【社会服务】 市委会围绕全市的发展目标，积极为经济建设服务，稳步推进扶贫、义诊、“送温暖、献爱心”等社会服务工作。2009年1月份，市民革走访慰问了20多名80岁以上的老党员和机关离退休干部，并向老领导介绍过去一年来市委会工作运行情况，认真听取了他们对民革市委工作的意见和建议。1月21日，市民革赴灵寿县寨头乡开展“送温暖，献爱心”活动，为寨头乡枣园村送去30多袋大米。市委会领导和机关多次看望身患癌症的党员，送去慰问品，组织捐款5850元。10月25日，市民革组织60岁以上退休的老党员参观了石家庄市规划展览馆并进行座谈。2009年8月，市民革党员共为台湾灾区捐款人民币达11900元。10月30日，市民革组织10多位医疗专家赴矿区贾庄村进行下乡义诊活动，为当地老百姓义诊100余人次，受到当地群众的高度赞扬。

【祖国统一工作】 市委会积极把握时机，发挥优势，牢牢把握两岸关系和平发展的主题，以加强两岸同胞交流，促进祖国统一为落脚点，进一步增强责任感和紧迫感，加大对台工作力度，把促进祖国和平统一工作提高到了一个新的水平。根据海峡两岸关系出现的新形势，组织市委会干部、祖统委员及部分“三胞”亲属党员收看了中共十七大开、闭幕式和全国人大十一届一次会议，学习了全国政协常委会第十一届二次会议上有关对台工作的精神和周铁农主席在民革中央对台工作会议上的重要讲话，认真贯彻落实民革中央对台工作会议精神。4月16日，市民革机关全体参加了由市委统战部、市台办联合举办的台海形势报告会。在对台工作中，市委会按照胡锦涛总书记就新形势下发展两岸关系提出的“坚持一个中国的原则决不动摇，争取和平统一的努力决不放弃，贯彻寄希望于台湾人民的方针决不改变，反对台独分裂活动决不妥协”四点意见的工作方针，积极开展祖统和对台工作，热情接待回乡探亲、旅游、投资的台湾朋友。

（曲　宁）

中国民主同盟会石家庄市委员会

【概况】 2009年，民盟石家庄市委在民盟河北省委和中共石家庄市委正确领导下，按照科学发展观和2009年工作要点的总体要求，紧紧围绕市委、市政府的整体工作思路，以提高盟员政治素质为基础，以积极参政议政为动力，以深入调查研究为突破口，以建设高素质参政党为目标，各项工作扎实开展，稳步推进，取得显著成效。年内，民盟市委按照《中共中央关于进一步加强多党合作和政治协商制度建设的意见》精神，结合石家庄民盟实际情况，制定了《民盟石家庄市委员会工作条例》，健全了领导班子工作制度、机关管理制度、参政议政工作制度、基层组织工作制度等，形成《民盟石家庄市委员会制度汇编》，5月中旬集印成册下发各基层支部。年底，市民盟重新编印《石家庄市盟员通讯录》，为加强基层支部和盟员间交流创造了条件。民盟市委还积极参与中国共产党石家庄市委开展“干部作风建设年”活动，树立省会意识，努力创建了“学习型、服务型、创新型、和谐型”机关。2009年，民盟石家庄市委被民盟中央评为“中国民主同盟盟务工作先进集体”。

【思想建设】 民盟市委高度重视思想建设工作，认真组织盟员开展理论学习、形势教育和民盟优良传统教育，全市盟员的政治素质和思想理论水平不断提高。胡锦涛主席在庆祝人民政协和新中国成立60周年大会上发表重要讲话后，盟市委及时向基层组织下发了《关于认真学习和贯彻胡锦涛同志两个重要讲话的通知》，要求各基层支部和广大盟员认真学习领会胡锦涛两个重要讲话精神的重要意义，把学习贯彻两个重要讲话精神作为当前和今后一个时期的重要政治任务。盟市委还召开机关干部和盟员代表参加庆祝新中国成立暨多党合作制度确立60周年座谈会，畅谈60年来祖国发生的巨大变化和中国多党合作事业取得的伟大成绩。通过学习座谈，广大盟员接受中国共产党领导的坚定性、自觉性进一步增强，参政党建设的思想政治基础更加牢固。为了解盟员的思想状况，有针对性地开展思想建设工作，4月初盟市委在部分盟员中就“民主党派成员思想状况”进行问卷调查，及时发现存在的问题，为开展思想教育活动积累了素材。7月24日，举办第25、26期新盟员培训班，组织新盟员认真学习了盟章，并请老市委委员结合自己的体会作了党盟合作的专题报告。10月28日，盟市委联合盟省委举办台海及周边形势报告会，使骨干盟员和新盟员在参与活动中精神得到充实，思想受到熏陶。进一步加强统战理论研究和宣传工作。3月27日召开宣传工作会议，研讨新形势下加强盟的思想建设工作的思路、形式和方法，在此基础上形成了《拓展思路、整合体系，开创民盟宣传工作新局面》的调研报告。为有效应对国际金融危机的影响，盟市委在全体盟员中开展了“我为应对国际金融危机影响献一策”活动，并完成了《以引导民营经济应对金融危机实践为标本，对统一战线参与应对经济社会重大事件的路径思考》、《在统一战线工作中落实科学发展观》、《党的建设与党的监督机制研究》等多篇统战理论研究文章，以理论水平的提升带动了思想建设和宣传工作水平的提高。对盟内刊物《石家庄盟讯》进行了改版，重新设计了封面、调整了栏目内容，及时有效地宣传报道了中共市委、民盟市委近期的中心工作。开展多种形式的参观纪念活动。“三八”节期间，盟市委组织百余名盟员参观了“飞天壮歌航空航天展”。6月16日，由民盟新华总支牵头，机关支部、长安三支部、经济学院支部、裕华一支部组织盟员参观了“石家庄规划展”。在庆祝新中国成立和人民政协成立暨多党合作制度确立60周年活动中，盟市委专门出版了庆祝新中国成立暨多党合作制度确立60周年专刊，收录各种短文诗歌23篇；组织有关盟员参加了盟省委召开的庆祝建国60周年座谈会；征集书画作品31件参加市政协、市委统战部和省民盟举办的书画展，获市政协优秀组织奖。在省政协举行的庆祝人民政协成立60周年大会上，盟员撰写的论文《人民政协是实现协商民主的主渠道和主要形式》作了大会发言交流。通过这些活动，展示了在中国共产党领导下中国政治、经济、文化、社会等各方面取得的巨大成就，进一步巩固了政治交接学习教育活动成果，增强了广大盟员坚定走中国特色社会主义道路的信心和决心。

【组织建设】 按照《民盟中央关于加强基层组织建设的意见》和民盟河北省委的部署和要求，3月23日盟市委向基层组织下发了《民盟石家庄市委关于开展基层组织建设年活动的通知》，制定组织发展实施意见，并深入基层支部参加调研活动。按照年度工作计划，在走访各区、大专院校统战部并在沟通情况基础上，12月底民盟7个总支、35个基层支部顺利完成换届工作。12月23日，市民盟举行"民盟市委迎新年联欢暨先进表彰会"，表彰了在基层工作、参政议政、统战理论宣传及社会服务等各项工作中作出显著成绩的10个先进支部和101名先进个人。在组织发展方面，积极实施"人才强盟、人才兴盟"战略，坚持"三个为主"方针和质量第一、统筹兼顾、有所突破的原则，重点发展知识层次高、社会影响大和具有一定代表性的人士入盟，盟员结构在年龄、知识层次、界别分布等方面进一步优化。2009年度共发展新盟员36人，平均年龄35岁，中高级职称28人。根据组织发展需要，民盟市委完善了领导干部民主推荐制度，初步形成良性畅通的后备干部管理使用机制。9月23日，民盟市委召开九届八次全委（扩大）会议，民主投票推荐后备干部，使民盟自身建设走向制度化、规范化和程序化。

【参政议政】 盟市委始终围绕党和政府中心工作，强调抓基层、抓制度、抓骨干、抓精品，深入调查研究，积极建言献策，参政议政工作取得新的成效。提案工作成绩显著。向十一届政协二次全会提交大会发言4件，集体提案21件，个人提案41件。其中大会发言《对石家庄市地下水资源合理调控与保护的建议》、《保障我市食品安全的几点建议》、《关于加大我市"节能减排"科技支撑力度的建议》等均得到市长艾文礼的批示。石家庄电视台"提案追踪"栏目对16件提案进行了采访报道，《尽快开通二环路环城公交线，促环城经济发展》和《重视大学生就业问题的解决，尽快建立和完善联动全社会的就业网络》被市政协评为优秀重点提案，成为主席的督办提案。参政议政专委会作用突出。盟市委先后召开了科技、经济、教育、老龄、妇女、卫生、文化、联络8个参政议政专委会工作会议，完成省级调研课题《关于加强我省民营经济健康平稳发展的建议》，市级调研课题《关于对新民居建设的几点建议》、《关于加强农村环境保护，推动社会主义新农村建设的建议》以及《立足我市实际，积极稳妥地推动低碳经济的发展》等。召开专家组工作会议，就中共市委统战部的工作任务进行精心布置，完成环保、水资源保护等二份专家论坛内容。横向联合调研出新意。3月24日，盟市委与市政协教科文卫体委员会、市九三学社联合组织卫生界别的市政协委员和成员到市医保中心就石家庄市的医疗改革、新农合及现行医保存在的问题等进行调研，来自省市医卫系统的盟员、政协委员和机关干部参加了座谈。会后根据所了解的情况和大家的意见、建议，撰写了《规范医疗保险业，构建和谐医疗的几点建议》的调研报告，引起有关部门重视。为进一步加强社情民意信息工作，盟市委向民盟各总支、支部下发了《关于进一步加强社情民意信息工作的通知》、《关于转发省民盟关于提案、社情民意信息培训的通知》等文件。4月份，盟市委组织各支部主委、信息员参加了省民盟举办的社情民意信息培训会；10月份，又组织部分盟员赴江苏参观学习。全年共向省民盟、市委统战部、市政协报送社情民意信息400多条，大部分被有关部门采用。由于成绩突出，社情民意信息工作获民盟河北省委一等奖，市政协一等奖，市委统战部优秀奖。在统战部创办的8期《党外人士建言》中，有4期刊发了市民盟的建议，居石家庄市各民主党派之首。按照中共市委统战部关于在民主党派中开展“省会意识调研月”活动的要求，7月22日，盟市委召开九届十二次主委会，就调研月工作进行精心部署，下发了《关于贯彻落实中共石家庄市委在民主党派中开展“省会意识调研月”活动的实施意见》，各基层支部盟员积极参与，共完成调研报告37篇，其中《加强文化建设，提升省会城市形象》获得优秀调研成果一等奖，《提高市民素质，彰显城市文化》获得三等奖。根据《中共石家庄市委统战部关于在全市统一战线各界人士中开展“保增长、促发展、做贡献”活动的实施方案》要求，盟市委向各基层组织下发了《关于学习贯彻全市促进工业发展会议精神的通知》，并于11月24日召开了民盟经济界人士座谈会，把学习贯彻会议精神作为当前和今后一个时期的主要任务。

【社会服务】 为进一步贯彻落实好民盟中央提出的“农村教育烛光行动”，3月26日，盟市委与赞皇县教育局联系，将医大一支部捐赠的有关文艺、科技、文学类图书与杂志6000余本，送到赞皇县城关中学，为丰富学生精神文化生活创造了良好条件。5月7日为邢郭乡中学缴纳上网费，解决了该校不能上网问题。5月27日和10月15日，市民盟与市政协教科文卫体委员会、市九中优秀盟员教师两次到赞皇一中进行教育帮扶活动，共培训教师300多人，得到了赞皇县广大师生的欢迎和一致肯定。多渠道为对口帮扶学校争取支持。盟市委经过努力，为对口帮扶学校赞皇县邢郭乡中学争取到与美国科技教育协会合作项目，并于5月7日签属了认助乡村图书室的协议，10月15日将价值5000元的图书送往邢郭乡中学。8月初，盟市委接到《关于民盟与清华大学合作建立教育扶贫现代远程教学站的通知》和《清华大学教育扶贫项目介绍》两个文件后，及时与赞皇县教育局有关领导取得联系，就“民盟与清华大学合作在赞皇县建立教育扶贫现代远程教学站”相关事宜进行了交流，并商谈了建站前期准备工作情况。10月23日，盟市委把赞皇县交给的关于建站的有关材料上报盟中央，11月14日至16日，赞皇县现代远程教学站人员接受了清华大学相关知识的培训。积极开展医疗、科技下乡服务活动。4月26日省四院支部盟员23人赴栾城县医院义诊，共接待患者及群众咨询300余人，并为该县百余名退休老干部和患者作了“健康生活与防癌”、“眼部疾病的防与治”的科普讲座。9月26日，市政协副主席、民盟市委主委陈百成率领河北医科大学第三医院部分医疗专家赴赵县南柏舍镇为当地百姓义诊，并就农村骨科常见病举办了专题讲座。此外，为响应中共市委“情暖故土，书香农家”号召，盟市委还为南柏舍镇捐赠农用种植、养殖、医卫等科技图书400余册，价值6200多元。

（龚　蕊）

中国民主建国会石家庄市委员会

【概况】 2009年，民建石家庄市委在中共石家庄市委和民建河北省委领导下，紧紧围绕市委、市政府中心工作，认真履行参政党职能，较好地完成全年各项工作任务。以庆祝新中国成立60周年和学习贯彻中共十七届四中全会精神为主线，转发了民建中央、民建省委分别下发的《民建中央关于做好当前思想建设工作的通知》和《民建河北省委关于深入学习贯彻科学发展观的安排意见》，对市民建基层提出明确要求。组织开展“与祖国同呼吸，与民建共奋进”主题征文活动、庆祝新中国成立60周年书画摄影作品征集和书画笔会，收到征文27篇，摄影、书画作品27件，还分别参加了中共石家庄市委统战部、市政协、市文化新闻出版局和民建中央举办的庆祝新中国成立六十周年书法绘画摄影展。根据民建中央和民建河北省委有关要求，市民建在会员中开展学习《六个“为什么”——对几个重大问题的回答》教育活动，举办了支部主任座谈会、新会员培训班、信息员培训班。全年市民建充分运用各种宣传媒体，增强舆论宣传，共在各类公共媒体发表或刊登文章、消息、图片120余篇，极大地提高了会员凝聚力。

【组织建设】 为把民建中央、民建省委及中共石家庄市委统战部关于“加强基层组织建设”的指示精神落到实处，市委会组织开展了“访基层、知实情”活动，对全市26个支部进行走访，完成《基层支部活动现状、问题及其建议》调研报告。针对走访中会员提出的意见及发现问题，市委会对基层支部活动提出具体要求，建立和完善了支部活动记录、支部活动请销假制度、定期检查评比等制度。根据调研结果及《中国民主建国会章程》有关规定，制定了《民建石家庄市委总支委员会换届程序及原则》，规范有序地推进了总支、支部换届工作。为提高基层组织工作活力，组织开展了一系列活动，比如优秀信息员、优秀会员、先进支部评比活动，以及信息员培训、新会员培训，在《石家庄民建》上开办了支部园地、会员风采、经验交流等栏目，大力宣传各支部工作、活动和会员风采，各支部也结合自身实际，将自身建设融入到各项工作中。为搞好参政党队伍建设，市委会坚持用发展的观点指导实际工作，在认真学习贯彻八个民主党派中央《关于进一步做好民主党派组织发展工作座谈会纪要》和《河北省民主党派组织发展工作规程》基础上，制定了《民建石家庄市委组织发展意见》。通过召开主委会，专题研究会员发展工作，对申请人严格筛选、把关，增强组织发展的严肃性。在严格发展程序前提下，对新老会员及时开展教育培训，建立了针对不同层面会员的教育培训制度。3月31日，在民建石家庄市委十届八次主委会议上，民建市委专题研究了总支、支部换届工作，制定并下发了《民建石家庄市委总支换届程序》及《民建石家庄市委总支、支部换届的补充意见》。到年义底，全市6个总支已有4个完成换届，26个支部（除去两个退休支部）已有23个完成换届。

【参政议政】 为开好2009年市人大和政协“两会”，民建市委充分准备，精选课题，围绕经济建设和社会发展相关问题，确定调研题目。所有调研课题具有前瞻性，热点、难点问题多，形成一篇篇论据详实、切中要害、易于操作的调研报告，提交政协大会集体提案11件，其中《关于加强我市食品安全的建议》提案，被市政协列为一号提案，由市政协主席王华清亲自督办，《人民政协报》对此进行了报道。《燕赵都市报》以《民建石家庄市委集体建议——石家庄老字号亟待振兴》为题，利用大半个版面的篇幅，对市委会提出的《关于我市老字号的现状及振兴老字号的建议》提案予以报道。面对金融危机、城市建设三年大变样等工作大局，市委会紧扣中共党委中心工作，把握重点，在会员中开展了“我为应对国际金融危机献一策”、“我为保增长、保变样、保民生、保稳定献一策”活动。各支部纷纷开展调研，会员们也结合自己的实际工作，写出了许多有分量的调研报告和建议，如《关于在我市建立特色规范夜市的建议》、《关于优化我省投资环境的几点建议》、《在调整中振兴河北物流业的几点建议》、《关于搞活河北金融的建议》《积极推进房地产投资信托基金在我国的发展》、《关于改变石家庄上市企业存在问题的建议》等。这些报告和建议有情况、有分析，为参政议政提供了依据。其中主委武义青通过调研撰写了《在调整中振兴河北物流业的几点建议》，得到省领导杨崇勇的批示。工商史专家蔡茜撰写的《加强自主创新，引导中小企业提高市场竞争力》，被石家庄市社科联评为2009年优秀社科成果2等奖，同时她还被评为石家庄市第七届哲学社会科学优秀青年专家。8月，民建石家庄市委开展调研月活动，制定了实施方案，成立了以主委武义青为组长的领导小组，并拟定了调研题目、方法、步骤和时限，各支部积极响应，共提交调研报告23篇，并从中精选出10篇上报中共石家庄市委统战部。通过信息工作及时反映社情民意，提出批评和意见，是民主党派履行职能，参政议政的重要渠道之一。市委会紧紧抓住信息快捷而灵活的特点，关注社会热点，深入了解民情，细心体察民意，注意集中民智，多篇信息被民建中央、省、市有关单位采用，达到了反映情况、服务决策的效果，较好地发挥了党和政府联系本界别群众的桥梁、纽带作用，为实现党政决策的科学化、民主化提供了有价值的参考依据，其中《石家庄民建成员对萨科齐会见达赖的反映》、《石家庄民建成员对中央经济工作会议反响热烈》、《石家庄民建成员对两岸“三通”的反映》、《石家庄民建成员对党的十一届三中全会召开30周年大会的反映》、《石家庄民建成员对胡锦涛同志讲话反响热烈》被中共中央统战部《每日汇报》采用。在中共石家庄市委开展的深入学习实践科学发展观“专家献计、群众献言、党员献策”活动中，田惠岐撰写的《幼儿学前教育应纳入义务制教育》被评为优秀建议三等奖。民建石家庄市委也被石家庄市政协评为2008年度反映社情民意信息工作先进单位。为进一步加强社情民意信息工作，切实提高社情民意信息稿件质量，4月14日，市委会还举办了信息员培训班。为充分发挥各专委会的作用，市委会对现有的专委会进行了换届调整，并成立了法制委员会。各专委会完善了领导班子工作制度、课题调研制度、工作会议制度，健全了工作机制。各专委会围绕中共石家庄市委、市政府的总体部署，结合中心工作，精心选题并积极组织实施，为提高本会参政议政整体功能发挥了重要作用。

【社会服务】 全年市民建把服务社会、服务中心、服务会员当作工作的出发点和落脚点，充分发挥智力密集和人才荟萃优势，本着“尽力而为、量力而行、立足界别、突出重点”的原则，不断探索、拓宽社会服务方式和领域。桥东四支部成员、河北启政集团董事长刘龙，将购买的价值30万元敬老书籍和敬老歌曲捐给中小学校。市委会把桥东四支部主任张磊与社会人士张明海捐赠的价值2.3万元学习用品及校服送到栾城县南贾村小学，并捐款1500元资助一名贫困生，该校将一面写有“功德惠泽今天，爱心成就未来”的锦旗送给民建市委。市委会还代表桥东四支部主任张磊与社会人士张明海，会同桥西二支部将价值近万元学习及体育用品送到井陉县辛庄中心小学，并资助3名贫困生每人每年1500元直到初中毕业。为帮助贫困山区群众彻底脱贫，市委会改变过去单纯的捐款捐物扶贫形式，代之以提供具有“造血功能”的新方式。桥西一支部副主任、布衣坊酒楼董事长郭刚能，带领支部成员到贫困山区平山县蛟潭庄镇油文村，就该村农业产业化发展进行实地考察，依托自身企业需求优势和对餐饮业的了解，投资发展南瓜种植，形成南瓜商品基地，以点带面促进农民增收，使贫困村彻底脱贫致富。甲型H1N1疫情发生后，市委会积极为预防该疫情蔓延建言献策，辛集一支部主任李志峰向社会免费发放价值6万余元药品。裕华总支围绕“打造绿色省会，建设生态石家庄”这一主题，组织总支会员在石家庄市西北水源基地种植杨树1000余棵。至年末，民建市委通过开展不同层次、不同形式社会服务活动共解决下岗职工就业300余人次，资助贫困学生200余人，向贫困地区捐款捐物达100余万元。

（李建光）

中国民主促进会石家庄市委员会

【概况】 2009年，民进石家庄市委以邓小平理论和“三个代表”重要思想为指导，贯彻落实科学发展观和中共十七届四中全会精神，大力巩固自身建设成果，努力提高参政议政能力，围绕市委、市政府中心工作积极建言献策，为全市经济社会又好又快发展做出新的贡献。全年市民进提交提案65件，名列全市各党派和工商联之首，其中24件为集体提案，占到会议集体提案的30%以上。在2009市政协全会上，民进市委提交2个口头发言和3个书面发言，其中《关于建立健全转变干部作风长效机制的建议》引起委员们强烈反响，市长艾文礼当场作出批示。年内，市民进撰写《我市公交事业的现状及发展对策》在市宣传部申报课题顺利结项；围绕石家庄三年大变样卫星城建筑节能及太阳能开发利用进行了专题调研，撰写成调研报告，在市宣传部立项；还撰写了《我市生物质能产业发展对策与研究》在市科技局立项，并结项。2009年，民进市委被全市评为“调研工作优秀单位”。其中，在市委研究室组织全市调研报告评比中，民进市委组织撰写的《关于加强城市基础设施建设的建议》获得一等奖，《落实科学发展观努力构建现代化的绿色城市》获得二等奖，还有4篇获得优秀调研成果奖；在全市统战理论研究评比中，民进市委获得统战理论研究“优秀组织奖”，被市政协、市委统战部评为统战信息工作“先进单位”。2009年5月份，在民进河北省委召开参政议政工作年会上，民进市委获得“参政议政工作先进单位”特等奖和“社情民意信息工作先进单位”一等奖。

【主要会议及活动】 1月12～16日，组织会员参加市人大、政协“两会”。

2月20日，召开九届六次全委会，总结工作；讨论并通过了王刚主委辞去民进石家庄主委的辞呈，并选举石汉文为民进石家庄市委主委。

3月5日，民进省委驻会副主委兼秘书长解观安到石家庄市就组织工作进行调研。

3月20日，民进中央组织部长王建国一行来会调研组织建设情况。

4月10日，召开会内人大代表、政协委员例会，总结在市两会上的履职情况，商议2009年民进市委参政议政工作。

6月2日，联合中共市委宣传部、统战部、市文化局共同举办了主题为“发挥民进人才优势，为石家庄市实现三年大变样，提高市民素质作贡献”彩色周末大型文艺演出，省政协副主席、民进省委主委王刚，市委常委宣传部长孙万勇，市委常委统战部长胡儒钗，市人大、政协、文化局等相关领导出席。

7月22日，召开九届七次全委扩大会，总结上半年工作、部署下半年工作，通报新会员发展、支部报送信息、专委会调整等情况。

8月，在全会开展“省会意识调研月”活动，围绕石家庄市在道路与交通方面存在的问题组织会员调研。最终完成一个主课题、七个子课题，主课题被《河北日报》采用，两篇子课题被《党外人士建言》采用。

10月15日，召开九届九次全委扩大会，按照组织程序，补选金玫琳、王智森同志为市委委员。

同日，召开九届十次全委会，按照组织程序，通过举手表决的方式选举王文晔、钱金平同志为常委，李立水同志为副主委。

10月30日，召开市人大代表、政协委员例会，提前为市两会的召开作好准备。

12月29日，召开迎新联欢暨表彰大会。民进省委驻会副主委王丽红、民进市委主委石汉文、各基层支部所在单位党委、各区统战部、教育局、各大专院校、对口单位和各民主党派、工商联、党派办的领导出席，会员200余人参加。

【组织建设】 全年民进市委班子成员多次参加中共市委、市政府组织的情况通报会、征求意见会、研讨会，进一步学习党的方针政策和统战理论；组织支部主任学习科学发展观的有关知识，传达并转发了民进中央、民进省委文件，在会内开展学习贯彻科学发展观问卷调查和“我为民进科学发展建一言”活动。发动会员积极参与民进中央、民进省委、市政协、中共市委统战部庆祝新中国成立60周年、人民政协成立和多党合作制度确立60周年征文活动；与民进河北省委联合举办新中国成立60周年书画作品展；选拔会员参加市政协举办的纪念新中国暨人民政协成立60周年知识竞赛，成功闯入决赛，民进市委代表队是唯一进入决赛的党派代表队，获二等奖。全年经过考察发展会员45名。入会前，市委会组织准备入会的同志进行座谈，坚定他们要求入会的信念，增强新会员的参政议政意识；在入会的半年考察期内，到单位党委考察，并要求入会的同志积极反映社情民意、参加活动，半年期满对该同志表现情况作出鉴定；入会后，举办新会员培训班，请老主委常乃莹作会史报告、观看石家庄民进成立50周年会史纪录片《薪火相传五十载，肝胆相照谱华章》、学习会章，对新会员进行系统的信息培训，使新会员入会即掌握参政议政的基本技能。2009年是基层组织建设年，市委会开展了“一推双促两增强”活动（以深入学习贯彻科学发展观为推动，促进基层组织制度建设和促进活动开展，以此增强基层组织活力和增强基层组织凝聚力），为使这项新举措取得良好的效果，市委会组织支部主任全面学习科学发展观的内涵和本质。其次，制定了基层支部组织生活、学习、会议、活动、会费缴纳与使用5个制度。三是指导部分基层支部，为基层组织加强自身建设提供样板。四是建立了后备干部人才库。五是发展新会员坚持三为主的原则外，还要做到四个结合，即：与参政议政、社会服务、后备干部队伍建设、建设高素质参政党相结合。严格执行《民进石家庄市委工作规则》，初步形成了一个科学有效的管理体系，使各项工作有章可循，有序可行，提高了机关办公效率，增强了服务意识，得到了中共市委统战部和各党派机关的一致好评。另外，严格落实机关工作人员到基层支部参加活动的规定，直接了解基层支部的情况，更加有针对性的开展工作。

【社会服务】 4月2日，组织部分教育界会员赴平山实验中学支教。

4月12日与民进河北省委联合，参加省政协及省各民主党派共同开展的“五、百、万”工程，带领教育界会员赴灵寿义务讲学，为该县培训初三教师250余人。5月12日，市委会带领医务界会员与市政协教科文卫体委员会联合到赞皇县土门乡开展义诊活动，医务界会员分内、外、妇、儿、眼、疼痛、口腔等科为广大群众进行义诊，接待200余名患者，并发现该县首例手足口病疑似患者，为该县防治工作赢得了宝贵时间。为配合农家书屋帮扶帮建工作，市委会联系经济界会员邢国辉、李明宽共同出资，为定点扶贫村赞皇县阳泽乡梁家湾村捐献价值达2万余元图书800余本，解决了当地群众读书难、看报难问题。

（张　伟）

中国农工民主党石家庄市委员会

【概况】 2009年，农工党石家庄市委在中共石家庄市委和农工党河北省委领导下，贯彻落实中共十七大、十七届三中、四中全会以及中共河北省委七届五次全会、石家庄市委八届四次全会精神，认真学习胡锦涛总书记在庆祝中国人民政治协商会议成立60周年大会上的重要讲话，以政治交接为主题，落实科学发展观，强化自身建设，紧紧围绕全市中心工作，积极履行参政党职能，为建设繁华舒适、现代一流的新石家庄做出了应有贡献。年内，农工党市委将庆祝建国60周年暨多党合作制度确立60周年与政治交接学习教育活动结合起来，召开专题座谈会，并开展征文活动。8月30日，市委会与农工党省委联合举办了“庆祝建国60周年暨多党合作制度确立60周年”大型文艺演出。在参加全市统战系统征文、书画、摄影等活动中，市农工党有40篇作品参选，其中8篇文章和22幅书画被选中参加专题展览。2009年，市农工党有4名成员被农工党省委评为“全省社情民意工作先进个人”，农工党市委被评为“全省社情民意工作先进集体”，并被市政协、市委统战部评为“社情民意工作先进单位”。

【主要会议及活动】 1月12～17日，农工党市委会的全体市级人大代表、政协委员参加人大、政协“两会”。

2月18日，农工党石家庄市召开第七届十三次主委会和七届七次全委扩大会，会议同意管前琴同志辞去七届委员会副主任委员职务的请求，选举通过了程鹏起同志担任农工党石家庄市第七届委员会副主任委员（驻会）。

3月3～13日，王宝山主委赴北京参加了十一届全国人大二次会议。

4月9日，农工党中央、中国初级卫生保健基金会和农工党省委的领导到市委会定点扶持乡镇卫生院赵县杨户乡卫生院进行调研。

5月11日，农工党石家庄市召开第七届十四次主委会，总结1～4月份工作，对统战部即将开展的专题高层论坛、基层组织建设年活动及市委会今后的各项工作进行研究部署，同时讨论发展26名新成员。

5月26～28日，在平山召开新党员培训会及全委扩大会。在全委扩大会上学习了车俊书记“强化省会意识发挥省会作用开创石家庄科学发展新局面”的讲话、石家庄市委各民主党派关于加强民主党派基层组织建设、开展五项活动的座谈会议纪要及市委会2009年上半年工作概况及下半年工作要点等；对新党员进行了培训，并学习了农工党及市委会简史。

8月13日，市委会第二届老主委郭志达去世。

12月3日，召开了七届十五次主委会，总结下半年工作；研究春节前工作计划；讨论通过了规章制度；发展12名新党员。

12月30日，农工党市委会召开2010年迎新年联欢会。各基层支部所在单位党委、各区统战部、各大医院、大专院校对口单位和各民主党派、党派办的领导出席，参会人员200余人。

【组织建设】 全年市委会多次组织领导班子成员认真学习座谈统战部和农工党省委相关文件，努力提高班子成员政治理论素质和各种能力。按照农工党省委有关要求，结合市委、市政府开展“吸取教训、转变作风、重塑形象、科学发展”主题教育活动，坚持理论联系实际，认真抓好机关作风建设。在广泛征求意见基础上，经主委会讨论研究，完善了各项规章制度，增强了实用性和可操作性。为发挥机关在参谋、联络、协调、服务等方面作用，市委会每周召开例会，组织机关干部进行学习，努力提高理论水平和工作能力，增强了机关干部的服务意识，形成了团结、高效、务实的机关工作作风，确保了市委会各项组织活动高质量完成。2009 年，市农工党发展新党员 38 名，其中医卫界 19 人，文教科技界 8 人，其他 11 人；高级职称占 57.9%，中级职称占 31.6%，硕士以上学历 8 人；平均年龄 38.4 岁。

【参政议政】 年初，在人大、政协两会上，农工党市委提交集体提案 14 份，代表、委员个人议案、提案 37 件，提交社情民意信息 23 篇，其中申禧代表市委会在政协全会上作题为《关于挖掘和保护石家庄历史文化》的大会发言，受到市领导高度重视，市长艾文礼作了专门批示。年内市农工党组织有关专家就石家庄市正在开展的“保增长、保变样、保民生、保稳定”工作进行调研，特别对全市中小企业融资、中医药事业发展和增强城市文化建设 3 个课题进行了专题调研。市委会还组织各支部积极开展“调研月”活动，完成调研报告 20 余篇，向市委统战部报送 12 篇，数量、质量位居前列。2009 年，市农工党提交的《完善失地农民社会保障的建议》和《把义务教育的重点放在农村的建议》被市政协评为“优秀提案”；撰写《在三年大变样进程中保留和挖掘石家庄的历史文化》和《进一步加强卫生监督体系建设》两篇调研报告分别被中共石家庄市委评为“优秀调研成果二等奖”和“优秀奖”；农工党市委被农工党省委评为“参政议政工作先进单位”。

【社会服务】 4 月 9 日，市委会邀请农工党中央、中国初级卫生保健基金会、北京回龙观医院和农工党省委的领导，到重点扶持乡镇卫生院赵县杨户乡卫生院进行调研。针对当地农村精神疾病突出现象，就引进资金项目、建设专科医院等问题进行了协商。实地考察了所帮扶卫生院的情况，并研究了今后的帮扶计划和措施。4 月 10 日，市委会还与农工党省委联合，在石家庄中小学生校外综合实践活动基地，举办了“中华母亲节”活动，为 2000 多名基地的学生和家长进行义诊和体检，开展了“女性营养保健”和“青春期孩子心理特点与教育”讲座，受到了广大学生和家长的欢迎。此外，农工党市委会还与农工党省委、省环保厅联合举办“世界环境与健康日”宣传义诊活动，收到了良好社会效果。8 月 27 日，市委会带领省三院支部医疗专家，到元氏县墨池村进行义诊活动，为该村 200 多名村民进行了义诊服务，发放 200 多份医疗保健知识手册。10 月 21 日，市委联合农工党省委组织河北医大四院、省中医院的专家、教授，到高邑县养老院，为该院 30 多位为新中国作出贡献的老红军、老同志进行了义诊服务，并为老人们赠送了 40 余个拐杖。12 月 11 日，市委会组织医疗专家，在市、县扶贫办等有关人员陪同下到所帮扶的平山县合河口乡郝家洼村送温暖，向该村提供了价值 6000 多元的棉被褥、棉衣、电脑等生活用品，赠送、书籍及医疗保健材料等 200 余份，并为该村群众进行了义诊。12 月 31 日，市委会又组织医卫专家到该卫生院，认真做好义诊、咨询活动。上半年，市委会组织医疗专家到元氏县墨池村进行了义诊活动，为该村 200 多名村民进行了义诊服务，并发放了 200 多份医疗保健知识手册。据统计，市委会全年捐赠物品价值 3 万余元，受诊人数近 3000 余人次。市委会被农工党省委评为“社会服务工作先进单位”。

（史　君）

九三学社
石家庄市委员会

【概况】 2009 年，九三学社石家庄市委在九三学社河北省委和中共石家庄市委的正确领导下，以邓小平理论和“三个代表”重要思想为指导，学习领会中共十七大精神，落实科学发展观，贯彻《中共中央关于进一步加强中国共产党领导的多党合作和政治协商制度建设的意见》，以参政议政为中心工作，以发展作为参政议政第一要务，全面提高自身建设水平，较好地完成年初预定的目标任务。年内社市委采取培训、召开座谈会等形式，组织开展了中共十七届四中全会精神、人大和政协“两会”精神、石家庄市统战部工作会议精神等重要会议及重要文件的专题学习。修订和完善了机关各项工作制度，定期召开主委会、全委会、参政议政工作会议和民主生活会，积极组织调查研究、协商讨论和反映社情民意等活动。年内，社市委认真贯彻社中央组织发展原则，实施“人才强社”战略，共发展新社员21人，其中男性7人，占发展总数的33.3%；女性14人，占发展总数的66.7%；具有高级职称16人，占76.2%；中级职称5人，占23.8%；平均年龄38.1岁。

【思想建设】 社市委创新宣传工作思路，内强素质、外塑形象，既开展形式多样的活动，调动成员的积极性，又扩大信息渠道，发挥骨干作用，加强宣传队伍建设，拓展宣传工作的信息平台，展示九三学社的风采，做到电视有影像、报纸有文章、网络有专栏、组织有活动。加强学习，注重理论联系实际。社市委积极开展多种形式的学习活动，利用召开全委会、社务工作会议、专委会等机会，组织集中学习，领导班子成员以身作则，带头学习。社市委还多次组织机关干部和广大成员通过电视、报纸、网络等媒介认真学习十七届四中全会等重大会议精神，带动了全社上下学习的积极性。社市委高度重视理论研究工作，先后组织基层认真学习统战理论和“六个为什么——对几个重大问题的回答”，号召广大社员积极参加社省委的理论研究，在社省委组织的2009年理论研究课题申报中，社市委共申报了7个课题，完成社省委部署的宣传思想工作经验交流和思想调研工作。科学把握当前经济形势，做好党派宣传工作。在石家庄市开展的“工业保增长促发展”攻坚战活动中，组织各基层学习车俊书记、艾文礼市长关于石家庄现代产业体系情况的重要讲话并要求广大社员为全市加快产业调整献计献策。社市委制定“发挥党派优势 促进工业经济发展”活动实施方案并积极号召九三学社全体成员充分发挥人才荟萃、智力密集的优势，认真查找工业发展中存在的问题和原因，探讨促进经济发展的意见、建议，以促进石家庄的科学发展、率先发展、和谐发展。2009年是新中国成立60周年和多党合作制度确立60周年，社市委号召各基层广泛发动社员参加社中央、社省委、市政协和中共石家庄市委统战部组织的纪念活动，并以此为契机，在社成员中开展爱国主义和社会主义教育、中国特色社会主义政党制度教育、社章社史和社的优良传统教育活动。活动内容丰富多彩，社员们以文章、书法、绘画、摄影等作品形式表达了对党和国家的热爱。在征文活动中，共收到文稿16篇，《只缘身在此山中》一文荣获社中央征文评比三等奖。在市委统战部牵头举办的“统一战线庆祝中华人民共和国成立60周年书画展”中，九三学社有16副作品参展并荣获一等奖。在市政协出版的庆祝新中国成立60周年书画、摄影作品集中，九三学社有2副书画作品入选。在市政协成立60周年知识竞赛活动中，组织各基层积极答题百余份，并组织社员3人组队参加了竞赛初赛。发挥骨干作用 加强宣传队伍建设。社市委注重加强信息员队伍建设，定期召开信息员培训会议，邀请中共河北省委省委统战部宣传办赵人魁主任就如何撰写信息等问题有针对性的对信息员进行了辅导，为他们发挥“察民情、听民生、解民困”的参政议政作用奠定了理论基础。全年社市委向市政协报送社情民意94份，向市委统战部《党外人士专报》报送稿件47份。社市委获得2008年度市政协反映社情民意信息工作先进单位三等奖。报送宣传稿件108篇，被国家级网站采用5篇，省级网站采用29篇，市级网站采用2篇，各类报刊均有九三学社社员多篇文章发表。在6月份社省委召开的宣传信息工作会议中，社市委获社省委2007～2008年度宣传工作先进单位二等奖和信息工作先进单位二等奖。

【参政议政】 参政议政工作机制进一步完善。社市委不断改进工作方法，为整合资源，7月，成立了5个参政议政专门委员会，年内组织了5次研讨会、座谈会、考察等活动，交流了参政议政工作经验，进一步研究了如何完善参政议政工作机制，提高参政议政水平。参政议政成效显著。专委会成立后，积极做好以提案、议案为重点的参政议政工作，从大局出发，突出宏观性，紧贴党委、政府的中心工作，立足党派职能和条件，有针对性地开展调查研究，所提议案、提案在数量、质量上都有较大提高，参政议政取得实效。在年初的省、市、区三级两会上，社市委及九三学社九三界别代表、委员共向大会提交69份材料，包含5份大会发言，9份集体提案、48份个人提案，8份建议、议案。其中《加强金融生态环境建设，破解中小企业融资难题》的大会发言得到了艾文礼市长的重要批示，并被列为市重点提案。另有多份提案、议案及建议受到新闻媒体的广泛关注。此外，在市级两会召开前夕，石家庄电视台《提案追踪》栏目就两会情况采访了九三学社的部分政协委员。《关于重复使用中小学课本的建议》和《关于我市实施"5528绿化"工程的建议》被评为市政协十一届一次全会以来的优秀提案。积极开展课题调研活动。社市委以专委会为依托，发动社员中的骨干力量积极开展调查研究。在九三学社中央举办的第四届"九三论坛"活动中，九三学社成员撰写的《关于推进省直管县财政体制改革的建议》入选社中央出版的《聚集省直管县改革》论文集，《"同质化竞争"制约京津冀港口群协调发展》被社中央网站及省委统战部相知网采用。在中共河北省委统战部召开的"充分发挥统一战线优势和作用，积极应对国际金融危机影响，为促进河北经济平稳较快发展做贡献"研讨会中，《现阶段促进我省经济发展的对策建议》被采用为发言材料。在省政协召开的"河北省人口资源环境发展态势分析会"中，《金融危机下河北省矿产资源产业发展趋势与对策》被社省委选作发言材料，调研报告《污水灌溉问题不容忽视，应尽快治理、合理利用》刊登在《人民政协报》"统战新闻"专栏，人民政协网站《党派工作》专栏以《九三学社石家庄市委建议：合理利用污水灌溉》为题采用，九三中央网站《参政议政》之《建言献策》专栏于同日转载，中国农业网、北坊茗筑、兰格钢铁等网站竞相转载。通过社省委向社中央申报了两项招标课题，即《分析研究污水灌溉对生态环境的影响，合理利用水土资源》和《推进城市既有建筑节能改造的研究》。年末，向社省委提交了包含社中央招标课题在内的6份材料。此外，《环境污染与食品卫生安全问题及对策》、《关于扶持河北奶业发展的建议》等7份材料被燕赵政协新闻网社情民意专栏采用。另有多份参政议政成果被省委统战部、《石家庄经济》等媒介采用，彰显了社市委的参政议政能力。关注社会热点，积极反映社情民意。社市委组织市委委员参观市规划展览馆并要求委员结合石家庄市"三年大变样"的总体规划为城市建设积极建言献策。在市委统战部开展的"省会意识调研月"活动中，社市委认真部署，组织专委会成员深入调研，撰写报告24份，并以《关于省会既有建筑节能改造的调研报告》为总课题，选取5篇优秀调研报告一并提交市委统战部。

【社会服务】 4月24日，社市委组织带领社内6名医疗界专家赴赞皇县医院进行义诊。11月27日，社市委组织带领九三学社内、外、妇产、耳鼻喉、中医等多个科室的医学界专家、学者一行9人，赴元氏县医院开展因大雪而延误的第21届"国际科学与和平周"活动。9月14日下午，社市委将900余册、价值5563.84元的图书、音像制品送到了藁城市南营镇，用来帮助南营镇南营村建立农家书屋，丰富南营村村民的文化生活。

（姚建强）

石家庄市工商业联合会

【概况】 2009年，市工商联紧紧围绕全市经济建设中心，坚持求真务实、全面创新，积极发挥桥梁纽带和助手作用，全力为"保增长、保变样、保民生、保稳定"工作服务。10月30日上午，市工商联农产品加工流通商会举行成立大会，大会选举成立第一届商会领导班子，并宣读《石家庄市工商联农产品加工流通商会倡议书》；全年市工商联还成立了衡水商会、邢台商会、台州商会、四川商会等4个直属商会。年末市工商联直属商会由初期6家发展到30家，直属会员由原来的40家发展到200多家。11月30日，市工商联围绕市委、市政府建立现代主导产业体系，组织召开了"保增长、调结构、抓项目、强园区，全力打好工业发展攻坚战"座谈会；座谈会邀请市政府副秘书长高庆洲、市发改委、市工信局等部门领导参加；市工商联企业家副主席、企业家副会长和工商界省、市人大代表，省、市政协委员也参加了会议。全年市工商联组织企业家培训11期，受训人数1000多人次，还组织30多位企业主管销售业务骨干，进行了专场业务培训。全年在《中华工商时报》等刊物刊发稿件近30篇，在石家庄市报社、电台、电视台发稿宣传40多次，向省工商联发送信息近千条，极大地提高了市工商联的美誉度和知名度。

【参政议政】 年内针对全市发展环境还不太宽松情况，在市政协十一届二次全会上，市工商联副主席曹伟代表工商界做了关于《优化石家庄市发展软环境的建议》大会发言，在委员中引起良好反响。针对企业反映行政效能低问题，向市纪委提出进一步改进石家庄市民主评议办法的建议，市纪检委书记李文起亲自安排市监察局长等人到市工商联征求意见，研究改进评议的具体办法，并请市工商联会员代表参加了座谈会。为加大电子政务建设和行政审批制度改革工作力度，聘请市工商联40多名政协委员、人大代表担任督导员、监督员、检查员等，促进了有关部门作风转变。至年末，市工商联上交集体提案5件，个人提案30多件。

【经济服务】 着力搭建台中台，举办会中会。年内市工商联邀请澳大利亚工党地区常务主席、澳洲联邦自由贸易机构荣誉秘书长穆帝文先生，澳大利亚国际商会、美国乔治力公司、香港源盛祥商贸公司等60多位外国友人、商会及国内外实力强大的企业到石家庄参会。会议期间多层次、多形式组织参会客商与企业、与县（市）区进行洽谈，搭建了寻找项目、资金、技术、人才交流合作平台，赢得国内外客商及有关县（市）的赞许。市工商联为深泽县举办了经济技术、项目招商专场洽谈会，邀请澳大利亚国际商会、澳洲联邦自由贸易机构、包头市世纪金华实业集团、北京文化旅游传媒公司，工商联会员企业等40多位国内外企业家参加。在2009中国·石家庄（正定）国际小商品博览会期间，市工商联邀请了来自意大利、韩国、安哥拉、香港、山东等近20位国内外知名企业家和80多位采购商参会，还为意大利贸易委员会和工商联会员企业争取200多个展位，直属商会16家企业当场签定购销意向3000多万元。应意大利贸易委员会请求，市工商联成功举办了“意大利——石家庄经贸合作推介会”，组织110多位会员企业参会。市工商联与市人力资源和社会保障局、市工商局、市总工会等部门联合承办了2009河北省民营企业招聘周活动，920多家民营企业提供了13265个就业岗位，达成就业意向4000多人。2009年3月12日，市工商联与市科技局签订科技合作协议，为会员企业在科技成果转化、科技立项等方面予以优先支持。充分发挥各直属商会的作用，家具装饰业商会与石家庄日报社，共同举办了石家庄“家具装饰博览会”；市商业联合会与市金融办共同举办的“政企之桥”企业家活动日；温岭商会与中国银行河北分行，联合成立了河北融和盛世担保公司，积极为会员企业搭建融资平台等。

【对外联络】 8月份，市工商联应黑龙江省黑河市政府邀请，组织九派集团、高远集团、湖北商会、河北新世纪药业等十几位企业家赴黑河市，进行经贸洽谈和项目考察。在黑河市期间，与黑河市政府举行了“黑河市项目投资推介会”，并到黑河市孙吴县进行了项目、资源实地考察。根据当地的林木资源优势，黑河市初步与九派集团达成木材加工合作意向。市工商联还与黑河市工商联建成友好商会，为两市长期合作奠定了良好基础。应埃塞俄比亚驻华大使格瑟瑟先生邀请，市工商联组织14位企业家赴埃塞俄比亚进行商务考察，加深了双方的了解和友谊。9月份，市工商联组织近20位企业家，赴台湾进行学习考察，拜访了当地多家工商企业和商业界人士。

【帮扶工作】 市工商联组织六通集团、华北鞋城、四川商会、物流商会等企业赴四川省广元市，出席了广元市“第24届女儿节暨陕甘川宁地区经贸联谊会”。市工商联和市统战部联合开展了“百企帮百村、共建新农村”系列活动，活动共收到企业家帮扶资金239万元，共涉及饮水、修路、教育、卫生等帮扶项目78个，帮扶救助近200个村。博深工具公司、天山实业集团分别被评为了“全国保障就业先进单位”；赵县天顺梨果基地被评为“第三届光彩事业国土绿化贡献奖”；争取了新奥集团基金，资助了平山县、无极县、高邑县、行唐县等18名农村贫困学生，免费就读职业中专技校两年，每人学到一门农村实用的专业技能，帮助他们从根本上脱贫，受到了农民朋友的欢迎。

（陈军委）

社会团体

【社会团体领导成员】

总工会：

主 席：傅世武（兼）
常务副主席：刘东才（4月免）
刘 凯（4月任）
副 主 席：赵金代 尤振昌
王艳芳 郭乃杰

共青团石家庄市委员会

书 记：董晓航
副书记：金福中 魏洪涛

妇女联合会

主 席：葛瑞芳
副主席：张玉辉（12月免）
邵 平 马玉玲

科学技术协会

主 席：王英彬
副主席：羊文庆 刘书槐
张双更 高 娟
秘书长：高 娟（兼）

文学艺术界联合会

主席、党组副书记：周喜俊
党组书记、副主席：郝建农
副 主 席：肖建科
马荣川

归国华侨联合会

党组书记、主席：胡 翎
党组副书记、副主席：许 立
党组成员、副主席：陈小兵

社会科学界联合会（2009年10月合并）

党组书记、主席：
任新社（10月免）
肖 力（10月任）
副 主 席：刘援朝（10月免）
李贞年
秘 书 长：张文舒

残疾人联合会

理 事 长：王金斗
副理事长：董志民 龙启允

黄埔军校同学会

名誉会长：陈建中 孟昭夫
会 长：张连枝
副 会 长：王敬之 徐丙生
秘 书 长：邱振贵（兼）

台湾同胞联谊会：

会 长：廖海鹰（12月任）
副会长：王爱鸽 陈 瑛
秘书长：游艳红

消费者协会

名誉会长：张承禄 张殿奎
赵长栓
会 长：路国庆
副 会 长：李景祯 汤化敏
卢金保 贾利民
夏玉颖 栗绪楼
王占云
秘 书 长：许毅敏
副秘书长：赵斌学（兼职）
李永强（兼职）
徐 勇（兼职）
魏兰梅

计划生育协会（2009年10月合并）

会 长：刘云峰（兼）
常务副会长：解晓芒（10月免）
李志宏（10月任）
副 会 长：张红梅

工业经济联合会：

名誉会长：沈志峰 方秉钧
陈启明
顾 问：王同林 周世俊
彭造岭
会 长：白起林
常务副会长：范晓峰（逝世）
副 会 长：于锡庆 王习文
王炳熙 左喜书
吴宝河 张昌荣
张鹏发 杨成桂
杨耀波 程宝怀
王建良 马魁西
张 征 李怀斌
李振江 姚振春
唐秀珍
秘 书 长：杨志远
副秘书长：谢艳华 高国欣

红十字会

会 长：张妹芝（兼）
常务副会长：解晓芒（10月任）
副 会 长：李 志（10月免）
张玉安
秘 书 长：郝瑞起
副 秘 书 长：安国彦

石家庄市总工会

【概况】 2009年，市总工会认真贯彻落实全省设区市工会主席会议精神，采取有效措施，大力推进乡镇（街道）总工会和村（社区）工会建设，全市282个乡镇（街道）全部建立总工会，符合建会条件的4376个村（社区）全部建立工会组织。全市发展新会员26.4万人，新增基层工会组织1476个。采取招考聘用、考核选聘、委派等模式，为乡镇（街道）工会组织配备职业化工会主席人选，加强对职业化工会干部长效管理机制建设，出台《石家庄市总工会基层工会主席职业化试点工作的实施意见》，为乡镇（街道）配备专职工会干部262名。全年有100家单位被命名为“石家庄市工人先锋号”，145名个人被评为河北省劳动模范，29个单位被评为河北省先进集体。

【开展群众性建功立业活动】 组织动员十万劳动大军开展“二十项国庆献礼工程”三年大变样劳动竞赛，有力的推动了“石家庄速度”的实现，三年大变样劳动竞赛被省劳动竞赛委员会列为全省十大示范性劳动竞赛。以双“三十”单位为重点，积极开展节能减排劳动竞赛，在全市11360家企业设立职工节能减排义务监督员。围绕“五大基地”建设，深入开展重点工程劳动竞赛，联合劳动部门开展石家庄“常山杯”设备安装生产技能竞赛，推动了石家庄市全国纺织工业基地建设。围绕“保增长、调结构、抓项目、强园区，全力打好工业发展攻坚战”这一中心工作，启动“全力打好工业发展攻坚战劳动竞赛”。连续第五年在全市开展职工职业技能竞赛活动，全年参加技能培训和技术练赛职工达81万人，6800余人通过技能比赛晋升了技术等级。在河北省职工职业技能大赛中，石家庄市代表队荣获综合团体总分第一名及单项“五项第一”；在全国大赛中，石家庄市维修电工队取得团体和个人两项亚军的历史最好成绩。先进典型群体不断壮大，涌现出一大批先进典型群体和个人。深入开展“安康杯”竞赛活动，全年参加安康杯竞赛的企业4500家，职工60万人，30个优胜企业和30个先进个人受到表彰。石家庄市总工会连续第6年被中华全国总工会、国家安全生产监督管理总局授予全国“安康杯”竞赛优秀组织奖。

【完善维权机制】 开展“共同约定行动”，主动应对国际金融危机影响，联合市三方制发了《关于开展企业与职工“共同约定行动”的实施意见》，以“不减员、不降薪，和衷共济抗危机、建功立业促发展”为主题，在企业和职工中广泛开展“共同约定行动”。制定出台了《石家庄市劳动关系和谐单位创建活动工作细则》，健全完善以创建活动为载体的协调劳动关系长效机制，全市参加创建活动的企事业单位13395家，参与率90%。其中，受到全国表彰的和谐企业3家，省级90家，市级169家，市级和谐工业园区2家。继续开展工资集体协商“要约行动”，发挥各级工资集体协商指导员作用，指导企业建立合理工资分配机制。大力推进企业借鉴ISO9000原理建立厂务公开管理体系的各项工作，累计在106家企业规范建立厂务公开管理体系。出台《石家庄市进一步推进企业建立健全共决机制的意见》。建立改制企业工作档案，实现了改制情况动态监控，会同国资委指导监督11家企业召开的职代会，对38家企业改制职工知情度情况进行了考核。推进企业职代会工作提质升级，全市省级职工代表大会先进单位110家，市级320家。1577家国有、集体及其控股企业厂务公开和职工代表大会工作进一步规范，规范率为96%。以行业、社区、专业商城、乡镇、村五种模式推动区域性职代会建设，全市建立区域性职代会475个，覆盖企业4265家，职工近6.6万人。发挥职工董事、职工监事工作指导委员会作用，与发改委、国资委、中小企业局联合出台了《关于进一步健全完善公司制企业职工董事、职工监事制度的意见》。推动各类企业依法建立劳动争议调解委员会，已建成市、县（市、区、产业）、乡镇街道、企业四级劳动争议调处网络。连续第四年举办农民工专项法律援助月活动，2009年职工法律援助团为570名职工提供法律援助127次，参与劳动争议仲裁案件审理51件，审结48件。

（潘赶年）

【100个集体被授予石家庄市“工人先锋号”】 2009年12月31日，在石家庄市召开的2009年度劳动竞赛表彰暨“工人先锋号”命名大会上，河北辛集天玉玻璃有限公司一车间等100个集体被授予石家庄市“工人先锋号”，市建设工会等25家单位被授予“石家庄市2009年度劳动竞赛先进单位”，王增喜等28人被授予“石家庄市2009年度劳动竞赛优秀组织者”，还授予在2009年冀中能源杯河北省职工技能大赛暨第三届全国职工职业技

能大赛河北省选拔赛中获各工种前10名的王震龙等23人“突出贡献个人”荣誉称号。2009年，全市共有5052家单位、90.1万名职工参与工人先锋号创建活动。

（王　静）

【首家启动农民工援助行动】 在全省首家启动“千企万岗进县区”农民工援助行动，全年共组织1460多家用工单位深入正定、藁城、新乐等12个县（市）区举办农民工专场招聘会，送岗位3.2万个，达成就业意向1.8万人次，3300人实现了再就业。该项工作成为工会服务职工的品牌工作。围绕产业结构升级、企业改制，广泛开展各种技能培训，全年培训下岗失业人员1.2万人次，其中订单、定向、定点培训4000余人次，全部实现了就业。针对有创业能力和创业愿望的返乡农民工和困难群体，开展以SYB创业培训班为主要内容的创业培训，全年共举办8期，培训200人，40多人实现了创业。

【帮扶救助】 全年帮扶困难职工3.6万人，发放救助款物1400余万元，办实事2万多件。为全市2122户特困职工每户发放慰问款物200元，为录入全国工会帮扶管理系统的石家庄市6190户困难职工每户发放救助款物150元，实现帮扶救助全覆盖。石家庄市遭遇雪灾后，及时为市本级1520户特困职工每户发放过冬补贴400元。全年临时性救助37人，发放救助金2.8万元。组织全市30家困难职工爱心医院、27家农民工定点医院、25家困难职工爱心药店开展送医疗、送健康活动，为困难职工减免医疗费60余万元。协调有关部门为61名特困职工办理医保手续，帮扶92名特困职工子女实现就业，协调房管部门为252户困难职工家庭提供住房保障。连续第八年开展“金秋助学扶困育才”行动，修订完善了帮扶制度，全年各级工会筹措资金210万元，资助考入高等学校的特困职工子女550名。

（潘赶年）

共青团
石家庄市委员会

【概况】 2009年，全市各级团组织紧紧围绕服务大局、服务青年两大主题，不断拓展工作空间，创新工作载体，团的各项事业取得了新发展，青年工作更加活跃，社会影响更加广泛。全年结合学习实践科学发展观和干部作风建设年活动，大力完善团的规章制度，积极引导干部职工认真履行职责，自觉遵守各项纪律规定。组织开展与困难群众结对子、慰问“三年大变样”一线建设者、服务困难群众等活动，引导各级团组织和广大团干部面向基层、面向青年、面向群众，在具体服务中增进群众感情，强化以人为本的理念和为人民服务的观念。以团干部修身计划为统领，全市举办各类团干部培训班50余期，培训团干部2800余名，团干部素质进一步提高。基层组织建设，坚持党建带团建，不断深化农村专业合作社建团、社区建团、乡镇团的工作委员会、网络团支部等创新实践。还扎实开展了增强团员意识和团员队伍先锋模范作用教育，努力引导青联、学联、青企协等加强自身建设。

【青年思想教育】 通过学习座谈、专题报告、读书征文、知识竞赛等形式，加强青少年的中国特色社会主义理论体系教育，引导青少年牢固树立科学发展观，自觉为国家富强、民族振兴、省会发展奉献青春。先后召开五四运动90周年纪念大会、庆六一“童心爱祖国”活动、少先队成立60周年纪念活动，参与组织全国青联艺术团西柏坡慰问演出，扎实深入开展业余党校、业余团校等各项教育实践活动，以科学的理论教育武装青少年，引导青少年爱党爱国爱家乡。广泛选树各级各类青年典型，大力宣传先进青年事迹，在全市青少年中营造了勤奋学习、努力工作、力争上游的良好氛围。邀请原外交部长李肇星，当代著名作家、原文化部长王蒙等专家学者先后作客“新青年、新石家庄”青年论坛，为广大青年作精彩报告。扎实开展家乡文化大搜索活动。认真做好市、县两级编书工作。目前所有县（市、区）已完成书稿电子稿，5个县正在安排出版。积极与教育部门协调，做好各县（市）区进课堂工作，拿出专门课时或利用每周班队会、思想品德课学习家乡文化课程。创新开展“我爱石家庄——红领巾大行动”、“大眼睛搜索30年——感受家乡巨变”、“了解我们身边的铁路”等活动，引导青少年通过走访、考察、慰问、童谣比赛、红领巾论坛、文艺宣传等形式，了解家乡文化和现代建设成就，增强对家乡的认同感和自豪感。广泛开展志愿服务、青年文明号创建、青年文明社区创建等群众性道德实践活动。引导青少年开风气之先，践行文明行为，促进城市文明。10月31日在太平河建立了青年志愿者服务基地，引导广大青少年和市民自觉维护省会优美环境。结合石家庄市开展了“吸取教训、转变作风、重树形象、科学发展”主题教育活动，在机关、企业、学校、部队等广泛开展了“诚信在身边，道德伴我行”活动，受到市领导肯定和社会广泛赞誉。

【发挥突击队作用】 积极招商引资。发挥青联优势，配合团省委接待全国青联代表团、全国青年企业家代表团、香港青年企业代表团、日本青年代表团等，推介石家庄市“三年大变样”建设情况和全市产业发展规划、投资政策，促进现代产业体系建设。车俊等领导出席相关活动。积极组织“青联委员县区行”活动，邀请部分青联委员、青年企业家先后深入深泽、高邑、行唐、鹿泉等地，考察当地经济发展状况，合作建立青年创业基地，寻求合作共赢结合点，受到青联委员和当地政府的热烈欢迎。积极服务省会工业发展攻坚战。在企业广泛开展青工技能振兴计划，通过技能大赛、技能培训、评选青年岗位能手等形式，引导广大青工提高业务技能和创新能力，努力为企业发展贡献力量。全市共有29个工种的8万名青工参加全市青工技能大赛，共培养全国、省、市级青年岗位能手1200余名。积极应对自然灾害。面对年初旱灾、秋季风灾和冬季雪灾，积极组织团员青年和志愿者迅速行动，抗击灾害。特别是在2009年冬雪灾面前，第一时间动员万名志愿者清扫主干道积雪，坚持组织团员青年清扫公交站亭、便道、社区等积雪，组织青联委员、青年企业家捐助贫困家庭，组织青年突击队帮助受灾农户生产自救。

【维护青年合法权益】 把解决青年最关心、最直接、最现实的困难和问题作为团的工作的切入点，主动服务青年成长成才，维护青少年合法权益。以服务拆迁失业青年、下岗青年、大中专毕业生、青年农民工四类群体为重点，以转变就业观念、技能培训、提供就业见习岗位、小额贷款等为主要手段，努力构建与党委、政府就业和再就业工作相衔接、具有共青团特点、符合青年需求的青年就业创业工作体系。通过宣传教育、主题活动、典型带动等形式，帮助青年树立正确的择业观和创业观；通过见习基地、青年大讲堂、项目培训、职业技能培训等形式，帮助青年提高就业创业本领；联合相关职能部门和金融机构，并动员社会力量，为青年就业创业提供资金、政策、管理、维权等方面的服务。2009年，全市共举办“青春创业大讲堂”330余场次，为2万名农村青年特别是返乡青年农民工提供了3～7天的集中培训，建立各级青年就业创业见习基地120个，提供见习岗位5000个，为338名青年提供了1058万元的小额贷款。团中央书记处书记汪鸿雁重点考察并高度评价了石家庄市农村共青团和青年就业创业工作。创立12355青少年公共服务平台。积极整合青少年维权、心理咨询、志愿服务、希望工程救助等工作，完善工作机制、健全支撑体系，努力使之成为共青团组织联系、服务青少年的综合工作平台。三是继续实施希望工程、“为了明天——预防青少年违法犯罪工程”、“网络阳光计划”等工作，切实实现好、维护好、发展好青少年合法权益。2009年团市委直接筹资220万元，援建希望小学4所，救助贫困学生2000余名。

【助力三年大变样工作】 充分发挥共青团、少先队的组织优势，在全市1.4万个基层团支部和2万个少先队中队中开展了“助力大变样，青春靓省城”主题团日和队会，组织青联委员、青年企业家座谈会、形势报告会，引导广大青少年增强对“三年大变样”的认同感和自豪感。针对裕华路、槐安路、二环路等主路大修造成的交通压力，启动了青少年“绿色出行助畅通”行动。在10余家报纸开设专栏、刊登大幅公益广告，在电台、电视台、公交广告、楼宇广告反复播出公益广告，在广大青少年和全体市民中倡导“多步行、多骑自行车、多乘公交车、少开机动车”为主要内容的绿色出行理念。开展“青年导航”志愿服务，面向社会招募2000名志愿者，坚持节假日在全市25个交通易堵路口协助交警疏导交通。市长艾文礼对此项活动给予高度评价。针对2009年“三年大变样”

重点工程多、时间紧、要求高的特点，在重点工程建设一线创建了100支青年突击队，并通过岗位练兵、技术比武、创新创效、安全示范岗等形式，引导大家比质量、保安全、促进度，在实现“三年大变样”、创造“石家庄速度”中拼搏奉献，建功立业。针对广大建设者斗严寒、战酷暑，加班加点、拼搏奉献的感人事迹，广泛开展了向建设者致敬活动。组织青年企业家、青联委员慰问一线建设职工，为青年职工过集体生日、组织义诊和慰问演出、赠送生活和防暑用品，开设了100个青年服务站、免费安装电话、赠送话费等，带去全市青年的慰问和关爱。据统计，全市共青团系统共慰问一线职工110余次，赠送物资价值50余万元。

（胡必杰）

石家庄市妇女联合会

【概况】 2009年，市妇联紧紧围绕打造繁华舒适、现代一流省会城市的目标要求，以深入开展学习实践科学发展观和“干部作风建设年”活动为动力，以推动“保增长、保变样、保民生、保稳定”为出发点，团结带领广大妇女在服务大局中实现了妇女事业和妇联工作的新发展。开展“万户披绿大行动”，培训妇女3万余人，有力提升了全市家庭美化水平；启动“石家庄市百万妇女千场培训行动”，成立女专家指导团，采取现场讲座和制发光盘等方式，引领广大妇女做时代新女性，为“三年大变样”增光添彩；举办“我的城市我的家”女摄影家优秀作品展，生动展示石家庄市“三年大变样”的新变化、新气象、新成就。在石家庄市道路施工建设期间，开展“每周少开一天车，我为省会做贡献”活动，发放倡议书10万余份，并先后7次组织妇女到和平路、裕华路等施工一线慰问道路建设者，制作慰问标语50余条，送去衣物、食品、防暑降温等物资价值10万余元，体现出全市妇女对建设者的理解与支持，为创造“石家庄速度”作出积极贡献。

【促进女性创业】 按照“以培训促创业、以创业带就业”的工作思路，在东佐村建立全省首家乡村女校，并探索出“妇联牵头、社会支持、市场运作、妇女受益”的工作机制，全市87%的村新建或改建乡村女校。投资61.4万元新建860平方米的南孟村妇女培训中心，在培训中心开办了河北省首所面向农村妇女的河北农大南孟大专班。成功举办第四届城乡妇女创业项目推介会暨返乡女农民工创业行启动仪式；启动“女性创业促进行动——走进乡村”系列活动，达成创业就业意向4000余个。首次命名石家庄职业技术学院等20个单位为省会女大学生创业实践基地，命名蔡英敏等20名成功创业人士和大学教师为女大学生创业导师，为女大学生创业就业搭建了平台。全面开展妇女创业小额担保贷款工作，全市百余名农村妇女享受了政府贴息贷款。筹备成立石家庄市妇女手工编织协会，吸纳会员120名，带动更多的城乡妇女实现创业就业。2009年共帮助8600余名妇女实现就业再就业，培树巾帼小老板260余名。在城镇开展“助力工业提速，巾帼岗位建功”活动，激励广大妇女为石家庄市工业经济发展做贡献。在农村，扎实推进“巾帼示范村”和“三八绿色工程基地”创建活动，新建具有示范带动效应的“巾帼示范村”国家级2个，市级22个，“三八绿色工程基地”国家级1个，市级11个。2009年全市各级妇联组织共举办各类创业培训1206期，培训妇女8万余名。

（刘　静）

【举办第二届“巾帼风采大赛”】 2月16日，由市妇联、市体育局、市广播电视局、石家庄日报社、市妇女儿童活动中心联合举办的“第二届石家庄市巾帼风采大赛”开赛。全市40多个团队的600余人参加。本次大赛设有健美操、秧歌、腰鼓、太极拳、舞蹈、模特表演、踢毽子、跳绳等项目。比赛采取现场打分、现场报分的方式进行。截至16日17时，所有项目比赛结束。富强社区馨雅艺术队的《花环健美操》、新苑社区舞蹈队的《挂红灯》、丰收腰鼓队的《喜庆腰鼓》，市老年艺术团的《塔里木河》、《我爱你中国服装》等节目分获健美操、秧歌、腰鼓、舞蹈、模特表演等项目第一名。71岁的石秀温老人获得个人踢毽子比赛第一名。

【“百万妇女千场培训”行动开班】 10月31日上午，由市妇联主办、中国移动石家庄分公司协办的“百万妇女千场培训”行动举行开班典礼并进行首场讲座。全市各界妇女代表130余人参加开班典礼。石家庄市“百万妇女千场培训”行动是市妇联落实“省会面貌大变样、市民素质大提高”要求，开展的一项女性教育培训活动。该活动成立专家指导团，计划利用一年时间，就政策法律、科学技术、科学建家、文明礼仪、女性形象等不同主题进行巡回讲演。首场讲座主题为“重塑女性形象科学扮靓生活”。

（戴丽丽）

【妇女儿童权益保障】 以“三八”维权周和“12·4”法制宣传日为契机，开办“普法大讲堂”，深入机关、社区、农村授课50余场，发放宣传手册6000余册，有效提升了广大妇女依法维权的意识。在乡镇探索建立妇女维权站10个，为广大妇女提供最直接、最有效的维权服务。2009年，反家暴110报警中心、家庭暴力庇护中心等受理家庭暴力案件620起，为13名妇女提供庇护救助服务，为23名受害妇女进行了伤残鉴定；基层维权调解小组为4234个家庭提供了调解服务，均收到良好的社会效果。市妇联共接待来电、来信、来访1211余件（次），网上答疑83人（次），结案率达98%；顺利完成2008年妇女儿童两个《规划》数据指标监测；注重对示范县区的工作指导，发挥带动作用，2009年10月，“全国儿童纲要实施项目经验交流会”在石家庄市平山县召开，全国妇联书记处书记赵东花、副省长龙庄伟、副市长张妹芝出席会议，22个省区市和县妇儿委会议代表在对石家庄市儿童工作进行实地观摩后，均给予了高度评价。

【关爱妇女儿童】 成功举办“同享蓝天，快乐成长”庆“六一”大型文艺晚会，市委副书记刘云峰为“儿童友好家园”揭牌。评选表彰了家庭教育工作先进集体、先进个人、优秀家长学校、优秀家长学校教师225个。以“做一个有道德的人”主题活动为载体，开展未成年人思想道德实践活动。石家庄市被评为“第二届全国未成年人思想道德建设工作先进城市”。以承办联合国儿童基金会、国务院妇儿工委办公室、中国儿童中心项目为契机，探索出保护流动、留守儿童的“435”工作模式和儿童保护石家庄模式，为困境儿童创造了良好的生存发展环境。积极争取全国妇联支持，为残障妇女儿童捐赠价值35万元的轮椅和助行器。为元氏、栾城等地捐赠价值40余万元的“母亲健康快车”。据统计，全年共筹集爱心资金244万元，新建春蕾助学班2个，资助翟凤菊、张一奥等困境妇女儿童万余名。

【支持妇女成才】 新建河北省女摄影家协会省会分会，妇女手工编织协会等妇女组织，切实发挥优秀女性的辐射引领作用。探索完善女村官联谊机制，提出“建立一套运行机制，形成一套工作制度”要求，组织召开“十佳女村官”座谈会，提高了女村官执政能力和管理水平。指导、帮助石家庄市民营女企业家商会顺利换届，新增会员45名，建立分会11个，初步形成纵向到底、横向到边的协会发展网络。指导成立北方省会城市首家女警察协会，加强和女律师协会、省女企业家协会的联系，为女性人才共同发展搭建平台。积极探索高层女性培养机制，在全市广大妇女中开展争当“三八”红旗手、“十大女杰”、“巾帼建功明星”活动，涌现出李文娟等一批五好文明家庭，杨素金等一批杰出女性，行唐县张建霞获得全国道德模范殊荣。

【女干部培养】 圆满承办全国推动农村妇女参与村民自治实践经验交流现场观摩会在石家庄市召开，市委常委、组织部长王俊钟代表市委作了大会发言，全国妇联党组书记、副主席黄晴宜，民政部副部长姜力，30个省（区、市）妇联、民政厅领导共计100余人，观摩了石家庄市元氏县姬村镇王家庄村村妇代会直选和北褚乡东阳村村委会女性候选人“定位产生”工作，给予了高度好评。在全市开展了县（市）区、乡（镇、街道）、村（社区）三级妇联组织示范创建活动，全面提高基层组织建设水平；以“两委”换届工作为契机，在全市开展“我参与、我争当、我提高、我发展”的宣传教育活动，调动农村妇女参选积极性，提高农村妇女政治素质和发展能力。举办了石家庄市基层妇联干部和村“两委”女干部培训班，培训基层妇联干部和村“两委”女干部3000余人，切实增强了各级妇联干部和村“两委”女干部服务社会主义新农村建设、服务妇女发展的能力。

（刘　静）

石家庄市科学技术协会

【概况】 石家庄市科学技术协会（简称市科协）是石家庄市科学技术工作者的群众组织，是中国共产党石家庄市委员会领导下的人民团体，是党和政府联系科学技术工作者的桥梁和纽带，是推动石家庄市科学技术事业发展的重要力量。石家庄市科协是河北省科协的地方组织，业务上接受河北省科协指导。石家庄市科协是政协石家庄市委员会的组成单位。到2009年底，市科协机关在职人员25人。下辖石家庄市科技干部进修学院和石家庄市科技咨询服务中心2个事业单位，工作人员30人。所属市级学会、协会、研究会51个，会员2.1万人；企（事）业科协、院校科协70个，会员9000余人；县（市）区科协23个，实有90人；乡镇、街道科协296个，工作人员10794人；农技协360多个，工作人员26400余人。

【提高全民科学素质】 市科协贯彻落实省、市《关于落实科学发展观大力加强全民科学素质建设的意见》，以四类重点人群科学素质行动为重点，围绕科协“三服务”工作定位，积极开展活动。启动全民科学素质行动试点。由市科协牵头，联合市委组织部等成员单位制定出台《石家庄市未成年人科学素质行动实施方案》等9个方案。确定平山中学、赵县沙河店镇、裕华区槐底社区等10个试点。11月25日，举行启动仪式，省科协副主席许顺斗，市政协党组副书记、副主席李天印分别代表省科协和市政府出席启动仪式并讲话；市全民科学素质工作领导小组办公室成员、县（市）区科协、试点单位的主要领导共计80余人参加启动仪式。启动四类重点人群科学素质行动试点在全国尚属首例。做典型经验介绍。年初，应全国全民科学素质纲要实施办公室邀请，石家庄市作为唯一受邀的省会城市参加在北京召开的全国地方全民科学素质纲要实施工作座谈会，市全民科学素质工作领导小组组长、副市长张妹芝作为唯一受邀参加会议的地级市领导，作题为《深入学习实践科学发展观 努力开创全民科学素质工作新局面》的经验介绍，得到国家全民科学素质纲要实施工作办公室主任程东红同志的点评和肯定，这是本次会议唯一受到点评和肯定的单位。组织“百名科技专家、致富能手进平山”活动。3月5日至7日，在中国科协等部门支持下，省科协、市科协和平山县科协三级联动，组织全国100名科技专家和致富能手深入平山县的乡村、学校、医院、企业和生产基地，举办各种培训班210期，培训农民12000人，为农民看病义诊180人，帮助养殖种植户、学校和企业解决难题800多个。整合科普资源。根据科协工作实际，出台《石家庄市科普资源开发共享实施方案》，在辛集市开展科普资源开发共建共享试点工作，分别建立辛集镇育红小学、申科仪表公司、林果学会、田庄乡木邱村、辛集市委党校5个试点。

【科学普及】 全国科普日石家庄系列活动。编印《石家庄市2009年全国科普日重点项目活动指南》，其中46项重点活动被省科协收编入《全国科普日河北省系列活动指南》。新华区开展“科学在我身边”征文活动；平山县科协出资并提供科普素材，在县城冶河公园、中山广场及平山镇、回舍镇的部分农村展出；桥东区科协举行《节能环保健康科普读本》科普图书发放仪式；辛集市科协与教育局联合举办安全科普知识讲座；长安区科协联合跃进街道办事处在和平路社区广场面向群众积极开展法律咨询、医疗咨询、义诊、科普文艺演出等宣传活动；桥西区科协在全区小学中开展争当校园“小使者、小卫士、小能手、小标兵”活动；鹿泉市科协在科普展馆中心开展科普系列讲座活动等等。 举办“科技周”系列活动。以“携手建设创新型国家”为主题，突出科技服务、节能减排、安全健康和科普创作，开展系列活动。组织开展防灾减灾暨“科普之夏”活动启动仪式，发放科普读本（一、二）1000余本，防控甲型H1N1流感科普宣传册2000多册，预防地震科普知识小读本1000余册；正定县科协利用科技馆和科普大蓬车开展系列展示活动；井陉县科协、晋州市科协分别通过“科普志愿者”向群众免费发放地震科普知识宣传手册和防控甲型H1N1流感科普宣传册；裕华区科协组织开展科普知识巡回展；藁城市科协举办专题技术讲座；栾城县、灵寿县、深泽县、矿区科协等也都开展形式多样的科普活动。开展科普画廊、科普社区、科普学校创建工作。鹿泉市科协、平山县科协分别被市科协确定为2009年百米科普画廊建设单位。在南车石家庄车辆有限公司、石家庄煤矿机械有限责任公司、石家庄双剑工具有限公司3家企业建立高标准科普画廊3个。根据创建标准对30个科普社区、30个科普学校分别进行检查验收、评比,命名“裕华区彩虹苑社区”等28个社区(楼院)为市级科普社区(楼院),命名“桥西区留营乡直属社区居民科普学校”等28个科普学校为市级社区居民科普学校。为晋州等3县(市)区科协配备科普车,至此,全市14个县(市)区已有科普车。实施“科普惠农兴村计划”。依照“面向农村、立足科普、注重公益、差额推荐、择优支持、追踪问效”的工作方针,石家庄市向省科协推荐3个协会、2个基地、2名个人,参评中国科协、财政部“科普惠农兴村计划”先进单位和个人。鹿泉市紫藤葡萄协会、赞皇县养蜂协会、行唐县绿丰源农业开发科普示范基地,被中国科协命名为2009年先进农村专业技术协会、农村科普示范基地,争取资金近百万元。

【科技专家到基层服务】 组织各方面专家面向基层开展培训,为群众提供技术、信息等方面的服务。组织40名省会专家到辛集市16个乡(镇)区,就工、农、林、牧等多个学科开展科技服务活动;在晋州市组织举办纺织工业发展论坛,邀请纺织专家为晋州市纺织工业发展支招;在桥东区举办“科技进社区”之节能、节电推广知识讲座和“珍惜水、节约水”主题科技周活动;邀请养殖专家到井陉县沙窑村对养殖户进行技术指导,为农民科学养殖提供参考;邀请建筑装饰专家赴晋州就建筑装饰材料的发展趋势、当前中小企业的主攻努力方向等问题进行专题讲座。为加快新农村建设,与省畜牧兽医协会、科技专家服务团成员主动联系,编辑完成16万字养牛技术资料,准备正式出版。

【学术交流】 由市科协主办,市风景园林学会承办的石家庄市园林城市发展论坛邀请中国城市规划设计院博士韩炳越研究员、河北农大林学院博士生导师黄大庄教授、河北省民俗摄影协会贾克会长、宁夏林业研究所王立英研究员等8名专家作报告。5月,市科协、市水利局、市水利学会和国际山地综合发展研究会联合举办“石家庄市水文化高峰论坛”,征集论文132篇,编印成《石家庄水文化高峰论坛论文集》,发送到市四大班子、各县(市)区领导及省市水利部门。举办水文化高峰论坛,在河北省尚属首次。

【“科技兴企”培训】 把提高企业职工科学素质、增强企业自主创新意识作为工作重点,组织协调有关行业或技术专家围绕企业科技人员创新能力、专利保护、科技立项、知识经济等方面开展“科技兴企”系列培训(讲座)。6月19日邀请省焊接学会副理事长、河北科技大学材料科学与工程学院副院长王军教授及胡云岩教授为解放军第6411工厂开展4期焊接方面的培训。8月28日邀请亿维讯高级培训师赵岩、国家知识产权局专利局专利文献处贾丹明为石家庄市30余家企业及学会210多名科研人员举办以“创新理论与专利文献检索应用”为主题的讲座。

【青少年科技教育】 组织参加“第24届河北省青少年科技创新大赛展示终评”活动。全市上报160个竞赛类项目有154个获得参赛资格,最终在全省167个竞赛项目一等奖中,石家庄市选手获得101个,其中获得二等奖24个,三等奖17个;科学幻想绘画取得一等奖10个,二等奖20个,三等奖24个;还荣获科技辅导员创新成果、优秀科技辅导员方案一等奖各1个,优秀组织奖3个,这是该项竞赛举办以来石家庄市取得的最好成绩。开展青少年科技创新大赛。第九届石家庄市中小学“探索者”科技创新大赛征集作品3816件,根据国家和省青少年科技创新大赛评审要求,共评出竞赛类作品201件,科幻画120幅,优秀科技活动奖25项,优秀组织奖8项。此外,举办石家庄市青少年计算机竞赛,组织参加第十八届中国儿童青少年威盛中国芯计算机表演赛和2009年全国青少年电脑机器人大赛等活动。举办青少年科技创新大赛成果展示。6月1日,组织全市23个县(市)区科协、教育局、市级科技示范学校约1300余人参加展示会开幕式,展出近年来石家庄市中小学生创作的优秀科技论文、小发明、信息技术以及优秀科学幻想绘画作品200余块青少年科技创新作品展板。组织青年科技人员培训。市科技干部进修学院围绕“抓住机遇、开拓办学、夯实基础、科学发展”的发展思路，拓展教育培训工作，举办各类培训班 65 期，培训 3760 人次。学院承办的公务员和专业技术人才创新能力培训班，举办 14 期，培训 1802 人。阳光工程培训办公自动化 3 期、平面设计 1 期、通讯施工 1 期，电子商务 2 期，培训学员 291 人。

（杜文君）

石家庄市文学艺术界联合会

【概况】 2009 年，石家庄市文联以“树旗帜、带队伍、育人才，出精品”为总体奋斗目标，科学谋划、锐意创新、全面推进、健康发展，团结带领全市文艺工作者，卓有成效地开展工作，圆满完成各项任务。石家庄市文联是党和政府联系广大文艺家的桥梁和纽带，设办公室、通联部、创研部、编辑部四个部（室），下辖作家协会、书法家协会、美术家协会、摄影家协会、舞蹈家协会、音乐家协会、影视家协会、戏剧家协会、曲艺家协会、民间文艺家协会十大文艺家协会。3 月 18 日，市文联在省军区招待所召开全市文联工作会议，总结工作，表彰先进、部署任务。市政府副市长张妹芝、市委宣传部常务副部长王惠周、副部长赵贵世、市文联主席周喜俊、副主席肖建科、马荣川、不驻会副主席孙世煦、商业南出席会议。十大文艺家协会主席、秘书长，各县（市）文联主席，2008 年度市文联系统先进个人，石家庄市第十届文艺繁荣奖和大报大刊奖获奖者，约 130 余人参加会议。会议由市文联副主席肖建科主持。市文联主席周喜俊代表市文联八届主席团做工作报告。会上，颁发了石家庄市第十届文艺繁荣奖和 2008 年度大报大刊奖。12 月 21 日，市文联举行石家庄市文艺界“省会文化建设”座谈会，十大协会主席、秘书长和机关各部室工作人员出席。会上，十大协会主席结合本协会实际，在客观梳理 2009 年成绩，认真谋划 2010 年工作的同时，重点就如何解放思想，把握主线，找准亮点，更好地推动省会文化建设进行了深入探讨。至年末，市文联出版文艺书籍 32 部，在全国大报大刊发表文艺作品 67 件，获得文艺奖项上千个，举办文艺活动百余次，并被省文联评为先进单位。

【文艺创作成果】 电视剧《当家的女人》继全国电视剧飞天奖、金鹰奖、全国五个一工程奖之后，2009 年又获全国首届农村题材优秀电视剧长篇最佳作品奖（一等奖）；《三连襟》获长篇优秀作品奖(二等奖)。散文集《老井》获全国孙犁散文奖。农民诗人白庆国的诗歌获《中国作家》首届郭沫若诗歌奖。民间故事集《耿村一千零一夜》获第九届中国民间文艺山花奖。舞蹈《鼓舞尧乡》、《那是一支美丽的花》获全国第八届荷花奖编导铜奖。摄影作品《秀色可餐》获中国第十三届国际摄影艺术展金奖，《水墨省城》获“我的城市我的家”全国摄影大展铜奖。戏曲《麦穗黄了》获第三届全国地方戏优秀剧展演特别奖。小品《倔死牛》获“中华颂”全国小戏小品曲艺作品大展一等奖。歌曲《姐妹弟兄》获全国赈灾歌曲优秀作品奖。长篇小说创作。康志良《大爱无形》、刘千生《亿万富姐》、申建国《房玄龄传》、冯建林《战神岳飞》、吕纹果《尧山纪事》先后出版或连载。反映新农村建设的长篇小说有康志刚的《柏树村之恋》和《当家的男人》也即将出版。散文创作。程雪莉大文化散文《故国中山》，闫荣霞的散文集《有一种智慧叫放下》等公开出版发行，为石家庄市散文创作带来新的活力。音乐、书法创作。武惠安的歌曲专辑《今夜难眠》、刘新利的《石家庄之夜》等多部音乐作品出版，何新文的歌曲《山里的孩子爱大山》在中央电视台播出；魏兵然等书法家作品入选“兰亭展”。

【文艺活动】 6 月 17 日，省会第 12 届合唱艺术节决赛在市人民会堂举行。市委常委、宣传部长孙万勇宣布决赛开始。18 日，省会第 12 届合唱艺术节汇报演出在市人民会堂举行，省委常委、宣传部长聂辰席，市委常委、宣传部长孙万勇，常务副部长王惠周等领导观看演出。市文联主席周喜俊向省市领导汇报石家庄市开展“爱国歌曲大家唱”群众性歌咏活动的情况。此次活动共有 112 支合唱团报名参赛，经过层层选拔，最后筛选出 54 支合唱团进入复赛，33 支合唱团进入决赛。通过角逐有 8 支合唱团获金奖，10 支获得银奖，16 支获铜奖，43 个单位获优秀组织奖，17人获个人单项奖，8个集体或个人荣获优秀创编奖。9月21日上午，为庆祝新中国成立60周年市文联召开老干部座谈会。9月24日，由市文联排练指导的600人农民合唱团参加由省委宣传部、省文明办、省文联等单位联合主办的“伟大的祖国　可爱的河北——新中国从这里走来·庆祝新中国成立60周年群众歌咏大会”，市文联副主席马荣川负责该项活动的组织工作。9月25日，由市委宣传部、市文联共同举办的纪念新中国成立60周年大型书法美术摄影展在市博物馆开幕。市委常委、宣传部长孙万勇，市人大副主任李屏东，市政协副主席朱增海，市文联主席周喜俊，副主席肖建科、马荣川，不驻会副主席陈承齐、熊基权，摄影家协会主席任长庆等出席开幕式。开幕式由周喜俊主席主持，肖建科副主席介绍展览筹备情况。该活动共有300件作品参加了展出。

【召开青年文学创作会议】 7月23～26日，市文联在革命圣地西柏坡召开全市青年文学创作会议，百余位青年作家欢聚一堂，交流创作经验，共商文学创作大计。省作协党组书记相金科，市委常委、宣传部长孙万勇出席开幕式并讲话。西柏坡纪念馆馆长王荣丽致欢迎辞，市文联主席周喜俊做工作报告，并致闭幕辞。鲁迅文学院常务副院长白描、省作协主席关仁山、唐山师范学院教授、著名评论家张东焱和著名作家邱华栋四位专家结合全国的文学态势和自身创作经验，分别为大家做了精彩而实用的讲座。会上提出了以西柏坡精神培养造就石家庄文学创作的生力军，号召大家以“赶考”的心态创作无愧于时代的精品力作。《文艺报》、《河北日报》、《石家庄日报》等10余家媒体重点报道；人民网、新华网、中国作家网、河北作家网、河北人民政府网、长城网等多家网站转载。大会开幕式和闭幕式分别由市文联副主席肖建科、马荣川主持。

【文艺讲座下基层、进校园、上课堂】 11月29日上午，市文联主席周喜俊到市图书馆进行了题为“从《当家的女人》谈文学与社会和谐”的公益讲座。5月13日～6月5日，市文联组织音乐家协会的专家分别到赵县石塔中学、五十四所、石门小区、市委老干部局等21个合唱团进行艺术指导，市文联副主席马荣川组织并出席该活动。5月16日，市文联选派四名专业文艺工作者到社区参加志愿者服务活动，为群众进行相关的艺术辅导、讲座、培训。

【举办五个一工程歌曲、歌词创作研讨班】 1月6日，“五个一工程”歌曲创作班在晋州开班，市文联党组书记郝建农出席开班仪式。11月24日，市文联“五个一工程”歌词创作班在行唐举行开班仪式，来自全市的17名基层创作骨干参加，省音乐文学学会会长王大民、副会长李如会授课指导。市文联党组书记郝建农、市文联副主席马荣川出席开班仪式。

【市书协第六次会员代表大会】 9月20日，市书法家协会召开第六次会员代表大会，选举了新一届主席团和理事会，肖建科同志当选为主席。大会通过了第五届理事会题为《精诚团结　科学谋划　全面推进石家庄市书法事业大繁荣大发展》的工作报告和《石家庄市书法家协会章程》。

（陈广山）

石家庄市归国华侨联合会

【概况】 2009年，市归国华侨联合会（简称市侨联）以开展深入学习实践科学发展观和干部作风建设年活动为主线，以喜迎新中国成立60周年为契机，坚持为经济建设服务和为侨服务的统一，积极应对国际金融危机带来的不利影响，牢固树立省会意识，强化责任，健全机制，主动服务，充分发挥侨联组织桥梁纽带作用，团结、引领广大归侨侨眷和海外侨胞，为建设繁华舒适、现代一流的省会城市做出贡献。全年以《石家庄侨联》刊物为龙头，组建了“一刊、一网、一动态”立体宣传模式，积极宣传石家庄良好的投资环境，“三年大变样”市容的可喜变化，侨务政策和侨联工作情况，使侨联宣传工作成为石家庄走向世界的亮丽名片，其中《侨联动态》刊发121期，《石家庄侨联》刊物被评为省会“双十佳”刊物。年内在全国第八次侨代会上，国家人力资源和社会保障部、中国侨联联合授予石家庄市归国华侨联合会“全国侨联系统先进集体”荣誉称号。

【服务经济建设】 以“石洽会”“正博会”等全市重大品牌招商活动为平台，为省会经济发展服务。通过广泛联络联系，积极穿针引线，强化项目对接，共邀请来自美国、日本、台湾和香港等18个国家和地区以及沿海经济发达地区重点侨乡的117名侨商客商参会。在经贸洽谈活动中，分别组织了正定项目恳谈会、高新区项目发布和企业家对接会等各具特色的招商引智活动。聘请48名侨商为市侨联海外顾问，海内外侨商在企业融资、污水处理、电器配件出口、教育合作、城市改造等方面共签署和达成合作意向27项，项目资金25亿元。出色的成绩，优质的服务，受到市委、市政府的肯定和海内外侨商的赞誉，彰显侨联的独特优势和作为。与侨资侨属企业共克时艰，以扶持侨资侨属企业的大发展，为省会保增长做贡献。面对国际金融危机带来的不利影响，侨联主动作为，到企业蹲点了解情况，调研发展难题，邀请市领导、侨界人大代表、政协委员到企业视察，增强企业战胜困难、抢抓机遇的信心，组织召开企业家座谈会，搭建交流学习平台，共研应对之策，为企业“走出去”扩大再生产，积极牵线搭桥，扶上马还要送一程。这些举措为企业的做大做强注入了动力与活力。2009年以来，侨资侨属企业呈现出一股强劲的发展态势。河北东旭设备有限公司投资107亿元光电产业园项目在高新区开工；河北盛德利印铁制罐有限公司、河北新龙科技项目落户正定并举行开工典礼等。据不完全统计，2009年石家庄市归国华侨联合会侨资侨属企业项目总投资额超过120亿元人民币，突显了侨资侨属企业强劲的发展势头。强化海内外联谊，在引进大项目落户石家庄市归国华侨联合会上初现成效。石家庄市归国华侨联合会以“强联谊、重服务、出成果”为工作思路，不断强化海内外联谊。2009年，石家庄市归国华侨联合会与海外183个友好社团，201名侨领建立了密切联系，先后接待来自美国、加拿大、俄罗斯、香港、台湾等20个国家和地区的华侨华人和侨社侨团18批283人次，赴上海市侨联、南京市侨联、北京海淀区侨联学习侨联工作先进经验。通过强化海内外联谊，服务石家庄市归国华侨联合会经济结出了累累硕果。经石家庄市归国华侨联合会努力，促成引进全国重点侨商企业湖北蓝特集团投资20亿元人民币打造华北地区最大的农贸物流中心。该项目的引进必将对石家庄市归国华侨联合会农业产业结构的调整，打造品牌，促进经济发展起到积极的促进作用。

【侨联换届工作】 通过代表、委员、常委推选，进一步凝聚省会侨界力量。把省会侨界中有代表性、有影响力、素质高、活力足，参政议政能力强的优秀归侨侨眷，推选为中国侨联、河北省侨联新一届代表、委员、常委。推荐出的石家庄市归国华侨联合会42名与会代表中，1人当选为中国侨联八届委员会委员，1人当选河北省侨联副主席，5人当选为河北省侨联常委，17人当选为河北省侨联委员。这也是历届来，省会侨界在中国侨联、河北省侨联侨联担任委员、常委等人数最多的一次，对省会侨界整体形象的提升，影响力的扩大，推动省会侨联工作大发展起到积极促进作用。以换届会为契机，表彰了一批立足岗位，做出突出贡献的先进典型，展示了省会侨界风采，树立了省会侨界形象。在中国侨联和河北省第八次侨代会上，石家庄市归国华侨联合会一批侨联基层组织和侨务工作者受到了中国侨联和河北省侨联表彰。人力资源和社会保障部、中国侨联授予石家庄市归国华侨联合会“全国侨联系统先进集体”荣誉称号。胡翎等同志被授予“全国侨联系统先进个人”荣誉称号、“全国归侨侨眷先进个人”荣誉称号；许立等被授予“省侨联工作先进工作者”荣誉称号，据不完全统计，省会侨界有89名受到市以上表彰和获得荣誉称号，展示了侨界的形象。进一步弘扬侨联人奋发有为、爱岗敬业、争做贡献的精神，进一步激发了广大归侨侨眷和海外侨胞建设繁华舒适、现代一流省会的热情。学习贯彻八次侨代会精神，发挥侨联组织团结引领作用。全国和省八次侨代会召开后，石家庄市归国华侨联合会及时召开了常委（扩大）会，认真学习全国和河北省八次侨代会精神，特别是学习王兆国的重要讲话。通过了《学习贯彻全国侨代会、省侨代会精神的决议》，向在省会侨界掀起学习贯彻会议精神的高潮，并向市委专门撰写了认真学习贯彻全国、省侨代会精神的报告，围绕学习贯彻石家庄市归国华侨联合会提出以理念创新，凝聚侨联新力量，以思路创新，发挥侨联新优势，以方法创新，打造侨联新品牌，以措施创新，建立服务新机制，以组织建设创新，强化工作网络思路，市委常委、统战部长胡儒钗指示在全市统战系统推广石家庄市归国华侨联合会的经验和做法。

（杨全占）

【经济工作委员会成立】 12月29日，市侨联九届四次全委（扩大）会议暨市侨联经济工作委员会（华商会）成立。市侨联经济工作委员会是侨联领导的从事服务经济的工作机构，主要任务：在更宽领域和更深层次为省会经济发展服务；为华商投资置业服务；为侨资侨属企业服务。委员会成员由市直相关经济综合部门负责人、海外华商和市侨资侨属企业企业家组成。

（戴丽丽）

【侨界和谐建设】 加强侨联工作网络建设，打好服务侨界群众组织基础。结合省会侨情实际，以发挥基层组织作用，服务侨界群众，推进侨联事业科学发展为主题，组织召开了县（市）区侨联工作座谈会和省会高校、科研院所侨联工作座谈会，密切了县（市）区统战部和高校、科研院所统战部（党委办）的联系，建立互动机制，形成服务合力。组织部分县（市）区、高校统战部干部参加全国省会城市暨部分大中城市侨联工作经验交流会，通过学习交流，不仅拓宽了县（市）区、省会高校侨联工作者的视野，提升了工作理念，创新了工作思路，也进一步调动他们做好基层侨联工作的积极性。积极发挥老年委和法顾委平台作用，开展有针对性服务，维护侨界合法权益，促进侨界和谐建设。针对老侨特点，秉承在政治上关心、生活上贴心、服务上真心的服务理念，充分发挥老年工作委员会作用，组织了老归侨口述历史活动，参观省会城市规划展，游览市容市貌，感受三年大变样变化，举办《防治中老年人骨质疏松》讲座，游园等系列活动，进一步调动了侨界老归侨关心石家庄建设的积极性，让他们切实感受到老有所为，老有所乐；针对侨资侨属企业在发展中遇到的问题，组织以公、检、法、司为主体的市侨联法顾委成员与侨资侨属企业家座谈。一方提出法律需求，另一方提供法律帮助，企业难题在现场交流中得到解决。面对侨界部分群众在生活中遇到的实际困难，开展暖侨心工程，发放慰问品慰问金二万余元，引导支持鼓励他们掌握一技之长，多方联系帮助实现再就业，借助法顾委平台提供法律咨询、法律援助。这些针对性服务活动开展，有力的促进了侨界大家庭的和谐。开展丰富多彩的群众活动，抒发侨界群众的爱国热情，喜迎新中国成立六十华诞。石家庄市归国华侨联合会先后召开了以“我与祖国共奋进”为主题的座谈会，组织侨界群众参加市委统战部举办的喜迎新中国成立60周年征文和书画、摄影展，组织省会部分侨企代表参加了省侨联举办的庆祝新中国成立60周年侨资侨属企业家座谈会等活动，抒发对党、对祖国、对省会的无限热爱，深情表达对省会的美好祝福和投身省会建设的壮志豪情。

【参政议政】 加强对侨界人大代表、政协委员履行职责的引导和服务。主动配合市人大、市政协相关部门，组织侨界人大代表、政协委员，深入基层，深入企业，深入群众，围绕政府关心、民众关注的热点、难点问题开展调研。积极组织代表、委员视察活动，搭建代表、委员与侨资侨属企业家的交流平台，为企业发展想办法，出主意，为发挥代表、委员作用服好务。开好两会，汇集侨智，以高质量的集体提案，服务省会经济社会发展。高度重视在政协会上的大会发言，把提出有价值的集体提案，作为侨联参政议政的重点。石家庄市归国华侨联合会围绕“三年大变样”、提升省会形象，在深入调研座谈的基础上，提交的《关于新石家庄城市形象塑造的几点建议》的集体发言，以开放的视角、战略的眼光和大胆新颖的观点成为大会关注的焦点，引起与会人员的强烈共鸣。得到市领导充分肯定和高度重视，做出重要批示。全年侨联各级人大代表、政协委员围绕省会发展、“三年大变样”、食品安全、文化产业、城市品牌建设等方面提交议案提案、批评建议、社情民意220件（次），许多建议得到政府有关部门采纳。

（杨全占）

石家庄市社会科学界联合会

【概况】 石家庄市社会科学界联合会（简称市社科联），1985年12月成立，原名“石家庄市哲学社会科学学会联合会”，1992年4月15日石家庄市社科联第二次代表大会改今名。2009年10月因机构改革并入石家庄市社会科学院。石家庄市社科联是中共石家庄市委领导下的从事社会科学研究和理论宣传的学术性群众团体，是全市社会科学各学术团体（学会、协会、研究会）的联合组织，现有团体会员45个。2009年，市社科联圆满完成所属学会、协会、研究会的年检审核和考评评先，参加各学会重点会议和活动30余次，组织学会理论工作研讨会7次。年内市社科联编辑出版《石家庄市历史文化百题》丛书（上下册），权威刊物《石家庄论坛》编发《石家庄论坛》6期，发表理论文章120余篇。年末市社科联荣获全国和河北省“先进社科联”称号。

【“燕赵讲坛”】 “燕赵讲坛”为石家庄市2004年开办的一个面向省会广大市民的公益性文化讲座，已成为燕赵大地提升城市文化品位的有效手段，普及社科知识的重要平台，宣传先进文化的知名品牌，传播科学思想的重要阵地。2009年，“燕赵讲坛”工作思路是：提档升级，增强品位，拓展广度深度，发挥品牌效应。继续巩固完善讲坛进电视、衍生品开发等新机制；继续拓宽师资选拔渠道，努力在请名家、选题目上下功夫；继续不懈努力，力争每月至少有两至三名国家级专家主讲，实现每周有亮点，每月有名家、每季有高潮；继续办好名校名师讲座月。上半年，隆重推出“北京名师健康讲座月”、“人民大学名师讲座月”、“香港名师讲座月”，以增强讲坛的吸引力和保证讲坛的高质量。通过精选题目、邀请名家、扩大宣传等项具体措施，使“燕赵讲坛”更广泛的传播先进文化知识，为构建和谐社会贡献力量。“燕赵讲坛”主会场共举办讲座50场，基层加盟点举办讲座90场。国内及省市许多知名学者专家莅临“燕赵讲坛”，使这一惠民工程持续火爆。5月份，为纪念“燕赵讲坛”开讲五周年，举办了纪念宣传活动。活动以“打造知名文化品牌,建设一流省会城市”为主题，邀请曾作客“燕赵讲坛”的国内著名主讲嘉宾、热心市民听众及国家、省、市新闻界的朋友，开展系列活动,提高石家庄的知名度和美誉度，为建设繁华、舒适的一流省会城市服务。期间，省委副书记、市委书记车俊“燕赵讲坛”发来贺信，市委常委、宣传部长孙万勇主持研讨会，省委宣传部副部长戴长江、省社科联副主席兰英山、市政协副主席曹社会等领导出席研讨会，《人民日报》、《光明日报》、《石家庄日报》等省市媒体派记者专门参加研讨会，及时给予宣传报道，吸引了黑龙江哈尔滨、内蒙古鄂尔多斯、江西上饶、山东威海等全国各地、有关部门单位前来取经学习。

【第七届社科优秀青年专家评选】 石家庄市第七届社科优秀青年专家评选，是《石家庄市社会科学优秀青年专家评选办法》重新修订后的又一次评奖，社会各界和市领导较为关注。为使评选更加严密公正科学，首先进行深入的宣传发动，利用市级新闻媒体进行宣传报道，引起社会关注和参与；严格程序，建立严格的评委回避制度，建立由市纪检委、市委组织部组成的三人现场监督小组，总评委的产生随机抽取，从而保证评审的公平公正。经过初审、初评确定了22人具有市社科优秀青年专家评选资格，最后经过评审专家的集中评审，评选出10名优秀青年专家候选人。经社会公示无异议后，提请市评奖领导小组最终审议，于12月份进行了颁奖。

【举办省会第七届“社科普及周”】 哲学社会科学肩负着“认识世界、传承文明、创新理论、咨政育人、服务社会”的使命。10月11日，由省、市社科联联合举办的“河北省第五届社会科学普及周暨及省会第七届社会科学普及周”活动拉开帷幕。本届科普周以“深入学习实践科学发展观，共建绿色家园，构架和谐社会”为主题，以弘扬生态文明、普及环保知识为内容。科普周从10月11日开始至17日结束，在此期间，社科联组织所属学会，深入到社区、学校、军营、企业、市场以及周边县市的乡村，广泛开展科普展览、论坛、讲座、现场咨询、文艺演出、报告会等87项形式多样的专题活动；共计展出宣传牌356块，展台52个，发放宣传资料5万多份，受到广大群众的欢迎。

（刘献国）

石家庄市残疾人联合会

【概况】 石家庄市残疾人联合会（简称市残联）是石家庄市委、市政府领导下的残疾人自身代表组织、社会福利团体和事业管理机构融为一体的残疾人事业团体。2009年6月25日，全市召开促进残疾人事业发展会议。各县（市）、区委、政府分管残疾人工作的负责同志、理事长和市政府残工委成员单位负责同志，市残联机关、所属中心全体干部160余人参加了会议。省残联王志恒副理事长、市委刘云峰副书记、市政府张树志副市长与会并讲话。会议指出，当前和今后一个时期，石家庄市残疾业发展的重点任务是“两大体系建设”和“十项助残工程”。“两大体系”建设是指到2015年力争建立和完善残疾人社会保障和服务体系，基本实现残疾人“人人享有基本生活保障、人人享有康复服务、人人享有安全住房、残疾儿童少年人人享有义务教育”。“十项助残工程”，是利用3到5年时间，实施残疾人康复、残疾人生活保障、残疾人教育培训、残疾人就业、残疾人扶贫解困等10项工程，全面提升残疾人工作的整体水平。会议提出要全面贯彻落实省残联4月29日全省促进残疾人事业发展会议精神，总结交流石家庄市残疾人联合会残疾人事业发展经验，深入实施石家庄市“十项助残工程”，到2015年建立起残疾人社会保障和服务体系的基本框架。2009年，市残疾人联合会共有残疾人口67万，占全市总人口的7.23%。2003年以来，市残疾人联合会残疾人事业取得长足发展，连续6年获全省优胜单位。

【举行第七次贫困残疾人大学生资助金发放仪式】 1月14日，市残联举行第七次贫困残疾人大学生资助金发放仪式。2008年，省市两级残联共拿出近20万元资金，为2008年度入学的29名本科贫困残疾人大学生和56名专科贫困残疾人大学生发放资助金。根据文件规定，本科生每人资助3000元，大专生每人资助2000元。受助残疾大学生在领到资助金后纷纷表示，感谢党和政府帮助自己，一定努力学习，学成后报效祖国，回报社会。会议首先通报省残联工作会议精神，而后王金斗理事长对市残联2008年工作进行总结，对2009年工作进行安排部署，提出要以科学发展观为统领，实现石家庄市残疾人联合会残疾人工作又好又快发展。省残联办公室主任杨奇峰最后作了重要讲话，希望石家庄市残联珍惜成绩，认真总结，认真反思和分析成绩背后的原因和问题，制定更加切实可行的措施，抓住目前发展残疾人事业的良好机遇，创新务实，开拓进取，继续当好排头兵，在全省发挥示范和引领作用。

【首期残疾人职业技能培训开班】 3月20日，石家庄市2009年首期残疾人劳动技能培训班在石家庄市华兴科技学校开班。来自全市23个县（市）区的479名残疾人学员和市残联金玉惟副理事长、市残疾人劳动就业服务中心高献伟主任及有关人员参加了开班仪式，省残疾人劳动服务中心王书校主任应邀出席，开班仪式由市残联教就部主任雷小缺主持。结合长江新里程高科技助残项目，此次培训共开设服装裁剪、家电维修、数码相机维修、手机维修、盲人计算机、计算机维修、计算机平面设计、计算机应用（初、中级）、钩针编织、电气焊、烹饪、美容、美发、化妆14个专业，培训采取全封闭式，为期3个月，为市残联历年培训中人数最多、专业最多、投入最多、规模最大的一次。开班仪式上，受助残疾人学生代表发了言，表示要珍惜学习机会，发扬自强、自立、自尊、自信的四自精神，不负重望，学到一技之长，回报社会，回报祖国，回报人民。华兴科技学校朱校长对培训残疾人进行了承诺，表示要千方百计、千辛万苦、不厌其烦、手把手把残疾人学生教好教会。市残疾人劳动就业服务中心主任高献伟等对残疾学员的学习、生活提出了具体要求。

【召开残疾人维权工作会议】 3月26日，石家庄市残联在河北司法警官职业学院召开了2009年度残疾人维权工作会议。石家庄市残疾人法律维权顾问小组13名成员和300多名残疾人法律救助大学生志愿者和23个县（市）区残联理事长参加，省残联维权部王怡主任应邀出席了会议。会议由市残联维权部主任樊爱科主持。市残疾人法律援助中心主任韩秀杰首先对 2008 年全市残疾人法律援助和救助工作进行了总结，对 2009 年工作作出了安排：一是继续巩固、完善各种管理制度，聘请专人负责县、市法律救助工作，并定期考核。对乡镇残疾人法律救助联络处及村级联络点加强规范管理，定期进行法律培训，争取把矛盾解决在最基层。二是完成在剩余 13 个县、市、区成立残疾人法律救助（援助）工作站计划，使全市残疾人维权工作纵向到底、横向到边、上通下达，形成市、县、镇、村四级法律维权网络、法律救助援助网络，为残疾人及时、就近、就地法律维权提供有效保证。三是加强普法宣传，搞好法律咨询。充分发挥基层残疾人法律救助（援助）网络作用，继续开展“法律八进”活动，利用集市、传统庙会、网络、媒体等进行法律咨询和宣传。四是加大对残疾人法律维权工作人员和残疾人的法律培训力度，提高残疾人维权工作者和残疾人的法律意识、维权意识和综合素质，继续和新闻媒体配合，加大舆论监督作用。会上，4 名受助残疾人代表分别讲述了他们的维权经历，表达了他们对残疾人法律救助的感激之情。法律援助志愿者郭素芳代表志愿者发了言，讲述了为残疾人维权时得到的锤炼、学到的知识及残疾人维权后的快乐与收获。晋州市残联理事长介绍了晋州市法律救助站工作的经验和体会，河北政法职业学院、河北司法警官职业学院有关领导、顾问小组成员杨俊民等都作了发言，一致对这种工作模式进行了肯定，表示要一如既往继续支持残疾人法律维权工作。市残联理事长王金斗同志最后讲话，对有关高校、大学生志愿者及社会各界对残疾人维权工作所做的工作和贡献表示衷心感谢，并表示 2009 年要继续下大力抓好这项工作，他还要求各县（市）区残联在 2009 年要把残疾人维权工作当作一项重要工作做实做好，做成石家庄残疾人工作的一个品牌，从而促进全市残疾人工作再登新台阶，再上新水平。

【召开残疾人教育就业工作会议】 4 月 15 日，石家庄市残联召开了市残疾人教育就业工作会议，参加会议的有 23 个县（市）区残联理事长、就业服务所所长、市残疾人劳动就业服务中心主任、教就部工作人员共计 50 余人。市残联副理事长金玉惟出席会议，省残联服务中心主任王书校应邀出席，会议由市残联教就部主任雷小缺主持。会议对 2009 年全市教育就业工作进行了安排部署，对涉及“十项助残工程”的教育培训工程、扶贫解困工程、住房保障工程、托养工程、生活保障工程进行了分解、细化和量化，明确了责任、工作步骤，制定了工作标准和完成时限。

【举办盲人医疗按摩初级职称培训班】 5 月 11 ~ 19 日，石家庄市举办了第九期盲人医疗按摩初级职称培训班，70 多名盲人朋友参加了培训。培训班聘请市盲人医疗按摩专业技术初级职务资格评审委员会主任、市三院副院长李忠权，市盲人医疗按摩专业技术初级职务资格评审委员会副主任、市中医院副院长董凤林，市盲人医疗按摩专业技术初级职务资格评审委员、市中医院骨伤科主任孙艳林等知名专家授课，对盲人朋友进行了为期 9 天的培训。5 月 12 日，市残联理事长王金斗、省残疾人劳动服务中心副主任王伟、左晖杰出席开班仪式。开班仪式由市残联教就部主任雷小缺主持。经过 9 天理论学习和手法培训，70 余名盲人全部通过考试，获得医疗按摩初级职务任职资格。

【免费为贫困肢残儿童实施矫治手术】 5 月 9 ~ 13 日，市残联会同市二院专家到平山、行唐、鹿泉三县（市）对贫困肢残儿童进行筛查，对符合手术指征的 20 名肢残儿童建档立卡，6 月 5 日，石家庄市实施彩金项目贫困肢残儿童矫治手术项目圆满结束，该项目是全省首家完成单位。

【举办第十九次“全国助残日”活动】 5 月 17 日，省、市残联联合在石家庄市特殊教育学校举办第十九次全国助残日活动。助残日主题为“关爱残疾孩子，发展特殊教育”。活动会场展示了市特教学校孩子们的优秀作品：手工编织，静物写生，油画，根雕，木刻，剪纸，粮食画等，一件件作品抒写出残疾孩子们对生活的热爱和渴望，作品富有生命的鲜活和灵动。市特教学校全体教职员工和学生，省、市残联工作人员共计 300 余人参加了助残日活动，活动仪式由市残联理事长王金斗主持。出席本次助残日的领导有原省政府副省长、省残疾人福利基金会理事长郭洪岐，省残联原副理事长、省残疾人福利基金会副理事长杨俊民，省残联副理事长郭彦、张国生，市政府副市长张树志，市残联理事长王金斗，市残联副理事长张爱艳，石家庄市子风文化传播有限公司董事长侯新周。活动仪式上，省残联和省残基会为特教学校捐赠了价值1万元的体育用品，市残联捐赠了5000元人民币，石家庄市子风文化传播有限公司向特教学校捐赠了1000册图书。活动仪式上，市特教学校的学生们还表演了哑铃操《青春飞扬》、荣获国家二等奖、特教学校自编自演的舞蹈《放飞希望》和轮椅太极拳等节目。市电视台、市人民广播电台对市残联理事长王金斗进行了连线采访。

【召开残保金征缴工作会议】 6月9日，河北省石家庄市残联和石家庄市地税局联合召开23个县（市）区残联理事长、服务所所长、地税局主管副局长、市残联部分工作人员共计90多人参加的全市残保金征缴工作会议。会议由市地税局二处处长徐书峰主持。会上，市残联教就部主任雷小缺同志宣读了市政府残工委《关于表彰2008年度全市残疾人就业保障金征缴工作先进单位的决定》，对2008年度残疾人就业保障金征缴工作突出的23个先进单位进行了表彰，新华区残联、鹿泉市残联、桥西区地方税务局、晋州市地方税务局介绍了各自在残保金征缴工作中的经验和做法。市残联金玉惟副理事长对近几年石家庄市残疾人联合会的残保金征缴工作进行了充分肯定。市地税局副局长宗翠莹作总结发言，要求多措并举，完善管理，确保2009年残保金征缴到位。要落实好代征工作三项制度。一是旬报制度。全面掌握征缴工作进展情况和残疾人就业保障金入库情况。二是例会制度。要定期召开残疾人就业保障金代征协调领导小组工作例会，总结部署阶段性工作研究解决在代征过程中出现的问题，交流经验和做法。三是激励检查制度。对代征工作中涌现出的先进事迹和先进典型，要及时给予表彰和宣传。并将残保金任务完成情况列入2009年重要考核目标。要求地税和残联通力协作，密切配合，共同做好2009年残疾人就业保障金征缴工作。

【举办第三次“全国特奥日”活动】 7月20日，第三次“全国特奥日”在石家庄市长安区金谈固社区广场举行，主题是“全民健身，特奥同行”。省残联副理事长、省特奥会执行主席张国生同志，市残联理事长王金斗同志，省残联宣文部主任谭贵龙同志、省残疾人体育管理中心主任、省特奥会副主席李德才同志、省残联宣文部助理调研员、省特奥会秘书长李卫国同志，市体育局群体处副处长贾永同志、长安区残联理事长李晓茹同志出席开幕式，活动由市残联副理事长张爱艳同志主持。市残联王金斗理事长致辞中明确阐明了此次特奥活动的三个意义：一是展示了在运动场上竞技才能和体育水平；二是呼吁社会更多层面、更多人士对残疾人事业的更多关爱和更大支持；三是体现以特奥促全民健身运动深入开展，以全民健身带特奥不断提高。省残联副理事长张国生同志在开幕式上作了重要讲话。上午9点整，在领队的带领下，110名智力残疾人运动员踏着雄壮的进行曲入场，年龄大的48岁，小的只有8岁，分别来自市内五区。虽然天气炎热，但丝毫影响不到这些残疾人运动员及其家长们的兴致，他们分别进行了赶猪、定点投篮、跳绳、保龄球、田径5个项目的角逐。省、市残联领导全程观看了比赛，并为选手们呐喊助威。最后，省市残联领导为获奖运动员们颁发奖品，为全体运动员赠送了纪念品。社区医疗站全程为比赛提供医疗保障，来自河北师范大学物理学院的16名志愿者、石家庄市电视台、移动电视台等新闻媒体参加了活动。

【副省长宋恩华慰问特困残疾人家庭】 9月15日下午，河北省副省长宋恩华在省残联理事长李民、石家庄市委常委副市长王大虎以及市残联、桥东区委、区政府、区残联负责同志的陪同下，到石家庄市桥东区视察残疾人工作。又深入基层走访了桥东区元村社区卫生服务站、元村社区居委会了解残疾人康复工作和基层残疾人组织建设，还慰问了特困残疾人家庭。

（王兆惠）

石家庄市黄埔军校同学会

【关爱会员】 每逢元旦、春节、国庆等重大节日，石家庄以市委统战部名义向各县（市）区委统战部发文，要求其做好对黄埔同学的走访慰问工作。9月23日，全市举办省会黄埔同学"迎中秋、庆国庆、话两岸和平发展"座谈会，市委常委、统战部长胡儒钗，省黄埔军校同学会秘书长焦登武到会并讲话。胡儒钗给每一位到会黄埔同学和亲友递上自己的名片，并告诉大家有事可随时和他联系，使在座同学和亲友感到十分亲切和温暖。同时，在国庆、中秋之际，对本市生活困难的黄埔同学进行了慰问，并对特殊困难黄埔同学给予了500～2000元的慰问金。黄埔十期、正定县101岁的刘明治老人的儿子刘强特意向胡部长致以热情洋溢的感谢信。胡部长亲自批示："请兰怀、振贵同志阅，我们要一如既往地为这些老统战对象服好务"。特殊情况特别关照。2009年夏天，石家庄市持续高温，使人体调节功能出现明显不适。针对高温天气的突变状况，专门召开会议，对黄埔同学的走访慰问工作进行研究部署。7月25日，安排专人冒酷暑分别到省三院看望了常年在上海儿子家、近期回石家庄治病的高龄黄埔同学赵洪彬，和参加过抗日战争现在铁路中心医院住院治疗的李又炜同学。并集中时间对市区部分高龄黄埔同学进行了走访慰问，为他们送去了防暑、降温用品。

【对外交流】 以外引内联为方法，强化对外交流。走出去，学习经验，广交朋友，联络感情。4月下旬，专程赴四川建川博物馆考察"抗战老兵手印广场"，详细了解石家庄市参加过抗战黄埔同学的手印展出情况，与四川省黄埔同学会携手打造爱国主义教育的生动课堂。组织黄埔学长将《反分裂国家法》寄给台湾黄埔十八期赵本立、古名驹、汪新民等同学，在随后的复信中，明确表达了对"台独"势力妄图欺瞒迷惑台湾民众、分裂祖国的阴险图谋的唾弃和切盼祖国早日实现和平统一的强烈愿望。在得悉台湾遭受"莫拉克"台风灾难后，很多老学长纷纷向台湾同学写信打电话表达对台湾同胞的关切之情，有的同学慷慨解囊，彰显了海峡两岸血浓于水的同胞之情。请进来，传经送宝，沟通感情，加深友谊。5月，接待了台湾来大陆探亲的黄埔十期同学张梦辰先生，帮助其解决实际困难，并向其积极宣传党的对台方针政策和祖国大陆的改革发展情况，增进了双方的信任和友谊

（邱振贵）

石家庄市台湾同胞联谊会

【概况】 2009年，石家庄市台湾同胞联谊会（简称市台联）认真学习贯彻胡锦涛总书记关于对台工作的重要讲话精神，坚定不移落实"寄希望于台湾人民"的方针，把握两岸关系和平发展的主题，反对和遏制"台独"分裂活动，依靠各位理事和全体台胞，发挥乡情、亲情优势，做好联谊、服务、团结广大台湾乡亲的工作，较好地完成年度工作任务。1月17日，市台联领导走访看望石家庄市老台胞和部分台胞遗孀，徐胜美会长代表市委统战部领导向老台胞们祝贺新春佳节，送去慰问品。1月20日，市台联在市民主党派大楼举办迎春联欢会，来自全市各行各业的30多名台胞及眷属欢聚一堂，畅叙亲情乡情，喜迎春节。省台联副会长王耀冀、秘书长游俊英及市委统战部副部长白兰怀等出席联欢会。2月26日，市台联召开二届八次理事（扩大）会，徐胜美会长主持会议。中共石家庄市委统战部白来怀副部长应邀出席会议。徐胜美会长向与会人员汇报了2008年各项工作的开展情况及2009年工作要点。市委统战部白兰怀副部长代表市委统战部充分肯定市台联一年来的工作，并提出希望。与会人员积极发言，提出好的意见和建议。市台联副会长廖海鹰传达了省台联会长(扩大)会议精神，并介绍了参加两岸医疗学术交流活动赴台观感。12月6日，市台联召开二届十次理事会议。市台联会长徐胜美、副会长廖海鹰出席会议。会议通过关于召开市台联第三次代表大会的安排意见、二届理事会工作报告和《石家庄市台湾同胞联谊会章程（修正案)》，审查通过了出席第三次代表大会的代表资格，还通过了三届理事会理事候选人名单和第三次代表大会会议议程。12月16日，石家庄市台湾同胞第三次代表大会召开。市领导胡

儒钗、傅世武到会祝贺。会议审议并通过市台联第二届理事会工作报告和《石家庄市台湾同胞联谊会章程（修正案）》，选举产生了以廖海鹰为会长的第三届理事会。

【举办“游园放飞思念的风筝”活动】 5月19日，30名台胞参加石家庄市台湾同胞联谊会在太平河湿地公园举行“游园放飞思念的风筝”活动。益在亲近大自然、感受省会石家庄的变化；联络同胞情、放飞对家乡宝岛的思念。此活动得到了省台联的大力支持，傅宪明副处长、林文卿夫妇展示他们自制的部分风筝、并详细的为台胞们介绍了风筝的历史、传说、结构和风筝的吉祥意义，以及放风筝的益处、技巧、注意事项等。大家认为：台湾是祖国母亲放飞到海外的风筝，联系台湾与祖国大陆的那根丝线一直在祖国亲人手中牵着，是永远也剪不断的炎黄子孙的根、中国人的血脉。随着一年来两岸关系取得一系列重要成果，两岸展现出了和平发展前景。

【召开国庆60周年座谈会】 9月24日上午，30多名台胞参加了省、市台联联合举办的迎新中国成立60周年座谈会。省台联副会长王耀冀、王爱鸽、廖海鹰、傅宪明处长、市委统战部联络处处长田民等出席。石家庄市台湾同胞联谊会会长徐胜美主持会议，王耀冀副会长做了“心系祖国切盼统一”的发言，60年来，党和国家对台胞一视同仁，关怀备至，使大家处处感觉到置身祖国大家庭的温暖。在政治上得到信任，工作上得到重用，生活上得到了关心。尤其是改革开放以来，台胞的政治生活和经济生活发生了翻天覆地的变化，在河北省台胞中涌现出了一大批杰出的代表人物，有一大批台胞被推选为各级人大代表、政协委员，发挥参政议政、民主监督的作用。实现祖国完全统一，是全体中华儿女的共同的心愿。座谈会上12名台胞用朴素的语言，表达了对党、对伟大的祖国热爱之情和感恩之情，台胞们情真意切的发自肺腑之言感动了与会所有人。

【举办重阳节主题活动】 10月28日（重阳节），省、市台联组织居住在石家庄市的十几位60岁以上老台胞参加了“九九重阳节，浓浓敬老情”主题活动。省台联会副会长王耀冀首先代表省、市台联全体工作人员向来参加活动的老台胞表示亲切的问候和衷心的祝愿，祝大家身体健康，节日愉快，万事如意。这次重阳节活动是台联落实市委统战部《在全市统一战线各界人士中开展“保增长、促发展、做贡献”活动的实施方案》通知的一项具体工作，组织老台胞参观石家庄“三年大变样”的建设成果，游览市容，了解省会的发展变化，重要的是宣传省会。

【关爱台胞】 11月16日下午，徐胜美会长一行冒着凛冽寒风，踏着冰雪，带着党和政府的温暖和全市台胞的关怀，前往省第四医院，看望慰问住院治疗的离休干部林秀桃老台胞，仔细询问了在这里的生活和治疗情况，看到林老身体虚弱，鼓励她战胜病魔，并祝早日康复。驻会干部还看望正在老年病医院住院治疗的已故老会长陈明的夫人李凤老人、并送去慰问品。

（游艳红）

石家庄市消费者协会

【概况】 2009年，石家庄市消费者协会（简称市消协）围绕“消费与发展”年主题，解放思想，开拓创新，充分发挥消协职能，积极宣传消费维权知识，引导消费者科学消费和理性消费，强化社会监督，加大对商品与服务的社会监督力度，认真受理消费者投诉，为消费者排忧解难，各项工作均取得了显著成绩，有力地促进了石家庄市保护消费者合法权益工作的深入开展。全年市消协加大对受侵害消费者的救助力度，畅通投诉渠道，切实保护消费者合法权益。各级消协工作人员尽职尽责，认真做好受理消费者投诉工作，在受理投诉中坚持依法维权，按照有关法律规定和法定程序进行处理。对于消费者投诉反映的问题，在积极帮助处理基础上，进行认真分析，及时将有关情况通过媒体发布消费提示和消费警示，提示消费者谨慎消费，避免上当受骗，告知消费者在合法权益受到损害时，要用法律武器，及时向政府各有关部门投诉或上诉，维护自己权益。还经常与有关经营单位联系、沟通，促进提高服务品质和加强诚信守法意识。同时，每季开展一次消费专题活动，提高广大消费者的维权能力。至年末，市消协共受理消费者投诉7533件，解决7382件，解决率为98%，使消费者免收经济损失810余万元。投诉比较集中的是日用百货、家电、服务类，分别占到投诉总量的31%、23%、20%；另外，涉及药品保健品、汽车、远程购物的纠纷数量增长较快，成为新的投诉难点和热点。年内，市消费者协会荣获中国消费者协会市场监督活动单项工作优秀奖和开展“消费与发展”年主题活动先进单位荣誉称号。

【召开保护消费者合法权益会议】 3月9日，市政府召开保护消费者合法权益办公会议，市委宣传部等21个成员单位参加会议，会上听取了办公会议办公室及市工商局、市卫生局、市物价局、市质监局、市食品药品监督管理局关于2008年保护消费者合法权益工作情况及2009年工作安排的汇报。讨论通过了《石家庄市消费者协会2009年纪念“3·15”国际消费者权益日活动方案》和《关于表彰2008年度落实“消费与责任”年主题优秀企业和先进个人的决定》。会上，张殿奎副市长作重要讲话，并对3·15系列活动和2009年消保工作提出具体要求。

【开展纪念3·15国际消费者权益日活动】 3月10日上午，市政府保护消费者合法权益办公会议办公室组织召开由市工商局、市物价局、市质检局、市卫生局、市食品药品监管局和市消协参加的2009年3·15活动新闻发布会。会上，市消协发布了2008年消费者投诉热点问题及分析，通报了2009年全市开展纪念3·15国际消费者权益日系列活动安排。有5个执法部门分别向社会公布了本单位2008年度查处损害消费者权益的典型案例，并就2009年消费者合法权益保障工作回答了记者提问。3月12日，市政府保护办、市工商局、市消协联合石家庄北人集团在先天下广场举办了2009年石家庄市“消费与发展”年主题启动仪式。市政府张殿奎副市长、省工商局消保处张金文处长、省消协袁均文副会长出席启动仪式。启动仪式由市政府汤化敏副秘书长主持，张殿奎副市长宣布石家庄市“消费与发展”年主题系列活动正式启动，并作了重要讲话。现场还对北国商城等54家被市政府保护办授予落实“消费与责任”年主题优秀企业荣誉称号的单位进行了颁奖。3月15日，市消协组织各县（市）区消协在当地比较繁华地段、广场、商场门前隆重举行3·15国际消费者权益日咨询服务活动。活动期间，全市各级消协、“一会两站”共接受消费者咨询8540件，受理消费者投诉1580件，发放宣传材料15万余份，省会20家新闻媒体对活动情况进行了现场采访报道，收到了明显效果。

【强化社会监督】 全年市消协采取多项措施加大社会监督力度。明察暗访，开展消费体察活动。消协监督部和投诉部在日常工作中，经常就消费者反应集中的热点问题，深入到消费前线，并及时向有关执法部门和企业单位提出建议。并就一些消费热点问题及时向社会和广大消费者发布消费警示和消费提示，使消费者避免上当受骗。积极推进企业认真贯彻落实《食品安全法》。自6月1日起，对市区大型超市落实《食品安全法》情况开展抽查活动，采取消协工作人员先暗访，后与超市负责人沟通意见的方式，对各超市食品区经营情况进行全面调查了解。认真开展专项市场监督活动。年初，按照省消协要求，对全市保险行业的服务质量开展了为期一个月的消费评议活动。共走访群众1200余人，发放并回收调查问卷600份，接受消费者咨询800余件，收集突出问题6个。对提出的意见和建议，被评企业都能够虚心接受，认真研究，及时整改。8月，按照中消协安排，石家庄市消费者协会开展了“家电下乡产品售后服务状况”调查活动。9月，石家庄市消费者协会对全市邮政营业窗口服务进行了专项调查。选择市内六区和鹿泉、栾城、元氏三县的10个邮政所作为调查对象，以义务监督员亲身体察和现场组织消费者问卷评价两种方式开展调查活动，有效的提高了石家庄市邮政服务质量，使广大消费者更加满意。

【开展“服务三农七下乡”活动】 以晋州市为试点，在全市试点推开“服务三农七下乡”活动。活动与当地工商部门协作，联合农牧局、林业局、供销社、维管办和部分信誉度高、消费者信得过的农资经营单位、农机具维修单位，将农业技术知识和优良农资等服务项目送到了农民的家门口。具体七项服务是：受理咨询投诉服务区，现场解答、受理消费者咨询和投诉；维权知识宣传讲解区，发放宣传材料，增强农村消费者的消费维权意识；假冒伪劣农资商品识别区，由专业人员讲解识别假冒伪劣农资商品的方法，利用快速食品检测箱现场为群众检测食品，增强农村消费者识假辨假能力；优质农资商品展示区，由有关农资经营单位携带优质农资样品现场展示和签订购销合同；农、林业技术讲解区，由市专业农、林业技师讲解传授农、林业种植技术，现场解答群众提出的疑难问题；农机具免费维修区，由专业农机公司派出的农机具维修人员，现场为广大农村消费者免费维修农机具，传授讲解农机具一般故障的排除和农机具正确使用方法及保养；现场年检验照，工商局组织登记注册人员深入到各活动地点，现场为企业年检验照。“服务三农七下乡”活动在广大农村得到了强烈反响，收到了实质性效果，仅在晋州市，现场参与这项活动的农民群众就多达6万余人，直接受益群众达24000余人。省消协和市工商局对此项活动给予了充分肯定。

【婴幼儿奶粉事件赔偿金发放】 年初，按照市政府安排，石家庄市消费者协会作为石家庄市婴幼儿奶粉事件患儿赔偿金发放工作领导小组成员，参与了这项重大工作。石家庄市消费者协会具体负责赔偿金的拨付、全市赔偿金发放收据的审核以及数据库的汇总建立。本着高度负责的态度，克服困难，加班加点，细致工作，经过半年的奋战，圆满完成了工作任务。共将省奶协拨付的822.4万元赔偿金按时足额拨付至各县（市）区，对全市3706个患儿的赔偿金收据及所附证明材料逐一认真审核上报，汇总建立了石家庄市患儿赔偿金发放数据库。

（李　哲）

石家庄市计划生育协会

【概况】 2009年，市计划生育协会（简称市计生协）全面落实中国计生协六届四次理事会和省计生协工作会议精神，进一步强化基层协会建设，以生育关怀行动为主线，努力为全市经济发展创造良好的人口环境。年内全市计生协有会员82.5万人，各级理事4.4万人，基层计生协组织5104个，其中企业协会287个，流动人口协会13个，全市90%以上的基层协会使用了会员证。全市所有乡镇（街道）均配备了专职副会长或秘书长，其中75.17%的乡镇（街道）为专职副会长或秘书长落实了副科级待遇，使乡级计生协做到有机构、有专职人员。通过在全市开展基层计生协评估认定工作，健全了村级计生协组织机构，继续明确由党支部书记任会长，配备一名“五老”副会长和一名秘书长，增加了行业能人、致富能手在会员队伍中的比例。提升了会员之家建设水平，全市基层计生协优秀会员之家已达到43.1%。落实了基层计生协学习培训、宣传服务、例会、活动和档案资料管理制度，规范了乡、村级计生协工作纪实册，并统一归档到乡级计生协保存。还对311名基层计生协工作人员进行了业务培训。2009年，市计生协荣获全省计生协工作先进单位、全省计生协宣传工作先进单位称号，市计生协先后在全国计划生育保险试点工作会、省计生协第六次会员代表大会、全省生育关怀行动经验交流会、全省计生协工作会、全省计生协宣传工作会上介绍工作经验。

【开展独生子女家庭意外伤害保险试点】 2009年，全市开展独生子女家庭意外伤害保险试点工作，市政府将此项工作列为为民办的38件实事之一。市计生协下发《独生子女家庭意外伤害保险试点工作实施细则》，制定“政府组织、协会协调、市场运作、独立核算、群众受益”的工作机制。全年共为121431户，363182人独生子女家庭投保意外伤害保险，保险费为368.48万元。市、县两级财政为农村独生子女和城市低保独生子女家庭补贴81.7万元。出险理赔447人次，赔付金额为138.4万元。

【承办“幸福微笑”公益活动】 年内，市计生协承办了由省计生协与中国人口福利基金会、美国容德国际基金会主办的“幸福微笑”公益活动，主要是为计划生育贫困家庭的唇腭裂患儿提供免费的修复手术。来自美国容德国际医疗队的30名专家到石家庄市实施手术，共为164名唇腭裂患者进行了术前筛查，为符合条件的116名患者实施了手术（其中石家庄市85名，邢台市21名，衡水市10名）。市计生协成立了活动领导小组，制定活动实施方案。由综合协调、宣传报道、医疗服务、后勤保障四个组具体负责活动的实施。在全市各级计生协的共同努力下，活动取得了圆满成功，受到国家、省、国际医疗队的高度评价。

【实施项目帮扶】 全年争取到“幸福工程”、“少生快富”项目资金40万元，重点帮扶赞皇、行唐两个县开展项目活动。利用省计生协幸福工程项目资金20万元，为赞皇县80位贫困母亲每人发放5000元的“幸福工程”项目款，为700户计划生育贫困家庭每户发放10000元的“少生快富”财政贴息贷款。指导赞皇县在全省首创了扶贫资金、少生快富贴息资金、合作社资金和银行优惠政策捆绑使用的“少生快富”项目运作的“赞皇模式”，用10万元少生快富贴息资金撬动680万元的贷款，扩大了群众受益面，受到基层的欢迎，其中“赞皇模式”被省计生协在全省推广。

【开展亲情牵手行动】 以实施“百千万”工程为载体，开展亲情牵手行动。每个乡镇（街道）都有1～2个成功的项目，使计划生育家庭真正得到实惠。各级计生协建立志愿者服务队伍，发挥志愿者在科技帮扶、医疗救助、参与公益事业等方面的作用，组织志愿者开展“亲情牵手”、“结对帮扶”、“温暖慰籍”、“技术指导”等活动，提高计生困难家庭和会员的生产、生活、生命质量。“母亲节”期间，全市各级计生协对3000余户计划生育特殊家庭进行了救助和慰问。年末全市建立了市、县、乡三级项目库，累计实施生育关怀项目556个，帮扶和救助计生贫困家庭达2万多户。

【基层群众自治】 市计生协与市人口计生委联合下发《关于进一步规范计划生育村民自治工作的实施意见》，对基层开展基层群众自治工作进行规范。试点单位晋州市在原来基础上，又增加2个试点村，其他县（市）区选择1～2个乡镇（街道）开展由基层协会具体承做计划生育日常工作的试点。非试点单位，配合人口计生行政部门，较好地发挥了民主参与、民主监督职能。全年各级计生协参加决策会议13634次，提交书面建议14876条，被采纳7782条。

（校　宁）

石家庄市工业经济联合会

【概况】 2009年，市工业经济联合会（简称市工经联）紧紧围绕市委、市政府总体工作部署，积极向市政府提出《关于政府资助重点行业协会发展和建立购买服务机制的建议》、《关于优先向部分经济类行业协会转移职能的意见和建议》，市政府专门召开由市发改委、市财政局、市民政局、市工经联（经团联）、市编办等部门及部分行业协会参加的协调会议，推进工作落实，为石家庄市经济类行业协会发展创造了条件。在市委、市政府提出深入开展“工业发展攻坚战”活动后，10月19日，市工经联（经团联）组织召开全市经济类行业协会“工业发展攻坚战”动员大会，传达了全市“工业发展攻坚战”活动动员大会精神，并按照市委书记车俊提出“各行业协会要充分发挥在企业维权、产业自律、技术服务等方面的重要作用，积极为企业生产经营加油助力”的要求，对全市经济类行业协会和各县（市）工经联（经团联）开展“工业发展攻坚战”活动进行部署，其中市企业联合会（企业家协会）、市商业联合会、市食品加工协会等17家协会，向全市经济类行业协会发出“牢记社会责任，强化服务意识，为行业振兴和全市工业发展做贡献”的倡议。年内市工经联组织全市43家企业参加“河北百强企业”、河北省企业50佳和企业纳税50佳排序活动，其中18家企业入围“河北百强企业”，29家企业入围“行业排头兵”，同时，积极向省政府有关部门推荐全市营业收入20亿元以上工业企业，争取有关政策的支持。

【行业协会建设】 根据职责要求，对经济类行业协会进行了年检初审。在年检工作过程中，对制度不健全、财务管理不规范等问题进行分类梳理、登记备案，并分别与协会负责人进行沟通，提出整改意见。在规范年检工作的同时，指导市民办职业培训协会、市饭店烹饪协会、市典当行业协会、市洗染行业协会等协会组织，按期完成换届工作，使其通过换届进一步规范工作程序，加强制度建设。指导市汽车维修行业协会、市装饰行业协会、市标准化协会等，建立与其业务相应的分支机构，增强了协会服务功能。为增强对协会业务指导的针对性，召开部分行业协会工作恳谈会，认真听取有关协会关于落实协会职能、扶持协会发展等方面的意见和建议，还组织有关会长到上海大众等4S店进行调研，充分听取业内经销商有关土地、融资和优化投资环境等方面的意见和建议，并及时向政府有关部门反映行业协会及会员企业的诉求，受到协会及行业从业者的一致好评。根据石家庄市产业布局和有关行业企业的愿望，采取重点培育和企业自发相结合的形式，加快培育发展食品加工、化工、现代物流、旅游、纺织、医药等重点行业协会组织，下大力优化协会布局结构，构建支撑经济社会发展的服务体系；完成了食品生产加工、现代物流等协会的组建工作，使重点协会建设实现新突破。按照加快发展与规范整合并重的原则，积极与市民政局协商，注销了银企、造纸、技术进步、人才开发培训、交通运输5家名存实亡的协会，还对工程勘察设计协会的分支机构实施注销，优化了协会发展质量，提升了市经济类行业协会的发展形象。

【开展行业性活动】 根据市政府安排，积极组织相关经济类行业协会联系境内外客商参加正定小商品博览会，在招商的1200个展位中，市工经联（经团联）组织有关经济类行业协会招商384家，安排展位400个。还积极参与长三角-石家庄经贸洽谈会的组织工作，并与浙江工经联、河北浙江商会、江西商会、安徽商会等联系，邀请外地客商参加活动，在石家庄市招商引资中发挥了积极作用。为繁荣汽车经济，促进石家庄市汽车业健康发展，由市政府主办，市工经联（经团联）和市汽车流通协会承办了2009石家庄第二届汽车行业博览会。后根据行业企业愿望，又组织了秋季汽车博览会，其中秋季汽车博览会参展车辆和参观人数之多创下历年之最。市茶业协会还组织承办了2009首届北方（石家庄）茶消费品交易会。

【县（市）工经联（经团联）建设】 在加快培育发展和规范行业协会管理的同时，下大力进行县（市）工经联（经团联）组织建设，分别于6月、11月完成了深泽、赞皇县工经联（经团联）组建工作，全市17个县（市）全部组建起工经联（经团联）。县（市）工经联（经团联）在培育发展区域性协会组织、开展调查研究等方面积极作为：辛集市工经联（经团联）积极培育发展泡塑、机械铸造、电缆等区域特色行业协会，并深入20多家企业和13个乡镇工业区开展调查研究，撰写了《关于当前保持经济平稳较快发展的几点思考》等调研报告。行唐县工经联（经团联）深入企业开展调查研究，向县委、县政府提交了《关于扶持红枣加工龙头企业发展，促进红枣加工产业振兴的建议》。鹿泉市工经联（经团联）围绕调整结构课题，积极开展铸造、建材、乳制品行业专项调查，向政府提出了《关于进一步优化企业发展环境的意见》等。

【调查研究】 围绕加快重点行业协会发展，行业协会服务行业发展，民营企业创新发展等课题深入开展调查研究。关于保龙仓连锁经营有限公司《奋力开拓、跨越发展》的调研报告在《河北经济日报》和市委《决策》杂志刊发，为民营企业建立现代管理制度和创新发展方式提供了典范。关于石家庄市建筑行业协会《市建筑协会开展行业服务的调查报告》在《河北经济日报》和《石家庄经济》刊发。《关于加快石家庄市重点经济类行业协会建设的意见和建议》、《关于石家庄市汽车配件行业协会调查报告》等专题调研报告上报市政府及有关部门。经过深入调研，还对《行业协会发展规划》进行完善并上报市政府有关领导。《创新打造实力，品质铸就辉煌》的调研报告获得全市“优秀调研成果奖”。积极指导行业协会开展调查研究，帮助会员企业破解发展难题。市建筑行业协会针对石家庄市建筑业普遍反映负担过重、经营困难的情况，在行业内开展深入调研，撰写了《关于减轻建筑企业负担，促进石家庄市建筑业发展的建议》。市就业促进会围绕“保增长、促就业”课题深入开展调研，撰写了《关于促就业保稳定，为构建和谐社会做贡献》的调研报告等。与市总工会一起开展行业工资集体协商情况的调研，走访了装饰、汽车等6个行业、5个县（市）20多个企业，召开12次座谈会，通过开展专项调查，为政府及有关部门决策提供了重要依据。为全面掌握石家庄市经济类行业协会党建情况，先后到市出租车行业协会、市沐浴行业协会等单位进行调研，为加强行业协会党建和思想政治工作奠定了基础。

【企业帮扶】 年内，市工经联与汽车流通协会、汽车配件协会和保龙仓连锁经营有限公司建立了领导干部联系点，开展了“一把手蹲点调研活动”。在企业帮扶中，市工经联领导对行业内不稳定因素进行认真排查，其中汽车配件协会有些会员企业反映，“三年大变样”拆违过程中，很多商户店面被拆，希望政府尽快规划建设新的汽车配件市场问题，市工经联（经团联）及时向市政府提出规划建设石家庄市汽配城建议。年内由国大集团投资的汽配城项目已在城洽会上签约。帮助井陉县东方石材厂解决融资难题，并与井陉电力部门联系，采用综变电方式，解决了企业用电燃眉之急。还帮助鹿泉市坤峰墙体材料有限公司解决了扩大生产的资金难题。

（高国欣）

石家庄市红十字会

【概况】 石家庄市红十字会成立于1956年12月9日，“文革”期间中断工作，1986年恢复建会，挂靠石家庄市医学会，1996年经市编办批准，转由石家庄市卫生局代管，2005年12月，改由“市政府领导联系”，规格由原来的科级调整为副县级，设会长1名（兼），专职副会长1名（副县级），科级职数2名，内设办公室、业务工作部2个机构，事业编制5名，工勤人员编制1名，人员参照公务员制度管理。红十字会的主要职责为备灾救灾，应急救护和防病知识宣传、普及、培训，无偿献血和造血干细胞捐献的宣传动员，募捐与救助，遗体、器官（组织）捐献，红十字志愿服务与红十字青少年，国际人道法宣传等。石家庄市红十字会恢复建会24年来，先后募集救助款物折合人民币4000余万元，救助受难群众10万余人；建立1个市级备灾救灾中心，1个县级备灾救灾中心，1所红十字老年护理院，1个遗体捐献志愿者工作站，1个红十字眼角膜库；发展红十字会基层组织425个，团体会员300个，个人会员3万余名，红十字志愿者3000余名。自1998年始，连续五届荣获“全国无偿献血先进城市”称号，2002年被中国红十字会总会和人事部评为“全国红十字系统先进单位”，2008年被省委、省政府表彰为“全省抗震救灾模范集体”荣誉称号。2009年，市红十字会募捐善款335万元，其中抗击雪灾投入100万元，贫困家庭大病救助36.69万元，开展“红十字博爱送万家”活动投入21.35万元。12月4日，市红十字会为友好城市乌克兰赫梅利尼产茨基市捐献了价值63.5万元的美罗培南等抗“甲流”药品。

【筹资援建项目】 年内，争取中国红十字会总会和中国红十字基金会“博爱卫生院”、“博爱卫生站”、“学校卫生洗手池”公益项目基金46万元，为平山、鹿泉、井陉、赞皇等县（市）援建1所卫生院，4个村卫生室（站），3个乡村小学卫生洗手池；与市第一医院共同筹资80.8万元，建立救助200名城乡贫困乳腺癌项目，投入477万元，救助特困先心病患儿152名。

【无偿献血、造血干细胞捐献、遗体捐献、角膜捐献】 全年无偿献血12万人次，连续五届荣获“全国无偿献血先进城市”称号；入库造血干细胞捐献者资料1.4万人份，9人成功实现了造血干细胞捐献；石家庄市红十字遗体捐献志愿者工作站办理申请登记727人，接受志愿者遗体32具；在市人民医院成立了石家庄市红十字眼角膜库。

（郝瑞起）

 Politics and Laws

政 法

政　　法

公　　安

【概况】　2009年，在市委、市政府和上级公安机关的坚强领导下，市公安局党委团结带领全市各级公安机关和广大公安民警，紧紧围绕“保增长、保变样、保民生、保稳定”的总要求，以国庆60周年安保为主线，以公安信息化建设、执法规范化建设、和谐警民关系建设为载体，以构建整体情报格局、整体维稳格局、整体防控格局、整体打击格局为牵引，以实施民生警务为推动，有力地维护了省会安定团结的政治局面和社会治安大局的持续平稳，公安工作和队伍建设取得了新的进步。全市有334个集体和1900余名民警受到市级以上表彰奖励，其中，18个集体、9名民警受到省部级以上表彰奖励。在2009年“干部作风建设年”群众评议活动中，市公安局在18个行政执法单位中排名第一；行风评议在14个行政执法单位中名列前茅。

【刑侦工作】　始终坚持严打方针不动摇，深入推进刑侦工作信息化、刑事执法规范化、刑侦队伍专业化，积极构建整体打击犯罪工作格局，不断加大打击犯罪工作力度，先后组织开展了以打击车匪路霸、拦路抢劫为重点的“清剿”行动，以打击“两抢”、“两入”犯罪为重点的“三打一治”专项行动，以信息应用、信息破案为重点的“网上破案会战”，以“打团伙、破命案、追逃犯、抓现行、保民安”为重点的冬季严打战役，以及追逃、打拐、侦破命案、打黑除恶等一系列专项打击行动，有力打击和震慑了各类违法犯罪分子的嚣张气焰，维护了省会治安秩序的持续稳定。全市共破获各类刑事案件51970起，打击处理犯罪嫌疑人15520名。相继破获了36524超市系列抢劫案、冒充警察系列拦路案和正无公路、308国道等系列拦路抢劫案以及公安部督办的“8.31”特大贩卖枪支案、“9.6”贩卖雷管案等一大批重特大刑事案件。命案侦破再创佳绩。全市共发生各类命案210起，同比下降15%；共破获各类命案193起，破案率达到91.9%，同比提高1.3个百分点，其中现行命案破案率连续六年突破90%，26个分、县（市）中有11个单位现行命案破案率达到100%。打黑除恶成效显著。全市共审判黑社会性质犯罪组织2个，新打掉黑社会性质犯罪组织3个；打掉恶势力犯罪团伙52个，其中已审判30个。在全省“霹雳2号”打黑除恶集中收网行动中，一举摧毁恶势力犯罪团伙17个，抓获恶势力犯罪团伙骨干成员160余人，破获各类案件130余起。2009年2月，市局刑警支队荣立公安部集体一等功。追逃工作战果丰硕。综合采取信息比对、领导分包、专案抓捕、政策招降等有效措施，共抓获各类网上逃犯5651名，其中抓获外省市逃犯911名，抓获历年逃犯3779名。禁毒工作效果明显。全市共破获涉毒刑事案件169起，同比上升59.6%；抓获涉毒犯罪嫌疑人190余人，同比上升29.5%；缴获毒品冰毒2494克、海洛因43克、吗啡2661.3克、K粉420.59克、杜冷丁11866支、其他毒品629.45克。打拐行动扎实推进。全市共侦破拐卖妇女儿童案件32起，解救遣返外国籍妇女3名，解救被拐妇女12名、儿童20名，抓获犯罪嫌疑人21名。刑事技术作用突出。全市共勘查现场19441起，其中刑事案件现场16580起，物证鉴定14582起，其中刑事案件9277起，出具鉴定义书6679份，刑事技术发挥作用率达到22.8%，DNA技术在命案侦破中的作用率达到了57.5%。

【治安防控】　在全市开展构筑环省

界和市界防控、环市区周边防控、环市城区防控“三道防线”，编织社区防控、街面防控、内部单位防控、行业场所防控、重点人员防控、危险物品防控“六张网”，完善了预警控制、快速反应、巡逻防范、考核奖惩“四大机制”，初步形成了人、地、事结合，点、线、面结合，人防、物防、技防结合的社会治安防控架构，有效提升了全市总体防控水平。“三道防线”建设日臻完善。建成了15个市区出市口治安卡点，完成了井陉县天长、平山县古月、赞皇县野草湾3个环省界治安交通卡口建设，完善了远程监控和指挥调度系统建设，落实了分级安检制度。治安乱点整治效果突出。紧紧抓住影响社会治安的突出问题和群众反映强烈的治安乱点，综合采取挂牌督办、领导分包、集中整治、综合治理等方法，不断加大治安乱点整治力度，有效净化了社会治安环境。全市共整治各类治安乱点1302个，检查行业场所8761家，整改1233家，停业整顿75家，取缔35家。

【公安管理】 全市各级公安机关牢固树立民生警务理念，坚持把为人民群众提供更加便捷优质的公共服务作为公安行政管理的价值取向，不断提升人民群众对公安工作的满意度。交通安全管理。紧紧围绕“降事故、保安全、保畅通”这条工作主线，多次开展以疏堵保畅为重点的“导航行动”、以查处酒后驾车为重点的“热风行动”以及机动车涉牌涉证违法集中整治活动、道路交通秩序综合整治大会战，不断优化省会道路交通环境。全市共发生一般程序道路交通事故744起，造成293人死亡，747人受伤，直接财产损失2431453元。与上年同期相比，事故起数减少46起，下降5.82%；死亡人数减少21人，下降6.69%；受伤人数减少36人，下降4.60%；直接财产损失增加278029元，上升12.91%。消防安全管理。按照“突出重点、借势推动、合力攻坚、提升水平”的工作思路，积极推动消防安全责任制的落实，全市消防基础设施逐步加强，群众消防意识普遍提升，大批火灾隐患得到有效整改，城市整体抗御火灾能力明显提高。全市共发生火灾387起，死2人、伤1人，直接财产损失329.6万元，与上年同期对比，起数下降0.5%，死亡下降33.3%，直接财产损失下降5.9%。共审核项目230个，验收项目199个。全市消防部队共接警出动728起，出动车辆1724辆次，出动人员11074人次，成功扑救了387起火灾事故，圆满完成了抢险救援和社会救助任务341起，抢救群众393人，抢救财产价值5.21亿余元。危爆物品管理。以“不流失、不炸响，零事故、零案件”为目标，检查涉危涉爆单位4510余次，发现整改安全隐患635处，查处涉危涉爆案件61起，捣毁窝点4个，打击处理犯罪嫌疑人90名。出入境管理。在全国率先推出了双休日正常受理出国（境）证照业务新模式，圆满完成了全省出入境证照收费发证前置试点工作，并在全省第一家实现了收费发证前置工作。户政管理。对行动不便的孤寡老人、残疾人以及军烈属等特殊困难公民办理户口的，基层派出所实行预约登记、上门服务，受到了群众的广泛欢迎。全市各级户证部门非工作时间预约办理户口事宜1651人（次），为特殊困难群体入户办证8059人。流动人口管理。全市共新登统录入暂住人口53776人、出租房屋3950户；发现案件线索274条，抓获各类犯罪嫌疑人195名，及时化解和消除涉及流动人口的不稳定事件和苗头175件。

【公安基础工作】 全市公安机关紧紧围绕“警务水平与京津对接、治安秩序与首都并轨”的目标，全面加强与京津警方多领域、多层次的警务交流，强力推进公安信息化、执法规范化和警察职业化建设，为推动石家庄市公安事业的全面、协调、可持续发展奠定了坚实基础。强力开展公安信息化建设。在全省公安机关信息化应用技能培训百日会战、信息采集百日会战中，市公安局分别取得了全省信息采集数量、质量“双第一”和基层民警应用技能考核第一的优异成绩。9月份，石家庄市正式被公安部、科技部批准为全国警用地理信息基础平台建设试点城市。强力开展执法规范化建设。完成了19个分、县(市)局网上执法与监督信息系统推广培训工作，实行了“月通报、季考核、年总评”相结合的考评模式，加大了对日常工作发现、群众举报控告、新闻媒体曝光和上级交办的执法问题的查处力度。全市共受理个案监督案件39起，办结33起。强力开展警察职业化建设。扎实开展学习实践科学发展观和“干部作风建设年”活动为载体，全面提高了民警综合素质、实战能力和服务民生的本领；全力开展“学边防守条令”夺标竞赛活动，出台了《学边防、守条令，争创“三个一流”派出所创建标准》，提出了“五抓四不怕”的活动要求；部署开展以“树立良好警风、打造民生警务、推动科学发展、促进社会和谐”为主题的“一整顿两治理”专项活动，进一步树立和展现了省会公安的良好警风。

（冯朝勇）

【石家庄女警察协会成立】 11月19日，石家庄女警察协会成立大会在市公安局召开。石家庄女警察协会，是由市公安机关女性警察及其社团组织为主体组成的非营利性社会团体，是女警察联系社会各界、协调公共关系的桥梁，是了解女警察诉求、为其提供政策法律服务的渠道，是组织女警察开展各项有益活动的平台，是推进女警察公益事业发展的积极发展力量。协会担负团结广大女警察及一切社会力量，为维护女警察合法权益服务，促进女警察严格、公正、文明执法，促进女警察自尊、自信、自立、自强的任务。

（王小冬）

【亮点工作】 完成了国庆安保60周年大庆安保任务。按照上级公安机关的统一部署和要求，全市公安机关和广大公安民警坚持打整体战、协同战、联动战、攻坚战、持久战，严密构筑环省界、环市界两道防线，深入推进防恐反恐、维护政治稳定、治安隐患排查防控、社会治安整治、矛盾纠纷排查整治五大行动，顺利实现了国庆安保“六个坚决防止”的目标，为国庆60周年大庆活动的顺利进行做出了突出贡献。开展了“导航行动”。全市公安机关坚决服从服务于省会“三年大变样”的工作需要，紧紧围绕“保质量、保工期、保安全、保通行”的工作要求，全力以赴投入省会道路施工改造期间的疏堵保畅工作，顺利完成了为期132天的“导航行动”，确保了市区每天60余万辆机动车、300余万人的正常出行，实现了拥而不堵、拥而不乱，通行安全、通行有序的目标，得到了各级领导、社会各界的充分肯定和热情褒奖。打赢了抗击暴雪攻坚战。11月10日，石家庄市出现了有气象记录以来最大的冰雪灾害，给人民群众生产生活秩序造成极大影响。全市各级公安机关紧急动员，在市委、市政府和上级公安机关的坚强领导下，全力以赴投入保生产、保平安、保畅通的战斗中，取得了抗击暴雪的重大胜利。11月12日，中共中央政治局常委、国务院总理温家宝莅临市公安局检查时，对公安机关保畅通工作给予了充分肯定。参加了赴疆维稳任务。新疆“7.5”事件发生后，市公安局特警支队坚决执行上级命令，第一时间远赴新疆执行维稳任务，在人地两生、水土不适的艰苦环境中，冲锋在前，舍家卫国，为维护民族团结和新疆社会稳定作出了重要贡献，得到了公安部、当地党委政府以及公安机关的充分肯定和广大人民群众的普遍赞誉。

（冯朝勇）

检 察

【概况】 2009年，全市检察机关紧紧围绕保民生、保变样、保增长、保稳定中心工作，以科学发展观为统领，以开展“深入学习实践科学发展观”活动和“干部作风建设年”活动为契机，认真履行法律监督职责，努力提高执法水平和办案质量，倾力服务第一要务，全力构建平安省会，各项工作都取得了新成绩。在省院考评中，市检察院被评为先进院，领导班子被评为实绩突出领导班子。全市共有106个集体和245名个人受到市级以上表彰奖励。裕华区检察院被评为全国模范检察院和全省“人民满意的公务员集体”，长安区检察院等5个基层院被评为“全省先进检察院”。

【维护社会和谐稳定】 始终坚持把维护稳定作为压倒一切的政治任务，全力做好检察环节维护社会稳定的各项工作。在办案中既突出打击重点，依法严厉打击各种刑事犯罪活动，最大限度地遏制犯罪高发势头，又进一步贯彻落实宽严相济刑事政策，最大限度地减少社会对抗、促进社会和谐，确保办案取得良好的法律效果、政治效果和社会效果。全年共批准和决定逮捕犯罪嫌疑人 7094 人，依法提起公诉 9674 人。突出打击重点。面对国家安全、经济和社会治安面临的严峻形势，全市检察机关坚持依法从重从快、严厉打击各种严重暴力、涉黑涉恶等严重影响社会治安稳定和人民群众安全感的犯罪活动，始终保持对严重刑事犯罪的高压态势，通过适时介入、引导侦查、补强证据等措施，成功办理了一批大案要案，确保了打击力度和效果。全市检察机关共批准逮捕重特大刑事案件 270 件 575 人，批准逮捕涉黑案件 3 件 23 人，对 215 件 435 人重特大案件提起公诉。依法对陈肖平等 23 人黑社会性质组织案等一批案件提出公诉，有力地维护了社会稳定。由市院和基层院经验丰富的检察官组成的十个三鹿奶粉系列案件公诉组，仅用 7 天时间就完成了讯问犯罪嫌疑人、同步录音录像、制作电子笔录、出庭预案等各项工作，法院开庭审理的 10 件案件，均收到良好的法律效果和社会效果。提高案件质量。始终把案件质量放在首位，多措并举，严把案件证据关、事实关、法律关。侦查监督部门坚持每季度分析审查逮捕案件质量，对重点重大疑难案件，逐案分析原因，查找症结。对 2008 年办理的审查逮捕案件建立统一台帐，采取基层院自评自查、与公诉部门互查、市院工作组集中抽查的方式，对重点案件进行检查，并邀请人民监督员进行监督。在全市推广桥西区院量刑建议试点院的经验，多次组织观摩庭，提高公诉规范化水平。努力追求法律效果和社会效果的最佳统一。认真贯彻宽严相济刑事政策，坚持依法办案、区别对待、注重效果的原则，既正确判断案件性质，准确适用法律，又认真执行政策，把握好刑事打击面，最大限度的减少不和谐因素。加强逮捕必要性和社会危险性的证据材料审查，没有逮捕必要的坚持不捕，不批准逮捕 352 人。积极探索建立快速办理轻微刑事案件的工作机制，提高办案效率。妥善处理涉众集资诈骗、贷款诈骗、非法吸收公众存款等金融犯罪案件，如张济民等 11 人集资诈骗案等，努力把化解社会矛盾贯穿到执法办案过程始终。以维护青少年合法权益为主要内容，与团委等部门联合开展对未成年人的法制教育，积极开展创建优秀“青少年维权岗”活动。全市检察机关为学校开展法制宣传教育 127 场，受教育师生 39 万余人。裕华区检察院依法对郭某等 9 人未成年犯罪团伙做出不批准逮捕决定，受到学校和师生的欢迎。围绕国庆安保，全力做好涉检访工作。全市检察机关紧紧围绕“国庆安保、信访稳定”主题，按照上级院和省市政法委的有关部署，以排查化解信访积案为重点，以解决群众诉求为根本，以群众满意为落脚点，以息诉罢访为目标，开展了“化排解促”百日会战，强化措施，强化责任，确保了国庆期间未发生涉检进京非正常访、进京访和群体访工作目标的实现。对 2007 年以来所办案件进行全面梳理，对排查出的上访隐患逐案落实包案领导、责任部门和责任人，和当地党委政府及案件当事人单位制定措施，共同做好稳控工作。坚持每周三检察长接待日和领导干部大接访活动，采取主动约访、带案下访、及时回访等方式，两级院检察长共接待群众来访 475 件 910 人，其中，市院领导接待 267 件 537 人，当面答复办理 428 件。对上级交办的 9 件涉检访案件，多次召开调度会，全部办结按期上报结果。

【反腐倡廉建设】 始终坚持以办案为中心，突出办案重点，注重办案质量，优化办案结构，增强办案效果，保持了办案工作平稳健康发展。全年共立案侦查贪污贿赂等职务犯罪案件 197 人，提起公诉 143 人，其中大案 90 件，要案 7 人。共立案侦查渎职侵权犯罪案件 77 人，查办商业贿赂犯罪 50 人，国家行政机关工作人员犯罪 88 人。立案查办了晋州市广播电视局局长玩忽职守致使新建电视塔倒塌案，省院检察长亲自督办的藁城市公安局贾市庄派出所干警涉嫌玩忽职守案等，都取得良好的法律效果和社会效果。在加大办案力度的同时，注重提高职务犯罪预防工作水平，努力推进反腐倡廉建设。对工程建设、民政、涉农、环保、金融等 5 个系统开展预防调查，提出检察建议 95 份，接受预防咨询 269 次，接受行贿犯罪档案查询 73 次 1069 个单位，在预防工作中发现案件线索并立案 27 件，举办警示教育宣传讲座 298 场，受教育人数达 1.2

万余人。对农村基础设施建设、惠农资金使用、天然林保护、环境治理、医疗卫生、土地林权改革、村干部选举等职务犯罪易发、多发领域有效预防涉农职务犯罪开展预防调查，以石家庄市在建的60个省属市属重点建设项目为主开展预防调查，提出风险预测预警和防范对策。与23家省国资委履行出资人职责企业建立联席会议制度，与市国资委联合制定预防工作方案，对19家市属国有企业指定区县检察院负责预防工作。对3年来已作有罪判决的银行和其他金融机构职务犯罪案件进行统计分析，提出预防对策。

2009年6月30日，市检察院检察长蔡春和（中）到重点工程进行预防犯罪调研

【促进司法公正】 全面加强对诉讼活动的法律监督，既坚持力度、质量、效率、效果相统一，全面强化对立案、侦查、审判、刑罚执行和监管活动、民事审判和行政诉讼的法律监督，又突出监督重点，狠抓薄弱环节，着力解决人民群众反映强烈的执法不严、司法不公问题，切实维护司法公正和社会公平正义。刑事立案监督，共监督侦查机关立案307件，监督撤案14件，立案监督案件有罪判决331人。侦查活动监督，纠正漏捕242人，追诉漏犯 146人，书面纠正违法312件次，办理提请延长侦查羁押期限59件，提出检察建议532份。刑事审判监督，着力运用抗诉手段重点加强对审判违法行为的监督，对2008年公诉案件进行全面检查，对发现的问题查找原因，建章立制。在高检院刑事审判法律监督专项检查活动中，高检院、省院领导对石家庄市的审判监督工作给予充分肯定。刑罚执行和监管活动监督，共发出检察建议和纠正违法通知书109件，纠正减刑、假释、暂予监外执行不当45人，收监27人；加大超期羁押监督力度，确保了检察环节无超期羁押。完成了对辖区内驻监狱、劳教场所检察室的市级统管。对赞皇县看守所干警崔某私放在押人员案、《燕赵都市报》反映“疑犯被逼喝凉水致终身残疾”案、赵县看守所在押人员串供案等6件案件进行调查，均已办结。对鹿泉监狱袭警案等7件7人在押人员重新犯罪提起公诉。民事审判和行政诉讼监督，市院决定抗诉22件，提请省院抗诉18件，法院改判和调解30件；提出再审检察建议85件。通过调解促使当事人和解息诉48件。向法院提出执行监督检察建议7件，支持起诉15件。

【服务“三农”】 涉农检察是2009年全市检察机关的重点工作和“一把手”工程，是新形势下检察机关服务农村改革发展的新机制，是实行“民生检务”的新举措，充分发挥检察职能，实实在在服务“三农”。全市两级检察机关共抽调182名干警，组建56个工作队，深入到全市216个乡镇、768个农村，开展涉农法制宣传557次，接待信访642件1023人，平息上访117件261人，查办农村职务犯罪案件24件67人。对涉农资金开展专项监督活动，督促相关部门和乡镇建立涉农资金台帐，逐项进行跟踪，依法保障惠农支农资金的安全运行。查办了新乐市财政局原副局长等人挪用支农资金1330万元案等一批案件，有力地支持了农村发展。涉农检察工作受到农民群众的欢迎，赢得了当地党委政府的支持，11个县区的党政主要领导作出批示。全省涉农检察座谈会推广了市检察院的做法。

【服务经济社会发展】 牢固树立大

局意识、责任意识，紧紧围绕全市工作大局，主动服务、依法保障经济社会健康发展。服务“三年大变样”重点工程建设。根据石家庄市“三年大变样”重点工程多、投资大、时间紧的实际，为确保工程质量和政府投资安全，成立重大项目建设预防工作领导小组，院领导分包项目预防工作，对51个已开工项目进行同步预防，对32个前期项目进行跟踪联系。预防工作与工程建设同步参与、同步宣传、同步教育、同步预防、同步查处，多层次、多视角体现预防工作的法律效果和社会效果。服务企业发展。积极参加“全力打好工业发展攻坚战”活动，深入企业征询法律需求，提供法律服务。同时，在办理涉及企业的案件时，实行办案风险评估，慎用查封、扣押、冻结等强制措施。在查办经营管理者、关键岗位人员犯罪案件时，及时与主管部门或企业领导沟通，慎重选择办案时机和方式，维护企业信誉和形象。严明办案纪律，维护企业合法权益。服务“食品安全最放心城市”建设。积极参与食品药品安全专项整治活动，结合三鹿奶粉事件暴露的监督管理问题，先后与工商、质监、农业等行政执法部门共同开展预防工作。开展“四个一”活动，制定一个工作方案，编写一本宣传手册，行政执法人员签订一份廉政承诺书，上一堂警示教育课。举办警示教育57场，促进了行政执法人员依法行政、廉洁从政。关注保障民生。查办的无极县民政局原局长等人滥用职权套取国家民政专项资金800余万元案件，其中大部分资金被贪污、私分、挪用。向市委提出在民政系统开展专项预防活动的建议，在有关部门的配合下，对市、县民政部门五年来国家民政资金的管理情况进行调研，监督民政系统建立了民政资金拨付、发放公开公示制度。市委、省委政法委转发了市检察院的做法。

【提高执法公信力】 牢固树立监督者必须首先接受监督的理念，切实把强化自身监督摆到优先位置来抓，保障了检察工作的正确方向。强化内部监督。加强对执法办案活动的全程监督。建立干警执法档案和执法瑕疵档案，推行讯问职务犯罪嫌疑人全程同步录音录像，立案必须报上一级院备案，逮捕必须由上一级院决定，撤案、不起诉必须报上一级院批准。积极落实惩治和预防腐败体系建设各项任务，加大检务督察力度。开展扣押冻结款物专项清理活动，向社会公布清理内容，设立群众投诉举报监督电话，共清理案件1.9万件，扣押、冻结物品139件，返还当事人款额218万余元，返还扣押物品29件。主动接受外部监督。自觉接受人大监督、政协民主监督和社会各界监督，认真办理议案、提案，邀请人大代表、政协委员视察工作，征求意见和建议。落实市人大常委会的要求，深入开展执法质量专项检查活动，对2008年所办案件进行全面审查，对个别案件存在的问题，制定措施认真整改。加强人民监督员工作，成立人民监督员办公室，组织监督员进行法律培训，邀请参加执法检查等重大活动，人民监督员监督案件20件。

【检察队伍建设】 始终把队伍建设作为检察工作全面发展的基础关键工作来抓，充分发挥领导班子和中层干部的模范带头作用，全面加强检察队伍的政治思想、业务能力和纪律作风建设。加强检察队伍政治思想建设。充分发挥先进典型的引领示范作用，开展“十大检察官标兵”、“十大政工干部标兵”选树和“每月一星”评比活动，全市检察机关有10名同志被评为每月一星，全省十佳反贪局长——行唐县检察院反渎职侵权局局长孟建勇参加了全市政法系统民生司法先进事迹报告团，其先进事迹被河北法制报等多家媒体报道；市院机关和部分基层院通过竞争上岗的方式对中层缺位干部进行了调整，共有6位正职、8位副职竞争上岗。在“五民”主题实践活动中，开展了“四个一”活动，落实了“六项”主要任务，开展群众问卷调查、为民办实事活动。市检察院党组成员每人确定2名联系对象，两级检察院党组成员共确定联系对象182人；全市检察机关共确定联系对象1532人，走访慰问联系对象743人，送去钱物总价值5.8万元。赞皇县检察院连续四年资助特殊学校的贫困聋哑学生。在深入开展学习实践科学发展观活动中，坚持始终抓住理论学习不放松，始终抓住营造氛围不放松，始终抓住领导带头不放松，始终抓住征求意见不放松，始终抓住实践特色不放松，党组成员自觉从我做起，带头学习交流，带头调查研讨，中层正职在各部门带头，形成了一级抓一级、层层抓落实的工作格局。在群众评议活动中，满意率达97.5%。加强检察队伍素质能力建设。把培养专家型人才放在突出位置，重点加强侦查监督、公诉和自侦业务等执法办案一线的专项业务培训和业务骨干岗位综合技能培训，选拔推荐了5名检察业务尖子和71名检察办案能手。新任检察员33人、助检员10人。加强司法考试培训工作，全市有26名干警通过考试，通过率达44%。建立健全上岗、任职和晋升等培训制度，把培训合格作为上岗、任职、晋升和续职的必要依据，有11名基层院检察长参加了高检院组织的检察长素能培训班，有42名检察官参加了晋升高级检察官培训班。加强岗位练兵，要求业务部门干警每年培训不少于15天。与地方高校联合办学，鼓励干警参加研究生学习。加强检察队伍纪律作风建设。坚持从严治检，领导班子带头，中层干部作表率，严格执行高检院“禁酒令”和省委政法委“四条纪律”。市院党组成员按照业务分工和联系点分工与24个基层院的班子成员和市院机关中层正职领导干部进行廉政谈话，对新上任工作基层院检察长和市院新任命的处长、副处长进行任前廉政谈话。强化内部监督，建立干警执法档案和执法瑕疵档案，加强对干警执法办案活动的监督，重点加强对自侦办案活动的监督，实行全程录音录像，立案必须报上一级院备案，逮捕必须由上一级院决定，撤案、不起诉报上一级院批准。加大检务督察力度，对国庆安保、遵守规章制度和禁令情况进行明察暗访，将纪律、禁令制作成警示录，人手一册，举办警示教育大会8次。深入开展争创先进基层检察院活动。通过建立市院领导联系基层院制度和开展向全国先进基层院行唐县院学习活动等形式，加大对基层院建设的指导和帮扶力度。各基层院紧密结合自身实际，坚持以班子建设为重点，以争创先进基层院为载体，大力加强队伍建设、业务建设，有力地推动了全市基层院建设水平的全面提升，全市有5个基层院被评为“全省先进检察院”。

石家庄市检察院

检 察 长：蔡春和

副检察长：杨桂芝（4月免）

傅君佳 曹爱国

孙仁申

李彦平（4月任）

（康同泽 孙 英）

审 判

【概况】 2009年，全市法院在市委领导、人大监督和政府、政协及社会各界的关心支持下，坚持以党的十七大精神和“党的事业至上、人民利益至上、宪法法律至上”思想为指导，深入学习实践科学发展观，紧紧围绕“为大局服务、为人民司法”工作主题，大力加强审判作风建设，充分发挥审判职能作用，努力为“保增长、保变样、保民生、保稳定”和建设繁华舒适、现代一流的省会城市提供司法保障和服务。全年共受理各类案件77151件，同比增加11513件，审（执）结62414件，同比多结5070件。其中，中院受理14613件，同比增加3624件，审（执）结11819件，同比多结3229件。

【打击刑事犯罪】 坚决贯彻落实市委“力争把石家庄建设成为全国最平安的省会城市之一”的构想，始终保持震慑犯罪的高压态势，全力做好刑事审判工作。全年审结一审刑事案件5206件、二审刑事案件668件，判处犯罪分子5052人。围绕石家庄市社会治安形势和国庆安保要求，积极参与打黑除恶、“两抢一盗”等严打整治专项斗争，依法严惩严重危害社会治安和人民群众生命财产安全的暴力犯罪。依法从快从严审理了陆建民等39人、陈肖平等23人涉黑团伙案、苏俊贤等20人故意杀人抢劫案、孙冬梅等18人贩卖毒品团伙案、刘国等38人盗窃销赃团伙案等一批大案要案；依法审理了集资诈骗、合同诈骗、生产销售伪劣产品等204件破坏市场经济秩序的犯罪，为维护社会治安稳定和健康有序的市场经济环境发挥了作用。在严惩犯罪的同时，积极贯彻宽严相济的刑事政策，对情节轻微的初犯、偶犯和过失犯，依法从轻、减轻或免除处罚。坚持教育、感化、挽救的方针，审理了746件未成年人刑事案件。依法办理减刑、假释案件4038件。积极参与社会治安综合治理，所属蓝天职业培训中心对55名刑释解教人员进行了法制教育和再就业技能培训，有效预防和减少了重新犯罪。

【调节社会经济关系】 全市法院自觉将审判工作融入全市经济发展大局和“三年大变样”中心工作，积极调节经济社会关系。围绕金融危机给经济发展带来的不利影响，中院有针对性地制定了九项具体保障措施，积极指导两级法院充分运用法律手段，协调化解各种不利因素。结合个案反映出的共性问题，制定了《关于企业在经营活动中应注意的几个法律问题的提示》，并与大工业企业建立了联络员制度，为30余家重点企业提供法律咨询和提示如何防范经营风险等服务。注重对中小投资者的司法保护，确保各种所有制经济平等竞争、相互促进。在破产案件的审理中，开辟评估拍卖绿色通道，高效快捷地办理财产移交。积极保护发展中创新体系的建设，为企业发展增添了新的生机。积极服务和保障“三年大变样”，审结建设规划、建筑拆迁、土地征用、建筑工程承包、道路施工、企业搬迁等纠纷案件1241件；协助政府有关部门做好人民群众和施工单位的法律解释工作，有效解决了拆迁和建设工作中的一些难点问题。

【行政审判】 始终坚持把“保护合法权益、促进依法行政”作为行政审判的基本要求，积极创新审判和协调机制，努力维护行政机关和相对人的和谐互信关系。全年审结行政一审案件436件、二审案件198件，其中142件案件通过协调方式得以解决，占32.6%。对审判中发现的问题，及时向有关机关提出司法建议60余条，为减少和避免类似问题的再次发生发挥了积极作用。

【民生审务】 全市法院始终把维护人民群众合法权益作为审判工作的出发点和落脚点，以“人民法官为人民”和“听民声、察民情、知民意、解民忧、护民权”主题实践活动为载体，大力开展“民生审务”，着力审理好涉及民生的案件。全年审结劳动争议案件1813件，同比多结682件，努力维护用人单位和劳动者双方的合法利益，尤其对拖欠农民工工资案件实行直接立案，快审快结；审结道路交通事故、产品质量问题、医疗事故等导致的人身损害赔偿案件3732件，同比多结352件，有力地保护公民人身财产权益；审结农村土地承包案件486件，使土地的承包权更加稳定、合理，流转更加规范；审结婚姻家庭、抚育抚养、相邻关系等案件10144件，促进了家庭和睦，邻里和谐。全年审结各类一审民事案件33900件、二审案件5021件，同比分别多结940件和1352件。

【执行工作】 全市法院全力开展“集中清理执行积案”大会战，不断探索创新执行方法，强化行为规范和执行艺术，积极依靠党委、人大、政府、政协等机关，协调特殊主体的被执行人主动履行义务；积极借助公安、金融、房管、工商等部门的力量，及时查找被执行人及其财产信息；依法运用公开被执行人失信记录、司法强制、刑事制裁等措施，严厉打击拒执行为，敦促被执行人履行义务。通过努力，全年执结各类案件12605件，执结率68.6%，同比多结2488件，执结标的额28亿元。执行大会战中有财产案件执结率达到99.4%。

【涉诉信访】 在解决诉内来访来信中，坚持“有理推定、带着感情、穷尽一切手段”的信访工作理念，采取领导接访包案、带案下访、公开听证、释法明理、再审纠错、经济救助等措施，努力解决群众的诉求问题。对诉求合法合理的，解决落实到位；对诉求不合理的，解释疏导到位；对诉求不合法但有实际困难的，与有关部门配合救助到位。全市法院办结信访案件834件，通过各级审查，确有错误改判的19件，一批案件得到调解解决，使1162人息诉罢访，涉诉信访形势得到好转。

【司法便民】 充分利用互联网、人民来信来访、法官下访等多种渠道，建立畅通便捷的民意表达机制，及时了解民生需求。中院推出25条新的便民措施，为群众提供立案、导诉、诉讼风险提示、答疑、诉前调解等“一站式窗口”服务，通过预约立案、巡回审理、工作时间外预约开庭等，方便了群众诉讼。积极实施司法救助，为困难群众和困难单位减缓免诉讼费1053.2万元，为893名刑事案件受害人实施困难救助385万余元。

【调解纠纷】 坚持“调解优先、调判结合”原则，以定纷止争、案结事了为目标，把调解贯穿于立案、审判、执行全过程，努力实现法律效果与社会效果的有机统一。积极推行诉前调解机制，实现调解环节前移，全年诉前调解成功3273件，使纠纷及时得以化解。积极探索基层法庭“多调少判”模式，实现调解重心下移，调解成功5275件，收到较大成效。积极深化人民调解、行政调解、司法调解“三位一体”大调解机制，在紧密衔接和形成合力上下功夫。一年来，各类案件调解、撤诉率呈上升趋势，民事案件调撤率达到62.7%，刑事自诉案件调撤率达到84.7%，执行案件和解率达到32.1%，有效化解了纠纷，避免和减少了矛盾激化。

【改革创新】 全市两级法院坚持改革创新，努力实现司法公正、高效、权威。以“审判质量年”活动为契机，大力强化审判质量管理。全市法院相继成立了专门的审判管理机构，健全了案件质量评查机制，两级法院的审判流程进行了联网，组成4个巡回检查组，每季度进行一次异地交叉检查。建立了对发还改判、信访申诉、纪检查办等瑕疵案件的审查机制，严格了案件责任追究制度。全市法院在乡村、社区、企业建立了法官联络人制度，推行案件《监督卡》制度，认真落实人民陪审员制度，积极扩大司法公开范围，推进司法民主建设。进一步规范法官裁量权。石家庄法院作为全国法院的试点，已先行开展刑事案件量刑规范化工作，并通过案例指导、交流研讨等多种形式，把“量刑规范化”向其他类型案件的审判中推行，努力规范裁判标准。积极探索推广刑事附带民事案件“先民后刑”的方式，加大对受害人的物质、精神抚慰力度，促使刑事被告人悔过服罪，减少了矛盾激化。通过努力，办案质量与效率明显提高，中院和全市基层法院案件发还改判率同比分别下降6.8和6.2个百分点。

【廉政建设】 进一步加强惩治和预防腐败体系建设，加大对最高法院“五个严禁”、省委“十个严禁”和省委政法委“四条纪律”等制度的教育落实力度，组织干警学习《人民法院警示教育案例选编》，以多种形式强化为民意识，强调廉洁和勤政是人民法官最基本的要求。全年查处违纪违法干警15人，进一步纯洁了法官队伍。

【司法能力建设】 通过举办和参加各类培训班，培训干警1525人次；在内网开通网络学习课堂，搭建学习业务的新平台，着力提高法官公正司法、平衡利益、化解矛盾纠纷的能力。全年35个集体和84名个人受到市级以上表彰奖励，法院的社会形象得到进一步提升。

【人大监督】 全市法院始终坚持自觉接受人大监督，认真负责地报告工作，对人大代表、政协委员提出的意见和建议，逐项落实，认真整改；通过走出去、请进来方式，加强民意沟通，主动接受群众、媒体等社会监督。全年两级法院办结人大代表建议和政协委员提案51件，走访代表、委员875人次，邀请323人次参加案件的庭审和听证，极大地促进了审判工作的顺利开展。

石家庄市中级人民法院

院　长：许广为

副院长：张朱贵（4月免）

　　　　董建义（4月任）

　　　　刘士军　张保江

　　　　张瑞明（9月任）

　　　　李玉德（9月任）

（王红阁）

司法行政

【概况】 2009年，全市司法行政工作在市委、市政府和上级司法行政机关的领导下，坚持以科学发展观为统领，按照“围绕中心，关注民生，服务大局，固本强基，科学发展，追求卓越”的总体思路，积极发挥司法行政职能作用，全力服务经济社会发展，维护社会和谐稳定，取得了明显的成效。国家和省、市领导16次对司法行政工作作出重要批示，给予了充分肯定。全系统49个集体、129名个人分别受到司法部和省、市有关部门的表彰。市司法局被中宣部、司法部评为“全国‘五五’普法中期验收先进集体”；被中华全国妇女联合会评为“全国维护妇女儿童权益先进集体”；被省司法厅授予“国庆安保先进集体”并荣立集体三等功；市农民工法律援助中心被司法部评为“全国法律援助先进集体”；市劳教所被司法部授予“部级现代化文明劳教所”；太行公证处被全国公证员协会评为“全国公证行业文明公证处”；市第一司法医学鉴定中心被司法部授予“全国司法鉴定工作先进集体”。国家和省、市多家媒体刊登市司法行政工作经验320多篇，《法制日报》头版头条以“创新发展是不变的主题”，系统报道了市司法行政工作的发展和创新。

【国庆安全保卫】 圆满完成国庆60周年安全保卫工作。制定下发了《国庆60周年安全保卫工作方案》、《国庆安保百分督导考核意见》、《领导干部分包涉法涉诉信访案件的意见》等文件，主动协调各职能部门，维护社会和谐稳定。(一)组织领导健全。成立国庆安保工作领导小组，细化工作，责任到人；组成9个国庆安保工作包县下乡督导组，分组下乡督导；精选22名同志参加全市国庆安保督导工作，出色完成了市委、市政府交办的工作任务。(二)职能优势发挥明显。在国庆安保工作中，矛盾纠纷排查调处、帮教安置、社区矫正、信访稳定、内部安保以及劳教所和少保中心工作深入扎实，确保了国庆期间安全保卫各项活动的有序开展；组织律师参加全市信访接访工作，排查化解违法上访隐患；积极采取措施解决劳教所工人工资等问题，维护了场所稳定。(三)队伍管理严格。认真落实《石家庄市国家机关及其工作人员问责规定》、“十个严禁”、“六条禁令”和“九项规定等”，层层签订责任状，对局机关142名干警进行了政治审查，对有问题苗头倾向的干警进行诫勉谈话，严格落实值班备勤，确保了国庆期间队伍安全稳定，履职尽责。

【调解工作】 深化“三位一体”调解工作体系。认真贯彻落实全省廊坊会议精神，起草石家庄市《人民调解、行政调解、司法调解三调互动实施意见》，进一步整合调解职能，建立以人民调解为基础和依托，人民调解、行政调解和司法调解衔接互动的工作机制，紧密衔接各类矛盾纠纷化解措施的完整链条，防止和避免矛盾纠纷漏管失控，促进了社会稳定和谐，达到群众满意。在推广平山县司法局“推进人民调解工作延伸，促进执法质量提高”经验的基础上，在桥东区司法局先行试点，该区同法院联合设立人民调解接待室，建立诉前调解机制，全年接待来访群众140人，成功调解49起，占该区法院民事案件的11%。大力拓展民调组织。与卫生、房管、环保、劳动、土地等部门，联合下发了《关于进一步创新人民调解工作的意见》，探索建立专业调委会。在企事业单位和行业协会新建调委会1054个，全市累计建设3492个，调解组织覆盖面进一步扩大。加强村（居）调委会建设。进一步规范村（居）调委会“五有六落实”，全部落实兑现民调员每天一元钱的补贴，基层民调会职能作用得到充分发挥。加强民调工作法制化建设。起草了石家庄市《人民调解工作条例》，积极争取列入2010年全市立法规划。成立人民调解员协会并召开全市人民调解员协会第一次代表大会，实现了人民调解行业化管理的新突破。积极开展矛盾纠纷排查调处。大力推进县级疑难纠纷调解中心建设，有效化解一批热点难点问题。组织了65000名民调员统一考试。在全市组织开展“春风化雨”民间矛盾纠纷集中排查调处活动和“迎国庆、排隐患、促和谐”民间矛盾纠纷集中排查化解活动。集中排查化解了一批关系群众切身利益、影响社会和谐稳定的矛盾纠纷和民间矛盾纠纷性质的信访问题，有力地维护了国庆期间社会稳定，全市共排查矛盾纠纷66674起，有效化解65065起，调解率为98%，调解成功率为95%。

【刑释解教人员安置帮教】 刑释解教人员安置帮教工作进一步加强。着力在完善制度促规范、超前衔接防脱管、重点管控防犯罪、安置就业促改造上抓深化。（一）建立健全规章制度。修改完善了石家庄市《安置帮教工作管理办法》、《安置帮教工作十项制度》，制定实施全市《关于做好刑释解教人员服务管理工作的实施方案》、《关于进一步做好安置帮教工作的意见》和《关于国庆期间加强刑释解教人员管理的十项规定》，召开了全市安置帮教工作电视电话会议，加强对刑释解教人员安置帮教工作的规范化管理。（二）认真开展排查回访。在全市组织开展大规模的刑释解教人员排查回访活动。对有重新违法犯罪倾向和因各种矛盾纠纷可能引起偏激情绪的刑释解教人员，落实必访、必帮和必控制度，各县（市）区全部与各帮教小组签订责任状，并及时对重点人员实施了帮教管控措施。（三）探索超前衔接帮教机制。积极与市劳教所、北郊监狱、女子监狱、鹿泉监狱等建立联系制度，适时组织有关人员深入监所，实行超前衔接帮教，促进了服刑在教人员的教育改造质量。（四）积极开展职业培训。在蓝天职业培训中心为刑释解教人员开通“绿色通道”，保证刑释解教人员随时根据自己的需要有选择地参加各种技能培训。为就业奠定了基础。（五）强化安置力度。积极为无家可归、无亲可投、无业可就的“三无”刑释解教人员提供过渡性安置，为实现过渡性安置基地的规范化管理，制定了《刑释解教人员安置基地帮教安置办法》，并总结推广5个县级市的工作经验，统一了标识、档案和工作制度。（六）积极开展“三位一体”大帮扶活动。主持起草《关于在全市构建“三位一体”大帮扶工作体系的实施意见》，坚持以构建“最平安省会城市”为目标，充分发挥各综治部门职能作用，构建以综治部门牵头，司法行政部门为主体，将刑释解教人员帮教安置、社区服刑人员社区矫正和服刑在教人员未成年子女保护教育工作的职能优势进行整合，积极为刑释解教人员和社区服刑人员创造了科学和谐的大帮扶环境。

【社区矫正工作】 积极争取党委政府的大力支持。积极向市委、市政府汇报社区矫正工作开展情况，将社区矫正工作纳入社会治安综合治理重点考核内容，引起各级领导的高度重视，加大经费投入。全市13个试点县（市）区中鹿泉、栾城、长安分别拨出专项资金，其他试点单位均列拨必要的启动经费。市委政法委组织召开全市假释暨社区矫正工作电视电话会，对在全市全面开展社区矫正工作进行了专门部署。市委常委、政法委书记张铁力作重要讲话，要求有关部门紧密配合，各级党委政府加强领导，并要求全市每年要将每名社区矫正工作和社区矫正对象经费，并列入财政预算。积极协调，推进形成社区矫正工作齐抓共管局面。各试点县（市）区积极与社区矫正工作领导小组成员单位联系，对矫正对象逐人摸底、登记造册，组织招募社区矫正工作者、志愿者，扎实开展各项工作，形成了良好的工作局面。完善工作制度，规范社区矫正工作。结合石家庄市实际，在现有的法律框架内，制定印发了21个文件，涵盖人员管理、经费保障、工作程序、工作制度等社区矫正工作的各个方面，建立了一套符合工作需要的制度规范，确保石家庄市社区矫正工作有章可循。加强教育培训，提高社区矫正工作队伍的政治素质和业务能力。市、县两级司法局认真组织了司法所及全体社区矫正工作人员业务培训，使广大社区矫正工作人员进一步熟悉了社区矫正工作的各项业务知识，提高了执法、管理和教育的水平。稳妥交接，有效监管社区矫正对象。严把交接关，接收、监管严密衔接，实行一人一档，分类管理，严格汇报谈话、外出请假、公益劳动、奖惩收监制度，并在实践中不断探索总结经验和有效做法。石家庄市有社区矫正对象4298人，已接管社区服刑人员 1078 人，无一人重新犯罪。

【法律服务】 围绕党委、政府中心工作提供优质服务。制定了《为‘三年大变样’提供法律服务，迎接建国 60 周年的实施意见》和《关于为“保增长、调结构、抓项目、强园区、全力打好工业发展攻坚战”活动提供法律服务的实施意见》，进一步整合资源，组织 3000 名律师、公证员、普法骨干、法律援助工作者、人民调解员，服务中心工作。《意见》受到车俊书记、艾文礼市长、刘云峰副书记、张铁力书记、张树志副市长和省司法厅李益民厅长、穆培文、王大为副厅长等领导的批示表扬。积极为重点项目建设提供优质服务。市司法局选派了 20 个优秀律师所，与石家庄市 20 个献礼项目实现“服务对接”，送法律到工地；组织 282 名律师担任工业企业法律顾问，对企业进行“法律体检”，使企业避免法律风险，并协助 10 家大型企业集团设立企业总法律顾问，重大决策由律师先把法律关，有效保护了企业的合法权益；市律协成立“招商引资法律服务团”，为五大基地和搬迁企业提供项目资金的引进服务，在引入南光集团成功并购石焦集团工作中，律师充分发挥行业优势，为石家庄市引入 50 亿元资金做出了积极贡献；在城中村改造、拆迁动员、拆迁补偿、妥善安置等工作中，律师积极发挥法律宣传、法律服务和矛盾调解作用，保证了项目的顺利进行；组织全市 25 个法律援助机构，100 名法律援助律师为困难企业提供法律援助服务，启动“法律援助手拉手”、“法律援助进企业”等活动，扩大法律援助群众知晓率，建立了为工业企业服务的良好氛围。积极为新农村建设提供优质服务。组织专业律师，成立“新民居工程”法律服务中心，为工程的设计、招标等提供法律服务，并对县、乡、村有关干部和人员进行法律知识培训。积极为维护社会稳定提供优质服务。在积极参与信访、领导干部大接访活动、涉法涉诉疑难案件处置等工作中，累计组织律师 425 人次参与市、县领导干部大接访，提出信访案件办理意见 203 条，促进了大接访活动中信访案件的依法、有效解决。

【国家司法考试】 严格按照“组织严密、程序严谨、标准严格、纪律严明”的要求，完善了《考试工作实施方案》、《试卷运送保密方案》、《特殊情况应急预案》，精心选择考试考点，积极协调相关单位，倾全局之力，使考试工作做到了工作人员到位、技术装备到位、工作措施到位、保密规则到位。圆满完成 5875 人的网上报名工作和现场 4546 人的考务工作。石家庄市考区通过人数达 804 人，通过率为 17.5%。考试工作受到司法部、省司法厅的高度评价。办理历年司法考试资格证书年度备案和部分人员的职业变更备案 2723 人次，完成 2009 年通过国家司法考试 794 人的法律职业资格的初审、资格申报和法律职业资格证书的发放，同时为全部授予资格人员进行了年度备案工作。

【普法和法制宣传】 围绕重点工作普法。在“保增长、调结构、抓项目、强园区，全力打好工业发展攻坚战”活动、“三年大变样”工作、食品安全最放心城市建设、农村两委换届、迎接建国 60 周年等中心工作中，大力创新普法形式，推进法律“八进”和依法治理，营造了良好的法治环境。深入开展“订单式”普法。根据各行业工作需求，主动与市委组织部、农工委、国资委、教育局、建设局、安监局等 12 个部门共同围绕行业热点、难点，宣传专业法规，进行行业治理，进一步增强了企业管理人员依法决策、依法管理、依法经营、依法办事的意识和能力。司法部副部长张苏军对“订单式”普法工作给予了高度评价。丰富普法载体。开设社区法律大讲堂，实现“为民办实事、普法面对面”；组织开展以“学法守法用法建设美好祖国”为主题的全市青少年法律知识竞赛和全民法律知识竞赛，在全省青少年法律知识竞赛中荣获三等奖；积极组织开展“12.4”法制宣传日活动，推进学法、用法、守法等工作的开展。四是积极进行多种方式的普法培训。2009 年，全市各级普法组织共举办各类普法培训班 4200 多场，培训人员 260 多万人次；举办各类法制讲座 12000 余场；发放各类宣传材料 2000 万份、法律书籍 23 万册；举办法制文艺演出 10000 余场；新创建普法阵地 4600 多个；举办各类法律知识竞赛 2000 多场。

【法律援助】 建立健全全市“半小时法律援助服务圈”运行机制。通过各级法律援助机构、律师事务所、基层法律服务所、乡镇司法所、村级法援联络员以及高校志愿者队伍和专业法律援助工作站，组成了“大法援”服务网。将100多个法律援助工作站点地址、联系方式清晰地标注在地图上，让群众在半小时内就能找到距离自己最近的法律援助点。降低援助门槛，方便人民群众。放宽老年人、残疾人援助条件，简化手续，缩短审批时限；推行让当事人自己挑选律师的“点援制”，建立律师及法律援助服务人员的信息库，实行与群众的“零距离”法律服务。加大宣传力度。通过多种方式，开展法律援助条例的宣传，提高了群众知晓率，县级办案量大幅上升，绝大部分县（市）区增幅达到25%以上。开展为农民工讨要工资专项活动。各级农民工法律援助机构共办理专项法律援助案件878件，免收诉讼费250多万元，确认、追回工资和工伤赔偿款373余万元。年内，全市各级法律援助机构共接待来访9212人次，通过12348法律服务专线电话累计提供法律咨询11181人次，办理法律援助案件3170件，为当事人挽回经济损失900余万元。

【司法鉴定】 司法鉴定管理工作紧紧围绕局党组提出的“巩固阵地、拓展覆盖、强化监督管理、杜绝假鉴错鉴”工作思路，履行鉴管职责，创造性地开展工作。（一）加强执业监管，防止鉴定问题的发生。不断强化监管，加强个案监督，做到有案必查，有责必问，有错必纠。认真办理当事人投诉案件，使每起投诉都得以及时、妥善解决。（二）加强工作指导，理顺管理体制。高邑、行唐、深泽、无极四个县管理工作得到理顺。组织召开了全市司法鉴定管理工作高邑现场会。全市18个县（市）中，10个县（市）理顺了司法鉴定管理体制，公安机关不再面向社会进行鉴定，司法鉴定机构业务开展正常。全年共办理鉴定案件7278例。司法鉴定工作在全省处于领先位置，市司法局被省司法厅评为司法鉴定工作实绩突出单位。

【公证工作】 公证工作紧紧围绕党和政府的中心工作，不断拓展公证服务领域，深化公证改革，提高服务质量，为促进石家庄市的经济发展和构建和谐社会做出了积极贡献。截至2009年11月底，全市各公证处共办证43684件，业务收费1230余万元。不断拓展公证领域。主动介入“工业发展攻坚战”活动。组织全市22个公证处100名公证员组成了为工业发展攻坚战提供公证服务的专业团队，免费担当企业、园区法律顾问，与重点工业企业开展“法律服务结队子”活动，有针对性制定公证法律服务方案和保障措施。主动服务项目建设。重点围绕全市20个重点工程和五大类246个项目服务，承办城市公园、民心广场、会展中心等工程的行政许可公告保全、听证会的现场监督等服务。主动服务民生。与房管局、物价局等部门规范了房屋交易公证文书和行政行为。与公安部门启动为疑难人员落户工作，发放上户口明白卡3万余份。

【流浪儿童、服刑人员未成年子女保护教育】 服刑在教人员未成年子女保护教育进一步加强。不断完善“发展性保护教育”模式。认真落实《中央综治委关于进一步加强社会治安综合治理基层基础建设的若干意见》（国办发14号文件）精神，全面实施服刑在教人员未成年子女保护教育工程，2009年5月，组织召开服刑在教人员未成年子女保护教育全国研讨会，北京大学、中国人民大学、中国人民公安大学、中国社会科学院、上海社会科学院、司法部、全国青少年犯罪研究会、全国妇联、中华律师协会以及河北省相关大专院校等单位和部门的36名专家、学者参加。与会专家学者对保护教育工作的“石家庄模式”给予了高度评价。积极开展“亲情呼唤促新生”活动。在抓好保护教育工作的同时，建立了“亲情呼唤促新生”活动机制，同监狱开展互动活动，组织孩子们每月给服刑父母写一封信，每季探一次监，每年举行一次联欢会，促进了服刑人员教育改造，收到良好效果。少保中心自成立至2009年底累计保护教育弱势儿童700名，其中服刑在教人员未成年子女58人。少保中心工作受到国家和省、市领导的高度重视和关怀。各级领导多次到少保中心视察慰问。第十届全国人大副委员长中国关心下一代委员会主任顾秀莲视察了少保中心工作，并提出了“认真做好总结，向全国推广”的希望。“六一”前夕，省委常委、省政法委书记、公安厅长张越到少保中心视察并亲切看望了中心的师生，对少保中心工作给予了充分肯定。

【劳教管理】 坚持抓好警示教育，强化管教干警防范意识；坚持隐患排查机制，消除不安全苗头；坚持执行意识，保证工作落实；坚持制度规范，提高工作标准；坚持合理调配，充实一线干警。进一步完善《管教干警工作规范》、《劳教人员管理规范》，制定《中队值班干警行为规范》、《标准化中队建设标准》等制度，形成了管理制度落实的一系列机制。一方面加强与有关部门的沟通协调，定期召开联席会，争取多方支持，另一方面向公安机关做出了六项承诺，营造方便快捷的送教环境。一是加强警戒护卫工作。全员开展教育整顿和业务培训，加大警戒具的管理，加强夜间巡查，定期进行各项应急预案演练，提高警戒护卫人员的快速反应能力。二是强化安全生产。完善了《生产习艺车间管理规定》，普及安全常识，坚持引进“习艺功能强、安全系数高、污染噪音小、生产长期稳定”的优势项目，实现了全年无生产事故。三是规范建章立制。按照ISO9001质量管理体系认证的要求，完善了91项制度汇编，使各项工作有章可循，推进了各项工作的标准化、程序化、规范化建设，巩固了“部级现代化文明劳教所”创建成果。

【基层基础建设】 积极筹措资金，加强基层基础建设，为司法行政工作提供有力保障。主动向财政局、发改委等相关部门汇报工作，取得他们的理解和支持，共为市司法局、司法（所）争取资金（项目）1064.5万元，为机关建设和基层基础建设提供了财力支持。积极跑办落实2009年部门预算，市司法局正常办公经费和专项公用经费上年相比增加了81.5万元，普法经费达到了人均0.15元。科学合理地编制经费预算，主动做好沟通工作，适度增加人民调解、社区矫正等专项公用经费。与少保中心共同努力将省民政部门支持100万元落实到位。落实政法经费保障体制改革资金和法律援助办案补助经费559万元，协助基层司法局从省、市财政部门争取资金45万元。主动沟通协调，为基层落实资金（项目）873万元。落实2009年度政法经费保障体制改革资金551万元，其中业务装备费424万元，办案业务费127万元，首次列入中央、省级财政转移支付。协助基层司法局从省、市财政部门争取法律援助办案补助经费和专项补助资金53万元。落实2009年度国债资金建设司法所业务用房项目43个249万元。

（闫长润　张雪敏）

社会治安综合治理

【概况】 2009年，全市各级综治部门在市委、市政府的领导下，以“三个代表”重要思想和十七大精神为指导，以国庆安保为中心，以基层基础工作为重点，坚持“打防结合、预防为主，专群结合、依靠群众”的方针，始终保持对各种违犯罪活动的高压态势，科技创安、矛盾纠纷排查调处等各项工作取得显著成效，群众安全感明显增强。根据省统计局安全感调查显示，石家庄市群众安全感在全省设区市排名第一。

【严打整治】 各级政法机关坚持严打方针不动摇，先后组织开展了打黑除恶专项斗争、“命案攻坚”、“三打”、“两抢一盗”等专项整治行动，保持了对各类违法犯罪的高压态势，全年共破获刑事案件40370起，抓获犯罪嫌疑人9288人，起诉5891人，依法判决4453人。打掉黑社会性质组织1个，恶势力团伙16个，抓获涉黑涉恶人员154人，破获案件178起。共破获命案171起，破案率达90.9%；打掉犯罪团伙824个，涉案5177人；破获各类侵财性案件6201起。同时，加大社会治安隐患整治力度。组织专门力量，对治安问题突出的重点地区、重点行业、重点部位进行集中检查整治，全市共检查涉危涉爆单位1288家，发现并整治237处，收缴炸药5000余千克。

【科技防范】 继续落实科技防范五

年规划，投资1500余万元建设起覆盖市区和县（市）区城区重点要害部位的动态视频监控系统；投资380万元为市区248个“大杂院”安装了电子监控系统；投资3000万元为全市近7000辆出租车安装了GPS·LED监控系统。至年底，全市累计安装监控摄像头57277个，17个金融系统的1172个营业网点、171个危爆物品库、1100个重点要害部位、1800个公共复杂场所等治安重点区域全部安装了技防设施。大力推进农村“平安互助网”建设,全市82%的村加入了“平安互助网”。科技防范为打击和预防犯罪起到了积极作用，全年共预防和控制案件8696起，破获案件5092件，挽回经济损失1351.55万元。

【群防群治】 认真贯彻“预防为主、专群结合、依靠群众”的方针，大力扶持和发展群防群治力量，充分发挥他们在平安创建中的积极作用。新招录497名巡防队员，市内六区巡防队员发展到3468人，县（市）巡防队员总数达到1200人；社区专兼职消防队员达到420人，农村专兼职治安联防队员5059人；职业保安公司达到25家，队员由三年前的2795人发展到15000人，驻勤点已由649家发展到1300余家；社会治安志愿者由三年前的17475人发展到10万多人。各级群防群治队伍在强化社会面、居民区、内部单位和重点要害部位治安防范工作中发挥了重要作用，在巡防队员进驻的居民区中，可防性案件下降50%左右，有30%的居民区实现了零发案；保安队伍为公安机关提供案件线索379条，挽回经济损失560万元。

【开展“两个排查”活动】 按照中央和省开展矛盾纠纷排查调处和治安混乱地区突出治安问题排查整治（简称“两个排查”）安排部署，组织各级各部门反复开展拉网式排查，坚持做到了“乡不漏村，村不漏户，户不漏人”，将各种影响社会稳定和社会治安的问题全部纳入视野，排查率达到了100%，并全部落实了化解、整治和稳控责任，做到了包案领导、责任单位、稳控措施、完成时限“四明确”。7～10月，在全市组织开展了矛盾纠纷、集体上访和群体性事件苗头隐患集中排查化解活动，重点是加强对可能引发群体性事件或大规模集体访的重点人员，有可能赴省进京越级访的当事人，思想偏激、利益诉求长期得不到满足、有可能铤而走险人员的排查，并逐一落实稳控措施,圆满完成了省、市提出的“八个不发生”。活动中，共排查各类矛盾纠纷6580件，调处解决6071件，化解率为92.3%；排查治安问题273个，已全部解决。

【刑释解教人员安置帮教】 认真组织开展刑释解教人员排查回访活动。共排查出重点刑释解教人员189名，全部实行了“一类帮教”措施,由当地公安派出所进行管控，当地司法所配合做好帮教工作。积极做好国庆期间刑释解教人员的帮教和稳定工作。制定下发了《关于做好刑释解教人员服务管理工作的实施方案》、《关于国庆期间加强刑释解教人员管理的十项规定》和《关于进一步做好安置帮教工作的意见》，量化工作指标，细化工作标准，强化工作责任，层层签订了国庆安保责任状。成立23个督导组，深入到各县（市）区进行明查暗访。同时，开展走访慰问活动。共走访生活困难的刑释解教人员家庭85户，为28名符合条件的城镇刑释解教人员联系办理了低保。抓特色工作,积极拓宽安置帮教工作渠道。积极开展人文帮教。把真心实意解决刑释解教人员的实际困难，作为安置帮教工作的一项重要内容落实到工作的各个环节。利用资源优势创特色安置帮教工作。以石家庄市“少年儿童保护教育中心”为依托，积极开展服刑在教人员未成年子女保护教育工作，促进了服刑在教人员的教育改造质量，为他们顺利回归社会奠定了基础。2008年以来，“少保中心”共接收服刑在教人员未成年子女58人。积极做好刑释解教人员的培训和安置工作。市蓝天职业培训中心积极为刑释解教人员开通绿色通道，保证刑释解教人员随时根据需要到蓝天中心参加各种免费职业技能培训。自2003年中心成立以来，共免费培训刑释解教人员521人，98%以上的人员实现了就业,无一人重新犯罪。目前，全市共建刑释解教人员过渡性安置基地22个，过渡性安置无家可归、无亲可投、无业可就的“三无”刑释解教人员112人。专门制定《刑释解教人员安置基地安置帮教办法》，统一了安置基地标识、档案和工作制度。在5个县级市的6个安置基地进行了试点。

【预防青少年违法犯罪】 始终把预防青少年违法犯罪作为构建“平安省会”的重要内容来抓，成立了预防青少年违法犯罪工作领导小组及办公室，建立预防青少年违法犯罪三级网络，县（市）区也成立了相应机构，明确专人负责，同时在公检法司、工商、文化等相关部门建立青少年维权岗，构建起市、县、维权岗三级网络。通过不断完善青少年维权服务中心热线和“青少年维权网上直通车”、深化优秀“青少年维权岗”创建、深化“青年文明社区”创建、实施“网络阳光计划”、开展“少年儿童平安回家”等一系列活动，创建了一大批工作品牌，进一步营造出预防青少年违法犯罪的社会氛围。

【学校及周边治安治理】 坚持“安全第一，预防为主，综合治理”的方针和“以人为本”的理念，建立健全了学校安全控制指标体系，遏制重特大事故，控制一般事故，完成了年初制定的安全稳定工作管理目标和控制目标。一是组织开展了以食堂食品、消防、交通为主要内容的安全大检查活动。组建14个检查组，对全市176所民办寄宿制学校、48所国办中小学安全工作进行了大检查。据不完全统计，共查处各种隐患869处并全部得到了整改。二是认真开展“大接访”活动。专题召开局长办公会，进行了工作部署和分工，专门设计了《石家庄市教育局开展“市县乡三级干部集中大接访”登记表》，成立了三个保障组：后勤保障组，负责活动横幅、接访标牌、群众饮食用水、来访群众证件验查等保障工作为来访群众提供了必要的日常生活食品；医疗救护组，负责来访群众在信访过程中医疗救护工作；安全保卫组，配合当地派出所做好“大接访”活动中的安全保卫工作，及时处置活动中的突发事件，确保群众来访有条不紊，顺利进行。三是完善落实规章制度。针对石家庄市各级各类学校、幼儿园的综合管理情况，制订了安全稳定工作“三进二十六防”管理制度，六月份在石家庄市职教中心召开了“三进二十六防”建设现场会，积极推广石家庄市职教中心“三进二十六防”建设经验。通过典型引路，目前，全市中小学、幼儿园全部健全了“三进二十六防”管理制度。

【流动人口服务管理】 精心组织开展了流管信息采集百日会战。坚持数量和质量并重，突出应用和实战两个关键，结合业务抓采集，立足实战抓应用，通过在信息采集、比对研判和实战效果上不断实现新的突破，充分发挥流管工作在全省首善之区示范引领作用。会战中全市共新登统录入暂住人口67149人、服务处所1512个、出租房屋2890户，抓获各类违法犯罪嫌疑人员78人，各项考核指标位列全省前列。认真落实国庆安保各项流管措施。紧密结合工作实际，以开展流动人口出租房屋清理整顿专项行动为抓手，以对流动人口重点人员和高危人群管控为重点，针对存在的问题，采取会议调度、一线督导、排名通报、信息研判、责任倒查等方式，确保流管工作最大限度的融入国庆安保工作之中。据统计，国庆安保期间全市共新登统流动人口53776人，出租房屋3950户，通过开展集中清查统一行动和入户登统，共发现各类案件线索274条，抓获流动人口违法犯罪嫌疑人员195名，其中网上逃犯48名，发现整改治安、消防安全隐患200余处，及时化解和消除涉及流动人口的不稳定事件和苗头175件。进一步建立完善四级流管工作体系，明确各级管理工作机构的主要职责。即市委、市政府成立市综治委流动人口服务管理工作领导小组，下设办公室，办公室主任由市公安局一名副局长兼任；各县（市）区参照市级机构成立相应机构；街道（乡镇）设立流动人口服务管理站；居（村）委会设立流动人口服务管理分站。市区共建四级流动人口服务管理工作机构473个，其中街道（乡、镇）服务管理站64个，居（村）委会服务管理分站409个。初步形成了党委统一领导、政府组织推动、公安机关牵头负责、有关部门齐抓共管，全社会共同参与的服务管理格局。进一步完善入户登记信息系统，积极推进办证系统与入户登记信息系统的“两网合一”。结合实施社区警务战略，进一步拓宽登统范围，加大信息采集量，确保在出现异常情况时能够在最短的时间内通过系统反馈出来，进一步提升严打整治和治安防控工作的针对性和有效性。

【铁路护路联防】 全年以开展平安

铁路示范县（市、区）创建活动为载体，全面加强铁路护路联防工作。集中开展了治安隐患排查和重点整治活动。通过排查整治活动，共排查了111个加油站、75个废旧金属收购站点、235个村镇单位，消除了33起可能影响铁路安全的隐患苗头。突出做好重点时期的铁路护路联防工作。将全国“两会”和国庆60周年期间的铁路护路联防工作作为全年工作重点全力抓好，制定护路方案，抽调大批干部群众，昼夜24小时对铁路线巡逻防范，对桥、涵、隧道等重点部位和重点时段进行死看死守，对涉路重点人逐一落实了稳控措施。广泛开展了宣传教育活动。制定了护路宣传教育方案加强对全年宣传教育工作的指导，坚持日常宣传和集中宣传相结合的方法，营造了爱护铁路的社会氛围。在铁路沿线明显位置，竖立了148块宣传牌、张贴10308条警示标语、喷涂16000平方米墙体广告，形成了沿线宣传长廊。加强路地协作配合。建立了季度定期联席会议制度和日常情况通报制度，制定了路地联席会议事规则，重大活动互相配合，协调一致做好工作。

（王　尧）

军　事

军　事

石家庄警备区

【思想政治教育】 围绕"三个确保"时代课题，认真落实理论学习制度规定，按照党委中心组带机关的办法，采取制定理论学习意见、举办干部理论集训、学习体会交流、笔记调阅展评、领导批阅等多种形式和方法，狠抓中国特色社会主义理论体系武装。采取"每日学一题、每周一考试、每月一讲评"等方法，增强了学习效果。扎实开展当代革命军人核心价值观主题教育，坚持思想教育、文化熏陶、典型示范、实践养成、制度保障融为一体，着力在融入实践、推动经常上下功夫，经验做法被省军区转发。警备区政治部被北京军区评为"对台宣传工作先进单位"，第四干休所被省军区评为"对台宣传工作先进单位"。针对国庆60周年、新疆"7·5"事件等政治敏感时节，有针对性地搞好经常性思想教育和形势政策教育，全区官兵始终保持了思想稳定和集中统一。

【开展实践科学发展观活动】 坚持把学习实践活动作为贯穿全年的重大政治任务，实施强有力的组织领导。学习实践活动始终突出实践特色，警备区常委先后3个波次包片进行工作调研，采取建立联系点帮带、巡视督导、编发简报、通报讲评等办法全程跟进指导，取得了一批认识成果、实践成果和制度机制成果。活动开展以来，警备区本级共修订完善各类制度机制7项，全区共解决各类问题186个，清理涉军积案4起。广大党员贯彻落实科学发展观的自觉性明显增强，部队建设存在的突出问题得到有效解决。

【提升应急应战能力】 以参加两级军区战役指挥演习为牵引，狠抓经常性战备工作落实。狠抓按纲施训、重难点课目试训和训练教学责任制落实，年度军事训练任务完成圆满。8月1日至12日，参加省军区民兵高炮分队实弹战术演习和专业技能比武竞赛，取得了9个单项比武课目中飞机识别和4、5炮手专业技能比武3个单项第一名的优异成绩。深入推进信息化建设，完成了后备力量机动指挥信息系统建设。协调组织召开市国动委第五次全会，举办国防动员领导干部集训班、组织县级国动委领导机构进行应急指挥演练，提高了各级应急指挥能力。石家庄市国动委综合办公室被省国动委评为"国防动员工作先进单位"。桥西区依托视频会议系统，完成了全省县级国防动员领导机构指挥演练示范观摩任务。无极县、长安区人武部被省军区评为"军事训练先进单位"。认真研究新情况、解决新问题，着眼新形势下兵役工作调整改革新要求，深化征兵工作改革，探索征集主体调整后提高兵员质量的方法路子，全面推行女兵面向社会公开征集的措施办法，圆满完成了年度兵员征集任务。石家庄市征兵办被国防部评为全国"征兵工作先进单位"。

【干部队伍建设】 召开警备区第二次党代表大会，完成了党委换届工作，实现了班子的顺利交接和平稳过渡，保持了工作连续性。通过逐级召开党委民主生活会、举办团级单位党委书记集训，党委核心领导作用得到新加强。扎实开展"锤炼坚强党性、培育优良党风、模范遵守党纪"反腐倡廉教育，狠抓党风廉政建设。平山县、行唐县人武部党委被省军区评为"先进党委"。加强干部队伍建设，推行全委委员民主推荐后备干部，提高选人用人的透明度；建立机关干部考试考核考评机制，制定了鼓励干部到偏远单位任职的激励措施，缓解了干部编配此超彼缺的问题，干部队伍的事业心责任感和能力素质明显增强。

【基层建设】 积极探索在非公有制企业和开发区开展武装工作的方法路子，警备区在全省非公有制企业和开发区武装工作会议上介绍了经验。建立并坚持全区周一视频大交班制度,听取各单位工作进展情况,促进基层工作的落实。深入开展民兵基层阵地建设达标挂牌活动，狠抓规章制度、资料等软件建设，达标率达到85%以上。加大小散远直单位帮建力度，先后对民兵武器装备仓库、机关士兵楼洗澡供水、文体娱乐、安全设施等进行改造，改善官兵的工作生活条件。长安区人武部被省军区记集体三等功一次，栾城县、灵寿县、平山县、赵县、裕华区人武部被省军区评为“先进人武部”，第二干休所被省军区评为“先进干休所”，第五干休所被北京军区评为“先进干休所”。

【安全稳定工作】 始终把安全稳定作为事关全局、贯穿全年的硬任务，从严管控、狠抓落实。围绕国庆安保这个大局，警备区常委采取分工包片办法，对全区进行拉网式安全大检查，组织机关部门之间、基层单位之间、基层与机关之间进行安全对检，警备区的做法被北京军区和省军区转发。突出人车枪弹密等重要目标的安全管控，完善制定武器装备仓库管理、士兵和车辆管理、保密工作等制度，“四个秩序”进一步正规。广泛开展“百日安全评比竞赛”活动，栾城县人武部被北京军区评为“百日安全评比竞赛活动先进单位”，裕华区人武部被省军区评为“安全管理先进单位”，长安区、第二干休所被省军区评为“百日安全评比竞赛活动先进单位”。

【后勤综合保障】 贯彻落实《全面建设现代后勤纲要》，积极深化后勤保障改革，军人保障卡扩试、油料和医疗保障、社会化保障等工作进展顺利。围绕中心跟进服务，民兵高炮分队赴乐亭实弹射击和考核比武、扑救山火、清理冰雪和甲型H1N1流感防控等后勤保障工作及时有力。严格财经管理，修订了《警备区财务管理规定》，扎实开展清理“小金库”、打击假发票活动，规范了财务秩序，提高了经费使用效益。营房建设与改造步伐加快，营区面貌得到进一步美化。警备区被北京军区评为“创建文明卫生军营先进单位”。

【双拥共建工作】 着眼军地双方最新需求，积极协调军地开展双拥共建活动。市委、市政府加大为驻军解难题办实事力度，先后给驻军解决经济适用住房100套，安排部队随军家属就业200名，实行部队士兵和军校学员免费乘坐市内公交车，按照“尊重历史、费用照顾”的原则，为部队已建经济适用住房补办审批手续、办理房产证，受到驻军广大官兵的赞誉和上级军事机关的高度肯定。深入探索推进军民共建计划生育工作，北京军区在石家庄市召开了无工作军人家属计划生育服务管理“一通三”工程启动仪式。警备区被评为全国“计划生育先进单位”，桥东区人武部被北京军区评为“计划生育先进单位”。

【急难险重任务】 警备区充分发挥军地桥梁纽带作用，先后组织民兵和协调驻军支援地方完成了多项急难险重任务。3月14～19日，灵寿、赞皇、平山三县相继发生山林大火。及时协调驻军4300多人、组织民兵2000多人，经过5昼夜奋战，圆满完成了多个方向过火面积达1190亩的山林大火扑救任务。3月份，先后出动官兵1900余人，义务植树2万余株，达200余亩。11月份，石家庄市遭受历史罕见暴雪袭击。警备区迅速启动应急预案，先后出动民兵10万人次，协调驻军5万人次，投入清理积雪工作，发挥了重要作用，市委、市政府和人民群众给予高度评价。此外，配合有关部门完成了全省救助自然灾害、国庆反恐维稳应急拉动演练等任务。

（马贵涛　南为民）

军事院校

军械工程学院

【科研学术成绩突出】 2009年，学院科研质量管理体系顺利通过国家权威机构现场审核，全年共有46项成果获国家和军队科技进步奖，其中1项成果获国家科技进步二等奖，22项成果获军队科技进步一、二等奖；8个项目获国家自然科学基金资助；举办“装备前沿讲坛”等学术活动100余场，出版著作18部，发表学术论文1000多篇。

【成功承办第二届全国力学教学讲习班】 7月11日，由全国力学学会教育委员会主办、军械工程学院承办的第二届“全国基础力学教学讲习班”圆满结束。此次讲习班既促进了参会院校间的交流合作，又为学院广大教员特别是青年教员学习先进的教学理念，开阔眼界，拓展思路，提高教学能力和教学水平搭建了一个很好的平台，同时，进一步扩大学院在全国高校中的影响力和知名度。

【教员万红敬获第四届新世纪巾帼发明家新秀奖】 基础部理化教研室万红敬教员获得第四届新世纪巾帼发明家新秀奖。新世纪巾帼发明家奖由国家知识产权局、全国妇联、中国发明协会联合举办，每两年一届。本届发明家新秀奖共评出10人。其中，万红敬是军队系统新秀奖的唯一获得者。

【参加全国大学生数学建模竞赛取得优异成绩】 学员参赛作品在2009“高教社杯”全国大学生数学建模竞赛中取得优异成绩，其中1项作品获全国一等奖，5项作品获河北省二等奖，成绩在所有河北参赛高校中名列前茅。

【支援地方抗击雪灾】 11月11日，接石家庄市警备区紧急通知，学院立即启动应急预案，600名官兵紧急出动赶赴抗击雪灾一线，参加清理石家庄市主干道路积雪。12日下午3时，根据市政府要求，学院又增派600名官兵投入清雪战斗。学院参战全体官兵充分发扬不怕寒冷、连续作战、敢打必胜的优良作风，以实际行动支援地方建设。

（张国光）

石家庄陆军指挥学院

【首都记者团到院采访傅占河教授】 为贯彻落实军委、总部首长关于宣传傅占河教授先进事迹的重要指示精神，3月18～20日，参政组织《人民日报》、新华社、《解放军报》、《光明日报》、中央人民广播电台、中央电视台等首都14家新闻媒体的领导和记者，到院集中采访了傅占河教授的先进事迹。3月19日上午，在新闻宣传汇报会上，战玉院长致欢迎辞并简要介绍了学院70年发展历史和建设成就，陈向东政委集中介绍了傅占河教授先进事迹，与会人员观看了学院历史简介片和傅占河先进事迹专题片，各新闻媒体代表就典型宣传的意向和思路作了发言，参政姜明副主任、总政宣传局李军副局长分别就宣传工作提出了具体指导意见。会后，记者采访了院部首长、傅占河及其同事和家人。新闻单位一致认为，当前，大力培育当代革命军人核心价值观是思想政治建设的重要基础工程和重大战略任务，也是建设社会主义核心价值体系的重要方面。大力宣传傅教授的先进事迹，对于认真学习贯彻胡主席关于大力培育当代革命军人核心价值观的重要指示，进一步加强思想政治建设，引导和激励广大官兵在新形势下确立高尚的人生追求，强化精神支柱，具有重要的示范意义和推动作用。《河北日报》、《石家庄日报》等9家驻地新闻媒体记者也参加了集中采访。

【举行全军军事教育及研究生教育理论骨干集训】 为搭建理论学习和探讨研究的平台，汇聚全军专家学者的智慧，更好地学习借鉴外军院校的成功做法，提高全军军事教育理论研究水平，总参军训和兵种部委托学院和中国军事教育学会共同承办了全军军事教育及研究生教育理论骨干集训班，来自总部机关、全军院校教育主管部门等单位有关人员参加了集训。集训围绕军事教育发展规律、优化院校体系结构、完善人才培养模式、加强联合作战人才培养、提高研究生培养质量等课题展开交流和讨论，为破解军队院校教育改革难题献计献策。集训从3月16日起至3月27日结束，为期2周。3月16日上午，集训班在学院学术厅举行了集训开训动员，战玉、崔亚峰、李元奎、杨保明、吴清丽等院部领导，总参军训和兵种部邢伟副部长、院校教育行政局唐宁局长及全体参训人员参加了集训开训动员，战院长和邢副部长分别讲了话。集训期间，军内外知名专家学者和全军军事教育理论研究骨干将针对军队院校教育改革面临的突出矛盾问题进行研讨交流。此次集训，3月17日《解放军报》第一版进行了专题报道。

【完成扑救山火任务】 3月15～18日，学院400余名官兵在李元奎副院长和院务部、一大队、二大队领导的带领下，赴灵寿县南营乡执行扑救山火任务。参战官兵充分发扬特别能吃苦、特别能战斗的精神，经过三天两夜的连续奋战，共开辟防火隔离带8000余米，确保了300余户村民的生命财产安全，受到扑救山火指挥部和人民群众的好评。

【承办首届东盟与中日韩（10+3）武装部队非传统安全论坛】 经中央军委批准，6月9～11日，学院承办了首届“10+3”武装部队非传统安全论坛，来自“10+3”各国的33名代表参加了论坛。论坛“以‘10+3’武装部队非传统安全交流与合作”为主题，设置了参观观摩、理论研讨、经验介绍和论坛建设等4项内容。9日上午举行了开幕式，总参外事办公室关友飞副主任、外交部亚洲司马明强参赞出席开幕式并发表了讲话，战玉院长在开幕式上致辞。10日上午，战院长作了题为“携手合作，应对非传统安全挑战”的论坛主旨报告。11日下午举行了闭幕式，战院长向与会代表赠送了纪念品，陈向东政委代表学院讲了话。崔亚峰、李元奎、王金义、杨保明等院部领导参加了开幕式和闭幕式。期间，论坛代表参观了学院部分教学设施，观摩了白求恩军医学院野外救护现场演练和武警第114师机动部队演练，就“对非传统安全问题的认识”、“‘10+3’武装部队应对非传统安全威胁的合作领域与途径”两个专题和论坛建设问题进行了研讨，交流了各国武装部队应对非传统安全威胁的经验做法。此外，部分外方代表还与学院教官、学员就“武装部队在非传统安全领域的运用”进行了座谈交流。本次论坛是继2007年、2008年两次“10+3”武装部队国际救灾研讨会后，“10+3”框架下非传统安全领域务实合作的拓展和深化，进一步增进了“10+3”武装部队间的互信与合作，了解了各方在非传统安全问题上的立场和主张，探索了应对非传统安全威胁的途径、程序与方法，为提高共同应对非传统安全威胁行动能力奠定了基础。

【2010年东盟与中日韩（10+3）武装部队非传统安全论坛预研会】 为做好2010年“10+3”武装部队非传统安全论坛准备工作，9月14日，该院承办了论坛预研会，总参外事办公室关友飞副主任、外交部亚洲司尤卫军参赞、国家地震局应急救援司尹光辉副司长，总参作战部应急办公室、总参外事办公室、海军学术研究所、空军作战部、军事科学院、国防大学、白求恩军医学院、武警总部作战勤务部等单位的会议代表及该院李元奎副院长、训练部领导和作战指挥教研室、非战争军事行动教研室的相关人员参加会议。会议围绕2010年论坛的议题设置、活动安排、长远建设等问题进行研讨，提出了许多意见和建议。

【参加积雪清理活动】 11月9～11日，石家庄地区突降罕见暴雪，为尽快恢复营区秩序，学院组织全体教职员工开展积雪清理活动。经过4天的连续奋战，营区道路恢复畅通，受损树木得到清理。此外，11月11日、12日、14日学院先后3次出动3000余人次，协助地方政府完成了中山路、槐安路部分路段的积雪清理任务，保障了市区道路畅通和出行安全。战玉、陈向东、李元奎、王金义、杨保明、刘彦奇等院部领导分别参加了积雪清理活动。

【副总参谋长侯树森到院视察调

研】 12月8～9日，副总长侯树森在参政孙健民主任陪同下，率参政、管理保障部机关同志到院视察调研。侯副总长听取了学院陈向东政委代表院党委作的工作汇报，参观了院史馆、新成就展室，视察了学院学习训练生活设施，与学院师以上领导干部、教授合影。侯副总长对学院全面建设取得的成绩给予了高度肯定，指出：加强思想政治建设，学院建设方向把握得牢；以教学科研为中心的主体任务完成好；用改革创新来拓展推进，学院整体转型成果明显；不断完善人才培养机制，师资队伍结构优化合理；坚持勤俭正规办学建校，保障条件不断改善。侯副总长还就做好下一步工作提出了明确要求，强调要善始善终地搞好学习实践活动，狠抓整改落实，着力解决主要矛盾，推动单位建设科学发展；认真学习贯彻党的十七届四中全会精神，不断加强和改进新形势下党的建设，切实把党的政治优势和组织优势转化为推动事业发展的强大力量；认真搞好年度工作总结，及时传达贯彻即将召开的军委和总参党委扩大会议精神，结合单位实际研究筹划好新年度的各项工作和建设；时刻绷紧安全稳定这根弦，深入细致地做好年终岁尾任务转换时期的安全管理工作。

（魏　明）

武警石家庄市支队

【概况】 中国人民武装警察部队河北省总队石家庄市支队（简称石家庄支队）成立于1983年2月6日。2005年6月1日，由河北总队原第八支队和原石家庄市支队合并升格为旅级支队。2009年，支队继续坚持以十七大精神为指导，以国庆60周年安保工作为牵引，全面贯彻落实科学发展观，自觉做到全力抓基层，扎实打基础，末端抓落实，支队全面建设继续保持全面发展、稳步上升的势头。

【思想政治建设】 支队严格按照总部、总队通知要求，2009年3月至2010年2月在党委机关和基层大、中队认真组织开展学习实践科学发展观活动。学习中，采取个人自学、常委领学、重点辅导等方法，全面学习有关科学发展观的重要论述，分析查摆党委机关在贯彻落实科学发展观上存在的突出问题，制定措施，逐步解决，使科学发展观思想指导部队建设更加趋于科学。基层大、中队在学好规定书目的基础上，把《纲要》和《人民武装警察法》作为必读内容结合起来学，广泛开展知识竞赛、演讲比赛、格言征集、科学发展观引领我成长、评选理论之星等活动。使官兵把以人为本等同于“以兵为本”、把安全发展片面理解为“不出事故”等模糊认识得到澄清，科学发展观的思想在官兵心中得到深化，在行动中得到落实。支队一方面认真抓教育先行试点，开展备课、试讲、试教，组织干部交叉授课、开展读书演讲、歌咏比赛等活动，严格教育“四落实”，使教育活动得到扎实有效开展。另一方面支队还坚持把主题教育与庆祝建国60周年活动结合起来，与学习贯彻十七届四中全会精神结合起来，与“爱党、爱国家、爱武警”教育结合起来，与深化“四项教育”结合起来，与学习“中国武警十大忠诚卫士”和“燕赵武警十佳卫士”活动结合起来，广泛开展“迎大庆、树形象、保安全”教育，通过开展主题演讲、“当代革命军人核心价值观”歌咏比赛，以及迎接国庆60周年原创短信征集等活动，广大官兵国庆安保工作的荣誉感、责任感得到加强。支队在全部队认真组织开展“深知兵、真爱兵”和“五个过一遍”活动，紧紧盯住重点部位、重点环节、重要时段、重点人员。结合政治考核，对官兵思想进行全面分析，把人员区分为放心、基本放心、不放心三个层次。通过广泛开展谈心、“四知一跟”等活动，细致扎实地做好一人一事的思想工作，保证官兵的思想纯洁稳定。

【执勤处突任务】 警卫勤务，针对省会石家庄“三年大变样”实施拆墙透绿工程给警卫勤务带来的影响，支队采取主要领导靠前指挥，干部一线带勤，重点部位加强部署的方法组织实施勤务，在深入每个哨位、每班勤务调查研究的基础上，编制警卫部队《执勤情况处置汇编》，印制成“口袋书”发到警卫官兵人手一册，使官兵的执勤能力得到进一步提高。支队合理确定“三员一兵一组”人员编成，明确各类人员职责、处置程序和方法，强化岗位专项训练和方案协同演练，不定时、无规律利用三级网检查“三员一兵一组”履职尽责情况。严格落实干部查勤请示报告和当班勤务值班员早8时至晚熄灯时间坐班制度。加大网络查勤力度和密度，对哨兵和兵器室实施全程监控，确保每处目标、每个哨位、每名哨兵都始终处于有效的管控之下；对重要目标、重点哨位，坚持重点查、反复查，及时发现问题，堵塞漏洞，消除隐患。支队重点对警卫和守卫目标进行防控，每个自卫哨都配备防袭击装备；警卫、守卫目标哨位配备特种装备；完善防冲撞措施。支队先后出色完成多起临时押运、押解、飞机监护任务，清明节华北烈士陵园及国庆节石家庄市民心广场升旗任务，“航天展”在石家庄的守卫任务，重大节日城市武装巡逻任务，河北省彩车在京期间安全保卫任务和吴桥国际杂技艺术节联勤武装巡逻等重大临时勤务，妥善处置多起群众上访事件，圆满完成灵寿山林大火扑救任务。

【基层建设】 新《纲要》颁布实施后，支队采取领导授课、专家辅导、知识竞赛等方法，学习新《纲要》内容，使各级干部依据新《纲要》抓基层建设的套路更加熟练。深入开展“大抓基层暨三项经常性工作”活动。基层经常性基础性工作得到有效落实；坚持季度考核、分析、讲评基层按纲建队情况，开展好“双争”活动；实行每季度对包片领导所包中队进行轮换制度；凡重大节日、重要时段、国内重大活动，党委机关都下基层集中蹲点帮建，对连续5年未进入先进的中队，实行领导蹲驻，重点帮建制度，基层建设发展的基础得到夯实。在基层干部队伍中严密组织开展大练“六个基本功”活动，基层干部工作能自转、矛盾能自解、安全能自保、任务能完成的能力素质得到提升。支队以总队精细化管理试点为契机，采取自筹、争取地方政府和目标单位支援相结合的办法，先行在18个中队进行精细化建设，部队建设水平实现质的飞跃。

【后勤保障】 支队坚持标准经费不超支，易超难管经费要控死，地方资助经费不乱花的原则，对预算内经费坚持季度议“中心”时对预算执行情况有分析、有讲评，对预算外的经费严格落实使用报告审批制度。同时，支队还按照总队的通知要求，成立治理“小金库”领导小组，对其工作进行规范要求，全面清查各级各类“小金库”。支队严格按照资产管理与预算管理相结合的要求，建立完善计价挂帐制度、维护保养制度、检查考评制度和问责追究制度，使基层后勤设施的管理质量等到提高。甲型流感疫情发生后，支队及时成立领导小组，明确责任分工，制定处置预案。利用电视会议系统，聘请专家进行授课，广泛宣传预防甲型H1N1流感科普知识。严格控制人员外出，减少外来人员进入营区，特别对请休假以及集训归队人员，全部隔离7天进行医学观察。严格落实分餐和橱具消毒等措施，有效避免官兵感染甲型H1N1流感病毒。抗甲型H1N1流感疫苗发放支队后，严格按照上级要求进行疫苗的接种工作，高标准实现无一人感染目标。同时，支队还重点抓好后勤应急保障力量建设，定期组织车勤、卫勤人员、一大队应急保障分队进行拉动演练和野炊训练，使后勤应急保障能力得到全面提升。

【平山县中队荣立集体二等功】 平山县中队始终牢记“两个务必”，坚持用“两个务必”精神建队育人，中队先后荣立集体二等功1次，集体三等功12次。连续14年被总队评为基层建设先进单位，2006年被评为标兵中队。中队党支部连续8年被总队评为先进党支部，2007年被总部评为先进党支部。曾被省、市命名为“严打斗争先进集体”、“政法系统先进集体”和“精神文明先进单位”。中队充分发挥驻地革命圣地西柏坡的政治优势，定期邀请驻地的老八路老红军和纪念馆的同志讲述中央领导在西柏坡战斗生活的故事，经常组织官兵重温党的三代领导核心和胡主席在视察西柏坡时的谆谆教诲，使官兵始终置身于“两个务必”的教育和熏陶中。中队官兵先后有30多人次立功受奖，其中1人荣立一等功，2人荣立二等功。执勤官兵无论是在女色面前，还是在金钱、物质引诱面前都自觉做到拒腐蚀、永不沾，先后拒受礼物20多次，金钱10000多元，没有一人在腐蚀面前打败仗。中队先后制止押犯脱逃2起2人，执行抓捕、追捕、围歼犯罪分子等重大任务15次，击伤、生擒犯罪嫌疑人17名，缴获枪支、刀具等凶器30余件；先后19次参加抢险救灾任务，15次圆满完成党和国家领导来西柏坡参观视察时临时警卫任务。特别是在处置2009年平山县海绵厂火灾时，中队官兵在油桶快要爆炸、生命面临威胁的情况下，毫不畏惧，勇敢跳入火海，积极扑救，为国家挽回上百万元的经济损失。

【高江华被评为“燕赵武警十佳卫士”】 高江华，男，汉族，河北栾城人，1978年8月出生，1997年12月入伍，现任武警石家庄市支队平山县中队政治指导员。该同志能够认真履行职责，处处带头发挥先锋模范作用。他立足本职，不断加强自身学习，提高履职尽责的能力素质；他积极传承“两个务必”精神，把广大官兵锻造成党和人民的忠诚卫士；他始终坚持以人为本，营造融洽和谐官兵关系；他顾大局、识大体，正确处理“小家”与“大家”的关系。自己先后被总队、支队评为“优秀党务工作者”、石家庄市“拥政爱民先进个人”，荣立个人三等功3次。特别是任中队指导员以来，能够坚持用西柏坡精神建队育人，带领官兵用爱心援助23名贫困学生完成学业，照顾7名孤寡老人和革命老前辈，其先进事迹多次在《人民武警报》、《新华网》、石家庄市电视台《民生关注》栏目刊载和播出，受到社会各界的广泛赞誉。该同志始终把心思放在工作上，克服妻子体弱多病无人照顾等家庭实际困难，高标准、严要求，带领官兵圆满完成各项任务。所在中队党支部被总部表彰为先进基层党组织。中队被武警部队树为“十大标兵中队”，连续3年被总队评为基层建设标兵中队。荣立集体一等功1次、集体三等功2次。

（杨国明）

人民防空

【指挥信息系统建设】 加紧进行基本指挥所建设。已完成主体工程建设任务。将原有的基本指挥所进行了装修，改造成为预备指挥所。进一步完善和修订了防空袭预案。与交通、公安、消防、卫生、环保、地震、气象、水利等部门协调、沟通，增加了防灾行动指挥内容，形成了防空防灾一体化预案。建立了市级组织指挥机构。由市政府下发文件，成立了以分管副市长为指挥长、警备区副司令员、市委、市政府副秘书长为副指挥长、市人防办主任为指挥长助理，有关部门参加的人民防空应急指挥部。遇到重大应急突发事件时，能够依托人防指挥体系实施集中统一的指挥。信息系统建设初步实现了网络化。建立了预警、通信、信息网络、短波电台网、计算机指挥网、车载机动无线指挥通信网。与军事机关建立了光纤专向通信。加强了防空警报建设，新增、更新防空警报器70台，对防空警报器进行了全面普查。7月7日上午，在市区和17个县（市）城区成功组织实施了防空警报试鸣活动，城市主城区防空警报音响覆盖面达到了100%。完成了人防专业队伍的整组和训练任务。整组了5000人的常备人防专业队，组建了180人的市属应急人防专业队，健全并完善了市办直属特种应急救援队，建立了人防志愿者队伍，形成了常备、应急、特种、志愿者“四位一体”的人防队伍。按照训练大纲的要求，完成了专业队员的整组和训练任务。

【防护工程建设】 严格按政策搞好“结建”工程审批工作。针对石家庄市“结建”工程建设“先缴后退”政策的取消，坚持“建设项目保质量，收费项目要数量”的原则，严格政策审批，全年共批建防空地下室213项，建筑面积30.7万平方米；核定防空地下室易地建设费4683.1万元；竣工验收防空地下室86个，建筑面积10.96万平方米。优化了行政审批环境。按照省、市关于优化行政审批环境的要求。首先，规范了审批程序。为堵塞漏洞，严把审批关，实行了由窗口负责接待、初审到报经工程处长、分管主任和主任签字审批的“四级”审批制度。其次，提高了行政审批效能。“结建”审批时间由原来的7个工作日压缩到了3个工作日。

按照要求，防空地下室的建设审批、竣工验收参加了市投资促进中心组织的联合审图、联合验收。第三，加强了制度建设。制做了防空地下室审批流程图、质量监督及竣工验收流程图，编制印发了《石家庄市人防行政许可执法监督手册》，明确了执法职责、行为规范、监督程序等。引资修建人防平战结合工程。引资2.5亿元建设博物馆地下工程项目已封顶，正在进行内部装修。引资3个亿的民族路地下工程项目已通过市规划会，正在做开工准备。对火车站已建的人员和物资掩蔽工程进行了装修改造，作为应急避难场所，平时可为市民“送凉纳爽”。全年共开发利用人防工程面积69.13万平方米，实现产值3.71亿元，利润8216万元，上缴税金2765万元，收取工程使用费652万元，安排从业人员9563人。

【行政执法】 参与研究制定市政建设规划和各类详细性规划。完成了2010～2020年《石家庄市人防工程建设规划》的修改，并被列入市政府城市规划设计集中攻坚行动。参与了《石家庄市地下空间开发利用总体规划》的编制，正在编制《石家庄市人防工程建设控制性详细规划》。依法强化了对工程的监督检查。抽调6名同志充实到工程质量监督站，强化质量监督，对所有项目实行质量监督管理。按照设计图纸，对市区内的多个防空地下室进行了质量监督检查。在监工程若干个，约70万平方米。同时，加大对不符合质量技术要求工程的行政执法力度。迎接了省人大对石家庄市落实人防法情况进行的执法检查。

【宣传教育】 按照河北省人防办的要求，利用多种渠道，采取多种形式开展全民宣传教育。在《石家庄日报》和石家庄电台、电视台开辟了专栏；结合法制宣传日、防空警报试鸣日和防灾减灾日，利用展牌、发放宣传品等开展丰富多彩、群众喜闻乐见的宣传教育活动。按照宣传教育“进机关、进学校、进企业、进社区”要求，完成了市区65所、县(市)34所初级中学的防空知识教育任务。在市委党校、市行政学院开办了6期防空知识培训班。在大中型企业开展了防空防灾知识教育工作。参加了全国首个防灾减灾日宣传活动。在防空警报试鸣日、12·4法制宣传日开展了防空知识宣传活动。在市以上报刊刊稿100余篇，电台、电视台播发新闻12条、制作专题片4部，全部超额完成目标任务。年内市人防办被国家人防办评为通讯报道先进单位。

【财务管理与筹融资】 在财务的管理和使用中，严格按收支两条线管理和使用各项经费，没有发生违犯财务制度的问题，较好地保障了各项目标任务的完成。在防空地下室易地建设费的收取上下功夫、做文章，制定印发了《关于进一步加强防空地下室建设管理的通知》，收取人防工程易地建设费2000余万元。认真履行收取合同，收取工程使用费160万元。

【机关“准军事化”建设】 根据班子成员的变化，对班子成员进行了重新分工。按照市委的统一部署，扎实开展了深入学习实践科学发展观教育和干部作风建设年活动。紧紧围绕“努力构建战时能力强、平时作为大的现代人民防空体系”主题，着眼群众得实惠、党员受教育，难题得破解、工作上台阶，作风得转变、面貌有改观，坚持把学习、调研、“两为”(为群众送服务、为企业解难题)和整改贯穿始终，完成了学习调研、分析检查、整改落实三个阶段所有规定内容，群众满意率达100%。其间，组织了到革命老区进行红色教育，紧密联系实际开展了“党员献策、专家献计、群众献言”活动，共收集意见建议52条，向市活动办整理上报11条。撰写学习体会100余篇，坚持调研，为基层化解矛盾，排解难题30多个。干部作风建设年活动稳步推进。完成了强力启动、形成声势，全面开展、整体推进，集中攻坚、破解难题三个阶段所规定的内容，第四阶段总结评议、深化拓展正在按计划进行。开展了“千村帮扶”活动，班子成员与帮扶村(栾城县南高乡北安庄村)6名老党员建立了定期联系制度，并进行了走访慰问。开展了“情暖故土书香农家”活动，共捐赠种类书籍1600余册。

(刘有福)

农　业

农　业

概　述

2009年，全市农林牧渔业总产值547.8亿元，比上年增长0.7%，其中农业产值284.5亿元，下降2.4%；畜牧业产值228.4亿元，增长3.6%；农林牧渔服务业产值22.3亿元，增长8.1%。全年粮食受秋粮减产影响，总产量为497.9万吨，比上年减产1.7%，粮食亩产439千克，比上年减产8千克。

种植结构更趋优化。全市种植优质专用小麦435万亩，比上年增加5万亩，占小麦种植总面积的78.8%；种植优质专用玉米435万亩，占玉米总面积的90%；京石、石德铁路沿线瓜菜集中生产带面积占到全市蔬菜总面积90%以上，设施蔬菜面积达到88万亩。农产品供给量呈现“四减一增”态势。受种植面积、风雹、暴雪灾害和产业结构调整优化等影响，秋粮、油料、棉花、蔬菜产量减少，夏粮产量增加。全市小麦总产247.81万吨，比上年增加2.62万吨，增长1.07%，连续六年持续稳定增长。

现代农业建设进程加快。全年农业项目建设争取国家项目资金2.5亿元。生态家园富民工程，完成沼气建设47988个，占全年任务的129%，位居河北省前列；测土配方施肥工程，推广小麦测土配方施肥技术375万亩，亩产453千克，平均亩增收54元，总增经济效益2亿多元；农田节水示范工程，总投资50万元，建设高产示范方10224亩，草莓水肥一体化膜下滴灌高效节水技术示范区1000亩，日光温室越冬番茄水肥一体化膜下滴灌示范区36亩；农业科技入户工程，培育重点科技示范户3500个，辐射带动7万多农户，示范户小麦平均亩产527千克，比前三年亩增48.5千克，增长10.13%，亩节本10.7%。至年末，全市梨、果等无公害标准化技术推广面积210万亩，结果树标准化技术覆盖达到90%以上，创建高标准果树标准化核心示范区10个，建设标准化果园100个；奶牛全部实行入区饲养，奶站实现规范化管理，387家奶站均取得生鲜乳收购许可证，并安装电子监控设备。

农业产业化水平提升。全年市级重点龙头企业销售收入达到220

蔬菜大棚设施

收获成熟瓜果

亿元，同比增长17%，农业产业化项目开工190个，年度完成投资40亿元；有14个龙头企业列入省百龙腾飞工程，3家企业跻身省20强品牌企业，4个项目跻身省20强品牌项目，4个县市纳入省品牌集群及品牌基地。农民专业合作组织迅速发展。全年新增各类农民专业合作社946家，总数达到2046家，入社农户达9.2万户，辐射带动基地125万亩、农户105万户。

农业生产设施、生产条件得到完善和提高。年末全市农用机械总动力为1932.0万千瓦，比上年增长0.4%。其中，农用运输车46.2万辆，增长0.8%；大中型拖拉机2.4万台，增长13.7%。机耕面积52.7万公顷，增长10.0%；机播面积65.7万公顷，增长0.9%；机收面积41.9万公顷，增长7.5%。农村用电量63.5亿千瓦时，增长14.8%。农用化肥施用量（折纯）47.9万吨，比上年略有增加。全年农作物良种补贴11171万元，农机购置补贴7807万元，全部发放到位。农机购置补贴受益农户达近万个，拉动农民投资2.35亿元。

（米振全　郭建强　王凤楼）

种　植　业

【概况】 2009年，全市种植业以"稳定面积、主攻单产，节本增效、提升能力"为指导思想，以推广优良品种和重大关键技术为保障，大力强化科技服务水平，积极组织开展高产创建活动。全年粮食生产面积1134.6万亩，比上年增加1万亩，总产496.6万吨，为近7年第二个高产年份。其中小麦播种面积553.5万亩，亩产448千克，比上年增加5千克，再次刷新全省小麦单产最高纪录；总产247.81万吨，比上年增加2.62万吨，连续6年实现增长。全年秋粮种植面积579.7万亩，比上年增加0.94万亩，其中玉米500.7万亩，比上年增加11.1万亩，是历年来玉米种植面积最大一年。由于受"8·27"风雹灾害影响，全市秋粮比上年减产较重，秋粮总产248.52万吨，同比减少12.47万吨，减少4.8%。年末正定县和赵县被评为全国粮食生产先进县。

【农作物高产创建活动】 全年承担国家农业部小麦、玉米、棉花、花生4种作物高产创建示范方25个，其中小麦高产示范方16个，平均亩产582千克，高出全市平均亩产134千克；玉米高产示范方7个，平均亩产712千克，高出全市平均亩产260千克。年内河北省小麦高产创建现场观摩及培训会在石家庄市召开，国家农业部在全国农业信息网上对石家庄市高产创建做法进行了报道宣传。

【农产品质量安全监管】 以"创建食品安全最放心城市"为目标，抓源头、控市场、强监管，严把产出、投入、检测、入市"四关"。积极实施"百村千户无公害蔬菜生产标

"石优17"麦田

准化示范工程”，建设示范村110个，培育示范户1250个。全面推行“两图一卡”（监管对象分布图、监管责任分解图、日常监管登记卡）制度，市级农产品定量、定性检测数量达到15000多个，比上年分别翻一番。年内在农业部例行监测中，石家庄市农产品平均合格率达到98.14%，创下历史最好水平。

（郭建强　王凤楼）

【种粮直补】 截至到2009年3月9日，石家庄市对种粮农民直接补贴资金发放全部完成，共发放补贴资金6.77亿元，其中粮食直补1.02亿元，农资综合直补5.75亿元；全市补贴面积782万亩，平均每亩补贴86.6元，涉及249个乡(镇)4467个村，受益农民660万人，有效支持了农民抗旱和春耕生产。

（祝书海　王再奇）

【藁城市荣获“全国粮食生产先进县标兵”称号】 2009年12月28日，在全国农业工作会议上，藁城市被授予“全国粮食生产先进县标兵”称号，这是自2003年以来藁城市第6次获此殊荣，也是2009年河北省唯一获得该称号的县（市）。2009年，城市粮食播种总面积、粮食单产、总产，分别比2003年增加10万亩、58千克、10.7万吨，连续7年实现面积稳定增加、单产逐步提高。其中，小麦平均亩产514千克，创历史最好水平；高产创建万亩示范片小麦单产606.3千克、玉米单产716千克，创下藁城市粮食单产最高纪录。

（赵国锋）

【查处农资违法】 全市组织开展春季、秋季两次农业综合执法行动及种子、农药、肥料、农产品质量安全等四项专项治理，共出动执法人员20595人次、车辆6018车次、检查门市14217个次，检查生产企业654个次，查处不合格农药7.1吨，伪劣肥料116.3吨，违法案件585起。为确保农民用上放心种，全市围绕“两个区域、三种作物、五种违法行为”集中开展工作，在种子产地和集中交易地，对棉花、玉米、小麦三个品种，重点查处种子标签标注不合格、不按规定制作种子生产经营档案、经营推广应当审定而未审定通过的品种的种子、无证生产经营种子和经营假劣种子等5种违法行为。农药市场监管，推行了例行检测制度、联查制度、倒置追溯制度，突出源头治理，狠抓高毒农药监管。肥料市场管理，以复混肥料、冲施肥料、有机肥料、叶面肥料和微生物肥料为重点，加大对肥料生产质量跟踪，共抽取肥料样品40个，合格率达到82.5%。

（郭建强　王凤楼）

畜牧·水产业

【概况】 2009年，全市牧渔业以创建“全国食品安全最放心城市”为中心，突出抓好“保安全、保清净、保增长、保稳定”工作，稳步推进“牧渔产品质量安全监管、重大动物疫病防控、完善体系建设和做大做强牧渔业”四个重点，保持了牧渔业健康平稳发展。至年底，全市肉、蛋、奶产量分别达到71.29万吨、99.46万吨、106.70万吨，分别比上年增长4.05%、4.46%、2.16%；牧业产值完成228.4亿元，占农业总产值比重为41.69%。渔业以质量安全为重点，严格落实水产品市场准入制度，强化渔业科技创新，做大做强特色渔业产业。年末全市水产品产量达3.45万吨，同比增长3.9%；实现产值3.75亿元，渔民人均收入8389元，比上年增长12%；水产养殖面积23.4万亩，与上年持平。积极推广河北省首家村级标准化兽医室——栾城县东客村兽医室和盛邦奶牛养殖小区标准化兽医室试点的成功经验，完善了基层防疫体系，加强了村级标准化兽医试点建设。晋州市可追溯体系建设试点工作顺利通过农业部和河北省检查验收，栾城凯隆达公司与省畜牧兽医研究所、省疫控中心合作试验的生猪追溯体系建设取得实质性进展，为全市畜禽质量追溯体系建设奠定了基础。全年通过开展集中免疫、及时补免、疫情监测、消毒灭源、防疫监督和督导检查6项行动，圆满完成以高致病性禽流感、口蹄疫、高致病性猪蓝耳病、猪瘟、布病等重大动物疫病为重点的春秋季重大动物疫病防控，率先在全省完成奶牛A型口蹄疫免疫任务，保持了重大动物疫情清净状态。年内石家庄水产品市场准入工作得到农业部、省政府、省农业厅高度评价，在全省推广。农业部对全国31个省（区、市）88个城市开展的两次畜产品质量安全例行监测，石家庄市监测合格率达到100%。

2009年6月9日，全国人大常委会副委员长司马义·铁力瓦尔地（前右二）在石家庄市委副书记、市长艾文礼（前右一）陪同下视察行唐县康源奶牛小区

【人畜共患病联防联控机制建立】 2月18日，市卫生局疾控处、市疾病预防控制中心就人畜共患病与市畜牧水产局进行沟通座谈。市畜牧水产局介绍了石家庄市动物疫病防控工作机构及布病、结核、炭疽、狂犬病等人畜共患病防控情况，市卫生局介绍了卫生系统防治机构及人间人畜共患病发生状况。鉴于全市人间人畜共患病发生率上升，两局决定建立联防联控长效机制，共同成立人畜共患病联防联控工作机构，制定石家庄市人畜共患病防控（防治）技术规范，并于3月上旬在市卫生局共同召开了全市人畜共患病防控（防治）工作会议。

【兽医实验室人员技术比武活动】 6月18～19日，市动物疫病预防控制中心在北村宾馆举办了全市兽医实验室技术人员大比武活动。23个县（市）区、41名实验室技术人员参加比武，比武采用理论知识笔试与实验技术操作相结合方式，进行了闭卷考试和现场采血、血凝抑制试验、正向间接血凝试验、液相阻断EILSA试验技能现场操作。经评委会评判，正定县马国红、李志华、晋州市魏广3名选手荣获一等奖，另有6名选手获二等奖，10名选手获三等奖；正定县疫控中心、晋州市疫控中心、藁城市兽医站、行唐县兽医站、平山县疫控中心、鹿泉市疫控中心6单位获优秀组织奖。7月30～31日，石家庄市组团参加了省动物疫病预防控制中心在保定市举办的全省兽医实验室监测技能大比武活动。正定县动物疫病预防控制中心李志华、晋州市动物疫病预防控制中心魏广2位选手代表石家庄市参加比赛，分别获得个人一等奖和二等奖，荣获“河北省兽医实验室技术标兵”称号，石家庄市疫控中心获得“省兽医实验室监测技能大比武活动优胜奖第一名”。

（王荣申）

【市场禁止现宰活鸡】 根据《河北省牛羊鸡定点屠宰管理暂行办法》，石家庄市牛羊鸡定点屠宰管理工作全面启动。市区从2009年1月15日起，禁止现场宰杀活鸡。从1月15日起，相关部门开始在市场取缔现场宰杀活鸡的摊位，并教育从业人员将活鸡送到定点屠宰厂。从2月5日开始，按照有关规定对发现现场宰杀活鸡的现象进行严格处罚。按照《河北省牛羊鸡定点屠宰管理暂行办法》，生鸡定点屠宰的相关规定正式实施后，屠宰用于自食的生鸡、内脏、血液不得销售；定点屠宰厂出厂的生鸡产品，必须要有“两标一证”，即市畜禽定点屠宰管理部门监制的肉品品质检验标志、动物卫生监督机构出具的检疫标志和检疫证明；从事生鸡产品加工、储藏、运输的单位和个人不得加工储运无“两标一证”的生鸡产品；从事生鸡产品销售的单位和个人以及宾馆、饭店、集体伙食等使用单位，必须销售、使用定点屠宰的生鸡产品；任何单位和个人不得向生鸡产品注水或注入其它物质，严禁任何单位和个人经营、加工、储运和使用注水或注入其它物质的生鸡产品。外埠进入市区销售生鸡产品的屠宰厂，除具备当地定点屠宰资格外，还要达到规模化、机械化、冷链屠宰加工运输条件。销售生鸡产品前要在石家庄市商务、畜牧兽医、民宗部门备案登记，并提供相关的资格资质证明和随肉品同行的检疫检验证明。

（刘宝芝）

【雨润·新乐生猪屠宰项目奠基】 6月28日，江苏雨润食品产业集团有限公司年生产120万头生猪屠宰加工项目在新乐市奠基，项目占地110亩，总投资约2亿元，主要建设屠宰车间、冷库及其他附属设施，项目建成投产后，年可实现产值10亿元，年利税1亿元。江苏雨润·新乐生猪屠宰项目由全国500强企业——江苏雨润食品产业集团有限公司投资建设。江苏雨润食品产业集团有限公司是一家以生产加工中西式熟肉制品为主，集生猪养殖、屠宰、分割、冷藏、农工科贸于一体的大型集团化企业，是首批国际级农业产业化重点龙头企业。新乐市是石家庄的生猪生产大县，年出栏39.81万头。该项目将极大地促进新乐市及周边地区养殖业的发展，带动交通运输、粮食生产加工、仓储、畜禽产品流通等，形成一个以猪肉屠宰加工为中心的覆盖400多平方千米的产业集群，实现以猪肉屠宰加工业、包装业、物流业等众多相关产业的共同发展，对促进养猪业的健康和持续发展起到积极促进作用。该项目实行“公司＋基地＋农户”产业化经营模式，通过龙头企业辐射，可带动石家庄市及周边县市6000户农民从事生猪规模化养殖，每年可使农民增收1.8亿元。

（温 婕）

【全国动物屠宰检疫工作现场会在石召开】 9月16日，农业部中国动物疫病预防控制中心组织的全国动物屠宰检疫工作现场会在石家庄市召开，各省、自治区、直辖市及计划单列市动物卫生监督所所长、主管科室科长，新疆生产建设兵团畜牧兽医站主管动物检疫工作站长、科室科长，河北省各市动物卫生监督所长等100余人参加会议，与会代表到栾城县畜牧局、动物卫生监督所及河北凯隆达食品有限公司现场观摩了生猪屠宰检疫工作情况，河北、山东、内蒙古3省区和石家庄市进行了大会交流发言。

【牧渔产品质量监管】 年内按照市政府《关于进一步加强生鲜乳生产收购监管工作实施意见》（石政发[2008]63号），市畜牧水产部门成立畜产品质量安全监督管理处；依据市编办《关于加强县（市）、矿区畜产品质量安全监管机构编制的通知》（市编办[2008]44号），各县（市）畜牧部门增设畜产品质量安全监管机构，养牛大县建立畜产品质量监测站。至年底，有16个县（市）发文成立监管机构，8个县（市）发文成立监测机构。全市基层动检分站均安排专人从事畜产品质量安全监管，明确村级协防员同时担负畜产品质量安全员职责。年末市、县、乡、村四级畜产品质量监管监测体系基本形成。制度建设，全市重点推行了第一责任人制度、监管责任人制度、质量追溯制度、举报奖励制度、产品退市制度

渔业执法人员正在对水产品市场准入情况进行例行检查

和质量监测制度等。监管责任人制度，全市对规模养殖场、饲料生产经营单位、兽药生产经营单位、奶站、定点屠宰企业、市区和县城区畜产品批发市场、超市全部落实了监管责任人和监管负责人，统一印发监管对象质量安全制度，统一制作《监管责任人公示牌》，明确第一责任人、监管负责人、监管责任人姓名和电话及市、县两级举报电话，上墙公示，形成全覆盖无缝隙责任监管体系。投入品监管，实行定期检查和随时抽查制度，全市共查处假劣饲料、兽药近20吨。年内石家庄市全面启动生猪产地瘦肉精速测工作，对出栏猪实行猪尿速测，全市37个超市和25个大市场统一发放“瘦肉精”速测卡，统一配备水浴锅、匀浆机等速测设备，有效遏制了非法添加瘦肉精现象。市场准入工作，创新实施了“监管部门、市场单位、社会中介检测”三方相互促进、相互制约的水产品市场准入工作措施，在全省率先实现批发市场水产品批批检测。3月12日，河北省政府对石家庄市水产品准入工作给予肯定，并在全省推广。年末石家庄市16个农业县（市）区陆续出台畜产品市场准入实施方案，正式启动县（市）城区畜产品市场准入工作。同时，在提升市、县两级检测能力上，市质监中心投资110万元增添了离子分析仪、氨基酸分析仪，投资70余万元购置了两台速测车；各县（市）区投入监管监测经费513万元，有10个县（市）配备了液相色谱仪，具备了化验三聚氰胺等物质的能力。至年末，市本级完成各项抽检任务30850批次，其中畜产品、兽药14626批次，水产品16224批次；县（市）区质量检测实现零的突破，共抽检3万批次。

【召开饲料兽药暨奶站整治会议】 3月1日，全市召开饲料兽药暨奶站整治动员会，市及县区畜牧主管部门领导和10家乳品加工企业、150家饲料企业、30家兽药企业、120家奶站主要负责人共400余人参加。会议围绕建设全国食品安全最放心城市、提高畜产品质量安全水平工作，对饲料、兽药、奶站及生鲜乳整治工作进行动员和安排部署，强调在新的形式下，一定要做好奶站监管工作，不能再出任何问题；饲料、兽药企业和生鲜乳收购站做到诚信有德、勇担责任、遵纪守法；严格落实质量监管制度和质量追溯制度。参会300多家饲料、兽药企业和生鲜乳收购站主要负责人在质量安全承诺书上签字。

【牧渔产品质量举报奖励】 12月1日，《石家庄市牧渔产品及投入品质量安全举报奖励办法（试行）》发布实施，对举报投诉受理范围、处理流程、奖励条件和办法、奖励资金来源和管理做出具体规定，同时正式运行牧渔产品及投入品质量安全举报监督电话台966006。确定奖励比例为：罚没款入国库金额10万元以下，按不超过3%的比例给予奖励；罚没款入国库金额在10万～30万元，按不超过4%的比例给予奖励；罚没款入国库金额在30万元以上，按不超过5%的比例给予奖励；举报人奖金额最高不超过3万元。

【兽药监察所通过计量认证考核】 12月18～20日，河北省质量监督局专家评审组对市兽药监察所进行了计量认证扩项和第二次复评审现场考核。评审组依据《实验室资质认定评审准则》，审查了兽药监察所管理体系是否现行有效，实验室环境条件、仪器设备配备和使用管理是否符合规定，以人员比对、样品复测等方式考核了兽药检测水平，对授权签字人、质量监督员、技术负责人进行提问，与有关人员座谈。通过现场考核，评审组一致同意市兽药监察所通过第二次计量认证复评审，同时批准新扩检测项目9项，累计总检测项目达到37项。

【奶站标准化建设】 至年底，全市共有奶站387家，全部取得生鲜乳收购许可证，安装了电子监控设备。奶站强化了散养入区、挤奶进厅、制度建设、站企挂钩、电子监控、抽查监测6个方面的措施，完善了卫生消毒、质量监测等制度，实行层层签订质量安全责任书和承诺书。奶牛实行入区饲养，在饲料、兽药、防疫、消毒、配种、鲜奶销售上落实六统一管理，小区推行分户留样制度。奶站全部纳入抽查检测范围，并由乳品企业派驻质量监督员，实现全程监督。成立市生鲜乳价格协调委员会，建立了合理的原料奶定价机制。乳品企业建立了固定的奶源基地，推行合同化管理。年末全市奶价回升，乳品销售基本恢复，奶业已度过最艰难时期，呈现出良好发展态势。

【全国生鲜乳收购站建设与管理现场会在石召开】 4月28～29日，由农业部组织的全国生鲜乳收购站建设与管理现场会在石家庄市召开。中央宣传部、工业和信息化部、公安部、监察部、商务部、卫生部、国家工商总局、国家质检总局等8个部委有关领导和各省(区、市）畜牧兽医部门分管厅（局）长及30个奶牛养殖大县畜牧主管局局长共160余人参加会议。与会人员参观了栾城县石家庄国富盛邦有限公司生鲜乳收购站、元氏县恒达牧业有限公司生鲜乳收购站，对石家庄市生鲜乳收购站建设与管理工作给予高度评价。

2009年4月28日上午，参加全国生鲜乳收购站建设与管理现场会的全体代表，共同参观了栾城县盛邦乳业公司

【扶持标准化养殖】 积极申报财政补贴项目，最大程度地扶持标准化养殖。全年共争取国家和省补贴资金6600余万元，其中奶牛小区(场)补贴项目资金4300多万元，蛋鸡规模场补贴项目资金900多万元，生猪规模化补贴资金1400多万元。年末全市已下拨补贴资金4000多万元。

【无公害产地认定和产品认证】 全年石家庄市完成无公害畜产品产地认定单位41家，通过农业部无公害畜产品认证3家。至2009年底，全市通过无公害畜产品产地认定单位达到218家，无公害畜产品认证产品39家，无公害水产品产地认定18家，无公害水产品认证品种18个。

【产业化建设】 全年共有畜牧产业化项目67个，计划总投资51亿元。其中，华牧海兰蛋鸡产业化基地（投资15亿元）、双鸽生猪产业化综合改造项目（投资10亿元）、石家庄明旺乳业有限公司乳品加工续建项目（投资3.7亿元）、石家庄永盛乳业有限公司高档系列乳制品项目（投资3.5亿元）等8个项目投资在亿元以上，7个项目（总投资24.69亿元）列入市政府重点建设项目，年末已开工建设项目40个。年内有6个畜牧行业项目列入石家庄市第二批新开工重点

2009年3月14日，国家蛋鸡产业技术体系岗位科学家与综合试验站举行对接仪式

建设项目，总投资15亿元，其中雨润集团投资2亿元的新乐市腾飞肉类加工有限公司120万头生猪屠宰建设项目完成后，年可实现增加值6000万元，年屠宰生猪占全市出栏量23.8%；投资2.5亿元的石家庄洛杉奇食品有限公司禽肉类产品屠宰及深加工项目完成后，年可加工生鸡3000万只，实现增加值10亿元，年屠宰生鸡占全市鸡出栏总量21%。年内全市畜牧类行业协会和农民专业合作经济组织建设日益壮大，县级畜牧类协会发展已达80个，畜牧类农民专业合作社达到366家。

（王荣申）

【华牧20万套父母代海兰蛋种鸡场项目投产】 2009年1月，石家庄华牧牧业有限责任公司在行唐县上方乡许由村村东山坡上，新建的中国华牧海兰蛋鸡产业化基地建设项目的一个子项目——华牧20万套父母代海兰蛋种鸡场项目投产。该项目是全国单场规模最大的“全进全出式”种鸡场，全部采用最先进的自动化设备，自动控温、控湿、通风，供水、供料、消毒、清粪也全部实现自动化。石家庄华牧牧业有限责任公司是国家级农业产业化龙头企业，中国家禽业协会会长单位，公司以蛋鸡良种繁育、饲料、兽药、品牌鸡蛋、有机肥为主要经营内容，至年底，公司存栏海兰祖代种鸡8万套、父母代100万套，分别占全国市场的25%和8%，已经成为全国蛋鸡业发展的种源基地和中国蛋鸡企业的领军企业。中国华牧海兰蛋鸡产业化基地建设项目总投资15亿元，是省政府批准的三批产业支撑项目中第一个农业项目。按项目规划，该公司将配合企业搬迁建设存栏14万套的祖代鸡场、存栏300万套的父母代鸡场和年孵化3亿只的孵化场、年产30万吨的饲料厂、年产值1.2亿元的兽药厂、25000吨的鸡蛋加工厂、2500万只鸡的加工厂、年产2.8万吨的有机肥厂，以及华牧工程技术研究中心、农产品物流中心等配套项目，整个项目共分3期5年完成。

（潘双清）

【“种猪诱变育种及配套体系的建立”项目研究基地揭牌】 10月5日，中国科学院动物研究所“种猪诱变育种及配套体系的建立”重大研究项目研究基地揭牌仪式在石家庄市牧工商开发总公司所属原种猪场举行。该研究项目由中国科学院动物研究所和石家庄市牧工商开发总公司合作实施，项目通过猪的诱变育种研究，规模化创造和挖掘家养动物经济性状及具有重要临床价值基因资源，借助分子生物学手段集成现有育种技术，结合前瞻性动物育种和转基因新技术研发，改进重要家养动物质量和总量，创建新的用于人类疾病研究的大动物模型。研究项目于2009年4月16日开始实验操作。

【全省畜禽标准化规模养殖暨良种繁育体系建设现场会在石召开】 12月23～24日，河北省畜牧兽医局在石家庄市召开全省畜禽标准化规模养殖暨良种繁育体系建设现场会。全省畜牧系统100多名与会代表参观了行唐县石家庄华牧牧业有限责任公司父母代种鸡场及东信奶牛养殖园、康源奶牛养殖小区2个标准化规模奶牛养殖示范场。此次会议对石家庄市畜禽良种繁育体系建设和标准化规模养殖取得显著成效予以充分肯定，指出石家庄市在蛋鸡良繁基地建设、散养牛入区、奶站电子监控、制度建设、奶款公示等方面为河北省树立了典型。

【犊牛白肉上高档国宴】 4月26日，农业部畜牧司、全国畜牧总站及省市有关领导和专家，在栾城县召开犊牛白肉产品市场开发研讨会，并到河北润达犊牛科技有限公司举行了“中国农科院肉牛研究中心科研基地、河北润达犊牛科技有限公司”揭牌仪式。年内栾城县河北润达犊牛科技有限公司成为“中国农科院肉牛研究中心科研基地”和“中国农科院畜牧研究所专利转化基地”，其乳饲喂养生产犊牛白肉被北京钓鱼台国宾馆选中，用于高档国宴，填补了国内高档牛肉市场的空白。

【渔业新种引进】 与河北省水产研究所合作，对江鳕人工养殖进行试验，历经3年，江鳕在非原产地全人工繁育、养殖技术在世界上首次获得成功。白斑狗鱼在国内首次成功实现规模人工繁殖，石家庄市部分池塘单、套养殖面积达到200余亩。裸鲤驯繁养殖，2009年石家庄市已成为全国除原产地青海省以外，唯一能够集亲本选育、苗种繁殖与培育、成鱼养殖于一体的裸鲤驯繁养殖产业基地。2002年起，石家庄市开始裸鲤引种驯化养殖，先后在赞皇县、井陉县建立2个试验示范基地，2005年成功繁育第二代，2008年成功繁育第三代。裸鲤驯繁养殖中，石家庄市解决了亲本选育和培育技术、苗种开口培育技术、专用养殖饲料、管理技术规范等难题，养殖规模迅速扩大，并向山东省、河南省、山西省提供鱼种3.4万尾。至2009年底，石家庄市裸鲤幼鱼存池规模达到10.6万尾，其中井陉县鱼泉冷水鱼开发公司、赞皇县正和水产良种场2个繁育基地有可繁殖亲鱼600余组，存池鱼池边价格达80元/千克，已形成产业优势。

【发展特色渔业】 中华鳖养殖，通过抓品牌、抓发展机制，抓工厂化养殖，全市中华鳖养殖面积达到2500多亩，温室110万平方米，年产鳖种1000多万只，商品鳖1800多吨。冷水鱼养殖，全市以井陉、赞皇2县为主，以流水养殖为主要模式，通过抓项目引进、充实备养品种、搞好技术协作、确定产区管理制度等措施，促进冷水鱼产业发展。年末，全市流水养殖面积达到1200余亩，有冷水鱼养殖企业20多家，年产量500多吨，在全国名列前茅。

【"全国第七次都市渔业论坛会议"在石举行】 7月17～19日，"全国第七次都市渔业论坛会议"在石家庄市举行。此次会议由中国渔业协会、石家庄市人民政府主办，市畜牧水产局承办。农业部委派中国渔政指挥中心、全国水产技术推广总站、中国水产学会、中国渔业协会和中国水产流通与加工协会有关领导到会指导。北京、天津、济南、郑州、成都、太原、西安、沈阳、石家庄9个城市的渔业主管部门负责人参加会议，会议重点组织北方地区省会城市就水产品市场质量安全监管工作进行专题交流和研讨，还就中心城市水产品市场准入工作体制、长远工作模式进行了探讨。

【开展增殖放流活动】 12月11～17日，石家庄市在黄壁庄水库组织开展渔业资源增殖放流活动，共放流鲢鱼、鳙鱼6.67万千克，投入放流资金40万元。此次增殖放流，由省渔政处、邯郸市渔政处及水库周边14位渔民代表全程监督，增殖放流鱼苗的数量、规格、质量均高于往年。石家庄市在黄壁庄水库组织开展渔业资源增值放流已连续进行5次，对提高水库渔业资源，维护库区生态平衡，增加渔民收入发挥了重要作用。

【市渔业治安办公室挂牌】 7月3日，市公安局和市畜牧水产局联合成立的市渔业治安办公室挂牌。2009年3月下旬，黄壁庄库区偷鱼、电鱼活动猖獗。为整顿渔业秩序，市公安局治安警察支队、市畜牧水产局水产管理处及水库渔政站对库区各种违法作业的船网人员进行了彻底清理。为巩固治安成果，建立长效机制，石家庄市决定成立市渔业治安办公室，并借鉴黄壁庄水库整治经验，对全市所有水库、河道等开放性水域加强管理，确保渔业资源不受破坏，水产品质量安全。

【行唐县口头水库渔业专业合作社荣获"农业部水产健康养殖示范场"称号】 年初国家农业部办公厅公布第三批农业部水产健康养殖示范场名单，行唐县口头水库渔业专业合作社在全国"水产健康养殖示范场创建活动"中通过农业部考核验收，被授予"农业部水产健康养殖示范场"称号。口头水库渔业专业合作社是石家庄市重点创建的水产健康养殖示范场，示范养殖面积300公顷。在示范养殖过程中，该社按照循环经济、资源节约、环境友好的理念，把推进水产养殖业增长方式转变贯穿于渔业生产全程，同时严格执行《水产养殖质量安全管理规定》，强化养殖日常监督管理，完善基础设施，优化养殖环境，取得了良好的社会效益。

（王荣申　黄　滨　陈素梅　戴建卫　王建刚　褚素欣　李　跃　李亚敏　李　辉）

林 业

【概况】 2009年，全市林业系统完成人工造林24.4万亩，新封山育林18.9万亩，零星（四旁）植树2142万株。果品产量225.9万吨，其中梨138.4万吨、苹果34.8万吨、红枣20.7万吨、桃10.6万吨、葡萄10.4万吨、柿子4.5万吨、杏1.3万吨、核桃21311吨、板栗6335吨、山杏仁1185吨、花椒4026吨。花卉种植面积3.3万亩，木材产量1.73万立方米，人造板产量111.9万立方米。林业产业总值69.1亿元，其中林木培育和种植38438万元、木材采伐1340万元，果品种植444995万元、花卉种植29096万元、野生动植物驯养繁殖927万元、果品加工21635万元、人造板91497万元、木质家具和木制品10399万元、木材加工1183万元、森林旅游与休闲产业7436万元。年内石家庄市实施了环城绿化工程、“5528”绿化工程、五河绿化、万树进村、百万亩封山育林、果树结构调整、森林防火、林业有害生物防治等建设项目30余项，其中退耕还林、太行山绿化工程、森林病虫害防治等项目列入中央扩大内需重点扶持范围。全年林业累计到位资金3.2亿元，比上年增长60.5%，其中中央财政投资1.5亿元，比上年增长37.2%；省级财政资金2167万元，比上年减少11.6%；市级财政资金7382万元，扣除统计口径误差，实际增长11.3%；县级财政资金7721万元，扣除统计口径误差，实际增长62.5%。按用途分，用于生态建设1.97亿元，其中退耕还林1.2亿元，太行山绿化3251万元；用于森林防火1374万元；林业有害生物防治562万元；生态效益补助258万元；科技教育178万元；国有林场扶贫35万元；林业工作站建设14万元；野生动和植物保护2万元；其他10486万元。全市林业产业总值69.1亿元，比上年提高11.27%，其中第一产业产值52.5亿元，第二产业产值14.4亿元，第三产业产值2.6亿元。

【社会各界参加植树活动】 3月3日，市政府召开春季造林绿化电视电话动员会，对造林绿化工作进行安排部署。3月12日，省会党政军领导，省、市及市内五区机关，鹿泉市机关干部，驻石部队和武警官兵，省会各界人士10000余人在鹿泉市山前大道韩庄道口西侧的西山省会义务植树基地和小壁林区参加了义务植树活动。3月21日，省、市党政军领导及省市四大办公厅机关干部、部队官兵、军队院校和省、市林业局干部职工1900余人在鹿泉市山前大道省会义务植树基地参加义务植树活动，参加植树的省领导有张云川、胡春华、车俊、刘德旺、付志方、臧胜业、刘永瑞、聂辰席、柳宝全、张和、武国堂等，市领导有艾文礼、刘云峰、刘瑞新、王增明、王华清、张树志等，参加植树驻石部队有陆军指挥学院、军械学院、武警总队、机械化步兵学院、防空旅等单位，栽植了“省级领导纪念林”、“市级领导纪念林”、“驻军部队纪念林”。植树节期间，市、县、乡各级党委政府主要领导，党政军机关、企事业单位、学校均带头参加义务植树活动。3月7日，第七届雷锋植树组500多名成员在小壁林区植树3000多棵，雷锋植树组活动已连续举办6年，成为省会每年春季义务植树的主力军，它把学雷锋活动与植树活动有机结合，赋予植树活动新的思想内涵。七年间，雷锋植树组在小壁林区种下的树木已达5000多棵，超过百亩。至年末，石家庄市共有474万人（次）参加义务植树活动，建立义务植树基地58处，面积2.58万亩，完成义务植树1670万株。

【造林绿化成效显著】 全市重点实施了太行山绿化、退耕还林、平原绿化、防沙治沙等四项国家级生态绿化工程和万树进村、5528、西山绿化、环城绿化、封山育林等五项市级林业生态建设工程。太行山绿化工程完成人工造林22.31万亩，封山育林新封14万亩，封山育林续封27.7万亩；退耕还林工程完成荒山荒地造林1.4万亩，新封山育林4.9万亩，封山育林续封43万亩；平原绿化完成0.05万亩；防沙治沙示范区建设0.25万亩。在市级林业生态建设工程中，环城绿化植树30万株；“万树进村”绿化植树1800万株；“5528”工程中“五河”绿化造林4万亩，农田林网建设228.7千米、折合造林0.52万亩；青银高速公路栾城、赵县段绿化23千米、造林0.17万亩；西山生态林建设植树29万株，折合造林面积0.53万亩；同时，继续以“封山”、“禁牧”为主题，以200万亩市级封山育林示范工程为带动，全市850万亩山场全部封禁。

【延长退耕还林工程补贴期限】 自2001年退耕还林工程实施，石家庄市共完成退耕造林42.3万亩，其中生态林40.36万亩，经济林1.94万亩。按照中央财政规定，每亩每年给予退耕户粮食补助140元，生活补助20元，生态林连补8年，经济林连补5年，石家庄市已累计得到退耕还林补助资金5.8亿元。年内部分退耕还林工程陆续到期，按照国家政策，到期后的工程继续给予每亩每年粮食补助70元，生活补助20元，另外每年还拿出相当于到期工程面积每亩70元的资金，用于巩固退耕还林成果，主要用于发展林下产业、农村节柴、家庭养殖、多种经营等项目。

【果品产业发展】 全年新栽果树8.3万亩，果园改接换头5.2万亩，新发展核桃5万亩，相继建成平山核桃、深泽克伦生葡萄、无极双矮苹果、新乐与正定黄桃、赞皇大樱桃等一批区域特色果品基地。平山绵核桃在第二届中国核桃大会上获金奖，平山县被中国经济林协会命名为“中国核桃之乡”。赞皇县在2009中国（沧州）枣产业发展年会上荣获“中国枣业10强县”称号。“赵县雪花梨”被国家商标局注册地理标志证明商标。元氏县时家庄艮发石榴基地的“艮发牌”太行红石榴、元氏县西岭核桃专业合作社选送的“西岭牌”西岭一号核桃在第十三届中国（廊坊）农产品交易会上被评为果王。

（乔建勇）

【平山县被命名为“中国核桃之乡”】 2009年，平山县被中国经济林协会正式命名为“中国核桃之乡”，是该县继中国第二届核桃大会上摘取绵核桃金奖后，获得的又一项国家级荣誉，也是石家庄市首个获此称号的县。平山县独特的环境非常适合核桃生长，所产核桃含油量高、仁满、肉厚，营养丰富，富含赖氨酸、红叶素及多种微量元素，医药保健价值很高。该县已经注册“平山绵核桃”地理标志商标。平山县从2008年起把核桃作为第一富民产业倾力培育，计划利用3－5年时间栽植40万亩，实现“人均一亩核桃树”，并通过栽植核桃树使全县森林覆盖率提高8个百分点。全县成立专门领导班子，县级领导分包乡镇、基地，从栽植、成活、管理到受益，一包到底。还连续出台多项引导扶持政策，县财政每年列支专项资金1000万元用于农民整地补贴，对重点核桃基地进行水利配套，对农副产品加工企业享受全县重点企业待遇等。截至2009年底，平山县栽植核桃树24.2万亩，居河北省首位；全县约5万余农户有自己的核桃林，建成500亩以上的核桃基地40多个，成立核桃加工企业十多家，核桃协会15家。

（范会成　马利强）

【小果型核桃新品种选育通过省级鉴定】 赞皇圣源园艺科技开发有限公司与河北农业大学共同选育的小果型核桃新品种“珍珠香”年内通过省级鉴定，为中国首个适合加工的小果型核桃新品种，填补了国内加工专用型核桃品种的空白。该品种坚果圆形，缝合线紧密，坚果小，适合炒制，平均单果重6.2克，硬壳厚度0.93毫米，出仁率56.8%，种仁颜色黄白，香味浓郁，口感酥脆，加工品质优良。

（焦莉莉）

【“赵县雪花梨”成功注册地理标志证明商标】 2009年，“赵县雪花梨”被国家工商行政管理总局商标局正式注册为地理标志证明商标，这是石家庄市继“赞皇大枣”后的第二件地理标志证明商标。赵县雪花梨，历史悠久，又名“象牙梨”。梨果成熟后肉质洁白无瑕，似霜如雪，有“大如拳，甜如蜜，脆如菱”之说。赵县雪花梨，栽培历史可上溯到2000多年以前，在秦汉时代就被历朝历代选作贡品进贡朝廷。同时，雪梨还对肝炎、肝硬化、高血压、冠心病等疾病有辅助治疗之功效，被誉为“中华名果”、“天下第一梨”。为保护“赵县雪花梨”这一传统品牌，赵县工商局经过充分论证和调研后，于2008年11月向国家商标局递交了“赵县雪花梨”地理标志证明商标注册申请。2009年10月

13日，“赵县雪花梨”地理标志证明商标正式获得初审公告。

【果品标准化生产】 全年果品主产区，特别是出口企业和出口果品专业化生产基地的无公害生产意识提高，管理措施进一步完善。晋州、辛集、赵县等鲜梨出口企业普遍采取“公司＋基地＋标准化”的管理模式，建立了一套从田间管理、采摘收获、加工整理、储藏运输等各环节的标准化生产体系和农残、有害生物防控监测体系，销售每箱产品采用电子标签，实现销售产品可追溯。全市大力推进有害生物综合控制措施（IPM）和良好农业操作规范（GAP），严禁工业“三废”排放，定期检测土壤、水分、空气，确保生产环境，杜绝禁用高毒农药的销售、使用。2009年9月21日，美国农业部组织专家对辛集市裕隆保鲜食品有限公司马庄梨果基地进行考察，是美国专家对河北、山东、安徽、山西4个对美梨果出口省份进行考察的唯一一个。美国农业部3名专家对裕隆公司马庄基地的果园记录、采摘运输加工记录、农药化肥使用记录、生产程序记录及地中海食蝇、桔小食蝇、瓜食蝇检测记录进行了详细查看，基地在病虫害防控、肥水管理、采摘加工各环节管理科学合理、记录齐全，得到美方专家的肯定。美国农业部专家对基地利用黑光灯预报虫情、利用粘虫胶防治害虫、利用食蝇性诱剂检测食蝇3项技术大加赞赏，高度评价基地梨果管理技术水平。年内，晋州市、赵县分别被河北省检验检疫局确定为出口鲜梨安全标准化生产示范县。

【果品质量监测】 到年底，全市23个县（市）区林业部门配备果品农药残留速测仪器70余台(套)，重点果品批发市场、出口基地、龙头企业建立了专门检测室。桥东区、桥西区引进上海博纳新技术研究所研制的“农产品质量安全监控信息系统”，在市内农产品市场设立质量检测点，并通过网络与速测设备相连，全面监控农产品市场果品(农产品）监测运行情况。赵县专门成立了果品质量安全监测大队。6月上旬，河北省林果桑花质检管理中心对石家庄市果品生产基地和市场进行抽样检测，共抽样21个，检测项目为甲胺磷、对硫磷、氰戊菊酯等27种农药残留，检测结果全部合格，均未超标。8月，在主要果品集中成熟上市时期，市林业局组织开展了果品质量安全百日会战行动，市、县、乡林业部门工作人员携仪器深入辖区果园进行抽查、检测。至年末，全市共检测果品样品9332个，其中市林业局抽检360个，合格率达98%以上。

【森林资源保护】 全年林木采伐13600立方米，发放林木采伐许可证341份。为打击林业违法行为，全市出动森林公安民警和林业执法人员1322人次，车辆296台次，查处案件71件，其中刑事案件1件，清查木材交易场收购站23处，木材经营加工场所44处，征用林地场点32处，抓获犯罪嫌疑职员1人，行政处罚78人，林政罚款70298元，收缴林木木材6立方米，林地3.4公顷，收缴违法所得5.7万元，收缴财物涉案价值4300元。全市救治野生动物150余只，有金雕、丘鹬、猫头鹰、天鹅等。在候鸟迁徙期，组织平山、赞皇、灵寿3个省级野生动物疫源疫病监测点和4个市级检测点实行日报、月报和快报制度，严控人和动物共患疫情疫病的发生。还组织开展了五一爱鸟周和“12·4”全国法制宣传日活动，有力提高了市民护林和对野生动物的保护意识。

【森林防火】 石家庄在3月中旬后，气温偏高、干旱少雨、风大草干，森林防火出现严峻形势。2月23日，市政府办公厅印发《石家庄市2009年春季森林防火工作实施方案》，就森林防火宣传月活动进行安排部署。3月3日，结合春季造林绿化电视电话动员会，全市对森林防火工作进行再度部署。3月14日，市政府召开全市森林防火工作紧急调度会议，紧急部署森林防火工作。3月15日，市政府办公厅下发《石家庄市人民政府办公厅关于全力做好当前森林防火工作的紧急通知》，确定在全市山区集中开展打击野外违法用火专项行动。3月19日，市长艾文礼在火灾现场召集市、县林业部门在场干部和工作人员召开森林防火调度会，要求林业局所有干部都要下基层督查森林防火。3月24日，市政府在鹿泉市召开全市森林防火现场调度会，山区8县（市）区长、林业局长、市护林防火成员单位等参加会议。3月30日，在收看全国、全省造林绿化和草原森林防火电视电话会议后，市政府随即召开全市造林绿化和森林防火工作电视电话会议，会上宣读了《关于对灵寿、赞皇、井陉森林火灾相关责任人责任追究的处理通报》。至防火期末，石家庄市共发生森林火灾13起，过火面积114.7公顷，森林受害面积54公顷。为加强森林防火，全市新增防火经费350万元，组建市级专业扑火队350人，储备防火物资200万元，山区8县（市）也分别组建70～150人的专业扑火队。至年末，全市共投入森林防火资金1450万元。

【有害生物防治】 全年林业有害生物发生面积89.3万亩，主要是美国白蛾、杨树病虫害类、红脂大小蠹、松毛虫、枣尺蠖、松阿扁叶蜂、椿科病虫害等。美国白蛾从原有新乐、正定、行唐三县（市）扩大到灵寿、深泽两县，发生面积4.43万亩。全市林业有害生物防治面积10万亩次，其中对高速公路绿化林带及滹沱河防护林带实行飞机喷药防治面积2.87万亩，美国白蛾防治面积3.73万亩。

【成立森林公安局】 9月4日，按照《石家庄市机构编制委员办公室关于市直森林公安机构编制事宜的批复》（石编办[2009]35号），将石家庄市林业局下属林业公安处撤销，设立石家庄市森林公安局，全称石家庄市森林公安局森林警察支队，为市林业局直属机构，纳入地方公安序列，实行市林业局、市公安局双重领导，规格为科级，编制8人。所辖井陉、赞皇两县经县编办批准成立森林公安分局。

【新增生态公益林】 年内，按照国家和省林业局统一安排部署，石家庄市新划定国家级生态公益林49.5万亩，启动省级生态公益林规划15万亩。至年底，全市国家级生态公益林面积达到94万亩，省级生态公益林达到15万亩。2001年起，国家林业局启动生态公益林补助试点，将大江大河源头两岸、水库周围、荒漠化等生态区位极为重要或生态状况极为脆弱地区的森林，以及为维护和改善生态环境，保持生态平衡，保护生物多样性等为人类提供公益性、社会性产品或服务的森林、林木、林地区划为公益林，并出台《中央森林生态效益补偿基金管理办法》，对确定的国家级生态公益林每亩每年提供5元生态效益补贴。

【集体林权制度改革】 2007年集体林权制度改革初始，一些地方基层干部对林权制度改革认识不足，为赶进度，出现应付差事，林权划分粗放，明分暗不分，合股经营多，落实到户少，有的一个村只发一个证，没有起到明晰产权的目的。2009年石家庄市对林地划分粗放进行细化，其中井陉县政府组织召开了全县集体林权制度改革再动员再部署大会，重点抓重新修改合同，大证换小证，把林权真正还给林农。至年末，石家庄市新发林权证7500本，完善2600本。年内，河北省林业局、河北省农村信用合作社、河北省财险保险有限公司联合下发了《河北省农村信用社林权抵押贷款办法》，为林农发展提供信贷支持；石家庄市林业部门对有林权证的项目给与优惠，林木采伐实行凭证采伐，无证不予受理；为促进林地合理流转，对建立林权交易市场等问题进行了深入调研。

【两项绿化工程启动】 2009年，石家庄市启动了西山生态林区绿化工程和石环路生态防护林带绿化工程。西山生态林区绿化工程是市政府2009年城市建设“三年大变样”重点项目之一，该工程地处槐安西路以西，鹿泉市山前大道西侧，规划总面积3391亩，树种以油松、桧柏、侧柏等常绿树木为主，五角枫、火炬等观叶树种为辅，栽植各种树木22.56万株，项目总投资2215万元；石环路生态防护林带绿化工程，规划在石环路辅路外两侧各建50米绿化林带，建设总面积3402亩，植树19万株，总投资850万元。

【容器育苗】 年内，赞皇、灵寿、井陉、平山4县引进4套轻基质无纺布容器快速成型育苗新设备，推广工厂化、机械化、智能化容器育苗新技术。容器育苗采用泥炭、珍珠岩、蛭石为原料，生产的容器苗具有基质透气、透水、透根性能好，可进行空气修根及容器重量轻、运输便利等优点，比常规容器育苗根系更发达、更易成活。繁育树种包括侧柏、刺槐、山杏、核桃、臭椿、油松、黄连木等。至年末，全市共完成容器鱼苗造林6.8万亩，造林成活率达到95%以上。

【批准 2 处省级湿地公园】 10 月 15 日，河北省林业局批准石家庄所辖井陉矿区清凉湾、平山冶河为省级湿地公园，并分别命名为“河北清凉湾省级湿地公园”、“河北冶河省级湿地公园”。

【驼梁晋升国家级自然保护区】 11 月 19 日，在国家环境保护部组织召开的第五届国家级自然保护区评审会上，石家庄市境内的驼梁自然保护区晋升为国家级自然保护区。驼梁自然保护区位于平山县境内，保护区总面积 21311.9 公顷，主峰海拔 2281 米，系河北省五大高峰之一，是太行山中段生物多样性最丰富、最具代表性的典型区域，属森林生态系统和野生动物类型的自然保护区。驼梁自然保护区森林生态系统发育良好，从山谷到峰顶分布着白桦、松柏、枫树等树种及灌木草本植物，涉及 102 科、686 个高等树种，植被覆盖率达 98%。陀梁自然保护区是国家大型水库——岗南水库、黄壁庄水库和滹沱河的主要水源涵养地，也是省会石家庄饮用水源地和京津地区备用水源地。

【赞皇荣获“中国枣业 10 强县”】 在 2009 中国（沧州）枣产业发展年会暨中国红枣电子交易市场开通仪式上，经全国枣专家现场调研和综合评定，赞皇县被中国果品流通协会授予“中国枣业十强县”荣誉称号。2009 年赞皇县大枣种植面积 45 万亩，无公害认证面积 43 万亩，大枣年产量 1.1 亿千克，产值 3.4 亿元，年人均增收突破千元；全县通过 QS 认证加工企业 61 家，年生产总值 300 万元以上企业 40 家，蜜枣产量 8000 余吨，年加工增加值达到 8000 多万元。

【谷荣敏获得全国百佳农产品经纪人称号】 年内，由中国农产品流通经纪人协会主办，中华全国供销合作总社、国家工商行政管理总局、中华全国妇女联合会、共青团中央等参与指导，辽宁省供销合作社、辽宁省铁岭市人民政府、东北物流城有限公司协办的“东北物流城杯”——全国首届百佳农产品经纪人评选活动中，谷荣敏获得全国百佳农产品经纪人称号。谷荣敏是石家庄所辖鹿泉市谷家香椿专业合作社负责人，1998 年开始从事香椿种植、生产、加工、销售，2001 年成立鹿泉市谷家香椿专业合作社，并注册“农字号”商标谷家香椿。2009 年，在谷荣敏带动下，所在乡 6 个村香椿种植户达到 400 多户，种植面积 3500 多亩，年产量 80 万千克，年销售香椿 30 万千克，专业合作社会员 320 多户，社员人均纯收入达 1 万元。

【人造板需求量回升】 年初，石家庄人造板产业受国际金融危机影响，出口受阻，国内建筑装饰市场低迷，产品需求量下降，人造板企业基本处于停滞状态。6 月，逐步恢复生产。至年末，全市人造板产量达到 111.9 万立方米，比上年减少 5%。其中胶合板 0.76 万立方米，刨花板 16.4 万立方米，纤维板 38.6 万立方米，细木工板 56.1 万立方米；产业总值 91497 万元，增加值 16863 万元，较上年略有下降。

【林果业遭受特大雪灾损失】 11 月 9 日至 12 日，石家庄市遭受 54 年来最大的暴雪灾害，造成林、果、花产业直接经济损失约 3.1 亿元。全市约 3 万亩（550 万株）林木、3.8 万亩（760 万株）果树不同程度的出现断枝、倒伏，约 12 万亩核桃、板栗、石榴等果树遭受冻害，直接影响第二年成活及果品产量；约 14 万平方米花卉温室大棚被积雪压塌，1.4 万平方米林果苗木温室大棚压塌或雪埋，7000 多平方米观赏型花卉苗木被积雪压折，直接经济损失近 5000 万元。桥西区西三教花卉市场倒塌 3/4，约 2 万平方米。高邑北方花卉交易中心，被积雪压塌 4 万平方米，30 万盆盆栽鲜花被毁，直接经济损失 1000 万元。裕华区君子兰基地，被积雪压塌 10 个大棚共 8000 平方米。灾情发生后，全市林业部门采取举办培训班、印制林果灾后管理技术明白纸等形式，指导林农、果农、花农抗击雪灾，将灾害损失降到了最低程度。

（乔建勇）

水 务

【概况】 2009年，全市水务系统以建设可持续发展水利为首要任务，把水利安全作为主题，把人水和谐作为追求，重点建设民生水利，积极推进和谐水利，加快建设现代水利，倾心构筑平安水利，同步打造生态水利，构建和完善保障有力的水安全、配置优化的水资源、和谐优美的水环境和现代化的水管理4大体系。全年完成中小型水库除险加固12座，整治河道堤防28千米，治理水土流失面积153平方千米，解决农村27万人饮水安全问题，新增节水灌溉面积31.7万亩。11月28日，石家庄市水务局举行揭牌成立仪式，标志市水务管理体制改革迈出实质性步伐。新成立的市水务局将防洪、供水、节水、水资源保护和管理等涉水事务，由多个部门管理划归一个部门管理，实现了水务管理一体化。

2009年11月28日，河北省副省长张和（左一）、石家庄市副市长张树志（右二）参加石家庄市水务局揭牌仪式

【重点水利工程】 滹沱河综合整治工程，4号水面工程完工，在京珠高速上下游形成150万平方米水面；1号橡胶坝主体工程完工，机电设备安装基本完毕；1号水面工程开工建设，河心岛边坡防护工程正在施工；4号水面子龙大桥以东50万平方米水面工程开工建设；滹沱河防洪综合整治工程可研报告由省发改委审批立项，列入河北省2009年第二批重点建设项目；1227亩收储土地地上附着物评估评审工作全部完成。滹沱河地下水库工程，依托中意合作华北平原地下水管理项目，完成地下水库入渗实验工作，累计引水1800万立方米，达到预期目的，正在对实验数据进行整理分析，建立地下水库数值模型。水库除险加固工程，列入国家水库除险加固专项规划的27座病险水库全部开工建设，完成2座中型水库和10座小型水库维修加固，横山岭、口头水库除险加固工程正在加紧施工，红领巾水库通过省水利厅组织的下闸蓄水验收。

（刘 鹏）

【百日会战整治滹沱河】 3月26日，滹沱河综合整治工程百日誓师大会在京珠高速公路滹沱河大桥下4号水面标段召开。誓师大会围绕加速推进省会城市建设"三年大变样"的要求，计划在5月底前实现4号水面工程具备蓄水条件。滹沱河综合整治工程坚持"统一规划、分期治理，政府主导、市场运作，注重生态、追求和谐，保障行洪、宜看宜憩"的原则，通过"水、堤、路、桥、岛、绿、景、居"的统一规划和综合整治，计划把滹沱河建设成为一条生态景观河、清洁的水源地和国家级森林公园、国家湿地公园及国家水利风景区，打造石家庄市生态高地和省会标志性工程。滹沱河综合整治工程分三期实施，工程从2007年开始，计划利用三年左右的时间基本完成。其中，一期工程治理范围为南水北调中线——京珠高速公路，全长10千米；二期工程为黄壁庄水库——南水北调中线，全长24千米；三期工程为京珠高速——藁城东界，全长36千米。

（赵石星）

【太平河全线贯通】 年内，太平河（赵陵铺跌水工程——田庄桥段）实现主体通水，全长17.45千米的太平河全线贯通。太平河发源于鹿泉市，汇入滹沱河。从石家庄市区北部流过，成为一条行洪河道，担负着市区泄洪、补水等重要任务。原河道宽度为40多米，狭窄淤堵，防洪标准不足10年一遇，两岸堤坝简陋缺损，存在较大洪水隐患。

2002年开始，石家庄市开展太平河综合整治工程，以改善城区西北部生态环境，为省会构筑一道防风御沙的绿色屏障，确保洪水不进市。2004年10月，太平河东段（赵陵铺跌水工程——滹沱河入河口）7.8千米河道，完成整治。随后,太平河西段（北新城—田庄桥）6.45千米河道，完成整治。从田庄桥至赵陵铺跌水工程3.2千米的河段，一直因种种原因未能进行改造整治，成为太平河的“卡脖子”河段。该河段实现主体通水，共新增水面约27万平方米。河段蓄水后，太平河与市区西北部水利防洪生态工程，构成了一个完整的防洪体系，使太平河市区段的行洪能力达到50年一遇标准，右堤（北防洪堤）达到200年一遇标准。

（靳晓磊）

【防汛抗旱】 全市平均降水561.7毫米，比上年偏少57.9毫米，比多年平均偏多23.4毫米，属平水年份。至年末，全市12座大中型水库蓄水9.72亿立方米，比上年同期少蓄水0.56亿立方米，其中汛期拦蓄洪水2.32亿立方米。印发《关于做好防汛工作的通知》，调整充实防汛抗旱指挥部成员，落实小水库汛期值班经费，汛前、汛中开展防汛工作大检查，修订完善各类防洪及避险转移预案，储备抢险物资464万元，组建群众性防汛抢险常备队476个、6.6万人。利用防汛会商系统举办了防汛重点乡镇长、村长、水务局长及防办工作人员培训班，在八一水库举行了水上救生演练，组织全市所有小水库下游、山地灾害易发区等重点防洪村群众开展避险转移演练。投资1000多万元，建成集视频会议、数据传输、语音通信、水库远程监视、雨水自动测报五位一体的防汛抗旱指挥系统投入使用。12座大中型水库配备了卫星电话，216座小水库配备了对讲机和手摇式报警器。20条万亩灌区引水3.2亿立方米，浇地185万亩次。

【旱情应急监测实施方案启动】 2月13日，全市为应对旱情发展趋势，加强旱情监测工作，为抗旱提供及时、准确、全面的旱情信息，制定了旱情应急监测实施方案并即日实施。该方案明确了组织机构和工作职责，并对两种监测方法做了具体规定，正常旱情监测的时间从2009年2月11日开始，每五日监测一次旱情，终止时间由河北省水文局根据旱情发展情况确定。全市20个旱情监测站75个监测地块全部进行旱情监测。封冻站点按封冻形式上报；应急旱情监测从2009年2月11日起，根据各县、市旱情监测和旱情预测发展情况和省、市防汛抗旱办公室统一安排进行应急测墒。方案要求，正常站和应急监测站监测以平均每县达到4个为基准，必要时适当加密，每次监测完成后编制旱情简报。石家庄市对应急监测站网进行了调整，临时增设应急站点31处，使整个旱情监测站点达到68处，基本覆盖了全市17个县（市）的各种地块，监测方法以便携式测墒仪和常规烘干法监测为主。

（冯金莲）

【防汛演练】 从7月10日开始，石家庄市进入主汛期。为应对可能发生的重大洪涝灾害和险情，7月3日，全市在八一水库进行防汛抢险实战演习，首次应用远程数字会商系统及移动图像采集系统进行指挥调度。在市水利部门防汛指挥中心大屏幕上，远在数十千米外的元氏县八一水库演习现场一目了然，指挥中心与现场指挥直接视频通话，指挥中心内不断发出各项演习指令。由省防汛机动抢险队、市水利物资服务站、元氏县水务局等部门组成的防汛抢险队圆满完成了管涌抢护、群众转移、冲锋舟水上救生、医疗救护等演习内容。此次演练规模之大，动用装备之多，为近年来少有。

（赵石星）

【农田水利建设】 全市累计完成投资7.9亿元，新建小型水源工程2223项，新打更新机井3636眼，修旧井6685眼，渠道防渗54.5千米，新增恢复改善灌溉面积90万亩。组织开展农田水利建设和灌区“优胜杯”竞赛评比活动，小型农田水利工程实施了井陉、灵寿等8个国家小农水建设项目，新建小型水源工程815处。编制完成《大、中型灌区续建配套和节水改造规划（2009～2020年）》和《农业综合开发规划及可研报告》，并上报省水利部门；印发《石家庄市2009年灌区管理工作实施意见》，组织开展灌区田间工程管理体制调研。完成冶河灌区2008年度农业水价综合改革项目验收，实施冶河、绵河、槐南、八一、磁左等灌区项目建设，灌区完成引水3.2亿立方米，实灌面积90万亩，浇地185万亩次。

（刘 鹏）

【3县（市）入选全国小型农田水利建设重点县】 年内，石家庄市所辖晋州、无极、行唐3县（市）被国家财政部、水利部确定为全国小型农田水利建设重点县。全国共400个县入选。入选3个县（市），每个项目县中央财政补助资金800万元，省级财政补助资金100万元。按照财政部、水利部有关要求，项目县以小型农田水利重点县项目为平台，整合各种专项资金，集中用于高标准粮田节水项目建设，经过3年左右建设，3个项目县基本完成县域内主要小型农田水利工程配套改造，达到农业生产条件明显改善、农业综合生产能力明显提高、抗御自然灾害能力明显增强的效果。具体建设任务和目标包括：每个县（市）建成不低于10万亩水源有保障、成方连片、节水功能完善的高产粮区。项目县（市）有效灌溉面积占耕地面积的比重达到70%以上，节水灌溉面积占有效灌溉面积的比例提高15%，或达到50%以上，其中高效节水灌溉面积达到30%。纯井灌区的管道输水灌溉、喷灌、微灌工程面积占该项目区节水灌溉工程面积比例达到90%以上；高效农业区的喷灌、微灌工程面积占该项目区工程面积比例达到50%以上；井灌区灌溉水利用系数平均不低于0.79；渠灌区灌溉水利用系数（大中型渠灌区斗口以下、小型灌区渠首以下）平均不低于0.65。项目县粮食综合生产能力提高10%以上。

（赵石星）

【节水型社会建设】 节水型社会建设试点通过国家水利部中期评估。农业节水，强化高标准节水农业综合示范区建设，发展节水灌溉面积31万亩，其中栾城县井灌区自主节水试点工作和《平原井灌区参与自主节水管理模式研究与示范》专题研究通过国家水利部验收。工业节水，编制完成《石家庄循环经济化工示范基地水资源综合利用规划方案》，把水资源评价指标纳入循环经济建设指标评价体系；完成鹿泉鼎新水泥厂等8个企业水平衡测试，上安电厂等3家企业率先在全国同行业实现污水“零排放”，全市65个节水试点企业达到省级节水型企业建设水平。生活节水，完成市民兵训练基地等单位节水项目建设，河北科技大学中水回用工程开工，石家庄市第五中学节水项目进入招投标阶段，栾城、新乐、元氏3县（市）生活节水项目建设全面启动。

【南水北调】 5月中旬，黄壁庄水库通过南水北调工程向北京应急供水结束，累计向北京供水1.66亿立方米。年内，南水北调工程完成京石段工程临时用地复垦3000多亩；完成南水北调总干渠市区段（桥西区、鹿泉市、新华区）12.27千米、3313亩总干渠永久征地范围内地面附着物外业核查工作，编制了征迁安置补偿方案，通过市政府审批；10月10日，市政府召开古运河以南段南水北调干渠征迁安置工作会议，到年底，南水北调工程古运河以南段外业核查工作完成，核查报告和征迁实施方案正在按河北省要求加紧编制。

【水库移民】 修改完善了《全市库区和移民安置区经济发展五年规划》。水库移民区基础设施建设，累计投入资金2068万元，开发荒山、造地156亩，修建硬化道路3万米，打修井168眼，建扬水站36处，建设文化中心3个，培训移民2600余人次。移民资金管理，全市对资金使用情况进行了检查，确保了资金安全。

【水土保持】 实施太行山国家水土保持二期重点工程，治理水土流失面积153平方千米。建立水土保持科技示范园区、水土流失警示教育基地、实验实习基地等户外教育基地，大力营造全社会保护水土资源的良好氛围。组织开展崩塌滑坡危险区及泥石流易发区划定和水土保持数据信息管理系统研发工作，配合国家水利部对滹沱河区域水土保持进行监测。加强生态供水工作，全年完成市区生态输水1800万立方米。

（刘　鹏）

【中科院农业水资源实验室在石建立】 年内，中国科学院农业水资源重点实验室在石家庄市建立。农业水资源重点实验室是针对华北水资源短缺的严峻局面，以农业水资源高效利用为目标，密切结合国家战略需求而设立。该实验室瞄准华北粮食安全、农业水资源可持续利用和农业可持续发展，从个体、田间和区域水平，研究水资源在农业中的消耗过程、影响机理和调控机制，开展农业水资源高效利用的理论和技术创新，为解决区域农业水资源管理提供方法和战略支撑。

（焦莉莉）

【中冶石家庄水务有限公司揭牌】 12月23日，石家庄市与中冶集团携手合作污水处理项目，中冶石家庄水务有限公司正式成立。中冶石家庄水务有限公司由中冶建设高新工程技术有限责任公司与石家庄市排水总公司共同出资建立。中冶建设高新工程技术有限责任公司是中冶集团公司控股下的独立企业法人，是一家以水务工程为主，以管理为依托的管理型公司；市排水总公司隶属于石家庄市城市管理局，主要从事城市道路、桥梁、广场、供排水等工程的施工建设。中冶石家庄水务有限公司成立后，采取企业化运营模式，主要任务为：负责管理、运营原桥西污水处理厂一期工程，并完成工艺升级改造；投资建设并运营原桥西污水处理厂二期工程；经营其他与供水和污水处理相关业务。

（靳晓磊　杨彩明）

【石家庄供水集团有限责任公司】 全年实现销售收入4.44亿元，利润亏损4450万元，与市国资委下达考核指标相比，实现减亏2101万元；实际完成产水量1.48亿立方米；完成售水量1.14亿立方米；完成计划投资7306.63万元；水费实收率95.01%；水质综合合格率99.9%；管网压力合格率98.46%；设备完好率99.87%；计量器具周检率100%；管网抢修及时率100%。完成裕华路、槐安路、二环路等多项供水管网调整、改迁工程，安装各类管道42.47千米。按照“涵养地下水、多用地表水”原则，积极实施用水结构调整，调停26眼外井，同比少采地下水1245.63万立方米。按照国家标准落实水质分析和检测，每日检测达到22项（次）。加强供水设施日常管理、维护与巡视，累计管网检修23511处，修漏4028处。完成计划投资项目159项，组织招标8项，审核工程项目76项，审减金额2049.68万元；签订合同40项，合同金额597.45万元，合同履约率100%；裕华路、槐安路、二环快速路等供水工程，争取政府投资5270多万元；水费清理往年欠费1200余万元，完成水表缩径换型218块。主动推进关停自备井，全年实现关停自备井100眼。户表改造累计受理申请7.13万户，签订改造协议2.73万户，进点施工2.62万户，工程竣工2.4万户。公司针对市政道路扩建、延伸工程较多，用户接水时间紧迫实际情况，实行增加节假日售水时间、增加售水点、定期开展技术咨询服务等3项便民措施，供水热线共接听电话40982次，处理各类供水问题11967起。

（刘永刚）

【水务管理】 启动水务一体化改革，起草完成《实施水务一体化的意见》。出台《石家庄市水资源综合规划》和《石家庄市水井开凿若干规定》。编制完成《沙磁河水源地调整方案》，组织开展地下水水质普查，完成全市水样采集及化验工作。全年换发取水许可证19个，审查水资源论证报告4个，审批取水许可申请3个，打击违法取水行为5起。横山岭水库水质还清工作进展顺利，4月16日水库开始放水，累计放水8200万立方米。修订、完善《全市226座水库大坝安全管理应急预案》，制定《石家庄市水库安全生产存在问题整改方案》，完成2008年度大中型水库安全检测资料整编工作，对大中型水库大坝位移进行了汛前观测。推进水管体制改革，《有关县（市）水管单位体制改革机构编制事宜》通过市编办批复。编制完成《泲河防洪规划（初稿）》和《沙河新乐段河道采砂规划》，完成3座中型水闸安全鉴定，审查涉河工程5项，办理河道采砂许可证46个。打击河道非法采砂行为，查扣各种采砂机械设备20余台，整治河道堤防28千米。

（刘 鹏）

农业机械

【概况】 2009年，全市农机系统以农民增收和新农村建设为中心，大力推广农机新技术、新机具，努力提高农机综合经济效益。至年底，全市拥有农业机械总动力1932.0万千瓦，比上年增长0.4%。其中，农用运输车46.2万辆，增长0.8%；大中型拖拉机2.4万台，增长13.7%；联合收获机械1.83万台（其中玉米联合收获机0.18万台），增长0.05%；机耕面积52.7万公顷，增长10.0%；机播面积65.7万公顷，增长0.9%；机收面积41.9万公顷，增长7.5%；发放农机购置补贴7807万元，受益农户近万个，拉动农民投资2.35亿元。玉米联合收获技术、小麦免耕播种技术、玉米秸秆青贮技术及小麦秸秆打捆技术、节水精播技术推广应用加快，全市共完成玉米联合收获128.7万亩，小麦免耕播种45.01万亩，玉米秸秆青贮240万吨，小麦秸秆打捆40万亩，节水精播技术推广8.1万亩。

【农机服务】 夏收时，全市小麦联合收割机保有量1.7万台，收前检修1.5万台，同时检修拖拉机、切抛机、铁茬播种机等其他各类机具12.4万台。农机培训，新训联合收割机手900人，复训6000人次，培训其他农机操作人员2.5万人次。维修和配件供应，农机部门筹措500万元零配件，抽调车辆、人员组成农机供应服务队，采取门市售货和送货下乡两种服务渠道，并与生产厂家联合做好“三包”服务。柴油供应，与石油供应部门联系沟通，提前筹备，合理调度、安排重点地区、重点时段和乡镇加油站资源，设立“农机加油绿色通道”，办理农机优惠，落实定点加油，24小时值班等措施，做到了足量、及时，满足生产用油需要。秋种时，加强机具调度，提高机具利用率；搞好技术宣传和新技术培训，对参加机播机手普训一遍，所有机手全面掌握了小麦精量半精量播种技术；利用电视讲座和发放明白纸等形式，教育农民认识土地耕整、适墒播种、播后镇压的重要性；加强农机与农艺结合，做到旋耕深度、播种深度、机器行进速度符合农艺要求，提高了小麦播种质量。

【跨区作业】 全市成立跨区作业领导小组，加强组织协调和监管。进行实地考察，对作物生长情况、作业价格、收割机保有量等作业环境深入调查，签订作业合同。建立健全汇报和信息反馈制度，对农机作业情况及时沟通，做到适时调整作业区域和地点。夏收时，全市组织小麦跨区作业收割机5000台，为农民增收1亿元；秋收时，组织玉米收获机50多台到黑龙江省大庆市肇东一带作业，作业面积15万亩左右，收入750多万元。

【小麦机械化保护性耕作】 全年举办培训班32期，培训农民8万人次，组织观摩会28次，建立永久型标示牌36块。麦收时节，组织9个县对小麦机械化保护性耕作麦田进行测产，全市小麦保护性耕作比常规播种亩平均增产22千克，共增产小麦990万千克；亩均节本34元，节本增收3300万元以上，取得良好的经济、社会和生态效益。至年末，全市小麦免耕播种面积达到45.01万亩，比上年增加11.6%。

【玉米联合收获】 7月28日，全市召开2009年农机新技术、新机具推广作业现场演示会，来自全国50多个厂家、上百种新机具进行演示作业，全市1万多人参加会议进行现场交流和观摩，收到良好的宣传和示范效果。至年末，全市共推广玉米联合收获机620台，实现机收面积128.7万亩，玉米机收率达25.1%，比上年增加6.1个百分点，节约作业成本2000万元以上。

（李君强）

【辛集研制出新型玉米剥皮机】 年

内，辛集市占虎农机有限公司研制出第四代占虎牌 5YB-1000A 型玉米剥皮机，并获取国家专利。该玉米剥皮机是在原机基础上改进而成，配套动力可用电动机和小拖拉机，经作业试验，效果理想，达到了最新设计要求，每个玉米的通过率由原来 5 秒提高到现在的 3 秒，剥净率由原来的 80% 提高到 95%，破损率有效降低，工作效率提高近一倍。

（焦莉莉）

【秸秆综合利用】 小麦秸秆，充分利用广播、电视、报刊等各种宣传媒介以及系列专题片、技术小册子等加强对机手进行技术培训，在不同区域推广适用利用技术，把小麦割茬高度控制在 15 ~ 20 厘米；依托造纸企业加大小麦秸秆打捆机推广力度，通过市场有效配置资源，积极协调机手与造纸厂签订麦秸收购协议确保购机户利益，并总结购机大户依靠打捆机致富经验，调动更多农户购机积极性；利用购机补贴资金加大秸秆新机具推广，全市共新增小麦秸秆打捆机 23 台，切抛机 1108 台，完成小麦秸秆收集打捆 40 万亩，切抛还田作业 480.1 万亩，还有 30 多万亩通过沤制、氨化、食用菌等多种方法消化。年内全市 557 万亩小麦秸秆全部得到有效利用。玉米秸秆，平原地区加大玉米联合收获机推广，实现玉米收获和秸秆还田作业一次完成，提高秸秆综合利用能力和玉米生产机械化程度；山区重点推广青贮机、铡草机、草粉机等小型秸秆加工机械，促进山区畜牧养殖业发展。年内，石家庄市秋收前玉米遭遇风灾大面积倒伏，按照市政府加大青贮力度和减轻农民损失的要求，全市积极调度青贮机具开展青贮，共完成玉米秸秆还田 345 万亩，秸秆青贮 240 万吨，氨化、微贮 50 万吨，玉米秸秆饲料利用率达到秸秆总量的 45%。年内，在全国秸秆综合利用会议上，石家庄市进行了典型发言，得到专家一致肯定。

【农机安全管理】 全市完成拖拉机注册登记 2169 台，拖拉机年检 3652 台；联合收割机登记 1107 台，联合收割机年检 1487 台；核发拖拉机驾驶证 858 本，核发联合收割机驾驶证 223 本，进行安全培训 14500 人。组织县（市）、区农机监理机构进行农机安全宣传，深入乡村、场院，集市、田间地头，发放资料，张贴标语，同时利用电视广播等媒体，广泛宣传，共出动宣传车 158 车次，印制资料 15600 多份。

石家庄市农业机械化管理处

处　长：康彦军

书　记：徐　峰

副处长：鲍明年　李伯男　李新平

（李君强）

农业综合开发

【概况】 2009 年，全市农业综合开发以中低产田改造为重点，大力打造高标准农田和粮食生产核心区，努力扶持畜牧业和农产品加工业，积极推进农业产业化经营和农业结构调整，创新机制，强化开发项目标准化、规范化、科学化管理，实现了农业增效、农民增收。至年末，全市争取农业综合开发财政资金 8068 万元，比计划投资 6973 万元增加 1095 万元。其中，土地治理项目 6132 万元，改造中低产田 7.59 万亩，生态建设 1.5 万亩，高标准农田示范项目 1 万亩；产业化经营项目 1936 万元，扶持农业产业化项目 21 个，其中贴息项目 10 个，财政投资 829 万元，补贴项目 11 个，财政投资 1107 万元。

【第七期农业开发项目验收】 5 月份，河北省农业开发部门对石家庄市第七期（2006 ~ 2008 年）农业综合开发项目的土地治理项目和产业化经营项目进行抽查验收，两类项目验收均顺利通过。其中，2008 年度土地治理项目平山县获得河北省“红旗县”称号，石家庄市被评为河北省先进市；2008 年度产业化项目《晋州长城 6000 吨果品储藏项目》获得河北省“优胜项目”。石家庄市第七期（2006 ~ 2008 年）农业综合开发项目三年完成投资 23511 万元，其中，土地治理项目完成投资11654万元，改造中低产田18.4万亩；产业化经营项目完成投资11857万元,扶持项目15个。整个项目工程建设标准高，经济效益明显。

【世行灌溉三期项目验收】 12月份，石家庄市世行灌溉三期项目顺利通过河北省农业开发部门检查验收。石家庄市世行灌溉三期项目为2005～2009年五个年度实施项目，总投资11406.6万元，其中，财政投资资金7474.5万元，改造中低产田22.8万亩。该项目承担4县（市）（辛集市、晋州市、无极县、正定县）科学规划，统筹安排，严格按照建设内容精心施工。至年末，全面完成2005～2009年度投资计划和建设任务。

【“都市型”休闲观光农业示范项目】 “都市型”休闲观光农业示范项目为农业综合开发支持新农村建设项目之一，位于藁城市区西10千米处，涉及岗上镇、九门乡、南董镇3个乡镇12个行政村，规划总面积3.64万亩。项目计划总投资4750万元，其中，农业综合开发中央财政投资资金2250万元，建设期限3年（2007～2009年）。至年底，该项目实际完成总投资11800万元，其中，农业开发财政投资2250万元，农民自筹资金投资850万元，部门整合资金投资700万元，企业资金投资8000万元，实际建设4.1万亩，完成计划的113%。项目所含水利工程、农业工程、林业工程等所有规划全部完成，已取得良好的经济效益、社会效益和生态效益。

石家庄市农业综合开发办公室

主 任：杜占贞（11月免）

彭占良（11月任）

副主任：石文吏 戚忠奎 韩文波

（张喜娟）

农业科技

【概况】 2009年，全市农业科技工作按照“新思路、新举措、新发展、新突破”的创新发展理念，以建设社会主义新农村和现代农业为总揽，以农业增效、农民增收为重点，以农业科技创新、转化和农村科技服务为主线，以提高农业科技支撑能力为目标,坚持“自主创新、引进消化、转化推广”相结合，抓科研、搞推广、促转化，农业科技水平实现了新提升。至年末，全市承担各级各类研究课题41项，取得新成果4项，审定新品种7个，组织验收、鉴定课题2项；推广主导品种40个，主推技术20项，组织农业技术培训2100余场，培训农民100万人次；建成基层农技推广区域站107个。

【粮食丰产科技工程】 石家庄市粮食丰产科技工程实施成功，小麦超高产攻关田建设取得突破。藁城市核心区60亩超高产攻关田产量623.3千克，实现了同一地块连续5年亩产620千克以上；辛集市马兰农场50亩超高产攻关田产量624.7千克；正定县、赵县高产攻关田产量超过和接近600千克。

【科技富民强县专项计划】 栾城县“生猪健康养殖及冷鲜肉加工配套技术示范”列入2009年国家富民强县专项计划,落实经费170万元；晋州市“优质鸭梨产业化技术集成与研究”列入2009年省富民强县专项计划，落实经费30万元，形成“果农+经济合作组织+龙头企业生产模式”；平山县“绿色核桃标准化生产基地”列入2009年省富民强县专项计划，落实经费40万元。

【农业科技成果转化资金项目】 按照《国家农业科技成果转化资金管理办法》，顺利完成2009年度国家农业科技成果转化资金项目的谋划筛选和申报等项工作。石家庄天泉良种奶牛有限公司承担的“应用奶牛PCR胚胎性别鉴定技术快速扩繁高产奶牛核心群”项目，列入2009年国家农业成果转化资金专项，安排经费50万元；藁城市农科所和赵县农科所分别承担的“超强筋冬小麦藁优2018中试示范”和“棉秆栽培双胞菇新技术新品种冀168示范”项目，列入2009年省农业成果转化资金专项，分别安排资金20万元。

【新农村建设科技示范村（试点）工作】 全年安排资金160万元，重点支持14个科技示范村建设，主要围绕产业发展和民生科技进行技术集成与示范，有效推动了示范村科技、经济社会发展，取得显著的科技示范效果。打造了以藁城市系井村为代表的综合型科技示范村模式，以晋州市周家庄第九生产队为代表的旅游观光型科技示范村模式，以鹿泉市邓庄村为代表的规模经营型科技示范村模式，以无极县北苏村为代表的企业拉动型科技示范村模式，以井陉县金柱村为代表的循环经济型科技示范村，以正定县新城铺村为代表的清洁生产型科技示范村模式，以平山县北马冢村为代表的生态家园型模式、以深泽县杜社村为代表的产业支撑模式和以矿区天户峪为代表的科技先导模式等9种科技示范村建设示范模式。其中，藁城市系井村、晋州市周家庄第九生产队、鹿泉市邓庄村、无极县北苏村、井陉县金柱村、正定县新城铺村和平山县北马冢村被列为河北省新农村科技示范村；石家庄市被省科技厅确定为河北省新农村建设科技示范工程示范市，成为全省首家也是唯一的示范市，在全省乃至全国树立了科技示范村建设示范样板。

（张志敏　李茂玲　郭建强　王凤楼）

工 业

工　业

概　述

2009年是石家庄市工业经济运行较为艰难的一年，受国际金融危机影响，化工、装备制造等基础行业效益水平较低，工业品价格持续低迷，出口严重受阻，工业生产增长压力明显，在国家、省一系列“保增长、扩内需”政策措施的调控下，特别是全市全面开展“帮企业、保增长”活动以后，从9月份开始工业增速逐月明显加快，经济回升向好的运行态势不断明朗并得到巩固，全年工业运行呈现“前低后高”的走势，生产和效益实现较好增长。

全年全市规模以上工业企业完成增加值1203.24亿元，同比增长13%，比上年同期回落0.23个百分点；实现主营业务收入4333.24亿元，增长9.71%；实现利税485.48亿元，增长25.99%，比上年同期提高15.32个百分点；实现利润298.95亿元，增长26.12%，比上年同期提高18.01个百分点；亏损企业172家，亏损企业亏损额30.58亿元，同比下降42.21%；工业品销售率98.09%，同比降低0.05个百分点；新产品产值60.53亿元，下降18.1%；出口交货值174.68亿元，下降14.8%，工业企业用电量250.62亿千瓦时，增长2.31%，同比提高1.58个百分点；工业投资906亿元，增长29.3%。与全省比较，2009年石家庄市工业增加值增速低于全省0.4个百分点，利税和利润增速分别高于全省24.18和26.04个百分点，三项指标分别居全省第7位、第3位和第4位。实现销售收入、工业增加值、利润总量在全国中心城市（44个城市参加汇总）分别居第16位、第18位、第12位。

到2009年底，全市规模以上工业企业2364家。其中，大型企业27家、中型企业198家、小型企业2139家。国有企业73家，集体企业125家，有限责任公司302家，股份有限公司119家，外商及港澳台资投资企业149家，私营企业1574家，其它企业22家。全部从业人员年平均人数54.74万人，总资产为2312.6亿元，资产负债率为56.94%；全市国有及国有控股企业129户，从业人员平均人数13.68万人，总资产为995.92亿元。

全市规模以上轻重工业比重为52.3∶47.7，工业增加值分别增长13.1%和12.9%。从各大行业的生产增长水平看，增速在15%以上的有：食品行业增17.9%、装备制造业增15.3%、轻工行业增15.1%；增速在15%～10%之间的有：建材行业增14.3%、纺织行业增12.1%、冶金行业增11.5%；增速在10%～5%之间的有：电子行业增9.9%、热电行业增9.4%、石化行业增8.3%、医药行业增7.3%。从效益情况看，因受石炼化同比大幅增利、东方热电计提减值准备、石钢公司基期利润较低等影响，行业间效益增长水平差距较大。其中增速较高的有电子、冶金（主要受石钢公司基期数较低影响）和建材行业，分别增长121%、50.9%和43.9%；其次是纺织行业增长24.9%，食品行业增长19.4%；医药、装备制造和轻工行业增长基本平稳，增速在10%～15%之间；化工行业利润下降33.1%，热电行业下降82.6%（主要受东方热电影响）。在全市146种工业产品（按统计局目录统计的大品种）中，90种产品产量实现增长，占61.6%(比上年同期高5.5个百分点)，其中40种产品产量增长超过20%。

17个县(市)(属地统计)共完成工业总产值3467.21亿元，占全市的78.21%，增长15.18%，高于全市7.19个百分点。实现利税374.04亿元，占全市的77.05%，增长17.18%；实现利润268.94

亿元，占全市的89.96%，增长18.69%。县域经济总量占到全市工业总量的78%左右，形成了辛集皮革、正定板材、高邑建陶、赵县淀粉、晋州纺织、栾城制药、新乐石材雕刻、鹿泉建材、矿区煤炭冶金、井陉钙镁、灵寿石材、深泽洗涤品等一大批特色优势鲜明的产业集群。全市年销售收入5亿元以上企业共96家，占全市规模以上工业企业总数的4.06%，共实现销售收入1803.36亿元，利税216.36亿元，利润115.36亿元，分别占全市规模以上工业的41.62%、44.57%和38.59%。其中：销售收入10亿～50亿元的企业35家，50亿～100亿元的企业有3家：石钢集团65.2亿元、辛集澳森52.6亿元、华药集团57.7亿元；过100亿元的企业有4家：敬业集团248.66亿元、石炼化153.22亿元、供电公司132.99亿元、石药集团105.27亿元。

2009年，受需求下降影响，50强企业生产不足，全年产销下降；同时受石炼化同比大幅增利影响，整体效益指标大幅增长。50强企业完成工业总产值1206.1亿元，同比下降4.12%，17家企业同比增长；主营业务收入1215.94亿元，下降2.61%；实现利税142.85亿元，增长81.8%，26家企业利税增长；实现利润59.6亿元，同比增长1.48倍，26家企业利润增长；亏损企业6家，亏损额16.56亿元。

PPI先降后升。国际金融危机对石家庄市经济产生较大影响，随着一系列宏观调控政策的落实，全市经济企稳回暖态势逐步明朗。工业品出厂价格指数（简称PPI）是反映工业经济运行的“晴雨表”。2009年，石家庄市PPI呈现出先降后升态势，工业经济企稳回升态势明朗。全年工业品出厂价格指数为94.55，比上年下降5.45%；原材料、燃料、动力购进价格指数为93.23，同比下降6.77%。2009年1月，石家庄市PPI跌破临界点100，负增长格局开始显现，前7个月下降幅度逐月扩大；从8月份起PPI降幅逐月缩小，到12月份首次出现正增长。九大类产品价格呈现“二升七降”，其中黑色金属材料类、化工原料类、有色金属材料和电线类下降幅度明显，同比分别下降16.36%、15.21%、10.64%；纺织原料类、燃料动力类、其它工业原材料及半成品类、农副产品类降幅较小，同比分别下降6.71%、5.76%、2.22%、3.1%。随着国家一系列扩内需、保增长措施继续实施，各项经济利好出现。在经济振兴计划刺激下，国内经济增速加快，各项投资资金落实到位，国内市场需求得到有力促进。同时，世界经济复苏，出口形势好转。国内和国际市场需求扩大，全市工业经济企稳回升态势日渐明朗，拉动工业产品价格止跌回升。

积极举办产需衔接洽谈会。9月2日上午，石家庄市举办重点建设项目与市内主要工业产品产需衔接洽谈会，帮助市工业企业开拓市场，推动全市工业经济实现平稳较快发展。组织大规模的产需见面衔接会，这在石家庄市还是第一次。此次洽谈会共组织可供全市重点项目选用的产品102种，产品规格达218种，其中涉及钢铁产品3种，建材产品14种，机电产品56种，其他产品29种，与全市12项重点建设项目进行对接。洽谈会上，七组共14家企业签订了约7亿元的意向书，包括：河北诚信化工有限公司与石药集团有限公司，苯乙醇，总成交金额3亿元；河北敬业钢铁有限公司与河北华通金属材料有限公司，螺纹钢4万吨，总成交金额1.6亿元；河北敬业钢铁有限公司与石家庄市国鑫金属材料公司，螺纹钢3万吨，总成交金额1.2亿元；鹿泉东方鼎鑫水泥有限公司与中铁物资集团华北有限公司，水泥20万吨，总成交金额6400万元；石家庄君乐宝乳业有限公司与保定会馆，乳制品，总成交金额3000万元；常山纺织股份有限公司与石家庄诺尔泰纺织品有限公司，全棉特宽幅坯布，总成交金额336万元；河北电机股份有限公司与石家庄三环阀门有限公司，电机68台，总成交金额106万元。

正定科技工业园6大项目开工。9月26日，河北航洋远大贸易有限公司绿色轮胎项目等6大项目在正定科技工业园同时开工建设。6大项目分别为河北航洋远大贸易有限公司绿色轮胎项目、石家庄波特无机膜分离设备有限公司搬迁项目、河北吉林工艺家具有限公司高档工艺家具生产项目、河北新大地机电制造有限公司高速铁路成套无砟轨道系统施工设备生产项目、石家庄百特工具有限公司年产300台灌溉设备生产线项目、石家庄正定金石铝业有限公司中空铝隔条生产项目，6个项目占地总面积311.75亩，总投资6.73亿元，单体项目投资规模1.12亿元。

2009年，石家庄市按照“四个不变、三个结合、三个加大和两突破一提高”的要求，完成既定的20家企业搬迁建设的任务目标。北方印染有限公司、塑料工业总公司2家企业完成停产关闭；同心化工有限公司、华南炭素厂、华药集团玻璃厂、华北蓄电池有限公司、业盛源纺织印染有限公司5家企业完成搬迁；快枪农药厂、九通兽药厂、汇源药业有限公司3家水源地企业完成搬迁改造及污染治理；油漆厂、华润药业有限公司、金石化肥有限责任公司、三环阀门股份有限公司、远征药业有限公司、常山纺织股份有限公司（一期）、明石染厂、滹沱河化肥公司、华北制药集团股份有限公司、永通化工10家企业完成主体建设。

表5　2009年度工业企业技术进步优秀项目汇总表

单位：万元

序号	企业及技改项目名称	所属行业	地址
1	石家庄中煤装备制造有限公司装备全铸无焊接中部槽的重型刮板输送机项目	装备制造	石家庄高新区黄河大道89号
2	博深工具股份有限公司超细Cu-Co基金属复合材料及制品实验生产线项目	装备制造	高新区海河道10号
3	河北华北柴油机有限责任公司TCD2015欧Ⅳ水冷柴油机技术改造项目	装备制造	石家庄市中山西路910号
4	河北太行机械工业有限公司整体搬迁项目	装备制造	石家庄市新华区
5	石家庄科一重工有限公司NILLES1250磨齿机改造项目	装备制造	石家庄市新华区车辆厂前街125号
6	南车石家庄车辆有限公司铁路货车新造技术升级项目	装备制造	石家庄市新华区车辆厂前街125号
7	河北农哈哈机械集团有限公司扩建2000台/年玉米联合收获机生产线	装备制造	深泽
8	河冶科技股份有限公司高合金特种材料系列产品产业化	冶金	石家庄经济技术开发区
9	敬业集团低温余热发电项目	冶金	平山
10	中国石油化工股份有限公司石家庄炼化分公司己内酰胺装置6.5万吨/年改16万吨/年扩容改造项目装置MIP改造	化工	长安区石炼路1号
11	中国石油化工股份有限公司石家庄炼化分公司14000标立/小时制氢装置	化工	长安区石炼路1号
12	河北威远生物100t/a甲氨基阿维菌素苯甲酸盐技改项目	化工	石家庄市长安区和平东路383号
13	河北东华化工集团5kt/a氨基乙酸及配套工程	化工	石家庄市东二环南路
14	河北正元化工股份有限公司加压连续煤气化技术改造	化工	河北省石家庄市新华区翔翼路6号
15	石家庄金石化肥有限责任公司生产装置改造项目	化工	石家庄市循环经济化工示范基地
16	石家庄金石化肥有限责任公司配套制氨及硝酸铵搬迁、配套制氢及尿素搬迁项目	化工	石家庄市循环经济化工示范基地
17	石家庄中冀正元化工有限公司合成氨节能改造项目	化工	无极
18	河北金源化工股份有限公司合成氨联产甲醇技改项目	化工	正定

（续表）

序号	企业及技改项目名称	所属行业	地址
19	石家庄新世纪煤化实业集团有限公司 990kt/a 捣固焦技改工程	化工	矿区
20	石家庄市新星化炭有限公司 6 条年产 5 万吨湿法造粒炭黑技改项目	化工	矿区
21	石家庄市合成化工有限责任公司离心机等设备节能改造	化工	赵县
22	河北吉藁化纤有限责任公司年产 7000 吨功能化竹纤维高技术产业化示范工程	化工	河北省藁城市
23	华北制药集团有限责任公司 、“设备填平补齐、挖潜增产”项目	医药	长安区
24	华北制药集团有限责任公司 、氨苄钠增产改造、万级洁净空调改造	医药	长安区
25	石药集团河北中润制药有限公司生物酶产业化技术改造项目	医药	石家庄市丰收路 47 号
26	石药集团河北中润制药有限公司中润制药污水处理改造项目	医药	石家庄市丰收路 47 号
27	石家庄以岭药业股份有限公司芪苈强心胶囊高技术产业化示范工程	医药	河北省石家庄市中山西路 276 号
28	石家庄四药有限公司软包装大输液自动生产线项目	医药	石家庄市汇通路 35 号
29	神威药业有限公司现代中药产业园综合制剂车间技改工程	医药	石家庄市栾城
30	石家庄常山纺织股份有限公司高档服装面料项目	纺织	石家庄市和平东路 161 号
31	鹿泉东方鼎鑫水泥有限公司 2000t/d 窑尾电改袋改造项目。	建材	鹿泉
32	石家庄君乐宝乳业有限公司日产 750 吨高档酸奶生产线项目	食品	石家庄市石铜路 68 号
33	河北鑫利粮油有限公司工艺流程改造	食品	藁城市
34	石家庄华莹玻璃制品有限公司玻璃窑炉节能技术改造项目	轻工	平山县孟耳庄工业区
35	河北玻尔陶瓷有限公司年产 600 万平方米高档墙地砖	轻工	赞皇
36	河北久源纺织有限公司超细纤维产品	轻工	元氏
37	河北迈尔斯通电子材料有限公司年产 100 吨液晶材料项目	电子信息	行唐
38	河北旭辉电气股份有限公司自动跟踪消弧线圈产业化	电子信息	石家庄开发区湘江道 226 号
39	东方久乐汽车安全气囊有限公司新增 20 万套 / 年汽车安全气囊项目	电子信息	新乐市南环路 132 号
40	河北申科电子股份有限公司精密微型互感器产业化	电子信息	辛集

表 6　石家庄市 2007～2009 年淘汰落后产能汇总表

计量单位：万千瓦、万吨

归属	企业名称	淘汰落后产能	主要设备
2009 年：《关于下达 2009 年和清算 2007～2008 年淘汰落后产能中央财政奖励资金预算指标的通知》（石财建[2009]202 号）			
行唐县	河北晨光水泥有限责任公司	62	① 3.2×10 机械化立窑 2 台　② 3.2m×11 机械化立窑 2 台、生料磨 3 台
行唐县	河北长城建材有限公司	15	① 3.10m×11 米机械立窑 1 台　② 3.2m×11 米磨机 1 台　③ 3.20m×13 磨机 1 台
平山县	平山县平岳建筑材料有限公司	22	① 3m×11 米机立窑 1 台　② 3.20m×11 米机立窑 1 台　③ 2.40×11 米磨机 1 台　④ 2.60×13 米 1 台
辛集市	河北天塔山建材有限责任公司	20	① 2.5m×8.5m 机立窑 1 台　② 1.83m×6.4m 生料磨 1 台　③ 2.84×10m 机立窑 1 台
元氏县	元氏县槐阳热电化工有限责任公司	2.25	汽轮发电机组 2.25 千瓦
新乐市	新乐市桥东水泥厂	16	① 3.20m×11 机械化立窑 1 台　② 2.40m×11 米球磨机 1 台，2.40×8.00 米球磨机 1 台
新乐市	新乐神马实业股份有限公司	23	3.0m×11 机械化立窑 1 台、3.0m×10 米机械化立窑 1 台，2.40×11 米球磨机 2 台
市本级	石家庄焦化集团有限责任公司	25	炭化室高度 2.8m 焦炉 1 座
井陉县	大唐微水电厂	11	常规燃煤凝汽火电机组＃ 4 机组、＃ 5 机组
井陉县	井陉华瑞发电有限责任公司	0.72	常规小火电机组＃ 6 机组、＃ 7 机组
井陉县	石家庄市亚雄水泥厂	25	① 3m 机立窑 2 台　② 1.83 米 ×7 米磨机 5 台
井陉县	河北上安水泥有限公司	24	① 3.0m×11 米立窑两台　② 2.2m×6.5 米球磨机 1 台　③ 1.83×9 米球磨机 4 台
井陉县	北京铁路局岩峰水泥厂	12	① 3.0m（标准为 2.80 米）×10 米立窑 1 台　② 2.2m（改造后为 3 米）×6.50 米球磨机 2 台
井陉县	河北红旗水泥有限公司	35	① 2.85m×8.5 米机立窑两台　② 3.0m×11 米机立窑 1 台　③ 1.83×8 米（标准 6.4 米改造）
井陉县	石家庄市井陉南石门水泥厂	30	① 2.8m×10 米立窑 1 台　② 3.2m×12 米 1 台　③ 2.2×7 米球磨机 1 台　④ 2.2×9.5 米球磨 1 台
灵寿县	灵寿县世升建材厂	35	① 3.20m×11 米机立窑 2 座　② 2.40m×7.50 球磨机 1 台　③ 2.60×13 米球磨机 1 台
灵寿县	石家庄强力水泥厂	15	① 3.20m×12 米机立窑 1 座　② 2.40m×8.00 球磨机 1 台　③ 2.60×13 米球磨机 1 台
灵寿县	灵寿县松阳建材有限公司	15	① 3.20m×11 米机立窑 1 座　② 2.20m×7.50 球磨机 2 台
灵寿县	河北三兴焦化有限公司	20	炭化室高度 2.8m，焦炉 70–6 型焦炉 2 组、配套设备：推焦车、熄焦车、拦焦车、加煤车、化产区、煤气柜
灵寿县	河北高峦建材有限公司	35	① 3.20m×13 米机立窑 2 座　② 2.20m×7.50 球磨机 2 台
灵寿县	灵寿县水泥二厂	15	① 3.20m×12 米机立窑 1 座　② 2.40m×8.00 球磨机 1 台　③ 2.60×8.50 米球磨机 1 台
栾城县	栾城县惠源建材有限责任公司	10	3.0m×11 米立窑 1 台及球磨机等设备
正定县	正定塔城水泥有限公司	10	3.0m×11 米机立窑 1 台及附属设施

（续表）

归属	企业名称	淘汰落后产能	主要设备
矿区	石家庄矿峰水泥股份有限公司	12	① 3.2m×11 米机立窑 1 座、球磨机 ② 2.2m×6.5m 1 台、球磨机 ③ 2.2×8m 1 台、烘干机 1 台
矿区	石家庄市井陉矿区特种水泥厂	16	① 2.7m×46m 回转窑 1 条 ② 1.4 ～ 1.6m×26m 回转窑 1 条、球产线 1 条
矿区	石家庄市井陉矿区红星水泥有限公司	60	① 3.6m×12 米机立窑生产线 2 条 ② 3.2m×10 米机立窑生产线 1 条
矿区	石家庄市井陉矿区太行水泥有限公司	12	3m×10 米机立窑 1 台、磨机 2 台
矿区	石家庄凤凰建材工业有限公司	20	① 3m×10 米机立窑 2 座、磨机 ② 2.2m×7 米 2 台、风机 300 立方米 2 台、烘干机 2.4×12 1 台
矿区	河北垂虹建材股份有限公司	15	① 2.5m×40m 回旋窑 1 台 ② 2.2m×6.5m 磨机 1 台、1.5×12m 烘干机 1 台
矿区	石家庄佳正实业有限公司	10	炭化室高度 2.52m，66-4 焦炉及对应的配煤系统和发电系统生产线
鹿泉市	衡水桃城水泥有限公司	12	2.5m 机立窑 2 条、生料磨 1 台
鹿泉市	河北新生水泥厂	13	2.84m 机立窑 2 条、生料磨 1 台
藁城市	河北宏昌建材有限公司	20	2.9m×10m 机立窑两台 输送机、风机、成球机、破碎机等配套生产线
藁城市	石家庄市第二水泥厂	15	① 2.9m×10m 机立窑 1 台 ② 2.5m×10m 机立窑 1 台 \ 鼓风机、输送机、破碎机、提升机等配套生产设备
赞皇县	河北特种水泥有限公司	53	① 2.5m×8.5m 机立窑 1 台 ② 2.9m×10m 机立窑 1 台 ③ 3.0×11m 机立窑 1 台 ④ 2.5m×42m 干法中空窑 1 台 ⑤ 2.2/2.0m×40m 干法中空窑 1 台 ⑥ 3.2m×11m 机立窑 1 台
赞皇县	赞皇县富隆水泥有限责任公司	30	3.2m×11.5m 机立窑 3 条
高邑县	河北凤达水泥有限公司	40	① 1.83m×7m 立窑 4 条 ② 2.2×6.5m 生料磨各 1 台 ③ 2.2×7m 生料磨两台
高邑县	高邑县水泥二厂	20	3m×11 米机立窑 2 台
2008 年：《关于清算 2007 年和下达 2008 年淘汰落后产能中央财政奖励资金预算指标的通知》（石财建 [2008]258 号）			
市本级	国营石家庄第二印染厂	0.3	2 台 SHL20-2.45/400 蒸汽锅炉，2 台 B1.5-24/3 背压式汽轮发电机组
矿区	石家庄新世纪煤化实业集团有限公司	5	70 型焦炉对应的配煤系统及生产系统
矿区	石家庄市洪州水泥有限公司	8	2.2m×6.5m 磨机 2 台、2.8m×10m 机立窑 1 座
矿区	石家庄市磊鑫水泥厂	12	3m×11m 机立窑 1 座、2.6m×8m 磨机 1 台、1.5m×12m 烘干机 1 台
矿区	河北垂虹建材股份有限公司	8	2.8 米 ×10 米机械化立窑 1 座，2.2×6.5 米磨机 1 座，1.5×12 米烘干机 1 台
矿区	石家庄矿峰水泥股份有限公司	18	2.8×10 米机械化立窑 2 座，2.2×6.5 米磨机 4 台，1.5×13 米烘干机 1 台
栾城县	栾城县惠源建材有限责任公司	10	2.6×8.5 米机械化立窑 1 座，3×11 米机械化立窑 1 座，风机、成球机、破碎机、输送机、提升机、搅拌机等
高邑县	高邑县水泥二厂	6	2.5 米 ×10 米机立窑 1 台，2.2×7 米生料 1 台，2.4×11 米水泥磨 1 台

（续表）

归属	企业名称	淘汰落后产能	主要设备
元氏县	石家庄市慧王水泥有限公司	20	3m 机械化立窑 2 座
晋州市	晋州市水泥有限责任公司	18.8	2.5m 机械化立窑 1 座、3m 机械化立窑 1 座、石灰石破碎系统、管磨机
鹿泉市	磊鑫建材有限公司	10	3m 机械化立窑 1 座
鹿泉市	曲寨建材厂	40	3m 机械化立窑 4 座
鹿泉市	鹿泉市同阁水泥厂	10	3m 机械化立窑 1 座、生料磨
鹿泉市	河北盛狮建材有限公司	7	2.5m 机械化立窑 1 座
鹿泉市	鹿泉市鹿宇建材有限公司	10	3m 机械化立窑 1 座、生料磨
鹿泉市	鹿泉市东建水泥有限公司	10	3m 机械化立窑 1 座
鹿泉市	鹿泉市宏达建材有限公司	10	3m 机械化立窑 1 座、生料磨
鹿泉市	石家庄德益建材有限公司	10	3m 机械化立窑 1 座
鹿泉市	鹿泉市北新建材厂	10	3m 机械化立窑 1 座、生料磨
鹿泉市	鹿泉永乐建材厂	8	2.5m 机械化立窑 1 座
鹿泉市	河北铁狮建材有限责任公司	50	3m 机械化立窑 5 座、生料磨
鹿泉市	石家庄市鹿源建材有限公司	8	2.8m 机械化立窑 1 座、生料磨
鹿泉市	鹿泉市中山建材有限公司	20	3m 机械化立窑 2 座、生料磨
鹿泉市	鹿泉市华恒水泥厂	8	2.55m 机械化立窑 1 座、生料磨
鹿泉市	鹿泉市东达建材厂	8	2.8m 机械化立窑 1 座
鹿泉市	鹿泉市强力水泥厂	10	3m 机械化立窑 1 座、生料磨
鹿泉市	鹿泉市汇源建材有限公司	10	3m 机械化立窑 1 座、生料磨
鹿泉市	鹿泉市恒源建材有限责任公司	10	3m 机械化立窑 1 座
鹿泉市	石家庄市天庆建材有限公司	10	3m 机械化立窑 1 座
鹿泉市	鹿泉市红星建材厂	10	3m 机械化立窑 1 座、生料磨
鹿泉市	鹿泉市永鑫建材有限公司	10	3m 机械化立窑 1 座、生料磨
鹿泉市	鹿泉市冀科水泥有限公司	10	3m 机械化立窑 1 座、生料磨
鹿泉市	城榕建材公司	16	3m 机械化立窑 2 座
鹿泉市	鹿泉市鼎晟建材厂	20	3m 机械化立窑 2 座、生料磨

（续表）

归属	企业名称	淘汰落后产能	主要设备
鹿泉市	河北金狮建材有限公司	20	3m 机械化立窑 2 座、生料磨
鹿泉市	鹿泉市长城水泥厂	30	3m 机械化立窑 3 座、生料磨
鹿泉市	河北银狮水泥有限公司	10	3m 机械化立窑 1 座、生料磨
鹿泉市	曲寨水泥厂	30	3m 机械化立窑 3 座
鹿泉市	鹿泉市巨牛建材厂	10	3m 机械化立窑 1 座、生料磨
鹿泉市	石家庄市水泥有限公司	20	3m 机械化立窑 2 座
鹿泉市	石家庄市中山湖建材公司	10	3m 机械化立窑 1 座、生料磨
鹿泉市	河北新生水泥厂	9	2.84m 机械化立窑 1 座、生料磨
鹿泉市	衡水桃城水泥有限公司	9	2.75m 机械化立窑 1 座、生料磨
鹿泉市	鹿泉市长城建材有限责任公司	30	3m 机械化立窑 3 座
鹿泉市	河北省九里山建材有限公司	20	3m 机械化立窑 2 座、生料磨
鹿泉市	石家庄市鹿建水泥有限公司	10	3m 机械化立窑 1 座、生料磨
2007 年：《关于下达 2007 年淘汰落后产能中央财政奖励资金的通知》（石财建 [2008]114 号）			
市本级	石家庄铝业有限公司	2	75KA×80 电解槽
市本级	石家庄光华余热发电厂	4.6	1.2 万千瓦机组 3 台，1 万千瓦机组 1 台
元氏县	元氏县槐阳热电厂	7.55	0.15 万千瓦机组 1 台，2.4 万千瓦机组 1 台，5 万千瓦机组 1 台
鹿泉市	石家庄水泥厂	50	2.85×10 米立窑 2 条，3.6×70 米回转窑 1 条
鹿泉市	石家庄威远水泥有限公司	40	2.9×10 米立窑 1 条，3.0×10 米立窑 2 条，2.8×10 米立窑 1 条
鹿泉市	鹿泉市太行建材厂	8.8	2.5×10 米立窑 1 条
鹿泉市	石家庄环山建材有限公司	7	2.4×8.5 米立窑 1 条
鹿泉市	石家庄市青石岭水泥厂	10	2.8×10 米立窑 1 条
鹿泉市	鹿泉市冀力建材有限公司	8.8	2.5×10 米立窑 1 条
鹿泉市	鹿恒建材有限公司	8	2.5×8 米立窑 1 条

（王　刚　高　峰　周计刚）

医药工业

【概况】 2009年末，全市医药行业共有规模以上企业59家，完成工业销售收入285.60亿元，实现利税47.38亿元，同比分别增长8.31%和10.74%，从业人员达6万人。重点企业主要有华药、石药、神威、华曙、河北圣雪公司、科迪药业、以岭药业等。产品结构已由过去单纯以抗生素原料药为主，转变为以半合成抗生素、生物工程产品、维生素系列产品、中药及其它类型产品构成的五大产品系列为主、原料及制剂并重的新格局，形成了全国最大的抗生素、维生素、半合抗生产基地和全国重要的生物制药、中成药生产基地。全市医药行业共有医药生产、医疗器械、医药包装企业289家，可生产化学药和中成药18种剂型644种产品近千个规格；可生产化学原料药12大类29种产品，年生产能力32万吨，占全国总生产能力的30%。青霉素、维生素C和土霉素产量，分别占全国总产量的40%、60%和90%，占世界总产量的16%、20%和65%。石家庄化学原料药产量居世界第一的有青霉素、V_C、7-ACA、柯柯豆碱和土霉素等；居全国第一的有链霉素、无水葡萄糖、阿维菌素等；制剂品种居全国领先地位的有青霉素粉针、阿莫西林、链霉素、洁霉素、头孢唑林、头孢拉啶、头孢氨苄等10余种，是全国最大的抗生素粉针生产基地，有国家级企业研究机构5个，有全国一类新药2个，同时石家庄市也是国家级生物医药产业基地之一。

（吴晓华）

【创新中药“芪丹通络颗粒”获准生产】 6月13日，国家863计划重大科技攻关项目、河北中唐医药集团创新中药“芪丹通络颗粒”成果汇报会在国家科技部举办，国家科技部、卫生部、国家发改委、国家工商总局的有关领导，市政协副主席朱增海，以及省市有关部门的负责同志参加了成果汇报会。成果汇报会上，来自中国中医科学院、中国协和医科大学、中国中医研究院等国家医学机构的有关权威专家结合各自临床实验、药效学试验、急性毒理和慢性毒理试验报告，对这一现代中药进行了评定发言，并对其问世的重要性和药效给予高度评价。国家“863”计划临床组组长、中国中西医结合学会糖尿病专业委员会主任委员林兰教授指出，芪丹通络颗粒为广大糖尿病患者带来了福音，具有里程碑的意义。河北中唐医药集团成立17年来，坚持科研创新，研发治疗糖尿病周围神经病变的纯中药“芪丹通络颗粒”，被国家科技部、卫生部定为“九五”、“十五”、“863”计划的重大科技攻关专项“创新中药与中药现代化示范项目”。2009年“芪丹通络颗粒”一期生产线在石家庄国家生物产业基地建成，拟投资超亿元的二期生产线正在积极筹备中。

（刘 娴）

【河北医药物流中心开工建设】 9月30日，由石药集团和乐仁堂医药集团共同建设的河北医药物流中心在正定国际物流园奠基。省委常委、副省长杨崇勇，省政府副秘书长王会勇，副市长张殿奎，市政协副主席韩宪章及省市相关部门的负责同志出席奠基仪式。河北医药物流中心暨石药乐仁堂医药物流中心项目分两期建设，一期工程总投资5亿元，占地面积270亩，总建筑面积30000平方米，其中20000平方米为现代化仓储配送设施，10000平方米为办公楼等配套设施。项目预计2010年7月完工，2010年10月投入运营，系省级（石家庄）物流中心。二期工程总投资3亿元，2011年开建，重点建设唐山、廊坊、邯郸、张家口4个物流分中心和直至终端的信息系统，通过1个中心和4个分中心，使药品配送覆盖河南、山西、内蒙古、北京、天津、辽宁、山东等省市。医药物流中心建成后可形成有效的药品经销网络和配送体系，对国家确定的基本药物实行定点生产、集中采购、统一配送，有利于规范经营秩序，保障药品的安全和质量。同时，也将促进河北省、石家庄市医药、现代物流业两个主导产业的振兴和发展,迅速拉动地方经济增长,增加财政收入和就业岗位。

（范玉蔷）

【药博会合同意向达 2.2 亿元】 10月20日，为期三天的石洽会顺利落幕。大会期间举办的第四届中国·石家庄国际医药博览会也吸引了近万名专业采购人员，本届药博会合同意向达到2.2亿元，较2008年增长1倍。本届展会共有来自省内外的200余家医药企业参展，设特装展位15个，标准展位200个。其中，省外144家，省内22家，市内35家，省外企业占70%。有太极集团、国药控股、扬子江药业、华药集团、石药集团、石家庄四药、神威药业、以岭药业等一批实力强、知名度高的企业参展。博览会展览面积10000平方米，展馆一层主要区域设置15个特装展位，设计理念新颖，色彩时尚、协调，进一步提高了展览水平和档次。第四届中国·石家庄国际医药博览会首次开通了网上展会，网上药博会是集推广、导引、展示、交流四大功能于一体的综合性、国际性的网上平台，以第四届中国·石家庄国际医药博览会实体展会为依托，有200多家国内医药企业参加了网上展会。网上药博会打破了时间与空间的局限，使客户双方建立起一对一、一对多和多对多的垂直接触，实现参观者与参展单位的网上互动，扩大药博会的覆盖面，增强了药博会的影响力。

（刘宝芝）

【多家医药企业入选省百强】 年内，石药集团有限公司、华北制药集团有限责任公司、石家庄乐仁堂医药股份有限公司、河北东盛英华医药有限公司等四家医药企业入选省百强企业，并分列第30位、第40位、第60位、第73位。同时，石药集团有限公司、华北制药集团有限责任公司、神威药业有限公司、石家庄四药有限公司、河北圣雪大成制药有限责任公司跻身医药制药业排头兵企业前八强；石家庄乐仁堂医药股份有限公司、河北东盛英华医药有限公司分别位列批发业排头兵企业第二和第三位。河北省百强及行业排头兵企业排序主要是依据上年企业主营业务收入等相关指标数据。排序活动由河北省工业经济联合会(河北省经济团体联合会)主办，河北省企业联合会、企业家协会、统计学会协办，经专家评审委员会审议、社会征求意见和组委会审定等程序产生。

【华药石药被确认为国家创新型企业】 在2009年科技部、国资委和全国总工会联合发布的国家第二批111家创新型企业名单中，石药集团有限公司、华北制药集团新药研究开发有限责任公司被正式确认为国家创新型企业。这也是石家庄市企业首次跻身国家创新型企业行列。国家创新型企业建设是国家引导各种创新要素向企业集聚，打造具有国际竞争力的“中国创新型企业500强”，形成创新型国家建设核心力量的重要举措。创新型企业要求拥有自主知识产权和知名品牌，具有较强国际竞争力，是依靠技术创新获取市场竞争优势和持续发展的企业。进入国家创新型企业梯队的企业，将成为国家科技计划重点支持的对象,在创新平台建设、科技人才和科技成果转化等方面优先获得支持。2家入选的企业均在医药行业领域中具有技术优势，产生了一批国际领先的创新成果。

（焦莉莉）

【石药集团】 氨茶碱获 COS 证书。为了摆脱化学原料药在低端市场的恶性打拼，石药集团及时将眼光投向国际医药高端市场。为此，该公司自2002年启动了国际认证、国际注册工作,并连续取得可喜成果。除COS认证外，公司到目前已完成了包括原料药、制剂在内的80多个产品在欧美、韩国、俄罗斯、日本等近30个国家的认证和注册，取得了进入欧美等国外市场的通行证。同时，该公司多个产品通过BRC、HACCP、IP、FAMIQS、HALAL和KOSHER等国际认证，阿莫西林、青霉素工业盐等20余个品种取得FDA（美国食品和药品管理局）登记号。2009年，石药集团氨茶碱获得欧盟COS证书。自2005年以来，该公司已有维生素C、阿莫西林、雷尼替丁等8个原料药产品取得COS（欧洲药典适应性证书）证书，促进了国际市场的开发。COS认证是中国原料药品合法进入欧盟国家的必要途径，申请企业必须保证其产品的生产符合国际公认的GMP规范，并接受欧盟权威当局的考察。而一旦通过COS认证，不但可为生产厂商带来更多的客户和更高的利润，甚至可以直接进入美国市场。

VB_{12} 进入欧美高端医药市场。年内，石药集团收到欧盟 EDQM 现场检查证书，成为国内 VB_{12} 行业首家获得 EDQM 现场检查证书的企业，同时也是国内第一家在已经获得 COS 证书的基础上，自主申请并通过 EDQM 现场检查的制药企业。石药集团 VB_{12}（维生素 B_{12} 的简称）产品 70% 以上用于出口，早于 2005 年就通过了欧盟 COS 认证，是国内同行业第一家获得 COS 证书的企业。取得 EDQM 现场检查，能使 VB_{12} 产品真正在欧美市场从饲料、食品等利润微薄的行业进入到医药高端领域，可在 34 个国家用于药品生产或销售，有望获得更大的市场份额和可观的经济效益。EDQM（欧洲药品质量管理局）隶属于欧洲议会，COS（Certificate of Suitability，药品适用性证明）由 EDQM 的 COS 证书部核发，主要是针对用于药品制剂生产中的活性原料药或辅料是否符合欧洲药典质量标准要求的一种评价证明。EDQM 现场检查内容主要分为两部分，一是对产品的生产质量管理系统进行检查，以确认该产品是否在 GMP 条件下生产，对于无菌原料药，同时还要符合欧盟的无菌原料药 GMP 标准要求；二是核查企业的文件管理系统，如质量标准、工艺等内容是否和递交给 EDQM 的申报资料一致。截至年底，石药集团已有 VC、咖啡因、VB_{12}、雷尼替丁、茶碱、阿莫西林 6 个产品取得了欧盟 COS 证书。

连续两年销售收入过百亿。2009 年是国家医药政策出台最多、变化最大的一年，也是企业发展最为关键的一年。面对国际金融危机后续影响不断、国内主导原料药市场持续走低的严峻形势，石药集团以“创新”作为支撑企业未来发展的着力点，大力实施组织创新、科技创新和文化创新，生产经营态势始终保持稳步、健康增长。为了适应创新发展的需要，石药集团实施了成立以来最大规模组织机构调整，建立了更专业、更有聚焦的创新业务支持平台，为石药实现五年销售收入 200 亿元、十年销售收入 500 亿元，进军全球药企 20 强奠定了坚实基础。该集团生产的“丁苯酞原料及软胶囊”项目荣获国家科技进步二等奖，获得国内制药类科技成果最高荣誉；获批建设企业国家重点实验室；被评为“国家创新型企业”；被国家知识产权局授予“全国企事业单位知识产权试点单位”。全年集团共实现不含税销售收入 106 亿元，同比增长 7%，实现利税、利润分别为 14.6 亿元和 12.1 亿元，分别同比增长 7.2% 和 8.4%，出口创汇达 4.5 亿美元，上缴各类税金 5 亿元，各项指标创下企业成立 12 年来的最好水平，稳居国内医药制造企业最前列。

（范玉蕾）

【华北制药】 土霉素获美国 FDA 认证。2009 年，华北制药股份公司生产的药品土霉素获得美国 FDA 认证，已收到美国客户的首个订单，首批土霉素于 3 月中旬发往美国，标志着华药股份公司已初步建立起符合国际 CGMP 标准的质量管理体系。

冀中能源重组华北制药。6 月 26 日，冀中能源重组华北制药，冀中能源董事长王社平被认命为华药集团公司党委书记、提名为董事长。冀中能源集团下辖 7 个全资及控股子公司，拥有员工 10.3 万人，总资产 580 亿元，是河北省最具实力的特大型企业集团。华药集团是全国最大的抗生素原料药和维生素制造企业之一，其前身华北制药厂于 1958 年建成投产，1996 年华药集团改制成国有独资公司，1994 年华药股份在上交所挂牌上市，成为河北省首批上市公司之一。经过多年发展，华药集团已建成国家微生物药物工程研究中心、国家 863 高技术产业化基地、国家级企业技术中心、博士后科研工作站以及符合国际 GMP 标准的现代化模块式生物制药企业金坦公司。集团在国内率先开发杆菌肽、春雷霉素、平阳霉素等十余种产品，研发基因重组白蛋白、狂犬抗体等国家一类新药，荣获国家发明奖 5 项，国家科技进步奖 18 项。随着市场竞争的日益激烈，这个闻名的老国企生产经营遇到多重困难。在河北省委、省政府大力支持下，华药集团计划实施整体搬迁和新工业园区建设，巨大的资金缺口，使华药集团单纯依靠自己的力量很难完成这一跨越。为统筹解决华药集团改革发展面临的问题，河北省委、省政府经过深入调研、充分论证，最终决定由冀中能源对华药集团实施重组，将华药集团国有股权全部划转冀中能源。冀中能源重组华药集团，有助于双方优势互补，实现又好又快发展。从近期看，解决华药集团发展所需资金问题，改善资本结构，降低财务费用，在确保企业正常生产经营的前提下，加快整体迁建和新工业园区建设，实现企业转型升级。从长远看，可以依托冀中能源集团的管理优势和综合实力，加快体制机制创新，增强华药集团的活力、实力和竞争力，提升华药品牌在国内外市场的影响力。

华药新工业园区开工奠基。10月18日，华北制药新工业园区及冀中能源首个投资20亿元的新型头孢项目隆重开工建设，标志着华药向打造国内领先、世界一流的制药强企迈出坚实一步。省、市部分领导以及有关部门负责同志出席开工奠基仪式。华北制药新工业园区是省会围绕城市和产业布局调整，加快主导产业调整振兴，重点谋划实施战略产业支撑项目和主城区工业企业搬迁升级改造重点项目。华药新工业园暨新型头孢项目的开工奠基，为推动省会生物医药产业优化升级，加快打造“中国现代药都”注入了新的动力。华药新工业园区位于石家庄市良村经济技术开发区东部，包括主城区11家主要主产企业及配套设施的迁建重组和新园区建设两部分内容。华药新工业园区建设计划总投资110亿元，第一步投资20亿元，新增产值80亿元；第二步投资40亿元，新增产值100亿元；第三步投资50亿元，新增产值120亿元。新型头孢项目全部由冀中能源自筹资金投资，该项目建设周期12个月，按照国内领先、世界一流的标准，头孢项目园区将建成华药新园区的样板工程。项目建成投产后，预计可实现年销售收入80亿元，利税13亿元。

荣获首届中国产学研合作创新奖。年内，在第三届中国产学研合作（滨海）高峰论坛会上，华北制药集团荣获“首届中国产学研合作创新奖”，是全国医药行业中唯一的获奖单位。中国产学研合作创新奖由科技部和国家奖励办批准设立，是中国在产学研合作方面的第一个全国性奖项，是面向国内在促进产学研合作及创新方面做出突出贡献的单位及个人所颁发的年度荣誉奖，每年评选一次。华北制药集团自创立起，就非常注重与学研单位的合作。如青霉素的几次进步、VC的流程持续再造，都是与学研单位合作的成果。特别是2008年，该集团作为牵头单位召集哈药集团等18家企业、高校和科研院所成立了维生素产业技术创新战略联盟，以经济共同体为纽带，以技术研发、孵化、产业化项目为载体，形成优势互补的持续创新产业链，从根本上提升了国内医药产业核心竞争力。

（秦智勇　范玉蕾　王　卿　焦莉莉）

【神威药业】　扩大规模吸纳就业。2009年，在石家庄市总工会组织的共同约定行动启动仪式上，神威药业承诺：积极履行社会责任，保证不因金融危机而裁员，不降低职工的工资收入和福利待遇，并随着企业的发展，不断提高职工收入水平。2009年，该公司营业收入确保增长40%以上，达到25亿元。未来三年实现年销售收入达到50亿元以上，成为中国注射液、软胶囊、颗粒剂三大剂型产销量、市场份额最大、盈利能力一流的专业中药制造企业。为此，神威药业加大项目投入，全年基建技改项目超过12个，总体投资10亿元，建筑面积超过12万平方米，比现有建筑面积的总和还要多，基建规模相当于再造一个神威药业。主要包括：新征土地400亩，建设神威现代中药产业园项目，兴建新的大型综合制剂车间、软胶囊车间、注射液车间及综合大楼、污水处理站等配套工程。分批招聘培训2000名新员工。

荣获“香港杰出企业”称号。年内，神威药业被授予“香港杰出企业”殊荣，神威是唯一获得此项殊荣的制药企业，也是第二次被评为香港杰出企业。“香港杰出企业”的评选团从2000多家香港上市公司挑选出32家优秀企业，评选标准包括优秀业绩增长，良好企业管治及受股东欢迎程度。同时获奖的包括汇丰银行、中国银行、香港铁路及华润创业等共32家香港知名企业。神威药业从两千多家香港上市公司中脱颖而出，表明在产品创新、市场开拓、销售发展以及企业前景等方面均表现突出。神威药业自2004年在香港上市以来，一直保持迅猛的发展势头，并成为香港联交所市值最大的制药企业。神威药业正投巨资建设神威现代中药产业园，以进一步扩大神威在现代中药注射液、软胶囊、颗粒剂三大剂型上的产能、质量及技术领先优势，巩固神威在现代中药行业的领先优势。

（范玉蕾）

【石家庄四药有限公司】 成为国家重点科技项目承研单位。5月份，石家庄四药有限公司被国家有关部门确定为“十一五”国家科技支撑计划重点项目——药用新辅料临床前安全性评价及药品与包装材料的相容性安全研究相关课题的承研单位。该课题26家承研单位中四药是唯一入选的生产企业，其余全部为国内重点院校和科研院所，四药将承担相关项目工艺验证等课题的研究任务。这标志着公司主导产品大输液安全性研究开发领域已经走在国内同行前列。此次承担的课题研究，是解决国内当前建立和提高的药品监督检验技术一项基础性工作，对相关药品的安全性评价和相关国家标准制定工作将起到重要作用。

塑料输液包装材料安全性评价研讨会在四药召开。9月份，围绕塑料输液包装用原料安全性评价及其相关的材料注册、药品与塑料输液用容器、材料之间的迁移、吸附、毒理学等安全性评价与验证等问题在四药召开研讨会。国内塑料包装输液产品发展迅速，市场需求旺盛，塑料输液包装用原料的安全性评价成为行业普遍关注和亟待解决的重要问题。石家庄四药是一家以生产软包装输液为主导的国内知名制药企业，对塑料输液包材安全性验证进行了长期和严密的研究，积累了丰富的基础数据，为国家相关控制标准的制定和修订提供了重要的参考依据。石家庄四药塑料输液包材安全性研究水平位居国内同行业前列。4月，被中国药品生物制品检定所确定为“药用新辅料临床前安全性评价及药品与包装材料的相容性安全研究相关课题”的唯一承研生产企业。与会专家对石家庄四药在塑料输液包材安全性研究的做出努力和成绩给予了充分肯定。国家食品药品监督管理局注册司、中国药品生物制品检定所等部门领导和专家参加了讨论会。

新制剂车间试车生产。12月28日，石家庄四药在高新开发区厂内，新建符合欧盟GMP标准、年产20亿片（粒）规模的固体制剂车间试车生产开始启动。该车间主要生产非头孢类口服制剂产品，其中包括抗甲流药物“恩尔欣”（抗病毒药物、国家二类新药，经病毒学国家重点实验室验证有明显抑制甲型H1N1流感病毒生长作用，对甲型流感病毒入侵细胞的阻断作用与达菲相同）。石家庄四药是一家以生产大输液为主，集科、工、贸于一体的大型综合制药企业。2007年6月，在香港主板上市，具备生产大输液、片剂、胶囊剂、冲剂、口服液、原料药等多种剂型共200多个品种，其中主导产品“石门”牌大容量注射液年生产能力5亿瓶，规模和效益居国内同行首位。2009年4月，石家庄四药的“石门”商标被认定为中国驰名商标，企业被列入省高新技术企业和中药现代化产业开发基地，跻身中国制药百强企业。

实现利税突破2亿元。全年石家庄四药有限公司面对金融危机和国家新医改政策对制药企业所带来的困难和机遇，公司强化和细化管理，配合企业战略转型，建立以开发第三终端市场为目标，覆盖江浙、山东、湖南、湖北、河南等主要目标市场的固体制剂销售队伍。同时，主导产品通过实施差异化营销策略，产品特色日趋鲜明，品牌影响力日渐扩大。与国内有关药学知名学府以及省内的河北师大、河北医科大学共建产品开发实验室，借助技术创新平台，加快新产品、新技术和新工艺的研究开发步伐，推进新技术和新产品的产业化速度。通过在生产经营上采取系列有力措施，四药全年实现销售收入11.8亿元，同比增长15%，利税突破2亿大关，主要经济指标创企业建厂62年来新高，销售收入和利税实现双跨越。

获得省高新技术企业认定。年内，石家庄四药有限公司被河北省认定为高新技术企业，也是该公司继2006年后再次被认定为省高新技术企业。借助技术创新平台，四药着眼未来发展，积极进行产业结构调整和战略转型，不断加快战略性新产品、新技术和新工艺的研究开发步伐，大力度推进新产品的产业化速度，增强企业的核心竞争力。四药凭借国内输液生产领域强大的技术实力，2008年被国家科技部确定为国家“十一五”科技支撑计划重点项目——课题药品与包装材料相溶性安全研究唯一承担的生产企业。2009年，四药共取得生产和补充申请批件79个，获得发明专利两项，专利拥有量居国内输液行业前列。当年四药利税首次突破两亿元大关，其中80%以上的效益源于高附加值和新产品的贡献。

获评行业AAA级信用称号。2009年，石家庄四药有限公司以在医药商务领域及其诚信经营方面的表现，被中国化学制药工业协会授予中国制药企业信用评价“AAA”级信用企业。为提高制药企业诚信经营意识，整顿医药市场秩序，全国整顿和规范市场经济秩序领导小组办公室、国务院国有资产监督管理委员会行业协会联系办公室下发《关于加强行业信用评价试点管理工作的通知》，中国化学制药协会委托信用评价机构依据《中国制药企业信用评价指标体系》评判标准，就符合申报条件企业的综合素质、财务能力、管理水平、竞争力状况以及社会信用记录等方面进行评估。“AAA”级为企业信用等级评价的最高等级。

（范玉蕾　史建会）

纺织工业

【概况】 2009年，石家庄市纺织行业受全球金融危机的影响，生产经营受到较大冲击，企业遇到前所未有的困难，但各企业想方设法提高技术装备水平，加大新产品开发力度，保持了行业持续稳定发展。常山纺织股份公司经过产品结构调整，现拥有十大系列1000多个品种，主要开发了紧密纺纱线、高支精梳纱线以及环保、功能型、休闲弹力、高支高密和提花系列等面料产品，开发的COOLMAX弹力提花格、天然彩棉灯芯绒等面料连续三年入围中国流行面料。“翠竹”牌精梳纱被评为“中国名牌”，高支高密纯棉坯布被评为“河北畅销品牌”。新大东纺织印染有限公司2009年从新型原料、染色工艺和后整理工艺等入手，开发出450多种新型牛仔布（包括天丝、莫代尔、紧密纺、赛罗纺、彩色、丝光、涂层、轻薄牛仔布等），有效地回避了纺织品市场的同质化竞争，保证了企业在金融危机大环境影响下保持快速增长的势头。全年全市324家规模以上工业企业共完成工业增加值105.5亿元、主营业务收入399.17亿元、利税41.21亿元、利润28.49亿元，同比分别增长14%、15.28%、23.03%和24.94%；完成棉纱产量37.01万吨、坯布24.35亿米、印染布11.58亿米，同比分别增长22.6%、7.3%、10.7%。

【纺织企业整体搬迁改造】 年内，石家庄市主要纺织企业搬迁改造项目全面启动，部分项目陆续达产达效，为纺织行业的快速发展奠定了基础。常山纺织股份公司“整体搬迁改造优化升级”项目采用高新技术和先进适用技术，通过新增、改造、淘汰，提升技术装备水平，实现产品结构优化升级，其中一期项目的600台阔幅喷气织机全部投产；业盛源纺织印染公司搬迁项目正在建设中；搬迁至辛集市经济开发区的明石染厂于2009年9月26日开工投产。

（路佩珍）

【常山股份新品入围中国流行面料】 2009年，石家庄常山纺织股份有限公司参评的两个新品“暗纹布”和“英伦格”入围“2010春夏中国流行面料”。获奖的“英伦格”和“暗纹布”两种面料以棉纤维、涤纶为原料，具有吸湿透气以及良好的穿着舒适性，“英伦格”应用色纱排列，纵横格纹，层次丰富，质地细密，手感挺括，打造出了英伦摇滚风范。“暗纹布”不同的纱支排列使面料具有凹凸视感，加强了织物的对比性和丰富的视觉表现力。参评的两个新品“金彩流云”和“陶氏纤维斜纹布”成功入围“2010/2011秋冬中国流行面料”。从2002～2009年，常山股份研发的7个新产品5次成功入围中国流行面料。据国家纺织产品开发中心信息显示，入围中国流行面料产品符合当季流行趋势、具有创新性和市场潜力，代表全国纺织产品开发先进水平。

（范玉蕾　安东利）

【常山股份公司获国际环保纺织协会认证】 年内，常山纺织股份有限公司生产的纯棉纱和涤棉纱通过国际环保纺织协会Oeko-Tex Standard 100一级认证。Oeko-Tex Standard 100是世界上最权威的、影响最广的生态纺织品标签。现代纺织品服装中有害物质对人体产生的危害越来越受到人们的重视，国外进口商对中国纺织品服装出口的生态要求也进一步提升。

世界各国几乎都有自己的生态纺织品标签认证，但这些认证范围仅限在本国，唯有国际环保纺织协会的Oeko-Tex 100标签在世界范围认可，该标签代表产品经过测试，在人类生态学上无害性，是最终用户做出纺织品购买决定的重要依据。认证分为四种等级，包括婴儿用品（一级认证）、直接接触皮肤的产品（二级认证）、不接触皮肤的产品（三级认证）和装饰材料（四级认证）。常山股份公司的纯棉纱和涤棉纱通过一级认证，获得“信心纺织品”标签，对常山股份对外贸易起到积极的促进作用。

（安东利　宋丽颖）

【明石染厂搬迁改造项目在辛集市奠基】 8月27日，总投资3.24亿元的明石染厂有限公司搬迁改造项目正式动工奠基，这一项目择址辛集市经济开发区纬一路中段北侧，占地138.7亩。市政协副主席李天印出席项目奠基仪式。明石染厂有限公司主要生产纯棉、麻、灯芯绒等一般染色加工产品及免烫、三防等特殊整理产品，产品销往香港、美国、日本、欧洲及中东等国家和地区。该拆迁改造项目建设期为三年，建设4条年生产能力5000万米的高档服装面料生产线和年生产能力480万套的高档工装生产线。项目建成投产后，可实现销售收入78800万元，年均利税总额15556万元，同时新增就业人员800人。

（温　婕）

【400台喷气织机投产】 10月26日，在石家庄纺织服装基地，常山股份恒盛分公司400台国际先进的喷气织机正式投入生产。该公司是首家入驻纺织服装基地的企业，共从国外引进喷气织机600台。

（张　震　安东利）

食品工业

【概况】 2009年，全市食品行业共有规模以上企业220家，销售收入490.80亿元，实现利税68.13亿元，同比分别增长24.01%和19.33%，从业人员近5万人。重点企业有石家庄三元乳业集团、石家庄君乐宝乳业集团、双鸽集团、珍极集团、凯隆达有限公司等。主要产品有系列配方奶粉、液态奶、火腿肠、肉类加工等。石家庄珍极酿造集团有限责任公司是河北省最大的调味品生产企业，中国八大调味品集团之一。石家庄三元乳业集团、石家庄君乐宝乳业集团经过一年的努力市场逐步得到恢复。河北白沙烟草有限责任公司由石家庄卷烟厂与长沙卷烟厂各出资50%组建的新公司，成立于2005年6月9日，包含石家庄土厂、张家口卷烟厂和保定卷烟厂，卷烟年生产能力近百万箱。2009年，实现销售收入35.64亿元，利税24.03亿元，完成产量2225000万支。2009年完成企业整体搬迁改造。2009年2月12日，石家庄市中级人民法院正式宣布石家庄市三鹿集团股份有限公司破产。

（吴晓华）

【益海粮油工业公司一期工程项目投产】 益海（石家庄）粮油工业有限公司是由丰益面粉投资私人有限公司、益海嘉里投资有限公司和河北省粮食产业集团有限公司合资兴建的粮油加工企业，位于石家庄经济技术开发区，项目一期占地220余亩，二期占地290亩，总投资4.5亿元。其中一期工程为面粉和花生油项目。面粉项目于2007年底开始试生产。项目采用国际知名瑞士产最新一代设备进行生产，配套建设筒仓9个，总仓容量1万吨，麦仓16个，可同时处理多种不同性质的小麦。公司拥有先进的检化验设备和计量、储存、配粉配料、倒仓、集中打包等多功能先进面粉后处理工艺及一流的粉师研发队伍，主要从事高等级专用面粉生产。此外，一期工程日处理600吨花生的“金龙鱼”花生油加工项目，总投资额11000万元，产品定位高档小包装浓香花生油。该项目2009年1月竣工投产，可年处理花生12万吨，新增带动农户36万户，按5700元／吨计算，带动农民收入10亿元，增加产值10亿元，利税1200万元，新增就业岗位120个。在一期工程建设的同时，益海粮油就开始为二期工程作准备。二期工程为日处理1000吨棉籽加工项目和面粉仓容扩建项目。2008年3月28日，日处理1000吨棉籽加工项目已作为河北省招商引资洽谈会的1号项目在香港签约。2009年各项手续基本办理完成。该项目投产后，可年处理棉籽36万吨，新增带动农户36万户，按0.65元／千克计算，带动农民收入9.36亿元。

（范玉蕾）

【“三鹿集团”破产财产首次拍卖】 2月4日，受三鹿集团管理人委托，河北省嘉海拍卖有限公司作为主拍单位，与河北东方拍卖有限公司、河北省拍卖总行有限公司共同对三鹿集团部分破产财产进行拍卖，拍卖会在石家庄市中级人民法院审判庭举行。拍卖采取组包整体拍卖的方式，拍卖标的包括三鹿集团的土地使用权、房屋建筑物、机器设备等可持续经营的有效资产；三鹿集团所持有的新乡市林鹤乳业有限公司98.80%的投资权益。在竞买登记期间，经审查有两个竞买人符合竞买条件，分别办理竞买登记手续，参加本次拍卖会。按照拍卖程序，在拍卖师主持下，经竞买人竞价，北京三元集团有限责任公司与河北三元食品有限公司组成的联合竞拍体以人民币6.165亿元的价格竞得本次拍卖标的，并当场签署拍卖成交确认书。

（范玉蕾 戴丽丽）

【食品安全快速检测仪进学校】 3月15日，市学校卫生安全协会组织62所大中专院校的食品快速检测人员，举办了第一期食品安全快速检测培训班。培训后，全市62所大中专院校食堂主动配置了食品安全快速检测仪，全面展开食堂食品原料自检工作，确保了学校食品安全无毒。食品安全快速检测仪可检测的项目包括：农药残留、甲醛、吊白块、二氧化硫、亚硝酸盐、双氧水、硼酸等。检测种类包括粮食、食用油脂、肉鸡肉类、水产品及其制品、乳及乳制品、蛋及蛋制品、蔬菜和水果、酒、茶叶等食品。

（王丽强）

【省奶业协会在石举行代表大会】 4月份，河北省奶业协会第五届会员代表大会暨河北奶业发展研讨会在石家庄隆重召开。来自全省奶牛养殖、乳品加工、饲草饲料、兽药、牧业机械等行业近300人参加了会议。大会通过了第四届理事会工作报告、章程修改等议案，产生了新一届理事会，石家庄君乐宝乳业有限公司董事长、总经理魏立华当选为理事长。会议要求协会把工作重心放在加强行业自律、增强消费信心、构建行业安全防护网、完善服务体系、建设“和谐乳业”等方面。河北省奶协第五届理事会全体成员还向社会郑重承诺：用良心生产安全优质乳品，用信心重树河北奶业形象，用诚心温暖河北奶业发展，用爱心让消费者满意。

（范玉蕾）

【行唐县严把鲜奶源头关】 行唐县是全国有名的牛奶生产强县，鲜奶质量直接影响着省会食品安全最放心城市的创建。继2008年三鹿奶粉事件后，该县在依法取缔不合格奶厅奶站、重点打击收散奶违法行为的同时，结合正在开展的干部作风建设年活动，强化责任到位机制，大力推进规模化、标准化奶牛养殖小区建设，使全县鲜奶质量和乳业发展走上了一个良性发展轨道。强化责任到位机制，建立牛奶质量责任链条。该县成立“行唐县奶源管理中心”和“奶源执法大队”，严厉打击各种掺杂使假行为，彻底整顿鲜奶市场秩序。落实领导干部责任制，全县28名县级领导分包乡镇、419名副科级干部具体分包奶牛养殖小区，具体负责奶牛小区建设和鲜奶质量管理。由各乡镇长任组长，从畜牧、技术监督、工商、公安等部门和乡镇抽调精干力量，组成15个检查小组，对全县奶牛养殖小区、规模养殖场以用全县奶牛散养户的自配料和使用饲料、饲料添加剂情况逐村逐场逐户检查检验，对所有的奶牛养殖小区全部登记造册，建立档案。为确保生鲜奶质量，推进奶业可持续发展，该县还从诚信教育抓起，在全县开展奶业从业人员承诺签名活动，并结合法律进万家诚信教育活动，直接把宣传材料送到奶牛养殖小区和奶农手中，切实提高了奶业从业人员的诚信意识、法律意识、道德意识和责任意识。

（申卫霞 石劲辉）

【君乐宝乳业成功回购股权16.97%】 4月7日，河北省嘉海拍卖有限公司在石家庄市联合公开拍卖石家庄三鹿集团股份有限公司

（以下简称三鹿）的第二批破产财产。石家庄君乐宝乳业有限公司股东最终以2500万元竞拍成功，将原三鹿所持有的16.97%股权购回。三鹿事件后，君乐宝乳业经公司董事会、股东会研究决定，将“君乐宝”品牌作为主打品牌，全面开展品牌腾飞计划。与此同时，君乐宝乳业继续坚持以品质立业的发展策略，为确保产品质量，君乐宝乳业从奶源源头抓起，全面实施奶源托管，对原辅材料收购到生产加工的每个环节严格把控，实施“七重把关、七重检测”，保证产品百分百优质与安全。凭借着15年对品质的不懈追求，君乐宝乳业经受住层层考验，以过硬的产品品质赢得了广大消费者的认可和青睐。

【河北三元首批奶粉新产品上市】 4月17日，河北三元举行“三元奶粉启动销售发货仪式”，标志着该公司生产的首批三元配方奶粉新产品在冀、豫、鲁、晋、辽、鄂、湘、川等全国13个省、市全面上市。上市的新产品，包括三元爱欣宝婴幼儿和三元爱益成人2大系列，听装、袋装9个品种。新产品是由三元食品专家级科研团队参照联合国粮农组织／世界卫生组织（FAO/WHO）推荐标准及国内婴幼儿配方奶粉标准、根据不同人群生理需求科学设计的。其中，三元爱欣宝系列婴幼儿奶粉，分为一、二、三段，听、袋装6个品种。三元爱欣宝婴幼儿系列配方奶粉所用原奶由北京绿荷奶牛养殖中心提供。其它奶粉原奶来自北京三元集团派出的奶牛养殖专家指导，按北京三元绿荷奶牛养殖中心标准运营的石家庄周边规模牧场，共有11个。这种模式下，奶源真正成为乳品企业的第一车间，和乳品加工厂实现零环节对接，确保产品安全优质。同时，河北三元奶粉新产品于4月19日在石家庄市市区及县（市）同步销售。

（范玉蕾）

【珍极荣获营养创新企业二等奖】 5月14日，石家庄珍极酿造集团公司以“铁强化酱油项目”荣获全球营养改善联盟2008年度营养创新企业第二名。营养创新企业奖由全球营养改善联盟和国际商业领导人论坛于2008年共同创立，旨在奖励致力于以创新的商业模式开发新产品及服务改善公众营养状况、提高公众健康水平、推动可持续发展的企业。珍极公司自2005年以来，一直积极配合国家、省、市各级疾病预防控制中心进行“食用铁酱油，预防缺铁性贫血的公益宣传活动”，以石家庄、保定为代表的河北城市和农村居民的平均贫血率分别下降12%和20%，在农村和城市的零售店中，销售珍极铁酱油的比例分别达到94%和74%。全球营养改善联盟认为，珍极不仅为改善农村地区缺铁性贫血状况做出了贡献，而且通过推广该项目获得了收益，为该项目的持续运营奠定了基础，成为全球典范。

【统万珍极食品有限公司开业】 6月25日，日本龟甲万株式会社、台湾统一企业集团与石家庄珍极酿造集团合资组建的统万珍极食品有限公司正式开业，是河北省调味品行业最大的一个招商引资项目。新组建的统万珍极食品有限公司注册资本3亿元，其中龟甲万和统一分别以现金投入，珍极则以经营性资产投入。三个出资方即出资比例分别为：龟甲万占45%，统一占45%，珍极集团占10%。日本龟甲万株式会社拥有300多年的酿造历史，是世界上著名的酱油企业，产品畅销100多个国家，建立了遍布北美、欧洲及亚太地区的东方食品销售网络，20世纪90年代初开始受到中国大陆高档宾馆和高档海鲜餐厅的欢迎，热销西方的“万字酱油”。台湾统一企业集团成立于1967年，属台湾百大财团之一，投资领域涵盖食品、金融、制药等多种行业，从20世纪90年代初期开始，在中国大陆以综合食品为核心，先后在沈阳、北京、昆山、广州等地设立区域营运中心，成功构筑了大陆经营版图。石家庄珍极酿造集团成立于1956年，是中国酱油、食醋现行国家标准和行业标准起草单位，自主开发并兴建了中国现代食醋工艺和日式酱油工艺生产线，开创了中国食醋、酱油酿造工艺工业化、自动化改造的先河。

（刘宝芝）

【雨润生猪屠宰项目奠基】 6月26日，江苏雨润食品产业集团有限公司（江苏雨润食品产业集团有限公司是一家以生产加工中西式熟肉制品为主，集生猪养殖、屠宰、分割、冷藏、农工科贸于一体的大型集团化企业，是首批国际级农业产业化重点龙头企业。）年生产120万头生猪屠宰加工项目在新乐市奠基，该项目占地110亩，总投资约2亿元，主要建设屠宰车间、冷库及其他附属设施，项目建成投产后，年可实现产值10亿元，年利税1亿元。省委副书记、市委书记车俊宣布项目开工，市长艾文礼致辞。市人大常委会副主任张石峰、副市长张殿奎、市政协副主席韩宪章出席奠基仪式。该项目的建成，将极大地促进新乐市及周边地区养殖业的发展，带动当地的交通运输、粮食生产加工、仓储、畜禽产品流通等，形成一个以猪肉屠宰加工为中心的覆盖400多平方千米的产业集群，实现以猪肉屠宰加工业、包装业、物流业等众多相关产业的共同发展，将对促进养猪业的健康和持续发展起到积极促进作用。该项目实行“公司＋基地＋农户”产业化经营模式，通过龙头企业辐射，可带动全市及周边县市6000户农民从事生猪规模化养殖，每年可使农民增收1.8亿元。

（温　婕）

【食品安全诚信监管系统试运行】 9月22日，石家庄市食品安全诚信监管系统举行试运行启动仪式。副省长孙士彬、市长艾文礼等省、市领导出席启动仪式并就做好食品安全工作提出要求。自创建“食品安全最放心城市”活动开展以来，石家庄市把做好食品安全工作作为学习实践科学发展观的重要内容，围绕构建科学、有效的食品安全监管新体系，创建了以“4G诚信码”、诚信“食”读机为载体，以公示诚信状态、曝光失信行为为抓手的食品安全诚信监管系统，构筑了一道监督全民化、功能信息化、手段科技化的食品安全诚信监管体系。该系统集企业诚信公示、消费辅助决策、失信企业曝光、食品安全天天报等众多功能于一体，在食品安全监管、监督上实现了多措并举、监管互动，形成了独有的食品安全诚信监管体系。启动试运行的食品安全诚信监管系统不仅在食品安全监管监督方式上实现了多措并举、监管互动，而且在监管、监督体制上，实现了从部门监管到社会联防联控的有效转变，也在社会诚信体系建设上实现了从软性规范到硬性约束的飞跃，为打造一张食品安全监督网提供了强有力的技术支撑。在启动仪式上，与会领导还向食品安全监督志愿者“食大姐”颁发了聘书；市质监局代表食品安全监管职能部门就认真做好食品安全监管工作进行了发言；河北三元总经理高青山代表试点企业就依法诚信经营进行了宣誓。首批32台诚信“食”读机将陆续设置在全市16家超市。

（范玉蕾）

【荷兰商务代表团实地考察君乐宝】 11月份，荷兰食品加工与包装机械协会（GMV）代表团一行20余人，深入河北实地考察，期间对石家庄君乐宝乳业给予好评，并表示合作愿望。荷兰代表团对河北省食品企业参观和考察，寻求与河北省之间在农业、食品加工方面的合作机会。在一期工程即将投产的总投资3.5亿元的君乐宝永盛高端酸奶项目施工现场，荷兰代表团成员GMV协会技术商务顾问R · Rodewijk表示，君乐宝永盛工厂的设计与技术含量都具有同行业领先水平，投产后潜力巨大，希望能够在该项目二期上达成合作。

（郝亚辉）

【17家放心粮油示范单位挂牌】 12月27日，市粮食局举行首批放心粮油示范单位授牌仪式，17家放心粮油示范单位正式挂牌。放心粮油评审活动由河北省粮食行业协会和石家庄市粮食行业协会联合开展，旨在保障城乡居民粮油消费安全和身体健康，规范粮油产品生产流通秩序，保证粮油商品质量。经单位自愿申报、考察小组实地考察和抽样检测、评审小组初审、评审委员会评审，全市首批共评选出10家“放心粮油示范加工企业”、6家“放心粮油示范销售店”及1个“放心粮油示范种植基地”。这些企业均已达到所有成品粮油均具有“QS”食品质量安全认证，有明确的质量检验合格证书和注册商标，并标明生产日期，建立了进货登记制度等标准。10家“放心粮油示范加工企业”单位分别是：河北黑马粮油工业有限责任公司、石家庄君良粮油食品有限公司、石家庄蟠龙面业有限公司、石家庄市油脂公司、河北邯雪面粉集团赵县邯雪面粉有限公司、河北蕙兰面业有限公司、石家庄永青面业有限公司、石家庄汇诚食品有限公司、石家庄市佳乐面业有限公司、河北赵罗面业有限公司。6家“放心粮油示范销售点”分别是：建国路市场君良400号店、中储海鲜城君良9号店、城东市场藁城粮油、联盟小区银水

粮油、新石中路市场君良粮油283号店、石家庄宏起商贸公司粮油销售部。“放心粮油示范种植基地”为石家庄君良粮油食品有限公司行唐县北高里村（小麦）种植基地。

（王 巍）

装备制造业

【概况】 装备制造业是石家庄市传统基础产业，工业增加值占全市比重为15.9%，包括金属制品、通用设备制造、专用设备制造、交通运输设备制造、电器机械及器材制造、仪器仪表及文化办公用机械制造等7个国民经济工业行业。全市规模以上企业490家，总资产284.23亿元，从业人员10.75万人。2009年完成工业增加值191.35亿元，主营业务收入640.23亿元，实现利税73.28亿元，分别增长15.32%、15.04%和13.61%。工业50强重点企业中装备制造行业完成工业总产值54.76亿元，同比下降8.67%，实现销售收入51.6亿元，同比下降8.59%，利润3.18亿元，同比下降35.52%，利税5.85亿元，同比下降18.7%。部分企业在困境中保持了持续增长，冀中机械装备实现利税1.04亿元，增长21.22%；安瑞科机械实现利税1.71亿元，增长36.32%；太行机械利税增长34.06%。华北柴油机、石飞公司、泰明顿、苹乐面粉机、工大化工在原材料价格大幅上涨的情况下，努力扩大销售，效益实现了大幅增长，利税分别增长了267.92%、35.22%、38.14%、26.42%和24.54%。其他企业效益下降甚至亏损，主要是受订单减少、原材料涨价等市场因素的影响，如车辆厂、双环汽车、三环阀门和河北电机受订单和成本大幅上涨的影响，产值、销售收入和利税均有所下降，车辆厂亏损5620万元（同期利润为3691万元），金刚集团亏损1110万元，久乐汽车安全设备公司亏损1025万元，主要是产品订单放缓、生产周期长，本期未实现销售所致。

【金属制品业】 金属制品行业包括结构性金属制品制造、金属工具制造、集装箱及金属包装容器制造、不锈钢及类似日用金属制品制造等。2009年，石家庄市金属制品产业已形成具有相当规模，布局比较合理，大、中、小型企业相结合，行业比较完整的工业体系。2009年全市金属制品业117个入统企业，资产合计44.11亿元，完成工业增加值49.22亿元，主营业务收入156.14亿元，实现利税17.23亿元，分别增长24.79%、16.2%、11.02%和11.02%，金属切削工具年产量达到5077.9万件，其他金属制品达到4.63万吨。亏损企业9个（2008年9个），亏损额比上年增加1200万元。石家庄市金属制品业产值在2008年的基础上持续增长。

【通用设备制造业】 通用设备制造业包括锅炉设备、内燃机及配件制造、金属加工机械制造、泵、阀门、压缩机制造、轴承、齿轮、传动和驱动部件的制造等。2009年全市通用设备制造业172个入统企业，资产合计100.86亿元，下降2%，完成工业增加值60.35亿元，主营业务收入201.19亿元，实现利税23.26亿元，分别增长18%、21.34%和19.19%，生产发动机47.43千瓦，增长9.4%，泵9449台，下降11%，阀门5.33万吨，下降13.3%。亏损企业19个，比上年增加6个，亏损额比上年减少500万元。通用设备制造业是石家庄市主要工业行业之一，由于受金融危机的影响，2008年以来市场对阀门、锅炉等制造需求有所减缓，三环阀门工业总产值下降28.33%，销售收入下降31.04%，利税下降54.63%。

【专用设备制造业】 专用设备制造业包括矿山、冶金、建筑、化工、食品、饮料、烟草及饲料生产、印刷、制药、日化、纺织、服装和皮革、农、林、牧、渔专用机械制造等。石家庄市专用设备制造业在遭遇世界金融危机、国内机械制造业和其他行业生产下降的情况下，部分企业不降反升，并取得大幅增长。2009年全市专用设备制造业59个入统企业，资产合计43.2亿元，增长0.6%，完成工业增加值16.24亿元，主营业务收入91.08亿元，实现利税 10.43 亿元，分别增长 10.3%、18.67% 和 20.64%，生产采矿专用设备 5577 台，下降 4.6%，加工机械 1.1 万台，下降 40.4%，农业机械 9500 台，增长 48.37%。亏损企业 7 个，比上年增加 4 个，亏损额比上年减少 400 万元。国家根据世界金融危机和国内外的经济形势，为拉动内需，抵御世界经济危机的影响，顺应经济建设的需求，调整专用设备投资规模，将大大加快今后几年专用设备制造业发展。

【交通运输设备制造业】 交通运输设备制造业包括铁路运输设备制造、汽车制造、摩托车制造、自行车制造、助动自行车制造、航空航天器制造、交通器材及其他交通运输设备制造等。2009 年全市交通运输设备制造业 46 个入统企业，资产合计 64.06 亿元，下降 10.17%，完成工业增加值 16.24 亿元，增长 6.4%，主营业务收入 65.38 亿元，增长 3.94%，实现利税 6.46 亿元，下降 4.5%。生产铁路机车 38 辆，增长 18.8%，铁路货车 404 辆，下降 28.6%，改装汽车 6607 辆，下降 16.6%。亏损企业 5 个，比上年增加 1 个，亏损额比上年增加 6300 万元。2009 年石家庄市交通运输设备制造业经济效益下滑，部分企业亏损，亏损额达 8700 万元。其中南车石家庄车辆有限公司利润同比下降 50%，亏损 5620 万元；久乐汽车安全设备有限公司亏损 1000 万元；双环汽车利润同比下降 78.41%。石家庄市交通运输设备制造业效益下滑主因是企业新产品开发不足、盈利能力较弱和自主创新能力不足等问题。

（陈　文）

【石飞工业园项目落户栾城】 2 月 28 日，栾城县人民政府与石家庄飞机工业有限公司签署了石飞工业园项目征地和建设协议书，标志该项目正式落户栾城。石飞工业园项目涉及飞机制造、航空运输、飞行服务、飞行员培训、基础设施建设等众多领域，总投资 23 亿元，选址在石家庄市装备制造基地，位于栾城县八里庄村西。该项目一期总投资 7.03 亿元，占地 1050 亩，主要用于生产区和试飞区建设。共新建厂房及其他建筑物 10.5 万平方米，新增橡皮垫液压机、三座标测量机、数控液压剪板机等设备 23 台／套。石飞工业园项目计划建设全新的运 5B、小鹰 –500 飞机生产线。计划 2010 年一期建成投产后，实现销售收入 27 亿元，利税 6 亿元；计划二期总投资为 16 亿元，2012 年建设完成。投产后，年销售收入达 62 亿元，利税 14 亿元。

（冀永辉　张　展）

【通用航空产业基地开工建设】 3 月 26 日，石家庄通用航空产业基地项目正式开工建设。石家庄通用航空产业基地建设项目是按照石家庄市发展装备制造业的总体战略，结合石飞公司盘活存量资产、抓住机遇快速发展的战略需要立项实施的。基地位于栾城县八里庄村西，距石家庄南二环 11 千米，紧邻 308 国道和京珠高速公路，交通十分便利。项目建设总投资 23 亿元。其中，一期建设总投资 7 亿元，新征土地 1050 亩，新建一条 1200 米长的 2B 级通用飞机试飞跑道，2009 年 3 月底开工，2010 年 12 月建成。项目二期建设以实施技术进步、开展国际合作、进入通航高端市场、实施产业化延伸发展等工作为重点，投资则以技术进步、产品升级、产业延伸、合资合作为重点。项目建成后，在达到年产 300 架以上各型中小型通用飞机的生产能力基础上，形成通用飞机研发制造、航空零部件转包合作、通航营运、维修服务和飞行员培训等通用航空产业发展的综合能力。石家庄通用航空产业基地的建设对推动国内通用航空产业发展和促进全市经济发展将做出积极重大贡献。

【小鹰 –500 飞机数字化制造技术研制成功】 年内，石家庄市飞机工业有限责任公司自主开发的小鹰 –500 飞机数字化制造技术研制成功。该公司科研人员创建了小鹰 –500 飞机数字化样机，实现了全机零、组、部件的虚拟装配、互换性检查，运动模拟及干涉检查。依据产品数字样机，实现了模拟与样板的数字化建模与 Nc 加工，取代了传统的人工模线、样板环节，减少了设计制造中的误差累积和传递，提高了整机装配精度，构建了实用性和针对性很强的 CAD/CAPP/NC 集成应用系统，实现了相关设计数据的有序与管理传递。

（焦莉莉）

**【石煤机地面瓦斯抽采欠平衡车装

钻机研制填补国内空白】 4月12日，由石家庄煤矿机械有限责任公司承担的国家发改委煤矿瓦斯综合治理与利用关键技术研发和装备研制项目——地面瓦斯抽采的欠平衡车装钻机，通过了中国煤炭学会煤层气专业委员会专家组的现场考察和评议。专家组认定，该产品研制成功，代表中国煤矿区瓦斯抽采钻机技术达到国际先进水平，还填补了国内同类设备的空白。煤矿瓦斯是煤矿开采的附生品，可回收作燃料和化工原料等。为使瓦斯气体变害为利，石家庄煤矿机械有限责任公司发挥专业生产煤田地质工程钻机的技术优势，组成专业课题组开展攻关，自主设计研制了多马达复合驱动、带盘式制动器的液压顶部驱动等装置，并配置高性能空气压缩机，使产品具有加压钻进、定向钻进及自动送钻的功能，满足了空气循环欠平衡钻进工艺的要求。经实地测验，钻机的提升力和给进力、动力头扭矩等主要技术指标都高于进口的同类钻机。

（邓书恒）

【举办采矿装备与技术交流会】 4月份，国际采矿装备与技术交流会在石家庄市召开，来自澳大利亚、捷克、哈萨克斯坦等国家的政府机构、专家学者、煤机企业参加会议。交流会由中国煤炭工业协会煤炭工业技术委员会、澳大利亚煤矿技术研发中心、省科技厅主办，中国煤炭工业生产力促进中心、市科技局、中煤装备制造有限公司承办。会议现场展示了支架式全向钻机、瓦斯监控设备、单轨吊机车、高效凿岩机等先进产品，与会人员围绕煤矿高效采掘、瓦斯灾害防治、监测监控及顶底板支护等方面新技术进行了广泛交流。

（焦莉莉）

【河北三环电器公司一期工程开工】 3月7日，赞皇县与河北三环电器设备有限公司制造基地项目正式签约，项目落户于赞皇县五马工业园。5月8日，河北三环电器设备有限公司制造基地一期工程开工建设。河北三环电器设备有限公司是河北省高新技术企业，有直接进出口权，是专门从事无功补偿滤波装置、高压电机变频节电设备的制造和研发，集科研、生产、销售、技术服务为一体的产业实体。该制造基地项目总投资1.68亿元，占地200亩，总建筑面积11.47万平方米，一期工程7万平方米，于年底竣工；二期工程4.48万平方米，计划于2010年6月底竣工。

（杨　伟　贾奉忱）

【石煤机实现新型液压凿岩机自主化生产】 年内，由石家庄煤矿机械有限责任公司自主设计生产的YYG-118液压凿岩机取得国家矿用产品安全标志准用证，标志着该新产品各项性能指标达到矿用产品使用要求，产品质量安全可靠，可投放市场用于矿井安全施工作业。液压凿岩机是液压钻车等液压凿岩设备的核心，因其不宜在使用现场就地解体维修，必须有较高的可靠性要求。该机是石煤机公司生产的全液压掘进钻车主要配套产品，一直以来依靠外购，由于该机技术要求高，国内生产厂家有限，故采购成本较高。按照公司依靠科技创新降成本的管理要求，掘进钻车课题组技术人员开始自主研发液压凿岩机。经过反复论证设计和持续改进，YYG-118型液压凿岩机研制成功。该机主要功能是在中硬以上岩石上打孔，达到破碎岩石形成炮孔的目的，具有节能高效、作业条件好等优点。可广泛用于煤矿、有色金属矿、铁路公路隧道等掘进工程和锚杆孔钻凿。

（邓书恒　杨颖敏）

【石煤机荣获中国煤炭工业科技奖】 石煤机公司以市场和科技为导向，找准科技攻关的研究方向，通过组织课题研发小组加强重点项目自主创新力度，充分调动和激发广大科技人员的科学研究热情，企业高层领导亲自参与研究方案的设计制订，通过与国内著名院校联合研发，开发出了多项高端机械装备，同时培养和锻炼了一大批科研骨干。2009年，由冀中能源石家庄煤矿机械有限责任公司和中国矿业大学、张矿官板乌素煤矿合作完成的“掘进机智能型恒功率自动成型截割与定位控制系统”被中国煤炭工业协会、中国煤炭学会评为中国煤炭工业科学技术二等奖。“掘进机智能型恒功率自动成型截割与定位控制系统”是冀中能源石煤机公司与中国矿业大学共同承担的国家863重点项目“煤矿采掘装备遥控关键技术”研究的子项目之一，首台使用该系统的轮廓自动成型掘进机在冀中能源张矿集团官板乌素煤矿进行工业性试验取得成功。该系统可使掘进机自动完成巷道断面成型掘进操作，能有效提高巷道成型质量及掘进速度，整个操作过程可实现远程在线监控。该系统的研发成功是石煤机公司与国内著名院校携手研发取得的又一硕果，为该公司掘进机产品稳居国内同类设备技术前沿奠定了坚实基础。

（杨颖敏）

【石煤机制造基地项目通过省专家论证】 2009年，河北省重点产业支撑项目——石家庄煤矿机械有限责任公司矿山机械研发制造基地（整体搬迁）项目通过省行业专家组论证。论证会在冀中能源石煤机公司召开。来自省发改委、省国资委、省机械设计研究院、中煤能源集团、冀中能源集团等单位的7名行业专家以及省市有关部门领导参加了论证会。石煤机公司矿山工程机械研发制造基地项目选址在石家庄装备制造基地内，总占地面积1000亩，其中一期占地483亩，投资4.86亿元；二期占地517亩，投资4.2亿元。项目完成后形成汽车改装6600台，钻探装备系列产品2000台，煤矿采掘开拓产品500台，煤矿辅助运输设备130台套的能力。经讨论，专家组认为该项目的实施符合国家和地方的产业政策；符合冀中能源集团和中煤能源集团发展战略规划；该项目的实施是经济发展、城市发展的需要；石煤机公司拥有实施项目的良好基础；项目选址优越及配套公用设施完善，符合石家庄市总体发展规划；项目制定的工艺方案较先进合理，并且符合国家及地方节能环保要求；项目投资估算基本合理，资金筹措方案可行，可以保证项目的实施。

（杨颖敏　李东升）

【铁道学院研制成功隧道快速挖装机】 年内，石家庄铁道学院与解放军第6411工厂实行校企合作，研制成功了WZ330型隧道挖装机，该项目是铁道部科技计划项目，由6411工厂校企机械工程分院的课题组负责技术研发。经过一年多的技术攻关，第一台挖装机2009年9月在石家庄成功下线，填补了河北省隧道施工机械制造的空白。该机型由挖掘机构、液压传动系统、双动力系统、电气控制系统、行走机构、运砟机构等组成，具有行走、扒砟（挖料）、输砟等功能。下挖深度达1米，扒取宽度达8.5米、高度6.5米，卸砟高度达3.5米，特别适合中小断面隧道施工的装砟作业。此外，传统的挖装施工，易形成灰尘，造成施工人员的职业病，而挖载机能够有效避免这些不良情况，使工作环境更加和谐、更具人性化。WZ330型隧道挖装机成功研制，将大幅降低施工成本，提高隧道施工的机械化水平。挖装机整体性能不仅达到同类设备国际先进水平，完全可以替代进口，且其造价仅相当于国外进口的二分之一左右。

（顾晓萍　张建新）

【双环汽车海外业务发展强劲】 双环汽车有限公司和亚洲、美洲、欧洲和非洲等多个国家建立了海外业务联系，海外出口国家突破50个，海外服务体系逐步得到完善。2007年10月，双环出产的SCEO越野车车型通过欧洲EEC质量体系认证，标志着双环汽车有限公司成功获得欧盟成员国市场的通行证，成为为数不多进入欧洲市场的中国汽车企业。2008年3月，双环汽车有限公司与美国WHEEGO公司合作，共同开发了双环小贵族纯电动汽车，并引进全套的美国电动车技术。4月双环汽车有限公司与美国签订2000台的纯电动汽车出口订单，其中，首单600台于2009年陆续交货。2009年面对金融危机的影响，双环汽车有限公司从4月份开始，对出口市场进行及时调整。“双环”与苏丹公司SKD工厂合作的汽车总装线，基本建设完成，由其生产的第一台汽车于9月份正式下线。在大力开拓非洲市场的同时，与巴西签署了合作框架协议。该公司与俄罗斯罗斯托夫市的Tagaz工厂合作建设一条SCEO组装线，到2009年建线工作初步完成，组装线全部建成投产后，年生产能力将达到6000～8000台。

（王　巍）

石油化工业

【概况】 石油化工产业是石家庄市的重要支柱产业之一，是现代产业体系的重要组成部分。2009年，全市石油化工业共有规模以上企业345家，其中石油加工炼焦及核燃料加工业19家，化学原料及化学制品制造业307家，橡胶制品业19家，从业人员7.22万人，总资产325亿元。其中有11家进入市工业50强，有4家进入30家后备企业，威远生物在2009年3月份被认定为国家高新技术企业。全行业完成工业增加值129.7亿元，实现销售收入617.9亿元、利润30.6亿元、利税73.9亿元，分别比2008年提高8.27%、-6.76%、218.5%和128.4%。以上各项指标分别占全市比重的10.78%、14.26%、10.23%、15.23%。全年销售收入过百亿的企业有石炼化(153.2亿元)，过20亿的企业有河北诚信（20.5亿元），过10亿的企业有正元化工（13.2亿元）、双联化工（10.2亿元）；利税过30亿元的企业是石炼化（32.7亿元），利税超过3亿元的企业是河北诚信（3.65亿元）、利税过亿元的企业是正元化工（1.03亿元）。主要产品产量为原油加工量355万吨，盐酸7万吨，烧碱3万吨，纯碱35万吨，精甲醇14.96万吨，合成氨133.85万吨，农用氮、磷、钾化学肥料总计(折纯)71.99万吨，磷酸铵肥（实物量）1.33万吨，化学农药原药(折有效成分100%)8624吨。获省名牌产品及企业的有河北威远物化工股份有限公司农药（阿维菌素）、石家庄白龙化工股份有限公司邻苯二钾酸酐、市油漆厂涂料、河北双吉化工有限公司农药（代森锰锌）和河北诚信有限责任公司工业氰化钠。

（于鹏程）

【河北克尔化工项目落户赵县】 3月3日，投资2.17亿元的河北克尔化工项目在赵县生物产业园内正式开工建设。该项目投产后年产值可达6.67亿元，上缴税金2000余万元，可向社会提供就业岗位300多个。河北克尔化工项目是2009年石家庄市的重点项目，该企业是一家绿色化工产品生产企业，主要生产农药、医药中间体等产品。

（温 婕 王伟强 朱 涛）

【中石化工建设有限公司揭牌】 3月6日，中石化工建设有限公司揭牌仪式在石家庄市世贸酒店举行。中石化工建设有限公司由中国化学工程第十二建设公司整体改制而成，已经国家工商行政管理总局、河北省工商行政管理局核准。公司总部设在石家庄市。该公司现有员工4980人，其中各类工程技术和专业管理人员1200人，公司总资产7.2亿元。公司可承包大中型化工、石油化工、煤化工、炼油、医疗、医药、电力、轻工、冶金、城建及各类辅助生产装置的建筑安装工程。具有化工石油工程施工总承包一级、房屋建筑工程施工总承包一级及一二三类压力容器制造安装、压力管道安装等数项资质，已通过ISO9001技师管理、ISO14001环境管理体系认证。

（范玉蕾）

【省内首家多肽碳酸氢铵项目投产】 3月份，由辛集化工集团与中农瑞利源高科技发展有限公司合作开发的多肽碳酸氢铵项目在辛集化工集团化肥公司投产。该项目为省内首家，年生产能力12万吨。多肽碳酸氢铵产品是国家高科技专利产品，是在国际先进工艺基础上，采用纳米控释技术，加入中农瑞利源公司研制的金属蛋白酶，经熬合转化而成的尖端产品。它能激活被土壤固定的氮、磷、钾，使作物重新吸收利用，还能激活土壤中的微量元素。该产品利用率高，施用本品40千克可达到同等含量常规肥料60千克的肥效，与常规肥料等量使用可提高产量30%以上，同时还有控释效果好、兼治地下害虫、适用范围广等优点。

（邓书恒 马 健 陈彦朝）

【石焦集团10万吨环己酮项目投产】 4月30日，石家庄循环经济化工示范基地石焦集团10万吨/年环己酮项目正式投产。该项目是石家庄焦化集团有限责任公司实施“链接延伸”发展战略的重点项目，是省委、省政府确定的与中石化合作的建设项目之一，也是石家庄循环经济化工示范基地的核心项目。项目占地400亩，总投资12.1亿元。项目投用的生产线是世界上首套采用环己烯水和法生产环己酮装置，采用世界500强企业——日本旭化成化学工程公司独家拥有的技术。该技术综合收率高、氢耗低；环境清洁；更安全；具有更高的成本优势，可变成本较传统工艺低15%～20%。此外，环己酮项目还享有得天独厚的市循环经济园区的有利条件，生产所需的氢气、蒸汽、苯可由北邻石炼化通过管道运输提供，所需硫酸由南邻硫酸有限公司提供。80%的产品可以通过管道直接运输至西邻的石化纤，其余投入市场。项目投产后，每年可生产9.6万吨环己酮、2.5万吨环己烷、1600吨燃料油、300吨溶剂油和其它副产品，年实现销售收入12.5亿元，利税2.87亿元。

【石炼油品质量升级改造立项】 12月31日，国家发展和改革委核准批复石炼化油品质量升级及原油劣质化改造项目。该项目是国家石化产业振兴规划项目之一，也是河北省、石家庄市重点产业战略支撑项目。项目位于石家庄市循环经济化工示范基地内，计划2010年5月开始施工，2012年5月投料试车。总投资60多亿元，其中环保投资6亿多元。是目前石家庄市单体工业项目中投资最大的项目，投产后按现行税制每年可上缴各项税合计近80亿元，企业每年可获得利润12亿元。原油由曹妃甸码头转输经曹津-津沧-沧河-河石线输油管道进厂，扩建后加工流程采用全加氢流程，最大限度提高轻质油收率，多产出成品油供应市场。改造完成后，可生产主导产品汽柴油500多万吨/年，基本满足中国石化在河北省中南部和山西省的成品油市场增长需求，可弥补河北、山西成品油供应不足的现状。汽油质量全部达到国Ⅲ以上标准，柴油硫含量全部达到国Ⅲ标准，油品质量升级每年可减少车辆二氧化硫排放7200吨。实施本项目后，可适应原油劣质化的变化趋势，增加原油采购的灵活性，提高企业应对市场风险能力。同时，对优化油品市场，带动地方（河北）区域经济社会的协调发展产生积极影响。

（范玉蕾　王叶敏）

【石焦集团国有股权转让协议签署】 12月4日，石家庄市国资委与南光（集团）有限公司签署石家庄焦化集团有限责任公司国有股权转让协议。市委副书记、市长艾文礼，市委常委、常务副市长栗进路，南光集团董事长助理沈启准、南光能源有限公司总经理王建兆等出席签字仪式。南光（集团）有限公司是总部设在澳门的国务院国资委直属中央企业，是澳门最早的中资机构。南光集团拟借此次股权收购，扩大内地业务发展和实业经营，借助石焦集团品牌、技术、管理、购销市场和客户群，以及石家庄所处地域优势，依托河北钢铁大省、紧邻煤炭主产区、交通便捷等优势，通过实施石焦集团整体搬迁改造，推动煤化工领域的整合和发展。南光集团计划利用3～5年时间，在石完成投资50亿元以上，通过建设环己酮、苯加氢、甲醇等项目，形成销售收入超百亿元，具有较强竞争力的大型煤化工集团。同时，利用石家庄市企业搬迁升级改造的契机，积极参与石家庄市工业建设和发展。

（范玉蕾）

【石家庄金石化肥有限责任公司】

实现跨省份合资合作。1月15日，石家庄金石化肥有限责任公司分别与湖北潜江金华润化肥有限公司、湖北华强化工集团有限公司进行项目签约，首次实现跨省份合资合作。湖北潜江金华润化肥有限公司注册资本8000万元，员工1100余人，目前年产合成氨20万吨，主导产品为尿素、甲醇、二甲醚。2008年实现销售收入5亿多元，上缴税金800万元。根据协议，金石公司受让湖北省潜江金华润化肥有限公司金华润公司35%的股权，同时接受金华润公司其他股东委托的16%的表决权，金石公司持有金华润公司51%的表决权。通过与金石公司合作，该公司将更好地整合资源、资金、技术、市场等优势，公司未来将形成年产100万吨氨醇、100万吨氮肥（尿素和碳酸氢铵）、100万吨复合肥、100万吨二甲醚的生产规模，年销售收入达到100亿元，为做大做强煤化工和盐化工产业创造良好条件。华强化工是湖北省当阳市一家骨干民营企业，它的前身是当阳化肥厂，于2002年11月完成改制，产品涵盖化工、化肥、热电三大领域5个主要品种，年产氨醇60万吨，尿素80万吨、甲醇15万吨，二甲醚15万吨，余热发电15000KW。现拥有总资产16亿元，员工3000余人。企业综合实力位居全国同行业30强，是湖北省百强企业。根据协议，金石公司受让湖北华强化工集团有限公司35%的股权，同时接受其他股东委托的16%的表决权，金石公司持有华强公司51%的表决权。与湖北两家化肥企业的合资合作，是金石公司继控股河北金源化工、河北冀衡化肥、河北天成化工之后，通过实现资本运作，在河北省初步完成煤化工产业布局后，首次进行的跨省份合作，至此，石家庄金石化肥有限责任公司的合成氨年产量已达到200万吨。

废水综合治理项目通过验收。6月份，金石公司废水综合治理项目顺利通过石家庄市环保局组织的环保验收。金石公司废水综合治理工程总投资近600万元（其中利用环保专项资金80万元），是该公司利用环保专项资金投资建设的一项重点环保工程。该工程包括循环水补水项目和末端处理项目两部分：循环水补水处理项目采用一体化净水器，降低循环水的浊度，提高了循环水的重复利用率，处理能力为400吨／小时；末端处理项目采用两级生化处理＋混凝沉淀工艺，通过活性污泥去除水中可生物降解的有机污染物和氨氮成分，使公司外排水达标排放，处理能力为100吨／小时。根据石家庄市环境监测中心3月31日对项目末端治理的验收监测结果，经过末端水处理后的废水排放各项指标均已达到《合成氨工业水污染物排放标准》的要求，其中COD的去除率达到40.4%，氨氮的去除率达到82.3%。

并购安徽龙源化工。10月份，石家庄金石化肥有限责任公司与安徽龙源化工有限公司在安徽省合肥市举行合资合作签字仪式。金石公司对安徽龙源化工进行增资扩股，将其更名为安徽晋煤金龙源化工有限责任公司。金石持有金龙源化工35%的股权，受让金龙源化工其他股东委托16%的表决权，共持有金龙源化工51%的股东表决权。安徽金龙源化工是金石并购的第六家企业，也是跨省合作的第三家化工企业，金石已在河北、湖北、安徽三省拥有六家控股子公司。金石公司成立于2004年9月，其前身是原石家庄化肥厂，五年来，该公司大力进行节能技术改造，在做强本部的基础上做大外围，扩大产能，实现了产业升级，自2007年起陆续与省内外相关化肥化工企业牵手联姻，总氨年产量已从成立前不足20万吨发展到150万吨。

新增四家子公司。年内，石家庄金石化肥有限责任公司先后与安徽龙源化工有限公司、湖南安乡金大地化工有限公司、河北冀州市银海化肥有限责任公司、湖北楚兴化工有限公司4家企业实现合资合作，均持有51%的表决权。至此，金石公司已在4个省份拥有9家子公司，总氨生产能力突破200万吨。与金石公司合作的4家企业，除冀州银海化肥总氨年产能为25万吨外，其余3家企业的生产能力目前都在5万～10万吨／年；4家公司均处国内粮棉主要产区，具有广阔的农业市场基础；特别是2008年受世界金融危机的影响，化肥行业市场萎缩，产品价格一路低迷，四家企业依靠自身精细的管理和产品结构优势，非但没有停产减产，依旧有条不紊地稳定运行，继续保持良好的经营业绩和盈利能力，三大主要原料消耗（原料煤、燃煤、综合电耗）指标处于同行业的先进水平；各企业在进行节能减排、安全环保的技术改造的同时，有计划的扩充产能，以加大市场覆盖面，提高盈利能力。与此同时，金石公司在石家庄市循环经济化工示范基地年产60万吨的合成氨项目和在石家庄新乐化工园区年产30万吨合成氨异地搬迁改造项目的施工正在建设中，2010年将实现分期陆续投产。

（邓书恒　沈丽净　卢建生　范玉蕾）

电力工业

【概况】 2009年，石家庄市共有发电企业42家，装机总容量779.1万千瓦。其中，省以上企业8家，装机容量为728.2万千瓦；地方企业34家，装机容量为50.9万千瓦，其中热电企业14家，装机容量37.775万千瓦；自备电厂20家，装机容量13.125万千瓦。到年底，石家庄电网共有110KV及以上变电站177座，变压器367台，总容量26545兆伏安。其中，500KV变电站3座，变压器6台，总容量5000兆伏安；220kV变电站30座，变压器65台，总容量9533兆伏安；110kV变电站144座，变压器296台，总容量12012兆伏安。 220kV输电线路79条，总长度1733.394千米；110kV输电线路211条，总长度2871.338 千米。全年社会累计用电量为340.48亿千瓦时，比2008年同期增加15.87亿千瓦时，增长4.89%；年售电量286.98亿千瓦时，增长4.21%。石家庄全网最大负荷501.6万千瓦，增长10.05%。电网结构进一步优化，供电能力显著增强。全市电网城市综合供电电压合格率达99.538%，供电可靠率99.881%，均有较大幅度增长，客户满意率始终保持在100%。电业局荣获全国文明单位、国家电网公司先进集体和国家电网公司文明单位标兵等多项荣誉称号，连续21年保持河北省文明单位称号。

【"三年大变样"电力攻坚】 针对20项重点工程的电力线路迁改工作，专门成立"三年大变样"电力攻坚领导小组，积极主动与市政道路建设单位配合，在"七一"前圆满完成裕华、和平、槐安路等近20条道路的线路迁改工作。累计改造架空线路110千米，新建电缆线路262千米，进一步美化市容市貌，提升了省会的社会形象。积极配合政府开展京石、石武等高速铁路配套供电工程建设，并专门成立领导小组，制定周密的组织措施和技术措施，施工人员克服施工条件复杂、危险性大等种种困难，全力实施高铁建设、货运外迁、张石高速迁改、南水北调等线路迁改工作。特别是在裕华路、和平路改造和二环路提升工程中，涉及大量的电力线路需要迁移改造，时间紧，任务重，施工环境复杂，广大电力职工发扬"特别能吃苦，特别能战斗"的精神，迎难而上、顽强拼搏，在最短的时间内完成了改造任务。

落实电力作业标准化管理

【两大热源项目建设启动】 1月7日，石家庄市政府在人民会堂分别与中国电力投资集团公司良村热电、中国华电集团鹿华热电签订热电项目建设责任状，此举标志着石家庄市两大支撑性热源项目正式进入全面建设阶段。市领导艾文礼、栗进路与中国电力、华电国际等有关单位领导出席项目签字仪式。良村热电项目是中电投资集团在石家庄投资建设的第一个项目，该项目是省、市重点项目，是石家庄市实施"退二进三"发展战略的基础项目，也是东方热电"上大压小"实现结构调整和产业升级的核心项目。一期项目投资30.96亿元，项目投产后将形成500吨／小时工业供气和600万平方米的供热能力。鹿华热电项目是根据全市供热规划和热电联产规划，遵循国家“上大压小”、“节能减排”的产业政策，在石家庄市西部建设的大型热电联产项目。该项目建成后，可满足1600万平方米城市采暖需要。两个项目均采用多项先进环保技术手段，建成后将极大地改善省会大气环境质量，节约水资源。两大热电项目的启动建设，对于满足广大市民的供热需求，加快省会“三年大变样”步伐，建设经济繁荣、居住舒适的现代一流省会城市，具有十分重大而深远的意义。

（刘　娴）

【其力生活垃圾发电项目试车】 其力城市生活垃圾焚烧发电项目被国家环保总局列为“北方地区示范工程”，也是省、市重点建设项目，其工艺先进，自动化程度高，全程由计算机调节监控，燃烧稳定，垃圾燃烬充分。烟气利用当今国际工艺最为先进的净化装置处理，达到无毒、无臭、无色排放。项目总投资1.7亿元，建筑面积9632平方米，安装2台日处理垃圾250吨炉排式焚烧锅炉，年处理生活垃圾20.1万吨；安装一套8.2兆瓦抽凝式汽轮发电机组，年发电量6652万千瓦时。2005年3月，项目正式开工建设，建设中，由于铁道欲在项目所在地（桥西区玉村）规划建设铁路编组站，2006年5月份项目被迫停建。2008年，铁路编组站建设规划调整，项目于2009年初重新恢复建设。2009年8月，石家庄市其力城市生活垃圾处理厂点火试车，该项目每天处理500吨至700吨生活垃圾，约占全市生活垃圾的1/3。

（邓书恒）

【张河湾水电站开工建设】 10月份，井陉县张河湾水电站正式进入开工建设阶段，该电站装机容量640千瓦，总投资451万元，计划于2010年5月投产发电。张河湾水电站位于井陉县甘陶河张河湾水库坝后，为张河湾水库的配套工程。该电站开发方式为坝后式，配有水轮机2台，400伏低压发电机1台，设计装机容量640千瓦，年平均发电量255万千瓦时。电站采用微机自动化监控系统管理，通过扩大单元电气主接线方式，以10千伏出线并入电网运行。张河湾水电站主要利用西跃渠灌溉引水发电，经过第一次发电后渠水沿西跃渠引入景庄水电站进行二次发电，最后流入引甘济绵渠，实现一水多用，使甘陶河上张河湾水库的水能资源得到充分利用。同时，开发建设该电站对于促进当地的经济发展，改善群众物质、文化生活和生态环境保护具有重要作用。截至2009年底，全市共有农村水电站47座，其中河道引水式41座，水库坝后式6座，全市农村水电站总装机已达2.875万千瓦。

（赵石星）

【鹿华热电一期工程开工】 9月27日上午，河北华电石家庄鹿华热电一期工程在鹿泉市大李庄项目现场举行开工典礼。鹿华热电一期工程，计划建设2台30万千瓦级亚临界空冷抽气凝气式供热机组，项目投产后，可形成1600万平方米的供热采暖能力，替代区域内217台分散的小锅炉，满足省会西部供热需求，可有效减少对石家庄市大气的污染。鹿华热电为河北省重点工程，是根据石家庄市城市集中供热规划和热电联产规划，按照“上大压小”政策建设的热电联产工程。根据石家庄市集中供热规划，西部主城区及规划中的山前区、信息产业园、鹿泉主城区等区域近4000万平方米的供热亟待解决。2009年7月8日，由河北华电石家庄热电有限公司控股的河北华电石家庄鹿华热电有限公司2台30万千瓦亚临界空冷抽气凝气式供热项目获国家发改委核准。鹿华一期工程采用国内先进的空冷、除尘、脱硫、脱硝等环保节能措施，能有效降低能源消耗，控制污染物排放总量。铁路运输自头泉站接轨，经穿山隧道引至厂区，基本不占耕地。生产水源采用城市中水，科学用水、一水多用，年节约用水约700万吨。不设永久性贮灰场地，干式除灰，灰、渣全部综合利用。

（范玉蕾）

【良村热电2×300MW热电项目奠基】 6月30日，石家庄良村热电有限公司2×300MW热电项目奠基仪式在藁城南席村厂址隆重举行，省、市及中电投相关领导出席了奠基仪式。石家庄良村热电有限公司由中国电力投资集团有限公司、东方热电股份有限公司共同组建。其中，中国电力投资集团有限公司出资51%，石家庄东方热电股份有限公司出资49%。该公司2×300MW热电项目是省“十一五”规划的重点电源建设项目。项目建设总投资30.96亿元，其中，发电工程投资28.44亿元，配套外网设施投资2.38亿元。全部投资的财务内部收益率为9.21%，年销售收入11.27亿元，年实现利税1.73亿元，投资回收期为10.4年，自有资金内部收益率为13.64%，投资回收期为8.94年，项目具有较好的财务盈利能力、清偿能力和抗风险能力，经济效益良好。项目采用的汽机、锅炉、发电机均由东方电气集团生产，汽机选用2×300MW亚临界中间再热双可调抽汽供热式汽轮机组，锅炉选用2×1110t/h亚临界中间再热燃煤锅炉。项目配套的电除尘、烟气脱硫、脱硝等设施同期建设，排烟采用烟塔合一技术，生产用水采用城市中水，灰渣全部综合利用。根据石家庄市2006～2020年供热规划，良村热电2×300MW热电项目承担石家庄经济技术开发区全部及石家庄高新技术开发区东区的供热任务，供热面积约65平方千米。项目建成后，可实现采暖供热690万平方米和400吨／小时的供热能力，同时实现年发电28.5亿千瓦时，能够保障开发区热负荷快速增长的需要，改善石家庄市大气环境质量。

（邓书恒）

【河北电力投资建设石家庄电网】 11月24日，市委副书记、市长艾文礼与省电力公司总经理孙正运签订共同推进石家庄市电网建设暨城市三年大变样工作会谈备忘录。2009～2010年和十二五期间，河北省电力公司将投资100多亿元，用于石家庄电网建设。“十一五”前三年，石家庄市经济快速发展，带动用电负荷快速增长。全市最大负荷从2005年的321.5万千瓦增加到2008年的455.7万千瓦，年均增长12.3%；全社会用电量从2005年的252.9亿千瓦时增加到2008年的324.6亿千瓦时，年均增长9.7%。河北省电力公司不断加大电网建设投入，共投资60.2亿元用于石家庄电网建设。2009年和2010年，省电力公司计划投资22.7亿元，用于石家庄电网建设，投产晋北等220千伏变电站4座，以及鹿华热电、良村热电送出工程等。为满足石家庄经济、社会快速发展的需要，十二五期间（2011～2015年），省电力公司规划投资约108.9亿元用于石家庄电网建设，建成1000千伏特高压线路160千米，建成500千伏变电站1座、220千伏变电站8座等。到十二五末，石家庄电网将形成以500千伏网架为电源支撑、220千伏网架为主干网架的电网结构，并逐步实现220千伏分区供电、互为援助的供电网络。石家庄电网将建成与经济社会发展相适应、容量适度、布局合理、设备先进、自动化程度高、调度灵活、运行安全可靠、经济技术指标较先进的区域性坚强智能电网。

（王　巍）

【建设“坚强电网”】 电力公司认真贯彻市委、市政府部署，积极筹措资金，扎实推进省会坚强电网建设。紧密结合城市发展战略，新建220千伏南甸变电站、110千伏耿虔变电站，大力推进南部工业新区电网建设项目，为“五大基地”建设、县域经济发展等一系列部署的顺利实施提供了充足电力保障。到2009年底，全市电网在网供电最大负荷达到501.56万千瓦，同比增长10.05%，电网保持安全稳定运行。积极实施“新农村、新电力、新服务”发展战略，将新农村电气化村电力设施改造与30余个新民居试点相结合，已完成2个县、10个乡和181个村的新农村电气化建设任务。结合国家“家电下乡”等惠农政策，加快农网建设步伐，累计完成农网建设投资3.81亿元，新建改造35千伏变电站22座，线路311.25千米，新建改造10千伏线路796.8千米，新建改造10千伏配变855台，供电能力进一步增强，基本解决农网过负荷问题。累计完成电网建设改造投资10.31亿元，投产变电容量146.9万千伏安，线路356.76千米，电网结构更趋完善，供电能力显著增强。

石家庄电业局（供电公司）

局长（总经理）、党委副书记：闫卫国

党委书记、副局长（副总经理）：王文红

纪委书记：郑爱军

副局长（副经理）：张造海　周京龙　魏锁均　王新朝

工会主席：马建辉

总工程师：赵立刚

总会计师：张会敏

（睢　鹏　乔　硕）

建材工业

【概况】 2009年，全市建材行业共有规模以上企业246家，均为非金属矿物制品业。从业人员4.5万人，总资产167亿元。全行业工业增加值、主营业务收入、利润、利税分别是108亿元、335.48亿元、35.26亿元、46.53亿元，分别比2008年提高14.3%、22.9%、43.85%和35.53%。以上指标分别占全市比重的8.98%、8.49%、11.79%、9.58%。其中有2家进入市工业50强，有1家进入30家后备企业。主要产品产量为水泥熟料1367万吨，水泥3627万吨，陶瓷70.69万平方米，砖101.9亿块，天然大理石建筑板材146.8万平方米，天然花岗石建筑板材4.3万平方米。全年获省名牌产品及企业的有鹿泉东方鼎鑫水泥有限公司通用水泥、鹿泉市曲寨水泥有限公司通用水泥、河北凤达水泥有限公司通用水泥和河北天石双熊特种水泥有限公司特种水泥。

（王海涛）

【3条新型干法水泥生产线集中点火启动】 4月30日，石家庄市召开新型干法水泥生产线启动集中点火仪式，鹿泉市东方鼎鑫水泥集团、河北燕赵水泥有限公司和曲寨水泥有限公司的3条日产4000吨新型干法水泥生产线同时点火启动。3条新型干法水泥生产线总投资达13.2亿元，每条生产线日产水泥熟料4000吨。其中，东方鼎鑫水泥集团的生产线，采用先进的预热分解系统、熟料冷却机技术、总线控制系统，窑头窑尾还设置大型高温高效低阻袋式除尘器，并在生产线上设计废弃物协同处置技术，可使这条生产线成为具备协同处置各类城市及工业废弃物的环保、节能、生态示范线。河北燕赵水泥有限公司和曲寨水泥有限公司的生产线，也采用了先进的技术和装备，实现节能减排的目的。截至年底，鹿泉市新型干法水泥生产线总数达到9条，每年增加税收7000万元，煤耗、电耗及二氧化硫、粉尘排放量等指标分别下降31.1%、68.8%、92.6%和70.7%，标志着石家庄市水泥生产迈向“旋窑”时代。

（靳晓磊）

【“宝石”绿色建材节能产品通过专家论证】 近年，宝石集团积极调整产业结构，发展符合国家产业政策的大径塑管、钢骨架管、钢塑共挤门窗型材、ABS塑胶管等绿色建材产品和无极灯、荧光灯玻管等节能照明产品。这些产品用途广泛，在环保、节能等多方面具有明显优势，已成为宝石集团新的经济增长点。5月20日，在市工业促进局、建设局主办的“石家庄宝石集团绿色建材、节能照明系列产品推广论证会”上，该公司生产的大径塑管、钢塑共挤门窗、无极灯等绿色建材、节能照明产品通过专家组论证。1998年，宝石克拉大径塑管有限公司引进德国克拉公司生产技术和成套设备，建成2条具有国际先进水平的KR-500型克拉管生产线，2000年成功自主开发一条国产化生产线，具备年产克拉管材及管件7000吨的生产能力。无极灯是宝石照明公司从1998年就开始自主开发的高效节能照明产品，拥有完全自主知识产权，获7项专利技术，产品科技含量高，性能稳定，符合国家节能减排政策，技术水平国内领先，是现有光源的首选替代产品，适用于车站、码头、机场、广场、大厅、高速公路、办公大楼等场所。2008年8月通过3C认证，同年10月通过美国的UL认证。该产品已在体育大街使用105套；在“绿色照明进社区”工程中，桥东区使用800套。宝石众和钢塑门窗型材公司拥有行业全国唯一的一条全自动精确控制混配料生产线，加工能力强，产品颜色以彩色为主，广泛适用现代建筑风格和家居多样化要求。墨绿色、灰色、胡桃木色等彩色型材已在全国各地大批成功应用。2010年16届亚运会场馆使用该产品近30万平方米。

（范玉蕾）

【143座水泥机立窑全部拆除】 水泥机立窑是一种耗能高、污染重的落后水泥生产工艺，吨产品能

耗为160千克煤，比新型干法窑的吨产品能耗高46%，且粉尘、二氧化硫排放量大，对生态环境破坏严重。2007年前，全市共有水泥机立窑143座，主要分布在鹿泉、井陉等10余个县（市）和矿区。为大力改善生态环境，促进可持续发展，石家庄市按照“上大压小，削减总量”的要求，全面开展水泥机立窑拆除工作。2007年，拆除水泥机立窑21座；2008年，拆除59座。2009年，石家庄市借助城市建设“三年大变样”的有利时机，集中开展拆除水泥机立窑行动。到2009年6月20日，全市剩余的63座水泥机立窑全部拆除，提前91天完成拆除任务，标志着水泥机立窑这种落后生产工艺彻底退出石家庄市水泥生产的历史舞台。据市环保部门测算，143座水泥机立窑全部拆除后，全市每年可减少煤耗105万吨，削减二氧化硫7500吨，削减粉尘5100吨。

（靳晓磊）

【5亿元建陶项目落户赞皇】 2009年7月，赞皇县政府与淄博市亚星建陶有限公司投资5亿元高档地砖生产线项目正式签约。签约的高档地砖生产线项目总投资5亿元，其中固定资产3.5亿元，流动资金1.5亿元，建设6条共3000万平方米全套高档地砖生产线，建设工期为2年，2009年8月份项目入驻五马山工业园区，2011年全部竣工投产。6条生产线竣工投产后，年实现销售收入9亿元，实现利税2.3亿元。

（张国飞　卜建军）

【“金隅水泥”成为省级重点项目】 赞皇县“金隅水泥”二期项目被列为河北省第二批重点建设项目，成为赞皇县五马山工业园区首个省级重点项目。赞皇县金隅水泥二期工程项目总投资6.28亿元。项目建成后，年产熟料128万吨，水泥200万吨，其中P.042.5普通硅酸盐水泥100万吨、P.032.5复合硅酸盐水泥100万吨，年可实现销售收入4.42亿元，利润1.32亿元，上缴税金4407万元。2009年配套水泥粉磨基础已完工，累计完成投资6000万元，计划2010年竣工投产。

（张国飞）

【敬业集团上缴税金4.37亿元】 2009年，敬业集团努力克服世界金融危机给钢铁行业带来的影响，在国内大多钢铁企业停产半停产的状态下，在生产、经营、项目建设等各方面实现较大突破。投资5.2亿元新建两条棒线材生产线，年增产螺纹钢200万吨。投资2.2亿元新建两座15000千瓦蒸汽余热发电机组，回收炼铁、炼钢、轧钢所有余热蒸汽。该集团在全国设40多个直销处，变经销商代销为厂家直销，既占市场主动权又增效益。采购上全面取消供应中间商，与力拓、CVRD、FMG等国际矿业大公司建立战略合作伙伴关系。在澳大利亚珀斯市设办事处采购澳矿，在印度、俄罗斯、印度尼西亚、伊朗、南非等国采购低成本小矿种，满足企业使用。全年完成生铁459万吨，同比增长36.45%；钢444万吨，同比增长26.65%，材374万吨，同比增长21.2%。全年实现销售收入291亿元，上缴税收4.37亿元，取得了较好的经济效益和社会效益。

【敬业集团再次跻身中国企业500强】 年内，中国企业联合会、中国企业家协会按照国际通行方式，以2008年企业营业收入为入围标准，经专家委员会审定，排出2009中国企业500强。河北敬业集团再次荣登中国企业500强榜单，以2882299万元的营业收入名列中国企业500强第206位，较2008年提升20个位次，为石家庄市唯一入选此项榜单企业。

（范玉蕾）

轻 工 业

【概况】 2009年，全市425家规模以上轻工企业完成工业增加值210亿元，主营业务收入726.69亿元、利税91.72亿元、利润67.35亿元，分别增长18.87%、13.88%和13.47%。人造板产量516.93万立方米，同比增8.5%；实现销售收入94.4亿元、利税10.11亿元、利润6.86亿元，同比分别增11.88%、11.45%、8.12%。板材生产企业主要集中在正定县。塑料制品行业发展迅速，主要指标均比2008年同期大幅增长。全年实现销售收入104.7亿元、利税11.32亿元、利润8.43亿元，同比分别增19.04%、18.93%、22.90%。皮革毛皮及其制品业实现销售收入372.21亿元，实现利润36.65亿元，分别占全市规模以上轻工企业的51.22%和54.42%。新项目陆续投产对全市皮革业起到拉动作用。东明集团与韩国金兴公司合资（中方51%）的东明制衣二厂，2009年5月正式投产，现有制衣生产线10条，年产量15万件，年可新增销售收入1.5亿元，利税2000万元。

（路佩珍）

【首届“皮博会”达成合同及意向1.1亿元】 6月18～22日，石家庄市举办了为期5天的首届中国（石家庄）国际皮革裘皮博览会，本届展会共有来自国内外350多家皮革、裘皮制品生产和贸易企业参展。5天时间参观群众达2万多人。交流合作成果显著，贸易合同及合同意向达到1.1亿元。展会期间，来自美国、俄罗斯、意大利、日本等国家的专业贸易商及采购商、国内贸易商和销售经营企业代表等1500多人到会洽谈、采购。本届展会是在全球金融危机、国际市场萎缩、环保风尚趋浓的大背景下举办的，旨在为国内外裘、革皮生产经营企业打造一个集贸易洽谈、交流合作等于一体的展会平台，是石家庄市举办的第一个国字号展会。博览会汇集了包括国际国内知名品牌暇步士（美国）、金卡佛（意大利）、皮尔卡丹（法国）、希伯来（法国）、皇冠（台湾）等皮草、皮具企业，和来自天津、江苏、安徽、上海、广州等地的国内知名皮革裘皮企业，以及省内的大批生产加工企业，是国内外皮革裘皮行业的一次品牌盛会。展会同期成功举办“中国皮革裘皮市场高层论坛”。皮博会为展示石家庄市、河北省皮革裘皮产业发展新成果提供了一个重要窗口。

（刘宝芝）

【华泰集团成功收购诺斯克河北纸业公司】 12月31日，位于赵县轻纺产业园的河北华泰纸业公司正式揭牌，河北华泰纸业公司是山东华泰集团成功收购诺斯克河北纸业公司全部股权后成立的新闻纸生产企业。河北华泰纸业公司前身诺斯克河北纸业公司，项目总投资24亿元，设计生产能力33万吨。2005年7月投产以来，由于受到市场等因素影响，生产经营一直不正常。经赵县县委、县政府积极协调，2009年9月24日，诺斯克河北纸业公司与山东华泰纸业股份公司协商签订了股权转让协议，华泰纸业股份公司收购诺斯克河北纸业公司全部股权。为加快推进华泰集团收购诺斯克河北纸业公司股权，妥善安置职工，确保实现平稳过渡，赵县县委、县政府成立由县领导挂帅，发改、人劳、工会等部门为成员的工作组进驻企业，及时协调企业转股过程中涉及的有关问题，做好政策解释和职工思想工作。经过积极运作，2009年10月23日，省商务厅正式批复诺斯克河北纸业公司股权转让，12月5日，企业正式更名为河北华泰纸业公司。2009年企业生产、经营正常，平均日产量900吨，达到历史最好水平，企业达产后年可实现销售收入12.5亿元，实现利税1.2亿元。

（温 婕）

中小企业

【概况】 2009年，全市民营经济统计单位26.8万个，民营企业35486个，从业人员286万人。完成增加值2056亿元，同比增长7.25%，占全市GDP3115亿元的66%。上缴税金137亿元，同比增长3.75%，占财政收入310亿元的44.05%，营业收入完成8037亿元，同比增长16.24%。劳动者报酬281亿元，同比增长19.1%，固定资产投入765亿元，同比增长23%。固定资产原值2792亿元，资本金1091亿元。规模以上民营企业1990个，从业人员38.7万人，完成增加值 675 亿元，同比增长4.8%，完成营业收入2442亿元，同比增长5.2 %。上缴税金54.8亿元，同比增长3 %。劳动者报酬 46.9亿元，规模以上工业企业中轻重工业比重 55.3 ：44.7，其中食品饮料工业比重为2.1%，钢铁比重为13.9%，皮革制品业为6.5%，纺织服装业11.6%，家具制造业为1.6%，采矿业4.14%。2009年全市中小企业发展了一批特色产业集群，年销售收入30亿元以上的产业集群达到14个。其中，30亿～100亿元的10个，100亿元以上的4个。4个百亿元产业集群分别为平山冶金、辛集皮革、晋州纺织、无极皮革。

【中小企业担保机构】 年末全市担保机构总量达到50家，担保资本金累计达到13.06亿元，形成了60亿元的担保能力，其中资本金亿元以上的担保机构4家，分别为石家庄宝德中小企业担保服务有限公司，担保资本金5.75亿元；石家庄联创担保有限责任公司，资本金2亿元；河北东润担保有限公司，资本金1.29亿元；河北中诚信担保保证有限公司，资本金1亿元。

【高新区重奖博深工具公司】 2009年，石家庄市高新区为应对国际金融危机的影响，专门设立了5000万元“保增长促发展专项资金”，主要用于帮助企业解决融资难问题，支持现有企业做大做强，鼓励项目引进与建设。同时依靠科技创新应对危机。对新认定为国家创新型试点企业或国家自主创新产品的企业，给予企业主要经营者一次性奖励20万元。同时，为鼓励区内企业上市，高新区制定鼓励和扶持政策。按照区里的政策规定，对以上市为目的完成规范改制，且上市申报材料制作完毕并上报中国证监会审查予以受理，或在香港及国外证券市场上市得到相应机构受理的高新技术企业；对于成功上市的高新技术企业和非高新技术企业以及首批进入证券公司代办转让系统的高新技术企业分别给予不同数额的奖励。2009年8月，高新区工委、管委作出决定，对上市的博深工具奖励150万元。

（刘宝芝）

【创业辅导基地建设】 至年末，石家庄市省级示范基地达到6家，总数位居全省首位。6家省级创业辅导示范基地分别是石家庄卓达创业示范基地、石家庄市中小企业新华创业辅导基地、石家庄市桥西区振新创业辅导基地、石家庄市平山创业辅导基地、藁城市（增村）乳制品创业服务中心、新乐京新创业辅导基地。

（陈梅芹）

城乡建设与环境保护

城乡建设与环境保护

概　述

2009年是石家庄市贯彻落实“三年大变样”决策部署的第二年，全市城市建设部门通过狠抓城市基础设施建设，积极推进主街主路面貌整治，规范和完善房产开发行政许可制度，大规模实施园林绿化建设，加强大气和水环境污染治理，城市面貌得到显著改善。

城市基础设施建设成效显著。全年城市基础设施投入200多亿元，其中城市管理局完成投资60多亿元，城市建设局完成投资182亿元。槐安路、裕华路、和平路、二环路改造通车，体育大街北延、友谊大街北延工程、学府路改造、建华大街南延、富强大街打通工程年内均按计划完成，城市道路交通体系更加完善。改造整修304条小街巷，投入2.2亿元对450栋楼宇实施夜景改造升级，新建垃圾转运站5座，完成桥东、桥西污水处理二期工程。全市32个城中村累计拆迁建筑面积138.3万平方米，27个城中村回迁楼开建，共计284栋，总开工面积481.97万平方米。年末199栋、2.3万套回迁楼主体封顶。全市城市道路总长度达到970.2千米，道路面积1457万平方米，排水管道长度达1444千米。

住房保障能力逐步增强。全市累计启动危陋住宅改建项目20个，完成各类危陋住宅拆迁52.1万平方米。为27632户家庭提供廉租住房保障，累计为20862户低收入住房困难家庭发放廉租住房补贴5487万元。安苑、赵苑和珍集配建的870套廉租住房于2009年8月分配入住，年内开工建设13个廉租住房项目，其中市区5个、5034套投入资金15787万元。全年共办理商品房预售许可81件，涉及41个开发项目，批准预售面积280多万平方米。市区商品房上市面积500.52万平方米，同比增长44%。其中商品住房394万平方米，同比增长56%；市区商品房成交面积495万平方米，同比增长201%，商品住房供需基本平衡。共办理各类交易房屋5.9万余套，建筑面积567万平方米，交易金额192亿元，完成契税征收3.07亿元。

城市公用事业快速发展。加强燃气安全管理，强力推进占压管线构筑物拆除工作，年内新增天然气用户8.1万户，新建垃圾中转站5个。投入资金8000万元，对32条主要街路进行照明改造，其中在张石高速5千米连接线，鹿泉山前大道2千米干道投资260万元进行半导体照明示范，效果良好，节能明显。全市有水厂8座，日产水能力60万立方米，全年供水量1.48亿立方米。桥西、桥东污水处理厂二期工程完工，城市污水处理能力达到80%以上。供热管道总长度710千米，比上年增加29千米，城市集中供热面积达6748万平方米，比上年增加648万平方米。城市公共汽车营运线路达135条，比上年增加19条；营运车辆3009辆，比上年增加632辆；年客运总量4.2亿人次，比上年增长11%。5月20日，石家庄市城市管理数字化系统正式运行，9月10日，被国家住房和城乡建设部指定为“全国数字化城市管理试点城市”。

努力推进环境保护工作。通过强化城市环境综合整治，大力开展“企业搬迁、削减燃煤、拆除炉窑、治理扬尘、推广优质低硫煤、治污清流、洗城净天”等一系列卓有成效的工作，城市空气质量和水环境质量取得历史性突破，市区优良天气达317天，比上年增加16天。主要污染物减排工作扎实推进。年末全市有环境监测站24个，城市水环境功能区水质达标率达到100%，全市工业二氧化硫排放达标率88.9%，全市工业烟尘排放达标率99.7%，全市工业企业废水排放达标率 98.9%，全市工业固体废物处置利用率 96.5%。城市市容市貌继续改善，全年新建公园 2 座，年末城市拥有公园 39 个，公园面积 807 公顷；全年新增绿地 33 万多平方米，城市园林绿地面积达到 7104 公顷，园林绿化覆盖面积 8060 公顷，分别增加 517 公顷和 720 公顷；人均公共绿地面积 11.6 平方米，比上年增加 1.4 平方米。

城乡规划

【概况】 2009 年，市城乡规划部门以开展深入学习贯彻科学发展观和“干部作风建设年”活动为动力，以建设繁华舒适、现代一流省会城市为目标，坚持城乡统筹协调发展，高起点、高标准规划城市空间蓝图。按照科学发展观的要求，对规划审批职能进行精简，调整部分干部和职能处室职责。加强干部作风建设，开展工程建设领域突出问题的专项治理，聘请规划监督员 62 名，主动接受社会监督。成立藁城、鹿泉、正定、栾城、高新技术开发区等 5 个规划分局，建立局领导和审批处长联系点制度，定期走访联系单位，对城中村改造、49 家搬迁企业、5+3 企业等重点项目开通绿色通道和现场办公，45 次上门送规划、送技术，有力地推进了项目建设。积极推进“三年大变样”工程，精心搞好主街主路面貌规划，协助有关部门搞好轨道交通规划，全年共召开规划审批会议 11 次，审议各类规划及重大项目 76 项。共受理报建项目 2728 件次，项目按时办结率 100%。组织专家评审、咨询 59 次，评审、咨询各类规划项目 176 个，其中外地专家审查项目 130 个，占全部审查项目的 74%。涌现了大批受省、市表彰的先进集体和先进个人，部分研究课题在全国、全省获奖。

【机构改革】 2009 年 3 月，市城乡规划局在全市率先完成内部机构改革。设立规划综合服务处，对建设项目实行“一站式”服务，负责规划审批手续领办、督办、代办。调整处室职能，对原建设用地规划处、建筑工程规划处、市政工程规划处的相关职能进行调整。将建设项目规划设计条件、建设工程设计要点、市政建设工程规划设计条件合并，由用地规划处负责；将修建性详细规划审查、建筑工程总平面图、建设工程设计方案审查合并，由建筑规划处负责办理。将原规划地理信息处与城乡规划处合并，统一组织重大城市规划的信息搜集和规划编制。将诚信处（信访处）并入规划监查处，共同协调城市规划违规及诚信缺失行为的监控处理。成立规划法规技术处，统筹城乡规划法规和技术规范的研究和制定。简化工作程序，将原审批过程中需要在地形图审核、规划设计条件提交、拆迁清场证明、公示情况证明、定线通知等职能全部取消，将建设单位报批制改为局内部系统函告制和批后管理巡查制。同时，按照德才兼备的原则配齐、配强干部，通过竞争上岗、公开选拔、轮岗等形式完成干部任免 36 人次。在机构改革的基础上，压缩规划审批时限，将行政许可法确定的 20 个工作日时限压缩为 5 个工作日，削减规划审批过程中收费。

（刘智国）

【高新区规划分局成立】 12 月 30 日，市城乡规划局高新技术产业开发区分局在高新区管委会大院举行揭牌仪式。至此，石家庄都市区内，各行政区和重点片区均成立了规划分局，实现了规划管理全覆盖。高新区规划分局为石家庄市城乡规划局的派出机构，主要负责高新区和东部新城区的规划管理工作。

（许跃彬）

【推进省会面貌“三年大变样”】 以 20 项献礼工程为重点，认真谋划具有现代特色的城市亮点工程、特色区域、标志性建筑。在规划设计过程中，积极引进先进设计理念，聘请国内外专家进行大手笔设计。针对道路、广场以及绿化带的拆迁责任单位是各区和市直有关部门，该局主动摸清拆迁建筑底数，把拆迁红线图和规划图送到各相关单位。裕华路和槐安路两条主干道工程的升级改造直接关系市区通行能力的提升、城市面貌的改观，为确保工程再十一前按期完工，市城乡规划局统筹协调，科学安排，40天完成1003个孔位勘察任务，23天审定全部工程图纸，比原计划提前150多天。该局干部职工在拆迁改造工地上24小时轮流值班，现场解决设计施工单位遇到的困难和问题，及时审批各项工程实施方案，确保了重点工程项目进度。

【规划编制工作】 市城乡规划局按照500万人口规模的标准和建设繁华舒适、现代一流省会城市的要求，进行城市总体规划的调编工作。编制完成《石家庄市城市空间发展战略规划》，确定“携手京津，构建创新转化和后台服务平台；服务全省，发展总部经济和现代服务业；立足冀中南，对接沿海，打造区域产业集聚区”的发展战略，提出了城市发展目标，确定“一城三区三组团”的城市发展新格局。2009年，市城乡规划局共组织专家评审、咨询59次，评审、咨询各类规划项目176个，其中外地专家审查项目130个，占74%。先后编制完成《石家庄市城市空间发展战略规划》、《石家庄市总体规划》、《滨河新区规划》、《石家庄市城乡统筹规划》、《石家庄市综合交通规划》、《石家庄市商业网点规划》、《石家庄市公交提升规划》、《新客站地区综合规划》、《石家庄市停车场规划》、《地下空间利用规划》、《石家庄市绿色隔离空间规划》、《道路系统规划》、《中水回用规划》、《金银国汽车主题园规划》、《西柏坡区域统筹规划》、《神威药业园控制性详细规划》、《栾城县东佐村新民居建设规划》等。完成了胜利大街交通设计方案及和平路、泰华街等八条道路交通工程设计的编制工作。此外，为援建单位——四川平武编制完成《平武县龙安镇重点区域修建性详细规划》和《平武县环境整治与景观绿化规划》。

（刘智国）

【市域城乡统筹规划】 年内，《石家庄市域城乡统筹规划》编制完成，规划以“激发农村经济活力、促进城乡公共服务均等化、搞好城乡基础设施延伸对接”为核心，围绕农村地区经济活力、城乡居民平等共享公共服务产品、城乡基础设施共享共建三个城乡统筹领域推动全市社会、经济发展模式全面转型。加快土地流转，推动农村生产力二次革命。此次城乡统筹规划提出建立城乡建设用地流转市场、农用地土地承包权流转市场及完善农村地区网点建设、推动成熟金融产品进入农村地区等一系列意见，对激活农村经济活力做出了探索。规划提出以农村地区经济制度改革，推动土地适度集中，提高农业产业化水平和涉农工业实力提升为基础；以优化产业机构和空间布局、推动重点园区建设促进第二产业发展，提高工业化水平为先导；以城镇化水平的提高，促进第三产业发展为重点；以构建高效、完备的城、乡产业链接平台为有效补充，最终完善以市场起基础性配置作用的城乡经济协调发展格局。构建四位一体公共服务新体系。把推进经济增长与推进社会全面进步结合起来，鼓励和引导社会事业在城市完善和向农村延伸，初步形成较为完善的国民教育体系、新型养老保障体系、医疗卫生体系和文化体育活动参与体系，使各阶层共享社会、经济文明发展的成果。社会保障体系和公共设施建设坚持政府主导，以构建保证全市居民平等享有公共服务权利的机制为目标，统筹安排财政资金，把各项非赢利性公共事业及乡镇以下级别的公共设施建设纳入市财政统筹范围，加快公共服务均等化进程。提升农村地区人居环境，促进城乡基础设施对接共享。规划提出分阶段推进基础设施网络向农村地区延伸，率先构建完善的路网联系系统，在此基础上，完善其他基础设施配套，为城乡经济交流、人员交流，农村地区居民生活现代化，共享地区经济发展成果提供有力的物质保障，最终实现中心城至市域县城一小时交通圈，都市区半小时交通圈；公路网络四通八达，市域全部县城设有高速公路出入口；城乡公路衔接便捷，通村公路畅通，自然村公路通达率100%；实现城乡公交一体化运营，自然村公交通达率100%；公路硬化率达到100%；都市区城市轨道联网、市郊铁路发达；村庄内部道路畅通有序的目标。根据各区域不同现状发展基础和发展条件、未来在全市域需要承担的功能定位，规划把全市分为都市区、西部山区、东部平原区，对不同区域进行分类指导，统领居民点分布、经济产业布局、市政设施、公用设施、生态、资源保护等各项内容的安排。其中，都市区包括主城区和藁城、正定、鹿泉、栾城四县（市），强调城乡地区全面对接，把提高经济增长质量和效益放在首位，提升参与外部分工与竞争的综合实力，率先实现城乡基础设施一体化和公共服务均等化；西部山区包括赞皇、井陉、灵寿、平山、行唐5县，强调生态和环境保护功能，建设成为全市的重要生态功能区；东部平原区包括新乐、无极、深泽、辛集、晋州、赵县、元氏、高邑，针对该区域资源环境承载能力较强、经济和人口集聚条件较好的情况，强调关注经济增长、质量效益、工业化和城镇化水平的协调发展。规划提出，到2020年城乡经济社会发展一体化体制机制基本建立；城乡基本公共服务均等化明显推进，形成城乡社会发展一体化新格局。

（许跃彬）

【举行城市空间战略规划专家论证会】 2月22日，市政府委托、由中国城市规划设计研究院编制的《石家庄市城市空间战略规划》专家论证会在市亚太大酒店举行。来自全国有关方面的专家围绕进一步明确石家庄市城市发展方向，确定空间发展战略进行了深入的研究探讨。《石家庄市城市空间战略规划》首先提出了石家庄城市发展的核心问题，围绕核心问题，在城市定位、城市空间发展战略、重要战略地区谋划、近期行动计划等方面提出了具体的发展思路和发展重点。来自建设部、北京大学、清华大学等单位的有关专家在听取了中国城市规划设计研究院的研究成果汇报后，结合自己学术特长和已有经验各自提出了自己的意见和建议。

（邓书恒）

【25米道路红线围合区域为最小开发单元】 2月份，市政府出台《关于进一步加强和改进城乡规划管理工作的意见》，确定中心城区以内坚持成片开发，严格杜绝插建，25米道路红线所围合区域作为最小开发单元，小于此规模的项目拆迁和开发不再批准，严格限制在现状多层建筑区内建设高层建筑。

（戴丽丽）

【召开城市快速轨道交通线网规划论证会】 石家庄市轨道交通项目前期工作起步于2001年底，至2009年已有7年多时间。期间，石家庄市根据城市发展状况，编制了《石家庄城市轨道交通线网规划》、《一号线一期工程预可行性研究报告》、《轨道交通线网规划》等，对《石家庄城市轨道交通线网规划（中间报告）》的编制起到了重要作用。按照《石家庄城市轨道交通线网规划（中间报告）》，省会将建6条轨道线，并组成方格型线网。其中，骨干线3条，辅助线3条，各条线路两两相交。远景中心城轨道交通线路全长166.5千米（石环以内线路长148.8千米）。中心城区（西石环至滹沱河南岸新区）长25.1千米。7月17日，石家庄市邀请国家、省、市等有关部门和单位的专家及领导组成评审委员会，通过踏勘现场、阅读规划报告、听取规划设计单位工作汇报等形式，对《石家庄城市轨道交通线网规划（中间报告）》进行评审。评审专家认为，本规划中间报告研究内容比较全面，技术路线合理，思路清晰；线网规划充分考虑城市快速发展时期的基本特征，体现城市空间优化调整和未来城市发展的要求。同时，专家建议进一步充实轨道线网规划的基础依据，尽快完成城市总体规划和综合交通规划的修编和报审，核实有关基础参数。

（靳晓磊）

【研讨500万人口城市总体规划】 8月30日，市规划部门在亚太大酒店召开石家庄市500万人口城市总体规划专家咨询暨石家庄市滨河新区概念规划专家论证会。市委常委、副市长王大虎出席会议。会议邀请了同济大学建筑与城规学院前院长、教授、博导陶松龄，国务院发展研究中心区域经济发展战略部前部长、研究员、清华大学双聘教授李善同，清华大学建筑学院城市规划系主任中国城市规划学会常务理事、教授、博导吴唯佳，中国城市规划设计研究院总工、教授级高级规划师杨保军，清华大学教授张杰，阿特金斯高级规划师卢诗华，同济大学副教授、剑桥大学博士田莉，建设部派驻华北地区规划督察组组长刘运琦，建设部派驻华北地区规划督察员康美寅，河北省城乡规划设计研究院院长邢天河，省建设厅规划编制研究中心主任鲍龙等各方面的专家参加了咨询和论证会。石家庄市规划设计研究院汇报了石家庄市500万人口城市总体规划，北京清华城市规划设计研究院和深圳蕾奥城市规划设计咨询有限公司分别汇报了石家庄市滨河新区概念规划。专家在听取3家设计单位的汇报后,就有关问题进行提问,并从人口、土地、环境、资源、防洪、交通组织、经济实力、古城保护、产业布局等方面提出许多建议和意见。

【2009中国城市发展论坛暨第二届河北省城市规划建设博览会在石举行】 9月19～21日，2009中国城市发展论坛暨第二届河北省城市规划建设博览会在石家庄市人民广场举行。城博会期间，河北省各地市共有165个项目达成合作意向，投资总额达2612.7亿元。9月20日，城博会“重头戏——城市建设投融资论坛、城市战略投资（河北）峰会、生态宜居城市建设高端论坛、城市建筑设计高端论坛”等四大论坛同时开讲，国内外知名专家做客交流先进理念，搭建合作桥梁。本届城博会通过高端论坛、主题展览、项目推介、商务洽谈等形式，倡导城市建设的新理念、新思维、新观点，推介新技术、新材料、新工艺，拓展沟通交流渠道，推进规划建设市场开放，努力找寻创新思维、加强交流、促进合作，共谋发展的广阔舞台，是河北省大力实施城镇化战略、深入推进城镇面貌三年大变样工作的一项重大举措。共有2000余位受邀参加此次城博会的中外客商及规划专家学者们云集省会，寻求项目或为城市建设和发展献计献策。在城博会上，河北省11个设区市携800多个项目公开招商，发布了一批重点城市建设项目，发布数量之多、规模之大前所未有，总金额9000多亿元。石家庄市紧紧抓住在本市举办的难得机遇，公开发布了109个项目、总投资达800亿元，同时对40多个规划项目进行公开招标。本届城博会，石家庄收获了丰硕的成果，34个项目达成合作意向，投资总金额近700亿元，包括基础设施建设项目、公益项目，还包括房地产开发项目。

（许跃彬）

【《石家庄市中心城区工业区整合规划》初步绘就蓝图】 年内，石家庄市加速推进中心城区污染工业企业外迁工作。企业搬走后，为保证城市建设用地永续发展，初步完成了《石家庄市中心城区工业区整合规划》编制工作。石家庄市外迁企业原址主要分布在以下四个片区：东北工业区（建设大街–胜利大街–北二环路–东二环路–跃进路–体育大街–和平路–建设大街所围合的区域，总用地面积约1567公顷）、高新技术开发区西区（槐安路–民心河西线–南二环路–西二环路–新石中路–时光街所围合的区域）、中华南大街片区（中华大街两侧，以及槐安路南侧工业企业用地）和建设南大街片区（胜利大街–南二环路–青园街–槐安路–建设大街–东风路所围合的区域）。按照规划，四大片区的企业搬迁整合主要以还石家庄市良好的居住环境为首要目的。以提高质量效益为中心，节约资源、保护环境为目标，加大实施可持续发展战略的力度，大力发展循环经济。同时，工业区整合后部分用地性质改为商业和居住用地，在城市总体规划的引导下，改变分块杂乱无章建设现象，尤其是重点区域和片区实行统一规划管理，展现石家庄市的特色。

东北工业区：结合东北都市型工业区的特点，着力打造六个都市型工业园区。重点打造服装服饰工业园、广告包装设计工业园、食品饮料工业园、文体用品工业园、工艺美术品制造园、农副产品加工制造园。

高新技术产业开发区西区：打造居住区、教育区和产业区三个功能分区。对西二环南路附近的高新区科技创业园区进行整合，提升为河北省高科技产业孵化基地。科研区主要以河北师范大学西校区等大学为主，结合以科技研发为主的企业，形成教育科研区。其余居住用地形成居住区，完善配套设施，提高居住品质。

中华南大街片区：主要划分为商务区、居住区和产业区三个功能区。结合新客站建设，在中华大街东侧（新石中路至新石南路之间）布置商业,形成桥西区商业中心区。企业全部搬迁，预留华南炭素厂用地，重点发展电子科技产品制造为主的产业。其余用地整合后重点发展居住。

建设南大街片区：总体规划中搬迁了所有的工业企业，没有保留工业用地。划分为两个功能分区，结合新客站建设，其周边规划新的市级商业商务中心区；槐安路南侧划为居住区。

（许跃彬　陈国兴）

【城乡规划审批和批后管理】 2009年，共召开规划审批会议11次，审议各类规划及重大项目76项。受理报建项目2728件次，项目按时办结率100%。办理用地规划许可证144个，总用地面积10.24平方千米，办理建设用地规划拆迁证33个，批复详规审批35个，办理用地可行性咨询和选址申请140项，出具规划条件215个。核发《建设工程规划许可证》326项，总建筑面积1907万平方米。受理市政工程报建项目821件，发放市政《建设工程规划许可证376个，批准道路工程35条，103.18千米，桥梁14座，各类管线391.1千米。完成市政工程定线测量305千米，竣工测量257千米，验线测量310千米。同时，为加强城乡规划批后管理，市城乡规划局对批后管理制度进行修定、完善，制定《建设工程批后巡查管理规定》、《石家庄市城乡规划局规划监查工作规程》、《石家庄市城乡规划违法建设案件处理办法》等规章制度，建立岗位责任制，实行分片管理，责任到人，实现网格化、无缝隙管理，对违法建设做到早发现、早制止、早解决。2009年共核验灰线115件，核验基础101个，竣工验收项目126件。处理各类违法建设305件，建筑面积252万平方米。接待群众信访476件，办理转办交办信访案件272件，办理上级督办件48件，建立诚信档案16份，建立违法建设企业档案11份。

【推进公众参与规划】 年内，市城乡规划部门大力实施“阳光规划”，实行“八公开”制度，将职能职责、办事依据、办理程序、受理条件、办理时限、办理结果、办事纪律、投诉渠道等八项内容，向社会全面公开。将有关内容印制成服务指南，通过“一站式”审批服务窗口，在受理报建项目的同时，提供给报建单位和个人，使报建人更加详细地了解报建流程，提高了工作效率。建立一次性告知制度，书面向申请人一次性告知所申请事项的全部办事要求。公示岗位职责、审批岗位重点人员、办理规划审批所需提供依据、服务承诺制度、办理时限制度等。强化城乡规划审批流程监控机制，对各个环节、岗位实施透明、全程的系统管理，形成有效的控制机制，规范审批实施行为，取得了良好效果。将重大规划，重要项目等社会和公众关心、关注的规划和项目及时通过媒体、网络、展览等形式向社会公众进行公示，广泛征求社会各界的建议和意见，吸引社会各界参与城乡规划。

【勘察测绘】 2009年完成滨河新区1：1000数字图测绘450幅，围绕新民居建设试点工作，东佐村新民居1：1000地形图测绘27幅，西柏坡镇1：1000数字地形图测绘23幅。道路建设方面，完成太行大街1：1000地形图新测与修测128幅。为提高数字城管水平，完成182平方千米的石家庄数字城管测绘任务。制作《石家庄市城区图》（2009年版）、《石家庄市旅游交通图》、《石家庄市地图集》、《警备区军事志地形图》、《桃园镇土地利用现状图》。完成良村开发区路网测量、槐安路与裕华路的地形图修测和断面测量、二环路地形图修测和断面测量及二环路中线定线任务42千米。完成总进尺7.5万米的25项勘察任务。

【石家庄规划馆建成投用】 2009年5月20日，石家庄规划馆建成并投入使用。该规划馆总建筑面积1.5万平方米，2009年布展面积7000平方米，共分三层，总体包括城市总体模型大厅、城市发展历史厅、魅力石家庄展厅、多功能演示厅等6个展厅。广大市民可以通过参观规划馆，详细了解石家庄市的未来规划和发展，从而积极参与城市规划。从开馆截至年底，该馆共接待国家领导人、外国代表团、兄弟省市党政考察团和有关单位团体150多个，接待市民参观达11.3万人次。

（刘智国）

城乡建设

【概况】 2009年，石家庄市建设部门结合开展“干部作风建设年”活动和“学习实践科学发展观”活动，紧紧围绕城市建设“三年大变样”任务目标，全力推进城市基础设施建设。建立合理的招投标制度和科学的施工组织制度，广泛采用新工艺、新技术，从机关抽调136名干部充实监管一线，及时研究解决施工工地出现的问题，全年承担和平路、裕华路、槐安路等重点道路新建改造工程和国庆献礼工程项目10项，其中完成9项。桥东污水处理厂二期工程改造升级进展顺利。组建燃气管理办公室，规范燃气安全管理。狠抓热力、燃气单位经营许可证年审，强力拆除占压燃气管线构筑物117处，更换超期服役燃气表2.3万块，更换老旧管线30千米。加大拆迁管理力度，共审核办理拆迁许可证19个，拆迁腾地3903亩。加强房地产企业管理。共审批新办企业提供材料189个，为189家开发企业办理暂定资质证书，为390家企业办理资质核定，为33家开发企业办理变更手续。全力推进城中村改造。年内石家庄市城中村改造累计拆迁2147万平方米，竣工回迁安置房6.9万套，安置居民4.7万户，提前完成三年任务目标。全市32个城中村累计拆迁建筑面积138.3万平方米，27个城中村回迁楼先后开工建设，开工284栋，总开工面积481.97万平方米。199栋、2.3万套回迁楼主体封顶。全年共完成投资（按城建投资完成统计口径）182.35亿元。

【项目建设面向全国公开招标】 2009年，石家庄市在和平路、裕华路、槐安路等国庆60周年献礼项目建设中，面向全国进行公开招标，通过公平竞争，选择资质高、实力强、信誉好的中铁建设集团、中建一局集团、北京城建集团、河北建设集团等一批全国一流的施工单位承担项目施工建设任务。同时，建立科学的施工组织制度，定期召开工程监理例会、调度例会、调度会等，加强沟通和协调，及时发现问题并研究解决。在和平路、裕华路和槐安路等道路施工中，施工建设人员采用蒸汽养生、冷热再生等新工艺、新技术，缩短了工期，提高了工程质量。加强施工现场督导，建立领导分包制度，从建设部门抽调136名干部，充实工程一线，督导检查施工安全、进度和质量，确保工程快速有序推进。和平路高架桥，槐安路高架桥、裕华路拓宽改造工程建设总指挥部与交管部门紧密配合，共同研究制定切实可行的交通组织方案，在保证工程工期和质量的前提下，最大限度地满足交通需求。通过采取一系列措施，重点道路工程有序推进。和平路高架比原计划工期缩短10个月，裕华路、槐安路仅用120天便竣工通车，创造出石家庄市道路建设史上新的速度纪录，得到各级领导和广大市民的赞誉。体育大街北延、友谊大街北延工程、学府路改造、建华大街南延、富强大街打通工程年内均按计划完成。

（陈　涛）

【城市道路建设】 2009年，石家庄市投资23亿元，大力实施了槐安路高架工程、裕华路改造工程及和平路跨线桥工程，又投资30多亿元巨资完成二环路提升工程，短期内彻底改善了石家庄道路交通状况和城市面貌。主要道路建设工程有：

二环快速路提升工程：二环快速路提升工程是市委、市政府确定的“三年大变样”十大工程之一，该工程按城市快速路标准设计，红线宽60米，主路双向6车道，辅道双向4车道，主路设计时速80千米，全长41.4千米，总投资30.5亿元，通过改造，将成为省会第一条全程无灯控快速环路。二环快速路提升工程新建桥梁14座，改建现状立交桥3座，共长12.9千米。其中，新建合作路–工农路、新石北路–石铜路、裕翔路、建华南大街、体育北大街、泰华街等高架桥6座；新建天翼路、红旗南大街、建设南大街、中山东路、谈固北大街、建华北大街等跨线桥6座；

新建槐安西路、槐安东路地道桥2座，改建和平西路立交桥、裕华东路立交桥、运河桥立交桥等现状互通立交3座。

中山路繁华大道改造工程：中山路是贯穿城区东西方向的交通主干道，全长17千米，其中商业繁华段（维明街-建设大街）长8.4千米。改造后，中山路体现了石家庄独特城市形象、时代感和开放性的国际商业都市面貌，体现了石家庄城市发展的方向和水平，成为河北省商业街发展建设的典范和标志，也成为全省第一繁华景观大道。

裕华路改造工程：东起G4高速路口，西至苑东街，全长14.5千米，道路规划红线宽50～60米，此次道路改造后红线宽度基本保持不变并维持现状三块板路面格局，全路段机动车道由双向6车道拓宽改造为双向8车道。改造后裕华路将体现出现代、大气等特点，通行能力提高20%以上。

槐安路高架工程：东起东二环，西至西二环，全长12.46千米，是石家庄市首条设计时速高达60千米的城市主干道快速路。此次改造工程以高架桥为主，现况跨中华大街、京广铁路、平安大街和建设大街的高架桥保持不变，新建4座高架桥，同时按城市主干路标准修建桥下辅路。改造后，槐安路成为省会第一条无灯控、全立交、全封闭快速路。

（许跃彬）

【304条小街巷大变样】 2009年，石家庄市投资5.4亿元，开展了涉及170个小区、惠及近百万居民的小街巷整修工程，是石家庄市有史以来规模最大的一次小街巷整修工程。年初开始，市城管部门、街道办事处、居委会等相关部门，分别对辖区道路进行拉网式摸底，将193条小街巷列入整修名单。为真正把每一条路都修到老百姓家门口，石家庄市通过在媒体公布、广泛听取群众意见基础上，集中整理，把市民反映强烈、路况确实很差、具备整修条件的小街巷全部列入计划，不漏一条。小街巷整修名单一再添加，从最初193条，增加到256条，后又增加到304条。施工中，街巷施工工期一般为3个月，为尽量减少对居民生活的影响，施工单位采取交叉施工、昼夜施工等方法，多数小街巷工期都没有超过15天。从2009年7月20日开始，到9月1日，短短50多天时间，304条小街巷整修全部完工。

（靳晓磊）

【槐安路快速路改造工程完工】 7月1日，槐安路快速路改造工程正式通车，该路于1月20正式动工，是省会第一条无灯控、全立交、全封闭快速路。该工程西起西二环路，东至东二环路，全长13.1千米。改造内容包括道路畅通、城市家居

裕华路体育大街立交桥

槐安路高架桥

整治、绿化美化三方面内容。跨越中华大街、京广铁路、平安大街和建设大街的高架桥保持不变。新建高架桥4段7.02千米,地面段1.83千米。新建互通、半互通立交节点4处，分别为西二环互通立交、东二环互通立交、维明街立交、富强大街立交（利用已预埋箱涵）。工程投资约13.5亿元（不含新建管线及拆改费用)。总拆迁15万平方米。槐安路整体改造按照快速路标准建设。主路以高架桥为主，机动车双向四车道，计算行车速度80千米／小时，同时按城市主干路标准修建桥下辅路，为机动车双向六车道，非机动车道各宽5米，计算行车速度60千米／小时，主路高峰时段平均时速由原25千米／小时提高至50千米／小时，全路段主路高峰时段通行时间由30分钟缩短到15分钟，道路通行能力提高比例为60%。

（许跃彬　张　震）

【红旗大街南延一期工程竣工通车】 6月29日，红旗大街南延一期工程竣工通车。红旗大街南延一期工程是石家庄市“三年大变样”的重点工程，也是国庆60周年献礼工程之一。红旗大街改建工程起点位于石环公路（省道S101）红旗大街互通式立交南匝道终点处，终点位于高邑县北渎村北，路线全长42.901千米，其中，利用原有公路11.065千米，实际建设里程31.837千米。全部工程分两期实施，目前完工的是一期工程，起点位于石环公路（省道S101）红旗大街互通式立交南匝道终点处，终点位于赵赞连接线处，路线全长31.093千米，其中利用原有公路11.065千米，实际建设里程20.029千米。建设大桥2座，中桥2座，一期工程2008年10月开工，2009年7月1日主体完工通车。该工程直接连通市区及元氏、高邑、赞皇三县规划的工业园区，是石家庄地区公路网的重要组成部分，可有效缓解市区交通压力和车辆出行对国道107线的压力，对于强化南部区域间经济技术联合与协作，消除制约生产要素合理流动的障碍，逐步形成良性互动的区域发展格局，具有积极的推动作用。特别是为主城区工业企业退市进郊、晋档升级和引进战略投资者搭建平台，对开发并带动周边的城市建设具有很强的保障作用。

（邓书恒）

【万达城市广场项目全面启动】 石家庄万达城市广场项目是石家庄市“三年大变样”的重点招商项目，总规划建筑面积163万平方米，由五星级酒店、大型百货、连锁超市、住宅公寓、国际电影城等多种业态组成，总投资预计70亿元，该项目规划理念先进、建筑体量宏伟、景观效应突出，建成后将形成省会新的地标性建筑，对形成新的现代服务业隆起带发挥支撑作用，可创造就业岗位1.2万个。同时为尖岭村提供5万平方米商业面积自主经营，其收益将为逐步解决居民福利、养老、医疗、股份制改造等提供资金支持。3月12日，裕华区召开尖岭村改造暨石家庄万达城市广场项目拆迁誓师大会。会后，270名机关干部组成10个攻坚小分队，进驻尖岭村开展面对面的群众工作,尖岭村拆迁工作全面启动。尖岭村拆迁涉及1246户、6000多人，需拆除面积80万平方米，腾地666.19亩。7月19日，万达五星级洲际酒店在裕华区破土动工。万达洲际酒店位于槐安路以北，槐岭路以南，民心河以东，尖学街以西，计划总投资5亿元，总建筑面积3万平方米，27层，高度93米，与石家庄电视塔、世纪公园隔街相望，建筑体量宏大，景观效应突出，建成后将成为省会新的地标性建筑。该酒店按照人本化和国际化理念规划设计，集住宿、餐饮、会议、办公、娱乐、观光等多功能于一体，拥有高级客房300套。

（许跃彬　葛继中　冯振生）

【与中国冶金科工股份有限公司签署全面战略合作协议】 5月15日，石家庄市与中国冶金科工股份有限公司签署全面战略合作协议，标志着双方合作进入全面实施阶段。根据协议，今后5年内，中冶科工股份有限公司对石家庄市城市建设的总投资达到562亿元，其中2009、2010两年的投资额将不少于300亿元。省、市多名领导出席签约仪式。市长艾文礼代表市政府与中冶科工股份有限公司签约。双方先后签署《全面战略合作协议》、《石家庄市基础设施建设项目及土地一级开发整理合作协议》和《石家庄市旧城改造住房开发建设合作协议》等一系列合作协议。中冶科工股份有限公司是全球最大的工程建设综合企业集团之一，也是中国专业化经营历史最久、专业设计施工能力最强的冶金工程承包商。2009年3月7日，石家庄市曾与该公司签订了《石家庄市城市综合项目框架协议》。

（靳晓磊）

【勒泰中心项目正式开工】 6月14日，总投资33亿元的省市重点项目勒泰中心正式开工。勒泰中心即原远洋城商业广场，是河北省重点项目，石家庄市重点推进的20+X重点商贸服务业项目之一。拟建于中山东路北侧、正东路以南，东临栗康街、西临长征街，项目总投资33亿元，由中国勒泰商业地产集团投资兴建，预计在2013年底落成。该项目是集购物、餐饮、娱乐、休闲、办公、资讯为一体的城市综合体，总建筑面积达53万平方米，融入百货商场、超级市场、餐饮设施、休闲娱乐项目、主题商场、品牌专卖店、酒店、写字楼等多种业态，构建一种体验式消费的城市人文景观。勒泰中心项目招商工作全面启动，和众多世界500强企业达成初步合作意向，沃尔玛、肯德基、麦当劳、必胜客、星巴克等世界知名企业都有望入驻，也有台湾太平洋百货、冠军冰场、星美院线、冠军溜冰场等区域顶级企业。项目将设两个直升飞机停机坪，彻底打破石家庄建筑无直升飞机停机坪的历史。项目建成后，将成为代表石家庄城市形象的名片，也会极大提升石家庄城市形象，成为桥东区乃至省会商业发展的新地标。

（刘宝芝）

【城市拆迁和城中村改造】 加大拆迁管理力度，强化拆迁许可及许可后监督管理。管理部门协助各区先后完成裕华路、中山路、和平路、槐安路、民心广场和城市公园、省文化广场等献礼项目的拆迁任务，拆迁工作有序进行。共审核办理拆迁许可证19个，拆迁腾地3903亩，组织召开各类听证会11次，协调308户，依法裁决11户，绝大多数矛盾和纠纷都通过协调得到解决。稽查违法违规拆迁20起，接待群众上访45件次，处理上级转办信访案件25件次，全部妥善解决。同时，认真落实市政府《关于进一步加快城中村改造的实施意见》(石政发[2008]5号)文件精神，积极督导，热情服务，全力推进城中村改造回迁楼建设。截至年底，全市32个城中村累计拆迁建筑面积138.3万平方米，有27个城中村回迁楼先后开工建设，开工284栋，总开工面积481.97万平方米。199栋、2.3万套回迁楼主体封顶，保证村民按时回迁。

（陈 涛）

【省文化中心广场项目拆迁启动】 3月21日，长安区组织人员及车辆对单行道歌厅、秋水伊人、省科协办公楼、省图书馆雀友麻将桌门店4处建筑进行大规模拆除作业，标志着省文化中心广场拆迁工作进入了实质性拆除阶段。省文化中心广场建设是市委、市政府向国庆60周年献礼重点项目，拆迁范围为中山路、裕华路、东大街和西大街围合区域，包括手机市场、饭店、居民住宅等建筑均将被拆除，通过拆迁改造腾出更多市民休闲活动的文化空间。拆迁总建筑面积6.8万平方米，其中，商业、办公建筑面积5.1万平方米、住宅建筑面积1.7万平方米，涉及14个产权单位和232户居民住宅。为积极做好拆迁工作，长安区拿出专项资金就近租赁了拆迁工作指挥部办公室办公用房，并从区拆迁、规划、财政、城管、公安等部门抽调50余名业务骨干，将每一处拆迁动员、评估、补偿和督导工作都落实到人。专门制定了具体拆迁计划，细化任务，明确责任，实行日报告、日调度制度，区领导强化调度，靠前指挥，做了大量的反复入户、摸底评估等前期准备工作，确保拆除工作的顺利进行。

【112个小区旧貌改造】 2009年，石家庄市从解决群众最关心、最直接、最现实利益问题出发，投资5000万元，对城区上世纪八十年代前后建成的小区，进行集中改善和整治。老旧住宅小区，由于建设年代早、基础设施不完备、设施设备老化、小区管理体制不健全等诸多原因，造成小区内违章建筑多，环境脏、乱、差，小区道路、绿地损毁严重，停水、停电、下水道堵塞现象时有发生，严重影响居民正常生活。此次改造，市委、市政府要求把长期困扰老旧小区居民安居乐业问题，进行集中、彻底解决。改造中，石家庄市将重点放在小区道路硬化、绿化、路灯、排水等小区公共环境改善上，做到应改尽改，让老百姓切身体会到带来的变化。截至到2009年9月28日，石家庄市112个旧住宅小区改善任务全部

完成，涉及市内五区和高新区42个街道办事处，受益居民8.3万户26万人，是石家庄市历年投资规模最大、工程量最大、改善项目最多、受益居民最多的一次旧小区改造。

【拆迁项目实施会审制】 年内，市拆迁办对石家庄市所有涉及的拆迁项目全部实施行政许可、裁决、听证会审制度。会审事项包括受理拆迁行政许可、批准拆迁补偿安置方案、举行拆迁行政许可、行政裁决、行政强迁听证会、受理行政裁决、下达行政裁决书等。会审制度实施程序为：需会审事项首先由申请人提出申请，会审当天，拆迁办主要领导和各业务主管副主任、业务科室以及申请人、项目所在区拆迁办、一级开发单位、拆迁实施单位及其它有关单位参加会审。会审结束后，申请人按会审会议的要求进一步完善申请资料后报拆迁办主办科室，由主办科室填写《城市房屋拆迁行政许可、裁决、听证联合会审表》并签署意见后报市建设局审批。实施行政许可、裁决、听证会审制度，是市拆迁办有关部门之间的联合会审，也邀请区拆迁办、拆迁实施单位、项目申请人，必要时还邀请相关专家和律师参与，充分听取意见，集思广益，可确保拆迁工作的规范化和科学化。

（许跃彬）

【县（市）“三年大变样”督导】 召开县（市）“三年大变样”建设工作部署会，明确县（市）“三年大变样”工作的目标任务。加大督导调度力度，组织大规模的现场观摩，强力推进县（市）“三年大变样”工作向纵深发展。各县（市、矿区）按照“拆建结合、以建为主”的原则，深入推进“三年大变样”工作，普遍聘请国内水平较高的规划设计单位对县市规划进行设计，加大基础设施投资力度，大力实施街道绿化、庭院绿化和公园游园建设，不断提高绿化总量，提升绿化水平。各县（市、矿区）在基础设施建设方面完成投资31.2亿元；公园建设有新突破，共新建公园24个，游园39个，人均绿地面积有显著增加；完成拆违拆迁137.54万平方米，其中城中村拆迁36.755万平方米，启动56个城中村改造项目；建成21座污水处理厂，实现县县都有污水处理厂的目标；开工建设16个垃圾项目，完工5个。

【农村新民居建设】 2月19日，全市召开农村新民居建设工作动员会，对全市农村新民居建设工作进行了安排部署。栾城县、井陉矿区、辛集市以及平山县南马冢村、藁城市只照村分别就各自农村新民居建设工作进行了典型发言。农村新民居建设以新建改造农民新居为目标，以优化农村环境面貌为重点，积极引导农民转变生活居住方式，建设具有现代特色、方便农民、经济实用的新型住房；立足节约用地，加大旧村改造力度，坚持统筹协调，同步推进基础设施配套建设，逐步把全市农村建设改造成设施配套、环境优美、文明和谐的社会主义新农村。2009年，全市确定重点建设180个新民居建设示范村。年内制定《石家庄市农村新民居建设实施方案》，在鹿泉市、栾城县举办了新民居设计方案巡回展，向广大农民积极宣传建设新民居的重大意义，发放燕赵新民居优秀设计图30000余份。组织编写《石家庄市新民居建设导则》、《石家庄市新民居建设指导手册》，举办新民居建设政策法规培训。初步研究西柏坡镇新民居建设方案，确定西柏坡村和东佐村为重点支持新民居建设示范村，制定扶持措施，在资金、技术等方面予以倾斜，把两村建设成为高标准的新民居示范村。多方联系争取帮扶资金，并将2009年1000万元村镇建设经费用于新民居建设。加强质量安全检查，积极推广新材料、新技术、新能源的应用。180个示范村全部完成规划，均开工建设或基本完成改造建设，新民居建设施工面积186.5万平方米，竣工面积172万平方米，新开面积105万平方米。此外，积极做好国家级贫困县危陋房改造调研和督导工作，平山县作为试点县，全县1500个危房户已有827户开工建设，翻建及新建房屋主体全部完工。

（陈　涛）

【《石家庄市农村新民居建设实施方案》】 2月19日，全市出台了《石家庄市农村新民居建设实施方案》。方案要求，到2012年，在全市建设农村新民居示范村220个，改造旧村450个，全市15%以上的行政村完成新民居建设改造任务。一是农民自愿，不搞“一刀切”。实施农村新民居建设，充分尊重农民意愿，保障农民权益，不强迫命令，不搞“一刀切”。通过政策支持，市场促动，引导农民自觉自愿建设、改善居住条件，改善农村环境。同时，坚持规划先行，合理布局，新民居建设与村庄产业发展和基础设施建设相结合，与“空心村”改造和集约高效利用土地相结合，村庄建设、改造既适应不同地形地貌类型、经济发展水平和历史文化习俗，又经济、适用、安全、环保。根据村庄实际承受能力，全市合理确定了新建和改造思路，坚持因地制宜，一村一策、多户多型，满足不同村庄、不同收入阶层群众的实际需要。并坚持先易后难、先重点区域后偏僻地区，有计划、有步骤地稳步推进，确保农村和谐建设，稳步发展。二是到2012年建成新民居示范村220个。按照方案要求，到2012年，在全市建设农村新民居示范村220个，改造旧村450个，全市15%以上的行政村完成新民居建设改造任务。通过新民居示范村建设和旧村改造，为农民建房和村庄建设改造提供典型示范，带动全市农村住宅建设水平的全面提高。环省会、环县城周边和沿国道、沿高速公路两侧村庄是新民居建设改造的重点区域，全市到2012年“两环”、“两沿”区域村庄新民居建设改造面达到30%以上。2009年，全市共有180个村庄进行新民居建设、改造。其中藁城、鹿泉、正定、栾城“1+4”组团县（市）建成了一批体现现代新民居特色的示范区。其它县(市)，每县(市)建成了2～3个示范村，全市每个村庄建成了几个体现区域特点，适应农民群众生产生活需要的样板房。三是新民居要符合节能抗震要求。方案要求，全市重点选取群众热情高，村集体经济实力强，村情稳定，班子团结，基础条件好的村庄优先进行新民居建设。且需要村民大会三分之二以上村民表决通过。同时，107、307、308国道、石闫公路（石家庄市至温塘段）两侧可视村庄，京石、石太高速公路两侧可视村庄，省城三环路以外可视村庄，18个县（市）城（含矿区）驻地镇建设规划区以外可视村庄为建设重点。农村新民居建设对规划布局、院落布局、建筑设计以及外观、建筑节能以及旧民居改造都制定了详细的要求。按照要求，新民居建设要符合县域城镇体系规划，同时建筑布局功能分区明确，符合节能、抗震要求。临近国道和高速公路两侧住宅，还要实施平屋顶改坡屋顶工程。四是对符合条件农户给予贷款贴息。实施新民居建设、改造的村庄，经申请批准后，由市金融办协调金融机构，对符合贷款条件的农户给予贷款支持，市财政给予适当的贷款贴息补助。同时，新民居建设中村内街道整治、绿化、环境卫生、饮水、排污等公益事业建设内容，纳入农村“一事一议”财政资金奖补范围。对于省财政下拨的扶持新民居建设改造专项资金，市、县按要求予以配套，重点用于新民居村庄的基础设施建设。对新民居建设中需要缴纳的基础设施配套费、电力增容费予以免除。对于整村易地建设的村庄需要占用土地的，经批准可列入当年征地指标计划。方案要求，列入新民居建设计划的示范村，村民贷款建设的房屋，准予办理房产证，由县级政府按有关政策规定办理相关手续。对验收合格的新民居建设改造示范村，根据投资规模，给予每村一定数额的奖励补助。奖补资金纳入市、县财政预算，按照先建后补原则，根据示范村建设改造进度，逐年支持到位。

（冯金莲）

【井陉县天长镇获中国历史文化名镇称号】 年内，在国家建设部和国家文物局公布的第四批中国历史文化名镇中，石家庄市井陉县天长镇榜上有名，这是石家庄市唯一获此殊荣的城镇。天长镇素有“宋古城”之称，位于河北省井陉县西部晋冀交接处，镇名起于汉代，唐为天长镇、置天长军，宋为天威军，1075年始建井陉县治，历宋、金、元、明、清、民国至1958年为历代县治之所。天长镇宋古城城如簸箕，北高南低，有东西南门，均有瓮城、弩台十九座，易守难攻，城厢古建，星罗棋布，古城中心为明清县衙，东有皆山书院，西有城隍庙及宏伟高耸的元代孔庙。有国家级重点文保单位2处（井陉古瓷窑遗址、井陉古驿道），河北省重点文保单位6处（古城、文庙、城煌庙、龙窝寺、同济桥、显圣寺），城区的古民宅是一色的青砖灰瓦四合院，轴线分明，左右对称，长街小巷，古色古香。

（许跃彬）

【依法行政】 全面推进依法治建进程。认真做好规范性文件审核、清理工作，对市人大、市政府批转的《石家庄市建设审计管理条例》、《石家庄市房地产审批管理办法》等4件地方法规、规章、规范性文件草案提出了修改意见；出台《石家庄市市区建设领域农民工工资保障金管理办法》等6个规范性文件，其中《石家庄市建设局行政处罚自由裁量权实施办法》（试行）及《石家庄市建设局行政处罚自由裁量权执行标准》（试行）得到省建设厅的充分肯定，在全省法制工作会议上示范推广；对现行有效的行政规范性文件进行了全面清理，建议予以保留的行政规范性文件20个、修订的行政规范性文件1个、废止的行政规范性文件18个。开展清理收费及行政许可、非许可工作。组织清理了局系统"固定资产投资项目"、"政府性基金和摊派项目"、"经营服务性收费项目"、"行政事业性收费项目"、"政府性收费项目"；对本部门实施的行政许可和非许可行政审批事项逐条进行了清理，大幅度削减审批、用章环节，减化审批程序。仅保留行政许可事项13项，非行政许可备案类事项13项；建筑工程施工许可用章由原来的7枚，减为1枚；房屋建筑拆迁许可用章由原来的2枚，减为1枚；所有备案事项取消用章17枚。认真履行职责，加强执法监督。完成局系统行政执法人员执法证年检和数据库建立工作，审理了全局行政管辖范围内的行政处罚案件67起，涉及罚款1310万元；办理涉及建设局的5起拆迁行政诉讼案件，法院正在审理当中。受理行政复议案件3起，结案2起；组织局系统所有执法人员进行专业法考试。

（陈　涛）

城市管理

【概况】 2009年，全市城管系统以迎接建国60周年为契机，以开展"学习实践科学发展观"和"干部作风建设年"活动为动力，按照"抓重点，攻难点，创亮点"的工作思路。完成二环路改造，对304条小街巷进行整修，新建垃圾中转站5个，完成桥西污水处理厂二期工程，全年城市基础设施建设完成投资60多亿元。城市夜景景观大为改善，投入2.2亿元对中山路、裕华路、火车站等区域近450栋楼宇实施夜景改造升级，使城市形象再上新台阶。特别是面对空前艰巨的建设任务，全市城管系统广大干部职工不讲条件、不计代价、拒绝理由，大胆创新，各项工作都取得显著成效，为建设繁华舒适、现代一流的省会城市打下了坚实基础。年末城市道路总长度970.2千米，道路面积1457万平方米，排水管道长度达1444千米。全市有水厂8座，日产水能力60万立方米，全年供水量1.48亿立方米。2009年，市城管局共获得"人民满意的公务员先进集体"、"先进基层党组织"、"文明城市创建单位"等13项市级以上荣誉称号，裕华区卫生队被国家"巾帼建功"活动领导小组授予"全国巾帼文明岗"称号。

【完成小街巷整修工程】 全市小街巷整修工程共包括304条。其中，道路大修部分为34条；小街巷整修部分为270条，长安区40条、新华区66条、桥西区53条、桥东区52条、裕华区39条，共计250条；其余20条由市城管局负责组织实施。"为了减少对居民出行的影响，城管局尽量缩短工期，小街巷整修不超过15天，街道大修原则上不超过一个月。"市城管局有关负责人表示，小街巷大多位于居民身边，整修涉及广大居民切身利益，广大居民非常期待。作为一项民生工程，该局高度重视，力争好事办好。在施工过程中，各施工单位广泛征求了沿途群众的意见和建议，让沿途群众满意。比如小街巷一般比较窄，如果再安装路缘石，路面将更窄，容易造成通行不便，为此部分小街巷取消了路缘石，做成了机动车道和人行便道共面，这样大大方便了群众出行，赢得了群众的欢迎。2009年，小街巷整修计划193条，施工后，很多居民反映自己身边的小街巷需要改造，为此城管局决定，力争把市民反映强烈、路况确实很差、具备整修条件的全部整修一遍，最终达到270条。截至2009年8月31日，由市城市管理局承担304条小街巷整修工程全部完工通车。

【裕华路改造工程完工】 7月1日，省会裕华路道路改造工程完工，成为省会第一迎宾大道。裕华路道路改造工程由北京市市政工程设计研究总院设计，改造范围为苑东街至京深高速公路，全长15.1千米。裕华路规划红线宽50米，维持现状三块板路面格局，全路段机动车道由双向六车道拓宽改造为双向八车道，增加公交专用车道；机非隔离带由1.5米，增宽至3米。设计车速60千米／小时。改造完成后，提高比例为20%。配合道路改造，裕华路还改建、新建了人行过街设施，提高了行人过街舒适度；通过整合城市家具形成统一设施带，取缔全线占道停车场、整改沿街单位出入口，净化沿线交通，降低了对裕华路主路交通的干扰。提升了公交出行比例，大大缓解了东西向交通压力。

【二环快速路提升工程竣工】 2009年12月21日，石家庄市城市管理局承建的二环快速路提升工程全面竣工通车，标志着继槐安路、和平路之后，石家庄市在城市快速路网建设上又迈出跨越性一步。二环快速路提升工程是市委、市政府确定2009年下半年实施的“三年大变样”十大重点工程之一，也是石家庄市第一条快速通行环路，该路红线宽度60米，主线双向6车道，辅道双向4车道，主线设计车速为80千米／小时，全长41.4千米，通过改造，实现全线快速化、取消灯控。工程总投资30.5亿元，是石家庄市单体投资最大的工程。二环快速路提升工程新建桥梁14座，改建现状立交桥3座，共长12.9千米。其中，新建合作路-工农路、新石北路-石铜路、裕翔路、建华南大街、体育北大街、泰华街等高架桥6座；新建天翼路、红旗南大街、建设南大街、中山东路、谈固北大街、建华北大街等跨线桥6座；新建槐安西路、槐安东路地道桥2座，改建和平西路立交桥、裕华东路立交桥、运河桥立交桥等现状互通立交3座。该工程自2009年7月1日开工，历时5个半月，于12月21日全面竣工。二环快速路建成对于提升城市载体功能，缓解城区交通压力，改善石家庄市投资环境具有重要意义。

（安泉林）

【省会32条道路改装半导体照明设施】 2008年4月，石家庄市被科技部批准为国家“十城万盏”半导体照明应用试点城市以来，进一步加大关键技术研发支持力度，设立半导体照明研发专项，重点扶持“太阳能与建筑绿色照明系统研究示范工程”、“LED道路照明关键技术研究”、“大功率LED及其照明灯具检测技术研究”、“LED半导体光源二次光学设计及散热研究”等30多项研究，支持经费1000多万元。为加快半导体照明产业发展步伐，石家庄市以应用促发展，加大半导体照明应用示范力度。 2009年，石家庄市“十城万盏”半导体照明应用试点工程取得进展，共改造道路32条，其中干道6条，总投资8000余万元。其中，在张石高速5千米连接线，鹿泉山前大道2千米干道投资260万元，进行半导体照明示范，效果良好，节能明显。在石家庄科技中心大楼，投资910万元，开展综合性半导体照明集成技术示范，包括建筑室内照明系统、地下车库照明系统、传统建筑应急照明系统改造、太阳能光伏电站与应急照明的结合等示范。结合“三年大变样”重点建设工程，投资3600万元，在市中心的繁华大道——中山路8.4千米干道改造中，进行包括路灯、步道灯和广场照明的半导体照明示范。投资610万元，在顶级公园（裕西公园、长安公园）改造中进行半导体照明景观照明示范。在石环路30千米辅路上，投资600多万元，安装180瓦路灯860盏。

（焦莉莉）

【石家庄市成为全国数字化城管试点城市】 2009年，石家庄市委、市政府高度重视数字化城管建设，成立以市政府主要领导为组长的数字化城市管理领导小组，颁布《数字化城市管理系统运行实施办法》，为数字化城管建设和运行提供了制度保障；建立数字化城管监督中心和指挥中心，形成“一级监督，二级指挥，三级管理，四级网络”的指挥协调机制；在数字化系统建设中，坚持资源整合，实现了城市资源的最大化利用。5月20日8时16分，“石家庄市数字化城市管理系统正式运行”，标志城市管理工作迈入现代化信息技术管理新阶段。石家庄市数字化城市管理系统于2008年11月筹备建设，以万米单元网格为基本单位，综合公用事业、市政设施、电力通信、园林绿化等城市部件和城市管理相关信息，构成万米单元网格为载体的城市管理信息系统。系统由市级监督中心、市级指挥中心、区级指挥中心和市区两级专业管理部门组成。市级监督中心是城市管理信息的集散中心、监控中心和评价中心，对城市进行全方位、全时段的监控考核；市、区两级指挥中心是城市管理的指挥调度和任务派遣中心，主要是根据监督中心传送的信息，协调各管理部门及时处理城市管理中的各类问题。系统在原有“单轴”管理体制上，将监督职能剥离出来，城市管理由一个“轴心”变成两个“轴心”，通过对城市管理流程再造，形成了相互制约、相互监督、相互补充、完整闭环的新型城市管理机制。石家庄市数字化城市管理系统运行后，作用初步显现，市容环境卫生管理质量有明显提高。通过数字化城市管理系统，共发现各类城管问题 31.1 万件，平均每天 2756 件，结案率由开通之初的 37% 提高到 93%。“12319”热线的投诉量，由过去每天 221 件下降到 83 件。9 月 10 日，国家住房和城乡建设部专家组在听取汇报、实地察看，以及查阅资料后，认为石家庄市数字化城管试点工作建设扎实有序，城市管理水平得到有效提高，通过验收，同意授予石家庄市“全国数字化城市管理试点城市”。

（刘 娴 靳晓磊）

【“石家庄一卡通”公用事业缴费平台开通】 7 月 2 日，“石家庄一卡通”公用事业缴费平台正式开通。“石家庄一卡通”公用事业缴费平台项目是市委、市政府确定的 2009 年重点办好的与人民群众切身利益密切相关的 38 件实事之一。该项目利用先进与成熟的计算机网络和数据库技术，在“石家庄一卡通”一期工程的基础上，建成了具有国内先进水平，为全市居民提供便利快捷的公用事业缴费服务平台。该项目可实现的缴费项目包括：水费、电费、燃气费、暖气费、有线电视费、物业费等公用事业缴费；固定电话费、移动电话费、网络宽带费等通信缴费；车辆违章、车辆保险等车辆缴费。付费方式包括使用一卡通卡或带银联标志的银行卡和现金三种，市民可选择使用多媒体自助缴费终端、中国移动手机短信、人工代收费网点等方式一次缴纳多种费用。

（范玉蕾）

【老年人免费公交乘车证纸卡改为 IC 卡】 12 月 10 日，石家庄市旧版纸制公交《老年免费乘车证》停止使用，70 周岁以上市民将统一使用公交老年乘车 IC 卡，免费乘坐公交车。纸卡改为 IC 卡后，达到办理条件的老年人，不再每年一次集中办理，年龄一到即可随时办理。同时，改变后的公交老年乘车 IC 卡耐磨、防水，易保存，且防伪系数高。

（靳晓磊）

【城市景观建设】 石家庄市以迎接建国 60 周年为契机，开展全市近年来投资最大、效果最为显著的城市景观工程，使城市形象上了一个大台阶。按照打造“独具特色、全国省会城市一流”的标准，聘请清华设计院对市区夜景进行规划设计，并采取“政府贴一点、产权单位担一点、广告带一点、商业献一点”的办法，投入资金 2.2 亿元对中山路、裕华路、火车站等区域近 450 栋楼宇实施夜景建设和改造升级，打造璀璨辉煌、绚丽多彩、美不胜收的夜景景观。在石家庄城博会、吴桥杂技节等重大政治、经济活动期间，精美的夜景给各地来宾留下了深刻印象，省会夜景已经成为展示省会城市形象和三年大变样成效一个不可或缺的重要窗口。同时，城管局还实施以塑造城市特色、体现文化品位、展现省会形象为主要内容的街道景观综合整治工程，对主干道以及高架桥两侧 1800 余栋建筑物进行高标准整治，沿街景观容貌得到明显改观，“一楼一景、一步一景”的靓丽景观正在逐步形成。围绕打造亮点、改善环境、彰显特色、繁荣经济的目标，对中山路繁华大道、裕华路迎宾大道沿线环境进行综合治理和改造升级，为省会增加亮丽的风景线。通过大规模开展城市景观塑造工程，省会城市面貌发生日新月异的变化，省会城市的凝聚力、辐射力和影响力也大大提高。

【小街巷路灯灯具升级改造】 2009 年 4 月，针对市区部分小街巷灯具老化、照度不够的现象，城管系统集中力量进行了小街巷照明设施升级改造。共计更换灯杆 301 根、照明器 602 套。其中石正路（北二环—北三环）更换 111 根灯杆、222 套照明器；裕翔街（东岗路—栾城道口）更换 122 根灯杆、244 套照明器；

西三庄街（联盟路–北二环）更换27根钢杆、54套灯具；友谊大街（新石南路–石铜路）更换26根钢杆、52套灯具；新石北路（石铜路–友谊大街）更换15根钢杆、30套灯具。

【上庄污水处理厂投入运营】 上庄污水处理厂项目位于鹿泉市上庄镇大宋楼村东南，占地182.12亩，总投资2亿多元，是河北省和石家庄市的重点项目。一期总投资1.25亿元，日处理污水5万吨；二期设计日处理污水10万吨，污水排放标准为一级A标准。水处理采用悬链曝气污水处理工艺，处理后的水质可达到城镇污水处理厂污染物排放一级A标准，主要对西部山前生态新区、铜冶火炬产业园和山尹村绿岛产业园约115.2平方千米范围内污水进行处理。2009年底，上庄污水处理厂通过竣工验收，正式投入运营。

（高致国　史永刚）

【数字化城管系统正式运行】 为全面实现城市管理的全覆盖、无缝隙、制度化和精细化，石家庄市在借鉴北京等地先进经验的基础上，于2008年11月份开始，启动了数字化城市管理系统建设。该系统于2009年4月底完工，并从5月1日起进行试运行。万米单元网格化管理，是一种基于现代信息技术的高效能、全时段、全覆盖的城市管理新模式。是指在城市管理中运用网络地图的技术，以1万平方米为基本单位，将所辖区域划分成若干个网络状单元，并实施全时段监控，把发现的问题运用移动信息技术及时反馈到城市信息监控指挥平台，从而保证问题的及时解决。在这种模式中，城区被划分为网格，城市问题被分为“部件”和“事件”，并在网格内进行精确的编码定位，以此使街面上所有能看到的各种城市设施，都纳入监管范围。发生在城区居民生活中的井盖丢失、公共设施损坏、垃圾渣土堆积、占道经营、无照游商、小广告等事件问题，流动巡视的监督员通过配备的“城管通”，就可以在第一时间、第一现场，将城市管理问题的各类信息及时发送到监督指挥中心，做到快速发现问题、解决问题。截至年底，石家庄市城市管理局已完成市内五区、二环以内106平方千米范围内的网格划分和“部件”普查，共划分1560多个万米网格、22万多个“部件”，涉及公用事业、市政设施、电力通信、邮政交通、园林绿化等多个单位。各区二级指挥中心正在加快建设完善，全市已招聘监督员500名，每天12小时巡查发现各类问题。城市网格化管理模式已经与“12319”城管热线形成了互动，实现了条块协同工作，大大提升了城市管理的能力和水平。

（靳晓磊）

【城市精细化管理】 2009年，针对城市管理责任落实不到位、工作标准低等问题，城管局从改革管理手段入手，大力推行精细化管理，强力推进管理体制改革。建成并启用数字化城市管理系统，应用先进技术，采取万米单元网格和城市部件事件相结合的办法，对城市进行精细管理；9月11日，系统顺利通过国家住房和城乡建设部专家组验收，石家庄市成为全国数字化城市管理试点城市。系统自5月20日运行以来，共发现各类问题近54万件，平均每天2300多件，结案率高达96.8%，城市管理问题发现率和处理率得到了明显提高，使省会城市管理工作迈入以科技管理为主要手段的“数字化时代”，成为城市建设“三年大变样”的一个新的闪光点。河北省建设厅组织全省城市管理部门分批到该局进行参观学习，天津、长沙等省外多家城市也专门来石家庄市参观考察数字化城市管理工作，大大提高了省会城市的知名度和美誉度。新增了23条24小时保洁路段和25条16小时保洁路段，全市16小时和24小时保洁道路达到108条，主要道路保洁水平达到了国内一流标准。建立了具可视效果和适时跟踪功能于一体的环卫调度中心，实现了环卫作业管理由静态到动态、由被动到主动、由粗放到精细的转变。将市区“八纵”道路维护工作和道桥处125名维护人员下放各区，各区将城管执法中队下放到办事处和乡镇，进一步强化属地管理意识，最大限度地调动了基层力量管理城市的积极性。

【城市容貌综合整治】 围绕打造繁华舒适、现代一流省会城市的目标，市城管局先后召开工地管理“六比六看”现场会、城市管理先进经验交流会、规范占道市场现场会。通过观摩学习，在全市形成了争先进位、争创一流、竞相发展的良好氛围。同时，针对不同时期市容环境卫生存在的突出问题，有针对性地加大容貌整治力度，使省会城市容貌发生了明显变化。城管局把规范垃圾清运倾倒作为2009年市容管理工作的重点，在前两年大力整治的基础上，专门出台《市区散流物体运输车辆密闭改造实施方案》，为800余部运输车辆实施密闭改装，为近700部车辆安装GPS系统，有效解决了建筑垃圾沿途遗撒和二次扬尘污染问题。针对市民反映强烈、媒体屡屡曝光的占道停车问题，修订《道路停车管理办法》，积极规范占道停车，有力推动石家庄市占道停车管理工作向规范化、秩序化的方向迈进。此外，市城管局还组织开展了夏季市容环境卫生综合整治百日会战、“洗城净天”卫生大扫除、文明执法宣传月等活动，对占道经营、露天烧烤、乱贴乱画等城市“顽症”进行了有效治理。通过大力度整治，城市环境发生巨大变化，塑造了清新靓丽的省会城市新形象。

（安泉林）

城市园林绿化

【概况】 2009年，石家庄市园林系统重点围绕省会“三年大变样”建设和打造繁华舒适、现代一流省会城市的奋斗目标，强化工程建设和管理养护，城市园林绿化水平大幅提升，生态环境显著改善。城市景观快速发展，结合城市大规模拆迁，全年实施了裕华路、槐安路、体育大街、和平路和中山路等主要街路绿化改造工程，新增绿地33万多平方米。对出入市口、城市周边公路进行了综合绿化整治工程，完成绿化面积260多万平方米。园林建设得到改造提升，新建公园2座，对长安公园、裕华公园进行了改造，特别是长安公园在原市委旧址上新建2.67万平方米绿地，建成了通透、完整的人民广场。继续深化园林体制改革，将11个园林广场交给区园林局管理。全年城区新增绿地516万平方米，绿地率达到36.62%，绿化覆盖率达到41.55%，人均公园绿地达到11.76平方米。2009年8月桥西区园林局近日正式挂牌成立。

水上公园全景

【西北部水利防洪二期工程完成蓄水】 西北部水利防洪二期工程从2006年7月开始前期工程，2008年春季大规模进场施工，于2008年12月25日开始从井陉微州泉引水，2009年1月5日全部完成蓄水工作。蓄水量达到80多万立方米，形成53万平方米的水面面积。市区西北部水利防洪生态二期工程北起太平河取水口，南至五支渠，全长18.15千米。其中，二期河道工程按10年（台头以北按20年）一遇洪水设计标准，对原泄洪渠进行拓宽疏浚，新建橡胶坝6座，跌水9座，新建、改建桥梁10座，并结合南水北调左岸防洪和石环公路建设，使市区西北泄洪渠防洪标准达到200年一遇。

【滹沱河综合整治工程开始蓄水】 8月5日，滹沱河综合整治工程4号水面正式蓄水，蓄水过程持续7

至10天。滹沱河综合整治工程是市委、市政府着力改善全市生态环境，完善省会生态功能的重大举措，是省会城市“三年大变样”的重点工程。工程完工后，市区北部和正定县城防洪体系进一步完善，防洪标准由不足50年一遇提高到100年一遇，可以为城市北跨发展创造条件，为建设滨河新区提供强有力的水利支撑和保障。同时，通过建设水面、湿地、森林、景观等工程，逐步修复河流生态系统，增加水面面积600万平方米、湿地面积1500万平方米、绿地面积600多万平方米，形成环省会北部的滨水景观长廊，进一步提高城市人居环境质量，提升城市品位。4号水面宽600～800米，水面面积为150万平方米，平均水深1.3米，总蓄水量约为195万立方米。为确保工程按时蓄水，市滹沱河综合整治指挥部办公室及早谋划，7月下旬便与市冶河灌区管理局就先期引水等事宜进行协调，研究制定引水方案。滹沱河综合整治工程景观用水全部引自冶河，利用引冶总干渠、市区生态供水工程供水至太平河，再通过4号水面北岸修建的临时引水渠，将水引入4号水面。引冶总干渠渠首取水流量5立方米每秒，临时引水渠设计流量2立方米每秒。为确保蓄水期间工程、人员安全，保证引水、蓄水工作顺利进行，滹沱河综合整治指挥部办公室于8月4日就有关事项向工程沿线居民发布相关通告。

（赵石星）

【城区公园广场固定式水冲厕所全部开放】 随着近年石家庄市公园、广场建设步伐不断加快，公园、广场数量持续增多。同时，公园、广场管护水平的提高，公园实现免费开放，并拆除公园围墙，公园、广场成为市民休闲娱乐的主要活动场所之一，使用率越来越高。由此，公园、广场内公厕的收费问题也日益受到市民关注。为进一步体现公园、广场的社会性和公益性，市园林部门决定，从2009年1月1日起，对市区61座公园、广场内固定式水冲厕所全部实行免费开放（生态型公厕因使用成本高，仍采取收费管理模式），开放时间与公园、广场开园时间同步。公园、广场内公厕免费后，仍采取专人管理的方式，并通过日常监督及每月考核等措施，确保管护水平不下降。到年底城区免费开放的公厕总数达到600多座。

【民心河二期工程破土动工】 2009年5月，石家庄市城市建设“三年大变样”重要工程之一民心河二期工程破土动工。民心河二期工程主要包括：(1)改建、新建渠道9.27千米，新建污水截流管道8.7千米，新建雨水方沟（管道)9.16千米。渠道及两侧绿化范围80～200米，总面积81.53万平方米，绿化面积62.11万平方米，水面面积19.42万平方米。沿河道设桥梁14座，涵洞2座，景观坝2座；(2)沿线新建若干主题公园，并对中山西路、中华大街等四个主要路口进行综合改造。总面积9900平方米。该项工程总投资63251万元，用地面积约82.52公顷，预计2011年4月全部完工。二期工程建成后，将新增绿化面积62.11万平方米、水面面积19.42万平方米，进一步提升民心河的生态功能，并形成60多千米长的内环水景，成为全市的特色和标志性工程。

【西山生态林绿化工程全面启动】 5月份，总投资2215万元、规划面积3391亩的省会西山生态林绿化工程全面启动。省会西山生态林区绿化工程为石家庄市2009年城市建设“三年大变样”重点项目之一，地处槐安路西头，山前大道西侧，辖区面积30平方千米。涉及鹿泉四个村及龙泉寺风景区，规划面积3391亩，种植面积2725亩，以种植油松、桧柏、侧柏等常绿树木为主，计划栽植各种树木22.56万株。省会西山生态林区许多山体低矮植被较多，较大、醒目的树木稀少，尤其是山前大道两侧，既削减了林区生态效应，又影响林区景观效果。鹿泉市根据省会西山生态林区山体特点，对生态林区视觉突兀山头实施景观干预，在突兀山头栽植10株胸径20厘米以上，高度10米左右的大油松，增加景观效果，10棵大油松现已栽植完成。省会西山生态林区绿化工程一期工程于5月底完成投标，绿化面积1425亩，栽植各类树木124685株，11月底完工。

（高致国　王江朝）

【裕华路绿化工程与道路改造同步进行】 2009年，市园林局在裕华路道路改造时，对道路进行了绿化美化。主要采用银杏、七叶树、大叶女贞等树形优美的树种，作为主要绿化树种，以使道路视野更开阔，并衬托出道路两侧的建筑之美。同时，对机非隔离带中的灌木进行更新，大量栽植龙柏、美人蕉、紫叶矮樱、西府海棠、紫薇、何氏凤仙和矮牵牛，使整路的绿化更加丰富多彩，并实现“三季有花、四季常绿”。由于绿化时间不是植树的最佳季节，为保证成活率和种植效果，园林部门首次对行道树采用“假植”技术，提前将其植入木箱中。在行道树“带箱”移栽到位后，通过增加灌溉次数、对树木补充营养液、给树木伤口涂伤口涂抹剂等方式，加强后期管护，提高成活率。截至年底，裕华路行道树的成活率在95%以上。工程完工后，裕华路总绿化面积达到11.6万平方米，其中机非隔离带及行道树绿化面积4.3万平方米，街旁绿地面积7.3万平方米。

【裕西公园升级改造完工】 裕西公园的前身是市西郊动物园。2007年3月，园内动物全部搬到新动物园后，该园进行了为期半年的改造，并更名为裕西公园，成为一座免费开放型公园。为进一步满足市民游览、休闲、娱乐需要，在省会城市建设“三年大变样”活动中，石家庄市提出将该公园改造、升级成一座功能齐全、文化内涵丰富的顶级公园。该公园于6月1日正式开工，公园绿化在保留原有大树的基础上，进一步整合植物空间，增加地被植物及宿根花卉景观，并根据季节特点展现专类植物景观。公园将分为北门区、众春天香景区、童乐园景区、梨花伴月景区、冀域风情景区、南门区、湖区和后勤区等八个功能区。在这些功能区内，建设有牌楼、仿江南古典建筑、码头等，体现古典园林风格；建设儿童活动区、水上游乐区等，体现现代城市园林功能。10月1日，裕西公园改造升级完工，免费向市民开放。

（靳晓磊）

【园林绿化工程建设】 年内，市园林绿化建设随着城市拆迁工作的推进，进入快速发展时期。在城市景观绿化方面，实施裕华路、槐安路、和平路和中山路绿化改造工程，反季节栽植各类乔木6000余株、灌木76.7万株、草坪16.3万平方米；京珠高速公路东侧（裕华路至槐安路）实施城市景观绿地游园一期工程，新增绿地19万平方米；京珠、石太高速公路两侧实施百余米宽的绿色生态景观线建设，新增绿地201万平方米。城区节点部位建成31块街旁绿地，新增绿化19.5万平方米。继续组织实施出市口绿化综合整治工程，307国道东段、308国道南段、植物园路等出市口完成绿化33万平方米，先后完成38条主次干道的绿化改造任务，城区街道绿化形象显著提升。在园林建设方面，实施长安公园、裕西公园提升改造工程，10月1日前两座公园盛装开园。中华大街与北三环辅道交口东南角区域建成10.75万平方米的石津灌渠文化公园；动物园三期完善和水上公园改造工程同步实施，综合服务功能显著增强。继续推进西北水利防洪生态二期工程，完成30万平方米的郊野游憩绿带建设。实施民心河二期工程，桥西明渠穿越二环路顶管、隧道工程竣工。

【17.45千米太平河全线贯通】 太平河发源于鹿泉市，汇入滹沱河。因从省会市区北部流过，而成为一条行洪河道，担负着市区泄洪、补水等重要任务。但原河道宽度仅为40多米，狭窄淤堵，防洪标准不足10年一遇，两岸堤坝简陋缺损，存在较大洪水隐患。2002年开始，石家庄市开展了太平河综合整治工程，以改善城区西北部生态环境，为省会构筑一道防风御沙的绿色屏障，确保洪水不进市。2004年10月，太平河东段(赵陵铺跌水工程–滹沱河入河口）7.8千米河道，完成整治并向游人开放。随后，太平河的西段（北新城–田庄桥）6.45千米河道，完成整治。由于种种原因，从田庄桥至赵陵铺跌水工程3.2千米的河段，一直未能进行改造整治，成为太平河的“卡脖子”河段。经滹沱河生态开发整治工程指挥部施工人员几个月努力工作，2009年9月，太平河（赵陵铺跌水工程–田庄桥段）实现主体通水，全长17.45千米的太平河实现全线贯通。目前，该河段已实现主体通水，新增水面约27万平方米。该河段蓄水后，使太平河与市区西北部水利防洪生态工程，构成一个完整的防洪体系，使太平河市区段的行洪能力达到50年一遇标准，右堤（北防洪堤）达到200年一遇标准。

（靳晓磊）

【节日摆花、花展和外埠参展】

"五一"、"十一"期间，市园林绿化部门在市人民广场和西清公园成功举办第八届月季展和金秋菊展，共展出月季800个品种20万盆、菊花1200个品种30万盆、时令花卉20万盆，布置景点80余处。为营造欢庆建国六十周年的节日氛围，市园林部门通过社会发动、专业摆植的形式，在城区公园广场、道路节点、沿街单位门前等部位摆植各类时令花卉900余万株。受石家庄市政府委托，市园林部门参加了在济南市举行的第七届中国国际园林花卉博览会，建成以封龙书院为主题的石家庄园，占地面积4000平方米，充分展示了省会石家庄丰厚的历史文化底蕴。

【园林绿化管理】 市园林部门继续开展城市管理体制改革工作，将赵佗公园、水上公园、石门公园、中山广场等11个公园广场按"管理权限属地化"的原则移交至各区管理，新的园林绿化管理格局初见成效。市数字化管理系统正式启用后，及时建立网络管理平台，与数字化管理系统实现网络对接，绿化考核办、绿化检查大队协调联动，市内五区园林系统坚持24小时值班制度，各类绿化管理问题发现率和办结率明显提高。着力强化园林绿化管护，组织开展以"干净、整洁、有序"为主题的迎国庆绿化整治活动，对城区各类绿地实施全方位冲洗保洁、更换补植、修剪整形，城区绿化形象显著提升。进一步加强古树名木保护工作，对4棵急需保护的古树进行复壮和修复，对古树名木资料进行系统整理，经多次校对梳理，编撰完成了图文并茂的《石家庄市古树名木志》。动物园管理更加有效，全年从国内外引进长颈鹿、马来熊等动物21种450只，向其他动物园输送非洲狮、阿拉伯狒狒等动物16种97只，繁殖动物37个品种 206只（头），现累计存栏达到196种3480只（头），动物饲养、展出结构进一步优化。

（王锡江 左晗伟）

【省级园林活动评选结果】 2009年，河北省住房和城乡建设厅在全省范围内组织开展创建省级园林式单位、园林式小区和园林式街道活动。石家庄17个单位被评为"省级园林式单位"；4个小区被评为"省级园林式小区"；6条街道被评为"省级园林式街道"。17个"省级园林式单位"为：河北科技大学、石家庄二中实验学校、石家庄工商职业学院、河北先河科技发展有限公司、石家庄市新星化炭有限公司、石家庄市公安局、辛集市第一中学、晋州市国家税务局、晋州市宾馆、无极县人民政府、平山县县委县政府、藁城市廉州镇第一中学、高邑县中心敬老院、高邑县人民检察院、井陉县微水镇人民政府、河北正定中学分校、中国石油集团东方地球物理勘探有限责任公司正定基地管理处。4个"省级园林式小区"为：石家庄市信通花园、石家庄市冶河丽景、石家庄市书香园小区、石家庄市尚都东明城市花园。6条"省级园林式街道"为：省会裕翔街（南二环–石环）、藁城市东城南街、辛集市方碑大街（朝阳路–杨方村口）、灵寿县南环路（胡庄口–焦化厂）、晋州市迎宾大道（高速路–和平街）、晋州市世纪街。

【新增两座"四星级"公园】 年内河北省建设厅公布第五批星级公园名单，石家庄市动物园和月季公园被评为四星级公园。至年底，河北省星级公园评定活动共进行了5批，石家庄市有14座公园被评为三星级以上公园。其中，植物园为全省仅有的两座五星级公园之一；世纪公园、长安公园、西清法制公园、省会儿童少年活动中心、市动物园和月季公园等6座公园为四星级公园；三星级公园有石刻园、赵佗公园、花卉园、石门公园、裕西公园、石太公园和晋州市魏征公园等7座。

（靳晓磊）

【县城园林绿化】 各县（市）和矿区按照三年大变样的有关要求，启动了综合性公园、绿化精品街和街旁绿地建设，取得了显著成效。栾城县投资5300万元建成10.7万平方米的人民公园；辛集市投资2900万元实施绿化建设，新增绿地24.5万平方米；井陉县投资1600万元续建韩信公园，并建成8块街旁绿地；平山县投资1500万元扩建冶河公园，高标准打造冶河西路绿化；无极县投资1200万元扩建迎宾公园，新建金牛广场和两块街旁绿地；灵寿县大力实施48万平方米的县城出入口绿化整治工程；新乐市实施百福园和新化园建设，精心打造南环路迎宾大道。鹿泉市的鹿源广场、行唐县的龙州生态公园、正定县的体育广场、赞皇县的儿童公园、赵县的古城墙遗址园和安济公园相继竣工，其它县（市）园林绿化建设也取得了较大突破。结合各地实际，各县（市）和矿区园林绿化主管部门制定或修订了园林绿化考核标准及办法，对县城绿化进行集中修剪、补植和完善，精细化管理养护水平得到进一步提升。

市委旧址新建绿地

【园林行业管理】 结合市政府开展的规划攻坚月活动，市园林部门聘请国内顶尖规划设计团队编制完成《石家庄市绿地系统规划》，并配合有关部门开展东垣遗址森林公园、毗卢寺公园的详细规划编制工作。为提高行政审批效率，市园林部门将四个房地产行政审批事项全部压缩到施工图联合审查环节，取消审批用章和城市绿化补偿费，审批时限由原来的7个工作日缩短为2个工作日。市园林部门深入开展园林建设工程管理年活动，组织开展了安全生产日、安全生产月和工程质量安全大检查活动，工程质量和安全措施得到了有效保障。创建园林式单位、小区和街道活动广泛开展，全年累计创建省级园林式单位17个、园林式小区4个、园林式街道6条，创建市级花园式单位32个、花园式小区12个、绿化样板街5条。市风景园林学会相继举办城市园林发展论坛暨新技术材料推介会、“绿在城中，城在绿中”摄影展等，并完成《城市绿地植物配置技术规范》等一批技术标准的编撰工作。

（王锡江　左晗伟）

城市环境保护

【概况】 2009年，石家庄市环境保护工作紧紧围绕省会“三年大变样”工作部署，以污染减排为主线，以大气和水污染治理为重点，通过强化城市环境综合整治，大力开展“企业搬迁、削减燃煤、拆除炉窑、治理扬尘、推广优质低硫煤、治污清流、洗城净天”等一系列卓有成效的工作，城市空气质量、水环境质量均有较大改善，全市生态环境保护与建设工作取得积极成效。

大气环境质量提升。优良天数又有历史性突破，截至2009年12月31日，石家庄市城区环境空气为轻度污染水平，呈现“复合型”污染特征，大气中主要污染物为颗粒物。全年二级及好于二级的天数达到317天，较2008年同期增加16天。其中一级天数达到43天，同比增加10天。在“三年大变样”城市建设日新月异的大环境下，城市环境空气质量持续改善。

水环境质量改善。全市重点流域水污染治理工作稳步推进，辖区内城镇污水基本实现了集中式处理，至2009年底，全市已有24家污水处理厂运行，各河流水质均有所好转。岗南、黄壁庄水库水源地主要水质指标稳定达到国家二级标准；地下水厂供水水质合格率达到100%；市境主要河流滹沱河、汪洋沟、邵村排干渠的出境断面COD浓度达到省考指标要求， 河出境断面超标。同比上年，滹沱河、汪洋沟、洨河出境断面COD浓度分别下降

2009 年 4 月 3 日，省委副书记、市委书记车俊（中）在石家庄市拆除水泥机立窑集中行动现场会上按下起爆按钮

57.0%、52.7%、30.6%，邵村排干渠出境断面 COD 浓度与 2008 年持平。磁河因改排滹沱河，无下游排水。城市地下水环境质量基本保持稳定，城市饮用水源地水质状况良好。

主要污染物减排取得成效。主要污染物可吸入颗粒物年日均值同比 2008 年下降 9.6%，二氧化硫与二氧化氮年日均值均达到国家二级标准，按照污染物排放总量中化学需氧量下降 4%，二氧化硫下降 6% 的目标，全年应削减 COD2.08 万吨、$SO_2$2.83 万吨，实际削减 COD2.14 万吨、$SO_2$11.71 万吨，超额完成任务。城市功能区噪声昼间平均等效声级值基本达到国家标准要求，道路交通噪声污染状况与 2008 年基本持平，区域环境噪声平均等效声级值同比 2008 年略有上升。

加强环境法制建设。制定和完善有关规章制度，建立行政处罚台账，全市承办环境违法行政处罚案件 1022 起，共处罚款 1189 万余元，对 30 起拒不执行行政处罚行为申请法院强制执行。鹿泉市、藁城市、正定县、栾城县环保局进入同城化管理，四组团环保局作为石家庄市环境保护局的派出机构，改为环保分局，并于 10 月 10 日挂牌。

【空气环境质量】 2009 年城区环境空气呈现“煤烟型”污染特征，污染等级为轻污染，主要污染物为颗粒物。可吸入颗粒物、二氧化硫和二氧化氮年日均值分别为 0.104 毫克／标立方米、0.046 毫克／标立方米、0.035 毫克／标立方米。与 2008 年同比，可吸入颗粒物年日均值下降了 9.6%，二氧化硫年日均值持平，二氧化氮年日均值上升 12.9%。

2009 年城区优良天数达到 317 天，占总天数的 86.8%。其中，一级天数为 43 天，二级天数为 274 天，三级天数为 47 天，四级天数为 1 天。本年度优良天数同比 2008 年增加 16 天，其中 I 级天数增加 10 天，II 级天数增加 6 天。

城区环境空气综合污染指数为 2.25，可吸入颗粒物和二氧化硫污染负荷分别占 46.2%、34.2%，可吸入颗粒物所占污染负荷最高。

2009 年 3 月 3 日，市长艾文礼（中）在 2009 年省会环境保护工作电视电话会议上与责任单位签订环保责任状

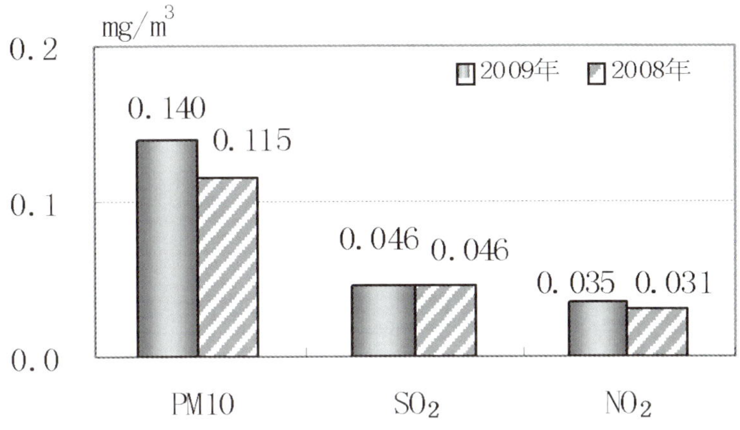

近两年市区主要大气污染物日均值对比

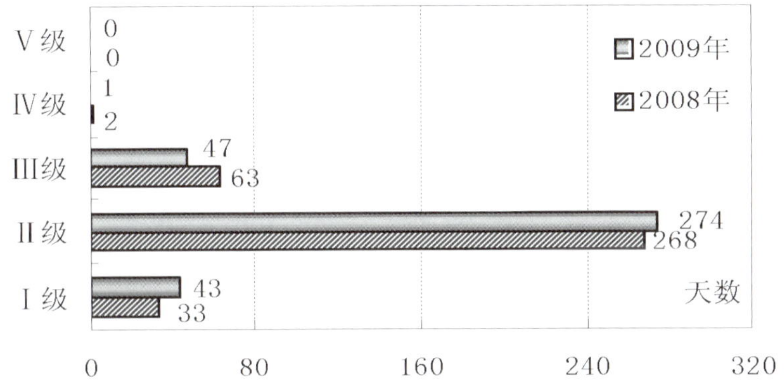

近两年市区空气污染等级统计结果比较

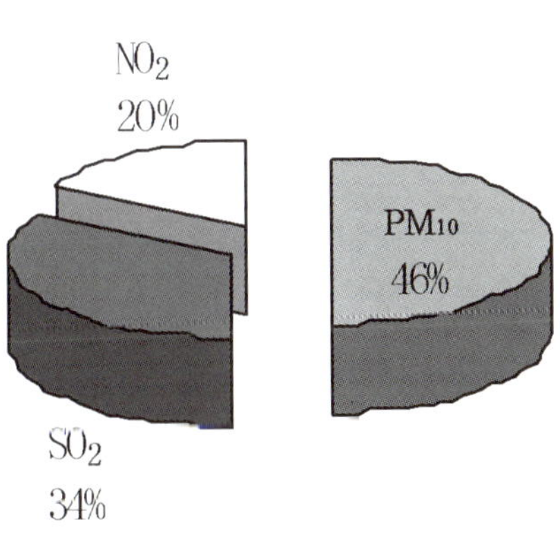

2009 年三项污染物污染分担率

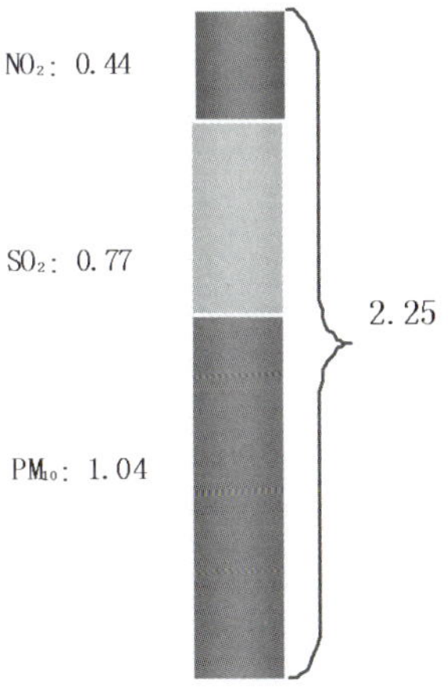

2009 年污染综合指数

主要污染物浓度变化 监测结果表明，城区环境空气中，三项主要污染物中的二氧化硫和二氧化氮年日均值达到国家二级标准，可吸入颗粒物年日均值尚未达标，超过二级标准值 0.04 倍。其它监测指标存在不同程度的超标，其中，降尘超标最严重。

表 7

2009 年大气污染物监测数据统计

浓度单位：毫克／标立方米

项　目	浓度值范围	年均浓度	超标率(%)	二级标准
可吸入颗粒物	0.004 ～ 0.534	0.104	19.25	0.10
二氧化硫	0.002 ～ 0.795	0.046	1.64	0.06
二氧化氮	0.001 ～ 0.172	0.035	0.57	0.08
降　尘	9.03 ～ 87.96	29.66	81.5	19.00
硫酸盐化速率	0.321 ～ 2.653	1.101	—	—
一氧化碳	0.009 ～ 13.679	1.505	8.13	4.00
臭　氧	0.001 ～ 6.000	0.054	1.56	0.20

＊降尘：吨／平方千米 · 30 天，硫酸盐化速率：毫克 SO3/100 平方厘米碱片 · 日，臭氧为小时均值。

可吸入颗粒物。城区环境空气中可吸入颗粒物年日均值为 0.104 毫克／标立方米，超过国家二级标准 0.004 毫克／立方米，全年日均值超标率为 19.25%。与 2008 年相比，年日均值下降 9.6%。全年四个季度中二季度污染最重，三季度污染最轻。

二氧化硫。城区环境空气中二氧化硫年日均值为 0.046 毫克／标立方米，高于国家二级标准 0.014 毫克／立方米，全年日均值超标率为 1.64%，年日均浓度与上年持平。全年四个季度中一季度污染最重，三季度污染最轻。

二氧化氮。城区环境空气中二氧化氮年日均值为 0.035 毫克／标立方米，全年日均值超标率为 0.57%，年日均浓度与上年相比上升 12.9%。全年四个季度中二季度污染最重，三季度污染最轻。

降尘。城区降尘年月均值为 29.66 吨／平方千米 · 30 天，同比 2008 年增加 98%。全年四个季度中二季度降尘量最大，三季度最小。

硫酸盐化速率。城区硫酸盐化速率月均值为 1.101 毫克 SO_3/100 平方厘米碱片 · 日，同比 2008 年上升 1.2%。全年四个季度中一季度浓度值最高，三季度最低。

一氧化碳。城区一氧化碳年均值为 1.505 毫克／标立方米，同比 2008 年下降 56.5%。全年四个季度中一季度污染最重，三季度污染最轻。

臭氧。城区臭氧年均小时值为 0.054 毫克／标立方米，同比 2008 年上升 20%。全年四个季度中四季度浓度值最高，二季度最低。

大气降水情况。城区共获取降水样品 140 个，酸雨样品为 8 个，酸雨频率为 5.71%，降水 pH 最小值为 4.12。

主要污染物时空变化　时间变化。城区大气污染物的浓度变化具有明显的季节特征。受采暖期燃煤量增大影响，可吸入颗粒物、二氧化硫及二氧化氮浓度均大于非采暖期。采暖期与非采暖期相比，可

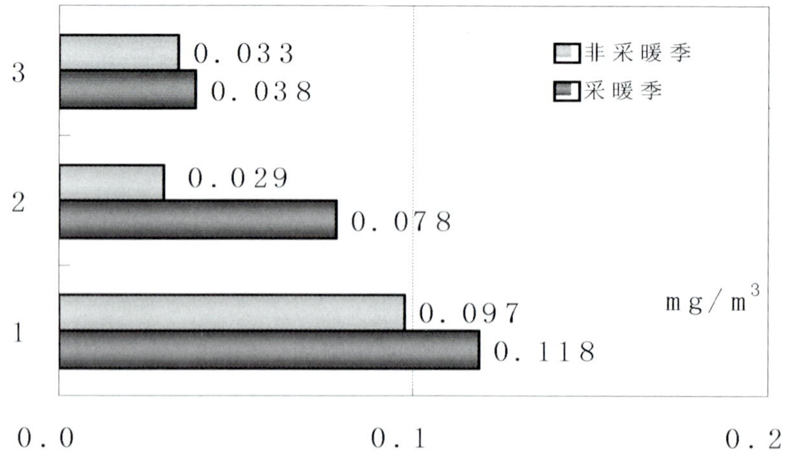

2009 年采暖期与非采暖期大气污染物浓度变化

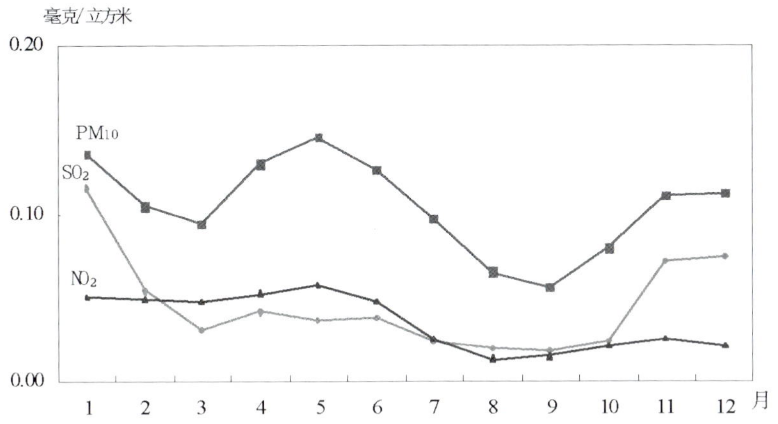

2009 年三项主要大气污染物月浓度变化

吸入颗粒物浓度升高 0.22 倍，二氧化硫浓度升高 1.69 倍，二氧化氮浓度升高 0.15 倍。

受污染气象条件和季候变化影响，城区大气污染物浓度呈现“晨峰午谷”、“冬重夏轻”的污染特征。一天中，污染物小时浓度值最高值常出现于清晨，最低浓度多出现在午后；一年中，春、冬季污染物浓度明显增高，夏、秋季污染物浓度降幅明显。

空间分布。污染物的空间分布与污染源的分布情况、城市气象条件、城市建筑结构、城市布局及污染物的迁移扩散特征有密切关系。其中，二氧化硫和二氧化氮的浓度分布，主要受工业污染源和生活污染源的扩散影响，颗粒物浓度分布主要受局地污染源、特别是扬尘污染源的影响。

城区可吸入颗粒物污染较重的区域为平安电站、西北水源和西南高教，污染较轻的区域为高新区、化工学校和监测中心；二氧化硫污染较重的区域为平安电站、高新区和职工医院，污染较轻的区域为西北水源、西南高教和化工学校；二氧化氮污染较重的区域为化工学校、监测中心和职工医院，污染较轻的区域为平安电站、西南高教和高新区。

空气质量排名 在全国 113 个重点城市和全省 11 个城市中，石家庄市均处于大气污染较重的城市之列。2009 年度优良天数排在

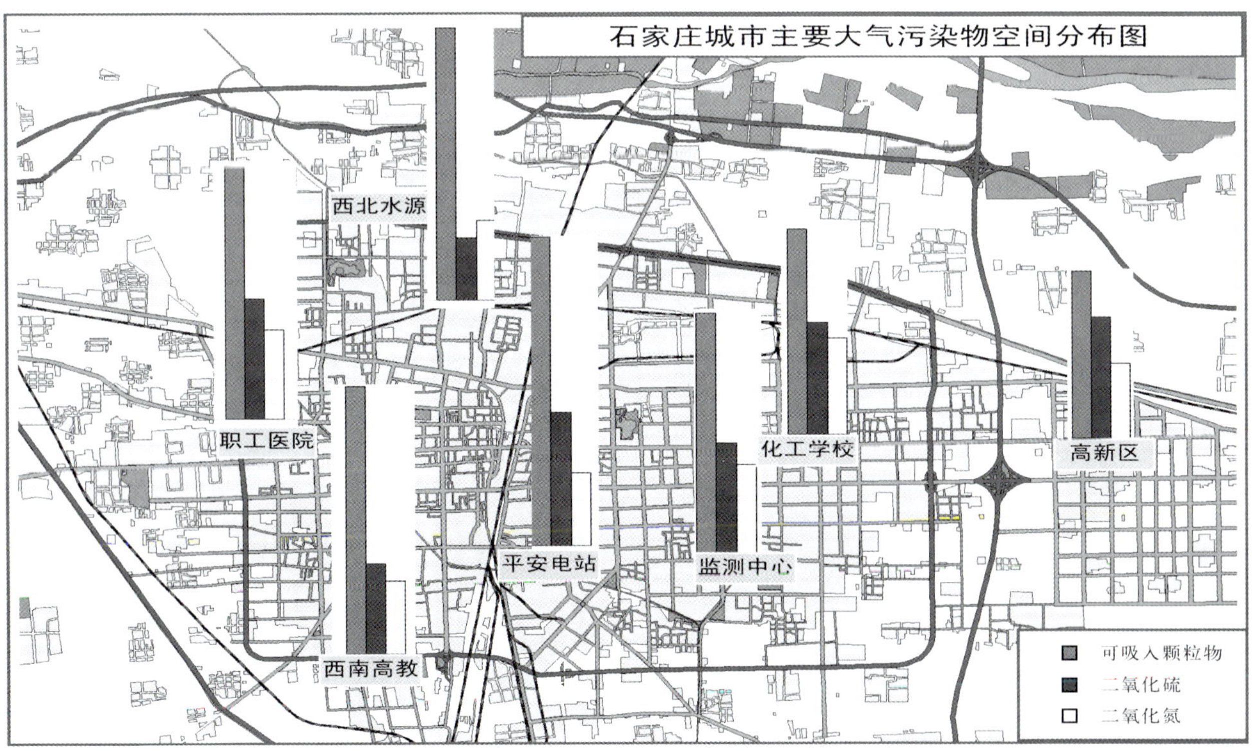

113个重点城市中的第94位；排在全省11个设区市的最末位，比全省平均优良天数（334天）少17天。

空气质量年度变化 优良天数变化。2001～2009年间，城区优良天数逐年增加。2009年优良天数比2008年增加16天，比2005年增加34天。

污染物浓度变化 2001～2009年间，城区PM10、SO_2、NO_2三项污染物的年日均值逐年下降。2009年PM10年日均值比2008年下降0.011mg/m^3，比2005年下降0.029mg/m^3；SO_2年日均值与2008年持平，比2005年下降0.009mg/m^3；NO_2年日均值比2005年下降0.006mg/m^3。

综合污染指数变化 2001～2009年间，城区大气综合污染指数逐年下降。2009年综合污染指数达2.25，较2008年下降0.06，比2005年下降0.52。

辖区环境空气质量 2009年，石家庄市所辖的18个县(市)、区均开展所在城镇的环境空气质量监测，其中，新乐、深泽、行唐、高邑、元氏、赞皇为手工监测数据，其余县(市)、区为自动监测。监测结果显示，各县(市)二氧化氮污染水平普遍较低，除矿区、元氏县、辛集市、栾城县首要污染物为二氧化硫外，其余县（市）、区首要污染物均为可吸入颗粒物。全市10个县(市)、区的可吸入颗粒物年日均值没有达到国家二级标准。监测数据表明，矿区、井陉县、赵县等三个县（区）的大气污染程度位居全市前列，矿区、平山县、元氏县等三个县（区）的二氧化硫污染较重，年日均值没有达到国家二级标准。

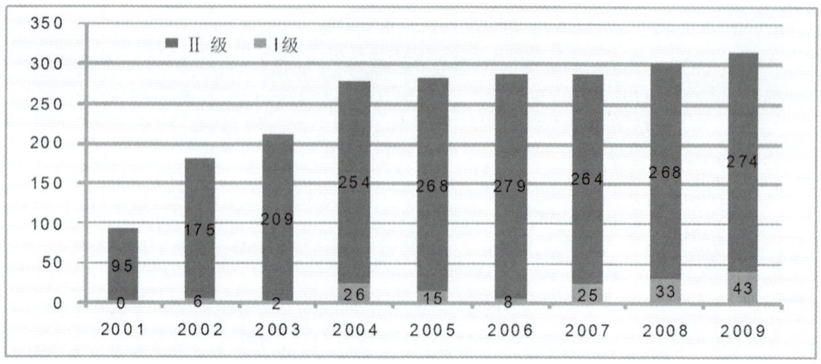

2001～2009年石家庄市环境空气优良天数变化

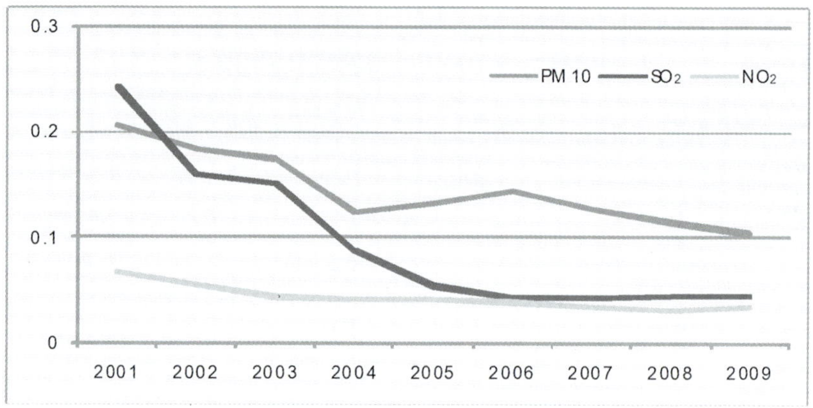

2001～2009年石家庄市大气污染物浓度变化

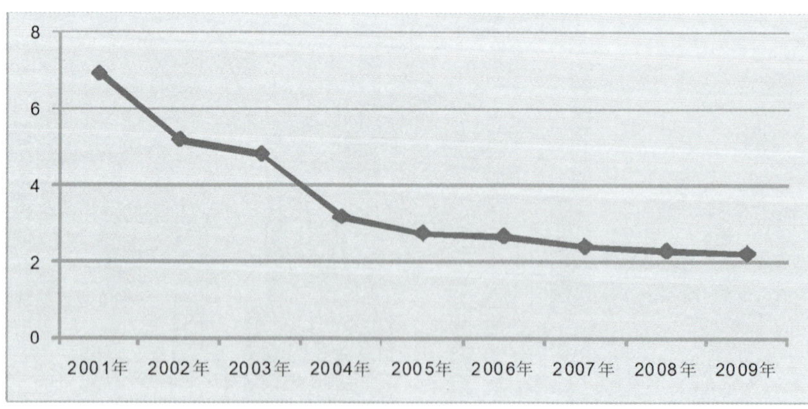

2001～2009年石家庄市大气综合污染指数变化

表 8 2009 年市辖重点县（市）环境空气质量监测结果

单位：毫克／标立方米

城 市	PM_{10}	SO_2	NO_2	综合污染指数
矿 区	0.136	0.085	0.076	3.727
元氏县	0.091	0.066	0.064	2.81
井陉县	0.128	0.047	0.044	2.613
平山县	0.091	0.071	0.035	2.531
石家庄市区	0.104	0.046	0.035	2.245
赞皇县	0.124	0.003	0.004	2.24
藁城市	0.103	0.048	0.030	2.205
无极县	0.098	0.040	0.037	2.11
辛集市	0.067	0.059	0.028	2.003
行唐县	0.118	0.028	0.026	1.972
栾城县	0.064	0.058	0.027	1.945
赵 县	0.127	0.023	0.022	1.928
灵寿县	0.100	0.028	0.035	1.905
鹿泉市	0.094	0.038	0.025	1.886
晋州市	0.111	0.025	0.024	1.827
正定县	0.100	0.025	0.024	1.717
深泽县	0.106	0.021	0.019	1.648
新乐市	0.111	0.010	0.024	1.577
高邑县	0.122			

【水环境质量】 地下水环境质量 2009 年对市区 17 眼地下水井进行了行监测，结果表明，地下水质中总硬度超标率达到 51.52%，总大肠菌群超标率为 25.25%，溶解性总固体超标率为 15.15%，硝酸氮超标率为 9.09%。

表 9 2009 年度石家庄市地下水监测结果统计表

单位：毫克／升(PH、浊度、水温除外）总汞：微克／升

项 目	统计量（个）	最大值	最小值	平均值	检出井次	超标井次	检出率 (%)	超标率 (%)
浊度	99	2	2	2	0	0	0	0
水温	84	20	7	15.86	84	0	100	0
pH	99	8.19	7.16	7.65	99	0	100	0
总硬度	99	943	244	470	99	51	100	51.52
硫酸盐	99	265	61	115	99	2	100	2.02
氟化物	99	0.73	0.15	0.36	99	0	100	0

（续表）

项　目	统计量（个）	最大值	最小值	平均值	检出井次	超标井次	检出率(%)	超标率(%)
挥发酚	99	0.001	0.001	0.001	0	0	0	0
高锰酸盐指数	99	1.7	0.42	0.89	99	0	100	0
硝酸盐氮	99	30.6	1.25	11.04	99	9	100	9.09
亚硝酸盐氮	99	0.021	0.002	0.003	9	1	9.09	1.01
氨氮	99	0.186	0.012	0.040	64	0	64.65	0
氰化物	99	0.002	0.002	0.002	0	0	0	0
总砷	99	0.00004	0.00004	0.00004	0	0	0	0
六价铬	99	0.035	0.002	0.003	9	0	9.09	0
氯化物	99	346	21.6	95.35	99	1	100	1.01
总大肠菌群（个/L）	99	230	2	14	25	25	25.25	25.25
溶解性总固体	99	1420	280	757	99	15	100	15.15
阴离子洗涤剂	99	0.025	0.02	0.024	0	0	0	0
铁	99	0.02	0.02	0.02	0	0	0	0
锰	99	0.005	0.005	0.005	0	0	0	0
铅	99	0.0005	0.0005	0.0005	0	0	0	0
镉	99	0.00005	0.00005	0.00005	0	0	0	0
汞	99	0.00004	0.00004	0.00004	0	0	0	0
镁	99	68.4	0.222	31.25	99	—	100	—
石油类	99	0.1	0.02	0.021	1	—	1.01	—

综合评价地下水环境质量表明，市区无水质优良的水井。水质良好的水井占24%，水质较好的水井占18%，水质较差的水井占41%，水质极差的水井占18%。因此，石家庄市区地下水环境质量不容乐观。

污染特征与污染趋势。石家庄市地下水质超标指标基本为常规性理化指标和生物指标，个别毒理性指标有检出但未超标。超标区域主要分别在市区西南部和中南部，超标井位分布呈“片状”和“点状”特征。总硬度和溶解性总固体浓度值较高区域呈“带状”分布，主要位于市区的西南部。纵比近年来的地下水监测结果表明，市区地下水水质基本保持稳定，尚无明显变劣趋势，但地下水采补失衡矛盾十分突出。

水库水环境质量　岗南水库。2009年受总氮影响，岗南水库水质为劣V类。受山西来水和地面径流影响，本年度岗南水库出现COD和总磷超过地表水环境质量二级标准现象。

水库分区监测数据显示，进库区水污染相对较重，库心区和出库区水污染相对较轻。与2008年相比，岗南水库总磷污染程度有所减轻，总氮污染程度有所加重，全年水质基本保持稳定。

黄壁庄水库。受冶河来水影响，2009年黄壁庄水库总磷、总氮两项监测指标存在超标现象，全年水库水质为劣V类。

水库入库区水污染相对较重，出库区水污染相对较轻，首要污染物为总氮。与2008年相比，黄壁庄水库总磷、总氮污染程度均有所减轻，全年水质有所改善。

地表河流水环境质量　绵－冶河。2009年度绵－冶河水体水质属劣V类，岩峰断面污染较重，平山桥断面污染较轻。主要污染物为石油类、氨氮、化学需氧量、生化需氧量等。

石津渠。2009年石津渠水体水质为Ⅳ类，各监测断面污染程度变化不大。主要污染物为化学需氧量、生化需氧量。

洨河。2009年度洨河全程污染严重，水质为劣Ⅴ类，污染最重断面为大石桥，主要污染物为氨氮、生化需氧量、化学需氧量、高锰酸盐指数、石油类。

洨河省考断面－大石桥的化学需氧量年均值为181毫克／升，较2008年均值(273毫克／升)大幅下降，但仍未达到省考核指标(170毫克／升)要求。

滹沱河。2009年度滹沱河水体水质为劣Ⅴ类，主要污染物为石油类、氨氮、生化需氧量、化学需氧量、高锰酸盐指数。

滹沱河省考断面－枣营的化学需氧量年均值为176毫克／升，较2008年均值(361毫克／升)有大幅降低，仍未满足省考核指标(170毫克／升)要求。

汪洋沟。2009年度汪洋沟水体水质为劣Ⅴ类。水体中主要污染物为氨氮、生化需氧量、化学需氧量、高锰酸盐指数。

汪洋沟省考断面－高庄的化学需氧量年均值为143毫克／升，较2008年均值(289毫克／升)大幅降低，已达到省考核指标要求。

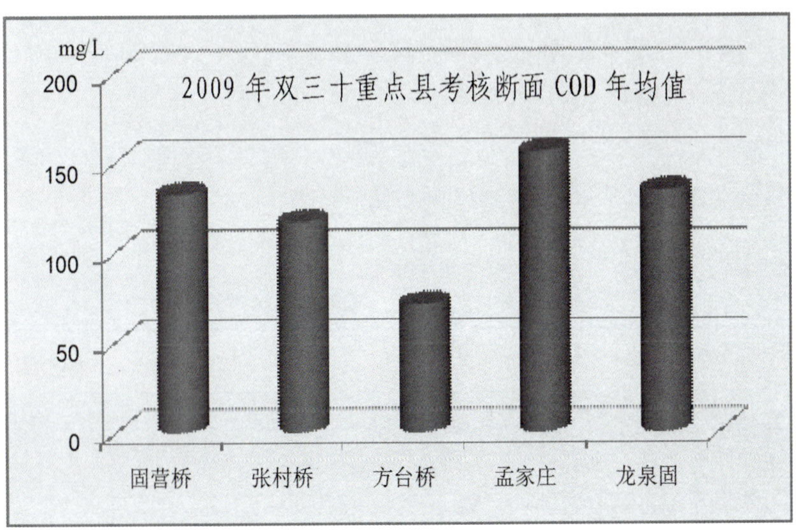

双三十重点县考核断面水质 2009年辛集、鹿泉、藁城、无极四个“双三十”重点县（市）的地表河流监测数据表明，其考核断面的COD年均值均达到省考核标准170mg/L要求。

城市集中饮用水质量 石家庄城市饮用水源包括市区内5个地下水厂和地表水厂，2009年饮用水源水质合格率为99.40%，超标水厂为地表水厂，超标污染物为总氮。

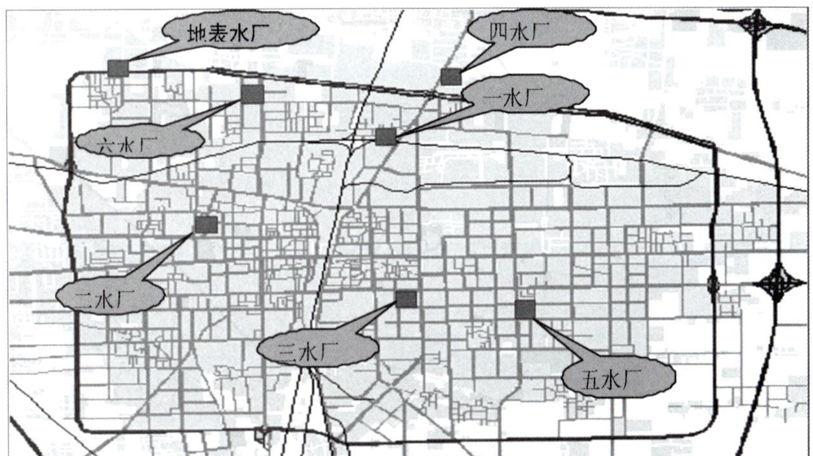

石家庄市城市饮用水源分布

【声环境质量】 *功能区噪声* 监测结果表明，1类区昼间噪声平均等效声级值均达标，夜间噪声平均等效声级值三季度超标；2类区昼间噪声平均等效声级值均达标，夜间噪声平均等效声级值三季度超标；3类区昼间噪声平均等效声级值均达标,夜间噪声平均等效声级值一、二季度超标；4类区昼间噪声平均等效声级值均达标，夜间噪声平均等效声级值均超标。

表 10

2009 年功能区噪声监测数据统计

单位：dB(A)

分区季度	1 类区			2 类区			3 类区			4 类区		
	Ld	Ln	Ldn	Ld	Ln	Ldn	Ld	Ln	Ldn	Ld	Ln	Ldn
一季度	49.3	43.6	51.4	55.9	48.0	57.1	62.4	55.2	63.7	65.3	59.8	67.4
二季度	46.1	40.7	48.3	56.5	48.8	57.7	60.2	57.3	64.1	65.3	59.8	67.4
三季度	52.0	45.9	54.4	59.3	51.9	60.5	62.6	54.3	63.3	67.3	55.8	66.9
四季度	53.8	43.8	53.8	60.0	49.9	59.9	64.3	54.4	64.3	69.2	55.3	68.3
全年	50.3	43.5	52.0	57.9	49.7	58.8	62.4	55.3	63.9	66.8	57.7	67.5
测点数	3			3			2			4		

表 11

功能区噪声年均值比较

单位：dB(A)

时间	年份	1 类区	2 类区	3 类区	4 类区	全市	
昼间	2008	51.6	57.3	60.0	64.3	58.3	本年度功能区噪声平均等效声级值较 2008 年有所下降，其中昼夜等效声级值下降 0.4 分贝，昼间等效声级值上升 0.9 分贝，夜间等效声级值下降 1.3 分贝。
	2009	50.3	57.9	62.4	66.8	59.4	
夜间	2008	43.6	50.5	57.1	60.5	52.9	
	2009	43.5	49.7	55.3	57.7	51.6	
昼夜	2008	52.6	59.3	64.0	67.9	61.0	
	2009	52.0	58.8	63.9	67.5	60.6	

道路交通噪声　市区 368 个道路交通噪声监测点的测试结果显示，道路交通噪声值在 47.3～75.8 分贝之间，平均等效声级为 65.4 分贝。同比 2008 年上升了 0.1 分贝。

2009 年统计市区道路平均车流量为 1574 辆／小时，道路交通流量较 2008 年有所上升。与 2008 年相比，城市道路交通噪声污染状况变化不大。

表 12

2009 年暴露在不同等效声级下路段分布情况

声级范围 dB(A)	55 以下	56～60	61～65	66～70	71～75	76～80	81 以上	超过 70 分贝的干线
路段长度（千米）	8.31	43.69	131.605	155.375	47.25	1.1	0	64.835
占交通干线总长度的％	2.15	11.28	33.98	40.11	12.20	0.28	0.00	16.74

区域环境噪声　2009 年城市区域环境噪声值范围在 40.2～62.7 分贝之间，平均等效声级为 50.4 分贝，同比 2008 年上升 0.3 分贝。

表 13　　2009 年区域环境噪声数据统计

网格大小	网格(测点)	网格覆盖	Leq		L10		L50		L90	
(米 × 米)	总数	人口数(人)	平均	σ	平均	σ	平均	σ	平均	σ
500 × 500	400	2377300	50.4	2.81	52.1	4.6	49.8	1.6	48.21	0.39

表 14　　2009 年暴露在不同等效声级下的面积和人口分布状况

声级范围 dB(A)	36 ～ 40	41 ～ 45	46 ～ 50	51 ～ 55	56 ～ 60	61 ～ 65	66 ～ 70	71 ～ 75	76 ～ 80	81 ～ 85
声级覆盖面积（千米 2）	0.25	15.75	34.25	37	12	0.75	—	—	—	—
占总网格面积的 %	0.25	15.75	34.25	37	12	0.75	—	—	—	—
声级覆盖人口（万人）	0.594	37.442	81.423	87.960	28.528	1.783	—	—	—	—
占总网格人口的 %	0.25	15.75	34.25	37	12	0.75	—	—	—	—

区域环境噪声值集中分布于 46 ～ 55dB(A) 声级值段，66 分贝以上声级覆盖区域没有出现，暴露在不同等效声级下的面积和人口分布状况比例较上年变化不大。城市内的声源构成为交通运输、建筑施工、日常生活及其它噪声，以交通噪声和生活噪声为主，各种声源所占比例与上年持平。

表 15　　2009 年石家庄市区域环境噪声源构成

噪声源分类		交通	工业	施工	生活	其它
影响的测点数		276	47	18	53	6
噪声源构成比 %		69.17	11.78	4.51	13.28	1.50
L10	平　均	51.29	54.02	54.61	53.71	52.23
	σ	3.84	2.73	3.41	3.47	5.33
L50	平　均	49.00	51.63	52.17	51.61	49.67
	σ	3.51	2.58	2.62	3.32	5.17
L90	平　均	47.45	49.83	50.79	49.81	48.48
	σ	3.26	2.44	2.41	3.19	4.98
Leq	平　均	49.63	52.17	52.82	51.94	50.42
	σ	3.55	2.45	2.71	3.42	5.18

【重点污染源监督监测】 废水污染源　全市国控、省控污染源 105 家，每季度监督监测一次。统计显示，工业企业废水污染源全年水质监测达标率为 79%。主要超标污染物为化学需氧量、氨氮和生化需氧量。城镇污水处理厂水质监测达标率为 41%，全市城镇污水处理厂运行还不稳定。

表 16　　2009 年废水污染企业水质达标率统计表

企业类别	企业数量	达标率 (%)
全部	89	79
农副食品加工业	1	100
纺织业	8	97
纺织服装、鞋、帽制造业	1	67
皮革、毛皮、羽毛(绒)及其制品业	7	57
造纸及纸制品业	8	75
石油加工、炼焦及核燃料加工业	3	100
化学原料及化学制品制造业	24	87
医药制造业	27	79
化学纤维制造业	1	100
黑色金属冶炼及压延加工业	1	100
通用设备制造业	3	83
通信设备、计算机及其他电子设备制造业	1	100
仪器仪表及文化、办公用机械制造业	1	40
水的生产和供应业	3	8

表 17　　2009 年废水污染企业污染物达标统计表

项目	企业数量	达标率 (%)
pH	67	100
生化需氧量	69	90
化学需氧量	89	89
氨氮	78	91
悬浮物	70	100
石油类	53	100
挥发酚	47	100
氰化物（总氰化合物）	19	100

表 18 2009 年城镇污水处理厂达标率

企业类别	企业数量	达标率 (%)
污水处理厂	16	41

表 19 2009 年城镇污水处理厂单项污染物达标率

项目	企业数量	达标率 (%)
pH	16	100
生化需氧量	16	83
化学需氧量	16	86
氨氮	16	77
石油类	16	100
悬浮物	16	95
色度	16	69
挥发酚	11	100
总铬	16	98
六价铬	16	98

废气污染源　2009 年国控、省控废气污染源 28 家，每季度监督监测一次。全年废气污染源监测达标率为 80%，超标污染物为烟尘、二氧化硫和工业粉尘，其中，电力行业监测达标率最低。

表 20 2009 年废气污染源达标率统计表

行业	企业数量	达标率 %
全部	28	80
电力、热力的生产和供应业	11	70
非金属矿物制品业	7	79
石油加工、炼焦及核燃料加工业	3	83
黑色金属冶炼及压延加工业	3	92
化学原料及化学制品制造业	2	100
纺织业	1	100
医药制造业	1	100

表 21　2009 年废气污染源单项污染物达标率统计表

项目	企业数量	达标率 (%)
烟尘	20	90
粉尘	10	80
二氧化硫	21	92
氮氧化物	17	100

【防治水污染】 一是依据海河流域水污染防治规划，加大海河流域水污染治理力度，印发《石家庄市实施海河流域水污染防治规划工作方案》，对水质目标、工业污染防治项目、城镇污水处理设施项目和备选项目明确任务和分解责任。二是积极督导污水处理厂建设及运行管理，按照石家庄市 2009 年环保重点工作要求，市环保局会同市建设局加强对污水处理厂建设、升级改造及运行情况的监督检查，对污水处理厂的建设进度严重滞后的井陉县、行唐县、栾城县装备制造基地实施区域限批；对污水处理厂及升级改造工程较慢的高邑县、晋州市、赞皇县、无极县、赵县、深泽县、高新区、栾城县、新乐市、灵寿县提出区域限批预警。对桥东污水处理厂进水冲击负荷问题进行多次协调解决。三是强化饮用水水源地保护，设置集中饮用水水源保护区标志，共在市区集中饮用水水源保护区设置水源保护区界标 17 个，道路交通警示牌 28 个，宣传牌 15 个，防护围网 2000 米。四是加强重点河流监管，为确保全市重点流域水环境质量明显改善，出境断面水质达标，在全市范围内开展“五月清流战役”专项行动，对重点行业、企业和城镇污水处理厂进行重点检查，严厉查处违法排污行为，对 13 家超标排污企业进行处罚，对 12 家违法企业实施关停，对 3 个企业非正常排污口进行封堵，取缔 20 家“十五小”企业。五是建立全市入河排污口台帐，加强废水排放管理，坚决遏制生产废水直接排入农田或渗坑，破坏农村生态环境的现象。六是实行水质考核与财政挂钩制度。完善《石家庄市各县（市）水污染防治工作量化考核办法》，对各县（市）区考核点位增加监测频次，对超标排放的县（市）区按照水质考核机制，实行累加扣缴。全年共扣缴生态补偿金 670 万元。

2009 年 2 月 11 日，环保部副部长张力军（左）到石家庄市检查水污染治理工作

【节能减排】 一是着力实施工程减排。按照《石家庄市 2009 年主要污染物总量减排实施计划》要求，66 项水减排工程，63 项完工，其中灵寿县污水处理厂、赵县清源污水处理厂等 16 座污水处理厂形成减排能力。76 项大气减排工程，74 项完工，其中华能上安电厂、西柏坡电厂等 7 家减排大户形成减排能力。二是加快推进结构减

排。着力开展重点流域、重点行业的污染企业专项整治，以赵县的淀粉，无极的制革，晋州、藁城、鹿泉、栾城等县（市）区的造纸，平山、鹿泉、赞皇、灵寿、行唐、井陉、矿区、元氏等县（市）区的建材，市区的医药化工等重污染企业为重点，加快产业改造升级进度。三是大力实施管理减排。以省“双三十”单位和市“十五家”企业为重点，认真梳理减排工程档案，研究解决对策，对问题较多的单位和企业进行多次调度、指导。对污染较重、群众反映较多的 河、汪洋沟流域的污染源，对一级饮用水源地保护区的污染源，集中力量进行突击性排查，特别对群众反映较强烈的、媒体曝光的和挂牌督办的污染问题，坚持一查到底。同时，加强排污许可证管理。对排污许可证内部审核的程序和时限进行规范和统一，提高审批效率。全年换发及上报省厅办理排污许可证 1145 个。加大排污费征收力度。对 3940 家企业进行排污申报登记，全年共征收排污费 9870 万元。其中，市本级征收 2930 万元，追缴 2008 年排污费 1759.5 万元。

【环保专项整治】 开展整治违法排污企业、维护群众环境权益环保专项行动，加强饮用水源保护区后督察工作，开展垃圾填埋场集中治理；加强“两高一资”企业监督检查，核查 32 家钢铁企业，关停 20 家不符合国家产业政策的钢铁企业，督导治理 12 家保留的钢铁企业；开展重金属污染企业专项检查，排查相关企业 344 家，查处 53 家重金属污染企业；围绕“五月清流战役”、“大气环境综合整治月”、“省会洗城净天全民大会战”等加大环境执法力度，严厉打击环境违法行为。通过各项环保专项行动，累计出动环境执法人员 12790 余人（次），检查企业 4519 家，立案查处违法排污企业 244 家，限期治理企业 118 家，关停企业 84 家，7 家违法企业法人代表被行政拘留。抓好重点污染源环境隐患企业的排查及环境应急预案的制定和落实。加强对尾矿库、饮用水源地、化工行业、危险化学品和涉及居民周边环境安全的环境现场执法力度，对生产、运输、储存危化品的单位进行统计，做好突发环境事件的调查和处理。减少噪声扰民。为城区营造安静的学习和休息环境，对中高考期间施工噪声扰民行为进行严查严管。

2009 年 6 月 5 日，省环保厅副厅长杨智明（前排中）出席石家庄市纪念“六五”世界环境日暨“环保、科技、健康生活”主题宣传教育活动，并参观环保图片展和环保科技发明展

【严把项目生产审批】 加强清洁生产审核，2009 年完成 31 家省环保厅安排的重点企业和 4 家非国统、省统重点企业的清洁生产审核评估及审报工作，其中完成验收 24 家。全年共审批项目 348 个，验收项目 142 个，否决项目 98 个。积极推进规划和区域环评工作，全市规划的 74 个工业区中，26 个已完成规划环评编制审查工作，48 个已与环评单位签订编制规划环评合同。强化建设项目后期监督管理，共检查国家、省级审批建设项目 323 个，市级审批建设项目 556 个。加强环保专项治理资金申报、使用和管理。2009 年共争取国家及省环保专项资金 8259 万元，支持项目 26 个。其中，国家专项资金 2299 万元，支持项目 9 个；省专项资金 5960 万元，支持项目 17 个。

【落实放射源监管和固体废物处理制度】 对全市 127 个单位的 1298

续表

枚放射源进行排查，收缴并妥善处置闲置放射源158枚。加强固体废物处理，2009年石家庄市工业固体废物产生总量为1269.26万吨，处置利用率为97.26%。市区全年产生生活垃圾95.7万吨，无害化处理率为85.03%；填埋处理量47.39万吨，焚烧处理量33.98万吨。市区全年产生医疗垃圾1601.7吨，无害化处理100%。

表22　　2009年石家庄市工业固体废物量一览表

工业固体废物	单位	本年实际量
1. 工业固体废物产生量	万吨	1269.26
(1) 危险废物	吨	194148.97
(2) 冶炼废渣	万吨	352.82
(3) 粉煤灰	万吨	414.20
(4) 炉渣	万吨	167.03
(5) 煤矸石	万吨	5.21
(6) 尾矿	万吨	30.45
(7) 放射性废物	万吨	0.00
(8) 脱硫石膏	万吨	69.67
(9) 其他废物	万吨	44.93
2. 工业固体废物综合利用量	万吨	1205.32
(1) 危险废物	吨	121713.00
(2) 冶炼废渣	万吨	352.43
(3) 粉煤灰	万吨	407.16
(4) 炉渣	万吨	149.17
(5) 煤矸石	万吨	5.21
(6) 尾矿	万吨	15.74
(7) 脱硫石膏	万吨	74.11
(8) 其他废物	万吨	37.07
其中：综合利用往年贮存量	万吨	34.12
3. 工业固体废物综合利用率	%	92.48
4. 工业固体废物贮存量	万吨	68.94
其中：危险废物贮存量	吨	56.50
5. 工业固体废物处置量	万吨	29.12
其中：危险废物处置量	吨	73600.87
其中：送往集中处置场处置量	吨	9740.63
其中：处置往年贮存量	万吨	0.00
6. 工业固体废物排放量	万吨	0.00
其中：危险废物排放量	吨	0.00

【环境监测基础建设】 加强全市环境空气自动监测站建设。在对3240个监测数据进行采集、分析的基础上，完成市植物园、长安公园、封龙山三个大气监测子站的选址和设备招标工作；按照环保部的要求，完成国家沙尘暴监测点位项目的选址、设备安装调试工作，并实现与国家监测总站的联网；积极加强省、市、县三级环境空气质量监测系统管理，全市18个县（市）区全部实行环境空气质量周报制度，辛集、晋州、正定、鹿泉、平山、井陉、矿区、栾城、赵县、藁城、无极、灵寿等12个县（市）区已建成环境空气质量自动监测系统并与市环境监测中心的联网，省"双三十"重点县（市）实现与省站联网。建设滹沱河县（市）界考核断面水质自动监测站。为如实反映滹沱河沿途各县（市）出境水质状况，在全面调查摸底基础上，完成藁城市张村桥、无极县西庄泵站、晋州市龙泉固村、深泽县马铺村等4个考核断面水质自动监测站的选址和建设方案。完成石家庄市污染源监控网络扩容改造和市、县两级污染源自动监控网络互联工作。认真落实国控、省控污染企业自动监控系统联网要求，130家国控、省控企业，到年底已联网127家。提升各级门户网站建设。赵县、无极、矿区、辛集和鹿泉等县（市）区在门户网站更新和上报环境信息等方面表现突出，受到省厅表彰。

【大气环境综合整治】 整治建材行业粉尘污染。拆除水泥机立窑63座，关闭石灰窑285座，综合治理110家水泥企业160座磨机，推进市内六区34家水泥搅拌及沥青生产企业综合治理（5家完成治理）。开展烟尘和二氧化硫专项治理。有6个单位11个重点大气治理项目竣工，2个项目在治理中；推广优质低硫煤608万吨，超额完成全年600吨推广使用任务；全市已拆除各类锅炉505台，其中，市区拆除130台。加强扬尘污染防治。在市内六区和鹿泉市、藁城市、正定县和栾城县设置30个降尘监测点，对扬尘进行实时监测；采取在媒体公开考核结果的形式，对有关县市（区）、市直部门进行10次扬尘污染综合整治考核；7月14日至8月14日，开展"大气环境综合整治月"行动，对二环路以内建筑、道路施工工地进行重点督导整治。督促协调污染企业加快搬迁。截至年底，有17家企业办理环保手续，并在新址开工建设；1家企业完成关闭；6家企业停产，正在制定搬迁或关闭方案。开展机动车尾气检测和污染治理。继续开展环保年检，共检测各类在用车99048辆，合格89302辆，合格率90.2%；加强环保标志管理，共发放环保标志132873个；为配合机动车实施"国家三级"标准，完成监测中心与国家环保部"机动车环保车型查询系统"的挂接工作；与市交管部门协调，开展机动车尾气监控网络建设；与商务局协调开展机动车以旧换新工作。全力投入省会"洗城净天"全民大会战。自9月9日至12月底，开展114天的"洗城净天"活动，围绕大气环境质量达到国家二级标准，动员全社会开展以"清除垃圾、清洗道路、工地抑尘、庭院保洁、煤烟治理"为主要内容的省会"洗城净天"全民大会战，解决了一批影响形象较大、群众反映强烈的环境污染问题。

（严　健　王　毅）

2009年9月9日～12月30日，石家庄市组织开展了"洗城净天"全民大会战活动

建 筑 业

【概况】 2009年，全市建筑业运行平稳，共完成总产值431.15亿元，比上年同期降低8.07%；从业人数21.7万，比上年同期增长1.88%；劳动生产率19.87万元/人，比上年同期降低9.76%；房屋施工面积4508万平方米，比上年同期增长27.42%，其中新开房屋施工面积2426万平方米，比上年同期增长31.06%，住宅施工面积2354万平方米，比上年同期增长7.39%，住宅新开面积1412万平方米，比上年同期增长22.78%，住宅竣工面积1053万平方米，比上年同期增长11.31%，其中市区住宅竣工面积310万平方米，比上年同期降低15.07%。

【建筑市场管理】 2009年，市建设局加强了建筑市场交易中心建设，设置800余平方米的办事服务大厅，形成建筑审批“一条龙”服务模式，方便建设、招投标单位和企业承办有关事项，提高了办事效率。同时，建筑市场审批单位进一步转变服务方式，减少中间审批环节，缩短审批时限，对施工许可审批、招投标监管进行改革，提供更加便捷高效的服务。在加强日常管理的同时，加大建筑市场稽查工作力度，严肃查处违法违章工程。全年共稽查市区在建工程1365个，建筑面积达1992万平方米，工程造价245亿元。查处违法违章工程74个，罚款金额总计977万元。

【审图、勘察设计和造价咨询】 加强施工图审查工作监督管理，对所有建设项目做好技术质量审查，严格控制审图时限（3～5天）。各审图机构共完成审图297个项目，建筑面积1293.18万平方米，投资193.69亿元，审查纠正违反强制性标准问题2072条，有效地保证勘察设计质量。同时，强化勘察设计行业监督管理，组织岩土工程勘察质量专项监督检查、勘察设计和审图质量综合检查，对全市159个勘察设计企业进行资质条件核查，提高勘察质量水平。强化造价咨询管理。深入15家工程造价咨询单位进行调研，开展全市工程造价咨询企业监督检查工作，进一步规范工程造价咨询企业及从业人员的市场行为，提高咨询成果报告的工作质量。努力为行业企业发展做好服务。组织创办“建筑名家讲堂”，邀请国内外大师级建筑设计名家进行学术讲座，举办4次沙龙活动和4次讲座。搞好抗震减灾工作，配合规划部门修编抗震防灾规划。到年底全市拥有勘察设计企业200家，造价企业105家，审图机构7家。勘察设计质量稳步上升，每万平方米违反强制性标准数量1.6条，为历年最低。全国、全省抽查石家庄市的33个项目施工图纸均未发现违反强制性标准问题，创优秀设计项目57个，评出一等奖19项、二等奖25项、三等奖13项，为历年最高。

【建筑质量管理】 全面推行住宅分户验收制度，加强检测机构监管，开展工程质量巡查，对21个县34个单位工程进行检查，建筑面积达24.3万平方米。狠抓工程质量投诉处理，共受理质量投诉案件21起，结案20起。狠抓深基坑工程汛期安全管理，强化冬季施工和节假日期间安全生产监管。加强机械设备管理，部署禁止现场搅拌砂浆工作，全年采取巡查和抽查相结合的方式，累计检查施工现场3347次，下发隐患整改通知书286份，停工指令书234份。加强施工现场扬尘污染治理，先后组织开展春季、夏季建设工程施工现场扬尘污染防治集中整治，对全市建设施工现场进行5139场次扬尘治理督导检查，下发责令改正通知书248份。通过综合整治，施工现场文明施工达标工地达到98.5%。全年共监督工程2096项，面积2159.3万平方米，提交监督报告336项，提出并处理问题11000多项，下发质量整改通知书640余份，竣工工程质量合格率达到100%。此外，清理拖欠工程款和农民工工资，协调解决拖欠工程款和农民工工资上访案件21件，召开协调会76次，清理拖欠工程款金额1.25亿元，农民工工资1400万元。

【建设科技和建筑节能】 认真组织开展建设科技攻关，进一步提高建设领域的技术创新。全年完成的13项建设科技项目中，“石家庄市峡石沟垃圾渗滤液处理工艺及技改工程研究、“河北省建筑物电子分类技术规程研究”等8个项目居国内领先水平；“纳米纤维复合增强混凝土韧性研究”等5个项目居国内先进水平。强化建筑节能管理，认真贯彻执行《中华人民共和国节约能源法》、《民用建筑节能条例》、《石家庄市民用建筑节能管理办法》等法规政策，对2009年石家庄市建筑节能工作目标责任进行分解，将建筑节能、太阳能热水系统与建筑一体化技术强推工作列入目标任务，形成目标责任制。强化对建筑节能工作的监督管理，把建筑节能工作纳入建设管理程序，实行从建筑节能设计到建筑竣工备案等环节的闭合管理，保证建筑节能政策法规和技术标准、规范的贯彻落实。开展全市建筑节能专项检查，积极推进既有居住建筑供热计量及节能改造，世纪花园小区等共79万平方米的建筑完成供热计量改造任务。全年新建节能建筑共368项，建筑面积605万平方米。积极推广太阳能、浅层地能等可再生能源在建筑中的规模化、一体化应用。组织召开全市太阳能热水系统与建筑一体化设计与应用推广会议，建设金正·缔景城、金石·天然城、春江花月小区等一批示范工程。

（陈　涛）

住房保障和房地产业

【概况】 2009年，石家庄市住房保障和房产管理局紧紧围绕贯彻落实国家、省、市住房保障和房地产宏观调控政策及“三年大变样”工作目标要求，积极采取有效措施，狠抓各项工作落实。累计启动危陋住宅改建项目20个，完成各类危陋住宅拆迁52.1万平方米。为27632户家庭提供廉租住房保障，累计为20862户低收入住房困难家庭发放廉租住房补贴5487万元。安苑、赵苑和珍集配建的870套廉租住房于2009年8月分配入住，年内开工建设13个廉租住房项目，其中市区5个、5034套投入资金15787万元。全年处罚违法违规行为5起，共罚款66万余元。继续推进和完善行政许可制度，完成进驻行政许可项目服务中心工作，实现联网对接，进一步规范和简化程序。全年共办理商品房预售许可81件，涉及41个开发项目，批准预售面积280多万平方米。市区商品房上市面积500.52万平方米，同比增长44%。其中商品住房394万平方米，同比增长56%；市区商品房成交面积495万平方米，同比增长201%，商品住房供需基本平衡。共办理各类交易房屋5.9万余套，建筑面积567万平方米，交易金额192亿元，完成契税征收3.07亿元。认真开展科学发展观教育，加强党的组织建设，住房保障和房产管理局被国家住房和城乡建设部授予全国思想政治工作先进单位。

【廉租住房保障】 全年石家庄市为27632户家庭提供廉租住房保障，实现应保尽保。累计为20862户低收入住房困难家庭发放廉租住房补贴5487万元，其中市区涉及17934户，发放租赁补贴5309万元；累计为6770户低收入住房困难家庭提供实物配租保障，其中市区实物配租6370户。2008年申请中央投资补助的安苑、赵苑和珍集3个项目配建的870套廉租住房于2009年8月分配入住。年内13个廉租住房项目全部开工建设，其中市区5个、5034套投入资金15787万元。

【经济适用住房建设】 全市新开工4个经济适用住房建设项目，建设面积63.35万平方米、6940套（含廉租住房2154套）。截至年底，全市竣工经济适用住房（含集资建房）43.85万平方米，其中安苑小区（二期）和珍集小区被市政府列为国庆献礼项目，竣工面积41.2万平方米、4750套（含廉租住房638套）。同时，首次采用电脑摇号的方式对安苑小区（二期）、南岭小区两个经济房项目的3188套房屋向社会进行公开销售，其中，南岭小区经济适用住房二期项目位于体育南大街409号，临近南焦交通枢纽。二期项目包括建设28层的高层住宅6栋、10层的综合楼1栋、幼儿园1所，总建筑面积近15.7万平方米。住宅户型以三室为主，有部分两室。二期项目的多栋高层与一期多层住宅有机组合成完整小区，依靠小区完善配套设施，可以为业主提供良好居住环境。解决了部分低收入住房困难家庭的住房问题。

【危陋住宅区改建】 全市累计启动危陋住宅改建项目20个，完成各类危陋住宅拆迁52.1万平方米，涉及居民6896户，其中，通过补偿协议安置解决低收入住房困难家庭4009户；开工建设回迁安置房面积30.1万平方米，建设住宅2843套，其中用于解决低收入住房困难家庭1998套。市区共投资5000万元城建资金用于112个旧小区改善，提升了居民的生活质量，受到广大市民的广泛好评。

【房地产市场交易稳步回升】 认真贯彻落实国家和河北省有关政策，制定《石家庄市关于促进房地产市场健康发展补充意见》，促进了石家庄市房地产市场的回暖。市区商品房当期上市面积500.52万平方米，同比增长44%，其中，商品住房394万平方米，同比增长56%；市区商品房成交面积495万平方米，同比增长201%，其中商品住房432万平方米，同比增长252%；商品住房供求增量比为0.91：1，商品住房供需基本平衡。全年共办理各类交易房屋5.9万余套，建筑面积567万平方米，交易金额192亿元，完成契税征收3.07亿元。

（楚　臣）

【房地产开发管理】 加强资质管理，严把房地产市场准入关口，形成宽进严出的开发资质管理新模式。石家庄市规范化材料整理格式在全省得到认可并向各市推行。全年共审批新办企业提供材料189卷，为189家开发企业办理暂定资质证书。审阅核定资质等级企业提交卷宗390套，为390家企业办理资质核定；审阅资质变更企业提交卷宗45套，为33家开发企业办理变更手续。狠抓房地产市场管理。提出目标和工作内容，以开发项目管理为切入点，重点加强房地产市场日常监管。完善房地产开发项目跟踪管理手册监管，督促房地产开发企业在取得国有土地使用权后及时办理房地产开发项目跟踪管理手册。参加房地产市场专项检查活动，共检查裕华区、高新区在建房地产开发项目42项。实施房地产开发企业统计工作动态管理和报表登记制度，建立健全管理台帐。建立健全房地产开发企业诚信档案，不断完善诚信约束机制。将现有1000余家房地产开发企业基本情况进行整理和电脑录入，在石家庄房地产开发信息网开通房地产开发企业诚信档案栏目。组织全市主要地产公司举办“五一”春季房展会，10余个楼盘参展，专门设立咨询区，对广大市民宣传购房知识、法律知识及城中村改造政策，共接待咨询5000余人次。2009年房地产开发完成投资178.08亿元，其中住宅开发投资134.24亿元。

（陈　涛）

【整治房地产市场秩序】 依据国家建设部、河北建设厅关于整顿规范房产市场的总体要求，结合全市实际，先后开展了两次房产市场的集中整治活动。第一季度，重点对房地产交易环节中存在的违法违规行为，进行为期70天联合大检查，有针对性地检查开发企业84家、中介经纪公司280家、评估机构39家，查处投诉举报案件22起，通过媒体曝光5家，公开处罚3家。4～6月，开展为期2个月的房地产违规建设、违规销售大检查，共检查企业159家，对存在问

商品房面积供需基本情况

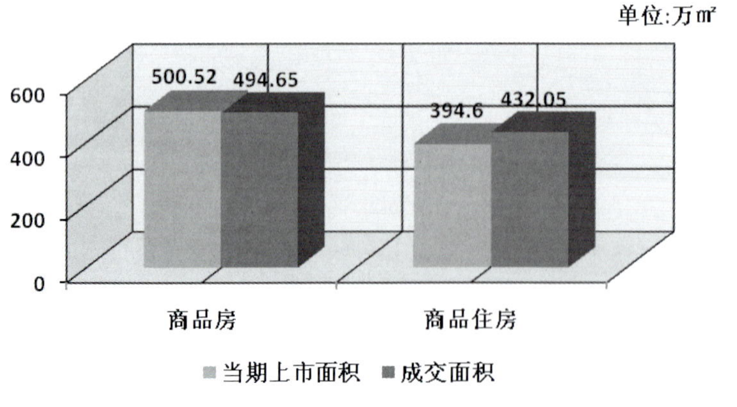

题的70个房地产开发项目逐个提出处理意见。同时，在省内率先实行存量房网上挂牌交易与资金监管工作，保障了群众存量房交易便捷和交易资金的安全。

【行政审批制度改革】 由市住房保障和房产管理局牵头，会同物价局、财政局成立市房地产开发收费项目（基金）清理工作领导小组，经过清理，全市涉及房地产开发的收费（基金）项目共76项，保留收费项目17项，放开标准改为市场调节13项，取消、停止收费46项。市住房保障和房产管理局取消商品房现售合同备案、经济适用住房初审、社区用房审批验收及物业管理办公用房审核等四项行政审批或备案项目。同时，进一步缩短二手房交易办证时限，实现当日可取，极大地方便了群众。

【规范房屋权属登记管理】 完善房屋登记簿制度，实现新登记房产终审后直接记入登记簿，并将原有房产档案建立电子登记簿，全年共整理档案10万余卷，扫描旧档案近1.4万卷。降低房产抵押登记风险，提高工作效能，开发建立"银行联网抵押系统"，市区所有银行均与数字房产信息系统进行联网，实现抵押登记业务"当日可取"。全年共完成各类房屋权属登记2500多万平方米、发证11万余个。其中房屋所有权登记面积1800多万平方米，发证7.8万余个，同比分别增长29%、47%；房屋他项权登记面积696万平方米，发证3.6万余个，抵押金额153亿元，同比分别增长为50%、49%、48%。

【完善住宅小区物业管理】 进一步完善"两级政府、四级监管"网络体系，大量矛盾纠纷和事务性工作在基层得以解决，市区物业管理整体环境得到明显改善。全面推行新建住宅交付使用制度，严格执行市区新规划建设的商品住宅项目的3‰和4‰的比例建设物业管理用房和物业经营用房的规定，保障居民入住后的基本生活条件。按照《石家庄市住宅物业基本服务标准》，继续推行物业服务标准化，对维修、保洁、绿化、秩序维护等物业服务内容进行严格考核验收，使物业服务水平显著提高。先后对400余家物业服务企业经营状况、工作业绩等进行监督检查，对31家规模小、经营业绩差、管理不规范的企业进行注销。

（楚 臣）

【缩减房地产项目审批环节】 2009年3月，《石家庄市房地产开发行政审批及盖章项目清理情况》已经市政府第23次常务会审议通过，新规定于3月初实施。房地产项目开发盖章数166枚（其中省级20枚、市级111枚、中介机构和关联企业用章35枚）。保留必经行政审批用章6枚（含联合审图、联合验收、统一收费公章1枚），特殊事项需个别审批用章10枚，与行政审批有关的中介用章7枚，共计保留23枚。147项行政审批、备案等办理事项中，保留必经办理的行政审批事项7项，特殊事项需个别审批的10项，备案管理的项目8项，共计25项；不再单独办理的27项，精简、合并44项（其中精简25项，合并行政审批和备案项目19项），取消与房地产开发无关的51项。调整后的房地产项目审批流程划分为四个阶段，共计10个工作日。其中，从国有土地使用权出让合同签订后至取得施工许可证7个工作日，商品房预售许可及竣工验收3个工作日。

（戴丽丽）

【开通房地产项目联合审批绿色通道】 3月26日，市政府发布了房地产项目联合审批绿色通道新工作流程。新的项目审批流程分四个阶段，分别为规划用地许可阶段、规划工程许可阶段、施工许可阶段和竣工验收阶段等四个阶段，共计10个工作日（含3天竣工验收时间），涵盖13个主要节点。房地产项目审批前期由市国土资源局负责组织市环保局、地震局、城乡规划局等单位进行联合踏勘，各相关单位出具相关的评价性文件和刚性规划设计条件、用地红线图及征地测量成果后，由国土局组织国有土地使用权出让（招拍挂），摘牌后签订国有土地使用权出让合同后（城中村改造回迁部分国土局完成划拨手续后），由发改委进行房地产开发项目备案登记，同时进入实质件审批流程。(1)规划用地许可阶段（2个工作日）：一是项目单位持相关申报材料在投资促进中心（简称中心）VIP代办咨询窗口申办建设用地规划许可证，经城乡规划局受理、审核后，核发建设用地规划许可证。项目单位可委托有资质的设计单位进行总平面图、建设工程设计方案的图纸设计。二是项目单位取得建设用地规划许可证后，持修建性详细规划或建设工程设计方案总平面图、建设工程设计方案等相关材料报送中心VIP代办咨询窗口，城乡规划局审查后出具审查意见向中心VIP代办咨询窗口反馈，并根据有关规定报专家咨询委员会、规划委员会评审，评审完成后由中心向项目单位反馈。项目单位委托有资质的设计单位进行施工图纸设计。(2)规划工程许可阶段（3个工作日）：一是项目单位将施工图设计文件及环境影响评价登记表等文件报中心VIP代办咨询窗口，由中心负责组织市建设局、城乡规划局、园林局、消防支队、人防办、环保局、气象局、教育局、文化局、水利局、国家安全局、中介审图机构等有关部门对施工图进行联合审查，各相关单位出具审批意见并联合会签，由中心一次性反馈项目单位。项目单位根据审查意见进行修改后复审。二是施工图设计文件审查合格后，中心牵头组织市收费局、人防办、城管局渣土办、发改委散装办等部门统一核定应缴的配套费额。城乡规划局核发建设工程规划许可证。项目单位根据筹资情况在建设局核发施工许可证之前缴齐。(3)施工许可阶段（2个工作日）：一是项目单位招投标工作完成后，持相关材料到建设局招标办、质监站、安监站办理招标文件、招投标情况书面报告、招标合同、工程质量监督手续、工程安全监督手续等备案。二是项目单位在缴齐土地出让金后，向国土资源局申请国有土地使用证。三是项目单位持土地使用权证、工程规划许可证、施工图审查合格书、质量监督，安全监督备案手续、配套费完费证明等相关材料向中心VIP代办咨询窗口申请建筑工程施工许可证。建设局审核通过后，相关证照由中心反馈项目单位。四是房地产开发项目单位取得《建设工程施工许可证》，项目开工建设。(4)竣工验收阶段（3个工作日）：一是房管局对项目单位提交的相关手续进行审查，合格后核发商品房预售许可证，并进行商品房预售合同备案。二是房地产开发项目工程竣工后，由项目单位向中心VIP代办咨询窗口提出验收申请，由中心组织市建设局（建管处、质监站、安监站、墙改办）、城乡规划局、园林局、消防支队、人防办、环保局、气象局、地震局、城管局、文化局等单位统一进行竣工验收、认可，出具联合验收报告。三是验收合格后，由建设局进行建设工程竣工验收备案。新的房地产项目审批在审批流程、服务方式和关键环节上，进行了创新和改进，实行一门受理、一门对外、联合审查和联合验收。房地产项目联合审批，均实行“一门受理、许可预告、服务前移、联合会审、统一收费、限时办结”的办理原则。凡纳入联合审批受理的房地产项目，首先从中心综合窗口报建登记，在软件上体现时限，通过网络平台将项目基本情况及审批信息传递给相关联审部门窗口。由中心组织协调，分阶段组织相关联审部门对申报材料进行初审并现场答复咨询。部分流程改前置审批为同步审批，串联审批为并联审批，改分散承诺为“一门对外”承诺。纳入联合审批受理的投资项目，由中心首接，相关窗口部门统一向中心承诺，中心统一回复投资者，并确定专人跟踪督促，协调办理。已进入跑办程序的开发项目后续手续执行新政策。城中村改造项目中回迁楼手续的办理在土地划拨手续完成后，按房地产项目新工作流程办理。已进入跑办程序的房地产开发项目及城中村改造项目，在新政策实施后，后续手续也按新政策执行。

（刘宝芝）

【房产信息系统建设】 年内，市住房保障和房产管理局对住房和房产信息系统进行了完善，对统计分析与信息发布、新建商品房网上备案、从业主体管理、登记管理、测绘及成果管理等房产市场信息子系统进行完善，新建存量房网上备案和资金监管子系统、项目管理子系统，从而使市住房保障和房产管理局房产市场信息系统基本达到“技术规范标准”。数字房产系统二层向三层升级工作已完成前期框架分析、模块划分和部分代码重构工作，实现了桥东和桥西两个办公点之间的自动备份和同城异地容灾功能。市区全年完成新建经纪机构诚信档案21家、注销92家，县（市）区新建企业诚信档案147家。截至年底，全市共计新建诚信档案1057家，录入信息18万多条，建立个人诚信档案1660份。

（楚　臣）

区划地名

【概况】 2009年，石家庄市区划地名工作紧紧围绕城镇化发展战略，积极配合三年大变样工作，着力推进地名公共服务工程，扎实有效开展地名规范化管理、城区地名规划编制、地名网站建设和区划调研及和谐边界创建工作。全年有正定、平山、高邑、井陉、赞皇、灵寿、栾城、赵县8县被河北省民政厅评为乡镇设标先进单位，市民政局和晋州、辛集、深泽、井陉、鹿泉6县（市）被评为边界管理先进单位。

【地名命名更名】 年内，区划地名部门按照逐级申报、公开征名、专家评议、政府审批、公告公示等程序，对市区街路、桥路、大型建筑物和住宅小区进行命名。其中，街路有名门街、普惠路2条；桥梁有东里桥、方北桥、青园桥、东垣桥、太保桥、中储桥、银龙桥、花园桥、华药桥、子龙大桥、秀水桥、赵陵铺北桥、通慧桥、七星桥、赵佗（南、北）桥、双翼（南、北）桥、和平大桥17条；大型建筑物有中铁商务广场、信诚商务大厦、中远置业大厦、盛阳门大厦、滨江商务大厦5座；生活居住区有简筑家园、芝兰明仕小区、元馨苑、文苑小区、海光苑、石铁家园、发源小区、澜悦府、万象天成商务广场、金世界商贸区·金智大厦、金世界商贸区·金悦公馆、金世界商贸区·金奥府邸、上林华苑、紫玉名苑、万豪大厦、绿色家园16个。

【区划调整】 按照市委市政府加快城镇化发展战略，促进乡镇经济发展，分别对鹿泉市山尹村乡和桥西区留营乡改镇、改街的建制转换工作进行考察、调研、数字统计、资料汇总、行文报批工作，并协助鹿泉市民政局和桥西区民政局完成转制挂牌工作。

【城区地名规划编制】 年内城区地名规划编制工作完成，该规划编制以国家地名管理条例法规为指针，以城市建设规划为依据，为经济顺畅运行、社会和谐发展、人民群众安居乐业提供指路导向服务。规划方案涉及主城区主干、次干道路和部分支路近218条，约占街路总数15%；其中新命名街路100条，占规范街路总数45%；延伸命名115条，占规范街路总数46%；更名街路4条，占规范调整街路总数0.5%。此次规划，体现了城区街路地名标准化、层次化，反映了独特的地理景观，传承历史，彰显时代风采，并在省政府召开的全省地名工作会议上展示。

【边界勘管】 一是创建和谐边界，组织全市23个县（市区）对边界线联查，界桩管护，签订和谐边界协议，东部和衡水，南部和邢台，西部和山西阳泉签订平安边界协议书；二是有效调停边界纠纷，在主管局长带领下，深入现场有效解决井陉县和山西平定县村庄边界纠纷，使双方群众安居乐业。

（刘平刚　周连颖）

交通运输

交通运输

概　述

2009年，石家庄市面对国际金融危机不利影响日益严峻的形势，抓住国家加强基础设施建设，拉内需、保增长、保民生、保稳定的重大机遇，加快交通运输行业发展步伐，全行业整体实现跨越式发展。全市铁路合计营业里程达328.72千米，共有车站30个。1月1日，石太客运专线开通货物列车，4月1日开行动车组旅客列车，石太客运专线正式开通运营，4月18日上午，石家庄铁路枢纽改造工程奠基开工。全年铁路发送旅客1850.4万人，较上年提高165.3万人，发送货物1102.1万吨，较上年减少124.8万吨。全市公路建设里程完成854.01千米，公路通车总量程达到15397千米，较上年增加567千米，路网密度达到105千米／百平方千米，较上年增加0.28千米／百平方千米。全年公路建设共完成投资25.82亿元，其中，干线公路完成投资15.83亿元，主要完成了西柏坡公路、红旗大街南延、张石高速服务区等一批重点项目，西柏坡公路提前10个月建成通车。农村公路共完成投资6亿元，建设里程796.85千米。国省干线大中修共完成投资3.99亿元，完成里程203.84千米。公路绿化美化完成正南线、赵赞连接线、307国道东和新赵线藁城段的绿化任务，全年共栽植各类树木36.3万株，绿化总盖度达85%以上，成活率达97.6%。全年共征收通行费4.14亿元，是年计划的121.3%。物流服务发展迅速，石家庄内陆港初具口岸功能、现代物流功能、管理信息系统应用功能、生产生活服务功能等，海关、检验检疫、港口、船公司、货代和报关公司等单位也已经进驻内陆港，通过联检大楼一站式服务体系开展报关、报检、通关、查验、仓储、堆存、订舱、配货、运输等服务。在全球金融危机导致进出口贸易大幅下滑的不利影响下，开港两年多以来，石家庄内陆港业务量保持高速增长态势，2009年，内陆港海关受理报关单11000余票，同比增长165%，完成集装箱28819标准箱，同比增长72.7%；为26家食品药品生产企业提供了鉴定、检验检疫服务。石家庄机场圆满完成运输任务，年旅客吞吐量达138.20万人次，同比增长25.9%，其中石家庄机场132.02万人次，同比增长26.5%；完成货邮吞吐量1.89万吨，同比增长21.7%，其中石家庄机场1.87万吨，同比增长21.7%，全年完成紧急、特殊航空运输任务117架次，运送甲流H1N1防治药品近2万件，实现集团公司第6个和河北民航机场第25个安全年。城市公共交通营运车辆3018辆，营运线路145条，年营运总里程12935万千米，运送乘客4.22亿人次，每天平均运客110万人次，年总收入3.9亿元。

2009年，石家庄铁路、公路、机场春运发送旅客均创新高。2月19日24时，历时40天的春运工作落下帷幕。火车站发送旅客达165万人次。石家庄火车站在春运期间发送旅客人数达到165万人次，较上年同期增长22个百分点，创下该站春运发送旅客人数历史纪录。石家庄火车站共创下“五个之最”。即，开设售票窗口最多、投入人力最多、客流秩序最好、安全保障最佳、服务质量最好。春运期间，石家庄火车站在售票厅外增设了15个临时售票窗口，增设市内代售点至28个。车站为旅客做好人好事1300余件次，收到旅客不同方式感谢420余件次。公路发送旅客528.83万人次。全市公路春运共投入客运车辆145653辆次，342774班次，共计发送旅客528.83万人次，其中农民工27.75万人次，为农民工开设临时或流动售票点38个。全市客流量比上年同期同比增长6.8%。机场运送旅客超过13万人次。春运期间，石家庄机场运送旅客超过13万人次，同比增长突破40%，再创新高。石家庄机场在春运期间旅客吞吐量呈现快速增长态势，单日旅客吞吐量连创新高，其中，1月31日旅客吞吐量高达4556人次，接近暑期旺季单日最高吞吐量。石家庄飞往海口、三亚等城市航班客座率超过92%，飞往上海、重庆、成都、昆明、广州等城市的航线航班平均客座率均在80%左右。

国庆、中秋节运送旅客同比大幅增加。10月1日至8日，石家庄机场运送旅客3.2万人次，同比增长29%，平均客座率达到78%，与上年同比提高了四个百分点。客流以探亲和旅游为主，出港旅客普遍多于进港旅客。石家庄市公交平均每天安排营运车辆2409辆，安全运送乘客896万人次，同比上年增加13%。其中市区主干线路配车增加15%，旅游景点线路增加配车160%以上。9月28日至10月8日，石家庄火车站发送旅客人数67.8万人，较上年同期增长4.1%，特别是9月30日、10月1日，车站发送旅客分别达到8.3万人、8.1万人，创下该站日发送旅客人数的历史记录，并首次突破8万大关。石家庄市长途客车日均投入近4万辆(次)，累计发车71258班（次），运送旅客133.25万人（次），其中市区各客运站运送旅客54.33万人（次）。

铁 路

【概况】 石家庄市域内现有京广、石太、石德、石太客运专线4条铁路干线和新井、凤山2条支线，分别起止京广铁路207.9千米处（寨西店承安铺间）至321.3千米处(高邑鸭鸽营间)，石太铁路石家庄至70.1千米处（南峪娘子关间），石德铁路石家庄至85.25千米处（東新王家井间），石太客运专线石家庄北站至59.97千米处（井陉北阳泉北间）；两支线总长18.1千米，合计营业里程328.72千米。共设车站30个。

2009年末，北京铁路局在石家庄的派出机构有石家庄铁路办事处，驻石家庄的主要运输单位有石家庄车站、石家庄客运段、石家庄电力机务段、石家庄工务段、石家庄供电段、石家庄电务段、石家庄通信段、石家庄高速通信段，其他单位有石家庄房产维修段、石家庄职工培训基地、石家庄工程项目管理部、石家庄铁路疾病预防控制所、石家庄铁路公安处、石家庄铁路运输检察院、石家庄铁路运输法院、石家庄铁路招待所以及河北冀铁集团公司、河北铁建工程有限公司。石家庄站是集客运、货运、列车解编为一体的综合性特等站，主要担负着京广、石太、石德、石太4条客专铁路干线的旅客列车到、发，货物列车解、编，旅客、行包及货物到、发、中转工作；管辖一等站1个、二等站2个、四等站2个、五等站1个；现有客车到发场2个，货车到发场7个，编解场4个，编发场1个、客车库1个；有客车到发线12条；货物列车分解线57条、牵出线5条；配属调车机19台；日均接发旅客列车129对，年发送旅客1823万人，发送货物352万吨。石家庄客运段担负着石家庄至广州、至上海、至北京西、至秦皇岛、至哈尔滨、至承德、至张家口、至杭州、至太原、至安阳、至烟台、至邯郸、至临西、至德州、至高碑店、至阳泉、北京西至重庆等31对旅客列车客运乘务和途经110对客运列车的运转乘务任务。石家庄电力机务段配属支配机车392台，主要担当石家庄至太原北、至济南西、至唐山、至阜阳、至南仓，太原至青岛、至上海，邯郸至济南西、至长治北间共计230对客货列车牵引和32对小运转任务。石家庄工务段主要担负石家庄枢纽，京广线64.5千米至280千米，石太线 -2.060千米至117千米，石太客运专线34.800千米至222.400千米，石德线 -1.277千米至5.8千米线路的桥梁、隧道等设备的大、中维修及保养任务，管辖线路总延长1906.391千米。石家庄供电段主要担负石太客运专线0千米至222.400千米、京广线64.5千米至485.8千米、石太线0千米至117千米、石德线0千米至176.5千米、京九线24.426千米至372.776千米、津霸线

1.796千米至73.673千米、邯长线0千米至215.5千米、沙午线0千米至69千米、马磁线0千米至46.225千米的供水、供电及设备更新、改造、维修、养护任务。石家庄电务段主要担负石太客运专线18.217千米至224.290千米，京广线66.150千米至485.837千米，京九线76.2千米至372.777千米，石德线0千米至176.5千米，石太线0千米至117千米，邯长线0千米至215.491千米和沙午、马磁等11条支（矿）线的信号设备的维修维护业务。石家庄通信段主要担负区域内铁路各单位生产、办公电话和142个车站的专用通信设备、128台车站电台、671台机车的无线列调及石太客运专线GSM-R车载电台、数调、接入网、TDCS、红外线、客票系统、1800千米长途光（电）缆养护维修任务和电报电话服务业务。石家庄高速通信段则主要担负石太客运专线通信系统的运行维护和应急通信保障工作。

2009年，石家庄市域内的各单位在石家庄枢纽改造等施工影响大的形势下，认真贯彻铁道部、北京铁路局运输安全工作会议精神，落实各项行车技术安全规定，落实现场作业标准，科学组织运输，合理编开长途直达列车，确保了运输安全生产和各项指标的完成。全年发送货物1102.1万吨，较上年减少124.8万吨；发送旅客1850.4万人，较上年提高165.3万人。

表23 2009年石家庄市铁路运输情况表

指标 站名	旅客发送人（人）	货物发送吨（吨）	货物到达量（吨）	装车数（日车）	卸车数（日车）
合　计	20040220	9667146	20420491	430.5	837.5
石家庄	16811702	1337990	6935135	61.1	247.1
承安铺	45080				
新　乐	32185	166646	182614	7.5	9.1
新安村	60	28067	26764	1.3	1.1
正　定	17054	346154	947931	16.1	43.4
東　新					
辛　集	872456	189359	676756	8.6	31.5
马　于					
晋　州	354033	115638	281743	5.3	12.4
贯　村					
藁　城	95973	92263	345031	4.3	15.5
良　村	3278	1802666	1105263	85.4	53.4
土贤庄					
石家庄北	1417606				
石家庄西		024600	4215832	42	181.6
获　鹿	529	876	195063	0.1	8.6
头　泉	130	45726	22501	2.0	1.1
下　安	361				
上　安	6312	250	4285022		179.1

（续表）

站名＼指标	旅客发送人（人）	货物发送吨（吨）	货物到达量（吨）	装车数（日车）	卸车数（日车）
岩　峰	2131	102211	37144	4.7	1.7
翟家庄	1013				
井　陉	116967	1905798	61122	86.0	2.9
新　井		1013438	383113	40.9	16.0
南张村	7488	469662	125241	18.0	6.4
凤　山		315386	42201	13.0	1.9
井　南	60218	255887	3295	9.6	0.2
南　峪	22848	72726	3200	3.0	0.1
平　南		10142	26479	0.5	1.3
窦　妪					
元　氏	46104	287570	305382	12.9	13.5
高　邑	126683	184085	213659	8.2	9.6
柳辛庄	9				

【石家庄铁路枢纽改造工程】 4月18日上午，石家庄铁路枢纽改造工程在石家庄永壁村南新编组场举行奠基开工仪式。工程设计京石、石武、石太、石济4条客运专线引入石家庄枢纽，主要内容包括隧道工程、新客站建设和站场改造（货运系统迁建、枢纽过渡）工程。工程计划总投资124.337亿元（含货运系统迁建），石家庄枢纽改造工程建设指挥部、石家庄货运迁建工程建设指挥部为建设单位，铁道部第三勘察设计院集团有限公司、中铁二院工程集团有限责任公司、中国建筑设计研究院设计联合体担当设计，中铁隧道集团有限公司、中铁六局集团有限公司承担施工，北京铁建工程监理有限公司任监理单位。隧道工程为客运专线，位于现有京广线东侧，自北向南纵穿石家庄市中心，隧道入地处在石家庄市石纺路与义堂路之间，出地处在裕华路与槐安路之间，全长4.98千米，设计断面为三联拱结构，6条线路（局部7条），总跨度38.5米，高度12.54米。隧道工程年内完成拆迁28.24万平方米，完成计划的95.92%。石家庄新客站工程占用现有三场、直通场和五场位置，站房设计建筑总面积10万平方米，按三场横列布局，自西向东分别是普通车场、京广车场和太青车场，规划设计共13个站台、30条线路（新客站初步设计文件待铁道部批复）。货运系统迁建工程，将石家庄铁路货运系统移出石家庄市区，设计京广货物线由正定站引出跨越滹沱河后右拐，向西上跨现有石太铁路、南水北调、石环公路引入新编组站，至平南站结束，工程包括新建1级双线电气化铁路44.7千米，单向二级四场编组站1座，线路所1处，改造正定站和平南站。工程批复初步设计造价38.997亿元。至12月31日，工程完成征地273.4万平方米，拆迁14.26万平方米，路基土石方754.98万立方米，桥梁钻孔桩4139个，完成投资18亿元。石家庄枢纽改造过渡工程，2009年8月5日完成北信号楼由京广线东侧移至西侧施工，11月11日完成客技站6～11道南端新增机车回转线施工和拆除石家庄电力机务段北段引起的机务整备、检修过渡施工以及石家庄北站旅客候车室工程；27日开始客站9～11道、四站台拆除施工；12月14日完成上行三场部分线路改编发线施工。

【石太客运专线开通运营】 1月1日，石家庄至太原铁路客运专线（简称石太客运专线）开通货物列车，4 月 1 日开行动车组旅客列车，石太客运专线正式开通运营。石太客运专线从石家庄北站引出，经石家庄西、获鹿、井陉北、阳泉北、东陵井、太原东到达太原站，正线全长 189.93 千米（其中河北省境内 59.9743 千米，山西省境内 129.9557 千米）。石太客运专线实行项目法人责任制，石太客运专线有限公司为建设单位，铁道第三勘察设计院承担全线设计任务。通过招标选定中铁一局、三局、五局、八局、十一局、十二局、十三局、十六局、十七局、二十局、二十二局、隧道局担当站前工程。中铁六局担当石家庄和太原枢纽工程，中铁建电化局担当三电迁改和综合地线施工，铁三院、中铁三局、中铁三局联合体担当全线通信、信号、电力及牵引供电工程，北京铁建监理公司、乌局铁建监理公司、铁二院监理公司与美国柏诚公司联合体承担全线监理任务。北京铁路局、河北省建设投资公司、山西焦煤集团有限责任公司、华晋焦煤有限责任公司、中国华电集团公司、中国华能集团公司、太原钢铁（集团）有限公司、中铁十二局集团有限公司、美锦能源集团有限公司和山西天易外贸货源有限公司共同出资建设。工程设计主要技术标准为客运专线，正线双线，全立交、全封闭，旅客列车行车速度 250 千米／小时，最小曲线半径 5000 米，正线间距 4.6 米，上行最大坡度 13.5‰，下行最大坡度 18‰，到发线有效长 1050 米，双机 1080 米，电力机车牵引，牵引质量为客运高速列车 400 ~ 800 吨，中速列车 900 ~ 1000 吨，货运列车 5000 吨；新建双线预留开行双层集装箱列车条件；列车运行实行自动控制方式，调度指挥实行综合调度系统。2005 年 6 月 11 日重点工程太行山隧道、南梁隧道开工建设，10 月 1 日全线陆续展开施工。2006 年 9 月 12 日，完成第一片箱梁架设；2007 年 12 月 2 日，太行山隧道贯通；2008 年 9 月底完成无砟轨道铺设，11 月 30 日全线铺通，12 月 26 日全线工程基本建成。工程累计完成征地 109.82 万平方米，完成路基土石方 2140 万立方米，桥梁 33870 延长米 /87 座，隧道 74890 延长米 /32 座，新建车站 3 个，正线铺轨 384.3 千米，站线铺轨 60.54 千米（其中有砟轨道 289.25 千米，CRTSI 型板无砟轨道 95.05 千米），铺道岔 276 组，敷设高压电缆 1075.26 条千米，低压电缆 191.26 千米，接触网 674 条千米，通信光缆 780 条千米，信号电缆 1681 条千米，建设箱式变配电所 96 座、牵引变电所、分区所各 3 个，AT 所 6 个，铁塔 95 座，信号机 328 架，轨道电路设备 477 区段，房屋 26780 平方米。工程批复总投资 150.9063 亿元（不含太原枢纽相关工程），累计完成投资 149.2336 亿元。石太客运专线建设工程中第一次在长大隧道群铺设了 CRTSI 型板式无砟轨道；研究采用适合膏溶角砾岩工程特点的安全施工技术，建成了国内目前最长的太行山铁路隧道，为特长铁路隧道建设探索了宝贵经验；桥梁工程方面，深沟河大桥采用 900 吨箱梁设计、制造、运输、架设综合技术，孤山大桥采用斜腿钢构技术、石嘴大桥采用顶推法制架梁技术，使得铁路桥梁在时速 250 千米客专线上的建设取得重要突破。在四电技术方面，通信系统采用数据网技术、GSM-R 系统技术、综合视频监控技术以及长大隧道弱场强覆盖技术；信号系统采用列控、联锁一体化技术，CTCS-2 列控技术以及分散自律调度集中技术；电力供电系统首次采用 SVC 动态补偿技术；牵引供电系统采用全并联供电及安全回流技术、PSCADA 技术，接触网采用高速无交叉道岔布置技术和新型单线隧道悬挂技术，为铁路客运专线建设提供了宝贵经验。石太客运专线的建成，实现了石家庄与太原间客货分线运输，并使铁路旅客运输质量大大提高，旅行时间由 4.6 小时缩短到 1 小时以内，对完善区域客货运输结构，扩大运输能力，促进沿线资源开发，加快国内快速客运网建设具有重要意义。

（孔祥玉）

【火车站元旦期间日均发送旅客达 6 万】 1 月 1 ~ 3 日，石家庄火车站发送旅客人数分别达到 6.4 万、5.9 万和 6.5 万人。3 日是元旦假日最后一天，当日客流主要由假日返程旅客及学生组成，返程客流以短途为主，前往北京、秦皇岛、唐山等地的客流较大，其中当日前往北京方向的各次列车早晨就已告罄。

（吴可新　邓书恒）

【火车北站广场正式启用】 5 月 6 日，石家庄市举行火车北站广场启用仪式。火车北站建于1988年，随着使用年限增加，其广场建筑陈旧、设施老化，已不适应经济发展的需要，4月1日石家庄市至太原动车组开通后，日均客流量由3000人猛增到2万人，对广场的承载能力和窗口功能提出更高要求。为进一步完善北站功能，展现省会形象，石家庄市对火车北站进行综合整治。3月31日，由新华区负责的北站广场整治工作全面开展，经过35天的昼夜奋战，共完成拆迁6000多平方米；铺设沥青路面1.2万平方米；新增绿化3000平方米；整饰立面7000多平方米，基本实现了“北站广场变新颜”的目标。

（靳晓磊）

【生产力布局调整及机构变化】 年内，北京铁路局相继决定撤销石家庄综合服务中心，石家庄房产建筑总段下属石家庄、邯郸建筑段，北京物资供应总段石家庄物资供应段；相继将石家庄铁路卫生防疫站更名为石家庄铁路疾病预防控制所，石家庄房产建筑总段更名为石家庄房产维修段，石家庄工程建设指挥部更名为石家庄工程项目管理部；相继成立石家庄铁路招待所，河北铁建工程有限公司，邯黄铁路有限责任公司；此外，石家庄房产建筑总段下属石家庄行车公寓段划归北京行车公寓段，中国铁通集团有限公司河北分公司石家庄通信段、中国铁通集团有限公司石家庄高速通信段整建制划归北京铁路局。

（孔祥玉）

公 路

【概况】 2009年，石家庄市委、市政府整合交通管理职能，成立石家庄市交通运输局，城市公交管理纳入交通运输局职能范围。2009年12月16日，石家庄市交通局更名为石家庄市交通运输局。全年全市公路通车总里程达到15397千米，路网密度达到105千米／百平方千米。其中高速公路4条（石黄高速公路、青银高速公路、京昆高速公路、京港澳高速公路）400.61千米，国道4条（107国道、207国道、307国道、308国道）418.92千米，省道29条1396.85千米，县道48条1601.46千米，乡道4913.17千米，专用公路218.82千米，村道6446.86千米。桥梁2806座115223.03延米，永久性桥梁率达到95.9%。全年公路建设里程完成854.01千米，全市通车里程比上年增加567千米。全年共完成投资25.82亿元。其中，干线公路共完成投资15.83亿元，主要完成西柏坡公路、红旗大街南延、张石高速服务区等一批重点项目，西柏坡公路提前10个月建成通车，被交通部评为优质工程，极大提升省会形象；农村公路共完成投资6亿元，建设里程796.85千米，市委、市政府为民办实事项目——120个行政村通达工程提前完成。国省干线大中修共完成投资3.99亿元，完成里程203.84千米。公路绿化美化完成正南线、赵赞连

2009年12月16日，石家庄市交通运输局揭牌成立

接线、307国道东和新赵线藁城段的绿化任务，全年共栽植各类树木36.3万株，绿化总盖度达85%以上，成活率达97.6%。全年共征收通行费4.14亿元，占年计划的121.3%。

【乡村公路发展】 全年全市完成农村公路建设796.85千米，完成投资6亿元，其中县道完成53.2千米，乡道完成206.8千米，村道完成536.85千米；市委、市政府为民办实事项目——120个行政村通达工程提前完成；完成农村公路养护工程61项，共投资6070.7万元，总长293.6千米。

【公路养护管理】 年内，石家庄市公路养护工作认真开展“公路管理年”活动，在建国60周年之际确保了干线公路的安全畅通，维护了行业持续、健康、稳定发展，为顺利完成“十一五”规划和迎接2010年国检奠定了基础。养护管理．全面实行标准化、规范化、精细化和预防性养护，建立小修挖补和桥梁动态管理档案；严格落实桥梁签字卡制度和三四五类桥每日巡检制度，确保公路经常性安全、畅通、整洁。全年小修保养共完成投资5020万元，设置交通标志47块，施划公路标线953.4千米，干线公路技术状况指数优良率达到80.2%。养护工程：2009年，公路养护面临诸多困难——工程项目多、工程分布面广、交通压力大、养护资金不能按时足额到位。市交通局全体上下团结一心，迎难而上，圆满完成各项计划任务。全年完成大中修工程203.84千米，完成投资3.99亿元，工程优良率100%；完成桥梁维修加固工程7项528延米，完成投资1540万元，工程优良率达100%。公路保洁：2009年，是公路保洁“巩固、拓展”年。市交通局以出入市口公路为重点，全面开展“公路保洁示范路”创建活动，以线带面，将长效机制拓展到二、三级保洁路段，为群众提供良好的公路交通环境。公路绿化：年内完成正南线、赵赞连接线、307国道东和新赵线藁城段的绿化任务，其中正南线、赵赞连接线为省厅下达的新植绿化任务。全年共栽植各类树木36.3万株，绿化总盖度达85%以上，成活率达97.6%。

（苌伟博）

【石环公路内最后一座收费站拆除】 1月20日，石家庄市石环公路内最后一座收费站即位于裕华区与栾城交界的308国道原栾城收费站被正式拆除。省会东南308国道出市口显得更加顺畅。308国道原栾城收费站为石环公路内唯一一所收费站。收费站的存在与省会快速发展极不适应，影响省会形象，还成为制约省会与周边组团县市的发展瓶颈。为不影响省会发展，又确保308国道栾城段收费还贷，最大限度减少通行费流失，河北省政府于2008年12月1日复函省交通厅、财政厅、物价局，同意将该站迁移到栾城以南路段。

（冀永辉　吴万军）

【石家庄内陆港建设】 石家庄内陆港位于石家庄经济技术开发区三峡路与工业大街交汇处，2004年12月4日，经河北省政府批准成立，2007年4月开港，是省、市“十一五”发展规划重点工程和“河北省现代物流发展规划”十大物流园区之一，集港口、国际集装箱多式联运、中转及第三方物流等多种功能为一体的内陆物流园区。该港是政府投资的纯国有单位，原属省直单位，后下放改为石家庄市直企业。2009年，该港积极筹措资金，加快建设步伐，完善内陆港功能。一是积极申报，港建项目均被纳入中央预算内投资项目和市“10+x”重点物流项目，争取到国债拉动资金410万元。二是采取市场化运作的方式，在更大范围内寻找战略合作伙伴，实现招商引资，年内与常青实业、冀运集团、河北帝华等多家企业洽谈合作，2009年6月19日与河北帝华签署《合作框架协议》。三是建设步伐明显加快，年内筹备建设的项目主要有铁路专用线及配套设施、3号仓库及物流分拨库。截至年底，铁路专用线场内已达到“三通一平”，地基处理完成工业大街以西土方回填和强夯，工业大街以东围墙内已完成土方平衡，整个地基处理完成2/3；3号仓库规划建设4038平方米，实际完成2654平方米，已通过竣工验收并投入使用，部分满足了内陆港仓储业务的需要；内陆港国际保税物流园区已进入规划建设阶段。项目用地规模2300亩，总投资概算为27.462亿元人民币。选址用地范围为：北至石黄高速公路，西至石环公路，南至307国道，东至岗上村。建设标准为国家一类口岸，功能区划有保税区、保税加工区、保税贸易、金融服务、检验检疫区、分拆配送、商务中心、仓库存储、综合信息平台等。

2009 年，内陆港进出口业务以区域通关模式为主，进出口转关为辅，在市场运作中，加强同业及客户领域的合作,年内与中远公司、中海集团、马士基集团等多家大型船运公司建立合作关系，拓展了与上海佳吉快运、联强国际、河北快运通等大型货运物流公司的合作范围，在保持与维生药业、维尔康制药良好合作关系的基础上，与鸿锐集团、河北明迈特贸易有限公司、九洋塑胶制品有限公司、万力塑胶制品有限公司等多家企业客户建立合作关系。全年实现报关企业达 20 多家，进出口货物种类 30 多种；海关受理报关单 11000 余票，同比增长 165%，完成集装箱量 28819 标准箱，同比增长 72.7%；为 26 家食品药品生产单位开展鉴定、检验检疫业务。

【最长公路隧道——上东峪隧道贯通】 4 月 1 日，西柏坡公路控制性工程——上东峪隧道正式贯通。西柏坡公路起自石闫公路，终点西柏坡。起点至上东峪隧道设计时速为 80 千米／小时，上东峪隧道至终点设计时速为 60 千米／小时。上东峪隧道位于西柏坡公路约 14 千米处，分左右两孔，右孔长 695 米，左孔长 750 米，至建成贯通时为石家庄市最长的公路隧道。

【西柏坡公路通车】 9 月 1 日，西柏坡一级公路提前 10 个月正式通车。西柏坡公路建成通车后，市区与西柏坡之间全部由一级公路相连接。西柏坡公路起点位于石闫公路互通立交桥，终点位于西柏坡纪念馆，全长 28.2 千米，山岭重丘一级公路,路基宽 23 米,双向四车道。全线设双孔隧道一座，右孔长 695 米，左孔长 750 米，大桥 3 座，中桥 2 座，小桥 19 座。设计时速公路起点至西柏坡隧道为 80 千米／小时，西柏坡隧道至终点为 60 千米／小时。工程总投资 7.846 亿元。施工中首次采用钢波纹管桥涵施工工艺，提高了工程质量，缩短了施工时间。西柏坡公路自 2008 年 6 月初正式开工建设，计划 2010 年 6 月完工（工期 24 个月）。作为石家庄市建国 60 周年献礼工程，市交通运输局以实际行动创造了坚不可摧的“石家庄速度”，提前 10 个月完成施工任务。西柏坡公路通车，填补了西柏坡没有高等级公路的空白，对开辟石家庄市区至西柏坡快捷通道，促进区域经济发展和西柏坡红色旅游发展具有重要意义。

（苌伟博）

西柏坡公路

【子龙大桥全线竣工】 9 月 26 日

子龙大桥如长龙般横跨滹沱河南北

上午，石家庄市子龙大桥竣工通车，至此，体育大街北延正定全线畅通。正定子龙大桥为省会重点建设项目，是体育大街北延工程的重要组成部分，大桥全长1970米，主桥长1200米，宽37米，双向六车道，总投资2.38亿元。该工程于2008年12月28日开工，2009年3月8日正式进场施工，比设计施工时间提前164天通车。子龙大桥建成通车拉近了正定与石家庄市主城区的距离，对正定加快融入省会、接轨省会，实现率先突破、率先发展将起到极大促进作用。同时，对改善石家庄市交通状况、加快省会城乡一体化发展、促进正定新区建设、实现省会和古城正定的有机融合，具有重要的现实意义和深远的影响。

（许跃彬　董永博）

运输市场管理

【概况】 2009年，全市共完成货运量1.37亿吨，同比增加24%，货运周转量410.87亿吨千米，同比增加28%；客运量8795万人次、客运周转量45.66亿人千米，周转量增长27.6%，超额完成行业各项经济指标。开展各类专项稽查150余次，查处各类违章车辆4630辆，其中出租汽车1627辆次，长途客车461辆次，货车2542辆次。其间与公安部门联合开展打击“黑出租”专项行动，打掉行业霸头1个；经省稽查总队协调，石家庄、邢台、邯郸联合开展长途客车专项治理；会同市旅游局开展旅游包车专项治理行动。石家庄市运管处先后获得交通部文明示范窗口、河北省先进集体、省市文明单位荣誉称号。

【出租车管理】 修订《2005年市交通局出台的出租车管理意见》，加强县区出租汽车管理，年内全市各县出租车基本实现“五统一”（车型、颜色、标志、标识、税控计价器），彻底改变车型颜色杂、车况差、收费不标准的混乱局面，提高了行业的整体形象，得到广大司乘人员认可。推进出租车GPS安装工作，有效打击出租车拒载违规、黑车营运，满足行业数据采集、分析、决策需求，提供失物即时查询功能，年内市区出租车安装GPS·LED系统6594部，占市区出租车总数的98.2%。开展出租车文明创建活动，组建文明服务车队13个，评选“品牌公司”6家，表彰“星级服务车”755辆。

（袁伟博）

【出租车GPS•LED项目启动】 省会出租汽车GPS•LED安全和信息发布系统项目经过一个多月的试运行，于1月7日正式全面启动。省会出租车GPS•LED安全与信息发布系统项目，是借鉴其它城市的成功经验，并充分利用石家庄市的公共资源，在政府不投资的情况下实施的一项“平安工程”和“数字化工程”。项目实施的指导思想是“政府倡导、市场运作、统筹兼顾、互惠共赢”。石家庄日报社是该项目的投资人和运营方。由石家庄日报社投资近3000万元，为全市6710辆出租车免费安装GPS全球卫星定位系统、监控摄像头和LED信息显示屏等系统设备。安装此系统的主要目的是利用高科技的技防设备，提高行业服务管理水平，推动平安省会建设，保障出租车从业人员安全和提高服务质量。作为投资回报，经有关部门批准，石家庄日报社把出租车作为载体，安装LED信息显示屏，发布新闻、政府信息、公益和商业广告，并用所产生的收益，收回投资并保证系统长期稳定运营。该系统是一套集全球卫星定位、监控摄像、安全报警、行业管理以及信息发布等功能于一体的综合系统项目，系统还将移动信息化技术融入其中，实现了出租车GPS全球卫星定位、防盗防抢、遇劫紧急报警和向路人求救、车辆调度、远程电子监控照相、车辆行车轨迹回放、计价器数据远程采集控制和信息发布等功能。

（范玉蕾）

【为民服务中心成立】 5月7日，石家庄市运输管理处投资98万元，建立为民服务中心，开设座席8个，电话线路30条，实施24小时为民服务。全年共接听电话56868次，电话一次接听率84%，案件一次办结率91%，案件一次满意率93%；

受理电话24239次，其中咨询电话12810个、求助电话3787个、各类投诉电话5241个、表扬779件、建议1586条。

【从业资格证实行无纸化考试】 推行从业资格证无纸化考试，制定考试场建设标准，修订《考试工作规范》，对全辖23所具有从业资格培训的学校重新进行了认定，对其教室面积、微机台数等硬件进行了验收。11月份，石家庄市从业资格证考试全部实现无纸化，学员考试报名时录入指纹，考试时凭指纹打开试卷，从根本上杜绝了考试作弊、办人情证等问题，大大提高了培训和考试质量。同时，各类行政许可、车辆和从业人员档案全部实现电子化，便于网上流转和查询，为下一步推广营运车辆电子证和接入交通部即将建设的全国运政信息网奠定了基础。

【汽车救援网络建设】 汽车救援网络是一个类似协会的组织，初建于2000年。2009年，各会员单位共同投入140万元，购置救援车辆7部，同时建立《石家庄市汽车救援网诚信服务体系》，统一救援网点的标志牌匾，公布服务承诺八项，制定救援服务回访制度，实现救援调度、救援、救援回访三个100%的目标。截至年底，拥有网员单位27个，车辆会员2万余个，年均救援2000多辆次，基本形成了以市救援中心为龙头，各救援网员为节点，车辆会员为基础的救援体系，并设立统一救援电话“83659120”，基本达到为民提供便利、多方共赢、服务社会经济的目的。

【水运监管】 年内，石家庄市海事和航运工作以依法行政、提升能力、规范管理、杜绝内河交通事故为核心，加强日常监管，规范经营环境。开展海事业务流程试点，统一基础管理台帐、办事程序和管理制度，细化内部办事环节，加强海事标准化建设，年内行唐县、赞皇县、鹿泉市地方海事处被授予河北省地方海事系统文明达标单位，圆满完成全年创建文明达标单位总体目标。开展水路运输企业（船舶）年度核查，年内核查水路运输企业10家，占水路运输企业总数的83%。开展营运船舶检查，确保所有不适航船舶全部达到安全技术要求，年内共有44艘船舶检验合格（含水库工作船1艘、巡逻艇1艘）并签发了船舶检验证书。制定船员认证管理职责，购置全套船员考试、发证机具，加强船员资格认证管理。依据各水域特点调整船舶签证时限，同时加强船舶防污染监管，确保内河交通安全。开展水上交通安全管理专项整治活动，全年查处未经船舶登记、检验非法经营案件5起，查处无证驾驶、违章操作、超载航行和船员、乘员不按规定穿着救生衣、超速等违规违法案件8起，查处不适航漂流筏67艘，查处非法漂流企业1家。9月4日，水运监管系统在元氏县蟠龙湖举办“关爱生命、关注安全，努力打造水上平安交通”主题水上应急救助演习，进一步提高水上义务救援队的救助能力。9月15日，正定县地方海事处正式成立。截至年底，石家庄有市级地方海事机构1个，县级地方海事机构8个；有通航条件的水库8座，自然河流4条，人工河流1条，其中有营运船舶的水库5座、公园1个、人工河3段；有水路运输企业12家，其中船舶旅客运输企业6家、内河漂流企业5家；有机动船舶42艘，普通客船3艘，游艇39艘。

（苌伟博）

民用航空

【概况】 2009年，河北机场集团以科学发展观为指导，牢牢把握“保安全、保增长、抓改革、增效益”这一主线，积极应对金融危机、甲型流感、特大降雪等不利因素的影响，大力实施精细化、低成本、服务型一体战略，着力打造“从家飞”和“低成本机场经停枢纽”两大品牌，积极推行用工制度、干部制度和薪酬制度三项改革，进一步加快三年再上新台阶发展步伐，实现航空运输快速发展，圆满完成了全年工作目标任务，有力推动了全省航空运输科学快速发展。航空运输对全省政治、经济、社会发展的作用进一步发挥，得到了省委、省政府的充分肯定，受到社会各界的普遍赞誉。全年集团公司保障飞机起降3.35万架次，同比增长12.4%，确保了飞行安全、航空地面安全和空防安全，实现集团公司第6个安全年和河北民航机场第25个安全年。年内集团公司荣获“全国民航‘安康杯’竞赛优胜企业”称号，秦皇岛机场运输服务部荣获全国“工人先锋号”称号，石家庄机场旅客服务公司贵宾室荣获“河北省青年文明号”称号，河北航空客货销售代理公司商旅呼叫中心荣获“省国资委青年文明号”称号，石家庄机场航站楼改扩建工程获得2009年度国家优质工程银质奖。

【机场安全管理】 深入贯彻持续安全理念，以机场安全和航空保安审计为重点，加强安全管理体系(SMS)建设，提升安全管理能力，实现安全管理目标。年内石家庄国际机场顺利通过“两审”(安全审计、航空保安审计)，成绩在华北地区已审计机场中排名第一，圆满完成国庆60周年唯一备降场的各项保障任务，成功解决大雪天气造成大面积不正常航班滞留旅客安置工作，保障新疆“7.5事件”特警增援、人工增雨和大气探测飞行等紧急、特殊航空运输任务117架次，运送防治甲流药品近2万件，集团安全管理标准国际化步伐加快，综合安全保障能力大幅提升，为河北航空持续安全和科学发展奠定坚实的基础。

【机场运输生产】 积极适应全省经济社会发展需要，落实省国资委应对金融危机各项政策措施，克服甲型流感等不利影响，大力推进“低成本经停枢纽”建设，继续引进航空运力，调整优化航线网络布局，结成区域机场战略联盟，增加航线条数，加密石家庄至上海、成都、杭州等地的航班密度，初步形成“连接南北、通达东西”的航线航班网络。年内先后引进航线9条：2月开通石家庄–南京–武汉邮件定期航线、3月开通武汉–石家庄–沈阳航线、5月开通成都–石家庄–长春航线、7月开通沈阳–石家庄–昆明航线、7月18日开通“石沪快线”、8月开通石家庄–郑州–重庆航线、11月开通武汉–石家庄–长春航线和石家庄–合肥–厦门航线、12月开通武汉–石家庄–秦皇岛航线。同时，积极承办或协办河北与云南两省间的航空旅游推介活动，进一步加强滇冀两省经济社会文化交流，促进昆石两地航线开发和客流增长。石家庄机场最多运营航线达25条，年底运营航线为24条，每周往返航班数量最高达到432班，同比增长25.6%，开通“石沪快线”后，平均航班客座率达94%以上。全年河北机场集团共完成旅客吞吐量138.20万人次、同比增长25.9%，其中石家庄机场132.02万人次、同比增长26.5%；完成货邮吞吐量1.89万吨，同比增长21.7%，其中石家庄机场1.87万吨、同比增长21.7%。

（高亚梅　荣素宾）

【机场元旦期间运送旅客5874人次】 元旦假日期间，石家庄机场共运送旅客5874人次，比上年同期增长23.1%，其中1月3日运送旅客2426人次，再创历史新高。元旦假日期间，石家庄机场多条航线客座率保持在70%以上，其中石家庄至深圳、上海、成都、海口等航线成为元旦期间出行热线。出现此种情况有多种原因，其中燃油附加费大幅下调成为主要因素，旅客乘机出行费用最少降低了110元，相当于机票价格的10%；其次是临近春节，石家庄机场有多条航线推出了优惠机票；再次是市民对乘机出行的认可，旅客出行观念不断改变，坐飞机回家不再是一种奢侈。

（秦雅南　邓书恒）

【首条航空邮路开通】 2月26日，中国货运邮政航空公司首架8Y9006飞机满载邮件在石家庄机场降落，标志着石家庄—南京—武汉快递航线正式开通，结束了河北没有航空邮件处理中心和航空邮路的历史。据此，河北南部5个城市通过石家庄机场发运航空邮件，缩短了快速汽车邮路的运输距离和时间，为客户赢得了宝贵的时间。同时，石家庄机场邮航的开通，也加快了山西太原、阳泉及河南安阳等城市特快专递邮件的进出口速度，扩大了石家庄机场货运辐射范围，强化了石家庄区域经济中心地位。

（邓书恒　刘　曼）

【27家中小机场结成区域战略联盟】 5月21日，石家庄机场、秦皇岛机场与哈尔滨国际机场、齐齐哈尔机场、牡丹江机场、佳木斯机场、黑河机场、漠河机场、长春国际机场、延吉机场、白山机场、大连国际机场、呼和浩特国际机场、

呼伦贝尔机场、乌兰浩特机场、通辽机场、赤峰机场、锡林浩特机场、鄂尔多斯机场、包头机场、乌海机场、天津国际机场、济南国际机场、烟台国际机场、威海国际机场、潍坊机场、临沂机场等27家东北腹地及环渤海区域相关机场本着优势互补、资源共享、互惠互利、共同发展的原则，自发结成战略联盟。各联盟成员单位发挥各自优势，有效对接支线与干线、干线与干线、干线与国际航线航班和时刻，实现通程中转、全程无缝，完善旅客服务链条，扩大可用资源，增加航空运输量，提供更加经济、便捷的航空出行途径。同时推动各地之间的旅游交往，创造新的市场空间，实现航空、旅游市场互动，拉动航空旅游客源增长，共同促进地方经济和航空运输业的发展。

（高亚梅　荣素宾）

【首条“空中快线”开通】 7月18日11时20分，春秋航空公司一架空客320航班载着180名旅客飞往上海，标志着春秋航空公司和河北机场管理集团联合推出的石家庄至上海“空中快线”正式开通，是河北省开通的首条“空中快线”，意味着省会开启“廉价航空”时代。

【石郑渝航线首航】 8月15日，重庆—郑州—石家庄航线正式开航。该航线是河北省与河南省开通的首条直飞航线，也是石家庄机场开通的第11条经停航线。航线由四川航空公司执飞，每天一班，8时30分由重庆起飞，10时到达郑州，10时40分从郑州起飞，11时50分抵达石家庄，12时30分由石家庄起飞，13时40分到达郑州，14时20分从郑州起飞，15时50分抵达重庆。石家庄至郑州飞行时间为70分钟，极大方便了冀豫两省人们的出行。同时，石家庄飞往重庆的航班也由一天两班增加为一天三班。渝郑石航线开通后，石家庄机场通航城市达到25个，周航班架次达到398次，同比增长29%。

【石家庄—合肥—厦门航线开通】 11月8日12时5分，一架波音737客机从石家庄机场飞往合肥，标志由山东航空公司执飞的石家庄—合肥—厦门航线正式开通。山东航空公司是加盟石家庄机场的第9家航空公司，至此石家庄机场通航城市达到25个，周进出港航班量首次突破400架次，同比增长48%。

（范玉蕾　杨兰军）

【内部管理】 按照借助外力、科学规划、总体设计、分布实施的原则，河北机场集团聘请新加坡开锐咨询公司共同开展了人力资源管理咨询工作，进一步深化“三项”制度改革，建立科学完善的岗位聘用、绩效考核和薪酬分配制度。强化全面预算管理，健全了目标考核机制，确保各项费用控制在考核指标之内，实行考核指标刚性化，严格控制各项费用支出；继续推行非航空业务外包措施，实现专业化管理，降低运行成本，推动机场由经营型向管理型转变。全面拓展配餐、广告、旅游和商务服务项目等非航空业务收入。积极推行航空辅助业务外包，降低成本，增加效益。集团公司全年营业收入同比增长18.7%。按照“完全量化、充分挂钩”的原则，制定石家庄机场各二级单位用电量考核办法，有效控制了机场电能消耗。加强了预算管理和收费管理，石家庄机场全面启用了水源热泵、地源热泵空调系统，逐步取代机场区域内的燃煤锅炉系统，大幅度减少燃煤消耗量和污染物排放量，全年减少燃煤消耗3090吨。

（高亚梅　荣素宾）

城市公共交通

【概况】 2009年，石家庄市公交总公司拥有公交车辆3018辆，营运线路145条;下辖营运公司6个、保修公司1个和直属单位5个；在册职工8577人(正式职工6659人、外聘职工1918人)；全年全公司营运行驶里程12935万千米；运送乘客4.22亿人次，每天平均运客110多万人次；年总收入3.9亿元。

【开辟30条公交线路】 全年开辟公交线路30条，创下公交历史之最。其中，普线8条：87路、306路、游10路、502路、89路、19路、305路、90路；环线2条：环绕二环路的内环1路、外环2路(12月12日开通)；快线20条：快2路、快4路、快5路、快6路、快7路、快8路、快9路、快11路、快16路、快21路、快26路、快30路、快34路、快39路、快53路、快58路、快77路、快107路、快112路、快118路。

【新增600辆大载体环保公交车】 年内，石家庄市投入3.57亿元，购置600辆大载体环保公交车，大力提高城市万人拥有公交车标台数。基本情况是16米铰接车10辆、13.7米单机车227辆、12米单机车363辆，新车在车辆配置和新技术应用方面处全国公交领先水平。5月26日，70辆公交车投入运营；9月22日，530辆新车分别投入城区主干线路运营。截至年底，市公交总公司营运车辆达到3018辆，天然气公交车达到1698辆，占营运车辆总数的57%；万人拥有公交车14.2标台，公交出行担负率进一步提高。

【场站、站亭建设】 截至年底，世行投资3000万元的公交大修厂正式投入使用；配合完成了火车站公交枢纽站的改造建设；火车北站停车场建设完工并投入使用；总投资8539万元的南位停车场已圈墙，准备开工建设；7月1日裕华路迎宾大道开通，两侧新型公交站亭启用；增设LED灯带，美化亮化中山路繁华路段7.7千米范围内26个公交站亭。

（苌伟博）

【胜南客运站并入南焦站】 石家庄市胜南客运站为国家二级客运站，主要承担着107国道以南方向的旅客集散任务，主要包括：高邑、元氏、赞皇、邢台、邯郸、柏乡、任县、南和、平乡、沙河、巨鹿、临城、隆尧、广平、曲周、大名、魏县、武安、邱县、临漳等71条线路，营运车辆234部，日发330个班次，日均发送旅客4000人次。2009年，依据石家庄市“三年大变样”总体布局规划，7月9日，经石家庄市交通局批准，胜南客运站办理歇业手续，但仍正常营运；7月13日，胜南客运站所有营运车辆全部迁至南焦客运站运营，该站正式歇业。同时，为保证做到并入后的南焦客运站客流快速疏散，石市新开通K26路、K30路2条前往南焦站的公交线路，每条线路配车7部，首车6:30、末车18:30；对南焦站原有26路、30路、35路、65路、75路、77路、79路、106路等8条营运线路，除75路外，其它7条线路也在原有配车的基础上，每条线路增加3部营运车辆，加大运力，加密客流高峰时段运行间距，减少客流压力，方便广大市民前往南焦客运站乘车；特意安排4部直达车，往返于原胜南站与南焦站，方便误到原胜南站乘坐长途车的乘客；原经过胜南站的7路、50路、67路等3条线路未调整，原胜南客运站站名更名为绿家小区。原南焦客运站及周边的土地将收储为药博园建设用地，此项目为石市市委、市政府城建规划重点项目之一。

（王　巍　何　昳）

2009年，石家庄市新增600辆大载体环保公交车

【公交管理服务】 随着石家庄市城市化进程的加快，为更好地方便市民出行，结合线路情况及市民建议，调整优化线路46条；延长88条公

交线路首末车时间；发放《公交乘车指南》3万册；发行公交国庆纪念卡，优惠市民公交出行；推行免费乘车IC卡（8月1日，现役军人免费乘车卡启用；10月，70岁以上（含）老人免费乘车卡启用）。实行规范化管理，提升服务形象。尤其是在2009年11月的罕见大暴雪中，全体干部职工发扬了连续作战，不怕疲劳、特别能吃苦、特别能战斗的公交精神，众志成城，不畏艰险，抗暴雪、保营运，全力以赴保障市民出行，树立了大公交的形象，向政府和市民交上了一份满意的答卷，年内收到表扬信75封、媒体表扬110件、锦旗6面。全年完成120条公交线路站牌站名的规范统一；对1400余辆公交车统一车身颜色；所有公交车辆按照国家标准更新车内标志，统一司徽图案；对车体广告的内容、颜色、画面等进行规范化管理；受理热线电话212350个，其中咨询类209277个，投诉类107起，建议类1700个，电话表扬1266个。

（苌伟博）

信息产业

信息产业

概　述

2009年，石家庄市信息产业系统着力围绕信息服务，深化各行业信息化应用推广，农业信息化、社区信息化、税收征管信息化、科技强警等工作进入全国先进行列，电子政务、电子商务、企业信息化等工作在全省处于领先地位。全市信息产业在统企业160家，主营业务收入106.8亿元，实现利税12.3亿元。编制完成《石家庄市国民经济和社会发展信息化规划（2009～2020）》、《石家庄市电子商务发展规划（2009～2020）》、《石家庄市电子政务发展规划（2009～2020）》，为城市信息化发展指明了方向。城市建设信息化广泛应用。城市管理指挥中心"12319"、城市环境保护投诉举报系统"12369"两个平台高效运转，农业服务"快易通"网络工程基本建成。便民信息化推广应用。石家庄"一卡通"推广应用面积扩大，"数字信息亭"累计完成投资3828万元，全市设立室外亭137台，室内机130台。电子政务应用继续推广。电子政务中长期规划编制于2009年5月通过专家评审，并经市政府常务会研究通过。石家庄门户网站完成信息安全管理体系试点工作，提升了信息安全管理水平。县(市)区网站群大部分完成改版升级。网上审批及电子监察系统建设扎实推进，县级网上审批工作全面推开，网上审批电子监察系统与行政服务中心同步建设。全市教育信息网应用深入发展。教育信息平台可支持远程教育教学，80%的中小学校实现信息互通、信息共享。动漫产业快速发展。依托太和、颐高两大IT卖场，石家庄动漫衍生产品集散交易中心成立。到年底，全市发展动漫产业交易市场达5000多平方米。邮政部门面对经济形势不明朗，加强内部自身建设，紧紧围绕新时期"3+2"战略的总体目标，狠抓经营不放松，邮务类、速递物流类、金融类三大板块业务齐头并进，全年共计实现营业收入5.63亿元（含银行共完成7.6亿元），同比增长17.74%。信息产业基地完成投资7.965亿元，实现主营业务收入11.8亿元，利税1.8亿元，基地2009年新开工的11个项目4个竣工。信息产业部门连续三年在河北省信息化水平综合测评中位居第一。通信保障能力逐步增强，各项基础业务发展成效明显，内控管理和服务水平不断提高，3G网络正式商用。

（郭会珍）

城市信息化建设

【概况】 2009年，市信息产业部门完成《石家庄市国民经济和社会发展信息化规划（2009～2020）》、《石家庄市电子商务发展规划（2009～2020）》、《石家庄市电子政务发展规划（2009～2020）》编制工作，城市信息化围绕着力服务、深化应用为重点，电子商务、数字信息化应用、电子政务和通信等各项工作稳步发展。城市建设信息化广泛应用，城市管理指挥中心"12319"、环境保护投诉举报系统"12369"两个平台高效运转。便民信息化推广应用，石家庄"一卡通"应用面积扩大，"数字信息亭"累计完成投资3828万元，在全市设立室外亭137台，室内机130台；全市网上审批及电子监察系统建设扎实推进，县级网上审批工作全面推开，网上审批电子监察系统与行政服务中心同步建设，完成网上审批电子监察系统与行政服务中心同步投入运行前的各项准备；全市教育信息网应用深入发展，教育信息平台可支持远程教育教学，80%的中小学校实现信息互通、信息共享。信息产业基地完成投资7.965亿元，实现主营业务收入11.8亿元，利税1.8亿元，基地2009年新开工的11个新项目有4个竣工（已竣工的4个项目分别是投资1.5亿元的54所高档晶体振荡器项目；投资6000万元的13所博威公司二期扩建项目；投资1.5亿元的河北超亚精密电子项目和投资1.2亿元的河北博宇电力设备项目）；《河北省卫星导航产业发展规划》通过专家论证，54所被国家认证认可监督管理委员会认定为国家卫星导航设备测试认证中心。信息产业部门连续三年在河北省信息化水平综合测评中位居第一。全年在统企业有160家，实现主营业务收入106.8亿元，实现利税12.3亿元。

【编制完成信息化规划】 年内市工业和信息化部门通过组织召开专题会议、专家咨询、发送征求意见函等多种形式，广泛征求对《石家庄市国民经济和社会发展信息化规划（2009～2020）》、《石家庄市电子商务发展规划（2009～2020）》、《石家庄市电子政务发展规划（2009～2020）》（征求意见稿）的意见和建议，信息产业部门组织专家审修、规划研讨，并多次进行修改完善。5月27日，市政府召开“三个规划”的专家评审会，特邀国家信息化专家咨询委员会高新民等7位专家对信息化规划和电子政务、电子商务专项规划进行评审。规划编制组按专家意见和省、市领导提出的意见进行修改完善，形成送审稿。7月14日，市政府召开政府常务会审议通过“三个规划”。2009年8月3日，石家庄市政府以石政函〔2009〕88号印发“三个规划”，明确全市信息化（电子商务、电子政务）建设的目标和方向，确定重点抓好十二项重点工程，分别是：电子政务网络平台建设工程、城乡一体化公共服务联动中心工程、住房管理信息系统、城市综合管理工程、“三农”综合服务工程、信息基础设施共享工程、食品药品放心工程、政府采购电子商务应用工程、省会市民健康信息系统工程、经济运行监控系统、商品市场交易平台建设工程和信息化与工业化融合示范工程。

【城市建设信息化应用】 石家庄市城市管理建立了以“12319”指挥中心为核心，以石家庄市城市管理局12个所属单位及市内六区城管部门为终端，以局属各单位相关的厂、队、所和市内六区各办事处为端点，应用高效快捷的城市管理网络，搭建起数字化城市管理平台并投入运行，实现城市管理的科学、高效、有序。该系统实现对市政、公用、市容、环卫等城市管理方面的热点、难点问题和突发事件实行统一调度、协调、指挥和督察。通过“12319”数字化城市管理平台，道路桥梁、夜景照明、排水、公交、供水等相关问题市民可直接拔打“12319”城管便民服务热线反映。城管“12319”便民服务热线的一、二、三级网络24小时值守接听，对抢修类问题，45分钟内到达现场解决问题。此外，石家庄市环境应急指挥中心建设系统建设“12369”完成投诉举报系统、GPS定位系统、车辆调度系统、在线监控系统、短信平台系统、应急决策辅助系统。对各县（市）区重点企业污染源易接近在线监控实现全部联网，做到省、市、县三级监控数据共享。全市环境信息化达到省内甚至国内地市级先进水平。环境统计、“城考”数据、地理信息、应急方案、危废物名录、环境专家等数据库正在完善中。

【农业服务“快易通”网络工程】 石家庄市以国家工信部发布《农村综合信息服务站建设和服务基本规范》为契机，进一步规范农村综合信息服务站建设、管理、服务，推进农村信息化建设。农业服务“快易通”网络工程以河北省济泰农业服务有限公司为依托，生产农业服务“快易通”专供产品10余个，在晋州、辛集、正定等五个县（市）建立农业服务“快易通”连锁店60个。促进技术、物资、信息“三结合”服务，激发农业服务“快易通”网络工程运行活力。各农业服务“快易通”服务站均有县级专家定时“坐诊”，现场解答农民生产中的技术难题。针对可能出现的现场不能解答的难题，在市农技中心《农技网》开通农业专家“面对面”，通过视频摄像进行会诊、解答农民提出的各种技术难题。到年底，鹿泉、赵县、行唐、赞皇、藁城、井陉、栾城、新乐、矿区9县（市）、区农业服务“快易通”大厅及暗香、宜安、大河、铜冶4个区域站，开通“农技面对面视频系统”，实现市县（区）联合面对基层和农民的农技面对面视频服务，全年通过“农技面对面视频系统”为农户解答各种技术问题88项次。与移动通讯公司、金土地农业信息公司合作，于2009年9月10日正式开通金土地农业信息平台，成功发送惠农政策、实用技术、增收致富、农时指导等各类短信100余条，为服务“三农”，促进农民增收致富做出了积极贡献。农业服务“快易通”网络中心、县农业“快易通”科技服务大厅、乡（村）服务站农业服务“12316”热线电话接受咨询农民15万人次，为农民解答各类问题2万个。

【信息化便民服务】 “石家庄一卡通”应用被列入2009年为民办38件实事之一，该项目利用先进与成熟的计算机网络和数据库技术，在“石家庄一卡通”一期工程的基础上，建成了具有国内先进水平，为全市居民提供便利快捷的公用事业缴费服务平台。到年底“石家庄一卡通”已广泛应用于出租汽车、燃气、通讯、家政、医疗、购物、餐饮及休闲娱乐等服务领域。该项目可实现的缴费项目包括：水费、电费、燃气费、暖气费、有线电视费、物业费等公用事业缴费；固定电话费、移动电话费、网络宽带费等通信缴费；车辆违章、车辆保险等车辆缴费。付费方式包括使用一卡通卡或带银联标志的银行卡和现金三种，市民可选择使用多媒体自助缴费终端、中国移动手机短信、人工代收费网点等方式一次缴纳多种费用。7月2日举行石家庄公用事业缴费开通仪式。“城市一卡通”对于实现跨部门、跨地区资源整合与信息共享，提高社会管理和公共服务水平等方面具有重要推动作用。该信息亭可为市民提供信息查询、电话及燃气缴费、电子地图等多种服务。市民可方便查询全市政务公开、新闻、人事考试、就业培训、交通违章、生老病医、衣食住行等信息；实现移动、联通、小灵通、固定电话的话费缴纳以及燃气费的缴纳；实现对市区各街道、公共场所、商业网点等地理信息的查询。截至2009年底，累计完成投资3828万元，在全市设立室外亭137台，室内机130台。

【物流业信息化建设】 全市80%以上的流通企业、大中型商场和超市建立销售时点管理系统（POS系统）、管理信息系统MIS系统，部分大中型流通企业构建决策信息系统（MRS）、电子订货系统（BOS）、供应链管理系统（SCM）等系统。中储物流中心自主开发钢材管理系统和仓储管理系统，解决了购销存和仓储管理问题；内陆港通过采用货物存储和调度系统等应用系统，顺邦集团“新钢铁网”电子商务网上交易平台访问量突破120万次，网上交易钢材量突破20万吨，网上交易额实现8亿元。新华集贸中心通过门户网站、商户管理软件、市场的供应信息显示屏、治安和安全监控系统、所辖各个商城内部电子监控系统等信息化支撑，强化了“中国第一服装城”的地位；国大36524便利连锁店，通过整合店铺网点资源，调度信息技术资源，使销售额直线攀升，服务延伸到乡镇和农村；保龙仓超市通过供应链和供应商的管理系统、电子办公系统、智能数字化信息分析管理平台，解决了多门店、跨区域、多数据源的管理问题，降低了交易成本；东方购物中心则通过从合同的签订和销售，整个过程的信息化管理，办公自动化系统的使用等，实现了部门之间网络交流和沟通，提高了工作效率，节约了经营成本。

【企业信息化建设】 2009年，石家庄市在工业50强开展了信息化建设应用情况调研。组织推荐石家庄中煤装备制造有限公司“面向机械制造业的PLM和ERP系统集成应用”项目和石家庄强大泵业集团有限责任公司“石家庄强大泵业集团（环保产品）信息应用”两个项目申报国家工信部信息技术应用倍增计划，组织推荐国大连锁商业有限公司“信息化综合应用平台”、河北顺邦商务有限公司“石家庄顺邦钢铁物流综合信息平台”、石家庄四药有限公司“企业全自动物流中心系统”等5个项目申报河北省信息产业发展计划项目。由CECA国家信息化测评中心公布的2008全国信息化500强企业中，石家庄市石药集团有限公司、华北制药集团有限责任公司、石家庄双联化工有限责任公司、河北白沙烟草有限责任公司等7家企业入选，占全省入选企业总数的28%。

（郭会珍）

【华北最大 LED 产业化项目投产】 7 月 25 日，由河北省政府与中电集团第十三研究所共同投资的半导体照明（简称 LED）产业化项目正式投产。该项目位于石家庄信息产业基地，投资达 3.9 亿元，占地 60 亩，是河北省乃至华北地区最大的 LED 产业化项目，覆盖半导体照明产业链条的全部领域。该项目以半导体照明材料和芯片制造为核心，以封装外壳为技术支撑，以应用为龙头带动材料、外壳、芯片的发展，依托十三所所内检测和标准平台，走自主创新之路，加快技术进步，形成河北省半导体照明产业链。项目可实现年产超高亮度 LED 红黄橙外延材料外延片 10 万片，蓝、绿光 LED 外延片 2 万片；年产 50 亿粒芯片；年产 LED 单灯、普通功率 LED、大功率 LED3 亿只；产值可达 4.07 亿元，年税金 4220 万元。

（焦莉莉）

【2009 中国·石家庄第四届国际动漫博览交易会开幕】 8 月 20 ~ 24 日，2009 中国·石家庄第四届国际动漫博览交易会在省会举行。第四届国际动漫博览会开幕之日，全国高科技动漫游戏产业化委员会专家委员会在石家庄市举行了成立仪式。"中国·石家庄动漫衍生产品集散交易中心揭牌暨动漫衍生产品产销战略联盟"成立仪式也于开幕当日在太和电子城广场举行。本届动漫博览会以"弘扬民族文化，发展动漫产业，创造精彩生活"为主题，以"整合资源、鼓励原创、搭建平台、促进交流、发展产业"为目的，突出了"国际性、实效性、特色化"，共设 6 大互动板块、50 个活动分项和新华区、新乐市 2 个分会场，累计参展人数 120 万人次、参展企业 296 家，举办专家论坛 13 场、cosplay 展演 65 场，观看人数 27 万人次。除韩国、日本、匈牙利、希腊、乌克兰、斯里兰卡等国的 13 位嘉宾参会外，参展企业呈现出国际化、高端化特点，国内外知名动漫企业、院校、机构占参展单位总数达到 30%。韩国东方嘉纳公司，昌焕科技公司、艺苑艺术大学、日本游戏动画公司等韩日知名动漫公司、院校参展，央视动画有限公司、央视辉煌动画公司、水晶石数字科技、北京完美动力、上海美术电影制片厂等知名公司均设立了各自的特装展位，还有首次来自澳门和台湾的 5 家动漫企业参展。石家庄市依托新华集贸中心打造动漫衍生产品集散交易中心，是本届动漫博览交易会的大亮点，动漫衍生产品集散交易中心主要由"一街、两店、一联盟、一平台"四部分构成。"一街"是指在民族路（从太和电子城东到颐高数码广场西段）打造一条动漫街区——"漫街"。"两店"是指以太和电子城和颐高数码广场两家店为基础，打造核心卖场。太和电子城六楼的"动漫电玩城"从原来的 1200 平方米增加到 2000 平方米；颐高数码广场二楼新增 400 平方米的动漫产品销售专区，四楼开辟 3500 平方米的动漫衍生产品交易市场。"一联盟"是指构建"动漫产品产销战略联盟"，通过整合"原创单位、生产厂商、经营商、零售商"等各个方面的动漫商业资源，构建"动漫产品产销战略联盟"。"一平台"是指打造一个动漫衍生产品的电子交易平台。以"中国石家庄动漫衍生产品集散交易中心"为主题，搭建电子商务网站，把现代化的物流集散渠道、电子交易方式以及售后服务等引入到动漫衍生产品集散交易中心的建设之中。本届动漫博览会在对外开放、招商合作和交易水平方面均取得了较大突破，共达成项目签约 27 项，签约总额逾 27 亿元，展会现场交易额 2.4 亿元，远远超过往届。

（王　欣　郭立群　王庆芳）

【10 个项目获省级信息产业专项资金支持】 2009 年，石家庄市申报的全数字温补专用集成电路模块产业化项目等 10 个信息产业项目被批准获得省级信息产业专项资金支持，资金总额为 640 万元。10 个项目包括有河北世纪九龙信息技术有限公司的全数字温补专用集成电路模块产业化项目（50 万元）、河北东旭机械设备有限公司的液晶面板成套设备生产线项目（100 万元）、河北冀雅电子有限公司的液晶显示器件扩能项目（50 万元）、河北迈尔斯通电子材料有限公司的中高路数 STN-LCD 用液晶材料的产业化项目(50 万元)、石家庄市无线电四厂的直接数字合成（DDS）信号源项目（30 万元）、河北旭辉电气股份有限公司的电子式高压无功补偿及滤波装置产业化项目（50 万元）、东方久乐汽车安全气囊有限公司的汽车安全气囊多通道控制系统项目（200 万

元)、石家庄信息工程职业学院的软件与动漫产业基地公共支持平台项目(30万元)、河北普华科技有限公司的车载电子装备中央控制系统项目(50万元)、河北省电子商务认证有限公司的数字证书认证系统建设及推广应用项目(30万元)。

(范玉蕾)

【动漫衍生产品集散交易中心揭牌】 8月18日,“中国·石家庄动漫衍生产品集散交易中心揭牌暨动漫衍生产品产销战略联盟”成立仪式在太和电子城广场举行。依托新华集贸中心打造中国石家庄动漫衍生产品集散交易中心,是本届动漫博览交易会的一大亮点。该中心将依托太和、颐高两个大型IT卖场,力争发展成为中国北方最大的动漫衍生产品消费、集散、交易市场,成为石家庄市对外的一张城市名片。中国石家庄动漫衍生产品集散交易中心主要由“一街、两店、一联盟、一平台”四部分构成。其中,“一街”是指在民族路(从太和电子城东到颐高数码广场西段)打造一条动漫街区——“漫街”。以动漫元素为主题,对这一街区从名称、路面、两侧建筑物立面、景观标志、基础设施、户外形象进行整体规划设计,打造一条石家庄独具动漫特色的商业街,把动漫体验、时尚消费紧密结合起来,并以动漫元素逐步融合这条街区的商业业态。

(郭会珍)

【市政府与军企签订战略合作协议】 11月5日,在中国河北·国防民用科技成果展示洽谈会上,市政府分别与中电科技集团13所、54所签订《关于加速“半导体照明基地”发展的合作协议》、《关于建立“卫星导航产业园”的合作协议》,直接投资额达15亿元。

《关于加速“半导体照明基地”发展的合作协议》中,双方商定直接投资5亿元,用于军转民高技术成果转化,在外延材料、芯片结构、光源封装、集成应用等领域形成研究成果超过100项,申报各种专利50项;加速石家庄“半导体照明基地”的发展,产生显著的经济效益和社会效益。13所建设好河北半导体照明产业基地项目,把半导体照明应用产品快速做大做强,发挥13所半导体照明研发中心对行业的带动作用,以及在半导体照明外壳的支撑作用和在半导体照明检测中心质量把关的作用。市政府充分发挥以市长为组长的石家庄市半导体照明领导小组的领导作用,研究制定全市推广使用高效节能LED照明产品的重大政策;投入相应科技研发费用,主要用于半导体照明核心技术的研发和示范项目的推广;出资在城市道路、街道、小区、园林、政府机关大楼室内照明等领域,优先选用半导体照明产品,在相同条件下优先使用石家庄市本地企业的相关产品;出资鼓励其他企事业单位使用半导体照明产品,市财政对经核定的灯具给予一定的补贴。

《关于建立“卫星导航产业园”的合作协议》中,双方商定,共建“卫星导航产业园”,直接投资10亿元,主要用于以卫星导航定位产业园为重点的后续项目基本建设:包括河北省卫星导航装备技术工程中心、导航运营中心、导航设备检测认证中心及生产加工制造基地等相关建设项目。54所积极参与国家重大导航专项,突破关键性技术;抓住有利机会,使导航产业迅速崛起。市政府组织落实相关项目,为导航产业园提供良好发展环境;政府投入相应科技研发费用,用于卫星导航定位产品的研发;支持河北省导航运营中心规划建设,打造立足河北,面向全国的金牌卫星导航运营服务商;建立政府投入为引导,企业投入为主体,社会投入为补充的投融资机制。

(焦莉莉)

电子政务建设

【概况】 2009年，市信息中心以打造优秀门户网站为目标，狠抓网站群信息维护工作，及时调整优化网站栏目，更新完善内容，提高了门户网站的可读性。全年共维护信息2万多条，确保了政府门户网站的信息及时性和有效性。截至年底，大部分县（市）区和政府部门网站完成改版升级，政府网站群整体水平大幅提高。电子政务中长期规划编制于2009年5月通过专家评审，并经市政府常务会研究通过，确定了全市电子政务发展方向。完成信息安全管理体系试点工作，提升了信息安全管理水平。信息共享和业务协同工作在“全国地方电子政务信息共享和业务协同经验交流会”上作典型发言，受到工信部领导的好评。市政府门户网站被中国互联网品牌大会评为“全国地方政府网站创新品牌奖”，网站外文版在中国社会科学院信息化研究中心举办的第三届中国政府网站国际化程度测评中，位列全国省会、计划单列市第7名。

【政府网站建设】 通过调整优化网站栏目和内容，根据公众关心重大事件、活动和热点话题，及时开设“防灾减灾”、学习实践科学发展观活动、干部作风建设年活动、甲型H1N1型流感疫情等特色鲜明的专题栏目，受到公众好评。狠抓网站信息维护工作。对政府门户网站动态和常用栏目以及“百件实事网上办”等重要栏目及时进行及时更新，全年共维护信息2万多条，平均每天更新信息近百条，确保了政府门户网站的及时性和有效性。同时认真做好省政府门户网站石家庄频道的信息更新维护任务。全年共维护信息5000多条。加强联系指导，提高网站群建设和管理水平，到年底，辛集市、新乐市、正定县、赵县、栾城县政府网站政府在以往的基础上进行较大规模改版，文化局、气象局、地震局、国土局、规划局、房管局等网站栏目设置更趋合理。此外，11月组织县（市）、区政府网站系统召开培训会，到年底绝大多数县（市）、区和政府部门、单位完成升级。

【政府门户网站互助交流】 充分利用政府门户网站资源，积极开展市民与政府部门间的互助交流，提升公共服务水平。加强政府门户网站互动交流栏目的管理，经常对政府网站互动交流栏目回复情况经常进行检查，对回复不及时或回复内容不清楚、不具体等问题，及时进行督促，确保网站互动交流栏目回复质量。同时，认真做好网民回复工作，为了解民意，化解民怨，使网民的合理意见和问题及早落到实处，信息中心还对网民关心的热点问题，编发《政府网站网民留言摘报》，呈送市政府领导批示，使市民生产生活中遇到的问题能够及时得到解决。

【信息安全管理体系建设试点】 为全面提升信息中心信息安全管理水平，河北省在市信息中心启动了全省首家信息安全管理体系试点工作。此项工作由省信息办负责总体协调，省信息安全测评中心负责组织实施，北京数字认证公司为项目承建单位。信息中心成立组织，专门研究制定《石家庄市信息中心信息安全管理体系建设方案》（下称《方案》），该《方案》通过国家级专家评审，并进入试运行阶段。通过建立符合国家标准的规范化、体系化、文档化的信息安全管理体系，进一步提高全市电子政务网络与信息安全管理的规范性、科学性和有效性，全面提升信息安全管理水平。

【市县两级办公网络平台建设】 石家庄市与下辖（市）县两级政府及部门间的协同办公水平进一步提高，完成办公厅移动办公系统的招投标工作，初步建立办公厅移动办公平台，首先开发紧急事项的报告处理系统，其中包括通知管理、专送件、请示报告、公文管理、日程安排、信息反馈、通讯录、系统设置等8个功能，到年底，所有功能均开发完毕，并开通试运行。新建电脑桌面网络视频平台、网络传真系统，实现内网用户对传真件的群发、存储、查询等功能。该网络平台于 2009 年底开通运行，可随时随地方便、快捷、准确、安全的沟通，能方便相关单位接收、查阅和处理公务信息，批示有关文件，进一步提高工作效率。

石家庄市信息中心

主　　任：范宪林

副 主 任：安才良　黄德伟

总工程师：于　惠

（韩　勇）

无线电管理

【概况】 2009 年，石家庄市无线电管理局认真贯彻执行省无线电管理局党组和市政府办公厅直属单位党委的工作部署，紧紧围绕管好频率、管好台站和维护好空中电波秩序三项中心工作，着力提高无线电管理水平，依法行政。全年共办理 19 家用户设台审批手续，指配频率 16 个、呼号 59 个，审批设置超短波电台 395 部，审批第三代蜂窝移动基站 1650 座。办理 9 家用户撤销审批手续，收回频率 18 个、撤销电台 478 部。截至年底，台站管理数据库管理着 149 家设台单位、199 个通信网、16942 个台站的技术资料。完成频占费收缴工作。共收取频占费 124.30 元，涉及用户 194 家。

【机构改革】 2009 年 11 月 20 日，河北省石家庄无线电管理局揭牌成立。根据《河北省无线电管理局职能配置、内设机构和人员编制规定的通知》精神，原“河北省信息产业厅石家庄无线电管理分局”更名为河北省石家庄无线电管理局，为河北省无线电管理局正处级派出机构，其人、财、物等由河北省无线电管理局领导，日常党务工作由中共石家庄市人民政府办公厅直属单位党委代管。

【专项活动】 根据《河北省无线电管理局关于转发工信部〈关于开展清理违法使用对讲机专项行政执法活动的通知〉的通知》（冀无〔2009〕24 号）精神，5 ~ 12 月，在全市出租车、建筑工地、文化娱乐、商业和小区物业等行业中，开展一次清理违法使用对讲机专项行政执法活动。活动期间，该局联合市委宣传部，市公安局、交通局、建设局、商务局、工商局、文化局以及住房保障和房产管理局等 9 家成员单位共出动执法人员 320 余人次，车辆 90 余台次，开展执法检查行动 26 次，检查单位 1225 家，下达《责令改正通知书》152 份，立案查处 17 宗，没收违章设备 110 部，有 41 家单位，共计 2166 部设备办理设台手续，纳入管理的对讲机数量净增 9%。为了保证专项活动顺利进行，市政府和各成员单位分别召开工作协调会议 11 次，举办各类培训 32 次，发放执法宣传单 10000 余份，通过电视、广播、报纸等媒体在全市发布通告 4 次。通过专项整治，彻底解决了出租车和建筑行业违法使用对讲机的问题，规范了其他行业使用对讲机的行为，违法使用对讲机干扰合法用户的案件下降近 90%。

【安全保障】 十一国庆期间，无线电管理局实施 24 小时人员在岗值班和全时电磁环境监测，完成国庆 60 周年安保反恐怖工作。11 月 17 日，石家庄市反恐怖工作协调小组对国庆 60 周年安保反恐怖工作，进行了总结表彰，副局长常锡文同志荣获“石家庄市国庆 60 周年安保反恐怖工作先进个人”，并被通报表彰。全年完成 13 次国家和省级各类考试的无线电技术保障任务，共查获作弊 6 起，抓获作弊人员 17 人。其中，在全国一级建造师考试中，查获考试作弊 4 起，抓获作弊人员 12 人；在国家司法考试中，查获作弊 1 起，抓获作弊人员 3 人；在全国造价师考试中，查获作弊 1 起，抓获作弊人员 2 人。

【监督检查】 全年共查处违章设台案件 7 起，查处违章设备 110 部，罚款 12000 元；完成设备检测 1870 部，全年监测总时间达 2763 小时；受理干扰投诉案件 9 起，排除 9 起。通过对违章设台的查处，净化电磁环境，维护了电波秩序，保护了广大合法设台用户的权益。

同时，加强为监管单位服务，先后派出7支服务小组，深入用户、企业，现场办公，解决实际问题，提供优质服务，共为用户排除干扰4起，检测无线电设备16部，解决无线电技术问题9个。

石家庄无线电管理局

局　长：李长征

副局长：常锡文　刘兰萍（女）

（王　勇）

邮　政

【概况】 2009年，面对经济形势不明朗，内部物流专业改制、自身邮政金融发展新模式尚未完善的不利局面，石家庄市邮政局全体干部职工紧紧围绕新时期“3+2”战略的总体目标，狠抓经营不放松，邮务类、速递物流类、金融类三大板块业务齐头并进，超额完成各项任务指标。全年共计实现营业收入5.63亿元（含银行共完成7.6亿元），同比增长17.74%，完成省公司全年计划的105.25%。实现收支差额3830.88万元（实际完成5830万元，调整扣减后数额），完成省公司年终调整计划的100.02%。全员劳产率达11.36万元，较上年同期提高1.6万元。其中，邮务类业务累计实现收入18257.82万元，同比增长17.48%，完成省公司计划的100.15%；速递物流类业务累计实现收入14439.62万元，同比增长24.84%，完成省公司计划的102.26%。金融类业务累计完成收入23047.87万元，同比增长14.81%，完成省公司计划20477万元的112.6%。5月8日，新成立的石炼邮电局顺利开业。石家庄市邮政局长安邮电局被评为全国“邮政系统先进集体”。

2009年5月8日，石炼邮电局开业

【“大学生创业扶助园”启动】 6月8日，由市邮政局创建的“大学生创业扶助园”正式启动。石家庄

2009年6月8日，大学生创业园启动

“大学生创业扶助园”是该局发挥自身优势，依托邮政全程全网资源优势、“e速购”速递网上商城及电子商务服务平台，为大学生提供的创业园区，可为大学生网上创业提供货源、仓储、配送、办公、技术等服务项目和资金支持。该项目为全国邮政首创。

【项目营销】 集邮、函件、报刊专业紧抓建国60周年题材，开展多种主题营销活动，其中集邮专业在全区开展的“建国60周年”系列集邮主题营销活动，创收778.29万元。为加快余额发展模式的转型，开展“绿卡区域”创建活动，在县区大面积布放ATM机、POS机、商易通设备，大力推进绿卡区域（县区是绿卡村、市区是绿卡单位）建设，全年初步创建绿卡村292个，绿卡单位364个。为服务地方经济，启动“下乡”工程项目，代发“家电下乡”财政补贴款1068.71万元，代发农户12623户。为解决百姓用邮难、缴费难、公共事业收费难等问题，设立两个便民驿站网点和“缴费一站通”，除开办邮政传统业务外，还包括代放号、代售机票、代收话费、电费、燃气费等各种便民业务，打造邮政一站式收费平台。

【内控管理】 各级管理部门围绕中心任务，坚持向管理要效益。改革薪酬体系，扎实稳步推进“双定”（劳动定额、编制定员）工作，建立财务成本控制系统，形成“成本控制预算化、资金管理精细化”的管理模式（2009年8月份此系统被省公司推广在全省应用）。扎实推进责任中心损益核算工作，初步建立了专业化经营核算体系，严格执行《河北省邮政企业往来款项管理办法》和《用户欠费办法》，控制用户欠费帐龄。配合“三年大变样”，拆除局所16处，新迁址局所的地理位置、局容局貌等较拆迁前大为改观。确定县区投递网建设方案，在市区增加10个社区服务点，首次聘用钟点工开展投递工作，合理调整作业流程，在暴雪期间启动通信生产应急预案，临时调整发运计划，确保邮运正常进行。对营销组织架构实行“分层管理”，累计配备专职营销员1072名，采取薪酬激励、考核晋升和营销表彰机制，把营销员的个人收入和营销业绩动态挂钩考核，极大地激发了干部职工的工作积极性。

【提升服务水平】 为使普遍服务更加规范，在全局营投窗口开展“做好五心服务、营造五佳环境”、“服务窗口亮起来 营业网点规范化”主题活动。对外服务开展了限时服务，缓解营业前台排队现象，并实行技能考核，细化6S现场管理标准，强化内外监督检查，构建“立体化”监督模式，参加“行风热线”节目，向社会监督员寄发检查表1200套，发放用户意见征询函1万份。检查员全年编写视察报告书260本，发书面整改通知书65份。全年未发生邮件丢失、损毁、被盗事件。制定《邮政企业、邮储银行、速递物流分公司投诉处理职责分工及处理流程》，对三方投诉处理职责进行具体分工，规范各渠道转来的投诉处理流程。同时，完善信息技术和服务保障。2009年，市邮政局荣获“河北省服务质量奖”，社会满意度达94.5分，继续保持全省领先。

石家庄市邮政局
党委书记、局长：李陕川
副局长：张彦石（兼纪委书记）
赵 斌（兼工会主席）

（魏晓明）

电 信

【概况】 2009年，石家庄电信系统扎实开展学习实践科学发展观活动，积极贯彻落实省电信部门的核心策略，在发展中促转变，在转变中谋发展，以全业务经营为主线，以效益发展为核心，聚焦客户价值，深化存量保有，加快效益发展，优化资源配置。加大存量业务发展，各公司分别推出固定电话、宽带和移动电话多种组合模式，保持了客户市场稳定。移动公司从内部管理入手，全面提升干部员工素质，加强财务管理，搞好项目成本管理，提高了工作效能。4月份启动G3网络业务，并将全市第一个188号码—18831112345赠予石家庄市政府市民服务中心，作为新的市长短信服务热线。联通公司加强产品创新管理，力促增值业务和转型产品发展，全年点对点累计收入同比增长159%。大力发展3G网络、亲情1* 等创新业务；在推广营销方面，重点围绕“大众市场”、“校园市场”、“中高端市场”，有组织、有计划的展开各项营销活动；在提升服务水平方面，通过加强内部管控，加强与客户沟通等方式，是用户满意度达到100%。有力地推动了各项经营生产任务稳步高效开展。石家庄移动分公司荣获“全国精神文明建设工作先进单位”、河北省“最具社会责任感企业”、“河北省先进集体”等荣誉。

中国移动通信石家庄分公司

【内部管理】 石家庄移动分公司从精细化管理着手，全面提升干部和员工素质，加强内部管理，提升企业软实力。进一步优化制度流程，成立流程项目领导小组，全面开展流程梳理优化工作。加强三级经理及管理人员队伍建设，安排机关管理人员下基层锻炼，组织三级经理专题演讲会，提高综合素质。强化财务管理，加大财务稽核力度和成本项目管理；推进资产标杆化管理和固定资产信息化管理，提高固定资产使用率。规范了物资采购、项目招标及仓储物流管理，制定采购多项制度，提高采购效能。充分发挥审计功能作用，不断完善廉政惩防体系，与重要岗位干部员工签订廉洁自律承诺书，加强廉政教育和制度建设。加大班组建设力度，制定“晨光计划——七彩班组”三年实施纲要，开展以“点燃激情——红色火焰行动”为主题的班组建设活动。

【市场经营】 年内，石家庄移动分公司在复杂多变的新形势下，积极把握市场动态，用创新的思维促进各项业务健康快速发展。TD业务运营开局良好。与石家庄市政府签订“无线数字城市”合作备忘录。通过重点客户实地考察等途径，在政府门户网站、“无线监控”项目、“无线校园”建设等方面最得重要进展。通过多种大型主题活动提升三大品牌的形象；信息化应用再上台阶。开发“食品安全监控系统”、“城管通”、“警用地理信息指挥调度平台”、出租车GPS•LED系统；强化社会渠道管理，加强区域化建设，提升区域化营销能力；大力发展电子商务，创新网上选号、移动商城、手机钱包等电子商务模式。

【网络建设】 石家庄移动分公司以网络安全为基础， 克服基站拆迁、2G和3G网络融合的影响，积极转变观念，固化网络创造优势的理念，全面完成TD二期、三期网络建设任务。开展“优秀网络、精彩提升”活动，通过短信、彩信、网站等途径收集客户意见，对客户反映的问题逐一进行排查，制定详细的解决方案，及时处理网络的网络投诉。创新运维管理，加大基站用电综合管理系统推广力度，实现基站用电电子化、精细化管理；研发机房空调“恒温节能智控系统”，在机房节能降耗方面取得显著效果，通信机房年平均节电率在20%左右。将七个创新项目投入实践应用，取得良好效果。

【客户服务】 开展“便捷服务，满意100”主题活动，强化服务关键环节管理，重点改善业务办理等候时间长等问题，创新服务发展思路，提升客户服务感知。通过经验共享、服务培训提升营业员服务能力；加大服务对营销的支撑力度，由单一化服务向服务营销一体化转变。建立服务明查、第三方公司暗访、电子监控、外呼满意度调查多位一体的服务监测体系，打造以客户为导向的内部服务管理体系；制定内部服务提升方案，签订项目责任书，传递服务压力；开展流程穿越、标杆营业厅交流活动优化服务流程，实现经验共享；梳理投诉流程，做好热线话务分流；开展客户期望值调查，创新营业厅人性化项目，提高客户服务感知。

【社会责任】 积极参加社会公益活动。在灵寿、赞皇、平山抗火救灾活动中，公司派出5辆应急通信车，提供16部海事卫星电话，派出30辆机动车，一百多名网络技术人员及工作人员参与火灾保障。启动防雨雪冰冻通信保障应急预案。推出免费报平安电话等十项关爱民生的防雪抗灾服务举措。通过市长短信、校讯通、农信通平台给广大市民、学生、农民发送150多万条防雪抗灾短信。为被风雪围困的高速路口司机提供应急充电服务、发送食品，为宏志班学生捐赠价值一万元的棉服，积极履行社会责任。与终端厂商联合开发“户户通”系统，搭起一个覆盖全县偏远行政村的综合资讯发布平台，解决困扰赞皇县委、县政府多年的偏远农村信息发布难的问题。石家庄移动分公司荣获“全国精神文明建设工作先进单位”、河北省“最具社会责任感企业”、“河北省先进集体”等荣誉。

【G3业务全面启动】 4月15日，石家庄3G业务正式启动暨188号段放号仪式新闻发布在石家庄世贸皇冠酒店举行。河北省政府副省长孙瑞彬、副秘书长于万魁，省通信管理局局长张峰，石家庄市市委常委、副市长王大虎，河北移动公司及石家庄移动分公司的有关领导出席启动仪式。来自省、市政府、市直相关部门和各行业的嘉宾近250人应邀参加仪式。标志着具有自主知识产权的TD—SCDMA业务在省会石家庄正式投入运营。启动仪式上，河北省政府副省长孙瑞彬、省通信管理局局长张峰、河北移动公司总经理李连贵在电子触摸屏上共同为中国移动G3标识揭幕。随后，石家庄移动分公司总经理丁占武将全市第一个188号码—18831112345赠予石家庄市政府市民服务中心，作为新的市长短信服务热线。

【打造无线数字城市】 3月18日，河北移动与石家庄市政府签订了“无线数字城市”建设合作备忘录。TD—SCDMA技术正式被纳入石家庄市政府信息产业发展规划，市政府大力支持配合TD—SCDMA建设运营。移动公司将为市政府办公场所及图书馆、科技馆、机场、会展中心等公益性场所提供免费登陆政府相关网站的无线接入服务，并逐步实现石家庄区域内以TD—SCDMA网络为主体，以WLAN网络为辅助补充的无线网络全覆盖，与政府一起共同推进以“无线政务”、“无线产业”、“无线生活”等为标志的“无线数字城市”建设，满足城市无线终端、无线技术的信息化、数字化应用要求。石家庄移动分公司积极推进该项目的落实：4月22日，与石家庄信息工程职业学院达成建设共识，着手打造全省第一个“无线校园”，将利用无线视频监控系统、高校通、校园信息机、无线座机、WLAN无线上网等移动校园信息化解决方案极大促进学校的信息化管理水平；6月5日，为石家庄市第九中学开通TD—SCDMA无线视频监控应用，通过TD网络实时监控、移动巡查、手机远程监控等功能提高了该校园的安全防卫数字化水平，这是石家庄市第一个“无线监控”TD—SCDMA视频监控应用点，标志着石家庄市“无线城市”项目已进入实施阶段；10月12日，双方在合作备忘录中约定在有线宽带及固定电话服务、移动通信服务、无线宽带服务、实防视频监控、视频会议服务、酒店信息化建设六个方面开展深度合作，既有助于提升宾馆政务接待水平，同时也推进了TD－SCDMA技术的应用。

2009年3月18日，市政府与中国移动通信集团河北有限公司举行“无线城市”合作签字仪式

中国移动通信集团

河北有限公司石家庄分公司

总 经 理：丁占武

副总经理：焦 煜 张燎原

党委副书记：柴晓冰

顾 问：鲁聚平

（孙 倩）

中国联合网络通信有限公司石家庄市分公司

【基础业务】 大规模推广固定电话、宽带和移动电话多种组合模式，推出多资费的亲情组合业务，有效保有固网语音业务。丰富“亲情1+”内涵，先后推出“联网一家”、“家庭虚拟网”、“亲情1+58”套餐、“爱家48/58/68”套餐等多样化、多资费融合业务，逐步强化公众家庭组合概念，尤其亲情1+爱家套餐自三季度推出后，带动固话、宽带、G网新装用户的发展。针对农村市场，大力推广平安互助业务。并在此基础上推出固G组合的联通信息村业务，组建联通信息村667个，为保有发展农村市场起到关键性作用；宽带业务保持快速增长势头。开展“宽带缴费赠礼”、“宽带缴费赠月”、组合营销等促销活动，组织现场销售活动1743场次，进驻987个小区。推行宽带预警页面推送、派单制营销等手段强化宽带客户总量。借助政府“家电下乡”活动，以村集体为单位进行电脑+宽带（或亲情1+）的捆绑销售。狠抓驻地网拓展，扩大市场份额，为固网业务发展奠定接入基础，拉动了公司整体业务收入增长；3G业务发展取得先发优势。公司将3G业务推广作为工作重点，先后成功实施3G业务测试验证工作、试商用友好体验、3G正式商用发布会、iPhone手机上市首销仪式等工作。对3G业务制定了营销流程和相关管理办法、明确了职责划分、开展内部培训，并于第四季度在公司内部启动“3G百日营销会战”，开展全员营销活动，超额完成2009年3G业务指标。

【提升服务水平】 公司秉承“以客户为中心，以服务促发展”的指导思想，以“三升一降”即提升客户感知，提高服务规范达标水平，提升VIP客户维系能力；降低申诉、越级投诉率为目标开展工作。修订各类客户投诉、服务规范等管理办法，进一步完善三级服务体系建设。加强投诉管理，强化过程控制，实行服务工作月例会制度。下大力度组织多层次、多角度的服务人员培训和日常监督检查工作，通过关注服务细节，切实整改存在问题，提升对外形象。落实六项便捷措施，实现了客户办理业务免填单、营业时间全天候、等候时限8分钟、通话详单自助查、宽带故障一日通、宽带到期有提醒等服务标准，提升了客户感知。改进了宽带修障不及时、移动网络感知不佳、增值业务强行定制、收费争议、服务问题解决能力不足等五项服务短板。完成石家庄客服热线与全省客服热线的系统整合工作。加大实体俱乐部建设，强化绿色通道管理及VIP贵宾服务，落实联盟协议商家合作签署工作，满足客户个性化服务需求，提升VIP会员感知。在全区属地经营单位统一设置客户服务部，进一步强化服务管理，提升公司服务能力。积极组织开展行风建设工作，维护客户合法权益，力争评比进位。公司全业务投诉量自8月份起呈环比下降趋势，申诉率达到省公司考核要求，客户满意度及公司所属自办、合作营业厅整体服务情况均得到显著提升。

【网络建设】 实施城域网工程、DSLAM扩容工程、EPON设备新建工程、宽带综合接入网新建一期工程、“宽带升级提速”传输设备新建一期工程等建设项目，石家庄到省出口带宽由80G扩充到140G。加快光缆网建设，稳步开展光进铜退，推进光缆尽快向客户端延伸。截至年底，18县（市）区分公司光缆合计1.69万皮长千米，折合27.79万芯千米。光缆村通3213个，通达率73.26%。为打造精品网络，按照“县级以上城市全面覆盖，到四个卫星城的道路实现连续覆盖，五星级旅游景点和部分高速公路良好覆盖”的规划原则，全力推进WCDMA网络建设优化工作。大规模开展移动网优会战，对市县区所有基站实施标准化整治，GSM网络频率优化割接，网络覆盖质量和客户感知明显改善。同时，强化网络管理和维护，相继完成传输、无线、数固、光缆、DCN等网络及关口局的维护融合工作，建立两网协同配合的运维机制。推动实施运行维护固网2A达标和移动网3A达标工作。开展线路大修，安排大修项目801项，提升线路质量，切实加强网络支撑保障工作。

（宋朝霞）

【114阳光政务热线启动】 1月12日，由石家庄市纪委监察局主办、中国联合网络通信有限公司石家庄

分公司承办的石家庄市114阳光政务热线在河北省率先启动。该热线开通后，广大市民直接拨打114，可查询市政府、市直各部门的基本情况、行政权力、办事程序、收费标准等信息，还可以实现电话转接。其功能包括查询、转接、指路、介绍、支撑，在政务公开实践中具有公开范围广泛、公开过程便利、公开速度快捷等其他公开手段所不可比拟的先进性。114阳光政务热线将为政府重要活动提供信息公开及热线支撑服务，真正地面向公众免费提供各类便利快捷的生活、政务、商业、涉农等信息。114阳光政务热线试运行期间开放时间为正常工作日的8～12时，14～18时，待正式运行后将全天候开放。

（王　静　范玉蕾）

2009年1月12日，石家庄市举办114阳光政务热线启动仪式

【联通3G启动试商用】 5月17日，河北联通宣布在石家庄及保定、唐山、秦皇岛四城市启动3G试商用。联通3G试商用阶段主要推出手机上网、手机音乐、手机电视、可视电话、手机报和均线上网卡等业务应用。

（范玉蕾）

【内部管理】 石家庄联通公司改组以来，先后建立健全各项制度，加强内部管控水平。制订印发全面预算管理办法等各项财务管理制度，做到标准统一、流程规范。全面开展资产清查，夯实资产家底，促进资源协同。实施渠道梳理，健全制度、完善流程、强化考核，基本实现渠道的多元化、立体化、标准化、规范化发展。建立竞争情报信息管理工作流程，充分利用竞争情报加快市场反应速度，辅助企业获得竞争优势。加强收入稽核工作。开展打击非法电信业务和网络信息安全专项行动，清查网站1.1万余个，备案率达92.48%，净化了经营环境。突出工程审计，促进工程管理。优化了网络建设项目审批流程，尤其是小光缆项目工期由原来平均20天压缩至7天，提高了市场响应速度。实施了167个农村支局改造工程和7个县局营业厅的改造工作，进一步改善一线办公生产环境，提升了公司品牌形象。狠抓培训落实，提升员工素质，举办各类培训189期，参培5336人次。完善电子化流程体系，进一步拓宽流程电子化应用范围。全年新建电子化流程50个，修订28个，运行电子化流程107个，形成运行流程实例9.38万个。下大力度加强安全生产基础管理，筹资400余万元维修、更换机房消防器材，安装安保监控系统。

【探索经营管理办法】 一是稳步推进外包工作。为规避用工风险，降低运营成本，提高前端销售、服务能力，公司周密策划、分步实施了一系列业务外包工作。在试点初见成效的基础上，分别于7月份和12月份开展市区和县区属地营销单位末梢线路代维工作。为“宽带装机一日通”提供了有力保障，基本实现宽带“无障碍受理、无理由退单”，稳步提升了客户响应和服务水平。积极探索业务发展合作模式。4月份将公司原有11个自办营业厅改变为自建他营模式，降低了营业厅管理成本和风险。二是积极开展岗位梳理和优化工作。为不断规范机构及岗位管理，实现人岗匹配，达到最大限度发挥融合优势，增强市场反应能力的目的，不断适应分客户群营销服务和全业务经营工作需要，公司在完成岗位评估的基础上，结合线路末梢代维，于10月份先期开展市区6个营销单位的岗位梳理和优化工作，重点梳理和充实了管理薄弱环节，强化了营销服务职能。三是在部分县区分公司建立“准利润中心”管理，提升企业经营业绩。按照省公司“转变对县公司营销中心的定位，实施‘准利润中心’管理模式，使县分公司真正实现效益经营、持续健康发展”的工作目标和工作要求，选定藁城等6个县分公司作为试点单位，执行全省统一的收入、成本确认归集规则，规范核算范围和内容，完整其经营成果和经营业绩。管理人员深入基层，与18个县（市）分公司对口挂钩，蹲点解决了被挂钩单位存在的各类问题60多个，提出指导帮助建议百余条，有效推动了各项工作的落实和经营管理目标的实现。

中国联合网络通信有限公司
石家庄市分公司

筹备组组长：雷　云（3月免）
筹备组副组长：陈小东（3月免）
筹备组成员：李　虹　慈志勇
　　李　霞　张诗杰
　　李　爽　郭振江
　　何　伟（3月免）
总经理、党委书记：雷　云（3月任）
副总经理、党委副书记：
　　陈小东（3月任）
副总经理：李　虹　慈志勇
　　李　霞　张诗杰
　　李　爽　郭振江
　　何　伟（3月任）

（宋朝霞）

石家庄年鉴 Internal Trade & Tourism

国内外贸易·旅游

国内外贸易·旅游

商贸流通

【概况】 2009年，全市商贸流通业繁荣稳定，社会消费品市场快速增长。全年实现社会消费品零售总额1190.6亿元，比上年增长18.4%，总量和增幅位居全省首位。城乡市场共同发展，增幅差距缩小。年内国家一系列支农惠农政策逐步落实，"新农合"等农村社会保障制度进一步建立和完善，加上"家电下乡"、"汽车下乡"等促进农村消费活动蓬勃开展，大大增强了农村居民消费能力和消费意愿。至年末，城市社会消费品零售额实现685.5亿元，同比增长18.7%；县及县以下零售额实现505.1亿元，同比增长18.1%。城乡市场增幅差距比上年减少1.6个百分点。批零贸易业占市场主导地位，药品类、住宿餐饮业增长较快。2009年，石家庄市各类商贸企业积极调整经营策略，加强市场营销，大打各种促销牌，全市批发和零售业总体保持平稳增长态势。年末，全市批发零售业累计实现零售额1053.1亿元，同比增长18.0%，占社会消费品零售总额的88.5%，仍为消费品市场主导力量。销售额增长较快的还有中西药品类零售额25.6亿元，增长33.4%；住宿餐饮业零售额122.8亿元，增长23.9%。基本生活类商品平稳增长，消费升级类商品增势强劲。城市以汽车和住房消费为主导、农村以家用电器升级换代为标志。全年石家庄市消费升级类商品增幅较高的主要有两种：一是汽车销售屡创新高，汽车类商品实现零售额56.3亿元，同比增长32.8%；二是家用电器类商品旺销。商品交易市场稳步发展。2009年全市商品交易市场达690个，其中消费品市场630个，生产资料市场60个，商品交易市场总成交额达到1616.0亿元，同比增长9.5%，其中亿元市场达到56个，比上年增加3个。年末，全国十大商品交易市场石家庄市占有两个，即新华集贸市场和石家庄市南三条小商品市场，成交额分别达到381.8亿元和352.6亿元。消费市场较快发展因素：一是宏观政策措施得力，为消费品市场创造了良好发展环境。为有效应对国际金融危机，国家自上年第四季度开始，相继出台一系列扩内需、保增长的政策措施，取得积极成效。石家庄市经济总体形势持续向好，为消费品市场持续发展奠定了坚实基础。二是惠农政策措施使农村消费市场潜能得到有效释放。国家连续多年实施支农惠农政策初见成效，农民购买力明显增强，农村消费市场启动。"家电下乡"、"汽车下乡"政策拉动作用明显，农民切实得到了实惠，有效刺激了广大农村消费市场。三是城乡居民收入稳步增长，为消费品市场提供了动力。

【商贸业项目建设】 开工建设"20+X"重点商贸服务业项目42个，项目总投资745亿元，其中年内完成投资50亿元。联邦东方明珠广场、中石油总部、正定小商品城一期3个项目竣工投入使用；勒泰中心（原远洋城商业广场）、东方·曼哈顿城市广场、正定国际物流园区等9个项目开工建设；正定小商品城二期、三期、南三条胜北国际商城等10个续建项目进展顺利；18个前期项目正在抓紧拆迁和办理前期手续；2个谋划项目和1个签约项目正在进行开工准备。

【城市社区商业】 市内5区完成新建、改建60个便民综合市场建设任务，新增经营面积22.29万平方米，改造棚厅10.21万平方米，新增摊位1.3万个，增加就业岗位2.8万个；新建、改建社区快餐大排档21家，总投资800万元，建设面积8000多平方米。至年底，全市大排档数量累计达到83家，建设总面积近40000平方米，可同时满足近20000人就餐。全市350多个社区积极开展商业示范社区达标活动，其中国际城、石纺一社区、经八条社区、华药社区等4个社区荣获“全国商业示范社区”称号，另有16个社区荣获“河北省商业示范社区”。

【农村流通网络体系】 “万村千乡”配送中心建设，先后在行唐、正定、藁城等县（市）举办农村市场商品配送展销和“农超对接会”6次，其中河北保龙仓、石家庄惠康食品有限公司被石家庄市推荐为国家农超对接建设项目。针对农民卖难问题，组织各县（市）区农村经济人和相关农户参加了国家商务部夏、秋、冬三季农副产品网上购销对接会，超额完成省商务厅下达的目标任务，完成总成交额2.8亿元。家电下乡，通过加大宣传力度，加强监管，规范经营，已有1679个经营网点通过备案，家电下乡累计销售6.11亿元，销售产品28.92万台，补贴额6385.9万元。农产品市场标准化建设，对各县（市）区30个农产品市场实施标准化建设改造，2008～2009年两年累计投入2.22亿元，新建、改造交易大棚18.27万平方米，硬化地面道路17.88万平方米，新增市场面积5万平方米，其中石家庄高邑县蔬菜批发市场等4个农产品市场被推荐为国家“双百”市场建设项目。

【市场秩序整顿】 全年市场运行监测检测样本企业达到229家，基本形成覆盖全市的市场运行监测网。至年底，全市查处肉品市场违法案件46起，端掉私屠滥宰黑窝点40个，查处酒类违法案件3401起，没收假冒酒13566瓶，端掉制售假酒窝点5个。在定点屠宰企业规范化建设上，积极指导企业进行技术更新和升级改造。年内全市生猪屠宰企业投入技改资金1000多万元，7家企业改造完成，其它14家企业正在加紧改造中；牛羊鸡定点屠宰，已完成验收生鸡定点厂21家，备案登记外部生鸡入市销售企业57家，牛羊定点厂验收工作已在准备。

【商贸企业改革】 协调、配合市国资委、市劳动局、市财政局等部门，完成第二批7家破产企业职工安置工作，共安置职工300余名，拨付安置费用3196万元，争取到医药费用21.35万元。破产企业的会计档案、文书档案全部移交市档案局等部门进行封存，企业的工商、税务、银行帐户等证照注销手续基本办理完毕。年内，第三批8家破产企业的破产立案受理裁定全部下达并宣告完成，已全部进入破产程序。

（陈佩君）

【石家庄市商业网点规划出台】 为控制商业重复建设，有效利用商业资源，合理进行商业布局，年内结合省会城市建设“三年大变样”工作，全市组织编制完成《石家庄市商业网点规划》。《石家庄市商业网点规划》提出对现有商业网点进行改造、扩充、完善、提升，构建以大型商业零售网点为龙头，以中小商业网点互为补充的城市商业体系，逐步建成经营布局合理、业态结构优化、服务功能完备、方便居民生活、竞争适度有序的城市商业格局。规划期限至2020年，规划形成1个市级商业中心，3个市级商业次中心，11个区域商业中心，60个居住区商业中心，4条特色街。

规划市级商业中心最终形成“一带三主题”布局结构。“一带”指建设中山路现代服务业集聚带；“三主题”为以南花园步行街为主线，建设文化艺术为主题的商业中心；以北国商城为代表，建设以商务休闲为主题的商业中心；以先天下购物中心为核心，建设以品牌消费为主题的商业中心。

南花园商业街区：东起站前街，西至中华南大街，南起裕华西路，北至中山西路，用地面积86公顷。全面改造永安街、南小街周围商业环境，取缔占道经营的铺面；搬迁服装批发市场、副食水产市场、五金市场等，逐步将低层旧宅改造为商服用房；调整现有大众化商场，向专业化、连锁化等方向发展；调整、开设南花园商业步行街周围餐饮场所、特色餐饮楼宇，提升商业街区内商务酒店、宾馆整体品质。消费对象是以面向年轻群体为主。

北国商业街区：规划北国商业街区东起建设南大街，西至休门街，南起四中路，北至中山西路，用地面积23公顷。积极推进休门村改造步伐和民生街改造，营建风情购物、休闲街，展现城市特色。提高商业集聚程度，形成融购物、商务、休闲于一体的城市商业中心、消费对象为市民和游客。

先天下商业中心：规划以先天下购物中心为核心，结合世贸皇冠、长安广场、国际大厦等周围若干商业节点，形成先天下商业中心，用地面积7公顷。立足先天下购物中心一站式购物环境，突出消费品牌优势，形成以品牌消费、休闲娱乐、商务会展等主题于一体的石家庄市现代商贸中心。

3个城市商业次中心。东南商业中心：规划东南商业中心位于南二环东路南侧，仓裕路北侧，东起金马大街，西至翟营大街，规划用地面积42公顷。立足城市东南新区发展，结合宋村改造，形成以新业态为主的现代化商圈。

新城商业中心：规划东部新城商业中心位于秦岭大街以西，华山街以东，湘江道与淮河道之间，规划用地面积16公顷。结合东部新城区建设进程，依托星辰商贸广场，提高新城区商业集聚发展，确定该商圈为石家庄新城区现代商贸中心节点。

南部商业中心：商业中心位于新客站广场东侧，胜利大街以东，放射西路以西，汇华南路以北，塔北路以南，用地面积62公顷。以铁路枢纽改造和新客站建设为契机，对城市南部原来工业仓储用地进行改造和功能调整，形成以旅游购物、商务会展等主题于一体的新商圈。

11个区域商业中心。怀特商业中心：规划怀特商业中心东起体育南大街，西至育才街，北起槐岭路，南至东岗路，规划面积33公顷。结合石家庄市电视塔、世纪公园和高尔夫球场等用地，形成集购物、娱乐、休闲等功能于一体的重要的区域性商业中心。

建华商业中心：位于建华大街与中山东路交叉地段，用地面积5公顷。以服务本地区居民及日常生活为主，形成日常购物、生活消费等功能为主的区域性商业中心。

天河商业中心：位于建设大街与胜利大街交叉地段，规划用地面积10公顷，形成集购物、文化娱乐等为一体的区域性商业中心。

联盟商业中心：位于联盟路与中华北大街交叉地段，规划用地面积6公顷。

西三庄商业中心：位于西三庄大街与西二环之间，规划联盟路北侧，规划用地面积10公顷。

友谊商业中心：位于新华西路与友谊北大街交叉地段，用地面积9公顷。

益友商业中心：位于裕华西路与友谊北大街交叉地段，用地面积6公顷。

长兴商业中心：位于新华西路南侧，长兴街与西王街之间，用地面积15公顷。

西南商业中心：位于南二环南侧，红旗大街两侧，规划用地面积10公顷。

方村商业中心：位于建华西路与308国道交叉地段，规划用地面积30公顷。以服务城市东南发展区域城市居民为主，依托有力的对外交通联系，以发展仓储、流通为主要业态。

东部商业中心：位于建华东路与昆仑大街交叉地段，用地面积35公顷。以服务本地居民为主，形成以购物、餐饮、娱乐等为主的区域性商业中心。

60个居住区商业中心。结合居住用地分布特点，规划共设置60个居住区商业中心。

按照商业分级设置规范和零售业态规范，在居住区商业中心配置中小超市、便利店、餐饮店、美容美发店、医药店、洗染店、照相店、浴池、物资回收等满足居民基本生活消费需求的商业和服务网络。

根据居住区特点，居住区商业配置方式分组团式、沿街式和多点式三种。新建小区推荐采取组团式的配置方式，实施商住分离，集中配置商业设施；在老城区的社区中推荐采取沿街式的配置方式，沿街居民楼底层，相对集中地引进商业网点；在老居民区中历史形成的，相对较为分散布置商业服务设施。

对于综合便民市场，取缔占压道路的露天市场、占压规划道路红线、城市绿线的市场，引导保留的农贸市场进行整体改造，选择改造提升、农加超、农改超等不同模式来提升自身业态水平。

4条特色街。南花园商业街：全长240米，以酒吧、茶馆等餐饮、休闲、娱乐项目为主，服务对象面向年轻消费群体。规划结合黎明街服装城、青年街市场的改造，配建停车设施，改善商业环境，着力发展品牌专卖店、高档餐饮设施，并配置必要的超市、便利店，完善商业服务功能。

民族路商业街：全长840米，结合城市旧区改造和新华集贸市场结构调整，合理组织周围交通，尽量减少低档专业店、便利店、超市的比例，适当提高高档专业店，品牌专卖店的比例，提升商业街整体环境，将其建设成一条集文化、购物、娱乐、休闲、服务于一体的多功能的综合性商业街。

大经街商业街：规划大经街商业街550米，依托现有餐饮和服务网点，结合中山路北侧南三条市场提质改造，适度设置专卖店、便利店、超市等业态，形成以饮食为主，融休闲、购物等为主的商业街。

大石门商业街：规划大石门商业街300米，结合城市旧村改造，完善商业配套服务设施建设，形成以餐饮文化为龙头，以酒吧文化为依托，充分展示体验式消费的乐趣，打造集餐饮、娱乐、时尚休闲为一体的专项型主题文化步行街区。

（许跃彬　张　震）

【北国商城东购获2项国家级荣誉称号】 2009年1月份，商务部2008年国内零售企业分等定级评审结果确定，石家庄市北国商城和东购在全国200多家百货企业中，超越众多竞争者，被评为“全国金鼎百货店”和“达标百货店”。此次国内零售企业分等定级的标准比较复杂，《金鼎百货店规范》共有9大方面（经营规模、财务指标、商品结构、经营环境、企业管理、服务水平、诚信经营、信息化建设、节能降耗）21项指标，《达标百货店规范》共有6大方面（服务、管理、诚信、环境、安全、节能）29项指标。

【美容美发星级评定启动】 年初，河北省商务厅决定在全省开展美容美发企业星级评定，并把石家庄市作为全省试点，首先开展评定活动。按照《河北省美容美发企业星级评定标准》（DB13/752-2005）规定，河北省美容美发企业星级评定分为五星级、四星级、三星级、二星级和一星级五个等级，五星级级别最高。

【推进现代服务业发展】 2009年3月25日，石家庄市出台《关于加快服务业发展的实施意见》，明确服务业发展目标和重点，确定了领导机构和保障措施。

实施“20+X”工程。为提升服务业整体服务功能和档次，改善城市形象，石家庄市在2008年谋划确定20个重点服务业项目（包括建筑面积120万平方米的正定国际小商品城、建筑面积400万平方米的药博园、建筑面积16万平方米的会展中心和希尔顿、香格里拉五星级酒店等重大项目）基础上，2009年对这些商贸项目进行补充。对投资5亿元人民币以上、3000万美元以上的服务业项目，继续纳入重点服务业项目，统称为“20+X”工程。

建设正定国际物流园。2009年5月16日，作为正博会配套设施的河北正定国际物流园开工奠基，园区建成后将成为集商品运输、仓储、配送加工、信息服务等功能于一体的大型社会化物流服务基地。该园区建成后，将成为北方最大物流园区。正定国际物流园项目分国内物流园区、国际物流园区和仓储园区三期建设，被列为河北省第三批重点产业支撑项目，也是石家庄市重点扶持的现代服务业项目，是河北省石家庄市构筑大型化、集约化、信息化的配送中心和配送体系的重要载体。

升级改造新华集贸中心和南三条市场。2009年6月12日，新华集贸中心市场升级改造启动，总投资25.3亿元，改造后新华集贸中心，将成为集商品展示展销、批零贸易、商务洽谈、物流配送、电子商务于一体的现代化大型商务区。2009年7月份，南三条升级改造动工，总投资1.5亿元，首先从外观整改入手，推进商城外立面改造升级，改善市场消防交通秩序，改造市场道路，打造大经街商业步行街，促进市场业态升级。此次南三条升级改造后完成从市场集群向街区集群的转型，实现由“批发+零售”的商业模式向“展示+零售+餐饮+娱乐”商业模式转变。改造南三条批发市场，已转型为集购物、观光、旅游、餐饮、娱乐为一体，功能完善、繁华亮丽的现代化中心商业区。

打造总部经济。伴随着发展现代服务业举措的落实，石家庄市总部经济年内呈现出良好的发展势头。东亚银行确定入驻桥西区。河北港口集团也把总部设立在石家庄，成为河北钢铁集团公司总部正式“落户”石家庄后，又一家区域资源整合后的大型集团总部落户石家庄。2009年在石家庄市落户和开办分支机构的企业总部，还有中石油河北销售总部、浦发银行、兴业银行、中国工商银行信用卡服务中心等。众多名企总部设在石家庄，有力提升了石家庄的城市形象。同时，一批位居城市边缘的企业纷纷移向城市中心，把企业总部，包括销售、研发、资本运作、战略管理等部门搬进了省会板块。河北四方通信公司厂址在城市东部的高新技术开发区，但把企业管理和研发部门设在位于市中心的开元广场。发展总部经济是石家庄市现代服务业发展的一大亮点。在石家庄市出台的《关于优化省会产业布局促进项目建设又好又快发展的实施意见》中，明确指出要发展总部经济，重点吸引跨国公司和国内大企业集团设立大区域性总部和研发、营销等职能型总部，大力吸引行业中处于领先地位的省内外民营企业在石家庄设立总部。让总部聚集带来城市文化的多元和融合，使城市生机勃勃。

重大商贸服务业项目取得突破性进展。2009年，石家庄市一批商贸服务业项目，如金正·缔景城、万象天成、广安大街等一些新服务业聚集区和中央商务区形成和崛起，成为省会功能聚集、形态新颖和生态协调的总部经济新载体。全市谋划确定的20+X服务业重点项目，以推动商贸服务业升级，提升城市功能为目标，经过完善补充，项目总数达到42个。2009年6月中旬，勒泰中心项目开工兴建，该项目预计在2013年落成，届时把家乐福、百丽集团、保利博纳影院等国内外商业巨头引入石家庄，市民可满足购物、休闲需求，还可以体验到城市生活的一种全新模式。这些重点谋划服务业项目，有许多填补了城市功能的空白，可有力提升省会商贸服务档次，完善省会城市功能。全部工程完成后，将加大石家庄市第三产业在产业结构中的比重，尤其是知识密集型现代服务业在服务业中所占比重会进一步加大，商贸项目将真正实现升级提档。

物流项目走出散小弱怪圈。2009年，石家庄市物流业大项目不断。5月16日，投资12.6亿元的正定国际物流园一期开工奠基，6月28日，正定国际物流园二期项目开工，建成投入使用后，将形成药品经销网络、配送体系，以及年交易额20亿元左右的商贸物流区域。经多次考察洽谈，湖北蓝特集团与石家庄市政府签约，在新乐市建设一个现代化的农产品交易加工物流园区。园区占地约3000亩，建设内容包括农产品交易、加工、研发等三大中心，项目全部建成实现正常运营后，年交易物流量可达600万吨以上，目标是立足石家庄，服务京津唐，把河北省特别是石家庄市建成京津唐农产品供应保障基地，将有力地带动农业产业化、加工业和服务业的发展。北方最大的医药物流特色园区建设启动，还有保龙仓集团与省市供销系统合作的大河国际农产品物流工业园项目。这些大项目的开工，改写了石家庄物流业“散小弱”历史，实现了上规模和高档次。

落实服务业特殊待遇。2009年3月25日，石家庄市出台《关于加快服务业发展的实施意见》后，全市相继出台了服务业不同行业的扶持政策。主要有支持会展业、金融业、房地产业、动漫创意产业发展、现代物流产业发展等专项政策和优化企业发展环境等方面的综合政策意见。这些意见和措施的出台，成为服务业发展的强大推动力。年内全市所有重大商贸服务业项目和物流产业项目，均享受特殊待遇。有关职能部门一周一调度，遇到问题随时协调解决。各县（市）、区政府也建立相应的综合协调工作机制，强化对本地服务业发展的组织领导。服务业项目做到优先审批、优先供地、优先供应资金、优先城建配套、优先提供保姆式服务，并对重大服务业项目实行一套人马、专司其职、特事特办、全程服务。市财政还每年安排不少于1000万元的服务业发展专项引导资金，主要用于引进国家和省服务业项目的资金配套及对重点领域、重点项目的贴息补助或以奖代补。各县(市)、区政府也在本级预算内安排一定数额的服务业发展专项引导资金，支持各自服务业项目的发展。

（刘宝芝）

【参加2009年河北省（香港）投资贸易洽谈会】 3月30日至4月3日，以市委副书记刘云峰为团长，副市长张殿奎为副团长的石家庄市经贸代表团在香港参加了2009年河北省（香港）投资贸易洽谈会。在洽谈会上，石家庄市共发布项目100项，涉及生物医药、装备制造、信息电子、现代物流、纺织、化工、农业、服务业、基础设施等行业和领域，总投资115亿美元，拟利用外资63亿美元；推出16个招商项目地块。全市共有32个外资项目签署了合作协议，总投资12.97亿美元，协议利用外资8.42亿美元。总投资1000万美元以上项目19项。

参加省、市签字仪式的项目有10项，分别是中国勒泰商业地产集团与中国建筑国际集团有限公司合资建设远洋城商业广场项目，总投资3亿美元，协议利用外资3亿美元；石家庄鼎坚市场管理公司与法诺雅（香港）国际投资有限公司合资建设鼎坚物流中心项目，总投资1.46亿美元，协议利用外资7174万美元；英属维尔京默泰克集团公司独资建设石油钻采装备项目，总投资8000万美元，合同利用外资8000万美元；河北博达实业有限公司与马来西亚富达置地有限公司合资建设拉美风情文化中心项目，总投资3亿美元，协议利用外资1.47亿美元；河北滨江房地产开发有限公司与台湾大洋百货集团公司合作建设高级零售商场项目，总投资1452万美元，协议利用外资1452万美元；香港盈创国际投资有限公司独资建设再生塑料颗粒项目，总投资8000万美元，协议利用外资3000万美元；栾城县自来水供应站与新加坡欣诺水务有限公司合资建设小城镇供水项目，总投资688万美元，协议利用外资550万美元；河北新大陆精密管件有限公司与加拿大绿山高新技术投资公司合资建设磁悬浮轴承项目，总投资2500万美元，协议利用外资625万美元；河北慧兴羊绒制品集团公司与美国奥克斯特有限公司增资建设羊绒纺织搬迁升级项目，总投资1143万美元，协议利用外资743万美元；沃林高新技术产业有限公司与香港枫林国际投资集团公司合资建设纳米啤酒瓶项目，总投资1900万美元，协议利用外资800万美元。3月31日，石家庄市经贸代表团在香港君悦酒店举办了"石家庄市发展规划说明会暨投资项目洽谈会"。参会市领导详细介绍了石家庄市的投资环境、改革发展状况、产业发展方向以及实现"三年大变样"的发展规划和美好蓝图，并举行了石家庄市项目签约仪式，共有100多位重要客商应邀参会。

（宋　涛）

【2009中国·石家庄小商品博览会】 4月26日至5月3日，2009中国·石家庄（正定）小商品博览会隆重举行，共有1168家企业参展，预订展位1560个，实际安排展位1296个，远远超出1200个展位的计划规模，香港伟志电子、上海宝姿妆业、容声电子、红豆服装等知名品牌企业专程来石参展。与上年正博会小商品展区相比，参展企业增加43.49%，展位增加32.1%。其中：品牌企业456家，占参展企业总数的35.1%；知名企业241家，占参展企业总数的18.6%；来自韩国、日本、美国、法国等国的境外参展企业41家，占参展企业总数的3.2%。展会期间，邀请到了中国商业联合会、中国副食品流通协会、中国百货商业协会、中国连锁经营协会以及各省、市的商业联合会和瑞典、美国、乌克兰、韩国等境外代表团参会参展，先后共有英国乐购、日本永旺、美国联合INT.GN公司等5000余家专业采购企业、8700余名采购商（其中有61个境外采购团组）前来参会，分别来自境外22个国家和国内31个省、市、自治区，领域涉及日用品、服装纺织、电子电器、文体休闲用品、饰品工艺礼品、五金机电产品、汽车用品、家居建材用品、绿色食品、茶具茶产品等10个大类上万个品种。2009正博会除原定的千年古韵历史文化旅游节、采购对接与投资合作恳谈会、茶博览会等7个专题活动外，又重点谋划了台资协会项目推介会、侨商投资合作恳谈会、意大利（石家庄）经贸合作推介会、新疆喀什地区（正定）招商招展推介会、中澳经贸洽谈会和四场信息发布会等9个对接洽谈活动，专题活动总数达到16个。参观人数71万人次，与上年正博会相比，参观人次增加了208.7%。累计实现综合经济效益13.259亿元，其中现场交易额5600万元，签订购销合同金额2.4亿元，达成购销意向金额4.279亿元；签订合作协议38个，协议金额3.76亿元；达成投资合作意向20个，意向金额2.26亿元。与上年正博会小商品展区相比，现场交易额增长了131.6%，购销合同金额增加了108.9%，合作协议金额增加了34.3%，合作意向金额增加了80.8%。

（刘宝芝　张贵香）

【正博会荣获全国知名品牌展会百强】 年内，在2009中国会展节庆创新发展高峰论坛和最具影响力会展节庆评选活动上，石家庄市组织举办的中国·石家庄（正定）国际小商品博览会荣获"建国60周年·全国知名品牌展会暨政府主导型展会百强"殊荣。论坛和评选活动由全国城市会展管理办公室、中国展览联盟等单位组织举办。

（刘宝芝）

【正定国际物流园开工奠基】 5月15日，正定国际物流园隆重举行开工奠基典礼仪式。正定国际物流园，是正定国际小商品城的重要配套工程，西临107国道，东至规划中的京深西大街，南至规划中的树林北街，北至正定产业园区，占地面积1500.6亩，建筑面积65万平方米，投资12.6亿元。主要建设物流商务区、物流仓储区、物流加工区、货物配载停车区、辅助作业区、物流配送系统等。项目分国内物流园区、国际物流园区和仓储三期建设。年内开工建设的为一期工程，投资5.8亿元，占地541.5亩，建筑面积33万平方米。整个项目建成后，将形成集商品运输、仓储、配送加工、整理、分拣、信息服务等功能于一体的大型社会化物流服务基地。石家庄正定国际物流园项目，被列为河北省第三批重点产业支撑项目，也是石家庄市重点扶持的现代服务业项目，是省会构筑大型化、集约化、信息化的配送中心和配送体系的重要载体。

（刘宝芝　杨彩明）

【勒泰中心项目正式开工】 6月14日，省市重点项目勒泰中心正式开工。勒泰中心为原远洋城商业广场，是河北省重点项目，石家庄市重点推进的20+X重点商贸服务业项目之一。该项目建于中山东路北侧、正东路以南，东临栗康街、西临长征街，项目总投资33亿元，由中国勒泰商业地产集团投资兴建，计划在2013年底落成。该项目是集购物、餐饮、娱乐、休闲、办公、资讯为一体的城市综合体，总建筑面积达53万平方米，融入百货商场、超级市场、餐饮设施、休闲娱乐项目、主题商场、品牌专卖店、酒店、写字楼等多种业态。

（刘宝芝）

【举办首届中国（石家庄）国际皮博会】 6月18～22日，首届中国（石家庄）国际皮革裘皮博览会在石家庄国际科技博览中心举行。展览会设置400多个展位、1万多平方米的展出面积，共有来自国内外350多家皮革、裘皮制品生产和贸易企业参展。5天时间参观群众达2万多人，贸易合同及合同意向达到1.1亿元。展会期间，来自美国、俄罗斯、意大利、日本等国家的专业贸易商及采购商、国内贸易商和销售经营企业代表等1500多人到会洽谈、采购。本次博览会汇集了包括国际国内知名品牌暇步士（美国）、金卡佛（意大利）、皮尔卡丹（法国）、希伯来（法国）、皇冠（台湾）等皮草、皮具企业，和来自天津、江苏、安徽、上海、广州等地的国内知名皮革裘皮企业，以及省内大批生产加工企业，是国内外皮革裘皮行业的一次品牌盛会。展会同期成功举办了“中国皮革裘皮市场高层论坛”。

（刘宝芝　杨彩明　潘　悦　陈　军）

【与雨润集团签约百亿元合作项目】 7月25日，石家庄市政府与江苏雨润集团在秦皇岛举行合作项目签约仪式，就雨润集团投资100亿元建设石家庄市农产品全球采购中心项目和城市综合体项目签署合作协议。江苏雨润集团是一家集食品、物流、百货、旅游、房地产等产业于一体的中国500强企业，此次投资建设的石家庄市农产品全球采购中心项目计划建设蔬菜、果品、水产、肉类、冻品、粮油、副食、调料、酒饮茶、花卉等交易区、物流配送区、综合服务区、商业配套区等；城市综合体项目计划建设集商业、办公、居住、酒店、餐饮、会议、休闲娱乐于一体的多功能复合、高度集约的街区。

（张明星）

【跃进路手机广场开业】 9月1日，市重点商业项目——跃进路手机广场正式开业，原范西路手机市场的商户在此安家落户，中国移动、中国联通、中国电信三大运营商都已入驻。跃进路手机广场建设面积18000平方米，广场入驻率达100%。

（许跃彬）

【举办2009’石洽会暨药博会】 2009年10月18日，2009’中国·石家庄国际投洽会暨第四届中国·石家庄药博会在省会文化广场隆重开幕。应邀出席开幕式的驻华使节有：莱索托驻华大使蒂贝利，阿尔巴尼亚驻华大使马忠·佩卡，赞比亚驻华大使卢潘多·姆瓦佩，以及保加利亚、安哥拉、塔吉克斯坦、波兰、越南、亚美尼亚、埃及、马尔代夫、伊拉克、孟加拉等13个国家的驻华使节。美国百特、美国金石、美国私募股权基金、多普达通讯、英国特易购、英国ACMC公司、英国巨石、日本住友、印尼三源、阿尔莎集团、台湾大润发等世界500强、跨国公司、国际知名企业的代表，也应邀出席了开幕式。开幕式当天，石家庄市有75个项目成功签约，其中，外资项目14个，总投资5亿美元；内资项目61个，总投资658亿元人民币。签约仪式上，市政府与国家发改委国际合作中心、中国钢研科技集团、北京金隅集团分别签署战略合作框架协议。签约项目高科技含量、高附加值多，签约项目个数、总投资额、合同引资额均创新高。生物医药项目主要有，以色列英菲迪尼基金与石家庄生物产业基地管委会合作设立生物产业股权投资基金项目，总投资3000万美元；香港利君国际医药控股有限公司在藁城市增资建设四药现代制剂及附属自动化物流项目，总投资1.8亿美元等；英国ACMC公司与石家庄双鸽食品有限公司在晋州市合资建设生猪屠宰及肉食加工项目，总投资3200万美元。高科技项目主要有，美国旷世开融私募基金与石家庄工大化工设备有限公司在高邑县合作建设核安全设备项目，总投资5500万美元；美国胜利扫路车制造有限公司与石家庄星达汽车有限公司在元氏县合资建设环保特种车项目，总投资2200万美元；日本住友商事株式会社与北京安泰科技股份有限公司在藁城市合资建设河冶科技中试基地项目，总投资4500万美元。10月20日，为期三天的石洽会顺利落幕。大会期间举办的第四届中国·石家庄国际医药博览会达成合同意向2.2亿元，比上年增长一倍。本届药博会共有来自省内外200余家医药企业参展，设特装展位15个，标准展位200个。其中，省外144家，省内22家，市内35家，省外企业占到70%。博览会展览面积达10000平方米。太极集团、国药控股、扬子江药业、华药集团、石药集团、石家庄四药、神威药业、以岭药业等一批实力强、知名度高的企业到会参展。吸引专业医疗机构及医药经销、批发企业1600余家，专业采购人员近万人到会参观和洽谈。药博会首次开通网上展会，网上药博会集推广、导引、展示、交流四大功能于一体，有200多家国内医药企业在网上参展。

（刘宝芝　杨彩明　张　震）

【2009首届北方茶消费品交易博览会开幕】 11月7日，2009首届北方（石家庄）茶消费品交易博览会在石家庄市开幕。这是全国首次以茶消费品为主的展会，100余家原产地茶叶及茶消费品生产企业参加了展示。2009首届北方（石家庄）茶消费品交易博览会为期三天，由中国茶叶流通协会，省、市供销社和茶叶流通协会，以及北京、天津、山西等省市茶叶协会联合举办。本届博览会以“茶品安全，品牌营销，交流合作，市场共赢”为主题，是一次高档次、高规格、广覆盖的专业性茶叶及茶消费品博览会，为全国名优茶产品提供了展示平台。同时，博览会还为产地茶叶生产企业和北方茶叶经销企业搭建了有效贸易平台。

（王　巍）

【建设区域性物流节点城市】 年内，石家庄市交通部门提出修路和用路并重的思路，大力发展物流产业，主要是依托石家庄内陆港和公路主枢纽，整合现有的物流资源，加快临港经济保税区和区域物流项目建设，实现以信息流为导向、以客流带物流、以物流促客流的协调发展局面，形成内外结合、相互联系、彼此促进的“大物流”，使交通物流产业成为合理配置资源、优化经济结构、增强竞争能力的基础性支撑产业和拉动经济增长的先导型产业。计划用三年左右时间，通过交通物流项目建设，把石家庄建设成具有强大发展活力、影响力和竞争力的区域性物流节点城市。按照计划和思路，市交通部门积极利用运输管理优势，把物流产业作为重点招商项目，大力为市物流业发展搭建平台，并与河北帝华集团、北京工商物流商会、北京京港世纪投资有限公司等大企业合作，成功签约7个物流项目，涉及医药、建材、汽车配件等多个领域，总投资150亿。(1)石家庄内陆港国际保税物流园区项目。该项目总投资30多亿元，位于藁城市良村开发区岗上镇，在石家庄内陆港西北部，总占地2300多亩。石家庄内陆港国际保税物流园区计划围绕全市装备制造、生物医药、电子信息、通信装备、纺织服装、精细化工、现代商贸物流等优势产业，内外贸结合，以外向型经济为主，构建完整的国际物流体系和多样化服务体系，形成现代化、综合性、多功能的大型综合物流园区。该项目已被列入省重点产业支撑项目。(2) 石家庄聚和港物流园项目。该项目初步选址107国道北出市口沿线，具体位置在桥东区桃园镇肖家营村附近，总占地2000亩，计划投资12亿元。功能定位：为市区北部商贸企业提供仓储、配送、第三方物流、汽车销售及汽车配件服务等，为市内货运站及周边汽车及配件市场的迁址整合创造条件，缓解城北交通压力。(3) 石家庄汇和港物流园区项目。该项目选址在107国道南出市口附近，具体位置是南石环路与裕翔街交叉口东南角，栾城县娄底镇辖区，计划投资12亿元。功能定位：整合市区南部及周边地区分散的物流产业，建设货场、货站、仓储、转运站等配套设施，为市区内商场、超市等提供配送服务，为建筑装饰装修材料、家具、家私、医药、化工等货物提供仓储、中转、配载服务等业务，开展第三方物流及货运出租等。(4) 华北国际商贸城项目。该项目位于石太高速公路与京珠高速公路交叉处，属于长安区高营镇辖区，总投资26亿元。该项目重点建设建材市场、汽车贸易市场、家电市场、家具市场、钢材市场等5大市场，着眼省会建设500万人口大都市和跨越滹沱河建设滨河新区的长远规划，配套建设一个高档楼群，主楼为一座超五星级酒店，计划79层，高300米，附楼为两栋，定位为高档写字楼，计划42层，高150米。(5) 太行医药物流配送中心项目。该项目选址于南石环路东服务区栾城县郄马镇辖区，总投资10亿元，主要发展医药配送业务，为市区医院、门诊部、药店等提供服务。(6) 河北世纪汽配物流商城项目。该项目位于裕华区体育南大街贾村、南焦村附近，总投资1000万元，以经营汽车配件和展示展销为主。(7) 京石联众国际幕墙物流城项目。该项目初步选址西石环路新华区石桥村附近，总投资60亿元，重点围绕石材、玻璃、塑钢、铝合金等城市高档建筑装修装饰，提供相应的产品和服务，同时提供商务展示、研发、生产等服务。其中，一期项目投资15亿元，占地190亩。

（王　静）

【顺邦百营物流中心落户栾城】 12月6日，河北顺邦百营有限公司投资10亿元的顺邦百营物流中心项目与栾城县人民政府正式签约。顺邦百营物流中心项目由河北顺邦集团携手河北百营集团共同投资建设。顺邦集团始建于1993年，是一家跨地区、跨行业的综合服务性民营企业。顺邦百营物流中心项目占地450.30亩，建筑面积23万平方米，拟投资10亿元。该项目依托石家庄装备制造基地，以金属材料为经营主线，为装备制造业和相关产业提供商品交易、货物仓储、运输配送、生产加工、电子商务等专业化物流服务。建成后，计划货物年吞吐量360万吨，年加工量180万吨，年交易额180亿元。

（范玉蕾　冀永辉　王晓辉）

【245个项目在长三角招商】 12月8日，石家庄——长三角经济技术合作洽谈会在杭州举行。根据石家庄市城市发展战略和产业导向，全市精选245个招商合作项目，面向浙江省工商界、长三角经济圈的知名企业进行招商。245个项目涵盖了工业、服务业、基础设施、农业产业化、重点建设产业基地和特色园区等领域，涉及总投资1082亿元。招商会上，发布农业产业化项目4个，主要有：晋州市1000亩优质蔬菜种植基地、灵寿县2万吨食用菌深加工、石家庄绿牧生态集团公司30万头养猪场等项目。工业项目81个，包括华北制药集团基因工程治疗性抗体研发及产业化；河北九派集团氨基头孢烷酸；河北远东通信工程有限公司电力配网自动化产品等项目。服务业项目70个，石家庄航空物流园区；正定国际小商品城四期；河北新龙科技股份有限公司软件外包基地等项目都在寻找合作伙伴。基础设施和基础产业项目21个，石家庄市区轨道交通1号线；深泽县城区集中供热；南部工业区日处理4万吨污水等项目。重点建设产业基地和特色园区28个，有重点发展高档服装面料产业的纺织服装基地；重点发展通用装备产业的装备制造基地；重点发展轻工光电产业的鹿泉绿岛火炬开发区等项目。本次洽谈会，石家庄市有15个项目喜结“姻缘”，总投资91.43亿元，引资66.15亿元，签约大项目，涉及工业、现代服务业、文化产业等。投资过亿元的项目有：浙江家具协会与长安区家具产业园合资建设长安区家具博览中心项目，总投资55亿元人民币；拟在长安区建设东垣

文化创意产业园项目，总投资 14.7 亿元人民币，由河北东垣文化传播有限公司与中国数字电视绿色产业联盟共同建设；温州东野电掣有限公司在元氏县独资建设太阳能发电系统项目，总投资 2 亿元人民币；四川商会在桥西区独资建设奥达装饰材料城项目，总投资 4 亿元人民币；石家庄赛凡蒂装饰工艺有限公司和榕港实业集团投资有限公司合资建设佛教文化产品项目，总投资 1 亿元人民币；江苏省常州市天亨石达化工有限公司在平山县独资建设天亨绿色家园项目，总投资 1.8 亿元人民币，项目建设规模占地面积 660 亩，建筑面积约 126000 平方米，主要建设太阳能生态住宅、多层住宅、休闲度假、商务会馆、体育健身、后勤物业服务于一体，并利用周边优势建立抗日英雄纪念室、生态环境为主的人工湖、绿化植景等；绍兴县恒美花式丝有限公司在藁城新区建设年产 4 万吨竹纤维生产线项目，总投资 5 亿元人民币；浙江大工匠有限公司在行唐县独资建设商业步行街项目，总投资 6 亿元人民币。会上签约的项目还有：杭州南方特种泵业股份有限公司在元氏县独资建设年产 1.3 万吨水泵生产线项目，总投资 3000 万元人民币；常州方园药业有限公司在栾城县独资建设 C1A 和小诺霉素生产线项目，总投资 1500 万元人民币；南京农药研究所四达化学有限公司与三农化工公司合资建设"玉米除草剂"项目，总投资 2000 万元人民币；南京顶好食品有限公司与石家庄川奇工贸有限公司合资建设年产 3000 吨金丝蜜枣项目，总投资 4000 万元人民币；上海金刚环保建材有限公司在赵县独资建设综合利用废塑料项目，总投资 6000 万元人民币；遂昌希顺炭业有限公司在赵县生物产业园独资建设年产 10000 吨废活性炭再生利用项目，总投资 3000 万元人民币。

【4 商企获选"百城万店无假货"省级示范店】 2009 年度，石家庄市有 4 商企被命名为"百城万店无假货"省级示范店，分别是建华百货大楼有限公司、乐仁堂医药连锁有限责任公司乐仁堂总店、北国先天下广场有限责任公司、东方城市广场有限公司。河北省共命名"百城万店无假货"省级示范店 32 家。"百城万店无假货"省级示范店是根据公平、公正、公开原则，经过组织申报、网上投票、考察评审、征求意见和媒体公示评选出来。评选活动由河北省委宣传部、省文明办、省发改委、省商务厅等八部门推出。

（刘宝芝）

对外贸易

【概况】 2009 年，对外贸易出现下降。全市外贸进出口受国际金融危机影响，出现较大下降。全年外贸进口 12.0 亿美元，比上年下降 13.9%；出口 43.08 亿美元，比上年下降 23.0%；全年外贸进出口总值 55.08 亿美元，比上年下降 21.2%。在出口中，外商投资企业出口额 13.35 亿美元，下降 25.3%；国有企业出口 5.67 亿美元，下降 34.4%；集体企业出口 1.3 亿美元，下降 71.0%；私营企业出口 22.63 亿美元，下降 9.1%。出口降幅低于全省降幅 11.5 个百分点，出口规模位居全省第一。服装及衣着附件出口在年内率先实现止跌回升，实现出口 10.6 亿美元，同比增长 5.4%，其中，裘皮服装出口 2949 万美元，同比增长 3.2 倍，成为全市出口商品中的亮点。为应对出口下降局面，石家庄市组织企业积极参加境内外大型展览会、交易会，先后组织参加了第六届马来西亚中国进出口商品展览会、第 105 和 106 届中国进出口商品交易会、第 19 届上海华东商品交易会、第八届（宁波）国际日用消费品博览会和第 15 届郑州商品交易会等，并协调中国出口信用保险公司河北分公司为出口企业提供出口信用担保 7.5 亿美元，为 242 家外贸进出口企业争取国家各类支持资金 2392 万元。至年底，全市办理对外贸易经营资格备案登记企业 550 家，拥有进出口经营权企业 3864 家；新增境外投资企业 15 家，项目总投资 3699 万美元，同比增长 35%，其中中方投资 3539 万美元，同比增长 69%；对外承包工程及劳务合同额 682 万美元，外派各类劳务人员 678 人，在外人数 1238 人。

（陈佩君）

【出口全省第一】 年内，石家庄市出口占据河北省首位，出口值达到43.08亿美元，进口值为12.0亿美元。唐山、石家庄及秦皇岛是河北省外贸的铁三角，也是全省对外贸易主力军，2008年三市占全省比重达55%。2009年，唐山市外贸总值仍位居第一，实现进出口值61亿美元；石家庄市实现进出口值55.08亿美元，规模列居其后；保定市实现进出口值40亿美元，首次进入前3强；秦皇岛市因煤炭出口严重萎缩，进出口值为33.2亿美元，滑落至第5位。年内唐山市进口值占据首位，进口值为41.8亿美元，出口值为19.2亿美元。

（刘宝芝　张双琦）

【添15家境外企业】 2009年，石家庄市企业“走出去”步伐加快。全市累计设立境外企业15家，其中为原境外企业追加投资3家，总投资额3699.55万美元，同比增长35.77%。至年底，全市累计兴办境外投资企业79家，其中生产型企业49家，贸易类企业30家，分布于世界30多个国家和地区。

对发达国家投资扩大。2009年，石家庄市努力克服金融危机带来的不利影响，鼓励和支持具备条件的各类所有制企业“走出去”，全市对外投资呈现出蓬勃发展的良好态势。在15家“走出去”企业中，中方投资额3539万美元，同比增长69.93%。其中，贸易企业3家，生产型企业12家。单体项目投资规模进一步扩大。投资额100万美元以上企业11家，比上年5家增长一倍多。其中投资300万美元以上企业6家，比上年增加两家，800万美元以上企业6家。15家“走出去”企业中，在亚洲国家投资3个，欧洲国家1个，非洲国家4个、美洲国家6个，澳洲国家1家，呈现出五大洲全面开花的局面。项目涉及地域广，15个境外投资项目，发达国家如美国、德国、澳大利亚等占6家，改变了过去境外投资以亚洲和发展中国家为主的局面。

资源开发项目实现新突破。2009年7月，河北矿业资源有限公司在澳大利亚投资设立了河北矿业（澳大利亚）控股有限公司，这是石家庄市第一家“走出去”开发利用海外金属资源的企业，主要从事金、铜、锌等矿产资源开发，该项目总投资达800万美元，中方投资640万美元。2009年9月，河北一达建设开发有限公司在印度尼西亚设立一达钢钛矿业印度尼西亚有限公司，主要从事锆英石等稀有金属的勘探与开发，项目总投资300万美元。

对外投资领域扩大。15家境外企业涉及纺织服装、机械制造、建筑材料、矿产资源勘探、开发，农林资源开发、化工医药、商品流通等多个行业。境外农林项目实现新突破。由河北汉和投资有限公司在乌干达投资990万美元设立的汉和（乌干达）河北农场，2009年9月份获省商务厅批准，是石家庄市投资规模最大的境外企业，也是第一个“走出去”到境外投资开发农林项目的企业。该公司主要从事农业作物种植、林业种植、畜牧业养殖等。该公司成功运营，对石家庄市农业企业“走出去”产生了很好的示范效应，为推进全市的农业企业“走出去”闯出了一条新路。

（刘宝芝　刘振华）

【出台对外贸易发展奖励政策】 年内，为扭转受国际金融危机影响进出口下滑局面，石家庄市研究出台了对外贸易发展扶持鼓励政策。对参加短期出口信用保险的市进出口企业，省财政给予保费20%的补助，市财政给予保费10%的补助。对出口额在1500万美元以下的市进出口企业，参加境外展览、进行境外考察、产品认证、商标注册、广告发布等费用，凡列入国家中小企业开拓国际市场资金项目支持计划的，国家给予50%的补助，国家资金补助部分经审核同意后由市财政提前垫付70%。对年出口额在500万美元以上（含500万美元），低于1500万美元的出口企业，同比增幅在10%以上（含10%）的，奖励人民币1万元，在此基础上，同比增幅每增加10%，增加奖励人民币3000元，最高不超过10万元。对年出口额在1500万美元以上（含1500万美元）的市进出口企业，同比增幅在5%以上（含5%）的，奖励人民币1万元，在此基础上，同比增幅每增加5%，增加奖励人民币3000元，最高不超过20万元。对年出口额在1000万美元以上（含1000万美元）的出口企业，奖励人民币2万元，其中超过1000万美元以上的部分，每500万美元，增加奖励人民币1万元。

（王　静）

招商引资

【概况】 2009年，石家庄市招商引资工作以科学发展观为指导，按照党中央“保增长、保民生、保稳定”的要求，认真贯彻省、市委的系列部署决策，深入实施“开放带动”战略，抓招商引资不松劲，面对全球金融危机带来的不利影响，不断解放思想，开拓进取，围绕全市经济社会发展战略，大力开展各种形式的招商引资活动，全市招商引资工作迈出坚实步伐，取得突出成效。加快开发区（园区）建设进度。积极推动石家庄市河北藁城经济开发区、河北辛集经济开发区、河北鹿泉经济开发区的省级开发区（园区）升级、扩区工作。全年实际利用外资实现快速增长，共计批准外商投资项目31项，总投资6.42亿美元，合同外资2.8亿美元，总投资和合同外资同比分别增长51.9%和75.2%。实际利用外资完成5.6亿美元，同比增长10.2%，其中实际直接利用外资5.43亿美元，同比增长18.6%。

【招商引资活动】 年内，全市组织参加了“河北香港投洽会”、“廊坊经贸洽谈会”、“国际投资贸易洽谈会”等大型经贸活动，精心筹办“石洽会”，还多次参加外省商会等经联机构组织的各类招商项目签约与推介活动，全市参加大小推介活动达到10余次，比上年明显增多，并取得丰硕成果。其中，在3月份河北省香港投洽会上，签署合作协议32个，总投资12.97亿美元，协议利用外资8.42亿美元（其中总投资1000万美元以上项目19项）；在5月份举办的“2009中国·廊坊国际经济贸易洽谈会”上，有6个利用外资项目签署合作协议，总投资3886.3万美元，协议外资3773.7万美元；在9月份举行的第十三届中国国际投资贸易洽谈会上，签订利用外资项目合同11项，总投资1.5亿美元，协议利用外资1.4亿美元；在10月份石家庄市举办的石洽会上，有45个利用外资项目签约，总投资12.3亿美元，协议利用外资10.09亿美元，签约利用内资项目61个，总投资658.1亿元，合同引资639.8亿元。

（陈佩君）

【华强广场项目落户民族路】 2009年10月，在石家庄经贸洽谈会上，深圳华强集团与新华区政府签订项目建设框架协议，计划投资22亿元，在民族路商业街开发建设占地57亩，集动漫、百货、休闲娱乐、写字楼、住宅于一体的华强广场项目。深圳华强集团有限公司是一家以高科技产业为主导的大型投资控股企业集团，为中国500强企业之一。

（张明星）

【市投资招商局成立】 2009年12月2日，石家庄市投资招商局成立。该局为副县级，为市商务局下属二级局，主要职责为吸引、利用国内资金以及经济合作、协作和按规定权限审批、核准、审核、申报外商投资项目及规划、管理招商引资、利用外资等方面工作。行政编制25人，工勤编制3人。其中，局长1名，副局长3名，纪检组长1名，科级领导职数10名（含纪检室）。

（陈佩君）

【石家庄市被评为中国最具投资潜力城市】 年内，2009年度“共和国六十年中国最具投资潜力城市”名单在中国特色魅力城市200强高峰论坛上公布，石家庄市名列其中。此次评选活动由美中经贸投资总商会、世界品牌组织联合举办。评选从国内600多个城市中，通过问卷调查方式，经过多轮筛选，根据生态环境友好、城市管理水平、公众认知度、经济发展水平、社会发展水平、交往水平、居民生活水平、文化事业发展水平、宜居程度、城市品牌和综合竞争力提升速度等十个方面的指标，由中外专家综合评定。2009年度“共和国六十年中国最具投资潜力城市”评选，共有45个城市上榜，河北省的唐山、廊坊也榜上有名。石家庄市排名34位，唐山排名35位，廊坊排名36位。

（靳晓磊）

供销合作商业

【概况】 2009年，市供销合作系统商品总购进45.02亿元，占计划108.05%；商品总销售49.90亿元，占计划110.87%；实现利润2504万元，占计划140%；农资销售额7.35亿元，占计划117.44%；碘盐购进4.81万吨，占计划123.33%，实现资产保值增值4.57亿元。年内，由全国供销合作总社等单位联合举办的“影响中国供销合作社60年60人·60年60事·60年60社”评选活动结果揭晓，石家庄市供销合作总社被授予“影响中国供销合作社改革先锋社”荣誉称号。此次评选活动候选人物和单位均经过全国各省级供销社推荐，并由全国供销社系统数十万干部职工参与投票推选。在基层社评选中，所辖无极县供销社和正定县供销社分别荣获“影响中国供销合作社服务旗舰社”和“影响中国供销合作社行业领军社”荣誉称号。

2009年9月26日，城区供销社红满楼连锁超市配送中心开业

【流通网络】 全年大力推进农资、日用消费品、农副产品和再生资源回收等六大网络建设，全系统共建设配送中心67个，发展各类连锁经营网点1万多个，基本覆盖全市乡村，其中，村级农资综合服务站2400个，农家店1853家，农副产品收购、经销网点650个，再生资源绿色回收站2100个。六大网络年经营额34.8亿元。经营服务领域和业态拓展，全市所有县级供销社全部开展农资连锁配送，70%以上县级社开展日用品连锁配送，已从单一传统业务向农产品购销及家电、建材等多领域发展。多数村级农资综合服务站和日用品经营网点实现了统一标识、统一价格、统一管理和统一服务。积极开展“食盐安全村”创建活动，全年共建设“食盐安全村”1600个。

【项目建设】 年内全系统谋划项目48个，计划总投资50.9亿元，开工建设项目18个，竣工项目10个，完成投资4.57亿元。现代物流项目，省重点产业支撑项目正定国际物流园项目，和海尔、保龙仓等知名企业签订合作协议，完成投资2.6亿元；省重点项目北方农资物流中心，与元氏县政府签署征地合作协议；北方农产品物流中心项目已开工建设。新兴产业项目，积极开拓会展业、典当拍卖、生态农业等新领域，其中石家庄国际会展中心项目完成投资4400万元，并与印尼力宝集团签定项目合作备忘录。再生资源回收，全市累计投入5000多万元，建成15个废旧物资市场，11个废金属集散中心，3个交易市场，1800个社区回收站，初步形成集收购—集散—加工为一体的网络体系。

（王彦生　吴　彬）

【北方农产品物流中心项目签约】 6月16日，省供销合作总社和市供销合作总社合作建设的北方农产品物流中心项目正式签约，该项目位于鹿泉市大河镇，规划占地1174亩，总建筑面积392786平方米，计划投资10亿元。建成后，年交易量可达360万吨，交易额120亿元。北方农产品物流中心计划分三期建设，是一个集先进的批发交易、仓储加工、冷链物流、分拨配送、商品展示、检疫检测、电子结算、代理拍卖、信息服务为一体的现代化、综合性、跨区域的农产品物流中心。与传统农产品批发市场相比，北方农产品物流中心突出了集散中心、冷链物流中心、配送中心、信息中心、检验检测中心、交易展示中心、交易中心、带动供销合作社基层网络建设等八项功能。

（温　婕）

2009年6月16日，北方农产品物流中心项目举行签约仪式

【农民合作经济组织】 依托组织体系和经营网络优势，积极领办创办专业合作社。全年全系统发展县级“农合联”18家，乡级“农合联”办事机构150个，领办各类专业合作社452家，专业经济协会143家，入社农户6.48万户，辐射带动农户22.7万户。推进标准化生产、品牌化经营。年内按照行业标准规范建设专业合作社100家，其中28家专业合作社被纳入全国总社“千社千品富农工程”，培育注册商标20个；建设国家级、总社级标准化示范基地2个，发展标准化生产基地21万亩。延伸合作领域。全系统积极组建“以金融担保公司、村镇银行和农业统筹保险”三位一体新型农村金融体系，为10个县12家种养殖专业社开办农业保险，保险金额94.14万元，其中2009年共为灾民赔付58.37万元。实施农民技术培训。年内举办培训班5期，培训技术能手8000人次以上，培训农民20000人次以上，其中132人取得高级庄稼医生、高级烟花爆竹营销师国家职业资格技能鉴定证书。

【改革改制】 全年积极深化县级社综合改革，大力推进基层社和社属企业重组改制。县级社综合改革，全系统共发展乡级“农合联”办事机构150个，建设农村社区综合服务中心132家。基层社重组改造，年内累计投资6815.5万元，对51家基层社进行超市改造，新建、改建营业基础设施5.3万平方米，其中正定城关、井陉小作、无极里城道供销社入选全国百强基层社。社属企业改革，全系统70%的社属企业实行了多种形式的改革，市社直属企业7家完成改制，8家资产正在审计评估。

【“名牌亮社”战略】 全市研究制定“名牌亮社”实施方案，大力推进“三名”工程。(1)树名企，强化品牌意识，加大市场占有率，实现规模扩张。正定县供销社依托瑞天大厦品牌，发展直营连锁店8家，加盟连锁店197家；河北中山日化股份有限公司成为全国十大日化经营企业之一。(2)创名店，按照“五统一”要求，规范建设农家店、农资综合服务站、食盐安全村零售店等基层网点，其中城区供销社“红满楼”连锁店年内发展到86家。(3)育名牌，推进农业标准化和规模化，引导专业社注册商标，争创名牌，先后培育“原村”土布、“甲壳素”大枣、万鸿塬蔬菜、灵洁食用菌、“芙润仕”梨果、“曦日”绿色食品、紫玉葡萄等一批具有地域、产业特色名牌产品。

【石家庄市供销合作总社直属单位】

表 24 石家庄市供销合作总社直属单位一览表

序号	单位名称	业务内容或业务范围
1	石家庄市再生资源回收管理办公室	全面负责全市再生资源回收行业的日常管理工作；依法对再生资源回收、经营等方面的工作实施监督检查，对违法、违规行为进行查处。
2	石家庄市第一棉麻总公司	主要经营棉花、棉短绒、棉机配件、棉麻仪器，兼营煤炭、棉花制品；是集棉花收购、加工、仓储、销售为一体的中一型企业。
3	石家庄市第二棉麻总公司	经营涉及棉花及棉麻制品经营等多领域。生产经营棉纱、棉布、无网被褥胎、涤棉絮片、羊毛絮片等床上用品50余种。
4	石家庄市农业生产资料总公司	以经营化肥、农药、农地膜等农资商品批发为主，房地产开发业务的综合性企业。
5	石家庄市生产资料总公司	主营化肥、农药、农膜、农机具、木材、钢材、石蜡、建材、五金交电、仓储运输服务等；兼营日用百货、烟酒副食、土产日杂、粮油、橡胶制品、汽车维修等。
6	石家庄市土产日杂总公司	主营土产品、日用杂品、炊事机械、制冷设备、环保设备、搪铝瓷器、夏凉商品、烟花爆竹、取暖用品、办公用品、家具等。
7	石家庄市土畜产总公司	主营土产品、地产品、畜产品、钢材、废钢铁、废旧电力器材、粮油等。
8	石家庄市物资回收总公司	主要经营废旧物资收购加工清仓超储物资、粮油、残次钢材、日用百货、日用杂品。
9	石家庄市副食盐业总公司	主要经营副食调料、食盐、糖茶、果品。
10	石家庄市盐业专营公司	担负着市区食盐及工业盐的批发、零售和18个县（市）区盐业市场管理工作。
11	石家庄市副食糖酒总公司	主营业务包括：干菜调味品、食盐、干鲜果品、小食品罐头。兼营糖、茶、酒、议价油。主要经营方式为批发。
12	石家庄市供销社贸易中心	下辖平安家具市场、佳农茶叶市场、佳农水产市场、东佳进出口公司等单位。
13	河北省茶叶公司	下设茶叶购销中心、连锁总部、石家庄茶厂等机构，主要经营茶叶、茶制品。
14	河北中山日化股份有限公司	以经营日化用品为主，还经营包括典当业务、拍卖业务。
15	石家庄市大众商场	地下一层，地上五层，商场安装有中央空调、扶梯、直梯，设备先进，装修一流。拥有“万家乐”、“阿里斯顿”等30个品牌、180余种商品河北省、石家庄市总代理经销权。
16	石家庄市城区供销社	现有独立核算企业19个，其中直属公司3个、基层社16个，拥有经营网点229个，服务乡镇131个。
17	石家庄高新技术产业开发区东区供销合作社	共有13个营业网点，其中，医药零售药房4个、五金百货综合商店7个。主营医药及五金百货。

石家庄市供销合作总社
党委书记、理事会主任：毕凤鸣
党委副书记、理事会副主任：
李清慧（10 月任）
党委副书记、纪委书记：李银杰
监事会主任：郭同锁（4 月免）
谢建中（9 月任）
理事会副主任：周　立（4 月免）
谢建中（9 月免）
刘占海
刘春秋（10 月免）
任素江（5 月任）
李玉民（9 月任）
监事会副主任：李玉民（9 月免）
敦建伟（12 月任）
赵义存（12 月任）
（王彦生　吴　彬）

个体私营商业

【概况】 2009 年，全市个体私营商业（从事批发、零售、住宿和餐饮业的个体户和私营企业）在国家加大投资，扩大内需一系列政策支持和引导下，继续保持稳定发展。至年末，全市登记、纳入管理的个体、私营商业总数为 17.98 万户，比上年减少 4.73 万户，同比减少 20.8%；从业人员（包括投资人雇工）58.59 万人，比上年增加 12.01 万人，同比增长 25.8%；注册资本金 353 亿元，比上年增加 15 亿元，同比增长 6%；全市个体私营商业共实现销售总额 280.2 亿元，比上年减少 11.9 亿元，同比减少 4%；社会消费品零售总额 149.4 亿元，比上年减少 35.3 亿元，同比减少 19%。

【个体商业】 发挥个体劳动者、私营企业协会作用，组织下岗失业人员参加再就业技能培训，建立下岗失业人员与个体商业业主双向选择渠道，积极为再就业牵线搭桥。改进个体商业年检方式方法，千方百计为个体商业经营者提供方便。至年末，全市经工商行政机关登记并纳入管理的个体商业（从事批发、零售、住宿和餐饮业的个体户）从事批发和零售业有 14.37 万户，从业人员 36.22 万人，注册资金 47.61 亿元，销售总额或营业收入 115.42 亿元，社会消费品零售额 83.93 亿元，其中城镇有 8.12 万户，从业人员 22.49 万人，注册资金 27.5 亿元，销售总额或营业收入 58.55 亿元，社会消费品零售额 44.1 亿元；从事住宿和餐饮业有 9110 户，从业人员 3.12 万人，注册资金 11.8 亿元，销售总额或营业收入 25.3 亿元，社会消费品零售额 9.4 亿元，其中城镇有 5960 人，从业人员 2.06 万人，注册资金 2.1 亿元，实现销售总额或营业收入 11.4 亿元，社会消费品零售额 4.8 亿元。

【私营商业】 私营商业借助国家拉动内需政策，抢抓机遇，企业实力进一步壮大。年末，全市私营商业企业（从事批发、零售、住宿和餐饮业的私营企业）在工商行政管理机关登记注册有 2.69 万户，从业人员 19.24 万人，其中从事批发和零售业有 2.61 万户，从业人员 18.37 万人，注册资金 284.1 亿元，其中城镇 1.13 万户，从业人员 4.79 万人，注册资金 89.5 亿元，营业性收入 40.1 亿元，社会消费品零售额 27 亿元，另有私人独资商业企业从事批发零售业 1616 户，从业人员 1.10 万人，出资额 4.1 亿元；从事住宿和餐饮业有 103 户，其中分支机构有 7 户，投资者及雇工人数 1532 人，出资额 3025 万元。

（李志英）

【市个私协会被授予全国先进称号】 2009 年，市个体私营企业协会在全市广泛开展民营经济合作暨招商引资活动，共收集筛选招商引资项目 120 个，投资金额达 344.58 亿元。帮助企业落实投资项目 16 个，总投资 17.29 亿元；意向合作项目 3 个，投资额 17.9 亿元。在帮扶企业融资中，针对金融危机给企业带来的影响和冲击，深入研究帮助企业拓宽融资渠道，发展小额贷款公司，组织 2224 家企业与银行举办大型银企对接融资洽谈会 33 场，达成融资意向 12.94 亿元。年末，石家庄市个体私营企业协会被中国个体私营企业协会授予“全国个私协会系统先进单位”荣誉称号。

（王　巍）

粮油购销

【概况】 2009年，市粮食系统贯彻落实国家粮食收购政策，全面加强社会粮食流通管理，坚持依法治粮、依法管粮，有力确保了粮食安全和粮食流通秩序向好发展。粮食收购，认真落实国家最低收购价政策，积极配合中储粮系统开展收购工作，同时指导企业适时开展商品粮收购，切实保护种粮农民利益。至年末，全市共收购粮食58.4万吨，其中小麦44.9万吨，玉米13.5万吨。粮食预警应急机制，进一步完善市粮食应急预案，制定粮食应急调运方案，确立应急粮油储运点56个，应急面粉加工企业6家，调整确定应急粮油供应网点141个。粮油储备，加大市县两级地方粮食储备力度，适度增加市级粮油储备规模，市级储备小麦、面粉、食用植物油均有增加，并在5个县建立县级地方储备粮。

2009年11月9日，全国人大副委员长桑国卫（前排左一）、市长艾文礼（二排右一）等领导视察家家惠大众厨房

【质量监管】 根据市委、市政府建立食品安全最放心城市的要求，制定印发《石家庄市粮食局粮食质量监管办法》，规定市县两级监管职责，明确粮食收购、储存、销售、包装、运输环节规范要求，明确对粮食收购质量、原粮卫生和粮食仓储企业、加工企业的原粮质量以及污水、重金属、化工农药、皮革等污染源区域的原粮质量和卫生状况的监管措施。至年末，全市采集原粮样品进行质量检测205个，其中收获质量样品30个，污染源区域样品20个，仓储企业样品58个，用粮企业样品50个，经销粮店样品47个，初步掌握了全市产粮、储粮和用粮企业原粮卫生质量状况，为原粮质量监管打下基础。市

2009年5月19日，国家粮食局局长聂振邦（左二）、河北省粮食局局长徐受棠（右一）等领导到国家粮食储备有限公司视察，石家庄市粮食局局长翟力献（左- ）等陪同

粮食局监测中心积极参加国家质量监测机构对比考核，并经国家粮食局标准质量中心比对考核认定，7项检测指标全部为A。

【粮油市场】 年内，全市农村粮油销售服务网点已发展到1826家，其中市军粮供应公司与元氏县蟠龙面业在乡镇建店136个。主食产品生产，在桥西家家惠大众厨房基础上，投资300万元新建速冻食品厂和两条馒头生产线，并与民营企业诚益大众厨房联合发展大众主食产业，提高了放心主食生产能力，增加了市场投放量。年末，家家惠主食产品已进驻全市各大超市和农产品蔬菜综合市场，销售网点达到300多个。市粮食部门还与省市粮食行业协会一起把“放心粮油”工程作为重点，采取宣传发动、现场考察、样品采集和专家评审的方式，10家粮油加工企业、6家粮油经营企业、1家绿色粮食种植基地被授予“石家庄市放心粮油进农村、进社区示范单位”称号。同时，在北京、石家庄市区、鹿泉、井陉、藁城等地创办高标准军粮供应特许加盟店8家，实行统一配送，受到消费者的欢迎和国家粮食局的肯定。

2009年8月11日，河北省粮食局局长徐受棠（前排左一）、副市长张殿奎（前排右一）等到鹿泉军粮特供店视察

【粮食执法】 出台《石家庄市市级储备粮管理办法》、《石家庄市粮食局行政处罚自由裁量权实施办法》、《石家庄市粮食局行政处罚自由裁量权执行标准》、《石家庄市粮食局粮食质量监管办法》等执法文件。至年末，全市出动执法人员6000多人次，先后对2912户粮食加工企业、粮油经营网点、转化用粮企业、粮食经营企业、个体收购户的经营行为进行巡回检查，共查办粮食行政执法案件295例，其中责令改正142例，警告29例，罚款45例，取消粮食收购资格4例，移交其他部门处理75例。年内，市粮食执法工作被评为全国先进单位，省粮食局还在石家庄市召开了推广经验现场会。

（单丽娟）

2009年4月10日，全市粮食清仓查库工作现场，检查人员正在对粮食进行采样

成品油供应

【概况】 2009年，中国石油化工股份有限公司河北石家庄石油分公司以经营为中心，强化资源调度，优化物流配送，加大营销策略实施，统筹推进网络、管理和队伍建设，企业整体工作实现了新的突破和提升。至年末，公司累计完成销售总量97.18万吨，实现利润1.39亿元。加油站实现新增6座，资产化项目2座，形象改造项目8座，新开业8座。便利店改造6座。清理取缔"假中石化加油站"17座。

【市场营销】 全年公司面对油价起伏不定和成品油市场诸多不确定因素，不等不靠，积极想办法找对策，研究应对方案，合理调配资源。组织开展全员全网络销售，以全员销售劳动竞赛为载体，强化考核激励机制，有效调动了干部职工的积极性。广大干部职工走向市场一线，开展全方位市场调查，了解客户需求，深挖市场潜力，扩销增量取得显著成效。在资源紧张情况下，公司积极履行社会职责，抽调12辆运输车，确定73座重点供应站保障了农业"三夏"油品供应。

【非油品业务】 全年"易捷"便利店（2008年下半年开业）开拓经营思路，加大市场信息采集，完善商品陈列，扩大适销对路商品跟进，丰富商品种类，突出重点商品销售，精心打造样板店和精品店，做到非油品业务多项指标名列河北省石油系统前列。到年底，公司已开设便利店64个，单店日均营业额从年初684元提高到1334元。

【竞赛活动】 年内，公司在争先创优和"百日练兵"等竞赛活动中，获得河北省公司"职业技能竞赛和技术比武复赛综合团体奖"及"我要安全"活动知识竞赛团体第一的优异成绩。全年公司有57站次获得河北省公司"销售明星加油站"称号，有162人次获得河北省公司"加油站销售能手"称号，其中参加总公司销售竞赛比武，取得1金2银1铜奖牌，为市公司和河北省公司争得了荣誉。

中国石油化工股份有限公司
河北石家庄石油分公司
经理：田凤林（12月免）
王树伟（12月任）
党委书记兼纪委书记、工会主席：
尹保民
副经理：张福聚（12月免）
王旭东　王晓茹

（张路萍）

商业集团

【石家庄北国人百集团有限责任公司】 石家庄北国人百集团有限责任公司（简称北人集团）是经石家庄市政府批准，于2000年由石家庄北国商城和人百集团合并组建的国有独资企业，2008年3月改制为国有控股企业。2009年，北人集团面对复杂多变的市场竞争环境，发扬"勇争第一"企业精神，全面分析、准确判断、从容应对，积极开展"百日大会战"等促销活动，拉动消费，繁荣市场，继续保持了稳健发展的良好势头，全年实现销售收入116.75亿元，同比增长37.29%；实现利税30213万元，同比增长47.7%，实现了里程碑式跨越式发展，成为河北省首家年销售额过亿元商贸流通企业。年内，北人集团新签约百货店2家，新开超市1家，签约1家；电器连锁以家电下乡为契机，开发加盟店5个，新增授权注册网点313个；珠宝专卖新开店6家。至年末，北人集团共拥有百货店9家（含未开业2家），超市连锁店16家，电器连锁店、加盟店23家，珠宝专卖连锁店35家；新增营业面积19261平方米，总营业面积累计达到近60万平方米。2009年，北人集团继续坚持开展“十百千工程”，为大学生提供实践机会，还出资百万元赞助第五届“北国杯感动省城人物评选”活动。年内，北人集团获得中国商业联合会颁发的“连续5年（2005～2009年）稳居全国重点零售企业30强”、“2009年度百货店百强企业”、“2009年度全国重点商业企业集团”等荣誉称号,集团党委也被河北省委授予“全省优秀基层党组织”称号。

石家庄北国人百集团有限责任公司
董事长、党委书记：王印行
总　裁：白　珊
党委副书记、纪委书记、工会主席：那洪彬
副总裁：郝根彦
副总裁：杨　月
财务总监：李长河

石家庄北国人百集团有限责任公司所属主要企业情况：

1. 石家庄北国商城

石家庄北国商城成立于1996年1月26日，地处河北省省会石家庄市CBD商业中心，建筑面积10.5万余平方米，经营面积7.5万余平方米，是北人集团旗下主干企业，主营百货、家电、食品等大类商品。北国商城开业后，注重品牌经营，以高档次商品、高质量服务、高水准购物体验誉满华北，众多国际顶级品牌也相继入驻带来品牌背后的深厚文化，为石家庄市注入了时尚新纪元。北国商城一直以令人瞩目的业绩雄踞省会商业龙头之位，近十年每年销售额均以30%左右的比例递增，成为国内颇具影响力的大型零售商场。2009年，北国商城实现销售收入34.6亿元，其中百货类实现销售收入19.1亿元，同比提高22%；DIOR、LANCOME、白领、周大福、周生生、谢瑞麟、六福、劳力士、欧米茄等品牌销售均超千万元。年内，北国商城荣获河北省第一家“金鼎百货店”。

石家庄北国商城
总经理、党总支书记：冯惠云
副总经理：朱元庆
副总经理助理：张寿敏

2. 石家庄人民商场股份有限公司

石家庄人民商场股份有限公司前身为人民商场，始建于1947年12月7日，是新中国成立最早的商业零售企业之一。1994年6月30日，经省政府批准，人民商场改制为股份有限公司。主要经营服装鞋帽、日用百货、针纺织品、劳保用品、电子计算机等，建筑面积61843平方米，经营面积40000平方米。2003年，石家庄人民商场股份有限公司建成新百广场，经营面积3.1万平方米。2009年，石家庄人民商场股份有限公司从业人员达到2000多人，实现销售收入90945万元，同比增长37%；上交利税3149万元，同比增长43%。年内，新百广场被国家商务部评为“达标百货店”，被河北省消费者协会、石家庄市人民政府保护消费者合法权益办公室评为2008年度“消费与责任”主题年优秀企业，被河北省工商行政管理学会评为河北市场诚信守法公众满意单位。

石家庄人民商场股份有限公司
总经理、党委书记：刘　东
党委副书记、纪委书记、工会主席：倪泉龙
总经理助理：张　谦
总经理助理：张东方

3. 河北北国先天下广场有限责任公司

河北北国先天下广场有限责任公司（简称先天下广场）于2005年成立，2006年5月1日试营业。2007年10月，先天下广场携手国际商业设计公司进行了升级改造，2008年1月19日正式开业，经营面积12万平方米。先天下广场为高端百货购物中心，以奢华、经典、流行、时尚为主线，集合了国际奢侈品、著名品牌和国内一线主流名品。2009年1月，先天下广场成为石家庄北国人百集团有限责任公司控股的外商投资企业，注册名称河北北国先天下广场有限责任公司，为独立法人单位。2009年，先天下广场以巩固高端定位，合理规划经营资源，扩大市场占有率，提高服务质量为经营目标，以创建高效细致运营机制，实现各项工作标准化管理，完善和发展管理技术，培养引进高素质人才为管理目标，成功实现国际奢侈品牌GUCCI、ANMANI、菲拉格慕等一批国际一线品牌入驻开业，成为引领省会高端风尚的标志性购物中心。至年末，先天下广场经营面积93878万平方米，实现销售收入97146万元（含家电、超市），同比增长31.68%；实现利税2649万元，同比增长305.05%。年内，先天下广场获得省级“百城万店无假货”荣誉称号。

河北北国先天下广场有限责任公司
常务副总经理、党总支书记：
张瑞平
副总经理：鲁　毅
总经理助理：张文瑛
（石家庄北国人百集团有限责任公司办公室）

【石家庄东方城市广场有限公司】石家庄东方城市广场有限公司成立于1992年7月7日，位于省会商业黄金地段，营业面积约5.5万平方米，是一家集购物、餐饮、娱乐、休闲、物业管理为一体的大型综合性商业企业。自1996年9月29日开业起，石家庄东方城市广场有限公司凭借敏锐超前的现代商业意识、严密科学的管理体系，艰苦创业、发展变革，在同业竞争异常激烈形势下，连续保持持续、稳定、高速的发展。2009年，原石家庄东方城市广场有限公司大股东中国东方资产管理公司通过公开竞价方式转让其持有92.73%的股权。9月25日，银座股份与山东鲁商集团组成联合竞买体成功竞购，银座集团股份有限公司以9.25亿元受让中国东方资产管理公司股权，正式成为石家庄东方城市广场有限公司大股东。年内，石家庄东方城市广场有限公司面对大股东股权转让特殊时期，以稳定为大局，以发展为导向，针对市场竞争格局转变和消费市场、消费行为、购买力下降变化，贯彻实施差异化品牌战略，优化品牌结构，打造品牌核心竞争力，进行经营布局微调，完成南立面楼体夜景照明改造及广场升级工程，强化增收节支意识，推进节能降耗和挖潜增效，稳步实现了公司定位目标。年末，石家庄东方城市广场有限公司实现销售收入11.7亿元，被国家商务部评定为“金鼎百货店”，并连续4年荣获“百城万店无假货”省级示范店。

石家庄东方城市广场有限公司
总经理：王二梅
副总经理：杨绪强　李建刚
王　菲　袁建武
李　勇　姚　伟
财务总监：陈会生
（叶秉燕）

【河北保龙仓商业连锁经营有限公司】　2009年1月9日，河北保龙仓商业连锁经营有限公司（简称保龙仓）第12家直营店——胜利店正式开业。保龙仓胜利店位于胜利北大街与光华路交叉口西北角，卖场总建筑面积12000平方米，位于地下负一层；地下停车场面积10000平方米，位于地下负二层。胜利店超市营业面积6500平方米，其中生鲜区面积1600多平方米，是保龙仓生鲜占比最高一个门店。另外，胜利店还拥有3200多平方米的精品商业街。11月10日，省会石家庄遭受罕见雪灾。11月12日晚，国务院总理温家宝、副总理张德江、国务院秘书长马凯，河北省委书记张云川、省长胡春华，市委书记车俊等到保龙仓购物广场店查看蔬菜等副食品供应与价格情况，对保龙仓在雪灾中各项工作表示肯定。2009年，保龙仓实现销售收入31.56亿元，并以品牌价值32.96亿元进入2009年中国品牌500强，位列2009中国连锁百强第73位。年内，保龙仓获得全国“百城万店无假货”活动示范店和河北省百强企业等荣誉称号。

河北保龙仓商业连锁经营有限公司
董事长：秦　宏
总　裁：吕清浩
副董事长：戴辉
财务总监：冯旭东
副总裁：王彦峰　张文忠
张旭彪　刘恩博
静晓娜
（刘志军）

【石家庄天元发展有限责任公司】石家庄天元发展有限责任公司前身为石家庄市蔬菜副食品总公司，成立于20世纪60年代初期。计划经济时代，蔬菜公司承担全市人民的“菜篮子”，包括日常油盐酱醋到各种蔬菜肉食供应。1998年9月，蔬菜公司成立了石家庄市第一家综合性超市——天元超市。2004年4月，石家庄市蔬菜副食品总公司经市国有资产管理委员会核准改制，成立石家庄天元发展有限责任公司。2009年，石家庄天元发展有限责任公司已发展成为以超市和便利店连锁经营、时尚服饰市场、商务酒店为主业，兼营商业地产开发、物业管理、餐饮、食品代理等多业态并举的集团化公司。集团下设天元超市（便利店）连锁分公司、河北天元名品物业管理有限责任公司、天元商务酒店、天元兴达物业服务有限责任公司、天元圣达食品经销有限责任公司、天荟商贸公司和天元博隆房地产公司，另有参股企业石家庄天元名品商业管理有限公司和石家庄市海城房地产公司。天元名品服饰城位于石家庄市繁华商业中心，是天元集团的支柱产业，采用“市场化经营，商场化管理”经营思路，填补了省会少男少女服装服饰专业市场空白。天元超市连锁分公司是天元集团主营行业，经营范围涵盖粮油、副食、速冻、生鲜、日化、日杂、营养、酒水等品类。天元超市和便利店分布在全市大街小巷，店铺实行统一采购、统一价格、统一配送、统一核算、统一结算、统一服务规范、统一策划宣传7个统一管理，已全部实现自动配货和自动补货配送功能。天元酒店管理有限公司是天元集团旗下一家自主经营的经济型酒店，位于省会桥东商业区。天元圣达食品经销有限责任公司主营冻品总经销、总代理业务，是石家庄市最大的冻品经销公司，代理品牌包括“三全”、“伊利”、“迎客”等。天元兴达物业服务有限责任公司是一家综合性经营管理企业，集物业管理、场地租赁为一体。物业管理涵盖省会20余个小区，服务居民千余户；租赁场地300余处，总面积2.8万平方米。河北天元博隆房地产开发有限责任公司，成立于2008年4月，为天元公司出资注册全资子公司，是集房地产开发、销售、物业管理为一体，业务范围涉及房地产开发、工程预算、工程维修、商业项目运作等方面。天荟商贸有限公司成立于1993年1月，在省会首家创办“爱心便利店”，安排多名下岗、失业职工及大中专毕业生就业。2009年，石家庄天元发展有限责任公司拥有超市及便利店60家，员工650人，退休职工(含内退)2340人，营业面积5万多平方米，实现营业收入1.53亿元，上缴税金862.72万元。年内，石家庄天元发展有限责任公司获得石家庄最具影响力零售企业、河北省AAA级商业信用企业和中国AAA级商业信用企业等荣誉。

石家庄天元发展有限责任公司
董事长、总经理：杨立新
党委书记、工会主席：刘荣秀
副总经理：郭建华　狄新建
财务总监：胡凤琴

（康惠英）

【石家庄建华百货大楼有限公司】 石家庄建华百货大楼有限公司（简称建华百货）位于中山东路与建华大街交叉路口，1983年4月正式营业，是省会老字号商业企业之一。2001年6月，建华百货实现产权制度改革，转制为建华百货大楼有限公司。建华百货共有六层，职工680余人，营业面积12000平方米，经营商品6万余种。2009年，建华百货以社区百姓、城乡居民为目标群体，以市场定位为基准，适应消费者需求变化，先后引进海尔空调、老凤祥珠宝、瑞士拜戈表、鳄鱼恤、男女主角鞋品、金利来羊毛衫、雅宝思蒂羊绒衫、杉杉、红蜻蜓、3D·M女装及户外骆驼休闲系列、CBA运动、休思顿男装等，对不适销品牌进行了淘汰。同时，从强化服务意识出发，积极发挥劳动模范、明星与标兵带动作用，在细微之处体现人性化、亲情化、超值化服务，用良好形象赢得消费者、赢得市场。全年建华百货销售

建华百货大楼组织员工进行体操锻炼

总额实现逆势增长，共实现销售收入1.43亿元，同比增长7%；上缴税金126万元，同比增长16%。年内，建华百货获得中国企业信用评价AAA级信用企业、“百城万店无假货”省级示范店和石家庄市百强企业等荣誉。

石家庄建华百货大楼有限公司

董事长、总经理兼党委书记：郜墨昌

副总经理：孙同斌　叶曼茹　杨新元

党委副书记、纪检书记、工会主席：赵建平

总经理助理：何新杰

（建华百货总经理办公室）

【石家庄饮食集团公司】 石家庄饮食集团公司（简称饮食集团）前身为石家庄饮食服务公司，建于1956年。1994年，经市经贸委批准组建成立石家庄饮食集团公司。1998年，石家庄饮食集团公司将市服务公司和地区食品公司合并，同时，将天府大酒店和中华酒店划归新燕春集团。2009年，饮食集团拥有燕风楼烤鸭店、釜洋斋、中和轩饭庄等餐饮企业20余家，在岗职工2200余人，离退休职工2500余人，经营资产3.4亿元，实现营业收入1.3亿元，同比增长2%。其中所属餐饮企业新山东大酒店学习京城鲁菜经验，推出新口味绿色养生菜品；富豪大酒店更新应季风味炒菜百余种，引进美味牛扒，中西食尚广东合壁菜60余种；福满楼、御膳阁、天辰美食城等单位对经营品种进行较大幅度调整。至年末，饮食集团所属餐饮企业调整经营品种达到600余个。

石家庄饮食集团公司所属主要餐饮企业情况：

1. 燕风楼烤鸭店

燕风楼烤鸭店为国家特级酒家和中华餐饮名店，位于石家庄市建设北大街105号，是饮食集团骨干企业之一，主要经营北京烤鸭和北京菜肴，是集餐饮住宿为一体的国有中型饭店。现有职工370余名，其中拥有中级以上技术职称200余名，工人技师27人，高级工人技师9人，国家级服务大师1名。餐厅营业面积1800平方米，可容纳800人同时就餐。2009年，燕风楼烤鸭店实现经营收入2976万元，同比增长11%；实现利税422万元。

2. 釜洋斋

石家庄市釜洋斋餐饮有限公司，成立于2003年，位于石家庄市胜利北大街102号，是餐饮市场迅速崛起并蓬勃发展的品牌，也是清真饮食业最具实力的连锁机构。釜洋斋以火锅经营及清真炒菜为主，引进中华名小吃“羊肉烩面”。2009年完成营业收入870万元。

3. 中和轩饭庄

中和轩饭庄始建于1920年，以“中华名小吃”中和轩蒸饺为龙头，经营各种清真菜肴，是一家老字号清真饭店。拥有中和轩新华店、中和轩中山店和中和轩中山西店，各店环境典雅、简洁，富有浓郁的伊斯兰民族特色。2009年完成营业收入1500万元，同比增长5%。

年内按照市国资委要求，饮食集团配合中介机构进行清产核资、土地评估、财务审计，对资产评估范围及结果进行公示；召开第十二届九次职代会，通过《职工安置方案》，其中集团公司改制已在河北省产权中心挂牌转让，受让方确定工作正在进行。

石家庄饮食集团公司

总经理、党委书记：许振科

副总经理：王建辉　李开忠　王正彬　李润民

党委副书记：郭庆伟

总会计师：郭继荣

（姚玉民）

【石家庄国大集团有限责任公司】 石家庄国大集团有限责任公司（简称国大集团）于2001年经省市政府批准与省建设投资公司进行资产重组，将相对控股“国际大厦”上市公司28.48%的股权转让给省建设投资公司。2001年至2003年，根据市政[2001]年42号文件和原政府体改委的改制意见，对所属7家子公司进行了改制，其中5家全部民营化，2家民营成分占主体，公司有部分参股。2006年，按照市国资委建议，国大集团收缩战线，按规定程序将国大房地产国有股溢价推出，并不再对御温泉投资。转制过程大量资产损失和职工安置费用，均由国大集团承接。改制后，国大集团注册资本1.4亿元，有参控股公司5家（河北国大连锁商业有限公司、北方药博园有限责任公司、石家庄国大酒店经营有限公司、石家庄国瑞企业管理服务有限公司、石家庄洛杉奇食品有限公司），职工2286人，离退人员1627人。

至年末，国大集团实现营业收入21147万元，实现利润469万元，同比增长15.23%；资产总额5584万元（有效资产1242万元），负债总额7582万元，净资产－1998万元。

石家庄国大集团有限责任公司所属连锁、食品、酒店企业情况：

1．河北国大连锁商业有限公司

2009年，36524品牌价值提升，市场占有率提高；便利店新增门店101家，另有195家“万村千乡”便利店通过检查验收。5月19日，国大连锁入选中国特许经营连锁百强企业。至年末，公司实现销售收入16604.8万元，同比增加3249.3万元，实现利润164.6万元，同比增加155.3万元。

2．石家庄洛杉奇食品有限公司

2009年，公司金凤扒鸡和洛杉奇品牌进一步整合、提升，企业向研发生产、管理、营销集约化转化。全年新开肉食加盟店43家，店铺总数达到87家，新开面食连锁店8家，面食店总数达到28家。9月22日，“金凤”、“洛杉奇”分别获得最具影响力河北十大品牌和最具竞争力河北十大品牌称号。年底，公司已向国家文化部申报金凤扒鸡为“国家级非物质文化遗产”。

3．石家庄国大酒店经营有限公司

2009年，驿家365品牌在经营好8家经济型酒店基础上，新开业2家驿家365品牌酒店，4月和12月，省博物馆店和建设大街店分别投入试运营。同时，利用驿家365连锁酒店自主品牌，探索开辟加盟店新路子，年底已有2家加盟店签署加盟协议。7月21日，驿家365连锁酒店获得中国经济型连锁酒店十大影响力品牌荣誉称号。

石家庄国大集团有限责任公司
董事长、总经理、党委书记：
吕毅华
副总经理：于树中　秦兴民
党委副书记、纪委书记、工会主席：
白　岩
（胡振菊）

【石家庄燕春集团有限责任公司】 石家庄燕春集团有限责任公司（简称燕春集团）前身为石家庄新燕春集团有限责任公司，1998年7月1日组建，由燕春饭店和天府大酒店合并成立，为一家国有独资公司。2009年4月，经市国资委同意，新燕春集团成功改制，以协议转让方式将整体国有产权全部转让给石家庄大远东房地产有限公司。2009年4月17日，正式签署《国有产权转让合同书》，并经省产权交易中心确认，按合同约定结算交割完毕。新公司属民营企业，名称变更为石家庄燕春集团有限责任公司。

（燕春集团办公室）

【石家庄物产集团有限公司】 2009年，石家庄物产集团有限公司（简称物产集团）实现市场交易额25.83亿元，同比减少3.6亿元，下降12.23%；主营业务收入17826.92万元，同比减少4152.9万元，下降18.89%；资产经营收入3310.40万元，同比增加84.63万元，增长2.62%。国外项目，物产集团驻喀麦隆办事处签订喀麦隆Camtel电信公司太阳能供电项目进入实施阶段，签订中国驻喀麦隆经参处游泳池太阳能供热工程完工，正在加紧开辟集装箱太阳能产品在喀麦隆市场销售；国内项目，代销天津诺尔电气有限公司各类机电产品合作协议进入操作阶段，规划建设现代物流园区和旧机动车交易园区正在筹划中。所属企业改制破产工作进入收尾阶段，剩余5家改制破产企业除市机动车交易中心外，市化工轻工总公司、市建筑材料总公司、市物通化轻建材销售中心、市第二机电设备总公司职工均已领取经济补偿金或安置费。合同管理，至年底，已备案62份，涉及合同金额457.2万元，其中续签合同37份；新审签合同9份，涉及租金额94万元。制度建设，起草完成《规范国有改制、破产重组企业法人治理结构及股权转让指导意见》和《集团公司负责人薪酬补充意见》。年内物产集团对所属9家企业领导班子和49名领导干部进行考核，对4家单位党组织班子实行调整，1家单位选举产生新一届党委、纪委和工会组织。全年物产集团走访慰问离退休干部、困难职工、党员、军转干部1500多人，送去慰问品及慰问金价值20多万元；为军转干部发放补助金170.3万元，为特困军转干部争取特困职工优待证85个，救助款4.25万元；其他特困职工办理特困职工优待证31人。

石家庄物产集团有限公司
董事长、党委书记、总经理：
马保全
副董事长：隋 戈
党委副书记、纪检书记、工会主席：
高国辉
副总经理：吕春辉 李利身
田京力 王山珍
胡文正

（李 敏）

旅 游

【概况】 2009年，全市旅游业平稳发展。全年接待国内旅游者1890万人次，创收98亿元人民币，同比增长10%；接待入境旅游者10.6万人次，其中外国人9.3万人次，创汇4000万美元，同比增长8%；实现旅游业总收入101亿元，同比增长10%。全市新建、续建旅游项目60个，计划投资11亿元，实际完成投资17.1亿元，同比增长55.4%。总投资7.45亿元的西柏坡旅游快速路、子龙大桥旅游专线公路竣工通车。西柏坡爱国主义教育基地群建设工程、石家庄市城市规划馆、联邦明珠空中花园、中国人民银行旧址纪念馆暨河北钱币博物馆、西苑温泉度假村享水湾项目、晋州魏征故居项目、抱犊寨景区综合治理工程、苍岩山综合整治及升级改造一期工程、天桂山–银河洞景区升级改造一期工程全部竣工。石家庄旅游集散中心及平山、鹿泉百尺杆、正定瑞达花园三家游客咨询服务中心开放营业。藁城御温泉度假小镇二期工程、藁城滨河公园项目、天山海世界二期改造工程、正定瑞达花园酒店升级改造工程以及井陉石鼓寺、平山黑山关和天台山等景区正在建设。驼梁–五岳寨旅游资源整合项目稳步推进，2009年共投入资金2000余万元。五岳寨景区建成多处人工瀑布、水潭等水上景观，完成30余千米高

沕沕水景区

银河洞景区

藤龙山景区

标准步游路建设，建成五岳寨主峰新地标，五岳寨客运索道成功签约。驼梁景区对前大地度假村环境进行综合整治，改建景区步游路，完成亚高山草甸拓展保护、水景系列等工程。2009年11月，驼梁景区晋升为国家级自然保护区。旅游商品开发工作形势喜人，藁城宫灯、辛集皮贴画荣获中国国际旅游商品博览会入围奖，藁城宫灯被上海世博局批准为2010年上海世博会特许商品。藁城宫灯博物馆和晋州周家庄荣获河北省首批工农业旅游示范点称号。

【推进宣传促销】 4月份，以石太高速铁路开通为契机，赴太原市成功举办“燕赵古韵魅力之城”石家庄（太原）旅游推介会，发放旅游消费券百万元，并与太原市旅游局签署石太双向旅游“一证通”合作协议，刺激和提升了来石家庄旅游的山西游客人数。8月份，借石家庄–昆明航班开通之机，随省旅游局赴昆明宣传推介石家庄市旅游产品及线路，促进了滇石两地旅游交流与合作。同时，创新营销模式，营造旅游宣传立体平台。在北京市投放公交车厢广告，宣传石家庄旅游，来石家庄旅游北京游客显著增多；发挥网络宣传优势，在石家庄旅游网持续对全市旅游信息进行密集发布，精心推出《2009石家庄自助游》等专题栏目，充分展示魅力石家庄风采，为游客提供个性化以及便利详尽的出行参考；还参加省旅游局和河北日报报业集团共同主办的“2009选美河北——河北最美30景”活动，石家庄市西柏坡、驼梁–五岳寨、赵州桥、隆兴寺、抱犊寨景区高票入选。

【举办旅游活动】 围绕旅游宣传和消费，全年石家庄市先后举办一系列旅游活动。其中，举办第二届正定春节大庙会，接待人数和旅游综合收入等各项指标创下历史新高，并在中央电视台进行直播报导；举办世界旅游小姐国际选美大赛全国总决赛暨颁奖晚会，显著提升石家庄市知名度和美誉度；举办第二届石家庄旅游博览会，为全市旅游企业搭建起与外地旅行商交流与合作平台；举办“第五届清凉山冰雪文化旅游节”，将滑雪温泉民俗游产品变成冬季旅游“热”点；以乡村旅游为重点，推出栾城草莓采摘节、赵县梨花节、藁城红梨采摘节等系列春季踏青赏花旅游产品；在黄金周和小长假期间，推出苍岩山传统大庙会、正定千年古韵历史文化旅游节、晋州魏征旅游文化节、五岳寨端午美食文化节等丰富多彩的旅游节庆活动，均取得良好的经济和社会效益。

【出台优惠政策】 年内，为刺激旅游消费，全市推出多项旅游惠民政策。赵州桥、嶂石岩、隆兴寺、五岳寨、抱犊寨等景区面向游客发放旅游消费券；苍岩山、五岳寨、天桂山、棋盘山、东方巨龟苑等景区在传统庙会、旅游节等活动期间推出对游客优惠票价、对旅行社优惠政策；矿区推出“矿区旅游一票通”和优惠年卡。至年末，全市向游客实行优惠政策让利近5000万元，极大地刺激了周边游升温。

【强化行业管理】 制定《石家庄市旅游行业甲型H1N1流感控制应急预案》，组织旅游行业做好甲型H1N1流感疫情的预防和应急处理工作，实现了全年无重大安全责任事故目标。继续实行旅游安全一票否决制度，旅游安全目标责任书签订率保持100%。积极组织全市93家诚信旅行社开展诚信旅游进社区活动，大力净化旅游市场。为引导和帮助旅游企业抱团取暖，提振信心，提升运营水平，先后举办第四届燕赵旅游论坛、全市导游员培训班、第二届石家庄旅游博览会和第八届全国旅游城市旅游质监互动协作会议。在给旅游企业排忧解难上，全市国内旅行社暂退50%质量保证金。至年末，全市完成19家A级旅游景区年度复核验收，区域内28家二、三星级饭店复核、复评，193家旅行社业务年检，其中179家旅行社通过，14家被注销。全市3975名导游员进行IC卡刷卡年检，发放了2008年度通过导游资格考试考生的导游资格证书和IC卡。还完成全市旅行社质量保证金转存及经营许可证换发。

（邹　伟）

【环渤海湾旅游运营商战略联盟成立】 10月17日，中国环渤海湾旅游运营商战略联盟（简称“环旅”联盟）在石家庄市成立。“环旅”联盟成立后，计划整合区域内旅游资源，共同编制“环旅”联盟旅游线路，加大对旅游市场的推广，逐步实现区域无障碍旅游。中国环渤海湾旅游运营商战略联盟由河北省文化产业协会和河北省环渤海湾经济技术集团有限公司等 20 家旅游运营企业和相关单位共同发起，并与北京、天津、河北、山东、山西、辽宁和内蒙古自治区知名旅游企业协商成立。“环旅”联盟以推动环渤海湾地区旅游经济圈形成，构建区域化旅游产业带，建立京、津、冀、晋、鲁、辽、蒙等七省（市、区）旅游企业“自愿、平等、互利、共赢”合作平台为目标，致力打造有影响力的“环旅”联盟旅游品牌。

（刘宝芝）

【驼梁晋升为国家级自然保护区】 2009 年 11 月，第五届国家级自然保护区评审委员会在北京对 18 处晋升国家级、5 处调整自然保护区进行评审，驼梁自然保护区顺利通过评审，晋升为国家级自然保护区。驼梁自然保护区位于平山县境内，保护区总面积 21311.9 公顷，是太行山中段生物多样性最丰富、最具代表性的典型区域，属森林生态系统和野生动物类型的自然保护区。保护区内水资源丰富，是滹沱河支流——卸甲河、柳林河的发源地，是省会石家庄的饮用水源地和京津地区的备用水源地。驼梁自然保护区森林生态系统发育良好，从山谷到峰顶分布着白桦、松柏、枫树等树种及灌木草本植物，有野玫瑰、丁香等奇异花卉和黑木耳、蘑菇等山珍野味，还有黄芪、当归等上百种名贵中药材，涉及 102 科、686 个高等树种，植被覆盖率达 98%。驼梁自然保护区主峰海拔 2281 米，为河北省五大高峰之一。驼梁景区依托青山绿水被河北省内外称为“避暑圣地”。

嶂石岩景区

驼梁景区

（曹永刚　杨海潮）

【赞皇被授予中国优秀生态旅游县】 年末，在北京召开的 2009 第三届中国旅游论坛暨中国旅游高端智库专家联席会议上，赞皇县被授予“中国优秀生态旅游县”称号，成为河北省唯一获得此项殊荣的县区。赞皇县立足资源优势，在中部浅山丘陵区大力发展经济林种植，大枣种植 52 万亩，核桃种植 15 万亩，区域特产丰富，空气清新，结合文明生态村建设，“住在农家，吃在农家，美在农家，乐在农家”原生态农家游红火。在西部深山区，有原始次生林和嶂石岩地貌。全县 45.7% 的森林覆盖率和隽秀的山水已聚集成生态财富。国家地质公园——嶂石岩风景名胜区获国家 4A 级景区、“河北最美的地方”等多项桂冠。新开发棋盘山风景区以松涛、杏雨、古道、奇峰等自然景观和北魏长城、四相公寨等人文景观吸引众多游客。

（贾奉忱）

金　融

金　融

概　述

2009年，按照市政府《关于支持金融发展的若干意见》的要求，进一步优化金融生态环境，开展政银战略合作，实施银企对接服务，推动企业上市融资，鼓励金融机构引进来走出去，全市金融业实现了持续健康发展。首先，金融机构引进来走出去成效明显。2009年5月中国工商银行全球客户服务中心正式确定落户石市；2009年5月28日兴业银行石家庄分行顺利开业；2009年12月11日香港东亚银行石家庄分行于获批开业，河北省外资银行实现零的突破；国华人寿河北分公司、阳光人寿河北分公司、百年人寿河北分公司、海康人寿河北分公司、信诚人寿河北分公司、中国出口信用保险公司河北分公司等6家保险公司年内获批开业，省会保险公司达到40家，其中财险公司19家，寿险公司21家（含3家中外合资寿险公司）；石家庄市商业银行在唐山、邯郸、天津设立了分行，同年12月正式更名为河北银行，石家庄市本地金融机构发展步入了一个新的阶段。其次，经过近几年的快速发展，全市金融组织体系日益完善，金融市场规模不断壮大，基本形成了以货币市场为主导，证券市场、保险市场等金融机构协调发展的格局，全市金融支持能力也进一步增强。年内市政府与农业银行、中国银行、省联社等多家金融机构签订了战略合作协议，在未来几年内，签约银行将向石市提供总额达1540亿元的贷款支持，以促进全市经济发展；截至年底，281家企业开展了银企合作，其中签约106家，共得到贷款支持15亿元，175家中小企业达成银企合作意向，涉及金额12.8亿元，中小企业发展融资难的问题得到有效缓解；截至11月底，22家小额贷款公司累计投放11.5亿元，对支持“三农”和地方经济发展，搞活县域经济，起到了较好的推动作用。

银行业金融机构。2009年，石家庄新入驻银行2家(5月28日，兴业银行石家庄分行正式对外营业；12月11日，香港东亚银行石家庄分行获批开业)，截至年底，全市共有18家银行业金融机构，营业网点近1500个，包括政策性银行1家：农业发展银行；全国性商业银行14家：国家开发银行、工商银行、农业银行、中国银行　建设银行、交通银行、中信银行、光大银行、华夏银行、民生银行、邮储银行、浦发银行、兴业银行、东亚银行；城市商业银行1家：河北银行；农村信用联社1家：石家庄市农村信用合作社联合社；农村合作银行1家：石家庄汇融农村合作银行。至年末，全市金融机构人民币各项存款余额达到5163.06亿元，同比增长25.61%，比年初增加1053.04亿元；各项贷款余额达到2886.57亿元，同比增长38.79%，比年初增加806.82亿元。存贷款余额，新增存贷款等几项指标均居全省第一位。

保险业金融机构。2009年，石家庄新入驻保险公司省级分公司6家（其中，全国唯一政策性保险公司中国出中信用保险公司河北分公司于12月28日揭牌开业），保险专业中介法人机构7家。截至年底，石家庄拥有保险公司省级分公司40家，其中财险公司19家，寿险公司21家，全市保费规模居全省第一位，保险业呈现出良好的发展态势。全年实现保费收入106.5亿元，同比增长13.8%，其中财险业务收入22.1亿元，增长9.7%，人身险业务收入84.4亿元，增长14.9%；共赔付28.37亿元，其中财产险业务11.15亿元，人身险业务17.22亿元。

证券期货金融机构。2009年，

全市拥有证券法人公司1家，证券分公司2家，证券营业部34家(年内新设5家，服务部规范升级12家)，从业人员929人。截至年底，全市共有证券账户(A股、B股)117.9万户，机构托管市值590.26亿元，证券交易额6733.6亿元，机构利润总额7.17亿元；共有市期货投资者14325户，期末保证金余额2.41亿元，累计代理交易量826.11万手，累计手续费收入3159.86万元，本期累计实现净利润722.41万元。

非银行金融机构。全市拥有非银行金融机构4家(信托投资、金融租赁、期货公司、企业财务公司)，小额贷款公司22家，农村资金互助社1家，市级投融资平台5家，从业人员达7万余人。2009年，全市金融业实现增加值113.6亿元，占全市生产总值的3.6%。

（张　宁　靳晓磊）

银　行

2009年，石家庄市金融系统按照中央、省、市经济工作会议精神，加强金融改革创新，坚决贯彻执行适度宽松的货币政策，千方百计增加信贷投入，调整优化信贷结构，提升金融服务质量，有力地推动了全市经济企稳回升和较快发展。

截至年末，全市金融机构人民币各项存款余额5163.06亿元，比年初增加1053.04亿元，增长25.61%，同比多增272.80亿元。主要特点：各项存款快速增长。上半年人民币各项存款增量、增幅均创近年来新高；下半年存款走势开始回稳，增量、增速逐渐回落。储蓄存款活期化特征明显。截至年末，石家庄市金融机构人民币储蓄存款余额2567.46亿元，比年初增加387.82亿元，同比少增97.63亿元，当年新增活期储蓄占全部新增储蓄存款的比重为40.09%。企业存款高速增长，企业流动性资金进一步增加。截至年末，石家庄市金融机构人民币企业存款余额1584.05亿元，新增469.49亿元，同比多增290.41亿元，增长42.01%。当年新增企业存款占各项存款增量的比重为44.58%。

截至年末，石家庄市金融机构人民币各项贷款余额2886.57亿元，比年初增加806.82亿元，增长38.79%，同比多增501.82亿元。主要特点：在适度宽松的货币政策作用下，贷款投放量呈“高速高位”增长。货币政策带动作用增强，全年新增再贴现26.5亿元，为近些年最高，力度最大，有效引导了金融机构信贷投放和投向。贷款长期化趋势明显。从贷款期限结构的变化情况看，上半年票据融资增势迅猛，下半年增势收缩，票据融资逐渐被短期和中长期贷款替代。中长期贷款高位高速增长。至年末，石家庄市金融机构人民币中长期贷款余额1507.04亿元，新增中长期贷款528.48亿元，同比多增452.48亿元。短期贷款稳定增加。至年末，石家庄市金融机构人民币短期贷款余额1176.84亿元，新增短期贷款287.88亿元，同比多增163.26亿元，较好地满足了企业流动资金需求。信贷投放紧随政府投资，以中长期贷款的形式投向“铁公基”领域。2009年的贷款主要投向以政府类投资为主导的交通运输、仓储和邮政业，制造业，水利、环境和公共设施管理业，电力、燃气及水的生产和供应业，房地产业。从机构看，中信银行、交通银行、兴业银行、光大银行、浦东发展银行贷款投放较多。

2009年2月19日，上海浦东发展银行在省会举行浦发银行石家庄分行的开业暨签约仪式，标志着该行正式进驻石家庄市金融市场。是间隔6年，石家庄市引入的第一家外省股份制商业银行，也是省会引入的第12家股份制商业银行。为奖励浦发银行落户石家庄市，市长艾文礼代表市政府向该行颁发了100万元奖金。浦发银行是一家全国性股份制商业银行，总部位于上海。该行于1993年1月9日开业，并于1999年在上海证券交易所挂牌上市。该行成立后，积极探索金融创新，资产规模持续扩大，已在上海、北京等国内69个城市设立了32家直属分行、5家二级分支行和453家支行。石家庄分行是浦发银行在国内设立的第32家省级分行，是继2002年中信银行在石家庄市开业后，又一家进入省会的外省股份制商业银行。开业仪式上，浦发银行石家庄分行分别与河北钢铁集团、河北省高速公路管理局、河北省中小企业信用担保中心签订了合作协议。该行还向石家庄市第一人民医院捐赠价值20万元的救护车一辆，并为石家庄市扶贫基金捐赠120万元。

（樊秀华　靳晓磊）

人民银行

【概况】 2009年，面对国际经济金融危机的严重冲击和影响，人民银行石家庄中心支行以科学发展观统领全局工作，按照总行、天津分行的部署，落实“从严管理、突出创新、和谐高效、科学发展”的总体要求，以“促增长、保安全、抓创新”为工作着力点，积极贯彻落实适度宽松的货币政策，着力推进外汇管理、金融服务、安全稳定等各方面的工作，较好地履行中央银行职责，支持了石家庄市经济平稳较快发展。

【货币政策】 制定《支持地方经济发展和加强重点产业建设的指导意见》，深入贯彻执行适度宽松的货币政策；制定落实《再贴现业务操作办法》，引导和推动金融机构加大信贷投放力度，调整优化信贷结构；签署《绿色金融宣言》，制定《河北省绿色信贷政策效果评价办法》，实行信贷投资环保“一票否决制”，加大金融对环保领域的支持力度；总结推广金融支农典型，并与财政部门探索制定《涉农贷款奖励办法》，加大金融对“三农”发展的支持力度；出台《河北省商业汇票业务公约》，规范商业汇票业务；印发《河北省廉租住房保障办法》，鼓励金融支持新民居、廉租房、经济适用房建设。

【金融风险防范】 建立金融稳定联席会议制度，创建“三位一体”风险评估体系和“1+4”金融稳定报告体系，增强风险监测评估的时效性和权威性；完善跨境资金风险监测预警和防范处置体系，加强跨境资金流动监管，进一步提高防范和化解风险的能力；开发机房自动报警系统，提高技术保障和应急处理能力；制定《外汇检查内控风险测评系统》，防范执法风险；撤销县域同城票据交换，开展会计核算管理大检查，有效防范各类支付清算风险；完善反洗钱监管系统，实施反洗钱风险分类监管，制定金融机构反洗钱风险评估指标体系，建立风险预警提示制度，大力加强反洗钱防控管理；研发国库资金风险分析系统，加强对代理国库业务的监督检查，确保国库资金的安全；加强金融运行机制建设，构建金融支持经济发展政策平台和防范化解金融风险应急平台；加强金融发展环境建设，构建安全稳定的金融秩序。

【外汇管理】 年内，外汇管理部门围绕“保增长、防风险、促平衡”的工作思路，加强外汇管理，支持经济发展。制定实施《国家外汇管理局河北省分局支持地方经济发展实施意见》和《关于做好支持河北省外经贸发展工作的通知》，出台取消异地付汇备案、放宽远期收汇备案条件、简化进口付汇手续、提高退税数据传输频率等9项措施，大力推进改革创新，促进贸易投资便利化；化解涉外经济主体实际困难，降低办事成本，提高资金使用效率，缓解融资难题，便利贸易投资，取得良好效果。扎实推进各项基础性工作，进一步夯实外汇管理和服务基础。深化外汇管理改革，加大工作创新力度。开发推广异地付汇核销数据交互系统，简化企业办理业务环节；开发资本项目流动和汇兑统计分析系统，提高资本项下外汇统计分析效率；完善推广国际收支申报助手软件，提高国际收支申报工作效率。

【金融服务】 加强金融信息服务。建立金融统计信息快报制度，创办金融信息权威发布平台，坚持“一行三局”信息共享，金融统计信息披露规范、快捷；围绕经济金融运行中的热点难点问题，开展课题研究和特色研究，取得多项调研成果；成功举办2009年环渤海经济金融论坛，完成重点调研课题40多项，上报各类调研信息1000多篇，为上级行和地方政府决策提供了重要参考。进一步完善支付清算体系。核实账户信息，加强联网核查，积极配合法院做好账户查询工作，依法惩处多起签发空头支票行为；开展农村支付环境改善试点，推广电子商业汇票系统，建立、运行集中代收付系统；与公安部门联合打击银行卡违法犯罪行为，开展安全用卡宣传活动，构建“放心用卡、安全支付”银行支付环境；全面上线运行财税库银横向联网系统，成功实现银行卡刷卡缴税；加强国库资金收支核算，稳步推进国库直接支付工作；加强人民币发行基金调拨安全管理，合理调剂券别结构，确保满足经济发展的现金需求；推进反假货币网络建设，举办大型反假货币宣传活动，配合公安部门开展“09行动”，严厉打击各类假币犯罪行为。科技保障能力稳步提升。建立金融信息交换平台，实现资源共享；组织做好网上银行业务监督，加强重要业务系统、网络运行环境的技术保障和运行维护，保障各业务系统的安全稳定运行。改善金融生态环境，年内先后与劳动保障、环保、质监、税务等部门签订信用信息共享协议；“征信＋信贷”中小企业信用体系建设模式初见成效；外埠资金流入明显加快，支持地方经济发展的资金吸引力进一步提高。

【内控管理】 建立内部监督制约长效机制，加强内控安全管理。深入开展内控安全管理大检查，排查、整改各类风险隐患。加强人员政审管理，落实风险防范责任和措施，研发银行账务核对系统、信息安全检查及风险评估系统，有效防范各类案件发生。加强财务管理，健全财务管理制度，开展“小金库”专项治理，严格按要求控制购车、会议、接待等费用支出。强化对会计、国库、发行等业务核算的事后监督，及时消除业务操作风险。完善节能减排管理制度，建设节约型央行机关。加强信访保密工作，综合治理，确保敏感时期的安全稳定。加强应急预案和演练规划管理，进一步完善应急指挥体系，提高应急反应和处置能力。

表 25　2009年石家庄地区全部金融机构可比口径人民币信贷收支情况一览表

2009—12—31　　单位：万元

项目	金额	项目	金额
一、各项存款	51630561	一、各项贷款	28865696
1．企业存款	15840501	1．短期贷款	11768360
(1)活期存款	11376309	(1)工业贷款	4074900
(2)定期存款	4464192	(2)商业贷款	907736
2．财政存款	733162	(3)建筑业贷款	89286
3．机关团体存款	4164703	(4)农业贷款	2979767
4．储蓄存款	25674597	(5)乡镇企业贷款	—
(1)活期储蓄	7298739	(6)三资企业贷款	132773
(2)定期储蓄	18375858	(7)私营企业及个体贷款	396630
5．农业存款	58589	(8)其他短期贷款	3187268
6．信托存款	—	其中：个人短期消费贷款	126966
7．委托存款	412807	2．中长期贷款	15070411
8．其他存款	4746202	(1)基本建设贷款	7108338
二、金融债券	—	(2)技术改造贷款	161590
三、应付及暂收款	693336	(3)其他中长期贷款	7800483
其中：应付利息	426578	其中：个人中长期消费贷款	2476770
四、同业往来（来源方）	2055015	3．信托贷款	—
五、行内资金往来（来源方）	—	4．融资租赁	—
六、各项准备	657112	5．委托贷款	37616
其中：贷款损失准备	608780	6．票据融资	1962795

（续表）

七、所有者权益	1121076	其中：买断式贴现	1962795
其中：实收资本	601093	7. 各项垫款	26514
八、其他	−3727568	二、有价证券及投资	2970345
		三、应收及预付款	153440
		其中：应收利息	56092
		四、同业往来（运用方）	261696
		五、行内资金往来（运用方）	19449188
		六、金银占款	—
		七、外汇占款	2986
		八、固定资产	461461
		九、库存现金	264719
资金来源总计	52429532	资金运用总计	52429532

表 26　2009 年石家庄地区全部金融机构可比口径本外币信贷收支情况一览表

2009—12—31　单位：万元

栏目 / 来源项目名称	本　月	栏目 / 运用项目名称	本　月
一、各项存款	51993959	一、各项贷款	28966680
1. 企事业单位存款	16017086	1. 短期贷款	11812693
(1)活期存款	11496325	2. 中长期贷款	15072927
(2)定期存款	4520760	3. 信托贷款	—
2. 储蓄存款	25831905	4. 委托贷款	37616
(1)活期储蓄	7343154	5. 其他贷款	54044
(2)定期储蓄	18488752	6. 票据融资	1962795
3. 信托存款	—	7. 各项垫款	26605
4. 委托存款	416627	二、有价证券及投资	2278254
5. 其他存款	9728341		
二、所有者权益	1124940		
其中：实收资本	601093		
三、其他	−21873964		
资金来源总计	31244934	资金运用总计	31244934

中国人民银行石家庄中心支行

行　　长：王景武（兼国家外汇管理局河北省分局局长）（12 月免）

副 行 长：张文汇（主持工作）（12 月任）　邵延进　刘通午　李小秋（兼国家外汇管理局河北省分局副局长）
梅国辉（2 月免）　贾广军　光兰明（8 月任）

纪委书记：任德智

（樊秀华）

农业发展银行

【概况】 2009年，农发行河北省分行营业部（以下简称营业部），紧紧围绕年度工作目标，加强机制建设，创新管理手段，狠抓制度落实，提高经营管理水平；加强“四好班子”（政治素质好、经营业绩好、团结协作好、作风形象好）创建和量化考核工作，调整县（市）支行领导班子9个；制定党员发展规划，发展预备党员10名；以信贷防案纠风为突破口，开展“四无”（无经济案件、无刑事案件、无重大责任事故、无严重违规违纪问题）创建活动，防范各类违法违纪案件发生。截至年末，各项贷款余额68.73亿元，较年初增加15.59亿元，同比多增15.63亿元；各项存款余额29.5亿元，较年初下降4.82亿元，同比多减少13.96亿元；累放贷款33.84亿元；各项收入4.12亿元，支出2.79亿元，账面盈利1.33亿元，完成省分行下达利润计划的136%；人均日均存款1079.37万元，同比增加194.44万元；人均中间业务收入5123元，同比增加566元；不良贷款余额1.03亿元，剔除待清收粮油准政策贷款因素后，较年初下降783万元，不良贷款占比1.31%，较年初下降0.53个百分点；资产利润率2.26%，同比下降1.56个百分点；收入成本率18.37%，同比上升3.07个百分点。年内营业部会计出纳岗位轮换和综合柜员制试点工作经验被省分行以工作简报形式转发推广；获得全省信贷业务技术比赛和员工礼仪知识竞赛团体总分第二名和第一名；营业部营业室荣获全国“工人先锋号”和省政府“河北省先进集体”荣誉称号；1个单位被省分行评为“女职工文明示范岗”，2个单位荣获省分行级以上“青年文明号”称号，个人荣获总、分行各种荣誉称号10余人次。

【加大信贷支农力度】 大力支持粮油储备体系建设，巩固发展主体业务，累计发放地储粮油储备和轮换贷款4.89亿元，增储粮油1.42亿千克。加强夏、秋粮棉收购贷款的发放与管理，保障小麦最低收购价政策的落实。全年发放粮食收购贷款13.64亿元，收购粮食7.36亿千克；发放棉花调销贷款4350万元，收购皮棉3.16万担。强力营销，拓展支农领域。开展滹沱河二期、桥东污水处理等非经营性中长期贷款项目营销，全年累计发放中长期贷款3.52亿元。贯彻总行《关于开办县域城镇建设贷款业务的通知》精神，及时调整工作思路，转变营销重点，成立重点项目调查组，市县两级行上下联动，积极开展县域城镇建设项目营销，审批立项9个，发放贷款5.4亿元；商业性贷款余额达到15.62亿元，较年初增加4.49亿元。制定《营销财政支农资金存款考核办法》、《非贷款客户县域公众存款考核办法》，实行营业部统一营销，狠抓存款组织与中间业务。至年底，营业部日均存款余额44.68亿元，总量居全省第一，人均日均存款余额1066.5万元，居全省第三。扩大保险代理业务，搞好“双单作业”（贷款单、保险单同签），做到应保尽保；积极开办银行承兑汇票、非现金结算等中间业务。到年底，实现中间业务收入215.68万元，完成省分行下达任务的158.59%。人均中间业务收入5123元，同比增加566元。大力发展国际业务，全年共办理国际结算业务1083笔，1.27亿美元，其中全辖办理292笔，3630万美元，完成省分行下达任务的259.29%。

【盘活不良资产】 制定清收处置预案，大力清收盘活不良贷款。采取领导包县、分工负责、同奖同惩、因地制宜、灵活清收的方法，对不良贷款额度大、清收任务重、清收难度大的行，实行重点清收，年内清收不良贷款783万元；栾城、元氏、平山3支行，实际清收不良贷款596万元，其中，元氏县支行发放重组贷款540万元，盘活不良贷款577万元。防控新增不良贷款。对准政策性和商业性企业逐个制定风险防控预案；运用CM2006系统和企业征信系统的数据、信息进行非现场监测，坚持贷款风险提示制度，加强风险预警；加强对重点客户、重点行业和重点区域的动态监测；认真落实省分行《贷款主要风险点排查处置操作指引》，发现问题，及时下发整改通知单，限期整改；搞好粮食清仓查库工作，确保库贷挂钩；开展清收“突击季”活动，新乐、深泽、无极3支行清收2007年度准政策性玉米收购贷款398万元，有效遏制不良贷款增加的趋势，实现不良贷款持续“双降”。至年末，收回2007年度准政策性玉米收购贷款1.5亿元，购销企业上年度小麦、玉米、棉花收购贷款本息全部实现结零。

中国农业发展银行
河北省分行营业部
总 经 理：徐凯得
副总经理：张国君
张惠仙（女）
王建民

（白江丰）

工商银行

【概况】 2009年，中国工商银行河北省分行营业部以"同业最强，系统十强"为目标，以大个金和大信贷为中心，抢抓市场机遇，积极探索业务转型发展。梳理业务流程，整合部门职能，深入开展扁平化改革。确立城区管点行6家（桥西、长安、和平、中华、建华、光明6支行），继续承担网点管理职能，实行区域网点集中管理，其余14家支行为单点行。成立风险监控中心，圆满完成风险监督体制改革。加强信贷管理，优化信贷结构，完善不良贷款管理机制，加大清收处置力度，提高信贷资产质量。依法合规经营，加强案件风险防范，提高经营管理水平，促进各项业务持续快速健康发展。截至年末，实现拨备前利润13.51亿元，拨备后利润10.17亿元，同比增加4.42亿元。实现经济增加值4.24亿元，同比增加2.33亿元，增长122%。各项存款快速增长，实现同业首位目标。人民币各项存款余额达785.9亿元，比年初增加129亿元，各项存款存量和增量占比同业首位，增量居系统内首位。突出抓好重点建设项目，各项贷款剔除票据融资因素增加86亿元，同业首位。其中公司贷款累计发放145.7亿元，同比多放84.7亿元，完成省行下达任务的208%，以绝对优势保持同业首位。全年累计发放住房开发贷款27.4亿元，同比多放18.23亿元，较年初增加19.5亿元，存量和增量居同业首位，占全省开发贷款增量的24%；办理票据贴现52亿元，同业首位。实现中间业务收入3.46亿元，同业占比达到32.28%，继续保持同业和系统内首位。信用卡发卡量突破60万张，新发卡9.61万张，发卡量稳居四行占比首位。累计实现消费额39.42亿元，同比多增13.7亿元，增幅达53.03%，同业占比首位。个人理财类产品销售总额281亿元，同比多增71亿元。灵通卡新增51.8万张。品牌金销售111.15千克。个人帐户黄金累计销售5099千克。

【信贷业务】 抢抓机遇，以大项目营销为突破口，强力推进大信贷业务跨越式发展。依据石家庄市政府提出的"保增长、调结构、抓项目、强园区"的发展目标，以城建、交通、电力为营销重点，制定周密的营销策略和信贷方案，抓好市投资办130亿元项目贷款营销工作。不断调整经营思路，拓宽营销视野，全力推进扩户增容，同时，开展项目对接，确定重点跟进项目，做到"三到位"（项目安排到位，工作落实到位，营销措施到位）。开展"双向搜盘"等活动，抓好土地储备贷款营销，房地产贷款如期实现"规模再造"，消费信贷业务实现跨越发展。全年累计发放消费贷款64.1亿元，同比多放41.26亿元。与市工商局企业注册分局联合举办小企业对接会，推动银企合作。多渠道搜集信息，拟定详细的服务方案，赢得竞争先机，年金和投行业务快速、健康发展。至年末，人民币存款各项余额达785.9亿元，较年初增加129亿元；各项贷款剔除票据融资因素增加86亿元；办理票据贴现52亿元；发放住房开发贷款27.4亿元，同比多放18.23亿元，较年初增加19.5亿元。

【个金业务】 组织开展"工行金融@家，引领快乐e生活"、"用网银，送U盾"等营销活动，积极开展营销宣传。健全完善机制，调动全员积极性。开展市场调研，了解客户需求，拓展销售渠道。挖掘网点、人员、市场等资源优势，加强保险、基金等重点理财产品营销。扩大校园发卡规模，开办三方托管业务，提高灵通卡在学生和股民中的渗透率。加强网点建设管理，提升网点形象和功能，全年装修改造网点48个。至年末，个人理财类产品销售总额281亿元，同比多增71亿元；灵通卡新增51.8万张；品牌金销售111.15千克；个人帐户黄金累计销售5099千克。

【中间业务】 加强管理，统筹营销。完善金融产品营销计价考核办法，改进激励措施，调动营销积极性。瞄准系统内、同业间的弱势项目，积极开拓新业务，发掘收入新的增长点。结合新标准，基础性收费业务，进行深入挖潜，提高对公理财业务和个人客户理财业务的贡献度；规范化收入，实现中间业务在依法、合规的基础上健康发展。至年末，实现中间业务收入3.46亿元，同业占比32.28%，继续保持同业和系统内首位。

中国工商银行河北省分行营业部

总 经 理：郑晓东
（9月兼省行副行长）

副总经理：侯建敏 贾登斌
张志勇（3月免）
朱守臻（3月任）
李 黎（10月任）

纪委书记：程春明

工委主任：冯建中

总经理助理：李 黎（10月免）
董 军（2月任）

（蔡海骥）

农业银行

【概况】 2009年，中国农业银行股份有限公司河北省分行营业部紧密围绕业务中心工作，推进业务转型，完善激励机制，加强风险防控，做大做强城市业务，做深做广“三农”业务。年内提拔任命正科级干部16人，副科级干部27人，交流一批支行正副行长和机关中层管理人员，完成内部组织架构改革和人事调整；约谈支行行长34名，巡视支行21个，加强干部管理；向副科级以上干部寄发《廉政提示函》，落实廉政制度；举办各类培训班约30期，培训人员约4000人次；营业部代表队获得全省法律、电子银行和“三农”业务知识竞赛3个团体第一名；出台《补充医疗保险管理办法》，提高员工社保福利待遇。全年各项业务健康发展，截至12月末，各项存款余额620亿元，较年初增加100亿元，同比多增28亿元。其中，储蓄存款余额442亿元，较年初增加70亿元；对公存款余额178亿元，较年初增加30亿元，同比多增57亿元。储蓄存款增量四行占比居第一位。各项贷款余额232亿元，较年初增加58亿元。其中，法人实体贷款增加46亿元。不良贷款额及不良贷款率实现“双降”，法人不良客户由年初31个下降到22个，本息收清9户，本息结清13446万元。中间业务收入稳步增长。年内实现中间业务收入2.22亿元，同比增加3081万元，占比位列全省第二。“三农”业务扎实推进。发放惠农卡75765张，完成年度计划的102%；惠农卡授信18421户，完成计划的102%；惠农信用卡发卡总量达7128张。经营利润稳步增长。实现拨备前利润12.25亿元，同比增加4.9亿元；拨备后利润10.6亿元，同比增加3.3亿元。风险防控能力增强。力推十项措施，不断加强内控管理，实现安全经营“双无”（无案件、无事故）目标。一是加强信用风险管理。加强授信风险评估，从源头上把好信贷准入关；定期开展全辖信用风险分析，加强信贷风险排查，提高信用风险掌控能力。二是加强“四个中心”（会计主管中心、滞后复核中心、处置中心、对帐中心）建设，完善岗位制约体系。实行会计主管动态管理，定期考评；推行滞后复核集中作业，促进操作标准化；发挥处置中心在线监督作用，及时预警、化解操作风险。3月，省内率先开展集中突击对帐活动，银企对账收回率达100%，彻底解决了帐户管理中存在的企业帐户过多过乱、不正常使用、对帐不及时、找不到人等老大难问题，被省行称为“放心工程”。三是全面推广应用“指纹认证系统”。年内全辖161个网点1514名柜员进行了系统切换、指纹采集和信息录入工作。四是加强客户预留银行印鉴管理。全辖推广应用电子验印，基本取消纸质验印。五是加强印章管理。组织大规模印章清理2次，收缴废旧业务印章4065枚。六是持续推进“学制度、守规则、做标兵”活动。主管行长、网点主任、会计主管和所有柜员每月参加网上业务测试，以考促“学”，提高员工业务素质和操作技能。七是加强警示教育，提高案件防控能力。采取图片展览、观看光盘等形式，开展警示教育，引导员工遵章守纪，自觉远离违规违纪行为。八是开展风险案件排查。成立风险排查领导小组，制定风险排查方案，抽调业务骨干100人，利用一个半月时间进行集中排查，有效消除风险隐患，确保实现全年“双无”目标。九是针对上半年以前业务检查中存在问题出具的整改底稿，开展底稿整改月活动。10月20日至11月20日，组织全辖对三年来的底稿进行“回头看”，确保整改月活动扎实有效。十是重视安全保卫工作，严防假汇票、假承兑等外部诈骗风险。同时，完成全辖现金箱的社会化押运推广工作，运行效果良好。

【对公业务】 以资产业务为重点，大力发展对公业务。加强营销管理，以优质客户为重点，全方位开展业务营销；抓住“保增长、扩内需”政策机遇，发挥战略合作优势(2009年2月，总行与石家庄市政府签订战略合作协议)，投放政府基础设施贷款43亿元，支持石家庄市4条（和平路、槐安路、裕华路、体育大街）主干道的扩建项目，以及一批房地产和工业企业项目，全年累计发放贷款147亿元，净增58亿元，增量占比位居四大行（农行、建行、中行、工行）首位；市县两级行联动，加强对机关事业单位、企业集团、证券、保险、医院、高等院校等公司机构类客户的营销，年内对公存款增长30亿元，同比多增58亿元。

【对私业务】 加强对私业务管理，做大做强个人业务。开展专项活动，促进业务发展，年内先后开展“春天行动”，储蓄营销擂台赛、贵宾服务、个贷营销等11项活动；推动网点转型，提高服务质量，年内装修、改造网点20个，增配自助设备61台，改造、新建自助银行10个；增配大堂经理，加强大堂管理，实现“赢在大堂”；落实包户管理责任制，加强对私优质客户管理；实行储蓄存款日监测，做好大客户的维护工作。12月末，储蓄增量份额由9月末的第三位上升到第一位。

【中间业务】 大力拓展中间业务，实现创新发展。加强中间业务产品推介，布放转帐电话1.1万台，绑定存款20亿元，实现交易1047万笔，交易量占全省的33.8%；企业网银新增注册1952户、个人网银新增注册86752户，均居系统内首位。大力发展银行卡业务，年内实现银行卡手续费收入7327万元，电子银行手续费收入4484万元，均居全省农行系统首位。加强银险合作，年内实现代理保险手续费收入3271万元，居全省农行系统首位。大力发展投行业务，实现投行收入2744万元，同比增收1672万元。扩大代理基金销售范围，销售基金17.17亿元，销量名列全省第一，实现收入739万元，系统内排名第二。

（薛建华）

【市政府与农业银行签订战略合作备忘录】 2月15日，市政府与中国农业银行签订战略合作备忘录。该行计划把石家庄市作为业务发展的重点支持区域，未来三年内提供300亿元意向性信用额度，以满足石家庄市在“三农”、城市基础设施建设、铁路建设等领域的资金需求。

（靳晓磊）

【“三农”业务】 以面向“三农”和县域业务为重点，做深做细“三农”业务。开展服务模式调研，“两卡一户”（惠农卡、惠农信用卡、农户小额贷款）工作模式得到认可，并在全辖组织推广；加强农村支行建设，增配ATM、转账电话等设备，方便农户用卡、开卡；以经济发展强县（市）为重点，积极拓展县域法人存贷款业务。全年惠农卡发卡7.58万张；惠农信用卡发卡7128张；县域存款增加38亿元，贷款增加16亿元；授信1.8万户，发放农户小额贷款4亿元；“三农”业务超额完成省行计划。

中国农业银行股份有限公司
河北省分行营业部
总 经 理：张春波（2月免）

2009年2月15日，石家庄市人民政府与中国农业银行签署战略合作备忘录

王占水（2 月任）
副总经理：杨香军（2 月免）
高建芳　唐国辉
纪委书记：刘　斌（1 月任）

（薛建华）

中国银行

【概况】 2009 年，中国银行石家庄地区紧紧围绕总行“十八字”工作方针，按照省行提出的“解放思想、转变观念、抢抓机遇、提速发展”工作思路，以省行 3 ~ 5 年奋斗目标为主线，准确把握发展大市，明确资产业务行业投向和负债业务“扩规模、提份额”的工作要求，梳理了各条线中间业务的主打产品，把各项业务规模做大。年内中国银行石家庄地区主要业务提速发展，蓝图项目成功投产，各项工作扎实推进，成效显著。截至年末，全地区人民币各项贷款余额 180.88 亿元，较年初新增 56.15 亿元；人民币各项存款余额 358.42 亿元，比年初增加 73.11 亿元。

【裕华支行】 成功营销城建投 30 亿元贷款项目，吸收存款 7 亿元；全通通讯始终保持着约 2 亿的存款；营销常山纺织土地出让款 2 亿元，铁路入地指挥部及拆迁单位的拆迁款为 1 亿多元。

【中山支行】 上半年，抓住金融市场资金存出业务的有利时机，先后与几十家内外资银行累计存出资金 53 亿元，实现中间业务收入 1000 多万元，为中山支行历史之最；加强贸易链融资新业务推广，全年累计销售 2.3 亿元人民币，实现历史性突破；强力营销市区大项目大开发企业二手房贷款业务，全年新增消费贷款 5.53 亿元，创该行消贷业务历史新高。

【裕东支行】 续做日本东京三菱日联银行同业存放业务 2 笔 6 亿元；成功营销中国邮政储蓄银行有限责任公司同业存放业务 10 亿元；成功制定“中冶置业金融服务方案和授信方案”，为下一步长期合作奠定了坚实基础，开立石家庄中冶置业基础设施投资公司基本存款帐户，吸存资金 3 亿元。

【机场路支行】 加大授信投放力度，成功投放市政府投资办 30 亿元、河北师大 1.41 亿元、张承高速 1 亿元、大唐电力 1 亿元、曲寨集团新增 1.86 亿元等；积极挖掘中信、华夏、兴业、交通、工商银行等同业存款潜力，加强客户关系维护，不断扩大和拓展市场份额。该行同业存款最高时达到 100 亿元规模，成为对公存款业务一大新亮点。

【IT 蓝图建设】 2003 年 9 月，中国银行召开信息科技工作会议，确定了信息科技工作的整体发展思路和主要目标，正式启动 IT 发展战略项目。此项目从中国银行的发展战略和业务需要出发，以现代商业银行的经营理念为着眼点，借鉴世界领先银行的“最佳实践”，结合 IT 建设的现状和实施能力，从应用架构、基础设施、安全架构和治理机制四个方面对 IT 的发展进行了整体勾画。IT 蓝图工作的重点：建立和完善以客户为中心的核心业务系统及其周边子系统，改变传统的以账户管理为中心的业务系统，建设满足逻辑集中需要的应用系统版本。在数据大集中的基础上，逐步建立起统一、快捷、高效、安全的清算收付系统，取代正在并行的电子联行和收付两个系统。搭建高效率的信息管理系统。现代商业银行的管理信息化要求能够根据市场营销、风险控制、决策管理等多方面的需要，在各个业务系统中按标准自动采集生成各类经营管理基础数据，并按照不同层次、不同业务的管理要求进行信息的集中化加工处理，其本质就是“以客户为中心，以市场为导向”。经过 6 年艰苦努力，2009 年 10 月 4 ~ 7 日，中国银行 IT 蓝图建设唯一试点行河北分行在全省对新旧系统进行了切换。10 月 7 日上午 9 时，IT 蓝图项目在石家庄地区成功投产，全部机构网点提前一天正式对外营业，实现“成功切换、正常营业、风险可控”阶段性目标。新系统的成功上线，将提供一致的服务，增强客户服务能力，提高核心竞争力，保障区域特色业务和服务渠道的拓展。10 月 15 日，中国银行总行李礼辉行长、王永利副行长到裕华支行视察慰问员工，对石家庄地区 IT 蓝图工作给予高度评价。

【网点建设】 年内，中国银行石家庄地区网点标准化建设步伐加快，网点布局优化，网点效能提升。中山支行搬迁改造 B 类支行 4 家、C

类网点3家，原址改造A类支行5家，网点总数占比达60%。裕华支行在完成上年网点标准化建设的基础上，完成网点装修改造4家（翟营大街支行、元氏支行、中财分理处、建设南大街支行），完成支行本部新大楼土建主体封顶，预计2010年9月投入使用。机场路支行辖内21个网点全部申请设置银掌柜系统，便于各网点及时跟踪掌握本单位中高端客户数量和资产变动情况，进一步提升营业网点的盈利能力和中高端客户贡献度。

中国银行股份有限公司
石家庄市机场路管辖支行

行　长：柴英豪

副行长：解法林　秦战朝

中国银行股份有限公司
石家庄市中山支行

行　长：张文池（4月免）

于　松（4月任）

副行长：李彩岚（3月免）

于大为

常广利（3月任）

中国银行股份有限公司
石家庄市裕华支行

行　长：赵会彬

副行长：赵永军　张世江

中国银行股份有限公司
石家庄市裕东支行

行　长：张德林

副行长：张秋魁　张新良

（李菲菲）

建设银行

【概况】 2009年，建设银行河北省分行营业部稳步推进综合改革，全面加强基础管理，严格内控和案件防查，全力拓展市场，确保圆满完成综合经营计划，取得令人满意的成绩。截至年底，税前利润完成省分行计划的103%，同比增长12.43%，账面利润新增额居系统内首位；全口径存款新增181.51亿元，较三年前翻一番，连续三年系统内排名第一；各项贷款新增46.21亿元，余额及新增额均创历史新高；中间业务收入实现同业排名第一；不良贷款额比年初下降17833万元，不良贷款率比年初下降1.27个百分点。年内投资1027万元，装修改造网点14个，成功启用营业部新置办公大楼，转制推荐劳务派遣员工213名，举办各类培训项目41期，连续七年没有发生案件和重大责任事故，连续18年被河北省政府评为“省级文明单位”。

综合改革稳步推进。深入推进业务转型。理顺经营中心与支行的关系，深入探索对公网点转型，加快对公业务区域建设，整合对公客户经理和会计人员，分层维护客户，提升服务能力；个人业务转型在一代转型的基础上，24个网点实现二代转型，网点服务能力和销售能力明显提升。推行员工“四定”制，跨机构、部门交流员工252人，交流比例达8.8%。改革人事管理制度，强化干部调配使用，全年调整交流干部23人，提职6人；完善人事使用机制，年内转专业技术职务1人，专业技术职务转管理岗位2人，免职1人；完善绩效考核机制，实行买单与目标考核相结合，推动经营业绩整体发展。

基础管理全面加强。加强业务管理，扩大客户基础。对公条线“拉清单、抓高端”，新增对公结算户1282户，有非贴贷款余额的客户196户。个人条线积极维护高端客户，AUM20万以上客户较年初新增1.3万人，系统排名第一。实施“目标＋利润”考核管理，制定各项费用管理细则，认真梳理业务流程、办事程序，查找隐性浪费现象，开展以“节约也是创造价值”为主题的献计献言活动，共收到各类建议205条。加强中后台部门管理，进一步提高服务基层的深度和广度，在抗击特大暴雪灾害中，及时启动县支行备用金库，实现业务正常运转。加强干部管理，开展中层管理人员年度综合考评，采取考核与考察相结合的方法，提高年度综合考评工作的指导价值，并对业绩进展落后的单位实行黄牌警告，与相关单位责任人进行戒免谈话，提振队伍精神。

严格内控和案件防查。建立风险防控长效机制，保增长扩内需，调结构防风险。实行操作风险等级管理，构筑风险防范网络。设置信贷基础管理专职岗位，加强信贷基础管理。坚持“两会”召开制度（信贷跟踪管理例会和重点项目会诊会），强化重点行业和客户风险排查，提高信用风险控制力。梳理业务流程，狠抓节点管理，严格控制操作风险。开展专项检查，防范会计操作风险，年内组织各类专项检查 34 次，累计检查机构 909 个次，下发整改通知书 223 份，派罚积分 362 分。全面理顺对个人业务、ATM 和金库中心的管理，调整布局结构，增加安全设施，提高自助设备的安全系数。加大不良贷款清收处置力度，多措并举，实现不良贷款持续双降。

【资产业务】 积极营销，奋力攻坚争项目，抢抓机遇谋发展，全年累计发放非贴现对公贷款 109.5 亿元，房开贷款较年初增加 4.17 亿元。以授信业务为突破口，创新授新品种，年内新开新品种 6 个（搭桥贷款、国内信用证议付、保理、商业承兑汇票贴现、出口商业发票融资、出口信贷转贷款）。落实省分行“千家中小企业融资扶持计划”，小企业贷款余额较年初增加 4.51 亿元，实现中间业务收入全省排名第二，信贷工厂经营模式得到美国银行小企业流程优化项目组的充分肯定。以个人住房贷款为龙头，拉动个人资产业务快速发展，全年个人住房贷款余额比年初增加 16.74 亿元，当年新增市场占比同业第一。

【负债业务】 密切跟踪财政存款资金回流和大项目资本金拨付，加大对机构类客户的营销拓展力度，对公存款突破 300 亿元大关，市场占比在同业四大行中稳居第一位；同时，筹备开展系列存款专项营销，大力拓展优质代工业务，个人存款新增突破 62 亿元。

【中间业务】 年内，在利差空间不断收窄的形势下，营业部着力改善收入结构，加大考核激励力度，加强督导调度，促进中间业务发展。对公条线新产品应用亮点纷呈，“龙信融资通 115 号”产品填补营业部空白；成功与石家庄钢铁集团公司签订“银关通”代理协议；成功办理首笔分离式保函；办理信托理财业务 10 期（乾图理财 8 期、信托计划 2 期），实现业务办理笔数、业务经办量、业务收入三个全省第一。个人条线中间业务收入实现系统、同业两个第一；代理基金同业第一；代理保险实现系统、同业双第一；销售黄金量居同业第一。国际业务首次实现国际结算量超过农行，四行（工行、农行、中行、建行）排名进至第二位。信用卡业务，围绕发展龙卡汽车卡、奥运白金卡、财政公务卡、铁路龙卡四项重点产品，加强商户收单和审批发卡，同时积极推进分期付款和特惠商户业务，信用卡中间业务收入完成计划进度的 148%。电子银行业务收入完成计划的 142.87%，有效缓解柜面压力，降低经营成本。

【县支行业务】 县支行盈利能力进一步提升。2009 年前三季度进入省分行系统“标杆支行”行列 14 行次；在当地区县支行（含开发区）行风评议中，参评 13 家，8 家取得第一名。

中国建设银行河北省
分行营业部

总 经 理：李春生
副总经理：赵昱辉　王旭涛
　　　　　彭文英（女，3 月任）
纪委书记：马　芝（3 月免）
　　　　　吴辛位（3 月任）

（吕彦华）

中信银行

【概况】 2009 年，中信银行石家庄分行紧紧围绕“防风险、调结构、

副市长王大虎（左一）与中信银行行长韩光聚商谈合作

控成本、保稳定、抓改革、促发展”的经营发展思路，化危为机，积极应对，提前实现三年规划发展目标。采取阶段性非对称发展方式，促进资产业务、负债业务及其它辅助类指标均衡协调发展。截至12月31日，全行本外币资产总量比年初增加92.09亿元，增幅48.16%；本外币各项存款时点余额比年初增加99.67亿元，增幅63.37%；各项存款日均余额比年初增加135.56亿元，增幅114.73%；本外币各项贷款余额比年初增加115.12亿元，增幅98.32%；本外币各项贷款日均余额比年初增加83.1亿元，增幅75.13%。分行存款余额、存款新增、贷款余额、贷款新增、对公存款新增、储蓄存款新增、市场占比等主要指标居石家庄当地同业领先地位；在系统内32家分行中，石家庄分行存款余额排名第18位，存款新增排名第12位，贷款余额排名第20位，贷款新增排名第8位，系统内排名与年初相比大幅提升。11月，韩光聚同志荣获河北省人大组织开展的“河北省杰出贡献人物”称号。

【盈利能力提高】 年内，分行继续坚持“双优双主”发展战略和适度授信原则，严把授信准入关，适度进退，好中选优，扩大优质基本客户群，优化信贷资源配置。继续按照“九个沿着”（参《石家庄年鉴》（2009年卷））的工作思路，以河北省百强企业、效益五十佳企业以及符合国家产业政策、已获国家部委批准、符合环评要求、达到资本金比例的重点项目和重点基础设施项目和符合分行要求的政府融资平台、银团贷款为重点，加大营销力度，调整分行信贷结构，提升重点客户的利润贡献度。截至12月末，分行拨备覆盖率达127%；在提足拨备的前提下，盈利水平在石家庄当地股份制商业银行中继续保持领先地位；中间业务收入稳步增长，利润结构明显改善。

【资产质量稳定】 信贷管理。完善信贷管理考核办法，强化责任追究，提高授信客户质量；召开授信贷款分析会，掌握授信客户风险状况，制定授信贷款管理方案；主动退出风险较高授信客户，有效规避授信风险，优化客户结构；规范业务操作流程，开展贷后专项检查，加强对重点行业、重点客户的风险监测管理；提高贷后定期检查频率，由三个月一次提高到一个月一次，做到早发现、早预警、早化解。不良资产清收。按照“定计划、定项目、定人员、定进度和定奖励”的“五定原则”，利用诉讼和非诉讼手段，有的放矢，一户一策，依法大力清收不良资产。截至12月末，完成总行清收计划的567%，不良贷款率1.12%，同比下降0.23个百分点，不良率远远低于监管要求，资产质量保持稳定。

【内控管理】 加强内控警示教育，筑牢思想防线。9月22日，中信银行石家庄分行组织员工参观了河北省银监局举办的银行业反腐倡廉警示教育展览，风险防控思想进一步筑牢。建立制度化、常态化、滚动式检查机制，组织开展防风控险“百日大排查”活动，定期对重点业务环节开展案件风险排查。针对风险排查中发现的问题，进一步完善内控管理制度，堵塞制度漏洞。年内累计完善各类管理制度129项，成功堵截案件12起，避免损失数千万元，圆满完成“无案件银行”创建目标，被总行授予“百日风险大排查”优秀分行。

【对公业务】 以机构负债业务为核心，制定“一二三四”发展策略（一个目标：在特定区域内成为中小银行对公业务的主流银行；两级管理：强化总、分行对公业务管理，特别强化分行层面的对公业务协调管理；三级营销：坚持总、分、支三级营销，多触点联动，改变过去以支行为主，单打独斗式营销模式；四个推动：推动公司理财、投资银行、产业金融和中小企业金融四个平台建设），进一步加大机构负债业务营销力度，提高机构存款占比份额，推动机构负债业务大幅增长。严格遵循“九个沿着”的公司业务发展思路，不断加强对公业务平台建设，积极开发对公业务新产品，提供个性化金融服务，提高战略客户的对公业务贡献度，成功获得验资银行资格。提升对公业务产品的应用能力，有效带动负债业务发展。充分利用托管、投行等特色产品，加强企业与分行间的密切度；提供差异化的金融产品，满足客户的不同需求，年内成功开拓石环公路银团贷款业务、系统内资产受让等业务；进一步挖掘和延伸汽车、钢铁等传统产业链，拓宽产业金融行业范围，培育更多产业链负债业务增长点。全年对公业务实现跨越式发展，各项指标大幅增长。截至年末，分行本外币一般性对公存款余额（同考核口径）比年初增加75.98亿元，增长68.95%，完成总行计划的292%。本外币一般性对公贷款余额比年初增加95.61亿元，增长99.04%；对公一般性贷款日均比年初增加47.57亿元，增长52.25%；实现投资银行中间业务收入1633.14万元，实现公司业务经营性非息收入3826.54万元。存贷款规模和市场占比跃居河北省股份制商业银行首位。

【零售业务】 一是完善零售条线体系，理顺发展架构。加强理财经理队伍建设，提升理财经理产能，完善贵宾理财体系和理财业务营销体系，提高贵宾理财业务核心竞争力；实行个贷专职审批人派驻制度，构建零售信贷风险管理体系，确保个贷业务良性发展；健全服务品质体系，细化服务品质考核制度，加强服务品质管理，提升服务质量；拓展电子银行服务渠道，新开居家金融业务，实现了电子银行渠道的多元化，有力地促进了零售业务的发展，年内手机、固话、燃气、Q币、点卡等代收代缴系统成功上线，改变了过去单一的移动话费代缴业务模式；制定突发事件应急处理预案，确保自助银行安全、高效运营。二是突破个贷业务发展瓶颈，打造零售业务增长新亮点。2009年初，零售条线多次组织个贷业务研讨会，引导支行积极拓展营销按揭业务，破解个贷业务发展难题。大力开展个贷营销活动，推动个人贷款业务发展，月度贷款投放呈现阶梯增长。截至9月底，个人资产业务实现突破性发展，贷款余额突破十亿元大关，提前七个月完成全年任务，有力促进了分行零售业务整体盈利能力的提升。三是加大产品营销宣传力度，年内先后组织齐鲁证券投研专家贵宾客户投资报告会、连续三期天才少年高尔夫训练营、“中信理财心灵歌会”等活动，提升中信高端品牌形象，打造一流零售银行。四是管理资产和储蓄存款快速增长。截至12月末，全行管理资产新增20.73亿元，完成总行计划的414.6%；储蓄存款余额新增23.69亿元，完成总行计划的474%，存款余额新增居系统首位；储蓄存款日均新增34.73亿元，完成总行任务的231%；零售贷款余额较年初增加7.25亿元，其中住房按揭贷款较年初增加5.65亿元，完成总行计划的623.89%，零售贷款余额系统排名第6位。

【支持三鹿集团破产清算】 2008年9月11日，卫生部宣布，高度怀疑石家庄三鹿集团生产的婴幼儿配方奶粉受到三聚氰胺污染。“三鹿事件”对广大消费者的利益造成了严重损害，在国内外产生了恶劣影响，也使河北省的奶业遭受重创。事件发生后，省委、省政府迅速落实中央决策部署，坚决果断做好事故处理工作。2008年12月31日，石家庄市中级人民法院开庭审理石家庄三鹿集团股份有限公司生产销售伪劣产品案。2009年初，石家庄市政府着手处理原三鹿集团破产清算工作。2009年3月13日至4月2日，中信银行石家庄分行以开立银行定期存单形式向原三鹿集团员工发放补偿款，支持三鹿集团股份有限公司破产管理人安置工作组尽快妥善处理原三鹿集团破产清算，共发放定期存单3600余张1540余万元，得到市委市政府相关领导的高度赞扬。

【招揽中冶集团公司业务】 4月24日，分行韩光聚行长与中国冶金科工集团就项目合作进行业务洽谈。中国冶金科工集团是国资委直属大型国有企业，是以EPC工程总承包及相关服务、资源开发及相关服务、纸业及相关服务、技术装备制造业及相关服务和房地产开发及相关服务为主，集科、工、贸于一体，多专业、跨行业的国际综合性集团公司。5月初，中冶集团、石家庄市地产集团及中信银行就石家庄市基础设施建设合作事宜进行三方会谈，石家庄分行与中冶集团成功达成合作意向。一、中冶集团同石家庄地产集团共同出资成立的两家新公司原则上在中信银行石家庄分行开户，注册资金存放在中信银行石家庄分行。二、中信银行石家庄分行要从公司注册到项目开发提供全过程一揽子优质金融服务。三、中信银行石家庄分行可通过银团贷款、联合贷款等方式对中冶集团及下属石家庄子公司提供资金支持，促进中冶集团在石家庄项目的顺利实施。6月17日，中冶集团将20亿人民币打入该集团在石家庄分行设立的公司帐户，标志着石家庄分行成功营销中冶集团在石项目，并展开实质性合作。

【"石环公路"银团贷款】 "石环公路"是石家庄市"三年大变样"重点项目之一，也是石家庄市的一号工程。2009年，石家庄分行大力开拓金融产品，提供差异化服务，成为"石环公路"银团贷款项目牵头行、唯一的代理行。3月25日，"石环公路"银团贷款额度认购结束，认购额度达到62亿元，大大超出32亿元的预计金额，首次在河北银团项目融资上实现超额认购，引起强烈的社会反响。"石环公路"银团贷款是河北省金融系统内标准银团贷款，具有开创性意义。

【托管河北省首只创业投资引导基金】 中小企业是河北省高新技术产业化的生力军，对于优化全省产业结构，创造新的经济增长点和就业机会，实现保增长、扩内需、调结构、惠民生的目标具有重要作用。然而，自身高风险的特点带来的融资难问题，严重制约着科技型中小企业的发展。为此，河北省设立了首只科技型中小企业创业投资引导基金。该创业投资引导基金是由省政府批准，主要资金来源为省财政专项资金，初始规模为1亿元，采用"母基金"的运作管理方式，是财政资金支持和引导创业投资的一种全新探索，也是河北省推动中小企业发展的直接融资渠道。该基金由省科技厅、省财政厅负责监管；委托河北省科技投资中心代表政府作为引导基金的名义出资代表；河北科技风险投资有限公司负责日常管理工作。6月15日，石家庄分行韩光聚行长与河北省科技型中小企业创业投资中心签订托管合作意向书，正式成为引导基金的资金托管银行，标志着分行托管业务由企业年金领域向基金托管领域迈出了重要一步。

2009年6月15日，中信银行石家庄分行与河北省科技型中小企业创业投资引导基金签订托管合作意向书

【签订50亿元银政合作协议】 4月13日，中信银行石家庄分行韩光聚行长携风险部与翟营大街支行相关人员受邀参加了由张家口市政府、省金融工作办公室、中国人民银行石家庄中心支行主办的"2009·张家口金融经济发展高层交流合作恳谈会"，并与张家口市政府就张家口基础设施建设、装备制造、风力发电、集中供热等项目签订50亿元银政合作协议。此次银政合作协议书的成功签订，预示着石家庄分行与张家口市银政合作拉开了序幕，为接下来的张家口市涉及国计民生、基础设施建设、交通运输、装备制造等项目对接奠定了坚实的基础，2009年分行向张家口市成功投放贷款20余亿元。

【网点建设】 年内，石家庄分行机构网点快速发展，翟营大街支行、自强路支行、广安大街支行、丰收路支行4家同城支行先后开业，站前街支行整体搬迁至槐安东路，异地机构保定分行也在筹建审批之中，北国超市谈固店等21家新建自助网点先后投入运营。机构网点的快速铺设，优化了中信银行在石家庄的战略布局，提高了客户服务半径，为分行业务持续快速发展奠定了坚实基础。截至年末，中信银行石家庄分行拥有15家支行。15家支行分别是：分行营业部、和西支行、裕东支行、体北支行、建北支行、休门支行、裕西支行、中南支行、槐安东路支行、体南支行、翟营大街支行、高新区支行、自强路支行、广安大街支行、丰收路支行。

表 27

中信银行石家庄分行各支行一览表

序号	名称	所属区	详细地址
1	裕东支行	长安区	裕华东路 243 号科技大厦一楼
2	体北支行	长安区	体育北大街 54 号
3	高新区支行	东开发区	高新区长江大道 9 号筑业高新国际大厦 A 座
4	建北支行	桥东区	建设北大街 223 号
5	休门支行	桥东区	休门街 1 号滨江国际一层
6	槐安东路支行	桥东区	槐安东路 95 号
7	广安大街支行	桥东区	广安大街 28 号
8	裕西支行	桥西区	裕华西路 427 号裕华大酒店一楼
9	中南支行	桥西区	中华南大街 476 号居然丽家装饰城一楼
10	自强路支行	桥西区	自强路 35 号
11	丰收路支行	桥西区	丰收路支行 1 号
12	分行营业部	新华区	石家庄市新华东路 209 号石房大厦一楼
13	和西支行	新华区	和平西路 486 号
14	体南支行	裕华区	体育南大街东岗路交叉口南行 100 米路东
15	翟营大街支行	裕华区	翟营南大街 356 号

中信银行石家庄分行

行　长：韩光聚

副 行 长：林向阳

（吴红梅）

华夏银行

【概况】 2009 年，面对复杂多变的经济金融环境，华夏银行石家庄分行党委，紧紧围绕总行二次党代会精神，按照年初工作计划，以“保增长、调结构、控风险、创效益”为目标，以质量效益为中心，认真贯彻落实“三个渗透”的基本要求，管理水平不断提升。加强办公系统上线运维，提高办公自动化水平；规范会议召开制度，提高会议召开的质量和效率；完善集中采购制度和程序，规范固定资产管理；完善财务管理制度，提高财务精细化管理水平；完善体制机制，强化教育监督，建立案件防控长效机制；坚持“一岗双责”，建立管理责任制，深入开展党风廉政主题教育活动、廉政谈话和廉洁从业承诺活动，加强党风廉政建设；认真落实各项安全保卫规章制度，开展全方位的案件风险排查，实现安全管理“零案件”目标。截至 12 月末，全行本外币一般性存款余额 168.4 亿元，较年初增加 34.8 亿元；一般性存款日均 160.9 亿元，较上年增加 23.9 亿元；对公存款余额 133.6 亿元，较年初增加 24.0 亿元，完成总行计划的 107.7%；对公存款日均 130.6 亿元，完成总行计划的 112.6%；储蓄存款余额 34.8 亿元，较年初增加 10.8 亿元，完成总行计划的 126.5%；储蓄日均 30.25 亿元，完成总行计划的 124.5%；纯贷款余额 143.7 亿元，比年初增加 58.1 亿元，增长幅度达 67.9%；实现中间业务收入 3707 万元，完成总行计划的 106.2%；实现拨备前利润 2.89 亿元，完成总行计划的 141.0%；不良指标全部控制在总行计划之内。

【盈利能力提高】 坚持以中型客户为主，扩大对大型客户的合作范围，适度补充大型骨干企业的客户数量，调整优化授信客户结构，至年末，大、中、小授信客户占比为

30%、60%、10%，客户结构进一步优化。加大负债业务结构调整，一方面加大对存量保证金存款的调整力度，分解保证金定期存款控制计划，降低保证金存款占比，有效调整保证金结构；另一方面，积极开展营销活动，加强无贷户存款工作的组织和推动，截至年末，无贷户存款余额37.93亿元，占对公存款余额的28.39%。加强存、贷款利率控制，降低付息成本，增加贷款收益，提高盈利能力，截至年末，存款付息率为1.54%，同比降低0.87个百分点，低于总行计划0.07个百分点，盈利能力明显提升。

【个人业务】 年内，石家庄分行制定个人业务重点发展战略，拓展高端客户群体，开展“四进”营销(进社区、进学校、进市场、进写字楼)，加大产品营销力度，公私联动，跳出指标抓发展，个人业务迅速发展，上半年储蓄存款提前完成全年计划，累计新增有效信用卡7412张，超出总行计划3412张，信用卡业务保持系统领先地位，新增贵宾客户1593户，完成全年计划的173.2%。全面恢复和大力推动个人住房按揭贷款业务，积极推进个人综合消费贷款业务，不断优化个贷结构。积极开展自助网点选址和建设工作，加强基础设施建设，改善用卡环境。至年末，布放POS机具394台，完成全年计划的525%；开发特惠商户314户，完成全年计划的628%。

【信贷业务】 强力营销重点地区、重点行业，加大客户开发和贷款投放力度。在分行组织的对邯郸、唐山地区的集中营销中，开发合作企业54户，授信金额21.28亿元，有效推动全行客户开发进度。在开发新客户同时做好老客户的挖潜工作，对合作时间长、效益好、信誉高的优质授信客户，加大合作深度，拓展合作领域，全年对老客户增加贷款近19亿元。全年新增对公授信客户166户，投放129户，贷款投放率77.7%；各项贷款余额达144.0亿元，较年初增加52.6亿元，其中纯贷款余额143.7亿元，较年初增加58.1亿元，实现建行以来贷款投放的最快增长。

【国际业务】 全年面对河北省进出口贸易量下降30%的外部环境和同业竞争日趋激烈的形势，全行积极推进客户开发和产品营销，开展国际业务营销竞赛活动，落实国际业务的层次营销、联动营销，客户开发工作取得较大进展。截至年末，国际业务有效客户数120户，完成总行年度计划的100%。在全省国际贸易大幅下滑的不利形势下，全年实现国际结算收入1000万元，完成总行计划的106.4%，同比增加172.1万元；实现国际结算量64636万美元，完成总行计划的106.0%，同比增加1558万美元；实现结售汇业务量35380万美元，完成总行计划的101.1%。

【网点建设】 2009年8月，中山支行开业；同年9月、11月，保定、唐山两家二级分行获得筹建批准，筹建工作全面开展；年内新建同城支行1家（中山支行），迁址改造同城支行3家（新华路支行、红旗支行、建设南大街支行），进一步优化网点布局，改善营业环境，完善服务设施，提升服务形象。

华夏银行股份有限公司
石家庄分行

行　长：王宏杰
副行长：赵　巍　苏彦民
　　　　王庆华（5月任）

（刘文华）

民生银行

【概况】 2009年，中国民生银行石家庄分行按照《五年发展纲要》的要求，全面贯彻落实国家宏观调控和货币信贷政策，遵循资产安全第一、区别对待、有保有压的授信原则，及时调整授信政策。对节能减排技术创新、技术改造、污水处理、清洁能源和产品推广等方面的项目，有重点地给予信贷支持，成绩突出，被省政府、人民银行评为“绿色金融优秀单位”，成为唯一获此称号的股份制商业银行。截至年底，该行一般性存款余额312.86亿元，较年初增加28.51亿元；各项贷款余额230.3亿元、较年初增加49.51亿元、增幅为27.4%；存贷比为73.61%，较年初提高10.03个百分点；资产规模达到376亿元。年内实现管理“三无”目标（无经济案件、无职工违法犯罪、无治安事故），被河北省公安厅评为安全评估先进单位，被总行评为“合规建设示范基地”和“综合管理优秀分行”。

【业务发展】 开展特色业务。民生银行从市场定位、商业模式、流程建设等方面进行梳理和规划，加大区域特色业务开发力度，打造“特色银行”和“效益银行”。成立区域动产融资监管中心和3个动产融资业务专项小组，推出符合市场需求的批量开发模式，积极发展动产融资业务。客户涉及钢铁、煤炭、医药、白酒、能源、农产品加工、汽车经销等11个行业，授信额超过70亿元，获得总行颁发的动产融资“商户模式创新奖”。采取灵活操作的经营模式，大力发展票据业务。全年累计办理贴现660亿元，其中直贴367亿元，实现净利息9000多万元。票据贴现系统内排名第二，居当地股份制银行首位。加强产品宣传。联合开展金融产品推介会、民企纪念建国60周年文艺晚会等活动，密切民生与社会各界的关系；组织媒体专访、形象广告、嘉宾座谈等活动，加大新闻媒体宣传力度，提升民生社会形象，促进各项业务发展。创新产品，推动表外业务和域外信贷业务的发展，全年累计投放表外业务358亿元，省域外信贷投放75.5亿元。进行战略合作。分别与邯郸、唐山、张家口、廊坊、邢台、衡水等市政府签署战略合作协议，合计金额达700亿元；参与高速公路、铁路穿城入地、高铁、邯郸城投等多个政府融资项目，获准授信202亿元。

【网点建设】 2009年，新开业4家机构，其中：1家异地支行（邯郸支行）、1家二级分行（沧州分行）、2家同城支行（西二环支行、槐北路支行），迁址改造老支行2家，超额完成全年机构建设任务，完成率系统排名第一，获总行颁发的机构建设奖。邯郸支行、沧州分行的开业，标志着该行由单纯城市分行向省级管辖分行的转变迈出了关键的一步，使民生银行成为省内第一个在省会以外地区设立机构的股份制银行。

【提高员工素质】 加大人才引进力度，开展网络招聘和社会公开招聘活动，招聘员工180名，其中专业人员17名。继续实施分类、分层次的员工学历提升计划，做好与南开大学、北方交通大学、上海财经大学、中国人民大学的联合办学工作，学习人员累计达到323名，13人取得本科学历及学士学位，13人通过全国硕士学位统考（2人已取得硕士学位）。截至年末，该行本科学历（含）以上人员有480人，占全行职工总数的74%，员工学历层次明显提高。持续推进员工持证上岗工作，对公司和零售客户经理坚持每天一小时的集中晨训，对会计人员坚持开办“周六课堂”，有效提高了员工的整体素质和业务水平。2009年，该行有561人次通过总行组织的各类岗位资格考试，获得4月份石家庄金融机构业务技能大赛团体第一名。同时该行还被省政府、人民银行评为河北省代理财政支付优秀银行，也是省会唯一获此称号的股份制银行。

【党建工作】 全年依据机构变化情况，新成立党组2个（邯郸支行和沧州分行党组），所属党支部由原来的17个调整为24个（分行机关支部4个、经营机构支部20个）。发展预备党员12名，按期转正20名，被确定为入党积极分子56人，进一步壮大了党员队伍。截至年末，全行有党员183人。

中国民生银行石家庄分行

行　长：王家智

副行长：杨　德　胡国荣

（白　亮）

交通银行

【概况】 交通银行河北省分行组建于1990年，1995年4月升格为直属分行，2004年10月调整为省分行，全省网点75个，下辖唐山分行、秦皇岛分行、邯郸分行和沧州支行。作为河北省的首家股份制商业银行，交通银行河北省分行自组建以来，扎实推进全辖一体化经营和紧密型管理，调整优化经营结构，夯实管理基础，在竞争中不断创造和扩大自身优势，拥有布局合理的分销网络和极富价值的客户群，形成了产品覆盖全面、科技手段先进的业务体系，在公司金融、个人金融、国际金融和中间业务等领域，为客户提供全面周到的专业化服务，经营实力不断提升。2009年，交通银行河北省分行高举科学发展的旗帜，坚持“诚信永恒、稳健致远”的经营理念，紧紧抓住环渤海经济圈经济崛起的战略机遇，深化各项改革，强化内部管理，加快业务发展，促进全省经济社会稳定发展。年内河北省分行2个营业网点荣获

"十佳理财网点"称号，4名选手获"优秀理财师"称号，11月26日，河北省分行获评省第三届"环保与金融"论坛"绿色信贷优秀单位"称号。全年河北省分行本部在总行党委的正确领导下，按照"两化一行"发展战略和"争先进位、跑赢大市"的总体要求，强化内部管理，创新金融产品，调整优化资产结构，加快发展，确保实现"两个高于"（增速高于国有银行、增量高于股份制银行）的发展目标。全行各项业务连续五年保持快速发展，截至年末，河北省分行本部本外币资产总额达到244.02亿元，较年初增加53.05亿元，增长27.78%；各项人民币存款余额达到224.1亿元，较年初增加48.9亿元，增长28%；各项人民币贷款余额201.1亿元，较年初增加87.19亿元，增长77%，存贷款增量、增幅均创历史新高。外币存款余额5870万美元，较年初增加2116万美元；外币贷款余额2114万美元，较年初增加165万美元，增长8.47%。

【对公业务】 全年大力发展投行业务，依托对公理财产品蕴通财富、专户理财、定期发行三大平台，加大理财产品销售力度；加强与交行子公司业务合作，发挥综合化经营优势，先后与交银国信发起设立人民币对公理财产品12只，为客户筹集资金百亿元；加强业务创新，系统首创唐港高速公路收费收益权信托计划和购买河北移动应收账款资金信托计划，创收能力不断提升；加大国际业务营销力度，实现国际业务结算13.6亿美元。

【信贷业务】 调整资产结构，把好准入，调整存量，保增量，全面完成提升抵质押贷款占比和减退高风险贷款全年计划指标。加快发展小企业贷款和中长期贷款，提高贷款收益；增加小企业贷款，有效缓解利差冲击。强化定价周期管理，依据市场状况和政策变化，实施灵活的定价策略。大力加强资产保全，多措并举，扎实推进存量不良资产的清收转化，不良资产余额、占比双降。

【网点建设】 调整网点布局，加强网点装修改造。全年迁址改造同城支行4家（工农路支行、友谊北大街支行、塔北路支行、金谈固支行），跨城迁址改造支行1家（沧州支行），完善全市乃至全省范围内的网络覆盖，对低产低效网点实施撤并，全行网均单产明显提升。

表28　　2009年交通银行河北省分行本部及其金融机构情况一览表

序号	机构名称	详细地址
1	交通银行股份有限公司河北省分行（本部）	河北省石家庄市自强路22号
2	交通银行石家庄中山东路支行	河北省石家庄市中山东路72号
3	交通银行河北省分行营业部	河北省石家庄市自强路22号
4	交通银行石家庄新石北路支行	河北省石家庄市新石北路68号
5	交通银行石家庄鹿泉支行	河北省石家庄鹿泉市向阳街23号
6	交通银行石家庄裕华东路支行	河北省石家庄市青园街169号
7	交通银行石家庄和平西路支行	河北省石家庄市和平西路399号
8	交通银行石家庄和平东路支行	河北省石家庄市和平东路50号
9	交通银行石家庄友谊北大街支行	河北省石家庄市友谊北大街312号
10	交通银行石家庄北安街支行	石家庄市北安街37号
11	交通银行石家庄塔北路支行	石家庄市翟营南大街345号
12	交通银行石家庄中华南大街支行	石家庄市中华南大街380号
13	交通银行石家庄平安南大街支行	石家庄市平安南大街37号

（续表）

序号	机构名称	详细地址
14	交通银行石家庄水源街支行	石家庄市新华路 417 号
15	交通银行石家庄中山西路支行	石家庄市中山西路 368 号
16	交通银行石家庄友谊南大街支行	石家庄市友谊南大街 102 号
17	交通银行石家庄富强大街支行	石家庄市富强大街 60 号
18	交通银行石家庄体育南大街支行	石家庄市体育南大街 262 号
19	交通银行石家庄新华路支行	石家庄市新华东路 27 号
20	交通银行石家庄胜利北街支行	石家庄市胜利北街 306 号
21	交通银行石家庄体育北大街支行	石家庄市体育北大街 75 号
22	交通银行石家庄裕华西路支行	石家庄市裕华西路 9 号
23	交通银行石家庄建设南大街支行	石家庄市建设南大街 117 号
24	交通银行石家庄金谈固支行	石家庄市中山东路 739 号
25	交通银行石家庄翟营南大街支行	石家庄市翟营南大街 4 号
26	交通银行石家庄西苑支行	石家庄市西苑小区工建楼
27	交通银行石家庄湘江道支行	石家庄市湘江道 36 号
28	交通银行石家庄建华南大街支行	石家庄市建华南大街 101 号
29	交通银行石家庄休门街支行	石家庄市休门街 1 号
30	交通银行沧州支行	河北省沧州市运河区解放西路颐和广场 13 号（颐和国际 C 座）

交通银行股份有限公司

河北省分行（本部）

行　长：吴春节

副行长：刘彦涛　刘凤杰

王国成

（许克诚）

光大银行

【概况】 2009 年，中国光大银行股份有限公司石家庄分行（简称：中国光大银行）面对复杂多变的国际、国内经济金融形势，深化经营机制改革，稳步推进经营发展战略，着力巩固经营优势，加强风险管理，提高服务质量，实现业务平稳快速发展，基本实现“迅速改变面貌”的阶段性发展目标。荣获总行先进单位进步奖、公司业务进步奖和贸

2009 年 8 月 26 日，中国光大银行石家庄分行与河北省国有资产控股运营有限公司签署战略合作

金业务进步奖，荣获河北省人民政府年度“金融贡献奖”。4月29日，槐安东路支行开业庆典。8月26日，中国光大银行与河北省国有资产控股运营有限公司签署战略合作协议，意向融资25亿元。10月29日，中国光大银行平安支行迁址更名为中国光大银行富强大街支行，11月7日正式对外接待客户。11月9日，邯郸、保定业务发展部成立，加快异地机构建设步伐，拓宽业务发展领域。12月2日，中山西路支行正式搬迁至尚德国际。12月27日，中山东路支行整体迁址更名为建华北大街支行。至年末，分行有营业分支机构8家（分行营业部和7家支行），员工总计297人。新购分行办公楼1幢，新建自助网点14个。在建同城支行1家（友谊北大街支行），计划2010年初开业。在建异地分行1家（唐山分行），11月17银监会批准筹建，计划2010年3月开业。至年末，分行资产总额达到163.30亿元，比年初增加59.88亿元，增幅57.89%；各项贷款余额为145.7亿元，比年初增加70亿元，增幅为92.3%；负债总额161.62亿元，比年初增加66.31亿元，增幅69.58%；实现税后利润总额16176万元；不良贷款额为1478.58万元，比年初减少2446.61万元，不良贷款率为0.1%，降幅为0.42%。

2009年4月29日，中国光大银行槐安东路支行举行开业庆典

【业务调整】 年内分行成功启动二手房按揭、经营性物业抵押、同业代销理财、寿险销售代理等业务，完成光大证券阳光二号2期等多支券商集合产品、基金一对多产品的销售任务。调整业务结构。大力发展贸易融资和个人贷款战略性产品，全年贸易融资累计发生额82.64亿元，完成计划的202%；货押业务累计发生额23.7亿元，完成计划的182.77%；贸易融资项下中间业务净收入2785.24万元，完成计划的371%，同比增加1729万元，增幅达164%；贸易融资日均余额10.84亿元，时点余额15.36亿元，较年初增加5.51亿元；对私中间业务收入1903万元。同时，大力开展住房按揭贷款、二手房贷款、净值贷款业务，发展助业贷款和小企业主贷款业务，系统内率先开发经营性物业贷款业务，加速信贷结构调整，优化改造零售授信管理中心，理顺业务流程，提高竞争力。

【客户增加】 至年末，对公存款余额为96.2亿元，较年初增加29.8亿元，增幅44.9%，对公存款日均77亿元，较年初增加22.6亿元，增幅41.46%；对私存款余额为15.5亿元，较年初增加4.8亿元，增幅45.68%，对私存款日均13.7亿元，较年初增加3.4亿元，增幅33.3%；对公存款余额500万以上的客户有198户，较年初增加86户，存款余额93.55亿元，较年初增加30.31亿元；对私基础客户方面，新增对私有效客户数，10万元以上VIP客户、财富客户数，第三方存管有效户数，新增信用卡客户数，新增电子银行客户数等增长迅速。对公客户结构优化。全年存款余额1000万元以上客户中，钢铁、汽车类支柱行业客户数分别达到40户和36户，公共管理行业及政府机构类10户、房地产5户、交通运输5户，化工3户，焦化3户，电力2户，医药2户。对私客户结构显著改善，工程机械类贷款占比61.2%，较年初下降34.1个百分点，个人住房贷款占比36.9%，较年初提高34个百分点，改变工程机械类贷款一支独秀的局面。

【业绩提升】 全年存贷款余额双双突破百亿元，市场份额和品牌影响力明显提升。一般性存款时点余额为111.7亿元，较年初增加34.7亿元，增幅为45.01%；一般存款日均90.65亿元，较年初增加26亿元，增幅为40.17%；存款市场占比达2.19%。各项贷款余额为145.7亿元，较年初增加70亿元，增幅为92.3%；各项贷款日均114.68亿元，较年初增加52.13亿元，增幅83.36%；贷款市场占比达5.18%。全年实现账面税后利润16176万元，同比增加8163万元，增幅101.87%。资本税后利润11977万元，进入四类行。中间业务净收入6515万元，同比增加4261万元，增幅为189%。不良贷款余额及不良率双下降。信贷拨备覆盖率901.07%，较年初增长573.12个百分点，风险防范能力明显增强。费用管理实现"一保一平一降"（"一保"即在预算中充分保障固定开支、基础性建设、战略相关指标、广告宣传等费用，保证基础性、建设性投入的增长幅度；"一平"即适当安排新增人力成本，实现现有人力成本同口径零增长；"一降"即在不影响业务发展的情况下，同口径压缩招待费、会议费、差旅费、办公用品费等不固定费用，实现负增长）。

【风险防范】 坚持风险管理与业务发展齐抓共管，开展预防职务犯罪系列教育，从源头防控风险案件的发生。健全机制，加强授信管理。建立风险预警和报告制度，确保信贷资产安全；定期召开月风险预警会，逐一分析授信风险并制定应对措施化解风险；执行风险报告，每月分析汇总并形成风险管理报告，防范政策性、系统性、行业性风险。同时，风险管理部门主动配合营销条线，抓好区域营销指引的制订，抓好审批流程的优化，主动参与平行作业，加强授信审批沟通和信息反馈，促进业务发展。制定《石家庄分行2009年内控合规检查工作计划》，开展合规检查和监测工作。对信贷资金使用情况、大额及可疑交易、电子银行等情况进行了全面检查，认真排查案件风险。加强过程控制，加强风险预警、贷后管理和保全清收工作。组织开展公共管理、房地产、汽车、钢铁等行业风险排查和票据业务、货押业务等专项风险排查，保证信贷资产安全。加强合规建设，依法合规经营，重检和完善管理制度，有针对性地梳理完善业务流程，制定二级分行和异地支行的业务操作及风险管理制度。严格执行大额采购、集中采购和定点采购制度，严把采购关，加强财务管理。强化运营管理和科技保障，加强安全保卫工作，实现营业网点抢、盗案件"零"目标，保障全行安全运营。

【内部管理】 完善考核分配制度和薪酬体系，建立末位淘汰和监管机制，推行经营单位第一负责人年薪制。修订客户经理工资等级制和绩效考核办法，加大绩效工资考核挂钩力度。建立保护机制，鼓励人员向一线分流，压缩管理部门人员占比。优化改进平衡计分卡，发挥工作导向作用。在全面论证的基础上，进一步修订完善各部门平衡计分卡，明确各类人员考核评价办法；研发考核信息系统，提高考核统计数据的真实性和准确性；公开考核结果信息，接受全行监督；综合分析考核结果信息，加强对平衡计分卡过程管理和执行效果评估工作。完善干部人事管理，推行干部公推和竞聘上岗制，年内组织公推和竞聘会8场，选拔使用干部17人，选拔后备干部16人。加强员工教育培训，全年组织培训活动50场，培训人员400人次。

中国光大银行股份有限公司
石家庄分行

行　　长：阙　华
副 行 长：孙建伟（2月免）
　　　　　武贯群（6月任）

（孙效燕）

邮政储蓄银行

【概况】 1986年，邮政部门恢复开办储蓄业务，经过20多年的发展，邮政储蓄从无到有，从弱到强，规模越来越大，发展速度越来越快。2008年3月12日，经河北省银监局核准，同意中国邮政储蓄银行有限责任公司河北省石家庄市分行开业。名称为：中国邮政储蓄银行有限责任公司河北省石家庄市分行，简称为：中国邮政储蓄银行石家庄分行；英文名称为：POSTAL SAVING BANK OF CHINA SHIJIAZHUANG BRANCH。营业地址：河北省石家庄市中华南大街509号。2008年3月18日，中国邮政储蓄银行石家庄市分行正式挂牌成立。内设10个部室，分别为：办公室、人力资源部、财务会计部、综合业务部、公司业务部、审计部、信贷业务部、风险合规部、渠道科技部、营业部，辖18个县支行。全区共有营业网点220个，其中市区81个，县区139个。

2009年，邮政储蓄银行实现首年独立运行，相继开展机构合规评价、规章制度梳理、小额信贷风险评估、风险提示、员工合规教育等工作，建立《邮政金融从业人员日常考察档卡片》，定期召开邮银资金安全联席会，成立网点审计中心、管理机构审计中心、非现场监控中心，推行审计体制改革，实现审计全覆盖，全年未发生一起资金案件，各项贷款逾期率为0.46%，作为邮储银行全国50个试点单位，审计体制改革试点任务取得新进展。制定规范化服务实施方案，强化“服务立行”理念，坚持服务“三农”、服务中小企业、服务社区，逐步向现代商业银行转型，各项业务发展良好。截至年底，各项存款余额271亿元，其中，个人存款251亿元，公司存款20亿元；各项贷款余额6亿元；实现收入1.96亿元，同比增长80.6%；实现利润5503万元，同比增长53.8%。年内装修改造营业网点15处，新增18台ATM和一批终端设备投入使用，电话银行、信用卡、绿卡通、农民工卡等重点业务系统成功上线。

河北省邮政公司副总理王克俭（左一）和副市长张妹芝为中国邮政储蓄银行石家庄市分行揭牌

【个人业务】 开展客户需求调研，分析客户结构现状，制定营销计划，提供“贴心”服务，个人业务得到快速发展。全年净增个人储蓄存款余额8.12亿元，发放绿卡17.55万张，发放绿卡通卡4.2万张，商易通结存1.16万户，比上年增加7110户，代理保费9.5亿元，销售基金2471万元，销售理财产品3947万元。

【公司业务】 建立专职营销队伍，依托信誉优势、网络优势，开展项目营销，逐渐找到自身优势与攻关业务的结合点，为城市社区和广大农村地区居民提供优质金融服务。加强品牌宣传，提升服务质量，树立“邮政储蓄，服务三农”品牌与口碑。积极寻求当地政府部门的支持，开立社保专户，财政社保存款余额6亿元，财政社保成为县支行公司业务的支柱。至年末，对公存款净增14.64亿元，增幅达260.57%。

【信贷业务】 坚持邮政储蓄资金返还农村，返哺农业，服务“三农”，支持农村建设。截至年底，累计发放个人贷款11.1亿元，其中农村贷款2.24亿元。10月底，开办小企业贷款业务，成为全国邮储银行首家开办该业务的省会分行。全年累计发放个人贷款12875笔，共计11.11亿元；发放小企业贷款1020万元。

中国邮政储蓄银行
石家庄市分行

行　长：刘海山（2月免）
　　　　时国校（2月任）
副行长：赵蒙林　张国平
　　　　米荣杰

（李　菲）

河北银行

【概况】 2009年，河北银行（原石家庄市商业银行）以建设环渤海区域领先公众银行为目标，完善公司治理架构，提足信贷和非信贷资产减值准备，加大核销力度，夯实财务基础，圆满完成年初制定的各项任务目标，资本实力和抗风险能力进一步提升，资产规模、存贷规模、盈利能力创历史最好水平。至年末，按监管口径，资产总额达到546.1亿元，较年初增长33.1%；存款总额505.1亿元，较年初增长46.4%；贷款总额263.7亿元，较年初增长34.1%；实现利润3.9亿元，净利润3.6亿元。资本充足率13.9%，较年初提高3.1个百分点；拨备覆盖率152.1%，较年初提高92.6个百分点；贷款损失准备充足率100%。

（王志峰）

【石家庄市商业银行更名为河北银行】 经中国银行业监督管理委员会批准，石家庄市商业银行更名为河北银行。2009年12月16日，河北银行在河北会堂举行了揭牌仪式。河北银行前身为石家庄市商业银行，成立于1996年5月28日，是全国首批五家城市合作银行试点之一，也是全省成立最早的城市商业银行。至成立日，该行在石家庄市区域金融机构中，存贷款市场份额分别排名第5位和第4位；总资产、存款余额、贷款余额在全省11家城市商业银行中均列首位。

（靳晓磊）

【业务发展】 2009年，河北银行存贷款额增量、增速创历史最好水平。加强营销管理。开展存贷营销，加强营销调度，压缩集中度超标贷款；实施营销备案制度，解决贷款多头授信问题，规范营销秩序。年内压缩集中度超标贷款近20亿，完成贷款集中度达标任务。创新金融产品。个人业务，调整个贷政策，推出平安如意贷和住房公积金贷；公司业务，推出经营性物业抵押贷款和银团贷款；国际业务，推出出口信保、福费廷、外汇贷款等业务；小企业业务，国内首批、省内首家成立以事业部模式运营的小企业金融服务中心，拓宽担保方式，推出多户联保贷款、机器设备及车辆存货抵押贷款，举办第三届“小巨人”企业培育工程活动，小企业业务实现突破。至年末，存贷款总额实现768.8亿元。拓展理财业务，加强资金运作，扩大收益来源，债券业务和票据业务表现活跃。债券业务市场排名大幅提高，票据业务量同比大幅攀升。推出公务信用卡、员工信用卡和香港旅游信用卡，卡业务发展迅速。至年末，累计核发借记卡117余万张，信用卡8000余张。加强国际结算业务，带动全行本外币业务一体化发展。年内完成国际结算量24000多万美元，同比增加约3000万美元。加强不良贷款的清收管理，年末实现不良贷款率1.02%，较年初下降1.91个百分点。

2009年12月16日，河北银行股份有限公司揭牌庆典仪式

【网点建设】 5月27日，辛集支行开业，成为该行在县域设立的第三家分支机构；6月26日，唐山分行开业；11月19日，石家庄商业银行更名为河北银行，12月16日，河北银行股份有限公司揭牌庆典；12月18日，河北银行邯郸分行开业庆典；12月29日，河北银行天津分行开业庆典。至年末，公司在石家庄地区有营业分支机构63家（公司营业部及62家支行），异地分行3家（唐山分行、邯郸分行和天津分行），是省内首家域外

发展的城市商业银行。

（王志峰）

2009 年 12 月 29 日，河北银行天津分行开业庆典

【小企业金融服务中心揭牌】 7 月 28 日，石家庄市商业银行小企业金融服务中心正式揭牌。该中心作为一家专为小企业提供融资服务的新型金融机构，是河北省第一家小企业金融服务专营机构，是经中国银监会批准，专营小企业金融业务的准法人金融机构，业务范围包括小企业贷款、贸易融资、承兑、贴现、国内保理、保函、融资咨询、财务顾问、代理理财等资产和中间业务。该中心业务规定，属于国家统计标准下的小型企业，可在该中心采用房产、土地、应收账款、优质企业担保或专业担保公司担保等多种担保方式，办理单笔金额 500 万元以内的贷款业务，多笔贷款累计不超过 800 万元。揭牌仪式上，市商业银行还发布了第三届“小巨人”企业培育工程入选企业名单，有 195 家企业入选“小巨人”企业，市商业银行与其中的 127 家企业建立了信贷关系，累计为入选企业发放贷款 31.4 亿元。

（靳晓磊）

【风险防控】 建立风险防控机制。拟定《风险管理体系改革方案》，从制度建设、流程再造等诸方面构建风险防控体系；做好定期信用风险、市场风险、操作风险的识别、计量、监测工作；建立中台市场风险审核机制，提升资金风险管控能力。加强内部管理。加大稽核力度，发现问题，及时整改；梳理自该行 1996 年以来的全部内控制度，探索建立内控制度评估体系，加强内控制度评价工作。加强案件防控与安保。建立案件防控体制、机制；宣讲案件防控知识，规范各级各类人员的经营行为；加强纪检监察；开展案件风险隐患排查，严肃查处违规违纪行为；加强人防技防安保建设，确保实现安全运营。

河北银行股份有限公司

董事长：乔志强

行　长：乔志强（5 月免）

　　　　姚浩俊（5 月任）

监事长：盛俊龙

副行长：姚浩俊（5 月免）

　　　　张肃建　李艳霞

　　　　杨书林（7 月任）

总会计师：王振宇（7 月任）

（王志峰）

农村信用合作社联合社

【概况】 2009 年，石家庄市农村信用合作社联合社坚持“风险可控、效益优先”原则，全面推进县级联社资源整合改革工作，全面实行综合柜员制，扎实开展“清非突击月”活动，严格责任追究，狠抓“门前清”，资产质量进一步好转。截至年末，全市累计清收不良贷款 21.65 亿元，完成全年清收任务的 120.26%。其中现金清收 93164 万元，占累计清收的 43.04%。截至年底，全市不良贷款余额 71.09 亿元，较年初下降 14.22 亿元，完成全年下降任务的 102.54%；不良贷款占比为 18.86%，较年初下降 8.66 个百分点，完成全年任务的 112.47%，资产质量持续好转。加强资金管理，加大贷款利息收入，降低无息资金占用，加大投资和同业存放，增加中间业务收入，压缩费用开支，截至年末，全市实现总收入 32.54 亿元。全市非信贷资产收益率 3.56%，完成全年任务的

154.78%；公共费用率9.9%，低于核定任务0.34个百分点，实现拨备前利润7.72亿元，完成全年任务的174%，财务收支状况显著改善。石家庄市联社辖18家县级联社，1家农村合作银行，拥有营业网567个点，在册员工6740人，年内各项业务取得长足进步，截至年底，各项存款余额617.17亿元，较年初增长103.37亿元，人均存款979.63万元，其中，低成本存款余额135.85亿元，较年初增加35.33亿元。各项贷款余额376.89亿元，较年初增加66.85亿元，资产质量总体得到改善。按五级分类统计不良贷款余额71.09亿元；不良贷款占比18.86%，较控制数多下降0.32%；总收入32.54亿元，同比增加4.28亿元。其中：中间业务收入0.53亿元，同比增加0.33亿元，实现拨备前利润7.72亿元。

【信贷业务】 年内，全市农村信用社密切跟踪宏观经济走势和产业结构调整趋势，认真分析研究石市经济发展状况，科学把握信贷节奏，坚持“四个面向”（面向“三农”，巩固农村市场；面向城市社区，延伸金融服务；面向具有比较优势的县域主导产业，加快培育骨干企业；面向地方经济和社会发展，积极培育潜在的市场）的信贷投放方向，积极开展信贷营销，发展优质客户，拓宽投放领域，加大投放力度，完善信贷管理，实现了信贷业务的稳步发展。截至年末，全市累计投放贷款380.4亿元，各项贷款余额376.89亿元，较年初增加66.86亿元，结构趋于合理，奠定了良好信贷投放基础。

【中间业务】 加强中间业务品种开发，促进中间业务发展，加强任务考核，中间业务实现从无到有，年内实现中间业务收入5258万元，同比多收3340万元，中间业务收入翻了一番多，完成全年任务的103.09%，全市收入单一的局面正逐步扭转。

【县级联社备用高管公开竞聘试点】 年内，石家庄市联社作为全省农信社改革试点单位，率先开展了县级联社备用高管公开竞聘试点改革，从更广的范围选拔、任用高素质人才，建立科学有效、充满活力的用人机制。年内采取全市统一公推公选、择优建立备用干部库并动态管理使用的方法，从335人中择优选定46人进入备用干部库，打破了县域局限，提高了选人用人的公信度和满意度，为市信用社储备了一批优秀高级管理人员。

【农户小额贷款试点】 为全面体现农村信用社服务“三农”的宗旨，加大对“三农”支持力度，2009年8月，市联社成立小额贷款项目工作组，重新设计小额农户贷款操作流程，自主研发“小额农户贷款信息化管理系统”，同时依据《石家庄市小额农户贷款工作方案》，首次选定正定、平山两个有代表性的联社作为试点县，并于8月4日至10对试点县的小额贷款工作进行了调研。8月20日、9月24日分别在平山、正定召开流程修订座谈，提高流程的完整性和可操作性。9月15日至20日在正定进行上线测试，9月22日至23日在平山组织两个试点县集中测试调整。9月24日至25日小额贷款信息系统在平山、正定两个试点联社顺利上线。截至年底，平山县、正定县在试点村基础上完成了对全辖农户贷款的摸底，批量评级授信工作下在稳步推进。

【网点建设】 年内，石家庄市联社依据省联社有关标准和要求，制定了全辖网点建设标准，在摸清网点底数的基础上，投资4663万元，利用三年时间装修改造网点263个，提升网点形象。年内改造完成网点13个，25个正在装修中。

石家庄市农村
信用合作社联合社

理事长：陈树松
主　任：赵合庆（8月免）
　　　　王文娟（女，8月任）
监事长：王文娟（8月免）
　　　　刘宏峰
副主任：陈振峰（8月免）
　　　　刘合芳（8月任）

（杨智皓）

证 券

【上市公司概况】 2009年，石家庄有2家企业实现新上市(8月21日，博深工具股份有限公司在深圳证券交易所上市，首发融资4.99亿元；9月16日，中国全通在香港证券交易所上市，首发融资4.5亿港币)，退市1家。截至年底，上市公司共有15家（注册地或办公地在石市)，16只股票。其中，上海证券交易所挂牌3家：威远生化、华北制药、湖大科教；深圳证券交易所挂牌5家：常山股份、宝石电子、建投能源、东方热电、博深工具；香港联合交易所挂牌5家：神威药业、中国制药、中国全通、利君国际、中集安瑞科；美国纽约证券交易所挂牌1家：奥星药业；英国PLUS市场挂牌1家：华美玻璃。截至年底，石家庄累计实现企业上市16家（退市1家)，共从资本市场募集资金110余亿元，为企业开展大规模技术改造，实现跨越式发展奠定了资金基础，同时也推动了全市经济整体发展。

表29　　2009年石家庄市上市公司基本情况一览表

2009—12—31　　单位：万股、亿元

公司简称	企业主营业务	股票简称	上市交易所	上市时间	配股时间	总资产	总收入
	注册地址	股票代码	总股本	首发融资	配股融资	净资产	净利润
威远生化	生物制药	威远生化	上交所	1994.1	1999.12	11.04	6.61
	和平东路393号	600803	23644	1	1.82	3.39	—0.39
华北制药	制药产品	华北制药	上交所	1994.1	1995.7①	73.01	48.83
	和平东路388号	600812	102858	2.75	1.3	7.97	—3.82
湖大科教	化工产品	ST湖科	上交所	1996.3	—	1.47	1.3
	中山东路85号	600892	6312.5	0.37	—	—0.31	—0.1
常山股份	棉纺制品	常山股份	深交所	2000.7	2003.8②	42.72	30.96
	和平东路183号	000158	71886	5.98	1.41	23.25	0.75
宝石电子	电子玻璃制品	宝石A/B	深交所	1996.7	—	3.64	0.62
	黄河大道9号	000413/200413	38300	3.54	—	2.17	—0.32
建投能源	能源发电	建投能源	深交所	1996.6	1997.8③	100.74	47.34
	裕华西路9号	000600	91366	0.71	0.99	28.98	0.71
东方热电	热电联产	东方热电	深交所	1999.12	2002.6	16.92	10.94
	建华南大街161号	000958	29948.5	2.56	5.7	—4.61	—12.61
博深工具	金刚石、电动、合金工具制品	博深工具	深交所	2009.8	—	8.47	3.51
	海河道10号	002282	17340	4.99	—	7.73	0.57
备　注	①1995.7配股融资1.3亿元；1997.8配股融资5.3亿元；1999.2配股融资15.04亿元。 ②2003.8配股融资1.41亿元；2008.1定向增发融资5.83亿元。 ③1997.8配股融资0.99亿元；2007.2定向增发融资22.37亿元；2009.4债券融资5亿元。						

（张　宁）

保　险

中国人寿保险

【概况】 2009年，中国人寿保险股份有限公司石家庄分公司围绕“稳增长、调结构、夯基础、强管理、防风险”目标，大力推行银代收付，完成印章省级集中管理，加强风险环节管控。制订《中国人寿保险股份有限公司石家庄分公司内控标准执行及内控评估工作实施细则》，认真落实“小金库”治理、防集资诈骗和商业贿赂等专项活动，加强内控评估、效能监察和审计工作。开展第二届“诚信我为先”主题教育活动，规范销售人员日常行为，建立行风会商机制，加强纪检监察和行风建设，年内获评石家庄市行风第六名(20个公益经营单位参评)，同比提升两个位次，位居同行榜首。年内继续推进国寿1+N客户服务，发放国寿鹤卡17.28万张；开展“万场电影进千乡百区”活动，播放电影738场，受众7.6万人次；开展“庆祝建国建司60周年客户答谢会”活动，举办客户答谢会319场，回馈客户2万余人次；加强媒体宣传，发布各类稿件222篇；参与“三下乡”、“文明就在脚下”等活动，进一步扩大品牌知誉度，品牌建设能力进一步提升。全年实现保费收入27.07亿元，同比增长2.76%，占市场份额的32.38%，保持行业领先主导地位。

【业务发展】 年内，中国人寿石家庄分公司调整业务结构，转变业务发展方式，各项业务平稳健康发展。8月12日召开新闻发布会，正式启动农村小额人身保险。至年末，保费收入270677万元，同比增长2.79%。其中，长险首年保费173270万元，占比64%；长险续期保费89494万元，占比33.1%，同比增长26.35%；短期险保费7913万元，占比2.9%。渠道销售能力进一步增强。个险渠道实现保费收入112198万元，占比41.4%，同比增长7.84%；团险渠道实现保费收入23448万元，占比8.7%；银邮渠道实现保险收入135031万元，占比49.9%，同比增长3.76%。全年结构调整指标保持较快增长。长险首年期交保费32342万元，同比增长3.56%，高于总保费增幅0.77个百分点；续期保费89494万元，同比增长26.35%，高于总保费增幅23.6个百分点。结构比例更加优化。首年期交占比长险新单提高1.62个百分点。个险渠道5～9年期占比首年期交提高23.7个百分点；10年期及以上占比首年期交提高17.7个百分点。银保期交占比银保渠道保费提高2.2个百分点。续期保费占比总保费提高6.2个百分点，业务发展方式已由首年推动步入续期拉动的轨道。公司可持续发展后劲不断增强，年末个人代理人队伍达到6196人，持证率100%；与500多家银邮代理机构签订合作协议，进一步拓宽服务渠道。

表 30　2009年中国人寿保险石家庄分公司保费收入情况一览表

类别		保费收入（万元）	占比(%)	同比(%)
险种	长险	262764	97.1	3.44
	其中：首年保费	173270	64	—
	续期保费	89494	33.1	26.35
	短险	7913	2.9	—
渠道	个险	112198	41.4	7.84
	团险	23448	8.7	—
	银邮	135031	49.9	3.76
总保费		270677	100	2.79

【赔款与给付】 2009年，石家庄分公司率先在省内开通"医保通"，实现健康险医疗费用零距离赔付。搞好地域险情分析，及时开通特大雪灾"理赔绿色通道"。做好农村小额保险，借款人意外险，城镇职工、居民大额医疗保险，独生子女计生系列险等民生险种，服务民生，构建和谐社会。全年处理无争议拒付赔案59件，拒付金额125万元，赔付近5亿元，其中赔款0.63亿元，死伤医疗给付1.26亿元，满期、年金给付3.09亿元。

中国人寿保险股份有限公司
石家庄分公司
总 经 理：崔绍臣
副总经理：孙聚良　刘一军
谢素立　张国杰
韩　松（3月任）

（阎媛敏）

中国人民财产保险

【概况】 2009年，中国人民财产保险股份有限公司石家庄市分公司在公司发展遇到诸多困难的情况下，抢抓机遇，拼搏进取，取得较好的经营业绩。在承保管理方面，严格执行风险评估和验标承保，加强承保管理，优质业务占比大幅提高，企财险重点客户续保率达到80%，车险未出险客户续保率达到61.3%，为全省系统最好水平。在理赔管理方面，加强人员的教育培养，提高业务技能，增强服务意识。坚持查勘、定损、核损、报价、追偿等制度，实行赔案处理、审批终身负责制，理赔服务"主动、迅速、准确、合理"，全年车险案均赔款2976元，同比下降4.8%，为全省最好水平；做好诉讼、仲裁案件的应诉处理，依法顺利履行保险合同；与公安、检察等部门密切合作，加大侦破、打击骗赔案力度，全年查获骗赔案334件，挽回经济损失368万元。在财务管理方面，加强财务预算管理，增强费用使用、薪酬发放的计划性，实现费用、薪酬的开支进度与保费、利润的完成情况同步，费用支出坚持量入为出，精打细算，厉行节约，压缩行政费用开支，保证业务发展必要的费用投入，使有限的财务资源发挥最大的效用，年内机关费用支出同比减少130万元。全年实现保费收入8.99亿元，较上年净增1.13亿元，增长14.4%；实现利润6000万元，完成年计划的110%；综合赔付率为64.7%，综合成本率为92.7%。

【业务发展】 2009年国际金融危机影响凸显，公司业务发展缓慢，年初保费收入出现负增长，后经公司全体的共同努力，很快扭转局面。5月底公司业务实现两位数增长，6月底实现"时间过半、任务超半"的目标。下半年，经济企稳回升和保险行业结构调整，公司各级审时度势，抢抓机遇，乘势而为，业务发展迅速。尤其是进入四季度，业务发展迅猛，保费增速超过100%，超额完成全年保费任务。全年实收保费达到9.04亿元，同比增长14.9%，完成全年计划的

103%；全市系统有 27 个单位业务实现正增长，增幅超 30% 的有 6 家；20 个单位超额完成保费实收年计划，和平支公司完成年计划的 142.3%，裕华支公司完成年计划的 138.2%，营业三部、桥东、新华、灵寿四家支公司完成年计划 110% 以上。

表 31　　2009 年中国人民财保石家庄市分公司保费收入情况一览表

险　种	签单数（件）	签单保费（千元）	保险金额（亿元）	计划完成（%）
机动车险	298082	754223	646	112.82
企财险	1185	56649	637	77.89
家财险	6879	2714	15	60.98
工程险	36	7034	30	34.82
农业险	1243	26817	10	52.58
责任信用险	3575	28232	383	89.63
意外健康险	14197	14318	507	84.03
船货险	20519	8901	72	69.82
合　计	345716	898889	2300	102.36

【理赔服务】　加强客户沟通联系，建立重点客户出险报告和星级客户专人服务制度，开通绿色通道，公司查勘定损、现场施救、赔款支付优质高效。年内石家庄地区遭受有记录以来的最大暴雪侵害，公司各级理赔人员克服种种困难，赶赴受灾区，做到定损、赔付准确及时，省会多家新闻媒体进行了报道，得到社会各界的好评。2009 年，公司在赔案件 12 万件、同比增加约 2 万件；处理赔案 10.7 万件，同比增长 10.43%；案件现场查勘率超过 98%，处理率 99.18%，同比提高 1.9 个百分点，高出省公司规定指标 4.18 个百分点；全年风险金额累计 2300 亿元，支付赔款 3.98 亿元；车险理赔周期 17 天，同比缩短 1.34 天，较省系统平均水平短 8.19 天；车险两日核赔率 98.35%，高出省系统平均水平 2.12 个百分点；车险理赔周期、两日核赔率位居全省系统第一。

表 32　　2009 年中国人民财保石家庄市分公司赔付情况一览表

险　种	决赔件数（件）	已赔款（千元）	未决赔款（千元）	金额结案率（%）
机动车险	92628	332545	250283	80.03
企财险	527	28773	59126	47.43
家财险	2318	1923	639	82.52
工程险	5	300	1953	8.77
农业险	8877	14173	839	91.8
责任信用险	1049	8989	15244	51.93
意外健康险	1254	7329	2951	71.78
船货险	106	4090	2106	61.99
合　计	106764	398123	333141	80.08

中国人民财产保险股份有限公司
石家庄市分公司

总 经 理：李成全
副总经理：钱书平（2月免）
丁 萍（女）
王 翔（12月免）
刘世行（2月免）
张彦春 段荣平

（张 剑）

太平洋人寿保险

【概况】 2009年11月10日，中国太平洋人寿保险股份有限公司石家庄中心支公司成立开业。2009年，石家庄中心支公司以《保险法》为纲，认真贯彻落实各项监管法规和总公司的工作部署，设置合规管理专职岗位，建立健全风险防范体系，执行全面预算管理制度，规范会计核算和财务管理，大力弘扬“诚信天下、稳健一生、追求卓越”的企业文化核心价值观，积极应对全球金融危机带来的严峻挑战，上下同心、共克时艰，圆满完成各项预定指标任务。全年累计实现规模保费收入51685.4万元，同比增长29.97%，核心业务保费收入11538.9万元，同比增长142.46%。综合经营管理等级成功晋升为AAA级。年内公司先后被总公司综合评为甲B机构，并授予“明星机构”称号；获得中国质量万里行促进会最高A级评价，总公司经营委员会主席对此给予了表彰奖励；荣获“河北省服务质量奖”荣誉称号，受得河北保监局的通报表彰；荣获“2009年度保护消费者权益先进单位”光荣称号。公司党委被分公司党委授予先进党组织，公司工会被分公司系统工会评为先进工会。

【业务发展】 年内，石家庄中心支公司紧扣发展主旋律，加强队伍建设，夯实管理基础，优化业务结构，防范经营风险，提升经营效益，各项业务健康发展。加强个人渠道队伍建设，提升业务综合技能，团队规模不断壮大，队伍素质明显提升，业务平台创历史新高，提前4个月完成全年预算任务。加强续期渠道基础管理，实行服务绩效考核，促进完成各项业务指标，13/25个月保单继续率名列前茅。团险渠道主动承担全市独生子女家庭意外伤害保险试点任务，短期意外险、短期健康险、年金险、第三方管理业务均衡发展。银保渠道狠抓队伍建设和基础建设，与建行、农行、工行、交行、中行、农信社、光大银行等商业银行建立良好的合作关系，是全国AAA级中心支公司。全年累计实现规模保费收入51685.4万元，其中，个人渠道实现新单保费收入3552.1万元，同比增长41.63%；银邮渠道实现新单保费收入34140.7万元，同比增长35.57%；直销新保保费收入1429.3万元。核心业务累计完成保费收入11538.9万元，同比增长142.46%，其中期缴保费收入10440.8万元，同比增长166.73%；意外险保费收入1098.1万元，同比增长29.85%。

【赔款与给付】 靠服务赢得市场，靠信誉赢得客户。年内中心支公司严格落实《保险法》的有关规定，全辖上下贯彻主动、迅速、准确、合理的理赔服务原则，开通绿色理赔通道，提升理赔服务质量。全年累计处理理赔案件2000余件，赔款金额882万元，同比增长31.6%；全年满期给付金额12965万元。

中国太平洋人寿保险股份有限公司
石家庄中心支公司

总 经 理：郝连山（11月任）
副总经理：王 刚（11月任）
范艳萍（女，12月任）
梁永东（11月任）

（刁子伟）

太平洋财产保险

【概况】 2009年，中国太平洋财产保险股份有限公司石家庄中心支公司（简称石家庄中心支公司）面对激烈的市场竞争形势，严格执行《应收保费管理办法》，加强车船税代收代缴规范管理，积极开展单证、发票专项检查，基本实现100%收缴，有效规避经营风险。县级机构实现平稳健康发展，大部分县级机构业务规模发展到500万元以上。员工培训工作卓有成效，先后组织参加非车险业务、非车险核心业务技术大练兵、车险业务系统切换、集中式业务系统、新保险法、反洗钱、赴长沙保险学院学习等学习培训活动，员工业务素质和能力大大增强。实行差异化管理，开展效益建设活动，建立考核激励机制，促进效益险种发展。截至年底，实现保费收入18863.48万元，同比增长 21.94%，综合赔付率 50.31%，同比增长 10.99 个百分点，基本完成分公司下达的各项任务指标。

【业务发展】 年内，石家庄中心支公司加强车险综合成本率核算，开展车险精细化管理。大力发展非车险业务。加强与经纪公司、保险代理公司的联系合作，提高对重要非车险业务渠道的掌控能力，年内通过渠道顺利续保及承保的业务有承运人责任险、校方责任险、信用社的借款人人意险等业务等；建立激励机制，促进非车险业务发展；开展非车险业务竞赛，调动广大职工的积极性；定期召开业务分析会，加快非车险业务渠道建设，年内成功开拓大广高速大广高速、长深高速、曹妃甸填海造地、保阜高速、张石高速、廊沧高速等建工人意险。2009 年，完成保费收入 18863.48 万元，同比增长 21.94%，其中：车险保费收入 1344.73 万元，同比上升 21.68%；非车险保费收入 5415.75 万元，同比增长 22.58 个百分点。

【赔款与给付】 11 月 10 ~ 11 日，石家庄地区遭遇历史罕见的暴雪天气，公司承保大面积出险，其中损失较严重的有河北万利福方村超市，中外运空运发展有限公司河北分公司，石家庄嘉合啤酒责任有限公司，金源粮油 4 家。面对突如其来的灾情，石家庄中心支公司立即启动重大自然灾害应急预案，成立灾情赔付应急领导小组，并采取一系列措施，力争把损失降到最低限度。11 月 18 日，石家庄中心支公司提前预付嘉禾啤酒有限公司赔款 80 万元，省电视台、河北日报、燕赵都市报等多家新闻媒体进行报导，收到良好的社会反响。2009 年，石家庄中心支公司共赔款支出 9490.3 万元。其中，车险赔款支出 7287.1 万元，赔付率 54.19%，同比增长 8.22 个百分点；非车险赔款支出 2203.2 万元，赔付率 40.68%，同比增长 17.98 个百分点；综合赔付率 50.31%，同比增长 10.99 个百分点。

中国太平洋财产保险股份有限公司
石家庄中心支公司
总 经 理：蔡　瑞
副总经理：郁海建

（李世彤）

平安人寿保险

【概况】 2009 年，中国平安人寿河北分公司严格遵守新保险法的各项规章制度，积极防范保险风险，推动结构调整和发展方式转变，实行 E 化行销，将险种介绍、受保人需求分析、综合保障计划制定、回传打印保单等工作全部以电子化手段实现，摆脱时间和空间对保险代理人的束缚，大幅提升工作效率和远程协作能力。完善公司财务管理制度，加强核保、核赔风险管控，坚持合规经营。积极探索银行保险销售新模式，拓宽销售渠道，提升渠道规模。大力发展二级机构本部城市和三级机构城市人力，重点支援重点机构，提升队伍产能和业务品质。采取分类管理的方法，稳步发展县域保险业务，服务于社会主义新农村建设。加强机构建设，扩大经营覆盖面，年内新增 5 家支公司（广平支公司、鸡泽支公司、任县支公司、张北支公司、文安支公司）。年内公司个人续期业务发展良好，达到 259665 万元，增长 23%。其中 13 和 25 个月个险期缴业务保费继续率分别达到 90.0%、94.2% 的高水平（累计至 2009 年 11 月）。公司业务结构优良，内含价值较高的个险业务占比达 76%，占据主导地位。新单期缴业务保费收入 98902 万元，占新单保费收入的 87%，趸缴业务保费收入 14298 万元，占新单保费收入的 13%。公司险种结构进一步优化，投连险占比下降，形成了以分红险和万能险为主的产品结构。

表 33　　2009 年个险保费收入情况一览表

类　别		保费收入（万元）	同比(%)	占比(%)
分红险		162267	21	32
投连险		6619	-10	1
万能险		263254	83	52
其　它		69540	—	15
总保费		501680	41	—
新保单	趸缴	14298	—	13
	期缴	98902	—	87

【业务发展】 2009 年，平安人寿加强产品创新，丰富和完善保障型产品生产线，无忧意外和无忧意外医疗传统型产品开发上市，主力保障型产品“三鸿”升级改造为“三鑫”，同时大力提高保障额度，更好地满足广大群众的保障需求。全年个人业务累计实现保费收入 501680 万元，增长 41%。个人代理保费收入 381509 万元，增长 27%，其中长险新单保费收入累计达 113200 万元，增长 45%。银邮代理保费收入 120171 万元，增长 113%，其中长险新单保费收入为 119729 万元，增长 115%。从险种分类来看，公司人寿保险增长较多，增长 49%。从渠道分类来看，银行代理业务增长较多，增长 113%。从增加绝对值来分析，公司总保费收入增长的主要因素为个险代理业务的发展，截至年末，个人代理业务人力数达 20334 人，成长率为 17.9%，个险代理业务保费收入增加 81751 万元，占增加总数的 56%。

表 34　　2009 年平安人寿河北分公司保费收入情况一览表

保费收入（万元）	增加额（万元）	增长(%)	占比(%)	增长(%)	占比(%)
险种	人寿保险	445452	145564	49	88.8
	意外保险	2488	-1347	-35	0.5
	健康保险	53740	1333	3	10.7
渠道	个人代理	381509	81751	27	76
	银行邮政代理	120171	63798	113	24
总保费		501680	145550	41	—

【赔款与给付】 3 月 24 日，公司郑重承诺“信守合约，为您寻找理赔的理由”，着力保护消费者合法权益，坚持保单回访制度和咨询首问接待制度，开通客户申诉绿色通道，改善理赔申诉程序，提升客户服务品质。截至年末，平安人寿河北分公司个人业务累计赔付 40839 万元，增长 3%。赔款 2818 万元，增长 3%。给付合计 38021 万元，增长 3%，其中满期给付 21874 万元，减少 10%，年金给付 5552 万元，增长 24%，死伤医疗给付 10596 万元，增长 30%。

表 35　　2009 年平安人寿河北分公司赔付情况一览表

名　　称		金额（万元）	增加额（万元）	增长(%)
赔　款		2818	90	3
给付	满期	21874	-2464	-10
	年金	5552	1079	24
	死伤医疗	10596	2442	30
给付合计		38021	1055	3

【重大事故、灾害勘察理赔】 典型案例。11 月 10 日，河北各地遭受有记载以来 55 年最大暴雪袭击，在省会石家庄，降雪量一度超过 50cm。面对突如其来的雪灾，公司成立“救灾理赔工作应急小组”，随时为出险客户提供服务。11 月 10 日晚，一位年仅 12 岁的小客户放学途经一饭店时，被突然坍塌的饭店门楼掩埋，后经抢救无效死亡。11 月 12 日，业务员将案情上报给公司，领导高度重视，开通绿色理赔通道。11 月 17 日，公司调查人员陪同客户到汇通派出所，请公安部门为客户出具了事故证明，并协助客户提交了理赔申请。11 月 18 日，两核部门负责人及财务人员，不顾雪后路途的艰辛，亲自将理赔款送到客户手中，暴雪无情，平安有爱，平安人用行动践行了自己的诺言。其他重大案例。一是被保人 2005 年投保《鸿祥 04 条款》10 万元，《附加意外 04 条款》1 万元；2006 年 4 月 22 日投保《钟爱一生条款》10 万元，《附加意外 04 条款》9.2 万元；2006 年 5 月 8 日投保《钟爱一生条款》10 万元。2009 年 6 月 19 日被保人洗澡时被电击身亡，2009 年 9 月 27 日公司如约给付保险金共计 49.85 万元。二是被保人 1999 年投保《平安全福条款》3 万元，《附加重疾条款》6 万元；2009 年投保《智盈人生条款》20 万元。2009 年 6 月 3 日被保人因急性心肌梗塞住院治疗，后经抢救无效死亡，2009 年 9 月 23 日公司如约给付保险金共计 29.56 万元。

中国平安人寿河北分公司

总 经 理：吴　越

副总经理：赵　津

　　　　　邢建平（4 月免）

　　　　　徐　磊

　　　　　耿　剑（7 月任）

　　　　　王泽根（9 月任）

　　　　　苏海超（9 月任）

（肖再红）

平安财产保险

【概况】 2009 年，中国平安财产保险股份有限公司石家庄中心支公司认真贯彻总公司“健康、超越”的经营理念，秉承“诚信第一、效率第一、客户至上、服务至上”的服务宗旨，公示内部管理制度，规范业务操作流程，加强财务管理，严格内部经营和成本管控，建立监察稽核制度，加强风险防控，建立“专业、高效、团结”管理团队，夯实业务发展基础。开展援建平安小学等重要活动，回馈社会，为社会发展稳步贡献力量。所经营的机动车辆保险、企业财产险、工程险、短期意外险等保险产品有效满足了各行业、各类人群的风险保障需求。团队综合素质提升，54 名内勤管理人员全部达到本科以上学历；两核人员全部通过初级考试及资格评定。截至年底，石家庄中心支公司拥有员工 209 人，下辖四级机构 12 家，新增 2 家。2009 年 7 月 27 日，石家庄中心支公司无极支公司成立；2009 年 7 月 31 日，石家庄中心支公司正定支公司成立。全年实现总保费收入 23016.36 万元，比上年同期增长 26.71%。

【业务发展】 年内，石家庄中心支公司以“聪明经营、精细管理”为指导思想，加强渠道建设改革，将销售渠道分为直销渠道、综合开拓渠道、车行渠道，新渠道四大类，渠道建设实现标准化、专业化、精细化，有效提升了产能，渠道、团队及四级机构成为竞争力的体现，形成了局部竞争优势。截至年底，实现保费收入23016.36万元，其中，车险实现保费收入17850.71万元，财产险实现保费收入4270.94万元，意外健康险实现保费收入894.71万元。

【赔款与给付】 遵循“不惜赔、不滥赔”原则，提出“万元以下，手续齐全，一天赔付”的服务承诺，设立专业风险控制岗，开展一站式理赔，为广大客户提供专业、快捷的高品质服务。全年已决赔案31277笔，总赔案金额10309万元。

中国平安财产保险股份有限公司
石家庄中心支公司
总 经 理：柴惠艳（女）
副总经理：刘晓明

（曹书存）

新华人寿保险

【概况】 2009年，新华人寿河北分公司以效益建设为中心，加强队伍建设和基础管理，全面提高队伍素质与管理水平。成立风险防控部门，健全风险防控组织架构，建立风险防控长效机制，坚持依法合规经营，加强风险防控教育，提高风险防控意识，开展风险监督排查，及时化解矛盾纠纷，风险防控能力进一步提升。建立创新经营理念和营销模式，提高服务意识，竭力为广大客户提供高效、便捷的服务，提升公司的信誉度和知名度，公司规模和收益实现跨越式发展。截至年底，该公司拥有内外勤员工1万多人，6家中心支公司，2家地市级营销服务部，50多家县（市）级营销服务部，业务覆盖秦皇岛、唐山、廊坊、保定、衡水、沧州、邯郸、邢台8个地市，形成了以个人、团体、银行代理、续收四大业务销售作业体系。累计实现规模保费32.24亿元，同比增长20.93%，保费规模在全系统排名第9；占市场份额的6.77%，在全省同业公司排名第5，成为河北保险市场增长较快的寿险公司之一。

【业务发展】 年内，公司因地制宜，深入农村宣讲保险知识，开办农村小额信贷业务，扩大经营范围。创新客户服务形式，以一年一度的客户服务月活动为契机，先后在石家庄、邯郸、秦皇岛等地举办健康专题讲座；推出贵宾服务（金卡）和亲情服务等具有附加值的特色服务项目；深入开展投保提示制度，对客户在投保前和投保中可能出现的问题以及如何向保险公司索赔等问题进行及时的沟通提醒，受到客户和社会各界的一致好评。创新服务品牌，为客户提供更加丰富的保险保障，支持地方经济发展。创新营销方式，加大品牌宣传力度，提升公司的知名度和美誉度，扩大客户群体，至年末，全省有效客户突破55万人，比上年有了明显增长。四大核心业务（个人、银代、法人和续期）发展迅速。个人业务实现标准保费2.13亿元，同比增长33.96%，年度达成率113.3%。银代业务实现规模保费25.73亿元，同比增长16.6%，其中期缴保费6.01亿元，同比增长115%，年度达成率120.20%。法人业务实现短险保费2606.57万元，同比增长73.13%，年度达成率119%。续期业务实现保费6.51亿元，其中个人业务实现续期保费3.37亿元，同比增长66%，年度达成率为104.33%；银代业务实现续期保费3.14亿元，同比增长534%，年度达成率为118.37%。

【赔款与给付】 全年依据《理赔工作流程》，进一步规范理赔程序，提高理赔时效，有力维护了客户合法权益。对保险责任范围内的案件，开辟理赔绿色通道，及时调研、及时理赔；对边远山区客户，采取上门服务的方式，及时将理赔款送到出险客户家中，受到客户好评。全年共受理理赔案件4491件，同比增加1837件；实际理赔金额776.68万元，同比增加142.27万元。

新华人寿河北分公司
总 经 理：王立群
副总经理：宋国盛　张　战

（王占义）

中英人寿保险

【概况】 中英人寿保险有限公司由英国英杰华集团与中国中粮集团合资组建，2003年1月1日正式开业，注册资本金20.96亿元人民币。中英人寿坚持诚信、合规经营的理念，健全内控体系，加强基础管理，努力开拓国内市场，至年底，公司业务已拓展至广东、北京、四川、福建、山东、湖南、河北、江苏、辽宁、湖北10个省市40多个重点城市。中英人寿保险有限公司河北分公司是中英人寿第7家省级分公司，2007年7月10日在石家庄正式开业，是进入河北的首家外资寿险公司。2009年，中英人寿河北分公司吸取英方集团管理经验，建立内控“三道防线”(基层一线管理人员、风险防范与合规管理部门、内部审计部门)，制订《银保业务系列人员品质管理办法》，开展IPC（寿险代理人业务营销行为准则）培训，推行销售资格证制度（凡合作保险代理公司的营销员均需通过在线考试系统取得相应的销售资格)，建立职员诚信档案，加强诚信合规建设，诚信管理能力进一步提高。全年公司以坚持正义、承担责任、言行一致为准则；以关怀社会、服务大众为已任；以国际专业化的寿险服务立足河北市场，满足不同客户、不同层面的寿险服务需求，各项业务发展迅速，市场份额不断提升，截至年末，实现总保费收入43708.93万元，同比增长40.21%。

【业务发展】 年内公司坚持推行“多元化营销渠道”策略，建立个人营销、经代营销、银行保险、团体保险、电话行销五大渠道，创新产品销售模式，各项业务稳步发展。全年受理个险、经代、银保、DMTM新契约31663件，承保新契约26948件，承保保费33637万元，件数承保率为85.11%；受理团险新契约1136件，承保1120件，承保保费1267万元，件数承保率为98.6%。截至年末，实现保费收入43708.93万元，同比增长40.21%，其中新单保费36968.24万元，同比增长22.7%，续期保费6740.69万元，同比增长544.61%。新单保费分机构来看，石家庄本部实现保费收入15570.64万元，占比42.12%；保定营销服务部实现保费收入8863.53万元，占比23.98%，提前3个月完成总部年度业务目标；唐山营销服务部实现保费收入9206.58万元，占比24.90%；承德营销服务部实现保费收入3327.50万元，占比9%。

【赔款与给付】 公司秉承关注民生、服务社会理赔的理念，开通绿色理赔通道，共同应对年内暴雪灾害，其间应急赔付1名出险客户8万元。至年末，公司理赔案件共计5258件，同比增长140%，实际赔付案件5156宗，赔款支出1496.37万元，同比增长252%，绝对额增长1071.18万元。给付总金额1554.29万元，同比增长230%。受理投诉案件9件、抱怨案件19件。

【诚信服务】 建立客户回访制度，对1年期以上寿险产品提供100%的回访服务，确认投保险种的权益义务，监控销售人员经营行为，维护客户知情权。深入开展“健康天使”特色服务，对符合一定条件的健康险出险客户，主动派出专门人员探视客户，及时传达公司的关怀，提供专业的医学护理咨询，辅导客户理赔，全年提供“健康天使”服务160件。以增加代理人与客户良性接触机会为主旨，引入特色服务“CARE会”，搭建公司与客户的沟通平台，提供更多差异化的附加值服务，进一步提升客户服务品质。“CARE会”即：团队情（COLLABORATION)、行动力（ACTION)、务实性(RESULT-ORIENTED)、关怀心(EMPATHY)英文首写字母缩写。2009年7月18日“CARE会”的第五站来到了河北。

【“真暖行动营”成立】 年内，中英人寿员工俱乐部属下的公益活动组织“真暖行动营”走进河北分公司。“真暖行动营”是公司为员工搭建的担负社会责任、奉献爱心的舞台，是一个以员工自主参与为主导的组织。截至年底,全省“CARE会”入会人数达3880人。2009年11月，河北分公司“真暖行动营”队员带着采购的书桌、书架、文体用品、书籍等物品来到贫困县赞皇严华寺小学，在行动营队员和学校师生的共同努力下，“中英爱心阅览室”建立了起来。此次捐助活动还为严华寺小学育红班更换了全部桌椅，为学校配备了全套体育课用具,当地教委对此举给予高度评价。真暖行动是一项长期活动，公司前台设立了捐款箱，将不定期集结大家的爱心，向社会传递中英关爱，履行企业公民责任。

中英人寿保险有限公司河北分公司
总经理：吴　军
总经理办公室主任：徐均田

（凤　翀）

生命人寿保险

【概况】 2007年4月18日，生命人寿保险股份有限公司河北分公司开业运营。2009年，生命人寿河北分公司狠抓内控管理，有效防范各类风险，促进各项业务平稳健康发展。健全内部管理体系，建立科学的决策机制、执行机制和监督机制，提高风险防控能力；组织开展风险隐患专项检查，对于发现的问题及内控评价体系缺陷及时整改，并对整改情况实施动态监控；开展合规审查、常规审计、专项审计及离任审计，实行全方位监管；加强合规经营管理，全年开展合规工作17项；建立风险评估制度，采取目标控制、组织控制、过程控制、措施控制和检查控制等方法，实现安全管理任务目标。2009年12月，提交机构开设申请5家，其中中心支公司1家(唐山)，支公司4家(无极、鹿泉、灵寿、安平)。截至年底，总保费收入为48541.30万元，同比增长158.40%，其中，石家庄地区实现保费收入31186.56万元，占总保费的64.25%；邯郸地区实现保费收入6276.97万元，占总保费的12.93%；保定地区实现保费收入8317.14万元，占总保费的17.13%；衡水地区实现保费收入995.64万元，占总保费的2.05%；邢台地区实现保费收入1764.99万元，占总保费的3.64%。

【业务发展】 年内，生命人寿河北分公司认真健全内控组织体系，加强业务管理，各项业务发展良好。全年实现总保费收入48541.30万元，个险条线实现保费收入1677.35万元，同比增长19.47%，占总保费收入的3.45%，团险条线实现保费收入1104.65万元，同比减少56%，占总保费收入的2.28%，银代条线实现保费收入45022.76万元，同比增长15.77%，占总保费收入的92.75%，经代方面实现保费收入736.25万元，同比增长95.57%，占总保费收入的1.52%；人寿保险47944.67万元，占总保费收入的98.77%，意外保险568.12万元，占总保费收入的1.17%，健康险28.50万元占总保费收入的0.06%；新单保费收入47756.35万元，同比增长11.10%，占总保费收入的98.38%，续期保费收入784.95万元，同比增长235.42%，占总保费的1.62%；趸缴保费收入42546.28万元，同比增长2%，占总保费的87.65%，期缴保费收入5995.01万元，同比增长329.54%，占总保费收入的12.35%；传统业务实现保费收入1002.18万元，新型产品实现保费收入47539.11万元，新型产品中分红险46736.19万元，万能险802.93万元。

【案件调查与赔付】 全年公司调查案件82件，阳性17件，阳性率20.73%，调查阳性挽回损失43.69万元。其中，个险、银代渠道调查案件33件，阳性8件，阳性率为24%，调查阳性挽回损失6.14万元；团险渠道调查案件49件，阳性9件，阳性率为18.37%，调查阳性挽回损失达37.55万元。全年处理理赔案件335件，赔付金额148.79万元（含员工福利计划）；拒付16件，拒付金额61.42万元；拒付退费36.03万元。其中，个险受理案件29件，赔付28件，赔付金额101665.3元，拒付1件，拒付金额2043.4元；银险受理案件22件，赔付15件，赔付金额490111.6元，拒付7件，拒付金额419700.46元，拒付退费360335.12元；经代受理案件3件，赔付金额54248.3元；团险受理案件281件，赔付264件，赔付金额680493.65元，通融赔付6件，通融赔付金额16436.72元，协议赔付3件，赔付金额145000元，拒付8件，拒付金额194464.45元。

【客服工作】 年内，公司处理各类保全业务12519件，妥善处理投诉业务9件；电话中心接待咨询电话5000多通，上门咨询客户3500多人次，处理总公司回访转办件10221件，回访成功率93.26%。

生命人寿保险股份有限公司
河北分公司

总 经 理：徐振波（2月免）
　　　　　邓明远（11月任）

副总经理：李高真　张峰松

（冯　丹）

综合经济管理

综合经济管理

计　划

【概况】　2009年，面对国际金融危机带来的严峻挑战和极其复杂的国际国内形势，全市经济总体上继续保持较快增长。固定资产投资大幅度增长。全年完成城镇固定资产投资2228.7亿元，增长41.3%；131项省重点项目完成投资291.3亿元，占年度投资计划的135.7%。295项市重点项目完成投资410.4亿元，占年度投资计划的137.5%。积极争取中央投资项目。全年共有987个项目争取中央投资10.2亿元，已竣工363个，在建533个，开工率90.8%，石家庄市争取资金和项目数量及项目开工率均居全省第一，中央投资项目建设得到了国家检查组的好评。谋划构建现代产业体系。研究制定了加快构建省会现代产业体系、实施工业倍增计划的指导意见以及生物医药、装备制造、循环化工、现代服务、电子信息、纺织服装等6个主导产业调整振兴实施意见，并全面实施，为加快石家庄市产业结构调整打下了坚实基础。把园区建设作为构建省会现代产业体系的核心。制定了《关于进一步加强开发（园）区和产业聚集区建设的意见》（石发〔2009〕20号）、《石家庄市产业基地和产业聚集区建设考核办法（试行）》（石基地考核〔2009〕5号），组建了市基地办和六个园区管委会，园区建设体制机制进一步理顺。推进节能和循环经济项目建设。总投资6.5亿元的维生药业、西柏坡电厂等8个节能项目，列入国家节能奖励项目盘子；鼎新水泥等3个项目列为省循环经济试点项目；投资27亿元的裕华热电一期全面建成投用；投资28亿元的良村热电和投资28亿元的鹿华热电相继开工建设，滨河新区热源项目开始选址。综合改革有序推进。出台了《石家庄市深化重点领域改革工作的指导意见》（石政发〔2009〕23号）、《关于进一步健全完善公司制企业职工董事、职工监事制度的意见》（石工总〔2009〕10号）、《关于进一步建立健全企业共决机制的意见》（石工总〔2009〕20号），统筹推进经济体制改革工作。

（吕　静）

【GDP增长11.1%】　年内，石家庄市努力克服国际金融危机不利影响，经济发展呈现逐季走高企稳回升态势，总体趋势积极向好。全年实现地区生产总值（GDP）达到3114.9亿元，同比增长11.1%。地区生产总值（GDP）增幅高于全省平均水平1个百分点、高于全国平均水平2.4个百分点，其中一、二、三产业分别完成增加值305.3亿元、1558.5亿元和1251.1亿元，比上年同期分别增长0.2%、11.6%和13.0%。第三产业对经济增长贡献率进一步增强。第三产业保持平稳发展态势，同比增长13%，高出第二产业增幅1.4个百分点，对经济增长的贡献率达到46.2%，拉动经济增长5.1个百分点。与上年相比，第三产业增加值占GDP比重达到40.2%，比上年提高0.3个百分点。内需是经济增长的主要动力。全市城镇固定资产投资额增长41.3%，社会消费品零售总额增长18.4%，剔除价格因素，投资和消费实际增长47%和18.2%。投资高速增长和消费快速增长，有力地拉动全市经济增长，对经济增长贡献率分别达到65%、39.5%，比上年分别提高6.0个和0.9个百分点，弥补了国外需求大幅削弱对全市经济增长的负面影响。建筑业成为经济增长的亮点。2009年下半年，中央围绕扩大投资、刺激消费，推出4万亿投资计划促进投资，同时石家庄市抓住开展三年大变样契机，加快城市建设步伐，一个个投资项目陆续开工建设，为建筑企业带来生机和活力，建筑市场呈现一片繁忙景象。全年实现建筑业增加值158.4亿元，同比增长24.3%，成为石家庄市1995年以来建筑业增长最快一年。

（王　巍　穆景彦）

【实施工业倍增计划】 9月28日，石家庄市人民政府印发《关于实施工业倍增计划建立现代工业体系的指导意见》（石政发〔2009〕37号），提出“为全面落实科学发展观，切实转变经济发展方式，调整工业结构，优化产业布局，推进产业聚集和产业融合，促进工业经济又好又快发展，实施全市工业倍增计划。”确定装备、化工、纺织、医药、电子信息五大工业主导产业，优化整合轻工、冶金、建材等传统优势行业，着力构建优势突出、发展集聚、竞争力强、拉动力大的现代工业体系，推动全市工业倍增发展。

（吕　静）

【省会南部工业新区热电联产项目落户赞皇】 1月6日，赞皇县政府与东方热电集团公司就省会南部工业新区热电联产项目举行签约仪式。省会南部工业新区热电联产项目总投资50亿元，建设规模为4台30万千瓦级供热机组，一期筹建两台30万千瓦级供热机组，投资28亿元，项目投产后年发电量33亿度，供热面积600万平方米。2008年9月28日，石家庄东方热电集团公司无偿划转给中国电力投资集团公司，该项目是年内中国电力投资集团公司在河北省省会第一个、也是赞皇县域第一个重大新开发项目。合作意向书的签订，标志着南部工业新区热电项目正式开展前期工作。

（邓书恒　杨彩明）

【重点项目建设】 2009年，全市重点建设项目共295项，总投资2686.15亿元，年度计划投资298.45亿元，全年完成投资410.36亿元，完成年计划投资的137.50%。其中：续建项目63项，总投资874.83亿元，年度计划投资136.98亿元，实际完成投资169.22亿元，完成年度计划的123.54%；京昆（张石）高速公路石家庄段、张河湾抽水电站有限责任公司张河湾抽水电站、石药集团高科公司四代头孢产品及中润公司生物酶产业化及酶法7-ACA扩产改造、石家庄以岭药业股份有限公司芪苈强心胶囊高技术产业化、鹿泉东方鼎鑫水泥有限公司熟料生产线扩建和低温余热发电、正定北方国际物流园区商品交易区一期工程、54所高档晶体振荡器产业化项目、河北四方通讯误码测试仪等48个项目竣工投产。计划开工建设项目150个，实际开工152个，石家庄货运枢纽改造、河北辛集皮革商业城经济开发总公司中国国际皮革城、金隅水泥有限公司日产4000吨新型干法水泥熟料生产线、石家庄玉晶玻璃有限公司超白压延玻璃生产线、石家庄晶龙电子材料有限公司超薄单晶硅片、五十四所天线产业化制造区、正元化肥有限公司醇氨联产综合节能技改（灵寿县）石家庄内陆港有限公司内陆港三期等相继开工建设。谋划前期项目82项，总投资1161.47亿元，良村热电2×300MW上大压小热电联产项目、河北华电石家庄西郊热电项目、新源国际财富中心（桥东区）、河北金万泰化肥有限公司金石化肥生产装置异地改造（新乐市）、石家庄开发区永生华清液晶有限公司液晶材料生等提前启动，完成投资16.99亿元。

【中央投资项目】 年内，为贯彻落实国家“保增长、扩内需、调结构、惠民生”的宏观经济政策，石家庄市先后制定《关于优化省会产业布局 促进项目建设又好又快发展的实施意见》、《石家庄市企业项目建设奖励办法》等文件，突出抓好中央投资项目建设。2009年5月4日，市长代表石家庄市人民政府分别与各县（市）区签订了中央投资项目工作目标责任状，强化工作领导，加大项目实施调度力度。截至2009年底，石家庄市共落实中央新增投资项目987项，总投资96.9亿元，争取中央投资10.2亿元；竣工363项，在建533项，开工率90.8%，完成投资22.3亿元，地方政府配套资金到位率81.1%。按照省最新情况通报，项目开工率居全省第一，配套资金到位率位居全省第四。

（吕　静）

【优化项目建设环境】 2009年，全市采取了一系列超常规措施，着力优化项目建设环境，以作风建设推进项目建设实现新突破。一是落实“保姆式”服务。对凡是投资1亿元以上的项目，从项目备案等前期手续到开工建设，都明确一名县级干部分包，一个班子全程代理、分包代办各项手续，哪个环节出现问题现场解决，什么时候出现问题随时调度，确保项目在最短时间内落地。二是减少审批事项和环节。进一步削减了一批行政审批或收费项目，缩短审批流程。从关键部门、关键岗位抓起，下大力气推进审批制度改革，积极实现“审批项目最少、程序最简、办理最快、费用最低、服务最优”的目标，确保投资者、企业和经营者、基层群众满意。三是严格审批时限。各级、各部门严格执行项目审批时限，对符合相关规定、申办资料完整齐全的项目，按照规定时限办结；对手续不全的一次告知，并实行跟踪服务。四是严肃责任追究。建立了刚性的制度机制，建立健全公开承诺、岗位责任、首问首办、限时办结、超时默认、追究问责等一系列制度，以强有力的制度机制，规范行政行为。同时对制度实行跟踪问效，督导检查。对凡是项目审批中“吃拿卡要”、“不给好处不办事、给了好处乱办事”等行为，发现一起，查处一起，严肃处理，进行公开曝光。

（邓书恒）

【发展服务业】 4月15日，全市第一次服务业发展电视电话会议召开。石家庄市人民政府市长艾文礼、副市长张殿奎作了重要讲话，同时下发《石家庄市人民政府关于加快服务业发展实施意见》、《服务业发展目标考核办法》、《2009年度服务业考核指标》等。会后，全市又出台了《关于现代服务业调整振兴实施意见》和《关于支持现代物流业实施意见》，为服务业快速发展提供了有力保障。2009年全市服务业增加值完成1251.14亿元，增幅达到13%，增速高于全市GDP增速1.9个百分点，再创全年新高。服务业占全市GDP比重达到40.2%，较上年提高1.3个百分点，GDP占比第一次跨上40%，创历史新高。

【统筹协调经济体制改革】 出台《石家庄市人民政府关于2009年深化重点领域改革工作的指导意见》（石政发〔2009〕23号），大力推进全市综合改革。进一步深化企事业单位改革，国有企业改制完成48家；厂校分离工作全部完成；完成市政建设六公司、河北长城实业总公司等4家事业单位改制工作；城中村集体经济组织改制进展顺利，完成城中村集体经济组织改制48个；出台《关于进一步健全完善公司制企业职工董事、职工监事制度的意见》、《关于进一步建立健全企业共决机制的意见》，完善企业运行制度。

【轨道交通项目建设】 2009年，石家庄市轨道交通项目前期工作继续积极向前推进。7月由中国地铁咨询有限责任公司和石家庄市规划设计院联合编制的《石家庄城市快速轨道交通线网规划（中间报告）》通过国家级专家评审，中国交通运输协会副会长、城市轨道交通专业委员会主任焦桐善主持会议。9月，依据已报建设部的2006年版《城市总体规划》完成最终报告。最终报告推荐方案为由6条线组成方格型线网（骨干线3条，辅助线3条，各条线路两两相交），线路总长度187千米，其中三环以内149千米，三环以内线网密度达到0.37千米／平方千米，核心区内线网密度达到0.89千米／平方千米，中间圈层密度为0.69千米／平方千米。2009年11月，石家庄市新客站下轨道交通预留工程（中国中铁二院工程集团有限责任公司设计）经过北京城建设计研究总院有关专家的三次论证，最终确定为新客站下轨道交通工程与新客站站房工程同步实施方案。

【节能降耗】 6月25日，《石家庄市2009年节能降耗工作方案》（以下简称《方案》）正式出台。《方案》提出了2009年全市节能降耗目标，并首次提出公共机构人均水耗、电耗、油耗定额指标。《方案》主要内容有：2009年全市节能降耗目标为，万元GDP能耗要确保下降5%（力争下降5.2%）；规模以上工业万元增加值能耗下降7%以上。全社会完成节约标准煤100万吨。全市万元工业企业增加取水量低于50.2立方米。全市公共机构人均定额指标为水耗低于120吨；电耗低于1154千瓦时；车辆油耗低于538升。省会新建居住住宅建筑和公共建筑执行节能率要达到65%、50%的节能设计标准；完成既有居住建筑供热计量、温度调控及节能改造80万平方米；在12层及以下新建居住建筑强推太阳能热水系统与建筑一体化技术；粉煤灰综合利用265万吨。2009年省会夜景照明设施电量同比降低 15%，节约电费约 200 万元以上。公交车辆柴油消耗降耗 4.5%，年节柴油 450 吨。为完成全市 2009 年单位 GDP 能耗降低 5% 的目标任务，先后下发《石家庄市 2009 年节能降耗工作方案的通知》（石政办函〔2009〕83 号）、《关于下达 2009 年各县（市）区节能目标的通知》（石节减办〔2009〕5 号）、《关于印发 2009 年节能降耗重点任务的通知》（石节减办〔2009〕7 号）、《石家庄市重点耗能行业产品能耗限额》、《关于确保完成年度节能目标工作方案》（石节减办〔2009〕10 号）、《关于下达 2009 年淘汰落后生产能力计划的通知》（石发改产业〔2009〕532 号）、《石家庄市 2009 年节能宣传周活动安排意见》（石发改环资〔2009〕443 号）和《石家庄市 2009 年节能监察工作计划》，并定期对全市 24 个县（市）区和重点企业工作情况进行督导通报。2009 年，全市单位 GDP 能耗同比降低 5.25%，累计完成下降率 17.98%，累计进度全省第一。

【优化能源结构】 年内，全市能源工作在满足经济社会快速发展和“三年大变样”城市建设中再上新台阶，能源产业得到进一步发展，能源结构进一步优化调整，安全保障能力进一步提高。支撑性热电项目建设步伐加快，裕华热电厂建成投用，全市电力装机容量达到 800 万千瓦，良村热电项目、鹿华热电项目相继开工建设。“上大压小”和节能减排工作进一步加强，完成热电四厂供热区域替代工程和小机组关停，区域采暖质量提高。天然气利用工作取得实质性进展，与中石油昆仑天然气利用公司签订了《合作开展天然气利用业务框架协议》，取得中石油年 10 亿立方米天然气气量的承诺；省会城区煤改气、改电工程继续得到推进，完成了亚太大酒店、白楼宾馆等 7 个单位 14 台燃煤锅炉（容量 74 吨／时）改烧天然气工程；当年发展天然气居民用户 5 万户，全市天然气居民用户达到 46 万户以上；陕京三线天然气管道工程开工建设，沿线 7 个县（市）及晋州、辛集等县（市）天然气利用加紧推进，全市能源结构进一步优化调整。石邯成品油管道工程加紧收尾施工，为石炼化 800 万吨扩能创造条件；主城区主干电网建设改造工程和农村电网完善工程进展顺利，藁城市、正定县通过电气化县（市）验收，全市电气化县（市）达到 4 个；鹿泉曲寨热电项目建成投用，藁城天意热电厂完成锅炉改造，栾城宏源热电、正定诚峰热电、赵县赵州热电等项目顺利推进，市区周边四组团县（市）及其它县域能源项目得到统筹协调发展；裕华热电厂、西柏坡电厂、良村热电、裕华热电项目、北郊热电、南部工业新区、辛集热电、热电九期燃机等一批热电扩建项目抓紧开展前期工作，这些能源项目的谋划和建设，为有效支撑石家庄市未来经济社会的发展提供了保障。

（吕　静）

【高技术产业】 年内市政府出台《石家庄市生物（医药）产业调整振兴实施意见》（石政发〔2009〕37 号）、《石家庄市电子信息产业振兴实施意见》（石政发〔2009〕37 号）和《高新技术成果落地石家庄奖励办法》（石政办发〔2009〕41 号），大力加快高新技术产业发展。3 月 26 日，石家庄通用航空产业基地正式开工建设。生物产业基地建设进展顺利，石药、华药工业园开工建设，神威、以岭药业项目加快建设。信息产业基地入园项目取得新进展，《河北省卫星导航产业发展规划》通过专家论证。9 月 24 日上午，河北东旭集团光电产业园等 12 个高新技术产业项目在石家庄市高新区集中开工建设。此次开工建设的 12 个高新技术产业项目，均属省市重点项目，涉及信息产业、生物医药等高新技术领域，总投资 139.3 亿元，项目建成达产后，年可新增销售收入 160.4 亿元，利税 44.8 亿元。12 个高新技术产业项目，信息产业项目有 5 项，包括河北东旭集团光电产业园项目，石家庄永生华清 TFT 液晶材料生产基地项目，中交远洲交通科技有限公司交通信息采集设备（系统）产业化项目、石家庄晶龙单晶硅片项目等，总投资达 115.8 亿元；生物医药产业项目 2 项，包括河北永正润生总部及生物医学材料产业基地项目，石家庄汉康生化药品研发孵化项目。另外还有河北文化创意园项目、石家庄科技创业中试基地项目、思源实业水处理项目、河北东安集团扩建项目等。12 月 13 日，54 所被国家认证认可监督管理委员会认定为国家卫星导航设备测试认证中心。继续落实对企业技术中心的奖励政策，6家企业技术中心获省级认定，14家市级企业技术中心获得认定。

（吕　静　刘宝芝　房晓丹）

【落实退耕还林规划】 按照《河北省巩固退耕还林成果专项规划（2008～2015年）》，2008～2015年全市将累计投入资金3.69亿元（其中中央扶持2.33亿元，地方配套2903万元，群众自筹1.07亿元），新建基本口粮田5.4万亩、平整土地2.1万亩、新建沼气池2.25万个、生态移民200人，种植工业原料林9万亩、特色经济林13万亩、牧草2万亩、中药材6万亩、新建家畜（禽）栏舍4万平方米、设施农业30万平方米、抚育经营17万亩、培训农民38万人次、补植补造15万亩、开发荒山10万亩。为切实保障此项工作顺利进行，市发改委、财政局、林业局、农业局、畜牧水产局五部门历时7个月，于2009年12月研究出台了《石家庄市巩固退耕还林成果建设项目暂行管理办法（试行）》，对巩固退耕还林成果工作原则和工作程序进行明确，理顺各部门间工作关系，退耕还林工作顺利开展奠定了良好基础。

【发展社会事业】 全年共争取中央和省预算内资金23977万元，其中：改善城乡办学条件，争取中央预算内资金9069万元，对17所农村初中校舍和11所中小学校舍进行改造以及对6所中等职业学校实训楼建设和设备购置。完善基层医疗卫生服务体系，争取中央预算内资金12580万元，用于市中医院和9个城市社区卫生服务中心、5个县级医院、27个乡镇卫生院基础设施建设。加快文化事业发展，争取中央预算内资金993万元，用于64个乡镇综合文化站建设和1个文物保护项目。大力推进旅游业发展，争取中央预算内资金360万元，用于西柏坡红色旅游景区基础设施建设。加强计划生育工作，争取中央预算内资金106万元，用于7个乡镇计划生育服务站建设。推动体育工作开展，争取中央预算内资金250万元，用于250个行政村农民健身工程。强化城市社区服务功能，争取中央预算内资金190万元，用于5个城市社区服务中心（站）基础设施建设。另外，争取省预算内资金429万元，支持市教育、卫生、文化、计生、旅游、劳动力转移培训等19个项目建设。

【医药卫生体制改革】 2009年，按照国家和省统一部署，成立市深化医药卫生体制改革领导小组及办公室，出台《石家庄市医药卫生体制改革近期重点实施方案（2009～2011年）》（石发〔2009〕26号）和《2009年石家庄市医药卫生体制五项重点改革工作》（石政办发〔2009〕65号），召开全市深化医药卫生体制改革工作会议，石家庄市深化医药卫生体制改革各项工作全面启动。

（吕　静）

财　政

【概况】 2009年，市财政部门紧紧围绕“保增长、保变样、保民生、保稳定”目标要求，合理安排收入预算，制定全年收入目标，及时将目标任务分解到24个县（市）区。完善搬迁企业和异地投资企业税收征管办法，实施乡镇统收统支加激励和分税制两模式，完善税源监控体系，深入开展综合治税，重点监控“5+3”、“2+1”企业，依法加强收入征管。完善非税收入征管体制，严格收支两条线，加强非税收入管理，做到应收尽收。全年全市全部财政收入完成310.25亿元，同比增收38.52亿元，增长14.18%，首次跨越300亿元大关。其中，一般预算收入完成125.96亿元，增收15.92亿元，增长14.47%。全市有19个县（市）区同比实现增收，全部财政收入超过10亿元的县（市）有4个，其中藁城市超过40亿元。全年全市一般预算支出完成236.37亿元，比上年增长21.97%。

【支持经济发展】 围绕中央和省扩大内需、拉动增长宏观调控政策目标，积极争取中央“两金”支持，年内争取中央投资10.2亿元，落实市县配套资金23.3亿元，主要用于城镇污水和垃圾处理、高新技术产业化和农村民生工程等项目建设，促进经济结构调整、节能减排和企业自主创新。争取省融资借款4000万元，重点支持农村基础设施和农业产业化项目建设，整合资金3000万元，建设新民居。推进企业改革和发展，落实资金3.9亿元，主要用于国企改革、困难企业补贴和企业搬迁等。支持中小企业服务平台建设，中小企业担保机构注册资本金达到13.3亿元，担保能力超过65亿元。贯彻落实税费减免政策，实现增值税转型，累计减轻企业税费负担27亿元。大力扶持科技创新，市级财政支持重点科研项目257个，吸引社会资金24亿元。落实家电下乡财政补贴政策，累计拨付财政补贴资金1.3亿元，推动家电下乡产品和汽车摩托车销售超过32万台件，拉动消费超过13亿元。

【支持“三年大变样”建设】 2009年是石家庄市“三年大变样”城市建设攻坚之年，为带动更多的金融资金和社会资金投入城市建设，市财政局按照政府主导、市场化运作、企业化经营的原则，积极推进投融资体制改革，整合7部门内设投资机构，成立投融资平台5家（财茂开发有限责任公司、发展投资有限公司、城市建设投资控股集团有限公司、地产集团有限公司和建设投资集团有限责任公司），政府将国有“四资”以划拨、参股、授权管理等形式，注入各家投融资公司，改变过去单一的政府投资体制模式，实现投资主体多元化。抓住适度宽松货币政策的重大机遇，采取资产抵押、财政信用、以存引贷、发行债券等灵活多样的融资方式，多渠道开展筹融资，保证建设资金需要。经总行批准，全年全市五大投融资平台融资680亿元，实际到位资金358.53亿元，为“三年大变样”提供有力的资金保证。全年城建累计支出144.3亿元，重点支持滹沱河生态开发整治工程、二环路快速道、裕华路迎宾大道、槐安路高架桥以及城中村改造等一大批重点项目建设。大力支持节能减排、污染治理，全年用于环境保护方面的投入达到7.66亿元，城市环境质量显著改善。

【社会事业发展支出】 年内，石家庄市大幅增加民生项目支出，促进经济社会协调发展。全市教育支出61亿元，增长24.08%，主要用于落实义务教育经费保障机制和中小学教师绩效工资改革，启动中小学校舍安全工程，全部免除城乡义务教育阶段学杂费用，资助农村寄宿贫困生和职业教育家庭困难学生。全市医疗卫生支出20.21亿元，增长36.85%，提高新型农村合作医疗补助标准，新农合参保率达到94.24%，大额医疗保险全面启动，城镇居民医疗保险新增67万人，比上年翻了一番，覆盖城乡的基本医疗卫生保障体系初步形成。全市社会保障支出20.44亿元，增长12.52%，五大保险做到应保尽保。努力扩大就业，全年用于就业方面的支出达到2.35亿元。拨付保障性住房建设资金5.4亿元，低收入家庭居住环境进一步改善。全市文化体育和传媒支出3.25亿元，重点支持了乡镇文化站、动漫产业以及文化精品工程建设。国庆安保、甲流疫情防治、自然灾害救助等应急资金得到及时拨付。

【财政体制改革】 全面落实市对县（市）和矿区分税制财政体制，市级适当集中“三税”增量，增强市级调控能力。按照异地投资税收分享办法，在充分考虑市级及有关县区利益的基础上，理顺市烟厂搬迁、网通和联通合并后的税收征管和利益分配关系。调整产业园区税收分配办法，理顺省直管县体制管理关系。继续扩大绩效评价试点范围，将试点范围扩大到农业、社保、教育、科技、节能减排、困难县一般转移支付等8类专项资金。国库管理制度改革稳步推进，将预算内政府采购资金和市直剩余的48个全额和差额预算单位纳入国库集中支付范围，除预算外资金，其它财政资金全部实行国库集中支付，初步建立了国库单一账户管理体系，全年市支付中心累计支付资金164.6亿元。完善招标代理机构选用机制，政府采购更加规范、公正、透明，全年全市采购金额完成84.7亿元，节约资金9.3亿元。国有资产产权划转工作稳步推进，全年实现资产收益2200万元。

【财政资金监管】 加强财政监督，对近两年社会保障资金、农业综合开发资金、大型公益建设等六大类专项资金投入情况开展综合治理，共检查资金10.58亿元。深入开展“小金库”专项治理工作，清理取消不符合规定账户646个，查处“小金库”60个，涉及资金2270万元。继续扩大财政监察员委派范围，累计向滹沱河综合整治、石环路工程等16个政府投资的重点项目派驻了财政监察员。积极探索投资评审新机制，研究制订《吸纳社会中介机构参加投资评审管理办法》，强化政府投资预决算评审，改进规范投资评审流程，提高评审效率，全年累计评审项目2038个，评审资金274.8亿元，审减率达20%。开展《会计法》执法和会计信息质量大检查，切实加强会计基础管理工作。

（刘铭严）

【“小金库”专项治理】 5月份，按照中央和省里的工作部署，全市党政机关和事业单位扎实开展“小金库”专项治理，取得阶段性成果。截至年底，全市共查出“小金库”60个，涉及金额2270万元，撤销不符合规定账户646个，清理上缴国有资产收益1735万元，严肃了法纪，促进了党风廉政建设，在全市起了警示作用。下一步将围绕“四项”重点工作，深入开展“小金库”专项治理。一是对自查自纠“零申报、零查处”的地区、单位，要重点进行督导检查；对顶风违纪，再设立“小金库”的，要坚决按照中央和省、市有关规定，先免除有关领导和责任人的职务，再依据有关规定追究责任；对涉嫌犯罪的，移交司法机关依法处理。二是全面开展社会团体“小金库”治理，重点治理有政府资助或财政拨款、具有一定行政管理职能特别是行政性收费项目的社会团体、公募基金会及行业性协会。三是积极稳妥地推进国有及国有控股企业“小金库”治理，国有企业“小金库”治理的重点是垄断行业、分支机构多的企业，承担公共投资建设任务，以及与群众生活密切相关的企业。四是研究构建防治“小金库”长效机制，建立和完善各项管理制度，健全单位内部财务监控制约机制，强化监管部门日常监督管理责任，从源头上防止违法违纪问题的发生。

（王　静　苏卉卉）

【“家电下乡”财政补贴工作启动】 推广“家电下乡”、对农民购买家电实行财政补贴，是国家应对金融危机、拉动农村消费、进而带动生产发展的重要举措。国家规定“家电下乡”在各地区实施的时间统一暂定为四年，石家庄市实施时间为2009年2月1日至2013年1月31日，产品品种包括彩电、冰箱（含冰柜）、手机和洗衣机，最高限价分别为2000元、2500元、1000元、2000元，财政补贴标准为产品价格的13%，每户农民最多可以获得975元的财政补贴。补贴对象为本市的农户，每户购买每类产品补贴数量不超过1台（件），可以跨市、县购买，但申报补贴时一定要到农民的户口所在地，凭相关证明到乡镇财政所办理手续。据测算，石家庄市166万户农民，最高可实现下乡家电产品销售580万台，拉动消费110亿元以上。2月27日，石家庄市全面开通财政补贴网络系统，全市各乡（镇）财政所，可以接待申报补贴的农民消费者，并对经县级财政部门审核符合条件的，将在30日内，通过中央专项资金特设专户，把补贴资金发放到农户的“一卡通”上。为确保此项工作的顺利推进，各级财政部门还配备得力人员，对补贴资金实行专户管理，保证资金安全。同时，为防止发生虚假销售、骗取财政补贴的行为发生，各县（市）区还将定期对企业生产销售和农民购买家电情况进行检查，并设立投诉电话、举报信箱，及时受理农民及企业的投诉，一旦发现违规行为，将严肃查处。

（周国春　梁永文　程进升）

【发放出租汽车油价改革财政补贴】 根据《关于下达2009年石油价格改革相关行业补贴资金的通知》要求，从3月26日起，石家庄市面向全市出租汽车发放“油价改革财政补贴”。本次补贴发放对象和标准为，截至2008年12月31日，石家庄市符合财政补贴条件的、城市从事运营业务并拥有运管部门发放的《道路运输证》的出租汽车，补贴不分车型、车辆大小，实行单车定额补贴1473.26元／辆。

（邓书恒）

【设立党政机关公物仓】 6月3日，石家庄市出台《石家庄市党政机关公物仓管理暂行办法》，加强对行政事业单位国有资产的管理，提高国有资产的使用效率。“公物仓”是对党政机关举办大型活动（会议）及组建临时机构的物资设备实行集中统一管理的专门机构，设在市行政事业单位国有资产管理局，具体负责公物仓资产的保管、租赁、出借、调剂及处置等工作。“公物仓”仓储资产范围包括：党政机关举办大型活动（会议）结束或临时机构撤销后收回的资产；市直行政事业单位更新车辆交回可继续使用的旧车；市直执法部门的罚没物资；因单位撤并等原因收回以及其他应收回的资产。“公物仓”资产实行专库存放、专人保管、专户管理。党政机关组建临时机构、举办大型会议（活动）所需的除一次消耗品外的资产，由牵头部门提出申请后从“公物仓”借用，市直行政事业单位因临时或突击性工作需要而单位又不能调剂解决的资产，也可从“公物仓”借用或租赁。借用或租赁期满，使用单位及时将资产交回“公物仓”。对更新换代较快的自动化办公设备，“公物仓”将及时进行调剂使用，避免造成损失和浪费。年内举办国有资产管理培训班6期，为各县（市）区财政局和市直部门培训资产管理人员500余人次，累计为各种临时性机构提供办公设备或资产1581台件，节约财政开支614万元。

（靳晓磊　高　山　梁永文　刘铭严）

表 36

2009 年度石家庄市一般预算收支决算总表一

单位：万元

预算科目	调整预算数	决 算 数	预算科目	调整预算数	决 算 数
一、税收收入	1055404	1071760	三、一般公共服务	333483	327032
增值税	143682	143369	四、外交		
营业税	424265	427857	五、国防	42	42
企业所得税	107579	106017	六、公共安全	186146	173873
企业所得税退税			七、教育	617814	612552
个人所得税	61491	60353	八、科学技术	39607	38732
资源税	1798	3043	九、文化体育与传媒	35583	32715
固定资产投资方向调节税			十、社会保障和就业	210011	206528
城市维护建设税	83370	83692	十一、医疗卫生	211072	206961
房产税	43287	44609	十二、环境保护	94739	79445
印花税	23552	23841	十三、城乡社区事务	227754	220585
城镇土地使用税	53435	53916	十四、农林水事务	243559	225726
土地增值税	25596	27656	十五、交通运输	69578	62621
车船税	17757	18878	十六、采掘电力信息等事务	54734	48660
耕地占用税	21150	21418	十七、粮油物资储备管理等事务	44660	37507
契税	46925	56994	十八、金融监管支出	166	166
烟叶税	117	117	十九、地震灾后恢复重建支出		
其他税收收入	1400		二十、预备费		
二、非税收入	201545	187854	二十一、国债还本付息支出	1	1
专项收入	81660	66169	二十二、其他支出	168003	136025
行政事业性收费收入	36630	39092			
罚没收入	55830	54711			

（续表）

预算科目	调整预算数	决 算 数	预算科目	调整预算数	决 算 数
国有资本经营收入	18861	16786			
国有资源（资产）有偿使用收入	6978	10069			
其他收入	1586	1027			
本年收入合计	1256949	1259614	本年支出合计	2536952	2409171

表 37　　2009 年度石家庄市一般预算收支决算总表二

单位：万元

预算科目	决 算 数	预算科目	决 算 数
本年收入合计	1259614	本年支出合计	2409171
上级补助收入	1171909	上解上级支出	86406
返还性收入	170399	一般性转移支付	57375
增值税和消费税税收返还收入	113296	体制上解支出	52187
所得税基数返还收入	57103	出口退税专项上解支出	5188
成品油价格和税费改革税收返还收入		成品油价格和税费改革专项上解支出	
其他税收返还收入		专项转移支付	29031
一般性转移支付收入	483705	专项上解支出	29031
体制补助收入		计划单列市上解省支出	
均衡性转移支付补助收入	64252		
民族地区转移支付补助收入	18		
调整工资转移支付补助收入	149525		
农村税费改革补助收入	64875		
县级基本财力保障机制奖补资金收入	29729		
结算补助收入	113948		
化解债务补助收入			
资源枯竭型城市转移支付补助收入			
企事业单位预算划转补助收入	10816		
成品油价格和税费改革转移支付补助收入	5360		
村级公益事业“一事一议”奖励资金收入	1000		
工商部门停征两费转移支付收入			
一般公共服务转移支付收入	2192		
公共安全转移支付收入			
教育转移支付收入	37233		
社会保障和就业转移支付收入	4677		
其他一般性转移支付收入	80		

（续表）

预算科目	决 算 数	预算科目	决 算 数
专项转移支付收入	517805		
专项补助收入	442950		
增发国债补助收入	74855		
地震灾后恢复重建补助收入			
省补助计划单列市收入			
财政部代理发行地方政府债券收入		财政部代理发行地方政府债券还本	
转贷财政部代理发行地方政府债券收入	59800	转贷财政部代理发行地方政府债券支出	
		增设预算周转金	1000
国债转贷收入		拨付国债转贷资金数	
国债转贷资金上年结余	1758	国债转贷资金结余	1758
国债转贷转补助			
上年结余	126415		
调入预算稳定调节基金		安排预算稳定调节基金	
调入资金	9494	调出资金	
1. 政府性基金调入	9494	年终结余	130655
2. 国有资本经营预算调入		其中：本级	61788
3. 预算外调入		减：结转下年的支出	124680
4. 其他调入		其中：本级	60188
地震灾后恢复重建调入资金		净结余	5975
预算稳定调节基金调入		其中：本级	1600
预算外资金调入			
收入总计	2628990	支出总计	2628990

（刘铭严）

税　务

国家税务

【概况】 2009年，石家庄市国家税务部门紧紧围绕全年工作“四项目标”和“四个突破”的总体要求，扎实开展“管理跨越年”活动，深化税收管理，强化依法治税，提高纳税服务，加强行风建设，净化纳税环境，全市税收收入保持平稳较快增长。全年共组织税收收入172.09亿元，同比增长12%，增收18.4亿元，有效增强政府宏观调控的能力，为实现“保增长、保变样、保民生、保稳定”总体目标做出了应有贡献。

【依法治税】 年内，面对国际金融危机的影响，石家庄市国家税务局开展“管理跨越年”活动，凝心聚力抓管理，全力以赴保收入，提高税收收入规模和质量。加强督导调度。落实领导班子成员分包责任制，深入基层和重点税源调研，靠前指挥，督导解决组织收入中存在的问题。加强分析预测，科学制定税收计划，严格执行考核。通过税收调度会、专项会等形式，有针对性地布置工作，确保组织收入措施落实到位。强化税源控管。加强重点税源监管，主要对钢铁、制药、铁精粉、煤炭、化工以及农副产品收购行业进行了控管，扩大监控范围，密切跟踪企业经营情况，认真开展重点税源数据分析，及时发布预警信息，提高监控质量，促进了税收稳定增长和税款均衡入库。大力清缴欠税。严格执行欠税管理规定，采取税收保全、强制执行、以票控税等措施，加大清欠力度。全年压缩陈欠1.5亿元，清理新欠3亿余元。

【税收征管“百日会战”】 9月21日至12月31日，全市国税系统集中开展“组织收入百日会战”。成立“百日会战”指挥部，设立评估督查组、稽查督查组、清欠督查组和执法督查组，分别负责“集中评估”、“税务稽查”、“清缴欠税”三项战役的安排部署和督导检查。共评估自查税款5010万元。其中，所得税评估1740户，自查补税964万元，滞纳金18.5万元，调减亏损8267.8万元；流转税评估1415户，自查补税4046.7万元，滞纳金24.4万元，调减留抵1080.8万元。共清理新欠4567.2万元，压缩陈欠1166.8万元。税务稽查共检查企业177户，查补总额9770.4万元，入库6310.6万元。

【举办“税法走进汽车城”活动】 4月1日，第18个全国税收宣传月活动正式启动。市国税局与长安分局联合举办“税法走进汽车城”活动，大力加强“税收·发展·民生”主题宣传，努力扩大税收宣传覆盖面和影响力。此次活动选择了与普通百姓生活联系较为密切的“车辆购置税”进行集中宣传，强化了活动的深度和广度，同时紧紧抓住税法宣传这个“点”来提升纳税服务、优化纳税环境这个“面”，荣获省局税收宣传月活动“组织奖”和“优秀项目特别奖”。

【税收管理】 按照科学化、精细化管理要求，以加强税收管理为主线，强化管理责任，创新管理手段，完善考核办法，税收征管更加严密高效。完善考核制度。制定《石家庄市国家税务局基层税务分局税收管理质量考核办法》，将税务登记率、逾期申报处罚率、综合入库率、新欠控制率、纳税评估指标（纳税评估面、纳税评估无问题率、纳税评估贡献率）、管理员平台逾期任务率和税收任务完成率七个方面作为重点考核内容，对全系统120个税务分局进行征管质量综合考评，对综合排名处于后三位的分局长，第一年处以行政警告处分；连续两年综合排名处于后三名的撤职。通过征管质量考核，使基层税源管理工作有抓手、有标准，征管基础不断夯实，有力促进了征管质量提高。深化纳税评估。构建纳税评估指标体系，开展纳税评估考评和案例交流，提高纳税评估水平，实现由户数指标型向质量效果型转变。全年共评估自查补税1.9亿元，加收滞纳金654万元，罚款1.7万元，调减留抵3387.6万元，累计弥补亏损3.6亿元；查结评估移交案件11户，查补税款105.5万元。拓展信息应用。研发推广《税收业务操作智能支持系统》，提高税收管理信息化水平，开展信息技术培训，加强硬软件改造升级，提高工作效率和质量，得到总局、省局的充分肯定，荣获省局管理创新奖。落实税收政策。全市国税系统积极响应国家号召，发挥政策效应，征蓄结合，认真落实各项结构性减税和税收优惠政策，加快出口退税进度，帮助企业渡过难关。全年共办理免抵退税32.2亿元，其中退库21.3亿元，免抵调库10.9亿元，对减轻企业负担、涵养税源发挥了重要作用。加强户籍管理。坚持信息比对制度，将8658户未办理国税登记的企业名单下发基层，加大核查清理力度；开展拉网式清查整顿，共清理企业漏管户1990户，个体漏管户14904户，补征税款4265万元。加强个体税收管理。严格执行起征点政策，加强个体税源监管，重点核查在城区或大型专业市场内经营的个体户申报销售额的真实性，全年查处申报异常户1237个，补征税款288万元；核查个体双定户（定期定额户）8116个，调高税额，累计增收211万元。强化税务稽查。组织开展大型企业集团、商业零售和使用运输发票抵扣企业等八项专项检查和医药批发行业及煤炭、铁精粉行业专项整治，以查促收、以查促查、以查促管、以查促改；严厉打击涉税违法活动，进一步优化税收环境，年底被总局推荐为全国打击发票违法行为先进单位。全年全市稽查系统共对931户企业进行检查，组织3817户企业进行自查，查补总额4.5亿元，入库总额4.1亿元，稽查查补收入创历史最高。

【执法服务】 本着公正执法是最佳服务的理念，对内抓教育、抓监督，对外抓执法、抓服务，提高执法服务水平。深化廉政建设。认真落实党风廉政建设责任制，层层分解任务，明确责任，增强工作合力；坚持政务公开和办税公开，强化两权监督，有效遏制为税不廉行为发生。开展试点研究，奠定执法风险防范基础，新华区国税局承担内控机制试点，初步构建起事前预警、事中监控、事后追究的内控机制框架；制定《重大税务案件审理协调联动暂行办法》，建立重大案件审理通报机制，规范重大案件审理；认真落实执法责任制，严格执法过错追究，全年共追究税收执法一般过错580人次，经济追究576人次，追究总额1.5万元。提高服务水平。加强办税服务厅建设，推行“一窗通办”模式，优化办税流程，减并业务事项，减轻纳税人负担。加强网站建设，拓展网上政策咨询，开展税法宣传，密切税企关系。开展优质服务“六比、六赛、六看”竞赛活动，由纳税人评选“优质服务大厅”和“优质服务明星”，促进服务水平的提高。开展“走千企、访万民、优服务、践承诺”主题活动，主动为企业解难题，加强行风建设。上半年，在全市14个市直执法、司法部门中，市国税局总评成绩第一，市局稽查局在市属窗口单位中也位列第一。24个县（市）区局中，13个单位获得民主评议第一名，6个单位获得第二名。

石家庄市国家税务局

局　长：梁传刚

副局长：陈福财　袁西军　岳平子

纪检组长：张　博

总会计师：王建中

总经济师：李成聚

（卫　锋　郑　洁）

地方税务

【概况】 2009年，市地税系统积极应对国际金融危机和宏观经济运行状况不稳定的不利局面，有效克服收入压力大、税收困难多等不利因素，全面推行财税库银横向联网，全力以赴组织收入。从精细化管理入手，逐步挖掘重点项目增收潜力，与市发改委、市城乡规划局等单位沟通联系，制定《重点税源企业税收管理办法》，及时收集全市重点项目建设信息，下发各基层单位作为项目税源管理的基础信息，明确专人管理，加强监控力度，实行动态跟踪，实现了“项目监控无盲区、税收管理无盲点”的目标。深入开展“双百”活动，对执法监控考核软件自动检查数据实行“月通报、季分析、年考核”制度，加强执法过错追究力度，进一步规范执法行为，完善优化纳税服务措施，拓展12366纳税服务热线功能，不断提升纳税服务水平。全年全市地税系统共完成各项税费收入161.8亿元，同比增收29.36亿元，增长22.17%。各项税费收入完成情况是：税收收入完成107.64亿元，首次突破百亿元大关，同比增收15.25亿元，增长16.51%；社保费完成46.29亿元，同比增收12.45亿元，增长36.79%；教育费附加完成4.63亿元，同比增收8258万元，增长21.68%；地方教

2009年9月10日，省地税局局长邢国辉（前排左一）在市地税局局长马提福（后排左二）陪同下视察裕华区纳税人之家

育附加、文化事业建设费等其它收入完成3.26亿元，同比增收8363万元，增长34.43%，圆满完成各项税收任务。年内新华区局被评为“全国税务系统先进集体”；12366纳税服务热线被省妇联授予“省级巾帼文明岗”荣誉称号。

【税收征管】 跟踪管理，全程监控，强化税源监管，年内重点税源实现税收83.04亿元，增加12.51亿元，增长17.74%。认真落实新《饮食业征管办法》，饮食业共入库2.54亿元，增收5668万元，增长28.65%。全面推广使用个人所得税软件，个人所得税入库18.49亿元，同比增收1.6亿元，增长9.46%。与交管局联合开发“车船税采集、传递、查询系统”，车船税入库1.89亿元，同比增收1.04亿元，增长122%。利用GPS卫星定位系统和“谷歌地球”软件等进行实地测量，城镇土地使用税入库5.4亿元，同比增收7408万元，增长15.93%。建立数据分析对比制度，城建税入库9.41亿元，同比增收1.33亿元，增长16.4%。完善“欠税约谈”和“欠税公告”制度，依法采取税收保全、税收强制执行等措施，清缴欠税2.52亿元。深入开展“发票打假年”活动，共实施发票专项检查1272次，查处发票违法行为624起，罚款113.61万元，有效地打击了各类发票违法行为。推广市区社保费市本级自然人缴费模式，自然人可利用市商业银行的服务网点，就近缴纳养老保险，极大地方便了广大市民。开展费源调查，大力清缴欠费。对年缴纳养老保险200万元和年缴纳失业保险50万元以上的企业，实行重点监控，全年完成社保费任务46.29亿元，同比增收12.45亿元，增长36.8%。

【税收执法服务】 为实施视频监控，实时监控，提高基层窗口服务质量，年内在全系统办税服务厅安装视频监控系统26个。全面使用执法监控考核软件，对监控数据实行“月通报、季分析、年考核”，年内共计追究干部866人次，批评教育425人次，书面检查346人次，通报批评89人次，经济处罚314人次，共处罚金2.07万元。开展征管执法岗位争创“百日无过错税务分局、百名全年无过错征管员”活动，编写《税收执法风险点提示》手册，加强基层人员培训，规范执法行为，执法过错明显减少。过错条目由年初的3740条下降为70条左右，主要过错类型由七种减少至两种。

【规范税收秩序】 建立发票管理责任制，对重点用票企业进行监控分析，做好有奖定额发票印制、布奖及兑奖工作。联合市公安局、市国税局有重点地检查餐饮、娱乐业业户20户，共查处假发票1574份，涉及金额30.2万元。协同公安局经侦队成功打掉一非法制售假发票窝点，当场缴获假发票成品37966份、半成品若干。年内全市共实施发票专项检查1272次，查处发票违法行为624起，入库罚款113.61万元。奖励举报人52人次，兑付举报奖金15900元，其中现场兑付奖金3900元。组织纳税人开展自查，参与业户2643户，查补税款4157万元。开展专项检查，对建筑安装、盈利性医疗、教育机构、电力等重点行业、纳税大户实施指定检查、跟踪结果，同时，依据行业特点，对关联行业、企业开展延伸检查，核实情况。全年共检查重点企业472户，实现稽查收入3514万元。建立大案要案专项查处制度，选调业务精英成立“重案组”，专门负责对重大案件和热点行业的检查。查处集资建房户31户，查补税款3800余万元；查处30万以上大案要案43件，实现收入4223万元。查处各类假发票案129件，查获假发票8403份、假完税证102份。全年出警965次，查处涉税案件120起，行政处罚105人，行政拘留1人，实现稽查收入4.07亿元，同比增收2.4亿元，增长150%。

【完善服务措施】 制定《办税服务厅规范化建设标准》，规范办税服务厅功能。厅内设立办税工作区、咨询服务区、自助办税区、公告宣传区、休息等候区、取表填单区；整合服务资源，设置意见箱、纳税人留言簿，完善公告栏、税法宣传资料台，配备咨询电话、复印机、触摸屏、电子显示屏等便民设施；市内区局级办税服务厅配置“叫号机”、“评价器”、“POS”机等办公服务设施。打破岗位分割，实施流程重组，统一设立全职能窗口，推行“一窗式”（一个办税窗口同时具备咨询服务、停复业（注销）登记、纳税申报、税费征收、购领发票、代开发票、开具外管证明和发票兑奖等多项职责）服务模式。下放部分减免税审批权到县（市）区局。设立纳税服务绿色通道，为50强企业、A级信用纳税人、重点税源纳税人提供预约、上门等特级服务。拓展失业保险基金用途，补贴困难企业养老保险费和失业保险费。年内认定困难企业110户，涉及职工12万人，财政补贴近1亿元。推广“财税库银横向联网系统”，全市13万余户纳税人半数以上实现足不出户缴纳税款，直接减少打印缴款书50余万份，纳税人少盖印章600余万个。拓展12366纳税服务热线功能，规范服务流程，建立联席会议、问题转办、处理回复等制度，确保转办的问题得到及时处理和回复。拓展服务形式，开发短信提醒、信箱回复、纳税人电话号码采集、发票真伪查询、纳税人回访等热线服务功能。截至年底，处理话务26.7万余人次，占全省话务总量的50%；发送提醒短信18万余条；问题当场答复率97%，满意率达98%，办结率100%。

【信息化建设】 市地税系统落实信息化星级管理办法，坚持计算机兼职管理员制度，加强人员配备，狠抓岗位职责落实，建立健全网络系统运行维护机制，优化工作流程，强化各项保障措施，提高应急处理能力，加强网络系统防火、防毒、防黑客工作，确保系统安全稳定运行。全年累计巡检950次，排除隐患35起，排除网络故障38起，升级安全设备软件15次。实施“信息安全评估”，年内被省地税局评为工作创新“优秀奖”。规范税收征管应用系统数据。制订《石家庄市地方税务局数据规范工作实施方案》；规范数据采集、录入工作，保证数据的真实性；完善市级信息集中处理办法，加强数据分析利用；全年提取不规范数据3次，涉及7大类20项，计61万多条，汇总编制不规范数据统计表28个。制定《关于提高全市地税系统干部职工计算机应用水平三年规划》，实施计算机“扫盲、普及、提高”工程，为基层单位购置微机808台，提高全员计算机应用水平。

石家庄市地方税务局

局　　长：马提福

副 局 长：张志平　宋翠莹（女）

　　　　　徐国民　宋泽军

纪检组长：刘　健

（颜　丰　张　萌）

统　计

【概况】 2009年，全市统计系统严格执行各项统计制度，加强数据质量管理。以核算为龙头，制定数据衔接控制办法（市级各专业数据与核算数据，市、县两级核算数据，部门服务业统计数据与季度GDP核算数据），规范市、县两级核算数据，保证市、县两级宏观数据在总量和速度上的匹配衔接，提高市、县两级统计数据质量。加强工业和投资项目统计管理。建立统计管理制度（新竣工投产工业企业管理信息抄送制度、固定资产投资项目管理信息抄送制度、县（市）区跑办项目投资统计监测和分析制度），及时将相应项目纳入统计范围；对工业企业新建、扩建项目，以及市区城中村改造项目，逐一梳理核实，摸清底数；建立定期数据联审、函询制度；联合开展数据质量专项检查，提高投资项目统计质量。年内全市定报项目按时上报率达到100%，数据质量得到上级统计部门和市委、市政府的肯定。2008年12月25日，市统计局被国家人力资源和社会保障部、国家统计局联合授予“全国统计系统先进集体”，2009年1月，表彰大会在京举行；2009年5月12日，首次荣获市委、市政府民营经济发展服务优胜奖；2009年11月，局工会被市直工委评为模范职工之家；2009年12月8日，在全省统计工作综合考评中连续荣获优胜单位殊荣，22项专业专项工作，11项榜上有名，进入前四名；年内荣获第一次全国污染源普查国家级先进集体荣誉称号；2010年1月，被市委办公厅评为信息工作先进单位。

【统计服务】 强化专业统计服务。围绕市委市政府的中心工作和应对金融危机的要求，开展新闻出版业、正定国际小商品博览会、省会物流业发展现状等服务业热点调查，做好部门服务业统计数据与季度GDP核算数据之间的衔接，大力加强服务业统计工作；建立全市七大产业基地统计制度和各县(市)区工业园区统计制度；建立工业重点企业主要经济指标旬报制度；变上级审批后报告为先报告领导参考，提高统计数据向市政府报告的实效性。提高统计分析整体水平。确定并完成17个重点课题研究；月度分析"提速"，将每月形势分析由下旬完成提前到中旬甚至上旬完成，做好预警分析工作；克服只报喜不报忧的分析模式，对经济形势下滑等情况做到及早预警。探索建立市（县）区域经济监测评估体系，搞好区域经济争先进位测评。完善网上直报，健全县乡联网。

【省会月度劳动力调查】 2009年，根据《国务院办公厅关于建立劳动力调查制度的通知》(国办发〔2004〕72号）和河北省统计局《关于开展大城市月度劳动力调查工作的通知》（冀统人口字〔2009〕13号）的精神，石家庄市开展城镇、乡村月度劳动力调查，及时反映就业形势的变化，为政府准确判断就业形势、制定和调整宏观经济政策、改善就业服务提供依据。石家庄市是省内唯一开展此项调查活动的城市，在对调查周期以及调查方法的可行性和操作性进行一系列大胆尝试和验证的基础上，积累一定工作经验，圆满完成每月调查任务，调查经验被省局采用，在全国月度劳动力调查总结会议上作了经验介绍。调查范围涉及县（市）区9个(5个属市区、3个属平原县、1个属山区县)，15个乡（镇）街道，30个居委会。调查对象为16岁以上常住人口。调查内容包括被调查户常住人口情况；被调查人员受教育情况、劳动就业情况；被调查社区住户情况、登记失业情况。调查方法采用多阶段、分层次、按概率比例的办法抽取调查样本；每月调查约600户；每季度按照20%的比例进行轮换。单月总体推算数据显示，石家庄市2009年失业率呈现上下浮动中逐步下降；除6月、8月数据受样本抽取的影响外，其他月份失业率变化幅度均在1个百分点以内；5、11、12月还出现小幅上扬，但是波动范围较小，数据变化趋势基本正常。就业人口比例呈现波动中逐步上升趋势，总体在70%～75%之间上下浮动；非经济活动人口总体维持在200万人左右（除个别月份）。受加权汇总方式的影响，失业率下降幅度较大，目前数据较小。根据石家庄市经济形势分析会资料，从GDP、工业生产和投资消费等方面可以看出，石家庄市经济在上半年已经企稳回升，从9月份开始，工业生产明显恢复，增速加快；固定资产投资保持高速增长，社会消费品零售额快速增长，财政收入保持增长，居民消费价格出现上涨，工业品出厂价格降幅收窄。经济好转促进了就业形势的好转，月度劳动力调查的失业率、人口就业比等项数据与经济形势的发展趋势一致；从就业部门提供的登记失业率数据变化情况看，月度劳动力调查的数据变化与登记失业率的变化趋势也是一致的。根据三个月总体加权城镇汇总结果，2009年8月，石家庄市统计局上报市委、市政府《全国大城市月度劳动力调查结果显示全市城镇就业状况逐步好转》分析报告，以资决策。

【第二次全国经济普查】 石家庄市第二次全国经济普查工作于2008年12月31日24时正式启动。此次普查的主要目的是全面调查域内第二产业和第三产业的发展规模及布局；了解域内产业组织、产业结构、产业技术的现状以及各生产要素的构成；摸清域内各类企业和单位能源消耗的基本情况；健全国民经济行业基本单位名录库、基础信息数据库和统计电子地理信息系统。通过普查，进一步夯实统计基础，完善国民经济核算制度，为加强和改善宏观调控，科学制定中长期发展规划，提供科学准确的统计信息支持。普查的对象是境内从事第二产业和第三产业的全部法人单位、产业活动单位和个体经营户。具体范围包括采矿业，制造业，电力、燃气及水的生产和供应业，建筑业，交通运输、仓储和邮政业，信息传输、计算机服务和软件业，批发和零售业，住宿和餐饮业，金融业，房地产业，租赁和商务服务业，科学研究、技术服务和地质勘查业，水利、环境和公共设施管理业，居民服务和其他服务业，教育、卫生、社会保障和社会福利业，文化、体育和娱乐业，以及公共管理与社会组织等。普查的主要内容包括单位基本属性、从业人员、财务状况、生产经营情况、生产能力、能源消耗、科技活动情况等。普查的标准时点是2008年12月31日，时期资料为2008年度。为加强对此项工作的组织和领导，石家庄市成立经普领导小组，组长为常务副市长栗进路，办公室设在市统计局。经过全市普查人员的共同努力，石家庄市经济普查登记、审核、数据处理和评估工作全面完成。全市普查登记4万多家法人单位、6千余家多产业法人所属产业活动单位、36万余个体经营户，基本摸清第二、三产业的总体发展、结构、效益和能源消耗情况，实现“全、清、准、实”的目标要求，第二次经济普查工作荣获全省评比第一名。2009年6月24～25日，桥西区代表全省接受国务院经普办的普查数据质量抽查，桥西区以扎实的基础工作和高质量的普查数据，为全市和全省争了光、添了彩。2010年1月13日，石家庄市统计局被国务院第二次全国经济普查领导小组授予第二次全国经济普查先进单位。2010年3月30日，《石家庄市第二次经济普查统计公报》通过《石家庄日报》公布于市。

【基础规范化建设】 2009年，市统计部门深入贯彻落实省委、省政府和市委、市政府《关于进一步加强和改进统计工作的意见》，认真执行《河北省设区市工作综合考评办法》与《河北省县级统计机构业务基础工作规范化评定办法》，积极探索县级以下管理体制改革；组织统计基础建设现场观摩会，相互学习，相互借鉴；深入开展农村统计基础工作规范化建设，规范化覆盖面扩大到乡镇级，努力提升统计基础工作规范化水平。

（杨德斌）

审　计

【概况】 2009年，市审计局紧紧围绕市委、市政府的工作中心，立足“保增长、保变样、保民生、保稳定”的大局，不断加大对重点领域、重点部门、重点资金以及社会普遍关注的热点、难点问题的审计监督力度，共完成审计单位538个，开展绩效审计315个、经济责任审计145人；查出违规金额22.29亿元，管理不规范金额33.88亿元，应上缴财政92845万元；已上缴财政4.19亿元；已归还原渠道23243万元，已调账处理11.38亿元，核减投资9753万元，向有关部门移送案件线索5起，有力地发挥了审计部门的“免疫系统”功能，为全市经济社会健康稳定发展起到积极作用。年末，市审计局荣获国家人力资源和社会保障部与审计署联合颁布的全国审计系统先进集体称号，是继2005年12月获奖后，第二次荣获全国审计系统先进集体称号，为河北省唯一连续两届获此殊荣的市级审计机关。2009年12月28日，市审计局局长、党组书记齐惠明身披彩带，在北京受到国务院总理的接见。年内市审计局获得省市文明单位、依法行政先进单

2009年度，市审计局再次荣获全国审计系统先进集体荣誉称号

位、“五五”普法先进单位、新农村建设先进单位等荣誉称号，市审计局无极县财政决算审计项目被评为全国表彰审计项目。

【财政审计】 全市以预算执行审计为龙头，以提高财政运行质量和资金使用效益，促进财政改革、严肃财经法纪为切入点，推行绩效审计，加大整改力度，提升审计质量，发挥审计职能，完成71个单位预算执行审计和59个单位财政决算审计，查出问题资金20.01亿元，同时将高邑县财政决算审计中销毁凭证、拒绝检查的有关人员，移交有关部门进行了处理。全市预算执行审计工作经市人民代表大会常委会审议和满意度测评，结果为满意。市审计局代表政府向市人民代表大会常委会所作的市本级预算执行审计工作报告和审计整改工作报告，获得与会委员的赞同。

【经济责任审计】 全年对140个单位的145名经济责任人进行了审计，查出违规资金1.66亿元，管理不规范资金3.46亿元，移送案件线索3起。经济责任审计在查找问题的基础上，建立审后谈话和审计回访制度。首次采用市委组织部同被审计单位领导审后谈话的方式，强化整改落实力度；市审计局与市委组织部组成联合审计回访经济责任审计项目，纠正违纪资金987万元，促缴财政资金95万元，对落实审计决定不彻底、审计整改不到位的单位进行了批评，责令整改，维护了审计的权威性。

【专项资金审计】 全市先后开展了社保五项基金、农业综合开发、土地开发整理、大型公益性建设项目等重点专项资金审计。抽调178名审计人员，组成67个审计小组，走访乡镇156个、729个行政村、5513户村民，审计专项资金总额36.08亿元。调查审计四川平武援建工程，提出有针对性的审计建议，得到市领导的批示。11月，抽调3名审计人员进驻平武工程现场，实施全程跟踪、全面审计。同时，根据市有关领导的指示精神，开展市级专项资金审计，涉及教育、医疗、环境保护、“三年大变样”建设等35类，审计资金2.5亿元。对专项资金审计中查出的配套资金不到位、财政资金拨付不及时、虚报冒领、虚列支出、挤占挪用等问题，市统计局及时查找纠正管理使用中存在的问题，规范了全市专项资金的管理。

四川平武灾后援建资金审计

【投资审计】 年内新增投资项目全面展开，市审计机关及时调整工作重点，加大对新增投资项目和重点建设工程的跟踪审计力度，完成投资审计项目31个，核减投资款9723万元，挽回损失4803万元。

【其他审计】 协助省审计厅完成河北城市环境、城市交通、中德合作造林、结核病控制等项目的审计，合理解决了世界银行贷款项目中存在的问题。参与市本级“小金库”治理活动，抽调审计人员20名，分成6个组，检查审计63个单位和部门。完成市招待处拆迁改制前的资产清理、河北裕通房地产公司的审计、宝德中小企业担保公司的审计回访，以及安苑小区二期、南岭小区一期经济适用房的审计定价等工作。会同物价、建设、房管等部门，调查审计和润苑小区供热情况，为领导决策提供了依据。

【信息化建设】 与通审公司合作，研发、应用财政预算管理指标和养老保险审计软件，提高了工作效率，得到省厅的认可，并在一定范围内推广使用。同时，加大审计人员培训力度，提高队伍整体素质，年内全市98名审计人员取得全国计算机审计资格认证。

（周雨秀）

质量技术监督

【概况】 2009年，市质量技术监督部门以服务地方经济发展为中心，以食品安全监管和特种设备安全监察为重点，一心一意抓质量，创新思路谋发展，实现了综合管理、行政执法和服务水平的全面提升。年内，质监系统信息宣传成功登录《市长专报》，在《石家庄日报》头版长篇刊稿，登录《中国质量报》头版头条，共在省级以上媒体刊稿426篇，市级媒体刊稿298篇，《河北质量监督》刊稿135篇。至年末，全市获得省名牌产品44项，省优质产品26项，河北省质量效益型先进企业12家，河北省质量管理奖3家。2009年，市质量技术监督局荣获河北省“获得工业产品生产许可证企业”年度自查工作先进单位；被河北省委宣传部等6部委联合评为组织“质量月”活动成绩突出单位；被石家庄市人民政府评为安全生产监督管理先进单位、安全生产目标管理优秀单位、迎国庆安全生产隐患治理百日会战先进单位、保护消费者权益先进单位、消防安全工作先进单位。鹿泉市局张文利同志在全国质检系统《食品安全法》知识竞赛中获得“优秀选手”称号。

表38　2009年石家庄市获得河北省名牌产品一览表

序号	注册商标	产品名称	企业名称
1	VEYONG	农药（阿维菌素）	河北威远生物化工股份有限公司
2	白龙	邻苯二钾酸酐	石家庄白龙化工股份有限公司
3	CSPC	青霉素钠原料药	石药集团河北中润制药有限公司
4	金羽	种鸡	石家庄市机械化养鸡场祖代鸡场
5	金鱼	涂料	石家庄市油漆厂
6	安瑞科	高压气瓶式压力容器储运设备	石家庄安瑞科气体机械有限公司
7	華牧	商品蛋鸡	石家庄华牧牧业有限责任公司
8	实力克	液晶显示材料	石家庄永生华清液晶有限公司
9	博深	金刚石工具（工程薄壁钻头）	博深工具股份有限公司
10	博深	金刚石工具（圆锯片）	博深工具股份有限公司
11	华硕	玉米种子	河北金穗种业开发有限公司
12	冀凯	金刚石工具（圆锯片）	河北冀凯实业集团有限公司
13	高晖	35KV及以下高压交联电力电缆	河北华达线缆有限公司
14	华北	头孢拉定（供口服用、注射用）原料药	华北制药集团倍达有限公司
15	华北	硫酸链霉素原料药	华北制药华胜有限公司
16	双吉	农药（代森锰锌）	河北双吉化工有限公司

（续表）

序号	注册商标	产品名称	企业名称
17	黑马	小麦粉	河北黑马粮油工业有限责任公司
18	Dongming	皮衣	河北东明实业集团有限公司
19	佰立特	皮衣	河北佰立特皮业有限公司
20	BML	皮衣	河北巴迈隆实业集团有限公司
21	宏四海	皮衣	辛集市宏四海皮革有限公司
22	依諾莎	皮衣	辛集市菁华皮革制衣有限公司
23	大羽	羽绒服	河北大羽制衣集团有限公司
24	名花	箱包	辛集市名花皮业有限公司
25	君乐宝	乳酸菌饮料	石家庄君乐宝乳业有限公司
26	中美豪特	铬系合金磨球	河北豪特耐磨材料有限公司
27	普兴电子	单晶硅	河北普兴电子科技股份有限公司
28	鼎鑫	通用水泥	鹿泉东方鼎鑫水泥有限公司
29	曲寨	通用水泥	鹿泉市曲寨水泥有限公司
30	高淀	玉米淀粉	河北华辰淀粉糖有限公司
31	凤达	通用水泥	河北凤达水泥有限公司
32	沃尔旺	果（蔬）汁及果（蔬）汁饮料	河北沃尔旺食品饮料有限公司
33	彪隆	矿用电缆	建业电缆集团有限公司
34	jS	低压阀门	石家庄光晋阀门有限公司
35	满堂红	毛巾	石家庄市阳光针纺有限公司
36	乐万嘉	家具（软家具）	石家庄市乐万家沙发家俱有限公司
37	诚信	工业氰化钠	河北诚信有限责任公司
38	高明	电线（架空绞线）	河北高明电线电缆有限公司
39	小蜜蜂	金刚石工具（圆锯片）	河北小蜜蜂工具集团有限公司
40	鎮	电线（架空绞线）	石家庄市镇州电器有限公司
41	苹乐	小型面粉加工成套设备	河北苹乐面粉机械集团有限公司
42	冠生	中小型电机	河北电机股份有限公司
43	HUAXUE	特种水泥	河北天石双熊特种水泥有限公司
44	昊源	苹果	石家庄市昊源林果场

表 39　2009 年石家庄市获得河北省优质产品名录

序号	注册商标	产品名称	生产企业
1	味道府	白酒	河北味道府酒业有限责任公司
2	双联	农业氯化铵	石家庄双联化工有限责任公司

（续表）

序号	注册商标	产品名称	生产企业
3	真诺	高低压成套开关设备、高低压机箱机柜	河北真诺实业有限公司
4	太行山	尿素	石家庄金石化肥有限责任公司
5	太行山	硝酸铵	石家庄金石化肥有限责任公司
6	FHS	硝酸纳	石家庄凤山化工有限公司
7	常安 CHANGAN	精炼棉籽油	河北常安油脂有限公司
8	凯兴	蛋鸡配合饲料	石家庄凯兴牧业有限公司
9	蕊源	蜂蜜	石家庄赞皇县蕊源峰业有限公司
10	裕龙	梨	晋州市鲜鲜农产有限公司
11	巧厨	挂面	河北巧厨食品有限公司
12	永昌	氧化锌	高邑县永昌锌业有限责任公司
13	火山榕	制式服装	辛集市亿隆服饰有限公司
14	神力	电焊条	石家庄神力焊材有限公司
15	宏泰	中密度纤维板	河北宏泰人造板有限公司
16	魏征	玉米粒罐头	晋州鹏达食品有限公司
17	宏兴	复混肥料	河北省复混肥厂
18	Sanhua 三华	高耐磨喷砂胶管	高邑县第一橡胶制品有限责任公司
19	HAORI	轻质碳酸钙	石家庄市红日钙业有限公司
20	千山	钢管杆	河北千山钢业工程有限公司
21	好太太	洗衣粉	河北纳利鑫洗化有限公司
22	三奇帝	紫铜浮雕工艺品	石家庄东方紫铜浮雕工艺品有限公司
23	高明	挤包绝缘电力电缆	河北高明电线电缆有限公司
24	华杰	细木工板	灵寿县华杰装饰板厂
25	傻实在	一般用途单芯硬导体无护套电缆	石家庄廉北电线电缆厂
26	川城	PVC 管材	石家庄康乐塑胶有限公司

表 40　2009 年石家庄市获得河北省质量效益型先进企业名单

序号	生产企业
1	河北正元化工集团有限公司
2	石家庄安瑞科气体机械有限公司
3	河北冀凯实业集团有限公司
4	河北小蜜蜂工具集团有限公司
5	河北农哈哈机械有限公司
6	鹿泉东方鼎鑫水泥有限公司

（续表）

序号	生产企业
7	石家庄君乐宝乳业有限公司
8	鹿泉市曲寨水泥有限公司
9	河北普兴电子科技股份有限公司
10	石家庄永生华清液晶有限公司
11	石家庄华能电力金具有限公司
12	石家庄常山纺织股份有限公司

表 41　2009 年石家庄市获得河北省质量管理奖单位一览表

序号	单位名称
1	河北安装工程公司
2	石家庄市第四医院
3	河北省电力勘测设计研究院

【食品安全监管】 加强食品安全监管能力建设，年内投入资金 500 余万元，在藁城、鹿泉、行唐、正定、赵县建成食品检验中心。制定出台《石家庄市质监局创建食品安全最放心城市的工作意见》和《石家庄市创建食品安全最放心城市工作实施方案》，对全市 5 类重点产品（乳制品、肉制品、饮料、小麦粉、淀粉及淀粉制品）和 10 个重点区域（藁城市的肉、蛋、饮料、糖果制品；裕华区的肉、炒货制品；行唐县的乳制品、蜜饯、淀粉制品；赞皇县的蜜饯制品；晋州市的饮料制品；赵县的淀粉；栾城县的糖果、淀粉制品；辛集市的食用玉米油；灵寿的蘑菇罐头制品；鹿泉市的乳制品）的生产加工企业、小作坊开展集中治理。全年未发生食品安全事故，“食品安全最放心城市”创建活动扎实推进。

【特种设备安全生产监察】 定期开展特种设备安全分析，形成《石家庄市特种设备安全状况分析报告》，从监管基础制度建设和理念上求突破，得到省质监局主要领导肯定。大力加强安全监察力度，从 8 月 1 日至 11 月 10 日，利用 100 天时间，以特种设备安全生产隐患治理为重点，突出“三个结合”（点与面相结合、整治与管理相结合、服务与监管相结合），集中开展迎国庆安全治理“百日会战”活动，严打非法生产、非法使用、非法充装行为，消除违章指挥、违章操作、违反劳动纪律行为，全面落实特种设备安全监管要求。全年全市共检查特种设备使用单位 4201 家，检查特种设备 28830 台（套），纠正特种设备违法违规使用行为 1984 起；完成车用气瓶、压力管道元件、冶金起重机械三项专项整治，办理气瓶使用证 15252 只；检查压力管道元件制造、设计、使用单位 147 家；检查治理冶金起重机械 67 台；强化特种设备作业人员考核发证工作，办理各类特种设备作业人员资格证 8860 人，特种设备作业人员持证上岗率达到要求。全年未发生特种设备安全责任事故，首次单项审议测评满意度位列全市各项审议之首；获河北省质监局特种设备安全监察综合评价第一；新华质监分局特种设备安全监察科技创新成果论文荣获国家质检总局“优秀科技论文奖”。

【科技执法打假】 2009 年石家庄市被河北省确定为“科技执法打假示范点”。投资 30 万元建成科技执法打假配套装备展室，受托开展全省质监执法人员科技执法培训，大力加强科技执法，全年查处质量违法案件 7038 起，端掉制假售假窝点 59 个，查获假冒伪劣产品标值

6249万元。

【12365定检工作机制】 2009年，市质监局探索建立并全面推行"12365"工作机制，确立"工作制度化、流程程序化、过程规范化、程序文件标准化、资料管理档案化"的标准。上半年石家庄成为河北省定检工作唯一免检单位。"12365"就是在定期监督检验过程中，坚持"一把手工程"；围绕事业发展和服务地方经济建设两个中心；充分发挥市局、县级局、技术机构的三个积极性；严把计划编制、样品抽取、样品检验、后处理、信息汇总、督导检查六个关口；强化组织保障、制度保障、能力保障、示范引路、督导检查五项措施，全面推广使用36个定检标准化程序文件，规范定检程序，实现工作制度化、流程程序化、过程规范化、程序文件标准化、资料管理档案化，优化定检过程、真正做到制度管人、程序管事，基本实现对定检工作的精细化管理。年内定检计划完成率和落实辖区监管责任制工作获省局综合评价第一，赵县局"三级四化五结合"定检模式在河北省全省系统推广。"三级四化五结合"是指：成立定检工作领导组织、管理组织和执行组织；坚持定检工作制度化、流程控制标准化、关键环节规范化、资料管理档案化；坚持严格监管与热情服务相结合、专职监管与政府协管相结合、内部督导与外部监督相结合、严格执法与集中整治相结合、单项工作与整体工作相结合。

【标准化基础工作】 深入贯彻"质量兴市，名牌兴企"战略，全年为企业办理产品标准备案664项，制修订农业地方标准8项（完成目标的160%），完成赵县雪花梨和赞皇县大枣两个标准化示范区阶段性建设任务，培育省名牌产品44项，省优质产品26项，省质量效益型企业12家，省质量管理奖3家。截至年底，全市累计培育中国名牌产品9项，省名牌产品120项，省优质产品70项，省质量效益型企业42家，省质量管理奖5家。年内质量竞争力指数测评试运行综合评价获全省第一，认证评审管理综合评价获全省第三，标准化专业大比武获全省第二名，12家县级计量检定机构承检项目全部获得省局授权。

【计量惠民"四个走进"活动】 年内集中组织开展诚信计量进市场、健康计量进医院、光明计量进镜店、服务计量进社区乡镇"四个走进"主题活动，让计量走出实验室，贴近百姓，服务社会，全面完成"四个百分百"总体目标，即100%覆盖到辖区内所有的集贸市场、100%覆盖到辖区内的医疗卫生单位、100%覆盖到辖区内的所有眼镜门店、100%覆盖到辖区内所有的社区乡镇，并为全市集贸市场免费配备公平秤，得到市政府主要领导的充分肯定。

【重点产品专项整治】 牢固树立发展是第一要务的理念，深入开展电热毯、细木工板、毛巾、气门、电线电缆、复混肥料、农药、建筑扣件、儿童内衣、生活用纸、废塑料回收再加工产品、塑料管材等12类产品专项整治，做到打击假冒伪劣不手软，扶优扶强做到位，鼓励小企业走整合发展之路，促使企业做强做大。全年全市系统共出动人员6300余人（次），车辆2700余台（次），检查企业3200余家（次），查处违法案件276个，取缔黑窝点31个，吊销、注销生产许可证84个。全市电热毯生产企业由整治前的98家减少到22家，细木工板生产企业由116家减少到69家，复混肥生产企业由124家减少到115家，无极县的小化肥生产企业由35家减少到3家，重点产品生产企业实现"双百"目标（100%建立质量档案、100%挂牌生产），产品质量水平大幅提升，有力推动全市区域性产品产业升级。7月28日和9月18日，国家质检总分别在石家庄市召开了"全国电热毯质量安全监管座谈会"和"全国电热毯质量安全整治工作会议"，向全国质监部门推介石家庄市工作成果。

【"质量和安全年"活动】 2009年，石家庄市认真开展"质量和安全年"活动，加强组织领导，分解责任目标；加大监督力度，规范企业行为；严查违法案件；规范经济秩序；组织业务培训，提高执法水平；强化法律宣传、营造良好氛围。3月28日，"质量安全年"活动正式启动。年内先后出动执法人员2.2万余人次，车辆5800余台次，对辖区3200余家企业进行了宣传发动和指导规范，发放法律宣传资料2.1万余份，组织企业培训管理和技术

2009 年 3 月 28 日，石家庄市举办“质量和安全年”暨“三进”活动启动仪式

人员 2300 余人。对 1100 家企业和 46 家大型市场、2600 余家商户进行了监督检查，大大提高了辖区产品质量的总体水平。鹿泉市局姚彦平同志被国家质检总局授予“全国质检系统‘质量和安全年’活动”先进个人，市局吕晓飞同志被省局评为“全省质监系统‘质量和安全年’活动”先进个人，长安分局被省局评为“质量和安全年”活动先进单位，赞皇县政府专门下发文件对赞皇县局在专项整治工作中的突出贡献予以表彰。

【法制队伍建设】 制定推行《石家庄市质监系统自由裁量办法》，大力加强质监法制队伍建设。统计配发全市系统执法制服，采集执法人员信息，全市共采集 851 名，并换发新版执法证件。配发行政执法监督证 51 个，人员为市质监系统主管法制工作的领导和法制科长。建立行政执法绩效档案，建档率 100%，人员培训率 100%，考核合格率 97%。全年共审理案件 150 余起，帮助解答或帮助请求上级解答法律咨询 85 余起，经审理的行政案件错案率为零，无复议、诉讼案件。

【质监基础设施建设】 2009 年，石家庄市全面加强质监基础设施建设，进一步改善办公及检测环境。5 月底，市质监局检验检测大楼一期工程正式启用；深泽县局正在筹建 4000 平方米的新检验检测大楼；高邑县局建成河北省陶瓷砖产品质量监督检验站；新乐市局建成省级电热毯监督检验站；深泽县局筹建了汽车配件产品检验站。新华分局在全省质监系统 48 个无技术机构县级局事业发展综合排名位列第三。鹿泉市局在全省质监系统 141 个有技术机构县级局事业发展综合排名位列第十。

石家庄市质监局检验检测大楼

石家庄市质量技术监督局

局　　长：侯洪彬（1 月任）

副 局 长：侯洪彬（1 月免）

曹长随

韩义和（6 月免）

夏玉颖　王风彦

吴保成　刘　占

韩秀娟（女，10 月任）

纪检组长：柯　旭

（白　钢）

物价监督检查

【概况】 2009年，全市各级物价部门紧紧围绕“保增长、保民生、保稳定”这个中心任务，充分发挥价格调控、价格监管和价格服务的职能作用，圆满完成各项物价工作任务，取得显著成绩。市物价局先后被国家发改委授予“全国价格宣传先进集体”(2009-10)、“全国价格监管服务先进集体”(2009-12)、“收费统计工作先进单位”(2009-10-22)、“成本调查工作先进单位”荣誉称号。价格监测、认证等项工作受到国家发改委通报表彰，价格认证中心荣获国家价格鉴证信息直报二等奖（2009-12-3）。局机关先后被市委、市政府评为先进基层党组织、信息工作优胜单位、依法行政工作先进单位、普法工作先进集体。经统计，1～12月份，全市居民消费价格总指数为100.3，同比上涨0.3%，比全国、全省平均水平高1个百分点。全年共查处价格违法案件381件，查处价格违法金额1409万元，经济制裁金额1391万元，其中：退还用户金额305万元，没收金额1085万元，罚款金额34万元，上缴财政金额1129万元，切实维护了群众利益，取得了良好的社会效果。

表42　　2009年石家庄市各类价格指数一览表（以上年为100）

指　标	全　市	市　区
1. 居民消费价格总指数		100.3
其中：食　品		100.0
烟酒及用品		101.0
衣　着		100.1
家庭设备用品及维修服务		100.2
医疗保健和个人用品		101.1
交通和通讯		98.5
娱乐教育文化用品及服务		99.0
居　住		104.3
2. 工业品出厂价格指数	94.55	
3. 原材料、燃料、动力购进价格指数	93.23	

【价格调查监测】 2009年，以解决价格热点、难点问题作为调研工作的着力点，由市物价局领导带队，深入社区、企业和农户，先后开展物业收费及成本情况调研、汽车租赁成本和经营情况调研、部分县（市）高耗能企业差别水价情况的跟踪调研等12项价格业务专题调研活动，为价格政策的调整提供参考依据，《石家庄日报》刊登了《监控物价服务民生促和谐》的局长署名文章。在做好各项专题调研活动的同时，针对新时期物价部门面临的新情况、新问题开展综合调研。调研活动硕果累累，《强化基层价格主管部门职能服务新农村建设》、《关于县级价格部门职能定位的思考》、《暴雪对全市市场物价的影响及对策分析》等6篇调研文章在全国核心期刊《价格理论与实践》上刊发。农产品成本调查、成本监审工作再上新台阶。全年按照国家发改委和省局的统一部署，对全市12个县（市）共计40个调查品种

的成本收益情况进行常规调查和直报调查，完成农户种植意向、农户存粮情况等专项调查，做出符合实际的调查分析报告，为政府决策提供了可靠依据；对安居房地产、新奥车用燃气、市直二幼等20个单位进行成本监审，监审标的12亿元，核减金额4500万元，为有关价格的制定和调整提供了基础依据。价格监测工作扎实有效。全年先后开展生猪、化肥、甲流药品和防护用品、暴雪期间农副产品、节假日农副产品等应急监测，为相关监控决策提供了及时准确的依据；按照国家和省局安排，先后开展生猪市场生产和价格、农村生产和消费、房地产价格等专项调查，2009年11月，国家发改委价格监测中心预测处处长徐连仲莅临石市，参加座谈，专门听取有关人士对房地产市场的看法和建议；全年市物价局共接收各类监测数据60000多条，形成各类监测报表1600余期，撰写监测分析160余篇，多篇分析材料被上级部门采用。

【价格监管】 2009年，针对全国甲型H1N1流感（简称甲流）疫情的严峻形势，制定甲流防控药品价格监管预案，加强市场监测与巡查，及时掌握相关医药产品及防护用品的市场供求和价格变化情况；对纳入政府定价范围的防控药品的最高零售价格进行集中公示；向各药品生产经营企业和医疗机构发布提醒告诫函，开展价格专项检查，确保全市甲流疫情防控药品及相关商品价格基本稳定。协调制定生鲜乳参考价格，公布最低保护价和最高限价，维护奶农和消费者的利益，防止奶源价格大起大落。开展专项检查，加强价格监管。年内以党和政府关注、群众关心、社会反映强烈的价格和收费问题为重点，先后组织开展了涉农价格和收费、节日市场价格、停车场收费、电力价格、涉企收费、教育收费、防控甲流相关商品价格、暴雪期间农副产品和出租车价格等九项专项检查，查出涉农违法案件23件，违法资金10.43万元，退还3.63万元，切实减轻了农民负担；停车场收费专项检查，全市共出动检查人员48人，检查停车场、自行车存车处180家，其中合格的有136家，限改、处罚44家，维护了消费者的合法权益；涉企收费专项检查，

暴雪期间超市菜价检查

12·4法制宣传活动

共检查国土、建设、房管、规划、环保、质检、公安、交通等部门及其下属单位210个，查出违法案件107件，查出违法金额2500余万元，企业发展环境进一步优化。

【社会监督】 建立健全“价格服务进万家”工作联系、岗位责任、信息服务、情况报送、业绩考评、成效反馈等制度，深入开展“价格服务进万家”活动，促使“价格服务进万家”活动规范、长效运转。积极推进明码标价工作，成立标价签管理办公室，开展明码标价专项整治，基本实现市区大型商场、超市明码标价普及率和准确率100%。价格举报工作取得新成绩。加强价格举报硬件建设，实现办公无纸化，提高办理举报案件的质量和效率；在政府门户网上开设价格举报投诉专栏和12358举报电子邮箱，形成了电话、来信、来访、传真、邮件、网络等多种价格投诉举报通道；全年共受理价格咨询、举报事件共计3990件，立案查处113件，办结108件，办结率95.57%，回复率100%，实行经济制裁19041元。

【民生价费环境优化】 认真清理落实各项收费政策。清理落实国家和省下达各项减负政策，取消/停征行政事业收费100项、取消交通运输类收费项目6项、取消停收降低放开和下放房地产开发类收费权限41项以及基金项目管理等一系列政策得到贯彻落实，年度减少收费额12.34亿元。清理规范全市经营服务性收费，年内共对全市24个县（市）区和市直部门42个系统，3134个收费单位，444项收费项目，2307个收费标准进行全面清理，工作量之大前所未有，持续时间一个多月，对274项经营服务性收费和标准提出清理规范意见：建议取消42项、降低标准207项、实行市场调节25项，提前3天高标准完成全市经营服务性收费清理任务，清理规范方案得到省纠风办和市领导的充分肯定。

【规范性文件清理】 按照市政府要求，市物价局对2008年12月31日前发布实施的规范性文件进行了认真清理，废止了一批失效的规范性文件，明确市物价局2008年底以前继续有效的行政规范性文件118个，占市直部门规范性文件总量的五分之一。全面完成2008年度收费许可证年审工作。应审收费单位6196个，实审6052个，审验率97.68%。

【整顿规范热点行业价费政策】 规范停车场收费政策，部分停车场乱收费问题得到有效治理。出台《停车场收费补充规定》，采取分时段收费和短时免费等措施，规范停车收费管理；会同市城管局、市交管局、市运管处举办专题培训，培训市区停车场管理、收费人员200余人，督促新政策的落实。落实省取消部分数字电视收费项目政策，每年减轻用户负担2000余万元。加强经适住房价格管理，在成本审核的基础上，先后制定11个单位的经适住房价格，总建筑面积69.7万平方米，价格总额15.4亿元。加强物业服务收费备案管理，按照《石家庄市物业服务收费管理实施办法》，对符合物业收费标准的19个小区进行了备案。规范客运票价，下调石家庄至太原、石家庄至榆次两条长途客运线路票价，平均下调23.9%。取消公交公司IC卡每卡3元的手续费，仅此一项年减轻群众负担30多万元。规范殡葬行业收费，取消收费项目、降低收费标准，在市区内为丧主年减轻负担50余万元。

【助推经济发展和“三年大变样”】 贯彻落实化肥价格放开政策，强化农资价格每周定期报告制度，密切关注农资市场价格波动，发现问题及时调控，助推农资市场健康发展。贯彻落实国家成品油调价方案，年内国家发改委先后八次调整成品油价格，市物价局坚持做到在第一时间传达文件，第一时间派人巡查市场，第一时间向省局和市委市政府反馈信息，成品油价格调整运行平稳，市场正常供应，未发现囤积、提价销售等行为。贯彻落实国家和省药品价格政策，年内国家和省先后调整药品价格7批次，共1160种4525个规格，市物价局设定专人来电查询，开展全市医药房检查，确保政策执行到位。加强高耗能企业差别电价政策管理，协同市工业促进局，对全市57家高耗能企业逐一建立台账，实行动态监管，年差别电价加价额约300万元，助推全市节能减排工作。加强排污费的征收管理，依据国家和省有关规定，从7月1日起废气二氧化硫排污费每污染当量由0.96元提高到1.20

元，污水COD排污费每污染当量由1.10元提高到1.40元，年增收900多万元，助推污染治理，改善生态环境。

【物价改革】 放开民用平价液化气销售价格，群众反映平稳，市场供应正常，企业经营状况得到好转。调整车用天然气价格，由2.80元／米^{3}调整为3.00元／米^3，调价金额约1000万元。制定天然气管网工程建设费收取标准，新标准平均比原标准节约300～500元。制定供热计量试行价格，促进节约用热。制定石家庄市植物园内炎黄历史文化城参观票价，每张20元，年收费近200万元。制定下发《石家庄市高中阶段非财政资金建设的学生宿舍收费管理暂行规定的通知》，解决非财政资金建设的学生宿舍没有相应收费政策的问题，全年完成59所学校住宿收费标准批复。全省率先出台污水和生活垃圾处理费标准，落实省政府“城市居民污水处理费标准不低于0.8元／米^3，城市生活垃圾处理费标准不低于3元／月·户”的有关要求，促进资源节约和环境保护。调整5个县的污水处理费标准，制定4个县（市）的生活垃圾处理费征收标准，年增环保资金近3000万元，为低碳经济社会的建立提供了有力的价格政策支持。

【价格认证服务】 制定《关于进一步做好价格公共服务工作的实施意见》，进一步分解任务，明确责任。创建“市物价局内部网络交流园地”，编发《每周物价工作动态》周刊，完成连接国家发改委和省物价局的纵向网建设，整修西配楼办公场所，更换部分办公设备，办公服务条件明显改善。规范、合法、合规地开展价格认证工作，全年全市共受理业务总量11168件，标的值18265万元，其中市价格认证中心受理3584件，标的值3414万元。

2009年12月24日，石家庄市在邮政培训中心举办药品价格暨医疗收费培训会议

【价格工作培训】 全市以规范企事业单位收费行为为重点，强化“两员”（物价员、收费员）培训，规范“两证”管理，回收物价员证146个、收费员证612个。举办收费管理改革培训班，促进各项收费政策的有效落实。组织物价业务培训，调整业务知识结构。组织药品价格和医疗收费培训会议，贯彻落实全市深化医药卫生体制改革会议精神，市内六区的医疗机构、药品经营单位共计200余人参加培训。组织执法证年检培训和新办执法证人员培训，提高物价执法水平。启动成立市价格协会的相关工作，促进物价秩序健康发展。

（孙　玲　董杰辉）

工商行政管理

【概况】 2009年，石家庄市工商行政管理系统转变行政监管方式，强化工商行政管理职能，积极开展“创建食品安全最放心城市”、“红盾护农”、“红盾网吧断黑”等集中整治执法行动，为建设繁华舒适、现代一流的省会城市，营造了良好的市场环境，出色地完成市委、市政府赋予的各项工作任务。截至年底，全市登记注册内资企业新增365家，注销165家，累计达15285家；外商投资企业新增86家，注销297家，累计达1226家；私营企业新增7869家，注销712家，累计达62788家；个体工商户新增46622家，注销3997家，累计达230368家；全市纳入工商行政管理部门登记注册管理的市场达119个；全年全市共查处各类经济违法违章案件37834件，案值22070.18万元，罚没金额9630.32万元，结案率100%。

【食品安全城创建】 依据市委、市政府关于创建食品安全放心城市的活动部署，成立了市、县、基层三级创建工作领导和组织机构，建立健全了组织。制定《石家庄市工商局关于创建食品安全最放心城市工作实施意见》，提出4项工作任务，9个目标，6个步骤和15项工作措施，明确了任务目标。实行领导包片和处室一包一督导工作制，坚持一周一报告、一月一督导、一季一例会、一年一考评，对县（市）区安全创建活动实行全程跟踪检查，并把食品监管和创建工作纳入年度考核范围，实行食品安全“一票否决”制。建立食品安全监管“两图一书一栏一卡”，实行食品安全网格化管理。开发应用食品批发企业安全监管系统，实行中小食品经营进销二联单制，创建食品经营自律新途径。开展为期一个月的《食品安全法》宣传“四进”活动（进乡镇、进社区、进村庄、进商场超市），采取媒体宣传报道、设置食品安全信息公示栏、发放食品安全宣传材料、现场受理群众申诉和举报、举办《食品安全法》培训等形式，普及食品安全法知识，以强大的社会舆论力营造浓厚的创建氛围，促进创建工作的顺利开展。5月25日，中央、省、市的15家新闻媒体对市工商局集中销毁近百吨不合格食品工作现场进行了全方位的宣传报道，收到了良好的社会效果。大力加强食品安全整顿，自4月初开始，全市工商系统按照“县不漏乡、乡不漏村、村不漏店”的要求，集中开展食品安全、食品无照经营、夏季饮品等专项整治行动，检查食品经营户18.66万户次，检查各类食品市场2058个次，捣毁制假窝点65个，取缔无照经营1281户，查处制售假冒伪劣食品案件293件，查获假冒伪劣食品百余吨，并分批次对查获的问题食品进行了无公害化销毁，有力打击了食品制假销售行为，净化了省会食品安全市场环境。

【“红盾护农”专项整治】 2009年，石家庄市工商行政管理系统以农资主产区、主销区等重点区域和种子、化肥、农药、农膜和农机具等重点品种为重点，开展各类农资专项整治行动，严厉查处各类农资违法违章行为，营造健康有序的农资市场环境，保护农民合法权益、促进农业增产增收，推动农村改革发展，维护农村和谐稳定。从3月初开始的为期两个多月的春季护农专项行动，共查处违法违章案件378件，案值700余万元，收缴不合格化肥2.23万千克，不合格种子1812千克，为农民避免经济损失370余万元，受到市主要领导的充分肯定。严格落实“两账两票一卡一书”、质量承诺、退市、追溯、种子留样备查等制度，强化行业自律，促进诚信经营，提高监管效能。加强与农资协会的协调配合，完善《农资企业信用评级实施方案》，制定评级标准42项，全面开展农资企业信用评级，创新农资监管方式，推动“红盾护农”工作由粗放向精细转变，由突击性、专项性整治向日常规范监管转变。加大农资质量监测处置力度。3月底，出资6万多元，统一组织化肥质量抽检，共检测419个批次，依法查处119个批次，同时，召开红盾护农新闻发布会，公布不合格化肥销售企业8家，曝光典型农资案件5起，有力地维护了农民的合法利益。

【非法传销治理】 本着“打防结合，标本兼治，综合治理”的原则，完善政府领导牵头协调机制和工作制度，构建打击传销工作责任网，量化指标，责任到人，全面深入地开展传销打击治理工作。利用广播、电视、报纸、横幅、墙体标语、宣传字画、知识手册、互联网、手机短信等多种形式，广泛开展宣传教育活动，努力提高全社会识别和抵制传销的能力。年内举办大型宣传活动5次，专项宣传活动3次，发放宣传扑克1万副，宣传资料4.8万份，省、市媒体报道28次。开展无传销社区（村）、校园、县（市）区星级创建活动，引导群众自觉防范和抵制传销，扩大打击效果，巩固防控阵地。5月23日，市打击传销工作领导小组批准认定赵县为“无传销县”，全年全市认定“无传销县（区）”3个。修订下发《2009年度石家庄市打击传销工作考核标准》，严格目标考核，加强责任追究，进一步推动全市打击传销工作深入开展。全年全市工商系统共取缔传销窝点45个，解救陷入传销团伙的人员86人，教育遣返传销人员1096人；立案2起，已移交公安机关进行查处。

【“红盾网吧断黑”治理】 3月14日至4月13日，石家庄市工商行政管理系统与公安、文化等部门联合行动，统一出击，集中开展“红盾网吧断黑”专项治理行动。全系统利用10天的时间展开拉网式检查，重点加大了对城乡结合部、中小学校周边200米居民楼院内的巡查力度，并对家庭、农村偏僻庭院进行了“零点”夜查，共排查出可疑地点244个。针对“黑网吧”具有隐蔽性强、反弹性大的特点，市工商局与电信、移动、联通三大运营商协调配合，及时对涉嫌“黑网吧”进行技术监测，一旦掌握确凿证据，迅速处理，有效防止了“黑网吧”的反弹。此次专项行动共查处黑网吧835个，没收无照经营电脑511台，下发《责令改正通知书》460余份，进一步净化了省会网络市场环境，有效地保护青少年合法权益。

【商标专用权保护】 全系统围绕重点商标、重点商品、重点区域、重点环节，深入辖区商场、超市，查验登记注册商标的使用情况，及时掌握商标使用的动态信息，对商标侵权商品禁止销售，严厉查处，将侵权商品堵在市场门外，有效防范了侵权商品流入市场。加大了对商标侵权案的打击力度，防打结合，以防为主，全年共查处商标违法案件110起，有效规范了商标市场秩序，保护了商标权利人的合法权益。

【虚假违法广告整治】 2009年，全市工商行政管理系统针对广告市场出现的不良行为，完善了部门联席会议制度和广告监管巡查制度，加强了广告监管。建立新闻媒体整治目标约束机制，发挥媒体自我把关作用。开展网上巡查和广告监测，及时发现和查处违法广告，处罚、整改严重违法网络广告和手机广告75条。加大执法整治力度，先后开展涉农广告、非法金融广告、公墓广告、民办学校招生广告、印刷品广告等专项整治行动，下发行政指导建议书26次，责令整改涉嫌违法广告96条，查处违法广告案件37起，结案21起。

【内资企业登记注册】 2009年，石家庄市新登记注册的国有、集体、联营、股份合作及公司等内资企业365家，注销165家，累计达15285家。其中国有企业累计注册2844家，较上年下降15.3%。

表 43　　2006～2009 年石家庄市国有企业基本情况表

行　业	企业个数（个）			
	2006 年	2007 年	2008 年	2009 年
农林牧渔业	106	106	71	62
采矿业	39	39	33	22
制造业	597	597	406	333
电力、煤气及水的生产和供应业	54	54	57	59
建筑业	197	197	129	116
交通运输、仓储及邮政业	668	668	361	333
信息传输、计算机服务和软件业	128	128	149	107
批发和零售业	1676	1687	1179	981
住宿和餐饮业	207	207	133	127
金融业	441	441	283	234
房地产业	81	81	66	63
租赁和商业服务业	212	212	149	128
广告业	—	—	27	26
科学研究、技术服务和地质勘查业	64	64	55	50
水利环境和公共设施管理业	37	37	35	37
居民服务和其他服务业	152	152	147	117
教　育	9	9	7	8
卫生、社会保障和社会福利业	10	10	7	7
文化、体育和娱乐业	36	36	32	28
其　他	32	32	32	32
合　计	4746	4757	3358	2844

【个体私营经济登记】 2009 年，石家庄市工商行政管理部门认真履行职能，简化审批程序，减少审批环节，提速注册登记，下放审批权限，规范审批行为，提高服务管理，着力营造良好的投资环境，促进了全市个体工商户和私营企业等非公有制经济快速发展。全年个体工商户新增 46622 家，注销 3997 家，累计达 230368 家，注册资本金达 963940.38 万元；私营企业新增 7869 家，注销 712 家，累计达 62788 家，注册资本金达 10917190 万元。个体私营经济发展有新的突破。截至年底，登记在册的个体工商户和私营企业突破 29 万户（个），从业人员近 129 万人，注册资本金突破 1 千亿元。从产业结构分类来看，第一产业有个体私营企业 9216 个，占个体私营企业总数的 3.1%；第二产业有个体私营企业 39227 个，占个体私营企业总数的 13.4%；第三产业有个体私营企业 244703 个，占个体私营企业总数的 83.5%。

表 44　　2009 年石家庄市个体工商户基本情况表

行　　业	企业个数（个）	从业人数（人）	注册资金（万元）	总 产 值（万元）	销售总额（万元）	零 售 额（万元）
农林牧渔业	7464	16211	61107.8	135404	49717	31676
采矿业	264	1098	4149	123576	3980	4340
制造业	23804	85166	42341.6	1242376	312201	407530
电力、煤气及水的生产和供应业	32	109	240	137425	69994	19823
建筑业	676	3979	6117.5	28110	24214	81253
交通、仓储及邮政业	19355	29933	101941	—	233111	79460
信息传输、计算机服务和软件业	1012	2445	6658	—	65982	58350
批发和零售业	143734	362286	476103.5	—	1154204	839297
住宿和餐饮业	9110	31188	118274	—	252808	93747
金融业	2	4	6	—	10260	8745
房地产业	184	421	553	—	2246	1846
租赁和商业服务业	1779	7043	27716.9	—	28704	30599
广告业	166	411	354.8	—	—	—
科学研究、技术服务和地勘查业	57	185	306.5	—	125	108
水利、环境和公共设施管理业	31	172	379	—	73	64
居民服务和其他服务业	18109	43067	106641.2	—	93730	85591
卫生、社会保障和社会福利业	506	1379	2296	—	3544	1392
文化、体育和娱乐业	427	2045	2237	—	7710	1449
其　　他	3807	10755	6723.08		86622	101724
合　　计	230368	597536	963940.38	1666891	2399365.5	1847114

表 45　　2009 年石家庄市私营企业基本情况表

行　　业	企业个数（个）	投资人数（人）	雇 工 数（人）	注册资金（万元）
农林牧渔业	1752	3229	11512	189491
采矿业	154	364	2620	55215
制造业	10616	27911	179164	2084655
电力、煤气及水的生产和供应业	94	219	2292	321459
建筑业	3587	7711	112156	1085269
交通、仓储及邮政业	1451	2848	12069	150834
信息传输、计算机服务和软件业	2978	5185	14234	235570
批发和零售业	26067	53519	130226	2840554

（续表）

行　　业	企业个数（个）	投资人数（人）	雇工数（人）	注册资金（万元）
住宿和餐饮业	858	754	7946	94686
金融业	358	521	3435	307338
房地产业	3604	7235	28347	1452465
租赁和商业服务业	6115	13327	23932	1482436
广告业	1379	2719	6057	147057
科学研究、技术服务和地勘查业	1870	3142	10190	324974
水利、环境和公共设施管理业	273	648	2047	130305
居民服务和其它服务业	2629	5004	16812	102805
教　　育	61	97	521	2806
卫生、社会保障和社会福利业	85	135	698	26545
文化、体育和娱乐业	193	746	1259	24447
其　　他	43	112	293	5336
合　　计	62788	132707	559753	10917190

【创建企业良好发展环境】 2009年，全系统先后完善“五项”制度（联系点、企业联络员、预约服务、跟踪服务、企业回访），大力倡导“四种”服务方式（延伸、延时、预约、亲情），推行首办责任制、办理环节限时制、简易登记合一制等措施，转变服务理念，变被动服务为主动服务，变普遍性服务为个性化服务，用服务的高效率，换企业经营的高效益。制定印发《关于2009年河北省著名商标认定和延续工作的通知》，举办商标战略论坛、商标知识专题讲座，开展“送商标进企业”、“送商标上山下乡”等活动，实施企业商标战略，增强危机应对能力。积极申请注册中国驰名商标，对重点企业开展“一对一”帮扶，全程跟踪服务，全年全市有11件商标被一次性认定为中国驰名商标，从10年前的9件增加到20件，位居全省首位。制定《关于充分发挥年检职能帮助企业渡过难关的若干意见》、《关于进一步优化发展环境服务经济发展的实施意见》等35项支持企业发展的优惠政策，帮助企业摆脱金融危机所带来的各种困难。坚持“五办”原则（急事急办，特事特办，能办必办，难事想法办，非部门的事及时转办），加强外商投资企业扶持工作。2009年初，市工商局走访调研两个多月，起草上报《石家庄市2008年新招外商投资企业运营问题和对策》，使得降低企业设立门槛等多项举措得以及时颁布执行，满足了外资企业注册需求。破解政策局限，促进企业发展。石家庄市珍极集团是国有老企业，在和日本龟甲万株式会社合资组建石家庄统万珍极食品有限公司的过程中，现有法律、法规对珍极集团以净资产出资不予支持，经多方请示、协调，最终以政府会议纪要的形式对净资产出资予以证明，使企业按期和外方签订合资协议；同时还采取先上车、后买票、再规范的方式破解了默泰克（河北）石油设备有限公司等2家公司的注册难题，使得两个项目及时上马运营。发挥工商职能，支持“三年大变样”建设。按照政府规划为拆迁拆违经营者联系经营场地，实行上门年检、延期年检，对涉拆重新开业的经营者免收变更登记费、年度检验费，清理停征收费项目5个（个体经营管理费、市场经营管理费、水利基金费、个私会员费、维管会员费），有效减轻经营者的负担，创建了良好的企业发展环境。

（李志英）

【11件商标获中国驰名商标】 中国驰名商标（famous trademark of China）是指经过有权机关（国家工商总局商标局、商标评审委员会或人民法院）依照法律程序认定为“驰名商标”的商标。驰名商标是指在中国为相关公众广为知晓并享有较高声誉的商标。中国驰名商标依法受到优于普通注册商标的特别保护。驰名商标具有与一般商标的区别作用，有很强的竞争力，知名度高，影响范围广，已经被消费者、经营者所熟知和信赖，具有相关的商业价值。2009年4月，国家工商总局进行商标评审认定，石家庄市有11家企业的11件商标被认定为中国驰名商标，创下历年认定数量之最。其中，商标管理案件中认定的10件商标分别是：“河北东明实业有限公司”的“DongMing及图”商标；“河北农哈哈机械集团有限公司”的“农哈哈及图”商标；“石家庄以岭药业股份有限公司”的“以岭及图”商标；“石家庄光晋阀门有限公司”的“JS”商标；“河北曼都珊珠宝首饰有限公司”的“曼都珊”商标；“河北远征药业有限公司”的“远征及图”商标；“河北工大化工设备有限公司”的“工大及图”商标；“际华三五零二职业服装有限公司”的“3502及图”商标；“石家庄四药有限公司”的“石门SHIMEN”商标；“河北胖太太服饰有限公司”的“胖太太p.t.t”等10件商标。商标异议案件中认定的1件商标是：“石药集团欧意药业有限公司”的“欧意”商标。石家庄市自1999年第一件“华北”牌商标被国家工商局认定为中国驰名商标后，已有“石药”、“神威”、“珍极”、“博深”、“苹乐”、“五州”、“双吉”等9件商标被认定为驰名商标。截至年末，石家庄市已拥有中国驰名商标20件、著名商标202件。驰名商标、著名商标数量均居全省之首。

（孙　超　徐晨霞　王　巍）

【市场应急监管工作】 2009年11月，石家庄地区遭遇50年不遇的暴雪灾害，严重影响市内蔬菜及生鲜农产品市场供应，价格一度涨幅较大，扰乱了广大人民群众的正常生活。市工商局坚决贯彻落实市委、市政府的决策部署，11月11日上午，召开了党组会议，分析研究雪情，及时下发了两个紧急通知，要求全市工商系统把维护好雪灾期间的市场秩序作为当前头等大事，克服天气寒冷、交通不便等诸多困难，紧急行动，加强市场监管，坚决维护好市场经营秩序。各县（市）、区工商局严格执行市工商局的决定，按照《紧急通知》要求，迅速成立“抗击雪灾指挥部”，层层动员，突出重点，较好地维护了市场经营秩序，经验和做法在全市进行了学习推广。

石家庄市工商行政管理局

局　　长：兰平信（3月免）
　　　　　曹新华（3月任）
副 局 长：刘　烨（3月免）
　　　　　齐志刚　孙桂莲（女）
　　　　　尹兵辉
纪检组长：张俊和

（李志英）

食品药品监督管理

【概况】 2009年，全市食品药品监管系统不断完善工作机制，创新监管方法，实施科学监管，扎实推进“食品质量安全年”和“药品安全规范年”活动，各项工作取得了新的成绩。年内被市政府授予“石家庄市保护消费者权益工作先进单位”、“食品安全监管工作先进集体”、“经济体制改革工作先进单位”；被河北省食品药品监督管理局授予“河北省药品注册工作先进单位”、“河北省药品生产安全监管工作先进集体”、“河北省药品市场监管工作先进单位”、“河北省药品医疗器械稽查工作先进集体”、“河北省医疗器械监管先进集体”等荣誉称号。

【食品安全目标管理】 制定《关于创建“食品安全最放心城市”的意见》、《石家庄市创建食品安全最放心城市实施方案》和《石家庄市开展食品质量安全年行动工作方案》，明确全市食品安全工作两年规划和2009年度目标任务。建立协调、督导和考核机制，指导24个县（市）、区政府和市直有关部门扎实有序地开展创建食品安全最放心城市和食品质量安全年工作。成立督导检查组，对各县（市）、区、各部门工作进展及责任落实情况进行督导检查和年度考核，推动食品安全工作的深入开展。截至年底，食品质量安全年任务目标全部完成，创建“食品安全最放心城市”的63项任务目标中，有44项达到目标要求。

【食品安全专项整治】 年内组织开展全市“查盲区、找缝隙、堵漏洞”活动，深入查找食品安全监管盲区、职能交叉监管缝隙，研究制定科学合理的解决办法。在此基础上，组织开展打击违法添加非食用物质和滥用食品添加剂专项整治行动和元旦春节、五一、国庆中秋期间的食品安全专项整治行动，依法查处了一批制售假劣食品违法违规案件。特别是依法对藁城、栾城4家含β-内酰胺酶原奶站和藁城、无极注水肉问题进行处理，严厉打击制售假冒伪劣和有毒有害食品的违法犯罪行为，进一步净化食品市场环境。

（李　建　宋绍龙）

【创建“食品安全最放心城市”工作启动】 3月26日，市政府召开创建“食品安全最放心城市”电视电话会议，动员全市上下吸取三鹿事件深刻教训，全力以赴创建“食品安全最放心城市”，切实保障人民群众身体健康和生命安全，重塑石家庄形象，推动全市经济社会又好又快发展。省委副书记、市委书记车俊出席会议，市委副书记、市长艾文礼作重要讲话。按照创建工作要求，市委、市政府经过反复研究论证，制定出台《关于创建“食品安全最放心城市”的意见》和《实施方案》，从指导思想、工作原则、总体目标、具体标准、工作重点、保障措施以及实施步骤等方面，提出了明确具体的要求。从《意见》规划的食品安全城市指标体系看，全市要在两年内实现48项工作指标达到100%，7项指标达到95%以上，把石家庄打造成为“食品安全最放心城市”。会议明确创建工作重点。一是以体制改革为重点，构筑科学有效的食品安全监管体系。要结合新一轮机构改革和新颁布的《食品安全法》，加快食品安全监管体制改革，着力破除“九龙治水”的食品监管弊端。重新调整监管部门职责，进一步健全食品安全监管工作责任制，积极试行安全监管网格化管理。二是加快检测机构体制改革。全面整合食品安全检测资源，积极完善食品检验网络，推动各监管环节共享统计分析，共享检测报告，共享检测计划，共享预警追溯，全面提高食品检测整体效能。三是建立食品安全责任追溯制。严格落实食品进货索证索票制，建立食品购销台账，做到标识上产品、责任到企业，确保发现问题产品，能够及时召回、及时处理、及时追究相关责任人的责任。市内五区和高新区党政主要负责人、政府分管食品安全领导、区卫生局和有关食品生产经营企业负责人等在主会场参加会议，各县（市）、矿区同时设立分会场。辛集市、市质监局和君乐宝乳业公司分别在会上作典型发言。

举办《食品安全法》宣传月启动仪式

（范玉蕾）

【创建“食品安全最放心城市”30项具体标准】 主要包括：市、县（市）区、乡（镇）、村四级食品安全监管体系覆盖面达到100%；对无公害蔬菜生产基地和批发市场的监督抽检率达到100%；建立健全果品质量检测体系。强化重大动物疫病防控，确保强制免疫病种免疫密度常年保持90%以上；奶牛养殖100%实现养殖入区、挤奶进厅；食品生产企业产品质量抽查合格率达到95%以上。对取得生产许可证的食品生产企业，100%建立食品安全信用档案；对食品生产企业实行高危、中危、低风险分级管理；所有食品经营单位进货索证、索票率达100%。对所有食品经营单位监督巡查覆盖率100%，对无照无证食品经营单位的查处率达100%，对制假售假等涉及食品违法经营行为，涉嫌犯罪的向刑事司法部门移送率100%；对全市所有C级及以下餐馆、集体食堂和学校食堂，重新按照卫生许可条件进行审查，对达不到卫生许可条件的坚决吊销卫生许可证，对无证餐饮单位查处取缔率达100%。规范生猪屠宰厂管理，进厂病害猪肉无害化处理率达100%，出厂肉品合格率达到100%，生猪定点屠宰全面达标；规范牛羊鸡定点屠宰行为，到2010年底，完成全市60家牛羊鸡定点屠宰厂审查设置工作。严厉查处生产和销售假冒伪劣酒的违法行为。经销商持证率达100%，随附单持有率达95%，酒类商品备案登记率达到100%，假冒伪劣案件查处结案率达到100%，确保市场上真品酒达到99%以上。

（新晓磊）

【药品安全日常监管】 加强监管建设，促进科学监管。创建“数、视、字”一体化非现场监控新体系，设立四药、中诺、新诺威、金坦4家试点单位，开展系统试点运行。建立“四位一体”（药品质量受权人、驻厂监督员、驻厂监督组、包厂督查员）现场监控网络，完善信息报送、药品召回和应急反应制度。建立药品从业人员管理制度，研发“药品经营企业从业人员管理系统”，有效防止业务员代开发票、多家挂靠等违法违规行为的发生。建立数字化打假治劣和案件查处联动机制，提高监管成效。研发医疗器械计算机管理系统，药械管理实现系统化、规范化、科学化，得到省局认可和推广。2009年，全市检查药品生产企业109家，药品经营企业1148家，医疗机构制剂室30家，医疗器械生产经营使用单位600家次，监管覆盖率均达到100%。完成19家企业的721个注射剂品种处方和工艺核查档案整理工作。GSP认证414家企业，GSP跟踪检查748家企业。完成全年1302批次的药品抽样任务。上报药械违法广告119例，经省局批准采取行政强制措施的药品品种7个，发布消费预警信息6期。上报ADR病例1974例，医疗器械不良事件94例。

【药械专项整治】 2009年，以创建“药品安全规范年”为主线，组织开展十八项专项检查，重点整治非药品冒充药品、新注册一类医疗器械等产品。8月1日至11月10日，全市集中开展“迎国庆60周年百日会战”活动，营造安全稳定的庆典环境。年内还依法查处了糖脂宁胶囊、人血白蛋白和邮寄假药案（该案涉案金额高达30余万元，涉及全国30多个省、市、自治区）等大案要案，保证了人民群众用药用械安全。全年出动执法人员9377人次，车辆3448台次，检查企业3133家次，查处案件324起，

开展迎国庆百日会战整治销毁假劣药品行动

立案113起，向有关部门移交案件24起，查处涉嫌非药品冒充药品232个品种，集中销毁假劣药品98个品种，价值40余万元。

（李　建　宋绍龙）

【“药品安全规范年”活动启幕】 2月19日，全市“药品安全规范年”活动拉开大幕，“剑锋”直指药械生产、流通、使用各环节。一是药品生产瞄准“一大两高”。年内药品生产环节以“一大两高”，即大型企业、高风险企业和高风险品种为重点，特别加强对中药注射剂的质量监管，对22家高风险品种生产企业GMP跟踪检查覆盖面达到了100%。同时，做好药品生产企业GMP再认证工作，对执证药品生产企业、医疗机构制剂室、特殊药品生产使用企业和药包材生产企业日常监督检查覆盖面达到了100%。加强特殊药品监督管理，完善了特殊药品动态监控网络建设，对特殊药品生产、购进、库存、使用数量及流向进行网上实时监控。严厉打击无证生产药包材和使用无注册证药包材行为。完善了企业药品ADR上报工作，对药品不良反应做到“三早”，即早发现、早报告、早处理。二是药品流通整治“薄弱”环节。组织开展药品专项整治，重点检查了药品经营企业GSP执行情况、特殊管理药品、药品从业人员管理、处方药销售、中药饮片、销售发票和销售清单，严厉打击超方式、超范围经营药品和出租出借许可证等违法违规行为。实行了企业分类监管和辖区监管责任制，实现日常监管覆盖面100%。完善了药品流通企业实时监控系统，药品批发企业上网监控率达到100%。严格药品经营企业市场准入，建立了药品零售企业管理制度。农村药品“两网”建设，实现了监督网覆盖面达到100%，药品供应网覆盖面达到了95%以上。三是药品使用严惩违法违规行为。年内全市深入开展了打击医疗机构非法制剂、无证经营和非法渠道购进药品、邮售假劣药品、回收药品的专项行动，重点针对医疗机构非法制剂、邮售假劣药品等违法违规行为。全市继续加大对医疗机构药品使用的日常监管力度，对省、市、区公立医院检查覆盖面达到了100%，厂矿医院覆盖面达到了80%，民办医院、门诊部、社区服务站覆盖面达到了50%，个体诊所覆盖面达到了20%。加强企业和监管部门的检验体系建设，重点加强对流通企业和使用单位以及农村药品、违法药品广告和群众投诉多的药品、具有潜在质量隐患药品和时令性的抽验。建立企业“黑名单”制度，适时曝光违法典型案件。完善药品安全应急机制，加强对重大药品安全突发事件的防控和查处，最大限度降低了危害和影响。四是医疗器械监管严打制售假冒伪劣医疗器械。全市严厉打击制售假冒伪劣医疗器械产品的违法行为。在医疗器械生产企业探索推行“质量放行责任人”制度，在重点企业、高风险品种的生产过程中逐步推行了关键环节的电子监控系统。同时，抓好医疗器械一类产品的注册，从源头上严把器械准入关。完善了医疗器械经营企业销售人员备案制度，重点抽检了人工心肺设备、血液透析和血液滤过设备、人工血管等高风险医疗器械。同时，做好违法医疗器械广告监测和医疗器械不良事件监测工作。

（范玉蕾　王　册）

【创新食品安全监管模式】 大力创新监管模式，推动科学监管。设立辛集市、裕华区两个试点区域，开展网络化监管试点，科学划分“区域网”，建立二级监管四级机构组成的“监管网”，初步形成“网格划分清、监管责任明、问题能发现、事态能控制、突发事件能解决”的工作机制。研发食品安全信息管理系统，建立食品安全协调指挥、风险评估、食品企业诚信、食品信息发布、智能统计分析和食品安全短信六大平台，促进全市食品安全监管信息资源共享。以诚信“食”读机为载体，开发食品安全诚信监管系统，公示诚信状态，曝光失信行为，业已开展食品生产经营企业试运行。

【食品安全信息宣传】 6月1日，《食品安全法》宣传月活动正式启动。活动中采取集中举办大型公益活动、组织《食品安全法》宣讲活动、举办食品安全知识竞赛、食品安全知识进学校等形式，大力宣传食品安全知识，营造浓厚的食品安全氛围。全年培训人员1200余人次，印发《市民食品安全知识手册》等宣传材料100余万份，收集食品安全知识答卷2700余份，收集食品安全监管信息2000余条，其中上报省食安办和市政府30余条。

【甲型H1N1流感防控保障】 2009年，石家庄地区甲型H1N1流感呈零星散布状态，为防止蔓延扩散，市医监局及时成立防控甲型H1N1流感工作领导小组，制定行动方案和应急预案，建立信息报送制度，同时加强防控药品生产监督，年内对神威药业、四药、以岭药业3家企业8个品种的防控药品实行了驻厂监督，对医疗机构防护器械进行了专项检查，保证甲型H1N1流感用药用械安全，防控保障扎实有效。

【药械安全应急事件处置】 按照"保民生、保畅通、保生产"的要求，抽调26名业务骨干组成13个工作组，由局领导带队分赴14家受灾企业督导帮扶，指导企业及时分类处置受灾药械，并积极与省局沟通，争取政策支持，最大限度地降低了企业的损失，保证了雪灾期间药械质量安全，得到省局的充分肯定和表扬。全面排查问题人用狂犬病疫苗。针对国家局网站公布的问题人用狂犬病疫苗事件，举全局之力，对全市药品经营企业开展全覆盖、拉网式大检查，查清了全市问题疫苗流向，并采取有效措施，保证了全市人用狂犬病疫苗的质量安全。

【党风廉政建设】 建立共同预防职务犯罪体系，启动《共同预防职务犯罪工作方案》，制定《廉政风险评估管理暂行办法》和《推进行政权利运行监控机制建设的实施方案》，建立廉政风险预警机制，组织开展警示教育和党风廉政建设知识答题等活动，增强党员领导干部廉洁自律意识，营造党风廉政建设良好氛围。2009年，对全局35项行政职权进行了廉政风险等级划分，建立了全系统副科级以上干部廉政档案99个，发放廉政知识问卷95份，征集警语100余条、张贴宣传条幅20余幅，印制《机关工作人员应知手册》500余册，党风廉政建设扎实推进。

（李　建　宋绍龙）

国有资产监督管理

【概况】 2009年，市国资入统企业28户，其中正常生产经营企业22户，处于停产、半停产企业6户，入统监管企业职工人数为62710人，资产总额315.1亿元，负债合计199.5亿元，所有者权益100.7亿元。

【国有企业改革】 2009年，市国资委按照"重点企业精心谋划，全力实施，实现做大做强；一般企业规范运作，全面退出；破产企业把握节奏，量力而行"三个梯次全力推进国有企业改革工作。年内全市剩余72家企业全部进入改制程序，其中，纳入市国资委年度工作计划的有55家，到年底完成改革工作48家，圆满完成市委市政府确定的改革任务目标。

【校企分离工作全部完成】 2009年，市国资委积极协调，移交完成军队装备修理厂厂办学校4所；配合省分离办完成七四二零工厂、华柴等中央企业停办学校退休教师移交工作，解决石飞、太行等中央企业经费移交遗留问题。至此全市国有企业分离办社会职能工作中的学校分离任务全部完成。

【结构调整和项目建设】 2009年，市国资委围绕改革、发展两条工作主线，加大了项目和企业发展的工作力度。年内积极推动东方热电与中电投集团的合作，依托中电投集团资金、管理优势推动项目建设，投资37亿元的东方热电良村2×300MW热电机组项目全面启动；完成石家庄化肥集团公司资产无偿划转金石化肥有关工作，指导企业完成土地收储变现工作，全面启动金石化肥搬迁工作，至年底，完成投入约12亿元，金石化肥化工园区60万吨合成氨项目进展顺利；引进拥有技术优势的上海普安公司参与河北建筑机械厂改制工作，为发展大马力发动机项目奠定基础；围绕石焦集团搬迁和股权重组、项目建设等工作，积极多方寻找战略投资者，努力通过引进战略投资者推动建设项目早建成、早投产；加大金刚集团与战略投资者合作事宜的推动力度，资产审计和评估工作全面展开；宝石集团玻璃基板项目、北人集团物流项目等也取得不同进展，为企业发展注入了后劲。

【国有资产投融资平台建设】 2009年，按照“资源整合、资本运作、资金融通、资产活化”的原则，市国资委将动力机械厂4家企业的国有产权注入市建投投融资平台，由此其注册资本由1.6亿元增加到7.1亿元，资产规模由11.7亿元增加到17.2亿元，净资产也由6.5亿元增加到近12亿元；同时，以股权融资的方式与中融集团合作，开发理财产品成功融资20亿元。以上举措为石家庄市国有企业结构调整、改制过桥资金和成本支付提供可靠的资金保障，基本解决企业改制的资金瓶颈问题，开创市国资委资本化管理运营新局面。截至年底，市建投集团融资平台为棉纺十厂、医药器械公司等破产关闭企业垫付职工安置费用1661.05万元；宝德担保公司增资5亿元和机构搭建工作积极推进，力争为市中小企业发展提供有效融资担保服务。

【国有资产监管】 2009年，市国资委不断完善国资监管体系，切实提高监管效能，确保实现国有资产保值增值目标。上半年全市开展国有企业年检，依法确认产权归属，明晰产权关系，及时掌握企业国有产权变动情况；结合国资委《企业负责人经营业绩考核暂行办法》和《企业负责人经营业绩考核备案办法》，严格考核2008年度企业经营业绩43家；同时经过充分的考证、市场预测和生产经营状况分析，核定35家监管企业2009年度经营业绩考核指标，并签订经营业绩责任书和考核备案责任书；换届调整企业监事会22个，对企业财务管理、生产经营、资产转让等环节实施有效监督；市国资委纪检、监察部门对国有产权交易活动进行全程监督，国资监管手段得到进一步加强。

【安全生产】 深入贯彻安全发展理念，营造安全文化氛围。认真组织“5.12”第一个全国防灾减灾日活动。汲取三鹿事件教训，全面落实食品安全生产专项整治措施。结合国资委系统企业的特点，制定石家庄市国资委“安全生产攻坚年”工作实施方案，并严格执行安全责任制和责任追究制度，深化安全生产“三项行动”，查找并整改各类事故隐患531处。严密开展国庆期间安全生产隐患治理百日会战活动，市国资委17个督导组以人员密集场所、道路交通安全、危险化学品安全、城市燃气和热力安全、特种设备安全、产品质量、食品安全和值班制度落实等为重点，彻底进行隐患治理排查，消除各类事故隐患1800起。针对容易遭受袭击的部位和企业，开展反恐大排查，同时组织4000多名社会治安志愿者参与国庆安全保卫工作，确保了国庆期间的安全和稳定。

【党风廉政建设】 按照服务大局、惩防并举、注重预防的工作方针，认真落实建立健全惩防腐败体系五年规划提出的目标任务，以构建与现代企业制度相适应的惩治和预防腐败体系、落实党风廉政建设责任制、积极推动反腐倡廉和创新性工作开展为抓手，切实加强理想信念和廉洁从政教育，建立教育、制度、监督并重的惩治和预防腐败体系。制定反腐败领导体制和工作机制具体制度，落实领导干部廉洁自律规定和权力运行全过程的监督，完善制约机制、推进产权交易市场建设等九个方面工作进行了责任分解和落实，做到了把党风廉政建设和各项业务工作同安排、同实施、同检查、同考核，形成“一岗双责”的工作格局。在做好教育、制度、监督工作的同时，对各类违规违纪案件做到发现一起、查处一起，切实发挥惩治作用，截至年底，共查处各类违纪案件11件，挽回经济损失240余万元，基本完成年初制定的责任目标。

（封祖长）

安全生产监督管理

【概况】 2009年，全市安全生产监督管理部门牢固树立科学发展、安全发展理念，以深入开展“安全生产年”活动为主线，以有效防范和杜绝特别重大事故、遏制重大事故、控制较大事故、减少一般事故为目标，扎实开展安全生产宣传教育、安全生产执法、安全生产治理"三项行动"，落实政府安全生产监管责任和企业安全生产主体责任，深入开展安全生产专项整治，强化安全生产基层基础工作，大力加强安全生产法制体制机制、保障能力和监管队伍"三项建设"，"保增长、保变样、保民生、保稳定"，全年全市各类事故件数、死亡人数实现"双下降"，安全生产状况持续稳定好转。截至年底，全市共发生各类事故1175起，同比减少51起，下降4.2%；死亡343人，同比减少24人，下降6.5%。发生一次死亡3～9人事故7起，同比减少1起，死亡23人，同比减少8人，下降25.8%。其中：工矿商贸企业事故44起，同比减少3起，下降6.4%；死亡48人，同比减少2人，下降4.0%。道路交通事故744起，同比减少46起，下降5.8%；死亡293人，同比减少21人，下降6.7%。火灾事故387起，同比减少2起，下降0.5%；死亡2人，同比减少1人，下降33.3%。年内杜绝了重特大生产安全事故；发生较大事故7起，与省控指标持平；各类事故死亡人数占省控指标的93.9%；工矿商贸企业事故死亡人数占省控指标的96.0%；道路交通事故死亡人数占省控指标的93.6%，圆满完成市委、市政府下达的目标任务。年末市政府被省政府评为年度安全生产目标管理优秀单位。市安全生产监督管理部门连续三次被国家安全生产监督管理总局、国家煤矿安全监察局评为四年一次的"全国安全生产监管监察先进单位"；连续三年被中宣部、安监总局、公安部、广电总局、总工会、共青团中央联合评为"全国安全生产月活动优秀单位"；被省安委会评为"全省安全生产承诺落实示范单位"；被市委、市政府评为国庆60年安保和信访稳定工作先进集体；被市政府评为迎国庆安全生产隐患治理百日会战先进单位。市内五区12个街道办事处被评为"全国安全社区"，此项工作走在全国省会城市的前列。企业安全质量标准化工作位居全省首位。

2009年4月22日，石家庄市首批6个"全国安全社区"命名仪式在市人民会堂举行

【安全生产目标管理】 2009年，石家庄各部门各单位牢固树立科学发展、安全发展的理念，围绕"保增长、保变样、保民生、保稳定"这条主线，先后出台《关于推行安全生产"一岗双责"构建党政齐抓共管长效机制的实施意见》、《安全生产行政管理职责及较大安全事故行政责任追究实施办法》、《行政处罚自由裁量权实施办法》、《行政处罚自由裁量权执行标准》，构建安全生产责任体系，扎实开展安全生产宣传教育、安全生产执法、安全生产治理"三项行动"。2月26日，全市召开安全生产工作会议，对2009年的工作进行了安排部署，并与各县（市）区政府主要负责人签订了年度安全生产责任状。市安委会各成员单位，积极开展分管行业领域的安全生产专项整治，对重大隐患和危险源实施有效监控和治理。3月3日市政府决定，对全市235家（其中市级监管企业15家、县级监管企业220家）重点企业实施安全生产市、县、乡、村四级联包责任制，督导企业对存在的隐患实施有效治理，对重大危险源实施有效监控，截至年底，235家联包企业中有232家隐患治理已整改销号。

【安全生产宣传教育】 扎实开展安全生产宣传教育活动。开展企业安全生产三级培训，年内组织企业负责人、安全管理人员培训44期4542人，特种作业人员培训230期18698人，其他从业人员培训19.5万人。开展“安全生产月”活动，围绕“关爱生命、安全发展”主题，6月份全市各级、各部门悬挂各类条幅标语7800余条，制作展牌1200余块，发放各种宣传资料300余万份，受教育人员近89万人次。定期编发安全生产简报，加强安全生产新闻宣传和政务信息报送工作，广泛宣传全市安全生产领域经验做法和先进事迹，同时把上级领导和机关关于安全生产的指示、要求及时传达到基层。积极推进企业安全文化建设。华北制药集团公司编录播放《危情实录》宣传片，用职工身边的危险瞬间开展教育；石家庄炼油厂利用职工文艺汇演形式，宣传安全生产知识；公交总公司、河北省四建、东方热电、新奥燃气集团公司等单位都在厂区设立安全文化长廊，定期组织安全知识竞赛，提高全员安全文化素质。积极参与国家安监总局组织的全国“安全伴我行”演讲比赛活动，进一步提高安全生产认识，石家庄参赛选手荣获优秀奖。

举办“安全生产月”宣传咨询日活动仪式

【安全生产执法行动】 全市各级安全生产监管监察部门针对重点行业、重点企业、重要时期和重大节日，积极组织开展安全生产执法行动。元旦春节期间，以烟花爆竹和危险化学品生产经营单位、人员密集场所、建筑工地为重点开展专项执法监察；全国“两会”期间，以危险化学品、矿山、冶金、建材、建筑等高危行业为重点开展安全生产集中执法监察；4月份，对其他行业生产经营单位开展日常执法监察；5月份，市安监支队与市国土局、建设局、公安局、工商局组成安全生产联合执法队，对全市建筑、矿山、电力行业开展联合执法监察；6月份，结合“安全生产月”活动，积极开展隐患排查活动，全市共检查生产经营单位3749家，复查生产经营单位1242家，发现事故隐患7607条，整改隐患7392条，整改率97.2%；7月份对市属以上重点企业和二环快速路提升工程开展专项执法监察；7月中旬启动作业场所职业危害执法监察工作；8月1日至9月30日，积极参与全省“奋战六十天、安全迎国庆”安全生产执法检查特别行动，在高危行业和社会公共安全重点领域集中开展重大安全隐患检查，依法处罚安全生产违法行为。全年共出动执法人员23597人次，检查生产经营单位8289家，下达《行政处罚决定书》1025份，动用机动车9096台次，行驶675093千米，查处一批安全生产领域违法违规生产行为，有力地促进了全市安全生产形势持续稳定好转。

【安全生产综合治理】 4月27日至10月底，全市统一部署，以重点行业（领域）隐患排查整治为主题，在全市范围内组织开展安全生产综合治理活动。治理范围包括本地、本行业（领域）的所有生产经营单位，特别是煤矿、金属和非金属矿山、冶金、有色、石油、化工、烟花爆竹、建筑施工、民爆器材、电力等工矿企业；道路交通；人员密集场所；压力容器、大型游乐设施等特种设备；易受暴雨、洪水、雷电、泥石流、山体滑坡等自然灾害引发事故灾难的单位以及近年来发生各类事故的单位。活动期间，各级政府监管部门共排查各类隐患74538条，跟踪督导整改71243条，消除了一大批安全生产隐患，为全市社会经济发展提供了良好的安全发展环境，特别是为建国六十周年庆祝活动营造了安全、和谐的社会环境。

【“反三违”百日整治行动】 为遏制安全生产事故多发、频发的势头，促进全市经济平稳较快发展，市安委会决定，从4月10日至7月20日，在全市开展安全生产反“三违”百日整治行动。行动中，各级、各部门从生产、施工现场安全管理入手，出重拳，用狠招，在落实“三项制度”上下功夫，用制度规范生产秩序，强力整治“三违”（违章指挥、违章操作、违反劳动纪律）行为，及时消除不安全诱因，检查企业7800余家，查处安全隐患8170条，纠正“三违”现象7300余人次，处罚企业164家，责令停工企业5家，查处无证经营单位11家，有效了遏制各类事故的发生。

【煤矿安全生产】 深入贯彻落实国家煤矿安全生产“十一五”规划，加大小煤矿的整合重组力度，加强煤矿行业规模化、集约化、规范化管理，整合14家小煤矿资源，重组为2家煤业有限责任公司，原16个矿井整合为10个矿井，促进安全发展、可持续发展。截至年底，重组矿井资产评估工作全部完成，2家煤业有限责任公司完成工商注册。严格执行小煤矿整合重组期间停产整顿要求，落实派驻停产监督员制度，强化安全监管，深入开展隐患排查治理，加强火工品管理，开展以瓦斯治理为重点的专项整治，严厉打击违法违规生产行为，24小时严防死守，确保煤矿整合重组期间的安全。对没有列入整合重组的煤矿，以煤矿瓦斯治理、安全监控系统、通风系统、防治水管理等工作为重点，进行全方位监控和巡回督导检查，保持全市煤矿安全生产形势稳定。

【非煤矿山行业安全整治】 大力加强非煤矿山行业整治力度。全年围绕四个重点整治县（平山、井陉、赞皇、灵寿），组织专家检查会诊矿山、尾矿库企业300余个，排查治理事故隐患1000余处，关闭非煤矿山企业35家，关闭尾矿库企业21家，注销非煤矿山企业安全生产许可证29个，取缔非法选矿厂15家。加强安全技术基础管理。建立非煤矿山行业人才信息库，加强企业人才队伍建设，年内全市所有地下矿山企业及80多家露天矿山企业全部实现聘用矿山专业安全技术单位或专家。强力推广新工艺、新技术应用，加强企业安全技术装备改造，截至年底，全市具备条件的露天矿山全部实现中深孔爆破和机械化采装，地下矿山投入2000余万元，实现机械通风和安全实测。加强改建、扩建、新建项目安全监管。年内，停产整改存在重大安全隐患或不具备安全生产条件的矿山7家，换发非煤矿山企业安全生产许可证100个，竣工验收基建矿山8家并发放安全生产许可证，发放尾矿库安全生产许可证63个。

【危险化学品安全生产】 加强企业安全管理基础建设，建立制度化、规范化、经常化的隐患排查机制，促进企业主体责任落实。制定分级隐患排查制度，深化重点领域专项整治，着力做好剧毒、易燃易爆品特别是极易造成恶性事故的液氯、液氨等有毒气体生产，以及危险化工工艺安全许可和安全监管。积极落实涉迁企业安全生产许可，推进危险化学品生产企业升级改造和主城区危险化学品企业搬迁工作，计划三年搬迁35家危险化学品从业单位，省政府确定搬迁的6家企业进入落实阶段。严把“新、改、扩”化工项目安全审查关，加强对新项目试生产和开停车、检查维修环节的安全管理，强化作业票证管理、项目施工安全监理、试生产方案审查备案制度，确保新上项目安全设施与自控工艺、紧急停车等系统同步到位。严把危险化学品审批关，加强危化品安全生产许可管理，全市应申报延期的257家企业全部顺利延期，报请省局注销危化品生产企业安全生产许可证46个、成品油生产单位危化品经营许可证126个。

【烟花爆竹安全生产】 严格企业安全生产资质管理，发放安全生产许可证2家，注销3家。加强隐患排查治理，推进企业升级改造，年内组织专家排查烟花爆竹仓库18座，其中设计审查和验收审查选址建设仓库5座。2009年11月1日至2010年3月20日，全市开展烟花爆竹制售储运专项整治行动，重点加强春节期间烟花爆竹零售管理，强化零售人员岗前培训，严把安全条件关口，严格控制布点数量，依法查处打击非法制售储运行为，共检查重点区域、部位5000余处，移交公安部门案件37起，打击处理人员48人，收缴非法制炮工具5套、生产原材料1610千克、各类非法烟花爆竹产品8900余万头。

【重点城建项目安全监管】 围绕国庆20个献礼工程，建立安全生产责任制，大力加强重点城建项目安全监管，促进全市“三年大变样”有序开展。3月19日，副市长刘明轩代表市政府与建设局、园林局、城管局、交通局、电业局等重点城建项目主管部门签订《石家庄市城市建设重点项目安全生产责任书》，同时各部门与施工单位签订《企业安全生产责任书》，督促指导项目建设有关单位，坚决落实安全生产主体责任。深入开展建筑施工安全生产专项整治活动。以预防高处坠落、坍塌和起重机械事故为重点，建立安全工作例会制，加强重点项目安全督导，做到“五个到位、一个不放过”，即领导到位、人员到位、宣传到位、检查到位、整改到位、不放过一个安全隐患。年内开展城市重点建设项目安全检查70余次，发现各类隐患420余项，发现重大安全隐患6处，下达整改通知书53份，有效保证了城市重点建设项目施工安全。

【国庆60周年“百日会战”】 8月1日至11月10日，全市集中开展迎国庆安全生产“百日会战”活动。大力开展集中执法和隐患治理特别行动，组织各级、各部门、各生产经营单位加大隐患整改力度，做到“三到位”，即领导组织到位、执法监察到位、隐患治理到位。期间，全市检查生产经营单位24300余家，发现各类隐患53700余处，完成隐患整改49700余处，隐患整改率达到92.6%，下达《隐患整改通知书》13600余份，对1150家企业实施了行政处罚，责令停工、停产停业整顿企业120余家，取缔或关闭证照不全、无证生产经营、不具备安全生产条件的企业270余家，隐患整改取得阶段性成效，确保了全市国庆六十周年期间安全生产形势的稳定。

【安全生产质量标准化建设】 加强煤矿从业人员培训，扎实推进安全生产质量标准化建设。先后组织参加省、市、县、矿四级安全知识培训，共培训从业人员约3278名，其中矿长18名，副矿长和技术负责人60多名，特种作业人员200余名，井陉矿业集团兴元矿业有限公司达到安全生产二级质量标准化标准。积极推行安全质量标准化工作，规范企业安全生产活动，全年完成安全标准化挂牌企业27家，其中机械行业14家，危化企业11家，纺织企业1家，煤矿企业1家。截至年底，全市工矿企业累计实现安全标准化达标企业91家，其中机械企业54家(二级17家,三级37家)，纺织企业2家（二级1家，三级1家），煤矿企业8家（二级1家，三级7家），危化企业27家（一级1家，二级22家，三级4家）。企业安全标准化工作走在全省前列，安全生产形势实现根本好转。

【安全生产“双基”建设】 2009年，全市围绕安全生产目标任务，认真做好安全生产“双基”（基层基础）建设工作，关口前移，培育良好的安全生产环境。加强宣传教育和人员培训，大力弘扬安全文化，普及安全法律法规知识，强化全社会的安全意识。加强社区安监队伍建设，建立“三级机构、四级网络”监管机制，推进“安全社区”创建活动。截至年底，招录配备社区安监员214名，全市286个乡镇全部达到示范乡镇要求，4584个行政村全部配设专（兼）职安全生产管理员，352个城市社区全部配备专职安监员，12个街道办事处达到“全国安全社区”创建要求，提前完成国家总局规定的达标任务。

2009年石家庄市安全生产监管三级机构、四级网络

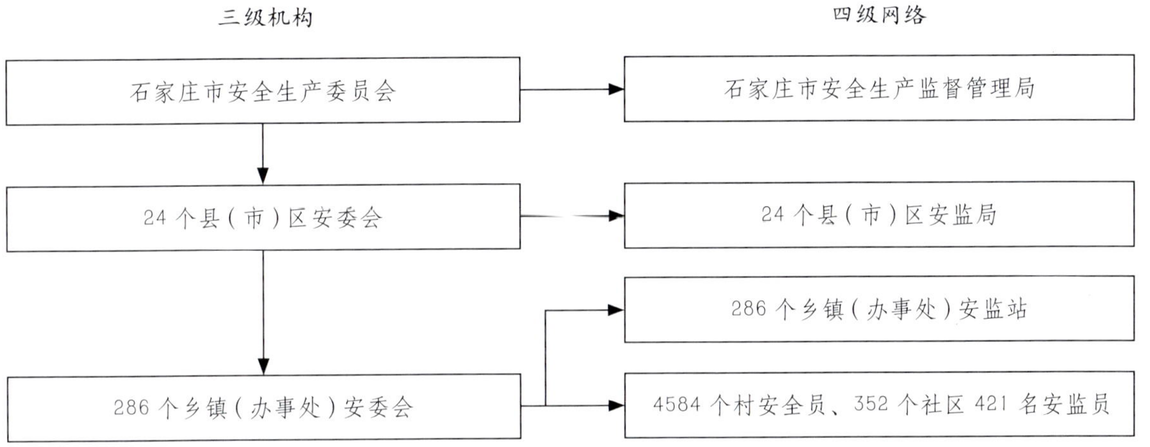

【12个街道办事处获评“全国安全社区”】 2009年，经全国安全社区评定组对“全国安全社区”申请单位进行评定，并报“全国安全社区”综合审定委员会审定，石家庄市12个申请单位全部符合《安全社区建设基本要求》(AQ/T9001－2006)创建标准，被命名为“全国安全社区”。12个街道办事处分别为（排名不分先后）：裕华区裕华路街道、裕华区建通街道、桥西区友谊街道、桥东区建安街道、长安区育才街道、新华区联盟街道、裕华区槐底街道、裕华区裕东街道、裕华区东苑街道、桥东区彭后街道、桥东区中山东路街道、长安区青园街道。

【作业场所职业危害监管】 依据国家安监总局《作业场所职业健康监督管理暂行规定》和省关于加强作业现场职业危害监管的要求，督导企业建立职业危害管理档案，严格执行职业卫生安全许可，依法开展执法检查，纠正危害企业员工身体健康的违法行为。根据《作业场所职业危害申报管理办法》及河北省有关规定，建立健全用人单位作业场所职业危害申报制度，加强职业危害申报工作。全市共审核、备案接触或产生职业危害的用人单位2058家，接触职业危害因素81596人，并按高毒、一般有毒物品进行归类，为全市职业卫生监管工作的开展奠定了基础。

【安全生产应急救援体系建设】 建立安全生产专家数据库，完成市安全生产应急资源普查工作，初步建立应急救援资源数据库。健全各级安全生产应急救援工作预案、专项预案和部门预案。开展预案评审工作，24个县（市）区政府的安全生产应急预案全部通过评审。完善安全生产信息预警发布机制，加强与气象、地震等部门的沟通联系，加强突发公共事件应急处置工作。深入推进安全生产应急预案演练，结合“安全生产月”活动，组织开展应急管理培训、“应急预案演练周”和千人答题活动，据不完全统计，年内市、县两级政府及有关部门组织演习120次，全市各类企业组织演习247次。

【安全生产监管机构建设】 4月15日，市安全生产检测检验中心经市机构编制委员会办公室批复成立，为经费自理性事业单位。12月31日，市政府批准《石家庄市安全生产监督管理局主要职责内设机构和人员编制规定》，对市安监局职责予以调整，加强对全市安全生产工作综合监督管理和指导协调职责，加强对市直有关部门和全市各级地方政府安全生产工作监督检查职责。根据职责，新增安全监督管理四处、职业卫生监督管理处、事故调查处，市安全生产监督管理局内设机构从原来的8个增设到10个。同时加强安生生产保障能力建设，拨款114.6万元为安监部门配备了

安生生产执法车，拨款 18.9 万元为市生产安全事故医疗救护中心购置救护车，安全生产监管能力进一步增强。

【安全生产监管队伍建设】 围绕“转作风、优服务、强措施、保安全”目标，积极开展“干部作风建设年”活动，全面加强干部队伍建设。抓思想建设，强化大局意识、宗旨意识、服务意识。抓能力建设，积极创建学习型、服务型、专家型、示范型、廉洁型执法队伍；抓制度建设，修订完善《岗位责任制度》、《首问首办负责制度》、《限时办结制度》、《公开承诺制度》、《工作考核评议制度》、《奖励激励制度》、《追究问责制度》、《领导班子和领导干部作风档案工作制度》八项工作制度，强化岗位责任落实。抓廉政建设，加强警示教育和廉政监察，督促全体安监干部公正执法、自觉守法。

【职业安全健康协会成立】 6 月 26 日，石家庄市职业安全健康协会成立。该协会由市安监局和 41 家生产经营单位、33 名热爱安全生产工作的人士共同发起，经市民政局批准设立，受市民政局的监督管理，业务上受市安监局指导。协会的宗旨是，团结和组织广大安全生产管理工作者、科技单位及专业人才，积极开展安全科技调查、咨询、技术服务，为企事业单位服务，为政府决策服务，推动全市安全生产管理工作走向规范化、法制化管理轨道，消除和减少各类事故隐患。市职业安全健康协会第一届会员大会选举市安监局原纪检组长赵锋同志为协会会长，聘请市政府刘明轩副市长、市安监局崔云申局长为名誉会长。

【编辑《安全发展 · 平安石家庄》画册】 2009 年，市安委办、市安监局联合编辑出版《安全发展 · 平安石家庄》大型画册，展示安全生产工作为全市经济社会发展做出的成就与贡献，向共和国六十华诞献礼。画册共分市领导重视安全篇、安全生产工作部署篇、上级领导督导检查篇、安全生产专项整治篇、基层基础建设篇、宣传教育培训篇、应急救援保障篇、成绩荣誉收获篇等八个部分，主要反映近年来全市安全生产工作的经验和做法。市委副书记、市长艾文礼为画册作序。

（寇军波）

国土资源管理

【概况】 2009 年，石家庄市国土资源管理系统，紧紧围绕“三年大变样”决策部署，调整工作思路，在严格保护耕地的同时，坚持节约、集约、合理开发利用国土资源，把服务地方经济发展作为国土资源管理工作的出发点。在严格执行土地利用总体规划和年度利用计划的前提下，做好用地服务，大力支持省、市重点项目建设，重点项目用地需求得到有效保障，促进了经济发展。在土地收储和土地供应工作方面强化措施，大胆实践，推进改革，使土地收储和土地供应工作稳步推进。全年收储目标圆满完成。库存土地达到 1025.33 公顷。市本级供应土地 356.81 公顷，实现政府纯收益 14.79 亿元。拓宽融资渠道，全年融资 80.5 亿元，为城市建设和发展提供了强有力的资金保障。推进了石家庄市“三年大变样”的工作。招商引资工作步伐不断加大，吸引大型企业和具有经济实力的企业参与项目建设，为石家庄市经济建设注入了活力。认真贯彻中央关于坚守 18 亿亩耕地红线的要求，把耕地保护作为国土资源管理的重中之重，大力开展基本农田建设和整理工作，全市基本农田保护面积一直稳定在 52 万公顷。加大矿产资源整合，整顿资源开发秩序。对 316 个矿山企业的持证情况进行了检查，取得了良好成效。防治地质灾害，综合治理、防灾减灾，对地质灾害隐患点不留死角，不留盲区进行重新核实。做到了防患于未然。加大国土资源执法力度。构建了以地方政府为责任制主体；各相关部门和单位共同承担责任的联合执法长效机制。认真做好土地登记发证工作。积极为国企改制、企业发展提供办证服务，开展了“办证进社区”活动，收到良好的社会效益。市本级办理国有土地使用权登记 938 宗次，市内区集体土地所有权初始登记113宗次。第二次土地调查工作，完成调查面积429.3平方千米，完成率100%。做好测绘基础工作，为石家庄市三年大变样提供测绘服务保障。开展了矿山储量动态监管和矿山储量变化统计调查，为矿山企业的发展和矿山资源的有效利用、节能减排、发展经济提供了依据。

（刘万顺）

【矿产资源开发管理】 按照省、市统一安排部署，切实保护国家矿产资源，开展了集中打击盗采国家矿产资源行为专项行动及迎国庆集中执法百日会战行动。查处无证等非法采矿70起，封填矿坑9处，取缔非法矿点10处，关停非法铁选厂12家，查扣非法设备34台件，查扣非法运输矿产品车辆42辆，立案查处违法案件29处，限期整改尾矿库8个，有效地抑制了各类非法行为的反弹，确保了矿业秩序的稳定。加大矿产资源整合、整顿资源开发秩序。完成了26个矿产整合实施方案。依法组织开展开发利用监督管理工作。通过年检，对316个矿山企业的持证情况进行了检查，查处无证采矿4宗，越界开采3起，共罚款15.5万元。完成资源补偿费征收入库531万元。严格采矿权审批管理，开始实行采矿许可证全国统一配号，办理延续采矿权22个，办理新设采矿权2个。公开挂牌出让采矿权4宗，出让成交价5184万元。完善、更新了矿产资源开发利用监督管理数据库，完成了矿产资源开发利用的统计年报工作，被国土资源部等十部委联合评为先进集体并通报表彰。

【地质环境保护与治理】 自然地质灾害的现状及其危害性：据调查，自新中国成立以来，全市共发生各类自然地质灾害198起，共造成275人死亡，直接经济损失3679.9万元。经核查，全市共有灾害点431处，其中：滑坡82处、斜坡109处、泥石流179处、崩塌27处、地面塌陷23处、地裂缝11处。这类灾害集中分布在西部8个山区县（市）区。为进一步规范矿山地质环境保护管理工作，2007年组织编制了《河北省石家庄市西部山区矿山地质环境保护与治理规划（2007～2015)》，截至2009年，矿山地质环境治理项目共65个（2009年7个)，其中国家级项目11个（2009年1个），省级项目48个（2009年3个），市级项目6个（2009年3个)。22个项目完成验收，其中国家项目4个，省级项目18个，治理面积3.7757平方千米。实施矿山环境保证金制度。新建、改（扩）建矿山已收缴保证金首期和编制矿山环境保护与综合治理方案80%以上，2009年征收保证金1831.89万元。

（张凤兰）

【西部山前矿山环境恢复治理工程启动】 年内11月份，河北安惠招投标公司组织中国煤炭地质总局华盛水文地质勘察工程公司、河北水文工程地质勘察院等5家投标单位在石家庄市国土资源局鹿泉分局召开鹿泉市西部山前秀山矿区地质环境治理工程项目施工招标会，中国煤炭地质总局华盛水文地质勘察工程公司最终中标，标志省会西部山前矿山环境恢复治理工程开始启动。石家庄西部山前矿山环境恢复治理工程以地质灾害治理、矿山环境恢复为基础，以打造省会西花园矿山环境结点为目标，通过政府行为与市场运作相结合方式，在石家庄西部山前地带实施无灾、山绿的矿山地质环境治理工程，并逐步建设成旅游与地质矿山科普相结合的特色景观区域，为省会城市建设发展打造良好的环境基础。

（高致国　于立罡）

【防灾减灾】 编制《石家庄市2009年地质灾害防治方案》，进一步修订《汛期地质灾害应急处置预案》，确定应急预警信号、居民和财产转移路线及防治措施。做到“预警到乡、预案到村”，全年无地质灾害人员伤亡事故。修订《突发性地质灾害应急预案》。对重点防范对象，全市各县局和各乡镇都进行了实战演练。对灾害隐患点埋设或更新警示宣传牌，将防灾明白卡发放到了地质灾害易发区的群众手中，使易发区受地质灾害威胁的群众掌握避让知识，提高自救互救能力。共树立警示牌386块，发放明白卡15500份。加大地质灾害防治宣传力度，提高全民防灾意识。着重抓好4.22地球日和5.12防灾减灾日宣传。在省会组织了大型宣传活动，印发地质灾害防治常识宣传单4万余份，宣传画500张，制作地质灾害宣传牌20余块。

（张凤兰）

【建设项目用地】 在用地计划的分配上，按照“集中指标保重点，一般项目靠挖掘”的原则，除定向下达市中心城区和新民居建设用地专项指标外，其余指标主要用于保障“三年大变样”城市拆迁安置用地、企业搬迁和省市重点项目三个方面。严格实行建设项目用地预审制度，坚持先规划后用地。2009年完成项目用地预审38宗、初审4宗、会审277宗，同时局部规划调整176宗，确保了项目用地需求，维护了规划的严肃性。对各类用地报件做到了及时受理、及时审查、及时报批。对京石、石武等重大项目和三批急需开工的省市重点项目用地进行全程跟踪服务，2009年各类用地项目报批228个，面积1881.98公顷。

【土地储备供应】 制定《关于进一步加强土地储备工作的实施意见》和《关于全市供应土地涉及相关问题的意见》，完成主城区收储2万亩、公开出让2000亩的目标任务。围绕企事业单位搬迁收储，大项目预征收储和城中村改造收储三大重点环节，强化收储工作，全年完成土地收储面积1394.06公顷，库存土地达到1025.33公顷。执行土地“招、拍、挂”制度，规范土地市场供应，全年全市供应土地1399.6公顷。其中市本级供应356.81公顷（含住宅用地207.1公顷），工业用地68.5公顷、商业用地11.21公顷，其他用地132公顷，市本级公开出让土地价款45.74亿元，实现政府纯收益14.79亿元。

【耕地保护】 认真贯彻中央关于坚守18亿亩耕地红线的要求，基本农田保护面积一直稳定在52万公顷。强化基本农田保护管理，完善了基本农田保护牌、表、图、卡、册，实现了台帐、图件、实地“三统一”。栾城、赵县两个国家级基本农田示范区建设进展顺利。2009年已施工和批准的基本农田项目16个，面积12169.88公顷，新增耕地326.76公顷。严格落实耕地保护制度，耕地占补平衡，坚守耕地“保量”，控制耕地“减量”，严格建设用地报批关，盘活土地“存量”，提高耕地“增量”。2009年占补平衡项目35个，新增耕地929.45公顷，确保了补充耕地数量不减少，质量有提高。

【二次土地调查】 依据《国务院关于开展二次全国土地调查的通知》（国发〔2006〕38号）、《河北省人民政府关于开展第二次土地调查的通知》(冀政55号)的要求，按照《第二次全国土地调查总体方案》（国土调查办发〔2007〕3号）的部署，石家庄市成立了第二次土地调查领导小组，负责全市第二次土地调查工作的组织和领导，协调解决重大问题。领导小组办公室设在国土资源局，具体负责调查日常组织协调工作和实施。全市设24个土地调查办公室，调查机构共有422人，其中专职142人，兼职280人。依据《石家庄市人民政府关于开展第二次土地调查的通知》(石政〔2007〕38号)，制定了土地调查总体方案，明确了石家庄市第二次土地调查的内容、技术路线和工作进度等有关要求，下发了《关于认真做好第二次土地调查前期准备工作的通知》（石土地调查办〔2007〕1号）为保证土地调查成果质量，对参加土地调查的技术队伍的负责人、行政负责人和主要技术骨干进行了集中培训。全市各级共举办技术培训班18期，培训人员479人（次）。根据全市实际情况，本着“整体控制，重点和急需优先”进行的原则，全面开展农村土地调查，分步实施城镇地籍调查，确定了28个作业队伍，721人参加调查。在第二次土地调查期间加强土地调查宣传工作，加强资料搜集工作，进行了全市权属境界调查、接边、汇总。第二次土地调查从2007年7月1日开始至2009年年底期间，工作开展顺利，全市农村土地调查已上报国家。国土资源部与北京督察局对全市“批而未建”项目用地的核查工作，统一时点、更新、年度变更调查。国家下发的辛集市、深泽县、井陉县“一张图”遥感监测外业核查工作已全部完成。市区城镇地籍补充调查及县城所在地完成面积429.3平方千米，完成率100%。其中，市本级启动了二环以外主要建成区41.8平方千米的城镇地籍补充调查工作，县城城镇地籍调查外业调查除行唐、赞皇、赵县外，其他县（市、区）全部通过了省级验收。第二次土地调查全面查清了全国土地利用状况，掌握真实的土地基础数据，并对调查成果实行信息化、网络化管理，建立和完善土地调查、统计制度和登记制度，实现土地资源 信息的社会化服务，满足经济社会发展、土地宏观调控及国土资源管理的需要。开展第二次土地调查为全市科学制定发展规划、合理利用土地、优化空间布局、促进可持续发展提供基础数据，明确市、县政府耕地保护目标责任制的需要，完善市场经济体系、理顺了土地产权关系，为管好、用好土地资源、建设“沿海经济强省省会”奠定了重要基础。

（刘清振）

【整治土地违法“百日会战”】 11月25日，石家庄市召开全市国土资源执法工作会议，安排部署全市整治土地违法百日会战活动，集中整治土地违法行为。从2008年10月份起，石家庄市违法用地现象在一定程度上得到遏制，小规模零散自发型的违法占地明显减少，全市小宗违法占地基本得到有效控制。但是，违法用地面积和宗数在2008年一年逐渐下降形势下，出现了较大的反弹。为有效遏制违法占地现象，石家庄市决定从2009年11月10日至2010年2月28日，在全市范围内开展为期100天的“全市整治土地违法百日会战”活动，对2008年10月份起发生的违规违法用地，逐宗进行梳理整改，分类制定整改措施，确保所有违法占地案件立案率、结案率达到100%。

（许跃彬）

【地籍管理】 2009年完成了石家庄市市区城镇地籍补充调查及县城所在地地籍信息系统建设。县城城镇地籍调查外业调查除行唐、赞皇、赵县外，其他县（市、区）全部通过了省级验收。完成了石家庄市市本级城镇地籍信息系统升级改造。根据市政府安排，先后完成中华大街北延、铁路入地拆迁、新客站规划区域、滹沱河规划防洪坝等用地权属调查分析，为政府决策提供了支持。石家庄市市本级办理国有土地使用权登记938宗次，市区集体土地所有权初始登记113宗次，个人住宅登记发证25660本，办理土地抵押登记389宗次，为企业融资122.8亿元。共完成批次建设用地会审198项，单独选址建设用地会审66次。全年共受理各类土地权属争议受理111件，处理62件。

【国土测绘管理】 2009年底，石家庄市有测绘资质单位共计126家，其中甲级单位13家、乙级单位18家、丙丁级单位95家，参加年度注册的111家，年度注册合格105家，缓期注册6家，通过率达95%。年内全市通过省测绘局审批获得测绘资质的单位7家。受理测绘项目备案登记32个。测绘资质复审换证工作年底前全部上报到省测绘局。启动了石家庄市2000国家大地坐标系统及数据整合工作，有效整合石家庄市基础地理数据成果。实施了“石家庄市基础地理信息数据库更新改造项目”和“石家庄市滨河新区1∶1000比例尺数码航测成图项目”，基础地理信息数据库更新改造项目按照要求已完成，并组织有关专家进行了验收。为贯彻国务院“关于加强测绘工作的意见”（国发〔2007〕30号）文件精神，起草了“石家庄市关于加强测绘工作意见”并正式发布。组织开展了“8·29”测绘法宣传活动。为石家庄市公安局警用地理信息平台提供石家庄市地形基础数据，并协调省测绘局进行数据转换工作。为市地名办建设地名数据库提供基础地形数据。为石家庄市重点项目建设提供测绘服务。

（王　刚）

【石家庄市被确定为全国数字城市建设试点城市】 年内，经国家测绘局批准，石家庄市被授予“全国数字城市示范市”称号，成为河北省首家获得国家“数字城市”建设的试点城市。从2006年开始，国家测绘局开展了推进数字城市地理空间框架建设试点及推广工作，至2009年年底已有50多个城市开始构建。自2002年起，石家庄市开始进行基础地理数据成果采集工作，至年末，已具备的成果有：市区及周边1000平方千米的数码航摄数据；市区158平方千米1∶500比例尺数字化地形图和市区周边500平方千米1∶1000比例尺数字化地形图；扩展了石家庄市基础控制网，使控制面积达15000平方千米，覆盖整个市域。数字石家庄地理空间框架平台项目的主要内容包括石家庄市地理空间框架数据生产、地理空间框架数据库建设、信息服务系统开发、地理空间框架平台开发建设、专题应用系统等项目内容的建设。

（许跃彬）

【国土执法监察】 启动预警约谈机制，会同市监察局对两县（市）政府主管领导进行约谈；起草《关于建立健全土地执法工作长效机制的通知》（石政办发〔2009〕53号），构建以地方政府为责任主体、各相关部门和单位共同承担责任的土地联合执法长效机制。结合第九次卫片（卫星图片）执法检查工作，召开了石家庄市国土资源执法监察工作会议，开展了国土资源违法专项整治月活动，对第九次卫片暨2008年10月以来违法占地案件进行了专项整治，所有违法案件均做到“五到位”（行政处罚到位，移交公安到位，移送纪检监察到位，申请法院强制执行到位，追究刑事、党政纪律责任到位），有效遏制了新的违法违规用地行为的发生，得到了北京督察局卫片检查验收组的充分肯定。针对无证开采、越层越界等违法开采行为进行了严厉打击，维护了矿产资源管理秩序。2009年，石家庄市共发现违法占地323宗，涉及土地面积8718亩（其中耕地面积6660亩）；制止38宗，恢复土地面积139亩；立案查处279宗，涉及土地面积5804亩。申请法院强制执行131宗；移交纪检监察24宗；移交公安机关38宗。全市矿产资源违法案件立案30宗，结案30宗，罚款22.22万元，取缔无证小矿点34处，查扣设备、工具99台。

（王　刚）

【11枚公章“砍”掉9个】 年内市国土资源部门在削减审批程序，减少审批环节上下狠招、用猛药，为全市经济建设和“三年大变样”提供了有力的用地保障和服务。市国土资源部门对原有11枚各类专用章取消作废9枚，仅保留必需的专用章2枚。对原有9项行政许可审批事项，取消、合并或暂停执行5项，仅保留必需的4项。同时还取消、调整了非行政许可审核事项6项。还从简化审批程序入手，从受理、审查、复核、批准等方面，由原来多人、多处、多头审批，改为每个事项1个处室把关、1个领导审批，其余中间环节全部取消。为减少申报人资料入手，除法律、法规明确规定的资料外，其余资料全部取消，不再向服务对象索取。此外，大幅减少审批时间，要求房地产项目2个工作日全部办结、其他事项3个工作日全部办结，对备案类事项即来即办、立等可取，并实行定期回访服务，特别对省、市重点建设项目，做到每周必访。

（许跃彬）

【“4·22”世界地球日宣传】 根据省国土资源厅《关于做好第40个“世界地球日”暨2009年科技活动周科普宣传活动的通知》（石国土资〔2009〕81号）要求，市国土资源部门转发了省国土厅的通知，对各县（市）、区的宣传活动进行了具体安排部署。各县（市）国土资源部门、市局各分局成立了相应机构，专人负责。按照“4·22”地球日宣传活动安排，市局组织了丰富多彩的宣传活动。制订了“4·22”地球日宣传活动实施方案，订购了《中国国土资源报》世界地球日特刊500份、宣传折页和知识手册各1000份，制作宣传展牌20块。积极借助各种媒体快捷覆盖面广的宣传优势，邀请了多家媒体对活动进行报导，同时在国土局网上也展示宣传内容，并在大厅屏幕上显示地球日活动主题（认识地球保障发展——了解我们的家园深部）和“世界地球日”的相关知识，达到了宣传自己教育他人的目的。组织宣传进校园暨千人签名活动。4月18日，在河北科技大学组织了“认识地球保障发展——纪念第40个世界地球日宣传进校园活动”，布置了宣传展区，悬挂主题横幅，观看了学生们自编自演的文艺节目。同学们领取了宣传册、宣传挂图，参观宣传展区，并在主题横幅上签名，宣传活动热烈、轰动，在同学们中反响很大。“4·22”当天，在省地质博物馆门前，市国土资源部门会同省国土资源厅、河北省地质学会共同举办宣传活动。现场共展出展牌20块，发放宣传资料1万余份，并邀请多名专家解答群众提出的问题，取得了较好的社会效果。各县（市）、区国土资源局结合“三年大变样”的目标，充分发挥自身优势，针对不同重点人群的特点和需求，以贴近生活、贴近群众为原则，积极探索新的活动内容和活动宣传形式，各县（市）除了在人多的闹市、集镇定点举行宣传活动外，还利用流动宣传车、设置咨询台、抽调人员入山区、学校等多种灵活、多样、简便的方式接受咨询进行宣传，扩大宣传的影响和效果。

【“6·25”全国土地日宣传】 完成2008国土资源汇编（60余万字），印制成册1000套，并发放到执法人员的手中。“6·25”期间，在石家庄日报和声屏之友报设专版宣传，同时印发宣传材料40000份，订购国土资源报社宣传资料4000余份，6月25当日，组织了市内五区的宣传部门，石家庄电台进行了现场直播；石家庄市电视台、新浪网、搜房网等新闻媒体进行了专题宣传报道。

【"8·29"测绘法宣传】《中华人民共和国测绘法》于1992年12月28日第七届全国人民代表大会常务委员会第二十九次会议通过，2002年8月29日第九届全国人民代表大会常务委员会第二十九会议通过修订。2004年国家测绘局将每年的8月29日定为测绘法宣传日。2009年8月29日，石家庄市如期举行第七次测绘宣传日活动。省测绘局、省人大、市人大及部分驻石测绘单位参加了宣传活动，并召开了测绘宣传日座谈会，向省测绘局、市人大汇报了全市的测绘工作，省测绘局、市人大领导对石家庄市测绘管理工作给予了肯定。

【信访工作】 组织开展信访工作重点排查和"百日会战"活动，全面开展国土资源行业纠纷人民调解工作，化解信访积案。坚持局长信访接待日、领导包案、领导约谈、接访、下访等制度，妥善解决了信访人的合理诉求。全年组织集中排查活动4次，即"双节"和"两会"期间、排调整治"百日大会战"期间、特殊敏感期间、信访"百日会战"期间。集中开展信访专项活动2项，即信访积案化解活动，筛选出重点信访积案2件，化解2件，化解率为100%；6月下旬至9月下旬"化积案、排隐患、解难题、促和谐"百日会战活动，共组织领导大接访活动8次，参加人员120余人次，接待群众来访15起26人，所有接访案件都得到妥善处理。年内，共受理群众信访815件次。其中来访126批256人次（其中集体访4起23人次）、电话举报450件、群众来信239封。与上年同期相比，信访总量下降1%，来信下降30%，来电上升37%，来访批次下降18%，来访人数下降8%。其中782件到期办结，到期结案率为96%；年终办结790件，年终办结率为97%，重信重访率控制在15%以内。办理各类交办件99件。

（王　刚）

烟草专卖管理

【概况】 2009年，石家庄市烟草专卖系统加强体系建设，编制程序文件流程图，质量管理实现信息化。突出预算管理，强化资产监管，促进国有资产保增值。制定对标工作方案，依据工作重点，加强对标管理。对照创建标准，加强基层创建，4个县局通过省局验收。加强科技创新，全年申报创新项目21个，其中，列为省级创新项目1个，专利部门受理项目5个，获得专利授权项目1个。按照"三结合、三延伸"的工作思路，扎实推进安全稳定工作。落实信访工作责任制，依法开展劳动争议案件应诉，化解信访积案，全年安全无事故。7月，石家庄市局（公司）完成机构改革。市局（公司）机关内设职能科室12个（原为15个），专业部门2个，下设稽查中心、营销中心、物流中心3个直属单位，从业人员905人（含聘用48人）。局党组成员6人，总会计师1人，工会主席1人。年内石家庄市局(公司)被河北省烟草专卖局、省公安厅授予"打假工作特殊贡献奖"。至年底，全区销售卷烟175.98亿支，同比增长4.94%；实现"两烟"（卷烟、烟叶）销售收入363145.53万元，同比增长13.83%，其中，卷烟销售收入360885.64万元，同比增长13.78%；实现"两烟"税利82389.75万元，同比增长15.71%，其中，卷烟税利82364.80万元，同比增长15.71%。全市烟叶种植5700亩，收购烟叶2万担，收购均价12.44元／千克；烟农收入1200万元，户均2.9万元。全年共完成投入243万元，新建卧式密集型烤房80座。

【专卖管理】 年内协同公、检、法三部门，联合下发《四部门会议纪要》、《对重大涉烟案件联合督办的意见》，打击制售假烟网络犯罪；省内首开专卖进社区活动，宣传专卖法律法规，畅通消费维权渠道，树立烟草良好社会形象；开展作风纪律整顿，纯洁队伍思想，凝聚团队力量；联合工商开展专项治理70多次，取缔无证经营400余户，域内卷烟经营进一步规范，卷烟市场进一步净化，市场净化率首次跃居全省前三名。全年查处各类违法案件382起，查获假烟554.46万支。同时，破获大型涉烟网络案件25个，其中符合国家局标准17个，市局标准8个，涉案假烟12872.26万支，案值5187.33万元，捣毁制假窝点3个，查获制假机械6台，批捕64人，刑拘33人，判刑20人，行政处罚154人。

【市场营销】 建立工业企业战略互动与协同保障机制，制定《重点品牌发展三年规划》和《重点品牌培育目录》，促进重点骨干品牌快速发展。不断完善调控机制，全年计划签约率和合同执行率均达到100%。履行冀沪战略协议，打牢沪地卷烟市场基础。制定《婚庆市场品牌宣传推广活动实施方案》，组织婚庆用烟推介会219场，收到理想的效果。聘请专业人员，培训零售户七千余户。年内实行统一编制物流预算，按期打码到条，卷烟配送安全高效。全年累计销售卷烟35.2万箱，同比增加1.66万箱，同比增长4.94%；一、二类烟销售1.64万箱，同比增长21.5%；三类烟上限销售2.9万箱，同比增长4.6%；实现利税8.16亿元，同比增加1.09亿元，增长15.38%，圆满完成保增长任务，“烟叶防过热”也达到省局要求。

石家庄市烟草专卖局（公司）

局　　长：戴　勇（4月免）
　　　　　刘庆岩（4月任）
经　　理：杨克勤（4月免）
　　　　　罗明海（4月任）
副 局 长：段纪俊（兼纪检组长）
　　　　　李琏柱
　　　　　吴　江（8月任）
副总经理：安志发
总会计师：付立民

（孙小清）

科学技术

科学技术

概 述

2009年，科学技术工作以建设创新型城市为核心，以完善创新体系和创新机制为保障，坚持统筹技术攻关与成果转化并重，坚持统筹政府引导与市场导向并重，坚持统筹项目研发、人才培养和创新基地建设并重，坚持统筹科技创新与科学普及并重，把坚持改革创新作为动力，确立了科技发展首先必须树立创新意识的思路。在推动科技事业发展上，全市努力实现“五个转变”，即科技工作由从属型向引领和支撑的主导型转变；科技工作由偏重经济领域向既注重经济领域、更关注民生科技和“三农”科技转变；由单纯的“项日科技”向“现代科技”和“大科技”转变；由过去只注重研发创新向既注重研发创新又注重成果转化和技术转移、促进产业化转变；由“自我封闭科技”向注重国内外区域科技合作转变。为培育扶持民营科技企业向规模化、产业化方向发展，全市筛选基础条件好、科技含量高、有发展后劲的民营科技企业作为重点扶持对象，积极通过各种渠道为民营科技企业申报各级各类科技计划，多方争取资金支持。2009年，石家庄市共投入应用技术研发经费1.26亿元，占本级财政预算支出5.8%，同比增长12.6%。

全年研发出一大批科技成果并取得专利，共取得重大科技成果186项，其中国际领先6项，国际先进20项，国内领先124项。申请专利2402件，比上年增长11%；授权专利1458件，比上年增长11%；专利申请量和授权量均位居全省第一。全市登记技术合同604项，实现技术交易额1.34亿元。年内“丁苯酞原料及软胶囊”等3项成果获得国家科技奖励，“高性能激光焊接金刚石工具”等18项成果获得2009年度河北省科技进步奖；市科学技术奖评出科技特别奖2项，科技进步奖77项（一等奖11项、二等奖27项、三等奖39项）。

2009年，全市有18家企业被认定为省级创新型试点企业。其中石药集团、华北制药集团新药研发公司被正式认定为第二批国家级创新型企业。年内全市已有“高速工具钢工程”、“平板显示器”、“煤矿机械”、“中药注射剂”、“抗生素”等5家省级工程技术研究中心，有12家市级工程技术研究中心通过认定。新认定高新技术企业57家。至年末，石家庄市共有省级创新型试点企业25家，国家级创新型试点企业2家，国家级创新型企业2家；高新技术企业总数达到121家；共拥有4家国家级、7家省级、47家市级工程技术研究中心和1家省级重点实验室。

2009年12月28日，由科技部、中央编办、人力资源和社会保障部在北京共同举办的“全国基层科技工作座谈会”上，石家庄市被确定为“2007～2008年度全国科技进步先进市”，是国家开展科技进步考核工作后，石家庄市连续第7次荣获此称号。所辖栾城县、正定县、鹿泉市、辛集市、藁城市、井陉县、桥东区、新华区、长安区和桥西区等10个县（市）、区被授予全国科技进步先进县（市）称号，张荣娥等34人被授予全国科技进步先进个人。

科学技术研究与发展计划

【重点实施三类科技计划】 即“八大科技专项计划”、“科技支撑计划”和“科技创新与产业化条件环境建设计划”。八大科技专项计划主要包括：生物技术、创新药物及中药现代化专项；电子信息、半导体照明专项；农牧业新品种选育、种养及农副产品精深加工专项；纺织新产品技术研发专项；装备制造关键技术研发专项；循环经济关键技术研究专项；先进适用技术推广与示范专项；科技基础条件平台建设专项。科技支撑计划：重点支持《石家庄市科学和技术发展“十一五”规划》中提出的部分科技专项、重大技术创新课题、共性关键技术课题等。科技创新与产业化条件环境建设主要包括：国内、国际科技合作，软科学研究计划。

【科研经费使用】 2009年，石家庄市财政安排应用技术研究与开发专项资金（简称“研发专项资金”）1.26亿元，其中，市科技局掌握经费9054.8万元（包括课题经费8894.8万元，专利实施经费160万元），其它资金3545.2万元。全年，市科技局编制下发科技发展指令计划4批，课题236项，经费8894.8万元。在指令性计划中，科技支撑计划155项，经费4186万元；成果推广计划16项，经费324万元；软科学计划28项，经费131.8万元；国际科技合作计划8项，经费99万元；条件平台建设21项，经费3474万元；星火计划3项，经费55万元；其他计划5项，经费625万元。八大专项安排课题132项，经费6391万元；其中，生物技术、创新药物及中药现代化专项31项，经费967万元；电子信息、半导体照明专项18项，经费636万元；农牧业新品种选育、种类及农副产品精深加工专项17项，经费280万元；纺织新产品技术研发专项3项，经费70万元；装备制造关键技术研发专项21项，经费499万元；石家庄循环经济关键技术研究专项10项，经费257万元；先进适用技术研究推广与示范专项14项，经费244万元；科技基础条件平台建设专项18项，经费3438万元。企业安排课题173项，经费7041万元；科研院所安排课题19项，经费282万元；高等院校安排课题19项，经费49.8万元。县域安排102项，经费2045万元，其中，山区县课题36个，经费775万元。产学研课题137项，经费2684.8万元。

【科研队伍与科研成果】 全年年政府科技资金的投入共拉动以企业为主体的科研投入4.18亿元。2009年，参与石家庄市科学技术研究与发展计划科研人员2557人，吸引省外人才105人，其中京津人才46人，培养研究生82人。共取得新产品、新材料199个，新工艺、新装置71个，计算机软件12个，完成学术论文（报告）123篇，专利申请104件，专利授权58件，其中发明专利授权14件，全年制定技术标准57项；新增产值12.75亿元，新增利税2.72亿元，出口创汇754万美元，取得农业新品种35个，新品种推广面积188万亩，畜禽推广数量178万只，年总收入6.03亿元。

【争取国家、省重大科技计划资金支持】 年内，市科技局把争取国家、省重大项目作为一项重要任务，在广泛收集国家、省级政策信息、分析和研究投资导向的基础上，组织重大科技项目的整合和集成，认真做好国家、省级科研项目的申报工作，积极争取项目资金支持，促进全市经济平稳较快增长。2009年，石家庄地域共争取国家、省级科研项目917项，争取资金达4.62亿元，其中，国家级计划207项，资金3.47亿元，省级计划710项，资金1.14亿元。争取科研项目位列全省首位，争取资金总额接近全省“半壁江山”。

工业科技与发展高新技术产业

【高新技术企业培育】 通过采取加强学习、组织培训、重点指导、严格把关等各项措施，推动高新技术企业培育和认定工作。2009年全市共有57家企业被认定为高新技术企业，位列全省第一，高新技术企业总数达到121家。为解决高新技术企业融资难题，重点筛选了一批基础条件好，主营业务突出的高新技术企业进行上市培育工作，向省科技厅推荐了博深工具、普兴电子、华药新药、先河科技等7家上市重点培育企业。博深工具作为石家庄首家A股上市的民营企业，已于8月21日在深交所成功上市。

【创新型企业建设】 本着"加大试点力度、加强引导支持、突出示范带动"的工作原则，共组织了34家企业进行省级创新型试点企业的申报。经过评审有18家企业通过认定，位居全省第一。石药集团有限公司、华北制药集团新药研究开发有限责任公司2家企业被正式认定为第二批国家级创新型企业。2009年全市共有省级创新型试点企业25家，国家级创新型试点企业2家，国家级创新型企业2家，走在了全省的前列。

【支持重点科技项目】 全年共争取国家、省各类科技项目79项，获支持经费3475万元。在市本级项目中，共安排1737万元的科技经费，用于重点支持"电子信息、半导体照明"、"纺织新产品、新技术研发"、"装备制造关键技术研发"、"石家庄循环经济关键技术研究"、"科技基础条件平台建设"等科技专项及其它重点科技支撑课题，为企业的创新和发展提供了有力支撑。加强科技型中小企业技术创新基金申报工作，促中小企业发展。2009年共获经费支持1926万元，其中国家级35项，经费1695万元，省级17项，经费231万元，涉及电子信息、生物医药、光机电一体化、资源与环境等各个领域，创下了自1999年创新基金设立以来的年度最好成绩。

【石家庄科技中心落成使用】 该中心建筑面积4万平方米，于2009年6月正式投入使用。中心集科研、办公、中试生产、会议、展览、商务等为一体，以优质管理、低价物业、及时传达政策和提供服务，为中小企业创业、创新和技术成果转化创造有利条件。2009年已吸纳29家科技型中小企业，10多家中介机构入驻。同时积极扩大石家庄科技中心规模，做好科技中心二期建设前期工作，为中小企业创业再增加8万平方米的孵化、中试厂房，使其服务功能更趋完善。

【共性研发平台建设】 年内投入580万元，整合社会仪器设备2000万元，相继组建了"石家庄快速制造工程技术中心"和"石家庄市生物产业基地技术服务中心"。为企业提供了集产品创新设计、产品快速开发、技术咨询、信息服务、试验检测等为一体的综合性、开放性、非营利性的公共服务平台。2009年"石家庄快速制造工程技术中心"新购入的设备（激光快速成型机、三维扫描仪、平面磨床、数控线切割机床、三轴数控铣加工中心）已陆续到位投入使用；"石家庄市生物产业基地技术服务中心"已为11家企业进行了14个样品29个批次的测试服务。

【区域特色生产力促进中心建设】 通过招标，扶持了正定板材、高邑建陶等5家生产力促进中心，支持经费65万元，为服务区域特色产业发展提供了良好的平台。为不断提升生产力促进中心的服务能力和水平，向更高层次发展，积极培育指导和帮助高邑建陶生产力促进中心完善功能，做好服务，按照国家级示范生产力促进中心标准建设，组织参加了第八批国家级示范生产力促进中心的评审。组织辛集市皮革生产力促进中心、无极县生产力促进中心参加了省科技厅"区域特色产业共性技术与示范"评标。

【半导体照明应用】 "第六届中国国际半导体照明展览会暨论坛"10

月在深圳圆满落幕。通过公开征集、筛选，组织全市10家半导体照明行业代表性企业的LED显示屏、红黄蓝三色外延片、LED芯片、LED面光源及系列产品近百件展品参展，取得圆满成功。成功举办“石家庄市半导体照明产业发展成果展”，进一步展示了市半导体照明产业近年来在技术创新、产品开发及应用等方面取得的成就，争取国家“十城万盏”半导体照明应用工程试点城市取得新突破。2009年，石家庄被正式列为国家“十城万盏”半导体照明应用工程试点城市。

社会发展领域科技进步

【实施科技项目计划】 年内社会发展科技工作坚持以科学发展观为统领，以提高社会发展领域自主创新能力为目标，按着“新思维、新举措，新发展、新突破”的要求，大力推进新药创制、人口与健康、公共安全、节能减排、生态与环境、可持续发展等社会发展领域科技进步，不断增强科技支撑引领全市经济社会发展的实效和显示度。全年组织实施市级科技支撑指令计划项目42项；争取国家科技计划项目23项，经费6072万元；有17个项目列入省科技支撑计划，经费525万元。

【生物医药技术创新】 安排22项重大重点新药研发项目列入市科技支撑计划，包括抗肿瘤药物UTD1、一类新药ND308注射液、丁苯酞静脉乳剂、新型治疗脑卒中药物匹诺赛林等国家一类新药研发项目，还有奥美拉唑肠溶液体胶囊、无硫柳汞乙型肝炎疫苗新制剂、新型抗耐药菌抗生素普纳霉素等产品的开发。这些项目技术含量高、创新性强、市场前景好，项目的实施对于提升医药企业创新能力，促进品种优化发挥积极作用。15个项目列入“重大新药创制”国家重大科技专项，项目的立项将大幅提升石家庄市医药行业原始创新能力和新产品孵化能力。一批新药研发项目取得阶段性成果，抗肿瘤脂质体药物制剂的开发、盐酸多柔比星脂质体、盐酸米托蒽醌脂质体、长春碱和喜树碱衍生物脂质体以及新型药用辅料磷脂研究、生物制药关键技术研究及免疫抑制剂类系列产品研发、国家一类新药马来酸左旋氨氯地平／阿托伐他汀钙片、广谱抗真菌药物那他霉素、抗耐药菌新药－达托霉素、治疗心血管疾病缓控释新制剂、芪黄明目胶囊等重大项目的研究与开发均取得重大进展，在新型制剂技术研究和新产品开发上取得突破。

【节能减排技术创新】 安排节能减排技术创新项目12项，项目更加注重行业共性关键技术的创新。围绕水泥、钙镁、建陶等区域主导产业，就行业节能减排共性关键技术组织开展技术攻关与示范，予以重点支持。技术创新促进了节能减排工作的开展。脱硫石膏深度资源化利用研究项目以脱硫石膏的深度资源化研究为方向，采用物理－化学复合工艺对脱硫石膏进行改性，实现了脱硫石膏的深度资源化利用，年处理脱硫石膏16万吨，粉煤灰1.5万吨，年实现利税544万元，同时，起到了对有限的天然石膏资源的保护和有效利用。炭黑生产节能减排技术研究项目研发成功了950℃浮管式空气预热器、含锆铬刚玉内衬反应炉、2200℃以上超高温炭黑生产工艺，煤气和燃料油两用油气喷枪及尾气双路供气发电系统均为国内行业首创。应用该技术后，提高炭黑生产显热回收20%，吨产品节油150～200千克，吨产品节水1.5吨，产能提高40%以上，节能减排效益显著，达到国内领先水平。非粮制造生物丁醇关键技术研究项目选择非粮原料木薯、甘薯作为原料，进行非粮的替代，为非粮化生产化工原料丁醇，进而开发燃料丁醇奠定了技术基础。对于降低石油消耗，维护国家能源安全，促进农业发展，保护环境与改善生态具有重要战略意义。

【正定可持续发展先进示范区建设启动】 《正定国家可持续发展先进示范区建设规划》经正定县第十四届人大常委会第16次会议通过后上报科技部，标志着可持续发展先进示范区建设全面启动。围绕农业产业化、农业循环经济、农业生态环境治理、节约型农业四方面可持续发展重点，实施了“平原农区农牧循环经济关键技术集成与示范”等15项可持续发展类科技项目，组织实施了农业产业化、循环经济、清洁生产、资源高效利用、环境保护等重点示范工程18项，培树了一批循环经济试点。这些试点通过建立循环经济的产业链或延长产业链条，提高了资源和能源的利用效率，为同类地区提供了很好的示范作用。其中平原农区农牧循环经济关键技术集成与示范项目，通过农作物秸秆高效利用技术集成与示范、奶牛健康养殖技术集成与示范、养殖场废弃物资源化利用技术集成与示范的实施，取得了显著的经济社会效益。污泥过程减量化技术应用示范项目，将得到国家863计划支持,申请国拨经费180万元。该项目通过引入水蚯蚓原位消解污泥先进技术，每天消解污泥20吨，对石家庄市水环境保护具有实际价值，对小城镇污水处理具有广泛科技示范推广前景。

【推进医药科技合作】 按照《天津市人民政府河北省人民政府关于加强经济与社会发展合作备忘录》的要求和市领导的批示精神，积极推进华药、石药、神威、以岭等大型医药企业与天津市科研单位及天津国际生物医药联合研究院的合作，组织开展了多种形式的项目对接洽谈活动。针对市医药企业技术需求，邀请天津大学、天津药物研究院、天津中医药大学、天津国际生物医药联合研究院等高校、科研单位的专家到石家庄市医药企业进行考察、座谈，实地了解企业技术需求和产业化能力，广泛寻求技术合作领域。组织石药、华药、以岭、神威、爱尔海泰等医药企业赴天津对口洽谈合作项目。还组织企业参加了6月份在天津举办的国际生物经济大会，了解掌握国际生物医药科技信息，促进医药企业技术创新与发展。通过对接洽谈活动，建立了更紧密的联系，达成了多项合作意向，其中华药新药研发公司与天津国际生物医药联合研究院科技合作协议、爱尔海泰制药有限公司与天津药物研究院合作开发复方藏茴香肠溶液体硬胶囊项目、华药集团华日药业有限公司与天津大学的氯唑西林钠新型结晶技术与设备研究开发项目三个项目，在9月22日举办的“石家庄市人民政府与高校、科研院所科技合作签约仪式”正式签约。

【疾病防治技术研究】 组织实施疾病防治技术研究课题，项目的实施为疾病的预防、诊断、治疗提供了有效手段、措施和方法。特别是在心脑血管病防治、妇幼保健、中西医结合疑难病、肝病治疗等方面，成效显著。为提升医院科研水平和持续创新能力，打造医院品牌，增强医院竞争力，围绕医院医学重点学科，组织有关医院与省级医院开展科技合作。促成了市中心医院、市五院与省二院、省三院的合作，成为省科技计划重点疾病防治技术研究集中投向项目中的高血压人群的综合防治与疗效跟踪、脑血管病防治研究、病毒性肝炎防治研究三个课题的共同申报单位。

国际科技合作与交流

【项目实施情况】 2009年，石家庄市的国际科技合作与交流工作紧紧围绕全市科技工作重点，改变以往“科技＋外事＝国际科技合作”的旧观念，努力创新，突出重点。全年共组织实施了市指令计划10项，安排经费118万元，争取省指令计划项目3项共计80万元，科技部国际科技合作计划项目2项共计335万元。

【国际科技交流与合作】 全年共派出科技考察团组2批4人次，涉及意大利及香港特别行政区；接待了来自比利时、美国、日本、加拿大、捷克、伊朗、葡萄牙、爱尔兰等国的专家以及来自香港特别行政区的客商10批40人次到石家庄市有关科研院所和企业进行了科技考察和项目洽谈。通过交流和洽谈，不仅增强了对外的沟通了解，还有效地促进了对外科技合作工作的开展，达成了一系列合作意向，洽谈成功了一批合作项目。为了进一步加强国际科技合作交流，3月30日至4月3日，组织有关企业参加了“河北省（香港）投资贸易洽谈会”，全市有6个高新技术项目参与发布。经过对接洽谈，石家庄金鱼集团与美国PPG公司、石家庄亿生堂医用品有限公司与先思医药科技有限公司等5个项目达成合作意向；5月20～24日，组织推荐25个项目参加了第十二届中国（北京）国际科技产业博览会，其中有3个项目进行了现场展示，有9个项目达成了合作意向。7月14～16日，组织省会有关科研院所和企业参加了由商务部、科技部、韩国知识经济部、日本经济产业省等主办的“第九届泛黄海中日韩经济技术交流会”，通过大会发布了3项中日韩技术需求项目。11月16日至21日，参加了第十一届中国国际高新技术成果交易会（以下简称“高交会”），全市共有80家企业参会参展。签订高新技术产品利用外资和技术合作合同及意向9项，总投资9213万美元，拟利用外资5325万美元；高新技术产品进出口贸易合同5项，总金额5542万美元。除此外，市科技局还先后承办了“国际采矿装备与技术交流会”（来自中国与澳大利亚、英国、捷克、俄罗斯、土耳其、哈萨克斯坦等国家政府机构、专家学者、煤机企业及客户代表150余人参加了会议）。作为支持单位参加了“中国河北-荷兰王国南荷兰省第二届水利环保合作项目研讨会”。

【国际科技合作平台建设】 2月17日，在河北医大四院举行了国际科技合作基地揭牌仪式，这是继以岭药业之后第二家落户石家庄市的国际科技合作基地。省四院是河北省以诊治肿瘤为重点的大型综合性医院，二十多年来，采取“走出去学人之长，请进来补己之短，拿过来为我所用”的发展路径，瞄准世界医学发展前沿，积极开展对外科技合作与交流，在引进技术、设备、资金、培养人才以及合作开展医疗、科研等方面均取得显著成绩，创造了良好的经济效益。医院通过开展国际科技合作，与14个国家的高等院校建立了友好关系，建立了2个奖励基金会、3个诊疗中心，多次接受国外仪器捐赠，并积极推动人员互访和学术交流，有力地带动了医院科技实力的整体增强，提高了医院的核心竞争能力，提升了医院在国际上的知名度。继省四院之后，2009年，石家庄市又有河北冀凯实业集团有限公司、华北制药集团新药研究开发有限责任公司、中国电子科技集团公司第十三研究所三家单位被科技部确定为国家级国际科技合作基地。2009年，共有五家国际科技合作基地落户石家庄，这标志着石家庄市的国际科技合作平台建设走在了前列。

【国内科技合作】 年内，根据河北省委书记张云川的指示，特别加大了与军工集团和院所合作。11月4～5日，承办了“中国河北·国防民用科技成果展示洽谈会”。石家庄市市长艾文礼代表石家庄市政府分别与中国电子科技集团第十三所和五十四所签订了《关于加速“半导体照明基地”发展的合作协议》和《关于建立“卫星导航产业园”的合作协议》两个战略合作协议，直接投资额达到了15亿元。石家庄市还组织相关企业与中国电子科技集团公司第十三研究所、第五十四研究所、军械工程学院、中国人民解放军第三三零二工厂、中国资源卫星应用中心、河北太行机械有限公司、河北第二机械工业有限公司、郑州测绘大学等八家军工企业和科研院所签署27项合作项目，涉及军转民新产品、新技术，信息科技、高新技术及产品，公共安全及能源与环保领域新技术等多个领域，项目总投资额达到了288.07亿元。

民营科技管理与服务

【民营科技企业发展】 通过重点扶持博深工具公司、以岭药业集团、永生华清液晶有限公司等一批高科技企业，不断开发出一批高新技术产品。年内博深工具公司承担的“激光焊接金刚石工具”和以岭药业集团承担的“通心络胶囊国际市场开发”2个国家科技兴贸重点项目顺利通过国家验收，他们研制生产的通心络胶囊、液晶材料、金钢石工具钻头等一批高科技产品不仅在国内具有广泛的市场，而且开始走向并占领国际市场。博深工具、以岭药业、永生华清、神威药业和辛集东明企业集团5家民营科技企业被省科技厅、省国资委、省总工会认定为首批省级创新型试点企业，市科技局还鼓励民营科技企业拥有自主知识产权，设立了石家庄市知识产权补助资金，每年从科技三项经费中安排一定额度，对包括民营科技企业在内的国外发明专利和国内专利申请费给予适当补助。为提高石家庄市民营科技企业在全国和全省的知名度，全年市科技局积极组织民营科技企业参加国家、省民营科技创新奖评选活动。河北华博精细化工有限公司郝建中、河北小蜜蜂工具有限公司曹雄志、石家庄制动器厂的韩伍林三位同志，申报了国家科技部、中国民营科技促进会、国家奖励办改革开放30年，为民营经济发展做出重要贡献的民营科技企业家。2009年2月11日，在北京人民大会堂召开的大会上，三位同志受到全国人大副委员长何鲁丽的亲切接见和表彰。

【生猪健康养殖用复合预混合饲料】 项目投资总额140万元，预计2010年建60个示范基地，可用复合预混合饲料3000吨，年产值5000万元，年销售额6000万元，年税690万元，由河北医科大学、科星药业、石家庄正康医药研究所联合开发，同时为石家庄市塑造食品最安全城市新形象做出贡献。2009年民营企业管理工作获奖金2万元。同时受到市委市政府肯定和通报表彰。

科学技术普及

【重点科普活动】 成功举办2009年科技活动周。本届科技活动周全面落实科学发展观，紧紧围绕“携手建设创新型国家”这个主题，紧扣“推进自主创新、促进和谐发展”这条主线，突出“贯彻科学发展观的宣传活动”、“科技支撑经济发展的服务活动”、“科技惠及民生的推广活动”和“社会各界广泛参与的科普活动”等四个重点方面，在全市开展了形式多样、丰富多彩的群众性活动，大力宣传科学思想、科学精神、科学知识和科学方法，努力弘扬创新文化,取得了显著成效。据不完全统计，活动周期间全市共组织各类科普活动208次，医疗义诊22场次，其中组织开展科普大集、科技下乡、科普进社区活动50多次，专题讲座、技术培训80余场，展出宣传展板2200块，赠送科技书籍、发放宣传资料、明白纸36万份，参与活动人数达80万人次。

【市、县两级科普中心建设】 年内，市科技局制定印发《石家庄市科学技术普及中心建设工作方案》及《关于认定第一批“县级科学技术普及中心”的通知》，明确了市县两级科普中心的工作职责，成为在市、县科技局领导下专职从事科普工作的常设机构。认定藁城市科普中心等15个单位为第一批石家庄市县级科学技术普及中心。4月15日，在平山县召开了“全市县级科普中心建设工作现场会”，各县（市）区科技局长、主管副局长参加会议。会上平山、栾城、正定、无极、高邑科技局做了会议典型发言，其各具特色、各有亮点的经验做法为其他县（市）区起到了典型示范作用。此外，配合科技局开展的新农村科技示范村建设这一重点工作，投入45万元组织编印出版了《石家庄科技示范村建设科普知识读本》4万套（上下册，共计8万册）。全书共计65万余字，选取了农业、林业和畜牧实用技术及与老百姓生活息息相关的如卫生、健康生活、环保与节能减排、气象、地震、计划生育等方面的科普知识，集技术性、专业性、科普性、实用性为一体。该批科普图书已统一免费发放到全市52个科技示范村34000户农民手中。同时组建“石家庄市科普巡回宣讲服务团”，深入农村、社区开展科普宣讲服务。宣讲团由市科普联席会成员单位、驻石高校、科研院所推荐的在职专家及招募的科普志愿者共同组成，吸纳省、市、县三级涉及农业、林业、畜牧、卫生、地震、计生、环保等多个领域的160余名专家组成。还举办农业科技培训和技术咨询22期，培训农民3500人次。

【科普统计】 根据科技部和省科技厅《关于开展2008年度全国科普工作统计的通知》的要求，组织开展2008年度全市科普工作统计。本次科普工作统计内容包括调查科普机构与人员、科普经费投入、科普场地以及科普传媒等科普资源的投入情况和监测全市科普工作运行状况。统计范围包括市县两级人民政府有关部门及其直属单位、社会团体等机构和组织，共计340个单位。

（张志敏　李茂玲）

【科技资源共享服务平台启用】 11月3日，由市政府投资百万元建立的石家庄科技资源共享服务平台正式投入使用，市民登录石家庄科技资源共享服务平台网站（www.sjzkz.com），注册后就可以免费浏览使用维普、万方、中国知网、国研网党政版、方正电子图书等资源。该平台是面向石家庄地区开放的公益性科技基础条件服务平台，汇聚了大量国内知名文献资源。资源种类齐全，拥有来自多家国内知名数据商提供的期刊、论文、专利、成果、年鉴、科技视频等资源，内容涉及社会科学、工程技术、农业科学、医药卫生、经济管理等多个领域。本地科技基础条件数据库，主要包括专家人才库、大型仪器设备库、科技成果库、机构名录库、政策法规库等。资源具有综合性和专业性，为国内使用最广泛，受关注度较高，除方便市民外，还为政府部门提供决策参考，为驻石企业、科研机构及广大科技工作者提供丰富的信息服务。

（焦莉莉）

山区经济技术开发

【山区星火产业带建设工程】 加强技术创新，为山区星火产业带健康发展提供科技支撑。2009年，石家庄市山区共承担省科技计划项目11项，总经费137万元。组织实施市重点科技计划项目7项，总经费147万元。组织鉴定验收科技计划项目10项，其中8项达到国内领先以上水平，对推动山区科技进步、加快星火产业带建设步伐起到重要作用。加强示范基地管理，充分发挥其示范带动作用。2008年始，石家庄市井陉钙镁产业基地和行唐奶业基地被省科技厅列入全省首批10个星火产业带建设示范基地，在两个基地先后组织实施了“太行山非金属矿资源综合利用关键技术与生态恢复研究”、“奶牛生态养殖技术集成与应用”等7项省、市科技项目。在钙镁产业基地和奶业产业基地多次举办节能减排、清洁生产、技术创新、奶牛品种改良、标准化养殖、防疫灭病等不同类型的培训班，印发技术资料等，有力地推动了基地发展和技术创新，经济效益和科技进步水平明显得到提升。加大科技推广力度，加快星火产业带建设步伐。结合山区星火产业带建设，有关县（市、区）配合，选择了三优一体化优质苹果生产体系推广、绿色食品生产技术、大枣标准化生产技术、名优食用菌规范化栽培技术、散养柴鸡绿色标准化养殖技术、甲壳素红枣生产技术、奶牛性控精液性控胚胎移植技术、石榴裂果病防治技术、钙镁产业节能减排、资源综合利用技术、优质樱桃标准化栽培技术等10多项技术成熟先进、量大面广、见效较快、能够辐射全市山区的技术成果进行大力推广，提高产业发展的技术含量，取得了显著成效。积极扶持龙头企业开发新产品、新技术，增强对产业的辐射带动作用。2009年，对石家庄君乐宝乳业有限公司承担的“绿豆发酵乳制品的开发”、灵寿县冀乐食用菌专业合作社承担的“食用菌液体菌种的开发与应用 ”、井陉天山绿色食品有限公司承担的“优质红小豆标准化栽培技术推广”、鹿泉市香椿专业合作社承担的“香椿高产栽培及贮藏保鲜加工技术研究”等多个项目进行了支持，取得了显著的经济和社会效益。加强星火科技传播站建设，为星火产业带建设提供技术服务支撑。在巩固提高已有的10家科技传播站的基础上，2009年培育发展5家：即赞皇县核桃、樱桃科技传播站、鹿泉市香椿、甲鱼科技传播站和灵寿中药材科技传播站。5家传播站均已初具规模，按照传播站的宗旨任务开展工作。

【举办新农村建设科技示范展览】

6月9日，市科技局在石家庄科技中心成功举办了“石家庄市新农村建设科技示范展览”。本次展览以“新科技、新农村、新发展”为主题，分为“顺势而为、科学决策”、“科学管理，规范运行”、“广泛宣传，营造氛围”、“构建平台，完善体系”、“科学普及，提高素质”、“产业支撑，突出特色”、“改善民生，和谐发展”、“科技示范，典型带动“等七部分，集中展示了石家庄市开展新农村建设科技示范工作以来的新思路、新做法、新举措、新成果。展览当天接待国家科技部和省、市领导，全省各设区市科技局，市科技局系统及全市科技示范村有关人员200多人。

【搭建科技信息服务平台】 年内在18个县（市、区）农村科技服务中心建立农村科技信息平台，并率先在已确定的52个新农村建设科技示范村建立科技信息站，在此基础上逐步发展到全市所有的农村及涉农企业，以实现农村科技信息的及时获取和传输，为农业现代化、农业信息化、产业商品化提供科技支撑，促进农民增收致富，加快全市社会主义新农村建设步伐。

专利与知识产权保护

【专利项目和专利申请】 组织专家对2009年申请专利实施计划项目进行评审。与市财政局、市科技局编制下达《2009年专利资金使用计划》，安排专利资金160万元，其中安排专利实施项目9项，资金115万元；组织石家庄市153项国内发明专利申请，已授权的78项发明专利，共231项列入省知识产权局专利申请资助计划，共申请资助资金20.88万元；制定石家庄市专利申请资助计划，资助专利申请项目209项，其中，国外发明专利申请8项，发明专利申请30项，实用新型专利171项，资助资金20.55万元。2009年，全市专利申请量2402件，比上年增长11%，授权专利1458件，比上年增长11%。专利申请量和授权量均位居全省第一。

【企业知识产权工作】 对全市优势企业知识产权情况进行了调查统计，示范单位知识产权工作水平不断提升。新华区科技局、鹿泉市科技局、正定科技局荣获2009年度河北省知识产权优势培育县（市）区称号。华北制药集团有限公司、石药恩必普药业有限公司信息平台建设项目通过国家知识产权局验收。组织5个项目参加了第十八届全国发明展览会，河北胜嘉杰锐特汽车有限公司荣获一项银奖、一项铜奖，金环包装有限公司获得一项铜奖；另外，按照国家知识产权局要求，对石家庄市2008年授权的企业、大专院校科研院所、个人、PCT四个类别的发明专利进行了《发明专利实施状况调查问卷》工作。

【完善知识产权政策体系】 根据国家和省知识产权局要求，在充分征求各知识产权部门意见的基础上，以市政府办公厅名义下发了《关于印发石家庄市贯彻国家知识产权战略纲要实施方案的通知》（石政办发[2009]60号），明确了石家庄市2009年后一个时期贯彻国家知识产权战略纲要的指导思想、工作原则、实施知识产权战略的目标、工作重点、保障措施；进一步建立健全知识产权执法和管理体制，以市政府知识产权办公会议办公室名义制定并印发了《石家庄市知识产权联合执法行动纲要》（石知办[2009]3号），明确石家庄市知识产权联合执法行动纲要的总体目标、重点工作、保障措施、工作要求；完善全省专利行政执法文书。起草了《石家庄市知识产权突发事件应急预案》，建立完善执法数据库。根据国家局、省局关于报送专利执法案件材料要求，对石家庄市2007～2008年处理的专利案件进行整理，填报专利纠纷案件受理表、结案表，冒充专利案件查处情况表，并起草完成专利纠纷案件案例分析，冒充专利案件情况介绍等材料上报省局。

【知识产权执法】 据国家局和省局要求，继续开展“雷雨”、“天网”知识产权执法专项行动和专利执法月（4月26日～5月26日）活动，组织各县（市）、区根据本地实际，制订符合本地实际情况的实施方案，以食品、医药、农业、高新技术及本地优势产业和重大项目为重点领域，以流通环节的商品集散地、展会、商场等为突破口，以权利人反响强烈、情节严重的案件为重点，对辖区内专利侵权、假冒、冒充专利行为进行大规模检查和集中整治。正定、无极等多个县（市）区执法工作受到省局表扬。大力开展省、市、区三级联合执法活动，与省局、新华区三级专利行政执法人员在新华区开展联合执法检查，对该区部分医药流通企业、东方购物中心等单位家电、食品、药品和化妆品等商品专利标注情况进行了抽查。在石家庄（正定）国际小商品博览会展会期间联合省局、正定县科技局对参加展销的日用品、电子电器等商品知识产权标注情况进行了抽查，在参会企业中强化了知识产权意识，树立了石家庄市在知识产权保护方面良好的国际形象；及时有效处理知识产权侵权纠纷案件，杜绝恶意侵权、反复侵权以及严重假冒冒充专利案件发生，立案处理了张晓方诉石家庄市天宝纺织器材厂专利侵权案。驳回了河北刘新维律师事务所代理河北伟达变维科技开发有限公司诉辛集市创盛房地产开发有限公司就发明专利《环绕变维写字、住宅楼》专利侵权案。2009 年，全市出动专利执法人员 920 余人次，对全市 30 多家市场、商场销售有专利标记的商品进行了检查，检查专利商品 1100 多件。在执法检查活动中，在商贸单位推广《专利商品营销管理制度》，从源头上控制冒充专利商品流入市场。全年专利侵权纠纷案件调处法定期限结案率达到 100%，假冒和冒充专利上柜率控制在 1% 以下。保护了专利权人的合法权益，优化了知识产权保护环境。科技局被省局推荐为全国专利执法先进单位。

【举办知识产权大型宣传活动】 4 月 25 日，省市近 20 个知识产权管理部门和服务机构约 200 人在人民广场开展了知识产权大型宣传咨询活动，解答群众咨询 1800 余人次，发放各类知识产权保护宣传书籍 1500 余本，宣传册、明白纸 16000 多份；4 月 20 日，与科技局、科协在桥东区第 23 中学召开创新与梦想—青少年科学创造能力展示与培训会。桥东区各学校主管领导、主任、少先队辅导员、科技辅导教师和科学、物理、化学、生物、美术等教师以及 23 中学生约 500 人参加了培训会。培训会同时集中展示了桥东区科技局制作的“石家庄市青少年科技创新成果”50 块展牌，并发放知识产权宣传资料 500 余份。配合省知识产权局开展“实施知识产权战略燕赵行”采访活动，协助河北日报、河北省电视台、河北省人民广播电台等多家媒体对高新技术开发区、石药集团、博深工具、伍龙制动器厂就石家庄市知识产权示范城市创建、高新技术园区贯彻国家知识产权战略纲要情况及企业运用知识产权战略提高创新能力和核心竞争力的做法和典型事例进行了深度采访。

科学技术奖励

【概况】 依据《石家庄市科学技术奖励条例》，经石家庄市科学技术奖评审委员会评审，石家庄市科学技术奖励委员会审议，石家庄市科技局核准，市政府批准，授予“ZQSJ-90 架柱支撑手持式气动防突钻机”2 项科技成果为石家庄市科学技术特别奖；授予“陶瓷材料色料分散性技术研究”等 77 项科技成果为石家庄市科学技术进步奖。

表 46 2009 年度石家庄市科学技术特别奖

序号	项目名称	完成单位	主要完成人员
1	ZQSJ—90 架柱支撑手持式气动防突钻机	河北冀凯实业集团有限公司	李占利 赵盘胜 刘占宏 刘文皓 李小胜
2	JR 型氨合成塔系统	石家庄正元化肥有限公司	刘金成 张立军 林美莉 钱进华 张长秋

表 47 2009 年度石家庄市科学技术进步奖一等奖

序号	项目名称	完成单位	主要完成人员
1	EBZ150 II 型悬臂式掘进机研究开发	石家庄煤矿机械有限责任公司	张兰胜 周迎春 李树辉 王彦海 耿凤肖 宋月辉 魏苍栋 岳素青 陈开跃 王玉廷
2	节能环保型超大流量盘式连续干燥装置	石家庄工大化工设备有限公司	张继军 底国栋 张晓松 赵敏刚 徐彦国 刘松琴 翟 民 张 伟 董伟志 杨大成
3	高清全表贴 LED 真彩色大屏幕视频显示屏	石家庄市京华电子实业有限公司	远松灵 李春明 孟淑琴 王保柱 安胜彪 杨鹏飞 轩宗泽 张振男
4	制造业信息化 ERP 平台研究	石家庄强大泵业集团有限责任公司 河北科技大学	高金道 张迎周 李永伟 杨建强 梁瑞芳 鲍翠改 王晓红 王井阳 杨金玲 王书栋
5	抗吸浆虫冬小麦新品种石麦 12 号	石家庄市农业科学研究院 河北省小麦工程技术研究中心	郭进考 史占良 张士昌 段喜顺 杨建辉 杨军峰 单子龙 田宇兵 宿振起 傅晓艺
6	低分子量肝素钙注射液	河北常山生化药业有限公司	李宗科 王文利 白文举 崔 洁 赵志娟 李 彦 刘 俭
7	温理奇阳调平气机法抢救肌无力危象的理论探讨与临床研究	河北以岭医院	陈金亮 胡军勇 罗亚萍 周顺林 王殿华 丁福艳 黄 涛 华 玲 张志慧 刘志杰
8	结晶果糖联产甘露醇新工艺及青霉素生产中溶媒回收新技术 (1) 青霉素生产中溶媒回收新技术的开发和应用 (2) 结晶果糖联产甘露醇新工艺的研究)	(1) 华北制药股份有限公司 (2) 河北华旭药业有限责任公司	(1) 高建军 李春利 袁五锁 温同礼 王分良 郭小军 祁桂玲 杨志杰 李冬梅 马忠青 (2) 谭卫星 容文谦 刘 卿 容淑祥 容树林 苏卫东 康秀庭 苏 娜 张冬霞 康云霄
9	糯玉米新品种石彩糯 1 号选育及应用	石家庄市农业科学研究院	许新敏 刘玉强 闫二国 郭贵峰 冯健英 许 洛 朱彦辉 刘兰锁 赵文庆
10	客运专线装配式模架现浇箱梁施工工艺研究	中铁二十局集团石太铁路客运专线指挥部	周金红 李 科 杨文宣 靳锐勇 马西章 赵朝阳 张朝君 陈 献 褚红艳

（续表）

序号	项目名称	完成单位	主要完成人员
11	食品药品中抗生素及硝酸盐检测方法研究 (1) 浊度法测定抗生素药品活性的研究及应用 (2) 微生物抑制法检测食品中总抗生素技术 (3) 固相萃取－离子色谱法测定乳与乳制品中可致癌物硝酸盐的研究	(1) 河北省药品检验所、河北中润制药有限公司 (2) 石家庄大为生物技术有限公司、石家庄开发区达为医药科技有限公司 (3) 石家庄市疾病预防控制中心	(1) 刘　云　王金龙　高燕霞　姜建国　韩　彬　王茉莉　张　菁　苑　华　魏　莉　陈学军 (2) 高春平　赵彦岭　李志平　李金超　马志梅　陈子璇　范巧娜　张晓鑫 (3) 胡　平　王淑惠　王　军　张红英　任永红　柏景乐　何　燕　王军鹏　张　宏

表 48　2009 年度石家庄市科学技术进步奖二等奖

序号	项目名称	完成单位	主要完成人员
1	陶瓷材料色料分散性技术研究	赞皇县高砂陶瓷材料有限公司	刁建志　张建民　李更辰　杜淑娟　尹秀菊　顾业强　周　炬
2	高等级无声破碎剂的研究与开发	石家庄市功能建材有限公司凤山分公司	李乃珍　谢敬坦　王保全　蒋玉昆　张立新　雷亚光　王世玲
3	多功能根茎收获机	河北省农业机械化研究所有限公司	王进朝　贾素梅　温长文　王惠新　李　晔　赵志伟　张栋岩
4	中医药疗法制剂对消化系统疾病药效学与临床研究 (1) 耳穴贴压干预下肠癖康对溃疡性结肠炎患者的影响 (2) 金芦（舒肝）利胆排石丸不同提取部位的药效学研究	(1) 石家庄市中医院 河北省中医院 (2) 石家庄市中医院	(1) 杜艳茹　高春梅　刘玉来　白海燕　孟建华　王延峰　张　纨 (2) 吴文博　李　红　齐俊英　李　青　张　伟　焦立红　孙文格
5	硫酸头孢喹肟注射液	河北远征药业有限公司	岳永波　杨　芳　刘　波　王德功　刘海亮　郭鸿志　杨国辉
6	眼底病临床研究 (1) 曲安奈德与激光治疗视网膜分支静脉阻塞的对比研究 (2)4+1 疗法治疗原发性视网膜色素变性的临床研究	(1) 石家庄市第一医院 (2) 石家庄市中心医院	(1) 柴艳霞　靳胜利　柴宏侠　熊朝晖　苑亚贞 (2) 武晓燕　张　彬　苏晓力　崔舒红　董焕娥
7	皮暗斑螟性信息素及应用技术	河北省林业科学研究院 正定县林业局	温秀军　刘满光　靳爱荣　张秀红　姜奎年　安建会　张迎然
8	水平管降膜蒸发器的研究	石家庄工大化工设备有限公司	张继军　史晓平　赵敏刚　刘彩娟　李国强　齐晓娣　回素彩
9	渣浆泵耐磨王 A31 研制	石家庄强大泵业集团有限责任公司	张山纲　朱保钢　李计云　张玉龙　刘东路　赵占军　赵建军
10	基于遥感、地理信息技术的农业生态环境分析研究	石家庄铁道学院 河北省基础地理信息中心 石家庄市勘察测绘设计研究院	张文胜　荣高悦　何建国　田雪莉　高晓玲　陈宏富　张现礼
11	保洁、抗菌多功能针织面料的研制	石家庄第二纺织经编厂 河北科技大学	张永久　李俊杏　冯爱芬　崔淑玲　祖倚丹　闫利民　邓宝祥
12	小巨核细胞的单克隆抗体 CD41 免疫酶标染色在全血细胞减少患者中的诊断意义	石家庄市第一医院	李秀芳　王　新　马志伟　李立新　王　超　路彦茹　邢英杰

（续表）

序号	项目名称	完成单位	主要完成人员
13	改善水泥混凝土路面面层与基层之间支撑条件的技术研究	石家庄市公路管理处	刘　静　王叔宝　杜延昭　王朝辉　高彩兰　张　莉　郑国永
14	高效节能纳米抗磨剂	石家庄劲力宝石油化工有限公司	王长青　李洪明　高峻岩　王晓颖　贺秋萍　许世英　苏国林
15	节约型加酶饲料的研发与推广	石家庄广威农牧有限公司	杨禄良　耿云峰　周建敏　刘　涛　杨建立　闫金堂　李明哲
16	银杏叶软胶囊	石家庄市华新制药厂	高燕霞　赵立新　姜彩霞　张　硕　赵　凯　马海波
17	高产、稳产、优质杂交抗虫棉新品种冀创棉1选育及应用	石家庄市农业科学研究院 河北创世纪科技股份有限公司	赵国忠　眭书祥　李增书　李爱国　赵丽芬　谷登斌　朱青竹
18	早熟抗裂西瓜新品种选育及应用	新乐市种子有限公司	陈增树　韩进录　韩改花　陈增军　郑雪然　苏淑敏　张英军
19	缺血性脑血管病事件相关电位P300颈动脉粥样硬化及血糖血脂等相关指标的系列研究 (1)慢性脑血管功能不全患者事件相关电位P300的研究 (2)颈动脉粥样硬化与缺血性脑血管病的关系 (3)探头支架辅助回声跟踪技术在早期动脉粥样硬化检测中的应用	(1)石家庄市第一医院 (2)石家庄市第二医院 (3)石家庄市中心医院	(1)赵素霞　闫淑静　刘宏雨　李嘉民　高　扬　周云辙　刘春燕 (2)李印肖　卢桂花　张会欣　侯　健　郭会敏　李翠乔　张　梅 (3)张　莉　金仲群　王京萍　王杰超　陈舜珏　张　超　葛路岩
20	高性能激光焊接金刚石工具	博深工具股份有限公司	孟凡爱　沈祥清　时会彬　樊云昌　江　斌　王成军　王建强
21	boao—2004系列微机全控励磁装置	河北省电子信息技术研究院	王瑞更　王　翔　许　强　董兵贤　王书岩　宋振辉　闫　浩
22	瘦素肾上腺骨髓质素子宫动脉栓塞联合米非司酮治疗妊娠滋养细胞疾病及子宫肌瘤的意义 (1)子宫动脉栓塞和米非司酮治疗子宫肌瘤的比较研究 (2)瘦素、肾上腺髓质素在妊娠滋养细胞疾病中的表达及意义	(1)石家庄市妇幼保健院 (2)石家庄市第四医院	(1)焦瑞芬　秦志敏　王慧兰　李云珠　马桂萍　韩庆胥 (2)郝国荣　杨峥莉　刘丽华　白凤楼　刘荣霞　李清雪　张　彦
23	医学细胞遗传学人类异常染色体世界首报核型三例	石家庄市第四医院	赵丽娟　张凤巧　贾莲虹　刘玉乔　张　颖　雷灵梅　李美芳
24	ST520型特种网重型织机	石家庄纺织机械有限责任公司	刘　强　贾素会　王泽娟　刘光达　王同珍　李平海
25	快速检测技术对现代食品安全监管工作影响的研究	石家庄市卫生监督局	安兰敏　程锦隆　狄震宇　常　晖　刘　纳　董永辉　宋胜军
26	外周血造血T细胞移植治疗恶性血液病的临床研究	中国人民解放军白求恩国际和平医院	郭　晓　李栋梁　侯兰芬　宋　丹　王友君　李文静　王志伟
27	薄膜晶体管液晶显示器用的含氟液晶化合物产业化（TFT—LCD用液晶材料产业化）	鹿泉市新型电子材料有限公司	杨世琰　李桂兰　李永杰　李跃琴　牛文起　刘　扬

表 49　　2009 年度石家庄市科学技术进步奖三等奖

序号	项目名称	完成单位	主要完成人员
1	丹参优良种质筛选及规范化生产技术研究	石家庄本草药用植物研究所	周巧梅　田　伟　谢晓亮　温春秀　刘　铭
2	野生珍稀花卉翠雀、角蒿园林应用与选育研究	石家庄市蓝天园林技术研究中心	黄印冉　刘香芬　张均营　郝莉雁　冯　宁
3	肾上腺髓质素在子宫内膜异位症、子宫腺肌症中的表达及意义	石家庄市第四医院	刘荣霞　葛　军　郝国荣　杨峥莉　岳本明
4	散养柴鸡标准化生产技术体系研究	赞皇县天然农产品开发有限公司	臧素敏　梁变全　黄仁录　刘华格　王学静
5	FPK 轨道式起重机智能防碰撞控制系统	石家庄市三元机电有限公司	高淑华　张兴卫　刘丽丽　鲁保乐　陈振波
6	水泥混凝土路面冬季施工关键技术研究	石家庄市公路管理处	刘　静　王叔宝　杜延昭　王朝辉　米建朝
7	调压型高压无功自动补偿成套装置	河北旭辉电气股份有限公司	张旭辉　李瑞桂　李清锋　郝彦平　李晓刚
8	玉米方便面生产工艺技术研究与开发	石家庄今客食品有限公司	武立新　王俊江　董明彩　王英全　王俊海
9	6—氨基青霉烷酸直通新工艺开发	华北制药股份有限公司	刘桂同　李秋元　吴立强　王　欣　齐志良
10	石家庄市腹泻病原谱研究	石家庄市疾病预防控制中心	刘　立　周吉坤　任凤珠　徐保红　高伟利
11	纺织工业新技术、新产品开发与应用（麻材粘胶纤维浆粕及功能化纤维）	河北吉藁化纤有限责任公司	宋德武　岳福生　郑书华　李振峰　陈达志
12	数控往复式双端面磨床	石家庄市轴承专用设备厂一分厂	杨树义　孟政礼　马宏刚　樊　华　李育龙
13	高渗盐水治疗重型颅脑损伤的临床疗效研究	石家庄市第三医院	姚志刚　孙晓立　刁志强　常　燕　叶　蔚
14	骨髓干细胞移植治疗急性心肌梗死	石家庄市第一医院	薛　铮　时占楼　吕新湖　冯燕光　杨春燕
15	塑料地埋式自锁出水口的研究与开发	河北华微节水设备有限公司	张素玲　张彦国　王志平　李增云　范玉梅
16	肝纤维化进展机制及肝硬化院内感染高危因素的研究 (1) 黏着斑激酶与细胞周期相关蛋白在肝星状细胞增殖机制中作用研究 (2) 乙型肝炎肝硬化患者医院内感染及高危因素的临床研究	(1) 石家庄市第三医院 (2) 石家庄市第五医院	(1) 霍晓霞　申建刚　任英霞　赵玉斌　王燕云 (2) 刘素芬　胡瑞敏　林慧芳　苏国权　李兵顺
17	青霉素 V 钾生产新工艺开发和应用	华北制药股份有限公司	吕录华　高春峰　冯　薇　朱桂芬　赵志普
18	锯切式气吸精密播种机	河北农哈哈机械集团有限公司	吴运涛　刘彦杰　齐绍柠　赵金山　杜亚尊

（续表）

序号	项目名称	完成单位	主要完成人员
19	天线伺服行星减速器的研制	石家庄科一重工有限公司	靳云山　赵向坤　周建慧　刘贯举　王红梅
20	石家庄市建设节约型小城镇研究	河北师范大学 石家庄市建设局	刘秉良　牛建国　龙丽民　赵红杰　崔立烨
21	抗人 Nestin 单克隆抗体的制备及人神经干细胞体外检测体系的建立	河北博海生物工程开发有限公司	李　彬　徐晓荣　闫静辉　张　锐　刘玉翠
22	石家庄房地产价格指数编制系统	石家庄房地产市场管理服务中心	任海萍　赵恩英　杜　云　田　强　李凤银
23	高精度内燃机曲轴止推轴瓦	石家庄市东方轴瓦有限公司	金铁汉　金建平　刘瑞金　金书芳　边　静
24	硝盐蒸发、结晶节能减排技术开发	石家庄凤山化工有限公司	吴庆华　任保亭　左顺成　高国红　张立新
25	碳酸钙生产节能降耗技术示范研究	石家庄市红日钙业有限公司 石家庄市月凯粉体技术研究所	胡庆福　高彦中　高苍竹　马永山　赵建忠
26	数控自动化铝塑组合盖铆合机	河北金环包装有限公司	闫志刚　韩立新　卢洪林　寇新春　薛春利
27	踝背屈牵拉器治疗痉挛性脑瘫合并踝关节挛缩疗效研究	石家庄市第八医院	白国芳　李彦根　陈素菊　王春庭　马娟春
28	常年性变应性鼻炎，IgA 肾病及盐酸青藤碱治疗作用的研究 (1) 盐酸青藤碱对血液透析患者微炎症状态的影响 (2)IgA 肾病与代谢综合征 (3) 常年性变应性鼻炎抗炎和免疫治疗的临床研究	(1) 石家庄市第三医院 (2) 石家庄市第一医院 (3) 石家庄市第一医院	(1) 吴志茹　程　彤　贾志芳　刘翠红　钟　瑾 (2) 薛兰芬　王利平　张国欣　赵天然　张惠儒 (3) 李健鹰　杨莉萍　汪贺媛　黄　建　毛　楠
29	高对比度快速响应光控开关液晶显示器研发与应用	河北冀雅电子有限公司	王晓燕　魏铁艳　李鹏云　康伟华　杨长勇
30	复方中药调节外周血树突状细胞分泌细胞因子的实验研究	石家庄市第五医院	杨　莉　戴二黑　李秋林　刘玉珍　李艳佳
31	发酵制备辅酶 Q10 新产品开发	河北常山生化药业有限公司	李宗科　徐晓辉　白文举　郭丽芬　张素艳
32	医学新模式在围绝经期及绝经后生殖保健的应用	石家庄市妇幼保健院	徐国萍　张秀梅　苏学艳　王婷婷
33	耐药肺结核及结核性胸膜炎优化治疗策略的研究 (1) 耐多药肺结核病经支气管镜介入治疗的研究 (2) 巩固阶段每周一次给药治疗结核性胸膜炎的研究	(1) 石家庄市第五医院 (2) 石家庄市疾病预防控制中心	(1) 曹金凤　王海宾　康书慧　杨　桦　张彦亭 (2) 何立新　祁文涛　张彦亭　张青剑　朱建良

（续表）

序号	项目名称	完成单位	主要完成人员
34	胎盘泌乳素 th1/th2 比率及产妇人格因素对高危妊娠分娩方式影响的研究 (1)Th1/Th2 比率失衡与子痫前期发病和病情相关性研究 (2)胎盘泌乳素（HPL）在指导围产期保健中的新探索 (3)人格因素与分娩方式选择的相关性研究	(1)石家庄市第一医院 (2)石家庄市第四医院 (3)石家庄市第三医院	(1)吕英璞　莫中福　张文真　卢士燕　辛　虹 (2)王　红　向　旭　李保平　张素娥　王绪朝 (3)闫智梅　张素辉　刘肖莉　李幼东
35	精密数控多层胶粘制品圆刀旋转模切机	河北省自动化技术开发公司	姚福来　张艳彬　姚泊生　张艳芳　王洪霞
36	高速工具钢银亮棒材开发	河冶科技股份有限公司	吴立志　梁敬斌　樊巧彩　梁彦林　尤晓东
37	石家庄八水厂自控系统改造研究与应用	石家庄东方龙水业科技有限责任公司	张建弟　李　强　李锁军　左江波　张京涛
38	石家庄地区院前猝死 786 例流行病学调查分析	石家庄市第二医院	马玉珍　万领弟　杨菊格　于红兵　李秀彩
39	大功率密封防水多路电源	河北汇能欣源电子技术有限公司	王志本　陈　辉　吴晓亮　臧朝峰　王如军

（张志敏　李茂玲）

【24 项成果获省科技奖】 2010 年 2 月，省政府对 2009 年度 282 项科学技术成果进行奖励。石家庄市有 24 项科技成果位列其中，其中，一等奖 1 项，二等奖 2 项，三等奖 21 项。中电科技集团 54 所为“嫦娥一号”研发生产的亚洲最大的、最长的“50 米口径射电望远镜天线”项目成果荣获省科技进步一等奖。中科院遗传与发育生物学研究所农业资源研究中心的“河北省主要农作物精准农业关键技术研究与集成示范”、博深工具的“高性能激光焊接金刚石工具”被省政府授予省科技进步二等奖。市农科院的“抗吸浆虫冬小麦新品种石麦 12 号”等 21 项成果被授予省科技进步三等奖。石家庄市获奖项目有 66.7% 的项目由企业独立或参与完成，企业创新主体地位确立，中小型民营科技型企业已成为全市技术创新一支重要力量。有 33.3% 的项目属于生物医药类，彰显省会生物医药技术具备良好的研发实力。

（焦莉莉）

【高新技术成果项目获奖励】 2010 年 2 月 22 日，市政府对 2009 年度高新技术成果项目的技术成果和项目投资人进行奖励。经专家集体评审、市发改委认真审核，最后确定 4 个项目符合石家庄市高新技术成果落地奖励办法有关规定。决定授予两个项目二等奖、两个项目三等奖。获得 2009 年度高新技术成果落地奖二等奖的分别是：河北爱尔海泰制药有限公司新型制剂药物高技术产业化示范工程、高新技术成果为托卡朋片的研究、盐酸二甲双胍缓释胶囊和替米沙坦胶囊，奖金 100 万元；石家庄市永生华清液晶有限公司 TFT-LCD 用液晶材料产业化项目，高新技术成果为 TFT-LCD 用液晶材料，奖金 100 万元。获得 2009 年度高新技术成果落地奖三等奖的分别是：石家庄四药有限公司利用多层共挤膜包装技术制备乳酸加替沙星输液高技术产业化，高新技术成果为乳酸加替沙星原料及制剂项目，奖金 50 万元；石家庄正元塔器设备有限公司年产 1 万吨非标压力容器技术改造项目，高新技术成果为垂直筛板型甲醇三塔精馏技术和低阻力节能型 DR 双层甲醇内件及配套工艺，奖金 50 万元。

（范玉蕾）

科技成果转化推广与管理

【概况】 2009年，石家庄市科技成果推广工作取得较好成绩，全年共安排科技成果推广计划4批，15个项目，安排资金192万元。其中招标项目2项，安排资金32万元。有22项科技成果推广计划项目通过验收，取得直接经济效益7.99亿元，间接社会效益达36.75亿元。

【提高农田水分利用效率的综合节水模式示范与推广】 该项目推广了中科院遗传发育所农业资源研究中心“河北平原典型地区农业节水示范与地下水持续利用”课题形成的适合山前平原高产区的多种小麦、夏玉米节水高效栽培关键技术，建立了以栾城县为中心的核心示范区，以山前平原石家庄市为中心的示范推广区，并扩大河北山前平原的辐射区，从而形成了“一点两圈”的三级示范推广网络。三年来，在栾城中心示范区年推广50万亩，累计150万亩，亩均节水超过100立方米，示范区粮食达到1200千克，增产20%，效益显著；以石家庄市为中心示范推广区，三年推广300万亩，亩均节水超过80立方米，亩产达到1100千克，增产15%，取得了非常显著的经济和社会效益。

【节粮型畜牧业技术示范与推广——酶制剂在猪饲料中的应用研究】 该项目实施三年，采用在传统玉米−豆粕型日粮中添加0.3%的复合酶制剂的方法，使料肉比降低6.5%，投入产出比提高5.45%；在玉米−豆粕型日粮的基础上添加0.35%的复合酶制剂和3%酒糟，替代4.76%的玉米后，投入产出比提高8.2%；添加0.35%的复合酶制剂和3%的青绿玉米秸秆，投入产出比可提高7.4%。这些技术的推广节粮非常明显。项目实施三年，累计推广配合饲料1.45万吨，浓缩饲料6.7万吨，复合酶制剂373.5吨，累计创经济效益4812.46万元。

【列管式碳化塔制备纳米级碳酸钙新工艺推广】 该项目针对轻质碳酸钙行业单管碳化工艺中存在的碳化时间长、动力消耗大、二氧化碳利用率低、产品粒径分布宽、产品质量差等问题，采用石家庄学院列管式碳化塔进行设备改造和工艺条件优化，推广使用列管式碳化塔，达到了节能和环保的目的。同样生产规模，利用该技术设备投资仅为超重力法的十分之一，一吨产品列管碳化法比超重力法节省300度电能，其CO_2利用率比超重力法高50%左右，生产成本比超重力法吨生产成本1000元降低50%。项目在井陉县的五家企业实施后，年节约电能226万千瓦时，节资136万元；年减少CO_2排放4365万立方米，年新增产值6600万元，新增利税1320万元。

【猪尿中莱克多巴胺酶联免疫检测技术示范与推广】 该项目从2007年开始，在石家庄地区最大的石家庄市肉联厂、凯隆达肉联厂及2260个养猪场进行了猪尿中莱克多巴胺酶联免疫检测及检查，覆盖面共计50万头，达到2.0%的生猪抽检率。通过抽查检测，规范了市场，提高了人民群众对瘦肉精莱克多巴胺的认识，有效地对食品安全进行了宣传。使石家庄市范围内，生猪及屠宰后生猪肉体内残留的“瘦肉精”莱克多巴胺得到了有效控制，保证了市民饮食安全，为保证人民群众吃上放心肉做出了重要贡献。

【市政府与省内18家高校科研院所签订长期科技合作协议】 9月22日，“石家庄市人民政府与高校、科研院所科技合作签约仪式”隆重举行。石家庄市政府副市长张妹芝代表石家庄市人民政府与河北大学、燕山大学、河北科技大学等高校、中科院遗传所农业资源中心、河北省科学院、河北省农林科学院等18家高校和科研院所分别签订“科技教育合作协议”和“全面科技合作协议”。省会22家企事业单位与有关高校科研院所签订产学研合作协议，签约项目涉及制造业、医药化工业、环境治理、食品安全、饲料行业、畜禽养殖、装饰材料、自动化仪表等十余个行业。协议投资总额达4.98亿元。

【出台多项鼓励措施推进产学研合作】 2月26日，市科技局印发《关于加强省会高校科研院所联席会工作推进产学研合作的意见》。该《意见》针对2009年石家庄市经济和社会发展的实际情况，为充分调动驻石中直、省直大专院校、科研单位等"联席会"成员单位积极性，发挥其在石家庄市经济和社会建设中的科技支撑作用，推出11项优惠措施，鼓励省会企事业单位与高等院校科研院所进行全面技术合作。

【举办"技术转移与产学研合作座谈会"】 10月19日，在中国石家庄国际投资贸易洽谈会上，清华大学、吉林大学、中国科学院等20家国内知名高校和科研院所的专家和教授以技术转移和产学研合作为主题展开座谈。与会专家分别介绍了各自的科研优势和产学研合作模式，围绕进一步推动石家庄市的政产学研合作献计献策，提出了许多建设性的意见和建议。一致认为：政产学研合作是推进高等院校和科研院所科技创新成果转化的有效途径；加强政产学研合作，促进科技成果转化，需要政府、高校、广大企业以及社会中介同心协力，共同推进；企业是产学研合作的主体，高校是技术创新的源泉，政府则是政策、环境的制定者和营造者；"三位一体"共同努力，才能把产学研合作引向深入，才能更好地促进科技成果的转化和高新技术的产业化。为推进石家庄市产学研工作开展，根据实际情况，11月16日，市科技局印发《关于进一步加强产学研合作的意见》，出台17项措施，用以全面加强石家庄市的产学研合作 。

（张志敏　李茂玲）

【高新区入选中国产学研创新示范基地试点单位】 年内，在天津举行的第三届中国产学研合作高峰论坛上，中国产学研合作促进会公布了第二批18家产学研合作创新示范基地试点单位，石家庄市高新区名列其中，是河北省唯一的一家。中国产学研促进会于2008年10月正式启动"中国产学研合作创新示范基地"试点工作，并在2008年第二届中国产学研合作高峰论坛上公布了第一批包括北京中关村、清华科技园在内的13家试点单位名单。第二批"中国产学研合作创新示范基地试点单位"共有18家。

（王丽静　焦莉莉）

技术市场与技术贸易

【技术合同与成交额】 2009年，石家庄市技术市场工作进一步活跃，全年技术合同认定登记998项，合同成交额6.52亿元，比2008年度增加34.71%，创历年新高。

【第四届金桥奖在石揭晓】 10月28～30日，2009中国技术市场协会年暨第四届金桥奖颁奖大会在省会石家庄隆重举行。金桥奖是经国家科技奖励办公室审定批准的全国技术市场的最高奖项，为国家科技进步二等奖，主要表彰在全国技术市场中作出突出贡献的集体、个人和创新水平与转化效益突出的项目，每两年评选一次。本届金桥奖共评审出246个先进集体、218个先进个人和156个优秀项目。其中，河北省有13个先进集体、9个先进个人和3个优秀项目；石家庄市科技局荣获先进集体，市科技局陈凤敏荣获先进个人，市农科院的"节水高产高淀粉玉米新品种石玉7号示范推广"项目荣获优秀项目。

2009年度石家庄市科学技术奖获奖项目选介

【ZQSJ-90架柱支撑手持式气动防突钻机】 完成单位：河北冀凯实业集团有限公司 "ZQSJ-90架柱支撑手持式气动防突钻机"，是一套用于探测煤矿井下瓦斯和地下水探测与抽采的安全高效设备，该项目技术水平达到国际先进水平，可避免煤矿瓦斯爆炸、地下水突涌等矿难的发生，该项目2006年获省科技奖励后，又继续创新与发展，取得了7项专利技术。该项目经济效益和社会效益显著，2006～2008年三年累计新增产值3.27亿元，新增利税1.18亿元。

【JR型氨合成塔系统】 完成单位：石家庄正元化肥有限公司 "JR型氨合成塔系统"，集成开发了一套系统的集资源综合利用、环保和节能于一体的合成氨生产节能节水减污技术，主要用于氮肥企业合成氨生产的氨合成工序，可有效解决氨合成的高效、节能、反应收率等技术问题，实施后率先在国内氮肥行业实现的生产污水零排放技术，项目技术水平达到国内领先。该项目2006年获省科技奖励后，又继续创新与发展，并被中国氮肥协会作为2007～2010年循环经济支撑技术之一在全国氮肥行业推广。2006～2008年累计新增产值9.86亿元，新增利税1.58亿元，社会效益和经济效益显著。

【EBZ150 Ⅱ型悬臂式掘进机研究开发】 完成单位：石家庄煤矿机械有限责任公司 EBZ150 Ⅱ型悬臂式掘进机是石家庄煤矿机械有限责任公司推出的新产品。该机是为了适应煤矿快速掘进的需要，并针对目前煤矿掘进中迫切需要解决的问题，对掘进机配备掘、锚装置、临时支护装置、物探钻机装置等新技术进行了深入的研究，并获得了初步成功，使掘进机更适合煤矿安全生产工艺的要求，该掘进机的技术水平达到国内领先。主要研究内容、难点及创新点：一是掘进机随机配备独立锚杆机液压泵站，为锚网支护作业提供动力源，为实现掘锚作业创造了条件；二是掘进机临时支护系统，支护速度快，减轻工人的劳动强度，使矿工作业更安全；三是该机采用双变量比例液压控制系统，可实现柔性切割，同时实现行走系统的智能判断负载无级恒功率调速。适应坡度±18°；四是自主开发的机载物探钻机系统，钻探深度75～100米，可实现掘进方向和全断面的全方位探测，扩展了掘进机的应用范围，简化了掘探工艺，提高井下生产的安全性，提高掘进效率。该项目研制成功，为煤矿掘进提供了一种先进的多功能掘进设备，综合技术水平国内领先，经济、社会效益显著，推广应用前景良好。

【节能环保型超大流量盘式连续干燥装置】 完成单位：石家庄工大化工设备有限公司 该项目的研究目的是在传统盘式连续干燥器的基础上进行结构改造，在发挥它的传统优势的基础上，提高它的单台干燥能力（达到单台设备干燥量8～40吨／小时），形成具有自主知识产权的高新技术，即节能型大干燥量盘式连续干燥器。同时配套以简单有效的除尘装置，使得干燥装置的工作环境和尾气排放达到环保要求。以适应冶金工业中大流量的矿粉（如：硫精矿、镍矿、煤粉等）的干燥和化工生产中大产量的化工产品（聚乙烯、元明粉、氧化铝等）的干燥。技术水平为国内独创，国际先进。技术难度：一是设备直径较大（φ3800mm或以上），运输困难；二是设备干燥盘直径较大（φ3000mm或以上），平整度不好保证；三是设备进出料的方式及连续均匀的加料装置；四是大流量物料在设备内的流动路径；五是高湿尾气的除尘装置；六是设备的可靠性，正常运转周期应在1000小时以上。科技进步和经济、社会发展的推动作用：形成自主知识产权，获得两项国家专利，达到国际领先水平。它淘汰了落后的干燥工艺和设备，填补了国内在超大流量盘式干燥装置上的空白，具有较大的经济效益和社会推广价值。

【低分子量肝素钙注射液】 完成单位：河北常山生化药业有限公司 低分子量肝素钙注射液是新一代肝素类抗血栓形成药物，2009已作为防治深部静脉血栓形成及相关疾病的首选药物。该公司在制取低分子量肝素钙工艺中，采用双相技术降解肝素，使其具有高效活性的特定结构形式，并进一步采用动态离子交换技术、超滤等现代化分离纯化手段，获得具有特定平均分子量和分子量分布范围的低分子量肝素钙，使导致出血危险的主要因素抗FⅡa活性大幅降低，而发挥抗栓主要作用的FXa活性相对提高，使由β－消除法制取的低分子肝素钙注射液的使用具有有效、安全和方便的优势。主要技术性能指标：抗FXa活性为90 IU/mg以上；抗FXa/抗IIa比值为2.5～4.0；分子量与分子量分布为3600～5000；分子量小于8000的含量不低于75%。该公司低分子量肝素钙注射液生产工艺技术水平和产品质量均居国际先进水平，可实现工业化生产。本项目的实施，有利于国家低分子肝素生产向高水平、规模化方向发展，并大幅提高产品附加值和国际市场竞争力，对国家生物制药行业的发展及医疗保健事业的建设有重要作用；对于改善血栓类难治性疾病的医疗现状，保障人民身体健康及实施国家国民经济可持续发展战略有极为重要的意义。

【抗吸浆虫冬小麦新品种石麦12号】 完成单位：石家庄市农业科学研究院；河北省小麦工程技术研究中心 针对生产上小麦吸浆虫发生普遍、危害严重已成为小麦高产、稳产主要限制因素的现状，确立了抗病虫高产的育种目标，以创新的高产、抗病新材料石91-5096为母本，以高抗吸浆虫冀麦23号为父本进行有性杂交，历经12年抗虫性和高产性的同步选择育成的高抗吸浆虫、高产小麦新品种石麦12号。突出特点：一是高抗吸浆虫。在小麦吸浆虫严重发生地块，对河北省主推品种、新育成品种、资源等425份材料鉴定表明，石麦12号损失率仅为0.08%，对照为64.22%，抗虫性居参试材料第1位。二是高产。冀中南水地区试，最高亩产663.85千克，一般亩产500千克以上，较对照增产极显著；国家品种展示亩产达670.91千克，较对照增产7.55%。三是适宜“两晚”技术应用。在适期晚播情况下，一般亩产可达500千克左右，最高可达583.90千克，达到其它品种适期播种的产量水平。该品种适宜在冀中南麦区中高水肥地种植，特别是吸浆虫高发区，它的推广应用减免了农药用量，保障了食品安全和生态环境，实现了经济效益和社会效益的同步提高；晚播高产特点，适宜“两晚”技术的推广应用，利于夏秋粮均衡增产。

表50　　2009年度石家庄市工程技术研究中心名单一览表

序号	名　　称
1	石家庄市基因工程药物工程技术研究中心
2	石家庄市头孢类抗生素中间体工程技术研究中心
3	软胶囊制剂工程技术研究中心
4	石家庄市多糖类药物工程技术研究中心
5	石家庄市黄嘌呤工程技术研究中心
6	石家庄市食品工程技术研究中心
7	石家庄市绿色水处理剂工程技术研究中心
8	石家庄市金属轧制特种专用油工程技术研究中心
9	石家庄市干燥装备工程技术研究中心
10	石家庄市职业装设计工艺工程技术研究中心局
11	石家庄市特种防腐涂料工程技术研究中心
12	石家庄市电能表工程技术研究中心

（张志敏　李茂玲）

石家庄年鉴 Education

教　育

教　育

概　述

2009年，教育系统以打造“现代一流、人民满意的省会教育”为目标，以“管理·质量”年活动为抓手，团结奋进，锐意进取，各项教育工作取得显著成绩。教育优先发展战略进一步落实，市财政性教育经费为58.25亿元，比2008年的46.22亿元增长26.01%。市财政性教育经费占国内生产总值的比例同比提高了0.23个百分点。全市小学、初中在校生生均教育费用同比分别增长了29.02%、30.27%。义务教育学生人均公用经费小学为767.95元，比2008年的592元增长29.72%，初中为1090.7元，比2008年的813.17元增长34.13%。农村中小学公用经费保障标准，小学提高到482元，初中提高到了767元。义务教育均衡发展稳步推进。井陉县“学区一体化”、桥西区“一托二”联合校均衡发展模式得到培育和推广，全国义务教育均衡发展现场经验交流会上，井陉县和桥西区被教育部命名为首届全国义务教育均衡发展工作先进地区。高中段教育普及程度进一步提高，毛入学率达到了87%，市内六区和辛集市、鹿泉市通过了省政府普及高中阶段验收，普及高中阶段教育取得阶段性成果，普通高中新课程改革顺利启动。职业教育招生1.8万人，占全省近五分之一。地方高等教育结构进一步优化，服务省会经济社会发展的能力不断增强。学前教育、特殊教育稳步发展，民办教育办学行为更加规范。未成年人思想道德教育、心理健康教育、快乐体育教育、创新实践教育等在全省乃至全国具有一定影响力，荣获第二届全国“未成年人思想道德建设工作先进城市”称号；心理健康教育得到刘延东国务委员的称赞，并特别批示教育部“要关注石家庄的经验”。人才强教措施更加有力。中小学教师入编工作取得积极进展，完成中小学教师入编2102人，组织531名特岗教师进入农村教师队伍。中小学教师、校长、教育行政管理队伍培训形式更加多样，培训内容更加丰富，培训质量明显提高。中小学校舍安全工程全面启动，完成了近2300所中小学校的排查鉴定和工程规划编制工作，拆除D级危房14万平方米。发展规划落实：进一步完善了义务教育经费保障机制，提高了农村中小学公用经费保障标准，小学生均达到355元，初中生均达到555元；投资1.15亿元，完成了60所农村中小学标准化建设项目；市本级投入400万元，改造薄弱学校15所；开展各类培训78万人次，其中成人再就业7.7万人次，农村劳动力转移培训20.4万人次，农村实用技术培训46.5万人次，回乡初高中毕业生等其它培训3.4万人次，超额完成62万人的职业教育培训任务；中小学校舍安全工程全面启动，校舍排查、鉴定工作顺利完成，2009年加固、重建工作正在进行；教育国债项目进展顺利，职教学校设备采购、藁城特教学校建设、辛集职教中心等国债项目顺利完成；市职教中心实训楼项目已经进入主体施工。赞皇、井陉等七个县（市）、区顺利通过省政府教育工作督导验收，辛集市、鹿泉市和市区通过了省政府高中段教育验收。

存在问题：2009年，石家庄市有4个县（市）、区财政支出总额中教育经费所占比例没有提高；4个县（市）、区义务教育生均公用经费没有增长，还没有达到法定增长的要求；三分之二的县（市）、区教育费附加没有足额征收，仍按2002年农村税费改革补助资金核定的标准拨付教育，有的县（市）、区虽按2010年新标准拨付，但拨付教育的比例没有达到国家和省规定的比例要求。在政策性投入中，差距最大的是农村税费改革转移支付资金。按河北省的规定，农村税费改革转移支付资金的20%（约1.29亿元）应该用于教育，实际拨付教育的有6700多万，仅为10%，差一半。总体生均事业费依然排在总体偏下水平。教育发展依然不够协调，义务教育城乡之间、区域之间、校际之间，无论是在基础设施建设、学校管理方面，还是在教育教学质量方面，差异依然明显。新建小区教育配套设施应建不建，或者虽然建了配套学校但不达标、不移交的问题依然突出。职业教育资源整合亟待加强，职业教育示范中心建设步伐仍需加快。教师队伍建设有待进一步加强，虽然2008、2009年解决了部分教师编制，但有编不补的问题依然比较突出，中小学教师仍缺编5965人，音乐、美术、体育、微机等任课教师缺编情况更突出。教师补充的常态机制有待完善。教师队伍的整体素质需要进一步提高。

（王素军　国　伟）

附表：

（一）2009年石家庄市教育经费“两个比例”落实情况统计表

（二）2009年石家庄市教育投入“三个增长”落实情况（不含专款）统计表

（三）2009年石家庄市各类教育基本数据一览表

表 51　2009 年石家庄市教育经费“两个比例”落实情况统计表

县（市）区	国家财政性教育经费占国内生产总值的比例（%）			预算内教育经费占财政支出的比例（%）		
	上年	本年	增减（%）	上年	本年	增减（%）
石家庄市	1.8	2.03	0.23	25.7	25.71	0.01
长安区	1.75	2.59	0.84	48.7	52.17	3.47
桥东区	3.19	3.65	0.46	41.17	44.23	3.06
桥西区	1.32	1.59	0.27	36.46	39.67	3.21
新华区	2.21	3.8	1.59	41.45	50.71	9.26
矿　区	3.2	2.9	−0.3	21.79	22.71	0.92
裕华区	2.96	3.13	0.17	40.19	40.56	0.37
高新区	0.23	0.13	−0.1	8.85	6.02	−2.83
井陉县	1.83	1.84	0.01	26.41	24.16	−2.25
正定县	1.72	1.85	0.13	31.56	35.11	3.55
栾城县	1.42	1.57	0.15	33.22	35.48	2.26
行唐县	2.31	2.35	0.04	27.53	26.95	−0.58
灵寿县	2.08	2.44	0.36	22.88	24.84	1.96
高邑县	1.88	2.29	0.41	22.02	23.42	1.4
深泽县	1.78	2.06	0.28	23.17	24.08	0.91
赞皇县	2.31	2.65	0.34	25.45	27.56	2.11
无极县	1.68	1.82	0.14	30.22	32.66	2.44
平山县	1.74	2.02	0.28	20.4	21.07	0.67
元氏县	1.79	2	0.21	32.57	33.25	0.68
赵　县	2.14	2.3	0.16	35.11	33.35	−1.76
辛集市	1.39	1.6	0.21	31.01	28.62	−2.39
藁城市	1.32	1.47	0.15	30.64	30.72	0.08
晋州市	1.6	1.9	0.3	30.09	31.48	1.39
新乐市	1.58	1.86	0.28	30.18	32.83	2.65
鹿泉市	1.29	1.33	0.04	23.29	27.62	4.33

表52 2009年石家庄市教育投入“三个增长”落实情况（不含专款）统计表

县（市）区	第一个增长							第二个增长			第三个增长		
	教育事业费（千元）			财政经常性收入（万元）			教育事业费的增长高于财政经常性收入的增长	生均事业费（元）			教育事业费中生均公用经费（元）		
	2009	2008	增长	2009	2008	增长		2009	2008	增长比例	2009	2008	增长比例
石家庄市	5026765	3860938	30.20	1194342	1056904	13.00	17.19	3934.89	2950.34	33.37	360.39	293.51	22.79
长安区	273442	200463	36.41	39174	33382	17.35	19.05	5779.43	4297.08	34.50	269.55	181.22	48.74
桥东区	258570	197561	30.88	41623	36348	14.51	16.37	7333.24	5493.30	33.49	384.34	190.83	101.41
桥西区	237517	177132	34.09	44108	39174	12.60	21.50	4496.04	3492.21	28.74	255.92	186.63	37.13
新华区	321554	191108	68.26	41566	38445	8.12	60.14	5560.52	3498.74	58.93	379.99	331.95	14.47
矿　区	54709	51271	6.71	17017	17459	−2.53	9.24	4593.92	4324.11	6.24	223.28	345.62	−35.40
裕华区	198915	162506	22.40	41165	35287	16.66	5.75	3942.35	3284.21	20.04	324.86	322.49	0.73
高新区	30188	27115	11.33	39747	54666	−27.29	38.62	5969.55	5552.94	7.50	1107.38	876.72	26.31
井陉县	143818	137089	4.91	30955	33336	−7.14	12.05	3263.62	2884.81	13.13	92.77	90.04	3.02
正定县	222300	181233	22.66	36865	31133	18.41	4.25	3945.90	3148.59	25.32	941.58	361.50	160.46
栾城县	165505	124718	32.70	29083	25140	15.68	17.02	3680.10	2706.50	35.97	109.80	128.43	−14.50
行唐县	153935	136728	12.58	10965	10398	5.45	7.13	3371.63	2744.50	22.85	305.90	232.92	31.33
灵寿县	113561	82781	37.18	9638	9013	6.93	30.25	2568.03	2071.91	23.95	229.62	195.50	17.45
高邑县	73350	52244	40.40	9854	8201	20.16	20.24	3742.54	2801.74	33.58	289.81	288.04	0.62
深泽县	74250	61333	21.06	10918	10090	8.21	12.85	2614.34	2079.01	25.75	302.17	243.79	23.95
赞皇县	91844	75915	20.98	9691	8964	8.11	12.87	3238.73	2507.18	29.18	477.40	307.01	55.50
无极县	149121	131176	13.68	14555	15494	−6.06	19.74	2877.51	2634.48	9.22	163.44	135.38	20.72
平山县	213277	183554	16.19	46139	50224	−8.13	24.33	3733.58	3079.46	21.24	280.11	442.91	−36.76
元氏县	159380	134388	18.60	17215	16813	2.39	16.21	2856.37	2378.46	20.09	215.51	221.36	−2.64
赵　县	184952	176123	5.01	14180	14732	−3.75	8.76	1969.15	1822.92	8.02	103.65	70.45	47.11
辛集市	265376	215148	23.35	48128	41011	17.35	5.99	3045.96	2429.54	25.37	175.39	170.35	2.96
藁城市	249145	212004	17.52	49604	44067	12.56	4.95	2565.25	2138.30	19.97	221.48	152.06	45.66
晋州市	199386	166533	19.73	25509	24294	5.00	14.73	2803.67	2132.99	31.44	172.39	171.40	0.58
新乐市	168858	138288	22.11	19276	18333	5.14	16.96	2978.31	2294.13	29.82	496.88	200.98	147.23
鹿泉市	224634	198320	13.27	57385	54326	5.63	7.64	4344.95	3099.72	40.17	466.56	165.35	182.17

表 53　2009 年石家庄市各类教育基本数据一览表

县（市）区	学校数							在校生					
	幼儿园	特教学校	小学	中学			中等职业教育	幼儿园	特教学校	小学	初中	普通高中	中等职业教育
				完全中学	高级中学	初级中学							
石家庄市	546	24	1825	67	63	298	201	174903	1966	647386	357150	210638	273538
市辖区		1		2	11	0	22		139	670	1773	31717	111044
长安区	26	1	37	6	0	6	12	4320	36	27676	12521	9528	6555
桥东区	20	1	28	7	1	6	12	4332	44	20836	8929	2756	5034
桥西区	39	1	38	9	2	2	33	8793	65	32643	14495	10922	27739
新华区	51	1	47	10	0	5	21	8849	69	33812	20058	6864	16875
裕华区	34	1	52	8	0	4	29	7906	62	33581	23072	7464	17175
矿　区	6		16	1	1	2	2	1938	17	4673	2609	1257	1471
井陉县	8	1	67	0	3	17	1	2506	47	21294	13380	4790	3267
正定县	35	2	106	1	4	23	7	9739	226	30703	17734	8195	5004
栾城县	29	1	61	2	2	10	4	5685	48	19117	14404	5012	4876
行唐县	48	1	111	1	4	16	3	4099	30	36706	15805	9229	3023
灵寿县	8	1	88	0	2	16	4	5984	48	25221	12681	4838	7951
高邑县	24	1	45	0	2	7	2	5468	33	10353	5489	3924	2512
深泽县	13	1	37	0	1	9	2	3489	25	13973	8438	3720	1997
赞皇县	3	1	90	1	1	12	2	1055	28	20108	7143	3265	2501
无极县	44	1	123	1	1	16	3	8700	113	30033	16247	7864	8137
平山县	12	1	157	3	3	19	4	3892	19	31236	17551	8066	5483
元氏县	12	1	131	3	1	8	4	5604	24	37846	16110	6188	1839
赵　县	12	1	121	3	4	19	4	10608	123	40607	26529	13582	8632
辛集市	13	1	118	4	3	23	5	14660	91	36560	25290	15797	7909
藁城市	26	1	106	3	6	25	8	19565	423	42239	26286	17706	8843
晋州市	12	1	102	2	2	21	6	10411	73	31634	17600	8253	5006
新乐市	52	1	76	0	5	20	4	16673	49	33888	20229	11857	3481
鹿泉市	19	1	68	0	4	12	7	10627	66	23977	12777	7844	7184

县（市）区	教职工					专任教师					
	幼儿园	特教学校	小学	中学	中等职业教育	幼儿园	特教学校	小学	初中	普通高中	中等职业教育
石家庄市	7873	344	43908	43236	14994	5311	268	41574	25155	11948	9940
市辖区		67	33	2074	4122		52	27	79	1519	2508
长安区	369	5	1401	1546	498	231	1	1341	849	541	314
桥东区	549	2	1163	1275	451	383	2	1064	764	228	319
桥西区	1037	4	1382	1577	2227	669	3	1286	673	580	1112
新华区	1197	3	1862	1715	1018	682	2	1750	1042	406	651
裕华区	806	8	1892	2335	1168	566	7	1702	1350	555	648
矿　区	79		520	376	89	53		481	200	130	70
井陉县	77	10	1620	1372	176	45	8	1521	857	304	154
正定县	481	30	2256	2538	454	352	21	2191	1421	726	354
栾城县	232	15	1944	1796	441	147	14	1853	1193	305	394
行唐县	270	7	2103	1859	314	204	5	1906	1058	427	216
灵寿县	168	9	1857	1271	391	123	3	1749	916	210	258
高邑县	281	8	1088	843	133	202	6	1060	421	263	111
深泽县	123	4	1183	852	95	91	2	1161	558	167	70
赞皇县	52	8	1252	1005	117	34	7	1224	666	244	78
无极县	169	7	2530	1775	281	98	5	2431	1129	373	229
平山县	143	8	2301	2061	271	79	4	2258	1366	513	237
元氏县	163	9	2244	1633	153	106	5	2093	1059	444	129
赵　县	33	29	2329	2742	503	32	28	2282	1790	724	471
辛集市	258	31	2892	3159	480	191	30	2689	2130	706	401
藁城市	538	28	3664	3256	489	384	20	3448	1848	908	372
晋州市	127	24	2132	2085	413	88	20	2077	1382	532	321
新乐市	478	17	2280	2148	220	374	15	2116	1237	600	171
鹿泉市	243	11	1980	1943	490	177	8	1864	1167	543	352

基础教育

【概况】 2009年，全市有幼儿园546所，比上年减少127所。在园幼儿17.49万人，比上年增加1.89万人。教职工7873人（其中专任教师5311人）；小学1825所，比上年减少151所。招生11.10万人，比上年减少0.92万人。在校生64.74万人，增加0.51万人。毕业生10.31万人，减少1.41万人。教职工4.39万人（其中专任教师4.12万人）；中学487所，减少52所。在校生56.78万人，其中初中35.72万人，减少4.09万人，普通高中21.06万人，减少0.34万人。毕业生21.03万人，其中初中13.58万人，减少1.23万人，高中7.45万人，减少7693人。招生17.78万人，其中初中10.48万人，减少1.27万人，高中7.3万人，增加1331人。教职工4.32万人（其中专任教师初中2.52万人，高中1.19万人）。

【义务教育】 紧紧抓住教育投入、标准化学校建设、教师流动和生源配置、教育管理等关键环节，继续推广以桥西区、井陉县为典型的城乡义务教育均衡发展模式，促进区域内义务教育均衡发展。继续建设标准化学校和改造薄弱学校75所，交流教师、校长2800多名，省级示范性高中招收分配生比例提高到70%。11月全国义务教育均衡发展现场会上，被教育部命名为首届全国义务教育均衡发展先进区。中央电视台播出了石家庄市的做法和经验。高度重视特殊教育发展，全市特殊学校在校学生3772人，特殊教育适龄学生入学率达到了95 %，新建藁城特教学校，特教学校办学条件不断改善。积极发展学前教育，全市学前三年儿童入园16.8万人，入学率为87.6%。全力推进义务教育均衡发展，继续完善农村教育管理机制，以学区建设带动农村中小学布局调整和标准化学校建设；积极推进“四种模式”探索，缩小校际间差距，遏制“择校”热；在普高招生工作中，继续推行省级示范性高中公助生按比例均衡分配到初中的做法，分配生比例由2008年的60%提高到2009年的70%，进一步导向均衡发展。积极开展“管理．质量年”活动，年初制定了《石家庄市教育局管理．质量年活动实施方案》，并按照《实施方案》提出的工作目标和要求，重点抓学校布局规划、校园环境建设、校园文化建设、教育教学质量提升等四个方面的突出问题，全力推进“管理．质量”年活动的开展。为推进新课程改革，落实省教育厅统一部署的普通高中课程改革各项工作，启动了全市普通高中新课改工作，进行了通识培训、教材选用、网络平台建设、学科教师全员培训、学籍注册、样本学校建设等工作。

【高中教育】 针对初中毕业生逐年减少的实际情况，督促农村县市充分利用现有普通高中教育资源，合理制定普通高中招生计划，确保完成普通高中招生任务。加强分校建设，进一步扩大优质普通高中资源，并制定市区对农村示范性高中帮扶计划。通过进一步加大普及高中阶段教育工作力度，2009年高中阶段教育普及率达87%。8个县区通过了省普及高中段教育验收。

【心理健康教育】 坚持“以人为本、德育为先”，不断创新教育形式，提高心理健康教育成效。心理维护站点总数达到246个，具有劳动部颁发职业资格的心理咨询师达到1276人，其中二级心理咨询师400人，遍布城乡24个县（市）、区，富有成效的开展工作。石家庄市未成年人心理维护体系建设工作被新华社《内参》报道后，受到中央高层关注，刘延东国务委员批示“教育部要关注石家庄的经验。”在2009年的全国未成年人工作会议上，石家庄市作为四个典型之一做了大会经验介绍，并荣获第二届全国“未成年人思想道德建设工作先进城市”称号。

【创新教育】 举办了第九届“探索者”科技创新大赛。全年石家庄市创新作品占到全省获奖比例的60%，位居全省第一。中小学生校外综合实践活动基地被教育部综合实践活动项目组授予全国综合实践活动示范学校，被中央教科所评为全国中小学生劳动技术教育先进单位。

【校长培训】 年内进行了全市范围的校长挂职培训，全市18个县市区的96名农村年青校长走进市内13所优质学校进行为期2周的挂职培训，通过在校长考察实践基地举办挂职培训班，全面参与到基地学校日常的管理、教学、活动中去，通过与基地学校校长、主任、年级组长、骨干教师的交流，采用讲座、听课等形式深入了解优质学校的长处，学习具体的方法，丰富农村学校校长的理论和实践知识。同时这些校长的到来，也更有效地促使优质学校重新检视自身的各项工作，使自己的短处得到弥补，长处得到发扬，实现共进、双赢的效果。为将这一工作做扎实、做细，还出台了《石家庄市中小学中职校长挂职学习指导性意见》和《石家庄市中小学中职校长挂职培训模板化教学方案》。这种培训模式是校长培训模式的创新和发展，在河北省也是首次应用。

【师资队伍建设】 为优化教师队伍，积极为基层服好务，2009年共调配教师425人。教师交流和支教工作取得新进展，2009年是开展教师交流工作的第二年，实际交流3166人。同时，各学校也积极开展支教工作，共计835人。推荐市级有突出贡献专家15名，“三三三”工程15人。推荐第五届河北省教学成果奖申报材料：高等教育7个、基础教育19个、中等职业教育13个。2009年共评选出：全国教育系统先进集体2个、全国模范教师5名、全国优秀教师12名、全国优秀教育工作者1名；河北省教育系统先进集体7个、河北省模范教师10名、河北省优秀教师69名、河北省优秀教育工作者11名、河北省德育和思想政治教育工作先进个人4名；石家庄市教育系统先进集体33个、石家庄市优秀教师、优秀教育工作者603名。

【教学科研活动】 抓好“十一五”课题立项结题工作。教育部规划课题立项6项，过程性督导检查5次。省规划课题结题21项，市级课题结题13项。信息技术学科参加“河北省交通信访信息网络管理系统研究”（省重点资助项目）的项目研究和软件开发，课题已于2009年7月结题，河北省科技厅成果鉴定为“国内领先”。按照省教育厅《关于开展县域义务教育阶段教学评估的通知》，先后召开了教研室主任会和有关县（市）区教学评估阶段性汇报会及问题分析会，对辛集、井陉、栾城、赞皇、元氏、新了、深泽七个县、市（区）进行了过程性评估和指导，七县（市）顺利通过了省教学评估验收。对2010年被评估县正定、行唐、平山、高新区等县区教学工作进行了阶段性检查。目前全市已有20个县（市）区通过了省教学评估验收。关注课堂和教研活动，不断提高课堂教学效率。深入到小学初中进行教学调研和听课视导。2009年共举办教学研讨活动120余次，到学校听课1500多节。启动了十七部委组织的“同享知识，共建和谐”为主题的全民阅读活动，组织开展了支教周、支教年活动，先后有128名教研员和骨干教师到灵寿、行唐等山区作课100余节，讲座18次，受益教师数千余人。组织500余名教师，完成全市中考阅卷与分析工作。加大教师培训力度，全面提高教师素质和能力，年培训学校教学副校长、教研处主任400余人，学科教研组长和备课组长1000人。同时，创新培训模式，积极加大网上培训力度，组织高三9个学科全员网络视频培训4500人，初步建立了初、高中双休日网络培训学校。与出版社一起开展了9个学科教材回访培训，共培训2000人。根据高一新课程特点，各学科还采取分层教研和套餐式教研等培训新模式。利用寒暑假，培训初中、高中18个学科教师7053余人，培训农村小学英语教师180人。深入到平山、井陉、鹿泉、灵寿和直属高中蹲点听课，加强了对高中指导的力度，与校长、主任沟通与交流，认真分析学校的优势，指出存在的薄弱环节，组织召开了各学科教学座谈会，明确了学校努力的方向。

（王素军　国　伟）

【普通高考】 2009年，全市文理科参考人数7.76万人，比2008年减少6357人，本科一批上线人数5869人，比上年5801人增加68人，提高1.2%，本科二批累积上线人数1.51万人，比上年1.43万人增加 739 人，提高 5.2%。全市音体美编导等考生 2.38 万人，本科提前批上线人数 3374 人。全市保送生 312 人。石家庄二中的王师同学以 694 分荣获河北省理科状元。

【师生竞赛成绩】 在全国学科评优课、教学基本功竞赛等评比中，小学共获全国一等奖 9 名，二等奖 8 名，三等奖 9 名；省级教学实录、建国 60 年画展、国庆征文等活动获一等奖 109 名，二等奖 133 名，三等奖 116 名。中学在全国全省学科竞赛中，1 名教师获信息技术国家级优质课一等奖，6 人获省级一等奖，5 人获省级二等奖；2 名教师分别获全国创新大赛一、二等奖。10 人获国庆征文特等奖和一等奖。21 人获省级评优课一等奖。中等职业教育农林、旅游、服装等 6 个专业，在全国说课竞赛中，10 人获国家级一等奖，6 人获国家级二等奖。高中各学科学生奥赛成绩突出，数学、化学、物理、生物、英语等学科共有 89 名学生获省级赛区全国一等奖，266 名学生获省级赛区全国二等奖，185 名学生获省级赛区全国三等奖，另外，数学、生物等学科的 3 名学生代表河北省进入国家冬令营。

【师德教育】 4 月，在机场路小学组织启动仪式，从市内五区选择 100 所办条件优、组织活动好、师生素质高的学校与 17 个县（市）的 100 所农村学校结成手拉手对子，定期组织交流学习活动，互相帮助共同进步。截至 10 月底，200 所手拉手学校已开展各种交流活动 80 余次，职业财会学校、机场路小学等学校共向手拉手校赠送电脑 20 台、书籍 2000 余本，学习用具 1800 多件。明年手拉手学校的数量还将进一步增加，活动内容还会更加丰富。积极组织全市百万青少年敬老助老活动，2009 年 10 月 20 日在范西路小学启动了“重阳节-百万中小学生向长辈敬礼活动”拉开了敬老助老活动的序幕。重阳节期间，全市百万中小学生给长辈敬一个礼、说一句祝福的话、做一件力所能及的事等多种形式表达对长辈的敬意和祝福，同时部分学校还组织志愿者到学校附近的老人院、福利院等帮助老人洗头、洗脚、打扫卫生。与省会文明办在石家庄文明网开展了留言栏目，让中小学生结合自己的学习和生活，畅谈对长辈的感恩之情，讲一讲帮助老人后的感受和所思所悟，使同学们受到深刻的教育。为鼓励广大教师争先创优，表彰和树立爱岗敬业、师德优良的先进典型，2009 年和省会文明办在全市中小学教师当中开展了“十佳师德标兵”、“十佳班主任”评选活动，首次以公开演讲、现场打分的形式评出了“双十佳”73 名候选人。真挚感人的演讲深深打动了全场观众，获得巨大影响。

【体育教学活动】 以体育活动为载体，深入开展“阳光体育”运动引导，保证学生每天锻炼一小时。在全国统一组织下，开展了第三届亿万中小学生阳光长跑活动，启动了中学生足球比赛。3 月份负责组织省、市中高考高水平运动员资格认定工作。共认定中考高水平运动员资格 350 人，特招 195 人，合格率 100%（特招按招生计划 1 ∶ 3 放档）；加分 155 人，合格 122 人，合格率 78.7%。4 月 26 ～ 29 日，在市职教中心举办了石家庄市中小学生田径运动会。本次运动会共有 37 支代表队，1400 多名运动员参加。经过三天紧张激烈的比赛，共有 10 人次在 4 个项目上打破省、市中学生运动会记录，石家庄市一中等 25 个单位和学校获得了各组别团体总分前八名的好成绩。桥东区、24 中等 23 个单位和学校获得了体育道德风尚奖，取得了运动成绩和精神文明双丰收。为提高学校体育在学校教育中的重要作用，国家将体育考试列入中考必考项目。2009 年全市共有考生 10.78 万人（市区 2.27 万人），平均分 25.98 分（市区 26.89 分），满分率 25.86%（市区 32.54%），优秀率 59.06%（市区 69.12%），成绩逐年提高。市辛集一中女蓝、辛集实验二中女乒、石家庄一中田径队代表河北省参加了在长沙举办的第十届全国中学生运动会，其中辛集一中女篮获得了全国第一的优异成绩，辛集实验二中女乒获得第十名，石家庄一中田径队获得第八名，并取得两金、四银的好成绩。

（王素军）

【郭家庄希望小学落成】 11 月 9 日，石家庄国祥运输设备有限公司捐资 50 万元建设的晋州市桃园镇郭家庄希望小学正式落成，建筑面积1055平方米，设有8间教室和6间多功能教室。石家庄国祥运输设备有限公司从2000年起，在石家庄市9个县（市）建设希望小学10所，共捐资336万元，累计建设面积9207平方米。

（顾晓萍　李　芳）

中等职业教育

【概况】 2009年，石家庄市中等专业教育学校214所，在校生规模达到27万人，比上年增加1.43万人；在校生总数全省第一；教职工1.58万人，其中专任教师1.03万人；完成招生11万人，超额完成河北省下达招生任务的22.2%。职成教育。继续扩大中等职业教育招生规模，2009年，中等职业教育招生共11万人，完成河北省教育厅9万人的招生任务。坚持市级示范性乡镇成人学校30所，完成各种培训78万人次，返乡农民工培训1.9万人次、回乡初高中毕业生培训2.12万人次，有力支持了新农村建设和社会经济发展。基础能力建设增强，完成市级以上专业师资培训689人，“双师型”教师比例达40%以上。全面深化教育教学改革,努力提高办学质量和水平，中职毕业生就业率达到95%以上，双证书比例达到90%以上。继续保持了职业教育与普通教育规模大体相当。规模发展达到了历史最好水平。高等职业教育也得到了迅猛发展，全市高职院校三所，在校生2万余人。新命名了47个市级骨干专业性，创建27所市级示范性乡镇成人学校。

（国　伟）

【创建重点职业学校】 根据石家庄市“十一五”职业教育发展规划，经河北省教育厅评估验收，高邑、行唐职教中心晋升为河北省重点职业学校；石家庄市机电职业中专学校（7中）晋升为国家级重点职业学校。至年末，全市共有国家级重点职业学校17所、省级重点职业学校28所，“十一五”期间每个县（市）区至少建成一所示范性中等职业学校的目标基本完成。

【新农村建设“双带头人培养工程”】 招收新农村建设“双带头人培养工程”，即农村改革发展带头人和科技致富带头人17005人。招生人数和在校生规模位居全省第一。

【创建实训基地】 在中央和省财政的大力支持和各县（市、区）、各部门以及学校的积极努力下，先后有近40个中等职业学校项目纳入中央和省实训基地建设支持项目库，已批准建设的职业教育项目学校16所，共投入专项资金4000多万元，其中，土建投资2600万元，总建筑面积38000平方米；设备购置投资1500万元。目前已建成市职教中心的数控、鹿泉职教中心的电子技术应用两个国家级实训基地；11个省级实训基地。职业院校的校舍、实训设施、图书资料等办学条件有了明显改善。石家庄市机电职业中专、行唐职教中心、高邑县职教中心借创建国家或省级重点职业学校的机遇，投入360多万元，建立起机械加工、电子、焊接、汽修等实训室。

【师资队伍建设】 师资队伍建设呈现新局面。积极选派大批教师参加国家级和省级专业带头人和骨干教师培训，近三年接受国家、省专业带头人和骨干教师培训300人次，选派教师出国培训20人次；建立了10个市级职业教育师资培训基地，每年培训骨干教师和转型教师700多人，经过培训提高，职业学校教师学历达标率达到80%以上，“双师型”教师比例近50%，全市职业教育教师整体素质得到大幅提高。刘振国等5名校长获得“第二届河北省职业教育优秀校长”称号；藁城市职教中心张娟、市旅游学校李清月、市机电中专魏立仲获得全国职教名师，市职教中心刘明丽等15名教师获得“河北省中等职业学校教学名师”称号；石家庄市职业财会学校张长青、石家庄市职教中心冯国强、石家庄市教育科学研究所王素军获得“河北省首届职业教育专家”称号。

【开展管理·质量年活动】 在中等职业学校深入开展了“管理·质量

年活动”。依据市教育局有关文件要求，开展了校园文化建设、教学质量评估、市级骨干专业认定、“双带头人培养工程”督导等一系列活动，有效促进了职业教育办学质量的提高。“工学结合、校企合作、顶岗实习”人才培养模式逐步确立，石家庄市10所中等职业学校开展了工学结合、半工半读试点，取得了一些试点经验。通过理论培训、专家讲座、校长论坛等形式更新了办学理念、开拓了办学思路。在全市职业学校开展了“走出校门、走进企业、走向基层，大兴调研之风”活动，并形成了《石家庄市五大基地建设情况和人才需求预测调研报告》、《校企深度合作调研报告》等多项调研报告。成功举办校企合作研讨会和校企合作工作会议。职业院校和企业老总围绕学生培养模式、合作领域等方面进行交流与探讨，从政府层面搭建了校企合作平台，为深入开展校企合作奠定了基础。

【职业技能大赛】 年内在全省中等职业学校学生技能大赛上，石家庄市参加了5个大项的竞赛，获得团体一等奖12项、个人一等奖31个，获奖面稳居全省第一。在全国中职学校学生技能大赛上，获得6个二等奖，市三职专的刘伟兴同学，获得汽修个人一等奖。在全国机器人大赛中市职教中心夺得了团体一等奖。

（王素军）

高等教育

【概况】 2009年，石家庄市属高校招生能力达到1.2万人，在校生数量达到4.3万人。四所高校在基础建设、学科建设、队伍建设等方面取得长足发展，服务省会经济社会发展的能力不断增强，高等教育在进一步扩大办学规模的同时，不断加强专业建设和管理，加大投入，深化改革，强化优势，推进创新，办学实力和办学水平不断提高，逐步实现内涵发展，在科研与教学上取得丰硕成果。

【石家庄学院】 全面深化教育教学改革，努力提高人才培养质量。药物制剂、数学与应用数学、音乐学、体育教育和地理科学五个专业顺利通过省教育厅评审，增列为学士学位授予专业。新申报的社会体育、广播电视新闻学、日语三个本科专业通过审批，生物制药教育创新高地被评为2009年河北省高等学校本科教育创新高地，生物工程专业和制药工程专业被评为河北省品牌特色专业，文学与传媒学院的汉语言文学专业教学团队被评为河北省高等学校教学团队。组织完成了2009届本科毕业生毕业设计工作，评选出优秀毕业设计（论文）30篇。成功组织首批顶岗实习学生赴保定进行实习。注重师资队伍建设。全年引进博士、硕士及其他人员11人。2009年共选派25名教师外出进修。选派了政治与法律系、资源与环境系、化工学院等7位教师到省市机关、企事业单位挂职锻炼。壮大和提高师资队伍。年内石家庄学院组织申报各级各类科研项目238项，获准立项89项。其中，国家自然基金项目1项，引进科研经费33万元；首次获得教育部人文社科项目，引进科研经费5万元。

【石家庄市职业技术学院】 以课程开发和课程改革为突破口，大胆探索和实践教学改革。《旅游管理》、《装饰艺术设计》两个省级试点专业成为了省级教育教学改革示范专业，《三维动画设计与制作》被确定为省级精品课程，省级精品课程《高等数学》顺利通过验收；“建筑工程技术专业教学团队”获得了省级教学团队的称号，实现了该院在省级教学团队中零的突破。2009年，石家庄市职业技术学院有三个教学改革项目分获省级教学成果二等奖和三等奖。共完成市级以上课题立项41项，院级课题30项，引进科研基金26.7万元。教职工在省级以上刊物发表论文641篇，其中核心期刊212篇（其中独著、第一作者144篇，第二作者68篇），三大检索论文4篇，获国家实用型专利1项，市级以上科研奖励6项，横向课题及社会服务课题有明显增加。石家庄市职业技术学院青年志愿者活动形式多样，内容广泛，效果突出，2009年被授予“石家庄市志愿者行动优秀组织奖”

和“石家庄市优秀志愿服务集体”荣誉称号。信息工程系毕业生刘荣华当“村官”的事迹，被25家媒体转载报道。年内，石家庄市职业技术学院通过扩建就业信息网络和服务平台、实行“招聘日”制度，进一步扩大校企合作的规模，累计提供工作岗位1万多个，毕业生就业率达到96.53%，获得省教育厅授予的“2009年度大学生就业先进单位”荣誉称号。

【石家庄信息工程职业学院】 极探索办学模式改革，面向市场和企业需求，形成了“职员化教育、企业化教学、公司化运营”的发展模式，提高了就业质量，就业率始终保持在95%以上。全年统招高职专科新生3273人，“3+2”转段高职生97人，中职新生526人，在校学生规模11294人，毕业生就业率达到96.7%，提供就业岗位1.5万余个。2009年，石家庄信息工程职业学院在教学科研上取得显著成效，深化了以“教、学、做一体化，教、研、产一条龙”为总目标的教学改革。“单元设计、项目教学”教改模式得到全面推广，“课程设计”逐步展开。经过验收考评，所有教师均达到“项目教学、单元设计”要求，有1/4的教师能够独立进行“课程设计”；组织举办了学院首届“教改之星”、“单元设计”和“课程设计”大赛。《市场调查实务》与《信息系统开发》两门课程被省教育厅确定为省级精品课程；计划2010年新增的“计算机控制技术”、“医药营销”、“广告设计制作”（平面广告方向）、“印刷设备及工艺”（设备管理方向）、“游戏软件”5个专业通过省教育厅审批。各系（部）深入企业调研，有15个系（部）共为企业提供28项技术服务，帮助企业解决6个技术难题；获得国家实用新型专利3项，共发表学术论文124篇，其中核心期刊24篇。广告设计系教师袁立敏、传媒艺术系教师姚红玲分获“第十三届全国多媒体教育软件大奖赛”高等教育组多媒体课件类二、三等奖和“2009年河北省多媒体教育软件大奖赛”一等奖，广告设计系教师庞超获“河北省模范教师”荣誉称号，市场营销系获“石家庄市教育系统先进集体”荣誉称号，市场营销系教师石建立、软件工程系教师贺宏被评为“石家庄市优秀教师”，通信工程系教师王小健荣获“石家庄市优秀科技工作者”称号，市场营销系教师韩玉获“石家庄市青年科技拔尖人才”奖。

【石家庄科技工程职业学院】 2009年，石家庄科技工程职业学院成功升格。根据“升格转变”初期的实际情况，该学院通过走出去请进来、实际考察、基层调研、集会交流等多种形式，积极探索高职教育的路径和突破口。邀请全国著名职业教育专家讲学，积极推广以“能力目标–任务引领–学生主体”为特色的课堂教学模式。强化职业教育理念，坚持以师资培训为基础，以教科研为先导，以培养能力为主导，改传统教学中的“教完就行”为“学会才行”同时，加强基础建设，完善专业设置，较好地完成了首年招生任务。2009年，石家庄科技工程职业学院通过设立贫困助学岗位，组织张伯谨奖学金评选发放，开展了“爱心基金”募捐活动等，较好解决了部分贫困学生的实际困难。

（国　伟）

成人教育

【概况】 2009年，石家庄市成人教育以服务“三农”为宗旨，以实施职成教育“四大工程”（技能型人才培养工程、劳动力转移培训工程、农村实用人才培养工程、继续教育和再就业工程）为主线，在完善县级职教中心为龙头，乡镇成人学校为骨干，村成人学校为基础的农村三级教育培训网络的基础上，充分发挥在提高劳动力素质与能力、传播专业技术、促进农村劳动力转移就业等方面的作用。到2009年底，石家庄市共有县成人教育总校（县级职教中心）18所，乡镇成人学校220所，村成人学校3200所。各级各类职业与成人学校开展的短期培训78万人次。其中农村劳动力转移培训20.39万人次（含阳光工程19539人），农村实用技术等培训50.1万人次。另外还开展了返乡农民工培训1.9万人次、回乡初高中毕业生培训 2.12 万人次。

【示范性乡镇成人学校】 根据石家庄市“十一五”职业教育发展规划，十一五期间，石家庄市要创建 80 所市级示范性乡镇成人学校的目标。2009 年 10 月，石家庄市教育局组织有关专家对申报的市级示范性乡镇成人学校进行评估，认定鹿泉市上庄镇等 27 所乡镇成人学校为市级示范性乡镇成人学校。目前全市示范性乡镇成人学校已达 88 所，占乡镇成人学校总数的 40%，圆满完成了职业教育“十一五”规划的目标要求。平山县教育局、行唐县上阎庄镇成人学校、藁城市梅花学区成人学校荣获全国农村成人教育先进单位。

（王素军）

特殊教育

【概况】 2009 年，全市有特殊教育学校 24 所，在校生 1708 人，增加 21 人。教职工 318 人（其中专任教师 249 人）；全市 7 ~ 15 周岁三类残疾儿童 3998 人，已入学 3793 人，入学率 95%。其中，聋哑儿童 943 人，已入学 903 人，入学率 95.8%；盲童 158 人，已入学 114 人，入学率 72%；弱智儿童 2890 人，已入学 2776 人，入学率 96%。

【特教学校获多项荣誉】 年内，石家庄市特殊教育学校被评为全国特殊教育先进单位，受到国家教育部、民政部、中残联联合表彰。校长丁红兵荣获河北省优秀教育工作者称号，教师李薇荣获全国江民特教园丁奖，教师米洁被评为石家庄市有突出贡献的中青年专家，在全市举办的“双十佳”评选中，教师丁丽辉、秦惠玲分别荣获“石家庄市十佳师德标兵”、“石家庄市十佳班主任”称号。在河北省教师自制教具评比中，教师赵亚丽的自制教具获一等奖，在全国特殊教育校本课程录像课比赛中，教师罗先桂获一等奖，在全国信息技术在特殊教育中的应用优秀教学课的评比中，教师孙云燕获三等奖。5 月，特教学校高考再创佳绩，有 17 名学生分别被长春、北京等特殊高等院校录取。8 月，校舞蹈队代表河北省参加全国第七届残疾人文艺汇演，舞蹈《春》获二等奖。

【开办盲专业】 9 月，石家庄市特殊教育学校开办了盲专业，填补石家庄市盲教育的空白。为满足中、重度视力残疾少年儿童的教育需求，现已招收 21 名盲生到校就读，解决了盲生就学难的问题。同时，与《燕赵晚报》联手，为盲生募捐挂历纸替代盲文纸，减轻了盲生家庭的经济负担。

（王素军）

石家庄年鉴 Culture

文化

文 化

文化新闻出版

【概况】 2009年，市文化新闻出版系统认真贯彻中央和省市决策部署以及省市领导文化调研讲话精神，以建设“文化大市”、“文化强市”为目标，深入扎实地开展学习实践科学发展观和干部作风建设年活动，文化事业呈现出繁荣发展的良好势头，文化基础设施日趋完善。在城区，着力完善市、区、社区三级文化服务网络。市美术馆已完成主体工程；区级图书馆、文化馆建设取得一定进展，新华区主体完工。在农村，着力建设县级图书馆、文化馆，乡镇综合文化站和村文化活动室三级文化服务网络。完成了对县级“两馆”的调查摸底，加强了对项目建设的指导，矿区新建文化馆已竣工投用，晋州市、高邑县文化馆项目已完成前期工作；对8个“文化信息资源共享工程”县级支中心进行了升级改造，完善与农村党员干部远程教育工程相结合基层服务点1413个；把被列为市委、市政府为民办实事的乡镇综合文化站和农家书屋工程建设作为局的重点工作，采取定期调度，现场督查，典型引路等多项措施强力督导，完成了100个乡镇综合文化站和800个农家书屋建设任务，其中，乡镇综合文化站建设得到中央新增投资项目检查组的高度评价；新建农村文化室、图书室和文体活动广场502个，文化大院315个；在全省“农村文化之星”评选中，藁城市岗上村图书室等16个单位被省文化厅命名为“全省农村文化之星”。11月7日，国务委员刘延东来石视察，对基层文化设施建设情况给予充分肯定和赞誉。

文化服务质量提升。改扩建后的市图书馆，以读者需求为取向，进一步拓展服务领域，提升服务质量，延长开馆时间，获得广泛赞誉。全市各级公共图书馆共接待读者95万人次，举办各类讲座167期。组织开展“图书馆服务宣传周”和送书下乡、送书进社区、进校园等延伸服务活动，广泛开展“情暖故土、书香农家”帮扶联系活动，共建立农家书屋帮扶联系点1690个，向农家书屋捐赠各类图书72万册，电脑4台，书柜8个，桌椅160套，对155个农家书屋管理员进行业务培训，均收到良好社会效果。市博物馆着力提高办展质量，扩大办展范围，实施免费开放，共举办各类展览16个，接待观众5万余人次；市群艺馆及各县（市）区文化馆积极开展文艺培训、文艺调演、艺术展览等多种活动，共举办各类群众文艺活动百余项，各类文艺培训班128期，培训基层文艺骨干3000余人次。

文化娱乐活动丰富多彩。先后组织举办庆新春“欢乐大广场”、“盛世欢歌”大型文化游园，庆“五一”省会大型群众文艺汇演，第三届群众舞蹈“千人大比舞”，国庆60周年群众文化演出月等11项大型群众文化活动，群众参与广泛，社会效益显著；大力实施“彩色周末”和“假日文化”工程，共组织“彩色周末”文艺演出1200余场，中央电视台对“彩色周末”文化活动进行了专题采访报道；市直文艺院团发扬艰苦奋斗精神，深入城市社区和农村演出，为基层群众提供高品质的艺术享受；组织文艺小分队深入“三年大变样”工程工地、社区、学校和部队慰问演出，广受欢迎；深入开展全民读书活动，成功举办第四届青少年读书节，组织参加新闻出版总署组织的全民读书征文活动、全省燕赵少年读书系列活动和省新闻出版局举办的“冀中能源杯·对我帮助最大的一本书”读书演讲比赛活动，获奖名次和人数均居全省第一，有效推动了全民读书活动的开展。

各县（市）区文体部门也积极组织开展适合农村特点，乡土气息浓郁的各项文化活动和全民读书活动，活跃农村文化生活。年内，井陉县文体局被授予“全国文化系统先进集体”荣誉称号，新乐市被命名为“全省文化先进县”。

【文艺创作】 市河北梆子剧团成功排演推出的河北梆子现代戏《女人九香》，一举荣获全国“五个一工程”奖。这是石家庄市大型剧目6年来再次荣膺该奖，也是全省河北梆子剧种舞台剧第一次荣获这一全国大奖。该剧还荣获第三届全国地方戏优秀剧目展演二等奖和第十一届中国戏剧节优秀剧目奖，为冲刺全国“文华大奖”奠定了基础。其他各艺术院团坚持“三贴近”原则，组织创排和加工了一批优秀剧目。评剧戏曲艺术片《新凤霞》荣获全国第六届“兰花奖”一等奖；京剧《范仲淹》、评剧《红叶》成功搬上舞台；评剧《月嫂》、《灯魂》、丝弦《红豆曲》等剧目进行了加工打磨，质量明显提高。市直各院团共荣获国家级奖项6个，省级奖项75个。完成了美术作品《三大战役》和歌曲《太行谣》等国庆献礼作品的创作工作。抓展示，积极推介文艺产品。市艺校参加大型歌舞晚会《人民海军向前进》演出，受到胡锦涛总书记等中央军委领导的亲切接见，演出队被市委、市政府誉为文艺战线上的“石家庄号”；评剧《西柏坡》成功搬上银幕并在人民大会堂举行新闻发布会暨首映式，40多家中外媒体作了报道；市京剧团分赴香港和上海开展文化交流，市丝弦剧团参加第十一届上海国际艺术节，均受到热烈欢迎和广泛赞誉；全市7个剧团的9台剧目参加省第八届戏剧节，其中《红豆曲》等4台剧目获优秀剧目奖，参赛剧目和获奖数量均居全省第一；承办的国际投资贸易洽谈会文艺晚会和全国卫生工作交流会文艺晚会圆满成功；市艺研所拍摄的“非遗”电视纪录片《留住记忆》，即将播出；市青年评剧团在天津6所大学举办“评剧进校园”系列演出和“纪念评剧百年——刘秀荣走进天津戏迷评剧大型演唱会”广受欢迎；市丝弦剧团演出的《空印盒》、《武成王》和井陉县青年晋剧团演出剧目《舌辩侯》分别在中央电视台11频道播出，均受到好评。同时，还注重引进国内外优秀文化产品来石展演，促进文化交流向纵深发展。组织举办了“乌克兰绘画摄影作品展”等，得到业界人士的高度评价。

【繁荣城乡演出市场】 组织开展“一月一名剧”演出活动，演出质量提高，影响力和带动力增强。年内先后邀请戏剧名家和知名剧团献艺，《秦雪梅》、《白帝城》、《吕布与貂蝉》等剧目演出，都产生了轰动效应，带动了城市演出市场的日益活跃。市直各院团在广泛占领农村文艺舞台，开展送戏下乡活动的同时，积极探索进城市剧场进行商业化演出的路子，大力培育演出市场，全年共演出907场，其中在农村演出802场，城区演出105场。各县级剧团和民营剧团异军突起，积极开拓农村市场，演出场次和收入不断提高。井陉县晋剧团全年演出500多场，收入70余万元。井陉县青年晋剧团全年演出400多场，收入60余万元。高邑县青年丝弦剧团全年演出400多场，收入30余万元。

（刘　锋　鲍崇云　李凤田）

【两演员获第二届河北省青年戏曲演员比赛一等奖】 1月20日晚，由河北省文化厅主办、河北省艺术研究所承办的第二届河北省青年戏曲演员比赛颁奖演出在省京剧茶苑举行。共有12名演员获得一等奖，42名演员获得二等奖，其中石家庄市京剧团的范闪闪、石家庄市丝弦剧团的张杰荣获一等奖。本次大赛旨在发现和培养优秀青年戏曲表演人才，繁荣戏曲艺术事业，促进河北省戏曲艺术可持续发展。比赛从2009年1月7日开始，经过初赛和选拔，来自全省23个院团、11个剧种的54名选手进入了本次比赛的决赛。

（王庆芳）

【举办千人大比舞】 2月26日，是农历二月二，龙抬头的日子。省会第三届群众舞蹈“千人大比舞”在省会文化广场举行。参加决赛的节目共13个，包括大型舞蹈和中型舞蹈，形式多样，各具特色。“千人大比舞”是由市委宣传部、市文化局主办，市群艺馆承办的一项大型品牌文化活动，2005年创办，已成功举办了两届。本届比赛分初赛、复赛、决赛三个阶段，初赛在各县（市）区进行，复、决赛由石家庄市统一组织。整个比赛活动历时一个月，全市有近百个基层业余文艺团队约5000人报名参赛。经市文化局、市群艺馆组织专家赴各区县观摩选拔节目，最终24个县（市）区的34支队伍千余人进入复赛，13个节目进入决赛，大型舞蹈《塬上花鼓人》，中型舞蹈《舞动原野》、《板舞飘情》和《擂响春天》获得了大赛的金奖。

（岳金宏）

【第十二届中国吴桥国际杂技艺术节在石开幕】 10月31日晚，第12届中国吴桥国际杂技艺术节在河北艺术中心隆重开幕。中国吴桥国际杂技艺术节创办于1987年，已成功举办11届，成为备受国际杂技界瞩目的“东方杂技大赛场”，是国际文化交流的标志性节庆品牌之一，是河北杂技艺术的一张靓丽名片。本届杂技艺术节，来自俄罗斯、美国、澳大利亚、法国、南非、朝鲜、中国及中国台湾等22个国家和地区的200多位杂技艺术家参加，共展示了32个精彩节目。为丰富杂技节内容，提升杂技节品位，本届杂技节除安排杂技比赛演出外，还举办第六届国际马戏论坛、第三届杂技商演项目洽谈会、马戏大篷专场演出、广场社区联欢演出、公益专项演出等11项活动，使杂技节成为丰富多彩、雅俗共赏的艺术盛会、文化盛会。本届杂技节设金狮奖3个、银狮奖6个、铜狮奖9个，由评委会评选产生。评委会由14位国内外杂技界权威人士组成，国内2人，国外12人。

（王庆芳）

【“非遗”普查】 全年发现收集非遗资源项目2454个，组织编写25套共570万字的“非遗”普查成果汇编，为全市“非遗”传承保护打下基础；编辑出版《石家庄市非物质文化遗产图典》，成为石家庄“非遗”保护重要成果；经过积极申报，全市又有29个项目入选第三批省级“非遗”名录，并以市政府名义公布了第三批市级“非遗”名录；组织“非遗”项目“井陉拉花”分别参加了第26届“龙潭杯”全国优秀民间花会展演、全国传统舞蹈展演、全国民间歌舞精品大赛，均荣获金奖。“井陉拉花”还被评为“河北省十大非物质文化遗产”，并入选“河北文化形象名片”，成为河北省“非遗”知名品牌。此外，井陉县、正定县和灵寿县分别被省文化厅命名为“井陉太行民俗文化生态保护实验区”、“正定古城文化生态保护实验区”和“灵寿织女山七夕节保护示范地”。

（刘　锋　鲍崇云　李凤田）

【第三批非物质文化遗产名录公布】 年内石家庄休门吹歌、羲皇圣鼓、东王庄细乐会、深泽吹歌、北平望梅花洛、于底舞龙和西河花钹等41个项目通过了市非物质文化遗产保护工作领导小组专家委员会的评审，成为石家庄市第三批非物质文化遗产名录。截至年底，全市市级非物质文化遗产达到90项。

表54　石家庄市第三批市级非物质文化遗产名录表

序号	类别	非物质文化遗产名称	所属县市（区）
1	民间音乐	1、石家庄休门吹歌	桥东区
		2、羲皇圣鼓	新乐市
		3、东王庄细乐会	新乐市
		4、深泽吹歌	深泽县
2	民间舞蹈	5、北平望梅花洛	井陉县
		6、于底舞龙	新华区
		7、西河花钹	深泽县
3	传统戏剧	8、石家庄评剧	石家庄评剧一团
		9、井陉晋剧	井陉县
		10、赞皇丝弦	赞皇县
		11、北纪城秧歌戏	灵寿县

（续表）

序号	类别	非物质文化遗产名称	所属县市（区）
4	曲艺	12、赵县梅花调	赵　县
5	杂技与竞技	13、南良都斗火龙	井陉县
		14、慈峪抬阁	灵寿县
		15、何庄武狮	赵　县
		16、微水武术	井陉县
		17、南花园民间戏法	桥西区
6	民间美术	18、新乐石雕艺术	新乐市
		19、后哨营猫头靴	高邑县
		20、深泽泥模	深泽县
		21、赵氏剪纸艺术	正定县
7	传统手工技艺	22、羊羔美酒酿造技艺	栾城县
		23、管洽焖鸡手工制作技艺	晋州市
		24、西河肉糕手工制作技艺	深泽县
		25、无极全羊宴制作技艺	无极县
		26、栾城杨氏家具制作技艺	栾城县
		27、绵河水磨	井陉县
		28、南张井干礤墙技艺	井陉县
		29、藁城西辛庄吹塑艺术	藁城市
		30、刘家卤鸡手工制作技艺	正定县
		31、核桃园拖刀面制作技艺	井陉县
8	传统医药	32、高邑吕氏妇科医术	高邑县
		33、杜圣忠脾胃病中医特色疗法	井陉县
9	民俗	34、伏羲文化	新乐市
		35、井陉婚俗	井陉县
		36、井陉丧俗	井陉县
		37、栾庄海龙湾龙文化	井陉县
		38、正定腊会	正定县
		39、灵寿织女山七夕节	灵寿县
		40、板桥九曲黄河阵灯会	井陉县
		41、炮打五只船	新乐市

（岳金宏）

【扫黄打非】 全年组织日常检查210次，出动车辆240台次，出动检查人员1500人次，检查各类出版物经营单位3520家（次），取缔无证地摊142家，收缴各类非法出版物近100000册、盘（份），处理行政案件16个，成功破获1起制售政治性出版物案件和1起非法出版期刊案件。深入开展扫黄打非保护版权志愿服务活动，发展扫黄打非保护版权志愿者10000名，充分发挥了广大群众参与扫黄打非的积极性。同时注重加强宣传，营造良好的文化氛围。成功组织了侵权盗版制品及非法出版物集中销毁活动，共销毁30余万盘光碟、50余万册非法出版物。

【行业监管体系建设】 制定出台《关于繁荣省会文化市场的若干意见》、《2009～2012年石家庄市游艺娱乐场所总量和布局规划》和《石家庄市建立网吧管理长效机制试点工作方案》，致力于将省会建设成为全省文化市场发展的示范区，带动全省文化市场协同发展；积极开展娱乐场所阳光工程，继续推广卡拉OK内容服务管理系统安装工作，以加强对卡拉OK的内容监管，保护知识产权，推动娱乐业的健康发展；建立健全实名登记、公开公示等制度，制定行业诚信自律公约，提升行业形象；组织举办印刷包装技术系列讲座，对推动印刷包装技术不断提高，提升全市印刷行业整体水平起到了积极地推动作用；通过《审读简报》、《审读论坛》，加强内资出版物的管理；结合内资准印证年检，对全部内资单位进行清底核查，集中进行档案登录、资料修正以及变更核准；聘请业内专家对"双十佳"刊物进行点评指导，确保了内资出版物的正确舆论导向；组织省会新闻出版界迎国庆60周年书法绘画摄影展，提升了整体水平和档次；广泛开展文化市场监管志愿活动，聘请文化市场义务监督员400名，建立起群防群治的工作体系。2009年，石家庄市共查办非法音像制品大案5起，查缴非法音像制品40余万张，网吧违规经营场所147家，无证电子游戏厅7家，非法演出2起。协调公安和电信部门查处非法网站2家，没收笔记本电脑1台、服务器1台，关闭非法网站3家，查处经营侵权软件案件1起。通过有效治理，文化市场环境得到净化，经营秩序进一步改善。

【文化产业发展】 加强政策支持，优化文化产业发展环境，年内，市文化局会同市动漫领导小组办公室研究制定了《石家庄市扶持发展动漫产业若干规定》，成功举办了第四届国际动漫节；经过积极申报，石家庄市有3家动漫企业被文化部等3部局认定为首批动漫企业；充分发挥优秀文化企业的示范效应，扶持文化企业发展壮大，向省文化厅推荐了2家文化企业申报省级文化产业示范基地，全市省级文化产业示范基地有望从4家增加到6家；加强文化企业宣传力度，向《河北文化企业名典》一书推介河北玛雅影视有限公司等9家文化企业；为解决文化企业融资难问题，向省商业银行等多家金融机构推荐藁城宫灯、晋州紫铜浮雕、东方美院等3家有贷款需求的文化企业，申请金融支持，已有2家通过信贷审查；积极探索民营资本进入文化领域的路子，与衡水习三内画有限公司合作的民间工艺博物馆建成投用；创建了图书批发交易市场网站，为经营单位搭建销售平台，拓展销售空间。积极宣传推介，创造文化产业发展条件。组织文化产品和文化产业项目参加深圳文博会，有5家文化企业展示了石家庄独具特色的文化产品，两个文化产业项目签约，签约额名列全省之首，实现了宣传、推介双丰收；组织6家动漫企业参加芜湖第二届中国国际动漫创意产业交易会，组织动漫企业与国内外同行广泛交流，并达成了多项合作意向；积极谋划和推动文化创意（华北出版印装）产业园区建设，经过努力，市政府已同意将产业园落户在石家庄装备制造基地，项目投资工作也在洽谈中，此举将为出版印装产业发展搭起广阔发展平台；成功举办了第七届印刷包装机械器材展，共设展位130多个，展览面积3000平方米，有110家印刷包装机械器材厂商参展，共接待参观订货客商12000余人（次），合同订货额3300万元人民币。树立主动意识，为战略投资者前来投资创造条件。主动与国家级大型文化企业联络，吸引来石投资。经过积极沟通，与深圳华强集团签定22亿元投资协议，在民族路商业街开发建设占地57亩，集动漫、休闲娱乐等于一体的华强广场项目。

（刘　锋　鲍崇云　李凤田）

【动漫产业】 年内，石家庄市专业动漫企业超过60家，周边关联企业超过2000家，动漫产业产值超过10亿元，带动3万多人就业，年培养动漫专业人才3000多人，取得了巨大的经济效益和社会效益。全市紧抓国家扶持发展动漫产业的机遇，挖掘文化资源，充分发挥发展动漫的独特优势，采取政策扶持、园区孵化、项目带动、展会交流、品牌创新等举措，推动动漫产业从无到有，从小到大，走出了一条特色化建设、跨越式发展道路。石家庄市把动漫产业作为文化产业的重点，定位为新兴支柱产业。2009 年 6 月，《石家庄市扶持动漫产业发展若干规定（试行）》出台，推出财政、工商税收、人才、市场拓展、知识产权保护等 5 大类别 18 项具体扶持政策；11 月又出台《石家庄市文化产业贷款贴息管理办法（试行）》，对符合条件的动漫企业直接拨付贴息资金。良好的投资创业环境和完善的政策保障体系，培育和激励了本土动漫企业迅速成长，也吸引了像北京完美动力公司、北京汇众益智公司等动漫企业落户石家庄。截至年末，石家庄市专业动漫公司发展超过 60 家，年动漫制作能力达到 1.1 万分钟。年内河北省有 3 家动漫企业通过国家首批动漫企业认定，3 家企业全部来自石家庄。2009 年，动漫企业先后推出一大批优秀原创作品，如《机灵狐传奇》、《道格的童话世界》《末班车》和《回忆》等，其中《豆丁的快乐日记》、《赵州桥》荣获河北省第九届“五个一工程”奖。石家庄在动漫产业发展初期，充分考虑当地特点，针对动漫企业资金短缺、规模较小、硬件薄弱、布局分散，以及大型动漫基地投资大、建设周期长的实际，以较少投资、较短时间率先建成特色各异的小型产业园区，节约了财政开支，又让动漫企业有用武之地。仅一个石家庄信息工程学院动漫创业孵化园，就入驻动漫网游、动漫影视、软件开发、动漫衍生品生产等特色各异 29 家动漫企业。

（董智永　国　伟）

【三家动漫企业获“国家认定”】 2009 年度全国动漫企业认定结果由文化部公布，石家庄市的河北精英影视文化传播有限责任公司、河北极限科技有限公司、石家庄市深度动画科技有限公司榜上有名，成为河北省首批国家认定动漫企业。文化部、财政部、国家税务总局于 2008 年 12 月出台《动漫企业认定管理办法（试行）》，并联合成立全国动漫企业认定管理工作办公室。评选标准为：动漫企业经营动漫产品主营收入占企业当年总收入的 60% 以上和自主开发生产的动漫产品收入占主营收入的 50% 以上。2009 年，河北省有 20 多家企业递交申请材料，省文化厅筛选 5 家企业进入终审。全国通过 23 家省级机构初审并上报申请认定动漫企业 303 家，最终有 100 家企业通过国家文化部、财政部、国家税务总局审核，成为首批被认定的动漫企业。首批通过认定百家动漫企业，可凭相应省级认定机构颁发的“动漫企业证书”到地方税务部门办理税收优惠手续，在增值税、企业所得税、营业税、进口关税和进口环节增值税五个税种上受惠。同时，每年 5 月至 7 月，省级认定机构对上一年度通过认定的动漫企业进行年审，对不再符合认定标准的动漫企业将取消动漫企业资格。

（王　欣）

【首届国际沙雕艺术节开幕】 6 月 30 日，2009 中国·石家庄首届国际沙雕艺术节在太平河畔开幕。50 余座规模庞大、形态各异的沙雕作品坐落园区，省会市民感受了一场宏大的大地艺术。本届国际沙雕艺术节由省会彩色周末文化工程组委会、河北省沙雕艺术研究会、河北省杂技团、北京喜盛国际文化交流有限公司共同主办。作为从国外引进的独特艺术形式，此次坐落石家庄市的沙雕艺术展在河北乃至整个华北地区的大部分城市都尚属首例。艺术节上，国内外优秀沙雕大师汇聚一堂，精心创作了《石家庄号》、《赵州桥》、《诺尔曼·白求恩》、《海的女儿》等具有国际特色、富有艺术灵性，专业性、观赏性俱佳的沙雕作品，满足了不同参观者的视觉美感。

（王　欣）

【版权保护】 紧密结合实际，创新宣传形式，大力实施版权服务进企业、进学校、进社区、进科研单位“四进工程”。组织裕华区、桥东区、长安区等单位开展“版权服务进社区，服务三年大变样”公益活动，对社区居委会、院校学生、企业主管和科研单位等有关人员进行有针对性地版权宣传。建立了 10 个版权服务联系点，为 30 多名社区居委会人员进行版权知识和计算机技能培训；组织开展争创“版权保护先进单位”活动，表彰 6 家“版权保护先进单位”；围绕“4·23 世界读书日”和“4·26 世界知识产权保护日”，开展以“加强版权保护，促进科学发展”为主题的宣传月活动，先后组织举办“版权保护与预装计算机行业健康快速发展”论坛、“版权保护如何为动漫企业服务”座谈会和大型广场宣传咨询活动，收效良好。坚持严宽适度，积极主动推进，推动20家大中型企业实现软件正版化，并对120多家勘察设计企业和100多家计算机软件盗版重点单位进行软件正版化培训，收到很好的宣传效果；继续推广“国产正版软件百元套餐”，规范预装计算机市场，组织新华区版权局加强对组装计算机经营单位监管和引导，逐步实现预装计算机软件全部正版化工作目标，维护石家庄市预装计算机市场品牌形象；认真做好权利人版权保护工作，对版权人投诉某出版社涉嫌侵犯权利人著作权一案，发出接受调查询问函，并对此案展开调查。精心组织，突出重点，认真组织打击预装计算机软件侵权和打击网络侵权专项行动，调解处理版权投诉案件26件，先后组织查处5起国家和省版权局转来的网络侵权案，受到上级表扬；加强对本市著作权的保护，制定了版权工作服务站管理规定，到动漫产业孵化园、五大基地和大专院校进行调研，指导成立了版权司法鉴定中心，为建立版权服务工作站打下基础。

【文化融入工作大局】 年内石家庄市委、市政府把“文化提升工程”列为“三年大变样”和“十大工程”的重要内容，把市美术馆和市民间工艺博物馆列为国庆献礼工程。经过积极建议和争取，市政府已原则同意将现火车站改建为市博物馆，滨河新区文化中心已列入城市空间布局规划，大众剧院改建工程实现利益最大化，使文化工作更多地融入到省会面貌“三年大变样”和市委、市政府中心工作当中。车俊书记先后两次到文化系统专题调研，并就文化事业发展作出重要指示，提出了建设“文化大市”、“文化强市”的奋斗目标和工作要求，极大地激发了文化工作者的工作热情，在全市形成了文化建设的新氛围。不少县（市）区文化主管部门在这方面也在逐步转变观念，做了大量工作，当地领导对文化工作越来越重视。注重规范和引导，使文化发展有章可循。通过反复调查论证，向市政府提出了加强文化设施建设和遗产保护工作的八条建议并提请市政府常务会议研究，获得通过。市政府以这八条建议为主要内容印发了《关于加强省会文化设施建设和文化遗产保护工作的指导意见》印发全市贯彻执行。为使文化设施布局更加合理，功能更加完备，并做到有章可循，进一步满足市民文化需求，经积极建言，市政府批准了文化新闻出版局关于编制《省会文化设施专项规划》的建议。经与市规划局合作，已编制完成《专项规划》文本，并通过专家论证。《指导意见》和《专项规划》的出台，表明市委、市政府对文化建设的重视程度大大加强，抓文化建设的力度大大加强，文化工作有了更强的支撑力，也使全市文化建设特别是设施建设和遗产保护工作有了更好更具体的依据和抓手，为开展文化工作开启了“绿灯”。

（刘　锋　鲍崇云　李凤田）

报　纸

【概况】 2009年，石家庄日报社加大转型力度，改革运行机制，各项工作均取得好成绩。全年实现总收入2.89亿元，同比增长8.37%，创下历史最高纪录；广告收入同比增长10.68%；实现利润1793万元，比上年增长13.89倍。全社有61件新闻作品获省级以上奖励，河北新闻奖的获奖等次和总量继续保持全省各地市报之首。在人民日报等中央级媒体发稿492篇，超额120分完成任务。报社还荣获中国报业2008/2009年度技术进步一等奖、市文明单位、“三献活动”优秀组织奖、市三下乡先进集体、市科学发展观教育活动先进单位等市级以上奖励10余项。

【“三年大变样”报道】 编辑部多次召开专题会议，研究采访报道思路和方法。各报均拿出重要版面、重要位置，大量刊发相关稿件，如日报的《民心广场建设纪实》、《“石家庄速度”缔造城建传奇》，晚报的《我们走在大道上》、《市民万言“建议书”感动市长》、《三年大变样　全民共参与》等；不断推出各种专栏以形成舆论强势，如《突破——聚焦三年大变样攻坚战》、《全民齐动员 三年大变样》、《“关注三年大变样建设美好新家园”大家谈》、《三年大变样，全民共参与》等，集中体现了主流媒体强烈的社会责任感和较高的舆论引导水平。

【战略转型】 新建晚报社区网，全力打造连接编辑部和读者之间的信息桥梁；“96399”呼叫中心正式开通，负责收集新闻线索并尝试介入经营领域；数据平台完成2009年石家庄日报社四报数据反解和入库，编辑记者可在内部局域网上查询见报版面和稿件；对新闻网站进行开通后第八次改版。此外，手机报、户外大屏和出租车移动传媒等项目不断完善，影响力越来越大。石家庄日报社的“四二一”计划在2008年的省新技术新媒体论坛上受到领导、专家和诸多媒体负责人的充分肯定；2008年9月和2009年除夕，车俊书记和艾文礼市长到石家庄日报社调研并对新媒体建设给予肯定。为尽快增强报社核心竞争力、实现战略转型，石家庄日报社按照“全员竞聘，双向选择”的原则，组织了一次较大规模的内部机制改革。改革后，全社设置岗位减少23个，如果加上各部门空岗，总人数减少120多人；整合内部资源，对职能交叉、单一的部门进行了撤并或调整；优化队伍结构，中层干部队伍年龄结构、知识层次发生了转变，平均年龄平均下降3.6岁，本科及以上学历人数提高了5%。

（石家庄日报社）

【96399呼叫服务中心热线开通】 11月18日，石家庄日报社呼叫中心热线96399正式开通。该热线除具备石家庄日报和燕赵晚报的新闻报道、广告、发行的业务咨询功能外，还具备为市民提供政策信息解读、机票及鲜花预订、美食推介、产品销售等服务。96399呼叫中心是石家庄日报社为适应市场需求，开辟的传统媒体与新媒体有机结合的新领域，也是石家庄日报社进军多媒体领域的一大战略举措。96399呼叫中心将日报、晚报的新闻热线和读者信息资源进行整合，意在搭建一座报社与公众之间统一的沟通平台，方便读者。呼叫服务中心以网络语音系统为通讯平台，十几个坐席同时在线，实行全天候人工服务。

（韩灵菊）

【非报业收入突破千万元】 年内下大力量抓好非报业项目的经营，积极培育报社新的经济增长点。日新传媒公司运营的手机报，一鸣视屏公司运营的城市资讯联播网（户外LED视屏），赛克文化传媒公司运营的出租车移动传媒以及绚彩快印、报兴科技公司、晚报社区网等，创新经营手段，积极开拓市场，全年合计实现营业收入突破一千万元。

（石家庄日报社）

广播电影电视

【概况】 2009年，市广播电影电视局坚持“以人为本，办台为民”理念，大力实施“品牌带动”、“人才强台”战略，以机制创新、节目创优、经营创富为着力点，新闻宣传和事业发展取得明显成效。2009年经营收入达到3.38亿元，在全国27个省会城市广告创收排位中居第十位。新建成的广电中心硬件设施和技术装备居全国城市台先进行列；市广电局被中国传媒大学确定为教学科研实习基地。

【宣传报道突出地域特色】 围绕市委、市政府中心工作，精心策划组织重大主题报道。“两台”开设了“三年大变样、城市加速度”，“干部作风年、我们在行动”，“打好工业经济攻坚战”等栏目，重点报道石家庄市学习实践科学发展观、干部作风建设年、三年大变样等重大举措和重点项目建设情况。特别是围绕纪念新中国成立60周年，策划推出了《开国序曲》、《重走开国路》、《喜看省城新面貌》、《家国纪事》、《家国相册》等系列栏目，充分报道石家庄在新中国创建中发挥的独特历史作用，着重反映石家庄市60年来取得的辉煌成就，营造了喜庆热烈的浓厚氛围。全年在中央台上稿384件，其中在中央电台上稿72件，在中央电视台上稿312件，在《新闻联播》播发55条。

【打造品牌栏目】《石家庄新闻》报道内容和形式进行了创新，贴近性、吸引力进一步增强。《民生关注》、《小吴帮忙》、《清晨热线》等民生类栏目，将镜头和话筒更多地对准基层，对准百姓。《民生关注》实现了直播报道，成为电视台第一档常态直播栏目，提高了报道时效性和现场感。电台行风热线开设《对话市领导》、《对话县（市）区》特别节目，市领导和各县（市）区负责人分别走进直播间，解答群众关心的热点问题，搭起了党委、政府与群众沟通的桥梁。开办《曝光台》、《记者观察》栏目，加大舆论监督力度。继续举办品牌活动，以“我们的力量、城市的力量”为主题，连续第5年举办“感动省城”十大人物评选活动，宣传先进人物，弘扬城市精神。

【软实力建设】与中国传媒大学建立了全面合作关系，中国传媒大学教学科研实习基地在石家庄广电挂牌，协商确定了4个领域15个合作项目。传媒大学派来6名教授博士在“两台一报”挂职。与中国传媒大学在京联办了石家庄广电传媒经营管理高级研修班。还联合开办了广播电视新闻研究生班，41名员工参加进修学习。强化省会意识，充分利用智力资源，聘请省会36名专家学者为石家庄广电总台顾问，建立了广电专家库，为进一步提升电台、电视台的节目品质奠定了基础。开展采编播人员岗位大练兵活动。全局343名采编播人员参加了日常工作量化考核、岗位技能考核和基础知识书面考试，对综合成绩优异的30名员工分别授予“十优记者、十优编辑、十优播音员主持人”称号，39名岗位合同人员和临时人员转为聘用（岗位合同）人员，进一步激发了采编播人员钻研业务的积极性。

【广电中心建成投用】全面完成广电中心工程建设。在确保安全质量的前提下，加快工程进度，9月底基本完成了大演播厅工程，向国庆60周年献上了一份厚礼。年底前二期工程全部建成，2009年度“感动省城”十大人物颁奖盛典、石家庄电视台春节联欢晚会相继在此录制，展现了石家庄广电的实力和形象。广电中心的建成彻底改变了基础设施落后的状况，使石家庄市广电硬件设施和技术装备跃居全国城市台先进行列。圆满完成了市委市政府为民办的两件实事：一是扩大广播电视有效覆盖，采取直播卫星等方式完成了300个20户以上自然村广播电视覆盖任务；二是督促落实千场电影进社区工作，年内在城市社区免费放映电影1240场，在农村放映53167场。同时，继续推进有线数字电视整体转换，全部完成了市区45万户转换工作，双向网改造进展顺利，一期工程如期完成。

【经营创收】面对金融危机对广告经营造成的冲击，迎难而上，为客户提供更优质服务，在激烈竞争中争得主动。加强广播、电视、网络、报纸等所属媒体的互动，扩大影响。全年经营创收达3.38亿元，比上年增长16.8%。其中电视台创收1.61亿元，电台创收3168万元，网管中心创收1.3亿元，声屏之友报社创收592万元。全局广告经营收入突破2亿元，比上年增长12.5%，在全省11个城市台中绝对额稳居第一，增速居前列。

【安全播出和行业管理】围绕“迎国庆、保安全”，进一步完善安全播出应急预案和技术工作保障体系，组织处置突发事件模拟演练，提高技术人员应急反应能力。建立技术质量管理手册，强化责任，细化流程，加强日常维护检查，加大设备投入，及时消除隐患，确保了国庆60周年、抗击暴雪等重要播出的安全。积极参加技术维护管理和节目技术质量评比活动，在全国、全省获得优异成绩，其中，局物业中心蔡霄辰代表河北省参加全国广电系统技术能手竞赛，荣获一等奖。加强对播出机构的管理，进一步规范影视剧播出，严格查处乱播滥放、虚假违法广告等行为。继续开展卫星地面接收设施治理整顿，加强小片网治理，封堵有害卫星电视信号，有效地规范了播出秩序。

【机制创新】认真学习领会车俊书记在全市文化建设调研座谈会上的讲话精神，进一步解放思想，研究谋划广电体制改革。赴上海、武汉学习考察广电体制改革经验，召开不同层次人员参加的改革座谈会，进一步统一思想和认识。在广电改革基础上，借鉴先进城市广电体制改革做法，初步形成广电体制改革意见，为深化改革奠定了良好基础。按照上级要求，顺利完成电影单位接收工作。石家庄影乐宫作为省文化体制改革试点单位，正加快改制步伐。石家庄电视台与中仁公司合资组建了品尚传媒有限责任公司，积极探索制播分离，拓展演艺产业。创新评优方式，深化人事制度改革。

（石家庄市广播电影电视局办公室）

【电影行政管理职能调整】 1月20日上午，市委宣传部、市编办、市文化局、市广电局等单位联合召开全市电影行政管理职能调整划转工作会议。根据中央、省文件精神，由广电部门全面负责指导电影制作、发行、放映等管理工作，文化主管部门承担的指导电影发行、放映的工作职责，统一归口，划入广电部门。

（岳金宏）

【石家庄品尚传媒公司揭牌运营】 12月20日，石家庄品尚传媒有限责任公司在石家庄广电中心正式揭牌成立。该公司由石家庄电视台与石家庄市中仁闪凝娱乐有限公司合资成立，总投资约1610万元，其中石家庄电视台控股51%，中仁公司占股份49%，双方共同经营新落成的石家庄广电中心1000平方米演播厅。经营范围包括电视节目制作、影视、文艺演出及各类大型文化活动等。石家庄品尚传媒公司是石家庄市按照文化体制改革“宣传经营两分开”和“广播电视节目制播分离”的精神，通过体制创新，培育市场主体，充分利用自身资源，开创出的一条广电产业发展新路。石家庄广电中心1000平方米演播厅位于体育南大街302号，是石家庄广电中心二期工程，该项目按照国内一流水准设计，采用先进的光学、声学、播控、传输等系统，可高质量完成广播电视大型文艺演出、重要栏目、节目的直播、录播、制作活动，具备承办各类重大纪念活动及大型文艺演出的能力。

（李云萍）

档案工作

【概况】 2009年，石家庄市档案局（馆）深入学习落实科学发展观，加强档案资源建设力度，积极进行馆库建设，切实保障档案实体的完整与安全，圆满完成档案事业综合评估工作，石家庄市档案局以110.71分的好成绩位居全省前列，《石家庄解放》、《石家庄解放档案文献图集》由中国档案出版社正式出版，并在全国档案编研出版工作指导委员会2009年度工作会议上进行了展示，获得了奖杯和证书。全年接待利用者2191人次，为建国六十周年提供了大量档案资料，档案开发利用成效显著。全市的档案工作进一步加强，档案事业发展水平进一步提高。

【档案资源建设】 通过召开调度会等方式，推动完成正定、新乐、藁城、行唐、元氏、栾城、桥东、长安8个县（市）区档案资源整合工作，全年有21.4万卷、10.3万件档案入馆。按照《档案法》的要求，市档案馆依法接收工作稳步开展，共计接收“迎、保、促”专题档案、市委组织部、市政府办公厅、市委“三讲”办公室等单位的文书档案1374卷，9425件。接收市广电局、市体育局、市委宣传部等单位的光盘18盘。加强征集工作力度。全年征集解放石家庄专题档案、名人档案及各类图书资料8000余件。对城区大规模改造建设进行了拍照摄像。对拆建的广安大街、桥西区区政府、原市委机关等区域实地拍照，筛选归档1000多张照片，形成了“一年一大步，三年大变样”专题档案，丰富了馆藏。

【档案开发利用】 一是编纂了《石家庄解放》、《石家庄解放档案文献图集》由中国档案出版社正式出版。两本书是全国档案编研出版重点项目、“十一五”国家重点图书出版规划项目、并被列入《城市解放系列丛书》的编辑出版计划。《石家庄解放》全书82万字、《石家庄解放档案文献图集》收录珍贵档案文献图片360余幅。两本书精选本馆保存的珍贵历史文献，并从中央档案馆、中国人民解放军档案馆、河北省档案馆、西柏坡纪念馆、石家庄市公安局档案室等广泛收集了在石家庄解放的过程中产生的以及解放初期形成的大量珍贵档案文献作为补充，真实全面系统地反映解放石家庄、接管石家庄、保卫石家庄、建设石家庄的历史轨迹，以及石家庄为新中国的建立做出的历史贡献。二是2009年是建国六十周年，档案接待利用工作任务十分繁重，全年提供利用文书档案9422卷次，资料370册次，利用照片档案319卷、11859张，利用光盘14张，接待利用者2191人次，复印各种档案资料4200余页。三是档案的保护鉴定、开放工作取得新进展。整理奥运火炬传递等专题档案839件，整理图书报刊资料135册，更换破损档案卷皮145卷。整理照片档案18卷、1082张，按照《档案法》的要求，对1979年前的2668卷馆藏档案逐卷、逐件进行了鉴定，开放档案2388卷，市馆档案开放总量累计达40532卷。

【档案信息化建设】 认真贯彻《中华人民共和国政府信息公开条例》，切实搞好政府信息的提供利用工作。2009年，对全市50个职能部门的720件公开信息资料进行了认真整理，存有政府信息公开资料1807件，全年提供信息资料90人次、510件次。同时，按照《石家庄市政府政务信息资源库目录》的要求，及时提供和维护有关政务信息资源，并按照市政府的要求重新安装了政府信息公开平台系统，保证了政府信息的及时公布。把档案信息化工作作为全市信息化建设的一部分着力推进。在资金不足的情况下克服种种困难，录入案卷级目录3617条，文件级目录1.29万条，扫描3079卷，54.26万幅，截至2009年底，累计扫描档案原文800万幅。做好档案数据存储备份光盘的移交接收工作，共计接收2008年本馆形成的档案数字化《基础图片》DVD光盘371张，《电子数据》DVD光盘478张，并全部著录了有关重要信息。加强对县（市）区文件级机读目录录入的督导及统计工作，全年共计录入26.26万条，其中，鹿泉、正定、长安、桥东、藁城等县（市）区该项工作已全部完成。认真督导各县（市）区档案原文扫描工作，截至2009年底，共计扫描83.26万幅，累计完成383.32万幅。其中，桥东区扫描80万幅，已全部完成馆藏档案的原文扫描工作。另有藁城、新乐、行唐、长安等县（市）区也都开展了工作。加强档案局域网、电子政务网、互联网及网站“三网”管理，认真维护“石家庄档案信息网”，保证网络安全，并及时更新动态信息、图片及文章等共计390篇（幅）。

【关注民生档案】 对正定、藁城、行唐等县（市）进行调研，起草了《石家庄市最低生活保障档案管理办法》。对新乐、鹿泉新型农村合作医疗档案工作进行调研。2008年“三鹿事件”之后，按照市委、市政府《关于创建“食品安全最放心城市”的意见》精神，为探索档案工作服务食品安全规范化的路子，推动食品安全工作健康发展，印发了《关于开展食品安全档案调研工作的通知》，对全市农业、畜牧、卫生、质监、工商、税务等九部门的食品安全档案工作进行了深入调研，形成了向市政府的调研报告，同时推进了全市的食品安全建档工作，发挥档案在创建食品安全最放心城市中的作用。

【机关档案工作】 按照检查方案和评分细则，对市直114个部门采取逐单位检查、考核，并向全市通报了考核结果，向市政府办公厅等15个工作业绩突出单位的档案工作人员依法提出奖励建议。认真贯彻国家档案局第八号令，督促全市机关、团体等相关单位全部完成了《机关文件材料归档范围及文书档案保管期限表》的编制工作。同时，分组检查督导了23个县（市）区《机关文件材料归档范围及文书档案保管期限表》的编制情况。为加强机构改革中的档案工作，按照市委、市政府关于机构改革的意见，及时印发了《关于做好机构改革中档案工作的通知》，对相关单位的档案处置工作逐一进行了督导，确保了这些单位档案的齐全完整。

【企业和重点建设项目档案工作】 认真总结2006年以来石家庄市国有改制和破产企业档案处置情况，在省档案局组织的工作会议上进行了交流。加强破产企业的档案处置工作，全年接收破产企业寄存档案2999卷。为加强重点建设项目档案工作，与市重点建设项目办公室共同印发了《关于做好2009年重点建设项目档案工作的通知》，会同市发改委转发了《河北省重点建设项目档案验收办法》，摸清了市属及各县（市）区属的重点建设项目，增强了该项工作的针对性。对槐安路、裕华路、和平路、石环路、市滹沱河生态开发整治等重点建设项目进行了多次指导。

【农业农村档案工作】 全市238个乡镇全部达到了“四有一能”标准，其中98个乡镇档案工作目标达到省三级以上标准。全市村级建档率达到90%，规范化率达到20%以上。建立了村务公开、农村小额信贷、林权改革、土地承包、土地流转等各种涉农档案。对8个县(市)区“百村千户”无公害蔬菜种植大棚的建档工作进行了督导。鹿泉市全部实现了村档乡代管，确保了农村档案的完整与安全。

【档案宣传】 在建国六十周年之际，为河北省电视台、石家庄电视台等多家新闻媒体提供大量文书档案及照片，相关媒体在制作的电视片和专题报道中，均注明“石家庄市档案馆提供”和“感谢石家庄市档案馆”等字样，有力地宣传了馆藏档案及档案工作。积极向档案专业报刊撰写文章。2009年在中国档案报、河北档案天地、石家庄日报、燕赵晚报等报刊发表文章共计百余篇。及时更新在省会儿童少年活动中心设置的《档案大观阅报专栏》，阅览群众累计超过10万多人次，丰富了市民的文化生活，有力地宣传了档案工作。全年编辑《档案信息》24期。

（崔忱立）

文物工作

【第三次全国文物普查野外调查工作结束】 在2008年文物普查试点工作的基础之上，2009年2月，石家庄市再次组织业务骨干80余人，组建20支文物普查队，深入到井陉、元氏、灵寿、赞皇、行唐、鹿泉、矿区、辛集等8县市及市区进行野外文物普查工作。至6月中旬，石家庄市第三次全国文物普查野外调查工作全面结束，硕果累累。此次文物普查石家庄市初步确认新发现不可移动文物遗存4010处，可移动文物2000件，文物遗存种类齐全，涵盖古遗址、古墓葬、古建筑、石刻、近现代重要史迹及代表性建筑等所有类别，新发现不可移动文物遗存数量位居全省首位。

【南水北调石家庄南段考古发掘工作启动】 8月31日，南水北调石家庄南段考古工作正式启动。全国13个考古单位、20余支考古队陆续进驻石家庄元氏、鹿泉、赞皇等三县、市开展文物考古发掘工作。截至2009年底，大部分发掘工作结束，共勘探8万平方米，发掘墓葬100座，遗址3万平方米，出土文物2000余件（套），其中赞皇县西高李氏墓群的发掘获重要发现。

【首次发现旧石器时代晚期洞穴遗址】 8月8日，河北平山县人民政府、石家庄市文物局在石家庄市亚太大酒店召开“平山水帘洞——河北省旧石器时代考古重大发现”新闻发布会。经过著名旧石器考古学家、河北省文物局副局长谢飞，河北师范大学许清海教授与黄华芳教授等专家、学者的考察研究，平山沕沕水旧石器时代洞穴遗址的发现被正式确认并公之于众。遗址位于石家庄市平山县北冶乡沕沕水村沕沕水风景区内，文化层内文化遗物丰富，主要为石制品和动物遗骨，是一处非常重要的旧石器时代洞穴遗址，文化时代为旧石器时代晚期，年代约距今二、三万年前后。该遗址的发现填补了河北境内太行山东麓没有洞穴遗址和石家庄市没有旧石器时代晚期文化遗存的空白，为石家庄市增添了含金量较高的历史文化名片，为中国北方及中国南北旧石器文化的交流与传承研究提供了新的实例。

【文化遗产惠及百姓】 6月12日第五个“文化遗产日”期间，按照省文化厅、省文物局统一部署，举办主题为“走进河北瑰宝，感觉中华文明”的首批文化遗产旅游消费券发放仪式；举办“走进社区、亲近群众”,“文化遗产日”宣传活动。活动日当天，于社区内设立咨询台47处，摆放展览牌105块，发放宣传品、消费券19900余份，石家庄毗卢寺、正定开元寺、赵县赵州桥等文博开放单位实行全免或减免门票的方式对外开放，免费接待观众15万人次，使广大民众得到实实在在的实惠，同时充分领略中华文明的博大精深。

（夏素颖）

【文物博物馆学会成立】 10月23日，石家庄市文物博物馆学会成立大会暨第一届会员代表大会在市图书馆举行。全市文物和博物馆界的代表参加了会议。为推动石家庄市文博事业健康发展，年初石家庄博物馆发起筹备成立石家庄市文物博物馆学会。经过严格申报和组织工作，市文物博物馆学会正式成立，学会的成立标志着全市文物博物馆行业有了属于自己的行业组织。

（岳金宏）

【推进文物保护基础工作】 配合省、市重点工程，尤其是“三年大变样”工作部署，对城市历史文化遗存的保护与利用进行深入调研，先后多次组织召开了309号院、19号院保护、利用专家论证会，对这两处历史遗存的保护问题进行深入研讨，论证通过《石家庄市城市历史文化遗存保护与利用研究暨石家庄市中心城及周边地区历史遗存保护规划》。按照《安全防范工程技术规范》等技术标准，为全市存放文物的库房、展馆安装电视监控设备，配备防火、防盗、防潮、防损设施，完成全市文物系统文物库房普查工作。全市珍贵文物纸质档案建档工作全面完成，结束石家庄市珍贵文物没有纸质档案备案空白。7～10月，经过专家推鉴、县市自鉴等方式，筛选不可移动文物遗存33处，申报第七批全国重点文物保护单位。实施井陉旧城、元氏开化寺塔、正定开元寺三门楼、新乐李混子制雷旧址修缮工程；调研、督导正定古建筑群、东垣古城遗址、井陉窑遗址、平山中山国王陵遗址等大遗址保护等问题，使全市文物保护基础工作扎实推进。

【中国人民银行总行旧址纪念馆开馆】 12月1日上午，中国人民银行总行旧址纪念馆暨河北钱币博物馆开馆仪式在石家庄市举行。纪念馆位于石家庄市中华北大街55号，由中国人民银行成立旧址修复建成，是一座集历史文物保护和钱币文化展示于一体的专题性场馆。该馆占地3018平方米，前院正中矗立着董必武和南汉宸全身铜质塑像。楼体正面中间为三层灰瓦铺顶门楼，门楼两侧为二层楼体，整个楼体平面呈“U”字形。后院南、北两分别为布币、刀币造型的水池，寓意“燕刀赵布”，象征着燕赵大地钱币文化久远深厚，馆内现共有展品2359件。中国人民银行总行旧址俗称“小灰楼”。2009年底为河北省重点文物保护单位。1948年12月1日，中国人民银行在此宣告成立，并发行了由董必武题写卷面文字的新中国第一套人民币，从而掀开了具有划时代意义的、中国货币史上的新篇章。

（夏素颖）

西柏坡纪念馆

【概况】 2009年是新中国成立60周年，西柏坡纪念馆抓住这个重大机遇，紧紧围绕“提升展览水平，整治参观环境，提升服务质量，打造成全国红色旅游龙头”四大工程，着力提升西柏坡纪念馆的新形象。成功接待了国务院副总理张德江、全国政协副主席徐匡迪、原全国人大副委员长热地等国家级领导人和副部级以上领导20多位，全年共接待观众180多万人次，创纪念馆接待观众历史新高。先后荣获了“年度考核实绩突出单位”、“全国巾帼建功示范岗”、“全国国防教育基地”、“全国廉政教育示范基地”、“全市人民满意的先进集体”、“普法先进单位”等荣誉称号。

【西柏坡廉政教育馆开馆】 4月14日，西柏坡廉政教育馆开馆。西柏坡廉政教育馆位于西柏坡纪念馆东南侧，分为地上、地下两层，建筑面积1800多平方米，展线长305米，陈展照片306幅，文物127件（份）。廉政教育馆的主题是“牢记‘两个务必’，永葆党的先进性”，在内容上坚持党的发展史与党的廉政建设史相结合，突出廉政建设；坚持历史与现实相结合，突出现实针对性。展览内容分为序厅、中国共产党廉政建设史、伟人风范、人民公仆、革命先驱和千秋基业六个部分。西柏坡廉政教育馆于2008年1月动工，9月完成土建工程开始布展，2009年3月全面竣工。

【全国人大原副委员长热地到西柏坡学习考察】 4月19日，全国人大常委会原副委员长热地到河北省视察指导工作期间，专程来到西柏坡纪念馆参观学习。热地一行先后参观了纪念馆展厅，瞻仰了中共中央旧址，仔细聆听了讲解员的讲解，认真观看了每一组珍贵的历史资料和照片，回顾了党中央、毛主席在西柏坡指挥三大战役、召开七届二中全会的那段辉煌历史，重温了“两个务必”，深切缅怀了老一辈无产阶级革命家的丰功伟绩。热地对近几年西柏坡纪念馆改进陈列方式、创新展示手段、丰富展出内容取得的成果给予充分肯定。他希望西柏坡纪念馆继续坚持贴近实际、贴近生活、贴近群众的“三贴近”原则，继续增强重点爱国主义教育基地的影响力和感染力，真正实现思想性、教育性和观赏性的有机统一。要用符合时代发展新特点的新要求，审视教育内容，以改革创新的精神完善教育形式，不断研究新方法，提出新措施，开辟新途径，为进一步做好爱国主义教育工作做出新的更大贡献。

【影视名人献礼西柏坡】 5月25日，影视名人成龙率领60周年献礼歌曲《国家》主创团队走进西柏坡，举办“国家·爱”主题活动，并举行《国家》MV红色首映典礼。《国家》总策划、主唱成龙，MV导演张一白，主唱刘媛媛，词作者王平久，曲作者金培达，音乐制作人余秉翰，童谣版的演唱者阿尔法、刘小桦、蒋依依等17位小童星，以及新七小福等人共同出席了活动。成龙表示：“在这个时候我只想做一件事，就是歌唱我们的祖国，把我心中的《国家》唱出来，站在这里，我只想说非常自豪自己是个中国人。”这首歌的MV正式亮相后，成龙和其他主创向西柏坡纪念馆及革命老战士赠送了MV光盘。童星阿尔法、刘小桦、蒋依依等演唱了童谣版《国家》。《国家》MV红色首映典礼之后，成龙、刘媛媛及《国家》主创人员与工作人员一起展开5000平方米的巨幅国旗。此国旗尺寸为88.88米×59.60米，重量约400千克，是中国面积最大的国旗。巨幅国旗曾经被不同地方、不同民族、不同年龄的志愿者，在中国960万平方千米面积的国土上托起，象征着中国作为多民族国家的宽广富饶，各族人民的团结。

【展览《新中国从这里走来》进行技术提升】 年内，为向共和国六十华诞献礼，西柏坡纪念馆主题陈列《新中国从这里走来》进行技术提升。该工程受到河北省委、石家庄市委等领导部门的高度重视，耗资1000余万元，主要由北京世纪和友数字科技有限公司和北京水晶石数字科技有限公司，石家庄市雅虹装饰设计工程有限公司设计制作，工程经过多次研究论证于9月10日进场施工，国庆节前向观众开放。此次技术提升工程的重点在于高科技手段的运用上，合理采用了场景复原、数字沙盘、幻影成像、虚拟技术、三维立体效果等高新科技手段，工程主要包括：“走进西柏坡”数字沙盘，“三大战役”半景画馆，“解放石家庄”幻影成像，电子虚拟翻书技术等，另外还包括耳目一新的展板设计，真实质朴的场景复原，个性鲜明的展柜设计等。

【红色旅游发展恳谈会召开】 为了充分发挥西柏坡红色旅游龙头作用，带动周边经济快速和谐发展，实现“富民强县”、“富民强市”，西柏坡纪念馆和石家庄市旅游局组织开展“发挥西柏坡红色旅游龙头作用，带动周边经济快速和谐发展”活动。9月10日上午，“发挥西柏坡红色旅游龙头作用，带动周边经济快速和谐发展”恳谈会在西柏坡纪念馆召开。西柏坡及周边十几家景点相关负责人参加了会议。馆长王荣丽向大家介绍举办“发挥西柏坡红色旅游龙头作用，带动周边经济快速和谐发展”活动的背景和意义，副馆长张跃新介绍本次活动的策划方案和主要内容。会议听取了与会各景点负责人对西柏坡发挥龙头作用的意见及建议；协商推出旅游精品线路和旅游景点联票，景点票价折扣，通票的印制等事宜，并达成初步共识。

【举办西柏坡精神理论研讨会】 9月17日，“新中国从这里走来——弘扬西柏坡精神理论研讨会”在河北省会石家庄召开。与会专家就西柏坡时期的重大历史贡献，石家庄解放对新中国创建的战略意义，西柏坡精神为什么能全面推进党的建设伟大工程以及如何弘扬西柏坡精神，加强干部作风建设，不断推动科学发展观等理论问题进行了研讨。西柏坡纪念馆馆长王荣丽作《西柏坡时期的十大历史贡献》的重点发言，并提出西柏坡精神不仅蕴涵着中国共产党开创社会主义道路的求知求索精神，而且体现了把马克思主义与中国实际相结合的理论和实践品格。

【“西柏坡精神”走进清华园】 为进一步弘扬西柏坡精神，把西柏坡精神与学习实践科学发展观结合起来，3月26日，西柏坡纪念馆馆长王荣丽和副馆长李庆安带领西柏坡纪念馆艺术团走进清华大学，与清华大学一起举办了“新中国从这里走来”——西柏坡精神与科学发展观专题报告与专场演出。“西柏坡精神与科学发展观”专题报告在具有百年历史的清华大礼堂举行。副馆长李庆安为清华1000余名研究生党员作了专题报告。报告中，他以自己多年对西柏坡精神的深入研究为基础，引用大量珍贵图片和影像资料，翔实、生动地为同学们分析了西柏坡精神产生的历史背景，介绍了西柏坡精神的理论构架和核心内容，阐述了“两个务必”的时代意义以及与科学发展观的辩证统一关系。专场演出节目主要有：河北民间舞蹈“舞动太行”《英雄母亲戎冠秀》、《决战时刻》、《大院里的联欢会》等歌舞、演讲、短剧和小品节目。

【景区整治迎国庆】 为庆祝新中国成立60周年，西柏坡纪念馆从9月8日至10月8日，利用一个月的时间在全馆范围内开展“管理服务上水平·展示风采迎国庆”质量提升月活动。针对景区内旅游环境存在的问题，西柏坡纪念馆对景区内各个景点及通向景区沿途的所有宾馆、饭店、纪念品专营店等进行清理整顿。对景区环境的乱设摊点、占道经营、流动摊点等行为，采取了“拉网式”治理，对重点地段、重点部位实现不间断巡查；同时对纪念品市场进行集中检查，坚决取缔流动摊点和占道经营，实现划片经营、零摊集中；突击检查出入景区的车辆，坚决扣留套牌、无牌车辆，尤其是二轮和三轮摩托车，杜绝景区车辆乱走、乱停现象，并对景区环境进行了整体规划。另外还对景区内的一些景点进行完善或重新制作。主要工程有：(一)修葺完善西柏坡纪念碑。包括三项内容：一是重新制作西柏坡纪念碑碑体字。字样全部采用2毫米厚的钛金板材料闷压成型，鲜亮庄重。二是重新制作西柏坡纪念碑基座浮雕六副，每副长2.5米、宽2.5米、厚0.12米，汉白玉材质。主要反映七届二中全会、共商国是、土地改革、华北人民政府成立和三大战役等重要场景。三是增加西柏坡纪念碑台阶浮雕。浮雕长11米、宽2米、厚0.2米，花岗岩材质。分别刻画了上海一大、井冈山、遵义、延安、西柏坡、北京等几个场景，再现了中国革命之路。浮雕中央嵌刻黄镇将军的题词：“新中国从这里走来”。(二)重新设计制作大门景。新大门景设计采用圆雕、浮雕相结合的艺术形式，主雕由圆雕《走向辉煌》和浮雕《征程》两部分组成。《走向辉煌》高9.5米，宽8米，厚3米，由解放军战士、工人、农民、知识分子、老人、儿童等多种人物形象构成。寓意全军将士在党中央毛主席的指挥下，在人民群众的支援下，军民团结、英勇奋战，最后取得全国解放的伟大胜利。《征程》长14米、高10米、厚1.5米，寓意中国共产党和中国人民在白色恐怖下，艰苦奋斗、英勇无畏、创建新中国的艰苦历程。整组雕塑动静结合、和谐统一，突出了“新中国从这里走来”主题。(三)对宾馆客房进行改造提升。全部客房重新贴壁纸、刷环保漆，重新吊顶，客房内家具设施、卫生洁具统一更换。(四)馆区监控实现全覆盖。在中共中央旧址、陈列展览馆、文物库、生活区、办公区、宾馆等重点部位安装安监系统设备。(五)全馆改饮直饮水。投资43万元，分别在生活区、宾馆和办公区安装两套直饮水设备。

【团中央、全国青联志愿者艺术团赴西柏坡慰问演出】 10月14日下午，为庆祝新中国成立60周年，由团中央书记处第一书记陆昊为团长，团中央书记处常务书记、全国青联主席王晓，全国青联副主席、总政歌舞团团长彭丽媛，全国青联副主席、香江集团董事长刘志强为副团长的团中央、全国青联志愿者艺术团，来到革命纪念地西柏坡，为革命老区人民献上了一场名为《祖国万岁》的大型文艺演出。

著名节目主持人李扬、张泽群、周涛、刘小娜、方琼等联合主持。总政歌舞团的集体舞表演《祖国，请检阅》，著名男高音歌唱家蒋大为的独唱《说中国》，青年歌唱家王丽达、杨九红、吴娜等人的民歌串烧《南泥湾》、《情深谊长》、《映山红》。国家一级演员刘全利、刘全和的哑剧表演《橱窗模特》，著名表演家冯巩等人的群口相声《我为您放歌》，王宏伟、谭晶、蔡国庆、韩红、关牧村、郁钧剑等明星和歌唱家也一一登台，把自己的精彩演出献给了观众。省委副书记、石家庄市委书记车俊，省委常委、省军区政委张彦欣，省委常委、宣传部长聂辰席，省人大常委会副主任侯志奎，省政协副主席田向利等省领导与老区各界群众一起观看了演出。石家庄市市长艾文礼，市委副书记刘云峰在演出结束后陪同慰问了老区群众。10 月 15 日上午，陆昊、王晓、彭丽媛、刘志强等团中央、全国青联领导在省领导车俊、侯志奎、田向利等陪同下，参观了西柏坡纪念馆陈列馆和中共中央旧址。

（西柏坡纪念馆）

【第四届中国西柏坡散文节举行】 11 月 10 ~ 11 日，第四届中国西柏坡散文节在西柏坡纪念馆举行。第四次全国红色散文征文大赛活动由中国散文学会、河北省散文学会和西柏坡纪念馆共同发起，以弘扬文艺主旋律，弘扬西柏坡精神为主旨，经过一个多月的征集，共收到全国各地散文作品 500 余篇。10 月下旬，中国散文学会组成评委会从中评选出 66 篇作品为一、二、三等奖，并选出 44 篇为优秀奖。一等奖获得者是江西龚文瑞、西柏坡纪念馆史进平、江苏吴光辉、甘肃正雨和北京的胡健等 8 人；二等奖获得者是周艳芝、杨宣强、樊更喜、赵志勇、傅志伟、吴枫等 25 人；三等奖获得者是王艳红、胡海霞、梅子、齐芳、崔霞等 33 人。

（岳全宏）

石家庄年鉴 Public Health &Sport

卫生·体育

卫生·体育

卫 生

【概况】 2009年，石家庄市共有医疗卫生机构2344个，床位3.7万张，卫生人员5.24万人，其中卫生技术人员4.34万人，管理人员2115人，工勤人员4012人。卫生技术人员中，执业医师1.69万人，执业助理医师3248人，注册护士1.34万人。村卫生室5113个，执业（助理）医师1758人，乡村医生和卫生员8470人。年内，市卫生局先后被省、市授予“人民满意的公务员集体”、“先进基层党组织”荣誉称号。

【疾病控制】 认真实施国家5项重大和9项公共卫生服务项目，完成乙肝疫苗补种13.1万人，贫困白内障复明手术600例，市辖区居民健康档案建档率达到72%，作为全省试点的鹿泉市农村居民建档率达96.24%。实施高血压患者规范化管理，血压控制率达65.15%。启动儿童伤害教育干预项目，在100所小学开设了安全教育课程。深入开展全民健康促进工程，卫生部、中国医药卫生事业发展基金会在鹿泉市召开现场会。“健康生活进农村大讲堂”走进2213个村，直接受教育人数79.1万人，发放宣传资料81万份。在市区举办“燕赵百姓健康讲堂”28期，直接受益人数9000余人，间接受益人数30万人。加大疫情网络直报管理，积极组织人员培训和演练，开展艾滋病高危行为干预，大力推行结核病防治“453”工作模式，认真做好手足口病防治，重大传染病的防控能力明显提高。

（市卫生局）

【首次居民慢性病调查结果显示高血压发病率居慢性病首位】 2月23日下午，市疾控中心向社会公布了石家庄市首次慢性病调查结果。对7668名15～69岁常住居民进行的身高、体重、腰围、血压测量，空腹血糖和血脂检测等内容的调查显示，高血压发病率居全市慢性病首位，城乡居民肥胖或超重现象都相当严重。一是近一半人超重或肥胖。被调查者中，超重和肥胖二者合计比例高达48.7%。无论城市和农村，超重或肥胖均处于较高水平，并逐渐趋于年轻化。全市15～69岁居民超重率为31.7%、肥胖率为17.0%。男女之间、城市和农村之间无差别。青少年尤其是城市青少年的超重肥胖问题突出。其中城市15～19岁超重、肥胖率分别高达12.9%和17.6%。调查发现，全市血脂异常总患病率为26.9%，明显高于2002年全国（18.6%）水平。其中城市又高于农村。15～19岁人群血脂异常率高达22.6%，已接近成人水平。二是知晓率、治疗率和控制率均处于低水平。调查显示，全市居民常见慢性病患病率由高到低依次为：高血压、骨关节疾病、消化系统疾病、糖尿病、心血管疾病、慢性阻塞性肺部疾病、脑血管疾病和恶性肿瘤。八类常见慢性病总患病率为8.2%，其中城市患病率高于农村，女性患病率高于男性。相对较高的发病率，全市居民高血压、糖尿病等慢性病的知晓率、治疗率和控制率均处于低水平。在高血压患者中，只有不到一成进行了治疗，而经治疗后血压得到有效控制的只有1%，说明全市居民对自身的患病情况不了解，患病后未进行积极有效的治疗，治疗效果不理想。三是青壮年人群最缺乏锻炼。全市居民普遍缺乏锻炼，青壮年尤为突出。全市居民经常参加锻炼率仅为16.2%。经常锻炼率最高的15～19岁人群也只有38%，30～49岁人群最低为8.9%。身体活动不足是超重及肥胖、高血压、糖尿病、高胆固醇血症等慢性病的重要危险因素。四是慢性病不是老年人专属，中青年健康问题多。在此次调查的所有年龄段中，30～49岁人群经常进行锻炼的比例最低，而工作和生活压力最大。其中，30～39岁人群超重率、肥胖率、向心性肥胖率、空腹血糖受损率、血脂异常率、吸烟率都呈现迅速上升态势，40～49岁人群各项指标已基本接近或超过50岁以上人群，处于较高水平。五是实施慢性病人和高危人群干预策略。针对全市首次慢性病调查结果反映出的问题，市疾控中心进行了综合研究分析。慢性病防治专家向政府和公众提出建议，应对慢性病要实施综合防治，健全网络、加强宣传、科学干预缺一不可。市疾控中心慢性病防治所的专家表示：在慢性病防治中，通过开展技术培训，将最新和最准确的知识和信息传授给一线卫生、医疗专业人员，提高对慢性病防治的认识和专业水平，培养慢性病防治专业队伍；发挥宣传教育的作用，开展健康促进和健康教育，倡导健康生活方式，改变不良生活习惯；通过社区和乡村基层医疗机构，实施慢性病人和高危人群科学干预策略，首先对高血压患者实施社区规范化管理工程，使血压稳定维持在目标水平以下。

（王丽强　国　伟）

【首次接种甲流疫苗】 10月28日上午，石家庄市甲流疫苗接种工作在桥东区启动。接种对象首先登记，由工作人员询问其身体健康状况、测量体温。符合条件者被告知疫苗接种注意事项，填写甲型H1N1流感疫苗接种个案信息登记卡，并签字。随后进入接种室由专业人员为其实施甲流疫苗接种。接种完成后留观30分钟，无异常反应后再离开。本次石家庄市接种的甲型H1N1流感疫苗属于裂解疫苗。是由甲型H1N1流行性感冒病毒流行株接种鸡胚后培养，收获病毒液，再浓缩、纯化、裂解、灭活制成。疫苗外观为微乳白色液体。每瓶0.5毫升，为一人次用量，内含甲型H1N1流感病毒血凝素15微克。截至28日17时，全市92个预防接种门诊开展甲流疫苗接种工作，共完成接种3797人，无接种异常反应报告。

（王丽强）

【卫生应急工作】 面对全球暴发的甲型H1N1流感疫情，石家庄市迅速反映，科学调度，成立防控工作领导小组，建立联防联控机制，制定下发工作预案、指南等规范性文件123份。实行疫情日报告、零报告制度，组织疾控人员主动搜索，将全市349所中小学校和托幼机构纳入症状监测网络直报系统，在寄宿制学校设“一诊三区”。启动发热门诊31个，严格落实预检分诊制度。积极开展疫苗接种工作，接种甲型H1N1流感疫苗45.32万人份。确定19所集中收治定点医院和2所重症收治医院，成立4支应急医疗队，抽调38名专家组成重症医疗救治组，对重症和危重症患者全力救治。加大防治知识宣传力度，深入开展防控知识进社区、进学校等“六进”活动，最大限度降低疫情危害。

【食品安全协调与卫生监督】 深入开展“餐饮消费放心城市”创建活动，实施“双节”食品卫生安全保障、“3.15”卫生监督健康维权、餐饮具集中消毒企业专项整治、预防食物中毒卫生安全检查暨“60天会战”、创建食品安全放心校园和餐饮消费食品安全一条街、食品添加剂专项治理等一系列专项行动，出动卫生监督人员1.4万人次，检查餐饮单位1.84万家，全市餐饮单位量化分级率达到100%，500平方米以上餐饮单位AB级率达87.15%。严厉打击非法行医，开展专项行动8次，检查医疗机构2905家，清理“黑诊所”364家，立案527个，受理举报案件52起，督办20件，办结率、查处率均为100%。加大职业卫生的监督检查力度，对100余家申请放射诊疗工作单位完成资料技术审查和放射工作场所现场验收，检查用人单位6000余家。

【农村卫生工作】 全年积极利用国债资金1.09亿元，新建和改扩建县级医院（含中医院）5所，中心卫生院27所，乡镇卫生院24所，村卫生室47所，农民群众的就医环境得到进一步改善。扎实推进乡镇卫生院标准化创建，鹿泉市、藁城市、辛集市、栾城县4个县（市）被命名为“河北省标准化、规范化乡镇卫生院示范县(市)”。按照“一村一室一址”的要求，制定农村新民居村卫生室建设标准，全市71%的村卫生室达到了标准化要求。加大卫生人员培训力度，分别举办乡镇卫生院儿科、外科、内科集中理论培训4期，累计培训888人次。

积极协调“好医生”医学教育中心下发视频教学设备，培训村级卫生机构人员5103名。启动乡镇卫生院卫生适宜技术推广工作，组织“继续教育农村行”活动112场，培训农村各类基层卫生技术人员1.54万人次。继续深入开展“医学专家大篷车”和“千名医师下乡村”活动，组织610名医务人员对口支援4所县医院和65所乡镇卫生院，诊治病人6.2万人次，培训乡村医生2.1万人次。7月份，卫生部在该市召开全国城乡医院对口支援工作现场会。

【新型农村合作医疗】 全年新型农村合作医疗制度运行平稳，参合农民583.44万人，参合率达到94.24%。在总结晋州市新农合门诊统筹试点经验的基础上，在赵县、鹿泉市等5个县（市）开展门诊统筹，乡、县、市、省四级定点医疗机构住院费用报销比分别达到70%、60%、50%、40%，比2008年提高5个百分点，参合农民全年最高补偿额（封顶线）已达3.5万元。全年累计补偿参合农民312.09万人次，补偿总费用达5.55亿元，基金使用率处于全省领先。在15家市级定点医疗机构实行出院即报，新农合异地就医报销管理机制进一步完善。完善“一本通”管理，参合农民在行政区域外的所有新农合定点医疗机构住院，均依照市内相应级别定点医疗机构标准进行补偿。继续大力推行大额医疗保险制度，全年累计补偿594人次，总金额674.85万元，较好地解决因病致贫、因病返贫的问题，卫生部专门组织人员对该市的做法进行调研。

（市卫生局）

【新农合网站正式开通】 1月7日，石家庄新型农村合作医疗信息网正式开通，这是全省首个由政府主管部门主办的新农合网络咨询交流平台。公众可登录网址www.sjzxnh.com进行政策查询和意见反馈。石家庄市自2005年开始新型农村合作医疗试点工作，2007年新农合在全市所有17个农村县（市）推开。截至年底，全市参合农民达到576万多人，参合率超过90%。为及时传递新农合政策信息，收集群众意见反馈，市卫生部门曾于2006年开通新农合短信平台。此次开通的新农合网站较单纯的短信功能更加完善，与公众交流也更加直接方便。新农合信息网开设工作动态、政策法规、信息公告、监督投诉、八方采风等主要板块，参合农民可以通过上网及时了解全市新农合政策的调整变化；新农合经管机构也可以通过信息公告、数据下载等网站设置实现政务网上运行，提高工作效率。

（王丽强）

【社区卫生服务】 根据医药卫生体制改革精神，制定《社区卫生服务机构设置规划（2009～2011）》，出台《城市社区公共卫生服务项目考核实施方案》。新建和改造社区卫生服务中心9所，社区卫生服务政府主导和社区中心主体地位初步确立。深入开展社区卫生服务机构标准化创建，91%的社区卫生服务机构达到市级标准化，有13所机构荣获“省级社区卫生服务标准化示范机构”称号。继续实行社区药品集中采购、统一配送，配送金额达3704.5万元，药品价格平均较药店零售价低21.3%。认真执行基本药物制度，及时为社区卫生服务机构补充94个药品品种，对高出限价的68个品规药品价格进行下调。在裕华区开展收支两条线和中心、站“一体化”管理试点，建立以服务质量和服务数量为核心、以岗位责任与绩效考核为基础的收入分配制度。桥东区为辖区居民免费提供32项免费公共卫生服务项目，在裕翔园社区卫生服务站推行药品零差价销售试点。完善社区责任医生制度，大力推行双向转诊工作，为政府办的社区卫生服务中心配备40部“双向转诊车”，方便社区居民就医。

（市卫生局）

【首家社区卫生健康乐园成立】 1月10日，石家庄市首家社区卫生服务健康乐园在桥西区裕西社区卫生服务中心成立。裕西社区卫生服务中心自1999年起在社区居民中开展慢性病规范治疗活动，已累计管理高血压患者1640多例，成为全国心脑血管病社区管理的示范点。此次成立的健康乐园旨在通过生活方式干预和健康知识宣传教育，进一步提高社区居民的健康意识，把心脑血管病等慢性非传染性疾病控制在较低水平。

（王丽强）

【健康教育社区行启动】 2月20

日，石家庄市健康教育社区行工程在桥西区振三街社区卫生服务站启动。市内五区38个社区卫生服务中心，每两个月开展一次由社区居民参加的健康教育讲座。市疾病预防控制中心专门组建了健康教育社区行讲师团，讲师团由免疫规划、传染病防治、健康素养、结核、艾滋病等领域的30名专家组成。

（王丽强）

【医政管理】 深入开展“医院管理年”和“医疗质量万里行”活动，确定3所试点医院，推行电子医疗档案和常见病临床路径管理。加强人员准入管理，完成9676人的医师资格考试工作。认真开展执业人员的业务考核，定期对全市4860名医师进行考核。加大临床技术应用管理力度和院内感染控制管理，规范血液透析、新生儿病区（房）、毒麻药品的管理，在河北省卫生厅组织的督导联查中，受到充分肯定。大力实施名中医战略，评选市级名中医10名，优秀中青年中医12名，有32项课题在河北省中医药管理局立项，新华区被确定为全省中医药特色社区卫生服务示范区。强化重点学科建设和人才培养，选送16名中青年学科骨干到北京大医院进修学习，有29课题通过省级科研成果鉴定，57项课题通过市级科研成果鉴定，59项成果获得河北省医药卫生科技成果奖，4项成果或河北省科学技术进步三等奖。

（市卫生局）

【石家庄卫校并入河北医科大学】 经省政府批准，石家庄卫生学校并入河北医科大学。11月10日，河北医科大学举行了石家庄卫生学校并入大会。石家庄卫生学校并入河北医科大学后，撤销石家庄卫生学校建制，成为河北医科大学西山校区。既有效拓展河北医科大学办学空间，缓解教学资源紧缺矛盾，又在最短时间内提升了石家庄卫生学校的办学层次，对加快河北省医学教育事业的发展具有积极推动作用。

（李晓玲）

【妇幼卫生】 启动农村孕产妇分娩补助项目，补助孕产妇6.28万人，金额1882.1万元。确定辛集市为“两癌”普查试点，完成乳腺癌2711人、宫颈癌5930人的检查任务。在全省率先启用“妇幼卫生信息系统”，实现卫生行政部门、妇幼机构和助产机构之间的信息互通。进一步健全县、乡、村三级妇幼保健网络，认真落实婚前孕前保健、产前筛查诊断和新生儿疾病筛查三级预防措施，全市新生儿筛查达74.11%，孕产妇死亡率6.96/十万，5岁以下儿童死亡率8.43‰，较2008年明显下降。出生医学证明管理工作代表全省接受了卫生部的督导检查，受到一致好评。国务院妇幼工委在平山县召开了全国儿童纲要落实工作经验交流会。

【爱国卫生运动】 扎实推进“清洁城乡、保护健康”活动，加大环境卫生整治力度。认真开展国家改厕项目，在鹿泉、正定等9个县（市）开展农村改厕示范项目建设，完成改厕任务5.4万座，城乡环境卫生状况进一步改善。开展除害灭病工作，鼠密度由3.96%下降到1.58%，市区灭蟑工作达到国家规定标准。深入开展“无烟医院”、“无烟学校”和“无烟单位”创建活动，全市创建“无吸烟单位”486个，申报省级无吸烟单位7个。

（市卫生局）

【市三院医疗综合楼落成启用】 9月28日上午，市第三医院医疗综合楼正式落成启用。市三院医疗综合楼于2004年11月奠基，总建筑面积5.7万平方米。现启用的一期工程建筑面积5.1万平方米，投资约1.8亿元。1～4楼为门诊和功能检查科室，5～19楼为病房，共设床位800张。新楼配备了高档次的ICU病房、层流净化手术室和亚健康治疗中心。一楼急诊实行一站式服务，患者可高效、快捷就诊。

（王丽强）

体　育

【竞技体育】 以备战省运会和打造竞技体育精品工程为重点，全力打造精品工程。通过专家论证、调研数据分析、座谈征求意见等多种形式，制定了《我市高水平竞技体育“精品项目”发展战略规划》，起草拟定了《石家庄市竞技体育精品项目实施办法（试行）》和《关于加强教练员岗位教育培训的管理办法（试行）》；修订了《石家庄市体育竞赛纪律规定处理办法》、《石家庄市体育局训练周期教练员聘用意见》和《石家庄市体育局反兴奋剂工作管理办法》，为竞技体育整体上水平、上层次打下了良好基础。认真参加年度比赛。2009年度河北省各项目青少年锦标赛取得较好战绩。除省青少年游泳冠军赛和足球女子甲组两项赛事尚未进行，根据统计，在已进行完的20个大项的39项赛事当中，石家庄市各代表队共获得金牌193枚，团体总分7225分。认真承办大型比赛。圆满完成了全国“飞跃杯”田径比赛的承办工作。并先后承办了2009年度河北省青少年游泳锦标赛、青少年体操锦标赛、县级市青少年田径锦标赛、女子甲组排球锦标赛、女子举重和男子自由跤锦标赛。参战第十一届全国运动会。58名石家庄籍运动员参加了17个项目的决赛，为河北代表团夺得了3枚金牌、2枚银牌和6枚铜牌。夺金运动员分别是男子三级跳远运动员李延熙、女子铅球运动员巩立娇和女子射击运动员赵颖慧（女子10米气步枪团体比赛）。其中，男子三级跳远运动员李延熙以17.59米的成绩打破了尘封28年之久的全国记录，并超亚洲纪录。

（市体育局）

【全国体育舞蹈大赛在石家庄落幕】 7月12日晚，第七届全国青少年体育舞蹈锦标赛在省体育馆落幕，来自全国60支代表队共2013对次青少年选手进行了为期三天的角逐。石家庄的刘旭东、刘倩怡获得业余青年B组B级赛L的第一名，太原的徐鹏雯、楚惠雯获得业余少儿A组A级赛L的冠军，秦皇岛的董亦程、刘欣获得业余银牌14岁以下L的第一名，运城的景威、薛佳怡获得业余金牌12岁以下S的金牌。全国青少年体育舞蹈锦标赛赛制创立于2001年，分别在武汉、南京、安徽淮北、太原、秦皇岛、上海举办了六届。本届是第七届，是参加人数最多的一届。本次比赛由国家体育总局、中国体育舞蹈联合会、市体育局主办，石家庄体育总会、石家庄体育舞蹈协会等承办，选手中年龄最大的21岁，最小的只有8岁，是中国青少年该项目最高级别的个人赛事。比赛按专业、业余以及年龄分组，共进行了拉丁舞、标准舞等47个组别，94项的比赛项目，比赛还进行了专业组和业余组的技术等级比赛。

（郭立群　国　伟）

【群众体育】 群众体育工作在乘势、借势、造势上下功夫，在做大、做亮、做强上做文章，不断拓展群众体育工作的领域和范围，提升健身活动的规格和品味，提升群众体育的活力和竞争力，全民健身活动展现了新思维，群众体育工作实现了新跨越。精心打造全民健身精品活动。为进一步推进全民健身机制长效化、扩大影响力、努力营造浓郁的群众体育健身氛围。年内将社区运动会、全民健康跑、环城自行车赛、元旦万人长跑这四大活动，按照四季气候特点及活动时间节点等特性，进行阶段性布局，全力唱响“全民健身精品活动四季歌”，形成了大型全民健身活动季季有，健身高潮此起彼伏的新格局。同时，向社会公开征集石家庄市元旦长跑、社区运动会、自行车环城赛等大型全民健身活动形象标识、宣传口号，不仅提升了体育活动的知名度和影响力，也为全民健身活动注入了新的生机与活力，为全民健身赛事增添了新的品味和魅力。大力开展亲民体育、快乐体育、惠民体育。组织了第二届社区运动会。运动会历时3个多月，覆盖全市6区的55个社区，有近10万群众踊跃参加，极大满足了市民足不出户、零门槛参与的愿望，被百姓誉为“倾城欢动的健身节，百姓家门口的运动会”；举办环城自行车赛。年内环城自行车赛在上档次、上规模上做文章，通过调整比赛设项、线路等，对赛事精心全方位包装，参加赛事的人群由原来的石家庄本地逐步延伸到全国甚至国际。本次比赛共吸引了来自中国 21 个省区市、7 个欧美等国家的自行车爱好者，参赛人数达 1688 人，是环城赛举办以来人数最多、规模最大的一次；降低元旦长跑门槛，鼓励家庭亲情参与，参加人数近 3 万，使具有 39 年悠久历史的元旦长跑活动焕发了新的生机和活力；全力营造全民健身氛围。为营造浓郁的全民健身氛围，“全民健身日”期间，体育局联合全市 17 个部门和单位下发了《关于开展全民健身日活动的通知》的通知，在全市范围内积极开展全民健身日活动。2009 年，全民健身活动内容丰富多彩，群众参与热情空前高涨，参与人数超过百万人次，充分体现了“全民健身，全民参与”的理念。特别是 2009 年的 8 月 8 日，是中国第一个“全民健身日”，也是北京奥运会举办一周年纪念日，全市 20000 多名群众在市领导的带领下参加了健康跑活动；第十一届全国运动会河北省火炬传递活动顺利进行。8 月 18 日上午，在石家庄市世纪公园中心广场举行了火炬传递起跑仪式。省领导张云川、胡春华、车俊、侯志奎、孙士彬、田向利、省委秘书长景春华、省体育局局长聂瑞平、市领导艾文礼、王华清、李屏东、张妹芝等同志出席仪式。起跑仪式由孙士彬副省长主持。省委副书记、市委书记车俊同志致辞。胡春华省长点燃传递主火炬，传给省体育局聂瑞平局长，聂瑞平又将火炬传递给主火炬手奥运会游泳冠军钱红。钱红手持主火炬分别点燃了孙庆梅、张亚菲、牛剑锋、田凤林手中的副火炬。省委书记、省人大常委会主任张云川宣布火炬传递活动开始后，五名火炬手带领长跑队伍，沿体育大街、槐安路进行了火炬传递长跑。中央电视台《新闻联播》、人民日报一版以及省市各大媒体都对活动进行了相关报道。

【体育产业】 市体育局以深入调研为重点，以规范市场为突破口，积极探索体育产业发展新思路。规范审批事项。石家庄市体育局对三项行政许可事项进行完善，审批时间缩短为 5 个工作日，并制作流程图同时向社会公示。加强执法监督。按照省体育局通知要求，成立了联合执法领导小组，对全市游泳场所进行了全面普查。对市内六区游泳场所进行了重点抽查，对存在安全隐患的单位下达了整改通知书。整个执法检查工作得到了省体育局的高度肯定，并以冀体法字〔2009〕15 号文件向全省转发了石家庄市的经验做法。

【社会体育】 社会体育工作立足全民健身，本着面向社会、服务社会的宗旨，围绕“抓组织、搞活动、创品牌、树形象”开展工作。2009 年共承办国家级比赛 1 次，组织举办市级比赛 10 项 17 次，协助基层办赛事 38 次，筹集社会资金 25 万元，举办培训班 13 次。2009 年石家庄市外派代表队 14 次，共获得奖牌 40 枚，其中金牌 12 枚，银牌 17 枚，铜牌 11 枚，在参加世界及全国性比赛中获得金牌 8 枚，参加省级比赛共获得金牌 13 枚，为石家庄市争得了荣誉。

【体育设施建设】 年内，结合“三年大变样”工作，把体育设施建设纳入全市整体规划，加大投入力度。投资 2700 万元的水上项目训练基地工程圆满完工，已于 6 月 28 日提前投入使用。投资 400 万元的运动学校田径场改造、投资 420 万元的中山体育馆消防改造工程全部保质保量高标准完成。投资 80 万元的射击场枪弹库改造项目已完成招标。全市对申报健身路径和农民健身工程的 563 个行政村、社区、公园、广场进行摸底、统计、填表、上报，完成 4486 行政村健身设施的统计工作。国家、省、市三级体育行政部门于年内在石家庄市更换、安装健身路径和农民健身工程 663 套，共投资 980 万元，投资力度、安装数量为历年之最。

（市体育局）

社会生活

社会生活

人口和计划生育

【概况】 2009年，市人口和计划生育工作围绕“低生育水平得到稳定，统筹解决人口问题得到有效解决，人口计生事业得到新发展”的工作目标，抓基层打基础，抓后进促转化，抓创新求突破，抓管理上水平，工作取得明显成效。全年出生10.7万人，其中政策内出生9.7万人，政策外出生9550人，符合政策生育率为91.07%，人口出生率为11.08‰，自然增长率为5.85‰，全面完成了省下达的人口与计划生育责任目标。年初，市委常委会专题听取人口计生工作汇报，省委副书记、石家庄市委书记车俊同志对人口计生工作给予充分肯定，并提出人口计生工作要坚持“五抓”的要求，即“抓认识、抓领导、抓政策、抓重点、抓宣传”，要求全市各级对人口计生工作一刻也不能放松，必须持之以恒，常抓不懈。市政府常务会议研究确定把建设100个计划生育优质服务示范站、开展为120万育龄妇女免费提供生殖健康服务和实施独生子女家庭意外伤害保险三项工作列入市委、市政府为民办理的38件实事之中，由市委、市政府两个督查室实行一季一督查、一季一通报。体现了市委、市政府对人口和计划生育工作高度重视。市委副书记、市长艾文礼在全市人口计生工作会议上要求各级党委、政府必须增强人均意识，“一手”做大经济总量，“一手”稳定低生育水平，努力提高人均水平。市委、市政府主管领导多次深入县（市）区调研人口计生工作，为基层释疑解难，加压鼓劲，推动了工作的落实。严格考核兑现奖惩。2009年，市委、市政府与各县（市）区党委、政府主要领导及市直33个相关部门签订了2009年人口与计划生育目标管理责任书，并拿出48万元，对2008年度人口计生目标管理先进单位进行了奖励。各县（市）区党委、政府也都层层签订目标管理责任书，逐级明确任务，落实责任，严格奖惩，落实“一票否决”。2009年，全市因计划生育否决43个单位、7名个人的评先、评优资格。2009年计划生育财政投入县乡达到人均22.5元，市级达到人均2.2元，全市安排计划生育事业费25556万元，比上年增加11.11%，市本级预算内安排计生事业费1865万元，比上年增长21.8%，高于财政收入增长幅度2个以上百分点，市本级和县（市）区均达到政策规定标准。2009年，市本级投入农村奖励扶助金124万元，特别扶助金10.65万元，“民心工程”专项经费116.9万元，四项手术专项经费20万元，出生缺陷一级预防专项经费50万元，流动人口专项经费35万元。截至10月底，全市计生事业费支出22319万元，其中市本级支出1054万元。

【严格计划生育政策审查制度】 各级组织人事部门在公职人员入党、评优、提职、调动、两委班子选举中，严格执行计划生育审查制度，及时向人口计生部门通报有关情况，由人口计生部门对其执行计划生育政策情况审核，凡有违反生育政策的，实行“一票否决”。2009年以来，市管干部提拔82人、村“两委”干部换届选举25152人、确定入党积极分子13892人，全部进行了计划生育情况审查，无违反计划生育政策情况。加大对党员干部违纪查处力度。在上年进行城镇违法生育专项清理的基础上，全市各级纪检监察机关，进一步加大清查力度，严肃查处违反计划生育政策的典型案件。2009年，全市各级纪检监察机关共立案调查违反计划生育政策案件69件，给予党纪处分67人，政纪处分4人，双重处分2人。受到撤职以上处分34人。严格征收社会抚养费。针对社会抚养费征收难的问题，组织17个农村县（市）

赴保定安新县学习县级征收社会抚养费的经验，在法院的支持配合下，全市有6个县（市）成立了执法大队，基本实现了县级立案、乡级征收，阳光执法。2009年，全市法院共受理社会抚养费征收案件657件，执结383件。全市全年应征收社会抚养费16119.72万元，已征10938万元，征收到位率67.86%。

（董恩中）

【开展独生子女家庭意外伤害保险试点】 为建立和完善计划生育利益导向政策体系，提高计划生育家庭社会保障水平和抵御风险的能力，市政府决定自2009年1月起在全市开展独生子女家庭意外伤害保险试点工作，并把此项工作列入2009年38件实事之一。独生子女家庭意外伤害保险保险费每户30元。对农村和城市低保户独生子女家庭市、县级财政每户各补贴5元。每户总保额为39000元。其中意外事故或意外伤残保险金额为33000元（保险金额按人数均分）、意外伤害住院医疗保险金额6000元（保险金额家庭成员共同使用）。

（王丽强）

【综合治理出生人口性别比偏高问题】 年初，根据卫生、公安、教育、人口计生等部门的出生报表情况对24个县（市）区的出生人口性别比进行综合分析，确定高邑、赵县、深泽、无极、元氏、赞皇为性别比治理重点县，并实施重点指导，定期分析。全市严格落实全员全程包保责任制，进一步规范了B超机准入制度和孕情跟踪服务制度，把B超机和怀孕妇女全部纳入监督管理范围。全市没收不按规定配备的B超6台。与衡水、保定联合召开三市六县性别比偏高治理协作区会议，明确协作范围，签署协作协议书。为协作治理性别比偏高问题提供了组织保障。协调卫生、公安、食药监、人口计生等部门开展出生人口性别比集中治理行动，严厉查处非医学需要的胎儿性别鉴定和选择性别终止妊娠案件。截至10月底，全市共查处“两非”案件28起，其中非法鉴定胎儿性别案件12起，非法实施终止妊娠手术案件7起，非法销售终止妊娠药品案件3起，其它案件6起。各级制定了有利于女孩成长的社会经济政策，并对女孩家庭实行优先优惠和救助。2009年全市对女孩家庭奖励扶助7761人，发放奖励扶助及救助金711.3万元。同时，在全市范围内组织开展“自强女孩”推荐资助活动，各县（市）区结合实际，深入挖掘先进典型，并在全市各级新闻媒体上展示，为活动的深入开展营造舆论声势。

【推进出生缺陷一级预防工作】 全市成立了由主管副市长为组长，发展改革、人口计生、卫生、民政、妇儿工委、残联、宣传、科技等部门为成员的出生缺陷一级预防工作领导小组和出生缺陷预防工作专家组，规定了相关部门的职责任务。同时，出台了《石家庄市出生缺陷一级预防工作规范》，全面推广具有石市特点的一级预防“10+1”工作模式，着力打造出生缺陷一级预防服务品牌。在全省人口计生工作会议上，市委副书记刘云峰代表石家庄市介绍了经验，并在全国城市人口和计划生育改革与发展研讨会上发了言。按照省要求，召开了500人参加的全市出生缺陷调查培训会，组织全市各级开展“0～6岁”出生缺陷调查活动，查出“0～6岁”出生缺陷儿童2964例，占出生总数的4.94‰，为开展出生缺陷一级预防工作提供了数据支持。同时，各级加大宣传普及力度，市统一为县、乡服务站配发知识展牌248套。为县、乡服务站统一印制《出生缺陷高危人群自我筛查卡》，为待孕妇女开展孕前风险评估，提供个性化优生指导方案。各县（市）区积极争取资金，把叶酸片免费发放所需资金纳入县级财政预算，为待孕妇女免费或优惠提供优生检测和优生药物补服。赵县、鹿泉、平山、晋州、桥东、长安等8个县（市）区实现了“双免”服务。2009年底，全市出生缺陷一级预防人群覆盖率达60%以上，群众优生知识普及率达85%以上，已婚待孕妇女小剂量叶酸补服率和优生检测率分别达80%和60%以上。

【流动人口计划生育管理】 一是完善以房管人工作网络。2008、2009年连续2年面向社会公开招聘588名流动人口计划生育公益岗位协管员，分配到各社区居委会，负责流动育龄人群的摸底、服务管理工作。同时以社区为单位，建立了社区负责人（居委会主任）—信息管理人（社区计生干部）—信息联系人（楼院长）—信息采集人（单元长、协会会员）—信息报告人（房主）五级“服务责任链”，形成流动人口工作责任网。建立以房管人工作制度。二是在全面掌握房屋居住信息的基础上，建立了“四图两卡”制度，即组织网络图、工作流程图、社区平面示意图、房屋租用动态图；“两卡”即《流动人口已婚育龄妇女信息登记卡》和《石家庄市流动人口已婚育龄妇女生殖健康检查服务卡》，通过“四图两卡”直观、迅速、准确地将流动人口现状和动态信息反映出来，消除了管理空档。三是强化责任，齐抓共管。按照“单位人单位管，社会人社区管，流动人口共同管”的原则，层层签订计划生育责任书，把社区流动人口计划生育管理的责任落实到人。同时，加强部门协作，与公安、工商、劳动等部门建立了“三联一通报”制度，“三联”即联席会议、联合办公、联合巡检；“一通报”即信息通报制度。全市初步形成了相关部门信息互通、管理互动、服务互补、合作共启的局面。四是以《流动人口计划生育工作条例》颁布实施为契机，推动流动人口计划生育服务均等化。全市组织开展了《条例》颁布培训会和集中宣传活动，并以此为契机，结合流动人口统计信息采集，积极开展为流动人口上门宣传、上门查验《婚育证明》、上门发放避孕药具“三上门”服务。2009年底，已采集流动人口信息34万人，为流动人口已婚育龄妇女进行免费生殖健康服务15万人次。10月28日，国家人口计生委流动人口司司长张春生到石家庄市视察，充分肯定了石家庄市“以房管人、优质服务”的经验。

【人口计生技术服务体系建设】 引入VI设计理念，打造100个计划生育优质服务示范站。按照《国家人口计生委关于进一步加强基层人口和计划生育服务体系建设的意见》、《计划生育服务站机构形象规范手册》的要求，石家庄市着力在服务站形象设计和服务项目拓展上下功夫，引入VI视觉识别理念，把建设100个计划生育优质服务示范站与国债资金项目建设结合起来，列入市委、市政府重点办好的38件实事之一。市编辑印发了《计划生育服务站VI视觉识别手册》，对县、乡服务站的基础设施建设标准、楼体外观、颜色设计、科室布局进行了统一规范，在赵县抓了试点，召开现场会，全市推广。国家人口计生委于7月下旬在石家庄市召开中西部人口计生服务体系建设暨优质服务工作经验交流会，李斌主任出席会议，艾文礼市长代表石家庄市作了典型发言。与会代表现场参观了石家庄市赵县和鹿泉2个县级计生服务站和鹿泉上寨乡、赵县前大章乡2个乡级计生服务站。加强国债项目建设管理，提升服务站建设水平。2008年，石家庄市计生服务站国债项目48个，新增35个。为确保项目取得预期成效，石家庄市把国债项目建设纳入人口与计生目标管理责任制，坚持实行“五制化”管理和“三不变”原则，切实加强工程质量监督。同时邀请市发改委、市财政局对全市计生国债项目单位负责人进行了培训，确保国债项目规范运作。截至2009年底，2008年的48个国债项目均已按期完工，2009年7个国债项目已全部开工。国家人口计生委财务司任建副司长一行对石家庄市国债项目建设给予充分肯定。继续扎实开展免费服务“民心工程”，育龄群众的生殖健康水平明显改善。2009年全市免费服务130.12万人，完成任务的108.43%。其中乳腺疾病检查1104745例，查出疾病163973例，妇科检查813940例，查出疾病175358例，分别给予治疗或转诊。鹿泉市计生技术服务站获“全国优秀质量管理QC小组”称号，填补了河北省人口计生系统优质服务QC小组质量认定的一项空白。

【创建“13+X”质量评估模式】 为进一步加强市对乡级人口计生工作的有效管理和科学评估，规范县级对乡级责任目标考核的项目设定和指标设置，市人口计生委积极引进质量管理理念，探索实施了“13+X”模式，出台了《农村乡（镇）人口和计划生育工作质量评估办法》。其中十三项指标是必选指标，各县（市）可以结合自己的工作特色，增加一些指标，即“13+X”模式。该办法将乡（镇）技术站标准化建设、季服务情况、避孕节育、药具管理工作逐项逐条细化，并进行综合排位，使乡（镇）人口计生工作进一步规范。《评估办法》的推行，不是简单的对乡（镇）进行考核排队，而是规范乡（镇）人口计生工作标准，教给基层从哪些方面去干好本职工作。通过一些结果指标，来反推工作过程，特别是日常工作的落实，有力地推动了基层工作开展。同时，加大对基层平时调查解剖力度，专门成立以人口调研中心人员组成的人口调查队，常年采取不定时间、不定规模、不打招呼，直接进村入户搞调查的办法，摸到了实情，触动了基层。2009年直接调查17个农村县（市）的68个村。

（董恩中）

城乡居民生活

城市居民生活

【概况】 2009年，石家庄市市区居民生活水平继续提高，人均可支配收入达到16606.85元，同比增长10.3%。居民工资性收入、转移性收入提高，经营性净收入、财产性收入下降。工资性收入提高成为拉动可支配收入增长的主要动力。市区居民家庭人均工资性收入为9574.12元，同比增长9.7%。工资性收入占家庭总收入比重为53.7%，仍是全市居民家庭收入主要来源。在政策扶持下，石家庄市一些失业和下岗者实现了再就业和从事第二职业，或为从事其他劳动打开就业门路，在一定程度上增加了工资性收入。在市区居民工资收入中，来源于其他劳动收入人均115.94元，同比增长86.8%。最低生活保障收入人均11.78元，比上年增长55.6%。转移性收入稳定增长。2009年，市区居民家庭人均转移性收入为7029.22元，同比增长19.2%，占家庭总收入比重为39.4%，是居民家庭收入第二大组成部分。其中，人均离退休金收入6797.99元，同比增长21.8%。财产性收入下降。2009年，城市居民财产性收入为人均41.09元，同比下降32%，占家庭总收入比重下降到0.2%。由于受金融风暴的影响，部分行业个体经营者效益受到冲击，个体经营者净收入出现下降，加上个体经营者人数减少，居民经营净收入出现回落，人均经营性净收入1188.98元，同比下降13.7%。

（王　巍　耿海营）

【食品消费】 年内，市区居民人均食品支出3533.65元，比上年增长0.5%，在各大类居民消费中，处于较低增幅。由于2009年以来食品价格保持了稳中有降的态势，因此居民实际食品消费支出额并不高，但是实际消费更加实惠。2009年，居民家庭消费中恩格尔系数为35.1%，比上年下降0.3个百分点，表明2009年以来居民生活水平有所提高。随着生活节奏的加快，居民饮食文化消费观念进一步发生转变，时尚、方便、快捷的就餐方式被越来越多的家庭认可，到饭店亲友聚餐等在外用餐消费逐渐被人们所接受。2009年，人均在外饮食消费448.79元，比上年增长6.3%。

【衣着消费】 衣着类消费增长4.6%，增速在八大类消费中位居首位。随着收入的增加和食品价格的相对稳定，2009年以来，城市居民在注重仪表的同时也更加注重服装的品牌、质量及款式和适用，讲究突出个性。2009年，市区居民人均衣着消费支出1117.37元，比上年增长4.6%。其中，服装类人均购买5.7件，比上年增长6.3%，鞋类人均购买3件，比上年增长6.3%。

【居住消费】 全年城市居民居住消费显得平淡，人均居住支出1311.69元，与上年相比增长2.7%。其中，人均住房支出155.22元，比上年下降34.1%；人均水电燃料及其他支出1114.81元，比上年增长10.5%；人均居住服务支出41.66元，比上年增长28.4%。这也表明2009年的住房市场价格相对于普通市民的收入来说显得过高，不适应普通市民、特别是中低收入群体的消费水平，同时不断变化的市场价格也相应存在着一定的不稳定因素，相当数量的住房消费群体希望政府能采取积极的政策措施，对过高的房价进行有效的抑制。因此那些真正需要改善居住条件的住房消费群体处于焦虑与观望的二难境遇中。

【家庭设备更新】 年内，对家庭设备需求量加大，时尚、智能化、数字化、环保型等各种新型产品不断推出，加快了居民家庭设备更新换代步伐。市区居民家庭人均家庭设备用品及服务支出654.51元，比上年增长1.9%。截至年末，百户家庭拥有洗衣机97台，电冰箱100.3台，彩色电视机117.7台，空调器115台，淋浴热水器84台，微波炉68台。

【医疗保健消费】 全年城市居民家庭人均医疗保健支出为1179.65元，比上年下降2.3%。其原因：一是2009年以来，石家庄市实现了“全民医保”，城市居民得到了“人人享受基本医疗保险”。加上政府数次出台下调药品价格和加强医疗机构管理的政策，使医疗服务和药品价格有了一定的下降，有效地减轻了居民看病的负担；二是居民保健意识不断增强。做到有病及时求医，大病去医院，小病到社区。加上社区服务的不断完善，大大方便了居民就医需要，同时也相对减少了支出；三是居民的防病意识增强，为了使自己的身体更强健，城市居民更加注重健身锻炼，使自己不得病或少得病，减少了不必要的开销。

【交通通讯支出】 全年人均交通和通讯支出852.74元，比上年增长2.2%。其中，人均交通工具支出62.02元，比上年增长22.0%。截至2009年末，市区居民家庭每百户汽车拥有量为7.3辆，比上年增加0.7辆。调查表明，随着通讯科技的迅速发展和不断更新换代，继续带动了通讯消费的增长。2009年，市区居民人均通讯支出为552.30元，比上年增长4.0%。

【教育文化娱乐消费】 年内人均教育娱乐文化服务支出973.33元，比上年增长0.5%。其中，包括彩电、电脑在内的人均文化娱乐用品购买支出374.80元，比上年增长13.4%；人均文化娱乐服务支出247.45元，比上年增长2.7%；人均教育费则为351.07元，比上年降低了11.4%。主要是随着国家教育问题的治理整顿，各类教育中乱办班、乱收费等群众长期反感的问题得到一定治理，教育正规化问题得到加强，百姓支出减少。

（耿海营）

农民生活

【概况】 2009年，全市认真贯彻落实党在农村各项惠农政策，积极应对金融危机产生的不利影响，紧紧围绕农业增效、农民增收这一中心任务，大力调整农业产业结构，狠抓农业基础设施和生态环境建设，加大新农村建设力度，农村经济继续保持平稳发展的态势。据对全市18个农村县（市）、区1800个农村住户抽样调查，2009年石家庄市农民人均纯收入为5977元，较上年增长9.3%，实现了全市全年农民人均纯收入增长8%的目标。

【农民收入增长主要特点】 1．工资性收入增长较快，是农民收入增长的重要支撑点。2009年，石家庄市农民人均工资性收入为3045.16元，比上年增加439.22元，增长16.85%，增速比上年增加3.89个百分点；其中在非企业组织中劳动得到收入人均342.75元，比上年增长19.86%；在本乡地域内劳动得到收入人均2153.77元，比上年增长18.24%；外出从业得到的收入人均548.65元，比上年增长10.08%。工资性收入增长的主要原因是农民务工形势趋好。在促进农民就业政策推动下，在宏观经济企稳回升、“三年大变样”工作拉动下，石家庄市农村劳务经济不断消除金融危机影响，发展势头良好，务工人数增加，务工时间延长，权益保障力度加强，工资水平提高，强力支撑了农民工资性收入的增长。2．种植业纯收入继续增加，拉动了农民收入的增长。2009年，农民种植业纯收入人均1449.86元，比上年增加57.23元，增长4.11%，对农民纯收入增长的贡献率为11.25%。种植业纯收入增长主要原因是农产品价格增长拉动，其中全年农民出售粮食的价格比上年增长6.52%，出售小麦价格增长11.58%，出售玉米价格增长1.41%，出售蔬菜价格增长14.27%。3．牧业纯收入减少，对农民收入增长的支持力度下降。2009年，石家庄市畜牧业生产受市场和价格影响，牧业纯收入下降，据调查，石家庄市农民牧业纯收入人均387.55元，比上年减少28.78元，下降6.91%，作为农民家庭经营第一产业两大支柱之一的畜牧业收入下降，应引起各级领导及有关部门的高度重视。4．非农产业发展缓慢，仍是石家庄市农村经济发展的“软肋”。2009年，石家庄市农民从家庭非农产业得到的纯收入人均705.07元，与上年基本持平，其中交通运输邮电业增长1.82%、批零贸易饮食业增长17.34%、文教卫生业增长28.13；但由于工业收入下降5.93%，建筑业下降23.88%，社会服务业下降11.18%，其他行业收入下降11.91%，导致石家庄市非农产业发展迟缓。5. 非生产性纯收入快速增长，成为农民纯收入增长的重要补充。2009年，石家庄市农民非生产性纯收入人均379.82元，比上年增加40.02元，增长11.77%，其中财产性纯收入人均137.15元，比上年下降5.12%；转移性纯收入人均242.67元，比上年增加47.41元，增长24.28%。转移性纯收入中粮食直接补贴、良种补贴、购置或更新大型农机具补贴收入等农业政策性收入人均100.13元，比上年增加9.33元，增长10.28%。新农合报销医药费人均13.45元，比上年增长1.56倍。

【农民收入增长主要原因】 农民人均纯收入增长主要原因：1. 政策支持。2009年，石家庄市各级党委政府认真贯彻"中央一号"文件和省、市农村工作会议精神，把提高粮食生产、保护农民利益、增加农民收入作为宏观调控的主要抓手，在稳定落实原有的支农政策基础上，又出台了新的扶持"三农"政策，政策种类多、支持力度大，受益面广，对促进农民收入持续快速增长发挥了至关重要的作用。据调查，2009年石家庄市农民粮食直接补贴、良种补贴、购置或更新大型农机具三项补贴等政策性收入增长了10.28%，广大农民真正得到了实惠。2. 务工形势趋好。全年各级党委、政府积极应对金融危机产生的不利影响，制定促进农民就业的相关政策，在宏观经济企稳回升、"三年大变样"的拉动下，农村劳务经济发展势头良好，外出务工人数较上年增长11.91%，从业时间累计6个月以上的人数增长9.47%，强力支撑了工资性收入的增长。3. 价格拉动。2009年，农产品价格持续高位运行，是实现农民纯收入增长的重要因素。年内，国家出台了提高粮食最低保护收购价政策，农户出售粮食的综合平均价格为1.62元／千克，同比增长6.52%。其中，小麦价格增长11.58%；玉米价格增长1.41%；蔬菜价格增长14.27%。农产品价格的高位运行，增强了农民从事农业生产的信心，对农民收入的增加起到了重要的促进作用。

（刘利萍）

扶 贫

【概况】 2009年，全市下达省级财政扶贫资金3961.8万元，市级配套资金546万元。涉及扶贫项目143个，主要用于增加贫困群众收入和改善生存条件等方面，其中80%用于种养业，10%用于各类培训，10%用于移民搬迁。种养片区建设初见成效。全市种植业已形成以赞皇、平山为主的核桃产业带，千亩以上的片区发展到49个，新种植核桃3.11万亩，板栗3000亩，中草药1500亩。养殖柴鸡59.3万只，猪4214头，牛1376头，羊2240只，其中形成规模奶牛片区1个。完成细胞工程6800户，超额完成2000多户。扶贫搬迁工作进展顺利。2008年搬迁任务2799人，全年省市的搬迁补助资金435.6万元已全部下达到县。除赞皇县还有71户、283人因故将于2010年6月望完成外，其余全部完成。"雨露计划"扎实推进。"雨露计划"以政府主导、社会参与为特色，以提高素质、增强就业和创业能力为宗旨，以职业教育、创业培训和农业实用技术培训为手段，以促成转移就业、自主创业为途径，帮助贫困地区青壮年农民解决在就业、创业中遇到的实际困难，最终达到发展生产、增加收入，促进贫困地区经济发展。针对金融危机形势下出现的农民工"返乡多"、"打工难"和工资收入下降的情况，全市共组织核桃种植等实用技术培训56期1.2万人，组织电工、计算机技术等劳动力转移培训928人，不但提高了农民的素质，也缓解了农村就业难的问题。"互助金"试点工作成效明显。2009年新增22个互助资金试点村，全市已达到48个。为了使互助社尽早正常开展工作，市县两级相结合多次举办培训班，召开分析会，反复学习国务院扶贫办103号文件及省扶贫办的有关规定。使各互助金试点村不断反思，查找问题，及时纠偏，工作逐步走上规范化。截至11月底，资金规模已达到853.2万元，入社1962户，7473人，其中贫困户1730户，占88%，贫困人口6171人，占83%，累计借款573.3万元，农户增收94万元，较好地解决了农民贷款难的问题。

【“四帮一”社会扶贫工作】 年内市、县两级采取分片督导定期协调等有力措施，加大社会帮扶工作的力度。市县共召开帮扶工作调度会17次，认真听取了各帮扶单位的工作进展情况和贫困村对帮扶工作的意见，认真分析工作的重点和难点，找出存在的问题，明确下一步帮扶工作任务。7月份，召开全市帮扶工作观摩会，刘云峰副书记、张树志副市长出席会议并作重要讲话，对扶贫工作提出了更高的要求，至年底，各帮扶单位向贫困村共投入帮扶资金1146万元，其中物资折款681万元。

（市扶贫办）

社会福利和社会事务

【概况】 2009年，实施“微笑列车”唇颚裂手术300例，手术成功率为100%；“明天计划”为孤残儿童实施矫治手术80例，手术成功率为100%。全市火化遗体5.03万具，社会火化率为91.5%。全市收养登记办理188起，登记合格率为100%。

【居家养老服务】 市民政局与市卫生局、劳动和社会保障局、司法局、商务局共同出台《关于大力发展居家养老服务的意见》（石民政[2009]76号），制定了居家养老服务的总体目标、主要任务、优惠政策等，对居家养老服务工作起到推动作用。继续实施“社会化养老促进计划”，对市区“三无”老人、“低保”老人，实施政府购买服务，购买服务采用服务券形式，2009年涉及“三无”老人424名，“低保”老人3304名，金额300万元。对为老服务站配备公益性工作岗位27个，投资40万元为服务站配备微机、空调、办公桌、文件柜等基本服务设施。为“三无对象”免费安装“一键通”106部，提供服务8.07万人次，紧急救助300多人次。

【养老服务设施规划】 根据全市城市规划集中攻坚行动动员会议精神，起草了《养老服务设施规划2009～2020》，共规划大小养老服务设施用地108块，养老服务设施用地得到突破。

【孤残儿童基本生活】 继续实施“快乐成长——孤儿抚养促进计划”，全市共有孤儿3045名，其中集中供养348名（除辛集市、平山县），家庭抚养2697名。根据《石家庄市孤儿补助经费管理暂行办法》，发放孤残儿童生活补助费203.58万元。对孤残儿童发放《孤儿证》，建立了全市孤残儿童数据库，将全市孤残儿童基本资料上报省民政厅。“明天计划”工作做到了上通下达，确保每个适应手术的孤残儿童都能得到及时治疗。“蓝天计划”进展顺利，流浪儿童保护中心的建设争取国债资金420万元，已经完成主体建设。儿童福利院争取国债资金470万元，年底完成主体工程。

（杜顺庄）

城乡救助

【概况】 城乡低保在实现应保尽保基础上，重点抓补差额的提高，农村低保重点抓提高标扩面，农村五保供养工作一方面是按标准及时发放五保供养资金，另一方面是敬老院建设步伐加快，五保供养集中供养率达到了省政府规定的目标任务。

【城乡低保】 制定下发了《石家庄市低保工作规范化建设活动实施方案》、《关于进一步完善低保民主评议制度的通知》、《关于进一步规范低保公示制度的通知》。从完善民主评议、公示、动态管理、分类施保、档案管理和资金管理等6项制度入手，以严格规范民主评议和公示制度为重点，全面提高低保管理水平和服务质量。继续探索社会救助体系建设新路子，不断完善分类施保、临时救助、动态管理办法，以此推动石家庄市城乡社会救助工作整体水平的提高。在遭受严重暴雪灾害后，及时预拨采暖补贴资金1600余万元，组织专门力量，迅速组织落实，核准一户发放一户，对具备银行发放条件的，通过银行折（卡）发放，及时将采暖补贴发放到户。2009年底，全市共有城市低保对象6.2万人，累计发放保障金1.45亿元，月人均补助187.07元。农村低保对象14.4万人，累计发放保障金1.37亿元，月人均补助74.64元。

【五保供养和敬老院建设】 加大敬老院建设步伐，不断提高五保供养水平。以“三院合一”模式为重点(敬老院、光荣院、福利院)，对全市五保对象供养情况和敬老院建设、光荣院建设、福利院建设进行普查。根据普查情况和集中供养任务要求，积极完善建设规划，加快建设进度。截至2009年底，全市共有五保对象2.1万人，敬老院147所，集中供养1.1万人，五保集中供养率达到52.21%。已建成晋州市、辛集市、藁城市、元氏县中心敬老院，行唐县安香敬老院、无极第二敬老院、井陉第二敬老院、鹿泉市宜安敬老院、正定南楼、赵县南柏舍敬老院、辛集第二敬老院、平山温塘敬老院、栾城城关敬老院、高邑第二敬老院、深泽第一敬老院。

【医疗救助】 积极探索实施切实有效的救助方式，在救助内容上从大病救助转变到大病与门诊救助相结合上来。在运行机制上，做到医前、医中、医后救助相结合。在扩大救助覆盖面的同时逐步降低或取消起付线，提高医疗救助报销比例，并不断完善救助方式，通过采取日常门诊救助、住院救助、临时救助等方式，提高医疗救助效果。2009年1～12月份，全市城乡医疗救助支出2558万元，救助27万人次。

（邢朝辉）

救灾救济

【概况】 2009年是石家庄市自然灾害频发和较重的一年。历史罕见的8·27暴风雨、冰雹灾害和11·10暴雪灾害给全市社会经济和群众生活带来了严重影响，因灾造成直接经济损失46.9亿元，是上年灾害经济损失的5.4倍。面对重大的自然灾害，全市各级党委、政府把人民群众利益放在首位，快速反应，启动预案，全民动员，协调联动，科学救灾，有效救助，取得了抗灾救灾工作全面胜利，有力地保障了灾民群众基本生活，实现了温家宝总理来石家庄市视察灾情时提出的“保民生、保生产、保运输”目标。

【协办省自然灾害救助应急预案演练】 6月15～16日，河北省自然灾害救助应急预案演练在石家庄市西部山区的井陉县、元氏县、赞皇县、鹿泉市同时举行，省、市和驻军领导付志方、苗福成、古怀璞、艾文礼、王云、王亚光、张树志、张业、刘月照、李义春及来自全省民政救灾系统的150多名代表观摩了演练。整个实战演练仅用了48分钟，共转移安置群众10万人，动用车辆300辆，是河北省规模最大的救灾应急演练。国家民政部救灾司副司长庞陈敏、国家减灾中心副主任闫志壮对演练进行了现场指导。

【8·27风雹灾害救助】 8月27日，一场突来的强对流天气携带着大风、雷电、暴雨和短时冰雹袭击了石家庄市西部山区和平原16个县（市）、区77个乡镇。造成玉米大面积倒伏，部分乡镇果树和道路树木折断，灾害造成直接经济损失16.6亿元。灾害发生后，省委常委、市委书记车俊、市长艾文礼迅速作出批示，要求全力以赴做好抗灾救灾工作。8月29日下午，市委、市政府召开了全市救灾救助工作紧急会议。8月30日，市政府下发了《关于切实做好当前救灾救助工作的紧急通知》，全市组织3800多名干部深入一线、包村包户，发动群众共同开展抢险救灾和生产自救。市民政局派出由班子成员带队的5个救灾核查督导组，全面督导和核查灾情。9月1日至5日，国家减灾中心副主任冯金社和省民政厅副巡视员王云分别到石家庄市视察灾情。9月4日，市民政局按照市领导的指示精神，迅速将省民政厅下拨石家庄市的100万元救灾资金，连同市本级安排的300万元救灾资金，全部下拨到受灾县（市）、区，用于受灾群众的应急救助。

【11·10暴雪灾害救助】 11月10

日，石家庄市普降暴雪，市区降水量达93.5毫米，各县（市）、区降水量平均34至74.5毫米。是石家庄市自1955年有记载以来降雪时间最早、持续时间最长、降雪量最大的一次降雪，对经济社会和人民群众正常的生产生活造成较大损失和影响。暴雪灾害涉及全市24个县（市）、区，259个乡镇，3263个村，农作物受灾面积30.75万亩，成灾22.12万亩，全市直接经济损失26.58亿元。灾害发生后，市委、市政府高度重视，迅速启动了重大气象灾害Ⅲ预案和Ⅲ应急响应。市民政局在第一时间启动了自然灾害救灾应急响应机制。11月11日，市民政局召开抗灾救灾紧急工作会议，全面部署救灾工作任务。11月15日，市委、市政府召开全市农村救灾救助工作紧急电视电话会议；同日，省民政厅、市政府在栾城县冶河镇举行抗雪灾救助棉衣被发放活动，至11月16日，市财政局、市民政局已将省400万元救灾资金全部下拨到受灾县（市）、区。同时，市、县民政部门紧急调拨和发放棉衣被9.34万件，粮油食品3.48万千克（升），取暖煤197.1吨，县级配套救助资金243.65万元，确保灾民群众不受冻、不挨饿、不死人，温暖过冬，安全过冬。

【社会捐助】 1月12～14日，市民政局组织147名"爱心超市"公益岗位人员分别到灵寿县、井陉县、赞皇县进行入户走访并慰问困难群众。3月13日，市民政局、市慈善会与河北老百姓大药房有限公司共同举行了"献爱心、保增长、渡难关"200万元爱心捐助消费券发放启动仪式，整个活动面向城乡困难户和低保户，解决困难群众家庭买药难的问题。11月7日至10日，市民政局、团市委和新华区文体局及石家庄日报社等有关人员赴四川省平武县对抗震救灾期间石家庄市社会各界定向捐助资金使用情况进行检查。11月16日，市委办公厅、市政府办公厅联合发出《关于开展救灾捐赠工作的紧急通知》，在全市范围内开展救灾捐赠工作，全市共接收社会救灾捐赠棉衣被19.7万件，捐款125.4万元。

（杨　华）

【发送暴雪后首批社会捐赠物资】 11月19日，石家庄市在2009年暴雪发生后发送首批各界捐赠物资。2009年11月10日暴雪发生后，石家庄各级民政部门落实市委、市政府部署要求，扎实开展赈灾募集活动。广大市民踊跃捐赠，全市掀起抗暴雪社会捐助棉衣被活动高潮。"捐赠棉衣被，温暖送灾民"主题捐赠活动开始仅3天时间内，全市各级民政部门共接受社会各界捐赠棉被5.28万床，棉（绒）衣12.6万件，现金20余万元。全市发送的首批捐赠物资装载卡车22辆，包括棉衣1.5万件，棉被1万件，计划发放到18个农村县（市）、区，主要帮助受灾群众防冻御寒。

（李云萍　高　阳）

【慈善工作】 1月13日，市民政局、市慈善会在民安培训中心举行了石家庄市慈善医疗紧急救助资金发放仪式，为特重病患者和因灾及意外伤害造成家庭困难的18名人员提供了21万元的救助。2月14日，市民政局、市慈善会和《石家庄日报》、《燕赵晚报》联合举办了献爱心版面义拍活动，共拍得善款32.12万元，全部善款由市慈善会捐助给四川的受灾学生。2月20日，市慈善会和石家庄电视台《民生关注》栏目、杉杉服装河北有限公司在北国商城联合举办了"衣旧换新，扶贫济困"公益活动，通过这次活动唤起更多爱心人士对弱势群体的关爱。3月7日，市慈善会和乐模茶礼商城联合举办了"唱响和谐"茶礼·爱心义卖活动，此次活动共募集资金1.1万元，募集资金将全部用于救助困难户和低保户。7月30日，由省慈善总会、市慈善会和武警河北总队医院联合开展的"慈善医疗救助·关爱百万女性"健康援助大型公益工程启动仪式在武警总队医院举行。8月13日，由省慈善总会、市慈善会、燕赵都市报和加多宝集团联合举办的2009年"王老吉·学子情"爱心助学捐助仪式在市民安培训中心举行。9月22日，市慈善会与山东海阳市弘日升油脂有限公司在桥西区社区服务中心举行了"敬老助困献爱心"活动启动仪式。50名60岁以上的低保户老人免费领取了花生油一桶。9月24日，中华慈善总会-LDS慈善协会向市慈善会捐助250辆轮椅和100个助行器的仪式在裕华区石门社区举行。11月21日，"贺北人集团2009年辉煌跃进100亿暨感恩万家大型公益活动"启动仪式在北国先天下广场举行。市民政局副局长李义春参加了启动仪式。北人集团为石家庄市1.36万户特困职工家庭和低保家庭捐赠大白菜257万斤，捐赠给灾区困难群众棉衣被2万件。11月28日，市慈善会与河北诚实东风标致4S店联合举行了“心系灾区，雪中送炭”精品义卖活动。

（杨　华）

双拥工作

【概况】 2009年，石家庄市命名桥西区等18个县（市）区为新一届市级双拥模范城（县），共表彰62个双拥先进单位和77名双拥先进个人。石家庄市、鹿泉市、藁城市、辛集市、正定县、井陉县、平山县、栾城县被评为省级双拥模范城（县），是石家庄市连续第七次被评为省级双拥模范城。

【宣传教育】 结合建国60周年和建军82周年，积极开展“两节”庆祝期间的双拥宣传活动，组织双拥文艺创作、双拥书法大赛等多项活动。选树桥西区“红大娘拥军服务队”、爱国拥军企业家缑文录等一批双拥先进典型单位和个人。全年组织国防知识报告会、知识竞赛、文艺演出等200多场，受教育军民达百万余人。

【与“石家庄舰”共建交流】 4月份，为全力保障“石家庄舰”完成庆祝人民海军成立60周年海上盛大阅兵活动，石家庄市先后向“石家庄舰”赠送了近70万元的慰问金和慰问品，并在活动结束后第一时间发去了贺电。5月份，市领导亲自率团走访慰问了“石家庄舰”全体官兵。9月底，在“石家庄舰”远洋出访前夕，又向“石家庄舰”赠送了反映石家庄市市情市貌、历史文化、经济发展、城市建设“三年大变样”等方面的宣传片、宣传册，以及石家庄市的特色产品，为石家庄对外宣传、树立形象起到了良好的推动作用。

【拥政爱民】 年内驻石部队广大官兵大力支持省会“三年大变样”工作，先后拆除临街建筑5万多平米，拆除围墙6000多延长米；驻军10个师以上单位集中开展了“向三年大变样工程建设者献爱心”活动，向一线施工人员赠送了价值4万元的慰问品；积极投身石家庄市“文明在手中、文明在脚下”主题教育实践活动，开展“省会三年大变样，市民素质大提高”活动，为城市建设贡献力量。在全市义务植树活动中，出动官兵1500余人，在省会山前大道义务植树1.7万余株，造林170余亩。积极参加地方抢险救灾和突发事件处置，先后组织部队官兵4400余人、民兵预备役人员2000余人，扑灭赞皇县、灵寿县山火；11月，在抗击暴雪的工作中，出动官兵5万人次，民兵预备役人员10万人次，机械车辆4750余台次，清理积雪道路200余千米，抢运雪埋蔬菜及物资1300万千克，最大限度地减少了暴雪造成的灾害和影响。在建国60周年庆祝期间，驻石部队开展了创建文明安全营区活动，配合地方公安部门做好执勤巡逻任务；参与了庆祝新中国成立60周年文艺晚会、《飞天壮歌——中国首次太空漫步航天展》等活动，有力的支持地方工作。

（王海静）

优待抚恤

【概况】 2009年，全市各类重点优抚对象4.3万人，其中伤残人员1.07万人，“三属”（烈士遗属、因公牺牲军人遗属、病故军人遗属）6736人，在乡复员军人1.45万人，带病回乡退伍军人1757人，参战参试退役人员9210人。全市共有光荣院17所，县级以上烈士纪念建筑物保护单位10个和1所优抚医院。

【提高优抚对象抚恤补助标准】 根据省民政厅、省财政厅通知，从2009年10月1日起，提高残疾军人、伤残人民警察、伤残国家机关工作人员、伤残民兵民工残疾抚恤金，烈士遗属、因公牺牲军人遗属、病故军人遗属定期抚恤金和在乡复员军人、带病回乡退伍军人和部分参战、参试退役人员生活补助标准。在2008年基础上，残疾抚恤金每人每年提高380～3400元不等，“三属”定期抚恤金每人每年提高570～1040元不等，在乡复员军人生活补助每人每年提高840元，带病回乡退伍军人生活补助每人每年不低于2640元，不高于2700元，部分参战涉核部队退役人员每人每年2400元。

【按时保质超额完成优抚对象住房改建】 5月初，省民政厅在正定县召开全省优抚对象医疗保障工作现场经验交流会，会上推广了正定县“一站式”优抚医疗保障即时结算系统。为600户建国前重点优抚对象改善住房工作，是石家庄民政局局年初确定的60周年献礼工程和向社会公开承诺的实事工程，截至9月底，全市已按时保质超额完成优抚对象住房改建工作，共投入资金514.4万元，为693户优抚对象新建维修住房。11月份，积极协调市财政局、市发改委，将市内五区和高新区“两参”退役人员纳入重点优抚对象采暖补贴范围。

【优抚事业单位建设】 继续实行光荣院星级管理达标考核制度，分别于6月份、11月份两次组织各光荣院院长、县（市）、区优抚科（股）长，交叉对全市17所光荣院建设与管理情况进行联查，评定五星级光荣院8个，四星级光荣院9个。12月份，省民政厅命名石家庄市井陉县、辛集市、高邑县、赞皇县、无极县、鹿泉市、灵寿县、深泽县8所光荣院为新一届省甲级光荣院。

（尹　菲）

军休安置与老龄工作

【概况】 2009年，全市共接收安置退伍义务兵、复员、转业士官5837人，其中回农村安置2457人，需城镇安置3380人，在城镇安置部分中，市区安置2403人，辖县安置977人。至年底，石家庄市共累计接收安置军队离休退休干部、退休士官4348人、无军籍退休退职职工1427名。

【复退军人技能培训】 加大对退役士兵岗前技能培训工作力度，成立退役士兵培训工作领导小组，专门负责培训各项工作，在6～9月份通过河北商贸学校等四所技能培训学校共培训退役士兵1100人，省、市财政投入150万元，参加培训的退役士兵均取得结业证书和职业资格证书。

【复退军人自谋职业】 全市复退军人自谋职业工作取得新突破，共为800名退役士兵办理自谋职业手续，鹿泉市、辛集市、新乐市、藁城市、晋州市、正定县、灵寿县、栾城县、赵县、高邑县、赞皇县全部实行了自谋职业，自谋职业率达到100%；至年底，全市自谋职业率达到40%，有效缓解了政府安置矛盾。

【军休接收安置】 年内接收军休干部422名，做到了部队、地方和休干本人三见面、三满意。全年解决军休干部超支医疗费1212万多元。退休干部加入医保，个人负担较重的给予医疗补助43万元。新接收军休干部顺利纳入市医疗保障体系。组织3900多名军休干部，包括家属、遗属进行了健康体检。根据冀民〔2008〕49号文件要求，移交政府安置的军休干部住房按政联〔2007〕6号、7号文件认真贯彻执行。2月13日，召开军休干部住房制度改革工作领导小组成员单位参加的军休干部房改工作协调会。8月10～11日，举办军队离退休干部住房制度改革培训班，经过调查、摸底，涉及房改军休干部共2000名，房屋1747套，其中地产房762套，军产房985套。

【文体活动】 各所根据休干特点，组织开展形式多样，丰富多彩的文体活动，特别到了“五一”、“八一”、“十一”及建国六十周年组织开展各项文体活动和文艺演出。组织军休干部参观石家庄三年大变样规划展，并到全市范围内参观学习。年内军休系统举办建国60周年书法、绘画、摄影展活动，并参加省民政厅组织的评选活动，共上报作品137幅，其中获一等奖2名，二等奖2名，三等奖3名，优秀奖6名，石家庄市获得组织奖。还组织军休干部参加民政部举办的“庆建国60周年，我和我的祖国”征文活动，上报文章28篇，获得三等奖2篇。

（李红武　刘书敏）

【老龄工作】 年内，市老龄工作结合学习科学发展观和干部作风建设年活动，以提高为老服务水平为目标，以设施建设和制度建设为重点，扎实工作，圆满完成各项工作任务，老龄工作取得新的发展和进步。完善老年人优待政策。经与有关部门协调，进一步完善了70岁以上老年人免费乘坐市内公交车优惠政策，免费乘车卡常年办理，方便老年人及时享受优待。开展“爱心护理工程”试点工作。根据上级要求，对省老龄办确定的长安区老年公寓、桥西区联谊老年公寓、新华区颐养园老年公寓、新华区夕阳红老年公寓等四个河北省“爱心护理工程”试点单位，及时拨付了资助金，并对四个试点单位的照料、护理程序进行了初步规范，制订了培训计划。开展了“庆重阳、促和谐”为主题的多项老年文体活动。重阳节期间，各县（市）区普遍开展了“庆重阳、促和谐”为主题的多种形式的老年文体活动。省老龄办专职副主任姜文汇同志一行分别参加了石家庄市赞皇、栾城、赵县、高邑等地的活动。通过节日期间一系列敬老、爱老、助老活动和丰富多彩的老年文体活动，弘扬了中华民族的传统美德，促进了社会稳定和代际和谐，推动了老龄工作的发展。

（贾雪强）

防震减灾

【学校、医院建筑物抗震设防】 2009年，积极开展对学校、医院现有建筑物抗震性能普查工作，对1.35万座校舍、423所病房及门诊楼的抗震设防情况进行了彻底清查，统计造册，为各级政府科学决策提供了依据。

【农村民居地震安全工程建设】 以环省会、环县城、沿高速、沿国道区域为重点，确定180个村为农村新民居地震安全示范村。年内180个农村新民居地震安全示范村已全部开工建设，总计新建开工1.8万户、面积220万平方米，改建完成1.1万户。

【防震减灾法宣传】 4月26日，河北省人民政府和石家庄市人民政府联合在省会法制公园(西清公园)举行《中华人民共和国防震减灾法》大型宣传活动。河北省副省长龙庄伟、省政府副秘书长李靖、省人大常委会城建环保委主任马静、石家庄市副市长张妹芝等领导应邀参加了宣传活动。省、市有关部门领导和省、市地震系统干部职工及中小学生、社区居民、地震应急小小志愿者、地震群测群防“三网一员”代表千余人参加了此次宣传活动。省、市领导向群众发放了宣传品，还视察了防震减灾宣传展牌，现场进行参观、咨询群众万余人次，发放宣传材料万余份。

【石家庄地震灾害紧急救援队成立】 为进一步提高应对地震灾害和突发性紧急事件的能力，经市政府批准，5月12日，依托石家庄市消防特勤大队组建了石家庄地震灾害紧急救援队。救援队共有队员118人，主要任务是对石家庄区域内因破坏性地震造成的被压埋人员和重要物资实施紧急救助，最大限度地减轻人员伤亡和财产损失；平时负责省会的灭火和其他紧急救援任务。

【“5·12”防灾减灾日宣传】 5月12日是全国防灾减灾日。为进一步提高全社会防灾减灾意识和自救互救能力，由河北省地震局、石家庄市人民政府、共青团河北省委、河北省政府应急办主办的“5·12”防灾减灾日宣传活动暨防震减灾科普知识“五进”(防震减灾知识进社区、进学校、进企业、进机关、进农村）宣传活动启动仪式在石家庄市第六中学举行。此次宣传活动旨在以“5·12”防灾减灾日为契机，进一步提高社会公众的防震减灾意识和自救互救知识，大力提升石家庄市抵御地震灾害的综合能力。

（任建芬）

县（市）区概况

县（市）区概况

桥　西　区

【概况】 全区总面积54.46平方千米，辖1个乡，11个街道办事处，15个行政村，80个居委会，年末总人口51.69万人。2009年，全区完成地区生产总值180.84亿元，同比增长11.80%，总量和增速分别位居市内五区第一。全部财政收入（扣除烟厂搬迁划转部分）完成47.95亿元，同比增长18.46%，其中，地方一般预算收入完成16.39亿元，同比增长21.74%，总量和增速分别位居全市和市内五区第一。规模以上工业企业完成增加值55.09亿元，利税39亿元，同比增长8.71%，增速位居市内五区第一。城镇固定资产投资完成159.63亿元，同比增长45.07%，增速位居全市第一。社会消费品零售总额完成35.12亿元，同比增长23.40%。

中共桥西区委书记：聂英武
区人大常委会主任：王来传
区　　　长：刘月照（1月免）
　　　　　　陶明法（1月代，2月任）
区政协主席：路中林

【经济快速发展】 20个区控重点项目完成投资25.58亿元。36中教学楼、桥西污水处理厂二期、金正•缔景城二期等项目如期竣工投用；西五里天伦锦城、振二街中环国际等“城中村”改造项目主体完工。备受省市领导关注的中国工商银行后台中心（石家庄）一期开始试运行；万象天成项目完成内外部装修，百盛百货、博纳影院等国际连锁机构正式开业；省烟草物流中心项目已经开工建设。全市20+X重点服务业项目金世界一期、南花园步行街二期、中银广场等项目超额完成年度投资计划。招商引资实绩突出，发展活力快速提升。围绕打造商务商贸中心区、金融产业聚集区、知识经济辐射区、物流仓储功能区，组织参加了一系列招商活动，制定出台了引进项目奖励办法，成功吸引了张石高速、特易购（河北）商业有限公司、河北中科智投资担保有限公司等一批总部型企业，以及浦发银行、东亚银行、兴业证券、齐鲁证券等10余家知名金融机构入驻，全区总部型企业达到30余家，金融机构达到120余家。全年引进市外资金10.5亿元，同比增长7.69%；直接利用外资9436万美元，同比增长151%，总量和增速分别位居市内五区第一。强化主城区服务业主导地位，“三大商圈”效益显现，服务业完成增加值106.81亿元，同比增长17.60%，总量和增速分别位居全市第一。围绕“五大主攻方向”，大力发展现代服务业，“三大商圈”的辐射带动功能大大增强。中心商务商贸圈日趋壮大，自强路及周边区域的金融集聚效应已经显现，中山西路、裕华西路、中华大街等街路沿线的商业氛围日渐浓厚；城市社区商业圈逐步完善，15家便民市场得到改造提升，建成国家级商业示范社区1家，创建省级商业示范社区2家，新建便民餐饮大排档4家，中介服务、连锁超市等便民服务业态不断发展，居民生活更加便捷；西南商圈提档升级，振头大厦等项目建成投用，槐安西路、二环路沿线的“城中村”改造、市场物流及现代服务业项目正在抓紧建设，发展后劲更加强劲。

【城区环境治理】 坚持攻坚克难，拆迁拆违成效显著。围绕“三年大变样”实现率先突破这一目标，举全区之力推动拆迁拆违进展。坚持“能快则快、能早则早、能抢则抢”的原则，建立领导分包、协调联动等6项机制和评估、拆迁等“六位一体”工作模式，实施了限时、助拆、联合执法等多项行动和分包入户、重点攻坚、定向帮扶等多项措施，圆满完成裕华路迎宾大道、槐安路快速大道、民心广场和城市公园等重点工程和国庆献礼项目的拆迁任务，全年拆迁面积达150万平方米，名列全市第一。先后组织了480多个工作组，深入一线攻难点、深入基层解难题、深入实际抓难事，14天完成裕华西路沿线7家单位的拆迁工作，13天完成中华大街裕华路立交桥341户居民住宅的拆迁工作，提前71天完成区政府办公楼的搬迁拆除，分4次对5座建筑成功实施了爆破拆除，创造了拆迁工作的“石家庄速度”，得到了省、市领导的充分肯定和新闻媒体的广泛报道。坚持综合治理，城区形象大幅提升。将省委、省政府周边等10余个关键部位和裕华西路等8条主要街道作为重点，全力抓好街道景观综合整治。“穿衣戴帽”工作进展顺利，完成楼宇清洗166栋，整修粉刷252栋，“平改坡”138栋；居住出行环境极大改善，完成小街巷改造53条、老旧小区整治27个，完成“城中村”改造拆迁12.7万平方米，建设完工回迁楼40栋，实现了一户一套新房的回迁安置目标；累计绿化面积27.2万平方米，对15栋楼宇的夜景亮化设施进行了改造，绿化亮化水平提升，城市景观更加靓丽。坚持精细管理，大力开展争创“省会最清洁主城区”活动，“六大机制”得到完善，“十大工程”效果明显；相继实施了露天烧烤、占道经营等7大类专项整治行动，处置违规行为5.98万次(件)，一大批城管“顽症”得到整治；及时启动了“门前三包”、“城管数字网格化管理进社区”等12项试点工作，实行市场化保洁街道70条，创建市容管理样板街24条、“门前三包”样板街6条，市容环境明显改观。积极开展“洗城净天”活动，扬尘污染、大气污染、水污染得到有效治理。奋力抗击突如其来的暴雪灾害，动员全区力量、整合全区资源、调动所有机械，在最短时间内将积雪清除完毕，及时恢复了道路通行和桥西蔬菜中心批发市场的正常经营，有力保障了辖区的生产生活秩序。

【居民生活质量提高】 科教文卫工作取得突破。组织实施国家和省市科技计划27项，争取资金822万元，荣获“全国科技进步先进区”和“全国县级防震减灾工作先进单位”称号。一批教育难点问题得到解决，为4400余名教师发放津补贴及第13个月工资7000余万元，公开招录列支列编教师274名，投资3600万元基本完成城郊校、薄弱校改造。教育教学水平保持省、市领先地位，荣获“全省推进义务教育均衡发展先进区”称号。以“新教育实验”为载体的素质教育工作深入扎实推进，桥西教育的影响力逐年扩大。共有11家社区卫生服务机构荣获“省级示范机构”称号，数量位居全省各县（市）区第一。甲型H1N1流感等流行性疾病得到有效防控，公共卫生突发事件得到妥善处置。组织了“桥西为祖国放歌”等文体活动100余场(次)，被确定为全省“文化市场和谐发展示范区”建设试点，群众业余生活更加丰富多彩。民生关注领域成效突出。深入推进食品安全整治，对种植养殖、经营销售、餐饮消费等环节实行全方位监管，保障了居民身体健康。健全社会保障机制，养老、医疗保险覆盖面进一步扩大，新增就业岗位1万余个，城镇失业率控制在3.7%以内。完善社会救助体系，开展了多种形式的助困、助学等帮扶活动，发放低保金1281.79万元，发放程序严格规范，荣获“全国基层低保规范化建设典型单位”称号。积极推进住房保障工作，为3616户低收入家庭发放了廉租住房租金补贴，实物配租302套，缓解了低收入家庭的住房困难。全力解决供热供暖问题，保障供热面积963万平方米，做到了不丢一户、不漏一人。其他社会事业健康发展。全面贯彻人口计生国策，人口出生率为7.94‰，符合政策生育率达99.9%。认真做好双拥工作，荣获全省“爱国拥军模范单位”称号。妥善处理劳动监察投诉案件，为8900余名劳动者讨薪1970万元。加强审计监督，完成各类审计项目114项。强化行政监察，监察立项12项，提出监察建议8项，查办效能案件16件。严格机构编制管理，人员编制、机构设置和领导职数控制在规定范围内。统计、物价、土地、档案、人防、工商、质监、民族宗教、残疾人、妇女儿童、人民武装等工作也取得了新成绩。

【和谐社区建设】 全区85%的社区达到“和谐示范社区”标准，社区软、硬件条件进一步改善，社区管理、工作机制进一步健全，荣获“全国和谐社区建设示范城区”称号。积极推进农村社区建设实验工作，在4个试点村引入社区管理服务理念，新型农村社区建设步伐进一步加快。精神文明建设持续深入。全面加强思想道德建设，广泛实施市民素质提升工程，组织居民签订了“做文明市民、为省会添彩”自律承诺书。积极开展文明社区、文明单位创建活动，创建文明社区10个、文明单位35个。积极探索未成年人思想道德建设新方法，5个案例在全市首届未成年人思想道德建设工作创新案例评选中获奖，位居全市第一。

（翟红卫）

桥　东　区

【概况】 桥东区总面积43.07平方千米，总人口37.68万人，辖1个镇、9个街道办事处、67个社区居委会。2009年，全区地区生产总值完成78.3亿元，增长11.1%。其中第一产业增加值完成0.49亿元，同比增长0.8%；第二产业增加值完成22.87亿元，同比增长0.2%；第三产业增加值完成54.9亿元，同比增长16.3%，一、二、三产业增加值占地区生产总值的比重分别为0.63 ∶ 29.21 ∶ 70.16。全部财政收入完成28.2亿元，增长16.42%；地方一般预算收入完成11.68亿元，增长20.15%。一般预算支出为63566万元，同比增长15.59%，教科文卫支出占全部一般预算支出的60.72%。全区个体工商户注册登记14148户，同比增长23%；私营企业发展到3554户；非国有经济完成增加值550051万元，同比增长23.88%；实现税金54545万元，同比增长29.7%。全社会固定资产投资完成168.9亿元，增长42%。全年引进市外资金10.29亿元，增长2.9%。实际利用外资完成641万美元，同比增长1.2倍；贸易出口额完成23509万美元，同比下降29.35%。全区在岗职工8982人，在岗职工工资总额30291.3万元，在岗职工年平均工资35716元。全年完成农业总产值8381万元，同比增长0.9%。全年粮食产量2481吨，蔬菜产量14573吨，水果产量3065吨，肉、蛋、奶产量分别是451吨、632吨、111吨。

中共桥东区委书记：李旭阳
区人大常委会主任：张丙谦
区　　　长：陈彦报
区政协主席：田玉芬

【落实惠农政策】 全年共完成玉米良种补贴5751.848亩，棉花良种补贴23.05亩，小麦良种补贴4723.099亩，共发放补贴10.5万元。开展“三夏”、“三秋”农业生产和农作物秸秆综合利用工作，0.5万亩小麦玉米秸秆全部实现粉碎还田和综合利用。开展重大动物疫病防疫工作，共免疫高致病性禽流感16.16万只，牲畜口蹄疫免疫猪1.12万头，羊0.34万只，牛600头；高致病性猪蓝耳病免疫1.12万头；猪瘟免疫1.12万头；鸡新城疫免疫16.16万只。免疫密度均达到100%。严格农畜产品市场准入制度，共抽检蔬菜、水果样品4725余个，农药残留合格率99.36%，开展猪肉瘦肉精、莱克多巴胺检测40批次，300头次。

【加大重点企业扶持力度】 加大对双环汽车、三环阀门、华荣制药、晓进机械、通用玻璃等重点企业的扶持服务力度，引导其延伸产业链，扩大深加工，提高附值，在政策资金等方面给予倾斜，支持其壮大规模，加速品牌聚集，做大做强支柱企业。提高骨干企业的科技创新能力，重点抓好企业重点新产品、新设备的开发和引进。提高经济发展质量，鼓励企业树立品牌发展战略，引导其向科技型、外向型、规模型发展。完成新产品开发、科技成果应用和专利实施项目21项，新增产值27672万元，利润5895万元。三环、中润、华荣、无线电四厂、晓进机械等5家企业被批准为高新技术企业，桥东区被评为全国科技进步先进区。规模以上工业企业完成增加值8.96亿元，实现利税1.64亿元。节能减排成效明显，全年推广优质低硫煤10100吨，拆除燃煤锅炉27台，强制关停和淘汰小化工企业3家、外迁1家，整改和淘汰不符合能耗标准企业7家，全区万元工业增加值能耗降低22.37%。

【发展总部经济】 举办总部经济高峰论坛，新引进总部企业8家，全区总部企业达到22家，纳税总额11.92亿元，占全部财政收入的42.27%。南三条市场改造升级取得实效，17家商城外立面改造全部完工，改造面积5.2万平方米。开展综合整治活动，市场面貌焕然一新。提高专业市场品牌化水平，石家庄美博城成为华北地区最大的美发美容美妆产品交易中心，全区省级著名商标达到16家。社区商业规模不断壮大，新建社区快餐大排档4家，建设提升便民综合市场8家，光华社区被评为全国社区商业示范社区。全区社会消费品零售总额完成49.1亿元，同比增长23.5%；市场成交额完成394.2

亿元，同比增长 1.47%；服务业增加值完成 54.9 亿元，同比增长 16.3%。

【推进旧城旧村改造】 全年累计拆迁各类建筑面积 90.9 万平方米，26 栋回迁楼完工，全区新增商业面积 21 万平方米。改善城区环境，建设中山路繁华大道、裕华路迎宾大道，改造提升楼宇夜景 30 处，修整小街巷 54 条，粉刷楼体 190 栋，楼宇“平改坡”125 栋。整治旧住宅小区 22 个，改造危陋住宅 9.38 万平方米。开展市容环境卫生综合整治，清理各类垃圾 10.5 万立方米，栽植树木 3.35 万株，全区新增绿化面积 26518 平方米。

【劳动就业和社会保障】 全区新增就业 8210 人，下岗失业人员再就业 6130 人。社会保险覆盖面进一步扩大，全区参加城镇基本养老保险 31995 人，参加城镇居民基本医疗保险 51287 人，发入最低生活保障金 1420 万元，实物配租廉租住房 1385 套，发放廉租住房租赁补贴 238 万元。加强计划生育工作，创建了“三位一体”新型计划生育服务模式。加强基层医疗卫生服务，社区卫生服务覆盖率达到 100%。开展社区创建活动，建安、彭后、中山东路等 3 个街道被评为全国安全社区。丰富居民文体活动，“全民健身活动周”工作被评为全国先进。开展创建食品安全最放心城区活动，检查经营户 4000 余家（次），查处违法食品案件 299 起，取缔违法经营单位 203 家（次），创建了 10 条餐饮消费卫生安全示范街，中小餐饮单位量化分级挂牌率达到 100%。

（姚建梅）

长 安 区

【概况】 长安区总面积 110.24 平方千米，辖 3 个镇、8 个街道办事处、60 个居委会、33 个自然村，总人口 42.32 万人，人口自然增长率 4.75‰，耕地面积 4420 公顷。2009 年，全区生产总值完成 118.77 亿元，同比增长 8.1%，其中第一产业 1.95 亿元，第二产业 54.36 亿元，第三产业 62.46 亿元；规模以上工业实现增加值 38.58 亿元；农业产值 2.35 亿元，林业产值 85 万元，牧业产值 9403 万元，渔业产值 17 万元，粮食产量 3.98 万吨，平均亩产 422 千克，夏季亩产 435 千克，秋季亩产 413 千克；财政收入 31.88 亿元，同比增长 8%，其中地方财政一般预算收入 13.50 亿元，同比增长 14%；社会消费品零售总额 76.98 亿元，集贸市场成交额 145.3 亿元；固定资产投资完成 175.26 亿元，同比增长 37.8%；职工年平均工资 27688 元。

中共长安区委书记：郝建国
区人大常委会主任：杜　江
区　　　长：张　聪
区政协主席：李士奎

【项目建设】 年内，全区续建、新建及谋划项目 77 个，总投资 600 亿元，其中超亿元项目 56 个。锦城、领秀城、水岸金桥、文化广场改造等 15 个新建项目进展顺利；省博物馆及图书馆改扩建、北方国际汽配基地等省市重点工程如期完工；开元环球中心正加紧建设；体育大街和建华大街北延工程顺利竣工通行，并成为长安区经济向北扩张的重要纽带；国际汽车生态公园、北方家居博览中心、东垣文化创意产业园等重大项目取得实质性进展。

【工业经济】 全年规模以上工业企业增加值完成 38.6 亿元，工业利税完成 11.9 亿元。节能降耗效果显著，全区重点能耗企业实施节能技术改造 10 项，万元工业增加值能耗同比下降 13.9%，超额完成市下达目标任务。围绕产品结构升级，积极做好新产品开发，高营集团投资 6000 万元的阿维菌素技改项目，建成后年产值可增加 3800 余万元。积极开展“银企对接”活动，组织商业银行、汇融银行、南村信用社分别为近百家工业企业融资 1.6 亿元，有效缓解了企业融资难问题。北方染厂、金石化肥等重点监控企业搬迁工作稳步推进，为城区发展腾出了空间。

【服务业】 坚持把发展服务业作为产业结构调整的重点，实施“楼宇经济引进、三产聚集区培育、商贸流通业提升”三项工程，服务业步入规模化、集群化发展的新阶段。发展现代服务业，东尚、先天下、美东国际等现代化商务设施为支撑的楼宇经济，已成为第三产业发展新亮点。随着官鲤、汇景国际、地下商业街等一批商业地产项目的成型，广安街中央商务区功能得到进一步完善和提升。石材、钢材、装饰材料、汽车贸易等专业市场提档升级步伐逐步加快，市场辐射力与影响力不断扩大；以文化广场拆迁改造为契机，新建了海龙电子城和跃进路手机市场，打造了省会东部大型IT通讯商圈；完成红星美凯龙市场升级改造工作，新建和改造便民综合市场10个，为居民提供了方便、快捷的生活服务。2009年，全区服务业增加值达62.5亿元，同比增长16.8%，占地区生产总值比重达52.6%，三产服务业已成为拉动区经济增长的重要引擎。

【农村经济】 特色农业步入快速发展轨道，颐非源农业生态园、前进奶牛及富强养殖基地规模实力进一步壮大，神农驼鸟养殖园成为亚洲最大的驼鸟养殖园。积极落实各项强农惠农政策，全年支农惠农资金投入2149万元，创历史新高。不断完善农村路网建设，投资520万元修建了西古城桥，同时积极协调建成了北中奉公交车站，为实现公交“村村通”奠定了基础。新民居建设试点工作启动并进展顺利，南村镇吴家营村新民居建设工程主体已封顶，东五女村回迁楼建设全面完工，为全区新民居建设树立了典型。农业综合执法体系不断完善，加大了动物重大疫情防控和监管力度，严查农产品生产、加工、储运、销售各个环节，农产品质量安全水平大幅提高。农民专业合作经济组织健康发展，奶牛养殖、玉米种植等各类农业专业合作社充分发挥辐射带动作用，拓展服务领域，提升产品质量，为农业产业化发展和农民增收做出了贡献。

【改善城区面貌】 根据全市三年大变样的工作部署，以国庆献礼工程为重点，投入1380万元，强力实施了拆迁拆违、村民回迁楼建设及街道景观综合整治等工作，城区承载能力不断增强。圆满完成了省文化广场、裕华东路、中山东路、体育大街北延以及京珠、石太高速周边的拆迁任务，全年共完成拆迁拆违81.8万平方米，超额完成市下达目标任务。积极推进城中村改造，小沿村、花园村、谈固村、白佛口村的28栋回迁楼主体已封顶。旧住宅小区改善步伐不断加快，投资920万元，对谈后、煤机等24个老旧小区进行了整修，小区环境焕然一新；完成了中建一局六公司和经编厂宿舍危陋房改造。高标准实施了中山东路、裕华东路等“四横八纵”主干道涉及256栋楼宇的景观整治工作，全力打造靓丽、整洁、舒适的道路街巷景观带。对石兆路、谈固西街、四水厂路等40条小街巷进行了升级改造，居民出行条件得到进一步改善。

【环境整治】 突出源头治理，严控排污总量，强力推进以大气污染治理为重点的环保攻坚工程，全年拆除燃煤锅炉（窑炉）19台（座），推广使用优质低硫煤3.1万吨，圆满完成市下达目标任务。不断加大综合执法力度，开展了扬尘污染综合整治行动及水污染治理“五月清流战役”，COD削减800吨，提前完成“十一五”重点企业主要污染物排放削减任务。广泛开展“洗城净天”全民大会战，积极实施“垃圾清运、道路清洗、庭院保洁、工地抑尘、煤烟治理”五大战役，城区空气质量明显好转。绿化工作扎实推进，创建了东大街省级园林式街道和盛世长安市级花园式小区，建成高标准绿化街道12条；圆满完成了花城建设和百万乔木进社区活动，全年种植乔木3万株、花灌木1.6万株，新增绿地15.7万平方米，园林绿化凸显生态魅力。

【城市管理通过ISO9001质量体系认证】 按照“精细化、规范化、长效化”的要求，进一步理顺运行机制，提高管理标准，城市管理工作步入了科学化、规范化和标准化发展轨道。投资124万元建立了区级城市管理指挥中心，全面实施万米单元网格化管理，城区管理工作率先在全市通过ISO9001质量体系认证。不断加大城市综合执法力度，加强对市容环境卫生重点区域集中整治，煤机街、范光胡同及白佛客运站周边等市容管理顽症得到有效治理。投资120余万元规范整治门头牌匾，完成了青园街、育才街、谈中街、中山东路等10条牌匾样板街道创建任务。按照“重心下移、分级负责、整体下放、权责统一”的原则，积极推进市、区、街三级城管体制改革，将城管工作的重心下移到街道办事处，制定了市容管理考评和奖惩办法，极大地调动了区、街、居三级管理积极性，同时，顺利实现了市政维护和停车场管理工作的平稳交接。在全市街道容貌综合考评中，长安区被市政府评为实绩突出单位。

【社会保障】 社会保险覆盖面不

断扩大，全年新增养老保险参保人数2800余人、工伤保险参保人数1700余人，超额完成市下达指标；辖区4.5万名企业退休人员全部纳入街道社区管理，社会化管理服务工作始终保持全国领先位次。健全和完善弱势群体救助机制，低保标准由240元提高到265元，全年累计保障3.8万户，发放保障金1126万元。就业形势总体稳定，全年新增就业人数7600余人，下岗失业人员再就业5700余人，安置就业困难人员2700余人，城镇登记失业率控制在3%以内。实施积极的就业政策，免费开办各类技能和创业培训班60期，培训人员2200人；农村劳动力向非农产业转移4800人，其中劳务输出500人。养老服务社会化工作不断完善，建成1个为老服务中心和10个为老服务站，搭建了社区居家养老服务平台，区老年公寓被评为全国爱心护理工程建设基地。加快残疾人事业发展，投资30万元成立了区残疾人托养服务中心；连续三年累计投资近70万元，为辖区750名白内障患者免费实施复明手术，长安区被评为首批全国白内障无障碍区。此外，民政和住房保障工作取得新进展，均处于全市先进行列。

（宋　平）

新　华　区

【概况】 新华区辖11个街道办事处、4个乡镇、25个行政村、67个居委会，总面积92.11平方千米。总人口49.3万人。辖区35个少数民族，其人口12029人。2009年，全区顶住了三鹿事件、水源保护地限批、14家工业企业外迁和3.9亿元减税的巨大压力，财政收入实现了“开门红”和“双过半”，固定资产投资始终保持较快增长，主要经济指标呈现逆势上扬的良好态势。完成地区生产总值93.4亿元，增长10.1%；全部财政收入18亿元，增长1.88%；地方一般预算收入9.4亿元，增长12.05%；固定资产投资171.4亿元，增长35.5%。

中共新华区委书记：蒋文红
区人大常委会主任：门秀敏
区　　　长：王德庆
区政协主席：周玉林

【第三产业发展】 以现代服务业为核心的第三产业发展呈现强劲势头，启动了投资25.3亿元的新华集贸中心市场升级改造工程，全国商业巨头山东银座集团成功入主东购，举办了国际动漫博览交易会分会场活动；英华汽配城一期、广本恒达4S店、艺海假日酒店、柏林商贸广场、百盛朗庭等一批大型项目顺利实施，第三产业占全区经济的比重达到65%。工业经济保持健康发展，河北三元实现销售收入7.5亿元，生产经营走势看好，市场占有率和品牌知名度逐步提升；安瑞科、科一重工、冀雅电子等科技型工业企业保持了较强发展势头。

【项目建设】 紧紧抓住扩大内需、经济低成本运行和“三年大变样”等多重机遇，全力推进项目工作，全区在建、续建投资千万元以上项目达到35项，总投资118亿元。积极搭建项目投融资平台，率先组建了省会首家区级城市建设投资公司。成立了大项目办公室，出台了《项目建设考核办法》，项目工作机制进一步健全。坚持招大商、引巨资，南京苏宁、深圳华强两家战略投资者、中国五百强企业落户新华区。美国沃尔玛、韩国乐天、英国乐购、浙江广厦、广州元邦、北京建工、香港新财富等多家中外500强企业与新华区达成了初步投资意向。

【三年大变样工作】 深化改革城市管理模式，重心下移，下派城管工作人员。建成了省会首家二级数字化城管指挥中心，案件办结率位居市内区第一。通过集中力量，倒排工期，挂图作战，高标准、高速度完成了火车北站广场综合整治、植物园路绿化、千米街项目、石太高速公路绿化带、百年广场和铁路货运专线等“六大拆迁”，在全市率先叫响了“石家庄速度”，全年共完成拆迁116.24万平方米，拆迁总量、拆迁速度、拆迁质量全市领先。坚持“以拆促建、拆建结合、建管并举”的原则，全力推进村民回迁楼建设、道路拓宽改造和景观综合整治“三大工程”。完成了西焦、大马、党家庄、西三庄、赵一街、岳村等6个村、72栋、71万平方米的回迁楼建设，在全市率先实现了年底前一户一套回迁房的目标。投资2300万元，完成了81条主次干道和小街巷的整修改造，全市小街巷整修竣工仪式在新华区举行。高标准完成了343栋楼宇的粉刷和平改坡任务，建成了中华北大街夜景亮化示范大道，承担的8项省会国庆60周年献礼工程顺利完工，提前3个月、超额10%完成了拆除分散燃煤锅炉任务。

【农村建设】 落实各项强农惠农政策，兑付粮食直补和综合直补资金334万元，落实粮种补贴4.93万亩，发放受灾补助17万元。大力发展现代农业，特色瓜果、花卉、蔬菜产量不断提升，优种覆盖率达到98%，绿色农业产业园等“农家乐”项目启动建设。加快农村集体资产产权制度改革，西三庄村完成改制，党家庄、康庄、北焦、前太保等村的改制工作正在进行。加强农村基层组织建设，规范村务公开，完成了23个村的财务审计和7个村的离任审计。南水北调征地拆迁阶段任务圆满完成。

【社会保障】 养老、医疗、失业等社会保险覆盖面进一步扩大，城镇职工养老保险新增3090人，完成全年任务的155%，离退休人员养老金足额发放率和社会化发放率均达到100%。严格落实城镇居民廉租房补贴和经济适用房政策，惠及家庭4826户。大力开展重点人群和弱势群体就业援助，新增就业1.54万人，下岗失业人员再就业1.06万人。严格落实分类施保，发放低保金1404万元，对553人实施了医疗救助，建成了13家爱心超市。

【科教文卫事业】 安排科技专项资金525万元，完成科技技术课题50项，其中5项达到国际先进水平，连续13年获得全国科技工作先进示范区称号。积极推进教育资源整合，撤并接收了6所学校，启动、完成了4所中小学的建设。强化了校际间教师交流，薄弱学校建设得到加强。开展网吧、流动摊点整治，校园周边环境进一步优化。中考再创全市最好成绩，被省政府授予“教育工作先进区”荣誉称号。深入开展多种形式的群众文化活动，荣获全国“全民健身先进单位”荣誉称号。加强市场监管，开展扫黄打非，文化市场环境进一步净化。深入开展食品安全最放心城区创建活动，建立了“无缝隙”食品安全网格化管理机制。加强甲型H1N1流感疫情控制，未发生大规模扩散和蔓延。大力实施生殖健康“民心工程”，惠及群众1.2万人，人口出生率控制在7.92‰以内，代表河北省迎接了全国计生工作检查，并获得满分的好成绩。投资500万元，建成了全市首家智力与精神残疾人托养中心和全市首家残疾人康复中心。

【社会服务】 积极开展和谐社区创建，天苑社区被评为“全国和谐社区建设示范单位”。深化社区卫生服务，社区居民健康档案建档率达到100%，4所乡镇卫生院改造全面完成。大力实施保障性安居工程，投资920万元，完成了19个老旧小区的改造，18035户居民生活环境得到改善。加快社区便民服务体系建设，新建、改建便民市场15个。

【安全生产】 围绕危险化学品、城中村、人员密集场所、建筑工地等重点领域和区域，开展隐患专项排查，共排查企业3399家，查处隐患1519处，整改率达到91%，消除了一大批安全隐患，全年未发生一起责任范围内的安全生产事故。3家重大火灾隐患单位和4家火灾隐患突出单位全部整改完毕，新华消防大队被公安部评为“国庆60周年安全保卫先进集体”。强化安全生产基层建设，所有乡镇、街道全部达到市级安全生产示范标准，联盟街道通过国家级安全社区评审验收。

【社会治安综合治理】 全面推进“五五”普法，民主法治建设进一步加强。积极实施困难弱势群体法律援助，受理案件51件，惠及群众403人。深入开展区级领导大接访、信访积案化解年和化排解促百日会战等活动，全面排查矛盾纠纷，有效化解了一批热点难点问题，实现了国庆期间非正常进京“零上访”。15个社区（村）完成“平安示范社区（村）”创建，全市无邪教社区（村）创建活动现场会在新华区举行。以建国60周年安保为主线，全面强化社区防控、街面防控、内部单位防控和治安乱点整治，建成了社区警务信息服务管理平台和3条“治安技防一条街”，市挂牌督办的2个治安乱点得到彻底整治。深入开展打黑除恶、命案攻坚等专项行动，打掉恶势力团伙3个，打击处理各类人犯1293名，破获各类刑事案件7683起，命案破获率100%。积极做好刑释解教人员安置帮教工作，帮教率达到100%，安置率达到95%。投入350万元，实施科技强警工程，获得省科技强警示范区称号。

（潘志勇）

裕 华 区

【概况】 全区辖7个街道办事处，2个镇，16个村，75个居委会（根据市政府专题会议纪要[第403号]宋营镇及其所辖10个村于2009年11月整体划归开发区托管）。总面积101.45平方千米，耕地面积31170亩，年末总人口52.06万人，人口自然增长率为6.98‰。2009年，全区地区生产总值完成78.7亿元，同比增长11.1%；全社会固定资产投资完成196.6亿元，增长35.6%；全部财政收入完成19.9亿元，其中，地方一般预算收入完成10.4亿元，增长19.3%；社会消费品零售总额完成56.8亿元，增长23.4%；城镇居民可支配收入和农民人均纯收入分别达到16768元和9344元，增长11.3%和8.1%。

中共裕华区委书记：赵宏魁
区人大常委会主任：张金海
区　　长：赵宏魁（2月免）
　　　　　王丽君（2月任）
区政协主席：韩志芳

【投资规模再创新高】 把吸引项目和拓展项目作为保增长的主要措施和手段，谋划项目抓前期，在建项目保进度，竣工项目促投产，投资规模创历史最好水平。全年新建续建项目113个，其中亿元以上项目66个，10亿元以上项目10个，省市重点项目6个。中茂海悦五星级酒店、瑶辰丽都假日酒店、西美第五大道一期等49个项目竣工投用；河北师大新校区、维多利亚花园等48个项目顺利开工建设；方北购物广场、天维世奥湾等16个项目完成了年度投资计划，项目投资直接拉动经济增长5.8个百分点。招商引资成果显著，先后引进了世界500强、零售业三强的英国乐购、全球最大的保健及美容品零售商香港屈臣氏和中石油昆仑天然气、上海仲盛、浦发银行等一批国际国内知名企业，形成了新的经济增长点。

【优化产业结构】 以“三圈”建设为带动，第三产业不仅在经济总量中的比重持续提高，规模和档次也有了质的提升。怀特商圈规模扩大，品牌效应进一步增强，总建筑面积10万多平方米的怀特洁具城、国际陶瓷博览中心等一批商贸项目建成使用，怀特集团进入全市企业十强，形成了多元经营、规模发展的良好态势；建通物流商圈集聚效应进一步显现，双鸽冷链物流、新基业物流、华北五金机电城等一批物流项目竣工投用，形成了集群、组团发展的现代物流格局；万达商圈前期工作进展顺利，为开工建设奠定了良好基础。卓达商贸广场、北国益东百货等商贸项目辐射深度和广度进一步扩大，建筑面积5.3万平方米的联邦·东方明珠地下商业街正式开业，汇集如家快捷、好伦哥等众多品牌的春天广场等一批大型商业设施成功运营。全年新增商业面积53万平方米，总商业面积达到300万平方米。第三产业占全区地区生产总值的比重达53.6%，较上年提高5.6个百分点，对经济增长的贡献率达75.4%。与此同时，积极开展企业帮扶活动，多渠道帮助企业解决融资等瓶颈问题，盛达钢结构、石家庄四药等3个技改项目顺利完成，金环包装公司被认定为省级高新技术企业，东华化工、华北蓄电池等6家企业进入全市百强企业。加快农业产业化步伐，君子兰花卉基地一期、都市农业园等4个产业化项目竣工投用，市级以上重点龙头企业达到6家。

【尖岭村拆迁完成】 按照“拆建结合，以建为主”的指导思想，推进“三年大变样”向纵深拓展，城区容貌变化显著并赢得广泛赞誉。把国庆献礼工程作为重中之重强力突破，圆满完成了槐安路快速大道、裕华路景观大道、二环快速路提升、民心河二期、富强大街打通、天山大街南延等涉及的拆迁工作。全年累计完成拆迁拆违101万平方米。全区9个村列入城中村改造范围，占全市27个重点改造村的三分之一。把回迁楼建设作为民生工程重点推进，全年开工建设回迁楼77栋202万平方米，70栋回迁楼主体封顶，方北、大马在全市率先全部回迁，东岗头、位同实现了户均一套入住，省内外50多家考察团前来学习参观。特别是尖岭村拆迁工作，面对拆迁规模大、遗留问题多、社会关注度高的复杂、困难局面，在区委的坚强领导下，全区1500多名干部到拆迁第一线，始终秉持以人为本、和谐拆迁的工作理念，完成了80多万平方米的拆迁任务。

【城市管理实现“七连冠”】 加快东南分区开发建设，坚持“市场运作、多元融资”理念，制定了东南分区4500余亩土地收储计划，完成了730亩土地组卷上报工作，协调回笼都市嘉园、众美城项目1.6亿元征地资金；建华东路西段建成通车，建华大街南延完成地下管网，城市载体功能进一步增强。创新城市管理机制，全面实施万米网格化和城乡一体化管理，城市管理迈进高效能、全时段、全覆盖的新阶段。加大城区容貌综合整治力度，整修小街巷39条，改善老旧小区26个，完成了169栋楼宇粉刷和130栋居民楼“平改坡”，惠及居民近20万人；积极推进万树进村、拆违绿化等活动，新增绿地面积30万平方米；大力开展洗城净天、扬尘污染专项治理等活动，圆满完成各项节能减排指标，万元工业增加值能耗下降4.3%，主要污染物COD、二氧化硫排放量分别下降9%和21%。环境保护、园林绿化和市容管理考核均位居全市第一，城市管理工作连续七年在全市保持领先。卫生队荣获“全国巾帼文明岗”和“感动省城十大人物（集体）”荣誉称号。

【完善安全保障机制】 社会更加安定和谐。按照“稳管稳控，重在治本”的要求，扎实开展三级干部大接访和“百日会战”活动，全力排查化解矛盾，积极主动预防和处置群体性事件，高标准完成了“两会”、国庆60周年的安保维稳工作。坚持安全生产“责任重于泰山”，切实履行监管职责，有效遏制了重特大安全事故的发生，荣获“全国安全社区先进单位”，建通、裕华路等5个街道被评为国家级安全社区。强化突发事件应急管理，面对甲型H1N1流感、特大暴雪和冬季供暖等相互交织的突出矛盾，全区上下万众一心、众志成城，全力以赴保民生、保通行、保生产，甲流疫情得到有效控制，抗雪救灾取得全面胜利，188个生活小区全部按时供暖，有力保障了全区人民正常的生产和生活秩序。

【发展社会事业】 始终把改善民生、保障民生作为政府工作的出发点和落脚点，在财力紧张的情况下，公共财政向民生倾斜，全年用于科教文卫等社会事业支出同比增长18.8%。就业工作取得新成效，积极开展政策扶持、职业培训、就业援助，新增就业再就业2.36万人，城镇登记失业率控制在1.89%以内。社会保障覆盖面进一步扩大，3090名失地农民加入社会保险，城镇居民医疗保险参保人数达12万人，参保人数和参保率位居全市第一；为困难家庭发放低保金1369万元，实现了动态管理下的应保尽保、分类施保；发放廉租房租赁补贴912万元，实物配租438套，缓解了部分低收入和低保家庭的住房困难。教育事业得到均衡发展，对11所中小学进行了改造提升，对39所学校16万平方米的校舍进行了安全鉴定，区职教中心竣工投用，40中荣获“全国教育系统先进集体”。文体活动广泛开展，农村文艺展演、社区艺术节、彩色周末等文化活动丰富多彩，被国家体育总局授予“全国群众体育活动先进单位”，区图书阅览中心被文化部评为国家三级图书馆。卫生服务水平稳步提高，基本医疗服务实现社区（农村）全覆盖，村级卫生所标准化率达100%，社区居民健康档案建档率达85%以上。市场秩序进一步规范，在全市率先实行了食品安全网格化管理，严厉打击传销行为，被市政府评为省会市区中唯一“无传销城区”。人口计生工作取得突出成绩，荣获省会市区中唯一一家“河北省人口计划生育工作先进单位”。社区建设进一步加强，基础设施不断改善，服务水平明显提高，新建、提升了8个便民综合服务市场、4家社区快餐人排档，裕东街道被国家民政部评为全市唯一一家“和谐社区建设示范单位”。新农村建设扎实推进，农村生产生活环境不断改善。统计工作得到切实加强，区统计局荣获“第二次全国经济普查先进集体”。科技三费的引导作用明显增强。国防动员和双拥共建成效显著。档案、人防、老龄、残联、司法、妇女儿童、民族宗教等工作都取得了新的成绩。

（裕华区政府办）

井陉矿区

【概况】 井陉矿区辖2镇1乡2个办事处，43个居委会（村），人口97332人，总面积70.7平方千米，耕地面积1982.3公顷。2009年，全区完成地区生产总值236620万元，同比增长11.2%，其中第一产业增加值完成5544万元，同比增长2%，占GDP的比重为2.3%；第二产业增加值完成158818万元，比上年增长12%，占GDP的比重为67.1%；第三产业增加值完成72258万元，比上年增长10.1%，占GDP的比重为30.6%；财政收入完成55055万元，比上年增长1.4%。其中一般预算收入完成18183万元，增长0.7%。全区农林牧渔业总产值完成10970万元，比上年同期增长2.97%，其中农业产值5930万元，同比下降6.3%；林业产值403万元，同比增长2.25%；畜牧业产值4449万元，同比增长20.03%；渔业产值28万元，同比下降30.95%。全年粮食总产量为14256吨，同比下降2.28%。全区规模以上工业企业完成增加值210135万元，同比增长11%。实现利税76065.5万元，同比下降3%。全社会固定资产投资完成265681万元，比上年增长42%。社会消费品零售总额达到57818万元，增长21.8%。城镇居民人均可支配收入达到13900.12元，同比增长11.7%；农村居民人均纯收入达到7657.46元，同比增长9%。

中共井陉矿区委书记：黄朝庆
区人大常委会主任：王禄文
区　　长：朱献军
区政协主席：康贵春

【优化产业结构】 深入开展“保增长、调结构、抓项目、强园区，打好工业发展攻坚战”活动。循环经济煤化工产业园成为全市重点产业聚集区，并争取到市发展投资公司1亿元的资本金，加快园区基础设施建设，园区路网框架基本形成，西王110千伏变电站竣工投入使用。大力淘汰落后产能，拆除水泥机立窑、落后旋窑和中空窑生产线14条，压缩落后水泥产能188万吨、焦炭产能10万吨，争取中央专项补助资金2205万元。农业规模化、集约化水平不断提升，农村财富积累机制进一步完善。服务业完成增加值7.23亿元，比上年增长10.1%。冀西和天星2个煤炭物流项目主体完工。全区旅游业发展总体规划通过专家论证，完成段家楼和清凉山综合改造工程，成功举办第五届清凉山冰雪文化旅游节。

【项目建设】 完成城镇以上固定资产投资26.05亿元，比上年增长42%。续建、新开工投资千万元以上项目64个，其中亿元以上项目18个。新世纪、新晶、常恒3个100万吨焦化项目竣工投产，全区焦炭产能达到340万吨；采煤沉陷区治理、新星化炭湿法造粒炭黑、盛源物贸阿维菌素等项目进展良好；民海苯乙烯、矿峰水泥、佳正机械配件等项目开工建设。与中国建材、中国电子等“国字号”企业达成战略合作协议，瑞尔玻璃、丰达金属化球团等4个亿元项目成功签约。全区有13个单体投资亿元以上的项目纳入全市2009年重点项目建设计划，数量在全市位居前列。

【改善城乡面貌】 聘请知名规划机构，着手编制主城区控制性详规和主要道路、绿地系统等11个专项规划。以财政投资为支点，通过市场化动作，多渠道融资，实施了总投资7.4亿元的64项城建工程。贾凤路、西环路中段等5条重点道路竣工通车，新世纪业务综合楼、项目会展中心等地标性建筑基本完工，污水处理厂投入运行并实现在线监控，垃圾处理厂正在积极推进，700亩清凉湾湿地公园盛装开园。三年大变样完成拆违拆迁7.8万平方米，拆后空地绿化2.8万平方米，铺设便道砖3.7万平方米。全区建成居民住宅楼19.6万平方米，续建、新开工9.6万平方米。刘赵村、西岗头等4个社区列入市新民居建设示范点，开工率、建设率在全市名列第一。采煤沉陷区刘赵村脱险搬迁工作顺利完成。恒昌出租客运公司成立运营。全区二氧化硫和COD排放量分别削减7.3%和37.4%，森林覆盖率达到44.3%。

【财税金融】 重点开展“综合治税百日行动”通过严格申报、以电核税、以查促收等措施，狠抓收入管理，确保应收尽收。充分发挥财政资金的作用，在“保工资、保运转、保重点、保民生、保稳定”的基础上，全力支持工业发展和城市建设，区财政抗风险能力大大增强。组建财盛投资公司和财政投资项目评审中心，制定财政投资项目评审和监督管理办法。通过组织银企对接活动，对重点企业实施减费免费、财政补贴、贴息贷款等措施，促成中小企业贷款1.9亿元，为企业办理税收缓缴1.2亿元、贷款帖息420万元。金鑫小额贷款公司投入运营并完成增资扩股。截至年底，全区金融机构各项贷款余额9.07亿元，同比增长181.3%。

【信访稳定工作】 深入开展领导干部“大接访”活动，加大矛盾调处和化解力度，妥善解决拆违拆迁、企业改制等遗留问题126个，实现国庆60周年期间赴省市集体访和进京访“零发生”。大力开展严打整治，侦破大案要案18起，批捕88人，净化了社会环境。加大社会稳定投入力度，为28个村安装联网报警系统，招聘20名交通协管员上路执勤，社会治安综合治理进一步加强。全区有42名个人和20个单位在国庆安保和信访稳定工作中立功受奖。大力整治食品药品市场，切实加强安全生产和消防工作，煤矿整合重组进展顺利，全区社会稳定，政治安定。

【社会民生建设】 2009年是区财政极为困难的一年，也是基础设施投入最大、为群众办实事最多的一年。全区城镇新增就业3120人，下岗失业人员再就业550人，城镇登记失业率控制在3.5%。养老、医疗、失业等五大保险均超额完成市下达的扩面任务，为4880名60岁以上无固定收入老人发放养老补贴288.3万元，为符合条件的贫困居民发放低保金615.4万元，城乡低收入群体实现应保尽保。新建殡仪馆竣工投入使用，改善了人民群众的殡葬条件。投资2000万元的标准化水厂开工建设，为改变直提直供的供水现状奠定了基础。21件为民办实事项目全部完成。组建全区首个科技专家咨询服务团，天户峪列入全市首批新农村建设科技示范村。在全市率先启动中小学危房改造工程，共消除危房13600平方米，总投资2400万元的80中学和实验中学标准化教学楼开工建设。通过公开招考，择优录用高素质教师46名。建立农村环境卫生长效保洁机制，免费为5800多名重点人群注射甲型HINI流感疫苗，有效控制了疫情在全区的爆发和蔓延。开展大型歌咏比赛等一系列庆祝建国60周年活动。人口和计划生育政策执行良好，低生育水平保持稳定。深入开展拥军优属活动，国防动员和民兵预备役工作不断加强。体育健身、民族宗教、人防档案、外事侨务、审计统计、社区广电、妇女儿童、老龄、残疾人等各项工作也都取得新成绩。

【行政执行力提高】 针对2009年大事、急事、难事多的严峻形势，区政府带领各级各部门冲破各种艰难险阻，抢抓一切有利机遇，执行力、应急力、战斗力和创造力显著提升，大局意识、忧患意识、责任意识和创新意识大大增强。以开展学习实践科学发展观活动和干部作风建设年活动为契机，深入企业和社区察民情、解民忧、办实事。成立城市规划审批委员会和项目审核委员会，出台城市建设和项目审批管理办法，进一步规范全区的建设市场和项目审批程序。认真执行区人大各项决议并向其报告工作，坚持向区政协通报情况，办理人大代表、政协委员建议提案110件，满意率达95%以上。面对国家严把土地、环保闸门的巨大挑战，按照“早介入、早动手”的原则，在全市率先开展土地利用总体规划修编工作，争取用地指标132.6亩，超前协调解决“水源保护区制约发展”的问题，煤化工园区规划环评工作取得实质性突破。面对有气象记载以来最大的暴雪灾害，在区委领导下，区政府组织机关干部、企事业职工昼夜清运积雪，确保道路畅通；疏散危旧房屋居民，封闭简易工棚、厂棚、车棚和康盛市场，确保群众生命安全；查处哄抬物价违法行为，组织商品供应，确保市场稳定；督查水、电、暖企业应急抢修工作，确保供水、供电、供暖；帮扶受灾企业、种植、养殖户尽快恢复生产。抗雪救灾工作使政府应对重大自然灾害的能力进一步得到锻炼和提高。

（张密廷）

辛 集 市

【概况】 2009年，辛集市委、市政府带领全市人民克服国际金融危机带来的消极影响，全力以赴保增长、保变样、保民生、保稳定，整体经济回升趋好，社会和谐稳定。地区生产总值完成214.12亿元，同比增长11.0%。全部财政收入完成9.3亿元，增长1.01%；其中地方一般预算收入4.9482亿元，增长34.18%。全社会固定资产投资完成109.55亿元，增长39.01%；其中城镇固定资产投资106.94亿元，增长41.64%。社会消费品零售总额完成116.51亿元，增长21.3%。各项存款余额达到168.3亿元，增长8.43%；其中城乡居民储蓄余额144.9亿元，增长8.41%。全年实施市级重点收益性项目92个，固定资产投资85.26亿元，其中千万元以上项目61个，亿元以上项目15个；62个项目竣工投产。引进外地规模项目29个，固定资产投资24.29亿元。新增市场主体2329个，总数达14635个。城镇居民人均可支配收入14910元，农民人均纯收入6890元。筹资5296万元，建立参合农民重大疾病再补助基金和城镇居民大额医疗保险基金，新农合参合率达到95.08%，城镇居民医疗保险参保率达到80%以上。筹资1483.7万元，保障城乡低保、农村五保对象的基本生活，全市五保老人集中供养率达55.6%。新增城镇就业岗位2819个，城镇登记失业率2.85%。完成了3个乡镇综合文化站的新建改造；顺利通过文化部“全国文化先进地区”复查。通过开展国庆安保和“大接访”活动，解决各类遗留问题和矛盾纠纷，全市政治安定、社会稳定，被评为“河北省社会治安综合治理先进县（市）”。

中共辛集市委书记：张国亮
市人大常委会主任：刘计良
市　　长：张连钢
市政协主席：高保平

【中国辛集国际皮革城项目开工建设】 2009年8月6日，中国辛集国际皮革城项目在教育大道北部东侧开工建设，该项目总投资10亿元、占地380亩，是河北省重点建设项目。项目分两期建设，首期工程计划于2010年9月建成使用。该项目集交易、展示、研发、物流、旅游于一体，是辛集市积极应对国际金融危机、强力开拓国内外市场而实施的一项战略举措，意在壮大皮革产业整体实力，加快辛集经济社会发展。

【荣获河北省节能减排先进县(市)】 2009年，辛集市投资1.38亿元完成城市污水处理厂升级改造、无害化垃圾填埋场、澳森钢铁有限公司烧结机脱硫等25个减排项目；投资1.68亿元完成澳森钢铁有限公司炼钢节能资源综合利用、天玉玻璃有限公司马蹄焰窑节能技改等14个节能项目，淘汰了一批落后产能，年节能13.75万吨标煤，减少能源消耗量5.74万吨标煤。加大对重点区域、重点企业的监管力度，取缔“十五小”企业34家，邵村排干出境断面COD浓度稳定在省控指标以内。市区二级以上天数达到321天，比2008年增加2天。全年COD削减667.67吨，SO_2削减895.89吨，单位工业增加值能耗控制在1.641吨标煤，提前一年完成向省人大承诺的三年节能减排任务，被省委、省政府授予节能减排双三十先进县称号。

【荣获全国绿化模范县（市）】 辛集市按照总量适宜、分布合理、植物多样、景观优美的绿化方针，先后投资5000万元，建设了金鹿公园、市府广场等市级公园。进行街头游园、绿地建设，在主次干道两侧建设了28处游园、绿地，建成区绿化覆盖率达到41%，绿地率35.8%，人均公共绿地10.5平方米。连续3年植树突破100万棵，森林覆盖率达29.7%，初步建成环绕市区的防护林网。道路建设中，坚持“修一条主次干道，建一条绿色长廊”，绿化与道路同步实施，全市形成“七纵五横”的道路绿化景观。2009年被全国绿色委员会授予“全国绿化模范县（市）”称号。

【开展评选农村“十好”典型活动】 2009年，农村“十好”评选典型活动在全市各村普遍展开，评选出3000余个各类典型。该活动始于2007年，以农村群众身边人、身边事、凡人善举为活动主要内容，通过群众评、评群众、群众学、学群众，评选出农村助人为乐、孝老爱亲、致富帮富等方方面面典型人事，影响和带动了周围群众，促进了农村和谐文明乡风的养成。中央及河北省、石家庄市文明办充分肯定此项活动，《内参》、《国内动态清样》、《精神文明建设》简报、中国文明网、河北文明网、《石家庄日报》、《燕赵晚报》等媒体刊发了辛集市评选农村“十好”典型的具体做法和经验。

【泡塑业年产值超过10亿元】 泡塑产业集中于辛集市南吕村工业区，20世纪90年代初已初具规模。经过20多年的快速发展，全市拥有泡塑企业60多家，塑机制造企业30多家，辛集在外泡沫制品企业近300多家，原料经销网点60多家，从业人员1万余人，泡塑业年产值超过10亿元，成为集塑机生产、原料销售、泡塑制品为一体的产销基地。2009年12月11日，成功主办了中国塑协EPS专委会年会。

【阿木森滤纸项目一期工程建成投产】 2009年，总投资1亿元的阿木森滤纸项目一期工程建成投产，阿木森滤纸有限公司滤纸总生产能力达每年1.1万吨，辛集市成为中国北方最大的滤纸生产基地。该公司始建于2000年，注册资金250万元。公司位于辛集市安定大街东段辛集工业区内，生产工业、汽车、工程机械、医药、化工、电子隔板等多各领域的特种滤纸，产品远销华北、华南等十多个省市，并出口中东、东南亚、美洲等几十个国家。

【荣获全国计划生育优质服务先进单位】 2009年，辛集市扎实推进计划生育优质服务，育龄群众生殖健康水平不断提高。市计生技术服务站和15个乡镇服务站全部达到国家优质服务型标准，开展"民心工程"为11万已婚育龄妇女提供免费服务，全市优生覆盖率达到100%，避孕药具发放率达到98%以上，独生子女父母奖金落实率达到100%，被国家人口计生委命名为"全国计划生育优质服务先进单位"。

【辛集一中女篮获全国第十届中学生篮球赛冠军】 辛集一中女篮在中国女篮高中联赛中曾获得六连冠，在中学生队伍中保持着较高的水准。2009年8月20日晚，第十届全国中学生运动会女篮决赛中，河北辛集一中女篮以55 ：52险胜东道主湖南队，首次捧起全国中学生运动会女篮冠军奖杯。此前辛集一中女篮连续五次参加中运会，最好的战绩是亚军。

【试炮营村新民居正式动工兴建】 2009年3月份，田家庄乡试炮营村新民居正式动工兴建。新区规划占地125亩，建有人工湖、垂钓场等休闲娱乐广场和幼儿园、超市、诊所等方便居民生产生活的配套设施。在村民整体搬迁后，试炮营村计划将原村落1360亩地建成工业开发区，在旧村落西侧远离工业区和居民住宅处，规划建设养殖小区和农具存放区，并依托现有的果园、野猪养殖场和废旧砖窑建设一座生态观光园。

【樊灵芝自费建书屋】 年内辛集市王口镇工口村妇女樊灵芝自费建成家庭书屋——"梅岚书屋"，免费对乡亲们开放。书屋位于樊灵芝家二层小楼的二楼，40多平方米。图书以农业科技类为主，共有1000多册。农闲时节，前来看书阅读的乡亲们络绎不绝。除了让乡亲们免费借阅图书以外，梅岚书屋还邀请专家举办技术技能培训，根据农时讲解生产技术，进行家政服务、服装裁剪等专题讲座，帮助村民掌握一技之长，方便外出打工，书屋被乡亲们称为"致富加油站"。樊灵芝入选中国农民60年60人，先进事迹先后在全国18家电台、电视台播出。

【完成中小学取暖设施改造工程】 为改善农村中小学校冬季取暖条件，推进农村义务教育改革进程，辛集市进行中小学取暖设施改造工程。2009年底，全部完成了141所中小学校的改暖工程，总投资725万元，改暖面积150534平方米，彻底消除了室内生煤炉采暖的落后方式。

【农民专业合作社迅速发展】 农民专业合作社是在农村家庭承包经营基础上，由同类农产品生产经营者，或者同类农业生产经营的服务的提供者、利用者组成的自愿联合、民主管理的辅助性经济组织。2009年，全市共注册农民专业合作社124家。其中，粮棉菜种植业合作社43家，林果种植业合作社49家，畜牧养殖业合作社28家，农机服务合作社4家。为促进农民专业合作社健康发展，辛集市举办了农民专业合作社培训会。辛集市工商局在注册登记大厅开设了"合作社登记专用窗口"，设专人负责接待农民及合作社的咨询、登记等有关事项，符合办照条件的现场指导、当场登记。同时要求各工商分局也要有专人对农民办理专业合作社执照事宜负责。开展上门服务，引导扶持合作社实行"市场联基地，基地接农户"发展模式，形成公司＋合作社＋农户运作方式，以实现生产和市场的紧密联接。

**【逸香园经济适用住房小区开工建

设】 2009年12月，辛集市重点建设项目——逸香园经济适用住房小区全面开工建设。该住宅小区坐落于宴城路东侧、育红街南侧，占地57.88亩，总建筑面积61105平方米，可提供818套保障性住房(其中，630套经济适用住房，188套廉租住房)。于2008年12月份办结了土地使用、规划和开工许可手续，2009年完成1号、2号楼的主体工程。

【方碑大街杨方村段道路工程建成通车】 方碑大街杨方村段道路工程是辛集市重点工程建设项目，该工程西起杨方村口，东至教育路，全长401米，快车道计21米为双向4车道，南北两侧慢车道为7米，主要包括道路建设、给排水及绿、亮化工程等，共投资536万元。

（张建辉）

藁 城 市

【概况】 藁城市总面积836平方千米，耕地面积81.2万亩，人均耕地面积1.1亩。全市辖15个乡镇区，239个行政村。总人口77万人，人口自然增长率8.34‰。2009年，完成地区生产总值275.4亿元，比上年增长10.3%。其中，第一产业增加值41.1亿元，增长2.4%；第二产业增加值155.2亿元，增长13.4%；第三产业增加值79.1亿元，增长8%。规模以上工业增加值117.1亿元，增长19.5%。粮食总产量55.8万吨，增长7.2%。蔬菜总产量268万吨。财政收入42.7亿元，增长163.9%；财政支出12.97亿元，增长27.9%。全社会固定资产投资133.7亿元，增长42.4%。实际利用外资额2738万美元。社会消费品零售总额78.3亿元，增长21.7%。在岗职工年平均工资23051元，增长11.5%。农民年人均纯收入7731元，增长10.6%。城镇居民人均可支配收入15084元，增长13%。年末城乡居民储蓄余额103.93亿元，比上年增长9%。

中共藁城市委书记：王普增
市人大常委会主任：高国才
市　　　长：张　旭
市政协主席：王永生

【财政收入突破40亿元大关】 年内，全市地区生产总值完成275.3亿元，同比增长10.3%。全部财政收入达到42.7亿元，为实现“全市当排头、全省进十强”目标创造了有利条件；地方一般预算收入完成6.36亿元，同比增长18.2%。镇区综合实力快速增长，开发区税收首次突破10亿元，廉州镇成为全市第一个“亿元镇”，财政收入超千万元乡镇达到11个。2009年受国际金融危机持续影响，全市部分企业效益下滑。各级党委、政府主要领导亲自抓财源、谋项目、促征管，为做好财政收入工作创造了良好的外部环境。各级财税部门围绕确保财政增收，严格落实收入责任。全面加强税收征管，财政、国税、地税、工商、国土、城建、发改等部门，协调联动，把所有税源企业纳入征管视野，阻塞税收漏洞，做到应收尽收、不留死角，有效的促进了财政收入的增长。同时，着力强化税源培植，充分发挥财政杠杆作用，服务项目、服务企业，切实加大对骨干税源项目的扶持力度，结构合理、调控灵活、后劲充足的梯次税源结构初步形成。成功理顺了烟厂收入体制，使全市收入规模和地方财力跨上了新台阶。

【招商引资和项目建设】 全年全社会固定资产投资完成134亿元，同比增长42.4%。共建设投资超千万元项目99个，其中超亿元项目15个，省市重点项目17个。投资30亿元的中电投良村电厂、投资110亿元的华药新工业园等一批重大支撑项目开工建设，石家庄卷烟厂搬迁改造、10万吨环己酮等一批项目投产达效，800万吨炼油综合改造、青岛啤酒等一批前期项目取得实质进展，重大项目建设在石家庄各县市保持领先水平。年初确定的总投资216亿元的56个重点项目中，总投资102亿元的20个项目如期开工，总投资62.7亿元的16个在建项目进展顺利，其它项目均达到进度要求。

【“三区”建设】 藁城（良村）经济开发区始建于1992年，2009年7月成功扩区，将塔元庄、南席、内族、西马村北街、西马村南街五个村划入开发区，加之以前的良村、北邑、北席，现今开发区下辖八个村，面积由8.4平方千米拓展到26.3平方千米，解决了开发区大发展的关键制约瓶颈。2009年，累计投资12亿元，完善“八通一平”配套设施建设，构成四纵四横的路网，与省会主干道路实现了对接。

如今的藁城经济开发区发展势头，可以用三句话来形容："'生物医药'强力推进，'装备制造'异军突起，'健康食品'方兴未艾。"这标志着"国家一流生物产业基地和省会现代化工业制造中心"的迅速崛起。

藁城市还以石家庄炼油厂为依托，积极推进循环化工示范园区建设。2009年，化工基地完成固定资产投资12.1亿元，5万吨氨基乙酸、20万吨硫酸等一期6个项目投产达效。

除了开发区、循环化工业区，该市还规划了占地4.6平方千米的藁城新区，形成了生物化工、轻工纺织、机械制造三大产业集群，成为藁城东部经济板块的核心。同时，还规划建设了8个各具特色的乡镇工业小区，承载了镇域经济75%的新建项目，成为镇域经济发展的平台。

【三年大变样工作】 2009年，紧密衔接全市总体规划，结合城乡建设用地需求，完成了土地利用总体规划修编。在不断完善城市总体规划基础上，初步完成了12个乡镇总体规划，对生态湿地规划中期成果进行了充分论证，编制完成了北尚庄城中村改造规划。制定和完善了一系列严格规划的规范性文件，调整完善了专家咨询委员会和规划审批委员会，切实增强规划刚性，保证了城市建设高起点、高标准和高品位。全年累计完成城建投资6.8亿元。城市功能更加完善，胜利路等3条道路罩被和四明街等12条街道管线入地工程完工；东城街等9条街道便道改造和市府路等5条街道路灯改造工程竣工投用；南干渠入地及东城街等4条街道排水管网改造工程竣工。城乡路网更加通畅，新赵线南延、正港线大修等重点交通项目竣工通车，新汽车站主体通过验收，全年完成道路投资1.74亿元，新改建农村公路157千米。电网建设力度不断加大，全年完成电网投资8000多万元，永安等3座变电站线路改造、九门等3座输变电新扩建工程竣工投用，顺利通过省"新农村电气化县"验收。育才公园开工建设，人民广场景观改造、307国道表灵至良村段绿化亮化和城区段5个临时绿化组团完工，城市绿地率、绿化覆盖率、人均公园绿地面积分别达到33.6%、40.1%和10.2平方米。深入开展"洗城净天"活动，共清理垃圾6.3万立方米，完成门店招牌整治3.2万平方米，顺利通过省卫生城复查，蝉联省"燕赵杯"评比金奖。

【新民居建设】 2009年，藁城市确立建设石家庄市级示范村15个（含省级示范村13个），同时将该项工作列为本年重点工作之一，对15个市级示范村进行了摸底调查，逐一"把脉"，"一村一策"，按照因村制宜、分类指导、稳步推进、典型带动的思路，选择基础条件好、经济实力强、环城区和乡镇驻地村以及国、省干道两侧的村为试点，在全市组织实施农村新民居建设示范工程。在建设模式上，推行原地拆建型、合村共建型、村企共建型、先建后拆型等四种模式。在工作推进上，坚持尊重农民意愿，宜改则改、宜建则建。2009年，藁城市投入新民居建设资金3.2亿元，示范村建设加快推进，被评为石家庄市新民居建设工作先进县（市）。15个示范村已全部完成村庄规划，其中北席、岗上两个村基本完成新民居建设，其余13个示范村已全部开工建设。2009年示范村新建已完工二层住宅楼1433栋；多层住宅楼36栋，入住率达到38%。

【社会事业】 2009年，群众生活实现新提高，城镇居民可支配收入、农民人均纯收入分别达到15084元和7731元，同比分别增长13%和10.6%。教育工作迈出新步伐，完成10所项目学校建设，特教学校投入使用；高考本科上线率51.4%，同比提高1.6个百分点，各阶段教育质量位居全省前列。卫生事业取得新成效，中医院病房楼开工建设，兴安、九门等5所乡镇卫生院扩建项目竣工，全年"新农合"和城镇居民基本医疗保险共补偿支出5874万元，受益人数23.4万人次。甲型H1N1流感防控工作取得阶段性成果。文化事业实现新突破，《耿村故事一千零一夜》获得中国民间文艺最高奖"山花奖"，宫灯博物馆、中华鼓乐厂被确定为省级文化产业示范基地和省级工业旅游示范点，藁城市再次荣获"全国文化先进县"荣誉称号。社保体系建设实现新进展，城镇基本养老保险人数增长率达到8.5%；城乡低保、农村五保等保障标准全面提高，全年累计发放各类救助金3367万元。

（路永兵）

新乐市

【概况】 新乐市总面积525平方千米，耕地常用面积41.29万亩，人均耕地面积0.85亩。年末总人口485445人，其中农业人口360490人，占74.3%。辖8个镇、3个乡、1个街道办事处，160个行政村。2009年完成地区生产总值116.7亿元，增长11.1%，其中：第一产业增加值194060万元，增长2.0%；第二产业增加值656556万元，增长12.9%；第三产业增加值316658万元，增长12.0%。农、林、牧、渔业总产值345383万元，增长0.9%，其中农业总产值182624万元，增长-0.4%；林业总产值460万元，增长-44.2%；牧业总产值148729万元，增长6.4%；渔业总产值20万元，增长0%；农林牧渔服务业产值13550万元，增长4.6%；年销售收入500万元以上的工业总产值1893553万元，增长20.7%。民营经济增加值86.96亿元，增长11.9%。粮食总产量333078吨，增长0.2%，平均亩产501千克，其中夏粮亩产453千克，秋粮亩产560千克。棉花总产量198吨。财政收入35373万元，增长-14.9%；财政支出60343万元，增长9.0%。社会消费品零售总额46.6亿元，增长22.4%。全社会固定资产投资完成77.5亿元，增长41.3%。在岗职工年平均工资20754元，增长19.6%。单位从业人员平均报酬20678元，增长19%。农民人均纯收入7360元，增长10.8%。城镇居民人均可支配收入14477元，增长12.1%。年末城乡居民储蓄余额514730万元，增长13.6%。

中共新乐市委书记：刘海生
市人大常委会主任：张　鹏
市　　　长：赵丽娟
市政协主席：杨运良

【项目建设】 2009年，新乐市深入开展“大项目开工建设年”活动，完善项目分包责任制，63项重点项目有序推进，完成总投资15.8亿元。其中华宝塑料机械等31个项目竣工，雨润屠宰、金石化肥等42个项目进场施工。特别是江苏雨润、金石化肥等一批重大项目相继落地，蓝特物流、多层线路板等一批支撑项目签约落户，为全市经济持续发展奠定了坚实基础。

【改善城市面貌】 按照“以建为主、拆建结合”的要求，着力加强城市容貌整治和基础设施建设，宝港上城、雅荷春天、德海苑等一批住宅小区顺利开工，东长寿、东杨家庄等四个城中村改造工程18栋周转楼竣工。南环路东段综合改造投用，百福园休闲林广场如期开放，城市形象、品味大幅提升，高标准通过了“省级卫生城”和“燕赵杯”检查验收。完成拆迁拆违18.2万平米，新增绿地12万平米，大气质量二级以上天数达到336天，一级天数增加12天。在全省城市环境综合整治定量考核中，新乐市位列全省县级市第三名。

【新农村建设】 全年认真落实各项强农惠农政策，累计发放良种补贴、农机补贴、奶牛和生猪补贴等支农资金8870万元，全市农民人均受益239.7元。粮食总产达到33.3万吨。大棚西瓜发展到5.8万亩，蔬菜发展到12.4万亩，花生稳定在12万亩，生猪、奶牛存栏分别达到30.1万头、2.6万头，“三种两养”特色农业对农民增收的贡献率逐年提高。坚持投入向农村倾斜，切实加强农村基础设施建设，107国道承安铺段翻修一新，新建、翻建16条村道，新增节水灌溉1万亩，植树140万株，第五批12个生态文明村、第四批4个村民中心创建工作进展顺利，农民生产生活条件持续改善。

【商贸经济】 年内立足建设区域性商贸中心，谋划了“南部临空经济区”，成功纳入省市规划视野。石家庄“国大365”进驻新乐、北人集团新乐分店进场施工、电影院改造工程顺利启动、东方文化创意产业基地如期开工，商贸服务业发展水平显著提升。“家电下乡”实现销售额3310万元，补贴农民1.3万户，补贴金额383.9万元，农村消费较快增长，拉动了经济发展。全市社会消费品零售总额完成46.6亿元，同比增长22.4%。加强与日本绫川町的友好交流与合作，与美国库柏蒂诺市进行了友好洽谈，塑造了“外向型、现代化”的城市形象。

【社会保障体系建设】 全市养老、医疗等“四险”覆盖面进一步扩大，城镇低保、农村低保、五保敬老等实现动态管理下的“应保尽保”。

扎实推进新型农村合作医疗，大额医疗保险顺利启动，财政补贴由每人40元提高到每人80元，参合率达到92.36%。市二院迁建项目主体完工，中医院搬迁项目投用，乡镇卫生院、村卫生室达标率分别达到81%、76%，群众就医条件显著改善。深入开展“阳光培训”，着力推进农村剩余劳动力进城务工，增加了农民现金收入。妥善应对暴雪灾害，对危旧房屋全面排查，对弱势群体及时救助，保证了群众生命财产安全。

【抗击雪灾】 2009年11月10日至12日，新乐市出现暴雪天气，降雪量达到36.6毫米，积雪累计达到33厘米，是1957年新乐市建气象站有记录以来最大的一场降雪，给人民群众出行和生产生活造成了较大影响，部分乡镇和一些商铺受灾严重。全市共造成14户25间民房、20家企业115间厂房倒塌；4个集贸市场的1.7万平方米大棚被压塌，其中仅燕赵商城损失就达800多万元；79个单位的4万平方米工棚倒塌；28户5万平方米猪舍、12户近8千平方米鸡舍、17个养牛小区4.3万平方米牛棚倒塌；5700亩西瓜、蔬菜大棚，6500余亩药材，2600余亩其他蔬菜受灾；4人受轻伤。据初步统计，这次暴雪灾害，给新乐市带来直接损失共计4760多万元。灾情出现后，市委、市政府采取了一系列有力的措施，力争将灾情对广大群众生产生活的影响降到最小、损失降到最低。自11月10日，省、市气象局发布暴雪预警后，市委书记刘海生、市长赵丽娟立即召集有关市领导和相关部门主要负责同志召开紧急会议，启动了气象灾害应急预案，成立了由赵丽娟市长任指挥长，各副市长、武装部政委和人大、政协主管副职为副指挥长，各相关部门和乡镇书记为成员的应急指挥部，有条不紊地组织实施了全市气象灾害的防灾救灾工作。（一）迅速摸排灾情。灾情发生后，赵丽娟市长立即组织召开了由各副市长参加的紧急会议，要求全面详细掌握全市受暴雪灾害情况，做好受灾群众的救助工作。会后，由各副市长牵头，组织民政、农业、畜牧、商贸、工促等部门工作人员，深入到各乡镇、各村、各企业，对市场、企业、民房、农业生产基地、养殖场、企业工地等受灾情况进行了详细摸排。同时，启动了灾情报告制度，由各乡镇组织包村干部对各村受灾情况进行统计摸排，汇总后向市政府及有关部门报告。（二）疏通主要道路。组织市直各单位工作人员2400余人，动用出动铲车5辆，运输车10辆，喷洒融雪剂12吨，对城区主干道路积雪进行了大规模清运，确保了城区主干道路安全畅通。组织180多名专业人员，动用出动铲车10辆，清雪车2辆，货车5辆，喷洒融雪剂40.5吨，清除了107国道、无繁路以及高架桥、立交桥积雪，并在陡坡、急弯等危险路段撒了融雪剂、粉煤灰、沙石等防滑材料。同时，组织交警大队全员上路疏导交通，在危险路段设立了警示标志，并明确了专人死看死守。（三）指导生产自救。农业部门，录制了农业防雪减灾技术专题讲座，通过电视、广播等方式，对广大农民进行了生产自救知识培训。组织50名农业技术人员深入田间地头，指导农民雪后迅速对冬小麦补浇冻水，加施氮肥，最大限度地减少雪灾造成的损失。畜牧部门，组织包场人员及群众对被压塌的猪舍、鸡舍、牛棚进行了及时抢修，组织兽医站兽医对被砸伤畜禽进行了救治，并帮助养殖户对因暴雪灾害死亡的入保畜禽进行了理赔。供电、供水、通信等部门积极开展了各类线路和供水管网等设备的检修和养护，保证了正常的供电、供水和通讯，为开展灾后生产自救提供了有力保障。（四）救助困难群体。灾情发生后，责成民政部门对辖区内孤寡老人、五保户及危房进行了全面排查，对因雪灾造成困难的家庭及时开展了救助。对集中供养的军烈属、五保户在正常保障的基础上，提前供暖并提高了伙食标准。对下岗职工和分散供养的军烈属、五保户、低保户、鳏寡孤独人员，适时发放了救灾衣物、食品实施救助，确保了困难群体不受冻、不挨饿、不发生人员伤亡。同时，要求各乡镇及时掌握群众生产生活中的实际困难，随时汇总上报，集中全市力量予以解决。（五）维护市场稳定。组织商务、工商、物价、公安等部门加强了市场预测和监管，保证群众生活必需品的市场供应。严格落实了商品指导价制度，严厉打击借机哄抬物价等违法行为。组织交通管理部门建立米、面、油和肉、蛋、奶等商品绿色通道，保障市场供应，群众生活必需品价格基本稳定，只有白菜价格11日出现大幅上涨，由交通、工商等部门紧急调集货源，12 日白菜价格回落到 0.2 元／千克。对受灾较严重的燕赵商城，组织有关部门帮助受灾商户开展自救，抢运家俱、三轮车等货物价值达 100 余万元。积极帮助商户联系生产厂家，对损坏的家具、三轮车等返厂维修。同时，现场指导加固、维修、改建市场大棚，力争早日恢复经营。（六）防控甲流疫情。责成卫生部门倒排工作，及时组织专家分析甲型 H1N1 流感疫情的流行趋势，加大对甲型 H1N1 流感疫情的监测力度，加强对学校、托幼机构、车站、企业、社区等重点区域和重点人群的疫情防控。对呼吸机、监测仪等防控设施逐一进行维护和检修，确保了各项设备的正常运转。新乐市第一批甲型 H1N1 流感疫苗共接种 7623 人，全市未发现一例甲流感染病例。（七）提前实施供热。新乐市发生暴雪灾情后，市政府主管副市长紧急组织召开了供热调度会，对提前供热工作进行了安排部署。11 月 12 日全市 87 个热交换站提前三天全部启动。市政府共筹资 1400 万元，储煤 3000 吨，全市集中供热面积 115 万平方米，电厂出口压力 5.2 千克，出口温度 300℃。对没在集中供热范围的住户，组织有关部门进门入户，检查取暖情况，发现问题立即帮助解决。

【国庆安保】 新中国成立 60 周年庆典是全党、全国人民的一件大事，为确保完成国庆安保任务，新乐市研究制定了《关于新中国成立 60 周年大庆安全保卫工作方案》等系列维稳和国庆安保工作实施方案，同时借鉴奥运安保成功经验，加强了对人、物、场所的管理，通过不懈努力，国庆期间新乐市未发生暴力恐怖事件，未发生危害国家安全和社会稳定的重大政治事件，未发生重大刑事案件和治安灾害事故，未发生大规模群体性事件。紧紧围绕“两降一升”和“两个确保”任务目标，相继组织开展了“冬季亮剑”、“打击两抢清剿”、“打盗抢抓逃犯”、“信息采集百日会战”、“打黑除恶”、“打击拐卖妇女儿童”、“追逃”等系列专项行动。重点打击团伙犯罪、严重暴力犯罪、多发性侵财犯罪等违法犯罪行为，最大限度遏制重大恶性刑事案件的发生；以社区防控、街面防控、内部单位防控、行业场所防控、重点人员防控、危险物品防控“六张网”为依托，建立了任务明确、责任明确、奖惩明确，多层次、动态化、专群结合的治安防控网络，筑起了抵御各种违法犯罪活动的铁壁铜墙。同时，充分挖掘群防群治力量，依靠广大人民群众的力量搞好社会治安防范工作，在全市 160 个村、10 个居委会组建了治安巡逻队伍，组织成立了由近千人参加的“红袖章”安保志愿者队伍。国庆节期间将 1/3 警力摆到街面上，24 小时不间断巡逻，最大限度的挤压犯罪空间，新乐市未发生重特大刑事和治安案件；组织开展了危爆物品安全隐患排查治理行动和治爆缉枪专项行动，严格对涉爆单位、涉剧毒物品单位、涉放射性物品单位、涉枪单位进行检查，及时发现并妥善处理了各种不安全隐患；密切关注新疆“7·5”事件的影响，安排可靠人员保持与驻新乐市的维、藏等少数民族群众的不间断联系，密切关注来新乐市的维、藏等特殊人员的动向，严密防范藏独、疆独等民族分裂分子的各种破坏活动。整合优势警力严密防范、严厉打击“三股势力”、“法轮功”和“东方闪电”等邪教组织的捣乱破坏活动。成功破获“法轮功”非法活动案件 2 起，抓获了公安部督捕的菩提功骨干分子董玉清、王志芬；深入开展“化积案、排隐患、解难题、促和谐”百日会战活动、“两包一保”和干部下访接访活动，按照活动要求多次深入基层研究调度分包信访案件，积极约访、下访信访群众，通过深入细致工作成功化解 11 件信访案件，信访人全部息诉罢访。副市长、公安局长殷成茂被评为“石家庄市国庆安保工作先进个人”，公安局被评为“石家庄市国庆安保工作先进单位”。

（吴　静　丁然平）

鹿　泉　市

【概况】 鹿泉市总面积 603.09 平方千米，耕地面积 26843 公顷；总人口 38.04 万人，人口自然增长率 7.4‰。2009 年全市生产总值 210.9亿元，比上年增长12%。其中，第一、二、三产业增加值分别为 15.1 亿元、141.2 亿元、54.6 亿元，民营经济增加值 160.5 亿元。粮食总产量 207481 吨，比上年增长 12.3%。财政收入完成 11.8 亿元，比上年增长 6.6%；财政支出 15.8 亿元，比上年增长 17%。全市优良天数达到318天，同比增加18天，其中一级天数50天，同比增加12天。全社会消费品零售总额完成55亿元，增长22%；固定资产投资完成122.9亿元，增长48.7%。职工年平均工资25520元，比上年增长23.9%；农民人均纯收入达到7835元，增长10.3%；城镇居民人均可支配收入达到15188元，增长14.2%。年末城乡居民存款余额87.1亿元，比上年增长19.7%。

中共鹿泉市委书记：安树国
市人大常委会主任：安明法
市　　　长：郝竹山
市政协主席：尤栓庆

【产业结构调整】 全部关停拆除了75座水泥机立窑。鼎鑫、曲寨、燕赵三条具有国内先进水平的大型旋窑熟料生产线顺利投产，彻底结束了能耗高、污染重的机立窑水泥生产历史，开启了旋窑水泥生产新时代，提前21个月完成了以“关小上大”，产能置换为核心的水泥工业战略性调整。规划建设了18.3平方千米的信息产业带，全市电子信息企业增加到24家，天线产业化等10个项目进展顺利，华源电子等5个项目具备了开工条件。制定了现代服务业发展规划，完成了旅游业总体规划修编。全年引进建设服务业项目67个，总投资达到310.5亿元。食品加工业稳步发展，永盛乳业竣工，全国知名品牌洛杉奇项目顺利签约。2009年，四大产业税收比重达到了54.3%。

【项目建设】 启动绿岛火炬开发区建设，高标准编制产业发展和形态建设规划，成为全省唯一一个拥有两个省级开发区的县级市；建材冶金聚集工业区、北部建材冶金加工和获鹿镇产业聚集区3个园区被列为省市重点培育的产业聚集区，全市园区规划面积扩展到75.3平方千米。全年共引进建设投资千万元以上的重点项目191个，总投资804亿元。其中，亿元以上项目84个。超亚电子等33个项目列入省市重点，同比增长412.5%，特别是引进建设了4个投资超百亿元的重大产业支撑项目，其中，投资100亿元的鹿华热电开工建设，进展顺利；投资101亿元的西部长青休闲度假、投资102亿元的昊天物流，投资168亿元的国际生命科技园获得准入，正式签约，成为项目史上新的里程碑。

【节能减排】 全部关停拆除了剩余10座水泥机立窑，关闭了27家“六小”企业和黏土砖企业。对56家粉磨企业进行了治理，上庄污水处理厂、燕赵水泥窑尾余热发电等69个节能减排项目竣工。成立了节能监察中心，强化环保分区域管理，上庄污水处理厂全年用于节能减排的投入达到了7.5亿元。全市万元GDP能耗降低5.3%，化学需氧量、二氧化硫排放量分别降低20.5%和50.4%，西泄洪渠出境断面化学需氧量浓度始终稳定达标。全市优良天数达到318天，同比增加18天，其中一级天数50天，同比增加12天。2009年，连续两年取得全省节能减排“双三十”（即《河北省30个重点县（市、区）和30家重点企业节能减排目标考核实施方案》）考核综合第一的优异成绩。

【三年大变样工作】 启动城市总体规划修编，高标准编制城东新区、人防工程、城东高压走廊入地等专项规划和12个乡镇总体规划、26个新农村规划。城市中心区改造住宅回迁楼主体竣工，鹿源公园建成投入使用，东西外环跨铁路公路桥进展顺利。西部山前生态新区核心区景观道路、水系工程全面启动，京赞线上庄段改造主体通车。山尹村撤乡设镇工作顺利完成。红旗大街南延、沿山路牛山段大修等24条42千米的道路竣工，宋楼变电站投入使用。实施了城区街道分级管理办法，开展了大规模“洗城净天”环境整治行动，加大二次扬尘治理力度，连续三次荣获全省宜居城市“燕赵杯”金奖。此外，石太直通线、石武铁路、石家庄货运编组站、南水北调等国家、省市重大工程征地拆迁，累计征地8000多亩，拆迁12.5万平方米。

【工业经济】 全力扶持重点企业做大做强，乳品企业复产达效，晋兴电子等4家企业入选省级质量效益型企业。全市省级名牌、优质产品和著名商标达到22个。引导激励金融机构支持地方经济发展，辖区各项贷款余额达到64.8亿元，贷存比达到51.15%，其中，新增贷款22亿元，在石家庄市各县（市）中位居第一。2009年，规模以上工业企业完成产值339.9亿元，实现利税43.9亿元，同比增长22.6%和31.2%。其中，“2+1”企业（即工业20强企业＋后备10强企业）产值和利税分别占规模以上工业的41.4%和39.1%。

【农村工作】 全面落实强农、惠农政策，发放农资综合直补、家电下乡等惠农资金7113万元；完成了粮食生产核心区等27项农田水利基本建设工程，新增和改善灌溉面积8.2万亩，粮食总产达到20.75万吨。大力推进农业产业化经营，扶持亿家福等农业园区建设，农民专业合作组织发展到75个，产业化经营率达到61.5%。稳妥推进土地规模经营，土地流转面积达到1.02万亩。解决了38个村4.3万人饮水安全问题，新增了20个日用农家店，19个新民居示范村进展顺利，25个文明生态创建重点村达到了石家庄市“十有”标准。实施西部山前生态绿化、“万树进村”、太行山绿化工程，森林覆盖率达到32.9%。

【社会事业】 加大民生投入，全年用于民生领域的资金达到了3.4亿元，同比增长15%。深入实施科技兴市战略，成功入选首批国家知识产权强县工程，荣获全国科技进步先进市“六连冠”。推进中小学合校并点，特教学校建成投用，黄壁庄、寺家庄标准化学校主体工程竣工，积极实施义务教育阶段教师绩效工资制。开展创建省级标准化、规范化卫生院示范县活动，获鹿镇、上庄镇、宜安镇3所卫生院竣工；全面启动了全民健康促进工程，建档率达到96%，体检率达到64.3%。开展了红歌大家唱等群众性文化体育活动，铜冶等5个乡镇综合文化站动工建设，全市村民文化中心达到168个。宜安区域五保集中供养中心建成投用，进一步扩大医疗、生育、工伤等社会保险覆盖面，启动了新型农村社会养老保险试点工作，城镇登记失业率控制在1.79%。认真落实双拥优抚安置政策，巩固军政军民团结，连续三次荣获“河北省双拥模范城”荣誉称号。大力开展“五五”普法、民主议政日、“四公开”（政务公开、村务公开、企务公开、校务公开）等工作，被评为“全国村务公开民主管理示范市”。

【河北鹿泉绿岛火炬开发区】 河北鹿泉绿岛火炬开发区是2008年12月31日经省政府批准成立的32家省级产业聚集区之一，位于石家庄市西南部，规划面积43.5平方千米，包含15个村庄，总人口约3万。该开发区作为引进重大项目、打造产业集群、促进科学发展的载体，按照规划先行、产业配套、符合鹿泉定位、做强传统产业、挖掘潜在优势、完善服务功能的原则，聘请了国际知名公司—罗兰·贝格国际管理咨询有限公司为开发区做产业发展规划，并与2009年6月初完成。确定了以通信电子、现代食品、生物医药为主导产业，以现代物流和装备制造升级为辅助“3+1+1”产业定位。发展定位为中国健康产业基地、河北通信电子产业高地、石家庄生态旅游休闲度假中心。完成产业规划后经考察比较，聘请新加坡CPG集团所属苏州工业园区新艺元规划顾问有限公司为该区做总体规划和控制性详细规划，于9月底完成了总体规划。规划了现代食品工业园、通信电子工业园、生物医药工业园、装备制造工业园、物流园及生态控制园等6个功能分区，12月完成15.85平方千米的控制性规划。该开发区成立后，积极参与各种招商工作，参加了河北省在香港招商工作、5月18日廊坊洽谈会、9月8日厦门洽谈会、10月18日石家庄洽谈会、12月8日石家庄—长三角经济技术合作洽谈会，并在10月18日石家庄洽谈会上举办了高标准的规划展览。

（于国慧　李晓伟）

晋　州　市

【概况】 晋州市总面积619平方千米，辖9镇1乡，224个行政村，总人口53.29万人。2009年全市地区生产总值完成138.5亿元，增长11.2%。财政收入完成5.6亿元，其中地方一般预算收入完成2.82亿元，增长16.5%。城镇固定资产投资完成87亿元，增长42.8%。实现出口创汇2.48亿美元，增长7.3%，列石家庄各县市第二位。金融机构存款余额达到112亿元，新增贷款8.3亿元，存贷比提高4.5个百分点。城镇居民人均可支配收入、农民人均纯收入分别达到14605元、7495元，增长14.6%、10.3%，连续四年实现两位数增长。

中共晋州市委书记：楚行宇
市人大常委会主任：杨立保
市　　　长：田嘉一

市政协主席：柴香稳（女）

【园区和项目建设】 开展市级园区提速、乡级园区跟进年活动，出台园区基础设施建设激励政策，纺织、循环及马于园区规划环评顺利通过，营里线缆等4个产业集聚区列入石家庄市指导发展范围；投资4000万元的东环路完工，循环园区“三纵两横”路网框架基本构建，装备制造等4个乡级园区各完成1条主干道路建设，第二污水处理厂一期通过验收，出水水质全省第一个达到Ⅰ级A类水平。出台项目建设基金、争先进位管理办法，完善了评审准入、责任分包、考核奖惩等制度，新建续建投资千万元以上项目139项、增加16项，其中亿元以上项目16项、增加10项，特别是总投资8.9亿元的中海油油库等4个项目。另有总投资16.55亿元的光伏发电等6个重点项目成功签约。

【主导产业】 建材业新增硅钙板、轻质矿棉吸声板等大型自动化生产线12条，发展新型产品生产企业60余家，初步实现了提档升级；承办了全国纤维素醚工业协会年会，培育形成了全国最大的纤维素、装饰建材产业集群和全省最大的纺织、PVC手套产业集群；新增省级以上名优产品、著名商标5件，其中光晋“JS”阀门填补晋州市没有中国驰名商标的空白；纺织、化工、装备制造、建材四大产业销售收入和增加值分别完成249.3亿元、67.6亿元，分别增长23.8%、18%。长城经贸1.2万吨果品气调保鲜库投入使用，卓创果品批发市场、双鸽肉品加工基地两大产业化龙头项目开工建设，被确定为省级出口鲜梨质量安全标准化示范市，农业产业化水平走在了全省前列。

【城乡建设八大工程】 谋划实施总投资近88亿元的8大类、79项重点工程，东部工业区、北部新区控制性详细规划和城区集中供热、绿地等专项规划编制完成，规划体系进一步完善。各项重点建设梯次铺开，晋周总公路南段及祁田路改造、大赵线中修等完工，31条41.1千米乡村公路通车，城乡交通状况不断改善；龙头花园二期等一批以高层为主的住宅小区正加紧建设，轴承厂搬迁等旧城改造工程进展顺利。新农村建设扎实推进，完成了7个建制镇及西寺等20个村庄规划；新打深井31眼，解决了6.2万人的饮水问题；东贾庄等10个村电气化改造完工，新建沼气池2500个、沼气综合服务站26个；总投资5.48亿元的16项新民居建设工程加快推进，9个村28栋住宅楼主体完工，农村生产生活条件进一步改善。环境综合整治成效明显，新增城区绿地面积3.5万平方米，植树232万株，在石家庄市“保洁城乡、保护健康”活动评比中获得第一名。

【社会事业】 认真落实各项强农惠农政策，全年发放粮食直补等各类惠农资金1.06亿元。兑现了公职人员每月500元的津补贴翘尾，提高了取暖补贴标准和医疗报销比例。新增机动车7600余辆，其中家庭轿车3600余辆。养老、工伤等各类保险人数达到10.8万人，五保户集中供养率达到55.2%。新增城镇就业人员2100人，完成农村劳动力就业转移2.07万人。成立了科普教育中心和生产力促进中心，获得专利授权13项，开发专利产品3项。6个乡镇综合文化站和实验中学、15所农村学校危旧校舍改建等竣工，教师绩效工资全部到位。新增有线电视和农村无线数字电视用户3012户。魏征故居完工并对外开放。完成10所标准化卫生院和203个标准化卫生室建设，农民参合率、居民参保率分别达到95.3%、95%。实施计划生育免费服务“民心工程”，完成农村已婚育龄妇女生殖健康检查33.1万人次，被省委、省政府命名为“人口和计划生育工作先进单位”。节能减排取得新成效，单位GDP能耗下降4.1%，主要污染物二氧化硫和化学需氧量分别削减3.2%、6.5%。

【政务管理】 创新政务服务体系，党政公务网上办公系统被评为全国电子政务效能管理优秀应用案例，政务中心被命名为河北省十佳服务窗口；大力简化审批环节和办事程序，行政许可审批事项和收费项目分别缩减33项、48项，固定资产投资项目审批时间缩减149天。创新国有资产监管机制，出台了行政事业单位国有资产管理实施细则，实现了乡镇、部门国有资产动态监控；创新融资方式，成功争取财政信贷资金1亿元；向上争取各类专款2.99亿元，增长13.3%。拓展供地渠道，累计争取土地指标1100亩，列石家庄各县市第二位。深化人事制度改革，出台了机关事业单位人员公开招聘等办法，教育等部门新增人员实现了资格审查、招聘结果等四公开。自觉接受市人大的法律监督和市政协的民主监督，共办结人大建议49件、政协提案52件，按时办结率、回访率均达100%。加强社区、公共场所、重点人员、危险物品等治安防控“六张网”建设，破获“两抢一盗”案件160起，打掉各类犯罪团伙13个。强化信访工作领导责任制和责任追究制，全方位化解矛盾隐患，被省、市授予国庆安保和信访稳定工作先进集体。全面落实企业安全生产主体责任，累计排查整改各类安全隐患6871项，事故起数同比下降32.6%，被石家庄市政府评为安全生产隐患治理“百日会战”先进单位。

（安锁然　韩彦欣）

正　定　县

【概况】 正定县辖9个乡镇，1个街道办事处，174个村（街）。全县总面积468平方千米，耕地面积448415亩。全县总人口45.87万人，人口自然增长率5.46‰。2009年，全县实现地区生产总值141.2亿元，同比增长12.9%，其中第一产业完成增加值22.5亿元，同比增长2.0%；第二产业增加值65.1亿元，增长13.1%；第三产业增加值53.6亿元，增长16.4%。地区生产总值中三次产业比例调整为15.9：46.1：38.0，非农产业增加值占GDP比重达到84.1%，同比提高1.3个百分点。农林牧渔业总产值完成46.09亿元，同比增长2.4%，其中农业产值20.1亿元，增长1.07%，牧业产值23.99亿元，增长4.38%。规模以上工业企业增加值达到52.9亿元，同比增长16.1%。实现利税27.4亿元，同比增长17.2%。全社会固定资产投资完成97.5亿元，增长40.37%。全县社会消费品零售总额完成52.57亿元，增长22.5%。市场交易额完成84.5亿元，增长20%。实现旅游直接收入3512.3万元。财政收入完成6.53亿元，增长10.03%；地方一般预算收入完成3.81亿元，增长18.38%。城镇固定资产投资完成93.3亿元，增长43.2%。年末全县金融机构本外币各项存款余额147.58亿元，比年初增长25.98%。年末城乡居民储蓄存款余额112.06亿元，增长18.54%。金融部门各项贷款余额47.83亿元，增长32.34%。城镇居民人均可支配收入达10495元，比上年增长10%；农民人均纯收入达5708元，比上年增长8%。居民生活消费保持了较快增长。城镇居民人均消费支出9420.5元，增长12.4%；农民人均生活消费支出4190.1元，增长10.4%。城镇居民家庭恩格尔系数（即居民家庭食品消费支出占家庭消费总支出的比重）为32.4%，农村居民家庭恩格尔系数为33.3%。2009年，正定县荣获“全国最具投资潜力中小城市百强”、“全国科技进步先进县”、“全国文化先进县”、“全国体育先进县”、“全国粮食生产先进县”、“全国计划生育优质服务先进单位”等荣誉称号。

中共正定县委书记：牛祯贵
县人大常委会主任：肖建儒
县　　　长：米志奇
（1月代，2月任）
县政协主席：徐　玲（女）

【农业农村工作】 全面落实支农惠农政策，粮食生产稳定增长，总产达33.44万吨。全县农作物播种面积845589亩，粮食播种面积640309亩，粮食亩产522千克，总产量334383吨。其中夏粮播种面积315158亩，总产157579吨；秋粮播种面积325151亩，总产量176804吨。经济作物播种面积79487亩，其中棉花面积9726亩，总产量541.4吨；油料种植面积69191亩，总产量19077吨。蔬菜种植面积118155亩，总产量819268吨。大力发展特色农业、生态农业、创汇农业，无公害蔬菜、特色种植、畜禽养殖规模不断壮大，肉、蛋、奶产量分别达7.2万吨、12.6万吨和9.35万吨，分别增长2.9%、1.7%和10.0%。组织实施“115”工程，强化政策资金扶持，重点支持惠康食品、三贵食品等25家龙头企业和平乐肉鸡养殖、南楼鑫农种植等69个专业合作组织，农业产业化程度进一步提高。积极实施国家级标准良田、高效节水灌溉、优质专用麦和专用玉米示范区、大型沼气综合利用和省级基本农田整理等项目，世行三期农业综合开发项目全部完成，荣获“省农田水利基本建设先进县”称号。加强农产品质量安全监管体系建设，保障了农产品质量安全。加大政策扶持力度，积极推进新民居示范工程，15个新民居示范村全部开工建设，完成投资2.33亿元。农村财富积累机制逐步深化，全县村级集体收入达到7982.86万元。

【工业经济】 以板材家具和纺织服装产业为重点，积极实施产业倍增计划，着力推进板材家具、化工医药等优势产业集聚发展。实施骨干企业上台阶工程，着力抓好136家规模以上工业企业的生产经营，落实支持“2+1”企业加快发展的各项扶持政策，7家企业进入市“5+3”行列。深入开展“转作风、摸实情、解难题、保增长”活动，搞好企业动态监测分析，加强协调调度，全力支持利税大户扩大生产、增加效益，工业产销衔接良好，规模以上工业产销率97.84%。“2+1”企业完成销售收入86亿元，增长16%；实现利税8.1亿元，增长25%。

【项目建设】 开辟项目审批绿色通道，实行项目联审联批制度，着手筹建行政服务中心。严格实行项目分包责任制，倒排工期，挂图作战，确保项目的顺利实施，重点项目个数、投资总额及城镇固定资产投入位居全市前列。全县投资50万元以上项目312个，其中千万元以上项目121个。先后组织三个批次17个项目集中开工，营造了“抓投入、上项目、保增长”的浓厚氛围。22个重点建设项目完成投资31.7亿元。19个重点前期项目中有12个开工建设，完成投资3.55亿元。谋划了涉及城市基础设施建设、古城风貌恢复等五个方面18个重大项目。石药和乐仁堂医药物流中心、橡一股份、木都工业园等一批投资超亿元的项目落地建设，总投资100亿元的石家庄北热电厂项目正在进行前期准备，实现了谋划项目、前期项目、在建项目的滚动发展。

【商业园区】 园区建设框架全面拉开，东北部大型综合工业园区开始进行规划。纺织服装产业基地完成路网、地下管网及变电站等基础设施建设，常山股份整体搬迁改造完成投资7.62亿元，首期600台织机车间顺利投产，二期完成土地招拍挂工作，三期正在跑办用地指标，投资30亿元的恒鼎国际服装园、投资28亿元的3502军服生产、投资2.5亿元的香港华润纺织搬迁等项目正在洽谈。科技工业园基础设施建设基本完成，总投资16.6亿元的14个项目入驻园区，其中，瑞定塑业、凯泉泵业等2个项目竣工投产，新龙科技、汉普食品机械等4个项目正在建设，新大地机电等7个项目即将进场施工。南牛综合工业园总体规划、控制性详规、征地工作基本完成，已有7个项目入驻园区，其中，博仁塑料等4个项目建成投产，光明正大日化等3个项目即将开工建设，2个项目正在洽谈。

【商贸会展业】 总投资66亿元的北方国际现代物流基地建设进展顺利，小商品城中心广场、服装城以及二期、三期部分工程竣工投用，物流园区一期、二期工程开工建设，沿107国道商贸流通聚集带初具规模。由省政府主办、市政府承办的第二届小商品博览会品牌效应不断增强，安排展位1290个，吸引参展商1168家、采购商8700余人，实现综合经济效益13.26亿元，荣获“建国60周年全国知名品牌展会暨政府主导型展会百强”称号。

【城区建设】 编制70平方千米《正定县城概念规划》，完成东外环、南外环升级改造、107国道教场庄至新安段拓宽改造和一批广场、绿地建设。千方百计筹集资金，争时间、抢速度、保质量，积极配合市政府搞好体育大街北延，高标准完成了子龙大桥建设工程，比设计工期提前164天，丰富了石家庄速度内涵。加强古城保护和风貌恢复，完成了王士珍故居和府文庙修缮工程，制定了隆兴寺、临济寺周边改造方案和崇因寺加固方案，对7处国保加装了消防和安防设施，对古城墙损毁情况进行了摸底调查，对西城门采取了保护措施。“洗城净天”活动和环境保护工作扎实推进，全年县城空气质量优良天数318天，出境工业废水和生活污水COD含量控制在112mg/L，明显低于省控标准，生态环境质量明显改善，荣获“省级卫生城”称号。

【发展投融资体系】 投融资体制取得重大突破。出台了《关于整合国有四资加快投融资体系建设的实施意见》，积极推进“四资”整合，通过无偿划拨、授权管理等形式，对全县国有存量资源、资产、资本、资金实行政府集中管理和市场化配置，县建设投资公司实收资本达到2.23亿元，为经济和社会发展搭建了投融资平台。多方融资3.5亿元，争取市财政建设支持资金1亿元，16个项目争取国债资金1299万元。中介机构担保规模达到5.1亿元，全县金融机构贷款余额47.83亿元，比年初增加11.69亿元。引进市外资金10.4亿元，进出口总值达6652万美元，增长13%。

【社会事业】 研发市级以上新产品8项，推广科技成果10项，11个项目列入国家、省市重大科技计划。学校布局调整及标准化建设扎实推进，投资近800万元，新建校舍5200多平方米，办学条件进一步改善。实施校舍安全工程，对中小学校舍进行了全面检查，对22所校舍进行了维修改造。基本养老保险、工伤、医疗、失业保险工作进一步加强，城乡低保实现全覆盖，发放最低生活保障金956.3万元，农村五保集中供养率达到55.34%，新增就业岗位1810人，城镇登记失业率控制在2.96%。先期筹资3700多万元，开始对工业、旅游、商务三个系统14个国有改制企业的2235名职工进行安置。人口和计划生育目标全面落实。乡村卫生服务一体化管理和标准化建设稳步推进，三级医疗服务网络进一步完善，基层医疗服务能力明显增强，新农合参合率达到96.3%，全年共有3.08万人次获得住院补偿，补偿金额3295.33万元。加强重大疫情防控，有效防止了甲型H1N1流感和手足口病的爆发流行。实施对口帮扶，完成了60个村的农家书屋建设，为45个村配备了体育健身器材。群众性精神文明创建和道德实践活动不断深入，城乡文明程度日益提高。连续六年荣获省级“双拥模范城”荣誉称号。

（戴世丽）

栾 城 县

【概况】 栾城县总面积345平方千米，耕地面积25056公顷。总人口342417人，人口自然增长率5.73‰。2009年地区生产总值实现115亿元，增长11.5%。其中第一产业实现增加值23.6亿元，增长0.3%；第二产业实现增加值64.7亿元，增长13.2%；第三产业实现增加值26.7亿元，增长14.5%。全县农业总产值42.8亿元，增长0.3%，粮食总产量248905吨。全县规模以上工业企业完成增加值41.2亿元，比上年增长20.9%，实现利税25.4亿元，增长19.1%。财政收入完成6.6亿元，比上年增长17.36%。全社会固定资产投资完成85.5亿元，比上年增长44.3%。社会消费品零售总额34.5亿元，增长22.5%。城镇居民人均可支配收入15632元，增长13.1%。农民人均纯收入7215元，比上年增长10.3%。

中共栾城县委书记：毛全球
县人大常委会主任：解晓东
县　　　长：王韶华
县政协主席：曹金亮

【工业强县战略】 大力推动产品、产能、机制、研发、管理“五个升级”。总投资17亿元的10个重点技改项目完成进度计划；国家级实验室、省市技术研发中心累计达到11家，位居全市首位；驰（著）名商标达到21个，名优产品达到12个，荣获“全省品牌建设先进县”称号。“服务企业百家行”活动取得新成效。金融支持力度不断加大，为100多家企业融资12.4亿元。工业园区建设再上新台阶，装备制造基地和国家生物产业基地（栾城产业园）均被省市列为构建现代产业体系重点产业集聚区，装备制造基地污水处理厂等基础设施建成投运，园区功能日益完善，产业集聚效应更加明显。全县工业经济呈现医药、化工、装备制造、服装纺织、食品加工五大行业并驾齐驱的发展态势，规模以上企业比上年增加16家。

【农业农村工作】 农业综合生产能力不断提高，粮食生产在遭遇严重自然灾害情况下仍取得较好收成。完成《栾城县都市型现代农业发展规划》编制，“阳春草莓采摘节”观光农业品牌知名度进一步提高，促进农民增收3000多万元。国家级万亩粮食节水高产示范区建设扎实推进，完成4个基本农田整理项目，荣获“全国基本农田保护先进县”称号。连续5次被评为“石家庄市农田水利建设‘优胜杯’竞赛先进县”。完成5个500万元以上农业产业化项目，农民专业合作社发展到78家。全县规模养殖场区达到185家，建成全省首家标准化兽医室。全国生鲜乳收购站建设和管理现场会在栾城县观摩。

【基础建设】 “三年大变样”和城乡一体化建设扎实推进。大桥路升级改造工程竣工通车，县医院病房大楼完成主体和外装修工程，建成全省最大的樱花主题公园，人民公园一期工程建成投用，二期工程进展顺利，城关区域敬老院投用，中心敬老院、六中校舍等工程完成进度计划，308国道收费站实现南迁， 河东坝南西线北段贯通等道路工程竣工通车。农村饮水安全整体推进示范县建设扎实推进，投资4280万元，完成苏邱联村水厂和43个村节水饮水工程。加大电力基础设施建设力度，荣获“全国农网技术进步先进单位”称号。11个新民居示范村建设进展顺利。全县城镇化率41.7%，被确定为全市城乡一体化发展试点县。

【社会事业】 完善“县长教育特别奖”实施办法。公开招聘74名高中教师,教师队伍结构进一步优化,教育教学质量不断提高。新建教学楼、综合楼、学生公寓5座，高标准通过省教育教学督导评估验收。31个项目列入市级以上科技计划，其中一项列为国家级科技富民强县项目，入选项目数和争取资金额全市领先，第6次荣获“全国科技进步先进县”称号。整合卫生资源成效明显，标准化乡镇卫生院创建100%达标，首批通过省级示范县验收。新型农村合作医疗覆盖面达100%。甲型H1N1流感防控工作扎实有效。文化活动丰富活跃。圆满完成全国第三次文物普查和非物质文化遗产再普查工作。建成7个乡镇综合文化站、25个农家书屋、20个文体广场，群众文化生活条件进一步改善。完成数字电视整体转换4000户任务，有线电视网络数字化工作步入全省先进行列。《栾城县志》高质量通过专家评审。档案馆升级改造工程顺利完成。国防动员和双拥共建深入开展，首次被命名为省级双拥模范县。人口和计生工作再上新台阶，被命名为省先进县。

（栾城县史志办）

井 陉 县

【概况】 井陉县总面积1381千米。辖17个乡镇、318个行政村和1个街道办事处、4个居民委员会。年末全县总人口为32.8万人，人口自然增长率为6.8‰。截至2009年底，县内生产总值完成100亿元，比上年增长12.7%。其中第一产业增加值7.9亿元，比上年增长4.3%；第二产业增加值56.2亿元，增长12.5%；第三产业增加值35.9亿元，增长14.6%。全年财政收入完成10亿元，同比增长6.8%。全社会固定资产投资完成120亿元，同比增长46.6%。民营经济实现增加值75.5亿元，比上年增长12.2%，占县内生产总值比重达75.5%。在岗职工年平均工资达21903元，同比增长14.8%；农民人均纯收入5557元，同比增长10%；全县城镇居民人均可支配性收入15497元，同比增长13.3%；城乡居民储蓄存款余额56.4亿元，同比增长12.9%。

中共井陉县委书记：庞彦须
县人大常委会主任：彭朝信
县　　长：田耀筠
县政协主席：王新民

【项目建设】 全县全社会固定资产投资完成119亿元，同比增长47.7%；其中城镇固定资产投资完成105亿元，同比增长44.8%。全年实施项目252个，其中1000万元以上项目82个，亿元以上项目15个。北方物流交易中心、丰江达50万吨系列钙等一批项目开工建设；MC改性尼纶管、乾昊80万吨冶金钙等一批项目完工投产，成为全县经济又快又好发展的新支撑。全力打好以“保增长、调结构、抓项目、强园区”为主题的工业发展攻坚战，制定了“一区、两园、十沟、一带”发展规划。年内，新上投资超亿元钙镁项目3个，新建环保机立窑60座。河北鼎星大水泥项目点火试产，化工化肥有限公司整体出售并实现正常运转。服务业在三次产业中的比重达到35.9%，其中旅游收入达到6600万元。万元GDP能耗下降6.5%，科学发展能力明显增强。乡镇财政收入完成3.85亿元，超5000万元乡镇达到4个，超千万元乡镇达到10个。新增民营企业154家、个体工商户1573户。年纳税超5000万元企业达到3家，超千万元企业达到14家，超百万元企业达到54家。大力实施龙头典型带动工程，万亩以上开发大户达到13个，千亩以上开发大户达到92个，冷水鱼、优质粉条等特色农业规模效益壮大提升。新培育农民专业合作社

12个、“一村一品”特色产业村17个，新建村级经济合作社76个、经济实体4个。省“青年就业创业见习基地”落户井陉县，全年转移农村剩余劳动力2.5万人。

【招商引资】 组织参加了厦门、香港等招商洽谈活动，全年签约项目38个，引进资金15.8亿元。成功举办了首届中国·井陉拉花文化艺术节暨经贸洽谈会，共计签约项目20个，合同投资额达46.8亿元；人民日报等50多家主流新闻媒体进行宣传报道，成为井陉县近几年来规格最高、规模最大、影响最广、成效最明显的一次招商推介洽谈活动。

【县城建设】 以“一路、一园、一街、一楼、一广场”为重点的12项重点建设工程顺利实施。先后建成了韩信公园“井”字塔、和谐广场；适时完成了县城主要楼体“穿裙戴帽”和夜景亮化改造工程；备受全县人民关注的陉山大道全线通车，为全面带动城区扩大和全县长远发展奠定了坚实基础；污水处理厂、滨河路改造等重点工程顺利完工；富达山庄等住宅小区、陉山双星高层商住楼正式开工建设；中心文化广场改造、县城垃圾填埋场、客运中心建设工程正在紧张有序施工。2009年，是井陉县城建设史上投入和实施项目最多、城容城貌变化最大的一年。

【生态建设】 华能上安电厂、6410工厂燃煤锅炉脱硫改造工程圆满完成；县境内水泥机立窑全部实现提前关闭，全县53家钙镁、灰粉、石子企业实施高标准综合环境治理，全年削减$SO_2$9.2万吨。深入开展全民植树绿化和环境卫生综合整治活动，年内植树100万棵，建成冠名林80多处，城乡容貌大为改观，县城II级以上优良天气达到291天，同比增加12天。按照省、市部署，启动了金柱、北良都、北蒿亭3个新民居示范村建设;同时，新建农村公园20个，全县农村公园累计达到168个，县城至苍岩山等五条形象路沿线24个农村公园实现提档升级，受到了中央文明办及省、市领导的高度评价；全省宣传部长和吉林、江苏等省先后来井陉县学习考察农村公园建设。年底，井陉县被评为“全国生态文明示范县”。

【社会事业】 实施完成7所学校12项教学基础设施建设工程，公开招聘教师92名，教师津补贴政策得到全面落实；高考成绩再创历史新高，本科一批上线人数达到141人，比上年增加57人；中央电视台《朝闻天下》栏目对井陉县义务教育均衡发展经验进行专题报道，被评为全省教育工作先进县。引进推广科技新项目25项、科技新技术34项，荣获全国科技进步先进县殊荣。成功举办第二届中国·井陉感恩文化节，成立井陉历史文化研究会；编排《舌辩侯》、《井陉口》大型古装戏剧，分别获省戏剧节一、二等奖；井陉拉花获国家级金奖3个，赴日本参加了国际文化交流活动，并入选河北省十大非物质文化遗产名片。天长镇被评为河北十大历史文化名城(镇)形象名片；于家石头村被命名为中国历史文化名村，并荣获全国田园乡村魅力奖；井陉太行民俗文化被列为河北首批省级文化生态保护实验区，井陉县被命名为中国民间文化艺术之乡和全省文化工作先进县；有线数字电视整体转化工作提前一年完成，县城居民收看到了近百套高清晰电视节目。医疗卫生重点实施了孙庄等3个乡镇卫生院改造和100个村卫生室规范化建设；完成了县疾控中心实验室升级改造；新农合参合率达到94.8%。甲型H1N1流感得到有效防控，被评为河北省卫生工作先进县。公开招聘计划生育专业技术人员10名，独生子女计生家庭各项奖扶政策得以落实；人口自然增长率控制在3.63‰以内，被评为全省计生依法行政便民维权示范县、优质技术服务先进县和全市人口计生工作先进县。民生基础设施建设，完成35条127千米国省干道和地方路大修改造，新建乡镇客运站3个、候车厅14个、招呼站牌50个；实施了绵河灌区改造、农村饮水安全等8项水利设施建设工程；完成了城西站、孙庄站110千伏输变电工程，新建10千伏以上输电线路140千米；完成土地开发整理复垦项目7项，新增耕地100.2公顷。

【社会保障】 全年累计发放各类抚恤补助金1700多万元，新增就业岗位1827个，安置再就业人员833人，城镇登记失业率为2.36%；进一步扩大了养老、医疗、失业、工伤、生育五大保险覆盖面，新增各类参保人员2.3万人；及时足额发放企业离退休人员养老金5292万元。井陉县第一中心敬老院正式启用入住，全县五保集中供养率达到55%。投资810万元，实施扶贫项目28项，覆盖贫困人口4439人，人均受益625元。全年全县共发放各类救助救济金1673万元、家电下乡等惠农补贴2429万元。完成白内障复明手术243例，被中残联评为首批全国白内障无障碍县。

（朱凯荣）

无 极 县

【概况】 无极县辖11个乡镇，213个行政村，总面积524平方千米，耕地面积53万亩，人均耕地面积1.1亩，总人口49.5万人，人口自然增长率为6.64‰。2009年，全县生产总值完成107.1亿元，增长10.2%，其中第一产业增加值17.1亿元，增长0.3%；第二产业增加值59.3亿元，增长10.9%；第三产业增加值30.7亿元，增长14.4%；全社会固定资产投资完成61.7亿元，增长46.4%；全部财政收入完成2.8亿元，下降17.5%；全社会消费品零售总额完成52亿元，增长22.1%，高于计划5.2个百分点；城镇居民人均可支配收入达到13707元，增长11%，高于计划1个百分点；农民人均纯收入达到6272元，增长8.0%；全县各项存款余额达到73.1亿元，比年初增加7.6亿元；城镇登记失业率为1%，低于控制目标2.5个百分点；城镇新增就业1603人，与上年基本持平。基本农田保有量保持在314555亩。新型农村合作医疗覆盖率达到100%。大力实施科技兴县战略，被评为省科技工作先进县。

中共无极县委书记：苑彦刚
县人大常委会主任：岳双群
县　　　长：韩清榕
（1月代，2月任）
县政协主席：杨成岱

【发展现代农业】 全县小麦总产18.5万吨，比上年略有增加。秋粮受风雹灾害影响，总产14.5万吨，比上年减产约2.2万吨。围绕“远学寿光”、打造“蔬菜名县”目标，编制了《2009～2013年设施蔬菜产业发展规划》，着力实施了品牌培育、典型示范等六大工程，王村蔬菜市场被评为省“ＡＡ”级标准化农产品批发市场，甄家营食用菌种植基地被农业部认定为无公害蔬菜基地，全县蔬菜种植总面积达到14.03万亩，比上年增加1500亩，总产量达到69.2万吨，增长4.6%；建成省级无公害畜产品产地认证单位19个，全县肉、蛋、奶产量分别达到5.2万吨、7.3万吨和9.4万吨；全年完成植树160万棵，全县森林覆盖率达到11%。发放粮食直补等各类涉农补贴7456万元；投资5700万元实施了农业综合开发等14项农田水利基本建设项目，农业发展基础进一步稳固。列入省市级新民居示范村创建活动的6个村全部完成村镇规划编制。农业产业化经营率达到74.7%，农民专业合作组织达到95家，农民组织化程度进一步提高。

【工业攻坚】 对中冀正元、和合化工等30家重点企业实行县级领导分包责任制，力促企业满负荷生产；对29家停产半停产企业提供产品供销、贷款融资等针对性服务，努力帮助企业恢复生产；对成长型“小巨人”企业加大扶持力度，助推企业发展壮大。2009年，全县规模以上企业完成工业增加值46.9亿元、增长14.7%，利税完成13.7亿元、增长2.2%；工业用电量达到4.24亿千瓦时，增长7.6%；创省中小企业名牌产品2个、产品质量信得过企业1家、市科技进步二等奖1项。立足主导产业健康、可持续发展，着手谋划制定产业发展规划。特别是在节能减排和金融危机的双重影响下，为保存和发展无极县多年形成的皮革这个支柱产业，多次组织人员到福建、浙江等地考察皮革园区建设，并聘请北京皮革研究院专家对无极县皮革发展进行分析、论证和指导，初步形成了皮革新区远景规划的思路和方向。

【企业改制】 按照既保国有资产保值增值、又保职工合法权益的“双保”原则，大力度推进改革改制，新启动改制企业21家，并对以前年度进入改制程序的31家企业全面加快了改制进度。千方百计筹措资金7918.6万元，为3276名改制企业职工补缴养老保险，解除了改制企业职工和城镇退役士兵的后顾之忧，有效化解了全县最大的群体信访隐患。大力实施农村义务教育经费保障机制改革，取消了义务教育阶段住宿费。深化行政审批制度改革，取消行政审批事项27项。

【节能减排】 全年无极县坚决关停淘汰落后产能，拆除了2个企业的小火电机组，关闭了1条落后生产线和6家高耗能企业；加大违法排污行为查处力度，捣毁非法转鼓200多个、清理小漂洗、小水胶等28处，关停取缔违法排污企业59家；着力实施总投资3.1亿元的10项节能减排工程，其中列入上年完工计划的8项工程已完工，列入2009年完工计划的2项工程正在加紧建设。全县入统工业万元增加值能耗达到0.894吨标煤，同比下降14.5%；COD新增削减量552.6吨、SO_2新增削减量274.32吨，超额完成全年任务；全县空气质量二级或好于二级天数达到326天，大气可吸附颗粒物、二氧化硫、二氧化氮平均值均优于国家标准，磁河、滹沱河出境水质基本稳定在市控目标之内。万元工业增加值取水量下降9.38%。

【城镇建设】 《无极县城市总体规划（2009～2020）》通过市规委会审核，城市绿地系统、道路景观、环境卫生3个专项规划和旧城区3平方千米控制性详规等编制完成。成立了城市规划审批委员会，建立了房地产项目联合审批绿色通道。强化城市规划刚性约束，严把新建住宅小区、县城主要街道两侧新建工程的规划审批关，房地产市场逐渐规范，完成拆迁12.34万平方米。加大城市基础设施建设力度，总投资10.6亿元的24项重点工程全面铺开，其中18项工程已完工，6项工程有序推进。投资150万元对城市重要节点进行了绿化亮化。完善长效管理机制，出台了4项城市管理办法，并对脏乱差问题进行了大力度整治，使城镇环境得到进一步改观。总投资4.46亿元，完成了总里程175千米的73项城乡公路改造项目。

【社会事业】 全年财政累计拨付教育、新农合、就业再就业及城乡低保资金25287万元，比上年增加6487万元，增长34.5%。使4万多名中小学生、40.7万名新农合参保人员、14900名城镇医疗参保人员、3390名企业离退休职工、463名生活困难、再就业人员及9028名城乡低保人员从中受益。共向12万户、45.5万农民发放粮食直补、综合直补、良种补贴、家电、汽车、摩托车下乡等各种惠农补贴7456万元，比上年增长30.2%。全县办学条件进一步改善。投资1226万元实施了无极镇第一联合小学等4所学校项目建设，郭庄新镇中等一批高标准中小学校投入使用，中小学布局调整取得新进展，学前三年教育普及率达到94%。全面启动校舍安全工程，对全县155所中小学校舍进行了拉网式排查；公开招聘教师188名，教师队伍结构进一步优化；在财政吃紧的情况下，千方百计落实了义务教育学校教师绩效工资政策，2009年全县公教人员工资及福利支出比上年增长12.1%。筹措及调度资金1330余万元，为4400多名义务教育阶段教师落实了绩效工资补发政策，人均月增资253元，并补发1年。

（张志良）

深泽县

【概况】 全县辖4乡2镇2个办事处，总面积296.4平方千米，耕地面积18895公顷，总人口25.5万人，人口自然增长率在9.89‰；地区生产总值47.72亿元，同比增长11.3%。其中第一产业8.43亿元，同比增长4%；第二产业28.34亿元，同比增长14%；第三产业10.95亿元，同比增长9.6%。全县工业增加值完成23.6亿元，同比增长12.8%。全年粮食总产量181801吨。棉花总产量614吨。民营经济增加值完成36.5亿元。财政收入2.15亿元，同比增长5.4%；财政支出2.84亿元，同比增长22.5%；一般预算支出4.05亿元。社会消费品零售总额19.08亿元，同比增长22%。完成固定资产投资29.47亿元。城镇居民人均可支配收入12108元，增长13.1%。在岗职工年平均工资19775元。农民人均纯收入5316元，增长8%。年末城乡居民储蓄存款余额43.76亿元，贷款余额达到11.68亿元，同比分别增长11.7%和13.6%。空气质量二级以上天数307天。

中共深泽县委书记：杜振琪
县人大常委会主任：王生力
县　　　长：盛庆功
县政协主席：杨　秋

【项目建设】 全县竣工、在建及跑办规模以上项目143个，其中投资超千万元、超亿元项目分别达到78个和13个。竣工及在建项目达到132个，完成投资27.3亿元。鸿锐集团深泽工业基地被列为省重点项目，龙泽公司、柏奇公司的两个项目被列入了《河北省调整和振兴医药产业规划》；总投资5234万元的农哈哈公司扩规、总投资2035万元的纳利鑫洗化等16个项目已经建成投产，是深泽县历史上投产项目最多的一年；总投资12亿元的鸿锐集团深泽工业基地一期、总投资1.06亿元的鸿泽包装一期等9个项目正在进行试生产。工业园区规模进一步扩大，规划总面积达到19.4平方千米，“一区三园”布局初步形成。深泽县城南工业园被确定为石家庄国家生物（医药）产业基地深泽产业园。

【优化产业结构】 日用化工、汽车零部件、丝网“三大基地”都制定了发展规划，成立了行业协会，新发展私营企业137家。农哈哈公司荣获河北省质量效益型企业称号，参与研究的“北方一年两熟区免耕播种关键技术与装备”获国家科技进步二等奖。“农哈哈”被评为中国驰名商标。纳利鑫公司“好太太”牌洗衣粉被评为河北省优质产品。农哈哈公司、柏奇公司两个企业的技术中心分别被评为省、市级技术中心。万村千乡、家电下乡等工程深入实施，建成“万村千乡”农家店40家，邮政三农服务站70家，引进总经销、总代理、专卖店10家。全年新增个体工商户1366户。大气污染、水污染得到有效治理，秸秆禁烧工作被市政府评为先进县。全县万元GDP能耗下降4%，化学需氧量和二氧化硫排放量同比分别削减9.2%和2.5%。

【农村经济】 争取国家支农补贴资金2536万元，实施了基本农田整理、粮食生产核心区建设等21个项目。奶牛存栏8900头，生猪饲养量达到31.34万头，全县10个奶牛养殖小区和10个奶站全部实现达标，动物疫病得到有效防控。果树设施栽培面积扩大，果品总产量突破8万吨；杜社葡萄注册了“紫玉”商标，红富士苹果纸加膜双套袋技术，解决了林果业多年技术难题，实现了果品质量和果农增收的新突破；新增绿化造林面积7210亩，森林覆盖率达到17%。龙头企业达到49家，美达食品饮料公司的果汁生产项目被列为全市十大标志性项目，与祥龙糖醇、深港肉联等10个项目被列入市农业产业化项目“115行动计划”。农村合作社达到77个，联结基地2万多亩，带动周边农户近9000户，一村一品专业村达到23个。

【城乡建设】 按照“宜居宜创业生态园林型城市”的定位，大力推进城乡容貌“三年大变样”加快城乡一体化发展步伐。投资5200万元完成了正港公路西段大修、旧正饶路改造、西环路建设及绿化、北苑路便道铺设及绿化亮化等重点工程；投资900万元完成了安新公路整修、磁河农桥及18条通村路等项目；投资5250万元完成了石油、西环、北苑路、陈庄站配套等线路改造，为83个村安装了预付费磁卡表，建成电气化村8个。特别是关系城市长远发展的集中供热、集中供气、垃圾处理场等城市公共配套设施建设项目的谋划实施，有效提升了城市的载体功能。以金世纪、林枫盛世等为代表的高档住宅小区项目的实施，不仅将结束该县没有高层住宅、标志性建筑的历史，而且提升城市品位和形象。在抓好首批11个新农村建设示范村的同时，重点启动了投资6.4亿元的铁杆、西小封等5个村的新民居建设工程，全县新民居建设迈出了坚实一步。

（何志敏　袁亚利）

行　唐　县

【概况】 行唐县总面积1025平方千米，耕地面积537750亩，人均耕地1.23亩，辖4镇11乡330个行政村，总人口43.89万人，人口自然增长率14.24‰。2009年，全县地区生产总值完成84.18亿元，比上年增长12.1%，其中，一产增加值14.78亿元，比上年增长1.6%；二产增加值53.11亿元，比上年增长15%；三产增加值16.29亿元，比上年增长12.6%。其中规模以上工业产值169.78亿元，比上年增长17.4%，增加值完成48.42亿元，比上年增长16.3%；农业总产值完成282354万元，比上年增长0.4%；林业总产值完成2473万元，比上年增长1.1%。畜牧业总产值完成152999万元，比上年增长0.8%。渔业总产值完成1695万元，比上年增长0.4%。粮食总产量30.66万吨，平均亩产441千克，夏、秋亩产分别为404千克和469千克。棉花总产量450吨，平均亩产45千克。油料总产量20206吨，平均亩产214千克。财政收入24025万元，比上年增长10.01%。财政支出71431万元，比上年增长19.48%。社会消费品零售总额27亿元，比上年增长21.6%。商品交易市场成交额4.52亿元。全社会固定资产投资完成76.5亿元，比上年增长43.4%。在岗职工年平均工资20455元，比上年增长24.83%。城镇居民人均可支配收入14109.5元，比上年增长14.1%。农民年人均纯收入3470元，比上年增长0.06%。年末城乡居民储蓄存款余额44.15亿元，比上年增长10.27%。

中共行唐县委书记：李震国
县人大常委会主任：高和福
县　　　长：吕素维（7月任）
县政协主席：赵大水

【农业农村工作】 实施"科技兴农"战略，奶牛养殖、红枣、烤烟、小米、蔬菜、食用菌等特色产业进一步发展壮大。其中，奶牛养殖业向规模化、集群化发展，新建扩建奶牛养殖小区109个，奶牛存栏7.5万头，日产鲜奶630吨，6月9日全国人大副委员长司马义·铁力瓦尔地来县视察并给予高度评价；红枣业完成树体改造3万亩，年产量6万吨，行唐大枣知名度进一步提高。另外，投资400万元修建蓄水池和水窖607个，投资370万元完成山区水保工程，投资361万元打通红领巾水库引水隧洞，实现横山岭、口头、红领巾水库三库联通；争取财政资金379万元对羊柴等5个村6700亩中低产田进行治理改造，为粮食丰收奠定坚实基础。2009年全县粮食作物播种面积81.9万亩，总产量30.66万吨。农村面貌发生巨变：投资6300万元完成80千米农村公路改建、10千米无繁路大修、上碑大桥建设等工程；投资600万元建设农村沼气池2000个；投资600万元完成阳关联村集中供水等工程，解决12个村1.2万人的饮水困难；建立农村土地流转交易中心，土地流转总面积达到1.8万亩；农村财富积累机制向纵深推进，盘活集体资产220万元，新建村级集体经济实体31个；全县农民专业合作社发展到178家，注册资金2.7亿元。开展"春风行动"，培训劳动力2.3万人次，向非农转移1.9万人次，城镇新增就业岗位2084个，750人实现再就业，农民素质不断提高；投资647万元实施邢家庄等30个村扶贫开发建设，使5500名贫困人口走上致富路。

【项目建设】 行唐县坚持"项目强县"发展战略不动摇，年内42个固定资产投资规模100万元以上的续建及新开工项目竣工投产，完成投资34.87亿元，竣工投产率51.2%。玉晶玻璃、明旺乳业、生猪养殖屠宰、华牧海兰蛋鸡产业化基地、迈尔斯通二期、河北鑫昌矿业云母、孔雀湖原乡国际假日基地等7个省市重点项目均完成年度投资任务，其中，华牧海兰蛋鸡产业化基地20万套父母代种鸡场竣工使用，总投资8600万元；明旺乳业增资扩建年产7万吨利乐包液态奶、1.4万吨炼乳及500万箱饮料等项目投入使用；尤其玉晶玻璃项目，2009年5月19日破土动工，建成600吨超白压延玻璃生产线2条，年产优质玻璃500万重量箱，安排就业300余人，实现了当年开工、当年投产、当年收益，创造更好、更快、更高、更新的"行唐效率"，延长了矿产品深加工产业链条，标志着全县项目建设跨入新阶段。同时，总投资6亿元的商业步行街等19个项目正式签约，总投资8亿元的交通物流中心等10余个谋划项目取得实质性进展。园区建设实现突破，乳业产业聚集区被列为省重点培育的100个产业聚集区之一，完成港澳台创业园规划及环评，高新区行唐工业园纳入县城建设总体规划。园区建设框架的初步确立，为全县产业结构调整搭建广阔平台。

【三年大变样工作】 一是坚持规划与文化相结合，编制县城主要建设地段、街道景观环境整治、部分乡（镇）村建设等规划。同时，启动商业街区、历史文化街区、步行街区规划设计与编制。二是按照"拆建结合、以建为主，拆建与整治并重"的原则，以4个出城口、县城主干道两侧、城中村改造为重点，拆除各类临时、违章、有碍观瞻的建筑2472户29.43万平方米。三是以"改善县城形象、提升县城品位"为目标，投资2641.7万元启动龙州公园建设，投资180余万元对玉城公园进行提档升级，扩建面积 1.4 万平方米；投资 4680 万元，对升仙桥南路、衡阳大街、龙州大街、永昌路、市同路进行修复，完成城区五街三关 70 多条小街小巷硬化工程；投资 738 万元，完成玉城大街、香港路主干道油面铺设、便道铺装，共铺设彩色便道砖 3.5 万平方米，更换大理石道牙 3900 米、高标准广告牌匾 3220 平方米，两侧建筑楼体清洗粉刷 5.1 万平方米；投资 1260 万元对县城路灯进行安装更换，玉城大街和香港路沿街 120 多座主体建筑设置样式新颖、庄重华美、丰富多彩的彩虹桥以及楼宇轮廓灯、霓虹灯、楼宇射灯，户外灯箱广告全部整齐划一，建成精品夜色景观带，城区大街小巷亮灯率达 98%，形成环境整洁、设施完好、景观优美、秩序井然的靓丽样板和管理标杆。四是相继开展县城外环路及主干路绿化、万树进村、千株名木进县城和农田林网建设等生态造林工程，共完成太行山绿化 2.7 万亩、五河绿化 5868 亩、乡村林网及道路绿化 376 千米，栽植树木 220 多万棵，森林覆盖率增长 1.6 个百分点。另外，投资 4124.3 万元，建县城生活垃圾卫生填埋场 1 个；投资 6857.61 万元，建县城污水处理厂 1 个，设计日处理污水 3 万吨，污水处理率达 90% 以上。2009 年全县城镇“三年大变样”建设重点工程总投资 9 亿多元，同比增长 845%，成为行唐县有史以来拆迁和建设规模最大、投资最多、速度最快、范围最广、成效最为显著的一年。

【精神文明建设】 县委、县政府把文明创建与推动“三年大变样”和建设“生态行唐”相结合，扎实做好群众性精神文明建设工作，确定 35 个“三化”（硬化、绿化、美化）建设重点村和 4 个“村民中心”建设重点村。同时，高度重视提升市民素质，组织开展“十大慈母”、“十大恩父”和道德模范评选等活动，评选出“敬业奉献、孝老爱亲、见义勇为、助人为乐、诚实守信”五种类型的县级道德模范 41 人。其中，“割肝献公爹的好儿媳”张建霞被评为第二届全国道德模范，以她为原型的电影《大孝儿媳》在全国放映，全县掀起向道德模范学习的热潮，孝老爱亲等传统美德深入人心。

【文化事业】 一是自筹资金 2 万元，建新农村书屋 15 个；5 月举办“强素质重品行”全民读书月活动，发现和挖掘的典型有农家书屋 2 家，读书型机关 2 家，读书型企业 1 家，读书型乡镇 3 家。二是启动全国文物普查工作，普查队分赴 15 个乡（镇），查明全县有古建筑、古遗址、古墓葬及革命烈士纪念类文物点 360 处。同时，完成省级重点文物保护工作，对行唐一中院内的文庙大成殿进行修缮，为 6 处文物点立碑。三是自 7 月开始，县文化馆工作人员走访 40 个村，采访 350 人次，整理出民间文学、音乐、舞蹈、美术、戏曲、信仰、手工技艺、游艺传统体育与竞技等 8 大项 21 小项非物质文化遗产申报项目并汇集成册。四是广播电视事业快速发展，投资 550 万元完成有线数字电视改造 3500 户，有线电视覆盖率达到 84.8%。五是《行唐县志（1991 ~ 2005）》顺利通过河北省市县区志稿审查小组终审并交付河北人民出版社审核。

【举办第一届全民运动会】 为增进人民群众的身心健康，提高运动技术水平，进一步贯彻落实全民健身计划纲要和奥运争光计划，行唐县于 4 月 10 ~ 12 日隆重举办第一届全民运动会。主会场设在县第一中学田径场，分会场设在县宣传文化中心广场。省、市体育局有关领导、北京残奥会冠军米娜及县委书记、县长李震国出席开幕式，全县 15 个乡（镇）21 个县直部门 27 所学校共计 63 个代表队 4300 名运动员参加，成为行唐历史上规模最大、规格最高、参赛人数最多的一次运动会。比赛过程中，各项赛事组织严密有序，运动员顽强拼搏，裁判员公正准确，观众热情十分高涨。运动会共设 12 个比赛项目，52 人次打破县中学运动会记录，涌现出一批水平较高的体育竞技后备人才，实现运动成绩和精神文明双丰收。

【荣膺“千年古县”称号】 境内在新石器时代已有人类聚居生息。距今 4000 多年前始称南行唐邑，此后相继有南行唐县、行唐县、章武县、永昌县、衡阳县、行唐县等称谓，地名文化积淀深厚。2009 年 3 月，行唐县成立以县委书记、县长李震国为组长的“千年古县”申报小组，县民政局牵头，宣传部、文体局、县志办及民间艺术协会、红枣文化研究会等部门、单位协调配合，申报工作全面展开。同年8月11日，在北京召开的地名文化遗产评审工作会议上，行唐县以深远广泛的宗教文化、丰富多彩的枣乡文化、鲜明突出的红色文化和大量的历史遗存征服专家评委，被联合国地名专家组中国分部正式认定为“中国地名文化遗产——千年古县”，成为全国第41个、石家庄市第4个“千年古县”。同年9月26日中央电视台来县摄制完成大型文献片《古县探秘·行唐》，向世人全方位展示“千年古县”——行唐悠久的历史、辉煌的发展历程及崭新的时代风貌。

（赵翠玉　刘兴斌）

平　山　县

【概况】 平山县辖23个乡镇，717个行政村，总面积2648平方千米，耕地面积30130公顷，总人口471792人，人口自然增长率10.6‰。2009年，全县生产总值完成141.6亿元，比上年增长12.6%。财政收入完成12.6亿元，全社会固定资产投资完成76.8亿元，比上年增长38.5%。其中，城镇固定资产投资完成56.5亿元，比上年增长43.6%。城镇居民人均可支配收入14240元，农民人均纯收入3312元，分别比上年增长12.1%和12.5%。年末金融机构贷款余额21.8亿元，比上年增加4.3亿元。城乡居民储蓄存款余额61.4亿元，比上年增加7.6亿元。外贸进出口总额完成1.33亿美元。全社会消费品零售总额完成24.3亿元，比上年增长23.2%。全县服务业完成增加值30.5亿元，比上年增长14.6%。

中共平山县委书记：王俊英
县人大常委会主任：郝书文
县　　　长：李彦明
县政协主席：张大平

【工业经济】 全年规模以上工业完成增加值86亿元，同比增长19.2%，完成利税13.3亿元。全县续建、新建项目242项，完成投资68亿元。争列省市重点项目13项。其中，华莹玻璃第一条全自动生产线正式投产；敬业200万吨螺纹钢、正元10万吨二甲醚项目完成主体工程；三环阀门搬迁项目设备调试完毕；大宋地方铁路连接线项目开工建设；圣源纺织二期、正元30万吨氨醇项目启动实施；西柏坡电厂四期、正元煤化工、太阳能发电等一批谋划项目取得新进展。

【特色产业】 出台核桃发展扶持政策，投入2000万元资金，用于核桃苗木补贴和水利配套，促进了核桃产业快速发展。全县核桃栽植面积达到24.2万亩。建成千亩核桃基地55个，万亩核桃基地5个，培育核桃专业村36个。“平山绵核桃”注册了地理标志商标，并在第二届中国核桃大会上荣获金奖，平山县被命名为“中国核桃之乡”，被列为全国绿色原料（核桃）标准化生产基地。此外，食用菌、错季蔬菜、河蟹、冷水鱼养殖等特色产业规模不断扩大。新认证有机食品6个、绿色食品2个、无公害食品5个。

【旅游业】 投资2.3亿元，完成驼梁、天桂山等景区景点提升改造工程。藤龙山、沕沕水、白鹿温泉、野生原度假村、西苑度假村创4A工作顺利通过国家验收。温塘旅游服务中心正式投入运营，新增3个四星级、2个三星级宾馆，接待能力进一步提高。驼梁自然保护区晋升为国家级自然保护区。投资1000万元，在央视及省、市主流媒体开展全方位宣传推介，赴济南参加国际旅游交易会，平山旅游的对外知名度和影响力进一步提升。全年接待游客首次突破300万人次，达到306万人次，旅游总收入16亿元。

【城市基础设施建设】 县城规划通过市政府批准实施。聘请北京林大等设计单位，完成县城中心区控制性详规、11个建制镇总体规划，以及供水、排水、供热、道路交通、绿地系统等专项规划编制，启动11个乡建设规划。建成声光电一体的城市规划展览馆，城市规划更加公开、透明。出台拆迁改造优惠政策。以冶河为中心，启动南贾壁、西街、北街3个城中村拆迁改造项目，共拆迁1406户，拆迁面积达12.5万平方米。迎宾路拆迁安置工作扎实推进，东方明珠、石上流名苑等4个安置项目完成主体工程。投资1300万元，在冶河北桥东岸，规划建设占地500亩的生态休闲公园，共栽植各类树木2.4万株、小型灌木45万株。启动冶河上游综合治理工程。其中，投资6000万元的冶河防洪堤坝完成主体工程，长1千米的景观大道正在建设；投资2000万元，实施冶河公园扩建提升工程，西岸公园完成主体绿化、亮化及滨河路建设，东岸完成拆迁整地工作，城市绿化覆盖率达到25%。冶河西路西延、蒲胜大街北延、冶河旧桥改扩建工程如期完工，富民北街北延完成主体工程，县城北环路完成路基工程的80%；西柏坡电厂供暖一期工程顺利并网。完成冶河旧桥供水管道搬迁、实施县城及温塘供水管网铺设、改造工程。西柏坡一级公路建成通车；实施207线17.4千米中修、石闫线10千米大修工程，以及81.3千米农村公路改建和11座危桥改造等工程。新建南甸220千伏变电站，扩容改造王坡、蛟潭庄等4座35千伏变电站。新增移动通信基站59座、3G基站27座。西柏坡、温塘、回舍、南甸等小城镇建设步伐加快，镇区面貌显著改善。

【节能减排】 严格责任制。对敬业集团、西柏坡电厂、正元化肥厂等重点企业，实行量化管理、点状监督、在线监控，完成西电3、4号机组脱硫项目、正元污水综合整治工程，拆除8座水泥机立窑生产线。全县完成COD净削减量420吨，二氧化硫净削减量3000吨，提前完成“十一五”目标；万元GDP综合能耗下降率为6.6%，超额完成年度节能减排任务。

【社会事业】 文化科技全面进步。投资206万元，完成4个乡镇综合文化站和60个新农村书屋建设，免费发放科技图书15万册、光盘1万套，组织文化下乡演出293场。启动10个科技示范村建设，引进新技术38项，培训人员3.2万人次。平山县被列为河北省科技富民强县示范县，被评为河北省科技工作先进县。平山电台、电视台覆盖面进一步扩大，新增有线电视“村村通”3000户、卫星直播“村村通”2600户，数字电视转换完成前期准备工作。教育事业蓬勃发展。全县教育总支出2.96亿元，增长18.7%。西柏坡中学完成选址工作。在全市率先落实“教师工资不低于公务员”的要求。在全省范围内选聘158名特岗教师，充实到农村一线。免除9.3万人次学生课本费，并为4911人次贫困寄宿生补助了生活费。完成14所中小学建设项目，建成6所农村标准化学校。启动校舍安全工程。教育质量明显提高，高考成绩达到全市中游水平。医疗卫生不断加强。新建县医院项目完成开工前各项准备工作。投资500万元，完成8所乡镇卫生院、14个村卫生室标准化改造和100个村卫生室提档升级。新型农村合作医疗参合率达到97.8%，基金使用率达到93.5%，大额医疗制度进一步完善。甲型H1N1流感等疾病防控工作有效开展。社会保障体系进一步完善。建成全市首家县级人力资源市场，城镇就业再就业2700人，转移输出农村劳动力3万人次。城乡低保、农村五保覆盖范围和保障标准全市领先。城镇职工五大保险、城镇居民医疗保险覆盖面进一步扩大。温塘敬老院二期完成主体工程。高龄生活补贴和免费体检制度得到落实。在全市率先足额兑现了城镇退休独生子女父母奖励资金，实施出生缺陷干预工程，稳定低生育水平，提高了人口素质落实节能减排。

【荣获全省“新农村建设先进县”】 认真落实强农惠农政策。投资2.3亿元，实施水利配套、测土配方施肥、动物防疫检疫、农村饮水安全、病险水库除险加固、土地综合开发、小水电建设等项目，农业基础地位进一步巩固加强。肉蛋奶产量稳步提高，粮棉油总产量创历史最好水平。“一坡红富士”苹果在河北省特色农产品展销会上荣获金奖。新农村建设扎实推进。完成404个新农村建设规划；启动19个新民居示范村建设；完成8万平方米的“一点一线”平改坡改造；建成户用沼气池3437口，农村生产生活环境不断改善。年内，平山县被评为全省“新农村建设先进县”。

（曹军军）

赵　县

【概况】 全县辖11个乡镇271个行政村，10个社区。总面积675平方千米。耕地面积72.9万亩。年末总人口58.35万人，增长15.5‰，人口自然增长率7.17‰，比上年提高0.41个千分点。2009年，全县国民生产总值112.5亿元，增长11.0%，其中第一产业增加值22.26亿元，增长1.7%，第二产业增加值62.31亿元，增长14.8%，第三产业增加值27.96亿元，增长10.3%。农林牧渔业总产值38.79亿元，增长2.1%。粮食总产量50.93万吨，增长-6.96%。财政收入33018万元，财政支出75342万元，分别比2008年增长-6.13%和23.5%。社会消费品零售总额49.99亿元，增长21.6%。全社会全年固定资产投资70.17亿元，增长47.6%。全县用电量97155.9万度，增加1.7%，其中工业用电量71639.5万度，增加4.3%。职工年平均工资21118元，增长14.7%。农民人均纯收入6116元，增长10.1%，城镇居民人均可支配收入14310元，增长11.1%。年末城乡居民存款余额47.07亿元，增长17.6%。

中共赵县县委书记：罗二虎
县人大常委会主任：孟国忠
县　　　长：安忠起（7月免）
　　　　　　张军卫（7月代）
县政协主席：陈炜兴

【项目建设】 全年实施规模以上工业项目182个，总投资62亿元，其中投资亿元以上项目12个。珍极合资扩能等一批重点项目竣工投产，克尔化工一期、金鱼油漆部分试产，兴柏精炼植物油、金怡化纤二期等项目正在抓紧建设。河北众诚集团炭素项目落户赵县，华药威尔康、威可达、石药华荣搬迁等项目正在积极接洽。一印染整等6个项目列入"河北省振兴石化、轻工、纺织产业重点项目"序列。初步搭建了"一区两园三片"的格局，淀粉产业集群晋身省级产业聚集区，生物产业园列为石家庄国家生物产业基地重点发展园区之一，轻纺产业园、生物产业园、新寨店工业园区列入市级产业聚集区。全县重点园区入区企业达到192家，固定资产80多亿元。

【改善城乡面貌】 在新一轮县城总体规划框架下，完成了新区、综合市场、道路、绿化、供暖、排水等专项规划、控制性详规编制工作，形成了完善的县城规划体系。县城功能日趋完善，国柏路、临洨路中段、工业四街、梨香东街竣工通车，稻香路、建设西路、李春大道东延正在抓紧施工，城区路网体系不断完善；永通桥公园、古城墙遗址园建成开放，安济广场、府前广场正在建设，结束了赵县城区没有公园的历史；完成了供热管网扩建一期工程，新增供热面积25万平方米；垃圾处理厂一期正在调试设备，污水处理厂二期、垃圾处理厂二期完成了环评报告和规划选址。县城管理规范整洁，秩序井然，乡村建设加快推进，南柏舍镇新办公楼落成投用。全年新建改造乡村公路31千米，全县乡级以上公路通车里程达到400千米，方便了群众出行。电力工程完成了大石桥110千伏变电站建设，新增改造农村配电设施454台、线路288千米。生态环境明显改善，全县污水集中处理量达到95%以上，市政排污口水质实现稳定达标。全年削减COD200吨，推广使用低硫煤54000吨，削减$SO_2$100吨，大气环境质量持续好转，全年二级以上天气达到315天。

【新农村建设】 认真落实各项强农惠农政策，全年发放粮食直补、农资综合直补、良种补贴、农机具补贴等惠农资金10683万元。克服春季旱情、秋季风雹等自然灾害的影响，粮食生产再获丰收，小麦单产、总产连续六年实现增长。加快农业科技创新，深入开展院县合作，培育出了具有自主知识产权的小麦、玉米新品种。畜牧养殖业加快发展，新增、改建规模养殖场50家。积极创建鲜梨出口标准化示范县，年出口鲜梨6万多吨。"赵县雪花梨"地理标志证明商标通过国家工商总局审核认定。努力提高产业化经营水平，全县农民专业合作社达到300家，总数位居全市第一，产业化经营率达到65%。扎实推进新农村建设，9个新民居示范村全部开工建设，累计实施一事一议财政奖补项目339个，建成林荫型村民公园70个，植树17万株。投资430万元，解决了16个村3万多人的饮水安全问题。

【旅游业】 深入挖掘利用历史文化资源，大力发展文化旅游产业。赵州桥景区休闲怡情园建成开放，正在申报国家4A景区。赵州桥荣获十大河北古建筑第一名，赵州桥景区先后被评为石家庄市城市名片、石家庄魅力景区、河北最美30景之一，被列入全市红色旅游资源重点开发项目。成功举办了梨花节和采摘节活动。全年共接待游客52万人次，实现行业收入4500多万元。

（孟伟丽）

元　氏　县

【概况】 元氏县总面积676平方千

米，辖15个乡镇、1个街道办事处、208个村委会、4个社区居民委员会。总人口41.43万人，人口自然增长率6.32‰。2009年，元氏县地区生产总值完成103.5亿元，增长11.2%。其中，第一产业增加值14.5亿元，增长2.8%；第二产业增加值55.7亿元，增长12.5%；第三产业增加值33.3亿元，增长11.4%。财政收入达到4.87亿元，增长13%。城镇固定资产投资完成69.3亿元，增长40.2%。全社会消费品零售总额完成23.4亿元，增长20.9%。城镇居民人均可支配收入和农民人均纯收入分别达到14719元和5878元，增长14.9%和12.5%。全县存贷款余额分别达到59亿元和21亿元，增长10.2%和12%。粮食总产量30.85万吨；油料产量0.76万吨；肉、蛋、奶产量分别完成4.02万吨、4.72万吨、7.03万吨。

中共元氏县委书记：李义增
县人大常委会主任：孙辰彦
县　　　长：夏生华（7月免）
　　　　　　陈联记（8月代）
县政协主席：史全斌

【项目建设】 工业园区建设有力推进，承载能力进一步提高，完成南部工业新区（元氏区）和装备制造业基地（元氏区）区域环评。石家庄市南部工业新区（元氏区）规划面积达到13平方千米，投资9000万元的红旗大街南延线（元氏段）、投资3000万元的槐东区工业大道及排水管网工程顺利竣工，槐东污水处理厂已列为国债支持项目，入驻企业25家，累计完成投资7.6亿元。装备制造业基地（元氏区）区内道路及排水管网工程启动建设，已有南方泵业、开源机械等17家企业入驻，完成投资9亿元。项目建设卓有成效，年初确定的90个重点建设项目有32个竣工投产、36个正在加紧建设，22个前期项目中已有投资28亿元的大唐电力、投资9.5亿元的石家庄铁道学院四方学院、投资2亿元的星达汽车改装、投资1.2亿元的博奥农业装备、投资1亿元的丽源除尘等项目与该县签约，是近年来签约超亿元项目最多的一年。

【农业农村工作】 严格落实惠农政策，发放粮食直补、综合直补、良种补贴等5614万元。优质麦、石榴和奶牛等特色产业优势更加明显，优质麦种植面积达到37.3万亩，粮食总产再创历史新高。“万树进村”绿化工程完成植树114万株。全县标准化规模奶牛养殖小区达到17个，奶牛存栏2.3万头，故元乳业公司被评为省级重点龙头企业，代表河北省圆满承办了全国生鲜乳收购站建设和管理现场会观摩活动，该县的做法得到了国家和省市领导的充分肯定。投资26万元成立了农产品质量检测中心，确保了全县农产品质量安全。投资9700多万元建设农田水利工程1000多项，被评为全国农业综合执法先进县，连续两年被列为全国玉米机械化收获示范县。

【工业经济】 扎实开展了“转作风、摸实情、解难题、保增长”活动和以“保增长、调结构、抓项目、强园区”为主题的工业发展攻坚战。主要指标实现了稳步增长，全县规模以上工业企业完成增加值31.1亿元，实现利税13.32亿元，分别增长18%和24.1%。全县用电量达到11.5亿千瓦时，增长10%。万元生产总值能耗下降6%，全年推广使用低硫煤6.6万吨，主要污染物COD、二氧化硫排放量分别削减1444吨和908吨。

【商贸、旅游业】 成功举办“2009年石家庄市（元氏）农产品配送会”，交易、签约2400多万元。积极落实“家电下乡”、“汽车下乡”优惠政策，补贴家电1.3万台（件）378万元、补贴汽车1721辆401万元。投资300万元建成了标准化烟花爆竹仓库，投资30万元建立了农资配送中心，全县农资综合服务站、农家店等网点达到近600个。编制完成了白果树景区建设详细规划，全年旅游项目投资完成2亿元，实现综合收入2010万元。

【城乡建设】 编制县城总体规划。成立城乡规划审批建设委员会，加大建设领域突出问题治理和房地产市场管理力度，进一步规范和加快城乡建设。完成长春路东段综合改造和南、北立交桥路面大修等工程，谋划实施兴华路西延工程，启动了县城垃圾处理厂建设，开发了一批较高品位的住宅小区。完成农村街道硬化45千米，城乡道路通行条件进一步提高。农村新民居建设顺利推进，筹措300万元设立了农村新民居建设示范工程专项资金，9个省市级农村新民居示范村建设工程全面启动。积极配合国家重点工程建设，完成了石武铁路占地拆迁等工作。南水北调工程完成了规划设计、征迁范围实物调查、核查等工作，具备了全面开工条件。

【财政保障】 财政经济在宏观经济整体下滑的不利影响下实现了新突破，增速在全市持续保持领先。收入质量大幅提高，一般预算收入完成1.87亿元，占年初预算的124%，增长16.9%。全县可用财力6.2亿元，纯增8800万元。支出结构进一步优化，确保了公教人员工资、党政机关正常运转和基础设施、教育、卫生等重点支出需要。民生保障更加有力，提高了城镇退役士兵自谋职业补助标准，城镇居民医疗保险住院费报销比例由40%提高到了55%，农村低保标准由人均每年800元提高到了990元，全年发放各类社保、救助资金1.09亿元。

【社会事业】 科技工作连续12年通过全国科技进步先进县考核，连续两年被评为全省防震减灾先进县。教育投入不断加大，实施了中小学校布局调整，投资540万元完成教学楼及配套设施建设8000平方米，顺利通过了省政府教育教学督导评估。卫生事业健康发展，甲型H1N1流感得到有效防控，新农合补偿14万人(次)3300多万元，全县乡镇卫生院和村卫生室标准化率达到90%。乡镇综合文化站建设全面启动，群众性文体活动日益普及。计生服务水平不断提高，荣获全省计生宣传工作先进县荣誉称号。就业再就业工作不断加强，成功举办了第二届劳务就业洽谈会，全年输出劳务2.5万人（次）。“双拥共建活动”扎实开展，实现了全市双拥模范县“六连冠”。“食品安全最放心县”创建活动深入推进。第八届农村村委会换届圆满完成，代表河北省成功承办了全国推动农村妇女参与村民自治实践现场经验交流会观摩活动，受到了国家及省市领导的高度评价。精神文明和民主法制建设取得新进步，社会文明程度不断提高。饮水安全、沼气建设等实事工程顺利实施，群众生产生活条件得到明显改善。

【创建平安社会】 安全生产责任制得到进一步落实，安全监管执法力度进一步加大，与387家重点企业、单位签订了《安全生产承诺书》。“五五”普法深入推进，法律援助力度进一步加大。认真开展三级干部大接访和“化积案、排隐患、解难题、促和谐”百日会战活动，信访案件办结率达到95%以上。大力开展社会治安综合治理，严厉打击“两抢一盗”侵财犯罪，侦破各类刑事案件512起，抓获犯罪嫌疑人362人，命案侦破率继续保持100%，为企业和人民群众挽回经济损失640多万元。

（曹立刚　杨夕群）

高　邑　县

【概况】 高邑县辖2乡3镇、1个街道办事处，总面积222平方千米，耕地面积23.94万亩，人均耕地面积1.3亩。人口18.4万人，人口自然增长率7.89‰。2009年，全县地区生产总值完成35.99亿元，按可比价增长11.8%。其中第一产业增加值完成6.57亿元，增长3%；第二产业增加值完成21.93亿元，增长14.7%；第三产业增加值完成11.49亿元，增长10.7%。全社会固定资产投资完成28.6亿元，增长37.03%，其中城镇固定资产投资完成22.61亿元，增长41.52%。全部财政收入完成1.66亿元，增长6.2%，其中地方一般预算收入完成9027万元，增长30.8%。财政支出3.77亿元，增长26.2%。城市空气质量等级好于二级以上315天，占全年86%以上。农业总产值完成12.45亿元，增长1.3%。粮食总产13.4万吨，蔬菜总产43.81万吨，棉花总产386吨。规模以上工业完成增加值13.59亿元，增长19.43%，实现利税4.88亿元，增长18.6%。金融机构存款余额达到30.2亿元，较年初增长21.6%；贷款余额达到10.9亿元，较年初增长33.5%。社会消费品零售总额完成14.8亿元，增长21%。职工年平均工资17376元，增长29.7%；城镇居民人均可支配收入达到11757.18元，增长11.4%；农民人均纯收入达到5448元，增长9.6%；年末城乡居民存款余额达到25.76亿元，增长18.7%。

中共高邑县委书记：崔欣元
县人大常委会主任：李连平
县　　　长：王雁南
县政协主席：陈金镇

【重点项目建设】 全社会固定资

产投资完成282454万元，其中城镇固定资产投资完成226099万元，分别增长39.5%、41.52%，是高邑县历史上投资规模最大、增速最高的一年。收益性项目跑办建设取得重大突破，项目质量、单体规模实现大幅提升，“力马”煤改气、“工大”核压力容器、“亿博”调味品、“力马”陶瓷第五和第六条地板砖4个投资亿元以上的收益性项目开工建设，进展顺利，其中投资6.8亿元的力马煤改气项目和投资3.66亿元的工大核压力容器项目列为省重点项目，填补了高邑县没有省级重点项目的空白。基础设施项目扎实推进，南水北调工程指挥部正式落户，石武高速铁路客运线“高邑西客站”站房设计方案基本确定，京广铁路高邑货运站扩建方案正式批复，全长52千米、连通全县包括393北跨和107东跨等重要道路工程在内的环县公路部分路段开工建设，红旗大街南延至邢台界工程通过市政府批复。

【工业经济逆势增长】 两翼园区建设进展顺利。城东工业区，完成“核装备产业园”项目规划。凤凰山开发区，完成总体规划设计，总投资120亿元的循环经济产业集群项目得到省发改委认可，占地2000亩的建陶工业新区一期工程启动建设，并列入石家庄“南部山前工业新区”规划范围，工业南路、南北两条主干道开工建设，完成北焦输变电、富村二回线等电力工程。深入开展“保增长、调结构、抓项目、强园区，全力打好工业发展攻坚战”活动，引导企业调结构、扩规模、上项目，工业经济逆势快速增长。建陶产业再掀发展新高潮，“圣泽”内墙砖、“恒德”陶瓷等5条生产线建成投产，“贵宅”陶瓷等3条生产线开工建设，全年新增生产能力2500万平方米，建陶业被省中小企业局认定为“河北省建筑陶瓷特色产业集群”。纺织行业，经营形势趋于好转。化工行业，石良庄锌业园区完成环评，新上氧化锌生产线14条。招商引资成效明显，安伦铝业、益海粮油项目正式签约，金环钢构、天工机械等企业达成投资意向。筹备组建了“经济贸易促进委员会”，探索实行市场化招商模式。扎实做好土地利用总体规划修编，大力跑办用地指标，争取建设用地指标1017亩，有效保障了重点项目建设用地需求。强力推进节能减排，爆破拆除了凤达水泥、水泥二厂的机制立窑，继续推广使用天然气，超额完成2009年COD、SO_2削减任务。

【县城容貌大变样】 强化规划引领作用，聘请新加坡雅思柏、北京道合盛景等国内外知名公司，对县域城乡发展战略规划、城市景观风貌等11项规划项目进行设计。全面加快城市基础设施建设，生活垃圾卫生填埋场正式开工，污水处理厂一期工程竣工投用，城区统一供水工程列入国家投资计划，城区污水管网改造、凤环路工程正在抓紧申报国债资金和信贷资金支持，完成千秋路慢车道改造、凤中路翻新、文化路西延等11条城区道路建设。县城绿化再上新台阶，重点实施了步行街游园、凤北公园等14项绿化升级改造工程，全年栽植乔灌木330余万株，新增绿地46.7万平方米，在全市考核中再次位居一档县行列。

【新农村建设】 科学制定了“5+9”村镇布局调整方案，首个“小村并大村、联村建社区”新民居示范点——千秋小镇启动建设，被评为石家庄市新民居建设先进县，并列为2010年石家庄市统筹城乡发展试点县。新型农村经济合作组织快速发展，全县各类协会、合作社达到101家，示范、引领作用明显。以土地流转为契机，大力发展苗木产业，引进8家县外苗木公司，新发展法桐、白蜡、银杏等大苗基地6000亩，“北方大苗基地”初具雏形。农业综合开发、农村饮水安全、沼气利用、规模奶牛养殖小区扩建等项目进展顺利，农民生产生活条件进一步改善。蔬菜产业种植面积、经济效益稳中有升。造林绿化再上新台阶，全年植树71.6万株，获得全省“造林绿化先进县”荣誉称号。

【社会事业】 全县119个事业单位人事制度改革全面完成，初步建立了全员聘任、竞争上岗、绩效挂钩的用人机制。教育事业均衡发展，中小学布局调整深入推进，教育资源配置显著优化，县职教中心通过省重点职业学校评估验收。医疗卫生服务水平进一步提升，县医院病房楼项目开工建设，中医院病房楼改造项目基本完工。文化亮点工程建设加快，完成南星祠堂文物陈列馆、刘秀雕像和千秋台建设。广电事业取得新发展，高邑电台恢复播出，数字电视网络正式开通，覆盖1200户。计生工作顺利通过省市考核，6个乡镇技术服务站全部完成新改建。

（籍飞龙）

赞 皇 县

【概况】 赞皇县总面积1210平方千米，耕地面积18800公顷，人均0.78公顷。全县总人口23.93人。人口自然增长率为7.5‰。2009年，全县生产总值完成44.7亿元。较上年增长12.5%。其中第一产业完成9.9亿元，增长2.6%；第二产业完成25.1亿元，增长15.5%；第三产业完成9.7亿元，增长14.1%。单位生产总值能源消耗较上年下降3.25%。全县民营经济增加值完成34.2亿元，增长14.9%；粮食总产量11.8万吨，较上年增加2900吨。全县财政收入完成2.3亿元，增长15%；财政支出23001万元，增长15%。社会消费品零售总额18.2亿元，较上年增长22.1%。全县固定资产投资完成64.3亿元，较上年增加43.1%。全县职工平均工资15280元，较上年增长12.5%。农民人均纯收入2910元，增长0.83%。城镇居民人均可支配收入11966元，增长12%。年末城乡居民存款余额25.1亿元。较上年增长13.9%。

中共赞皇县委书记：吴时茂
县人大常委会主任：武瑞国
县　　　长：凌青利
县政协主席：张万银

【项目建设】 工业区初步形成建材、轻工业、机械加工三大主导产业，鸿锐、金隅、高砂等企业效益良好。突出搞好了工业区基础设施建设；投资1.4亿元，完成了从白草坪水库向工业区引水工程工作。合同投资29.5亿元。重点在建、新开工项目42项，总投资34.36亿元，19个项目竣工、12个项目续造。创造了重点工业项目建设的“赞皇速度”。

【农业农村工作】 大枣、核桃、柴鸡等产业发展迅速。62家蜜枣生产加工企业通过国家QS认证，赞皇被评为“全国枣业十强县”。核桃种植面积达到16万亩，柴鸡饲养400余万只。“封山育林”5.8万亩。大力开展陡坡开荒专项治理。巩固生态建设。全县村庄绿化率达到30%以上，年内赞皇县被国家林业局命名为首批国家级林业科技示范县。落实各项惠农政策，发放粮食直补、综合直补、良种补贴、大型农机具补贴、退耕还林等各项补贴3090万元；落实村级公益事业“一事一议”财政奖补资金456万元。农业产业化经营率30.3%。全县212个行政村，其中55个村建立了集体经济实体公司。完成总投资529万元涉及19个村的安全饮水改造工程。荣获市农田水利基本建设竞赛“优胜杯”。建成省级新民居示范村一个，市级示范村2个，全县文明生态村达78个。

【第三产业发展】 加快招商开发，规范旅游建设，全县旅游业总收入1.5亿元，嶂石岩地貌入选“中国地理百年大发现”。着力发展煤炭运销、交通运输、餐饮、商贸流通等服务业，制定出台了支持服务业发展的优惠政策。新注册商贸流通企业162家，增长175%，注册资本金1.2亿元，增长40%。积极推进面粉、药品等专项治理，共收缴销毁假冒伪劣、过期、变质食品8.9吨。全县食品、药品、农产品等安全形势良好。

【节能减排】 县委、县政府坚持把节能减排作为结构调整的有效途径，淘汰落后产能。拆除河北特水、富隆水泥等7座水泥机立窑，关停小硅砂18家。推广优质低硫煤2.5万吨，主要污染物化学需氧量和二氧化硫排放量分别削减28.33吨和149.12吨。赞皇县被评为“河北省环保系统先进集体”。

【社会事业】 城镇新增就业1640人，下岗失业人员再就业585人，城镇登记失业率控制在2.7%以内。在全国率先实施农村劳动保障平台就业讯息“户户通”工程。发放住房公积金贷款430万元。进一步完善社会保障体系巩固两个确保，企业养老保险金征缴完成2070万元，占年任务的118.8%；发放城乡低保、五保、优抚、救助、医疗救助等各类保障救助资金1868万元。全县城镇低保对象水平稳定提高，弱势群体得到更多实惠。县光荣院被评为省级甲级光荣院。新型农村合作社医疗不断推进，补偿参合农民7.7万人次，医疗费补偿1839.8万元；大力推行城镇居民医疗保险制度。扶贫工作扎实有效，实现移民搬迁52户、197人，争取各类扶贫资金2221.9万元。县委、县政府承诺的12件利民实事全部达到预期目标。

（田凤英）

灵寿县

【概况】 灵寿县位于太行山东麓，距省会石家庄市30千米，辖6镇9乡，总面积1069平方千米，耕地面积39.2万亩，总人口32.66万人，人口自然增长率4.72‰。2009年地区生产总值完成61.50亿元，同比增长11.3%，其中第一产业增加值9.88亿元，增长3.8%，占全县生产总值比重为16.1%；第二产业增加值37.81亿元，增长12.3%，占全县生产总值比重为61.4%；第三产业增加值13.81亿元，增长13.0%，占全县生产总值比重为22.5%。全社会固定资产投资完成98.56亿元，同比增长40.7%。财政收入完成2.41亿元，地方一般预算收入完成1.12亿元，同比增长7.07%。规模以上工业企业增加值完成25.40亿元，同比增长19.6%。城镇居民人均可支配收入13332元，同比增长14.1%；农民人均纯收入2960元。城乡居民存款余额49.8亿元，同比增长13.7%。

中共灵寿县委书记：王建海
县人大常委会主任：郝建英
县　　长：姜　阳
县政协主席：傅连英

【项目建设】 按照"一手抓顶天立地的立县项目、一手抓铺天盖地的富民项目"的工作思路，重点加强工业园区基础设施建设，完成工业路一期、建设大街拓宽改造等工程，启动污水处理厂扩能改造，规划城东和燕南两个工业园区地表水厂，新建慈峪110KV变电站等6个电力设施项目。依托全县传统产业，在燕川乡规划建设云母加工园区，入驻企业达40家；对卢家洼石材加工园区进行升级改造，提高工业园区的载体功能。在大项目引进上，谋划投资5.2亿元的年产150万吨水泥生产线、2.78亿元的年产10万吨木浆造纸、5000万元的无纺布、3.7亿元的张石高速行唐南出口至灵寿县城连接线工程、6000万元的引横入城等23个工业项目和基础设施项目。其中，水泥生产线、无纺布等16个项目已开工建设，张石高速行唐南出口至灵寿县城连接线、引横入城等7个项目已做好前期准备工作。燕南工业园区污水处理厂、辫带式水处理填料等12个项目列入省市重点。全年实际利用外资24.1万美元，引进县外资金5.5亿元，争引国债资金6626万元，国债项目65个，全县项目引进取得一定突破，进入项目建设加速期。

【发展生态农业】 围绕种养产业发展，大力培育龙头企业、生产基地和农民专业合作经济组织建设。农民专业合作经济组织达306个，龙头企业9个，注册品牌8个，农产品产地批发市场2个，农产品生产基地7个，无公害畜产品生产基地10个。五福牛养殖公司、兆江养猪有限公司等龙头企业不断发展壮大，全县标准化规模养殖小区、示范区达到46个。为做大做强灵寿茶叶产业，实现山区农民脱贫致富，引导山区农民扩大太行绿茶种植面积，编制完成太行绿茶发展规划，启动万亩茶叶园建设工程。谋划启动万亩香草蜗牛生态园建设，并与石家庄亚坤散大蜗牛开发有限公司达成初步合作意向，发展壮大蜗牛产业。太行山绿化新增人工造林2.7万亩，五河绿化5200亩，建设农田林网50千米，交通主干线绿化30千米，全县森林覆盖率达到41%，圆满完成省市下达的森林覆盖率净增量目标任务。

【三年大变样工作】 年内，全县按照"拆、建、绿、管"并重的工作思路和"大变样、变大样"的总体要求，在群众自拆的基础上对城区主要节点违法违章建筑进行依法拆除。在城区组织开展东南出入口、凡同道口、北环路交叉口等7次大规模的集中拆违拆迁攻坚战，累计完成拆违拆迁5.94万平方米；启动建设县城4个出入口主题公园和行政广场、牌楼广场。完成正南大街南段等5条道路的便道砖铺设、工业路大修、城东街道路翻修、京昆高速连接线及建设大街两侧路灯安装等十大市政工程。启动城内、北关等5个村的城中村改造。完成正南路（青同–慈峪段）拓宽改造工程，谋划建设张石高速行唐南出口至灵寿县城连接线工程、平阜高速（灵寿段）、石忻高速（灵寿段）建设工程。

【旅游业】 按照"整合资源、提升档次”的工作思路，编制五岳寨、横山湖、秋山、水泉溪等旅游区详细规划。完成五岳寨步游路改造工程，五岳寨客运索道已正式签订修建合同，水利宾馆扩建、五岳寨综合服务中心已做好前期准备工作，旅游旺季投入使用。成功举办灵寿县乡村游系列采摘活动，打出“登山、戏水、采果”为主的旅游特色品牌，聚集了灵寿旅游人气。古中山国文化遗产、古中山国旅游文化符号正在挖掘整理；对陈庄歼灭战、抗大二分校、晋察冀边区银行旧址进行有序开发整合。通过对生态游、文化游、红色游的有效整合，丰富了旅游内涵，提升了旅游品位。全年共接待游客22万人次，同比增长18%。

【惠民政策】 年内，全县向种粮农民发放粮食直补资金189万元、农资综合直补资金1045万元，惠及全县77464户农民，受益人口达28.17万人。实施“新农村建设双带头人培养工程”，培养农村改革发展和科技致富带头人3230人，带动农村经济发展。全力推进敬老院建设，寨头敬老院已建成投入使用，青同敬老院主体已完工，2009年4月份投入使用。组织开展“彩色周末”、“文化、电影、科技三下乡”等活动，加强乡镇文化站、村级图书室、村民活动中心建设，丰富群众的精神文化生活。完成有线电视数字信号传输改造工程，有线节目套数由原来的43套增加到70套；完成南营、寨头、陈庄、岔头等4个乡镇143个自然村的“广播电视村村通”工程，解决5449户山区群众看电视、听广播难问题。对南营、岔头、慈峪、三圣院等4所乡镇卫生院和牛城、西柏山等14所村卫生室进行标准化建设；对全县30868名农村育龄妇女提供免费服务；全面实施居家养老亲情服务工程，对全县1099人提供服务。全力推进就业再就业工作，全县城镇新增就业人员1807人，完成下岗失业人员再就业577人，转移农村劳动力1.26万人，实现劳务输出9020人；积极推进“家电下乡”工程，为9800户家庭提供235万元的财政补贴。启动王家沟、慈峪等5个村新民居建设工作，完成南营和南寺两个移民搬迁小区建设，在23个村实施“两个周转”扶贫项目，对5个村、800多贫困户重点实施互助金试点工作，全年共争取扶贫资金680万元；全面推进联村供水工程建设，解决16个村、1.5万人的饮水安全问题。

【环境保护】 以污染减排为主线，以大气和水环境防治为重点工作思路。在大气污染防治工作上，对县城6家单位燃煤锅炉进行拆除改造，全县所有燃煤锅炉均达到了《石家庄市锅炉大气污染排放标准》；推广低硫煤4万吨，对煤炭经销和使用单位采取定时不定时取样监测，保证使用低硫煤的质量达标；拆除县内的7家11座机立窑，启动水泥粉磨站治理，共投入845万元进行厂区道路硬化、物料堆放的棚化和除尘设施的改造。在水污染防治工作上，重点加强对县污水处理厂建设及运行管理，污水处理厂出水水质稳定达到国家《城镇污水处理厂污染物排放标准》一级标准，启动投资3750万元的污水处理厂改扩建及配套管网建设工程；按照《灵寿县饮用水源保护区划分方案》在县城饮用水源保护区设置界标和警示标志。在生态建设工作上，编制完成全县9个乡镇环境规划；加大林木保护工作力度，全县森林覆盖率净增1%，达到40.8%；开展矿山生态环境保护和治理，2家新改扩建矿山企业完成环境保护与恢复治理方案编制并缴纳保证金，原有的14家生产矿山中，8家完成环境保护与恢复治理方案编制。2009年，灵寿县主要污染物削减指标分别为COD从2008年的1510吨削减到1370吨，削减9%；SO_2从2008年的2230吨削减到2070吨，削减7%，环境保护工作跨入全省先进行列。

（郑云鹏）

石家庄年鉴 Figures

人　物

人　物

全国劳动模范

贾德利　男，1953年生，中共党员，市政协委员，石家庄市凯华出租汽车公司司机、石家庄市学雷锋出租车车队队长，被大家亲切的称为“雷锋的哥”。2004年在希望将军赵渭忠和雷锋战友乔安山的支持下，组建“学雷锋车队”，为200多位孤寡老人提供志愿服务，行程达4万多千米，服务超5600多小时；多年在高考、助残日、建军节、教师节、重阳节等相关节日为特殊人群提供志愿服务；数次发起、参与社会各类捐款、捐物、献爱心活动，各类捐款达39000余元，充分展示了新时期“文明使者”的新形象。汶川地震发生后，贾德利自费准备了价值6千余元的压缩饼干、八宝粥、火腿肠等食品，于2008年5月14日深夜驾车从石家庄奔赴四川灾区，经过27个小时的连续驾驶抵达重灾区四川省青川县，在将车上物资分发给灾民后，便立即投入了紧张的挖掘和灭菌消毒等抗灾工作。期间，还多次用自己的车运送伤员及总价值123.8万元的一批批物资（包括：6顶30人的大帐篷，14530床棉被，31万平方米防水彩条布）。6月3日回到石家庄后，仍不放心灾区的孩子们，又于6月9日二赴灾区，将8名灾区学生带到石家庄来上学。贾德利先后荣获省会文明办授予的“文明公民标兵”奖章、“石家庄市十大杰出志愿者”，被石家庄市运管处授予“三星级优质服务驾驶员”、“文明使者标兵”、“文明使者标兵车”等荣誉称号。所带领的“学雷锋车队”被市运管处评为创建文明使者十周年“先进集体”；分别被省青年志愿者指导中心和石家庄志愿者协会评为“十大杰出志愿服务集体”，2006年度被评为“感动省城十大人物”，被团中央授予“中国志愿服务金奖”，两次被石家庄市总工会授予“五一建功立业奖章”、“石家庄市劳动模范”，还被河北省委组织部授予“全省抗震救灾优秀共产党员”，被中华见义勇为基金会评为“全国见义勇为好司机”，2009年“五一”期间被评为全国劳动模范。

金连合　男，河南省安阳市人，到石家庄市市政建设总公司打工已有26年之久，一年四季转战石家庄市政的各个街道。作为一名瓦工，在砌筑检查井、道牙、平石，铺筑便道砖工序中，心细眼亮，精益求精，如果砌筑的不符合规定要求，便亲自拆除重来，加班加点，也要完成任务。经过多年的历练，通过手感、目测，就能检测出各处质量问题。2003年，在体育大街道路改造工程的砌筑检查井“劳动竞赛”中获得一等奖。2006年，在建设大街道路改造工程的砌筑道牙“劳动技能竞赛”中获得第一名。2007年，参加了平安大街道路改造工程的便道砖砌筑“劳动技能竞赛”获得第一名。特别是在平安大街工程施工中，为了提前完成快车道沥青砼摊铺任务，作为一名技工能手，带病同其他工友一道起早贪黑，顶着烈日，冒着酷暑，一手擦汗，一手砌筑道牙、平石。同时，还认真检查其他工人的施工质量，在灰缝宽度、直顺度方面严格要求，从不放松。慢车道施工时，老家正处于麦收时期，儿子又高考，硬是留在了工地。几年来，先后获得石家庄市“十大杰出农民工”、河北省“十佳优秀农民工”、“全国优秀农民工”称号，并在人民大会堂举行的全国表彰大会上受到了国务院副总理张德江的接见，2009年“五一”期间被评为全国劳动模范。

刘生吉　男，1964年7月11日生。中共党员，大学，一级警督，石家庄市公安局刑警支队支队长。1984年7月毕业于石家庄市人民警察学校，历任石家庄市郊区公安分局刑侦科民警、副科长，郊区公安分局刑警大队长，郊区公安分局副局长，裕华区公安分局副局长，2002年9月调任石家庄市公安局刑警支队副支队长，2004年12月任刑警支队支队长。刘生吉从警25年来，始终战斗在打击刑事犯罪最前线，先后组织侦破了“10·20”系列强奸杀人案，抓获了犯罪嫌疑人刘健。该犯罪嫌疑人自1999年以来先后在石家庄市强奸杀人作案8起（其中两起杀人未遂），致6人死亡，2人重伤；侦破了赞皇县出租车司机郑利雷为满足淫欲，自2003年9月至2004年12月间，先后以载客为名强奸六名少女，杀人灭口后将其中五人尸体抛入水井、墓穴等地的“03-9-12”系列强奸、杀人案等一大批重特大命案。2006年下半年，刘生吉带领专案组成功打掉了以张宝义、高跃辉、何丕东为首的黑社会性质犯罪组织，连破大案，屡立战功。先后荣立个人一等功二次、二等功三次、三等功五次，1998年、1999年被公安部授予“全国优秀人民警察”、“全国特级优秀人民警察”称号，同年荣获河北省劳动模范称号，被评为“河北省十大杰出青年岗位能手”；2002年当选河北省首届“燕赵名探”，同年被评为石家庄市“十大杰出青年”；2007年被省委、省政府授予“全省打黑除恶侦破大要案先进个人”荣誉称号；2009年“五一”期间被评为全国劳动模范。

吴振山　男，1957年出生，经济管理学硕士，天山集团创始人，现任河北天山集团董事长、总裁、党委书记。1998年，天山集团进军房地产业，大手笔运作了高品质的天山水榭花都，一举获得“国家康居示范工程”、“中国名盘50强”和建设部首届“广厦奖”。紧接着，选择了工业园区产业作为企业发展新的增长点，在省内首开了由开发商自己招商的先河，天山集团初步形成了建筑、房地产高增长项目的良性互动的产业集群，高科技工业和制造工业及休闲、商贸等均取得了良好的经济效益。2006年，天山集团凭借雄厚的经济实力挤身石家庄市百强企业前十名。并热心参与抗震救灾、希望工程、扶贫攻坚、城市建设等公益光彩事业，先后捐款捐物达数千万元。基于吴振山对社会所做出的贡献，当选十届全国人大代表，并荣获“全国优秀企业家”、“全国百名优秀中国特色社会主义建设者”、“中国光彩之星奖章”、“河北省劳动模范”、“2006年中国房地产十大风云人物”、“中国建设行业杰出贡献奖”、“河北省十大经济风云人物”、“石家庄市十大经济风云人物”等众多荣誉称号，2009年“五一”期间被评为全国劳动模范。

闫纯锴　男，自担任石家庄市第一医院院长以来，努力打造团结、向上的团队，重视科技兴院，加强“民主治院”，鼓励职工“参政议政”，通过不断创新工作方法和服务文化，培树“诚信立院、贴近百姓”的办院方向，2008年被中共河北省委授予“河北省思想政治工作先进集体”；利用科学手段，完善经济运行分析，将成本加效益的分析方法运用于医院经济管理。在公共突发事件发生时，积极作为，主动请缨，组建医疗队、预备队，协调工作。在医疗用房紧张的情况下，压缩行政用房，在未投资的情况下扩大医疗面积8000余平方米。还推出“先心病救助”、“农民健康帮扶”、“医疗惠民救助”、“近郊农民送医上门服务”四大工程。并创造出一支特别能战斗、激情燃烧的团队，使门急诊量增长27.8%，医院业务收入增加37.4%，一举摘掉了医院连续两年的亏损帽子，获得了社会效益和经济效益的双丰收。2008年被石家庄市卫生局评为“实绩突出单位”、“便民惠民工作先进单位”、“三化管理先进单位”、“卫生应急工作先进单位”、“行风建设先进单位”，2009年“五一”期间被评为全国劳动模范。

杨　普　女，石家庄常山纺织股份有限公司棉四分公司北织车间布机挡车工，2000年进厂至今，无怨无悔，不仅使自己成为远近闻名的技术能手，而且为公司创造了数目可观的经济效益。在实践工作中琢磨出“点梭”、“滑筘”等操作方法，针对新型织机发明了“双手交叉、主动引纬”的断纬处理方法，使该项操作速度一下提高了10秒。她的“机下打结”成绩达到每分钟35～38个，比部颁标准多了1倍，并总结了打结要领口诀：“掐头快而挺、搭头绕圈小、压纱拉纱准、动作要连贯”。现已形成了一套具有自己独特风格的操作技术，其完善的操作法也被作为新工人厂的培训内容。总结出了“针对不同品种重点检查的灵活操作法”，同时经过各个工种的协力使公司生产的天丝品种织物经专家鉴定达到国内领先水平，也成长为一名年轻的高级技师，所带过的徒弟也全部达到能手和一级手水平，成为企业的生产骨干，累计超产棉布近23万米，疵布比计划少出近千匹。在石家庄市和河北省举办的各级操作技术竞赛中多次取得冠亚军，并不断刷新单项操作纪录，2009年“五一”期间被评为全国劳动模范。

全国三八红旗手

赵铁英 女，1961年生，石家庄市旅游学校校长，中共党员，大学学历，中学高级教师。1980年12月参加工作，2002年8月任石家庄市第七中学校长兼党支部书记，2007年8月任石家庄市旅游学校校长、书记，是河北省职业技术教育学会理事和河北省职业技术教育学会德育与职业指导工作理事会理事，市第八次党代会代表、桥东区委候补委员、区政协常委、市侨联第九届委员会委员。任七中校长时，改造了50年代建造的破旧校舍，使一所破烂不堪的贫困学校一跃成为环境优美、设施先进、特色鲜明的现代化花园式学校，2006年，七中被评为桥东区校园环境文化建设示范校。为打造学校过硬的专业品牌，创建特色学校，全力打造机械技术加工、电气技术应用、数控技术应用三个品牌专业。筹资加强实训基地建设，建成了设施先进、可容纳300多人同时上课的实习园地，提高了学生的动手能力，培养出一大批技能型实用人才。学生就业单位遍布北京、天津、上海、深圳、广州等地，毕业生就业推荐率达100%。七中的办学水平跃上了新台阶。2006年，学校晋升为河北省重点中等职业学校，并先后荣获国家级“德育科研先进实验校”、“河北省巾帼建功岗”等几十项荣誉。2007年8月，赵铁英调到国家级重点职业学校——石家庄市旅游学校任校长、党总支书记。深入教育教学第一线了解学校情况，进行市场调研，明确制定了学校未来发展规划，积极争取省级实训基地建设资金的支持，用于饭店服务与管理专业实训楼的上档升级，进一步提高学生实训质量，使旅游学校学生在各级各类比赛中取得了令人瞩目的成绩，享誉省内外，毕业生供不应求，涌现出一大批创业明星、业务骨干，学校为河北省乃至全国旅游业的发展做出了积极的贡献，保持了全省旅游中等职业教育的“龙头”地位，受到了社会各界的广泛赞誉，荣获了全国职业教育先进单位，全国旅游系统先进集体，全国巾帼文明岗、中等职业学校德育工作国家级实验基地、河北省旅游行业岗位培训3A规范单位，石家庄市文明单位、石家庄市模范职工之家、桥东区校园文化建设示范学校等多项荣誉称号。期间，赵铁英也获得了国家级德育科研先进工作者、河北省三八红旗手、石家庄市优秀教育工作者、石家庄市“巾帼建功”明星、石家庄市第二届“十大女杰”等多项荣誉称号，并荣立二等功。2009年被授予“全国三八红旗手”称号。

郭风娟 女，石家庄市射击运动业余学校校长兼射击教练，国际级运动健将。被国家体委授予“中国人民共和国体育运动三级奖章”；多次受到市委、市政府表彰等。当运动员期间，曾代表国家出访过日本、韩国、朝鲜和蒙古等国家，并多次参加国际、国内重大射击比赛及第十届亚运会，超一项世界纪录、三次破、超两项亚洲纪录，获三枚重大国际比赛金牌，五次获得全国冠军，两次打破全国纪录。担任教练工作以来，所带队员在省级以上射击比赛中共取得：金牌106枚，银牌60枚，铜牌56枚；9次打破省纪录并保持1项全国纪录；12人61次达一级运动员标准。在全省19次射击比赛中，获17次团体总分第一名，本项目蝉联三届河北省运动会的总分和金牌双第一。尤其在2007年河北省第十二届运动会上，所带队员参加12个项目的比赛，夺得了10枚金牌，出色的完成了比赛任务。向国家队、省队及高校输送7名优秀射击运动员，其中一名队员在第43届世界锦标赛中获得两项团体冠军，一人获得全国冠军，两人达国家健将标准。2002 年 7 月担任射击学校业务副校长以来，石家庄市射击项目由 2002 年的第三名跃居全省第一名。在 2004 年和 2007 年的河北省第十一届、十二届运动会上出色地完成了局领导交给的任务，获得金牌总数、团体总分和男、女团体四项第一名，蝉联省运会冠军，实现了历史性突破，成为石家庄市射击比赛史上最为辉煌的一页。2009 年被授予“全国三八红旗手”称号。

杨素金 女，石家庄市公安局出入境管理处处长。带领出入境管理处一班人团结协作、严格管理、锐意进取、恪尽职守，使出入境管理各项工作上了一个新台阶。在争创全国文明窗口工作中，为使关键的硬件接待大厅达标，不管刮风下雨,几乎每天都盯在新建的工地上，催进度、查质量，天天一身土，两腿泥，没有休过一个节假日，终使该处成为全省唯一一家被公安部评定为“全国文明窗口”的单位，本人也多次被评为优秀公务员、优秀共产党员和市级“巾帼建功明星”、“三八红旗手”、省、市“十大女杰”，并荣立三等功两次、二等功两次。2006 年，该处破获了全国首例外国人制造贩卖假签证案件，受到了公安部的表彰，2007 年经国务院批准，该处成为全省第一家开办居民个人赴港澳游的出入境管理部门。近年来，该处先后被评为“省级文明窗口”、“省级青年文明号”、“全国文明窗口”、“全国青年文明号”、“全国巾帼文明岗”、“全国公安机关出入境管理工作先进集体”并荣记集体二等功。2009 年被授予“全国三八红旗手”称号。

张　波 女，1965 年出生，石家庄市殡仪馆馆长，在殡仪工作的十四年里，深入一线从最基础的工作做起，一次，辽宁省抚顺市的一位老人在为儿子办完丧事后，捧着骨灰盒满脸愁容没有离去，张波上前询问得知老人过来处理儿子的丧事只带几百元钱，办完丧事后钱已不够返乡的路费时，便安慰老人不要着急并打电话给老人预订了回家的火车票，组织业务室的姐妹们为老人捐款 900 元钱。一位埃及友人在石家庄去世，逝者的遗体非常高大肥胖，冰柜里霜层又厚又硬，一时无法将遗体放进去，张波钻进冰柜里铲除坚硬的霜层，一点一点地将霜刮出来，处理完霜层钻出冰柜时头发和眉毛全是白霜，冻的浑身直哆嗦，逝者的朋友感动得用英语说：“thank you，感谢石家庄，感谢中国！”2008 年 5 月 12 日，四川汶川大地震发生后，张波带领 8 名业务骨干第一时间赶到了成都市殡仪馆，立即投入了紧张的遗体善后工作,为了尽快让遇难者安息，每天都要工作 16 小时以上，面临随时都要发生的强烈余震，跟随接尸车来到了都江堰、青城大桥、新建小学、市中医院等 11 个运尸点接运遇难者遗体，几趟下来，手套被鲜血和尸水浸透了，无法接稳尸体。为了不让遇难者家属的心灵再受创伤，顾不上许多，甩掉手套直接用双手去抬……因表现突出，殡仪馆被全国总工会授予“工人先锋号”。2009 年被授予“全国三八红旗手”称号。

王铭维 女，1956 年生，医学博士，教授，主任医师，博士生导师，河北医科大学第一医院副院长，民盟中央委员。河北省脑老化与认知神经科学实验室主任，中国睡眠研究会理事，河北省心理卫生学会心身医学专业委员会主任委员。从事神经内科专业工作近 30 年，对脑血管病、痴呆、帕金森病、癫痫等的治疗有独特方法。从事老年中枢神经系统退行性疾病的诊疗研究，善于运用先进的科学技术，率先在河北省内建立了第一家卒中单元化病房，打破传统治疗模式，为脑卒中患者的康复提供了可靠的保证；在工作中以身作责，提倡四个不变：对病人的微笑、态度、语气、语调始终不变。始终谨记医学誓言，言传身教，带出一支业务素质过硬、道德高尚的医疗队伍。领导的科室连续六年被评为院级先进集体，连续 3 年被评为校级先进集体，是全院的重点科室之一，实现了社会效益与经济效益双丰收；提倡“以人为本”的服务理念，创建人性化的诊疗模式，使贫困的患者也能享受到优质的医疗服务，感受到政府、社会和医务人员的关爱。热衷公益活动，经常下乡义诊，为父老乡亲免费看病，足迹已踏遍了石家庄市社区、单位和周边的县区；还创办了“帕金森病友会”及“脑血管病病友会”，利用网络、报刊、电视等多种传媒义务进行健康知识宣教。为了顺应中国老龄化的现状，王铭维还建立了河北省中老年保健协会，为提高中老年人的健康意识和水平而努力工作。在国内外发表论文100余篇，其中被SCI收录10篇。2009年被授予“全国三八红旗手”称号。

裴红霞 女，石家庄外国语学校党总支书记。为了建设一支高素质的教师队伍，裴红霞始终坚持用先进的办学理念、优美的环境、优厚的待遇吸引了全国各地的300多名优秀骨干教师和大学毕业生，其中特级教师4名，国家、省、市级骨干教师和评优课获奖者200余人。几年来派出到全国各地参观、学习、培训、考察和进修的教师达900多人次，先后有100余人到英国、美国、俄罗斯、加拿大、澳大利亚、日本、新加坡等国家进行参观、学习和参加短期或中期的学习培训，从而形成了一支敬业精神强、教育教学理念新、业务精湛的教师队伍。近年来中高考成绩优异，2005～2008年连续4年培养出石家庄市中考状元，中考优秀率均在50%以上；高考成绩连年名列全市前茅，2005年高考本一上线率40.2%，2006年高考本一上线率41.6%，2007年高考本一上线率53.8%，2008年高考本一上线率68.15%，2009年高考本一上线率75.79%居全市第一。初中每年招生报名人数超过4000人，高中招生录取公助线2005～2008年连续4年全市最高。参与多项教学科研课题，《与中华传统美德教育相结合的素质教育实验研究》等多篇论文获奖。1996年以来先后聘请了58位外籍教师，国家、省、市的教育、外事、公安等部门对学校的外国专家管理工作都给予了充分肯定，先后5次在全省的外事干部培训会上做经验介绍。先后有7名外教受到河北省教育厅的表彰，有4名外教被石家庄市人民政府授予“优秀外籍教师”称号，有2名外教被河北省人民政府授予“燕赵友谊奖”，有1名外教被国家外国专家局授予国家“友谊奖”。学校先后接待了美国密西西比州州长、艾阿华州州长、日本长野县知事、鸟取县副知事、长野市市长、韩国天安市市长、越南南定市市长等27个国家教育考察团的来访700多人次，有来自韩国、印度、埃塞俄比亚、蒙古、泰国的70多名外国留学生来校学习。学校先后被评为全国教育系统先进集体、全国高校招生保送资格学校等多项荣誉称号。2009年被授予“全国三八红旗手”称号。

省、部级劳动模范

赵小锁 河北辛集化工集团化肥公司经理

姚建玲 女，鹿泉市上海大众汽车维修站汽车电工

周素志 石家庄志诚农药化工有限公司销售部经理

赵运刚 河北丽华童装厂生产科长

赵春更 河北金源化工股份有限公司造气岗位操作工

赵俊平 井陉县医药药材公司营销部经理

董军杰 河北诚信有限责任公司车间主任

刘须华 赵县兴柏淀粉糖业有限责任公司车间主任

刘建国 石家庄市和合化工化肥有限公司车间主任

秘国爱 河北敬业集团车间主任

罗假妮 河北晨光水泥有限责任公司化验室主任

吴国平 石家庄三环阀门股份有限公司车工

王秀梅 女，石家庄柏林大厦楼层主管

闫振法 河北东华化工总公司车间主任

屈玉文 石家庄市井陉矿区新王舍煤矿采煤区长

吴相君 河北以岭医药集团有限公司销售主任

李宗力 石家庄国大集团洛杉奇分公司 分公司经理

李丽云 女，石家庄常山纺织股份有限公司棉一分公司挡车工

王彦梅 女，石家庄常山纺织股份有限公司棉三分公司槽筒挡车工

薛孟玲 女，石家庄农业机械股份有限公司电焊工

范秋菊 女，中国建设银行股份有限公司河北省分行营业部运河桥储蓄所所长

焦辉军 石家庄市油漆厂建

筑涂料公司经理

孙金贵　石家庄市建设集团有限公司十分公司经理

张任辰　石家庄运输总公司一公司车间主任

贾力强　冀中能源井陉矿业集团元氏矿区长

孔鲁明　中国联合网通通信有限公司石家庄市分公司长安服务中心线务员

王　强　石家庄钢铁有限责任公司炼钢厂转炉炼钢工

张　弘　女，华北制药集团有限责任公司108车间副主任

何岩宾　石家庄金石化肥有限责任公司水汽车间副主任

张彩霞　女，石家庄金刚内燃机零部件集团有限公司副总工程师

刘洵林　石家庄煤矿机械有限责任公司铆工

许秀峰　南车石家庄车辆有限公司技术中心副主任

刘志彬　南车石家庄车辆有限公司电焊工

李春雷　石药集团中奇制药技术（石家庄）有限公司首席研究员

李建民　石家庄焦化集团有限责任公司钳工

刘　军　石家庄印钞厂钳工

王志平　石家庄印钞厂胶印车间班长

王红卫　女，石家庄东方热电集团有限公司湾里庙热源厂车间主任

赵建国　石家庄新奥燃气有限公司管网分公司管网维修所所长

张　庆　河北威远生物化工控股有限公司工艺管理工程师

史立军　河北飞达工具制造有限公司董事长

聂续民　石家庄鑫源乳品有限公司经理

魏明义　石家庄三环阀门股份有限公司董事长

董树茂　石家庄市油脂公司党委书记

赵存恒　石家庄市动力机械厂厂长

王广合　中国人民解放军第6410工厂厂长

范建平　河北国信投资控股集团股份有限公司总裁

张玉锁　石家庄公共交通总公司总经理

魏景生　石家庄煤矿机械有限责任公司总经理

尚建斌　宝石电子集团有限责任公司董事长

郭庆白　石家庄强大泵业集团有限责任公司董事长

杜为红　河北白沙烟草有限责任公司总经理

信云霞　女，神威药业有限公司党委副书记

白树惠　石家庄光明实业总公司工会主席

谭福增　河北省光华企业集团公司副总经理

蒋国庆　河北怀特集团股份有限公司副董事长

李庚奎　石家庄高新区供水排水公司纪检书记

马增年　石家庄常山纺织股份有限公司分公司经理

李国玲　际华三五零二职业装有限公司纪委书记

陈海明　中国电子科技集团公司第十三研究所党委副书记

谭南征　石家庄光明正大日化有限公司工会主席

陈保书　石家庄双联化工有限责任公司常务副总经理

张英芳　女，石家庄市邮政局党委副书记

曹慧贤　女，华北制药集团有限责任公司党委副书记

周庆水　中国石油化工股份公司石家庄炼化分公司副总经理

郭福田　中国化学工程第十二建设公司党委副书记

张恒谦　辛集市交通局局长兼党委书记

葛志存　河北省鹿泉市地方税务局局长

张东喜　藁城市财政局局长

尹庆怀　新乐市环境保护局局长

李丙义　正定县国土资源局党委书记、局长

袁新忠　河北正定县总工会党组书记、常务副主席

张瑞海　栾城县交通局局长

柳献珠　元氏县总工会党组书记、常务副主席

郝振军　赞皇县交通局党委书记、局长

郑克俭　深泽县地方税务局局长

樊国平　河北省平山县地方税务局局长

米志斌　行唐县财政局党组书记、局长

田计生　河北省灵寿县地方税务局局长

李根红　石家庄市公安局桥西分局纪委副书记

刘生彦 石家庄市财政局经济建设处处长

李 维 石家庄市长安区人民检察院检察长、党组书记

谷廷辉 石家庄市地方税务局、石家庄市国际税收研究会会长

赵志武 石家庄拆迁管理办公室主任

贯 爽 女，辛集市第一医院妇产科主任

于全友 藁城市人民医院院长

刘玉玲 女，河北省新乐市农业技术推广中心主任

殷玉波 栾城县殡仪馆馆长

王建民 井陉县第一中学教师

国献波 河北省高邑县公路管理站路政副大队长

白彦伟 河北赵县中学高级教师

袁秀敏 女，河北无极中学教师

李书宏 石家庄市桥东区卫生队队长

王发成 石家庄市第八十一中学教师

党 辉 女，石家庄市石岗大街小学副校长

骆亚男 女，石家庄市夕阳红老年公寓院长

米丽霞 女，石家庄市第54中学教师

梁春华 女，石家庄第24中学政治教师

沈进平 鹿泉市文化旅游公司经理

李月华 石家庄市农业技术推广中心主任

王建伟 石家庄市公路管理处副处长

王 静 女，石家庄日报社新闻部副主任

李春光 石家庄市公安交通管理局事故处处长

翟志海 石家庄精英中学校长

田运隆 石家庄市第一中学校长

强新志 石家庄外国语学校校长

卜书波 华北有色工程勘察院纪检书记

李 锋 石家庄市第三医院副院长

李喜贵 新乐市供电局外线工

刘明山 河北省荣昌达铸造有限公司机加工

温德军 石家庄南三条市场个体农民工

崔俊玉 女，长安区环境卫生大队清扫工

米风建 裕华区裕东办事处九里庭院社区保洁员

李连君 女，石家庄市天荟商贸有限公司理货员

赵智勇 河北渝乡辣婆婆餐饮管理有限公司厨师

李 刚 石家庄市釜洋斋总店厨师

何营房 中国建筑一局集团第六建筑有限公司抹灰工

张雪刚 中国电子系统工程第四建设有限公司工长

张拥华 石家庄钢铁有限责任公司炼铁厂供料工段段长

赵建豪 华北制药集团有限责任公司制剂公司操作工

河北省三八红旗手

韩立红 藁城市妇女联合会主席

付志然 赵县林业局高级工程师

刘彩萱 无极县信访局局长

张静东 新华区教育局局长

杨凤仙 中国电子科技集团公司第五十四研究所计划生育办公室主任

曹 梅 石家庄市建设局老干部处处长

王 峥 石家庄市公安局出入境管理处港澳台科科长

王明霞 石家庄霞菲服装有限公司总经理

莫中琴 石家庄市第四十中学校长

靳士娟 石家庄市汇源公路设施有限公司总经理

感动省城十大人物

救死扶伤的好医生王生池 石家庄市第一医院急救中心主任王生池，从事急诊工作二十年，是省会急诊界的元老，为急诊事业做出了卓越贡献。二十年以院为家，兢兢业业，无私奉献；他没有节假日，没有休息日，二十年如一日奋战在工作岗位上。是全国五一劳动奖章的获得者。把自己的一切奉献给了他所热爱的医疗事业，用全身心履行着"生命驿站守护人"的职责！在抗甲流工作中，王生池连续工作几个昼夜，成功抢救危重病甲流患者9例。

大孝三妯娌 鹿泉市铜冶镇南铜冶村老李家三个儿子相继过世，但在大儿媳李文娟的感召下，和闫瑞英、张素霞三妯娌都没有离家，而是先后招来三个女婿，共同支撑起这个残破的大家庭，共同照顾老人。三个妯娌情同姐妹，三人后来的三个丈夫，也情同兄弟。三个"小家"有个共同的约定：必须尽到亲生儿女的责任，让经受丧子之痛的公婆安度晚年。就是这样一个不寻常的大家庭，谱写了一段亲情大爱的和谐篇章，先后获得鹿泉市"十佳道德模范"荣誉称号；"首届石家庄市道德模范"荣誉称号。

"亚洲三级跳之王"李延熙 起跑，踏板，腾空，一、二、三……17米59！新的全国纪录诞生了，新的亚洲纪录诞生了！这位25岁的石家庄小伙儿唤醒了沉睡了28年的中国三级跳远纪录！那一刻，全场沸腾，掌声如雷。其中，看台上有一个人的掌声更显特殊——全国纪录的创造者邹振先。1981年9月5日，邹振先在罗马举行的第三届世界杯田径赛中创造了17米34的全国纪录，离亚洲纪录仅一厘米之差，此成绩名列当年世界第三名。从1999年起，邹振先创立了"邹振先挑战赛"，设下擂台，鼓励争先。时至今日，28年过去了，邹振先的纪录终于被李延熙打破了。

"草根律师"刘秀珍 自19年前退休，刘秀珍就把全部精力放在为社会弱势群体争取权益上，免费为他们打官司。她明确声明：不为有钱人打官司，不为政府、企业做代理，从"河北艾滋第一案"到"职工权益案"，再到"家庭暴力"案，都少不了她坚毅奔忙的身影。从代理"河北艾滋第一案"开始，至今刘秀珍已为10多名艾滋病患者代理了艾滋官司。刘秀珍说："输血感染艾滋病者很无辜，既然遇见了，我就有责任为这些人辩护。"在机关工作40年，任执业律师26年，刘秀珍代理了大量劳动争议案件和"弱者维权"、"家庭暴力"案件，被百姓亲切地称为"草根律师"。

"大变样中架桥人"朴晓敏 中铁十三局槐安路高架桥项目部总工程师，从1996年修建棉一立交桥开始，省会道桥建设的每一个重要阶段都留下了朴晓敏坚实的足印：棉一立交桥工程部部长，东二环跨和平路桥、南环大桥副总工程师，赵陵铺立交桥、和平路高架桥三标段、槐安路高架工程一标段施工方总工程师……十几年来，他一直工作在省会道桥建设的一线，石家庄已经成为他的第二故乡。由于常年忙工程建设，自己的终身大事一拖再拖，他曾四次推迟婚期！2009年3月份，在工程建设的关键时期，母亲病危，朴晓敏仅仅在家呆了两天半，和老母亲见了最后一面，就又回到了热火朝天的"大变样"工地。现在，朴晓敏和妻子落户石家庄，成了真正的"庄里人"。

"大爱献灾区的女教师"陈丽 全国优秀支教教师陈丽，是市师德标兵，石家庄第二中学教师。2008年9月，陈丽主动请缨到四川地震重灾区平武中学支教，在生与死面前不退缩，把爱奉献给灾区的孩子们。因关爱学生，事迹突出，河北电视台、四川电视台等十多家媒体竞相报道。2009年5月12日，四川卫视精心举办的"中国精神"大型纪念晚会上，陈丽作为全国支教教师惟一代表，河北对口援建队的代表，被邀请到现场。陈丽用她瘦弱的身躯、质朴的言行，在巴蜀大地展现出燕赵儿女的赤胆忠心和深情厚谊，诠释着“人民教师”的光荣使命。

“大阅兵姐妹花”白求恩军医学院女兵方队 10月1日上午，国庆60周年阅兵在天安门广场成功举行。在378名三军女兵方队队员中，来自白求恩军医学院的女兵占总人数的58%，其中64人是河北姑娘。是铁流中的温柔，是绿意中的红花；整齐的军姿、俏丽的容颜，赢得了天安门城楼上党和国家领导人赞许的掌声。阅兵村里的酸甜苦辣成为这些军中之花一生中最光荣最难忘的回忆。10月18日上午，白求恩军医学院三军女兵方队队员满载着中国女兵的风采与家乡父老的期盼回到石家庄。不顾旅途劳顿，刚下火车，就在火车站站前街为市民奉献了一场精彩的阅兵分列式表演。

“拆迁户的贴心人”桥东区铁路建设工程指挥部（群体） 20天480小时，64个企业6万平方米拆迁任务圆满完成；15天360个小时，7878平方米试验段交付施工单位；12天288个小时，182户居民搬迁完毕，入地关键节点吴家庄顺利拆迁；3天72小时，锦绣花园94户居民签订安置补偿协议；2天48小时，百年老校七十八中顺利搬迁——这一组组惊人的数字倾注着桥东区铁路建设工程指挥部同志们的辛勤汗水，更践行着“桥东加速度”。回顾多年来的拆迁工作，一个个感人的故事历历在目。指挥部工作人员用细致严谨的工作和对辖区居民的一片赤诚，“不让一个百姓因拆迁而返贫，不让一个百姓因拆迁而没房住”，忠实履行了“和谐拆迁、人性拆迁”的承诺。

“清雪铁军”裕华区卫生队（群体） 2009年11月9日至12日，暴雪袭城，道路被阻，交通受到严重影响。裕华区卫生队作为清雪工作的主力军，11月10日早6点，仅用半个小时时间就集结了人员投入清雪作业，到11号中午，经过一天半的奋战，裕华路、槐安路、体育大街、青园街等几条主干道快车道及路口就达到了通车条件。此后又是连续几个昼夜的全力奋战，全区40多条主次干道快车道积雪全部清理完毕，清雪速度位列全市第一。在这次抗雪救灾活动中，裕华区卫生队以雪为令，众志成城，全队800余名干部职工，不分男女老少，全部吃在单位，干在一线。事实证明这是一支特别能战斗、特别能吃苦的“清雪铁军”。

“导航交警”黄永强 桥西交警大队中队长黄永强，在导航行动期间，一直战斗在裕华路与中华大街立交桥路段，这里是裕华路工程建设工程量最大的地方，也是交通疏导量最大的地方。由于天气炎热，走在刚刚铺上沥青的路上指挥交通，鞋子常常会被黏在路面上，因此，黄永强常年准备着4双鞋。在2009年7月1日举行的两路通车仪式上，黄永强作为各界劳模代表，也是全市万余名公安民警的惟一代表参加了剪彩仪式。

逝世人物

侯敏谦（1915～2009） 河北省高阳县人，原石家庄市民政局局长，1939年参加工作，1943年加入中国共产党，1981年离休，享受副厅级待遇，因病于2009年2月10日逝世，享年94岁。

涂永端（1916～2009） 四川省江油县人，1935年参加红军，1937年入党，1980年离休，享受副厅级待遇，因病于2009年11月11日逝世，享年93岁。

孔 誉（1916～2009） 河北省献县人，1946年加入中国共产党，1942年参加八路军，1955年授予大尉军衔，1956年转业，曾任石家庄地区内燃机配件厂厂长，享受县级待遇，因病于2009年7月2日逝世，享年93年。

徐国财（1917～2009） 河北省安国县人，原石家庄市桥东区人民政府区长，1940年加入中国共产党并参加革命工作，1983年离休，享受地专级待遇，因病于2009年5月8日逝世，享年92岁。

杜永莲（1918～2009） 四川省南部县人，原石家庄市卫生局顾问、离休干部、老红军，1935年参军，1937年加入中国共产党，1982年退休，享受副厅级待遇，因病于2009年6月19日逝世，享年91岁。

朱川济（1919～2009） 河北省平山县人，原石家庄地区畜牧水产局顾问，1938年加入中国共产党并参加工作，1983年离休，因病于2009年12月5日逝世，享年90岁。

吴　悌（1919～2009） 河北省饶阳县人，原中共石家庄市桥东区委副书记，1937年加入中国共产党并同时参加革命工作，1979年离休，享受地专级待遇，因病于2009年12月11日逝世，享年90岁。

郭成云（1921～2009） 河北省邢台县人，原石家庄地区物资局局长，市国有资产管理委员会离休干部，1938年加入共产党并参加革命工作，1982年离休，享受副厅级待遇，因病于2009年10月24日逝世，享年88岁。

张巨才（1921～2009） 河北省平山县人，石家庄市水利局离休干部，1940年参加革命工作，1941年加入中国共产党，享受地专级待遇。享年88岁。

张连生（1921～2009） 河北省正定县人，1937年参加革命工作，1946年加入中国共产党，曾任石家庄市长安区电影院经理，1983年离休，因病于2009年4月3日逝世，享年88岁。

石焰明（1922～2009） 河北省无极县人，1939年参加工作并加入中国共产党，1982年离休，享受副厅级待遇，因病于2009年6月7日逝世，享年87岁。

刘　琴（1922～2009） 女，原石家庄市针织公司副经理、离休干部、1943年参加革命工作，1946年加入中国共产党，享受副县级待遇，因病于2009年9月9日逝世，享年87岁。

刘庆和（1922～2009） 原石家庄市新华书店党支部书记，因病于2009年5月21日逝世，享年87岁。

陈　孝（1922～2009） 原化工部第十二建设公司党委书记，1939年参加革命，曾任四野21军某旅旅长，1984年离职休养，因病于2009年3月5日逝世，享年87岁。

刘国昌（1923～2009） 原石家庄地区外经贸局局长，离休干部，因病于2009年11月23日逝世，享年86岁。

赵诺夫（1923～2009） 河北省辛集市人，原石家庄地区统计局局长，1940年参加革命工作，1948年加入中国共产党，1983年离休，享受副地级待遇，因病于2009年5月2日逝世，享年86岁。

马汉荣（1923～2009） 陕西省绥德县人，原石家庄市公安局离休干部，1940年参加革命工作，1945年加入中国共产党，1983年离休，享受正处级待遇，因病于2009年2月25日逝世，享年86岁。

赵宝琦（1924～2009） 原石家庄市卫生局副局长，1928年参加八路军115师，1940年8月加入中国共产党，曾任华北制药厂副厂长，因病于2009年8月26日逝世，享年85岁。

韩益民（1924～2009） 石家庄市农业局原副局长，1938年参加革命工作，1946年加入中国共产党，1985年离休，享受县级待遇，因病于2009年11月11日逝世，享年85岁。

王汝平（1924～2009） 原石家庄地委副书记，享受副厅待遇，因病于2009年8月19日逝世，享年85岁。

石庆堂（1924～2009） 河北省平山县人，石家庄市新华区原副书记，1941年参加革命工作，1984年离休，享受地专级待遇，因病于2009年1月15日逝世，享年85岁。

夏永安（1925～2009） 河北省张家口市人，石家庄市桥东区司法局原局长、离休干部，1946年加入中国共产党，并参加工作，享受县级待遇，因病于2009年3月12日逝世，享年84岁。

王桂芬（1925～2009） 女，河北省任丘市人，原石家庄市纺织局副局长，1943年参加革命工作，1946年加入中国共产党，1986年离休，享受副县待遇，因病于2009年逝世，享年84岁。

齐光灿（1925～2009） 原石家庄市宣传部顾问，1937年参加革命工作，1985年离休，享受副厅级待遇，因病于2009年5月23日逝世，享年84岁。

刘昌彬（1925～2009） 石家庄市建设局离休干部、原建委主任，因病于2009年8月30日逝世，享年84岁。

张春芳（1926～2009） 女，石家庄第二印染厂离休干部，享受副处级待遇，1948年参加革命工作，中共党员，因病于2009年12月2日逝世，享年83岁。

宋　杰（1926～2009） 原石家庄市环境卫生管理处人事劳资科科长，1944年参加革命工作，1946年加入中国共产党，1985年离休，享受县级待遇，因病于2009年7月17日逝世，享年83岁。

王万喜（1926～2009） 河北省正定县人，1948年参加革命工作，1950年加入中国共产党，1975年到石家庄地区医院工作（现石家庄市第二医院），1984年离休，享受县级待遇，因病于2009年6月7日逝世，享年83岁。

彭蕴岭（1926～2009） 女，原石家庄铁路分局离休干部，1939年参加革命工作，同年加入中国共产党，享受处级待遇，因病于2009年8月31日逝世，享年83岁。

赵振明（1927～2009） 河北省深县人，石家庄市第一中学原党总支书记，1942年参加革命工作，1945年加入中国共产党，1985年离休，享受地级待遇，因病于2009年3月3日逝世，享年82岁。

谢斌全（1927～2009） 河北省正定县人，原河北威远集团离休干部，中共党员，1942年参加革命工作，享受副县待遇，因病于2009年4月28日逝世，享年82岁。

陈赢洲（1928～2009） 河北省辛集市人，原三五　四工厂工会主席，1946年参加革命工作，1953年加入中国共产党，1985年离休，享受县级待遇，因病于2009年4月19日逝世，享年81年．

于再生（1929～2009） 原石家庄市针织公司党委书记，离休干部，1947年参加革命工作，1949年加入中国共产党，享受县级待遇，因病于2009年11月19日逝世，享年80岁。

王瑞林（1929～2009） 原石家庄市油漆厂厂长，1953年参加工作，1980年加入中国共产党，1989年退休，因病于2009年8月5日逝世，享年80岁。

程辉庭（1929～2009） 河北省深县人，原石家庄市五金交电公司党委书记，1947年参加革命工作，1948年加入中国共产党，1990年离休，享受县级待遇，因病于2009年3月3日逝世，享年80岁。

王　彬（1929～2009） 女，河北省大名县人，中共石家庄市委组织部离休干部，1946年参加革命工作，1948年加入中国共产党，1989年离休，因病于8月8日逝世，享年80岁。

胡志忠（1929～2009） 河北省正定县人，原河北鸣鹿服装集团公司教育处处长，1948年参加工作，1984年离休，享受县级待遇，因病于2009年4月4日。

曹彦斌（1929～2009） 河北省宁晋县人，原藁城县人民武装部政治委员，正团级。1945年参加八路军，1947年加入中国共产党，因病于2009年7月17日逝世，享年80岁。

赵友芳（1930～2009） 山东省商河县人，原石家庄市化工一厂离休干部，1947年参加革命工作，中共党员，1990年离休，享受副处级待遇，因病于2009年8月5日逝世，享年79岁。

朱志英（1930～2009） 原无

极县人大常委会主任，1942年参加革命工作，1992年离休，因病于2009年6月1日逝世，享年79岁。

张铁勋（1930～2009） 河北省肃宁县人，原石家庄市物资局局长，市国资委离休干部，1944年参加革命工作并加入中国共产党，享受副厅级待遇，因病于2009年2月5日逝世，享年79岁。

程志才（1930～2009） 原石家庄地区文化局副局长，1946年参加革命工作，因病于2009年8月16日逝世，享年79岁。

李庆辰（1931～2009） 河北省晋州市人，石家庄市食品药品监督管理局正处级离休干部，1951年参加工作，1953年加入中国共产党，因病于2009年6月24日逝世，享年78岁。

李格章（1931～2009） 河北省鹿泉市人，1948年参加中国人民解放军，同年加入中国共产党，曾任石家庄市无线电十厂革委会副主任、副书记等职，1991年离休，享受副处待遇，因病于2009年6月11日逝世，享年78岁。

尚羡智（1932～2009） 河北省第五届、第六届政协委员、原河北省戏剧家协会副主席，中共党员，石家庄市文化局戏研室主任，石家庄市艺术研究所一级编剧，因病于2009年2月17日逝世，享年77岁。

袁景春（1933～2009） 河北省深泽县人，石家庄市第二医院原外二科主任，1948年参加革命工作，1993年离休，因病于2009年2月20日逝世，享年76岁。

张造录（1936～2009） 河北省晋州市人，长安区原政协主席，1952年参加工作，1959年加入中国共产党，1996年退休，享受正处级待遇，因病于2009年3月25日逝世，享年73岁。

田增雪（1937～2009） 河北省辛集市人，原石家庄市经贸委助理调研员，市国有资产管理委员会，享受副处级待遇，因病于7月24日逝世，享年72岁。

陈士祥（1939～2009） 鹿泉市人大常委员主任，因病于2009年5月12日逝世，享年70岁。

公福祥（1939～2009） 河北省抚宁县人，1959年入伍，1961年加入中国共产党，武警支队支队长，1994年离休，因病于2009年5月19日逝世，享年70岁。

赵树民（1944～2009） 河北省深泽县人，石家庄市长安区原政法委副书记，1965年加入中国共产党，1968年参加工作，2004年退休，享年65岁。

张书亭（1945～2009） 河北省鹿泉市人，原中共石家庄市纪律检查委员会副书记、监察局长，1964年参加工作，1971年加入中国共产党，2007年退休，因病于2009年5月1日逝世，享年64岁。

彭培民（1947～2009） 河北省献县人，原石家庄市人民法院经济第二审判庭庭长，1966年参加工作，享受副处级待遇，因病于2009年9月13日逝世，享年62岁。

范晓峰（1947～2009） 河北省定州市人，原石家庄市委工交工委（经贸委）副书记，市工业经济联合会常务副会长，市国有资产监督管理委员会正处级干部，1965年参加工作，1969年加入中国共产党，因病于2009年11月15日逝世，享年62岁。

姜瑞峰（1948～2009） 河北省魏县人，1963年参加工作，1984年加入中国共产党，第十届河北省政协常委、省委第三巡视组组长、原河北省纪委正厅级纪检员、省监察厅正厅级监察专员，石家庄市第十一届人大常委会副主任、党组副书记，在邢台沙河市巡视工作期间，突发心脏病，经抢救无效，于2009年5月19日逝世，享年61岁。

张国珍（1955～2009） 河北省元氏县人，1970年参加工作，1982年加入中国共产党，生前任石家庄市城乡规划局副书记，享受副处级待遇，因病于2009年6月20日逝世，享年54岁。

石家庄年鉴 Literatures & Regulations

文献法规

文献法规

石家庄市人民政府令第166号

《石家庄市人民政府关于修改〈石家庄市行政村档案管理办法〉的决定》已经二〇〇九年四月十一日市第十二届人民政府第二十四次常务会议讨论通过，现予发布。自二〇〇九年七月一日起施行。

市长：艾文礼

二〇〇九年四月二十一日

石家庄市人民政府
关于修改《石家庄市行政村档案管理办法》的决定

为适应行政村档案管理新的要求和形式，进一步规范行政村档案管理，市政府决定对《石家庄市行政村档案管理办法》做如下修改：

一、删除第三条中的“、利用”。

二、删除第八条中的“有条件的”，在“档案库房、装具和设备”后增加“实行村档乡管的行政村应做好每年档案的收集、整理和移交工作。”

三、第九条“任何单位和个人不得据为己有。”后增加“村委会、村党组织换届时，必须做好档案的交接工作。”

四、第十条“其他单位的档案管理”后增加“以及村民家庭建档工作”。

五、第十一条将“初中”修改为“高中”。

六、第十二条增加“行政村党支部（总支）、团支部、妇联等组织活动形成的文件；”作为该条的第一项。增加“社会主义新农村建设形成的各种文件，包括：新型农村合作医疗；失地农民养老保险；农村最低生活保障；农村劳务输出；农村社会养老保险；创建农村文明生态村；农村矛盾纠纷排查等活动中形成的文件；”作为该条第十项。第二项中的“的工作资料”修改为“活动中形成的文件”；第五项中的“的资料”修改为“中形成的文件”；第三、四、六、七、八、九、十一项中的“资料”修改为“文件”。

七、第十三条“档案的各类资料”修改为“应归档的文件材料”，“财务资料”修改为“财务档案”。

八、第十四条第一项修改为“文件、会计档案，分别按‘年度——问题’（或年度——保管期限）、年度——形式分类整理”；增加“电子档案，按电子文件归档与管理办法要求整理。”作为第七项。

九、第二十一条“予以处罚；”后增加“构成犯罪的，移送司法机关依法追究刑事责任。”

根据以上修改，对条文的顺序和个别文字做相应调整。

本决定自2009年7月1日起施行。

《石家庄市行政村档案管理办法》根据本决定做相应修改，重新公布。

石家庄市行政村档案管理办法

(1999年8月13日市人民政府令107号发布，2005年2月1日市人民政府令第142号第一次修订，根据2009年4月21日《石家庄市人民政府关于修改〈石家庄市行政村档案管理办法〉的决定》第二次修订)

第一条 为加强对行政村档案管理工作的指导、监督，有效地保护、利用行政村档案，为农村民主政治建设和经济发展服务，根据《中华人民共和国档案法》、《河北省档案工作条例》及有关法律、法规，结合本市实际，制定本办法。

第二条 本办法适用于本市行政区域内行政村的档案管理工作。

第三条 本办法所称行政村档案，是指行政村在政治、经济、科学技术、文化教育、村民自治等活动中，直接形成的对国家、集体和社会具有保存价值的各种文字、图表、音像制品等形式的历史记录。

第四条 石家庄市档案行政管理部门负责全市行政村档案的行政管理工作。县(市)、区档案行政管理部门主管本辖区内行政村档案的行政管理工作。

第五条 行政村档案工作在上级档案行政管理部门和乡(镇)人民政府档案工作机构的指导监督下，由行政村对档案实行集中统一管理。

第六条 行政村档案归行政村所有；村民个人依法继承或取得的档案，归村民个人所有。

第七条 各行政村分别为独立的立档单位，所形成的档案为一个全宗，全宗名称由乡(镇)和行政村名组成。

第八条 行政村应当配备必需的档案库房、装具和设备。实行村档乡管的行政村应做好每年档案的收集、整理和移交工作。

第九条 行政村应当建立文件资料立卷归档制度。凡是反映本村工作活动、具有查考价值的各种文件资料均应归档保存，确保档案的完整、安全和有效利用，任何单位或个人不得据为己有。村委会、村党组织换届时，必须做好档案的交接工作。

第十条 行政村应当指定专人负责本村各类档案的管理，并对村办企业或其它单位的档案管理以及村民家庭建档工作进行指导。

第十一条 行政村从事档案管理工作的人员，应具有高中以上文化程度，并经过县级以上档案行政管理部门培训合格，方可上岗。

档案管理人员应保持相对稳定，行政村调换档案管理人员，须征得乡(镇)档案工作机构的同意。

第十二条 行政村档案包括下列内容：

(一)行政村党支部(总支)、团支部、妇联等组织活动形成的文件；

(二)民主选举、民主决策、民主管理、民主监督等村民自治组织活动中形成的文件；

(三)行政区域管理及村志、村史等历史沿革文件；

(四)经济发展、建设规划及合同、小康建设等文件；

(五)户籍管理、计划生育、民事调解、治安保卫、文教卫生、救灾抚恤及公益活动中形成的文件；

(六)农业、林业、畜牧业、水产养殖业等生产经营活动、村办企业及其它单位形成的重要文件；

(七)集体财产、财务、招商引资、经贸洽谈、出国考察、友好往来等文件；

(八)各级领导及上级机关视察、督导本村工作中形成的讲话、指示、题词、录音、录像、照片等文件；

(九)上级机关颁发的有关方针、政策性文件以及需要贯彻执行的文件；上级对本村工作的批复、通报等文件；

(十)社会主义新农村建设形成的各种文件，包括：新型农村合作医疗；失地农民养老保险；农村最低生活保障；农村劳务输出；农村社会养老保险；创建农村文明生态村；农村矛盾纠纷排查等活动中形成的文件；

(十一)其它具有保存价值的文件。

第十三条 行政村应归档的

文件材料应于次年3月底前立卷归档；财务档案由会计人员在年度终了后立卷保管一年并在跨年后3月底前移交档案管理人员。

第十四条 行政村应根据文件形成的规律和特点，按照下列方式整理：

（一）文书、会计档案，分别按"年度——问题"（或年度——保管期限）、年度——形式分类法整理；

（二）科学研究档案，按课题整理；

（三）基本建设档案，按工程项目整理；

（四）产品、设备仪器档案，按型号整理；

（五）户籍档案，以户为单位整理；

（六）音像档案，按载体形式整理；

（七）电子档案，按电子文件归档与管理办法要求整理。

第十五条 行政村应按照国家规定期限保管档案，并上报乡（镇）档案工作机构备案。

第十六条 行政村销毁档案，须经乡（镇）档案工作机构批准，并由二名乡镇档案工作人员监督执行。

第十七条 行政村应建立档案利用制度。利用档案应当办理手续。任何单位和个人不得涂改、污损档案或拆卷、抽页；未经批准，不得抄录、复制档案。

第十八条 行政村对属于保密和控制使用的新工艺、新材料、名优特产品生产配方等档案，应按照国家保密法律、法规的有关规定进行控制管理，档案人员不得擅自提供和泄露其内容。

第十九条 行政村和村民个人所有的对国家和社会具有保存价值或者应当保密的档案，档案所有者应当妥善保管。

档案的出售、赠送、转让和交换，以及携带、运输、邮寄出国（境），按有关法律、法规执行。

第二十条 鼓励村民将个人所有的档案资料，包括国家领导人、著名人物的手迹、手稿、信札日记、照片和历代有价值的文史资料，向有关档案馆（室）捐赠或寄存。

捐赠或寄存者可无偿利用其捐赠和寄存的档案资料。其它单位和个人利用村民寄存的档案资料，须经寄存者同意。

第二十一条 有下列行为之一的，由县级以上档案行政管理部门对主管领导和直接责任人予以处罚；构成犯罪的，移交司法机关依法追究刑事责任。

（一）擅自提供、抄录、复制档案的，处以五百元以上一千元以下罚款；

（二）涂改、伪造档案的，处以五百元以上二千元以下罚款；

（三）损坏、丢失或擅自销毁对国家和社会具有保存价值档案的，处以五百元以上五千元以下罚款；

第二十二条 本办法自二〇〇九年七月一日起生效。

石家庄市人民政府令第167号

《石家庄市凿井管理办法》已经二〇〇九年四月十一日市第十二届人民政府第二十四次常务会议讨论通过，现予发布。自二〇〇九年六月一日起施行。

市长：艾文礼

二〇〇九年四月二十一日

石家庄市凿井管理办法

第一条 为加强凿井的管理，严格控制开采地下水，根据《取水许可和水资源费征收管理条例》等有关规定，结合本市实际，制定本办法。

第二条 本市行政区域内以取用地下水为目的，实施凿井活动适用本办法。

第三条 市水行政主管部门是全市凿井的主管部门。

县（市）、矿区水行政主管部门负责本辖区内凿井的管理工作。

城乡规划、城市管理、园林、工商行政管理等有关部门按照各自职责，做好凿井的相关管理工作。

第四条 实施凿井应当符合城市（镇）建设规划和水资源综合利用规划。

第五条 对需凿井的单位和个人实行取水许可制度；对承揽凿井业务的单位和个人实行备案制度。

第六条 需凿井的单位和个人应当按照《取水许可和水资源费征收管理条例》的有关规定办理取水许可手续，取得取水申请批准文件；未取得取水申请批准文件的，不得擅自实施凿井。

第七条 在城市规划区内凿井取水的，水行政主管部门应当征求城市规划主管部门的意见。

第八条 长安区、桥东区、桥西区、新华区、裕华区及高新技术产业开发区辖区内公共供水管网能够满足需要的，禁止凿井。

第九条 承揽凿井的单位和个人，应当具备下列条件：

（一）能够独立承担民事责任；

（二）具有与凿井相适应的技术等级；

（三）具有营业执照；

（四）法律法规规章规定的其他条件。

第十条 承揽凿井业务的单位和个人，在订立凿井施工合同前，应当查验被承揽方取水批准文件，不得承揽未取得取水批准文件的凿井工程。

第十一条 承揽凿井业务的单位和个人，应当在开凿前到工程所在地水行政主管部门办理备案手续并提交下列资料：

（一）凿井施工合同；

（二）凿井具体实施方案；

（三）与有利害关系的第三方达成的协议；

（四）营业执照。

第十二条 凡未经水行政主管部门备案，承揽凿井业务的单位和个人，由水行政主管部门责令其停止违法行为，限期补办备案手续，逾期不办理备案手续的，可处三百元以上五百元以下罚款。

第十三条 承揽未取得取水批准文件的凿井工程，擅自开凿的，由水行政主管部门责令其停止违法行为，施工机械限期撤离现场，逾期不撤离现场的，可将违法施工机械先行登记保存。情节严重的，可处三千元以上三万元以下罚款。

第十四条 对阻碍水行政执法人员依法执行监督检查职务的，由公安机关依据《中华人民共和国治安管理处罚法》的有关规定给予处罚。

第十五条 水行政主管部门应建立投诉举报制度，接受公民、法人或其他组织的投诉举报，并及时调查核实，依法处理。

第十六条 水行政主管部门对凿井情况进行监督检查时，凿井当事人应当如实提供有关资料和情况，不得隐瞒或者弄虚作假。

第十七条 水行政主管部门工作人员在凿井管理活动中滥用职权、玩忽职守、徇私舞弊的，依法给予行政处分。涉嫌犯罪的，移交司法机关处理。

第十八条 对水行政主管部门做出的行政处罚决定不服的，可依法申请行政复议或提起行政诉讼。

第十九条 本办法自2009年6月1日起施行。

石家庄市人民政府令第168号

《石家庄市市级储备粮管理办法》已经二〇〇九年六月八日市第十二届人民政府第二十六次常务会议讨论通过，现予发布。自二〇〇九年九月一日起施行。

市长：艾文礼
二〇〇九年六月二十三日

石家庄市市级储备粮管理办法

第一章　总则

第一条　为了加强对储备粮的管理，保证储备粮数量真实、质量良好和储存安全，维护粮食市场稳定，有效发挥储备粮在粮食市场宏观调控中的作用，根据《中央储备粮管理条例》及有关规定，结合本市实际，制定本办法。

第二条　本办法所称储备粮，是指市政府储备的用于调节全市粮食供求总量，稳定粮食市场，以及应对重大自然灾害或者其他突发事件等情况的原粮、成品粮、食用植物油（以下通称储备粮）。

第三条　从事和参与储备粮经营管理、监督活动的单位和个人，应当遵守本办法。

第四条　储备粮的管理应当严格制度、严格管理、严格责任，确保储备粮数量真实、质量良好和储存安全，并节约成本、费用。

储备粮的动用权归市政府，未经市政府批准，任何单位和个人不得擅自动用储备粮。

第五条　市发展和改革部门会同粮食行政管理部门、财政部门负责拟订储备粮规模总量、总体布局、品种和动用的宏观调控意见，并对储备粮管理进行指导和协调。

第六条　市粮食行政管理部门负责储备粮的行政管理工作，依法对储备粮的数量、质量和储存安全实施监督管理。

各县（市）、矿区粮食行政管理部门负责管理本行政区域内储存的储备粮，并对储备粮的数量、质量和储存安全进行监督管理。

第七条　市财政部门负责安排储备粮的管理费用（贷款利息、保管费用）、轮换费用、财产保险费用和经市政府批准动用储备粮所产生的价差亏损及相关费用等财政补贴，并及时、足额拨付；负责制定储备粮财务管理办法，并对储备粮有关财务执行情况实施监督管理。

第八条　中国农业发展银行河北省分行营业部（以下简称省农发行营业部）负责按照国家信贷管理政策、规定以及储备粮储存企业贷款申请，及时、足额安排储备粮所需贷款，并对发放的储备粮贷款实施信贷监管。

第九条　任何单位和个人不得以任何方式骗取、挤占、截留、挪用储备粮贷款或者管理费用、轮换费用以及差价亏损补贴等财政补贴。

第十条　任何单位和个人不得破坏储备粮仓储设施，不得盗窃、哄抢或者损毁储备粮。

储备粮储存地人民政府对破坏储备粮仓储设施，盗窃、哄抢或者损毁储备粮的违法行为，应当责成有关部门予以制止、查处。

第十一条　任何单位和个人对储备粮经营管理中的违法行为，均有权向市粮食行政管理部门等有关部门举报。市粮食行政管理部门等有关部门接到举报后，应当及时查处；举报事项的处理属于其他部门职责范围的，应当及时移送其他部门处理。

第二章　储备粮的计划

第十二条　储备粮存储规模、

品种和总体布局计划，由市发展和改革部门、粮食行政管理部门、财政部门根据调控需要和财力情况提出申请。市政府批准后，由市发展和改革部门、粮食行政管理部门会同财政部门、省农发行营业部联合制定存储计划下达给承担储备粮存储任务的企业(以下简称承储企业)具体实施。

储备粮规模随城镇常住人口和流动人口数量增长，适时增加。

第十三条 储备粮的动用销售计划，由市发展和改革部门、粮食行政管理部门根据调控需要提出申请。市政府批准后，由市粮食行政管理部门、发展和改革部门、财政部门、省农发行营业部联合制定动用方案，下达给承储企业具体实施。

第十四条 储备粮轮换计划由市粮食行政管理部门根据储备粮的品质和储存年限、储存布局，在每年三月底前，提出轮换意见。经粮食行政管理部门、市发展和改革部门、市财政部门、省农发行营业部协商一致后于当年四月底前共同下达。

第十五条 市粮食行政管理部门根据储备粮的存储、动用销售和轮换计划，督导承储企业具体实施。

第三章 储备粮的储存

第十六条 选择承储企业，应当遵循有利于储备粮的合理布局，有利于储备粮的集中管理和监督，有利于降低储备粮管理费用的原则。

第十七条 原粮承储企业必须具备下列条件：

（一）同一库区完好仓容量一般在1.5万吨以上；

（二）具有与粮食储存功能、仓型、进出粮方式、粮食品种、储粮周期等相适应的仓储设施；

（三）具有符合规定的粮食质量检测设施，具备与安全储藏相对应的粮情检测条件；

（四）具有粮食保管、检验、病虫害防治等专业技术人员；

（五）经营管理和信誉良好，无违法经营记录。

第十八条 成品粮、食用植物油承储企业必须具备下列条件：

（一）面粉加工企业日加工能力在200吨以上，成品库完好仓容在500吨以上；食用植物油日加工能力在200吨以上，成品油罐完好容量在2000吨以上；

（二）经营企业月成品粮或食用植物油经营量在2000吨以上；

（三）具有符合规定的粮食质量检测设施，具备与安全储藏相对应的粮情检测条件；

（四）具有粮食保管、检验、病虫害防治等专业技术人员；

（五）经营管理和信誉良好，无违法经营记录。

第十九条 市粮食行政管理部门根据本办法第十七、第十八条规定的条件，提出储备粮承储企业名单，经省农发行营业部同意后，确定承储企业。

第二十条 承储企业应当遵守下列规定：

（一）执行国家和省有关储备粮管理的法律、法规、规章、国家标准、技术规范和各项管理制度，对储备粮的数量、质量和储存安全负责；

（二）必须保证入库的储备粮达到存储和轮换计划规定的质量等级，并符合国家规定的质量标准。对储备粮实行专仓储存、专账记载、专人保管，保证储备粮账账相符、账实相符、质量良好、储存安全；

（三）建立、健全储备粮的防火、防盗、防洪等安全管理制度，并配备必要的安全防护设施；

（四）按照《粮油储藏技术规范》规定要求，对储存、管理状况进行经常性检查。企业负责人每月至少检查一次粮情，并签署意见，发现品种、数量、质量和储存安全等问题，应当及时处理；不能处理的，应当及时报告市粮食行政管理部门；

（五）每年对库存储备粮进行两次品质指标检测。对检测为不宜储存的储备粮，要查明原因，分清责任，及时向市粮食行政管理部门报告；

（六）执行粮食销售出库质量检验制度，储备粮出库时必须经有资质的粮食质量检验机构进行质量鉴定。

第二十一条 承储企业不得有下列行为：

（一）不得虚报、瞒报储备粮的数量；不得在储备粮中掺杂掺假、以次充好；不得擅自串换储备粮的品种、变更储备粮的储存地点和仓号；不得擅自改变储备粮轮换计划；

（二）不得以低价购进高价入账、高价售出低价入账、以旧粮顶替新粮、虚增入库成本等手段套取差价，骗取储备粮贷款和管理费用等财政补贴；否则，由省农发行营业部根据有关规定收回贷款；由财政部门收回已拨付的管理费用补贴；

（三）不得擅自动用储备粮；不得将储备粮轮换业务与其他业务混合经营；

（四）不得以储备粮对外进行担保或者对外清偿债务。

第二十二条 承储企业依法被撤销、解散、破产或者对储备粮管理不善的，市粮食行政管理部门会同省农发行营业部共同下达调整承储企业计划。

第二十三条 储备粮管理费用补贴实行定额包干，财产保险费用据实补贴。其中保管费用按每吨每年 80 元（食用植物油每吨每年 400 元）补贴，贷款利息据实补贴。保管费用补贴标准可由有关部门根据国家、省级储备粮保管费用补贴标准或实际管理成本变化情况适时调整。

储备粮管理费用实行季度拨付制度，季度末由市粮食行政管理部门提供储备粮数量、质量检查情况表，市财政部门核实后，每季度末后 10 日内，将储备粮管理费用通过省农发行营业部补贴专户直接拨付到承储企业。储备粮保险费用由承储企业垫付按年度据实拨付。承储企业垫付的保险费用经财政部门核实后，随年度内第一次管理费用一并拨付。

第二十四条 储备粮所需贷款由省农发行营业部根据存储、轮换计划和入库成本及时、足额供应，并实行专户管理、专款专用、购贷销还、全程监管。

承储企业应当在省农发行及其分支机构开立基本帐户，并接受信贷监管。

第二十五条 储备粮的入库成本由市财政部门会同市发展和改革部门、粮食行政管理部门核定。储备粮的入库成本一经核定，承储企业必须遵照执行，任何单位和个人不得擅自更改储备粮入库成本。

第二十六条 储备粮应当全额参加财产保险。因自然灾害造成的损失，除按规定向保险公司索赔外，不足部分报市政府批准后，由市财政弥补。

储备粮的损失、损耗应当及时处理，具体管理办法由市财政部门会同粮食行政管理部门征求发展和改革部门、省农发行营业部意见后制定。

第四章 储备粮的轮换

第二十七条 储备粮每年轮换数量不少于储存总量的 30%。轮换数量以自然仓、罐数量为准。

储备粮的储存年限自粮食收获（或生产）年份起计算。具体储存年限为：小麦 4 年，玉米 3 年、食用植物油 2 年。

第二十八条 储备粮轮换应当以储存年限为依据，以粮食理化品质检测指标为参考。对达到储存年限的粮食应及时轮换。未达到储存年限，但品质指标接近或达到不易储存指标的粮食也应及时轮换。

轮入的粮食必须是当年收获的，并符合国家标准规定的中等以上质量标准。

第二十九条 储备粮轮换可以按照先购后销、边购边销和先销后购的方式进行。

第三十条 因储备粮轮换形成暂时空库的，空库时间不得超过四个月。因特殊原因，需要延长空库时间的，必须报市粮食行政管理部门批准，并征得市财政部门同意。在规定的空库时间内，储备粮管理费用补贴照常拨付；超过规定的空库时间（包括经批准延长的时间）不能入库的，对空库部分停止拨付管理费用补贴。

第三十一条 储备粮轮换原则上不做库存成本调整。因特殊原因确需调整轮入粮食库存成本的，必须报市发展和改革部门、市财政部门会同市粮食行政管理部门、省农发行营业部研究确定。

第三十二条 储备粮的轮换费用实行定额包干，轮换完成后，由市粮食行政管理部门会同市发展和改革部门、财政部门验收，验收合格后，由市财政部门在十日内通过农发行补贴专户直接拨付到承储企业，盈亏由承储企业自负。

储备粮的轮换费用，每吨每次 80 元（含新陈差价）。轮换费用补贴标准可由有关部门根据国家、省级储备粮轮换费用补贴标准的调整适时调整。

第三十三条 成品粮储备的轮换在企业经营过程中以滚动出库方式完成，即在随时保证储备库存前提下完成轮换。成品粮储备轮换没有空库期，市财政部门不负担成品粮轮换所发生的费用。

第五章 储备粮的动用

第三十四条 市发展和改革部门、粮食行政管理部门应当完善储备粮的动用预警机制，适时向市政府提出动用储备粮的建议。

第三十五条 出现下列情况之一的，可以动用销售储备粮：

（一）全市或部分县（市）、区粮食明显供不应求或者市场价格异常波动；

（二）发生重大自然灾害或者其他突发事件；

（三）市政府决定取消储备粮存储计划；

（四）市政府认为需要动用的其他情形。

第三十六条 储备粮动用方案由市发展和改革部门、粮食行政管理部门、财政部门提出，报市政府批准，并抄送省农发行营业部。动用方案包括动用的品种、数量、质量、价格、使用安排、运输保障等内容。

紧急情况下，市政府直接决定动用储备粮并下达动用命令。

第三十七条 市政府批准的储备粮动用方案和下达的动用命令，由市粮食行政管理部门具体组织实施。

在实施过程中，市政府有关部门及有关县（市）区人民政府应当予以支持、配合。

第三十八条 任何单位和个人不得拒绝执行或者擅自改变市政府批准的储备粮动用方案和下达的储备粮动用命令。

第三十九条 经市政府决定动用储备粮发生的损失（有偿动用包括贷款本金与收入差价、利息和发生的相关费用；无偿动用包括贷款本金、利息和发生的相关费用），经市财政部门、粮食行政管理部门核定并经市政府批准后，由市财政弥补。经市政府批准动用储备粮发生的盈利（有偿运用收入与贷款本金的价差部分），经相关部门核定后上缴市财政补贴专户，用于粮食方面开支。

第六章 监督检查

第四十条 有关部门违反本办法第十四条，未按规定时间提出并下达年度轮换计划的，市政府责成有关部门限期改正，逾期不改正的，由市政府进行通报批评。

第四十一条 市发展和改革部门、粮食行政管理部门、财政部门按照各自的职责，依法对承储企业执行粮食法律、法规、规章的情况进行监督检查。在监督检查过程中，可以行使下列职权：

（一）进入承储企业检查储备粮的数量、质量和储存安全情况；

（二）按规定对所存储备粮进行品质和卫生指标检验；

（三）向有关单位和人员了解储备粮存储、销售、轮换计划及动用命令的执行情况；

（四）调阅储备粮经营管理的有关资料；

（五）依法处理违法行为。

第四十二条 市粮食行政管理部门每季度对储备粮进行一次检查，在检查中，发现储备粮在数量、质量、储存安全等方面存在问题的，应当责成承储企业立即纠正。

第四十三条 监督检查人员应当将监督检查情况做出书面记录，并由监督检查人员和被检查单位负责人签字。被检查单位负责人拒绝签字的，监督检查人员应当将有关情况记录在案。

第四十四条 承储企业及有关单位和人员对依法实施的监督检查，应予以配合，如实提供有关情况和资料，不得以任何理由拒绝、干涉、阻挠。

第四十五条 承储企业所在地的粮食行政管理部门应当加强对储备粮的日常管理和监督检查，对储备粮的数量、质量存在的问题，应当及时纠正；对危及储备粮储存安全的重大问题，应当立即采取有效措施处理，并向市粮食行政管理部门报告。市粮食行政管理部门应当及时将处理情况通报市发展和改革部门、财政部门、省农发行营业部。

第四十六条 省农发行营业部应当按照粮食收购资金封闭管理和《中国农业发展银行地方储备粮贷款管理办法》的规定，加强对储备粮贷款的信贷监管，承储企业应当予以配合，并及时提供有关情况和资料。

第七章 法律责任

第四十七条 承储企业违反本办法的，由粮食行政管理部门给予行政处罚：

（一）违反第二十条第五项规定的，给予警告，责令限期改正，逾期不改正的，处 3000 元至 5000

元罚款；

（二）违反第二十条第六项规定的，给予警告，责令限期改正，逾期不改正的，处5000元至10000元罚款；

（三）违反第二十一条第一项规定的，给予警告，责令限期改正，逾期不改正的，处10000元至30000元罚款，情节严重的可取消其承储计划；

（四）违反第二十一条第二项规定的，给予警告，责令限期改正，逾期不改正的，处5000元至10000元罚款；

（五）违反第二十一条第三项规定的，给予警告，责令限期改正，逾期不改正的，处20000元至30000元罚款，情节严重的取消其承储计划；

（六）违反第二十一条第四项规定的，给予警告，责令限期改正，逾期不改正的，处20000元至30000元罚款，情节严重的取消其承储计划。

第四十八条 国家机关工作人员违反本办法的，按照有关规定给予处分；构成犯罪的依法追究刑事责任。

第八章 附则

第四十九条 各县（市）、矿区应当建立县级储备粮，并参照本办法执行。

第五十条 本办法自2009年9月1日起施行。

石家庄市人民政府令第170号

《石家庄市道路停车场管理办法》已经二〇〇九年九月九日市第十二届人民政府第二十九次常务会议讨论通过，现予发布。自二〇〇九年十一月一日起施行。

市长：艾文礼

二〇〇九年九月二十二日

石家庄市道路停车场管理办法

第一章 总则

第一条 为规范停车秩序，维护道路交通安全畅通，合理配置城市公共资源，根据国家有关法律、法规规定，结合本市实际，制定本办法。

第二条 本市市内五区（含高新技术产业开发区）道路停车场的规划、设置、管理和使用，适用本办法。

第三条 本办法所称道路停车场，是指利用慢车道、人行道、桥梁（高架路、立交桥）投影空间、市政设施用地以及机关、事业单位门前广场、空地设置的停车场（以下简称公共停车场）和利用规划道路红线与建筑物外缘之间的开放式场地设置的由沿街经营单位自行管理的停车场（以下简称自设停车场）。

第四条 市城市管理部门负责市区公共停车场收费机构和收费人员的管理工作，市城市道路停车管理中心负责日常管理工作。

各区城市管理部门设立的城市道路停车管理机构负责管理本辖区内公共停车场的收费工作，接受市城市道路停车管理中心的业务指导。

第五条 市公安机关交通管理部门（以下简称公安交管部门）负责市区道路停车场设置审批和违法停车处罚工作；市规划行政主管部门负责市区道路停车场规划管理工作；市物价部门负责道路停车场的价格管理工作。

第六条 道路停车场的管理

应当遵循统一设置标识、统一收费标准、统一收费票据、统一人员着装、统一人员管理的原则；推广应用智能化、信息化等科技手段管理道路停车场。

第二章 道路停车场的设置

第七条 市规划行政主管部门应当会同市城市管理和公安交管部门制定全市停车规划和道路停车场设置规划并报市政府批准。

市公安交管部门应当会同市规划和城市管理部门根据市政府批准的全市停车规划和道路停车场设置规划，按照统一规划，统一设置的原则编制道路停车场设置方案，在满足道路通行条件的前提下最大限度满足社会停车需求。

第八条 道路停车场设置方案应当包括停车场方位、出入口位置、停车类型、面积、泊位数、使用期限、设施和设备等。编制道路停车场设置方案时，应当适当设置免费临时停车场地和泊位以及残疾人专用车停车泊位。

第九条 道路停车场设置方案草案应当公告，征求社会各界和公众的意见，公告期不得少于30日。市公安交管部门应当对意见或者建议进行全面收集和审议，采纳科学管理的意见或建议，并向社会公布道路停车场设置方案。

第十条 下列区域或路段不得设置道路停车场：

（一）消防通道和盲道；

（二）城市道路主要路段、重要节点；

（三）其他法律、法规、规章规定不得设置的区域和路段。

第十一条 市公安交管部门应当会同市规划和城市管理部门定期对道路停车场设置方案进行评估，并根据道路条件、交通流量和停车需求变化适时调整，调整后的道路停车场设置方案应当及时向社会公布。

道路停车场影响车辆、行人通行的，属公共停车场的，市公安交管部门应当及时撤除，恢复道路原状。属自设停车场的，由市公安交管部门注销审批手续，责成设置单位自行撤除，并恢复道路原状。

第十二条 市公安交管部门应当根据道路停车场设置方案在慢车道、人行道、桥梁（高架路、立交桥）投影空间、市政设施用地以及机关、事业单位门前广场、空地，设置与通行能力和停车需求相适应的公共停车场，安装停车标志，施划停车标线。

公共停车场设置完成后，市公安交管部门应当交由市城市道路停车管理中心统一管理经营；市城市道路停车管理中心应当按照属地管理原则将公共停车场交由各区城市道路停车管理机构实施经营管理。

第十三条 规划道路红线与建筑物外缘之间的开放式场地，沿街经营单位可按照道路停车场设置方案设置自行管理的自设停车场，自设停车场应对外开放，并不得设置专用停车泊位。

自设停车场由沿街经营单位自行管理，也可以委托市城市道路停车管理中心实施统一管理。

设置自设停车场应当申请市公安交管部门按照道路停车场设置方案办理审批手续。市公安交管部门在办理自设停车场审批时，应当书面征求市城市管理和规划部门意见。

第十四条 公共停车场安装停车标志，施划停车标线所需费用应当纳入财政预算。自设停车场设置所需经费由设置单位自行承担。

第十五条 公共停车场在不改变其国有资产性质前提下，可以采用招标、拍卖的方式确定给单位或者个人经营管理。

通过招标、拍卖的方式取得公共停车场经营权的单位和个人，不得另行转包或转租。

第十六条 设置机动车道路停车场应当符合下列标准：

（一）标志、标线清晰醒目；

（二）停车场标志、军车免费标志和公示牌设在明显位置；公示牌内容包括停车场编号、收费依据及标准、收费时段、收费方式、泊位数、消防和安全保卫制度、监督投诉电话等；

（三）设有照明设施和消防器材；

（四）昼夜停车场可以设置服务岗亭、隔离设施；

（五）法律、法规、规章规定的其他标准。

设置非机动车道路停车场应当施划停车区域、安装停车场标志。

第十七条 按设置方案安装停车场标志、公示牌和咪表停车计费管理系统的，应当到市城市管理和园林部门办理挖掘城市道路审批、临时占用城市绿地核准手续，市城市管理和园林部门应当在7日内办理完毕并免收相关费用。

第十八条 市公安交管部门应当按照道路停车场设置方案设置一定数量的免费公共停车场和停车泊位。

鼓励机关、事业单位配建的内部停车场在节假日和公休日免费对外开放。

第十九条 未经市公安交管部门批准，任何单位和个人不得擅自设置道路停车场和施划停车泊位；不得擅自占用、拆除、移动、损毁、涂改停车场设施和设备。

第三章 道路停车场的管理

第二十条 道路停车场停车收费实行政府指导价，道路停车场实行收费管理的，停车收费不得高于政府指导价。道路停车场收费标准由市人民政府价格主管部门制定，并向社会公示。

各区城市道路停车管理机构管理的公共停车场停车收费按预算外资金管理，实行收支两条线，收入全部上缴市财政，支出由财政部门按批准的预算核拨。

鼓励沿街经营单位自行管理的自设停车场提供免费停车服务，沿街经营单位自行管理的自设停车场收费的，应当办理税务登记，使用地方税务部门监制的发票。

第二十一条 道路停车场停车收费可以采取按时或者按次方式计收停车费。

道路停车场停车采取按时计费的，可以根据周边地区的道路交通状况，采取累进计费或者限时停车的办法计费。

第二十二条 军车、执行任务的警车、消防车、救护车以及工程救险车辆在道路停车场停放的，应免收停车费。

第二十三条 道路停车场收费人员不按规定着统一款式服装和配戴服务标识、不出具或不按规定出具票据和超过政府指导价收取停车费的，停车者可以拒付停车费。

道路停车场收费人员服装款式标准和服务标识式样由市城市管理部门确定并公布。

第二十四条 道路停车场的管理人员应当遵守下列规范：

（一）工作人员着统一款式服装，配戴统一服务标识；

（二）规范引导车辆按序进出、入位停放；

（三）保持场内整洁卫生；

（四）维护场内场地和绿地完好，造成损坏的负责恢复原状；

（五）确保停车设施、设备的正常运行；

（六）采用咪表停车计费管理系统的，在醒目位置明示使用说明；

（七）无正当理由不得拒绝车辆停放；

（八）严格执行停车收费标准，出具票据；

（九）不得采用锁定车轮、设置障碍等方式强迫驾驶人缴纳停车费用；

（十）法律、法规、规章规定的其他规范。

第二十五条 机动车驾驶人在道路停车场停放车辆应当遵守下列规定：

（一）按顺行或规定方向在泊位内停放；

（二）拉紧手制动器、锁定门窗、带走贵重物品；

（三）爱护和正确使用收费设备；

（四）不得装有易燃、易爆、有害等危险物品或者其他违禁物品。

第二十六条 举行重大活动或遇有突发公共事件时，道路停车场应当按照市公安交管部门的要求，将道路停车场暂停使用或提供免费停车服务。

第二十七条 任何单位或个人有权对违法停车和道路停车场管理者或经营者的违法行为进行投诉举报，接受投诉举报的城市管理、公安交管、财政和物价等部门应当及时查处。

第四章 法律责任

第二十八条 违反本办法第十五条规定，取得公共停车场经营权的单位和个人将公共停车场转包或转租的，由市城市管理部门收回道路停车场经营权，并处5000元以上20000元以下罚款。

第二十九条 自设停车场经营者违反本办法第十六条规定，未按道路停车场设置标准设置的，由市公安交管部门责令限期改正，逾期不改的，处500元以上1000元以下罚款。

第三十条 违反本办法第十九条规定擅自设立道路停车场或施划停车泊位的，由市公安交管部门责令限期撤除，逾期未撤除的，由市公安交管部门强制撤除，并处2000元以上30000元以下罚款。

第三十一条 违反本办法第

十九条规定擅自拆除、移动、损毁、涂改停车场设施、设备及咪表停车计费管理系统的，由市公安交管部门处500元以上1000元以下罚款；造成损失的，由责任人依法承担赔偿责任。

第三十二条 违反本办法第二十四条第一项和第七项规定的，由市公安交管部门责令改正，并处500元以上1000元以下罚款。

第三十三条 违反本办法第二十六条规定，道路停车场经营者未按要求暂停使用或免费提供使用的，由市公安交管部门处500元以上1000元以下罚款。

第三十四条 违反本办法第二十三条规定，道路停车场经营者超过道路停车场收费标准收取停车费的，由价格行政主管部门根据有关法律法规予以处罚。

第三十五条 机动车驾驶人和非机动车驾驶人违反停车规定的，由公安交管部门根据有关法律法规予以处罚。

第三十六条 市公安交管、城市管理、规划、财政和物价等部门未履行职责，导致停车秩序混乱，造成社会恶劣影响的，对直接负责的主管人员和其他直接责任人员给予记大过、降级、撤职或者开除的处分，其主要负责人应引咎辞职。

第五章 附则

第三十七条 各县（市）、矿区可参照本办法执行。

第三十八条 表停车泊位按自设停车场管理，设置、管理和使用遵照本办法执行。

第三十九条 本办法自2009年11月1日起施行。2005年10月1日起实施的《石家庄市道路停车场管理办法》同时废止。

统计资料

统计资料

表 55

地区生产总值

行政单位	地区生产总值（万元）	增长速度（%）	人均地区生产总值（元）	比上年（± 元）
全市总计	30012797	11.1	30428	2675
市区合计	10821265	8.1	—	—
长安区	1500089	8.1	—	—
桥东区	903681	11.2	—	—
桥西区	1799882	12.2	—	—
新华区	1060688	10.2	—	—
裕华区	1085661	11.0	—	—
矿　区	270152	11.3	—	—
高新区	—	—	—	—
井陉县	1001942	12.7	30622	3348
正定县	1405160	12.9	30856	2752
栾城县	1150322	11.5	33893	3306
行唐县	850273	12.1	19502	2329
灵寿县	593343	11.3	18274	1739
高邑县	364445	11.8	19970	1400
深泽县	477173	11.3	19775	1167
赞皇县	448948	12.5	18295	1234
无极县	1005152	9.7	20071	1606
平山县	1410592	12.6	29791	943
元氏县	883002	11.4	21437	1437
赵　县	1114420	11.0	19247	1742
辛集市	2067005	11.0	33523	3485
藁城市	2614310	10.3	34018	4338
晋州市	1290925	11.2	24330	1591
新乐市	1117822	11.1	23225	903
鹿泉市	1908215	11.8	50469	3395

表 56 人口情况

行政单位	年末总户数（户）	2009 年比 2008 年（±%）	年末总人口（人）	2009 年比 2008 年（±%）
全市总计	2712379	1.76	9774106	1.13
市区合计	618849	1.84	2427832	0.86
长安区	115725	1.67	423249	0.56
桥东区	92551	1.08	376803	3.44
桥西区	122232	1.45	516852	0.43
新华区	133483	1.64	493032	−0.68
裕华区	125970	3.57	520564	1.33
矿　区	28888	0.27	97332	0.13
高新区	—	—	—	—
井陉县	106040	0.63	328145	0.59
正定县	124945	0.22	458737	1.47
栾城县	91177	1.21	342417	1.77
行唐县	136073	2.25	438970	1.39
灵寿县	97901	1.23	326620	1.17
高邑县	50628	1.35	184132	1.85
深泽县	75474	2.25	255002	0.97
赞皇县	77524	4.55	247654	1.80
无极县	136451	0.59	500776	1.16
平山县	147835	3.13	475353	0.75
元氏县	96081	1.40	414332	1.18
赵　县	161003	2.32	583494	1.55
辛集市	195761	1.97	618901	0.75
藁城市	206343	0.90	772947	1.16
晋州市	149557	1.22	532941	0.88
新乐市	128020	1.48	485445	1.74
鹿泉市	112717	0.76	380408	1.25

表 57 全社会固定资产投资

行政单位	全社会固定资产投资（万元）	增长速度（%）	城镇固定资产投资（万元）	增长速度（%）	建设项目投资（万元）	增长速度（%）
全市总计	24363602	41.30	22287346	41.25	18547565	42.95
市区合计	9642048	39.87	9636908	39.85	6409784	51.82
长安区	1752619	38.07	1752619	38.07	631551	19.89
桥东区	1688780	41.56	1688780	41.56	754135	12.61
桥西区	1596309	52.42	1596309	52.42	1249934	114.53
新华区	1714311	31.89	1714311	31.89	1547557	34.15
裕华区	1966002	36.99	1966002	36.99	1412798	62.40
矿　区	265681	42.40	260541	41.96	260541	41.96
高新区	658346	42.31	658346	42.31	553268	134.72
井陉县	1203437	46.64	1054642	44.83	1054642	44.83
正定县	975116	40.33	933450	43.20	856413	34.01
栾城县	854531	44.30	712872	41.52	579605	15.41
行唐县	764998	43.41	631534	41.52	630834	41.36
灵寿县	985592	40.69	863127	40.16	851627	38.29
高邑县	282454	39.46	226099	41.52	226099	41.52
深泽县	294716	36.81	251598	40.56	251598	40.56
赞皇县	643462	43.12	432909	28.75	432909	28.75
无极县	616967	46.44	408252	40.56	408252	40.56
平山县	768064	31.08	649804	65.15	645397	65.78
元氏县	890503	33.00	770439	55.90	740413	49.82
赵　县	701713	47.60	656511	40.11	653211	40.26
辛集市	1136130	41.25	1069391	41.60	1030028	41.51
藁城市	1351537	44.03	1224149	37.65	1221055	37.71
晋州市	994825	45.86	855061	40.35	855061	40.35
新乐市	1028408	39.78	774530	40.05	671036	38.55
鹿泉市	1229101	48.70	1136070	39.67	1029601	28.98

表 58　社会消费品零售总额

行政单位	社会消费品零售总额(万元)	增长速度(%)
全市总计	11905536	18.4
市区合计	4952250	14.9
长安区	769778	23.5
桥东区	491076	23.5
桥西区	351389	23.4
新华区	998907	19.7
裕华区	567520	23.4
矿　区	57818	21.8
高新区	—	—
井陉县	197815	22.5
正定县	525715	22.5
栾城县	344925	22.5
行唐县	269896	21.6
灵寿县	179922	22.4
高邑县	148043	21
深泽县	190783	22.1
赞皇县	183648	22
无极县	519968	22.1
平山县	243032	23.2
元氏县	234095	20.9
赵　县	499957	21.6
辛集市	1165083	21.3
藁城市	783099	21.7
晋州市	503417	22
新乐市	466431	22.4
鹿泉市	550642	22

表 59 农产品总产量

行政单位	粮食总产量（吨）	2009年比2008年（±%）	小麦总产量（吨）	2009年比2008年（±%）	玉米总产量（吨）	2009年比2008年（±%）	油料总产量（吨）	2009年比2008年（±%）	棉花总产量（吨）	2009年比2008年（±%）
全市总计	4979252	−1.74	2478149	1.07	2269994	−3.62	208350	−5.75	14494	−20.85
市区合计	—	—	—	—	—	—	—	—	—	—
长安区	39753	68.47	15562	1.16	23895	219.62	250	−80.59	114	111.11
桥东区	2481	−0.24	1182	2.60	1299	−2.70	—	—	13	—
桥西区	4174	20.36	2010	0.05	1797	67.63	—	—	—	—
新华区	16051	78.92	8131	48.24	7890	126.33	284	−60.22	56	—
裕华区	24764	−3.81	16893	−0.19	7871	−10.74	—	—	—	—
矿　区	14256	−2.28	5753	−0.91	8334	−3.27	114	−0.87	—	—
高新区	2517	−35.46	2055	0.00	462	−74.96	—	—	—	—
井陉县	111164	0.76	37645	−1.68	57986	1.63	6090	0.61	96	20.00
正定县	334383	0.94	157579	0.79	169433	1.17	19077	0.65	541	0.19
栾城县	248905	−14.32	140495	5.53	107692	−30.17	511	−77.92	9	−91.67
行唐县	306617	−1.88	121500	0.00	154893	−3.13	20206	−1.36	450	−6.05
灵寿县	144568	0.83	60509	1.82	67112	0.00	4954	0.00	170	0.00
高邑县	134025	−3.91	78324	10.40	53830	−19.29	4246	1.36	386	−17.52
深泽县	181801	−2.82	85656	0.70	86334	−5.21	6603	−3.08	614	−20.77
赞皇县	117847	2.52	47850	0.61	58745	4.44	14058	2.66	238	22.05
无极县	330098	−6.15	185187	0.21	132947	−13.18	14190	−12.26	165	−24.31
平山县	208697	4.97	97838	2.34	96300	8.40	8557	2.75	522	12.99
元氏县	308540	5.07	147100	1.03	131840	6.54	7604	0.00	700	−25.93
赵　县	509333	−6.96	291746	0.78	206631	−15.60	3898	−66.12	148	−88.72
辛集市	457262	−15.42	254265	−4.96	191684	−17.52	35141	0.71	8940	−15.77
藁城市	557834	7.13	269192	3.21	273354	10.81	11499	−4.20	673	−21.74
晋州市	383623	−0.41	189681	2.04	171065	−2.66	9664	−0.12	188	−63.28
新乐市	333078	0.21	164880	0.22	158160	−0.34	37440	0.32	198	−34.00
鹿泉市	207481	12.32	97116	0.58	100440	27.38	3964	−0.83	273	23.53

（续表）

行政单位	蔬菜总产量（不含瓜类·吨）	2009 年比 2008 年（±%）	园林水果总产量（吨）	2009 年比 2008 年（±%）	肉　类总产量（吨）	2009 年比 2008 年（±%）	禽　蛋总产量（吨）	2009 年比 2008 年（±%）	水产品总产量（吨）	2009 年比 2008 年（±%）
全市总计	11644846	-6.39	2230639	7. 88	712916	4.05	994571	4.46	34487	3.90
市区合计	—	—	—	—	—	—	—	—	—	—
长安区	104919	-7.45	2680	0.45	2846	-1.18	2710	-0.22	20	-33.33
桥东区	14573	2.81	3065	-3.01	451	-9.07	632	-20.00	8	-20.00
桥西区	66851	9.42	98	3166.67	797	-25.30	1125	-5.86	20	0.00
新华区	107459	0.00	2641	-6.28	1548	-13.37	1578	-34.25	60	-25.00
裕华区	70700	0.00	50	-9.09	2448	0.78	1437	-9.85	20	33.33
矿　区	20667	-9.04	5650	-4.48	2122	20.16	1540	24.19	35	16.67
高新区	—	—	—	—	68	-57.23	162	-76.86	—	—
井陉县	182068	3.18	34824	5.28	23083	5.18	23468	5.00	458	14.50
正定县	819268	0.01	16751	-5.25	72005	2.85	126173	1.70	1600	14.29
栾城县	1259400	0.00	2200	-33.33	56138	4.38	108316	5.69	60	-14.29
行唐县	257080	0.15	69069	0.01	36828	0.55	29645	1.24	1993	3.80
灵寿县	165696	5.06	20755	-1.66	23663	7.38	14860	3.19	8000	-6.04
高邑县	438113	0.16	1600	34.45	11057	3.48	12735	3.50	4	-60.00
深泽县	375969	3.10	80512	4.41	20104	6.09	16102	5.48	62	82.35
赞皇县	107237	3.47	151710	20.66	25736	10.92	18480	40.00	1200	41.18
无极县	692093	4.64	38540	-5.43	52370	6.91	73216	7.12	65	-63.89
平山县	150161	8.90	53299	-0.14	18812	0.57	10714	6.84	13520	4.81
元氏县	380908	3.50	21040	2.28	40167	3.43	47213	3.60	1000	17.65
赵　县	966533	12.76	523070	0.19	42001	7.91	55010	4.11	50	66.67
辛集市	721543	-57.69	531385	28.10	77350	3.54	142256	6.75	152	16.92
藁城市	2687020	2.16	182001	3.79	74207	1.08	137341	0.82	76	52.00
晋州市	400645	1.90	415884	2.91	50740	5.43	66588	5.10	44	10.00
新乐市	799241	-8.17	30000	-0.17	51459	5.06	68880	5.00	20	100.00
鹿泉市	856702	0.58	43815	0.03	26916	0.94	34390	4.61	6020	7.12

表 60 农林牧渔业总产值

行政单位	农林牧渔业总产值（万元）	增长速度(%)	农林牧渔业增加值(万元)
全市总计	5477617	0.7	3083111
市区合计	—	—	—
长安区	34323	3.61	21340
桥东区	8381	0.89	4934
桥西区	15273	6.02	8109
新华区	24982	−1.71	16536
裕华区	22942	0.64	12285
矿　区	10970	2.97	5800
高新区	—	—	—
井陉县	123572	4.33	77666
正定县	460943	2.48	222422
栾城县	428245	0.55	236011
行唐县	282354	0.4	150541
灵寿县	169852	3.39	92864
高邑县	124557	1.32	68961
深泽县	153769	4.3	84203
赞皇县	162231	3.11	99780
无极县	334468	2.67	173805
平山县	249745	2.07	151995
元氏县	275684	2.95	148934
赵　县	387892	2.08	227158
辛集市	617385	0.67	325451
藁城市	766857	2.95	418321
晋州市	328272	2.81	176544
新乐市	345383	0.87	190167
鹿泉市	260613	2.25	152387

索　引

使用说明：

一、本索引包含类目、分目、主要条目和部分内文，按照首字汉语拼音字母顺序排列。

二、索引类目采用黑体字，其他采用宋体字，数字表示内容所在的页码。

E

F

G

H

J

K

L

M

N

P

Q

R

S

T

W

X

Y

Z